SERPENT RISING:
THE KUNDALINI COMPENDIUM

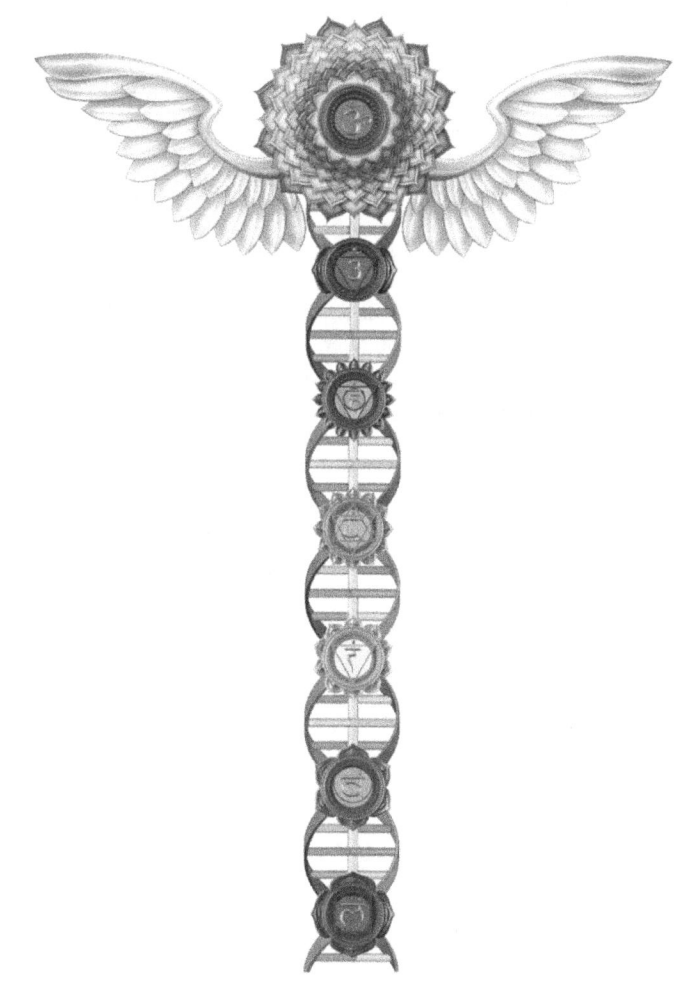

IL CORPO DI LAVORO PIU COMPRENSIVO AL MONDO SUL
POTENZIALE ENERGETICO UMANO

NEVEN PAAR

TRADUZIONE DI RICCARDO PULICHINO MARIA

Serpent Rising: The Kundalini Compendium
Copyright © 2023 Di Neven Paar. Tutti i Diritti Riservati.

Nessuna parte di questo libro può essere riprodotta in qualsiasi forma o con qualsiasi mezzo elettronico o meccanico, compresi i sistemi di archiviazione e recupero delle informazioni, senza il permesso scritto dell'autore. L'unica eccezione è rappresentata da un recensore, che può citare brevi estratti in una recensione.

Copertina Disegnata da Neven e Emily Paar
Illustrazioni di Neven Paar
Tradotto in Italiano da Riccardo Pulichino Maria

Stampato in Canada
Prima Stampa: Marzo 2023
Da Winged Shoes Publishing

ISBN—978-1-7388170-3-0

Esclusione di responsabilità: tutto il materiale contenuto in quest'opera è fornito a titolo puramente informativo e non può essere interpretato come consulenza o istruzione medica professionale. Non si deve intraprendere alcuna azione o inazione basandosi esclusivamente sul contenuto di queste informazioni; i lettori devono invece rivolgersi a professionisti della salute per qualsiasi questione relativa alla loro salute e al loro benessere. Sebbene l'autore e l'editore abbiano fatto ogni sforzo per assicurare che le informazioni contenute in questo libro fossero corrette al momento della stampa, l'autore e l'editore non si assumono e declinano ogni responsabilità nei confronti di qualsiasi parte per eventuali perdite, danni o disservizi causati da errori od omissioni, sia che tali errori od omissioni derivino da negligenza, incidente o qualsiasi altra causa.

Dedico quest'opera agli Iniziati alla Kundalini. Possa questo libro guidarvi sul vostro cammino di risveglio e spero che il mio viaggio di diciassette anni alla scoperta di Sé con l'energia Kundalini vi sia stato utile, come previsto.

–Neven Paar

Altri Libri di Neven Paar

The Magus: Kundalini and the Golden Dawn

www.nevenpaar.com

Winged Shoes Publishing
Toronto, Ontario

Elenco delle Figure:

Figura 1: L'Ascesa Della Kundalini e i Chakra 23
Figura 2: Le Tre Nadi dopo il Risveglio della Kundalini... 26
Figura 3: L'Universo Dentro la Testa 28
Figura 4: L'Albero della Vita/Sette Chakra/Kundalini 32
Figura 5: Il Circuito Completo Della Kundalini 43
Figura 6: Il Cervello Pieno di Luce 48
Figura 7: Le Settanta-Due Mila Nadi 52
Figura 8: L'Uovo Cosmico.. 59
Figura 9: I Cinque Elementi e i Sette Chakra... 67
Figura 10: Il Pentagramma 69
Figura 11: I Quattro Mondi e il Tetragramma (YHVH) 70
Figura 12: Il Pentagrammaton (YHShinVH) 71
Figura 13: L'Albero della Vita Sephiroth e le Tre Nadi 74
Figura 14: I Piani Cosmici Interni... 83
Figura 15: Le Nadi Ida e Pingala e Il Chakra Ajna.. 91
Figura 16: Il Campo Elettromagnetico della Terra 97
Figura 17: L'Aura Umana... 98
Figura 18: Energia Stressante che Entra ed Esce dall'Aura................................... 102
Figura 19: Progressione dei Colori Aurici dal Chakra più Basso al più Alto 103
Figura 20: Anatomia dell'Aura.. 105
Figura 21: Problemi Energetici nell'Aura 108
Figura 22: Il Campo Toroidale di Kundalini 112
Figura 23: I Sette Chakra e Plessi Nervosi 120
Figura 24: Espansione Cerebrale e Corrispondenze Chakriche 124
Figura 25: L'Alone Intorno alla Testa 127
Figura 26: I Chakra Minori Della Testa (Corona)... 128
Figura 27: I Chakra Del Piede 130
Figura 28: I Chakra Della Mano 132
Figura 29: Generazione e Trasmissione di Energia Curativa (Palmi) 133
Figura 30: Energia Curativa dalle Mani 135
Figura 31: Posizione degli Occhi Psichici 137
Figura 32: I Chakra Transpersonali... 140
Figura 33: Il Chakra Hara (Ombelico) 143
Figura 34: Il Chakra Causale/Bindu 145
Figura 35: I Chakra Transpersonali Sopra la Corona 148
Figura 36: Il Cubo di Metatron e la Merkaba 153
Figura 37: Orientamento dei Tetraedri nei Maschi e nelle Femmine 154
Figura 38: La Merkaba: Veicolo di Luce (nei Maschi).. 155
Figura 39: Risveglio della Kundalini e Ottimizzazione della Merkaba.................... 156
Figura 40: Le Ghiandole Endocrine nel Corpo 167
Figura 41: I Principali Centri Cerebrali 172

Figura 42: Il Sistema Limbico 176
Figura 43: La Formazione Reticolare 179
Figura 44: Le Parti del Cervello 182
Figura 45: Il Sistema Nervoso Centrale e Periferico 186
Figura 46: Il Nervo Vago 191
Figura 47: Le Dodici Coppie di Nervi Cranici 195
Figura 48: Il Midollo Spinale (Sezione-Trasversale) 198
Figura 49: L'LCS e i Ventricoli Cerebrali (Vista Laterale) 199
Figura 50: I Ventricoli del Cervello (Vista Frontale) 200
Figura 51: Cono Medullare e Filo Terminale 202
Figura 52: Il Sacro e il Coccige 203
Figura 53: La Kundalini Srotolata 205
Figura 54: Il Plesso Sacrale 206
Figura 55: I Nervi Sciatici e i Canali Energetici nelle Gambe 207
Figura 56: Kundalini/Caduceo di Hermes/La Doppia Elica del DNA 210
Figura 57: Il Campo Elettromagnetico del Cuore 212
Figura 58: Il Cuore Umano e il Sistema Circolatorio 214
Figura 59: Il Centro del Chakra del Cuore 221
Figura 60: Il Risveglio di Kundalini e il Campo Elettromagnetico del Cuore 224
Figura 61: I Sette Chakra Maschili e Femminili 229
Figura 62: Posizioni Chakriche dei Sette Pianeti Antichi 238
Figura 63: Evoluzione Spirituale 246
Figura 64: Forme e Formazioni dei Cristalli 250
Figura 65: Collocazione delle Gemme sui Chakra 263
Figura 66: Amplificazione di un Cristallo con Frammenti di Quarzo Ialino 264
Figura 67: Invio di Energia Curativa Attraverso i Palmi delle Mani 265
Figura 68: Ottimizzazione della Rotazione dei Chakra con le Bacchette di Cristallo . 267
Figura 69: Set di Diapason dei Sette Chakra con Stella dell'Anima (Pesata) 270
Figura 70: Spettro Armonico Set di Diapason (Non Ponderato) 271
Figura 71: Posizionamento dei Diapason nella Guarigione Chakrica 273
Figura 72: Utilizzo dei Diapason Ponderati su Sè Stessi 274
Figura 73: Lavorare con Due Diapason Contemporaneamente 276
Figura 74: Le Sacre Frequenze del Solfeggio e gli Strati dell'Aura 277
Figura 75: Le Sacre Frequenze di Solfeggio e i Chakra 279
Figura 76: Diapason del Solfeggio Sacro (Non Pesato) 281
Figura 77: Posizionamento dei Diapason Vicino le Orecchie 282
Figura 78: Oli Essenziali e Diffusore 287
Figura 79: Aromaterapia e Sistema Limbico 288
Figura 80: I Cinque Tattva Principali 293
Figura 81: I Venticinque Tattva Sub-Elementali 295
Figura 82: I Tattva e i Chakra 298
Figura 83: Le Carte Tattva dell'Autore 303

Figura 84: Gli Otto Arti dello Yoga 316
Figura 85: I Cinque Koshas 319
Figura 86: Le Tre Asana di Meditazione 326
Figura 87: Asana per Principianti (Parte I) 332
Figura 88: Asana per Principianti (Parte II) 333
Figura 89: Asana per Principianti (Parte III) 334
Figura 90: Asana Intermedie (Parte I) 335
Figura 91: Asana Intermedie (Parte II) 336
Figura 92: Asana Avanzate (Parte I) 337
Figura 93: Asana Avanzate (Parte II) 338
Figura 94: Shavasana 340
Figura 95: Respirazione Addominale/Diaframmatica 341
Figura 96: Respirazione Yogica (Respiro in TreParti) 344
Figura 97: Respirazione a Narice Alternata 347
Figura 98: Ujjayi Pranayama (Posizione Della Glottide) 350
Figura 99: Respiro dell'Ape Ronzante 351
Figura 100: Sheetali Pranayama 353
Figura 101: Sheetkari Pranayama 354
Figura 102: Moorcha Pranayama (Metodo#1) 356
Figura 103: Moorcha Pranayama (Metodo #2) 357
Figura 104: I Tre Granthis 359
Figura 105: Le Dita e I Cinque Elementi 364
Figura 106: Jnana Mudra 366
Figura 107: Chin Mudra 367
Figura 108: Hridaya Mudra 368
Figura 109: Shunya Mudra 369
Figura 110: Anjali Mudra 370
Figura 111: Yoni Mudra 371
Figura 112: Bhairava Mudra 372
Figura 113: Mudra del Loto 373
Figura 114: Shiva Linga Mudra 374
Figura 115: Kundalini Mudra 375
Figura 116: Shambhavi Mudra 377
Figura 117: Nasikagra Drishti 378
Figura 118: Shanmukhi Mudra 380
Figura 119: Viparita Karani 382
Figura 120: Pashinee Mudra 383
Figura 121: Tadagi Mudra 384
Figura 122: Manduki Mudra 385
Figura 123: Punto di Contrazione di Mula Bandha 388
Figura 124: Uddiyana Bandha in Piedi 390
Figura 125: Uddiyana Bandha Seduto (con Jalandhara Bandha) 391

Figura 126: Jiva Bandha 393
Figura 127: Maha Mudra...395
Figura 128: Punti di Contrazione dei Mudra Vajroli, Sahajoli e Ashwini.................397
Figura 129: I Cinque Prana Vayus 401
Figura 130: Mudra delle Mani per i Cinque Prana Vayus.....................................404
Figura 131: Reindirizzamento del Flusso di Prana, Apana e Samana 406
Figura 132: Maha Bandha: Applicazione dei Tre Bandhas 408
Figura 133: Il Brahmarandhra..410
Figura 134: Gli strati di Sushumna Nadi e l'Uovo Cosmico...................................412
Figura 135: Il Chakra Lalana (Talu) e il Bindu Visarga 414
Figura 136: Khechari Mudra di Base 415
Figura 137: Khechari Mudra Avanzato...416
Figura 138: Conteggio delle Perline Mala...421
Figura 139: La Dea Saraswati 428
Figura 140: Bija Mantra dei Petali Chakrici..430
Figura 141: I Sette Chakra Mudra/Mantra 432
Figura 142: Meditazione di Visualizzazione 438
Figura 143: Meditazione con la Fiamma della Candela (Trataka) 441
Figura 144: Posizionamento della Fiamma della Candela 442
Figura 145: Mudra delle Mani per i Cinque Elementi 447
Figura 146: I Cinque Elementi e i Tre Dosha 449
Figura 147: I Tre Dosha e le Zone del Corpo..451
Figura 148: Grafico di Nascita dell'Autore in Astrologia Vedica 457
Figura 149: Lord Ganesha e gli Ashta Siddhis 471
Figura 150: Angelo Custode (Il Sé Superiore) 486
Figura 151: Proiezione Nei Sogni Lucidi 492
Figura 152: L'Antenna del Cervello Umano 497
Figura 153: Il Loto del Sahasrara Chakra 527
Figura 154: Flusso di Kundalini attraverso Sushumna...528
Figura 155: Il Chakra del Cuore e l'Unità 542
Figura 156: Volare come Superman in un Sogno Lucido 549
Figura 157: Incontri Ravvicinati del Quinto Tipo 556
Figura 158: Shiva e Shakti in un Abbraccio d'Amore...563
Figura 159: Eccitazione Sessuale nei Maschi 572
Figura 160: Diventare un Guerriero Spirituale 587
Figura 161: La Foglia di Cannabis e le sue Corrispondenze Magiche.....................610
Figura 162: I Principali Centri Energetici della Testa..623
Figura 163: Le Meditazioni Kundalini 626
Figura 164: Ottimizzazione del Potenziale Energetico Umano 649

Elenco delle Tabelle:

TAVOLO 1: I Dodici Chakra e le loro Corrispondenze 284
TAVOLO 2: Oli Essenziali Per i Sette Chakra... 291
TAVOLO 3: Corrispondenze Tattva... 306
TAVOLO 4: Tabella di Costituzione Ayurvedica (Tre Dosha) 454
TAVOLO 5: Linee Guida Alimentari per i Tre Dosha 461
TAVOLO 6: I Sette Pianeti Antichi e le loro Corrispondenze 652
TAVOLO 7: I Dodici Zodiaci e le loro Corrispondenze.. 653

SERPENT RISING : THE KUNDALINI COMPENDIUM
Di Neven Paar

Contenuti

IL VIAGGIO DELL'AUTORE VERSO LA SCRITTURA DI QUESTO LIBRO 1
    La Voce Divina 1
    Evoluzione Spirituale e Potere Personale 4
    Risveglio Kundalini 6
    Magia Della Golden Dawn 8
    Seconda Ascesa Della Kundalini 10
    Espressioni Creative 12
    Cercando Il Mio scopo 14
    Un Uomo In Missione 16

PARTE I: RISVEGLIO DELLA KUNDALINI 19
INTRODUZIONE ALLA KUNDALINI 20
    Processo Di Risveglio Della Kundalini 22
    Attivare Il Corpo Di Luce 25
    Doni Spirituali E Potenziamenti Dei Sensi 27

L'ALBERO DELLA VITA E I CHAKRA 30
    Purificare i Chakra 33

PRATICHE DI GUARIGIONE SPIRITUALE 36
LA TRASFORMAZIONE DELLA KUNDALINI 41
    Attivazione Di Bindu 42
    Sradicamento Della Memoria 44
    Metamorfosi Completa 47
    Luce e Vibrazioni All'Interno Della Testa 48

TIPI DI ASCESA DELLA KUNDALINI 50
    Risvegli Kundalini Parziali e Permanenti 51
    Vedere La Luce In Tutte Le Cose 53

FATTORI DI RISVEGLIO DELLA KUNDALINI 56
    Completare Il Processo Di Risveglio Della Kundalini 57
    Allinearsi Con Il Corpo Spirituale 60
    La Vostra Nuova Lamborghini Veneno 61

PARTE II: IL MICROCOSMO E IL MACROCOSMO 65
I CINQUE ELEMENTI 66
    Il Pentagramma 68
    I Quattro Mondi e il Pentagrammaton 70
    Gli Elementi In Natura 73
    L'Elemento Spirito 75
    L'Elemento Fuoco 77
    L'Elemento Acqua 78
    L'Elemento Aria 79

    L'Elemento Terra..80

I PIANI COSMICI 82

    I Cinque Piani Cosmici 85
    I Piani Divini 88
    Variazione Della Sequenza Degli Strati Aurici 89

IDA, PINGALA E GLI ELEMENTI 90

    Emisferi Cerebrali Destro e Sinistro... 92
    Cortocircuiti a Nadi 93

PARTE III: IL SISTEMA ENERGETICO SOTTILE 95

IL CAMPO ENERGETICO AURA-TOROIDALE 96

    L'Aura Umana... 97
    Caratteristiche dell'Aura 99
    Anatomia Dell'Aura (Aree di Colore)... 104
    Problemi Energetici Nell'Aura 107
    L'Aura e le Vibrazioni 109
    Kundalini e l'Aura 111

I SETTE CHAKRA PRINCIPALI 113

    I Sette Chakra e il Sistema Nervoso 119
    Purificare i Chakra.. 122
    Espansione del Cervello 123
    Fenomeni di Espansione Della Coscienza 125

I CHAKRA MINORI 127

    I Chakra della Testa 127
    I Chakra dei Piedi 130
    I Chakra della Mano 131
    Guarire con le Mani 134
    Infusione Di Energia Spirituale 136
    Gli Occhi Psichici... 136

I CHAKRA TRANSPERSONALI 139

    Chakra Della Stella Della Terra 141
    Hara Chakra (Ombelico).. 142
    Chakra Causale (Bindu) 144
    Chakra della Stella dell'Anima... 147
    Gateway Stellare 149
    La Linea Hara 150
    La Quinta Dimensione 150
    La Merkaba - Veicolo di Luce.. 152
    Il Ritorno al Giardino dell'Eden 157
    L'Evento Flash Solare... 158

PARTE IV: ANATOMIA E FISIOLOGIA DELLA KUNDALINI.. 161

RISVEGLIARE L'OCCHIO DELLA MENTE 162

I SETTE CHAKRA E LE GHIANDOLE ENDOCRINE 165

    La Guarigione dei Chakra e le Ghiandole Endocrine 169

RISVEGLIO SPIRITUALE E ANATOMIA CEREBRALE ... 171

- L'Ipofisi ... 171
- La Ghiandola Pineale ... 172
- La Ghiandola Pineale e la Spiritualità ... 173
- Il Talamo ... 175
- La Formazione Reticolare ... 178
- Parti del Cervello ... 182

IL SISTEMA NERVOSO ... 185

- Sistema Nervoso Forte/Debole ... 187
- Lo Yoga e il Sistema Nervoso ... 189
- Il Risveglio di Kundalini e il Sistema Nervoso ... 190
- Funzione del Nervo Vago ... 190
- Il Nervo Vago e la Kundalini ... 193
- Le Dodici Coppie di Nervi Cranici ... 194

LIQUIDO CEREBROSPINALE (LCS) ... 197

- Ventricoli Cerebrali ... 198
- LCS e Risveglio di Kundalini ... 200

MULADHARA E KUNDALINI ... 203

- Il Sacro e il Coccige ... 203
- Plesso Sacrale e Nervo Sciatico ... 205
- Mettere Tutto Insieme ... 208

IL POTERE DEL CUORE ... 211

- La Connessione Cuore-Cervello ... 213
- Coerenza del Corpo ... 214
- Il Cuore e le Vibrazioni ... 215
- Il Cuore e le Relazioni ... 216
- Comportamento Umano e Cause ed Effetti ... 217
- Apertura del Chakra del Cuore ... 220
- Kundalini ed Espansioni del Cuore ... 223

PARTE V: MODALITÀ DI GUARIGIONE DEI SETTE CHAKRA ... 227
CHAKRA MASCHILI E FEMMINILI ... 228

- Caratteristiche di Genere dei Chakra ... 231
- Bilanciare i Chakra ... 232

L'ASTROLOGIA E I SETTE CHAKRA ... 233

- Astrologia Occidentale vs. Astrologia Vedica ... 234
- I Sette Pianeti Antichi ... 236

GUARIGIONE SPIRITUALE ED EVOLUZIONE ... 245
GEMME (CRISTALLI) ... 247

- Formazioni e Forme di Cristallo ... 249
- Venti-Quattro Tipi di Gemme Significative ... 252
- Pulizia Delle Gemme ... 260
- Programmazione delle Pietre Preziose ... 261
- Guarigione dei Chakra con Pietre Preziose ... 262

I DIAPASON 268
- Tipi di Diapason e Utilizzo 269
- Set di Diapason per Chakra 270
- Guarigione dei Chakra con Diapason 272
- Diapason del Solfeggio Sacro 276

AROMATERAPIA 285
- Usare Oli Essenziali 286
- Come Funzionano gli Oli Essenziali 287
- Oli Essenziali Per i Sette Chakra 289

I TATTVAS 292
- Il Processo di Creazione 293
- Il Sistema Dei Trenta Tattva 294
- I Cinque Tattva Principali 296
- Osservazione Dei Tattva 302

PARTE VI: LA SCIENZA DELLO YOGA (CON L'AYURVEDA) 311
LO SCOPO DELLO YOGA 312
- Tipi di Yoga 313

I CINQUE KOSHA 318
- I Corpi Sottili in Oriente e in Occidente 320

ASANA 324
- Le Tre Asana di Meditazione 325
- Hatha Yoga vs. Vinyasa Yoga 328
- Preparazione alla Pratica di Asana 328
- Consigli per la Pratica di Asana 330
- Asana per Principianti 332
- Asana Intermedie 335
- Asana Avanzate 337

PRANAYAMA 339
- Esercizi di Pranayama 340

I TRE GRANTHIS 358
MUDRA 362
- Hasta (Mudra delle Mani) 363
- Mana (Mudra della Testa) 375
- Kaya (Mudra Posturali) 381
- Bandha (Mudra di Contrazione) 386
- Adhara (Mudra Perineali) 396

I CINQUE PRANA VAYUS 400
- Prana e Apana 405
- Risvegliare la Kundalini 407

SUSHUMNA E BRAHMARANDHRA 409
LALANA CHAKRA E IL NETTARE DI AMRITA 413
- Khechari Mudra e le sue Variazioni 415

MANTRA 418
    Il Numero Sacro 108 419
    Meditazione Japa 420
    Mantra di Meditazione 422
BIJA MANTRA E MUDRA DEI SETTE CHAKRA 429
MEDITAZIONE (DHYANA) 434
    Pratica Yogica e Meditazione 435
    Tre Metodi di Meditazione 436
    Passi di Meditazione 438
    Meditazione con la Fiamma della Candela (Trataka) 440
LO YOGA E I CINQUE ELEMENTI 444
    Attivare e Bilanciare gli Elementi 445
AYURVEDA 448
    I Tre Dosha 450
    Come Determinare il Proprio Rapporto Doshico 455
    Dieta Ayurvedica 459
    Pratiche Yogiche per Bilanciare i Dosha 464
SIDDHIS - POTERI PSICHICI 469
    Gli Otto Siddhis Principali 470

PARTE VII: RISVEGLIO POST-KUNDALINI 481
SINTOMI E FENOMENI DOPO IL RISVEGLIO DELLA KUNDALINI 482
    Santo Angelo Custode (Il Sé Superiore) 485
    Stato dell'Essere Dopo il Risveglio 488
    Chakra, Corpi sottili e Sogni 490
    Sognare Lucidamente 491
    Luce Astrale che si Accumula e si Aspande 493
    L'Universo Olografico 494
    Svelamento di Altri Doni 496
    Kriya ed Eventi Sincronistici 498
LA NECESSITÀ DI UN'ALCHIMIA SPIRITUALE 500
    Sfide nella Vita Privata 501
    Allinearsi con il Corpo di Luce 504
CAMBIAMENTI CORPOREI E DIETA 507
    Sviluppo di Allergie 508
    I Nutrienti Essenziali Per La Trasformazione 509
    Esercizio Fisico e Malattia 510
LA NECESSITÀ DI DISCREZIONE 512
    La Follia dei Farmaci su Prescrizione 515
CREATIVITÀ E SALUTE MENTALE 518
    Kundalini e Salute Mentale 520
    Rafforzare la Forza di Volontà 522
    Kundalini e Creatività 523

SAHASRARA E LA DUALITÀ DELLA MENTE ... 526

Introverso vs. Estroverso ... 529
Emozioni vs. Ragione ... 530

KUNDALINI E TRASFORMAZIONE ALIMENTARE ... 532

Sublimazione/Trasformazione degli Alimenti ... 535
Pensieri in "Tempo-Reale" ... 537

EMPATIA E TELEPATIA ... 539
ETICA E MORALE ... 541
PARTE VIII: KUNDALINI E SOGNI LUCIDI ... 545
IL MONDO DEI SOGNI LUCIDI ... 546

Svegliarsi in un Sogno ... 547
Sviluppare le Abilità nei Tuoi Sogni ... 548
Energia Karmica negli Stati Onrici ... 550
Binah e l'Impronta Astrale ... 551
Paralisi del Sonno ... 552
Come Indurre un Sogno Lucido ... 553
Esperienze Fuori-dal-Mondo nei Sogni Lucidi ... 555

PARTE IX: KUNDALINI - AMORE, SESSUALITÀ E FORZA DI VOLONTÀ ... 559
AMORE E RELAZIONI ... 560

Le Quattro Forme dell'Amore ... 561
Amore Romantico ... 562
Amore per gli Amici ... 564
Amore Familiare ... 566

KUNDALINI E L'ENERGIA SESSUALE ... 569

L'eccitazione Sessuale e l'Essere "Eccitato" ... 571
Relazioni Sessuali ... 573
Conservare la Vostra Energia Sessuale ... 574
Voglia di Sesso ... 577

ATTRAZIONE SESSUALE ... 579

I Primi Due Minuti Di Conoscenza ... 580
La Psicologia dell'Attrazione ... 581
L'importanza delle Convinzioni Interiori ... 582

DIVENTARE UN GUERRIERO SPIRITUALE ... 585

Trattare Con le Energie Positive e Negative ... 586
Costruire la Propria Forza di Volontà ... 588
Per Cambiare il Tuo Umore, Cambia lo Stato d'Animo ... 589

LA FORZA DELL'AMORE ... 591

L'amore e il Principio di Polarità ... 592
L'Ego e il Sé Superiore ... 593

ESSERE CO-CREATORI DELLA PROPRIA REALTÀ ... 595

Manifestare Il Proprio Destino ... 597
Vita Scolastica e Lavorativa ... 599
Ispirazione e Musica ... 600

PARTE X: CONTROLLO DEI DANNI DELLA KUNDALINI 603
KUNDALINI E CORTOCIRCUITI 604
KUNDALINI E DROGHE RICREATIVE 608
    La Cannabis e le sue Proprietà... 609
    Kundalini e Utilizzo di Cannabis 611
    Tipi e Varietà di Cannabis.. 613
    Metodi di Utilizzo di Cannabis... 616
    Concentrati di Cannabis e Commestibili 616
    Sostanze Controllate e Corto-Circuiti 618
PARTE XI: MEDITAZIONI KUNDALINI 621
RISOLUZIONE DEI PROBLEMI DEL SISTEMA 622
PARTE XII: CONSULENZA KUNDALINI.. 633
CONSIGLI GENERALI 634
DOMANDE COMUNI... 638
EPILOGO... 647
APPENDICE.. 651
TABELLE SUPPLEMENTARI 652
GLOSSARIO DEI TERMINI SELEZIONATI.. 654
BIBLIOGRAFIA 663

IL VIAGGIO DELL'AUTORE VERSO LA SCRITTURA DI QUESTO LIBRO

LA VOCE DIVINA

Per tutta la vita sono stato perseguitato da una voce che non ho mai sentito. Ma mia madre l'ha sentita. E in qualche modo, devo la mia vita ad essa. L'ha sentita solo una volta. E poiché ha ascoltato, sono ancora qui. Ma anche prima che quella voce si facesse sentire, ero tormentato da diversi demoni.

Vedete, dal momento in cui sono nato ero malato gravemente. Avevo sempre la febbre alta, non riuscivo a mangiare e non riuscivo a dormire. Era come se una forza invisibile ed esterna non volesse che io sopravvivessi. Così, ogni volta che miglioravo, tornavo al punto di partenza, all'ospedale.

Qualunque cosa stesse cercando di uccidermi scoprì presto che ero un bambino testardo che non voleva arrendersi. Nessuno sapeva cosa avessi, e niente di quello che facevano i medici era d'aiuto. Alla fine, erano così perplessi per la mia misteriosa malattia che invitarono degli studenti di medicina a visitarmi e a sperare di trovare delle risposte.

Mia madre, Gordana, era al mio fianco e pregava ogni giorno per la mia guarigione. Non era una donna religiosa, ma credeva che il suo dolore le permettesse di contattare una forza divina superiore e chiederne l'aiuto. Dopo tutto, era la mia custode, la mia protettrice. Poi, dopo tre anni in cui sono entrata e uscita dall'ospedale quasi ogni giorno e ho fatto passare l'inferno alla mia famiglia, sono miracolosamente guarito. Qualunque cosa mia madre abbia pregato deve aver risposto.

Se era una forza ultraterrena a volermi far sparire da questo mondo, ha fallito. Invece, c'era un potere opposto che voleva che io sopravvivessi. Così, sono cresciuta con un dono che mi ha protetto dai momenti difficili. Sentivo che forse avevo uno scopo in questo mondo, anche se mi ci sono voluti molti anni per trovarlo davvero. Ma prima di trovarlo, avrei dovuto superare un'altra prova.

Era la primavera del 1992 in un Paese sull'orlo della guerra, la Jugoslavia. Eravamo appena usciti dal rifugio antiatomico dell'edificio dopo una notte passata ad ascoltare gli spari in sottofondo, esausti. Sebbene le tensioni tra le opposte fazioni fossero sempre più forti, la maggior parte delle persone credeva che le cose sarebbero finite presto e che la vita sarebbe tornata alla normalità. Non c'erano molte persone disposte a lasciarsi tutto alle spalle senza la certezza che sarebbe scoppiata una guerra vera e propria.

Erano le cinque del mattino e io e mia sorella Nikol andammo subito a letto, così come mio padre Zoran. Mia madre si sdraiò accanto a lui e appoggiò la testa sul cuscino, esausta emotivamente e mentalmente. Guardò l'orologio accanto a lei, osservando la lancetta che si muoveva intorno al suo centro, contemplando la situazione in cui ci trovavamo e il futuro della nostra famiglia.

Quello che è successo dopo avrebbe cambiato tutto e creato un nuovo ramo nella linea del tempo delle nostre vite. Questo evento unico non solo ci avrebbe portato da un continente all'altro, ma era il precursore di un viaggio spirituale monumentale per me, che mi avrebbe trasformato in un messaggero di Dio, il Creatore.

All'improvviso, una voce maschile autorevole cominciò a parlarle all'orecchio destro. Non era mio padre, perché dormiva profondamente sul suo lato sinistro, russando leggermente come faceva di solito. La voce parlava con un tono calmo ma autoritario, preannunciando ciò che sarebbe accaduto alla popolazione della Bosnia-Erzegovina. Diceva che nella mia città natale sarebbe scoppiata una guerra. L'immondizia avrebbe riempito le strade, il cibo e l'acqua sarebbero stati scarsi e non ci sarebbero stati calore ed elettricità. Questa Voce Divina disse che doveva lasciare immediatamente la città con me e mia sorella. Questa era la sua missione.

Riprese conoscenza, ma qualcosa era cambiato in lei. La sua mente andava a mille, come se fosse ancora in trance. Che cosa era successo? L'esperienza l'ha lasciata sciocata e mistificata. Soprattutto, era spaventata. E sapeva che questa sensazione di paura non se ne sarebbe andata finché non avesse fatto qualcosa.

Non ha ancora svegliato mio padre. Cercò invece di raccogliere i suoi pensieri. Mentre lo faceva, iniziò a preparare i nostri passaporti e altri documenti di viaggio. Poi, contro ogni logica, uscì dalla camera da letto e cominciò a preparare una valigia per tutti noi. Sapeva in cuor suo quello che doveva fare e niente di quello che avrebbe detto avrebbe potuto fermarla.

Dopo aver preparato una valigia, preparò un caffè e lo sorseggiò accanto alla finestra del soggiorno, tremando. Poi, appesantita dall'emozione, guardò verso il parco giochi adiacente al nostro edificio, contemplando la forza che avrebbe dovuto esibire nei giorni successivi per compiere la sua missione e salvare i suoi figli.

All'improvviso, due mani si posarono sulle sue spalle, scuotendola. "Gordana, Gordana, mi senti? Di' qualcosa! Mia madre doveva sembrare una donna posseduta. Poi, finalmente, si girò verso mio padre e tornò alla realtà. "Dobbiamo lasciare la città", urlò. "Ora!"

Il resto di quella giornata non fu facile per mia madre, poiché nessuno credeva alla sua storia. Essendo un uomo molto logico, mio padre cercò di razionalizzare la sua esperienza e pensò che si trattasse di un trucco dell'immaginazione. Dopo tutto, era una storia così straordinaria da credere che fosse accaduta a una famiglia normale come la nostra. Lei, però, sapeva quello che aveva sentito e, ferma com'era, non c'era modo di fermarla. Doveva garantire la sicurezza dei suoi figli e portarci immediatamente fuori dalla città.

Così fece le valigie e ci comprò i biglietti aerei per partire il giorno dopo. Sfortunatamente, mio padre non sentiva lo stesso senso di urgenza di mia madre, e in più stava ancora aspettando alcuni documenti essenziali prima di un'importante spedizione di viaggio, quindi pensò di rimanere qui e di raggiungerci tra qualche settimana.

Il giorno dopo arrivammo all'aeroporto verso mezzogiorno. Poco prima che iniziasse l'imbarco, è successo l'impensabile. All'aeroporto si sparava da tutte le parti. Se il Paese era sull'orlo della guerra, questo era il precipizio. Di solito gli spari avvenivano di notte, ma in questo caso era diverso. Le persone all'aeroporto cominciarono ad agitarsi in preda al panico, inginocchiandosi ogni volta che sentivano uno sparo, mentre altri si sdraiavano a pancia in giù. Era il caos. La situazione è andata avanti per le quattro ore successive. Sembrava che non saremmo più riusciti a lasciare la città.

Alla fine la sparatoria si è interrotta per un tempo sufficiente a permetterci di salire sull'aereo. Il nostro aereo passeggeri di medie dimensioni era così pieno di gente che non c'erano abbastanza posti per tutti, così molti sono rimasti in piedi, compresi noi. Sembrava che tutte le persone all'aeroporto avessero riprenotato i loro biglietti per salire sul nostro aereo.

Una volta che l'aereo è decollato, ho guardato attraverso il finestrino la mia città natale che diventava sempre più piccola, senza sapere che sarebbe stata l'ultima volta che l'avrei vista per molti anni. Durante il viaggio in aereo, ricordo mia madre che abbracciava me e mia sorella con le lacrime agli occhi. Aveva portato a termine la sua missione, ma questo era solo l'inizio del nostro arduo viaggio, e lei lo sapeva. Una volta atterrati nel vicino Paese della Serbia, ci fu comunicato che il nostro aereo era l'ultimo a lasciare la città. Dopo averla scampata per un soffio, l'aeroporto è stato ufficialmente chiuso.

Quel giorno in Bosnia iniziò la guerra che durò tre lunghi anni. Sarajevo, la mia città natale, era sotto assedio. Quando salutammo mio padre all'aeroporto, non avevamo idea che sarebbe stata l'ultima volta che ci saremmo visti per molto tempo. Avrei voluto che venisse con noi, ma il destino ha giocato la sua mano per tutti noi quel giorno.

La guerra era religiosa, con connotazioni politiche, le cui ragioni non intendo approfondire in questo momento. Per quanto riguarda la storia che sto per raccontare, tutto ciò che la Voce Divina ha detto che sarebbe accaduto è effettivamente accaduto. Un intervento divino ci salvò la vita, il cui motivo mi era sconosciuto all'epoca.

Col passare dei giorni, mia madre desiderava che la Voce Divina tornasse a guidarla. Aveva svolto il compito di garantire la sicurezza dei suoi figli dal pericolo immediato, ma quando la guerra cominciò ad allargarsi, era difficile sapere dove saremmo dovuti andare per evitare il caos che si scatenava nel mio Paese. Così, rimbalzammo da una città e da un Paese all'altro, orbitando intorno alla Bosnia ed Erzegovina, aspettando pazientemente che mio padre avesse la possibilità di partire e raggiungerci.

Il fronte della guerra era nel mio quartiere. Molte persone sono morte nella mia città natale, soprattutto nella zona in cui vivevo. È stato orribile sentire le atrocità che sono accadute alle persone che vivevano a Sarajevo. I vicini combattevano contro i vicini; non si poteva uscire di casa per paura di essere uccisi dai cecchini. Quando le persone finivano il cibo e l'acqua e dovevano lasciare le loro case per rifornirsi, dicevano addio ai loro cari, senza sapere se sarebbero tornati. Abbiamo ricevuto queste informazioni di prima mano da mio padre, che purtroppo ha dovuto sopportare tutto questo.

Alla fine della guerra, mia madre perse entrambi i genitori e il fratello. Eppure, aveva fatto ciò che la Voce divina aveva detto, quindi perché la sua gente non era stata risparmiata? Quando ho saputo che la mia famiglia e i miei amici erano morti in guerra, ero triste e confuso. Perché noi ci siamo salvati e gli altri no? Cominciai a interrogare mia madre quando mi parlò della Voce Divina. Per qualche motivo, ero l'unico a crederle. La maggior parte delle persone pensava che fossimo stati fortunati a partire all'ultimo secondo, ma io sapevo che c'era qualcosa di più. È come se le informazioni che mi aveva dato avessero attivato qualcosa dentro di me, ma ci sarebbero voluti molti anni perché il prossimo pezzo del puzzle si svelasse.

Solo quando ho avuto un risveglio della Kundalini nel 2004 ho pensato che forse aveva qualcosa a che fare con questo intervento divino, visto che si tratta di un'esperienza spirituale così rara e monumentale. Forse siamo stati salvati poiché io sperimentassi tutto ciò che ho fatto dopo il risveglio della Kundalini, e diciassette anni dopo, scrivendo queste parole a voi, i lettori. Forse il mio messaggio è vitale per le persone nel mondo ai giorni nostri.

EVOLUZIONE SPIRITUALE E POTERE PERSONALE

Dopo due lunghi anni di vita all'inferno, mio padre ci raggiunse in Croazia. Poco dopo, noi quattro siamo arrivati a Toronto, in Canada, come rifugiati di guerra e abbiamo iniziato la nostra vita qui in Nord America. I miei genitori mi promisero che il Canada sarebbe stato un nuovo inizio e che avrei potuto essere tutto ciò che volevo ed essere libero di perseguire tutti i miei sogni. Ben presto mi resi conto che la vocazione o la ricerca più alta che mi stava a cuore era quella di essere felice. Il modo migliore per onorare tutte le persone che non ce l'hanno fatta nel mio Paese era essere felice e condurre una buona vita, visto che loro non ci sono riusciti.

Con il passare degli anni dell'adolescenza, mi sono accorto di essere diverso. Innanzitutto, nessuno dei miei amici provava emozioni così forti come le provavo io. Mentre loro si prendevano delle cotte, io avevo delle ossessioni schiaccianti. Ero un'estremista per natura. Non mi bastava lasciare che la vita mi facesse strada, ma dovevo cercare attivamente le cose che mi rendevano felice e portarle a casa mia.

Altre persone cercavano uno sballo veloce, ma io volevo rimanerci per sempre. Non c'era alcun senso di tornare a terra dopo aver assaggiato cos'altro c'era là fuori. Una volta abbracciata la trascendenza del vero amore, come avrei potuto tornare indietro?

Una parte di me sapeva che non poteva essere così facile, che potevo prendere una pillola, fumare un'erba e trovarmi improvvisamente in Paradiso. Eppure era così: un attimo prima ti senti normale e l'attimo dopo sei in uno stato completamente diverso. Ma non mi bastava sballarmi nei fine settimana: volevo vivere in quello stato per sempre. Volevo raggiungere uno stato di felicità permanente.

La mia prima ricerca è stata quella dell'amore. Il problema è che non si ha il controllo completo, poiché si tratta di una partnership. Quindi, anche se sentivo pura energia d'amore e devozione per quella persona, se lei non la sentiva allo stesso modo, allora non era reale. Era come un trucco di magia senza pubblico. Quindi, sapevo che c'era qualcosa di più per me, ma non capivo bene cosa potesse essere.

Solo negli anni del liceo ho iniziato a connettermi allo Spirito e a conoscere Dio, il Creatore, durante la mia prima relazione a lungo termine. Questo sentimento di innamoramento mi ha aperto per la prima volta allo Spirito e sono diventato un ricercatore della Luce. Imparare a conoscere la realtà invisibile dello Spirito è qualcosa a cui sono stato predisposto fin da piccolo, poiché molte delle mie filosofie di vita mi sono venute spontanee.

Sono sempre stato concentrato sul piacere e sulla ricerca della felicità, così mi sono fidanzato con il mio primo amore pensando di poter aggirare tutte le prove e le tribolazioni della vita. Tuttavia, l'Universo aveva altri piani per me. Quando la mia relazione è finita in modo catastrofico, mi sono trovato ad un bivio della mia vita. Invece di soffermarmi sulla mia perdita e di deprimermi, ho deciso di sfruttare lo slancio acquisito grazie alla conoscenza dello Spirito e di continuare il mio viaggio.

Ho raccolto tutto ciò che mi ricordava lei e l'ho messo in un sacco nero della spazzatura. Poi, in una foresta vicina, bruciai tutto nel fuoco ardente per simboleggiare un nuovo inizio nella mia vita. Mentre guardavo il fumo alzarsi e i manufatti ridursi in cenere, ho sentito gli dei che mi guardavano e che finalmente dicevano: "Il ragazzo è pronto ora".

Di giorno frequentavo l'Università di Architettura, come desideravano i miei genitori. Quando le lezioni finivano e arrivava la notte, continuavo a studiare in altri modi. Attraverso i libri che leggevo e mettendo in pratica quelle lezioni, iniziai a ricostruire e a perfezionare me stesso. Mi resi conto che potevo ancora avere donne nella mia vita e sperimentare l'amore reciproco, ma senza lo stesso tipo di attaccamento di prima. Allo stesso modo, mi sono distaccato dalla persona che stavo diventando per rifarmi costantemente in qualcosa di migliore. E così, ogni giorno, mi libero della mia pelle come un serpente. Come una fenice che risorge rinnovata dalle proprie ceneri. La conoscenza e la saggezza che ho interiorizzato mi hanno impedito di essere schiavo delle mie emozioni travolgenti.

Dopo aver sperimentato l'amore, il passo successivo è stato quello di sviluppare il mio potere personale, così ho imparato a conoscere l'attrazione tra uomini e donne. Ho iniziato a imparare come manifestare qualsiasi realtà desiderassi e ho capito che era possibile una volta integrata la conoscenza corretta. Ero uno scienziato della mente e ho testato i limiti del potenziale umano in molte aree. Ho cercato di dominare la mia mente una volta appreso il suo potere di plasmare ciò che chiamiamo "realtà". Ho capito che posso attingere al pieno potenziale della mente quando riesco ad accedere all'"Adesso", il momento presente. Sono diventato ossessionato dalla padronanza di questa abilità, che mi ha permesso di provare l'autentica eccitazione e gioia di essere vivo.

Alcune aree della mia vita sono diventate un caos. Non è che volessi tutto, ma ho perseguito tutto. Ho trasformato la stessa intensità con cui cercavo l'amore nella ricerca della conoscenza spirituale. Ho impregnato ogni libro con la stessa passione e devozione che avevo per il mio ex fidanzato, così mi sono riempito di conoscenza e saggezza ogni giorno. Sembrava che non ci fosse limite a quanto potevo imparare. E mi sono reso conto che un uomo potrebbe passare una vita intera a leggere ogni libro senza mettere in pratica ciò che ha imparato.

Fu allora che mi capitò tra le mani *il Kybalion*. Il manuale della vita stessa. Fu la prima volta che mi innamorai di nuovo. Sapevo che dovevo dedicarmi a questo libro e integrare ogni frase nella mia mente e nel mio cuore per estrarne la saggezza eterna. Questo fu il secondo intervento divino nella mia vita e il precursore e il catalizzatore di un risveglio Kundalini che avrei avuto quello stesso anno.

Il Kybalion è un libro occulto ermetico che tratta delle Leggi Universali, chiamate Principi della Creazione. (Si noti che i termini in corsivo sono ulteriormente definiti nel Glossario in fondo al libro.) *Il Kybalion* concentra la maggior parte dei suoi insegnamenti sul potere della mente e afferma che "Tutto è mente, l'universo è mentale". Dice che viviamo nel "Sogno di Dio" e che tutto è energia "pensata", compreso il mondo fisico. Questa energia di pensiero è lo Spirito di cui parlano i testi religiosi e spirituali. La differenza tra il pensiero di Dio e quello dell'uomo è solo una questione di grado o di frequenza di vibrazione. Il nostro potere mentale e la nostra capacità di pensare sono ciò che dà forma alla nostra realtà.

Ho lavorato quotidianamente con le Leggi e i Principi del *Kybalion*, che mi stavano trasformando in modo irresistibile dall'interno. Avevo la massima fiducia nei Principi *del Kybalion* ed ero così affascinata da questo libro che lo portavo con me ovunque andassi. Tutto ciò che imparavo e sperimentavo mi rimodellava quotidianamente. Oltre a crescere in saggezza, mi sono concentrato sulla trasformazione di me stesso in un uomo attraente e potente. Ho migliorato la mia vita sentimentale a un livello inimmaginabile usando i principi del *Kybalion*.

L'estate del 2004 fu il culmine di tutto ciò che stavo sperimentando e imparando, e ottenni un livello di potere personale nella mia vita che prima avevo solo sognato. La mia vita era un film e io ero la star principale. Mi ero trasformato in un mistico, in un "mago della mente". Il mio viaggio Spirituale era in ascesa e sentivo che era solo questione di tempo prima che accadesse qualcosa di straordinario.

RISVEGLIO KUNDALINI

Nell'ottobre 2004, dopo aver letto *il Kybalion* più di venti volte, ho avuto alcune nuove epifanie sui Principi della Creazione. In primo luogo, abbiamo un doppio spirituale, una replica dentro di noi fatta di puro Spirito, che occupa lo stesso spazio e lo stesso tempo, ma la nostra coscienza non è in sintonia con esso. In secondo luogo, il nostro potere di immaginazione e la nostra capacità di pensare all'esistenza delle cose sono molto più potenti di quanto crediamo. Come Dio, il Creatore, ci ha immaginato, anche noi possiamo immaginare e sperimentare le nostre immagini come reali, se solo scegliamo di credere a ciò che vediamo. Quella sera, durante una meditazione, che inconsapevolmente era una forma di pratica sessuale tantrica, ho messo alla prova queste due nuove conoscenze e ho avuto un intenso risveglio della Kundalini.

Un potente flusso di energia salì lungo la mia colonna vertebrale, aprendo simultaneamente i Chakra durante la salita. Entrò nella testa e nel cervello e avvolse di Luce tutto il mio Essere. Ha trapassato l'Occhio della Mente, espandendolo in modo esponenziale, prima di salire verso la Corona e di riversare un fuoco liquido sul mio corpo, risvegliando quelle che in seguito ho appreso essere le settantadue nadi o canali energetici. Questa esperienza è stata accompagnata da un potente suono vibratorio che ho sentito all'interno, che al suo apice sembrava il motore di un aereo a reazione al decollo.

Il culmine è stato aprire gli occhi mentre venivo "fulminato" da questa energia dall'interno e vedere la stanza in cui mi trovavo come un ologramma e le mie mani fatte di pura Luce dorata. Questa visione ha cambiato per sempre il mio modo di vedere la realtà. Seguì la mia prima esperienza extracorporea (OBE), in cui vidi l'inizio della Luce Bianca mentre la mia coscienza veniva risucchiata dal corpo.

L'intera esperienza mi ha lasciato mistico e confuso. Cosa mi era appena successo? Mi ci sono voluti due mesi di ricerche ossessive per capire cosa fosse e da allora la mia vita non è più stata la stessa. Dopo il risveglio della Kundalini, sono stato risvegliato ad una realtà che non sapevo esistesse: la quarta dimensione della vibrazione o dell'energia. Era come in un film di Hollywood sul misticismo e la spiritualità. Mi sentivo come se avessi appena vinto alla lotteria, una lotteria di cui la gente non conosceva nemmeno l'esistenza.

Le esperienze trascendentali divennero uno stile di vita standard, poiché ogni giorno venivo trasformato nella mente, nel corpo e nell'anima. Ben presto fu evidente che la mia coscienza si era espansa e cominciai a percepire la realtà che mi circondava da una fonte molto più elevata. Ho iniziato a vedere il mondo intorno a me dalla prospettiva di Dio, come se fossi in piedi sulle nuvole e guardassi tutto dall'alto come se stessi guardando un modello architettonico. Ora percepivo la Luce in tutte le cose, il che ha dato a tutto ciò che guardavo una trasformazione digitale. Col tempo, ho sviluppato la capacità di vedere i campi energetici delle persone (aura) e di sentire intuitivamente la loro energia dentro di me. Questa esperienza mi ha dato capacità telepatiche ed empatiche che sono state un dono e una maledizione allo stesso tempo.

Anche il mio mondo dei sogni si aprì a una realtà completamente nuova. Iniziai ad avere esperienze extracorporee notturne, in cui volavo in terre strane ma bellissime e mostravo poteri che ricordavano i supereroi dei film. Mi sentivo come se fossi diventato io stesso un supereroe, poiché nessuno di quelli che conoscevo o di cui avevo sentito parlare, a parte Gopi Krishna (di cui avevo letto all'epoca), descriveva questo nuovo mondo in cui ero proiettato. Era lo stesso mondo in cui vivevo prima, ma potenziato dentro di me dall'energia di Luce portata dalla Kundalini. Questa Luce ha rimodellato il mio vecchio Sé e mi ha trasformato in qualcosa di nuovo, migliore, più avanzato.

Ho accettato la chiamata del Divino a imparare tutto e il contrario di tutto su spiritualità, religione, filosofia, psicologia e altri argomenti riguardanti Dio, il Creatore e il destino dell'umanità. Sono diventato ossessionato dallo sviluppo di me stesso in una presenza messianica, poiché sentivo che era la mia vocazione. Come altre persone nella mia posizione, non ho mai cercato di essere l'"Uno", poiché sapevo fin dall'inizio che tutti noi siamo l'"Uno". Siamo tutti Esseri di Luce e abbiamo il potenziale per risvegliare la Kundalini e trascendere questo mondo materiale.

Sapevo che la mia vocazione era quella di essere un messaggero di Dio - il Creatore - e il mio messaggio era la Kundalini. Sono diventato convinto che lo scopo dell'intervento divino, che ha salvato me e mia sorella nel 1992, fosse proprio per questo motivo. Per questo motivo, mi sono allineato completamente a *Ermete Trismegisto*, considerando che gran parte del mio cammino Spirituale era legato ai suoi insegnamenti.

Ermete è anche il Dio messaggero del pantheon Greco e Romano, l'intermediario tra gli Dei e gli uomini. L'unica bacchetta che porta con sé in tutte le sue rappresentazioni pittoriche, il Caduceo, simboleggia l'energia Kundalini stessa.

Anche se ho iniziato a vivere un'esistenza ultraterrena, ero soggetto a intensi episodi di paura e ansia molto spesso, considerando che tutti i miei Chakra erano stati attivati completamente dopo il risveglio della Kundalini. Mi sentivo benedetto per aver avuto il risveglio, ma poiché spesso dovevo affrontare paure e ansie incredibili, mi sembrava anche una rovina. Inoltre, venni a sapere che anche altre persone che si erano sottoposte a un risveglio Kundalini completo, come il mio, stavano vivendo questa esperienza. Purtroppo, questa arma a doppio taglio era qualcosa con cui tutti dovevamo imparare a convivere e a sopportare. Tuttavia, non volevo accettarlo. Se c'è una volontà, c'è un modo, pensavo. Ogni problema ha una soluzione. *Il Kybalion* me lo ha insegnato. Così ho deciso di aiutarmi a tutti i costi e ho iniziato a cercare vari modi per farlo.

Nel giro di un anno dal risveglio della Kundalini ho provato molte pratiche spirituali diverse, dallo yoga alla meditazione trascendentale, alle pietre preziose (cristalli) e altro ancora. Per farvi capire quanto fossi disperato, mi sono persino iscritto a Scientology per un mese e ho praticato il loro metodo per diventare "clear". Ma, purtroppo, nulla sembrava funzionare per me. Avevo ancora paura e ansia nel cuore che mi debilitavano quotidianamente e una forte vibrazione nelle orecchie che mi dava molto fastidio e mi teneva sveglio tutta la notte. Avevo quasi perso le speranze, finché il mio Sé Superiore non mi condusse alle porte di un'antica scuola misterica: la *Golden Dawn*. Di conseguenza, la *Magia Cerimoniale*, da loro praticata, sembrava la possibile soluzione al mio problema.

MAGIA DELLA GOLDEN DAWN

Sono entrato a far parte dell'Ordine Esoterico della Golden Dawn nell'estate del 2005 per aiutarmi a risolvere i problemi emotivi e mentali che mi affliggevano. La Magia Cerimoniale prevede l'uso di esercizi rituali per invocare energia nell'Aura. Ho approfondito il sistema Ermetico della Golden Dawn fin dall'inizio. Man mano che progredivo attraverso i diversi gradi o livelli, lavoravo con le energie Elementali, che corrispondono ai Chakra.

I Cinque Elementi Terra, Acqua, Aria, Fuoco e Spirito sono collegati ai Sette Chakra. I primi quattro Chakra corrispondono agli Elementi Terra, Acqua, Fuoco e Aria, mentre gli ultimi tre Chakra superiori appartengono all'Elemento Spirito. Le energie Elementali corrispondono a diverse parti della psiche, come emozioni, pensieri, ragione, forza di volontà, immaginazione, memoria, intuizione, ecc. Il lavoro con gli Elementi mi ha permesso di mettere a punto quelle parti di me stesso, necessarie per integrare la nuova coscienza espansa.

Le energie che invocavo attraverso la Magia Cerimoniale divennero proprio lo "strumento" che cercavo dopo il risveglio della Kundalini. Mi hanno permesso di ripulire la mia Aura e i miei Chakra dalla negatività che mi affliggeva. Inoltre, invocare gli Elementi attraverso la Magia Cerimoniale mi ha permesso di liberarmi più rapidamente dell'energia karmica, perché ha rimosso ogni paura e ansia da dentro di me. Non solo, ma mi ha anche permesso di sviluppare diverse parti del Sé e di realizzare il mio pieno potenziale.

La Magia Cerimoniale è un potente strumento per combattere l'energia karmica e purificare il vecchio Sé, l'Ego, il cui uso permette alla Volontà superiore dello Spirito di avere la precedenza sulla coscienza. Ciò che ostacolava l'esperienza della nuova energia spirituale risvegliata era il mio ricordo di chi ero, il cui fondamento è la mia percezione degli eventi passati. L'Ego elabora la realtà in termini dualistici, accettando alcuni eventi come buoni e altri come cattivi, lasciandoci incatenati a una perpetua ruota karmica, in continuo movimento.

I brutti ricordi sono bloccati all'interno del Sé e generano attaccamento all'Ego attraverso il dolore emotivo e la paura. Possiamo accedere alla carica emotiva dei ricordi invocando gli Elementi attraverso la Magia Cerimoniale, portandoli in superficie dal subconscio per "liberarli" attraverso l'integrazione e l'evoluzione. Di conseguenza, l'energia potenziale immagazzinata nei Chakra sotto forma di Karma si libera nuovamente nell'Universo, ripristinando lo stato di purezza iniziale.

Dopo aver visto gli effetti positivi che ha avuto su di me in poco tempo, mi sono innamorato del sistema della Golden Dawn. Avevo persino costruito un Tempio personale a casa mia, dove praticavo quotidianamente la Magia. Oltre al processo di *Alchimia Spirituale* che stavo seguendo con gli Elementi, ho anche appreso molti argomenti esoterici della Golden Dawn, tra cui la Qabalah, l'Albero della Vita, i *Tarocchi*, l'Astrologia, l'*Ermetismo* e molto altro.

Mi sono trasformato in un maestro di rituali praticando quotidianamente l'arte della Magia Cerimoniale per poco più di cinque anni. Durante questo periodo, sono stato iniziato a tutti i gradi dell'Ordine Esterno della Golden Dawn, che corrispondono ai Quattro Elementi. In seguito, ho continuato il mio viaggio magico per conto mio, lavorando con esercizi rituali di livello Adepto corrispondenti all'Elemento Spirito e oltre.

Con il trasferimento nella mia casa, il mio primo Tempio si è trasformato in uno spazio abitativo condiviso, permettendomi di costruire un secondo Tempio più elaborato per commemorare il mio cammino solitario di Magi. Di conseguenza, questo cambiamento è avvenuto quando il Tempio comune di Toronto è crollato, lasciando molti compagni della

Golden Dawn senza una casa. Il Divino mi ha chiesto di aprire loro la mia casa e di usare la mia conoscenza avanzata e la mia esperienza rituale per guidarli. E così, per la prima volta, lo studente divenne il maestro.

Ho fatto da mentore a un gruppo di una dozzina di ex membri della Golden Dawn che venivano a trovarmi settimanalmente per gli insegnamenti e i rituali di gruppo che conducevo. Ho anche incontrato nuovi amici per strada che erano cercatori di Luce e che cercavano i miei insegnamenti della Golden Dawn. Alcuni di loro erano individui risvegliati dalla Kundalini che avevano bisogno di aiuto come me alcuni anni fa, quando brancolavo nel buio in cerca di risposte.

Mentre il mio percorso nella Golden Dawn giungeva al culmine, ho praticato altre discipline spirituali che prevedevano l'invocazione di Dei e Dee, in particolare dei pantheon Hindu e Voodoo. Volevo sperimentare le loro energie attraverso l'esecuzione dei loro esercizi rituali e confrontarli con quanto avevo appreso attraverso la Magia Cerimoniale.

Sono entrato nella *Massoneria* anche per le sue radici ermetiche e, nel giro di due anni, ho raggiunto il massimo grado di Maestro Massone nella Loggia Blu. Ero uno scienziato dell'arte della Magia rituale il cui laboratorio è il mondo invisibile dell'energia e cercavo di trovare punti in comune nelle diverse tradizioni spirituali e religioni.

Grazie al mio lavoro e alle somiglianze nei nostri percorsi, ho allineato la mia vibrazione con un precedente membro dell'Ordine della Golden Dawn, il famigerato *Aleister Crowley*. Egli mi contattava spesso in sogno per impartirmi insegnamenti criptici nel suo stile shakespeariano.

Ho praticato la *Magia Sessuale* con la guida di Crowley per oltre un anno e ho usato la *Magia Enochiana* e i *Trenta Aetr* per "attraversare l'abisso". Attraversare l'Abisso è un processo che implica l'elevazione della coscienza oltre il piano mentale della dualità, dove si manifestano la paura e il dolore, verso il piano spirituale dell'Unità. Una volta fatto questo, mi sono integrato completamente con l'energia dell'amore incondizionato nel Piano Spirituale e la mia coscienza si è allineata in modo permanente con il mio Corpo Spirituale.

Questa conquista spirituale mi ha permesso di trascendere completamente la paura e l'ansia che mi affliggevano dal risveglio della Kundalini. I miei pensieri non avevano più alcun potere emotivo su di me e ho superato il mio Karma negativo. Così, il mio viaggio con la magia rituale si è concluso, permettendomi di concentrarmi solo sulla mia energia Kundalini da quel momento in poi.

SECONDA ASCESA DELLA KUNDALINI

All'inizio del 2010, sei anni dopo il mio primo risveglio Kundalini, ho avuto un'altra intensa ascesa Kundalini. Non è stato potente come il primo risveglio, poiché si è trattato di un'attivazione unica nella vita. Tuttavia, con mia grande sorpresa, l'energia della Kundalini è salita attraverso la spina dorsale fino alla Corona e ha espanso ulteriormente la mia coscienza.

Credo che il duro lavoro svolto con la magia e il fatto di non invocare più energie esterne nella mia Aura abbiano stimolato la mia Kundalini a riattivarsi e a rimuovere eventuali blocchi che avevo dopo il risveglio iniziale. Forse non ho risvegliato tutti i petali del Sahasrara Chakra durante il risveglio iniziale della Kundalini e questo secondo risveglio è servito ad aprire completamente il Loto della Corona. In questo modo ho completato il circuito dell'energia Kundalini e ho aperto un nuovo Chakra essenziale nella parte posteriore della testa, chiamato Bindu.

All'inizio, ho subito un fuoco molto intenso dentro di me, che era più insopportabile che mai. L'ingestione di cibo divenne un problema, poiché rendeva il fuoco più forte, così persi venti chili il primo mese dopo la seconda ascesa. Tuttavia, ho percepito un senso di coscienza ancora più elevato e le mie capacità psichiche si sono intensificate. La cosa più importante è che ora ho iniziato a funzionare solo grazie all'intuizione e mi trovavo in un costante stato di ispirazione che è impossibile descrivere. La parola "epico", che oggi viene usata a casaccio, è quella che uso per descrivere meglio come mi sentivo e mi sento tuttora.

Insieme a questa costante ispirazione, ho iniziato a sentirmi fuori dal mio corpo nella vita di veglia e sono cominciate a verificarsi cose strane. Ho avvertito un intorpidimento in tutto il mio corpo fisico, che è diventato una parte permanente della mia vita. Quando applico un impacco di ghiaccio sulla mia pelle, non sento il freddo, ma la sento completamente intorpidita. Lo stesso vale per qualsiasi altra parte del mio corpo fisico. È come se la Kundalini avesse dato al mio corpo un'iniezione permanente di novocaina, un agente intorpidente.

Un sentimento trascendente ha pervaso il mio cuore e il fuoco, che all'inizio era impetuoso, si è raffreddato fino a diventare energia calmante e amorevole. Ho iniziato ad avere esperienze mistiche ogni volta che mettevo su una canzone che mi piaceva, perché la mia coscienza si perdeva in pochi secondi di attenzione. Mi sono innamorato della musica dei film epici e mi sembrava che suonasse solo per me, perché ogni azione che facevo ora mi sembrava gloriosa.

Raggiunsi l'apice di questa esperienza di risveglio della Kundalini e, man mano che portavo il Prana nel mio sistema attraverso il cibo, la mia coscienza continuava ad espandersi. Più mangiavo, più mi sentivo bene. Mi ha aiutato la medicina naturopatica, in particolare il complesso di vitamine B, lo zinco, il selenio, la Gaba, la 5-HTP e anche il Saw Palmetto, che ha funzionato bene per trasformare l'energia del fuoco. La paura e l'ansia presenti subito dopo la seconda levata, quando i miei nervi erano in fibrillazione, sono scomparse. Sono state spazzate via dal Prana che stavo accumulando attraverso il cibo e gli integratori che prendevo. Ho riacquistato il peso perduto perché ora vivevo in questo stato di ispirazione perpetua 24 ore su 24, 7 giorni su 7, che è impossibile da descrivere in modo da rendergli il giusto merito.

Il mio nuovo stato d'essere divenne in breve tempo un'esperienza extracorporea permanente. Ho cominciato a percepirmi dall'esterno come un "testimone silenzioso" di qualsiasi azione che il mio corpo fisico stava compiendo. La mia mente è diventata chiara e immobile, e quando ascolto i pensieri all'interno della mia testa, vado verso l'interno e non riesco più a vedermi dall'esterno. In caso contrario, posso vedere le mie espressioni facciali come se la mia essenza si librasse proprio sopra e davanti a me, permettendomi di avere un controllo completo sull'energia che trasmetto al mondo esterno attraverso l'animazione del mio corpo fisico.

Quando sono fuori di me, provo un'estasi e un'unità completa con tutte le cose esistenti. Ora percepisco il mondo intero come un'immacolata simulazione digitale, un ologramma, un'illusione di Maya. Sento una vibrazione costante all'interno della mia testa, come se fossi collegato a una presa elettrica, e il mio sistema energetico sta generando una notevole quantità di bioelettricità.

Questo nuovo stato in cui mi trovavo ha dato inizio a un processo di eliminazione della memoria, in cui ho perso completamente il contatto con l'ego e ho percepito vecchi ricordi nell'occhio della mente, che mi sono apparsi in modo casuale nel corso della giornata. Questo processo sembrava infinito e si verificava continuamente. Mi trovavo in uno stato ispirato di Essere, funzionando pienamente grazie all'intuizione ed essendo presente nell'"Adesso". Potevo percepire i miei pensieri come schemi d'onda nell'Occhio della Mente, mentre mi sintonizzavo con il suono. Mi sono presto reso conto che il suono è il più metafisico dei cinque sensi. Potevo vedere le immagini del pensiero dietro il suono nella maggior parte delle cose che sentivo, il che era ed è tuttora molto trascendentale.

Anche se non mi associo a nessuna religione, credo che ogni Sacra Scrittura contenga un fondo di verità. Per questo motivo, ho trovato molti riferimenti tra il processo di risveglio della Kundalini e gli insegnamenti di Gesù Cristo. Pertanto, credo che il mio nuovo stato d'essere sia il *Regno dei Cieli* e la "Gloria di tutto il mondo" di cui parlava. Ho capito che, come molti altri Saggi e Adepti della storia, Gesù, ebbe un risveglio della Kundalini che gli ha permesso di raggiungere questo alto stato di coscienza superiore e di condividere poi le sue esperienze e i suoi insegnamenti con gli altri affinché si risvegliassero a loro volta.

ESPRESSIONI CREATIVE

Con questo ritrovato stato d'animo, la mia creatività si è espansa mille volte e ho sentito la chiamata a esprimermi creativamente attraverso diverse arti. Così ho iniziato a dipingere, considerando che la pittura è stata una parte importante della mia vita fin dall'infanzia. Per la prima volta, ho sentito la vocazione di iniziare a dipingere in forma astratta e di lasciare che la mia nuova creatività guidasse la mia mano.

Nei due anni successivi ho dipinto molte opere. Non mi sono mai preoccupato di pianificare il soggetto dei miei dipinti, ma ho lasciato che venissero naturalmente. Il mio obiettivo era sempre quello di essere in uno stato di espressione e il mio processo consisteva nell'applicare automaticamente diversi colori finché non vedevo immagini deboli sulla tela. Poi mi concentravo su di esse e le facevo emergere ulteriormente.

Spesso mi trovavo a dipingere paesaggi diversi, che ritenevo luoghi reali della Terra. La mia coscienza si proiettava in questi paesaggi e li sperimentava come reali mentre ero immerso nel processo di pittura. Dopo aver terminato la sessione, questo processo di pittura continuava nel mio Occhio della Mente quando chiudevo gli occhi. Andava avanti per circa un'ora in automatico, facendomi credere che stavo canalizzando alcune immagini e forme dall'esterno di me stesso.

Mi sono sentito attratto dalla musica, così ho iniziato a cantare in un gruppo circa un anno dopo la seconda ascesa. Ho anche iniziato a scrivere testi e poesie ispirati alla Kundalini che sgorgavano da me senza sforzo. Ho scoperto che mi veniva naturale esprimermi attraverso la musica e le parole e, poiché ora ero così in sintonia con il suono, il tempo volava quando "facevo jamming" con gli amici.

Ho anche fatto un tentativo con la commedia e il doppiaggio, poiché ho scoperto di essere in grado di imitare gli accenti culturali imitando la loro vibrazione di coscienza. Tuttavia, divenne presto evidente che queste espressioni creative erano il tentativo della mia Anima di trovare il modo definitivo di comunicare il mio nuovo stato di Essere. Per questo motivo, ho abbandonato le arti visive, la musica e la commedia per dedicarmi alla scrittura. Sapevo che il mio destino era quello di diventare non solo un'incarnazione della Luce, ma anche un suo emissario.

Ho iniziato a scrivere articoli per newsletter spirituali e blog online sulla Kundalini e sul potenziale energetico umano. Inoltre, ho tenuto conferenze in programmi radiofonici online sul potere della Magia Cerimoniale come chiave per la purificazione quotidiana dei Chakra e per elevare la coscienza oltre la paura e l'ansia sperimentate dagli individui risvegliati dalla Kundalini. Mi stavo esponendo come Adepto dei Misteri Occidentali e della Kundalini. Il mio ruolo di insegnante su questi temi si consolidò sempre di più.

Tuttavia, prima di poter prendere completamente le redini della mia direzione spirituale, dovevo superare un'altra prova, che si presentava come un'allettante opportunità unica nella vita. Dopo aver abbandonato la pratica quotidiana della Magia per alcuni anni, il Capo Adepto della Golden Dawn mi ha riavvicinato offrendomi di guidare il mio Tempio ufficiale qui a Toronto. Era consapevole del duro lavoro che avevo svolto all'interno dell'Ordine, soprattutto per aver organizzato e fatto da mentore a un gruppo di studenti della Golden Dawn senza una casa spirituale, una volta che il Tempio di Toronto era andato in rovina. La carota che mi pendeva davanti era il titolo di Grande Imperatore del Canada all'interno dell'Ordine, il che significava che avrei dovuto supervisionare tutti i Templi o santuari esoterici della Golden Dawn esistenti in Canada.

All'inizio, l'idea mi ha entusiasmato e ho accolto l'opportunità a braccia aperte. Potete biasimarmi? Ogni aspirante Mago Cerimoniale sogna di guidare un giorno il proprio Tempio e di supervisionare gli affari di tutti i Templi dell'intero Paese. Pensate al potere e alla fama di questa posizione. Migliaia di persone mi venererebbero. Gli uomini vorrebbero essere me e le donne vorrebbero stare con me. Così il mio Ego pensò a queste possibilità e se ne rallegrò. È tutto ciò che ho sempre desiderato, non è vero?

E così, per un po' di tempo, ho portato avanti questa iniziativa. Organizzai le poche persone di Toronto e iniziai a far loro da mentore. Nuovi potenziali membri cominciarono a chiamarmi e ne incontrai alcuni per chiedere loro di unirsi al gruppo. Lo feci per circa sei mesi, costruendo lentamente il santuario, che alla fine sarebbe diventato un Tempio a tutti gli effetti. Tuttavia, più mi impegnavo in questa impresa, più mi accorgevo che il mio cuore non ci stava. E giorno dopo giorno, questo divenne sempre più un problema per me.

Vedete, quando si tratta del viaggio spirituale, per me non si è mai trattato di potere, fama, donne o altro. Si trattava di trovare il mio scopo e di perseguirlo fino in fondo. Dopo tutto, non ho mai scelto di avere il risveglio della Kundalini; è stato determinato per me da un potere superiore. Fin dall'inizio del mio viaggio nella Magia Cerimoniale, sapevo che la Golden Dawn era sempre un mezzo per raggiungere un fine e non il fine in sé.

Il mio obiettivo finale, il mio scopo e la mia chiamata definitiva erano di essere un leader nel campo della scienza Kundalini, non dell'Ordine della Golden Dawn. E nel mio cuore lo sapevo. Ora che avevo la seconda ascesa e avevo raggiunto l'apice del processo di trasformazione, sapevo che dovevo continuare ad andare avanti senza essere ostacolato da influenze esterne. Dovevo concentrarmi unicamente sull'energia Kundalini e lasciare che mi parlasse e mi guidasse verso il mio scopo finale. Così, ho scelto di andare avanti. Continuare a scoprire. Continuare a scrivere nel tempo libero e lasciare che il mio vero scopo si consolidi nel tempo.

CERCANDO IL MIO SCOPO

Sono passati tre anni, durante i quali ho vissuto molti cambiamenti e sviluppi nella mia vita personale. Mi sono fidanzato per la seconda volta e questa è stata forse la mia più grande sfida fino ad oggi, perché mi ha costretto a tirare fuori tutti i miei desideri temporali e a sacrificarli sull'altare della rettitudine per integrare questo livello superiore di coscienza. La mia natura etica e morale si è rafforzata e, con il tempo, ho imparato a funzionare sostenendo virtù superiori anziché desideri personali. La mia perseveranza nel superare queste sfide e nell'assumere il dominio sul mio Ego mi ha portato ad un livello superiore in cui parlavo "la lingua" e camminavo "la via".

Dopo la fine del mio secondo fidanzamento, ho cercato l'anima per un anno, fino a quando mi sono trasferito in una casa a Exbury St. Un nome appropriato, poiché è qui che avrei seppellito il mio vecchio Sé per sempre, permettendomi di trovare finalmente il mio scopo. Durante questo periodo, ho smesso di fumare marijuana, la mia amante di sempre, ma una distrazione enorme. Dopo la marijuana, il bere e le sigarette si sono fermati completamente, così come il mio desiderio di fare festa. Questi sacrifici hanno posto le basi per qualcosa di straordinario, ma tutto ciò di cui avevo bisogno era un catalizzatore che mi spingesse attraverso la porta: mio padre.

Era l'ottobre del 2016, esattamente dodici anni dopo il risveglio della Kundalini. Un numero appropriato, dodici, che rappresentava il completamento di un grande ciclo nella mia vita. A quel tempo avevo scritto una dozzina di articoli per newsletter Spirituali e blog online, ma era solo un hobby, qualcosa che facevo nel tempo libero. Tuttavia, per la prima volta stampai il mio ultimo articolo e lo portai a mio padre per avere la sua opinione, senza sapere che la sua reazione avrebbe cambiato la mia vita. Vedete, mio padre è una persona molto difficile da impressionare se sei una persona normale, ma se sei io, il suo figlio combinaguai, è quasi impossibile. Fino a quel momento.

Lo guardò e lo mise giù, ridacchiando, dicendomi di non giocare con lui. All'inizio ero confuso dalla sua reazione, ma poi ho capito che pensava che l'avessi copiato da qualche parte e che ci avessi messo il mio nome. Ho dovuto convincerlo per cinque minuti di fila che l'articolo l'avevo scritto io. Quando finalmente l'ho convinto, la sua compostezza è cambiata; è diventato serio e mi ha detto che ho un dono speciale. Si è chiesto perché spreco il mio tempo con amici e relazioni sentimentali che non sembrano mai funzionare e perché non mi dedico completamente alla scrittura. Le sue parole mi hanno colpito a un livello profondo. È come se qualcosa fosse scattato dentro di me; una ruota ha girato e ha attivato un potere dentro di me che non si sarebbe mai più spento.

Entusiasta di averlo finalmente impressionato, il giorno seguente mi sono svegliato alle sei del mattino e ho iniziato a scrivere. Come nel mio processo creativo di pittura e poesia, non ho pianificato cosa scrivere; ho scritto e basta. Ho lasciato che lo Spirito guidasse le mie mani mentre digitavo al computer per ore. E il giorno dopo ho fatto la stessa cosa. E il successivo, e il successivo ancora. Passarono mesi in cui scrivevo quasi ogni giorno. Alcuni giorni mi prendevo una pausa, dato che mi destreggiavo con il mio lavoro diurno che iniziava alle dieci, ma poi scrivevo per tutto il fine settimana per recuperare quello che avevo perso in quella settimana. Era questo? Avevo finalmente trovato il mio scopo? È questo il motivo per cui la mia famiglia si è salvata dall'essere bloccata in una guerra insensata circa trent'anni fa? È per questo che ho avuto il risveglio della Kundalini, qualcosa che non ho mai chiesto ma che ho abbracciato per tutti questi anni?

Dal 2004 lavoro con i miei genitori nella loro azienda di progettazione architettonica; di conseguenza, lo stesso anno ho avuto il risveglio. Tuttavia, dopo il primo anno di scrittura ossessiva, i miei genitori hanno riconosciuto la mia passione e mi hanno permesso di iniziare a lavorare nel pomeriggio, permettendomi di non perdere più una mattinata di scrittura. La mia intenzione iniziale era di scrivere un libro. Ma con l'aumentare delle informazioni nei tre anni successivi, l'unico libro si è trasformato in quattro opere, ciascuna con argomenti concisi ma correlati, tutti incentrati sul tema della Kundalini.

Le basi di questo libro mi sono state trasmesse dal mio Sé Superiore durante i primi tre anni di scrittura, così come la maggior parte di *The Magus: Kundalini and the Golden Dawn* e *Man of Light*, la mia autobiografia. Il quarto corpo di lavoro riguarda i miei viaggi nel mondo, che sincronicamente sono iniziati anche quando ho iniziato questo processo di scrittura. Questo libro, intitolato *Cosmic Star-Child,* parla delle civiltà antiche e della loro connessione non solo con l'energia Kundalini, ma anche con gli extraterrestri.

Scrivere libri divenne il modo migliore per incanalare informazioni pertinenti dai regni divini e lasciare una traccia permanente. Così ho accettato il mio ruolo di scriba degli dei. Di conseguenza, questo è il titolo del dio egizio Thoth, che è l'equivalente di Hermes. Ora tutto aveva perfettamente senso. Mentre scoprivo il mio scopo e lo perseguivo ogni giorno, trovavo anche un modo per integrare la mia passione per l'arte nei miei libri. Così, ho spezzato il mio tempo libero per scrivere al mattino e disegnare la sera. Così ho trovato il modo di usare l'arte per trasmettere i messaggi spirituali dei miei libri e per valorizzarli, il che è diventato parte integrante del mio lavoro quotidiano.

UN UOMO IN MISSIONE

Anche se ci sono voluti molti anni di purificazione spirituale e di contenimento dei miei desideri più bassi, ho abbandonato il mio vecchio Sé. Il mio scopo appena scoperto, che perseguo ogni giorno, mi ha dato una base su cui costruire una nuova vita. Dopo molti anni di prove e tribolazioni, Dio Creatore ha visto che ero un uomo cambiato, un uomo nuovo di cui ci si può fidare per adempiere al più sacro dei compiti e informare il mondo dell'esistenza e del potenziale dell'energia Kundalini.

È stato allora, all'inizio del 2019, che l'Universo mi ha mandato una compagna di vita, Emily. Dopo un fidanzamento epico a Teotihuacan, in Messico, "la città degli dei", ci siamo sposati l'anno successivo. La terza volta è quella buona, come si dice, ma nel mio caso avevo bisogno di trovare me stesso e il mio scopo prima di potermi finalmente sistemare. Ed Emily completa il mio cammino spirituale in un modo che nessuna donna della mia vita ha mai fatto prima. Averla nella mia vita mi ispira e mi dà la spinta necessaria per mantenere la mia missione di finire i miei libri a tutti i costi.

Avrei potuto continuare a vivere la vita di un playboy, di una rockstar e persino di un ordine occulto. Ma tutte queste opzioni erano limitate e io volevo essere illimitato. Così, invece, ho scelto la strada incerta, inesplorata e umile dell'essere un autore. Ho deciso di percorrere una strada non asfaltata e di spianarla da solo. In verità, l'ho fatto per voi. Per aiutarvi a risvegliarvi come sono stato risvegliato io e per darvi le chiavi della vita e della morte. Il Regno dei Cieli è per tutti noi, non solo per pochi eletti.

Essendo nato come bastardino religioso, so perché sono stato salvato da quella guerra. Non sono nato per prosperare nella divisione, il mondo della dualità in cui viviamo; sono nato per insegnare agli altri l'unità. Il concetto di riconciliazione degli opposti è stato radicato in me fin dalla nascita e il mio nome, Neven Paar, ne è una testimonianza. Sebbene il mio nome rappresenti i Cinque Elementi, i due elementi maschili, attivi, riconciliati dallo Spirito (la V simbolica) con i due elementi femminili, passivi, il mio cognome significa "coppia" in tedesco, a proposito della dualità.

Vedete, io sono un discendente della famiglia Von Paar, che fu conte nell'Impero austro-ungarico centinaia di anni fa. Tuttavia, il mio regno ora è di natura spirituale, il Regno dei Cieli, di cui tutti gli esseri umani sono a conoscenza, non solo pochi eletti. Avendo sperimentato il risveglio della Kundalini e sapendo che ogni essere umano ha questo meccanismo dentro di sé, ci vedo tutti come figli della luce, re e regine del dominio spirituale. Alcuni, come me, sono realizzati, mentre altri sono ancora in uno stato potenziale. In ogni caso, tutti possono liberare questo potere dentro di sé e infiammare il loro essere con la Luce interiore, stabilendo così il loro Regno spirituale sulla Terra.

Questo, credo, è il mio scopo su questo Pianeta. Unire le persone attraverso le mie esperienze e i miei insegnamenti e far sì che vedano al di là della loro religione e della loro razza; far sì che gli altri sappiano che siamo tutti uguali. Siamo tutti costruiti allo stesso modo, con la stessa struttura e le stesse caratteristiche, e le nostre differenze fisiche non cambiano in alcun modo la nostra costituzione. Abbiamo lo stesso Padre e la stessa Madre e siamo uniti dall'energia dell'amore come fratelli e sorelle.

Per questo motivo, mi impegno quotidianamente con un'intensità incessante. Non so perché mi sento obbligato a compiere questa missione, né vedo l'obiettivo finale, ma so che vivo il mio scopo. Sto onorando la Voce Divina che ha salvato la vita della mia famiglia quasi trent'anni fa e di tutte quelle persone che sono morte nel mio Paese a causa dell'ignoranza e dell'oscurità che possono prendere il sopravvento sui cuori e sulle menti delle persone.

Anche se ho gettato le basi per questo libro prima, ho continuato a lavorarci durante la pandemia di Covid, che è iniziata nel dicembre 2019, proprio quando è uscito il mio primo libro. Circa il 30% di questo libro è costituito da conoscenze acquisite durante il mio viaggio di diciassette anni con la Kundalini, mentre il restante 70% si basa su una rigorosa ricerca e contemplazione quotidiana. Pertanto, alcune parti della scienza invisibile del sistema energetico umano che presento qui sono un work in progress che sicuramente aggiornerò per molti anni a venire.

Durante questo progetto biennale, ho aggiunto almeno 100 nuovi libri alla mia già enorme biblioteca domestica, per garantire l'esposizione più completa di ogni argomento, senza scorciatoie. Quindi, dire che ho riversato il mio cuore e la mia anima in questo libro è un eufemismo. E, per quanto sarà un viaggio di apprendimento per voi lettori, è stato un bel viaggio anche per me.

Voglio ringraziare l'amore della mia vita, mia moglie e musa Emily, non solo per aver realizzato la copertina di *Serpent Rising*, ma anche per essere stata la mia modella e aver sopportato le mie instancabili richieste di servizi fotografici improvvisati. Voglio anche ringraziare Daniel Bakov, il mio consulente creativo e redattore di *Man of Light*, che mi ha aiutato a trovare le parole giuste per presentarmi in modo degno ed epico. Un grazie anche ai miei compagni di Kundalions, Michael "Omdevaji" Perring e Joel Chico. Michael mi ha dato molti spunti di riflessione sul vasto e intricato argomento del Tantra e dello Yoga, mentre Joel e io ci siamo confrontati sul ruolo che la cannabis può avere nel processo di risveglio della Kundalini. Infine, un grazie di cuore a mia sorella e ai miei genitori per avermi fatto il dono più grande di tutti, quello di una famiglia amorevole e solidale che non mi ha mai fatto mancare nulla.

Per concludere, ti ringrazio, caro lettore, per aver deciso di unirti a me in questo viaggio in cui esamino l'energia Kundalini, la sua scienza in evoluzione e il quadro filosofico che sta alla base del suo funzionamento. Sono certo che trarrai grande beneficio dalla mia conoscenza ed esperienza e che questo libro risponderà a molte delle tue domande. In questo modo, la vostra evoluzione spirituale sarà favorita, che è l'obiettivo di tutto il mio lavoro. Per accedere alle immagini a colori di *Serpent Rising : The Kundalini Compendium*, visitate il sito www.nevenpaar.com e seguite il link del libro nella navigazione principale. La password per accedere alla pagina è: Awakentheserpent

Fiat Lux,
Neven Paar

*"Un uomo sarà accusato di aver distrutto il tempio e
religioni alterate dalla fantasia. Farà del male alle rocce
piuttosto che i vivi. Orecchie piene di discorsi ornamentali".*

*"... Volerà attraverso il cielo, le piogge e le nevi,
E colpirà tutti con la sua verga".
Si presenterà in Asia, a casa in Europa.
Colui che è stato mandato dal grande Ermes...".*

*"...Alla vigilia di un'altra desolazione quando la chiesa
perversa è in cima alla sua più alta e sublime dignità...
ci sarà uno che nascerà da un ramo da tempo sterile,
che libererà le genti del mondo da un'economia mite e
schiavitù volontaria e metterli sotto la protezione di Marte."*
"...La fiamma di una setta si diffonderà in tutto il mondo...".

–Nostradamus

PARTE I: RISVEGLIO DELLA KUNDALINI

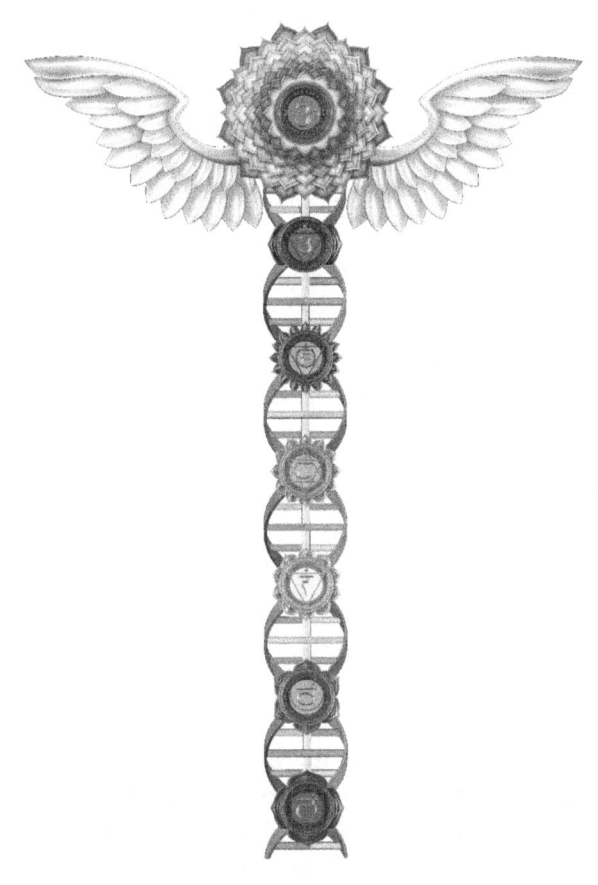

INTRODUZIONE ALLA KUNDALINI

La Kundalini è il più grande segreto conosciuto dall'uomo, eppure pochi sanno cosa sia veramente. La maggior parte delle persone pensa che sia un tipo di Yoga, invece di essere lo scopo di tutto lo Yoga. Alcuni osano addirittura dire che è un tipo di pasta. In ogni caso, in base alla mia esperienza di conversazione con persone a caso sull'argomento, sconosciute, anche se affermano di aver letto molti libri sulla Kundalini e di sapere di cosa si tratta, conoscono solo il 30% della storia. E sono generoso con questa cifra. Questo libro, tuttavia, cambierà tutto questo.

All'interno della copertina ho dichiarato che *Serpent Rising* è "Il Corpo di Lavoro Più Comprensivo al Mondo Sul Potenziale Energetico Umano", e dicevo sul serio. Non era l'ego a parlare. Credo che questa affermazione sia un dato di fatto. E credo che, quando avrete finito di leggere questo libro, sarete d'accordo. Tenete presente che *Serpent Rising : The Kundalini Compendium* è la prima parte della serie. Sono già a buon punto con la seconda parte, che esamina le civiltà e le tradizioni antiche e il ruolo che la Kundalini ha svolto nei loro sistemi di evoluzione spirituale. Inoltre, il mio libro precedente, *The Magus : Kundalini and the Golden Dawn*, sebbene non faccia direttamente parte della serie, contiene una pletora di informazioni sulla Kundalini dal punto di vista dei Misteri occidentali, tra cui la Qabalah e l'Albero della Vita, la cui conoscenza è essenziale per comprendere gli insegnamenti sapienziali.

La conoscenza della Kundalini esiste da tempo immemorabile. Mi riferisco alla profonda comprensione del potenziale ultimo della Kundalini da parte di persone che hanno percorso tutto il cammino del risveglio spirituale. Gli antichi nascondevano i segreti della Kundalini nel simbolismo delle loro tradizioni misteriche, solitamente veicolate attraverso l'arte e la scultura. Questa conoscenza era principalmente tenuta nascosta, riservata a pochi eletti e velata ai profani, così come il metodo antico di trasmettere i misteri esoterici. Il maestro insegnava allo studente dalla bocca all'orecchio. Queste informazioni non sono state scritte fino a poco tempo fa, e anche allora bisognava essere iniziati a una scuola misterica per ottenere i veri segreti.

Nel corso del tempo, sono arrivate persone che sostenevano che era accaduto loro qualcosa di straordinario - Dio li aveva toccati, dicevano. Queste persone hanno risvegliato la Kundalini, di solito per caso, quindi hanno usato il linguaggio più familiare per spiegare questo evento metafisico. Spesso venivano considerati mistici, o addirittura profeti, che mostravano poteri soprannaturali che stupivano le masse. Nel tentativo di descrivere la loro esperienza, si riferivano alla Kundalini con molti nomi: "Forza del Drago", "Potenza del Serpente", "Fuoco Sacro" e altre varianti di questi *Archetipi*.

Ma con il passare del tempo e con l'aumentare delle persone risvegliate, si è creata più confusione che chiarezza su questo argomento. La risposta è semplice. Non è mai esistita un'opera di riferimento abbastanza potente che unificasse tutte le antiche tradizioni, filosofie e religioni riguardanti la Kundalini. Le scuole di Yoga e Tantra, che possiedono le chiavi più complete sulla Kundalini e sul processo del suo risveglio, sono solo un pezzo del puzzle, il più grande, dato che la scienza della Kundalini ha avuto origine da esse.

Questo mi porta al motivo per cui ho scritto questo libro. L'ho scritto in parte per necessità e in parte per desiderio personale. Volevo dare all'umanità le chiavi per comprendere questo argomento così criptico e sfuggente. *Serpent Rising: The Kundalini Compendium* presenta un approccio scientifico alla Kundalini che include lo studio della sua struttura energetica e molto altro ancora, utilizzando un linguaggio semplificato e comprensibile dalla gente, un linguaggio che unisce le scuole di pensiero orientali e occidentali in materia di spiritualità.

Durante la stesura di questo libro, il mio Sé Superiore mi ha guidato nella ricerca da un argomento all'altro, evitando tutte le scorciatoie per collegare i punti e creare l'opera che avete tra le mani. Alla fine, anche se il mio nome è su *Serpent Rising : The Kundalini Compendium*, quest'opera trascende la mia persona. Sono stato solo un tramite per il mio Sé Spirituale che mi ha trasmesso questa conoscenza. Quando avrete finito di leggerlo, capirete tutto quello che vi serve sul tema della Kundalini. E questo era il punto: ecco perché mi ci è voluto tanto tempo per farlo. Per dotarvi delle conoscenze necessarie a informare gli altri sulla Kundalini, in modo che il mondo intero possa conoscere il suo potere e il suo potenziale finale e noi possiamo evolvere collettivamente a livello spirituale.

Vedete, la Kundalini è l'argomento esoterico più critico al mondo. Quando si tratta di evoluzione spirituale, la sua esplorazione è di estrema importanza. Il risveglio della Kundalini permette di realizzare il proprio potenziale spirituale. Il sistema energetico di una persona ha molte componenti, di cui parlerò in dettaglio in questo libro, compreso il modo in cui la Kundalini influisce su ciascuna parte. Il processo di risveglio della Kundalini si svolge sistematicamente nel tempo, comportando un necessario e spesso impegnativo periodo di intensa purificazione che può essere piuttosto meticoloso. Al di là del processo di risveglio e di purificazione in sé, una sfida più significativa consiste nell'imparare a vivere e a operare quotidianamente con l'energia Kundalini e a controllarla invece di esserne controllati, poiché può essere molto volatile.

Discuterò i molti aspetti diversi di come la trasformazione della Kundalini si svolge e influisce sulla vita di una persona nel periodo successivo e chiarirò molti dei malintesi comuni sulla Kundalini e sul processo di risveglio stesso. La mia esperienza di diciassette anni di vita con una Kundalini risvegliata è preziosa per chi si trova nel mezzo del suo viaggio e cerca una guida.

Poi condividerò informazioni preziose sui diversi tipi di risveglio della Kundalini e sul processo di trasfigurazione e la sua tempistica generale. Vi sono sfide comuni lungo il percorso che discuterò, così come suggerimenti e intuizioni per la risoluzione dei problemi del circuito Kundalini quando le cose sembrano "rompersi". Quest'ultima sezione include pratiche e meditazioni efficaci nella zona della testa o intorno ad essa per "dare il via" o riallineare i canali Ida e Pingala, necessari per il buon funzionamento del motore. Queste informazioni cruciali non si trovano da nessun'altra parte. Fin dal mio risveglio, sono stato uno scienziato e un laboratorio in uno. In quanto tale, la mia creatività, il mio coraggio e la mia perseveranza mi hanno portato a trovare soluzioni non convenzionali alle numerose sfide che ho dovuto affrontare lungo il cammino. E sono state molte.

Ci sono una miriade di altri argomenti sulla Kundalini che affronterò per approfondire la vostra conoscenza dell'argomento e per illuminare e riconciliare i molti punti di vista diversi che potreste avere. Da come l'anatomia umana è coinvolta nel processo di risveglio della Kundalini a varie pratiche di guarigione spirituale e ad uno studio approfondito della scienza e della pratica dello Yoga con componenti dell'Ayurveda. Ho cercato di trattare tutti gli argomenti che ritenevo rilevanti per voi e che vi daranno un'idea della Kundalini e di come guarire i vostri Chakra una volta che avete avuto il risveglio. Il mio desiderio di essere il migliore in quello che faccio, il Michael Jordan della scienza della Kundalini, se volete, mi spinge ogni giorno ad ampliare le mie conoscenze per continuare a diventare la principale autorità in materia. Consideratela la missione della mia vita, alla quale dedico tutto il mio tempo.

Come nota finale, poiché si tratta di un libro piuttosto grande, non voglio che vi sentiate intimiditi dalle sue dimensioni, pensando di dover leggere tutto in sequenza. Le sezioni dedicate allo yoga e alle pratiche di guarigione spirituale, per esempio, possono essere lasciate per ultime se desiderate leggere in modo specifico la Kundalini e il processo di risveglio e trasformazione. Poi, quando sarete pronti a lavorare con gli esercizi per guarire i vostri Chakra e bilanciare le vostre energie interiori, avrete tutti gli strumenti per farlo.

Il sentiero dell'iniziato Kundalini è il sentiero del guerriero spirituale. Un guerriero ha bisogno dell'equipaggiamento, dell'addestramento e dell'intuizione adeguati per avere successo. Con questi insegnamenti intendo dotare voi, iniziati, della necessaria comprensione del potenziale energetico umano, affinché possiate raggiungere il successo nel viaggio evolutivo della vostra anima. Sebbene il percorso di risveglio e trasformazione della Kundalini sia difficile, è anche gratificante oltre ogni misura. Cominciamo.

PROCESSO DI RISVEGLIO DELLA KUNDALINI

La Kundalini è un'energia evolutiva alla base della colonna vertebrale (nella regione del coccige) che si dice sia arrotolata tre volte e mezzo nel suo stato potenziale negli esseri umani non risvegliati. Il termine "Kundalini" è di origine orientale, ovvero Yoga e Tantra. In Sanscrito, Kundalini significa "serpente arrotolato".

Una volta risvegliata, la Kundalini risale la colonna vertebrale attraverso le tre Nadi principali, fino alla sommità del capo. Il termine "Nadi" è una parola Sanscrita che si traduce come "tubo", "canale" o "flusso". In poche parole, le Nadi sono canali che trasportano l'energia nel corpo.

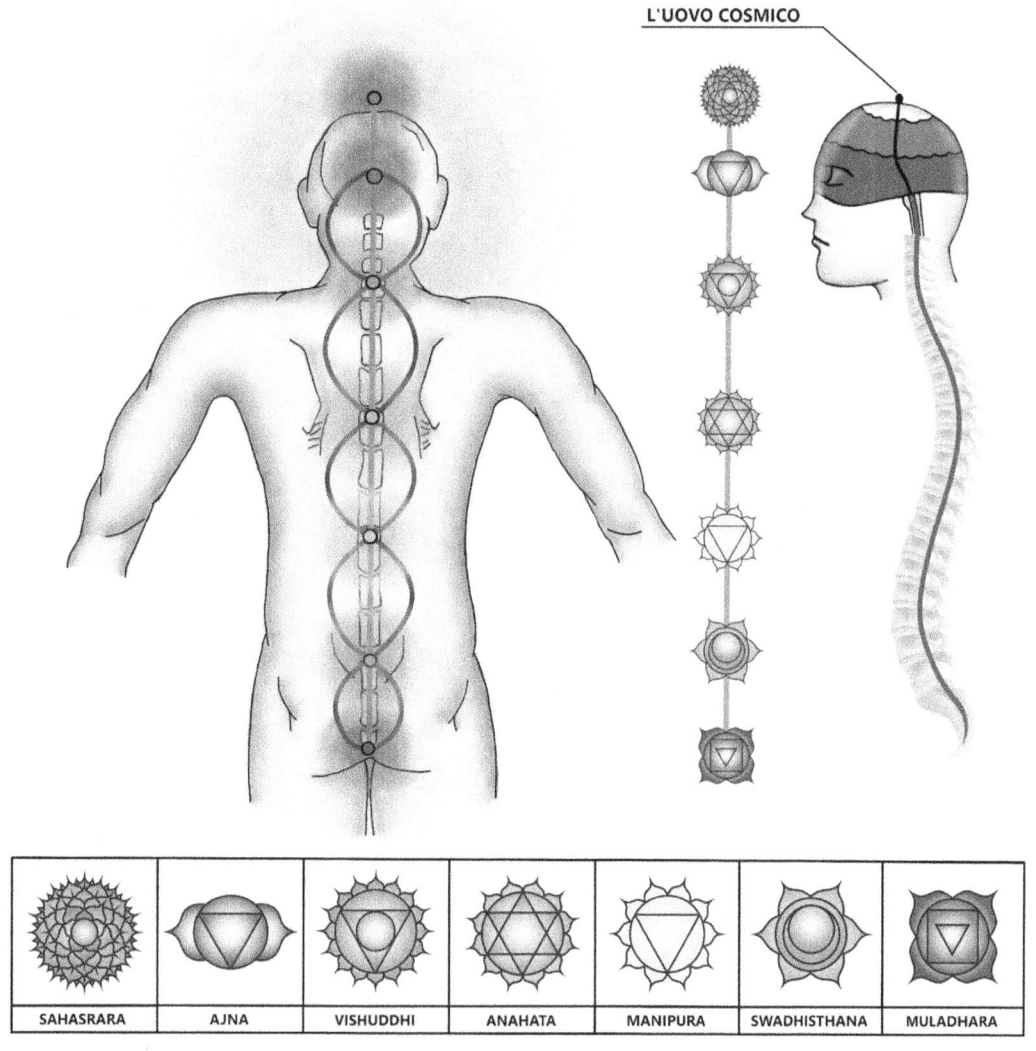

Figura 1: L'Ascesa Della Kundalini e i Chakra

Nella medicina Cinese, le Nadi sono note come Meridiani. La differenza principale tra i due sistemi è che le Nadi non sono definite negli arti, ma solo nella testa e nel tronco centrale, a differenza dei Meridiani. In *Serpent Rising* ci atterremo alla scienza e alla filosofia Yogica delle Nadi e dei Chakra, insieme al modello dei Chakra Transpersonali e a molte delle mie scoperte sui centri energetici e sul flusso energetico del Corpo di Luce.

La Nadi centrale è chiamata Sushumna. È essenzialmente il tubo cavo della colonna vertebrale. Intorno a Sushumna si intrecciano due Nadi accessorie o supplementari, Ida e Pingala. Ida è la Nadi femminile, la Luna, che regola il freddo nel corpo, mentre Pingala è la Nadi maschile, il Sole, che controlla il calore nel corpo. Queste due Nadi rappresentano i principi maschili e femminili contenuti in tutte le cose dell'Universo. In Sanscrito, i canali Ida e Pingala sono spesso indicati come le nadi Chandra (Luna) e Surya (Sole).

Durante il risveglio della Kundalini, l'energia sale simultaneamente attraverso le tre Nadi principali e apre sistematicamente i Chakra dalla Radice della colonna vertebrale fino al centro del cervello (Figura 1). Ida e Pingala si incontrano in questi punti Chakrici e terminano in Ajna Chakra. La Kundalini continuerà a salire verso il centro, in cima alla testa, rompendo l'"Uovo Cosmico", che attiva completamente il Corpo di Luce - il Corpo Olografico. Nella filosofia tantrica, l'Uovo Cosmico è collegato al Brahmarandhra. (Maggiori informazioni su questo argomento in un capitolo successivo).

L'Uovo Cosmico è un contenitore che contiene il Nettare dell'Ambrosia. Una volta che l'energia Kundalini lo attraversa nella sua ascesa verso l'alto, questa Ambrosia viene rilasciata, infondendo le Settanta-Due nadi, che si riferiscono all'attivazione del Corpo di Luce. In questa parte del processo ci si sente come se qualcuno avesse rotto un uovo sopra la testa e il tuorlo (Ambrosia) si riversasse fino ai piedi, coprendo e avvolgendo tutto il corpo.

Sebbene l'attivazione del Corpo di Luce dia la sensazione che il corpo fisico venga caricato elettricamente, l'Ambrosia rilasciata agisce solo a livello sottile. Tuttavia, la persona che vive questo evento si sente come una batteria umana che viene caricata ed espansa all'infinito da una corrente di bioelettricità. Ad esempio, ogni persona risvegliata dalla Kundalini con cui ho parlato e che ha vissuto questa esperienza descrive di essersi sentita intensamente "fulminata" dall'energia della Kundalini.

Attivando il Corpo di Luce, si attivano tutti i Corpi Sottili, compresi il Corpo Spirituale e il Corpo Divino. Esistono infatti numerosi Corpi sottili all'interno del Corpo di Luce. Tuttavia, dopo un risveglio completo della Kundalini, è essenziale allineare la coscienza individuale unicamente con il Corpo Spirituale, poiché esso trascende la dualità della mente.

Nella mia esperienza di risveglio della Kundalini, una volta che le settantadue nadi stavano per essere caricate e attivate, sono sobbalzato dal letto ed ho aperto gli occhi. Quello che ho visto dopo ha cambiato la mia vita per sempre. In primo luogo, ho potuto constatare di persona che il Corpo di Luce non è un'idea o un concetto, ma una cosa reale e tangibile. Quando ho guardato le mie mani, le ho viste fatte di pura Luce dorata, belle da vedere e perfette in ogni modo. Poi, guardando la mia stanza, ho visto il progetto olografico del mondo in cui viviamo. La stanza aveva quello che descrivo come un restyling digitale, con pareti trasparenti e simili a vapore e oggetti che sembravano sospesi a mezz'aria. I colori erano più nitidi, più profondi e più riflettenti. Per chiarire, ciò che ho visto non è stata una visione mentale all'interno della mia testa, ma l'ho visto con i miei occhi fisici.

Esiste una componente del mondo trasparente fatta di pura energia, che occupa lo stesso tempo e lo stesso spazio del mondo fisico, ma con un diverso grado di vibrazione, più vicino allo Spirito. Il risveglio della Kundalini e l'attivazione del Corpo di Luce sono un processo attraverso il quale la coscienza diventa capace di percepire e sperimentare questa realtà. Un altro nome per questa realtà è la Quarta Dimensione, la dimensione della vibrazione o dell'energia. Poiché tutte le cose esistenti sono in movimento vibratorio, questa dimensione è il regno in cui ogni oggetto, pensiero o emozione ha un'essenza quantificabile. Può essere percepita dall'occhio della mente e dalla facoltà intuitiva dell'essere umano.

Una volta completata l'attivazione del Corpo di Luce, l'esperienza non finisce qui. L'energia Kundalini continua a salire verso l'alto. Il passo successivo nel processo di risveglio è l'uscita totale dell'energia dal corpo, attraverso la Corona, portando con sé la coscienza individuale. Questa esperienza porta all'unificazione momentanea della coscienza individuale con la Coscienza Cosmica, il principio di Luce Bianca della Quinta Dimensione, la fonte della Divinità. Una volta avvenuta questa esperienza trascendentale, la coscienza individuale rientra nel corpo fisico, dopo aver avuto la visione della vera natura della realtà. In questo modo, l'uomo diventa Uno con Dio per un breve momento, per poi tornare a terra e raccontare la propria storia.

In alternativa, se l'individuo risvegliato diventa timoroso di unire il proprio Essere con la Luce Bianca, l'energia Kundalini si placa e ridiscende nel Chakra della Radice, Muladhara. In fondo, è comune che le persone che sperimentano un risveglio spontaneo della Kundalini diventino timorose durante il processo di attivazione. Si ha la sensazione di subire una morte fisica a causa dell'intensità dell'energia percepita nel corpo e nella coscienza che viene liberata da esso.

ATTIVARE IL CORPO DI LUCE

L'obiettivo dell'energia Kundalini è attivare il Corpo di Luce e i corrispondenti Corpi Sottili. Quando succede, l'intero Albero della Vita si risveglia nell'individuo e tutti i piani cosmici diventano disponibili come stati di coscienza. Poiché il Corpo di Luce è il veicolo dell'Anima, una volta attivato completamente, l'Anima si libera definitivamente dal corpo fisico. Nel corso del tempo, quindi, l'Anima deve allinearsi con il Corpo Spirituale del Piano Spirituale, dove l'Anima e lo Spirito diventano uno.

Di tutti i Corpi Sottili, il Corpo Spirituale è il più importante poiché, una volta che la coscienza si allinea con esso, l'Anima si eleva oltre il dolore e la sofferenza. Chi riesce a compiere questa impresa si eleva definitivamente al di sopra della propria Ruota del Karma. Il karma è ancora operativo, poiché non si può mai sfuggire ai suoi effetti. Tuttavia, non è più emotivamente influenzato dall'energia della paura che la mente sperimenta vivendo in un mondo duale.

Il Corpo di Luce è il prossimo veicolo di coscienza nel processo di evoluzione umana, poiché permette di percepire e sperimentare pienamente i Piani Cosmici interiori. Tuttavia, il Corpo Spirituale è la guaina o strato trascendentale a cui stiamo cercando di allinearci per essere il nostro veicolo di coscienza mentre viviamo nella realtà di veglia del mondo materiale. È il Corpo Causale del Sistema Orientale - Anandamaya Kosha. È inestricabilmente connesso al Corpo di Luce come massima espressione che la nostra coscienza può incarnare vivendo nella carne. Tuttavia, c'è ancora uno strato più alto, il Corpo Divino, anche se non possiamo sostenerne l'esperienza per un periodo prolungato durante la nostra vita di veglia, a meno che non siamo in profonda meditazione.

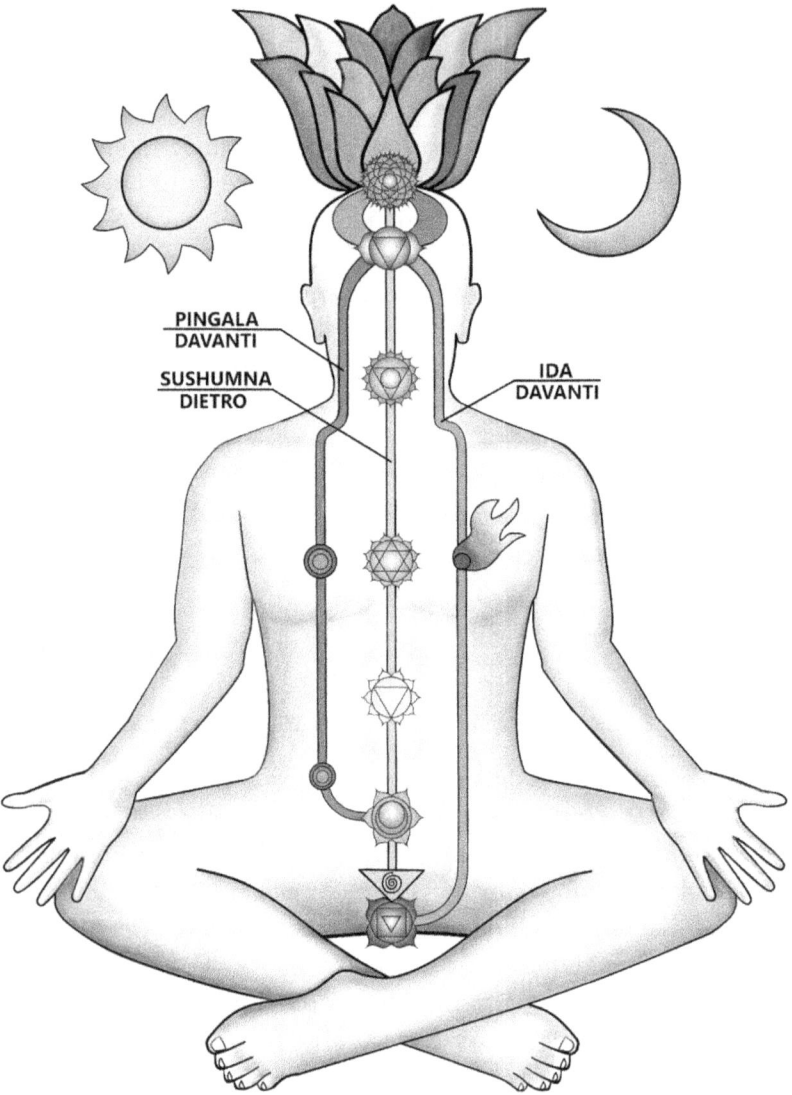

Figura 2: Le Tre Nadi dopo il Risveglio della Kundalini

Il Corpo di Luce è il veicolo di coscienza dell'Anima quando entra nei Piani Interni durante la meditazione e il sonno. I Piani Interni vengono sperimentati attraverso l'Occhio della Mente (Ajna Chakra), uno dei tre Chakra spirituali che si occupano di intuizione e chiaroveggenza. Le esperienze del Piano Interiore più importanti si verificano durante i sogni lucidi, che permettono di essere coscienti quando si sogna e di controllare il contenuto dei sogni. Permette inoltre di esplorare i piani cosmici interni durante gli stati onirici e di vivere incredibili esperienze dell'anima che non si possono riprodurre nella vita reale. In pratica, il sogno lucido vi permette di sperimentare tutto ciò che avete sempre desiderato, senza conseguenze. È uno dei doni spirituali più significativi ricevuti durante il viaggio di risveglio della Kundalini, di cui parlerò in modo più dettagliato più avanti nel libro.

Una volta completata l'attivazione, l'energia Kundalini diventa parte permanente dell'esistenza dell'individuo risvegliato, segnalando un nuovo modo di funzionare e di sperimentare il mondo. La Kundalini, nel tempo, diventa un circuito energetico autosufficiente (Figura 2) alimentato da cibo e acqua che cresce e si rafforza, espandendo ogni giorno la coscienza individuale. Man mano che la normale coscienza di veglia si allinea lentamente al Corpo Spirituale, un processo che può richiedere molti anni, l'individuo risvegliato vivrà nella stessa realtà di tutti gli altri, ma sperimentandola in modo completamente diverso. Questa esperienza di vita è un vero dono del Divino.

DONI SPIRITUALI E POTENZIAMENTI DEI SENSI

Dopo il risveglio, ogni boccone di cibo si trasforma in energia pranica (Forza Vitale) che alimenta il circuito Kundalini ed espande la coscienza, dando luogo a molti tipi di esperienze trascendentali e all'emergere di nuove capacità psichiche. In questo modo, l'individuo risvegliato inizia a funzionare a un nuovo livello di esperienza di vita, all'interno della dimensione della vibrazione o dell'energia. In questa nuova dimensione, sviluppa la capacità di percepire il mondo circostante come un'essenza quantificabile.

Con il tempo, questa capacità appena sviluppata di percepire il mondo attraverso l'energia diventa il modo dominante di navigare nella vita, causando un disinteresse per la mente razionale e pensante. Infine, l'individuo risvegliato inizia a sperimentare il mondo interamente attraverso l'intuizione come modalità primaria di funzionamento, poiché è in contatto diretto con la Luce Interiore e la Verità. L'illusione scompare man mano che la coscienza si allinea con il Corpo Spirituale.

Quando l'illusione (Maya) svanisce, anche l'Ego si dissolve, poiché appartiene al regno della mente razionale e pensante. Il suo impulso diventa sempre meno attivo fino a quando l'individuo risvegliato può funzionare pienamente grazie all'intuizione attraverso la Quarta Dimensione della Vibrazione, o energia. Così facendo, si sintonizza con il dono più prezioso che il Divino ha fatto all'umanità: il momento presente, l'"Adesso", un "regalo" di Dio. Nell'"Adesso", sono collegati ad un campo di tutte le possibilità, che consente loro di rimodellare la propria vita per massimizzare il proprio potenziale. Le persone veramente felici e di successo hanno tutte una cosa in comune: vivono nell'"Adesso".

Le capacità percettive dell'individuo risvegliato, i cinque sensi della vista, dell'olfatto, del suono, del gusto e del tatto, vengono potenziati grazie all'energia Kundalini. Annusare e sentire le cose a distanza diventa una parte quotidiana della loro vita. Possono assaggiare e sentire qualcosa semplicemente osservandola con gli occhi. Grazie al potere della loro mente, possono percepire l'energia degli oggetti che hanno davanti e utilizzare tutti i loro sensi interni. Ciò è dovuto al fatto che Ajna Chakra è ora aperto in modo permanente, attraverso il quale si verificano queste esperienze trascendentali. La realtà viene percepita a un livello molto più alto che in passato.

Ho lasciato per ultimo il senso della vista, perché l'aggiornamento ricevuto è il più sorprendente secondo la mia esperienza. Una volta che la Luce interiore viene risvegliata attraverso l'energia Kundalini, rimodella tutto ciò che si vede e si percepisce visivamente, dandogli una nuova veste. Inoltre, il mondo esterno appare come se fosse dentro la vostra testa, proiettato su uno schermo cinematografico davanti ai vostri occhi (Figura 3). Mi piace usare l'analogia della progressione della tecnologia dei videogiochi per spiegare questo fenomeno visivo, perché è l'unico punto di riferimento che riesco a trovare e a cui le persone possono fare riferimento.

Se avete mai giocato alla prima generazione di videogiochi (come me, che sono cresciuto negli anni '90), vi ricordate come il mondo dei giochi sia stato drasticamente migliorato con il passaggio dalla PlayStation 2 alla PlayStation 3? La grafica è diventata più nitida, più raffinata. Ora immaginate cosa succederebbe se passaste direttamente dalla console Playstation 2 alla Playstation 5 giocando allo stesso gioco. I personaggi e gli ambienti del gioco sono gli stessi, ma il radicale rinnovamento digitale dà vita al gioco in un modo completamente nuovo.

Figura 3: L'Universo Dentro la Testa

Per specificare, tuttavia, questo miglioramento della percezione visiva è meno comune negli individui risvegliati dalla Kundalini, ma è il fattore "wow" più significativo che ho sperimentato nel mio processo di risveglio. Come tale, il mio racconto serve a testimoniare la sua realtà. In effetti, è così raro che su decine di individui risvegliati dalla Kundalini con cui ho parlato dei loro "upgrade", solo uno o due hanno avuto questo particolare.

Ma d'altra parte, non ho mai incontrato nessuno che sia stato testimone della natura Olografica della realtà con i propri occhi. Credo che il mio senso della vista potenziato sia una versione sostenuta di questa stessa realtà. È interessante notare che la teoria dell'Universo Olografico non è un concetto nuovo, ma è sostenuta da importanti astrofisici dei tempi moderni. Alcuni si sono spinti oltre, affermando che potremmo addirittura vivere in una simulazione al computer. Elon Musk, il vero Tony Stark (Iron Man) del 21° secolo, un genio dell'era moderna, una volta ha detto che, per come sta progredendo la tecnologia, c'è una possibilità su un miliardo che NON stiamo vivendo in una simulazione al computer.

Anche se non posso dire con certezza se stiamo vivendo in una simulazione al computer, il mondo ha un progetto Olografico impercettibile per la maggior parte delle persone, che descriverei al meglio come pura coscienza. Non so se questa coscienza pura sia un Ologramma proiettato, ma la possibilità c'è.

Tuttavia, quello che so per certo è che il mondo in cui vivo ora appare come una versione digitalizzata del mondo in cui vivevo prima, ma con una grafica più avanzata. Osservare il centro di una grande città come Toronto di notte, ad esempio, con le sue insegne a LED, le luci brillanti e i colori lampeggianti, è come entrare nel paese delle meraviglie di un videogioco futuristico: un'esperienza che ancora oggi mi lascia senza fiato.

Le due parole che meglio descrivono il mio modo di vedere il mondo esterno sono "Interstellare" e "Intergalattico", poiché ispirano l'idea che il nostro Pianeta sia solo uno dei tanti con vita nell'immensità dello spazio. Ci sono innumerevoli altri mondi che esploreremo a tempo debito e che ci metteranno in contatto con Esseri per noi inimmaginabili. Tuttavia, dobbiamo prima spogliarci della nostra guaina materiale attraverso il meccanismo della Kundalini che il nostro Creatore ha messo dentro di noi per vedere la natura Olografica e nascosta della realtà e sperimentare la nostra vera essenza di Esseri di Luce.

L'ALBERO DELLA VITA E I CHAKRA

Nel mio primo libro, *The Magus: Kundalini and the Golden Dawn,* ho discusso a lungo la tradizione misterica Occidentale e la sua relazione con il sistema Spirituale Orientale. In questo libro, tuttavia, poiché il nostro argomento principale è la Kundalini (un termine Orientale), adotterò l'approccio inverso, attenendomi principalmente ai sistemi Yogico e tantrico, pur facendo riferimento in alcuni casi alla Qabalah e all'Albero della vita.

L'Albero della Vita, la componente principale della Qabalah, è il progetto dell'esistenza. È la mappa del nostro sistema solare e della psiche umana. L'Albero della Vita è composto da dieci Sephiroth (sfere), che rappresentano gli stati di coscienza a cui gli esseri umani partecipano quotidianamente e che danno origine a facoltà interiori come l'intuizione, la memoria, la forza di volontà, l'immaginazione, l'emozione, il desiderio, la logica e la ragione e il pensiero. I Qabalisti sostengono che ogni cosa in natura può essere classificata sull'Albero della Vita, poiché tutte le cose sono in qualche modo collegate al nostro Sistema Solare e alle sue energie.

Il sistema qabalistico si basa sull'energia dei numeri, dei simboli e delle lettere (ebraiche). Le dieci Sephiroth sono collegate da ventidue sentieri, corrispondenti ai ventidue *Arcani Maggiori* dei Tarocchi e alle ventidue *Lettere Ebraiche*. Queste ultime, a loro volta, corrispondono ai cinque elementi, ai dodici zodiaci e ai sette pianeti antichi. Come tale, l'Albero della Vita comprende la totalità delle energie universali, comprese le Costellazioni, che hanno un impatto sulla vita sulla Terra.

La Qabalah, di cui ho una vasta esperienza, è ermetica, ed è per questo che si scrive con la "Q". L'Ermetismo è lo studio del nostro sistema solare e delle energie universali che costituiscono ciò che siamo. Esistono inoltre una Cabala ebraica (con la K) e una Cabala cristiana (con la C): tutti e tre i sistemi hanno però lo stesso fondamento, poiché utilizzano l'Albero della Vita come glifo centrale. Per una descrizione dettagliata di ciascuna delle Sephiroth dell'Albero della Vita e di altri termini rilevanti dei Misteri Occidentali non definiti nel testo principale, consultare il "Glossario dei termini selezionati" in Appendice.

I Chakra hanno avuto origine nell'antica India. Sono stati menzionati per la prima volta nei Veda Indù (1500-1200 a.C.), un ampio insieme di testi sacri contenenti conoscenze spirituali. I Chakra fanno parte di un complesso sistema energetico che descrive diversi aspetti o parti dell'Aura (campo energetico) umana. La conoscenza dei Chakra è stata portata nel mondo occidentale solo di recente, con la crescita della popolarità dello Yoga e in generale delle filosofie New Age.

Gli esseri umani hanno Chakra maggiori e Chakra minori. Tuttavia, i sette Chakra maggiori sono quelli principali che alimentano essenzialmente l'aura. I Chakra minori sono collegati a quelli maggiori e non funzionano in modo indipendente, ma lavorano per svolgere ulteriormente i loro compiti. In questo libro tratterò sia i Chakra Maggiori e Minori che i Chakra Transpersonali.

Chakra è una parola sanscrita che significa "ruota che gira" o "vortice". Il termine "Chakra" è usato per descrivere i centri energetici invisibili lungo la colonna vertebrale e all'interno della testa. Questi centri energetici sono costituiti da un'energia fluente multicolore che ritroviamo nell'Aura. I Chakra alimentano l'Aura e regolano il sistema nervoso, le ghiandole endocrine e gli organi principali. Sono stazioni energetiche centrali che governano l'intero essere umano: mente, corpo e anima.

I Chakra gestiscono e distribuiscono l'energia vitale nei nostri vari Corpi sottili, che sono veicoli di coscienza per i molteplici piani cosmici di esistenza a cui partecipiamo. I Chakra sono conduttori di energia e ogni Chakra ha proprietà diverse, che alimentano ed esprimono il nostro Sé interiore. Sono responsabili del lavoro dei nostri pensieri, delle emozioni, della forza di volontà, dell'intuizione, della memoria e di altri componenti che costituiscono ciò che siamo.

È essenziale capire che i Chakra non sono fisici, ma si trovano nel Corpo di Luce. Rappresentano forze provenienti dai Corpi sottili che si manifestano in uno schema circolatorio in sette aree principali del Corpo di Luce. I Chakra sono spesso descritti come fiori in piena fioritura. Ogni fiore Chakra ha un numero specifico di petali che creano vortici di energia simili a ruote che si irradiano verso l'esterno, in angoli retti orizzontali, mentre il Chakra superiore e quello inferiore (Sahasrara e Muladhara) si proiettano verticalmente. Per aggiungere un ulteriore aspetto floreale, ogni Chakra ha anche un canale simile a uno stelo che si proietta all'interno e si collega al midollo spinale e al tronco encefalico.

I Chakra possono ruotare in senso orario o antiorario, a seconda del Genere del Chakra e del fatto che stia cedendo o ricevendo energia. La velocità di rotazione di un Chakra determina la qualità della sua funzione. Se la rotazione è veloce, sono ben sintonizzati e incanalano più energia di Luce. Se la rotazione è lenta e stagnante, il Chakra è stonato e canalizza meno energia di Luce. In generale, le persone i cui Chakra sono stonati sono allineate più con il loro Ego che con la loro Anima. Per allinearsi con l'Anima ed esprimere le sue proprietà, è necessario avere Chakra ben sintonizzati, poiché l'espressione dell'Anima dipende interamente dalla quantità di Luce che viene canalizzata attraverso i Chakra.

Una volta che la Kundalini è salita in cima alla testa per localizzarsi in modo permanente nel cervello, l'intero Albero della Vita si attiva completamente. La Sephira più alta è chiamata *Kether*, la Corona, in cima all'Albero della Vita. Kether corrisponde al settimo Chakra, Sahasrara. Entrambi sono chiamati "Corona", per la loro collocazione sulla sommità del capo. Kether si riferisce alla Luce Bianca Spirituale che è alla base di tutta l'esistenza fisica.

Al contrario, la Sephira più bassa è chiamata *Malkuth*, il Pianeta Terra, come decima Sephira dell'Albero della Vita, direttamente opposta a Kether. Nel sistema dei Chakra, Malkuth si riferisce al primo Chakra, Muladhara, e all'elemento Terra. Queste due serie di Sephiroth e di Chakra hanno una corrispondenza e una relazione diretta, anche se Malkuth è collocato ai piedi mentre Muladhara è collocato nella regione inguinale. Anche il resto delle Sephiroth e dei Chakra dell'Albero della Vita corrispondono, anche se bisogna avere un'esperienza diretta con entrambi i sistemi per capire come si relazionano. Pertanto, non è così semplice unificare le sfere opposte dell'Albero della Vita per ottenere i sette Chakra, anche se questo metodo funziona matematicamente.

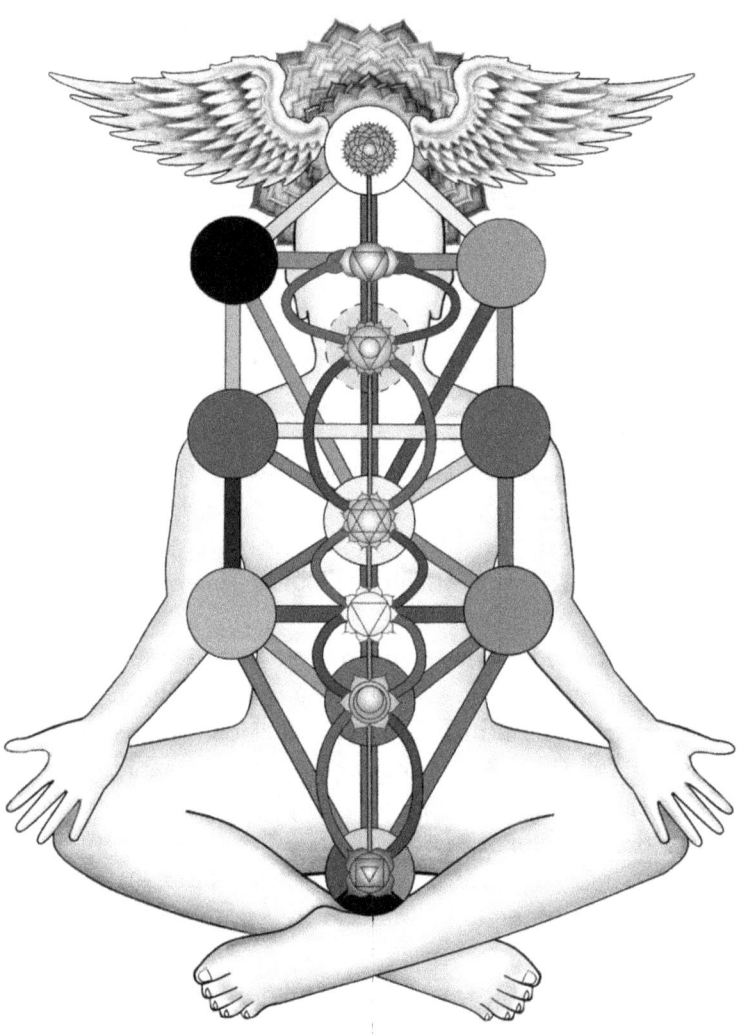

Figura 4: L'Albero della Vita/Sette Chakra/Kundalini

Dopo un risveglio completo della Kundalini, i Chakra (e le Sephiroth dell'Albero della Vita) diventano permanentemente infusi di energia luminosa, attivando i loro stati di coscienza all'interno dell'individuo (Figura 4). I Chakra diventano come lampadine, che emettono Luce a seconda di quanto sono puliti, puri e in sintonia. Per esempio, se c'è molto Karma in un particolare Chakra, esso emette una luce fioca anziché luminosa. È un dovere solenne che avete nei confronti del vostro Creatore pulire i vostri Chakra e rimuovere la negatività da ciascuno di essi in modo che possano risplendere, permettendovi di allineare la vostra coscienza con la vostra Anima.

PURIFICARE I CHAKRA

Karma è una parola sanscrita che significa "azione", "lavoro" o "atto" e fa parte della Legge Universale. Implica che ogni azione è l'effetto di una o più azioni precedenti e causerà una o più azioni future. Il Karma è quindi ciclico e riguarda tutti noi. Poiché la realtà si muove ciclicamente come una ruota che gira, la Ruota del Karma rappresenta l'energia karmica buona o cattiva della nostra vita che si manifesterà in futuro sotto forma di benedizioni o di problemi da risolvere. Il nostro comportamento nella vita determina se abbiamo un Karma buono o cattivo e questo comportamento si esprime attraverso i Chakra.

Ogni Chakra è una fonte di energia per il modo in cui il vostro carattere e la vostra personalità si esprimono nel mondo interiore ed esteriore. Il carattere è insito in voi, in quanto è l'essenza di ciò che siete, mentre la personalità cambia nel tempo. Il carattere è costituito dalle vostre convinzioni etiche più elevate e dalle espressioni della vostra Anima, mentre la personalità si occupa maggiormente delle espressioni dell'Ego e delle sue simpatie e antipatie. Ogni Chakra è un serbatoio di energia per diverse parti del vostro carattere e della vostra personalità, dal modo in cui pensate a ciò che sentite a ciò che vi guida e oltre.

Quando c'è energia karmica in un Chakra, una parte del Sé porta con sé energia negativa, che deve essere elaborata. Pertanto, tutti i Chakra devono essere puliti e ottimizzati, in modo che i vostri pensieri, emozioni e azioni possano provenire da un luogo di amore. Se sono impregnati di energia d'amore, state illuminando il Chakra di quell'espressione del Sé. Pertanto, se siete egoisti, paurosi, lussuriosi, arrabbiati, arroganti, avidi, presuntuosi e così via, significa che dovete lavorare su queste parti del Sé e trasformarle nei loro opposti positivi e amorevoli. Significa che dovete superare il Karma di quei Chakra che esprimono questo comportamento.

L'energia karmica presente in un Chakra può essere un'esperienza molto impegnativa. Rende la vita molto scomoda, impedendo di funzionare come si dovrebbe o si vorrebbe. Per gli individui risvegliati dalla Kundalini, per coloro che non sono preparati a questa esperienza, come lo ero io, l'energia karmica nei Chakra può provocare paura e ansia debilitanti.

Un risveglio completo localizza l'energia Kundalini nel cervello in modo permanente, unendo la mente conscia e quella subconscia. Se nei Chakra è presente energia negativa dormiente, questa inonderà la coscienza sotto forma di pensieri ed emozioni spiacevoli. Dopo l'ingresso della Kundalini nel cervello, non ci si può più nascondere dai propri Demoni (i mittenti dei pensieri negativi), con il risultato di una ricomparsa di punti di vista, credenze e atteggiamenti dannosi nei confronti della vita, che dovranno essere superati. Pertanto, è necessario eliminare l'energia della paura dal sistema, a partire dalla pulizia dei Chakra.

Attraverso la purificazione chakrica, modificherete le vostre convinzioni su voi stessi e sul mondo. In fondo, se volete sperimentare la Luce Divina che è in voi, è necessaria una trasformazione completa del vostro carattere e della vostra personalità. Dovete diventare un Essere Spirituale la cui coscienza ha una vibrazione più alta di prima. Non c'è modo di aggirare l'ostacolo. Per farlo, il vostro Ego deve morire e rinascere. Questo è il concetto di rinascita finale a cui alludono molte religioni, vecchie e nuove. Tuttavia, per le persone risvegliate dalla Kundalini è più di un'idea: è l'unica realtà di cui devono preoccuparsi fino al completamento del processo.

Gli individui risvegliati dalla Kundalini devono imparare chi sono nel profondo, il bene e il male, e accettarsi e amarsi. Una volta entrati nell'intimo, possono bypassare l'Ego ed entrare in contatto con il loro vero Sé, il Sé Superiore dello Spirito. Ma per farlo, devono costruire virtù, eliminare vizi e adattare comportamenti morali ed etici nella loro vita, se vogliono superare la paura e l'ansia che ostacolano la loro stessa esistenza.

Quindi, come vedete, il dono della Kundalini può essere visto come una maledizione all'inizio, se avete avuto un risveglio spontaneo e non eravate karmicamente preparati. Tuttavia, non ci sono scorciatoie per l'Illuminazione e, una volta che il genio è uscito dalla bottiglia, non è più possibile rimetterlo dentro. La Kundalini accelera rapidamente il vostro cammino di evoluzione spirituale, ma per innalzare la vibrazione della vostra coscienza dovete superare l'energia negativa immagazzinata in ogni Chakra. Si tratta di un processo sistematico, che parte dal Chakra più basso, Muladhara, e termina con Sahasrara alla Corona. Poiché l'Ego è presente nel corpo fisico, che è la parte più densa di voi, dovete iniziare da lì e cominciare a staccare gli strati della vostra coscienza, ognuno dei quali è meno denso di quello precedente. Quando arriverete all'ultimo strato, avrete trovato la *Pietra Filosofale*, la Quintessenza, e avrete raggiunto il Sé Superiore del Piano Spirituale.

Il processo verso l'Illuminazione è alluso dalla storia della crocifissione di Gesù Cristo. Una volta morto sulla croce, invece di risorgere (illuminato) subito, dovette passare tre giorni negli Inferi, il regno demoniaco, per diventare il Re dell'Inferno prima di diventare il Re del Cielo. Ecco quindi una metafora di Gesù che deve dominare i suoi demoni, poiché essi gli sbarrano la strada verso l'illuminazione. E lo fece affrontandoli senza paura nel suo cuore, cosa che gli permise di assumere la padronanza su di loro.

Quindi, vedete, quando vi avvicinate ai vostri Demoni interiori con coraggio invece che con paura, togliete loro automaticamente il carburante, poiché si nutrono dell'energia della paura; è il loro sostentamento. Allora potete dominarli e ridare loro le ali, metaforicamente parlando. Quindi, tutti i demoni sono essenzialmente *angeli* non padroneggiati. Tutti possono essere usati a fin di bene se la mente è forte e l'individuo impara a gestire i loro poteri. Per massimizzare la nostra forza di volontà, infatti, dobbiamo dominare il nostro lato oscuro. In effetti, prima di raggiungere il Paradiso, il Regno Spirituale, questo è un prerequisito. Chi ha orecchie per intendere ascolti questo grande mistero della Vita, della Morte e della Resurrezione. È stato accennato in molte antiche tradizioni spirituali prima dell'avvento del cristianesimo.

PRATICHE DI GUARIGIONE SPIRITUALE

Il viaggio verso la rinascita Spirituale è pieno di prove e tribolazioni mentali ed emotive che spesso possono essere estenuanti. Tuttavia, per elevarsi nella coscienza, è necessario superare le energie negative immagazzinate nei Chakra e "illuminarle" prima di sperimentare l'ineffabile bellezza del Chakra della Corona, Sahasrara. La pulizia dei Chakra è inevitabile e se avete scelto di lavorare con loro attraverso una pratica di guarigione spirituale o di permettere alla Kundalini di purificare sistematicamente ogni Chakra nel corso del tempo, dipende solo da voi.

Le pratiche di guarigione spirituale includono, ma non solo, la Magia Cerimoniale, le pietre preziose (cristalli), i Diapason, l'aromaterapia, i Tattva e le pratiche yogiche e tantriche come Asana, Pranayama, Mudra, Mantra e meditazione (Dhyana). Avendo provato la maggior parte delle pratiche di guarigione spirituale, ho scoperto che la Magia Cerimoniale isola meglio ogni Chakra e permette di superare l'energia karmica in ognuno di essi e di sintonizzare il Chakra. Il mio primo libro, *The Magus: Kundalini and the Golden Dawn*, è un intero corso di studi per gli aspiranti Magi e fornisce tutti gli esercizi rituali necessari per lavorare con i Chakra.

Mentre la Magia Cerimoniale è una pratica spirituale occidentale, lo Yoga e il Tantra sono pratiche orientali. Tuttavia, sia in Oriente che in Occidente si praticano la guarigione con i cristalli, la guarigione del suono con i diapason e l'aromaterapia. Sebbene inizialmente si tratti di una tecnica spirituale orientale utilizzata nel sistema yogico, i Tattva sono entrati a far parte delle scuole misteriche occidentali grazie alla loro capacità di connettersi con i Cinque Elementi, il fattore unificante tra il sistema chakrico orientale e il sistema qabalistico occidentale.

Poiché lo scopo di questo libro non è solo quello di dare risposte relative alla Kundalini, ma anche di offrire metodi alternativi di guarigione dell'Aura e dei Chakra con l'obiettivo dell'evoluzione spirituale, ho dedicato l'intera Parte V e la Parte VI alle pratiche sopra menzionate. Ne illustrerò brevemente alcune per darvi un'impressione generale. Naturalmente, esistono altri metodi di lavoro con i Chakra e mi limito a citare i principali con i quali ho una vasta esperienza. Alla fine, ciò che scegliete di fare dipende da voi.

Pietre Preziose (Cristalli)

L'uso delle Gemme, altrimenti dette Pietre Naturali o Cristalli, è una potente pratica Spirituale che esiste da migliaia di anni ed è oggi ampiamente utilizzata dai guaritori energetici. Troviamo prove dell'uso delle Gemme per la Guarigione Spirituale, la manipolazione dell'energia e la protezione praticamente in tutte le culture e tradizioni Antiche. Ad esempio, gli Antichi incorporavano le gemme in gioielli, cosmetici, statue decorative e talismani a testimonianza della loro potente capacità di guarire problemi mentali, emotivi e fisici e di proteggere dalle forze avverse.

Ognuna delle centinaia di Gemme esistenti ha un ampio spettro di proprietà curative. Possiamo usare le gemme per colpire i centri energetici corrispondenti nel Corpo di Luce, per rimuovere i blocchi e aumentare il flusso energetico in queste zone. Sintonizzando e ottimizzando i Chakra attraverso la Guarigione con i Cristalli, anche i corrispondenti Corpi Sottili, compreso il corpo fisico, si ringiovaniscono - Come in Alto, Così in Basso.

Per capire veramente come una Pietra Preziosa influisce a livello fisico, emotivo, mentale e Spirituale, è necessario avere un'esperienza personale con ciascuna pietra. Dopotutto, ogni Gemma si riferisce a uno o più Chakra, ma anche a diversi Elementi, Pianeti ed energie Zodiacali. Pertanto, l'uso delle Pietre Preziose è una pratica praticabile per lavorare sul vostro Microcosmo, la vostra Aura, che può equilibrare le vostre energie e guarirvi a tutti i livelli, se vi ci dedicate. In questo lavoro ho incluso un elenco di corrispondenze tra le Gemme e le tecniche che potete utilizzare per lavorare con esse.

Diapason

L'uso dei Diapason nella Guarigione Sonora è un campo relativamente nuovo, anche se è cresciuto in popolarità grazie alla sua efficacia terapeutica. Si basa sul principio che tutto nell'Universo è in uno stato di vibrazione, compresi i nostri pensieri, le nostre emozioni e il nostro corpo fisico.

Quando l'operatore colpisce un Diapason in una sessione di guarigione, crea un'onda sonora la cui vibrazione viaggia in profondità nell'Aura del paziente, accedendo ai percorsi energetici del suo Corpo di Luce (Nadi) e influenzando la coscienza. Gli usi dei Diapason sono molteplici, tra cui la guarigione del sistema energetico sottile, la regolazione dei cicli naturali del corpo, il bilanciamento del sistema nervoso, il rilassamento dei muscoli e la promozione del sonno.

I Diapason più popolari sul mercato sono quelli che corrispondono ai Chakra maggiori. Poiché ogni Chakra vibra a una frequenza specifica quando è in salute, un Diapason può essere calibrato per risuonare a quella stessa frequenza. Quando viene posizionato sopra o vicino al Chakra, la vibrazione del Diapason invia un'onda sonora che sintonizza il Chakra corrispondente, riportandolo al suo stato vibratorio ottimale. Il processo che permette a due corpi oscillanti di sincronizzarsi l'uno con l'altro quando sono vicini si chiama "trascinamento".

Aromaterapia

L'Aromaterapia è una medicina olistica che esiste da migliaia di anni, fin dai tempi degli antichi Sumeri. Utilizza composti estratti dalle piante che ne catturano la fragranza o il profumo, la sua essenza. Gli estratti vegetali più comunemente utilizzati negli oli "essenziali" dell'aromaterapia vengono generalmente inalati attraverso vari mezzi e metodi, anche se possiamo utilizzarli anche per via topica.

Quando vengono inalati attraverso il naso, gli oli essenziali agiscono sul Sistema Limbico, la parte del cervello che svolge un ruolo nelle emozioni, nei comportamenti e nei ricordi. Inoltre, il Sistema Limbico produce ormoni che aiutano a regolare la respirazione, la frequenza cardiaca, la respirazione e la pressione sanguigna. Per questo motivo, molti oli essenziali hanno un effetto calmante sul sistema nervoso, che li rende utili come precursori della meditazione, della terapia dei Diapason, delle pratiche Tantriche e Yogiche e di altre modalità di Guarigione Spirituale che richiedono il rilassamento. Al contrario, alcuni oli essenziali hanno un effetto energizzante ed edificante e sono ottimi stimolatori di energia quando ci si sente fiacchi ed esauriti.

Ogni fragranza di olio essenziale ha vibrazioni specifiche con proprietà curative che hanno un impatto positivo sulla nostra coscienza. Il loro uso può rimuovere i blocchi energetici nell'Aura, riallineando i Corpi sottili e ricalibrando i Chakra. Inoltre, gli oli essenziali sono ottimi compagni delle pietre preziose e di altri strumenti di invocazione energetica. Sono generalmente sicuri e facili da usare e forniscono un metodo diverso ma potente per guarire la mente, il corpo e l'anima.

Tattva

Lavorare con i Tattva è una pratica orientale che esiste da oltre duemila e cinquecento anni. La parola stessa "Tattva" è un termine sanscrito che significa "essenza", "principio" o "elemento". I Tattva rappresentano i quattro elementi Terra, Acqua, Aria, Fuoco e il quinto elemento Spirito. Ci sono cinque Tattva primari, ognuno dei quali ha cinque Sub-Tattva, per un totale di trenta.

I Tattva sono considerati come "finestre" sui piani cosmici, corrispondenti alle energie dei Chakra. In quanto tali, possono aiutarci a lavorare con i Chakra e l'energia karmica in essi contenuta. Non generano energia di per sé, come le gemme e i diapason, ma sono utili per individuare i piani cosmici interni e lavorare sui Chakra corrispondenti. Secondo la mia esperienza, il lavoro con i Tattva va di pari passo con l'utilizzo dei rituali della Magia Cerimoniale degli Elementi, poiché il tipo di energia di cui si occupano sono praticamente gli stessi.

Il lavoro con i Tattva è simile alla Magia Cerimoniale, in quanto isola ogni Chakra, ma l'energia invocata è meno potente. Tuttavia, alcuni potrebbero preferire il metodo Tattva, poiché permette di lavorare con i Sub-Elementi in modo sicuro ed efficiente. Inoltre, il Tattvas può essere utilizzato in tandem con altre pratiche spirituali presentate in quest'opera, in particolare l'aromaterapia.

Yoga e Tantra

I sistemi Spirituali Orientali di Yoga e Tantra contengono molti esercizi che possono essere praticati singolarmente o all'unisono con altri componenti dei due sistemi. Sebbene Yoga e Tantra condividano le stesse pratiche, le loro filosofie differiscono. Mentre lo Yoga applica le tecniche spirituali per perseguire obiettivi e traguardi particolari (come la realizzazione del Sé o l'illuminazione), il Tantra si concentra sull'utilizzo degli stessi metodi per liberarsi da tutti i desideri, ottenendo inevitabilmente lo stesso risultato dello Yoga. Il Tantra può quindi essere visto come un approccio allo Yoga. È nato come una tradizione di famiglie che si concentrava sull'abbracciare il mondo materiale e mondano invece di trascenderlo, come è l'obiettivo dello Yoga.

Asana è la pratica delle posizioni Yoga in piedi o sedute. L'esecuzione delle Asana comporta numerosi benefici, tra cui la tonificazione del corpo, lo sviluppo della flessibilità e della forza, il bilanciamento e l'armonizzazione delle energie interiori, l'apertura dei Chakra, la rimozione dei blocchi nelle Nadi e il collegamento con la Terra. La pratica delle Asana ha anche un effetto calmante sulla mente, che la rende uno strumento eccellente per combattere l'ansia e la depressione, aumentando le sostanze chimiche "felici" del cervello. Le Asana si praticano insieme agli esercizi di respirazione (Pranayama) e alla meditazione (Dhyana). Le Asana di meditazione, tuttavia, sono un prerequisito per la maggior parte delle pratiche Yogiche, compresi i Mudra e i Mantra.

Il Pranayama è la pratica Yogica della respirazione controllata che porta l'energia pranica nel corpo. Si può praticare indipendentemente o come precursore della meditazione e di tutti gli esercizi di invocazione dell'energia. Per esempio, l'esercizio del "respiro quadruplo" de *The Magus* è una tecnica di Pranayama adattata che funziona bene con gli esercizi rituali della tradizione misterica occidentale. Allo stesso modo, il Pranayama svolge un ruolo cruciale nell'esecuzione di Asana, Mudra e Mantra, poiché la respirazione è la chiave per controllare la mente e il corpo. Gli esercizi di Pranayama contenuti in questo libro sono utilizzati per vari scopi, tra cui il bilanciamento delle energie femminili e maschili, la calma del sistema nervoso, la neutralizzazione dell'energia negativa e la preparazione della mente a sollevare e manipolare l'energia.

I mudra sono gesti o pose simboliche e rituali che generalmente coinvolgono solo le mani e le dita, anche se possono coinvolgere tutto il corpo. Ci permettono di manipolare le energie nel nostro corpo (microcosmo) e di invocare poteri superiori nell'universo (macrocosmo). I Mudra ci mettono in contatto con le forze archetipiche e innalzano la vibrazione della nostra coscienza. Questo libro presenta i Mudra per risvegliare e mettere a punto i Chakra, bilanciare gli Elementi, invocare la pace mentale e persino sfruttare l'energia pranica per risvegliare la Kundalini (Bandhas-Lock Mudra). I Mudra possono essere utilizzati con esercizi di meditazione, Mantra, Pranayama e Asana, in particolare con le Asana di meditazione.

I Mantra Sanscriti invocano/evocano energia mettendoci in sintonia con alcuni poteri presenti in noi stessi e nel nostro sistema solare. Spesso comportano l'invocazione di divinità e Dee Indù o Buddiste in qualche forma o aspetto dei loro poteri. Questo potente metodo per indurre energia nell'aura è stato utilizzato per migliaia di anni dai devoti dei sistemi spirituali orientali. I mantra in genere portano con sé l'energia Karmica dei sistemi rispettivi alle specifiche tradizioni o religioni da cui provengono. Vanno di pari passo con le tecniche di Pranayama, gli esercizi di meditazione e altre pratiche yogiche. Ad esempio, poiché l'energia invocata attraverso i Mantra di solito comprende più di un Chakra, possiamo combinare il loro uso (specialmente i Bija Mantra) con i Mudra delle mani per isolare e guarire efficacemente i singoli Chakra.

Infine, la meditazione, o Dhyana, è una delle discipline più praticate per focalizzare la mente, che troviamo sia nei sistemi spirituali orientali che occidentali. Per esempio, ne *The Magus*, la "meditazione dell'occhio della mente" è un precursore delle invocazioni energetiche perché ci calma efficacemente, facilitando uno *stato alfa* di attività delle onde cerebrali e preparando la mente alle invocazioni rituali. Le tecniche di meditazione prevedono la visualizzazione di un oggetto all'interno, la concentrazione su un oggetto all'esterno o l'uso di Mantra per aiutare a focalizzare la mente. La meditazione ha lo scopo di mettere a tacere l'Ego e di svuotare la mente, portando la guarigione a tutti i Chakra. Aumenta il nostro potere di consapevolezza, rendendoci presenti qui e ora e permettendoci di attingere al campo del puro potenziale. La meditazione si affianca al controllo del respiro (Pranayama).

***

Ho scoperto che gli individui risvegliati dalla Kundalini che scelgono di permettere alla Kundalini di lavorare naturalmente con i singoli Chakra sono spesso lasciati in balia di questa energia che a volte può essere molto dura. Il dolore e l'ansia possono essere così elevati che alcuni hanno perso il controllo completo della propria vita e hanno contemplato il suicidio. Trovare una pratica spirituale per guarire i Chakra vi permette un livello significativo di controllo su questo processo, che può essere molto edificante e darvi la fiducia e la forza per andare avanti nel vostro viaggio. Il processo di risveglio della Kundalini è un impegno che dura tutta la vita. Pertanto, è essenziale rimanere ispirati mentre avviene, per trarne il massimo beneficio e vivere al meglio la vostra evoluzione spirituale.

LA TRASFORMAZIONE DELLA KUNDALINI

È indispensabile parlare di come il funzionamento dei Chakra sia collegato al cervello, considerando che l'espansione della coscienza, che è lo scopo principale del risveglio della Kundalini, avviene all'interno della testa. Risvegliando i sette chakra e portando la Kundalini alla corona, si aprono nuovi percorsi energetici all'interno del cervello, che si sente come se la testa diventasse vuota all'interno. Il cervello subisce un processo di rimodellamento, espandendo la sua capacità dal 10%, che l'uomo medio utilizza, al 100%. Le aree cerebrali inattive si sbloccano, consentendoci di recepire un'enorme quantità di informazioni esterne in una sola volta e di elaborarle. Si tratta di un processo di espansione della potenza cerebrale.

Una volta che l'Uovo cosmico si è aperto, attivando il Corpo di Luce, ci vuole un po' di tempo perché l'energia pranica/di Luce infonda le Nadi e alimenti il nuovo sistema energetico. Questo processo si realizza attraverso il processo di trasformazione del cibo in energia di Luce attraverso il sistema digestivo. Poiché non esiste una parola definita per questo processo, userò "sublimare", poiché implica che una cosa cambia la sua forma ma non la sua essenza. E poiché tutte le cose sono fatte di Spirito e Luce, compreso il cibo che mangiamo, la sublimazione si riferisce alla sua trasformazione da uno stato solido a uno sottile che infonde e alimenta i percorsi energetici del Corpo di Luce. Questo fenomeno è responsabile non solo dell'espansione della coscienza, ma anche dell'induzione di stati trascendentali.

Tuttavia, non sarete in grado di sintonizzarvi pienamente con il Corpo Spirituale (uno dei Corpi Sottili del Corpo di Luce) prima di aver lavorato completamente attraverso i quattro Chakra inferiori e di aver integrato e padroneggiato gli Elementi Terra, Acqua, Fuoco e Aria nella vostra psiche. Per farlo, infatti, è necessario andare oltre l'Abisso, nel regno della Non-Dualità. Così, durante il lungo processo di trasformazione della Kundalini, la vostra coscienza inizia a sintonizzarsi lentamente con *Chokmah* e *Binah*, la seconda e la terza sfera più alta (Sephiroth) dell'Albero della Vita, che corrispondono alle funzioni interiori della saggezza e della comprensione.

In questo libro vi presenterò alcuni archetipi qabalistici e li metterò in relazione con l'Albero della Vita. Sebbene quest'opera sia autonoma, molte delle idee presentate qui proseguono e ampliano le conoscenze presentate in *The Magus*. Dopo tutto, la descrizione dell'energia Kundalini si riferisce alla tradizione misterica occidentale, mentre *Serpent Rising* si riferisce al sistema orientale. Introducendo continuamente nuove idee e concetti, miro al costruire la vostra memoria e la vostra capacità di apprendimento, in modo che il vostro Sé Superiore possa prendere il sopravvento e continuare ad insegnarvi attraverso la Gnosi, la comunicazione diretta con le energie superiori. Prima che ciò avvenga, tuttavia, è necessario che comprendiate a fondo il processo della Kundalini e che conciliate i punti di vista divergenti su questo argomento.

ATTIVAZIONE DI BINDU

Una volta che la Luce nel corpo è stata accumulata con l'assunzione di cibo, il che può richiedere da tre a quattro mesi dopo un evento di risveglio completo della Kundalini, sentirete formarsi una valvola di rilascio in cima alla nuca, che è il Bindu Chakra (Figura 5). La sua posizione è esattamente dove ai bramini cresce il ciuffo di capelli. Bindu è un termine sanscrito che significa "punto" o "puntino", ed è il punto di accesso alla liberazione per la coscienza individuale - la porta verso "Shoonya", lo stato del Vuoto o del nulla. Tuttavia, affinché Bindu si sblocchi, è necessario aver risvegliato completamente il Loto dai mille petali di Sahasrara e la Kundalini deve risiedere nel cervello in modo permanente. Inoltre, se il risveglio è stato spontaneo e non si è preparati dal punto di vista karmico, è necessario aver completato una quantità sufficiente di pulizia dei Chakra.

Il nome più comune del Bindu è Bindu Visarga, che in sanscrito significa "la caduta della goccia", in riferimento al nettare Amrita che secondo il Tantra Yoga fuoriesce dal Bindu. Il nettare Amrita, spesso chiamato "nettare dell'immortalità", viene secreto dal Sahasrara, ma entra nel corpo attraverso il Bindu. L'Amrita e l'Ambrosia sono la stessa cosa e si riferiscono al "Cibo degli Dei", l'"Elisir di Vita" di cui si sente spesso parlare in diverse tradizioni spirituali. Questo nettare nutre il Corpo di Luce e si dice che prolunghi la vita, fornisca sostentamento e svolga un ruolo chiave nello sperimentare la trascendenza dopo un risveglio Kundalini completo e prolungato.

Nel Tantra, il Bindu simboleggia il Signore Shiva, la Fonte della Creazione. Per la sua proprietà intrinseca di riflettere i pensieri della Coscienza Cosmica, questo Chakra viene spesso chiamato Chakra della Luna. Il Bindu è considerato uno dei Chakra transpersonali, quindi non è menzionato nella maggior parte dei libri di Yoga. Nel modello dei Chakra Transpersonali, il Bindu è chiamato Chakra Causale. Esaminando varie scuole di pensiero spirituale, ho scoperto che la posizione di entrambi i Chakra e le loro proprietà e caratteristiche sono identiche.

Il Bindu Chakra svolge una funzione cruciale nel processo di trasformazione della Kundalini. Questo Chakra è il prossimo a risvegliarsi dopo Sahasrara. Serve come porta o canale di energia per i due chakra transpersonali superiori, la Stella dell'Anima e la Porta Stellare. Dopo un risveglio completo della Kundalini, il Prana/Luce inizia a canalizzarsi attraverso il Corpo di Luce appena attivato. Con il tempo, la coscienza viene naturalmente attirata verso il Bindu Chakra, sbloccandolo nel processo. Contemporaneamente si apre il Settimo Occhio, il cui canale ausiliario è fondamentale per sostenere il circuito Kundalini e creare uno stato mentale trascendentale. (di più sul Settimo Occhio nei prossimi capitoli).Una delle funzioni di Bindu è quella di regolare l'energia della Luce e di distribuirla in tutto il Corpo di Luce. Agisce come trasformatore e conduttore di energia. Quando questa energia di Luce aumenta, la vostra coscienza si espande.

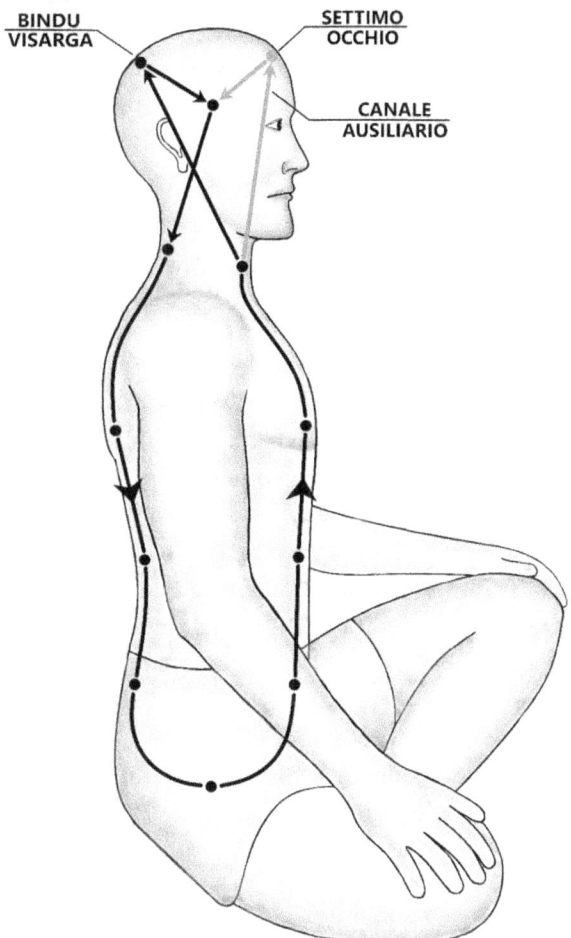

Figura 5: Il Circuito Completo Della Kundalini

Una volta che Bindu è completamente aperto, la vostra coscienza ha accesso diretto al regno della non-dualità, il regno spirituale. Questa esperienza è accompagnata da una sensazione di completo rapimento spirituale nel Chakra del cuore. Iniziate a sentire intuitivamente cosa intendeva Gesù Cristo quando parlava della Gloria di Dio o del Regno dei Cieli e della bellezza di questo regno magico che è il diritto di nascita di tutti gli esseri umani. Il Bindu è la nostra porta d'accesso alla Coscienza Cosmica. Una volta aperto, un sentimento costante di ispirazione entra nella vostra vita. Iniziate a sentirvi come se steste vivendo sul Pianeta Terra, ma emotivamente siete in Paradiso.

Una volta sbloccato nel Corpo di Luce, Bindu, incoraggia le nadi Sushumna, Ida e Pingala a massimizzare la loro capacità di canalizzare l'energia. La Luce di Kundalini fluisce ora attraverso questi canali senza ostacoli, con una velocità mai vista prima, alimentata dal Bindu. L'energia di Luce alimenta i Chakra dell'Aura, consentendo di sintonizzarsi con uno qualsiasi dei piani o regni cosmici interni dell'esistenza. Questi includono i piani Fisico, Astrale Inferiore e Superiore, Mentale inferiore e Superiore, Spirituale e Divino. I piani inferiori a quello Divino corrispondono ai Sette Chakra.

Il Bindu è la valvola di sfogo in cui si incanala l'energia di Luce sublimata che, una volta risvegliata, completa il circuito Kundalini. Unifica i pensieri e le emozioni, permettendoci di sperimentare la completa trascendenza della coscienza. La sua attivazione innalza la vibrazione della nostra coscienza, allineandoci al Corpo Spirituale. Il Bindu funge da buco nero per la coscienza individuale. Entrando in esso, ci uniamo alla Coscienza Cosmica e diventiamo Uno con l'Universo.

Attraverso il Bindu, la coscienza può facilmente lasciare il corpo quando si è assorbiti da qualsiasi forma di meditazione. Una volta che ciò avviene, si iniziano a canalizzare i pensieri della Coscienza Cosmica. È il regno del Piano Spirituale, poiché tutti i pensieri e i sentimenti sono riconciliati nel "Lago di Fuoco" che si trova al suo interno. Questo fuoco attiva il concetto di "Gloria di Dio" come emozione tangibile percepita nel Chakra del cuore e nel cuore fisico. La Figura 5 illustra il movimento della Luce, che è l'energia Kundalini nel suo stato più sublimato.

Nella religione Induista e nel Giainismo è consuetudine indossare un bindi, un punto colorato al centro della fronte. Ciò implica il collegamento tra l'Occhio della Mente (Ajna Chakra) e il Bindu Chakra. In sostanza, raggiungiamo il Bindu Chakra attraverso Ajna, come avviene per il Sahasrara Chakra. Tuttavia, come già detto, non possiamo accedere al Bindu se Sahasrara non è completamente aperto, poiché un allineamento in uno implica un allineamento nell'altro. Gli Indù chiamano il Bindu "punto di creazione", dove tutte le cose sono tenute insieme dall'Unità. Descrivono quindi il bindi come "il simbolo sacro del Cosmo nel suo stato non manifestato".

SRADICAMENTO DELLA MEMORIA

Dopo che il Bindu risvegliato allinea la coscienza con il piano spirituale, il fenomeno successivo nel processo di trasformazione della Kundalini è lo scorrere di ricordi casuali davanti all'occhio della mente. Questo fenomeno deriva dall'intima relazione del Bindu con l'Ajna Chakra e la Ghiandola Pineale. Poiché la mente si ammutolisce sul piano spirituale, i vecchi ricordi riaffiorano per un breve momento, uno dopo l'altro, come onde in un oceano infinito di coscienza. Questi ricordi possono essere recenti, anche se di solito risalgono a un'epoca più antica, fino all'infanzia.

Il Sé usa l'Occhio della Mente per sperimentare questi ricordi passati che il Bindu produce. Per essere precisi, il Bindu li "pesca" dal Chakra Causale, uno dei tre Chakra Transpersonali sopra la testa e che ha un'intima connessione con il Bindu. L'energia d'amore della Quinta Dimensione influenza il Bindu a rilasciare i vecchi ricordi, eliminando così la carica emotiva che li lega ai vostri Chakra.

E mentre questi ricordi scorrono nella vostra coscienza, la psiche viene liberata, un ricordo alla volta.

La componente visiva di vedere questi ricordi casuali che scorrono davanti a voi uno dopo l'altro è accompagnata da una sensazione intuitiva di come si sentivano i ricordi mentre accadevano. In un certo senso, quindi, rivivete queste esperienze da capo. Questa volta, però, il vostro Sé si trova in uno stato neutro, il che significa che non siete più psicologicamente influenzati o emotivamente legati a questi eventi. Ora state operando dal regno della non-dualità, il che significa che l'ego e la mente sono stati bypassati.

Mentre scartate i vecchi pensieri e le emozioni attraverso il Bindu, spesso vi sembrerà di perdere la testa, perché l'Ego si rende conto che il suo controllo sulla coscienza si sta indebolendo. Tuttavia, questo processo di sradicamento della memoria è normale e spesso può continuare per molto tempo. Dopo tutto, l'Ego ha impiegato molti anni per svilupparsi e, con ogni ricordo, si è rafforzato. Ora il processo si sta invertendo, poiché si sta tornando allo stato originale, innocente, prima che l'Ego iniziasse a svilupparsi.

Ora, non si può abolire del tutto l'Ego mentre si vive nel corpo fisico, poiché esso serve a proteggere il corpo da danni immediati. Gesù Cristo, uno dei più straordinari uomini santi vissuti su questo Pianeta, ha vissuto con un Ego per tutta la vita, guidandolo e comandandolo. La sua penultima frase sulla croce fu: "Dio mio, Dio mio, perché mi hai abbandonato?"(Matteo 27:46) Questa frase è stata pronunciata dal suo Ego, che si è manifestato in coscienza negli ultimi momenti della vita di Gesù per chiedere aiuto a Dio sapendo che il corpo fisico stava per morire. Questa affermazione è stata seguita da: "È finita". Questa è l'ultima cosa che il suo Sé Superiore ha detto prima di morire. Ecco un esempio perfetto della dicotomia tra Ego e Sé Superiore e di come ciascuno di essi possa prendere il sopravvento sulla coscienza in qualsiasi momento, a seconda delle circostanze e indipendentemente dall'evoluzione spirituale.

Quindi, vedete, non potete distruggere l'Ego in questa vita. Tuttavia, potete togliergli le grinfie, in modo che l'Anima possa prendere il posto di guida ed essere la vostra forza motrice nella vita, compreso il processo decisionale quotidiano. E poiché non siete più tormentati dalla paura grazie alla sintonia con il piano spirituale, l'Ego non ha più nulla con cui corrompervi. Una parte importante del funzionamento dell'Ego comprende il modo in cui reagisce all'energia della paura e agli scenari fittizi e spaventosi che la mente crea e che l'Ego cerca di evitare che si verifichino. Un'altra parte significativa del modus operandi dell'Ego consiste nell'allettare con pensieri e desideri di occuparsi solo dei piaceri del corpo e dei propri bisogni e desideri. Tuttavia, poiché non siete più legati al corpo e riconoscete l'unicità di tutta l'esistenza, l'Ego ha poco potere su di voi anche in questo senso.

L'esperienza del risveglio della Kundalini vi porterà dalla Terra al Paradiso in un solo decennio, nella maggior parte dei casi. Mentre avvengono questi processi sottili, cercare di razionalizzare ciò che vi sta accadendo è inutile. La stessa facoltà che state usando per razionalizzare le cose viene sradicata dal Fuoco di Kundalini per permettervi di iniziare a operare interamente sull'intuizione. La memoria sembra dissiparsi in questo processo, così come l'impulso a razionalizzare e spiegare tutto ciò che vi accade attraverso la logica e la ragione. Per questo motivo, i concetti di "lasciarsi andare" e "seguire la corrente" fanno parte del processo di trasformazione della Kundalini. Mettendo troppo in discussione il processo con il vostro Ego, ostacolerete il flusso della Kundalini e, a lungo andare, renderete la vostra trasformazione più lunga del dovuto.

Pensate all'analogia di ciò che accade quando si applica il fuoco all'acqua nella realtà fisica: si ottiene vapore. L'Elemento Fuoco è l'energia Kundalini risvegliata, mentre la vostra memoria appartiene all'elemento Acqua, la cui essenza è pura coscienza. Esprimendosi fisicamente come contenuto d'acqua del vostro corpo, l'elemento Acqua comprende oltre il 60% del vostro Sé fisico. Il vapore è la sostanza o i componenti nocivi del vostro Elemento Acqua, i ricordi di chi eravate o pensavate di essere quando si sono verificati questi eventi passati. Tuttavia, questi ricordi non sono altro che illusioni legate al vostro Karma, che offuscano la vostra essenza e impediscono alla Luce interiore di risplendere nel mondo. Con il passare del tempo e con l'azione del Fuoco Kundalini sui diversi Chakra, che li purifica, questi vecchi ricordi vengono estirpati da voi. Questo sradicamento dell'Ego è anche un processo di pulizia dell'Anima. Dopo un po' di tempo, comincerete a vedere onde e schemi energetici nell'Occhio della Mente, come immagini visive risultanti dalle impressioni che il vostro ambiente fa su di voi. Per arrivare a questo punto, però, è necessario purificare molti ricordi personali. Potreste anche vedere ricordi di vite passate, poiché questo processo di purificazione non è legato solo a questa vita. Ricordate che l'Anima, che qui stiamo cercando di purificare ed esaltare, esiste da molte vite.

Man mano che la coscienza si ritira sempre più nel Bindu, si comincia a perdere la consapevolezza del proprio corpo fisico fino a diventare insensibili alle sensazioni del mondo esterno. A un livello superiore di evoluzione spirituale, la coscienza abbandona completamente il corpo, accompagnata dalla sensazione che il corpo fisico venga iniettato di novocaina, un potente antidolorifico e anestetizzante. Si arriva a un punto in cui, se si applicasse un impacco di ghiaccio sulla pelle, non si sentirebbe il freddo ma solo una sensazione di intorpidimento. Per realizzare questo fenomeno vengono rilasciati alti livelli di istamina. Una volta aperti i principali centri cerebrali, vengono rilasciati livelli più elevati di dopamina e serotonina, che contribuiscono a creare uno stato emotivo euforico e beato e una forza di volontà sovrumana.

Questo processo di espansione della coscienza non ha fine. Iniziate a vivere in questa realtà in modo continuativo, poiché il Bindu si alimenta sempre più con l'energia della Luce introdotta attraverso l'assunzione di cibo. Man mano che le sostanze nutritive vengono assorbite dal corpo, la Luce Kundalini che circola all'interno delle nadi cresce in dimensioni e velocità di movimento, espandendo continuamente la vostra coscienza.

METAMORFOSI COMPLETA

Nel processo di trasformazione della Kundalini si iniziano a sperimentare diverse sensazioni fisiche. La prima manifestazione fisica di questi cambiamenti energetici è la sensazione di formiche che strisciano sulla pelle. Alcune persone sperimentano la sensazione di essere colpiti dalle parti del corpo mentre i settantaduemila nadi, o canali energetici, vengono infusi dall'energia pranica. Si può sviluppare una sensibilità all'aria che ci circonda, rendendoci suscettibili di prendere il raffreddore o l'influenza. Ho scoperto che questo fenomeno dipende dal fatto che l'elemento Aria sia dominante nel vostro Tema natale. Ricordate di tenervi al caldo per evitare di ammalarvi se iniziate a sentire l'aria fredda sulla pelle in modo nuovo. Potreste anche iniziare a sviluppare allergie, dato che il vostro senso dell'olfatto si acuisce. Inizierete a sentire particolari profumi come se l'oggetto o la persona fossero di fronte a voi, anche se in realtà potrebbero essere lontani chilometri.

Tutti i processi che ho descritto finora sono interconnessi. Insieme, attivano e sviluppano i poteri del Corpo di Luce in modo che la coscienza possa gradualmente allinearsi alla sua vibrazione e sperimentare la Coscienza Cosmica. Il Corpo di Luce è come un albero i cui rami (Nadis) raggiungono la superficie della pelle dall'interno. Il suo centro è nel Chakra del Cuore, Anahata, l'area centrale del corpo dove si intersecano più Nadi. Questi rami servono come recettori che usano l'aria intorno a loro come mezzo o condotto di comunicazione. Sono antenne che si collegano con i mondi invisibili, i piani cosmici di cui ho parlato in precedenza.

L'ulteriore crescita di questo albero energetico avviene attraverso l'alimentazione del corpo fisico con i giusti nutrienti, vitamine e minerali. Le proteine sono essenziali perché aiutano a costruire il Corpo di Luce. Anche la vitamina C è fondamentale, perché aiuta a regolare le ghiandole surrenali, che si esauriscono durante il processo di risveglio di Kundalini. La paura mette a dura prova le ghiandole surrenali e, poiché si sta vivendo un crollo catatonico, la *Notte Oscura dell'Anima*, la paura si amplifica notevolmente. È quindi fondamentale bere succo d'arancia o altri succhi di frutta contenenti vitamina C per evitare che le ghiandole surrenali vengano danneggiate in modo permanente.

Il processo di trasformazione della Kundalini è uno shock per l'Ego che si sta spegnendo. Di conseguenza, potrebbe emergere un'enorme quantità di negatività dal vostro subconscio. Se avete avuto un risveglio completo e permanente della Kundalini, questo processo inizia subito, poiché è la piena attivazione del Corpo di Luce attraverso la rottura dell'Uovo Cosmico che genera l'inizio di una vita completamente nuova. All'inizio, la nuova vita si scontra con molte sfide uniche, mentre si cerca di dare un senso al processo. Avere una guida adeguata è utile perché vi permette di "lasciar andare" il tentativo di controllare il processo e di lasciare che le cose vi accadano naturalmente.

LUCE E VIBRAZIONI ALL'INTERNO DELLA TESTA

Dopo un risveglio completo della Kundalini, oltre all'energia della Luce sempre presente nel cervello (Figura 6), si avverte anche un ronzio, un suono vibratorio. Questo suono si sente perché l'energia Kundalini è permanentemente localizzata nella testa, il che significa che non si muove più su e giù per la colonna vertebrale, né scende nel Muladhara. Quindi, quello che spesso sembra il ronzio di uno sciame di api può anche essere descritto come il suono di una corrente elettrica o di una radiazione.

Il suono vibratorio si sente meglio all'interno quando il clamore del mondo esterno si placa. Si noterà anche che diventa più acuto quando si introduce cibo nel corpo, poiché la corrente energetica aumenta. Il suono varia dallo stato neutro, che assomiglia al ronzio di uno sciame di api, a un suono più aggressivo, come quello di un motore a reazione, anche se non così pronunciato. Quando diventa più dinamico o più acuto, indica un'attività Kundalini più vigorosa nel Corpo di Luce.

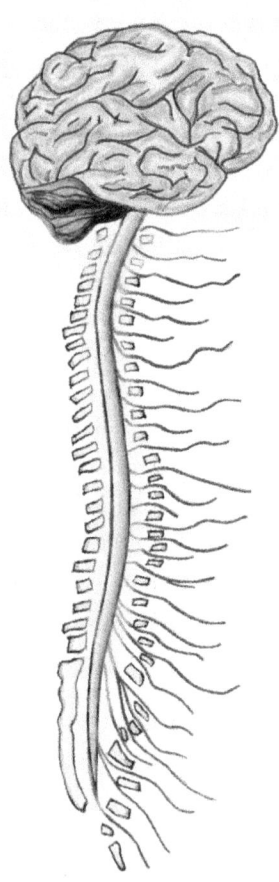

Figura 6: Il Cervello Pieno di Luce

Alcuni risvegliati hanno espresso preoccupazione per questo suono vibratorio permanente nella loro testa, dicendo che ha reso la loro vita piuttosto scomoda. Il mio consiglio è di imparare a convivere con esso, invece di combatterlo o sperare che scompaia, perché non è così. È una parte permanente della vostra vita, poiché è il suono dell'energia Kundalini dentro di voi. Tuttavia, una volta che vi sarete allontanati dall'Ego e vi sarete allineati maggiormente con la vostra Anima, accetterete il suono vibratorio come parte del processo e potrete persino imparare a godere della sua presenza.

Ho scoperto che l'uso di tappi per le orecchie quando vado a dormire mi permette di usare il suono per calmare e tranquillizzare la mente, consentendomi di addormentarmi più rapidamente. Ci sono voluti molti anni, però, per imparare a lasciarsi andare e ad apprezzare questo suono, ma sapere che è una parte naturale del processo e non un'entità estranea e maligna nella vostra Aura è già metà della battaglia.

Queste due manifestazioni, la Luce nella testa e il ronzio costante nelle orecchie, segnano un risveglio permanente. Ricordate che l'Uovo cosmico deve essere stato aperto dall'ascesa iniziale della Kundalini e le settantadue nadi del Corpo di Luce devono essere attivate attraverso il nettare dell'Ambrosia. Se questo evento non si è verificato, allora l'attivazione completa della Kundalini non è avvenuta. Potreste avere a che fare con una risalita parziale in singoli Chakra, la più comune delle quali è la risalita nel Chakra del Cuore Anahata.

TIPI DI ASCESA DELLA KUNDALINI

Il risveglio della Kundalini può avvenire in molti modi diversi e per varie ragioni. Il più comune è un risveglio spontaneo attraverso l'uso di droghe ricreative o dopo aver subito un grave trauma nella vita. In caso di trauma, il risveglio della Kundalini avviene come meccanismo di difesa, quando l'Anima ne ha abbastanza del dolore provocato nel corpo. L'Anima dirotta la coscienza per un tempo sufficiente a indurre il rilassamento del corpo. Questa resa totale, accompagnata da una scarica di emozioni positive, può risvegliare l'energia Kundalini, come è successo a molte persone.

Un metodo meno comune per risvegliare la Kundalini è la trasmissione, nota come Shaktipat, da parte di una persona che ha vissuto questa esperienza in prima persona. La Kundalini può essere stimolata anche studiando libri religiosi e spirituali e comprendendo alcune profonde verità sulla natura dell'Universo e di Dio-Creatore. In parole povere, poiché la Kundalini si risvegli, è necessario che qualcosa la scateni. L'innesco può essere un pensiero o un'emozione, propria o altrui. Lo Shaktipat avviene grazie al potere del pensiero di un maestro risvegliato e alla sua capacità di imprimere quel pensiero nel vostro subconscio.

Ci sono poi i risvegli della Kundalini che avvengono come risultato di una pratica spirituale diretta volta a risvegliare questa energia. Può accadere attraverso le pratiche yogiche, la meditazione, gli esercizi rituali di varie tradizioni, il sesso tantrico e altri metodi spirituali che hanno come unico scopo quello di risvegliare la Kundalini. Questi casi sono meno diffusi nel mondo di oggi e la maggior parte delle persone che ho incontrato ha risvegliato la Kundalini spontaneamente e non attraverso pratiche dirette con un'intenzione consapevole. L'esecuzione di pratiche di guarigione spirituale, come quelle che presenterò più avanti in questo libro, può innalzare la vibrazione della vostra coscienza abbastanza a lungo da far risvegliare la Kundalini. Tuttavia, anche in questo caso si tratta di un risveglio spontaneo e non pianificato.

Alcune persone lasciano le loro società moderne e frenetiche per recarsi in Templi e Ashram e vivere in isolamento per molti anni nel tentativo di risvegliare la Kundalini. Molti passano una dozzina di anni o più a meditare e a fare pratiche spirituali per risvegliare questo potere, senza successo. La mia convinzione personale è che se siete destinati a risvegliare la Kundalini in questa vita, non importa quanto vi sforziate o non vi sforziate, vi accadrà. In sostanza, questo processo non richiederà il vostro sforzo, ma gli eventi della vita si presenteranno a voi in modo tale da risvegliare questo potere. Tuttavia, conoscere il potere e il potenziale dell'energia Kundalini, soprattutto per coloro che leggono questo argomento per la prima volta, può sviluppare il desiderio dell'anima che può essere il catalizzatore per mettere in moto questo evento.

RISVEGLI KUNDALINI PARZIALI E PERMANENTI

Esistono due tipi di risvegli della Kundalini: quelli permanenti e quelli parziali. La differenza tra i due tipi deve essere compresa correttamente per sapere a che punto siete nel vostro processo di evoluzione spirituale, in modo da sapere cosa fare per progredire ulteriormente.

In un risveglio permanente, l'energia Kundalini sale dalla base della colonna vertebrale (Muladhara Chakra), passando per Sushumna e nel cervello fino a raggiungere la sommità del capo (Sahasrara). Lungo il suo percorso si trovano i Tre Granthis, i "nodi" psichici che ostacolano il flusso della Kundalini. Ognuno di essi deve essere perforato sistematicamente affinché si verifichi un risveglio completo. Poiché fanno parte della scienza e della filosofia dello Yoga e del Tantra, parlerò delle Tre Granthis in dettaglio nella sezione dedicata alle loro pratiche.

Se la Kundalini risvegliata sale con sufficiente forza, romperà l'Uovo Cosmico in cima alla testa. Una volta rotto l'Uovo Cosmico, una sostanza liquida simile al nettare, l'Ambrosia, si riversa sul corpo dalla sommità della testa verso il basso, rinvigorendo le settantadue nadi del Corpo di Luce (Figura 7). Si tratta di un risveglio "permanente", poiché la Kundalini non scende mai nel Muladhara. Rimane invece al centro del cervello per il resto della vita.

In un risveglio parziale, tuttavia, la Kundalini non sale mai al centro del cervello o almeno non genera abbastanza energia per slegare le Tre Granthi e salire in cima alla testa per aprire l'Uovo Cosmico. Invece, l'energia della Kundalini ricade nel Muladhara per poi ripetere il processo di risalita in futuro. La Kundalini vuole salire fino alla sommità del capo e continuerà a tentare di farlo fino a quando non slegherà tutte e tre le Granthis e raggiungerà questo obiettivo.

Pertanto, in un risveglio graduale o "parziale", la Kundalini di solito sale verso un particolare Chakra nel suo movimento sistematico verso l'alto. Lo fa per aprire quel Chakra specifico in modo da poter lavorare gradualmente per purificare l'energia Karmica immagazzinata al suo interno. In questo caso, non ci sarà un'inondazione di negatività, poiché non viene aperto l'intero Albero della Vita, ma solo alcune Sfere o Sephiroth dell'Albero della Vita. Pertanto, questo risveglio graduale o parziale è un modo più comodo per evolvere spiritualmente. Tuttavia, non c'è alcuna garanzia che la Kundalini raggiunga la sommità del capo in questa vita.

Ricordate sempre che non possiamo scegliere come risvegliare la Kundalini. Vorrei potervi dire che un metodo funziona il 100% delle volte o anche il 10%, ma mentirei. Quindi, chi vi dice di aver scoperto una tecnica che funziona sempre sta ingannando se stesso e gli altri, intenzionalmente o meno. La mia convinzione personale è che non potete scegliere con il vostro Ego di fare questa esperienza in questa vita, ma che deve essere una decisione dell'Anima.

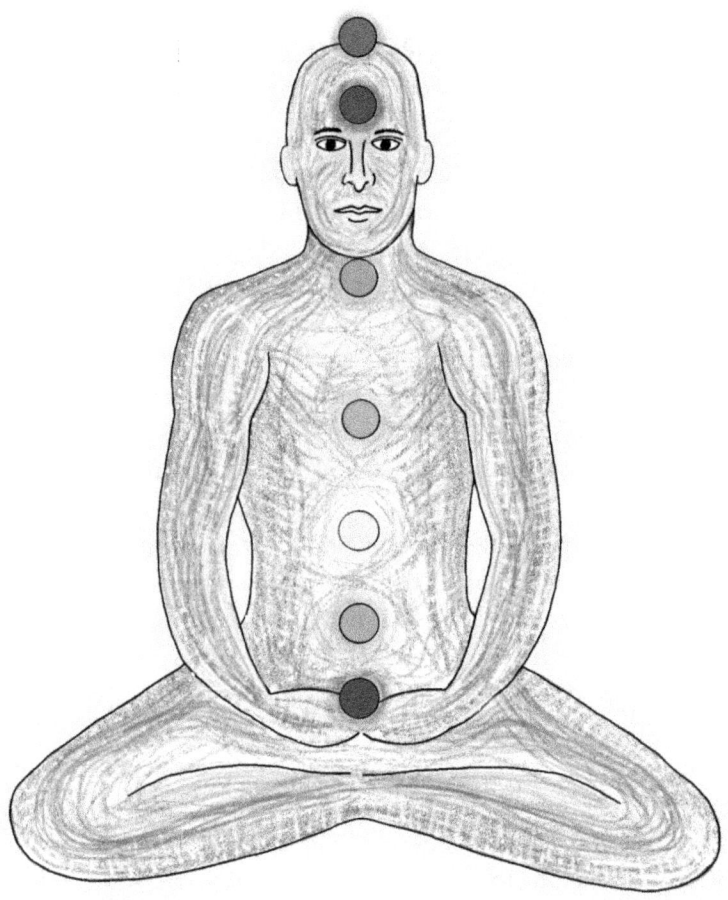

Figura 7: Le Settanta-Due Mila Nadi

È persino possibile che scegliamo di fare questa esperienza prima di incarnarci su questo Pianeta in questa vita, poiché si tratta di un cambiamento così radicale rispetto alla realtà media e quotidiana in cui vivono gli individui non risvegliati. Per questo motivo, nel processo di risveglio della Kundalini devono essere coinvolti poteri superiori. Tuttavia, il risveglio permanente della Kundalini è destinato a tutti, sia in questa vita che in altre.

Come ho detto, sapere cosa cercare e prepararsi a questa esperienza è il primo passo - anche per superare le strutture sociali vincolate che tengono la nostra coscienza legata alla realtà materiale.

Se, dopo aver letto questo libro, preferite ancora spendere il vostro tempo e le vostre energie per cercare di arricchirvi invece di lavorare per migliorare la vostra vita spirituale, allora il risveglio della Kundalini potrebbe non essere destinato a voi in questa vita. Potrebbero esserci ancora delle lezioni necessarie da imparare per capire che nulla è importante quanto vivere questa esperienza.

Gli indù chiamano questo processo Shakti (la Kundalini) che sale verso l'alto per incontrare Shiva (la Coscienza Cosmica), dove consumano il loro Matrimonio Divino e diventano Uno. Una volta che si uniscono nell'estasi, Shiva scende nel Chakra del cuore per produrre il continuo atto di rinnovamento all'interno della coscienza dell'iniziato alla Kundalini. In questo stato di rigenerazione perpetua, si diventa liberi dal peso del peccato, perdendosi in se stessi. Si torna a essere come un bambino innocente, che guarda il mondo con occhi nuovi, da un momento all'altro. Questa esperienza è il vero significato dell'essere nell'Adesso, il momento presente. L'Adesso è il campo del potenziale di coscienza puro e illimitato che si può sperimentare quando ci si è liberati dalla schiavitù del mondo materiale.

VEDERE LA LUCE IN TUTTE LE COSE

Quando l'energia raggiunge la sommità del capo e rompe l'Uovo Cosmico, si sviluppa una straordinaria esperienza del mondo. Man mano che la Luce si accumula dentro di voi, si traspone su tutto ciò che vedete con i vostri occhi fisici, dando un bagliore o una lucentezza argentea a tutto ciò che percepite nel mondo materiale. Quando non metto a fuoco la mia visione e fisso un oggetto per una decina di secondi, questa stessa Luce smaterializza l'oggetto davanti ai miei occhi.

Nello stesso modo in cui qualcuno potrebbe vedere il mondo con l'LSD o i funghi magici, io lo vedo senza alcuna droga. È diventata una parte permanente della mia vita dopo aver sviluppato naturalmente la capacità di percepire questa realtà olografica, l'impronta di energia pura o "doppio" del mondo materiale. Esiste proprio qui e ora, ma poiché il nostro corpo e il nostro cervello sono composti di materia, non possiamo percepire oltre senza trasformare completamente la nostra coscienza.

Il Pianeta Terra è pensato per essere vissuto con una Kundalini risvegliata, perché il fatto è che il mondo materiale è vivo ed è pura energia. Ricordo come vedevo le cose prima di questa trasformazione e posso tranquillamente dire che questo è il Pianeta Terra 2.0. È quasi come se mi avessero dato una cuffia di realtà virtuale permanente da indossare 24 ore su 24, 7 giorni su 7. È a questo che mi riferivo quando ho detto che la realtà esterna diventa "digitale".

Con il pieno risveglio della Kundalini, si inizia anche a sentire l'essenza di tutto ciò che si percepisce nel Chakra del Cuore, Anahata. Una volta raggiunta, questa nuova esperienza della realtà è un cambiamento trascendentale permanente nel modo in cui sperimentate il mondo che vi circonda. Una volta avvenuta, non potrete più disattivarla.

Come ho detto in precedenza, tuttavia, non tutti vedono la Luce in tutte le cose dopo un pieno risveglio della Kundalini. La maggior parte non lo vede. La prima persona che mi ha confermato questa esperienza non è stata una persona con cui ho parlato personalmente, ma un famoso autore sul tema della Kundalini, Gopi Krishna. Gopi ha parlato di questo fenomeno nel suo libro, *Living with Kundalini*, che ha catturato l'essenza di questo dono. Il libro dipinge un solido ritratto del processo di risveglio della Kundalini e delle sue manifestazioni e doni, compresa questa nuova lente visiva che si sviluppa.

Questo fenomeno si è verificato in me cinque mesi dopo il risveglio iniziale della Kundalini, nel 2004, e mi accompagna ancora oggi. Questo miglioramento visivo, tuttavia, non è l'unico dono vario nelle persone risvegliate dalla Kundalini. Tuttavia, a mio parere, è il più importante, poiché cambia drasticamente la percezione della realtà e permette di vedere con i propri occhi la natura olografica del mondo, la sua impronta digitale.

Ho persino avuto momenti di meditazione profonda in cui il mondo esterno appariva come la proiezione di uno schermo cinematografico 2D, la cui superficie era fatta di Luce dorata. Ma le stranezze non finivano qui. Sono stato in grado di "scrutare" all'interno di questa visione e di vedere Universi paralleli che esistono qui e ora, ma sono impercettibili alla normale vista umana. (Divinare è un processo che consiste nel guardare dentro gli oggetti fisici usando l'occhio della mente).

Ho vissuto questa visione come un'estasi totale che ha travolto la mia coscienza. Mi ha investito come un'onda e io sono diventato pura coscienza abbracciandola. Queste visioni di mondi paralleli mi trasportavano spesso, per qualche motivo, nel Medioevo, ma in una scala molto più piccola del nostro mondo attuale. Mi hanno fatto capire che i mondi paralleli esistono qui e ora, all'interno del fascio di luce 2D proveniente dal Sole. Una volta che ho potuto alterare la mia vibrazione interiore, ho potuto vederli con i miei occhi.

Immaginate di avere questa capacità e di sentirvi ricordare ogni momento di veglia che il mondo in cui vivete è fatto di pura energia. È molto facile dissociarsi dall'Ego e dare priorità alla vita spirituale, cosa che ho fatto e non mi sono mai guardato indietro.

A causa dell'intensità e della forza dell'energia Kundalini che ha attraversato la mia colonna vertebrale durante il processo di risveglio, ha fatto esplodere il mio Occhio della Mente in modo esponenziale prima di salire fino alla sommità del capo. Questo evento si è verificato perché stavo eseguendo un esercizio di visualizzazione mentale utilizzando l'Occhio della Mente durante il processo di risveglio. Gopi stava facendo lo stesso, come raccontato nei suoi libri. Concentrando l'attenzione sul tunnel dell'Occhio della Mente, la nostra porta d'accesso ai piani cosmici interni, la Kundalini vi entra al momento del risveglio, espandendo la sua circonferenza prima di salire a Sahasrara. Il tunnel dell'Occhio della Mente è a forma di ciambella e funge da schermo mentale su cui scorrono le immagini visive quando si sperimentano le visioni.

È possibile che, se non si mette in atto un esercizio di visualizzazione che porti l'attenzione sulla testa del fiore di Ajna Chakra (tra le sopracciglia), la Kundalini non attivi pienamente il suo potere. In questo caso, la Kundalini raggiunge Sahasrara e può persino aprire l'Uovo Cosmico, ma il pieno potenziale di Ajna Chakra non viene risvegliato. Questa è una delle possibilità. L'altra possibilità è che Ajna si apra, ma non con un'intensità tale da provocare questo cambiamento radicale nella percezione visiva.

Naturalmente, queste sono le mie teorie, ma basate sulla logica e sulla ragione, poiché molte persone che riferiscono di aver avuto l'Uovo Cosmico aperto e la sensazione di essere state "fulminate" non vedono poi la Luce in tutte le cose. In ogni caso, sappiate che i risvegli e le esperienze di Kundalini sono vari e non sono tutti uguali.

FATTORI DI RISVEGLIO DELLA KUNDALINI

Quando si cerca di risvegliare direttamente l'energia Kundalini, per avere successo è necessario che molti fattori lavorino insieme contemporaneamente. Per esempio, se state cercando di risvegliarla attraverso la meditazione mindfulness, la vibrazione della vostra forza di volontà deve essere sostanzialmente più alta del chiacchiericcio della vostra mente per indurre il silenzio. Pertanto, è improbabile che riusciate a risvegliare la Kundalini con questo metodo, a meno che non lo facciate da molto tempo e siete abili nel farlo.

Un approccio più semplice è quello di utilizzare una meditazione di visualizzazione. Si tratta di mantenere l'immagine di un oggetto simbolico (come un fiore di loto o una statua di un Dio o di una Dea) nell'occhio della mente per un periodo prolungato. Mantenendo un'immagine costante e ferma nella mente, la vostra forza di volontà inizia a vibrare con un'intensità vigorosa, attirando la vostra coscienza verso l'interno. Se riuscite a mantenere questa immagine trascurando i pensieri casuali che vi vengono in mente, avrete un certo livello di esperienza spirituale e forse risveglierete anche l'energia Kundalini alla base della spina dorsale. Come minimo, entrerete nel portale dell'Occhio della Mente per sperimentare il mondo astrale, il che può essere un'esperienza esaltante se non l'avete mai fatto prima.

Ora, se l'immagine che avete in mente ha una componente sessuale, è possibile che la Kundalini si attivi alla base della colonna vertebrale. L'energia sessuale è essenziale a questo proposito, poiché qualsiasi tipo di eccitazione sessuale, se proiettata verso l'interno, può attivare la Kundalini. Ho sentito parlare di molti casi di risvegli spontanei che si sono verificati dopo che l'individuo ha sperimentato un livello di eccitazione sessuale superiore al normale, pur mantenendo una mente pura e silenziosa.

L'attivazione della Kundalini può avvenire quando l'energia sessuale viene sublimata e incanalata nel cervello al momento dell'orgasmo, invece di essere rilasciata all'esterno con l'eiaculazione. Una meditazione di visualizzazione durante l'attività sessuale focalizza l'energia verso l'interno, verso l'Occhio della Mente nel cervello. Può far sì che la Kundalini si risvegli e risalga lungo la colonna vertebrale, aprendo sistematicamente tutti i Chakra inferiori fino a raggiungere il cervello. Tuttavia, per assicurarsi che salga con sufficiente forza, è fondamentale eseguire un qualche esercizio di visualizzazione per attirare la Kundalini nel cervello, dove può salire fino alla sommità del capo e completare il processo.

La chiave di questo processo è generare energia sessuale grezza con mente e cuore puri, stimolando così l'attività dei chakra Muladhara e Swadsthihana. Se si esegue correttamente, si sentiranno sensazioni euforiche ed estatiche nell'addome. Tutto il corpo inizierà a tremare e a scuotersi, e potrà persino venirvi la pelle d'oca per la piacevolezza di queste sensazioni.

L'energia sessuale deve costruirsi da sola e rafforzarsi con la sola forza dei vostri pensieri. La maggior parte delle persone non sa che l'eccitazione sessuale può crescere in modo esponenziale e non deve sempre sfociare in un orgasmo esterno. Quando si cerca di risvegliare la Kundalini, la chiave è incanalare l'energia sessuale verso l'interno usando la forza di volontà e l'immaginazione, invece di espellerla attraverso i genitali.

Durante il mio risveglio della Kundalini, tenevo nella mente l'immagine di una donna bellissima ed erotica, sulla quale mi sono concentrato così intensamente da proiettarla nel portale dell'Occhio della Mente e poterla sperimentare come reale. Tuttavia, ciò che ha generato l'intensa forza con cui la Kundalini si è risvegliata è stato l'accumulo di energia sessuale mentre facevo l'amore con lei nella mia mente. Questa energia sessuale si è amplificata ed è cresciuta in potenza fino a quando ho sperimentato il mio primo orgasmo interno. Tuttavia, l'esperienza non finì lì. Seguì un altro orgasmo interno e molti altri, tutti in successione con intensità e velocità crescenti. La mia zona genitale si sentiva come una locomotiva che accelerava e acquistava slancio a ogni giro di ruota.

Una sensazione di eccitazione sessuale nel mio addome crebbe esponenzialmente in sincronia con gli orgasmi interni. Si presentarono in ondate continue e impetuose per circa quindici o venti secondi. Poi, al culmine, quando sembrava che il mio cervello e il mio corpo non potessero più sopportare l'estasi, la Kundalini si è risvegliata alla base della spina dorsale. Sembrava una sfera di energia grande come una palla da golf, apparsa dal nulla.

COMPLETARE IL PROCESSO DI RISVEGLIO DELLA KUNDALINI

Una volta risvegliata, la Kundalini viaggia naturalmente verso l'alto attraverso la colonna vertebrale. Tuttavia, se si risveglia la Kundalini spontaneamente, senza una pratica meditativa, è probabile che non raggiunga l'Ajna Chakra. Come ho già detto, per risalire con forza, cosa necessaria per raggiungere Ajna Chakra all'interno del cervello, è essenziale mantenere consapevolmente un'immagine nella mente con forza di volontà e immaginazione. Si noti che i risvegli spontanei di Kundalini che si verificano con l'uso di droghe allucinogene possono essere potenti, poiché comportano un cambiamento di percezione che stimola l'Occhio della Mente.

Un risveglio completo richiede che la Kundalini salga nel cervello attraverso Sushumna, il canale centrale, accompagnata da Ida e Pingala, che si fondono in un unico flusso di energia all'Ajna Chakra. Una volta unite le loro energie maschili e femminili, si uniscono a Sushumna come un tutt'uno per salire a Sahasrara e aprire l'Uovo Cosmico (Figura 8) che contiene il potenziale del vostro Corpo di Luce, il vostro Sé Cosmico.

Il Sahasrara può essere potenzialmente aperto solo con Sushumna. Tuttavia, se Ida e Pingala non uniscono le forze in Ajna, possono verificarsi problemi debilitanti nel sistema energetico che possono creare scompiglio nei pensieri e nelle emozioni. È l'esempio della prima ascesa di Gopi Krishna, in cui si risvegliarono Pingala e Sushumna ma non Ida. Il suo sistema nervoso era in completo disordine dopo il risveglio, poiché non era presente l'energia rinfrescante di Ida, il che causò una continua ansia senza fine. Dopo aver quasi perso ogni speranza, tentò una meditazione di visualizzazione nel disperato tentativo di risvegliare Ida. Poiché Ida rappresenta il principio femminile, l'essenza dell'elemento Acqua che è l'energia sorgente di tutte le immagini visive, Gopi riuscì finalmente a risvegliare Ida, che salì ad Ajna per completare il processo di risveglio della Kundalini.

È essenziale capire che Sushumna Nadi accompagna sempre Ida o Pingala o entrambi contemporaneamente, che è l'opzione desiderata. Ida, Pingala o entrambi non possono salire in un chakra senza la presenza di Sushumna, poiché la Sushumna Nadi trasporta l'energia Kundalini. Ida e Pingala canalizzano le energie femminili e maschili, ma la Kundalini sale lungo la colonna vertebrale, che è la Sushumna Nadi.

Prima che la Kundalini possa entrare nel cervello, deve perforare Vishuddhi, il Chakra della gola. Vishuddhi è più avanzato dei Chakra inferiori, poiché è il primo Chakra dell'Elemento Spirito. Per perforarlo, bisogna aver superato la maggiore energia karmica degli Elementi inferiori, che corrispondono ai quattro Chakra inferiori. (Per saperne di più sulla connessione tra gli Elementi, i Chakra e le Nadi, si veda un capitolo successivo).

Se avete risvegliato la Kundalini con mezzi meditativi, vi consiglio di continuare a meditare invece di lasciarvi andare una volta che sentite la Kundalini salire. Fare questo è la chiave per raccogliere la forza sufficiente affinché la Kundalini trafigga il Vishuddhi Chakra nella sua ascesa e poi entri nel cervello per cercare di completare il processo.

Per risvegliare il Loto dai mille petali di Sahasrara, le tre Nadi di Sushumna, Ida e Pingala devono unificarsi in un unico flusso di energia al centro del cervello, nel Terzo Ventricolo, prima di salire in alto, al centro della testa. Quando il Loto inizia ad aprirsi come un fiore in fiore, l'Uovo cosmico in cima alla testa viene trafitto dalla Kundalini. Tuttavia, non è necessario che il Loto si apra completamente perché l'Uovo cosmico si rompa. Se la Kundalini sale con sufficiente forza, l'Uovo cosmico si rompe subito dopo l'apertura di Sahasrara. A quel punto, viene rilasciato il nettare di Ambrosia dell'Uovo cosmico, che si riversa sul corpo dall'alto verso il basso, attivando le settantadue nadi del Corpo di Luce.

Come vedete, il risveglio completo della Kundalini richiede uno sforzo cosciente da parte vostra per completare il processo. La maggior parte dei risvegli spontanei sono risvegli parziali della Kundalini. Il mio caso è una di quelle rare situazioni in cui la Kundalini si è risvegliata con una forza incredibile, ma solo perché stavo inconsapevolmente eseguendo una meditazione sessuale tantrica con una componente di visualizzazione sessuale. Poiché ho avuto un risveglio della Kundalini così intenso, apparentemente per caso, mi sono sempre considerata benedetta e obbligata a condividere con il mondo tutto ciò che ho imparato e sperimentato.

È fondamentale comprendere il processo di risveglio della Kundalini e memorizzarne i meccanismi. Ci sono molti punti di vista diversi su questo argomento da parte di persone che hanno sperimentato questo evento. Tuttavia, ho scoperto che una piccola percentuale di queste persone ha completato il processo e ha portato la Kundalini a Sahasrara. E ancora meno sono quelli che hanno aperto l'Uovo cosmico e attivato il Corpo di Luce. Poi ci sono quelli che hanno attivato il Corpo di Luce ma non riferiscono di vedere la Luce in tutte le cose con i loro occhi fisici, il che mi dice che non hanno avuto una piena attivazione del Chakra Ajna. Quindi, come vedete, ci sono molte esperienze diverse di questo stesso processo universale.

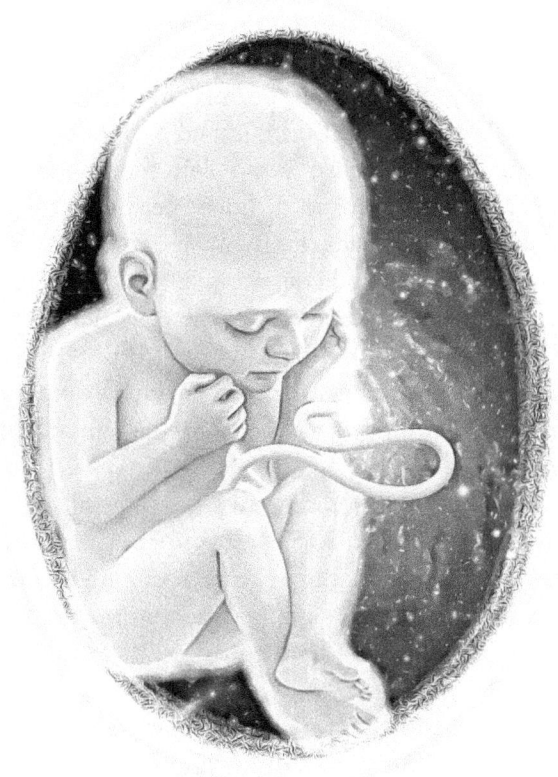

Figura 8: L'Uovo Cosmico

In genere posso accertare il tipo di risveglio della Kundalini di una persona ascoltando le sue esperienze e confrontando i resoconti. In genere, chi non ha completato il risveglio della Kundalini non conosce la parte finale del processo. Per esempio, la maggior parte delle persone sa che la Kundalini risveglia i Chakra e cerca di espandere la coscienza. Tuttavia, secondo la mia esperienza, la maggior parte delle persone non è a conoscenza dell'esistenza dell'Uovo Cosmico, dell'attivazione del Corpo di Luce (che provoca la sensazione di essere fulminati) e soprattutto del rimodellamento del cervello per percepire un livello superiore di realtà attraverso un Chakra Ajna espanso.

Memorizzando l'intero processo di risveglio della Kundalini, date alla vostra mente una mappa di come questo evento possa verificarsi per voi. Condividere queste informazioni è un metodo per aiutarvi a risvegliare la Kundalini da soli e a completare il processo.

ALLINEARSI CON IL CORPO SPIRITUALE

Anche se sembra che l'attivazione della Kundalini avvenga nel corpo fisico, essa ha luogo nel Corpo di Luce. Come ho detto in *The Magus*, tutti noi nasciamo con il Corpo di Luce, inestricabilmente legato al nostro corpo fisico. Tuttavia, dobbiamo attivare pienamente i suoi poteri in questa vita per ottimizzare il nostro sistema energetico, cosa che si può ottenere solo risvegliando la Kundalini ed elevandola alla Corona.

Quando la Kundalini inizia a salire verso l'alto, risvegliando i Chakra, la vostra coscienza riconosce l'esistenza del Corpo di Luce, permettendogli di incarnare i diversi Corpi Sottili che corrispondono ai Chakra che avete risvegliato. La piena attivazione del Corpo di Luce è uno degli scopi principali del risveglio della Kundalini. Le settantadue nadi servono a rendere il Corpo di Luce un'antenna per le vibrazioni del mondo esterno. Queste vibrazioni vengono ricevute attraverso il più alto dei Corpi Sottili, il Corpo Spirituale. La vostra coscienza si sintonizza gradualmente con esso dopo aver eliminato l'energia karmica dei quattro chakra inferiori. Per farlo, deve incarnare sistematicamente i Corpi Sottili che corrispondono a quei Chakra.

Quando la vostra coscienza si sintonizza sui Chakra spirituali, i tre più alti, si allinea completamente con il Corpo spirituale, che diventa il suo nuovo veicolo. Quando ciò accade, abbandonerete le vecchie modalità di funzionamento e funzionerete solo attraverso l'intuizione. Essere in questo stato non significa che non sentirete nulla a livello emotivo o non sarete in grado di usare la logica. Significa solo che l'intuizione diventerà la modalità di funzionamento principale.

Percepirete il mondo intorno a voi attraverso un'esperienza energetica diretta, poiché il vostro Essere sarà elevato al Primo Mondo di Atziluth, che rappresenta il Piano Spirituale nella Qabalah. (Di più nel prossimo capitolo.) Atziluth è il luogo in cui esistono i pensieri di Dio, gli Archetipi che danno all'umanità un modello con cui lavorare, unificando la nostra realtà. Poiché la Creazione è un processo sistematico, la vostra esperienza cosciente degli eventi della vita filtra verso il basso nei tre Mondi inferiori (in totale ci sono quattro Mondi qabalistici) che si evolvono dal Primo Mondo.

Allineando la vostra coscienza con il Corpo Spirituale, i pensieri e le emozioni non avranno più lo stesso impatto sulla vostra mente e sul vostro corpo, perché sono espressioni dei Piani inferiori. E poiché ora siete elevati a un Piano superiore, potete superare i loro effetti nocivi. Naturalmente, continuerete ad avere pensieri ed emozioni negative, poiché il vostro Ego è sempre legato al corpo fisico, ma ne eviterete gli effetti energetici. Invece, la vostra Anima interpreterà le emozioni negative come lezioni di apprendimento, invece di permettere loro di prendere il sopravvento sulla vostra coscienza e di appesantirla. Di conseguenza, ciò che sperimenterete sarà fugace e al momento. Inoltre, sarete in grado di usare la logica e la ragione e di pensare intellettualmente, senza legarvi all'Ego e associarvi ad esso come prima.

La rottura dell'Uovo cosmico dopo che la Kundalini ha raggiunto la Corona significa il risveglio completo e permanente. In questo contesto, permanente significa che l'energia non ricade nel Muladhara, il chakra della radice. Rimane invece nel cervello. Simbolicamente, Kundalini Shakti e il suo consorte Shiva, la Coscienza Cosmica, si saranno uniti in un Matrimonio Spirituale. Questo è il punto di vista orientale sul completamento del risveglio della Kundalini.

Dal punto di vista della Tradizione Misterica Occidentale, avrete ricevuto le ali del Caduceo di Ermete completando il processo di risveglio della Kundalini. Diventerete un prototipo del Dio Ermes, che i Romani chiamano Mercurio. Ciò significa che avrete ereditato il suo elmo alato e i suoi calzari alati. Simbolicamente, questo significa che avrete la testa nel cielo (Paradiso) e i piedi sul suolo (Terra). La vostra coscienza sarà sempre in modalità "volo" e avrete un'euforia naturale, quasi come se steste planando nello Spazio e nel Tempo. Queste sensazioni sono quelle che si provano quando si ha una coscienza espansa.

Una volta completato il processo di risveglio della Kundalini, col tempo svilupperete una connessione con il vostro Santo Angelo Custode (SAG), che diventerà la vostra guida e maestro di vita. In questo modo, sarete diventati un Dio-uomo la cui coscienza trascendentale continuerà a vivere oltre questa vita e nella prossima.

LA VOSTRA NUOVA LAMBORGHINI VENENO

L'attivazione di Ajna è essenziale per avere un'esperienza Kundalini completa. Ho già descritto alcuni dei doni associati a questo fenomeno. Altri doni includono la capacità di vedere se stessi dall'esterno e di vivere un'esperienza extracorporea permanente. Tuttavia, quest'ultima è più che altro una manifestazione del Sahasrara Chakra risvegliato. Quando vedrete voi stessi e il mondo che vi circonda da una prospettiva più elevata, vi renderete conto che la Coscienza Cosmica non è solo un concetto o un'idea, ma una cosa reale.

Spero di aver fatto un buon lavoro introducendo la Kundalini, il processo di risveglio e alcuni degli incredibili doni spirituali che si manifestano. Tuttavia, usando le parole per descrivere l'esperienza trascendentale della realtà dopo un pieno risveglio della Kundalini, sento di limitare quanto sia davvero straordinaria. Come dice Morpheus in Matrix, "Non si può dire a nessuno cos'è Matrix. Devi vederlo con i tuoi occhi". Allo stesso modo, dovete sperimentare voi stessi questa esperienza per capire il quadro generale. Ma per ora le mie parole dovranno bastare.

Il risveglio della Kundalini trasforma il semplice essere umano in un Semi-Dio, un moderno supereroe, in una sola vita. Solo che i poteri appena ricevuti non sono generalmente qualcosa che si può dimostrare agli altri, ma si vive e si incarna la verità di ciò che si diventa. Con il tempo, grazie all'ampliamento delle vostre conoscenze e alle vostre azioni gentili nei confronti dell'umanità, potrete essere riconosciuti come un Essere di Luce e un suo emissario. Ma per arrivarci, dovranno passare molti anni e superare molte sfide.

L'aspetto fondamentale di questa introduzione alla Kundalini è che, sebbene esistano vari modi per risvegliare questa energia, il processo è sempre lo stesso. Tuttavia, senza un'adeguata comprensione del processo, è come ricevere in dono una Lamborghini Veneno, un'auto sportiva da 4,5 milioni di dollari, ma non ricevere il manuale di istruzioni né avere alcuna esperienza di guida. Il mio tentativo in *Serpent Rising: The Kundalini Compendium* è quello di scrivere il manuale di questa invisibile scienza dell'energia Kundalini al meglio delle mie capacità. E una volta che avrete le istruzioni e la planimetria, voglio darvi un'idea di come guidare la vostra nuova Lamborghini. Per essere precisi, se il vostro attuale veicolo di coscienza può essere paragonato a una vecchia Ford Focus, allora questo veicolo aggiornato è un'astronave intergalattica. Quindi, ancora una volta, dico Lamborghini in modo che le persone possano immedesimarsi.

Sono grato all'Universo per aver avuto il risveglio della Kundalini, come farebbe chiunque nella mia posizione. Credo anche che la fortuna non c'entri nulla e che la mia Anima abbia scelto questo per me prima ancora di nascere. Non è una coincidenza che in questa vita mi siano state date competenze e abilità specifiche che mi sarebbero servite in questo viaggio spirituale. A causa della mia natura ossessiva e della necessità di trovare presto gli strumenti spirituali per aiutarmi, nel corso degli anni ho sviluppato una comprensione eccezionale della Kundalini. La mia esperienza e la mia ricerca su questo argomento sono senza precedenti. Il mio percorso mi ha portato ad assumere il ruolo di messaggero per la gente sull'esistenza dell'energia Kundalini e sul potenziale della Magia Cerimoniale nel favorire il processo di trasformazione spirituale.

Il mio lavoro ha lo scopo di servire il mio Creatore e di adempiere alla mia missione di impartire la conoscenza ad altri che camminano nelle stesse scarpe in cui mi trovavo io molti anni fa, quando brancolavo nel buio in cerca di risposte. Siamo tutti guerrieri in addestramento su questo sentiero di evoluzione spirituale e il nostro scopo è quello di evolvere e aumentare collettivamente la coscienza della Terra. Condividendo ciò che so, mi propongo di trasmettere gli strumenti di cui avrete bisogno se e quando la vostra nuova Lamborghini si romperà e avrete bisogno di una guida.

E quando gli altri si rivolgeranno a voi per avere una guida, saprete come aiutarli perché anche voi siete stati aiutati. E per coloro che non hanno ancora ricevuto la loro nuova Lamborghini, ora impareranno a conoscerla, a capire come funziona e come si guida, e sapranno cosa cercare consapevolmente. Come dice il vecchio detto: "Cercate e troverete. Bussate e vi sarà aperta la porta". Ma se non sapete cosa cercare o a quale porta bussare, l'Universo non saprà come aiutarvi. La conoscenza è il potere più importante dell'Universo.

***

Questo completa l'introduzione alla Kundalini e al processo di risveglio in generale. Ora voglio passare ad altri argomenti pertinenti per darvi uno sguardo interno su come funziona il vostro sistema energetico; i suoi componenti, la sua meccanica e il modo in cui interagisce con il corpo fisico. La prossima parte del libro è dedicata alla scienza dell'energia Kundalini. Include il capitolo fondamentale sull'anatomia umana, che descrive i cambiamenti che avvengono nel corpo fisico durante e dopo il risveglio della Kundalini.

PARTE II:
IL MICROCOSMO E IL MACROCOSMO

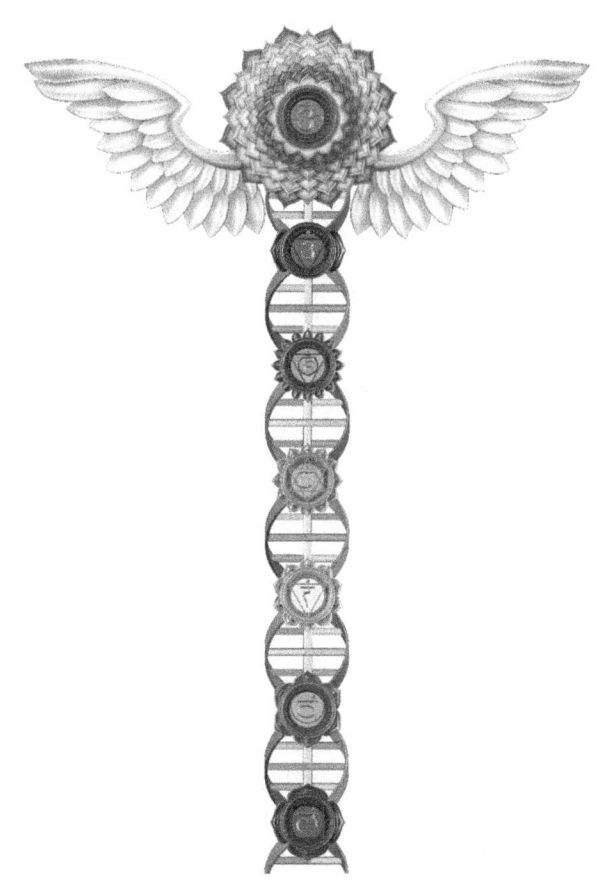

I CINQUE ELEMENTI

Gli elementi classici si riferiscono a Terra, Acqua, Aria, Fuoco e Spirito. Le culture antiche come la Grecia, l'Egitto, la Persia, il Tibet, l'India e il Giappone consideravano gli Elementi classici come i mattoni dell'Universo. Utilizzavano il concetto di Elementi per spiegare la complessità e la natura del Creato in termini più semplici. I loro elenchi di elementi e la sequenza di manifestazione variavano leggermente, ma avevano lo stesso significato. L'Elemento Spirito era intercambiabile con Aethyr, Etere, Vuoto, Akasha e Spazio, a seconda della tradizione. (Si noti che Aethyr o Aether è solo l'ortografia latina di Ether).

Il sistema cinese Wu Xing è leggermente diverso, in quanto descrive vari tipi di energia in uno stato di flusso costante e di interazione reciproca, denominati le "Cinque Fasi" dei fenomeni naturali. Le Cinque Fasi del Wu Xing sono Legno, Fuoco, Acqua, Metallo e Terra. Gli Elementi cinesi sono visti come in continuo movimento e mutamento, mentre gli Elementi classici sono separati l'uno dall'altro anche se sono parti di un tutto.

Gli antichi postulavano che l'Universo esterno (Macrocosmo), compresa la composizione energetica di ogni essere umano (Microcosmo), fosse costituito dai Cinque Elementi. I cinque elementi corrispondono ai sette chakra (Figura 9). Essi comprendono la nostra Aura e i Piani Cosmici e i Corpi Sottili di cui la nostra coscienza fa parte.

I primi quattro Chakra corrispondono a Terra, Acqua, Fuoco e Aria, mentre i tre Chakra superiori corrispondono allo Spirito. I Chakra, a loro volta, si confrontano con le Sephiroth dell'Albero della Vita della tradizione misterica occidentale. La loro corrispondenza è complessa e non così evidente come molti insegnanti spirituali credono, ma la relazione c'è. Per un'esposizione approfondita delle Sephiroth e dei Cinque Elementi, consultare *The Magus: Kundalini and the Golden Dawn*.

La comprensione del funzionamento degli elementi è un prerequisito essenziale per le pratiche yogiche avanzate, molte delle quali sono presentate in questo libro. Nel sistema spirituale orientale, i Cinque Elementi corrispondono ai Tattva, che verranno esplorati anche in *Serpent Rising*.

I Cinque Elementi sono alla base dello Yoga e dell'Ayurveda (in sanscrito "conoscenza della vita"), la medicina olistica tradizionale Indiana sviluppata all'incirca nello stesso periodo dello Yoga (circa 3000 a.C.). L'Ayurveda si basa sulle tre costituzioni, o Dosha - Vata, Pitta e Kapha. Vata è l'energia del movimento (Aria e Spirito), Pitta è l'energia della digestione e del metabolismo (Fuoco e Acqua) e Kapha è l'energia che forma la struttura del corpo (Terra e Acqua). Ogni persona ha un equilibrio unico degli Elementi al suo interno e, quindi, un Dosha unico. La dominanza degli Elementi che si trova nel Tema Natale dell'Astrologia Occidentale, in particolare per quanto riguarda i Segni del Sole, della Luna e dell'Ascendente, determina spesso il Dosha di una persona. Tuttavia, per ottenere una diagnosi corretta è necessario analizzare il Tema Natale dell'Astrologia Vedica, come avviene tradizionalmente in Ayurveda. (Maggiori informazioni sull'Ayurveda e sui Tre Dosha nella sezione Yoga).

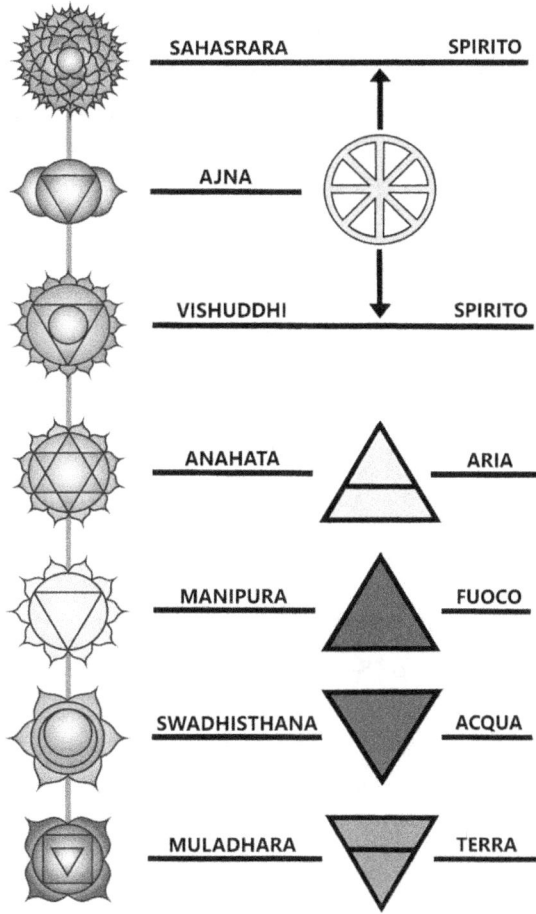

Figura 9: I Cinque Elementi e i Sette Chakra

I Cinque Elementi si riferiscono anche ai cinque sensi: Lo Spirito, o Aethyr, è il mezzo attraverso il quale si trasmette il suono; pertanto, l'Elemento Spirito corrisponde alle orecchie e all'udito. L'Elemento Fuoco è in relazione con gli occhi e il senso della vista, poiché il fuoco manifesta la Luce, il calore e il colore. L'Elemento Aria si riferisce al naso e all'olfatto, mentre l'Elemento Acqua è legato alla lingua, l'organo del gusto. Infine, l'Elemento Terra è associato alla pelle e al senso del tatto. Queste informazioni sono essenziali quando si esplorano le pratiche di Suarigione spirituale, poiché l'applicazione di ciascuna di esse richiede l'uso di uno o più sensi per influire sulla coscienza.

Purificando e bilanciando gli Elementi all'interno di noi stessi, raggiungiamo e manteniamo una buona salute e innalziamo la vibrazione della nostra coscienza. Tutte le pratiche Spirituali mirano essenzialmente a questo obiettivo. Sia che si esegua un programma di Magia Cerimoniale e Alchimia Spirituale (come presentato in *The Magus*), sia che si eseguano regolarmente pratiche Yogiche, l'obiettivo è sempre l'Evoluzione Spirituale.

La Qabalah Ermetica e la scienza e la filosofia dello Yoga affermano che il Microcosmo è il riflesso diretto del Macrocosmo e viceversa - come sopra, così sotto. Nel *Kybalion*, questo concetto è chiamato Principio di Corrispondenza, una legge o verità universale alla base di tutta l'esistenza. Tutte le tradizioni spirituali sono costruite intorno a questa legge e tutte contengono un elemento solare o lunare, che rappresenta i principi maschile e femminile della creazione.

Praticamente, il Principio di Corrispondenza implica che il Microcosmo, l'Aura umana (la nostra composizione energetica), trova il suo riflesso nel Macrocosmo - l'Universo e, più in particolare, il nostro Sistema Solare. (Tutti noi portiamo dentro di noi le energie planetarie e zodiacali. Bilanciarle ed elevarsi nella coscienza è la "Grande Opera" dell'Alchimista, che si riferisce alla nostra eterna ricerca di unire la nostra coscienza con la Coscienza Cosmica del Creatore: è la nostra ricerca dell'Illuminazione.

IL PENTAGRAMMA

Il simbolo del Pentagramma, o "Stella a cinque punte", esiste fin dai tempi dell'antica Babilonia e della Grecia. Nell'Esoterismo occidentale, il Pentagramma verticale (Figura 10) è chiamato "Stella del Microcosmo". Quando il Pentagramma è inscritto in un cerchio, viene chiamato Pentacolo, usato soprattutto dai Wiccan. Secondo Pitagora, cinque è il numero dell'essere umano. Ciascuna delle cinque punte del Pentagramma rappresenta uno dei cinque elementi Terra, Aria, Acqua, Fuoco e Spirito, simboleggiati dalle gambe, dalle braccia e dalla testa.

Le associazioni magiche del Pentagramma lo rendono un potente simbolo rituale utilizzato per invocare il potere dei Cinque Elementi, in particolare nella Magia Cerimoniale e nella Stregoneria. È anche usato come simbolo religioso dalle Moderne fedi Neo-Pagane e dai Massoni. Quando il Pentagramma è orientato verso l'alto, rappresenta lo Spirito che presiede i Quattro Elementi ed è quindi un simbolo di Luce, amore e Sé Superiore. Il Pentagramma verticale attrae le forze angeliche e protegge da quelle demoniache. Per questo motivo, viene utilizzato nella Magia Bianca (di Luce).

Figura 10: Il Pentagramma

È interessante notare che il Pentagramma eretto era un simbolo cristiano molto prima che il Neo-Paganesimo moderno lo adottasse. Rappresentava le cinque ferite di Gesù Cristo sulla Croce dei Quattro Elementi e il sacrificio quotidiano di sé necessario per raggiungere simbolicamente il Pentagramma eretto, che fa scendere l'Elemento Spirito nei Quattro Elementi e trasforma completamente la coscienza.

Quando il Pentagramma è invertito, ha associazioni magiche opposte. Il Pentagramma rovesciato rappresenta i Quattro Elementi che comandano lo Spirito, simbolo dell'oscurità e del dominio dell'Ego. Questo simbolo invita le energie demoniache e respinge quelle angeliche, rendendolo un simbolo adatto alle pratiche della Magia Nera (le Arti Oscure), che utilizza i poteri soprannaturali per scopi malvagi ed egoistici.

I satanisti usano il Pentagramma rovesciato come simbolo della loro fede. Si riferiscono a questo simbolo come al "Sigillo di Baphomet", il Dio con la testa di capra associato alla dualità, al materialismo e al Sé carnale. Molti satanisti sono atei, non credono nell'aldilà e danno valore solo a questa vita. Per questo motivo, sostengono che il Pentagramma rovesciato non è un simbolo del male, ma un simbolo che li allinea con i tipi di energie che li aiuteranno a raggiungere i loro obiettivi nella vita. Tuttavia, se credete che questa vita sia solo una di una catena continua di vite che la vostra Anima immortale sperimenta, allinearvi con forze oscure per soddisfare i desideri del vostro Ego è catastrofico per la vostra evoluzione spirituale.

I QUATTRO MONDI E IL PENTAGRAMMATON

Sebbene si tratti di una versione condensata di due lezioni significative di *The Magus: Kundalini and the Golden Dawn*, vale la pena di citarla nuovamente perché riassume l'intero processo di risveglio della Kundalini e il suo scopo da una prospettiva occulta. Nella *Torah* (l'*Antico Testamento*), il nome di Dio è Jehovah, il cui nome esoterico è il Tetragramma (YHVH), che in ebraico significa "quattro lettere". (Tieni conto che l'ebraico si legge e scrive da destra e sinistra.) Le quattro lettere ebraiche rappresentano i quattro elementi: Yod (Fuoco), Heh (Acqua), Vav (Aria), Heh (Terra). I quattro elementi si trovano nei quattro Chakra più bassi, mentre il quinto elemento, lo Spirito, rappresenta i tre Chakra più alti. Come si può notare, nel Tetragramma l'elemento Spirito è assente. C'è una ragione per questo.

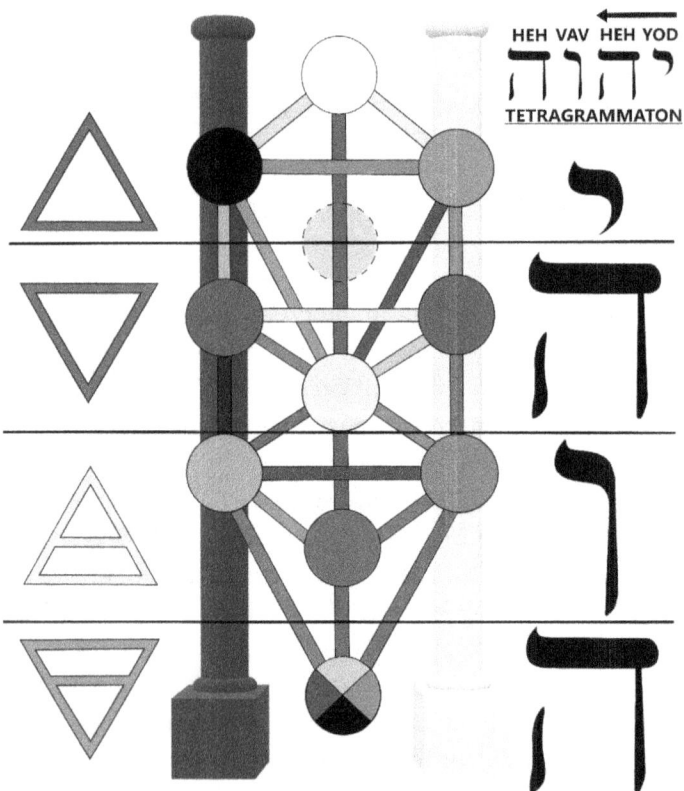

Figura 11: I Quattro Mondi e il Tetragramma (YHVH)

Le quattro lettere del Tetragramma rappresentano anche i Quattro Mondi della Qabalah, il modello qabalistico della creazione e della manifestazione dell'Universo (Figura 11). I Quattro Mondi qabalistici costituiscono la totalità dell'Albero della Vita: Yod (Fuoco) rappresenta Atziluth, il Mondo Archetipico, Heh (Acqua) sta per Briah, il Mondo Creativo, Vav (Aria) è Yetzirah, il Mondo della Formazione, e Heh (Terra) finale è Assiah, il Mondo Fisico. I quattro mondi si riferiscono direttamente ai piani cosmici. Tuttavia, nel quadro Qabalistico, il Mondo del Fuoco Primario (Atziluth) rappresenta il Piano Spirituale, mentre gli altri tre Elementi si riferiscono rispettivamente ai Piani Mentale, Astrale e Fisico.

Noterete che le corrispondenze dei Piani Cosmici omettono l'Elemento Spirito dal modello dei Quattro Mondi; i Qabalisti credono che abbiamo perso la connessione con l'Elemento Spirito dopo la caduta dal Giardino dell'Eden. Come tale, è qualcosa che dobbiamo ottenere in questa vita. Tuttavia, il metodo per raggiungere questo obiettivo è indicato nel mistero del Pentagrammaton.

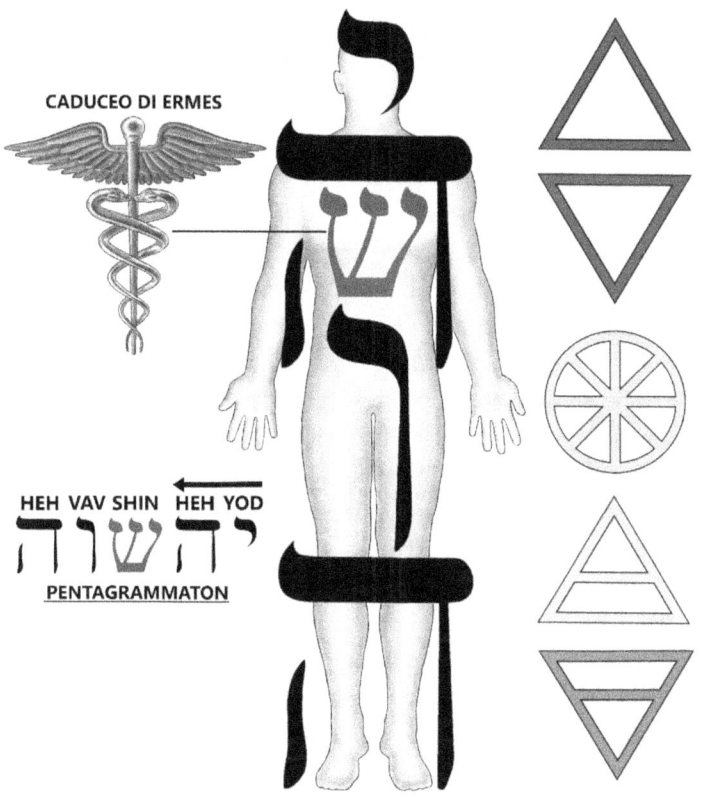

Figura 12: Il Pentagrammaton (YHShinVH)

Il Pentagrammaton (YHShinVH), che significa "cinque lettere", implica l'integrazione della lettera ebraica simbolica Shin (Figura 12), definita la "triplice fiamma dell'anima". "Shin contiene tre tratti che assomigliano visivamente alle tre Nadi principali di Ida,

Pingala e Sushumna che sorgono lungo la colonna vertebrale durante il risveglio di Kundalini. Le nadi, a loro volta, corrispondono ai due serpenti intrecciati intorno al bastone centrale del Caduceo di Ermete.

Posto in mezzo al Tetragramma, lo Shin concilia le opposte energie maschili (Fuoco e Aria) e femminili (Acqua e Terra) all'interno del Sé. Rappresenta la carta dei Tarocchi del Giudizio, il cui percorso dell'Albero della Vita è chiamato "Spirito del Fuoco Primario". "Questa carta allude al risveglio dello Spirito Santo e alla sua integrazione nel Sé. Il Fuoco di consacrazione di Shin brucia le impurità nel tempo, un'allusione al lungo processo di purificazione del Fuoco Kundalini una volta risvegliato.

Il Pentagrammaton è anche la chiave occulta dei misteri cristiani, poiché rappresenta il nome di Gesù Cristo, secondo gli occultisti rinascimentali. Il nome inglese di Gesù deriva dal latino classico "Iesus", basato sulla forma greca del nome ebraico Yahshuah (Yeshua), solitamente tradotto come Giosuè (Joshua). Yahshuah, tuttavia, si scrive YHShinVH, che è il Pentagrammaton. Il Pentagramma ci collega anche alle cinque piaghe di Gesù e al Regno dei Cieli che raggiungiamo nella coscienza quando abbiamo sacrificato noi stessi, il nostro ego, e abbiamo integrato l'elemento Spirito.

Quindi, Gesù Cristo è stato il prototipo del processo di risveglio della Kundalini; egli rappresenta l'Amore Divino di Dio, il Creatore, e la coscienza espansa che ci permette di partecipare ai Regni Spirituali e Divini. Mentre nell'*Antico Testamento* l'umanità era in uno stato di decadenza spirituale, nella *Sacra Bibbia* (il *Nuovo Testamento*) Gesù ha portato lo Spirito Santo nel mondo affinché tutti coloro che credono in lui e seguono il suo esempio possano Risorgere o Rinascere Spiritualmente e ottenere la vita Eterna.

La rinascita spirituale può essere veramente raggiunta solo quando incarniamo gli insegnamenti di Gesù, il cui fondamento è l'amore incondizionato come forza guida della nostra vita. Non è necessario essere cristiani per apprezzare il valore spirituale di questa mentalità. Troviamo esempi storici, a livello culturale, di Yogi, Santi, Adepti, Saggi e altri che sono diventati illuminati grazie all'umiltà, alla pietà e alla condotta etica nei confronti dei loro simili. Tra questi ci sono persone come il Mahatma Gandhi, Madre Teresa, Martin Luther King Jr, il Dalai Lama, Swami Vivekananda e altri.

È un dato di fatto che se vi dedicate a coltivare solo pensieri e azioni amorevoli, la paura vi abbandonerà del tutto, permettendo all'impulso del vostro Ego di cedere, il che vi preparerà al risveglio della Kundalini. Le persone odiose, egoiste e disoneste non potranno mai risvegliare l'energia Kundalini, indipendentemente dal metodo utilizzato e dagli sforzi compiuti. L'anima deve essere preparata per questa esperienza, che si può ottenere solo diventando amorevoli, onesti e giusti.

Che siate Cristiani, Musulmani, Ebrei o Buddisti, non importa: il processo di salvezza è universale. Pertanto, invece di aspettare che una *divinità* vi salvi in base alle scritture religiose in cui credete, dovete essere voi stessi il nostro Messia (Salvatore) assumendo il ruolo di Gesù, metaforicamente parlando. Siete tutti Dei e Dee per diritto di nascita, ma dovete risvegliare e portare la Kundalini alla Corona, infondendo così la Luce Divina nei vostri Chakra per ottimizzare il vostro potenziale energetico.

GLI ELEMENTI IN NATURA

Tutto ciò che vedete davanti ai vostri occhi è costituito dall'energia dello Spirito. Per questo motivo, nella tradizione Yogica e Tantrica Orientale, l'Elemento Spirito viene definito "Spazio": l'idea che lo spazio fisico sia tutto intorno a noi e si estenda all'infinito in tutte le direzioni. Lo Spirito vibra alla più alta frequenza di vibrazione, quindi è invisibile ai sensi. Compenetra tutta la Materia fisica come energia di base che la comprende.

Durante la creazione dell'Universo, l'alta vibrazione dell'elemento Spirito iniziò a rallentare, manifestandosi in sequenza come i quattro elementi primari di Fuoco, Acqua, Aria e Terra. Tutte le cose create hanno mantenuto l'energia dello Spirito nel suo stato potenziale, il che significa che lo Spirito si trova in tutte le cose esistenti, così come gli altri quattro elementi. A parte il piano fisico della materia, che è visibile ai sensi e rappresenta un aspetto dell'elemento Terra, gli altri elementi sono invisibili ma accessibili attraverso la coscienza.

I quattro Elementi primari sono le divisioni della natura e l'energia fondante di ogni cosa nell'Universo. Tuttavia, i quattro elementi non sono tecnicamente quattro, ma tre, poiché il quarto elemento, la Terra, è la composizione dei tre elementi fondamentali nella loro forma più densa. Pertanto, la Terra e lo Spirito sono simili sotto molti aspetti, ma esistono agli estremi opposti della scala vibratoria. I tre elementi fondamentali sono Acqua, Aria e Fuoco.

Il Pianeta Terra rappresenta l'aspetto grossolano dell'Elemento Terra. Nella Qabalah, ci riferiamo alla nostra esistenza fisica sul Pianeta Terra come Malkuth (il Regno), che include la terra su cui camminiamo. Attraverso Malkuth e i nostri sensi corporei, possiamo sperimentare la manifestazione fisica degli altri tre Elementi: gli oceani, i mari, i fiumi e i laghi (Acqua), l'aria contenente ossigeno (Aria) e, infine, il Sole (Fuoco) come fonte primaria di Luce e calore.

Ciascuno dei cinque elementi rappresenta uno stato della materia. Per esempio, la Terra costituisce tutti i solidi (compresi gli alimenti), l'Acqua tutti i liquidi, l'Aria tutte le sostanze gassose e il Fuoco la combustione o fiamma, che ha il potere di trasformare gli stati della Materia. Per esempio, l'acqua può trasformarsi in un gas (vapore) attraverso l'applicazione del fuoco, che torna ad essere acqua e poi ghiaccio (solido) se il fuoco/calore viene ritirato abbastanza a lungo.

Per sopravvivere abbiamo bisogno di tutti gli elementi. Il Sole è la nostra fonte di calore; senza di esso, congeleremmo. L'acqua e il cibo danno sostentamento al nostro corpo; senza di essi, moriremmo in pochi giorni (acqua) o settimane (cibo). Il respiro (aria) è la prova della vita e senza ossigeno non potremmo sopravvivere per più di qualche minuto. Infine, abbiamo lo Spirito, o Spazio, il Vuoto che rappresenta l'oscurità, il vuoto e la vastità, che serve come base per tutte le esperienze spirituali.

Molti sistemi antichi considerano i quattro elementi come regni e regni interiori a cui possiamo accedere attraverso pratiche spirituali, alcune delle quali sono esplorate in questo libro. Comprendete che state lavorando con i cinque elementi ogni volta che lavorate con i sette chakra principali. L'Elemento Spirito è l'unico che corrisponde a più di un Chakra, poiché la sua portata è maggiore rispetto agli altri quattro Elementi. Pertanto, possiamo esplorare l'Elemento Spirito solo attraverso più Chakra.

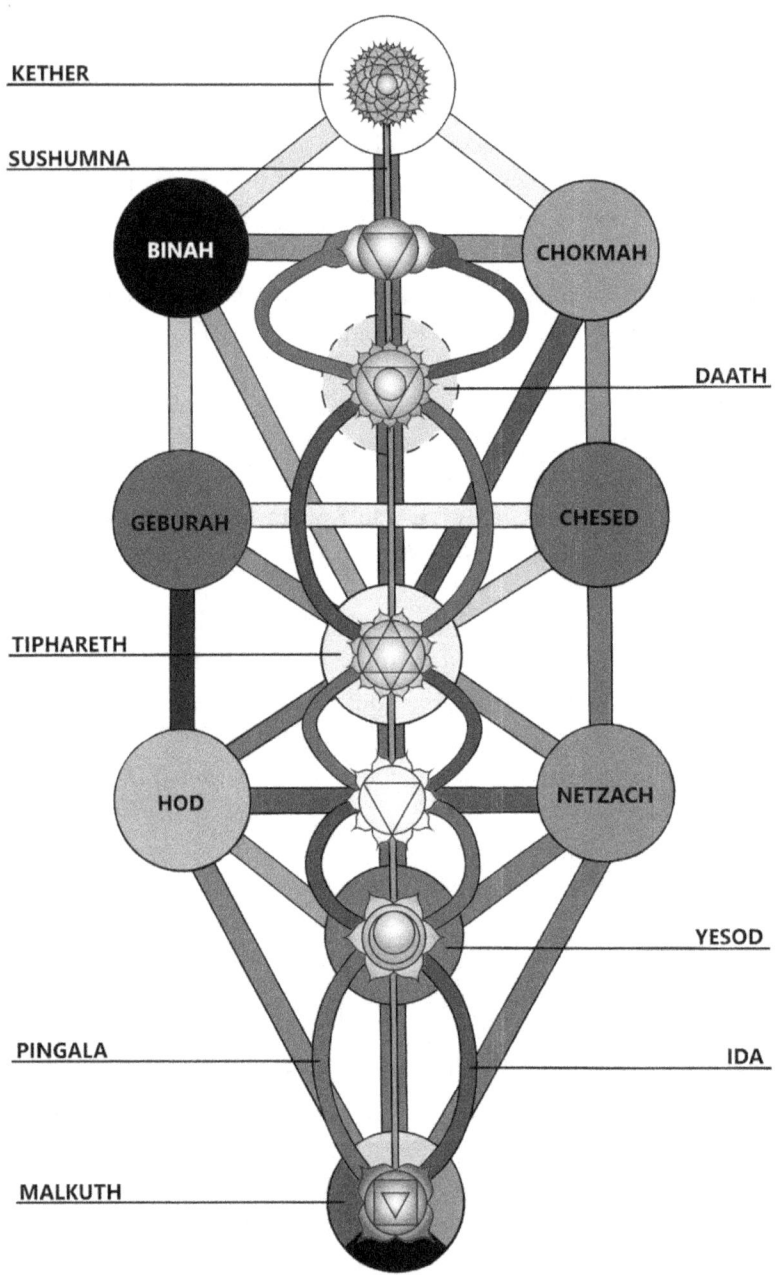

Figura 13: L'Albero della Vita Sephiroth e le Tre Nadi

L'ELEMENTO SPIRITO

Lo Spirito è la *Prima Materia*, la Prima Sostanza e la Fonte di tutte le cose esistenti. Non è tecnicamente un elemento in sé, ma è la composizione della somma dei quattro elementi: è il mattone, il mezzo, la colla che li tiene insieme. Come già detto, poiché tutte le cose dell'Universo provengono dallo Spirito, tutte le cose finiranno per riassorbirsi nello Spirito, a tempo debito. Per questo motivo, cerchiamo di evolvere spiritualmente e di riunirci alla mente del nostro Creatore: è un desiderio innato in noi.

La parola inglese "Spirit" deriva dal latino "spiritus", che significa "respiro". Questa correlazione tra le due parole ci dice che esiste una corrispondenza tra l'energia dello Spirito e l'atto di respirare l'aria contenente ossigeno che ci circonda, manifestazione fisica dell'elemento Aria.

Tutti gli esseri viventi che respirano per sostenere la propria vita hanno bisogno di questo processo continuo di portare lo Spirito nel proprio corpo. Il respiro è quindi prova di vita. Per questo motivo, le tecniche di respirazione (chiamate Pranayama nello Yoga) sono essenziali in tutte le discipline spirituali. Inoltre, la respirazione controllata facilita la meditazione, che innalza la vibrazione della nostra coscienza per sperimentare i piani cosmici superiori.

Aethyr è un altro nome dello Spirito nelle tradizioni antiche e nella fisica moderna. L'Aethyr rappresenta il mezzo o la sostanza informe e invisibile che permea il Cosmo. Nel *Magus*, gli Aethyr sono una successione di trenta Mondi Interni attraverso i quali possiamo esplorare gli Elementi dentro di noi.

L'elemento Spirito/Etere/Spazio è attribuito al Chakra della Gola (Vishuddhi), al Chakra dell'Occhio della Mente (Ajna) e al Chakra della Corona (Sahasrara). Tutti e tre i Chakra dello Spirito sono espressivi del piano spirituale. Nella Qabalah, l'Elemento Spirito rappresenta i Superni - le sfere di Kether, Chokmah e Binah, che si trovano in cima all'Albero della Vita. L'Elemento Spirito comprende anche la parte superiore della Sfera di *Daath*, l'undicesima sfera invisibile, che corrisponde direttamente al Chakra della Gola. (Consultare la Figura 13 come riferimento per le Sephiroth dell'Albero della Vita e la loro relazione con i Chakra e le tre Nadi di Kundalini.)

Nella Qabalah, Daath è chiamato l'"Abisso", in quanto punto di separazione tra la dualità delle sette Sephiroth inferiori e la non-dualità dei Superni. L'unica dualità che esiste a livello dei Supernali è quella di Chokmah - il Padre - e di Binah - la Madre. Chokmah e Binah sono le fonti di tutta la dualità dell'Universo, in quanto componenti della Forza e della Forma, dell'Anima (Fuoco) e della Coscienza (Acqua). Queste due Sephiroth sono la fonte degli elementi primari del Fuoco e dell'Acqua, anche se a livello di Spirito (Fuoco dello Spirito e Acqua dello Spirito). Kether è la Luce Bianca che contiene questi due aspetti duali, che è anche la fonte dell'Elemento Aria (Aria dello Spirito).

Le tre sfere di Kether, Chokmah e Binah funzionano come un tutt'uno. Chokmah riceve la sua energia archetipica da Kether e Binah trasforma queste idee archetipiche in forma. L'equivalente cristiano dei Superni è la Trinità: il Padre, il Figlio e lo Spirito Santo. Il concetto di Trinità è alla base di tutte le tradizioni spirituali, anche se con nomi diversi. Per esempio, nell'Induismo, la Trimurti (in sanscrito "tre forme di trinità") rappresenta la triplice Entità della Divinità Suprema, espressione cosmica della Creazione (Aria), del mantenimento (Acqua) e della distruzione (Fuoco). Anche in questo caso, vediamo i tre elementi fondamentali in azione, anche se in una sequenza diversa. L'Aria è sempre in cima alla piramide, anche se l'Acqua e il Fuoco possono essere intercambiabili.

Daath corrisponde al Chakra della gola, Vishuddhi. Poiché Daath rappresenta la conoscenza e lo scopo della nostra scatola vocale (laringe) è quello di generare la vibrazione (altezza e volume) nelle nostre barre vocali, la comunicazione verbale espressa attraverso il linguaggio ci collega al Creatore.

Il *libro della Genesi* dice: "In principio era il Verbo, il Verbo era Dio e il Verbo era presso Dio" (Giovanni 1:1). Pertanto, la Parola è il nostro legame con Dio. Per questo motivo, la pratica dei Mantra, che prevede l'uso di parole di potere e la vibrazione della nostra scatola vocale con un tono profondo, è un modo per connetterci con i nostri poteri divini e sintonizzare la nostra coscienza con i regni superiori. Poiché lo Spirito è il fattore unificante degli altri quattro elementi, il chakra della gola, Vishuddhi, rappresenta la sintesi dei quattro elementi nello Spirito, espressa attraverso la comunicazione.

Il sesto Chakra, Ajna, si occupa della vista psichica (chiaroveggenza) - la capacità di vedere immagini visive astrali, a livello interiore. Questi messaggi sono spesso proiettati dai mondi divini e spirituali e ci danno il dono della precognizione, la capacità di prevedere gli eventi prima che accadano. Poiché il dono psichico di Ajna è la visione interiore, viene chiamato Terzo Occhio, o Occhio della Mente. (Per saperne di più sull'importanza di Ajna Chakra e del suo portale della visione si veda più avanti). Ajna è direttamente collegato a Chokmah e Binah poiché, attraverso questo chakra, accediamo a entrambe le sfere.

Ajna Chakra è la sede dell'intuizione, la nostra più alta facoltà interiore di percezione. L'intuizione ci permette di leggere l'energia che ci circonda direttamente, invece di usare l'intelletto o le emozioni. Ci dà un senso di conoscenza, anche se non rivela con precisione come sappiamo ciò che sappiamo. L'intuizione ci permette anche di accedere alla guida interiore dei Mondi Divini, in quanto ci collega al nostro Santo Angelo Custode, che risiede nella Sfera di Chokmah. Ajna ci permette di tagliare l'illusione, di accedere alle verità più profonde e di vedere oltre la mente e le parole. Ci permette di sperimentare l'energia archetipica che sta dietro alle immagini.

Il settimo Chakra è il Chakra della Corona, Sahasrara, sulla sommità del capo. È il più alto dei Chakra maggiori e il loro culmine. Sahasrara è la fonte dell'energia spirituale e della Grande Luce Bianca, che si riversa nei Chakra inferiori, alimentandoli. Il punto di partenza del nostro Sé transpersonale si esprime attraverso i Chakra transpersonali sopra la testa e sotto i piedi. Sahasrara è la nostra connessione con la Fonte Divina di tutta la Creazione e la massima espressione dell'Elemento Spirito; rappresenta l'unità e la riconciliazione degli opposti, essendo il Chakra dell'Unità.

Dal punto di vista Qabalistico, Sahasrara Chakra corrisponde a Kether - la Corona - come inizio dei Tre Veli dell'Esistenza Negativa, chiamati anche *Ain Soph Aur*. Sahasrara è il punto d'incontro tra il finito e l'infinito: è al di là del tempo e dello spazio perché è eterno, cioè è sempre esistito e continuerà a esistere fino alla fine dei tempi.

Sebbene i primi tre Chakra appartengano all'elemento Spirito, solo Sahasrara è non duale. Ajna è il veicolo della nostra mente per raggiungere la Corona, mentre Vishuddhi si connette all'energia dello Spirito attraverso la parola. La coscienza dell'ego arriva fino a Vishuddhi, anche se si perde completamente in Ajna a causa della connessione di Ajna con Sahasrara. Al di sotto di Ajna sperimentiamo la paura e la sofferenza, mentre al di sopra trascendiamo l'Ego. Attraverso la trascendenza, si accede agli stati di beatitudine che accompagnano l'esperienza spirituale, incomprensibili per la persona comune che occupa la mente principalmente con i desideri dell'Ego.

L'ELEMENTO FUOCO

L'Elemento Fuoco purifica e trasforma tutto ciò che non è più utile al nostro corpo, alla nostra mente e alla nostra Anima. Dal Fuoco nascono tutte le cose nuove, mentre quelle vecchie vengono consumate: il Fuoco è un potente purificatore perché brucia le impurità.

L'Elemento Fuoco è il Principio maschile e l'energia del Padre (Chokmah) - l'Anima. In Alchimia, l'Anima e l'Elemento Fuoco si riferiscono allo *Zolfo*, uno dei tre Principi in natura. Il fuoco rappresenta la forza e la volontà ed è il più vicino allo Spirito tra i tre elementi fondamentali. La parte attiva del Sé si basa sull'elemento Fuoco: rappresenta la mente cosciente e la vitalità, la fiducia, la creatività e il coraggio.

L'Elemento Fuoco è il terzo Chakra, Manipura, situato nel plesso solare. Per la sua posizione e il tipo di energia, è legato ai processi digestivi e metabolici del corpo. L'Elemento Fuoco rappresenta la combustione all'interno del mondo della materia, manifestando sia il calore che la luce. Attraverso l'applicazione del calore, esso provoca la trasmutazione, la rigenerazione e la crescita.

La corrispondenza Qabalistica dell'elemento Fuoco è la Sephira *Geburah*, la cui attribuzione planetaria è Marte. Il Fuoco di Geburah è una forza di volontà e di impulso. L'Elemento Fuoco si esprime anche attraverso *Netzach* come desiderio e passione, che sono alimentati dall'elemento Fuoco. Il desiderio è spesso istintivo e involontario, come il desiderio sessuale o sensuale. D'altra parte, la passione di solito coinvolge la creatività ed è qualcosa su cui abbiamo il controllo.

L'Elemento Fuoco stimola e potenzia anche l'intelligenza; quindi si esprime anche attraverso la Sephira *Hod* - come forza d'animo (fortezza) di fronte alle emozioni fluttuanti. L'intelletto e la ragione sono la forza motrice della volontà ai livelli inferiori, mentre l'Anima è la forza motrice ai livelli superiori.

Manipura è espressivo del Piano Mentale Superiore, subito sotto il Piano Spirituale. Ha un contatto diretto con l'Elemento Spirito e con i Superni. Quando l'energia dello Spirito scende in Manipura, la forza di volontà viene esaltata e diventa motivata dall'amore incondizionato.

Il Fuoco è dinamismo e motivazione, la causa che sta dietro all'effetto. Il Fuoco è la forza di volontà focalizzata che alimenta il pensiero dietro ogni azione indotta consapevolmente, e richiede il suo opposto (l'Acqua) come barometro e impulso per l'azione. Una persona usa la sua forza di volontà per amore di sé o per amore incondizionato verso tutta l'umanità. Pertanto, gli Elementi Fuoco e Acqua esistono come dualità l'uno rispetto all'altro, sia nel corpo che nella mente.

Le persone il cui Elemento Fuoco è inattivo hanno un basso potere personale e non hanno un vero controllo sulla propria vita. Gli altri pensano per loro e non hanno l'energia necessaria per manifestare i desideri della loro vita. Al contrario, le persone con un'abbondanza dell'elemento Fuoco hanno il potere necessario per manifestare i propri sogni. Sono sicure di sé e attraggono i desideri della loro anima, compresa la scelta dei loro partner romantici e non si assestano su qualsiasi cosa gli succeda.

La manifestazione richiede l'applicazione dell'Elemento Fuoco, filtrato dall'Elemento Terra. Quando l'Anima è la vostra forza guida, si verifica un'azione e una reazione continua tra l'Elemento Fuoco e l'Elemento Terra. Al contrario, quando è l'Ego a guidarvi, la forza di volontà viene dirottata e l'Elemento Terra trae la sua energia primaria dalle emozioni involontarie dell'elemento Acqua.

L'Elemento Aria è necessario per alimentare sia il Fuoco che l'Acqua, e i vostri pensieri possono servire la vostra Anima o il vostro Ego. Il vostro libero arbitrio determina chi scegliete di servire, poiché non potete occuparvi contemporaneamente della vostra Anima e del vostro Ego.

L'Elemento Fuoco, come l'Elemento Spirito, si esprime attraverso gli altri tre Elementi. È il più alto dei quattro Elementi per portata e richiede la nostra massima attenzione.

L'ELEMENTO ACQUA

L'Elemento Acqua è il Principio Femminile, Madre; lo Yin dello Yang dell'Elemento Fuoco. Così, l'Elemento Acqua è in relazione con la Forma e la coscienza, mentre l'elemento Fuoco è in relazione con la Forza e l'Anima. Questi due elementi esistono in una relazione simbiotica l'uno con l'altro. In Alchimia, l'Elemento Acqua è in relazione con il Principio *Mercurio*.

In quanto energia fluida della coscienza, l'Elemento Acqua è anche in relazione con la Sephira Binah, l'astrale o il progetto invisibile di tutti i corpi solidi dell'Universo. A livello interiore, umano, l'Elemento Acqua comprende i nostri sentimenti e le nostre emozioni. È la parte passiva e ricettiva del Sé, il subconscio. L'acqua (H_2O) è costituita dalle molecole di idrogeno e ossigeno che sostengono fisicamente la vita materiale. Anche tutta la vita acquatica si basa sull'ossigeno dell'acqua per respirare.

L'Elemento Acqua è il secondo Chakra, Swadhisthana (Sacrale), situato tra l'ombelico e il basso addome. Swadhisthana è espressivo del Piano Astrale Superiore (emozionale). Le emozioni riguardano principalmente l'espressione dell'amore nella propria vita, compreso l'amore per se stessi e per gli altri. La corrispondenza Qabalistica dell'elemento Acqua è con *Chesed*, la cui attribuzione planetaria è Giove. Chesed è l'espressione dell'amore incondizionato, della misericordia e dell'altruismo, tutte espressioni massime dell'elemento Acqua.

Essendo legato alle emozioni, l'Elemento Acqua comprende altre Sephiroth dell'Albero della Vita, come l'Elemento Aria (pensieri). Poiché la Sfera di Netzach è la forma delle emozioni più basse e istintive, come la lussuria e l'amore romantico, l'Elemento Acqua si esprime anche attraverso questa Sfera. Netzach corrisponde al Pianeta Venere e al desiderio, che è sentito come un'emozione temperata dall'Elemento Fuoco.

L'Elemento Acqua alimenta anche la mente logica e ragionante di Hod, in quanto Hod e Netzach si completano a vicenda. Hod corrisponde a Mercurio e quindi, in questo aspetto dell'elemento Acqua, lavora in combinazione con l'elemento Aria e i pensieri.

L'Elemento Acqua è anche legato all'energia sessuale e agli istinti che si trovano nella Luna, corrispondente alla Sfera di *Yesod*. Come si può notare, l'Elemento Acqua comprende più Sephiroth medie e inferiori dell'Albero della Vita, così come gli Elementi Aria e Fuoco.

La lezione umana generale del Chakra dell'Acqua è imparare ad amare senza attaccamento attraverso l'Anima. Dovete trasformare le vostre emozioni d'amore inferiori in emozioni superiori, permettendo alla vostra Anima di guidare la coscienza al posto dell'Ego.

L'ELEMENTO ARIA

L'Elemento Aria è la progenie degli elementi Fuoco e Acqua, il prossimo stadio della manifestazione. In quanto progenie, l'elemento Aria rappresenta l'energia del Figlio. Per l'umanità, l'Aria è associata all'intelletto e alla mente logica. Il pensiero e i pensieri, proprio come l'aria che ci circonda, sono rapidi, veloci nei cambiamenti e senza forma.

Mentre l'elemento Fuoco è legato all'azione, l'Aria è associata alla comunicazione. Come l'Elemento Fuoco, l'Aria è di qualità maschile e rappresenta l'attività e l'energia, ma a livello interiore e mentale. L'aria sostiene tutta la vita attraverso l'atto di respirare l'aria contenente ossigeno che ci circonda. Nella realtà fisica, l'elemento Aria costituisce l'atmosfera terrestre come miscela di gas.

L'Elemento Aria corrisponde al quarto Chakra, Anahata (Cuore), situato tra i due seni al centro del petto. Anahata è anche il Chakra centrale nel modello dei Sette Chakra Maggiori, che separa i tre Chakra dell'Elemento Spirito in alto e i tre Chakra Elementali inferiori in basso. Nel modello dei Piani Cosmici, Anahata è espressivo del Piano Mentale Inferiore, che separa l'Elemento Acqua in basso e l'Elemento Fuoco in alto. In quanto tale, l'elemento Aria interagisce maggiormente con questi due elementi a livello psichico.

Dal punto di vista Qabalistico, l'elemento Aria corrisponde alla Sfera di *Tiphareth* (la cui attribuzione planetaria è il Sole) e alla Sfera di Yesod (attribuita alla Luna). Come parte dei Superni, l'Elemento Aria è attribuito a Kether come energia creativa.

Tiphareth è la nostra fonte di immaginazione, che richiede un costante atto di creazione, espressione dell'Elemento Aria. Tiphareth è il centro dell'Albero della Vita, poiché riceve tutte le energie delle altre Sephiroth, ad eccezione di Malkuth, la Terra. Malkuth si raggiunge attraverso Yesod, la Luna. L'elemento Aria ha una natura duplice. Può essere ingannevole, come la Luna, o espressivo della verità, come il Sole. La verità viene ricevuta e percepita attraverso l'intuizione.

Mentre il Chakra dell'Elemento Terra (Muladhara) riguarda la stabilità, il chakra dell'elemento Aria (Anahata) riguarda il suo opposto: i pensieri. Poiché i pensieri sono costituiti da una sostanza eterea, appartengono alla mente. Tutti gli esseri viventi usano i pensieri per navigare nella loro realtà, poiché il pensiero dà vita agli Elementi Fuoco e Acqua all'interno della psiche. Il Fuoco rappresenta la forza di volontà, mentre l'Acqua rappresenta le emozioni e l'amore. Non si può avere nessuno dei due Elementi senza l'Aria, poiché il pensiero li alimenta entrambi. Prima di poter realizzare qualcosa in questo mondo, bisogna aver pensato di farlo. Il pensiero è quindi alla base di tutta la Creazione, sia per gli esseri umani che per gli altri animali.

L'aria è anche direttamente correlata all'Elemento dello Spirito/Aethyr e ai Superni. L'Elemento Aria è l'equilibratore di tutto ciò che è mentale, emotivo e Spirituale. In quanto tale, è direttamente collegato a Kether, la fonte dell'energia dello Spirito.

Gli Ermetici sostenevano che, sebbene gli animali abbiano sentimenti e immaginazione, solo gli esseri umani possiedono la logica e la ragione, che chiamavano "Nous". Il Nous è una facoltà della mente che costituisce l'elemento costitutivo dell'intelligenza, alimentata dall'elemento Aria. Nella Qabalah, la Sfera di Hod è collegata direttamente all'intelletto. Tuttavia, nel caso di Hod, l'Aria è temperata dall'Elemento Acqua.

L'Aria è anche collegata all'elemento Fuoco e al pensiero o impulso emotivo. Pertanto, l'Aria è direttamente correlata a Netzach - emozioni e desideri. Una mente ben funzionante significa che l'individuo è ben equilibrato nell'elemento Aria.

L'ELEMENTO TERRA

L'Elemento Terra rappresenta il mondo Tridimensionale, l'espressione materiale dell'energia Universale. Durante il processo di Creazione, l'elemento Terra si è manifestato quando lo Spirito ha raggiunto il punto più basso di densità e frequenza di vibrazione. Come tale, rappresenta tutti i solidi che hanno massa e occupano spazio, un termine che chiamiamo "Materia". La Terra è la sintesi degli Elementi Fuoco, Acqua e Aria nella loro forma più densa e il contenitore di questi elementi sul piano fisico. In Alchimia, l'elemento Terra è collegato al principio del *Sale* in natura.

La Terra rappresenta il movimento e l'azione; abbiamo bisogno dell'energia della Terra per svolgere qualsiasi attività fisica. A livello energetico, l'Elemento Terra rappresenta il radicamento e la stabilità. Una dose adeguata di energia terrestre è necessaria per manifestare ciò che è nella nostra mente e nel nostro cuore; altrimenti, la nostra energia mentale ed emotiva rimane nei Piani Cosmici Interni.

Nella realtà fisica, la Terra è costituita dai composti organici e inorganici del nostro Pianeta. Rappresenta la crescita, la fertilità e la rigenerazione di Gaia, il Pianeta Terra, la Madre che nutre i nostri corpi. I termini "Madre" e "Materia" hanno lo stesso suono e significati simili. Allo stesso modo, gli elementi Acqua e Terra hanno una stretta relazione in quanto unici elementi passivi e ricettivi. La Terra è l'espressione materiale del mondo astrale, rappresentato dall'elemento Acqua.

L'Elemento Terra è Muladhara, il Chakra della Radice, corrispondente Qabalisticamente alla Sfera di Malkuth. Muladhara è espressivo del Piano Astrale Inferiore, che è inestricabilmente collegato al Piano Fisico come anello di congiunzione. Pertanto, Muladhara è il primo Chakra la cui posizione (tra il coccige e il perineo) è più vicina alla Terra fisica.

L'espressione dell'elemento Terra nella nostra psiche è sempre legata al nostro legame con il mondo materiale. Alcuni degli aspetti più banali dell'Elemento Terra includono l'avere un lavoro, il possedere una casa e un'automobile. Tutto ciò che ha a che fare con il denaro e il possesso di beni materiali è un'espressione dell'Elemento Terra. Un'eccessiva presenza dell'Elemento Terra si traduce in un eccesso di materialismo e di avidità, che sottrae energia spirituale.

La Terra è l'opposto dello Spirito: mentre lo Spirito usa l'energia del Fuoco, dell'Acqua e dell'Aria a un livello più alto, la Terra usa questi tre elementi a un livello più basso e più denso. L'energia della Terra cerca di fornirci le cose di cui abbiamo bisogno per rendere la nostra esistenza materiale e fisica felice e soddisfatta.

Tuttavia, come recita l'assioma Ermetico: "Come in alto, così in basso", Kether è in Malkuth e Malkuth è in Kether. Dio è in tutto ciò che vediamo davanti a noi e dentro di noi: l'energia dello Spirito compenetra tutta l'esistenza. Pertanto, l'Elemento Terra si collega direttamente allo Spirito, poiché lo Spirito incarna la Terra. Lo Spirito ha bisogno dell'elemento Terra per poter manifestare la realtà nel mondo della materia. Quando lo Spirito si manifesta attraverso l'Anima, il risultato è fruttuoso, mentre quando opera attraverso l'Ego, il risultato è un Karma negativo.

L'Elemento Terra si concentra sul soddisfacimento dei bisogni fisiologici fondamentali per la nostra sopravvivenza, come il riparo e il bisogno di aria, acqua, cibo e sonno. Anche l'esercizio fisico è essenziale, così come la qualità del cibo e dell'acqua che introduciamo nel nostro corpo. L'elemento Terra si occupa anche della procreazione e del nostro desiderio di relazioni sessuali. L'energia dell'Elemento Terra tranquillizza la nostra mente e ci offre il carburante per affrontare le attività fisiche quotidiane, il cui scopo è quello di farci progredire nella nostra esistenza terrena.

I PIANI COSMICI

Il processo di trasformazione della Kundalini inizia come un fuoco ardente e vulcanico, che brucia le scorie e le impurità nei diversi Corpi sottili del Sé. Ogni Chakra ha un Corpo Sottile corrispondente, nel quale il Corpo di Luce appena attivato si modella, poiché la Luce è una sostanza elastica. La vostra coscienza incarna quindi questi diversi Corpi sottili per sperimentare i corrispondenti Piani Cosmici di esistenza o manifestazione. L'Anima sperimenta i Piani Cosmici attraverso la mente, poiché è il mediatore tra Spirito e Materia. Agisce come un ricevitore che può sintonizzarsi su questi diversi Piani Cosmici.

È essenziale comprendere il concetto di Anima, cos'è e come si differenzia dallo Spirito. L'Anima è la scintilla individuale di Luce che tutti portiamo dentro di noi. Gli antichi dicono che l'Anima proviene dal Sole. Per questo motivo chiamano il Sole "Sol", che è l'origine della parola "Anima". Il risveglio della Kundalini libera l'Anima dal corpo fisico per viaggiare nei piani cosmici interiori dell'esistenza. L'Anima è la parte più alta dell'espressione di chi siete come scintilla divina proveniente dal Sole. Se l'Anima sia particolare solo per questo Sistema Solare è oggetto di dibattito. In teoria, poiché tutte le stelle incanalano l'energia della Luce, l'Anima potrebbe essere quella che può viaggiare da un Sistema Solare all'altro e manifestarsi in un corpo organico su un altro Pianeta.

Lo Spirito è l'essenza più alta dell'energia divina ed è il progetto di tutte le cose esistenti. Lo Spirito è la "materia del pensiero" della Mente Divina o Cosmica, che proietta l'Universo conosciuto. Pertanto, lo Spirito è la sostanza animatrice di tutte le cose ed è universale, mentre l'Anima è individuale e particolare per ogni essere umano. L'Anima è un Fuoco, mentre lo Spirito è al di sopra dei quattro elementi Fuoco, Acqua, Aria e Terra come loro sintesi - la coscienza. Il mezzo della coscienza è la mente e il cervello, mentre il mezzo dell'Anima è il cuore. Lo Spirito è ciò in cui sia l'Anima che la mente hanno la loro esistenza.

Può essere un po' complesso capire veramente queste distinzioni, soprattutto perché i termini Spirito e Anima vengono gettati in giro nella nostra società senza una chiara definizione di cosa significhi ciascuno e di come siano diversi. La maggior parte delle persone sembra generalmente pensare che siano la stessa cosa. Gli antichi hanno fatto del loro meglio per definire sia l'Anima che lo Spirito, ma poiché la persona media di oggi è a un livello inferiore di evoluzione spirituale, la comprensione collettiva non è ancora arrivata. Spero quindi che questa definizione di base vi aiuti a capire meglio la differenza.

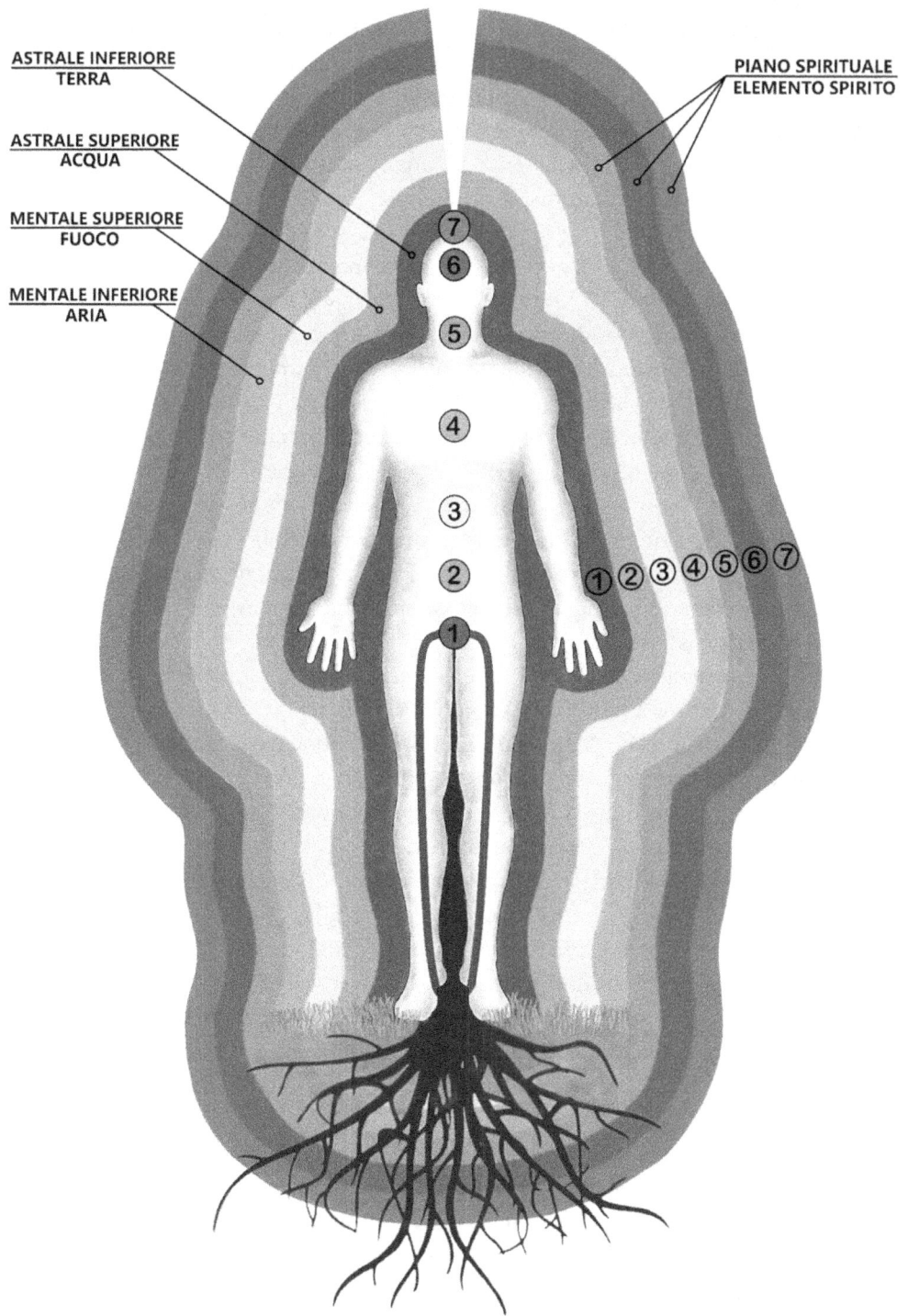

Figura 14: I Piani Cosmici Interni

Mentre progredite nel processo di trasformazione della Kundalini, la vostra Anima entrerà gradualmente e sistematicamente nei diversi Piani Cosmici di esistenza e integrerà queste esperienze nella vostra psiche. Potete anche indurre particolari stati mentali attraverso tecniche rituali di Magia Cerimoniale, che invocano uno dei cinque elementi Terra, Aria, Acqua, Fuoco e Spirito, nonché i loro Sotto-Elementi. Questi esercizi rituali vi permetteranno di accedere direttamente ai Piani Cosmici, poiché i cinque Elementi corrispondono ai Chakra. Consultare *The Magus: Kundalini and the Golden Dawn* per queste tecniche rituali.

I Piani Cosmici di esistenza occupano lo stesso spazio e lo stesso tempo, ma esistono in diversi gradi di vibrazione. La vibrazione più bassa e densa è quella del Mondo Fisico della Materia che viviamo quotidianamente. Una volta aumentata la vibrazione, si entra nei diversi piani di esistenza, astralmente, attraverso la mente. Più alto è il tasso o la frequenza di vibrazione, più alto è il Piano. La materia è alla frequenza più bassa, mentre lo Spirito vibra a una frequenza così alta da essere praticamente fermo e invisibile ai sensi.

I piani cosmici esistono all'interno dell'Aura a strati (Figura 14), come gli strati di una cipolla sovrapposti l'uno con l'altro. Gli strati superiori si compenetrano e influenzano quelli inferiori. L'immagine della Figura 14 è uno schema che mostra la sequenza degli strati relativi ai Chakra. Tuttavia, non è una rappresentazione esatta dell'Aura stessa. Nell'Aura umana, ciascuno degli strati dei Chakra maggiori è più vicino l'uno all'altro, sovrapposto a quattro strati più estesi relativi ai Chakra transpersonali. Pertanto, undici strati primari compongono l'Aura. (Per maggiori informazioni sull'Aura, si veda il discorso intitolato "L'Aura - Campo Energetico Toroidale").

Inoltre, tenete presente che l'Aura è dinamica nella sua espressione ed è in un costante stato di flusso e riflusso mentre esprime la coscienza individuale. In ogni momento, all'interno dell'Aura, si alternano colori diversi, a seconda dei contenuti su cui la mente e il cuore si concentrano e di cui fanno esperienza.

I Piani Cosmici esistono tutti in sequenza, emanati dalla Luce Bianca che si trova nel Sahasrara, il Chakra della Corona. Il processo di manifestazione del Divino filtra verso il basso in questi diversi Piani, e un Piano influisce sull'altro: c'è una relazione simbiotica tra loro. Mentre il processo di manifestazione filtra verso il basso, una volta raggiunto il Piano fisico, risale verso la Luce Bianca, influenzando sistematicamente ogni Piano. Il processo di manifestazione è quindi il continuo flusso avanti e indietro di questo intero processo, infinite volte in un momento finito, esemplificato dall'assioma Ermetico "Come in Alto, Così in Basso".

Quando si compiono azioni nel mondo fisico, si ha un impatto su questi Piani Interiori, formando così il Karma. L'energia Karmica è la somma delle vostre azioni e l'espressione della loro qualità. Se le vostre azioni non sono compiute nel nome di Dio, il Divino, che opera attraverso l'energia dell'amore incondizionato, allora avranno conseguenze Karmiche. In questo modo, il Karma negativo verrà depositato in uno dei Piani di manifestazione, affinché possiate imparare le lezioni di quel Piano e sintonizzare correttamente le vostre azioni, ottimizzando i vostri Chakra nel processo.

Sperimentando questi Piani Cosmici, potete conoscere le parti di voi stessi che hanno bisogno di lavoro. E potete lavorare su queste parti di voi stessi sperimentando questi Piani cosmici. Per esempio, a volte le entità Demoniache si insediano in uno o più piani cosmici e voi dovete incontrare questi demoni e "ucciderli". Spesso questa azione viene percepita visivamente in una visione o in un sogno, quando infondete un demone con la Luce Bianca, disarmandolo. Tuttavia, affrontarli con coraggio è generalmente sufficiente per trasformarli e rimuovere l'energia della paura dal Piano cosmico in cui dimorano. A sua volta, il Chakra corrispondente si perfezionerà, permettendo all'energia di Luce di risplendere attraverso di esso.

Quando si lavora con l'energia Karmica, si lavora soprattutto con la paura, poiché la paura è il carburante di tutte le energie Demoniache. Lo scopo e l'obiettivo di tutti i demoni è quello di spaventarvi in qualche modo. Poiché la paura è quantificabile, lavorando con l'energia karmica eliminate la paura dalla vostra Aura, un po' alla volta, finché non sarà del tutto scomparsa. Questo processo, tuttavia, richiede molti anni e la forza della mente e del cuore. Dovete diventare resilienti e testardi per riuscire a vincere i vostri Demoni. Una volta che avrete eliminato tutta la paura, i demoni non potranno più farvi paura e avrete finalmente il controllo definitivo su di loro. Questo processo è l'essenza dell'ottenimento del vero potere personale.

I CINQUE PIANI COSMICI

Piano Fisico e Piano Astrale Inferiore (Elemento Terra)

Il vostro viaggio verso la trascendenza inizia nel Piano fisico, corrispondente al Muladhara, il Chakra della base e l'Elemento Terra. Muladhara è il più basso dei Chakra e rappresenta il Piano più denso dell'esistenza, il Mondo della Materia. Questo Chakra influisce anche sul Piano Astrale Inferiore, l'impronta energetica di tutte le cose esistenti. Esiste una corrispondenza tra il Piano Fisico e il Piano Astrale Inferiore, poiché entrambi partecipano dell'Elemento Terra e del Chakra Muladhara. Il Corpo sottile corrispondente a questo Piano interiore è il Corpo astrale inferiore. Il Corpo Fisico è il corpo che usiamo per sperimentare il mondo della Materia. Questa relazione è ovvia.

L'essere umano è inestricabilmente connesso alla Terra attraverso la forza di gravità. A livello energetico, siamo collegati alla Terra attraverso i Chakra del Piede e i canali energetici nelle gambe che si collegano al Chakra Muladhara. Questa connessione ci permette di mettere a terra il nostro sistema Chakrico, mentre il Nervo Sciatico mette a terra il nostro sistema nervoso e il nostro corpo fisico. Il sistema energetico umano è come un albero con radici profonde nella Terra. La Terra ci nutre attraverso questa comunicazione bidirezionale, che supporta e sostiene la nostra coscienza.

Piano Astrale Superiore (Elemento Acqua)

Mentre salite verso l'alto nei Piani, il prossimo nella sequenza è il Piano Astrale Superiore. Spesso viene chiamato Piano Emozionale, legato alle emozioni più basse e istintive: le nostre azioni nel mondo fisico provocano una risposta emotiva involontaria. Il Piano Astrale Superiore è associato alla sessualità, alla paura e all'Ego, poiché si relaziona direttamente con la mente subconscia. Corrisponde all'Elemento Acqua e a Swadhisthana, il Chakra Sacrale. Il Corpo Sottile particolare di questo Piano è il Corpo Astrale Superiore.

Dopo un risveglio completo della Kundalini, una volta che la mente conscia e quella subconscia sono state collegate, il caos emotivo domina la psiche per un certo periodo di tempo. Affrontare il proprio Sé Ombra può essere spaventoso, soprattutto se non si è preparati a questa esperienza. Per quanto impegnativa possa essere, l'energia karmica dell'elemento Acqua deve essere superata per poter procedere nel vostro viaggio di ascensione spirituale. L'energia della paura può richiedere più tempo per essere eliminata, a seconda del livello della vostra evoluzione spirituale. Con coraggio e determinazione, tuttavia, si può raggiungere l'obiettivo e il Chakra Swadhisthana si sintonizza, permettendo alla coscienza di elevarsi al di sopra del suo livello e di entrare nel Piano superiore.

Piano Mentale Inferiore (Elemento Aria)

Una volta terminata l'integrazione degli insegnamenti dell'Elemento Acqua, il Piano Interiore successivo da affrontare è il Piano Mentale Inferiore, corrispondente all'Elemento Aria e Anahata, il Chakra del Cuore. Questo piano si riferisce ai pensieri, al pensiero razionale e all'immaginazione. Le emozioni influenzano i pensieri e viceversa. Grazie alla sua connessione con l'Elemento Spirito, Anahata si occupa delle emozioni più elevate, come la compassione e l'amore incondizionato. Per questo motivo, è possibile che si verifichino prove dell'Anima relative a queste energie. Il Corpo Sottile particolare di questo Piano Interiore è il Corpo Mentale Inferiore.

Quando sarete entrati nel Piano Mentale e la vostra coscienza vibrerà al suo livello, inizierete a sognare lucidamente. Poiché Anahata è direttamente collegato all'Elemento Spirito in Vishuddhi (il Chakra sopra esso), la vostra coscienza può uscire dal corpo fisico attraverso il Sahasrara Chakra e incarnare il vostro Corpo di Luce se avete ricevuto un'attivazione completa attraverso il risveglio di Kundalini. A causa della sua maggiore densità, il Piano Mentale è il punto di contatto per il Corpo di Luce per entrare in un Sogno Lucido. Quando lo diventerete, vi proietterete in uno dei Piani Cosmici superiori. A seconda dell'esperienza di sogno lucido che si sta vivendo, si tratta del Piano Spirituale o del Piano Divino. I Sogni Lucidi iniziano a verificarsi quando la vostra coscienza si trova in Anahata, poiché l'afflusso dell'elemento aria vi permette di proiettarvi fuori da Sahasrara.

In un Sogno Lucido, sarete pienamente consapevoli. Il sogno viene vissuto come reale, poiché il Corpo di Luce è un veicolo di coscienza, simile al corpo fisico, ma a un livello di densità inferiore. I Sogni Lucidi sono generalmente caratterizzati dall'assoluta libertà di sperimentare qualsiasi cosa si desideri durante lo stato onirico. Quando la coscienza viene proiettata fuori dal Sahasrara Chakra, il sogno lucido diventa un'Esperienza Extra-

Corporea completa. (Tratterò il Sogno Lucido in modo più dettagliato nella seconda metà del libro, poiché è uno dei doni più significativi ricevuti dopo il risveglio della Kundalini).

Piano Mentale Superiore (Elemento Fuoco)

Il prossimo piano che dovrete attraversare è il Piano Mentale Superiore, corrispondente all'Elemento Fuoco, e il Terzo Chakra, Manipura (Chakra del Plesso Solare). Manipura si riferisce alla forza di volontà, alle convinzioni, alla motivazione e allo slancio nella vita. È il luogo in cui si trova la vostra Anima, che filtra attraverso la mente cosciente. Le convinzioni si formano attraverso le azioni e i pensieri abituali. Questa connessione con l'Anima nel Piano Mentale dà origine al Sogno Lucido, poiché il Corpo di Luce è il veicolo dell'Anima. Tenete presente che sia l'Elemento Fuoco che l'Elemento Aria sono collegati all'Elemento Spirito, e quindi il Piano Mentale è il punto di contatto per raggiungere i Regni Cosmici superiori.

Molte delle nostre convinzioni radicate ci impediscono di sfruttare il nostro più alto potenziale come esseri umani Spirituali. Superare le convinzioni negative e limitanti è fondamentale per vivere il tipo di vita che si desidera. Le convinzioni, a loro volta, influenzano i vostri sogni e i vostri obiettivi. Lo scopo di sperimentare questi Piani è quello di purificare il Karma negativo immagazzinato in ogni Chakra. Una volta purificata, la coscienza si eleva naturalmente al di sopra di ogni Chakra per apprendere ulteriori lezioni dell'Anima nei Chakra superiori. Il Corpo sottile corrispondente a questo Piano è il Corpo Mentale Superiore.

Piano Spirituale (Elemento Spirito)

Una volta superati i Piani Inferiori di esistenza legati ai Quattro Elementi, l'energia Kundalini si sublima e si trasforma in un fuoco liquido e rilassante, molto più piacevole. La sua qualità è quella dell'elemento Spirito e, una volta avvenuta questa trasformazione, diventa il vostro "modus operandi" per il resto della vita. Questa energia dello Spirito eleva la coscienza nei tre Chakra più alti: Vishuddhi (Chakra della Gola), Ajna (Chakra dell'Occhio della Mente) e Sahasrara (Chakra della Corona). Corrisponde al piano spirituale dell'esistenza sperimentato attraverso il Sahasrara Chakra e il Bindu Chakra. È stato definito il Mercurio Filosofico degli Alchimisti e la Pietra Filosofale.

Il Corpo Sottile corrispondente al Piano Spirituale è il Corpo Spirituale. Questo Corpo Spirituale è il prossimo veicolo di coscienza a cui il Corpo di Luce appena attivato lavora per allinearsi in modo permanente. Durante i sogni, il Corpo di Luce si modella nel Corpo Spirituale per viaggiare sul Piano Spirituale.

Il piano spirituale viene spesso definito "Aethyr" e si fa spesso riferimento all'impronta Eterica di tutte le forme di Materia. È sinonimo dell'impronta Astrale già menzionata. Spesso manca il linguaggio per spiegare questa particolare scienza invisibile, quindi il riferimento a questi termini implica l'impronta energetica di base che tutti abbiamo. Non lasciatevi confondere se non riuscite a capire subito come funziona tutto, ma siate aperti all'apprendimento e col tempo, esponendovi di più a questa realtà invisibile, la vostra comprensione aumenterà.

È essenziale comprendere che l'energia Kundalini non è mai statica; è in continua evoluzione nella sua espressione, funzione e stato. Questa costante trasformazione dell'energia Kundalini permette di entrare in questi diversi piani in modo naturale, a meno che non si scelga di farlo intenzionalmente attraverso tecniche di invocazione rituale.

Tenete presente che finora sto descrivendo il processo di ascesa sui Piani Interiori attraverso la coscienza. Man mano che la vibrazione della vostra coscienza aumenta, sperimentate piani sempre più elevati, fino a raggiungere il Piano Spirituale. La vostra coscienza può arrivare fino ai Piani Divini, anche se la loro esperienza avviene di solito durante i Sogni Lucidi. Il processo di manifestazione vero e proprio è un ciclo continuo di filtraggio dello Spirito nella materia e di risalita di nuovo. Questo processo è istantaneo, incessante e costante, e tutti i piani intermedi sono interessati.

I PIANI DIVINI

I Piani Divini di esistenza si riferiscono ai Chakra Transpersonali al di sopra di Sahasrara; quelli inferiori si riferiscono generalmente al Chakra della Stella dell'Anima, mentre quelli superiori si riferiscono alla Porta Stellare. In teoria, i Piani Divini di coscienza sono illimitati. Ogni tentativo di spiegarne il numero effettivo è inutile, poiché la coscienza umana può arrivare fino alla Mente di Dio, che è Multi-Dimensionale. Coloro che tentano di definire i Piani Divini sbagliano nel giudicarli, poiché le loro esperienze non possono essere classificate con un certo grado di continuità.

Non entrerò troppo nel dettaglio dei Piani Divini, poiché lo scopo di questo lavoro è di concentrarsi principalmente sui Sette Chakra, dato che le sfide iniziali dopo il risveglio della Kundalini consistono nel padroneggiarli e purificarli. Sperimentare l'alta energia vibrazionale dei Piani Divini negli stati di sogno o nelle visioni da svegli è un'esperienza trascendentale che non può essere espressa a parole, poiché farlo significa limitare l'esperienza e ridurla a questo regno della dualità.

I Piani Divini sono Non-Duali e ineffabili, in quanto sono il punto di contatto tra l'Ignoto e il Conosciuto. Le informazioni provenienti dai Piani Divini vengono filtrate attraverso il Chakra Causale/Bindu nel Sahasrara, la Corona, permettendo agli Esseri ultraterreni di entrare in contatto con la vostra coscienza. Ogni volta che nei vostri sogni vivete un'esperienza "fuori dal mondo" e visitate regni mai visti o sperimentati prima, state lavorando con i Chakra sopra Sahasrara e state "navigando" in uno dei Piani Divini.

L'esperienza dei Piani Divini è diversa per tutti. In *The Magus* ho cercato di spiegare alcune delle mie esperienze con queste fonti di energia, ma credo di aver limitato queste incredibili esperienze. Se avete risvegliato la Kundalini e state sperimentando sogni incredibili, a volte lucidi, state immancabilmente contattando i Piani Divini dell'esistenza.

Vedrete paesaggi mai visti prima, bellissimi da vedere. Vi sembrerà di essere su un altro pianeta in un altro sistema solare, e in realtà potrebbe essere così. Una volta che la vostra coscienza si è liberata dal corpo fisico, potete elevarla attraverso un'idea o un pensiero ispiratore. È raro sperimentare i Piani divini durante il giorno, a meno che non siate in meditazione, ma una volta aperta questa porta, potrete visitarli anche di notte.

Una volta entrati in contatto con i Piani Divini nella vostra coscienza, potete percepirne la presenza in modo intuitivo, ma di notte potete usare il vostro Corpo di Luce per entrarvi e farne esperienza. Nella vostra coscienza si verifica un'attrazione verso l'alto e, quando entrate nello Stato Alfa durante il sonno, potete entrare ufficialmente nei Piani Divini con il vostro Corpo di Luce. Se vi sentite fisicamente in questo mondo, ma la vostra mente è su un altro Pianeta o in un'altra Dimensione superiore, è probabile che stiate sperimentando i Piani Divini.

VARIAZIONE DELLA SEQUENZA DEGLI STRATI AURICI

Noterete che la sequenza dell'evoluzione Spirituale attraverso gli Elementi segue la successione degli strati aurici relativi ai Chakra, con la differenza che invece di progredire verso il Fuoco dopo aver superato l'elemento Acqua, ho sperimentato che si raggiunge l'elemento Aria. Quindi, c'è un salto graduale in uno strato superiore prima di tornare in uno inferiore. Oppure la sequenza degli strati dell'Aura non segue l'ordine dei Chakra.

Supponiamo di seguire il sistema Qabalistico dell'Albero della Vita dell'Evoluzione Spirituale verso la Divinità (Luce Bianca di Kether). Una volta saliti al di sopra del Piano fisico della Terra, la coscienza sperimenta gli altri tre Elementi in due sequenze separate prima di raggiungere il Piano spirituale. Dopo aver lasciato Malkuth, la Terra, l'individuo raggiunge Yesod (Aria inferiore), seguito da Hod (Acqua inferiore) e poi Netzach (Fuoco inferiore). Poi sale a Tiphareth (Aria superiore), seguito da Geburah (Fuoco superiore) e infine da Chesed (Qcqua superiore). Quindi si trovano alle porte dello Spirito e del Piano spirituale, rappresentato da Daath sull'Albero della Vita. Anche all'interno del Piano spirituale, la prima Sephira, Binah, è attribuita all'elemento Acqua, mentre la seconda Sephira, Chokmah, è legata al Fuoco. Binah e Chokmah sono considerate le fonti primarie degli elementi Acqua e Fuoco, dal punto di vista Qabalistico. Kether, la Sephira più alta, corrisponde all'Elemento Aria ed è anche considerata la sua fonte più alta.

L'elemento Aria dell'Albero della Vita è considerato il riconciliatore tra gli elementi Fuoco e Acqua. Per questo motivo, si trova rigorosamente sul *Pilastro Medio* dell'Albero della Vita, chiamato anche Pilastro dell'Equilibrio. D'altra parte, i due elementi Acqua e Fuoco si scambiano sui pilastri opposti dell'Albero della Vita, il *Pilastro della Severità* e il *Pilastro della Misericordia*. Quindi, nella mia esperienza di Elevazione della Coscienza e di Evoluzione Spirituale, non ho sperimentato i Chakra in sequenza. Credo che questo processo sia Universale. Pertanto, o il sistema qabalistico è corretto, o lo è il sistema chakrico, ma non entrambi, poiché sono diversi. Approfondirò questo argomento più avanti, quando descriverò e discuterò il concetto orientale di Koshas.

IDA, PINGALA E GLI ELEMENTI

Il corretto flusso di energia attraverso Ida e Pingala è di fondamentale importanza per il buon funzionamento del circuito Kundalini. I blocchi in una di queste due nadi impediscono all'energia di funzionare come dovrebbe. In caso di blocco, si avranno gravi problemi mentali ed emotivi, poiché Ida e Pingala regolano i Chakra e la coscienza. Ida e Pingala sono alimentati dai pensieri e dalle emozioni, che sono influenzati dai quattro Chakra sotto Vishuddhi (Chakra della Gola) e dagli Elementi Terra, Acqua, Aria e Fuoco.

In questo capitolo parlerò di come i Cinque Elementi influenzano il flusso di Ida e Pingala. Attraverso le pratiche spirituali presentate in questo libro o gli esercizi rituali di Magia Cerimoniale presentati in *The Magus*, potete sintonizzare i vostri Chakra. Ciò consente alle correnti energetiche di Ida e Pingala di fluire correttamente, alleviando le difficoltà mentali ed emotive che si possono incontrare. Come descritto in *The Magus*, i Trenta Aethyrs Enochiani influenzano direttamente Ida e Pingala, poiché utilizzano l'energia sessuale combinata con l'energia elementare per lavorare su uno o entrambi i canali contemporaneamente. Ho trovato questa operazione rituale la migliore per sintonizzare entrambi i canali Kundalini e aiutarli a raggiungere il loro stato ottimale.

L'elemento Terra rappresenta la stabilità ed è rappresentato dal Chakra della radice, che si trova tra l'ano e i genitali. Questo Chakra è vitale, perché l'energia che lo attraversa deve scorrere correttamente per alimentare il sistema Kundalini. L'Elemento Terra fornisce i mezzi per correggere questo Chakra e sintonizzarlo correttamente. Come già detto, le linee energetiche che partono dai Chakra del piede attraversano le gambe fino al Chakra della Terra, Muladhara. Queste linee devono essere completamente attivate e ottimizzate dopo il risveglio della Kundalini. Il loro corretto flusso permette al Chakra della Terra di lavorare alla sua massima capacità. Il loro flusso alimenta anche le nadi Ida e Pingala, che iniziano nel Muladhara ma ricevono le loro energie maschili e femminili dai canali energetici primari delle gambe.

Lavorare con l'elemento Terra permette di radicarsi, massimizzando il flusso di energia nelle gambe. L'elemento Acqua e le emozioni influenzano il flusso di Ida (femminile), mentre l'Elemento Fuoco influenza il flusso di Pingala (maschile). L'elemento Aria anima entrambi i canali Ida e Pingala, poiché dà vita agli elementi Acqua e Fuoco. Il suo posizionamento è nel Chakra del Cuore, Anahata, che contiene la più grande confluenza di nadi minori del corpo.

Anahata regola tutti i Chakra e gli elementi del corpo. Inoltre, il Chakra del cuore si collega ai Chakra delle mani, che canalizzano l'energia d'amore curativa e fungono da recettori per leggere l'energia intorno a voi. Una volta stabilito il corretto flusso tra i Chakra delle mani e il Chakra del cuore in individui completamente risvegliati dalla Kundalini, si ottiene un'ulteriore sensazione di assenza di peso nel corpo fisico e la dissociazione mentale da esso. L'energia dello Spirito deve permeare l'intera controparte del corpo fisico, il Corpo di Luce, per liberare completamente la coscienza dal regno fisico.

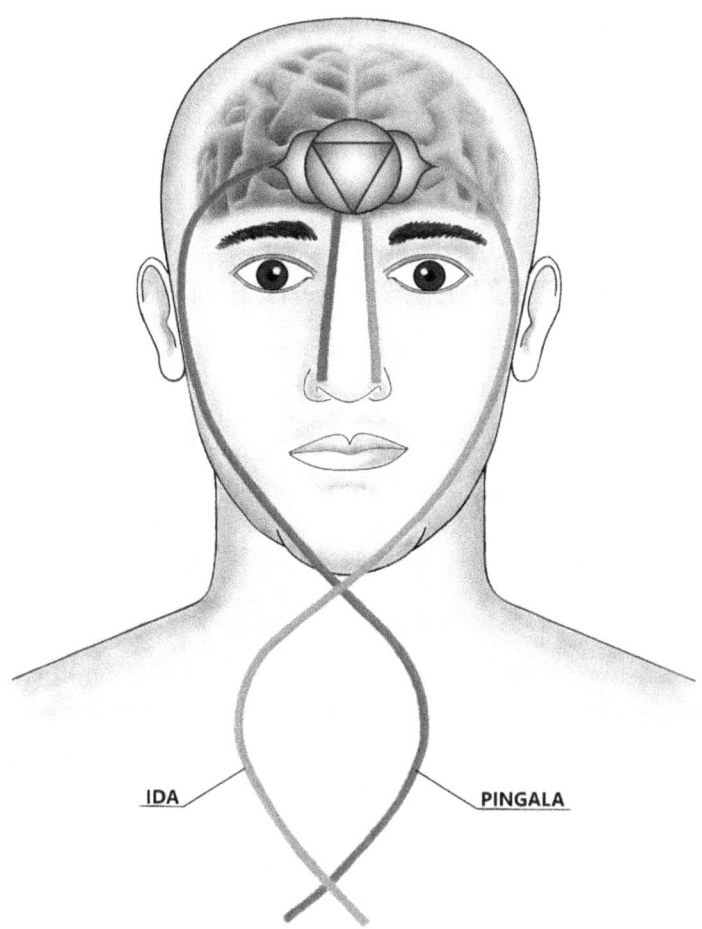

Figura 15: Le Nadi Ida e Pingala e Il Chakra Ajna

Quando si lavora con l'Elemento Aria, si lavora per stimolare sia la nadi Ida che la nadi Pingala. Poiché le due nadi si incrociano in ciascuno dei punti chakrici durante il risveglio di Kundalini, terminano in Ajna Chakra (Figura 15), al centro del cervello, nel centro del

Talamo. Il portale di Ajna Chakra è il Terzo Occhio, tra e sopra le sopracciglia e un centimetro all'interno della testa. Se i due canali non si incrociano correttamente o se c'è un blocco nel movimento di uno dei due al centro dell'Occhio della Mente, l'intero sistema Kundalini viene sbilanciato, compromettendo il suo funzionamento. Spesso ciò si traduce in pensieri ossessivi o in problemi mentali simili a quelli dei pazienti schizofrenici o bipolari.

I problemi di salute mentale negli individui derivano da un flusso improprio di Ida e Pingala e da squilibri nei Chakra. Tuttavia, non possiamo dimostrarlo con i moderni strumenti di misurazione scientifica. Dopo diciassette anni di osservazione dei miei processi mentali e degli alti e bassi dei miei pensieri e delle mie emozioni, sono giunto a questa conclusione. Credo che questi problemi siano universali, poiché Ida e Pingala sono attivi in tutte le persone in quanto regolano la coscienza. Tuttavia, nelle persone completamente risvegliate dalla Kundalini, il loro flusso è ottimizzato poiché le Tre Granthis sono sbloccate, permettendo all'energia Pranica sublimata di alimentare continuamente il sistema, inducendo lo stato trascendentale.

EMISFERI CEREBRALI DESTRO E SINISTRO

Nella Qabalah, le due facoltà interiori più elevate di un essere umano sono la Saggezza e la Comprensione, entrambe ricevute attraverso l'intuizione. Questi due aspetti del Sé esistono in dualità l'uno con l'altro, poiché non è possibile averne uno senza l'altro. Sono entrambi legati all'Elemento Spirito, in quanto rappresentano la parte superna del Sé, che non è mai nata e non morirà mai. Sull'Albero della Vita, sono le sfere Chokmah (Saggezza) e Binah (Comprensione). Si riferiscono anche all'espressione finale delle componenti maschili e femminili del Sé, che si trovano all'interno del cervello come emisfero destro e sinistro.

L'emisfero sinistro del cervello è influenzato dalla Chiah (che si trova nella Sfera di Chokmah). Dal punto di vista qabalistico, il Chiah è la nostra Vera Volontà. È la parte maschile e proiettiva del Sé, appartenente all'elemento Fuoco. È il nostro Santo Angelo Custode e la parte di noi che ci alimenta continuamente per avvicinarci alla Divinità. Il Chiah è alimentato dalla Pingala Nadi, che è anche associata all'emisfero sinistro del cervello nel Tantra Yoga. Si riferisce al pensiero analitico, alla logica, alla ragione, alla scienza e alla matematica, al ragionamento e alla scrittura. Il Chiah è fondamentalmente archetipico, cioè è in qualche misura al di fuori della nostra capacità di comprenderlo appieno. Possiamo usare il lato sinistro del nostro cervello, ma non possiamo capire perché sappiamo quello che sappiamo né la fonte di quella conoscenza.

La Neschamah minore si trova nella Sfera di Binah. È femminile e ricettiva e appartiene all'elemento Acqua. La Neschamah minore funge da intuizione psichica. È la massima aspirazione del Sé e il nostro desiderio più profondo o lo stato di coscienza più elevato. In fondo, il nostro potere intuitivo ci collega direttamente al Divino. Ida Nadi alimenta la

Neschamah minore. Influenza le funzioni dell'emisfero destro del cervello, come la comprensione, le emozioni, la creatività, l'immaginazione, l'intuizione, il pensiero olistico e la consapevolezza della musica e delle forme d'arte in generale.

CORTOCIRCUITI A NADI

Nel corso del vostro viaggio di trasformazione della Kundalini, potreste incontrare un momento in cui Ida o Pingala sono in cortocircuito, cioè cessano la loro funzione per il momento. È fondamentale capire che una volta aperto il vostro circuito Kundalini, esso rimarrà attivo per il resto della vostra vita, e che i cortocircuiti e i blocchi sono ostacoli temporanei. In caso di cortocircuito, dovete ricostruire i canali Ida o Pingala (quello che è collassato) attraverso l'assunzione di cibo, che avviene naturalmente nel tempo. In questo momento, la vostra Anima potrebbe chiedervi di mangiare più del solito per raggiungere questo obiettivo, poiché la vostra Anima riconoscerà ciò che dovete fare per risolvere il problema.

I cortocircuiti sono problemi Universali e molte persone risvegliate dalla Kundalini hanno riferito che questo è accaduto loro. Se Ida ha avuto un cortocircuito, di solito è il risultato di un evento pauroso nella vostra vita che provoca una carica emotiva talmente negativa da sovraccaricare il canale e da provocare una scarica di bioelettricità negativa. I cortocircuiti di Pingala sono meno comuni e di solito sono il risultato di qualcuno o qualcosa che prende il controllo della vostra vita e pensa per voi per un periodo prolungato. In questo caso, il canale Pingala, il cui scopo è incanalare la forza di volontà, cessa di funzionare.

Entrambi i canali possono essere ricostruiti nel tempo con l'assunzione di cibo e con l'introduzione di cambiamenti nella vita che possono influire negativamente sul loro funzionamento. Il modo in cui conducete la vostra vita influisce invariabilmente sull'intero sistema Kundalini e sul funzionamento dei Chakra, compresi i canali Ida, Pingala e Sushumna.

Sushumna richiede che i centri cerebrali siano aperti e che il Bindu funzioni correttamente, ma richiede anche che la connessione con la Corona sia ben stabilita. Se Ida o Pingala, o entrambi, cessano di funzionare e sono in cortocircuito, anche Sushumna può non funzionare correttamente, soprattutto a livello cerebrale superiore. È impossibile interrompere del tutto il flusso di Sushumna, poiché è il nostro mezzo per sperimentare la coscienza espansa, che, una volta risvegliata, non può mai essere annientata. I canali ausiliari di Ida e Pingala, che regolano la coscienza, possono essere mitigati, ma non la coscienza superiore vera e propria.

Discuterò più dettagliatamente dei cortocircuiti della Kundalini nella "Parte X: Controllo dei danni della Kundalini" e presenterò, nella sezione seguente, delle meditazioni che potete utilizzare per ricostruire e riallineare i canali nella testa, invece di aspettare che ciò avvenga naturalmente.

PARTE III:
IL SISTEMA ENERGETICO SOTTILE

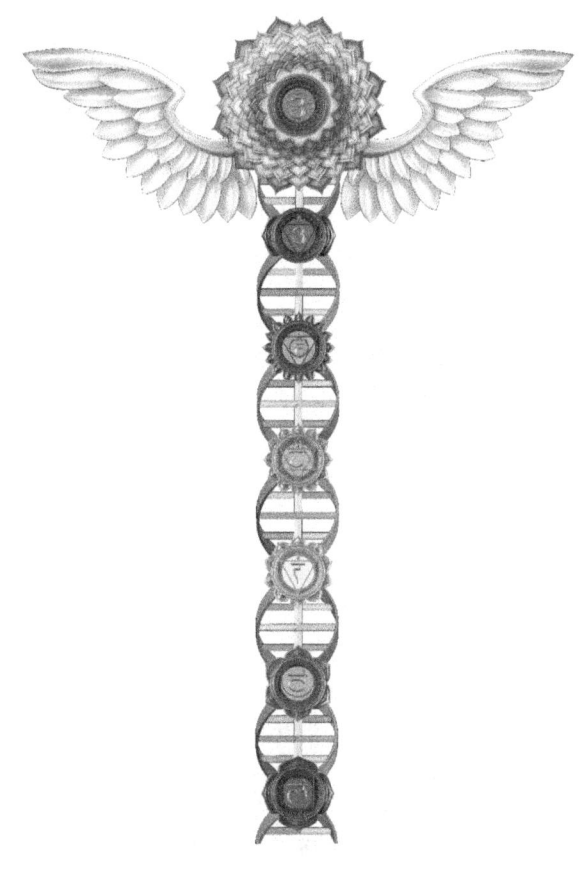

IL CAMPO ENERGETICO AURA-TOROIDALE

Un campo elettromagnetico è una combinazione di energie elettriche e magnetiche. I campi elettromagnetici sono i campi primari che generano e sostengono la vita. L'Aura è un campo elettromagnetico di energia che esiste intorno a ogni essere vivente e non vivente nell'Universo. È di forma toroidale, poiché il toro è la forma preferita dall'Universo per creare la materia dall'energia.

Il toro è costituito da un asse centrale e da vortici alle estremità che fanno circolare l'energia. In una sezione trasversale, il toro assomiglia af una ciambella dinamica con un buco al centro infinitamente piccolo. La maggior parte delle dinamiche del toro contiene aspetti maschili e femminili, in cui l'energia sale a spirale in uno e scende nell'altro.

Il campo energetico toroidale è un sistema autosufficiente che fa circolare continuamente l'energia. Il simbolo dell'infinito è un'antica rappresentazione in 2D del campo toroidale, in quanto presenta proprietà simili di continuità e auto-equilibrio. Rappresenta anche la Sorgente di tutta la Creazione. La Sorgente ha creato tutti i toroidi esistenti ed è connessa ad essi in modo inestricabile.

Ogni essere umano e animale che vive sul Pianeta Terra, compreso il Pianeta stesso (Figura 16), ha la propria Aura. Lo stesso vale per gli altri pianeti e persino per le galassie. Tutte le Aure dell'Universo si influenzano e si alimentano a vicenda. In fondo, siamo tutti interconnessi. I diversi ecosistemi presenti nell'atmosfera terrestre, come la vita vegetale e animale, gli oceani e persino le amebe e gli organismi unicellulari, sono collegati tra loro dal punto di vista energetico. Attraverso uno scambio dinamico di energia, il sistema toroidale universale collega ogni cellula e atomo attraverso il nostro corpo fisico e la nostra coscienza.

Il toroide è influenzato dal movimento continuo dell'energia universale o Prana. La sua attività è simile a quella di un'onda che fluttua con il movimento dell'acqua. L'energia pranica è ovunque intorno a noi: entra ed esce continuamente dalle nostre Aure. Finché il nostro Sole esiste, esistono anche la Luce e il Prana, che danno vita a tutti gli esseri viventi del nostro sistema solare.

Uno degli scopi principali dell'Aura è quello di scambiare ed elaborare segnali di comunicazione. L'Aura degli organismi biologici viventi fluttua continuamente a seconda degli input che riceve dal Sé, dall'ambiente o da altri esseri viventi. Anche se gli oggetti non viventi e inanimati hanno un'Aura, questa non cambia molto in seguito all'interazione con altri esseri viventi o non viventi. L'Aura degli esseri non viventi viene spesso definita corpo eterico o energetico. In sostanza, il corpo energetico di qualsiasi cosa è la sua Aura, che è il prodotto del movimento continuo di un toroide.

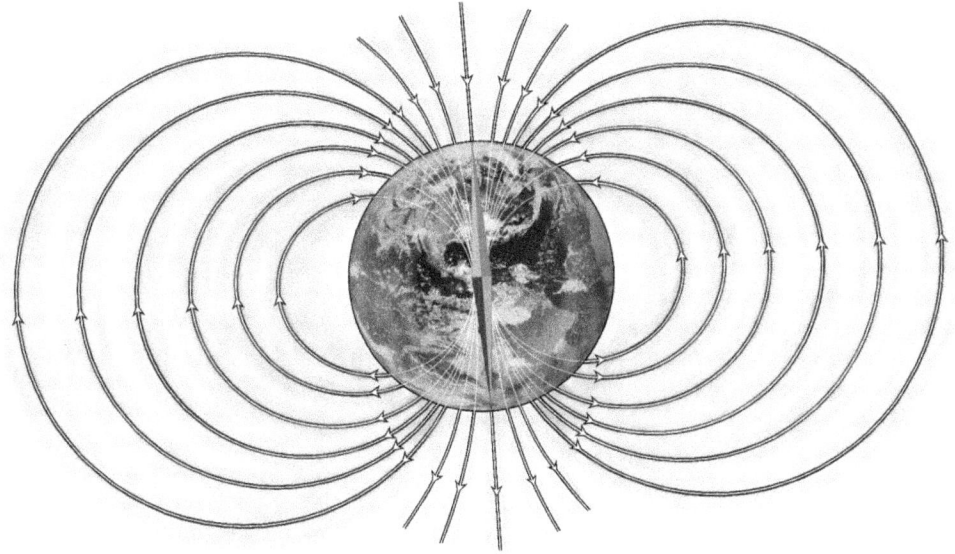

Figura 16: Il Campo Elettromagnetico della Terra

L'AURA UMANA

L'Aura ci aiuta a interagire con il mondo circostante e a trasmettere informazioni al nostro corpo fisico. Si estende intorno al corpo fisico, ma scorre anche attraverso di esso. Il corpo fisico è la proiezione olografica della coscienza individuale alimentata dall'Aura.

Ho già descritto gli strati dell'Aura nell'essere umano, che corrispondono ai Sette Chakra Principali e ai Piani Cosmici dell'esistenza. Ogni strato dell'Aura ha la sua frequenza di vibrazione e contiene diverse forme di informazione. I quattro strati Aurici seguenti si riferiscono ai Chakra Transpersonali della Stella della Terra, del Chakra Causale, della Stella dell'Anima e della Porta Stellare. Essi emanano in sequenza dopo i primi sette strati aurici.

Lo strato Aurico del Chakra della Stella della Terra si proietta per primo dopo lo strato del Chakra Sahasrara, che serve a mettere a terra l'intero sistema Chakrico mentre si connette con il Corpo Eterico del Piano Astrale Inferiore. Segue lo strato Aurico del Chakra Causale, che collega i piani spirituale e divino. Poi c'è lo strato Aurico della Stella dell'Anima, che ci permette di accedere ai piani divini inferiori, seguito dallo strato della Porta Stellare, che rappresenta quelli superiori. Infine, l'Hara Chakra, che fa parte del modello dei Chakra Transpersonali, non ha un proprio strato Aurico ma compenetra vari aspetti dell'Aura, essendo il nostro centro Pranico primario. Ciascuno degli undici strati Aurici ha un flusso toroidale che si annida insieme per creare la forma di un gigantesco uovo energetico (Figura 17).

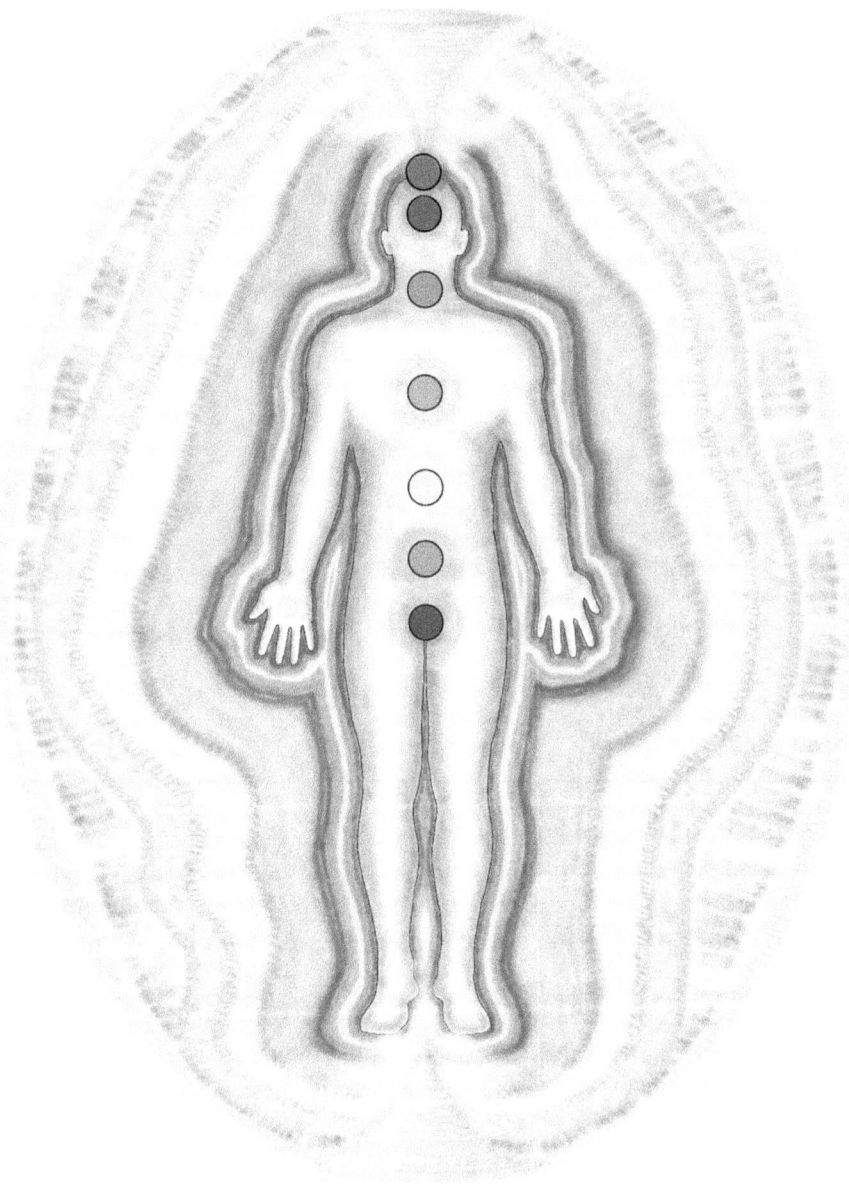

Figura 17: L'Aura Umana

Con l'inclusione degli strati sopra menzionati, si crea il corpo principale dell'Aura. Inoltre, altri campi sottili influenzano la nostra bioenergia e ci collegano gli uni agli altri, agli altri esseri viventi, alla Terra e all'Universo nel suo complesso. Tra questi vi sono i campi elettrici e magnetici non rilevati nello spettro elettromagnetico, che ci influenzano fisicamente e psichicamente. Ci sono poi il suono e altre forze elettromagnetiche che ci influenzano, come la luce infrarossa, le microonde, le onde radio, la luce ultravioletta, i raggi X e i raggi gamma, solo per citarne alcune.

Ogni cellula del corpo, ogni pensiero e ogni emozione generano un campo energetico. Esistono quindi centinaia, se non migliaia, di campi energetici sottili, alcuni dei quali non sono ancora stati scoperti. Gli scienziati scoprono regolarmente nuovi campi energetici, il che aumenta ulteriormente la nostra comprensione dell'interconnessione di tutta l'esistenza.

Nell'essere umano, l'asse del toro va dalla corona della testa alla zona inguinale, comprendendo i Chakra Maggiori e Transpersonali, e si estende fino ai piedi. L'energia fluisce attraverso un vortice lungo l'asse e fuoriesce dal secondo vortice, dove si avvolge intorno alla sua circonferenza e passa di nuovo attraverso il vortice originale. Mentre il toro ruota attorno al suo asse verticale, anche l'anello stesso ruota attorno al suo asse circolare. Le particelle di energia in entrata nel nostro toro seguono un percorso a spirale.

Il centro del toro è il cuore, che ha un proprio campo elettromagnetico che si estende più lontano dal corpo rispetto al campo aurico. Quando le persone sono vicine, il cuore produce uno scambio di energia elettromagnetica che viene registrato dalle onde cerebrali. (Per maggiori informazioni su questo argomento, si veda il capitolo "Il potere del cuore").

Il cuore ospita l'Anima. Il toro è essenzialmente la struttura dell'Anima per esprimersi nel mondo della materia. Permette all'Anima di entrare in contatto con le altre Anime esistenti. Poiché filosoficamente l'Anima si esprime attraverso la mente, la mente ha scelto il toro come la forma più ottimale in natura per manifestare il corpo fisico. Attraverso la mente, i desideri dell'Anima vengono comunicati al corpo fisico. Il corpo non può esistere senza la mente. Quando il corpo fisico muore, muore anche la mente, il che elimina il toro. L'Anima, invece, non può mai estinguersi e continua il suo percorso di vita anche dopo la morte fisica.

CARATTERISTICHE DELL'AURA

La fotografia dell'aura è una tecnologia relativamente nuova (dagli anni '70) che utilizza un sistema di imaging biofeedback per registrare e visualizzare l'energia elettromagnetica di una persona. Le macchine per la lettura dell'aura di solito rilevano le letture dalla mano attraverso un sensore, che registra le energie interiori e fornisce un'immagine colorata dello stato attuale dell'aura.

Il dispositivo di biofeedback per la lettura dell'Aura con cui lavoro è AuraFit, creato da Bettina Bernoth. Integra una tecnologia all'avanguardia per visualizzare l'Aura in "tempo reale" utilizzando un braccialetto "intelligente" invece di un sensore manuale. Ho ottenuto le istantanee della mia Aura presentate in questo libro con il sistema AuraFit. (Per vedere l'intera gamma di colori di queste immagini dell'Aura, che è ottimale per approfondire la comprensione dell'argomento, visitate il mio sito web). Grazie a tecnologie di lettura dell'Aura come AuraFit e altre, possiamo determinare le dimensioni dell'Aura, i suoi colori dominanti e la salute dei Chakra in qualsiasi momento.

Quando osserviamo il campo energetico di un individuo, vediamo l'energia colorata che scorre all'interno dell'Aura. Il tipo e la qualità dell'energia all'interno di voi dipende da ciò su cui la vostra coscienza sta concentrando l'attenzione. Può cambiare da un momento all'altro, poiché l'Aura fluttua continuamente per quanto riguarda le espressioni della coscienza. I pensieri e le emozioni che pensiamo e sperimentiamo utilizzano i Chakra corrispondenti in quei momenti. Quando un singolo Chakra viene espresso all'interno dell'Aura, il suo rispettivo strato sarà dominante, compreso il colore corrispondente.

I colori Aurici cambiano e si modificano continuamente in base a ciò su cui si concentra la coscienza e a quali strati sono coinvolti. Tuttavia, ogni persona ha un colore di base nella propria Aura, che riflette la sua personalità e la sua disposizione. Il colore di base di una persona ci dà un'idea della sua disposizione generale e del suo stato emotivo, influenzato dalle sue credenze, dai suoi valori e dai suoi comportamenti. Anche il livello di progressione spirituale di una persona influisce sulla gamma di colori entro cui vibra.

Dimensione dell'Aura

Grazie alla tecnologia di lettura dell'Aura e alla convalida dei chiaroveggenti, abbiamo stabilito che la circonferenza di un'Aura sana, con Chakra ben funzionanti, si estende in media fino a un metro e mezzo intorno a una persona. Se ci sono blocchi o ristagni di energia di Luce nei Chakra, l'Aura si indebolisce e la sua circonferenza si riduce. Le auree malsane possono ridursi fino a un metro e mezzo e persino fino a uscire dalla pelle della persona.

Le dimensioni dell'Aura variano e fluttuano allo stesso modo dei suoi colori. Ad esempio, se una persona è contemplativa o desidera la solitudine e il riposo, sarà concentrata verso l'interno e terrà le proprie energie per sé, il che restringe l'Aura. Al contrario, se l'individuo desidera la connessione con gli altri e l'avventura, sarà estroverso, il che espanderà l'Aura. In generale, concentrarsi verso l'esterno e condividere la propria energia d'amore con gli altri fa crescere l'Aura, mentre essere introversi e concentrarsi sull'amore per se stessi la restringe.

L'Aura è come un organismo vivente e respirante, nel senso che si espande o si contrae a seconda che siamo introversi o estroversi e del tipo di energie che stiamo esprimendo. Per esempio, se una persona è stanca e impoverita di energia vitale, la sua Aura si restringe, mentre se è energizzata e ha molta vitalità, avrà un'Aura più espansiva. Anche lo stress influisce sulle dimensioni dell'Aura, poiché la fa contrarre quando la coscienza è in tensione.

Anche la respirazione influisce sulle dimensioni della nostra Aura; le persone che respirano dall'addome nutrono continuamente i loro sette Chakra con l'energia pranica, mantenendo il sistema energetico in equilibrio ed espandendo così l'Aura. Coloro che respirano solo attraverso il petto mantengono attivati i Chakra medio-alti, mentre i Chakra inferiori rimangono relativamente inutilizzati. Queste persone hanno un'Aura più piccola e devono modificare i loro schemi di respirazione per bilanciare i Chakra e ottimizzare le dimensioni dell'Aura.

Le dimensioni generali del campo aurico di un individuo dipendono anche dal punto in cui si trova nel processo di evoluzione spirituale e dalla quantità di energia di Luce che ha integrato nella sua Aura. Le persone con vibrazioni più elevate hanno in genere Aure più grandi, mentre quelle con vibrazioni più basse hanno Aure più piccole. Le persone con un'Aura più grande hanno capacità più potenti di realizzare i propri obiettivi e sogni, mentre quelle con un'Aura più piccola hanno difficoltà a manifestare la vita che desiderano.

Gli individui risvegliati dalla Kundalini, che hanno integrato l'energia della Luce nei Chakra, hanno Aure la cui circonferenza supera di gran lunga i due metri. È stato riferito che gli individui pienamente illuminati, gli Adepti, i Saggi e gli Yogi realizzati hanno Aure radianti la cui Luce può riempire un'intera stanza e fare impressione su chiunque si trovi nelle loro vicinanze.

Se una persona è estroversa, ottimista e si impegna a condividere l'energia dell'amore, ma la sua circonferenza dell'Aura è ancora ben al di sotto del metro e ottanta, è un'indicazione che potrebbe esserci una malattia nel corpo fisico. Secondo il Principio Ermetico di Corrispondenza, la qualità dell'energia nell'Aura si manifesterà come la stessa qualità a livello fisico, e viceversa.

Se una persona attraversa significativi cambiamenti psicologici e persino fisici, ciò si manifesta nella sua Aura. Per esempio, chi è troppo spaziale e ha bisogno di radicamento a terra manifesterà un'abbondanza di energia nella zona della testa e un'energia minima intorno ai piedi. Per una connessione equilibrata tra mente, corpo e Anima, le energie dovrebbero essere distribuite uniformemente nelle aree della testa (mente), dei piedi (corpo) e del cuore (Anima).

Forma e Intensità del Colore dell'Aura
Quando si osserva l'Aura di una persona in tempo reale, entrano in gioco diversi fattori che ne riflettono l'aspetto, dalle dimensioni e dalla forma all'intensità del colore. In primo luogo, l'Aura dovrebbe essere a forma di uovo e simmetrica, riflettendo il flusso energetico toroidale dell'individuo. La forma a uovo dell'Aura dovrebbe avere una superficie liscia sul guscio esterno quando è in uno stato neutro. Un guscio esterno sfocato indica una mancanza di confini personali. Se l'Aura presenta buchi, strappi o lacerazioni, assume un aspetto appuntito, indicando problemi energetici da lievi a gravi. L'energia stagnante si manifesta con detriti o macchie di colore scuro nell'involucro esterno.

I colori chiari e radiosi nell'Aura riflettono gli aspetti positivi e armoniosi dei Chakra corrispondenti, mentre i colori scuri riflettono gli aspetti negativi e discordanti. Per questo motivo, ogni colore dell'Aura può essere più chiaro o più scuro.

Tutte le aree dell'Aura dovrebbero irradiare la stessa intensità e luminosità. Le aree di colore che non sono distribuite equamente su entrambi i lati dell'Aura in termini di intensità cromatica indicano uno squilibrio Chakrico.

L'energia equilibrata mostra colori stazionari e luminosi, mentre le energie squilibrate si manifestano con colori più scuri. Il rosso, ad esempio, rappresenta l'energia grezza dell'azione, che è un attributo positivo del Muladhara Chakra, mentre il rosso scuro rappresenta l'ansia e lo stress.

Quando l'individuo è sottoposto a stress fisico, mentale o emotivo, appare un colore rosso scuro sul lato sinistro del corpo. Se lo stress persiste, il rosso scuro si diffonde nelle zone del cuore, della gola e della testa, avvolgendo i primi strati dell'Aura più vicini al corpo.

Quando l'individuo sposta l'attenzione da ciò che gli procurava ansia, di sua iniziativa o grazie a un'influenza esterna, la tensione lascerà la psiche e il corpo, seguita dal colore rosso scuro che fuoriesce dall'Aura. Tuttavia, se lo stress persiste ulteriormente, continuerà a riempire il resto degli strati Aurici e a permeare l'intera Aura finché non sarà risolto (Figura 18).

Figura 18: Energia Stressante che Entra ed Esce dall'Aura

Qualunque sia il colore che sostituisce il rosso scuro nell'Aura, spesso si vede nella parte sinistra del corpo (lato destro dell'immagine dell'Aura) prima di permeare le aree del cuore, della gola e della testa. Poi fluisce nei primi strati Aurici, seguiti dal resto degli strati se la coscienza si concentra su qualcosa di sufficientemente potente. La nuova energia si stabilizzerà poi all'interno dell'Aura fino a quando si verificherà un cambiamento di coscienza.

Supponiamo di osservare questa esperienza in tempo reale con un dispositivo di lettura dell'Aura. In questo caso, appare come un'ondata di nuova energia che si diffonde nella zona del cuore, proiettandosi verso l'esterno fino a sostituire completamente tutte le macchie rosso scuro all'interno dell'Aura. Gli ultimi residui del rosso intenso sono talvolta visibili sul lato destro prima di scomparire del tutto.

Quando un pensiero o un'emozione dominano il proprio campo energetico, sembra che l'Aura inspiri, mentre quando si verifica un cambiamento interiore, l'Aura espira, espellendo così il colore corrispondente dal sistema.

I colori che entrano nell'Aura sono sempre il risultato di un'intenzione e di un'attenzione ai pensieri e alle emozioni su cui si concentra la coscienza. Possiamo cambiarli in qualsiasi momento con l'applicazione della forza di volontà. Ciò a cui si pensa o a cui si presta attenzione determina la nostra realtà, e possiamo vederne la manifestazione nell'Aura.

La Figura 19 mostra la progressione dei colori Aurici da uno stato di stress ad uno stato meditativo pacifico ed equilibrato. La prima immagine mostra un rosso profondo che riempie l'intera Aura, che viene sostituito da un rosso più calmo nell'immagine successiva, seguito da una completa schiarita nella terza immagine da un esercizio di mindfulness applicato.

La mente tranquilla innalza progressivamente la vibrazione della coscienza attraverso i Chakra. Dopo l'arancione, manifesta il colore giallo nell'Aura, seguito da verde, blu, indaco, viola e lavanda, in sequenza.

Il colore bianco finale rappresenta lo stato mentale di una persona quando è libera da tutti i pensieri, positivi e negativi, e rappresenta la connessione più sostanziale con Sahasrara, la Luce Bianca Divina. Un'Aura bianca porta la beatitudine Divina che possiamo percepire nel Chakra del Cuore.

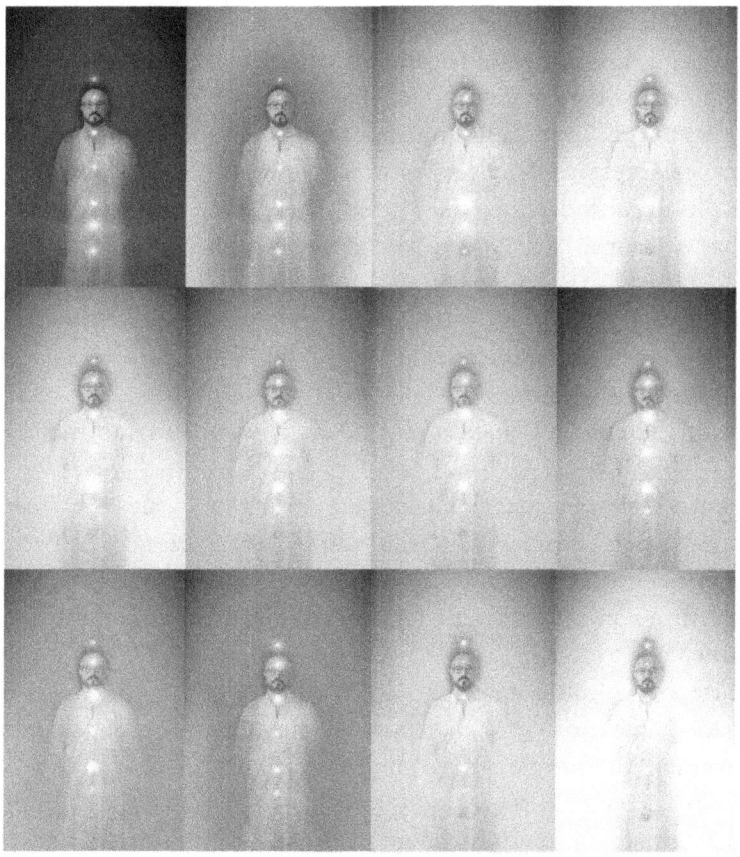

Figura 19: Progressione dei Colori Aurici dal Chakra più Basso al più Alto

ANATOMIA DELL'AURA (AREE DI COLORE)

Sopra la Testa

Il colore sopra il Sahasrara Chakra rappresenta la coscienza e il momento presente. Pertanto, si riferisce ai vostri pensieri e a ciò che vi passa per la testa. I pensieri sono proiettati dal Piano Mentale e sono più mutevoli delle emozioni. Per questo motivo, il colore sopra la testa è il più veloce a cambiare.

Se una banda di colore si estende come un arco sulla parte superiore dell'Aura, indica le speranze, gli obiettivi e le aspirazioni di una persona (Figura 20). Il colore della banda ci dice che tipo di aspirazioni o obiettivi ha in mente l'individuo. Ad esempio, se la banda è indaco o viola, indica che le ambizioni attuali della persona sono spirituali. Una banda blu indica che le aspirazioni della persona riguardano l'espressione creativa. Una banda rossa, invece, indica obiettivi più monetari che riguardano l'aumento della qualità della vita terrena.

Intorno al Cuore

Il colore intorno alla zona del cuore è espressivo del vostro umore e della vostra disposizione generale. Questo colore si riferisce al Piano Astrale, che comprende i primi due strati più vicini al corpo. Questi due strati circondano il corpo fisico, si estendono intorno alla testa e avvolgono i piedi.

Poiché il modo in cui ci sentiamo è più sostanziale e meno mutevole di ciò che pensiamo, l'area del cuore è espressiva della nostra personalità di base. Rappresenta il Chakra che utilizziamo di più durante la giornata. È comune vedere lo stesso colore sopra la testa e intorno al cuore e al corpo, poiché spesso pensiamo a cose che sono in linea con le nostre sensazioni.

Il colore dell'area del cuore è il vostro fondamento; è il colore dominante della vostra Aura che rappresenta il Sé in questo momento. Quando le convinzioni e le opinioni generali sulla vita cambiano, cambia anche il colore del vostro nucleo. Se l'individuo subisce un evento che cambia la sua vita, spesso si verifica un cambiamento radicale del suo colore centrale.

Il colore centrale cambia nel corso della giornata per riflettere i cambiamenti delle emozioni, ma in genere torna subito allo stato neutro. Pertanto, il modo migliore per ottenere il colore centrale è monitorare l'Aura per un periodo più breve. Una singola istantanea dell'Aura con un dispositivo di lettura dell'Aura non è sufficiente per ottenere il colore centrale.

Un altro fattore che influisce sul nostro colore di fondo è il modo in cui utilizziamo il Chakra della Gola, il nostro centro di comunicazione. Quando ci esprimiamo intensamente a voce o attraverso il linguaggio del corpo, il Chakra della Gola tende ad illuminarsi e ad illuminare la zona della gola, ravvivando il nostro colore centrale. Quindi, dire la propria verità ed esprimere se stessi è fondamentale per avere un'Aura sana, non ostruita, con un'energia che fluisce liberamente e colori brillanti.

Lato Sinistro del Corpo

Il lato sinistro del corpo rappresenta l'energia femminile, passiva, ricettiva, Yin che viene impressa nell'immaginazione. Il colore presente sul lato sinistro ci mostra l'energia che arriva, sia Coltivata da noi stessi, sia proiettata in noi da un'altra persona o anche da stimoli ambientali. Questo colore rappresenta il futuro, se lo assorbiamo, lo accettiamo e gli permettiamo di prendere possesso della nostra coscienza.

Se la nostra disposizione attuale è più potente dell'energia che ci viene impressa, questa si fermerà per poco tempo sul lato sinistro e lascerà completamente l'Aura. Se invece accogliamo questa energia, essa si riverserà nella zona del cuore e si diffonderà verso l'esterno per diventare il colore dominante dell'Aura che ha superato i nostri pensieri e le nostre emozioni. Come già detto, però, a meno che la nuova energia che è entrata nel nostro centro non sia affine alla nostra disposizione generale, sparirà dall'Aura poco dopo per essere sostituita dal nostro colore centrale.

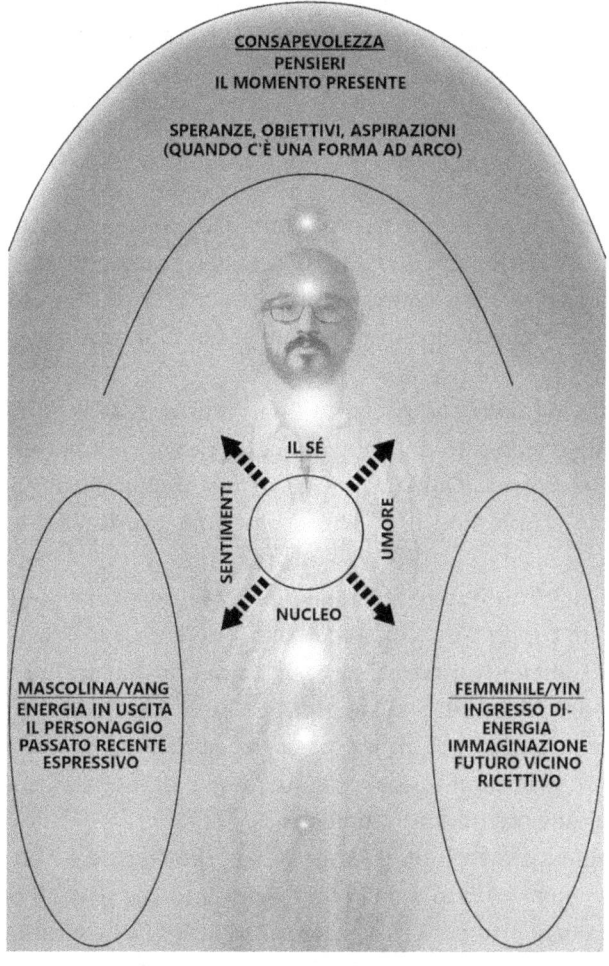

Figura 20: Anatomia dell'Aura

Se l'energia del lato sinistro viene proiettata in noi da una persona con cui siamo in contatto, in una sessione di guarigione o attraverso una comunicazione verbale, è comune vedere lo stesso colore dominante nella sua Aura. Ricordate che la nostra immaginazione deve sempre essere alimentata dalla forza di volontà, nostra (in quanto ottimale) o di qualcun altro.

In molte letture dell'Aura, un colore rosso scuro si presenterà nella parte sinistra se una persona viene stimolata emozionalmente o mentalmente. Rimarrà lì per qualche istante mentre la coscienza lo elabora. Se il sistema nervoso dell'individuo è abbastanza forte, lo supererà e il rosso scuro uscirà dall'Aura. Se si lascia che prenda il sopravvento a livello mentale o emotivo, o in entrambi i casi, il rosso scuro permeerà l'Aura e prenderà il sopravvento come colore dominante, il che significa che lo stress si è impadronito completamente della coscienza.

Se il colore del lato sinistro è lo stesso in tutta l'Aura, l'energia è percepita in modo molto forte, in quanto l'individuo è congruente con i propri pensieri, emozioni e azioni. Se il colore del lato sinistro è uguale a quello del lato destro, l'individuo mette in atto ciò che pensa, anche se non lo sente. Affinché si possa percepire tangibilmente un'energia, questa deve assumere il colore di base e permeare la zona del cuore e i primi strati dell'Aura.

Lato Destro del Corpo

Il lato destro del corpo rappresenta l'energia maschile, attiva, proiettiva, Yang. Rappresenta l'energia recente che ci ha attraversato e che ora viene rilasciata ed espressa. È l'energia dell'azione che è un sottoprodotto di ciò che pensiamo e sentiamo. Poiché è l'energia che mettiamo nel mondo, rappresenta il modo in cui gli altri ci percepiscono: la nostra persona.

Quando esprimiamo qualcosa, lasciamo un'impronta sul Piano Fisico e costruiamo dei ricordi. Ogni atto che compiamo ha un significato, perché ci libera o ci lega ulteriormente alla nostra Ruota del Karma. Dobbiamo fare in modo che le energie che proiettiamo nel mondo materiale non siano scure e fangose, perché esprimono le qualità negative dei Chakra.

Mentre il colore del lato destro rappresenta il Sé cosciente nell'atto di esprimersi, il colore del lato sinistro rappresenta il subconscio. Pertanto, i lati destro e sinistro dell'Aura mostrano i nostri Sé introversi ed estroversi. Se siamo naturalmente molto socievoli ed estroversi, il colore del lato destro si sposterà e cambierà spesso quando ci esprimeremo nel mondo. Se invece siamo più introversi e trascorriamo molto tempo a pensare e a contemplare le nostre emozioni, allora avremo più spostamenti di energia sul lato sinistro, con pochi o nessun movimento sul lato destro.

Per esempio, uno scrittore che passa il tempo a pensare e a contemplare le idee, avrà dei cambiamenti di colore e di energia costanti sul lato sinistro. Al contrario, un cantante che si esibisce in un concerto sarà in un continuo atto di espressione, e quindi i colori del lato destro cambieranno e si sposteranno in base alle emozioni che esprime attraverso le sue canzoni. Avrà poco o nessun tempo per andare verso l'interno e diventare introspettivo per lasciare consapevolmente un'impronta alla sua immaginazione. Tuttavia, i colori che entreranno nel loro lato sinistro corrisponderanno alle energie proiettate verso di loro dai fan presenti.

PROBLEMI ENERGETICI NELL'AURA

I problemi energetici all'interno dell'Aura si manifestano come buchi, strappi o ristagni di energia (Figura 21). I buchi nell'Aura si trovano sull'involucro esterno e sembrano vuoti di energia che si prosciugano; rappresentano una grave perdita di energia e una vulnerabilità alle influenze negative. I buchi dell'Aura possono creare rapidamente uno squilibrio nel sistema energetico, facendo fuoriuscire l'energia e permettendo alle energie indesiderate di entrare dall'esterno.

I buchi nell'Aura si manifestano quando gli individui passano troppo tempo a sognare ad occhi aperti ed a non essere presenti nel proprio corpo. Qualsiasi attività che favorisca la distrazione e il non affrontare le emozioni nel momento in cui si verificano può potenzialmente creare dei buchi nell'Aura. L'abuso di sostanze e di alcol è noto per la formazione di buchi nell'Aura, così come il fumo di sigaretta quotidiano.

Un'Aura altamente porosa è come una spugna energetica. L'eccessiva sensibilità agli stimoli ambientali crea nel tempo confusione sulla propria identità. In poche parole, diventa difficile stabilire quali pensieri ed emozioni siano propri e quali degli altri. Gli individui con buchi nell'Aura spesso ricorrono al piacere delle persone per sentirsi al sicuro in un ambiente. Quando vengono innescate o affrontate, invece di affrontare la situazione, queste persone timorose tendono ad abbandonare consapevolmente il proprio corpo per evitare di provare le emozioni negative.

Tutti noi abbiamo bisogno di affrontare la realtà di petto per crescere mentalmente, emotivamente e Spiritualmente. Se si evita di affrontare la realtà, la fiducia in se stessi e l'autostima ne risentono in modo significativo, creando ulteriori problemi energetici.

Gli strappi nell'involucro esterno dell'Aura sono segni di traumi fisici e psicologici del passato e assomigliano a strappi in un pezzo di stoffa liscio. Gli strappi favoriscono la vulnerabilità psichica e la perdita di energia, simili a buchi nell'Aura ma meno intensi. Gli strappi dell'Aura indicano una storia di abuso, sia esso fisico, sessuale, mentale o emotivo. D'altra parte, un comportamento abituale dannoso di una persona crea buchi nell'Aura, anche se l'evitamento di affrontare la realtà indica problemi inconsci profondi.

Una persona profondamente ferita si sente costantemente minacciata dagli altri. È reattiva e pronta al conflitto in ogni momento. Spesso ferisce inavvertitamente gli altri, anche quando sta cercando di aiutarli. Questi individui devono diagnosticare la fonte del loro dolore e trattarlo attraverso la terapia o le pratiche di guarigione Spirituale. Questo li aiuterà a ritrovare il loro senso di identità, riparando gli strappi e i buchi nella loro Aura.

L'energia stagnante nell'Aura si manifesta in vari modi. Le particelle di detriti rappresentano l'energia stagnante e non radicata che si manifesta nell'Aura o lungo il

Corpo di Luce. I detriti energetici sono costituiti da particelle sporche e statiche che di solito si disperdono in un'area e danno luogo a pensieri ed emozioni dispersi.

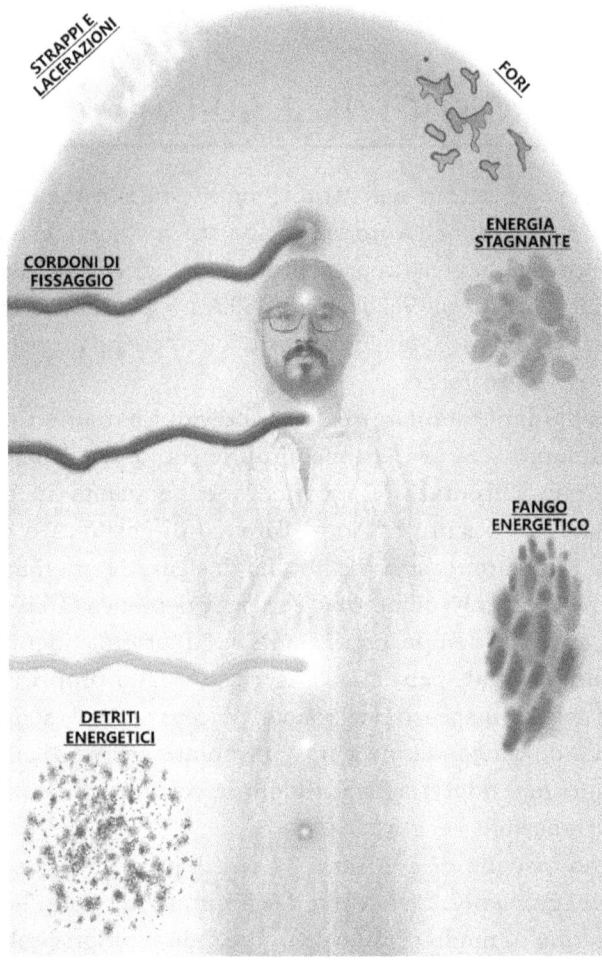

Figura 21: Problemi Energetici nell'Aura

Un altro esempio di energia stagnante sono le macchie di colore scuro lungo l'involucro esterno dell'Aura, che assomigliano a pozze d'acqua spesse e fangose. Quando l'energia stagnante si accumula per un periodo più lungo, diventa più densa e si trasforma in fanghi energetici: macchie spesse simili a olio, dall'aspetto scuro.

L'energia stagnante si verifica quando l'individuo trattiene troppo a lungo pensieri o emozioni senza esprimerli. Con il tempo, può trasformarsi in sacche di energia dense o pesanti che si accumulano in parti dell'Aura, rendendo la mente lenta. Le macchie di colore si trovano di solito nella stessa zona e coinvolgono uno o più Chakra corrispondenti (a seconda del colore). Le nuvole di energia all'interno dell'Aura sono spesso percepite come stress nascosto nel profondo del subconscio.

Le macchie scure nell'Aura sono come residui psichici che ci separano dal momento presente. Non permettendo a noi stessi di esprimere ciò che pensiamo e sentiamo, ci priviamo della capacità di creare forti legami con le persone. Invece di affidarci alla verità e ai fatti per guidare la nostra realtà, tendiamo a vivere la vita attraverso associazioni e supposizioni, poiché ci manca il coraggio di essere più espressivi. Non amare abbastanza sè stessi indebolisce il Chakra della Gola, che di solito è associato al ristagno di energia nell'Aura. Le persone con molti punti oscuri nell'Aura tendono a vivere in solitudine, perché si sentono più sicure nell'isolamento dagli altri.

Infine, gli attaccamenti malsani si manifestano come cordoni energetici che collegano due persone attraverso uno o più dei loro Sette Chakra. Le interazioni che contengono costantemente paura, rabbia o altre emozioni negative implicano l'esistenza di uno o più cordoni di attaccamento. I cordoni di attaccamento si trovano spesso in relazioni malsane tra membri della famiglia. Sono spesso il risultato di sensi di colpa o di altre emozioni irrisolte che legano due persone a livello psichico.

I cordoni di attaccamento possono essere creati anche attraverso un ricordo traumatico condiviso tra amici o estranei. Due esempi comuni in cui possono essere presenti cordoni energetici sono le relazioni di co-dipendenza e quelle sadomasochistiche.

I legami Spirituali sono la versione opposta dei legami negativi. Rappresentano legami positivi tra due persone, che canalizzano energia amorevole e curativa da una all'altra. I legami spirituali sono spesso condivisi tra una persona e il suo animale domestico, in particolare con i cani che incanalano energia vibrazionale elevata verso i loro proprietari e sono legati a loro in questa vita.

L'AURA E LE VIBRAZIONI

Il Principio Ermetico della Vibrazione afferma che tutte le cose nell'Universo vibrano a una particolare frequenza. Poiché il nostro corpo è costituito per lo più da acqua, le vibrazioni sonore dell'ambiente vengono continuamente indotte in noi, influenzando direttamente ciò che pensiamo e come ci sentiamo. A loro volta, questi stati vibratori influenzano il nostro campo Aurico toroidale, rafforzandolo o indebolendolo. Tenete presente che il campo elettromagnetico del cuore di una persona lavora in concerto con il suo campo Aurico, inducendolo con l'energia emotiva.

Il suono è il più trascendentale dei sensi e quello che ci sintonizza maggiormente con i Piani Cosmici superiori. Una musica dal suono piacevole e dal ritmo armonico influisce sulla nostra Aura, suscitando uno stato emotivo positivo. Ci mette in contatto con la nostra Anima e ci guarisce. Al contrario, la musica con toni discordanti crea onde sonore che fanno l'esatto opposto. Può farci sentire ansiosi e agitati, inducendo così l'energia della paura. Nel primo caso, la nostra Aura si espande, poiché la musica dal suono piacevole crea uno stato emotivo amorevole che fa vibrare il nostro cuore di gioia. Nel secondo caso, la nostra Aura si contrae per schermarci e proteggerci dalle vibrazioni nocive. Per esempio, la musica hip-hop moderna utilizza la drum machine 808, i cui battiti a bassa frequenza ci sintonizzano sul Chakra della Radice, Muladhara. La sua vibrazione densa mantiene la nostra coscienza legata al piano materiale, inducendo spesso irritazione e aggressività.

Siamo fortemente influenzati dall'energia elettromagnetica rilasciata dai dispositivi tecnologici presenti nelle nostre case, anche se la maggior parte di noi non ne è consapevole. Computer, cellulari, tablet e soprattutto router WiFi interferiscono con il flusso naturale del nostro campo toroidale e possono causare disturbi. Per questo motivo, non è raro che le persone sensibili dal punto di vista energetico spengano il cellulare o stacchino il router WiFi quando vanno a dormire. Alcuni arrivano addirittura a staccare tutti i dispositivi tecnologici dalle prese elettriche per neutralizzare l'energia elettromagnetica presente intorno a loro.

Il fondamento di tutte le energie vibratorie superiori è l'amore. Al contrario, tutte le energie vibratorie inferiori si basano sulla paura. La regola generale da tenere a mente è che le energie positive e amorevoli fanno espandere l'Aura, mentre le energie negative e basate sulla paura la fanno contrarre. La contrazione dell'Aura avviene per salvaguardare le energie della persona, mentre l'espansione avviene per consentire l'ingresso di maggiori energie positive esterne.

Siamo naturalmente attratti dalle persone affettuose, pacifiche e tranquille, perché influenzano positivamente la nostra Aura. Quante volte avete sentito dire: "Questa persona ha una bella Aura". In questo caso è sottinteso che l'individuo ha un'abbondanza di energia di Luce, che condivide facilmente con gli altri. Al contrario, le persone pessimiste, ostili, arrabbiate e in generale caotiche sono difficili da frequentare perché influenzano negativamente la nostra Aura. Pertanto, cerchiamo naturalmente di stare lontani da queste persone, a meno che non facciano emergere qualcosa dentro di noi che desideriamo guarire.

È propizio alla salute del nostro campo Aurico trascorrere spesso del tempo all'aperto e a contatto con la Terra. Sia che siate stati esposti a frequenze elettromagnetiche o che abbiate bisogno di schiarirvi le idee dopo un incontro con una persona negativa, è utile fare una passeggiata, soprattutto nella natura. La maggior parte delle persone che sono attratte dall'idea di fare una passeggiata dopo essere state esposte a un'energia negativa non sono consapevoli del fatto che le energie della Terra aiutano a liberare l'Aura dalla negatività, facilitando il radicamento. L'Anima dirotta la coscienza abbastanza a lungo da indurvi a fare una passeggiata per esporvi agli elementi della natura, permettendovi di resettare e neutralizzare le vostre energie.

Camminare a piedi nudi nella natura in una giornata di sole è il modo migliore e più rapido per radicarsi con la Terra. Il Sole alimenta le nostre energie Auriche, mentre il toro si allinea con la Terra. Il trattamento del corpo fisico influisce direttamente sulle nostre energie Chakriche e viceversa - Come Sopra, Così Sotto. Attraverso il grounding e l'esercizio fisico, eliminiamo l'energia negativa dal corpo e ci disintossichiamo, alleviando la tensione fisica e ottimizzando il flusso delle nostre Nadi. A sua volta, la nostra vitalità aumenta e la nostra Aura si rafforza.

Tra *The Magus* e *Serpent Rising*, Ho trattato potenti pratiche Spirituali come la Magia Cerimoniale, Guarigione con i Cristalli, la Guarigione Sonora con i Diapason, l'Aromaterapia e altre ancora. Tutte queste pratiche mirano a guarire ed equilibrare i Chakra, a ottimizzare l'Aura e a evolvere Spiritualmente. Naturalmente, è utile combinare queste pratiche con lo Yoga, l'esercizio fisico o qualsiasi altro metodo che lavori direttamente sul corpo fisico e lo metta a terra. Quando il corpo è sano, lo è anche la mente e viceversa.

KUNDALINI E L'AURA

Il vostro campo toroidale è una batteria autonoma alimentata dal Prana, che necessita di cibo e acqua come carburante. Quando la Kundalini perfora il Sahasrara Chakra e apre il Loto dai Mille Petali, la coscienza si unisce alla Coscienza Cosmica, espandendo e ottimizzando il vostro campo energetico toroidale.

Man mano che i Chakra vengono puliti e purificati nel tempo dal Fuoco di Kundalini, l'energia di Luce permea ulteriormente l'Aura, alimentando e ottimizzando i Chakra. In questo modo, il campo Aurico si rafforza, poiché la quantità di energia di Luce che una persona canalizza influenza direttamente il grado di magnetizzazione dell'Aura. A sua volta, il corpo fisico raggiunge il suo stato ottimale e sano e la vitalità generale aumenta.

Durante la trasformazione Kundalini, i Chakra delle Mani e dei Piedi si aprono, permettendo allo Spirito di scendere e permeare gli angoli più profondi del Sé. Inoltre, il flusso di energia dalle dita delle mani e dei piedi rafforza il toro e amplifica ulteriormente la velocità dell'energia che circola all'interno (Figura 22).

Si aprono anche altri canali energetici che facilitano l'ottimizzazione del toro. L'intero processo di risveglio della Kundalini e la trasformazione che ne consegue sono concepiti per consentire all'individuo di raggiungere il suo massimo potenziale come essere umano Spirituale, che si riflette nell'espansione della sua bio-energia che comprende il campo Aurico.

Non è un caso che una persona risvegliata dalla Kundalini appaia unica agli altri. Poiché siamo tutti interconnessi, quando i nostri campi energetici interagiscono, possiamo renderci conto intuitivamente quando il campo energetico di qualcuno è più prominente del solito. Pertanto, una persona con un campo energetico potenziato è naturalmente attraente per tutti coloro che entrano in contatto con lei.

Poiché il centro del toro è il cuore, le persone che vivono con il cuore, anziché con la testa, hanno naturalmente campi energetici toroidali più potenti. Sono più magnetizzate ed elettriche, il che significa che incanalano naturalmente più energia di Luce rispetto a chi vive solo attraverso l'intelletto.

Le persone che vivono con il cuore amano se stesse e gli altri perché sono in contatto con la loro Anima. Ricordate che l'Anima vive attraverso il cuore, mentre l'Ego vive attraverso la mente. Una persona che vive attraverso il cuore è in contatto con la propria capacità intuitiva. Sente le energie intorno a sé invece di interfacciarsi con l'ambiente attraverso l'intelletto.

Aggirando la mente e l'Ego, si entra in contatto con il momento presente, l'Adesso, che è il campo delle infinite possibilità. Essere nell'Adesso e vivere attraverso il cuore e l'Anima espande il vostro campo energetico, massimizzando il vostro potenziale Spirituale.

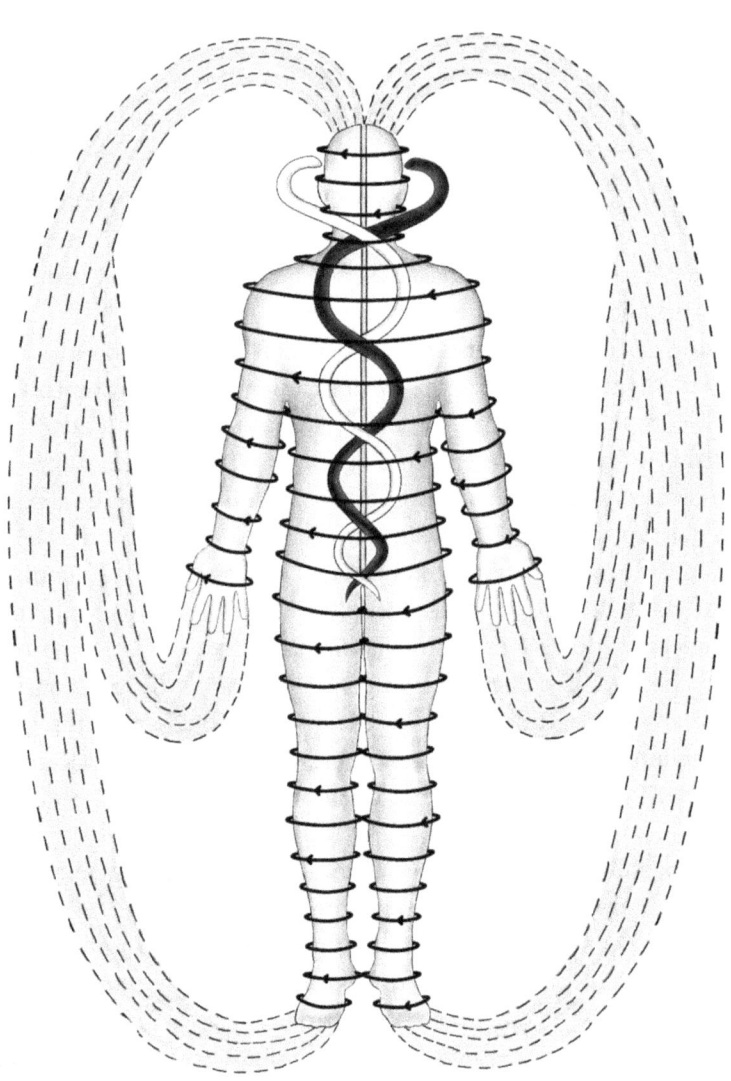

Figura 22: Il Campo Toroidale di Kundalini

I SETTE CHAKRA PRINCIPALI

Se avete risvegliato la Kundalini e l'avete portata a Sahasrara, i Sette Chakra, corrispondenti all'intero Albero della Vita, sono ora completamente attivati dentro di voi. Ogni Chakra si esprime attraverso diverse parti della psiche e influenza le funzioni corporee. Possiamo ulteriormente suddividere le energie dei Chakra nei Cinque Elementi, poiché ognuno di essi corrisponde alla Terra, all'Acqua, al Fuoco, all'Aria o allo Spirito.

I Chakra all'interno del Corpo di Luce e i corrispondenti Elementi e Piani Cosmici di esistenza occupano lo stesso spazio e tempo del vostro corpo fisico. Esistono tutti all'interno della vostra Aura e ne formano degli strati che sono, in sostanza, interconnessi e compenetrati. Più il Chakra o l'Elemento è alto, più si proietta all'esterno.

Chakra Muladhara

Il primo Chakra, Muladhara, si trova tra il coccige e il perineo. È il più basso dei Sette Chakra Maggiori ed è collegato all'Elemento Terra e al Pianeta Saturno, il più lento dei Sette Pianeti Antichi, che si riferisce al Karma e ai cicli temporali. Muladhara è il centro della nostra energia fisica e del radicamento a terra. Il suo modus operandi è la sicurezza e la sopravvivenza del corpo fisico. Poiché Muladhara è collegato al Mondo Della Materia, la sua energia è legata all'espressione fisica: tutte le attività fisiche richiedono l'energia della Terra.

La Kundalini si trova arrotolata alla base della colonna vertebrale ed è inestricabilmente connessa con il Pianeta Terra attraverso le linee energetiche delle nostre gambe, che si collegano ai Chakra dei Piedi. Muladhara è chiamato anche Chakra della Radice, della Base o della Terra, perché è il fondamento e il più basso dei Sette Chakra Principali. L'energia di questo Chakra è più densa e vibra alla frequenza più bassa di tutti i Chakra. Secondo l'assioma Ermetico "Come in Alto, Così in Basso", Muladhara si occupa dell'aspetto della manifestazione: il Basso.

Muladhara ha quattro petali, o vortici, ed è di colore rosso. Gli alimenti che corrispondono al Chakra Muladhara sono gli ortaggi a radice, la carne rossa, i frutti rossi, il pepe, la cayenna e la paprika. Le sfide di questo Chakra riguardano le cose che acquisiamo nella nostra vita materiale e la loro qualità. Per esempio, abbiamo il lavoro giusto, la casa, il veicolo per il trasporto, il partner di vita, gli amici, o non abbiamo stabilità e sicurezza in queste aree?

Un Chakra della Radice aperto e attivo rende una persona sicura di sé, stabile e radicata. È facile manifestare la vita che si desidera, oltre che si è equilibrati emotivamente e mentalmente. Un Chakra della Radice iperattivo rende materialisti e avidi. D'altro canto, un Chakra della Radice poco attivo rende eccessivamente timorosi e ansiosi. Se manca la stabilità emotiva e mentale, è apparentemente impossibile manifestare qualcosa di valore nella propria vita.

Chakra Swadhisthana

Il secondo Chakra, Swadhisthana, si trova nella parte inferiore dell'addome ed è collegato all'Elemento Acqua e al Pianeta Giove, il Pianeta benevolo della misericordia e della giustizia. Swadhisthana si occupa di emozioni, sentimenti e istinti proiettati attraverso la mente subconscia. Essendo collegato al subconscio, Swadhisthana è la fonte dell'energia della paura che influenza in modo significativo chi diventiamo nella vita.

Swadhisthana è chiamato Chakra Sacrale o della Milza. A livello umano di base, il Chakra Sacrale influisce sulla nostra espressione sessuale, sulle interazioni sociali e su quanto siamo a nostro agio con noi stessi e con gli altri. Il Chakra Sacrale è l'aspetto della personalità della coscienza del Sè Egoico che si forma nel tempo. L'Ego è temperato dalla paura, in quanto evita tutte le attività che fanno stare male il corpo e la mente e abbraccia tutto ciò che lo fa stare bene. L'Ego si preoccupa principalmente di ricercare il piacere, indipendentemente dall'effetto che le sue azioni avranno sugli altri.

Swadhisthana ha sei petali ed è di colore arancione. Gli alimenti che corrispondono al Chakra Swadhisthana sono frutta e verdura di colore arancione, uova, tofu, prodotti di soia, burro di arachidi, noci, semi, miele e vaniglia. Le sfide in Swadhisthana si trovano nel tipo di emozioni che portiamo dentro di noi. Proviamo molta paura e la paura ci impedisce di manifestare i desideri della nostra Anima? Abbiamo gioia nella nostra vita o la vita è insipida e noiosa? Abbiamo problemi di intimità e siamo sessualmente espressivi? Siamo a nostro agio con ciò che siamo o ci nascondiamo dal mondo?

Quando Swadhisthana è aperto e attivo, si è in contatto con le proprie emozioni e si è sinceri con gli altri, il che permette di instaurare relazioni sane. Si è a proprio agio con l'intimità e si esprimono i propri desideri interiori. Un Chakra Sacrale equilibrato aumenta la creatività e permette di seguire il flusso della vita senza essere troppo attaccati. Permette di provare felicità e gioia nelle piccole attività quotidiane.

Se il Chakra Sacrale è bloccato o poco attivo, ci si chiude emotivamente agli altri, ci si ritira naturalmente e si va dentro di sé. In questo stato, una persona diventa introversa ed eccessivamente in contatto con il proprio Ego e le proprie insicurezze. Al contrario, un Chakra Sacrale iperattivo rende eccessivamente emotivi, attaccati agli altri e troppo sessuali, con conseguente promiscuità.

Chakra Manipura

Il terzo Chakra, Manipura, si trova nel Plesso Solare, sopra l'ombelico. Il suo altro nome è Chakra del Plesso Solare. Manipura corrisponde all'Elemento Fuoco e al Pianeta Marte, per cui è la fonte della nostra forza di volontà. La motivazione, lo slancio, la vitalità e il livello di creatività sono regolati da Manipura. Inoltre, questo Chakra è responsabile della nostra fiducia, dell'autostima e della capacità di essere assertivi nella vita.

Manipura governa la digestione, che ci permette di trasformare il nutrimento in energia preziosa per il corpo e la mente. Manipura lavora con i Chakra sopra e sotto di esso, poiché è la "Sede dell'Anima". L'Anima governa il nostro carattere, mentre l'Ego governa la nostra personalità. L'Anima richiede intelligenza, chiarezza mentale e l'armonizzazione della volontà con la logica, la ragione e l'immaginazione. Come tale, Manipura trae energia dal Chakra dell'Aria che lo sovrasta, Anahata. Il Fuoco di Manipura attiva anche l'impulso creativo, che richiede le emozioni di Swadhisthana per esprimersi.

Manipura ha dieci petali ed è di colore giallo. Gli alimenti che corrispondono al Chakra Manipura sono frutta e verdura gialla e dorata, latticini, carboidrati e cereali complessi, senape, curcuma, cumino e zenzero. Le sfide che si trovano in questo Chakra riguardano il modo in cui usiamo la nostra forza di volontà. Siamo noi a gestire la nostra vita o lo sono gli altri? Siamo motivati e spinti a raggiungere i nostri obiettivi o siamo carenti in questo campo? Esprimiamo i nostri desideri più intimi o siamo troppo chiusi nelle nostre emozioni? Sappiamo essere severi quando gli altri ci fanno un torto o siamo uno zerbino a disposizione degli altri?

Quando Manipura è aperto e attivo, esercitiamo il dominio sulla nostra vita e ci sentiamo in controllo. Abbiamo un maggiore potere personale e stiamo manifestando gli obiettivi della nostra vita. Manipura lavora con il Chakra della Terra, Muladhara, per realizzare questi compiti.

Se Manipura è poco attivo, tendiamo a essere passivi, indecisi e timidi. Se è iperattivo, diventiamo dominatori e troppo severi. Un'eccessiva energia del Fuoco può portare alla tirannia e all'oppressione sugli altri. La forza di volontà ha bisogno di emozioni per essere equilibrata, che sono fornite da Swadhisthana. Se il Chakra dell'Acqua non bilancia il Chakra del Fuoco, possiamo diventare eccessivamente aggressivi per ottenere ciò che vogliamo e ostili. La forza di volontà ha bisogno di essere guidata dall'amore, altrimenti l'azione contiene conseguenze karmiche. Per questo motivo, Manipura si affida ad Anahata per la guida.

Chakra Anahata

Il quarto Chakra, Anahata, si trova tra i due seni, al centro del petto. Conosciuto anche come Chakra del Cuore, Anahata corrisponde all'Elemento Aria e al Pianeta Venere. Anahata è il nostro centro dell'amore che si occupa di compassione, affetto, altruismo, gentilezza e ispirazione. Stimola la nostra immaginazione, i pensieri e le fantasie. La sfida di Anahata consiste nel superare i karma dei tre Chakra inferiori, in modo da potersi sintonizzare con l'energia dell'amore incondizionato.

Anahata è il nostro centro Spirituale, poiché riceve l'energia dei tre Chakra superiori. È il centro in cui sentiamo l'unità con tutte le cose attraverso il potere vincolante dell'amore. In quanto tale, Anahata è il centro della coscienza di gruppo.

Anahata è collegato ai nostri Chakra Palmari, che ci permettono di percepire l'energia intorno a noi come un'essenza quantificabile e di guarire gli altri. La guarigione manuale richiede di canalizzare l'energia d'amore da Anahata attraverso i nostri Chakra Palmari e di proiettarla nelle aree che necessitano di guarigione. L'energia dell'amore è il guaritore definitivo di mente, corpo e anima.

In Anahata comprendiamo il lavoro e lo scopo della nostra vita. Poiché l'essenza dell'Elemento Aria è il pensiero, Anahata alimenta gli Elementi Fuoco e Acqua e dà loro vita. Se questo Chakra è inattivo, ci rivolgiamo all'egoismo e alla soddisfazione dell'Ego.

Anahata ha dodici petali e il suo colore è il verde. Gli alimenti che corrispondono al Chakra Anahata sono l'ampia varietà di frutta, verdura ed erbe di colore verde e le verdure a foglia verde. Le sfide di questo Chakra riguardano la chiarezza del pensiero. Siamo troppo presi dalla fantasia e dal pensiero illusorio o i nostri pensieri sono basati sulla verità? Usiamo la nostra immaginazione per aiutarci a raggiungere i nostri obiettivi? I nostri pensieri sono di natura superiore, nella direzione di aiutare gli altri, o di qualità inferiore, in cui ci concentriamo solo su noi stessi?

Quando Anahata è aperta e attiva, siamo compassionevoli e amichevoli con gli altri, il che ci permette di avere relazioni armoniose. Abbiamo una comprensione della nostra natura Spirituale che ci rende virtuosi ed etici nelle nostre parole e azioni. In questo modo, diventiamo indulgenti, gentili e caritatevoli. In sostanza, il nostro comportamento diventa motivato dall'amore incondizionato e non dall'Amor Proprio.

Quando Anahata è poco attivo, tendiamo a essere emotivamente freddi e distanti. Siamo troppo radicati nei Chakra inferiori, il che ci rende Egoisti invece di esaltare la nostra natura Spirituale. Ci preoccupiamo di noi stessi e dei nostri bisogni e desideri, senza tenere conto degli altri. Se questo Chakra è iperattivo, invece, soffochiamo gli altri con amore, spesso per motivi egoistici.

Chakra Vishuddhi

Il quinto Chakra, Vishuddhi, si trova al centro del collo; per questo è chiamato Chakra della Gola. Il Vishuddhi appartiene all'Elemento dello Spirito (Aethyr) e lavora in congiunzione con i due Chakra successivi e con i Chakra sottostanti. Vishuddhi è legato all'espressione verbale, sottile e scritta dei propri pensieri. Corrisponde al Pianeta Mercurio, che governa la comunicazione e la velocità del pensiero. Vishuddhi genera la vibrazione della parola a livello energetico e fisico.

Vishuddhi controlla anche il discernimento e l'intelletto. Ha sedici petali e il suo colore è il blu. Il Chakra Vishuddhi governa tutti i liquidi che introduciamo nel corpo. Gli alimenti che corrispondono a questo Chakra sono frutta e verdura di colore blu, sale, salvia e menta piperita. Le sfide in Vishuddhi riguardano l'espressione di ciò che abbiamo in mente e la capacità di comunicare con gli altri. Parliamo troppo o quello che diciamo è concreto? Quando parliamo, proiettiamo potenza con le nostre corde vocali o risultiamo miti e timidi?

Quando Vishuddhi è aperto e attivo, diciamo agli altri la nostra verità in modo creativo. Siamo Auto-espressivi e usiamo le parole come ancore per trasmettere la nostra realtà agli altri. Non solo siamo grandi oratori, ma anche ascoltatori, poiché la comunicazione funziona in entrambi i sensi.

Quando Vishuddhi è poco attivo, tendiamo ad essere generalmente silenziosi e introversi. Manchiamo di fiducia nel dire la nostra verità, il che può derivare da problemi del Chakra del Plesso Solare. Se non trasmettiamo la nostra verità perché ci sentiamo indegni, potremmo avere problemi in Anahata. Dire la nostra verità interiore ci allinea con il Divino, mentre mentire ci allinea con entità inferiori, Demoniache.

Quando Vishuddhi è iperattivo, tendiamo a parlare troppo, offuscando la nostra capacità di ascoltare gli altri. Questa situazione si verifica di solito a causa del desiderio dell'Ego di dominare gli altri, dovuto a uno squilibrio del Chakra Manipura. Se diventiamo dei chiacchieroni e manchiamo di sostanza nei nostri discorsi, gli altri generalmente si allontanano da noi. Pertanto, è essenziale avere un Chakra della Gola equilibrato se vogliamo prosperare nella vita e avere relazioni significative.

Ajna Chakra

Il sesto Chakra, Ajna, si trova al centro del cervello, nel Terzo Ventricolo. (Il suo punto di accesso più immediato è leggermente sopra il centro delle sopracciglia. Ajna viene spesso chiamato Chakra dell'Occhio della Mente, Terzo Occhio o Chakra del Sopracciglio. È in relazione con l'Elemento Spirito o Aethyr.

Ajna corrisponde alla Luna. Sebbene la Luna sia classificata come un satellite, mentre il Sole è la nostra stella centrale, gli Antichi li includevano entrambi nel quadro dei loro Sette Antichi Pianeti, riferendosi ad essi come Pianeti. La Luna è il nostro centro di chiaroveggenza e intuizione. Ci permette di conoscere l'Ignoto perché riceve informazioni dai Regni Superiori, attraverso Sahasrara, il Chakra della Corona. Ajna è il nostro centro psichico. Ci dà la saggezza e la comprensione dei misteri dell'Universo. Otteniamo questa conoscenza attraverso la Gnosi, la nostra capacità di canalizzare direttamente le informazioni dalle energie Divine. Questo sesto Chakra ci dà il sesto senso della conoscenza al di là del Sé.

Ajna è il Chakra essenziale per i Mondi Spirituali e Astrali. In quanto tale, è il centro onirico. Attraverso questo Chakra, raggiungiamo la Corona/Sahasrara e usciamo dal nostro corpo fisico per viaggiare in diverse dimensioni del Tempo e dello Spazio. Questi viaggi nei Sogni Lucidi avvengono nei Mondi Interni o Piani -utilizziamo il nostro Corpo di Luce come veicolo.

Ajna ha due petali ed è di colore indaco. Gli alimenti che corrispondono al Chakra Ajna sono frutta e verdura di colore indaco o blu scuro, vino rosso, caffeina, cioccolato, ginepro e lavanda. Le sfide in questo Chakra riguardano il fatto che riceviamo informazioni superiori da Sahasrara o che l'Occhio della Mente è chiuso? Passiamo troppo tempo nella nostra testa, concentrandoci sull'intelletto che ci guida o siamo in contatto con la nostra intuizione? I nostri sogni sono vividi e pieni di vita o insipidi e poco movimentati?

Quando il Chakra Ajna è aperto e attivo, abbiamo una buona intuizione che ci guida nella vita. Quando la nostra intuizione è forte, lo è anche la nostra fede, poiché possiamo percepire la realtà al di là della Terza Dimensione. Una forte intuizione è solitamente collegata all'essere un essere umano Spirituale consapevole.

Quando Ajna è poco attivo, tendiamo a perdere il contatto con la realtà Spirituale. In questo modo, iniziamo a fare troppo affidamento sull'intelletto e sull'Ego per guidarci nella vita. La confusione sulla nostra vera essenza ci spinge a cercare risposte esistenziali da persone autorevoli.

Quando Ajna è iperattivo, tendiamo a vivere in un mondo di fantasia. Perdiamo il contatto con la realtà di ciò che siamo e possiamo persino sperimentare la psicosi. Chi fa uso di droghe allucinogene troppo spesso invariabilmente sovrastimola il suo Chakra Ajna.

Sahasrara Chakra

Il settimo Chakra, Sahasrara, si trova in alto, al centro della testa. Come tale, è altrimenti noto come Chakra della corona. Sahasrara è la nostra fonte di Illuminazione, Unità, verità, saggezza e comprensione Spirituale. Corrisponde al Sole, la Stella del nostro Sistema Solare. Il Chakra della Corona è il Chakra più alto dell'Elemento Spirito/Aethyr e funge da porta d'accesso ai Piani Divini rappresentati dai Chakra Transpersonali sopra la testa.

Il Sahasrara è il punto più alto della coscienza umana e il massimo della comprensione e della conoscenza dell'Universo. Tradizionalmente, questo centro è descritto come una ruota con mille (innumerevoli) petali o vortici. Quando tutti i petali sono aperti, l'individuo ottiene un collegamento permanente con la Coscienza Cosmica, raggiungendo la trascendenza.

Poiché Sahasrara è la fonte di tutto, è anche la fonte di tutti i poteri e della loro totalità. Il colore di Sahasrara è il bianco, poiché il bianco è la fonte di tutti i colori. L'altro colore è il viola, primo colore dello spettro della Luce Bianca, e il successivo indaco. Gli alimenti che corrispondono a Sahasrara sono quelli di colore bianco, viola e Lavanda. Anche l'acqua purificata, l'aria fresca e la luce del sole ci allineano con l'energia di Sahasrara, così come il digiuno, la disintossicazione, le tecniche di respirazione e di meditazione.

La Luce Bianca entra nel Corpo di Luce attraverso Sahasrara e, a seconda di quanto Karma c'è nei Chakra inferiori, questa Luce diventa più fioca. Pertanto, più i Chakra al di sotto di Sahasrara si affievoliscono, più l'Ego è presente e meno il Sé Superiore.

La fonte del Sé Superiore è Sahasrara. Risvegliare la Kundalini e portarla a Sahasrara vi permetterà di ottenere una connessione diretta con il vostro Sé Superiore. Una volta raggiunto, il Sé Superiore diventa il vostro maestro e insegnante per il resto della vostra vita. Non ci sarà mai più bisogno di un insegnante esterno, poiché sarete l'insegnante e l'allievo in un'unica persona. La sfida, tuttavia, è quella di purificare i Chakra in modo da poter essere facilmente guidati e istruiti dal vostro Sé Superiore.

Un centro Sahasrara aperto e attivo ci fa capire che siamo esseri spirituali che vivono un'esistenza umana e non il contrario. Abbracciare la nostra Spiritualità ci permette di riconoscere che la realtà fisica è solo un'illusione. La nostra essenza è l'Anima e la coscienza, che sono eterne e non possono essere annientate. Le persone Spirituali non considerano la morte fisica come la fine, ma solo l'inizio di qualcosa di nuovo e diverso. Una visione del mondo Spirituale crea una sorta di distacco dal prendere troppo sul serio questa realtà, che porta la gioia e la felicità che accompagna le persone che hanno abbracciato l'energia dello Spirito che è in loro.

Se siete chiusi alla realtà Spirituale delle cose, molto probabilmente il vostro centro Sahasrara è inattivo. Vi occupate solo del corpo fisico, il che vi fa allineare con l'Ego e i suoi bisogni e desideri. Abbracciare l'Ego negando l'Anima attira entità inferiori e Demoniache che si nutrono della nostra energia. La coscienza viene dirottata e rimane tale fino a quando non riconosciamo che non siamo separati dal mondo e che esiste una realtà Spirituale alla base di tutto.

D'altra parte, un Sahasrara iperattivo può portare a ignorare i bisogni corporei e a un eccesso di intellettualità. Se la Luce si riversa solo nei Chakra Superiori, non c'è radicamento e l'individuo diventa molto cerebrale. Ricordate che, questo mondo è un'illusione ma da rispettare, poiché il nostro corpo fisico è il veicolo per manifestare la realtà che desideriamo. L'equilibrio tra mente, corpo e Anima è la chiave per l'Illuminazione, non per scartare un aspetto a favore di un altro.

I SETTE CHAKRA E IL SISTEMA NERVOSO

Il canale Sushumna trasporta l'energia Kundalini attraverso il midollo spinale e nel cervello. Il midollo spinale e il cervello costituiscono il Sistema Nervoso Centrale (SNC). Dal midollo spinale partono dei nervi che si estendono verso l'esterno come i rami di un albero, dove Sushumna funge da tronco centrale. Queste fibre nervose costituiscono il Sistema Nervoso Simpatico (SNS) e il Sistema Nervoso Parasimpatico (SNP), che fanno parte del Sistema Nervoso Autonomo (SNA).

Il Sistema Nervoso Autonomo opera principalmente a livello inconscio e regola processi essenziali come la respirazione, la digestione e il battito del cuore. Ad esempio, durante un risveglio Spirituale, il cuore inizia a battere forte, coinvolgendo così il Sistema Nervoso Autonomo, che è regolato dalle reti emozionali del cervello.

Nella maggior parte dei casi, il Sistema Nervoso Simpatico e il Sistema Nervoso Parasimpatico agiscono in modo opposto: il Sistema Nervoso Simpatico prepara il corpo all'azione e all'attività, mentre il Sistema Nervoso Parasimpatico permette al corpo di rilassarsi. Il Sistema Nervoso Autonomo è responsabile della creazione di un sano equilibrio tra i due, favorendo una mente calma e serena.

Le aree in cui si incontrano il Sistema Nervoso Simpatico e il Sistema Nervoso Parasimpatico si trovano intorno ai principali organi del corpo e alle ghiandole endocrine. Denominate "Plessi", queste aree di convergenza nelle cavità del corpo costituiscono il raggruppamento più vitale di cellule nervose. I Plessi collegano gli organi corporei importanti al midollo spinale. Sono anche le aree in cui si trovano i Chakra Maggiori nella parte anteriore del corpo.

I Chakra Maggiori interagiscono con il corpo fisico attraverso il sistema nervoso, le ghiandole endocrine e gli organi. Ogni Chakra è associato a particolari funzioni corporee, controllate dal suo Plesso e dalle ghiandole endocrine e dagli organi ad esso collegati.

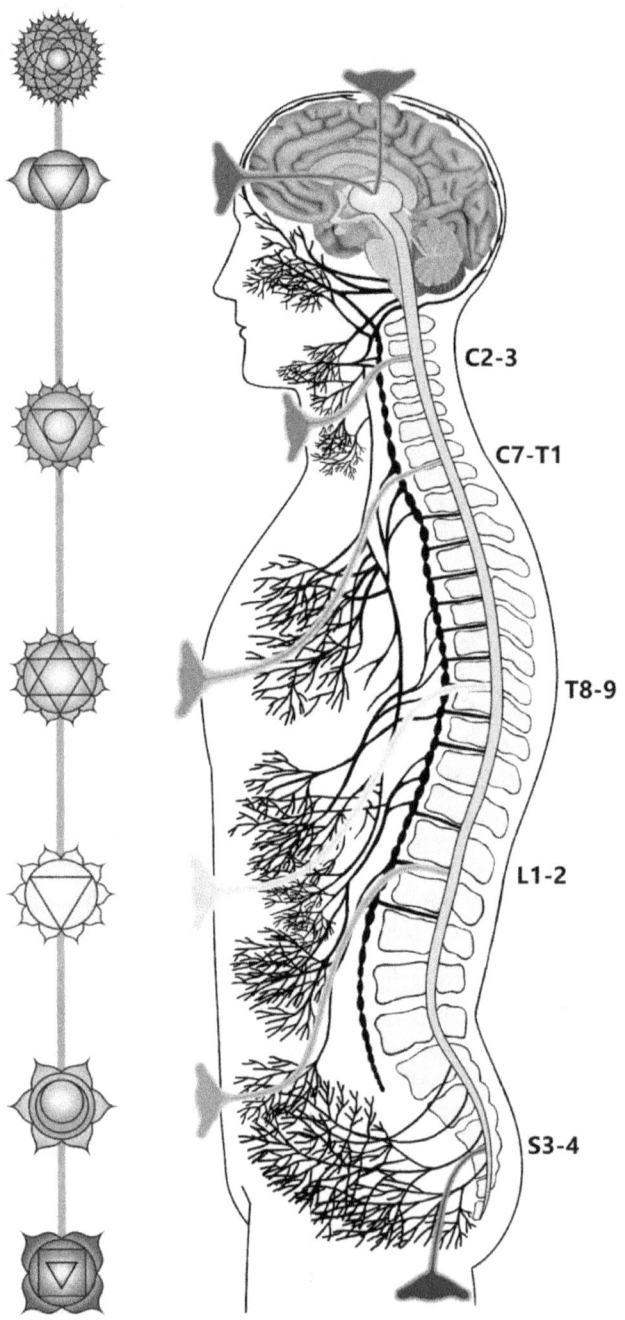

Figura 23: I Sette Chakra e Plessi Nervosi

Al centro di ciascuno dei Chakra Maggiori si trova un canale simile a uno stelo (Figura 23). Ciascun canale si estende verso il midollo spinale e si fonde con esso -Sushumna alimenta ciascuno dei Chakra Maggiori fornendo loro l'energia vitale. Gli steli dei Chakra si piegano verso il basso in prossimità del Plesso Faringeo (Gola), dei Plessi Cardiaco e Polmonare (Cuore), dei Plessi Splenico e Celiaco (Solare), del Plesso Pelvico (Sacrale) e dei Plessi Coccigeo e Sacrale (Radice). Al di sopra del Plesso Carotideo (Occhio della Mente), il fusto del Chakra si piega verso l'alto, mentre per il Sahasrara Chakra sale fino alla sommità della testa attraverso la Corteccia Cerebrale.

Il Plesso Faringeo "innerva" (alimenta con i nervi organi o altre parti del corpo) il palato e le corde vocali. Poiché il Chakra Vishuddhi (Gola) governa la comunicazione e l'espressione, non c'è da stupirsi che la gola e l'interno della bocca siano alimentati da esso. Il suo canale Chakrico si estende dal midollo spinale tra la seconda e la terza vertebra cervicale (C2-3) fino al centro della gola.

Il Plesso Polmonare è in continuità con il Plesso Cardiaco, situato sopra l'aorta del cuore, circa a metà del torace. Il Plesso Cardiaco innerva il cuore, l'organo associato alla nostra capacità di amore e compassione e alla nostra connessione con tutti gli esseri viventi e non viventi. Questi sono tutti attributi del Chakra Anahata (Cuore) che lo alimenta. Il canale Chakrico di Anahata, simile a un tronco, si estende dal midollo spinale tra la settima vertebra cervicale e la prima vertebra toracica (C7-T1) fino al centro del torace.

I rami del Plesso Celiaco e del Nervo Vago formano il Plesso Celiaco. (Di più sull'importanza del Nervo Vago in un capitolo successivo.) Conosciuto come Plesso Solare nei circoli scientifici e Spirituali, il Plesso Celiaco si trova alla base delle costole, vicino allo stomaco. I suoi nervi innervano il pancreas, la cistifellea, l'intestino superiore, il fegato e lo stomaco. Il Chakra Manipura (Plesso Solare) governa la nostra forza di volontà, la vitalità e la digestione, alimentate dagli organi sopra menzionati. Il suo canale Chakrico si estende dal midollo spinale tra l'ottava e la nona vertebra toracica (T8-9) fino al centro dell'addome superiore.

Il Plesso Pelvico governa le funzioni eliminatorie e riproduttive ed è costituito dai Plessi Ipogastrici superiore e inferiore. Il Plesso Ipogastrico superiore innerva le ovaie nelle donne e i testicoli negli uomini. Si trova nella parte inferiore dell'addome ed è correlato al Chakra Swadhisthana (Sacrale), che è associato alla riproduzione e alla fertilità.

Il Plesso Ipogastrico inferiore è una continuazione di quello superiore, situato subito sotto di esso nella regione pelvica inferiore. Innerva l'utero e la cervice nelle donne e la prostata negli uomini. È inoltre collegato al retto e alla vescica. Il canale Chakrico di Swadhisthana, simile a un tronco, si estende dal midollo spinale tra la prima e la seconda vertebra lombare (L1-2) fino al centro dell'addome inferiore.

Il Plesso Coccigeo è costituito dal nervo coccigeo e dal quinto nervo sacrale, che innervano la pelle della regione del coccige (osso sacro). Il Plesso Sacrale è una rete di nervi che emergono dalle vertebre lombari e sacrali inferiori e forniscono il controllo motorio e ricevono informazioni sensoriali dalla maggior parte del bacino e delle gambe. Il nervo più grande del Plesso Sacrale è il Nervo Sciatico, che innerva la coscia, la parte inferiore della gamba e il piede.

Il canale del Muladhara Chakra, simile a un gambo, si estende dall'osso sacro tra la terza e la quarta vertebra sacrale (S3-4) e scende fino alla zona tra il perineo e il coccige. Il Chakra della Radice punta verso il basso, verso la Terra, perché ha il compito di mettere a terra il nostro sistema Chakrico. I canali energetici delle gambe sono il nostro collegamento energetico con il Chakra della Stella della Terra sotto i piedi. Alimentano anche le Nadi Ida e Pingala, che iniziano nel Muladhara, ma ricevono le loro correnti femminili e maschili attraverso ciascuno dei canali energetici delle gambe.

PURIFICARE I CHAKRA

Dopo un risveglio Kundalini completo e permanente, una volta costruito il Corpo di Luce attraverso l'assunzione di cibo, il passo successivo è sintonizzare la coscienza con il suo aspetto più elevato, il Corpo Spirituale. Questa parte è impegnativa perché dovrete prima purificare i vostri Chakra inferiori, il che permetterà alla vostra coscienza di elevarsi naturalmente. Finché non lo farete, la vostra coscienza sarà appesantita dall'energia Karmica nei Chakra inferiori. Il processo di Ascensione Spirituale è sistematico in questo senso.

Le energie più basse e dense devono essere superate prima che le energie vibrazionali più elevate possano permeare il Sé. L'energia Karmica negativa della paura è la parte che fa vibrare la maggior parte di noi a una frequenza inferiore. Poiché l'energia della paura lega l'Ego ai quattro Elementi inferiori, questi Elementi devono essere purificati e consacrati per consentire alla coscienza di elevarsi e operare dai tre chakra spirituali superiori: Vishuddhi, Ajna e Sahasrara.

Una volta costruito il vostro Corpo di Luce, avrete occasionalmente esperienze di questi stati estasianti in alcuni momenti in cui perderete di vista il vostro Ego. Tuttavia, poiché è necessario rimuovere le grinfie dell'Ego per integrare pienamente il Corpo Spirituale e assorbire la vostra coscienza in esso, è necessario lavorare attraverso i Quattro Chakra Elementali al di sotto dei Chakra Spirituali. Non c'è altro modo e non si possono prendere scorciatoie in questo processo. Può richiedere molti anni, e nella maggior parte dei casi è così, ma deve essere portato a termine.

In *The Magus: Kundalini and the Golden Dawn*, offro esercizi rituali di Magia Cerimoniale per lavorare sui quattro Chakra più bassi: Muladhara, Swadisthana, Manipura e Anahata. Chiunque abbia bisogno di lavorare sui propri Chakra troverà questo lavoro inestimabile nel suo viaggio verso l'Ascensione Spirituale. *Il Magus* si concentra sul lavoro con tutti i Chakra e sulla loro purificazione attraverso particolari esercizi rituali che invocano le energie Elementali di Terra, Acqua, Fuoco, Aria e Spirito.

Una volta scomposte le parti del Sé Inferiore attraverso il lavoro con i Quattro Elementi, avrete messo a punto gli aspetti corrispondenti della vostra psiche. Il passo successivo consiste nel reintegrare queste parti del Sé attraverso l'Elemento Spirito. Queste tecniche di invocazione rituale servono come potenti strumenti per sintonizzare i Sette Chakra ed elevare la vostra coscienza in modo da incanalare la massima quantità di energia di Luce nella vostra Aura.

Lo scopo del lavoro rituale con la Magia Cerimoniale è quello di ottenere una connessione perenne con il vostro Santo Angelo Custode, che è un altro termine per indicare il Sé Superiore. È la parte di voi che è di Dio, il Divino. Pulendo e purificando i vostri Chakra, vi allineate al vostro Sé Superiore e vi allontanate dal vostro Sé Inferiore, l'Ego.

Il risveglio completo della Kundalini (sia che avvenga tutto in una volta o gradualmente) e la localizzazione permanente dell'energia Kundalini nel cervello sono considerati il più alto stato raggiungibile di risveglio Spirituale. Non esiste un'altra forma di risveglio Spirituale o di iniziazione che sia più elevata o di maggiore portata. Ma il risveglio della Kundalini è solo l'inizio del viaggio verso l'Illuminazione. Il passo successivo è la purificazione dei Chakra e l'innalzamento della vibrazione della coscienza. Per farlo con successo e in tempi brevi, avrete bisogno di una forma di pratica Spirituale che vi aiuti nel vostro viaggio.

ESPANSIONE DEL CERVELLO

I sei Chakra, Muladhara, Swadisthana, Manipura, Anahata, Vishuddhi e Ajna, hanno diverse controparti nelle rispettive aree del cervello (Figura 24). Ciò significa che una volta che un Chakra viene aperto completamente attraverso il risveglio della Kundalini, la parte del cervello associata a quel Chakra si attiva in modo permanente. L'attivazione del cervello è necessaria per facilitare l'espansione della coscienza. Inoltre, man mano che le diverse aree cerebrali si aprono, il cervello inizierà a sentirsi trasparente e senza peso, come se si stesse perdendo il contatto con la Materia che lo compone. A man a mano che l'effetto della Materia viene meno nella vostra coscienza, il cervello diventa un'antenna per ricevere le vibrazioni dall'Universo esterno attraverso il Chakra della Corona, Sahasrara, proprio sopra di esso.

Quando nel cervello si verifica questo effetto di intorpidimento, si inizia a percepire una connessione con la Coscienza Cosmica. La Luce all'interno della testa viene percepita come un'essenza quantificabile. La vostra Luce interiore è connessa alla Grande Luce Bianca che è il fondamento di tutta l'esistenza ed è l'essenza della Coscienza Cosmica. È attraverso questa connessione che si sviluppano i vostri poteri psichici.

Quando il vostro Corpo di Luce si ottimizza nel tempo, si aprono piccole sacche di energia in diverse aree del cervello, che si sentono come una sostanza liquida che si muove nel vostro cervello. Questa sostanza è energia liquida dello Spirito, che attiva e illumina le diverse aree del cervello.

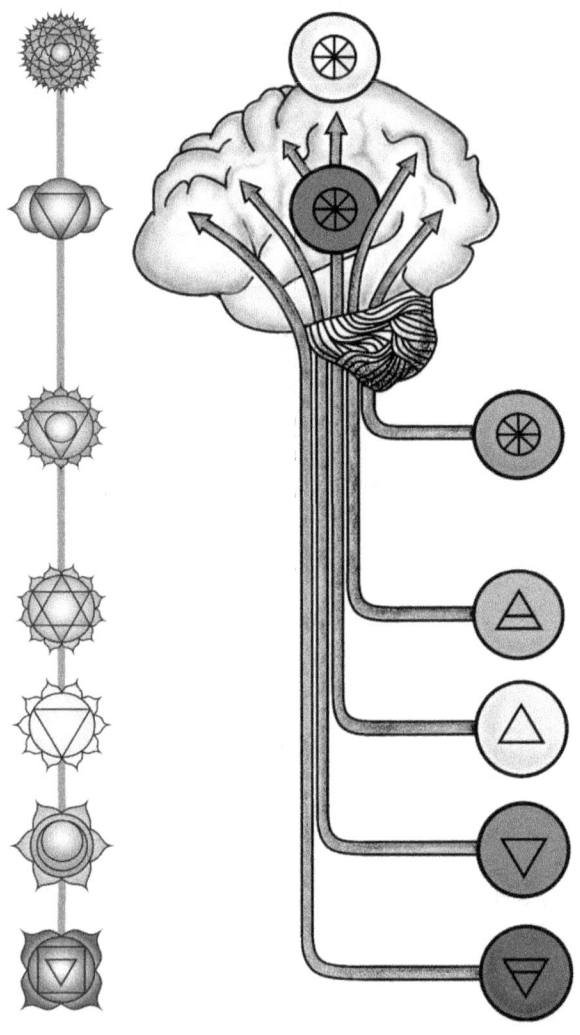

Figura 24: Espansione Cerebrale e Corrispondenze Chakriche

Quando introducete il cibo nel vostro sistema, esso si trasforma in energia di Luce, che diventa una sostanza liquida nell'area cerebrale. In questo modo, sentirete la vostra coscienza e il vostro cervello espandersi ogni giorno. Questo processo è simile a quello di una pianta che riceve le sue sostanze nutritive dal terreno e si sviluppa e cresce nel tempo. La sua crescita e il suo sviluppo dipendono interamente dalle sostanze nutritive che riceve dal terreno. A volte, durante questo processo di sviluppo, si verifica una forte pressione in diverse parti del cervello e della testa, con conseguente mal di testa. Se ciò accade, è segno che non state introducendo abbastanza cibo nutriente nel vostro sistema o che non mangiate abbastanza frequentemente.

Tenete presente che ciò che sto descrivendo accade solo se avete avuto un risveglio permanente della Kundalini, il che significa che questa energia è salita nel vostro cervello e vi risiede ora in modo permanente. Non appena ciò avviene, il cervello inizia a essere rimodellato da questa nuova Luce che lo permea. Come già detto, ciò sarà accompagnato anche da un suono vibratorio che si sente all'interno della vostra testa e il cui livello dipende dal cibo che introducete nel vostro corpo. Questo perché ora siete come una batteria di energia di Luce Divina, che è bioelettrica.

FENOMENI DI ESPANSIONE DELLA COSCIENZA

Man mano che il cervello si espande, si sviluppa un altro senso: la consapevolezza del Testimone Silenzioso, il custode della realtà momento per momento. Il Testimone Silenzioso è la parte del Sé che si distingue nella coscienza e osserva le azioni del corpo fisico come un testimone imparziale. Può leggere l'energia creata dal linguaggio del corpo come un'essenza quantificabile e tenervi informati su ciò che state trasmettendo al mondo con le vostre azioni come un supercomputer.

Il Testimone Silenzioso si sviluppa quando l'energia Kundalini espande il cervello. Questa nuova capacità di percepire la realtà si traduce in un completo distacco dall'Ego, in quanto si sperimenta se stessi in modo radicalmente diverso rispetto a prima del risveglio della Kundalini. Credo che uno degli scopi principali della trasformazione della Kundalini sia quello di esaltare il silenzioso osservatore interiore, il Vero Sé, e di permettergli di uscire dal corpo fisico attraverso il circuito della Kundalini attivato e di librarsi sopra di voi, registrando i vostri movimenti.

L'osservatore silenzioso, o Testimone Silenzioso, è la parte di voi che è Spirito, che è Dio. È la parte di voi che è pura coscienza indifferenziata che fa parte della Coscienza Cosmica. In realtà, siamo tutti Uno e la parte di noi che sta in disparte e osserva silenziosamente le nostre azioni è la stessa per tutti: è Dio. Ma con il risveglio della Kundalini, c'è un'incredibile distinzione tra questa parte di voi e il vostro Ego. Diventate più in sintonia con l'aspetto di osservatore silenzioso del vostro essere che con l'Ego, poiché esso vi permette di controllare la vostra realtà e di manifestare i vostri desideri.

Il Testimone Silenzioso vi osserva e vi suggerisce di andare avanti nella vostra giornata e di svolgere i vostri compiti quotidiani, quasi come un regista che dirige il film del protagonista - voi. La vostra nozione o concetto di Sé utilizza il corpo fisico per raggiungere lo scopo desiderato dal Testimone Silenzioso.

Quando ho sviluppato questo senso, ho cominciato a vedere al di fuori di me stesso e il mondo che mi circondava ha cominciato a sembrare un videogioco, con me come protagonista. Questo fenomeno è in corso e continuerà a essere presente per il resto della mia vita. Mi permette di vedere le mie espressioni facciali e l'energia che evocano negli altri e, in base a questa percezione, posso avere un controllo completo sul tipo di vibrazioni che immetto nell'universo. In questo modo, ho un alto grado di controllo su ciò che gli altri provano in mia presenza, poiché sto navigando nelle loro emozioni con il mio linguaggio del corpo e l'energia che emetto. Quando mi trovo in questo stato, sono generalmente neutrale con i miei sentimenti, dove nulla mi fa eccitare o deprimere eccessivamente, ma sono in uno stato mentale tranquillo ed equilibrato.

Trovandomi in questo stato mentale elevato, sento una forte connessione con il suono, in cui tutto ciò che sento fa impressione sulla mia coscienza. C'è voluto un po' di tempo per abituarmi e ho dovuto reimparare a concentrarmi quando voglio fare qualcosa di importante, in modo da non farmi influenzare dai suoni provenienti dall'ambiente circostante. All'inizio del mio processo di trasformazione Kundalini ho anche dovuto mettere dei tappi per le orecchie, poiché era difficile indurre il sonno a causa di questa potente connessione con il suono. Ho imparato ad andare verso l'interno quando è necessario, invece di permettere alla mia coscienza di proiettarsi verso l'esterno, come è il mio stato naturale ora.

Con il passare degli anni, la mia coscienza ha continuato ad espandersi, così come la mia capacità di vedere di più dall'esterno. Sono arrivato a un punto in cui potevo proiettarmi in alto tra le nuvole e guardare il mondo sotto di me da un punto di vista a volo d'uccello. Per essere chiari, lascio il mio corpo fisico solo in Spirito. Poiché la mia coscienza si è espansa e non ha più limiti o barriere in termini di dimensioni, posso rivolgere la mia attenzione a qualsiasi cosa veda davanti a me, non importa quanto lontana, e connettermi con essa attraverso il mio Spirito. In quel momento, la mia coscienza uscirà dal mio corpo fisico e si proietterà in quel punto o in quel luogo. Nel mentre che succede, alti livelli di istamina vengono rilasciati nel mio corpo, addormentandolo temporaneamente, e facendo sì che la mia coscienza possa uscire dal mio corpo.

Anche se la mia coscienza è fuori dal corpo fisico, ho ancora il controllo completo su di essa e posso lasciare lo stato trascendentale in cui mi trovo in qualsiasi momento. È un'esperienza mistica proiettare la mia coscienza in questo modo, poiché provo un senso di unità con tutto ciò che vedo davanti a me. Oltre a vedere la Luce in ogni cosa che guardo, questo è il dono preferito che ho ricevuto dal Divino dopo aver risvegliato l'energia Kundalini.

I CHAKRA MINORI

I CHAKRA DELLA TESTA

La testa contiene Chakra Minori separati dai Sette Chakra Maggiori. A causa della posizione di questi Chakra Minori, essi creano un disegno simile a una corona sulla testa. Non è un caso che in molte tradizioni le rappresentazioni di figure Spirituali portino spesso una corona sul capo. Per esempio, nel Cristianesimo, Gesù Cristo è spesso raffigurato con una corona che allude al fatto che è un Re del Cielo. Come lui stesso ha detto, tutti possiamo essere Re e Regine del Cielo; ciò significa che tutti possiamo indossare questa corona metaforica una volta che l'abbiamo raggiunta evolvendoci Spiritualmente. La corona rappresenta anche il raggiungimento del Chakra della Corona, Sahasrara, il Chakra Maggiore più alto e la nostra connessione con la Luce Divina.

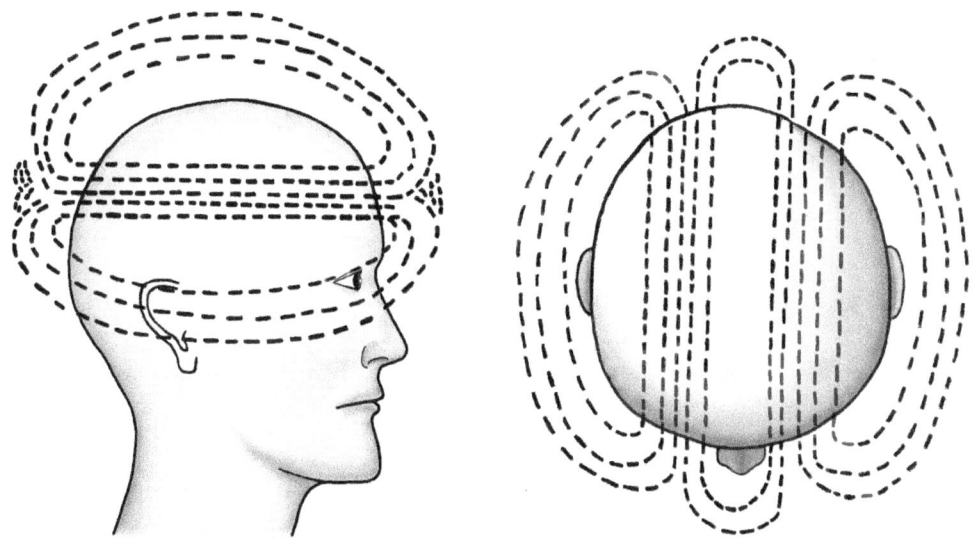

Figura 25: L'Alone Intorno alla Testa

La corona simbolica rappresenta i Chakra risvegliati nella testa e, quindi, l'espansione della coscienza. L'aureola che circonda la testa di Gesù, dei Santi e di altre figure Spirituali significative significa che la corona Spirituale è stata attivata - il Chakra Sahasrara è completamente aperto e la coscienza individuale è stata espansa. La luce all'interno, sopra e intorno alla testa rappresenta una persona Illuminata (Figura 25). Il termine stesso "Illuminato" deriva da questo processo di manifestazione e permeazione della Luce nell'area intorno alla testa.

Nel diagramma sottostante (Figura 26), il Chakra 1 è noto come Settimo Occhio. È un importante Chakra minore sulla testa che, insieme al Bindu (Chakra 6), funziona per alimentare il circuito della Kundalini all'interno del Corpo di Luce. Questi due Chakra trasportano l'energia che connette il Sé all'Eternità e alla Non-Dualità, permettendo all'individuo risvegliato di sentire l'estasi del Regno Spirituale e la connessione con il Divino. Inoltre, poiché il Regno Spirituale è il punto di contatto con il Regno Divino che lo sovrasta, non è raro avere esperienze ultraterrene quando i Chakra 1 e 6 sono attivi e funzionano al massimo delle loro capacità.

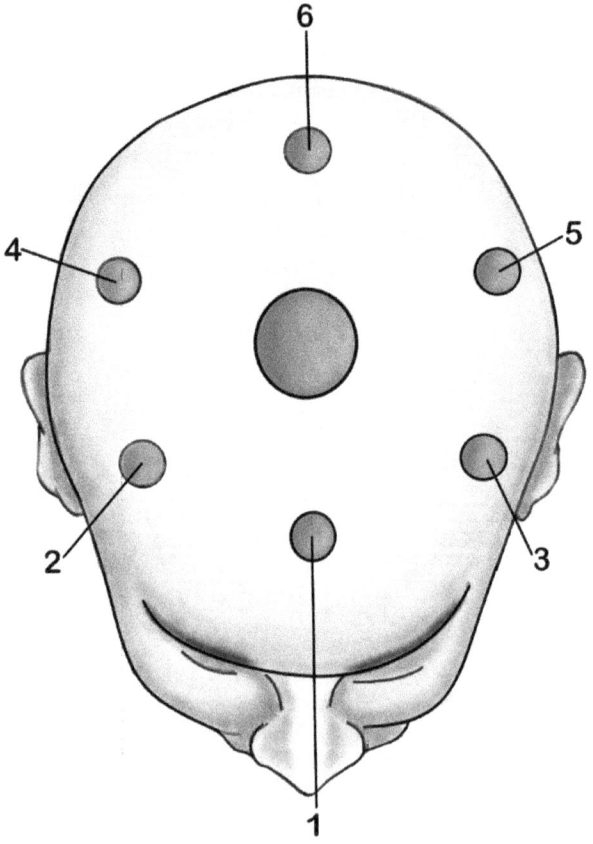

Figura 26: I Chakra Minori Della Testa (Corona)

Il Bindu è paragonato al "Vuoto" o all'Abisso. Nella Qabalah, l'Abisso è l'Undicesima Sfera di Daath sull'Albero della Vita e rappresenta la morte, la morte dell'Ego. Entrando nel Vuoto, il Sé trova il suo Vero o Sé Spirituale e la dualità della mente cessa di esistere. Il Vuoto del Bindu è il nostro ingresso nel Piano Spirituale dell'Unità. Il Bindu è come un "Lago di Fuoco" che unisce tutti gli opposti e purifica tutte le impurità. La mente sperimenta la dualità dei pensieri e delle idee e, attraverso questa dualità, si crea il dolore della separazione. Nel Bindu Chakra, tutti i pensieri o le idee duali sono riconciliati dai loro opposti. Questo processo ci permette di bypassare la mente e di sperimentare la purezza e l'Unità del regno Spirituale. Questo meccanismo energetico ci è stato lasciato dal nostro Creatore. Segna la prossima tappa della nostra Evoluzione Spirituale e il nostro ritorno al Giardino dell'Eden.

Il Chakra 3 nel diagramma è direttamente collegato a Ida, il canale femminile del corpo, mentre il Chakra 2 è collegato a Pingala, il canale maschile. Una volta aperto completamente il Chakra 2, si inizia a sentire una connessione con il lato destro del corpo, attraverso il quale scorre il canale Pingala. Con il tempo si risveglia il Cuore Spirituale, che si presenta come una sacca sferica di energia attraverso la quale passa Pingala. La sua posizione è a destra del cuore fisico. Contiene una fiamma calmante, poiché la Pingala Nadi è collegata all'elemento Fuoco dell'Anima. Come il cuore fisico regola la circolazione del sangue nel corpo fisico, il Cuore Spirituale regola il flusso dell'energia pranica nel Corpo di Luce. Il Cuore Spirituale è trascendentale e regola i pensieri e le emozioni di qualità Non-Duale.

Il Chakra 3, quando è completamente aperto, forma la connessione con il lato sinistro del corpo e la sensazione di apertura ed espansione del cuore fisico. Lo caratterizza un senso di tranquillità nelle emozioni, che appartengono all'Elemento Acqua. Un cuore aperto permette di percepire e ricevere meglio le vibrazioni del mondo esterno. Inoltre, aumenta la capacità di empatia.

I Chakra 4 e 5 sono i successivi ad aprirsi durante la sublimazione/trasformazione della Luce o energia pranica nel corpo. Essi creano una connessione più forte con il Bindu (Chakra 6) e permettono alla coscienza dell'individuo di lasciare il corpo fisico durante la meditazione. Avere questi due Chakra completamente aperti permette all'individuo completamente risvegliato dalla Kundalini di essere assorbito da qualsiasi cosa veda con gli occhi fisici quando gli presta attenzione. Questi due Chakra aiutano la coscienza individuale a raggiungere l'Unità.

Potete sapere che i sei Chakra Minori della testa si stanno aprendo e allineando quando sentite una sostanza liquida che si muove attraverso il cervello in modo simile a un serpente. Infonde i canali di collegamento con ciascuno dei sei Chakra Minori della testa. Questo fenomeno è caratterizzato da una piacevole sensazione di tranquillità nel cervello.

È possibile sapere che Bindu si sta allineando e aprendo maggiormente quando si aprono i Chakra 4 e 5. Di conseguenza, quando i Chakra 2 e 3 si aprono, si verifica un allineamento nel Settimo Occhio (Chakra 1). Una trinità di Chakra lavora insieme mentre anche l'altra trinità lavora insieme. Per questo motivo, gli Adepti dei Misteri Occidentali indossano spesso una kippah sul capo, contenente un'immagine dell'Esagramma, o Stella di Davide, come la chiamano gli Ebrei. I triangoli verso l'alto e verso il basso dell'Esagramma rappresentano le due trinità di Chakra minori nella testa.

I CHAKRA DEI PIEDI

Oltre ai Sette Chakra Maggiori che attraversano verticalmente il corpo, abbiamo una rete di centri energetici ausiliari, o Chakra Minori, nei piedi e nelle mani, che forniscono un ampio spettro di afflusso di energia al nostro sistema. Purtroppo, i Chakra Minori dei piedi e delle mani sono spesso ignorati e trascurati dagli insegnanti Spirituali, anche se svolgono un ruolo cruciale nella struttura energetica del nostro corpo.

Ogni dito del piede, compresa la parte centrale del piede e la zona del tallone, è governato da uno dei Chakra Maggiori (Figura 27). L'alluce corrisponde a Manipura, l'indice ad Anahata, il dito medio a Vishuddhi, il quarto dito ad Ajna, il mignolo a Swadhisthana, la parte centrale della pianta a Sahasrara e la parte posteriore del tallone a Muladhara.

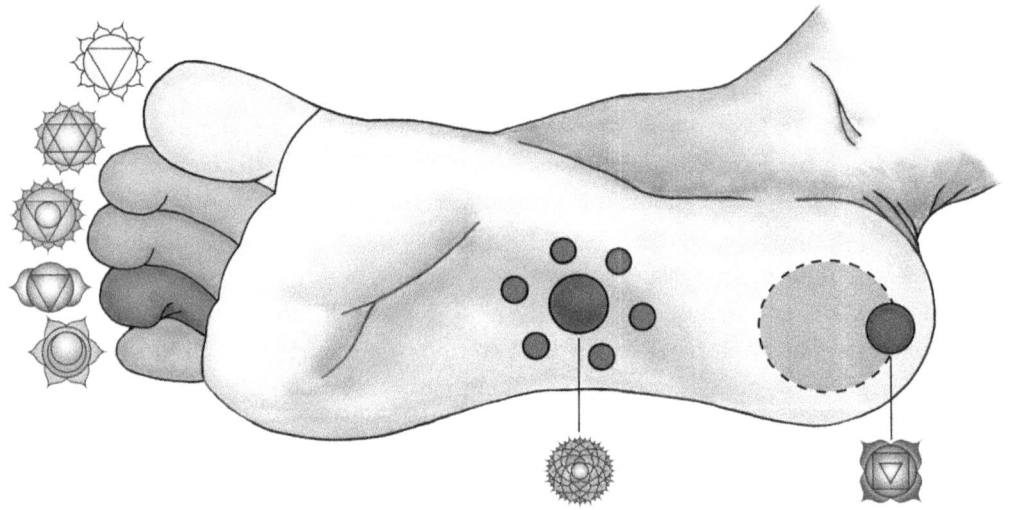

Figura 27: I Chakra Del Piede

Una delle funzioni delle dita dei piedi è quella di scaricare l'energia in eccesso che è stata accumulata nei Chakra Maggiori attraverso le nostre attività quotidiane e le nostre funzioni corporee. Questa energia in eccesso viene rilasciata e trasmessa alla Terra, facilitando il radicamento nella nostra coscienza. Quando i Chakra Minori dei piedi funzionano bene e sono in armonia con i Chakra Maggiori, c'è una connessione e un flusso di comunicazione costante tra le griglie energetiche della Terra e le nostre energie.

Per la loro posizione e connessione con la Terra, i Chakra dei Piedi servono anche a canalizzare l'energia dal Chakra Transpersonale della Stella della Terra (sotto i piedi) e a trasmetterla ai Chakra Maggiori attraverso i canali energetici delle gambe. In questo caso, i Chakra dei Piedi fungono da condotti o connettori energetici che permettono alla Stella della Terra di essere in comunicazione diretta non solo con il Chakra Muladhara, ma anche con gli altri Chakra Maggiori.

I Chakra del Piede contribuiscono anche a facilitare il bilanciamento e l'assimilazione dell'energia Kundalini che proviene dalla Terra attraverso le sue correnti magnetiche. Funzionano come trasformatori di energia, regolando la quantità e l'intensità dell'energia che entra nel Corpo di Luce dalla Terra.

Il Chakra "Suola" si trova al centro del piede ed è collegato a Sahasrara, la Corona. Il Chakra Suola è il più importante dei Chakra del Piede. Se esaminiamo la sua struttura, possiamo vedere che i suoi sei punti secondari riflettono direttamente i Chakra Minori della testa, collegati a Sahasrara.

La relazione tra il Chakra Suola e il Sahasrara è meglio descritta dall'assioma "Come Sopra, Così Sotto". Queste due serie di Chakra permettono all'iniziato di avere contemporaneamente i piedi sulla Terra e la testa in Paradiso. È interessante notare che i piedi simboleggiano la dualità del Mondo della Materia, mentre la testa rappresenta la singolarità del Regno Spirituale.

Un altro importante Chakra del Piede è il Chakra del Tallone, collegato a Muladhara. Questo Chakra Minore ci aiuta a sentirci a terra, poiché i talloni sono i primi a toccare la Terra ogni volta che facciamo un passo. Il Chakra del Tallone è direttamente collegato a Muladhara attraverso i canali energetici delle gambe. I canali energetici primari delle gambe alimentano le Nadi femminili e maschili Ida e Pingala che iniziano nel Muladhara. Nell'uomo, Ida e Pingala sono energizzati dai testicoli, mentre nella donna dalle ovaie. Numerose altre Nadi corrono accanto ai canali energetici primari delle gambe, collegando le dita dei piedi ad altri Chakra Maggiori.

I CHAKRA DELLA MANO

I Sette Chakra Maggiori trovano la loro corrispondenza nei piedi ma anche nelle mani (Figura 28). Il pollice corrisponde a Manipura, l'indice ad Anahata, il medio a Vishuddhi, l'anulare a Muladhara, il mignolo a Swadhisthana, il centro del palmo a Sahasrara e la punta del polso ad Ajna Chakra.

I Chakra sono perfettamente bilanciati sulla mano, poiché l'anulare e il mignolo sono di qualità femminile, mentre il pollice e l'indice sono maschili. Inoltre, una linea centrale corre dal punto del polso attraverso il centro del palmo e fino al dito medio, corrispondente all'Elemento Spirito, che concilia i principi di genere opposti.

I Chakra delle Mani sono essenziali per la guarigione e per ricevere informazioni energetiche dall'Universo. Le mani ci permettono di interagire con il mondo sia a livello fisico che energetico. Le dita fungono da sensori, mentre i palmi servono a canalizzare l'energia di guarigione. La mano dominante invia energia, mentre quella non dominante la riceve.

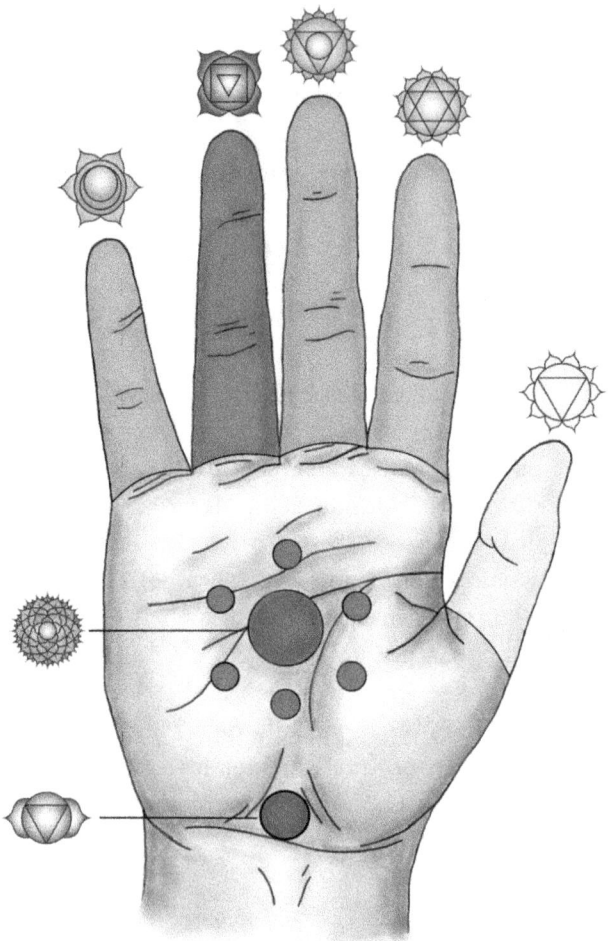

Figura 28: I Chakra Della Mano

Mentre i piedi si riferiscono all'Elemento Terra e al corpo fisico, le mani corrispondono all'Elemento Aria e alla mente, poiché sono letteralmente sospese nell'aria davanti a noi. Per questo motivo, i Chakra delle Mani influenzano molto le informazioni che arrivano alla nostra mente.

Per questo motivo, la società ha adottato la stretta di mano come saluto principale tra le persone. Stringendo la mano di qualcuno, i palmi si toccano, permettendo di intuire chi è la persona, poiché si entra in contatto diretto con la sua energia.

Il centro del palmo contiene un Chakra Minore essenziale, che è collegato a Sahasrara, la Corona. Chiamato anche Chakra del Palmo, è il più importante dei Chakra della Mano, poiché viene utilizzato per la guarigione. Si può notare che il Chakra del Palmo rispecchia il Chakra della Suola, che riflette i Chakra Minori sulla sommità del capo. Tutte e tre le serie di Chakra corrispondono a Sahasrara e all'Elemento Spirito. La loro funzione è fondamentale nel processo di trasformazione della Kundalini, poiché infondono l'energia dello Spirito nel corpo.

I Chakra delle Mani sono collegati al Chakra della Gola, Vishuddhi, attraverso i canali energetici delle braccia. Pertanto, per aprire completamente i Chakra della Mano e massimizzare le loro capacità funzionali, è necessario risvegliare il Chakra della Gola, che è il primo Chakra dell'Elemento Spirito. L'Elemento Spirito comprende anche i due Chakra sopra Vishuddhi, Ajna e Sahasrara.

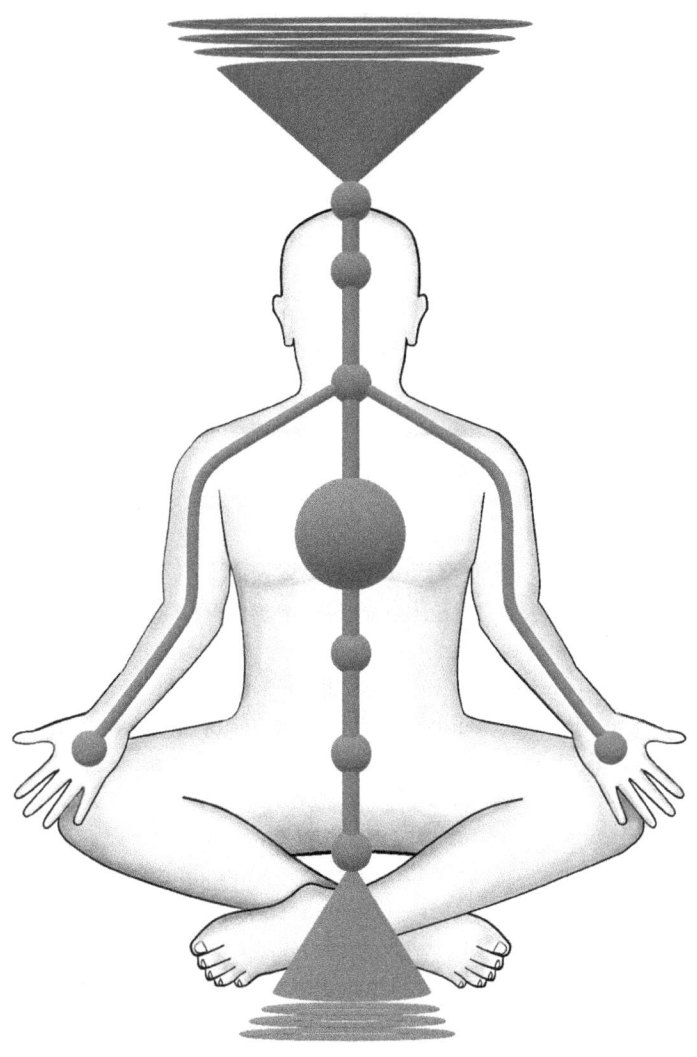

Figura 29: Generazione e Trasmissione di Energia Curativa (Palmi)

L'energia di guarigione è generata in Anahata, che viene inviata attraverso i Chakra dei Palmi delle mani tramite Vishuddhi (Figura 29). Il Chakra della Gola è usato per intuire le impressioni energetiche che ci circondano grazie alla sua connessione con Ajna Chakra, il centro psichico, che ha un punto energetico corrispondente nella zona del polso. Queste impressioni sono spesso ricevute attraverso i Chakra delle Mani, che possiamo usare come sensori di energia con la sola intenzione.

La consapevolezza e l'attivazione dei Chakra delle Mani possono fare una differenza significativa nella qualità della vita. Una persona media ha i Chakra Minori delle mani in qualche misura aperti, il che significa che l'energia di guarigione fluisce continuamente dentro e fuori di loro. Solo le persone completamente votate al male saranno completamente chiuse all'energia di guarigione fino a quando non riusciranno a riaprire il loro cuore all'amore e alla bontà. Poi ci sono quelle persone che hanno superato le masse per quanto riguarda l'evoluzione Spirituale. Queste persone hanno i Chakra del Cuore e della Gola completamente aperti. La loro coscienza ha un grado di vibrazione molto più elevato, il che significa che i loro Chakra delle Mani funzionano in modo ottimale e inviano e ricevono energia di guarigione.

Una persona completamente risvegliata dalla Kundalini avrà tutti i Chakra aperti, compresi i Chakra delle Mani e dei Piedi. Saranno guaritori naturali, empatici e telepatici. Molte delle informazioni esterne arrivano attraverso le mani. Il solo fatto di toccare un oggetto fa sì che si riceva una conoscenza energetica su quell'oggetto. Quando i Chakra delle Mani sono completamente aperti, la punta delle dita diventa particolarmente sensibile nel ricevere informazioni e nell'inviarle al corpo per la valutazione.

GUARIRE CON LE MANI

I Chakra delle Mani possono essere usati per ricevere energia ma anche per inviarla; tutto dipende dall'intenzione. Quando si riceve energia, sono coinvolti i polpastrelli, mentre quando la si invia, lo si fa principalmente attraverso i Chakra dei Palmi (Figura 30).

L'uso più comune della funzione di ricezione dei Chakra delle Mani è quello di scansionare l'Aura di un individuo e cercare "punti caldi" e altre informazioni che possono aiutare ad intuire lo stato della sua energia complessiva. I Chakra delle Mani possono essere usati volentieri come sensori che vi informano sull'energia del vostro ambiente.

Potete usare la funzione di invio dei Chakra delle Mani per canalizzare l'energia di guarigione a qualcuno, liberare la stanza dall'energia stagnante, caricare un Cristallo o un altro oggetto, o anche benedire o offrire protezione a un individuo o a un gruppo di persone. Potete anche usare la vostra energia per guarire voi stessi e i vostri Chakra, anche se ciò potrebbe risultare drenante. È utile, ad esempio, guarire se stessi utilizzando una Pietra Preziosa.

Sebbene sia fondamentale sapere come costruire il chi nel vostro Hara Chakra (per saperne di più su questo aspetto si rimanda al capitolo successivo sui Chakra

Transpersonali), è molto più efficace per il lavoro di guarigione imparare a far entrare l'energia Spirituale e a permetterle di fluire attraverso di voi. Purché proveniate da un luogo mentale di amore incondizionato (una caratteristica del Chakra Anahata), la vostra intenzione dovrebbe essere sufficiente a richiamare l'energia Spirituale e a canalizzarla attraverso i Chakra delle Mani a scopo di guarigione.

È essenziale rimanere neutrali rispetto ai risultati specifici della sessione di guarigione e non imporre la propria volontà. Per la maggior parte della sessione di guarigione, vi state semplicemente trasformando in un canale, un condotto dell'energia Spirituale. Pertanto, dovreste coinvolgere la vostra Volontà Superiore solo quando spostate e rimuovete i blocchi energetici. Per farlo, potete pettinare l'area dell'Aura che contiene energia negativa o spingere fuori questa energia negativa con l'energia di guarigione dei vostri Chakra Palmari. In quest'ultimo caso, potete intensificare la portata dell'energia curativa incanalata attraverso i vostri Chakra Palmari impiegando la vostra forza di volontà e la vostra attenzione focalizzata.

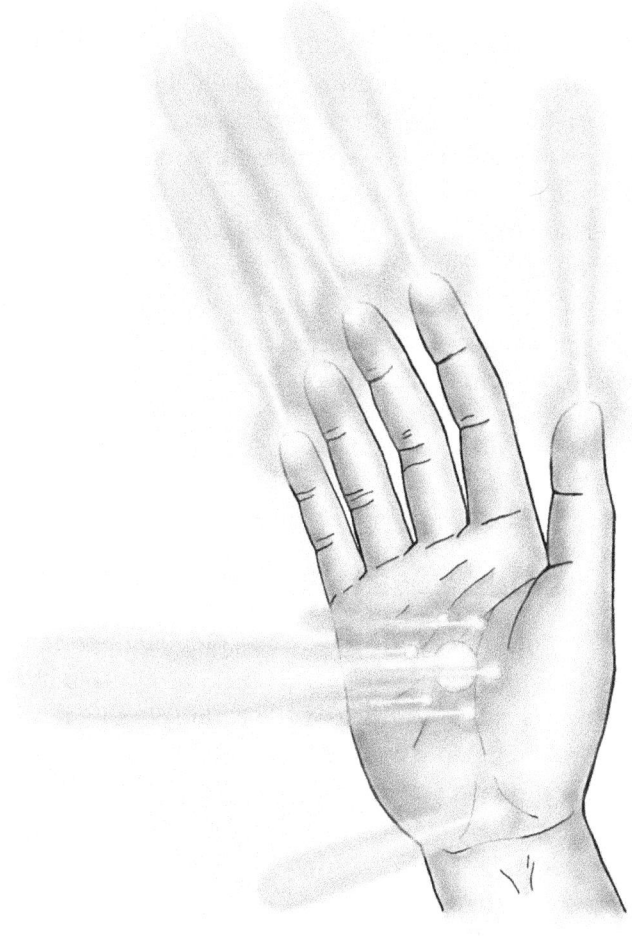

Figura 30: Energia Curativa dalle Mani

INFUSIONE DI ENERGIA SPIRITUALE

Lo scopo del processo di purificazione della Kundalini è quello di rendere il vostro corpo un contenitore per lo Spirito. Naturalmente, durante questo processo non accade nulla al vostro corpo fisico, anche se la coscienza ha l'impressione che accada. La Kundalini permette alla coscienza di elevarsi fino al Corpo Spirituale e di allinearsi con la sua vibrazione, purificando i Chakra.

Il corpo deve essere infuso dall'energia dello Spirito portata dai Chakra della Suola e del Palmo. Questi Chakra Minori si attivano completamente quando la Kundalini raggiunge Sahasrara nel processo di risveglio. Di solito ci vuole un po' di tempo prima che la coscienza si prepari all'infusione dello Spirito, poiché i Chakra devono essere purificati. Una volta pronta, però, l'energia dello Spirito sale nel corpo attraverso i Chakra delle Suole e dei Palmi. L'esperienza è come se una folata di vento entrasse negli arti e li facesse sentire trasparenti. Questo respiro Divino può poi permeare interamente il busto, permettendo alla coscienza individuale di sentire l'assenza di peso nel corpo, soprattutto nelle braccia e nelle gambe. L'esperienza è come se il corpo fisico fosse diventato vuoto dall'interno.

Quando lo Spirito entra nel corpo, l'individuo inizia a sperimentare un intorpidimento generale di tutto il corpo. Anche in questo caso ci vuole un po' di tempo perché questa parte della trasformazione della Kundalini si manifesti. Come ho già detto, per me è stato nell'anno sette del risveglio che questo ha avuto luogo. Era come se il corpo fisico avesse ricevuto un'iniezione permanente di Novocaina, un agente intorpidente.

La sensazione di intorpidimento avviene in modo che la coscienza possa perdere la sua connessione con il corpo fisico, rendendo più facile la sua piena localizzazione all'interno del Corpo di Luce. Perdendo la coscienza del corpo fisico, l'Anima viene infine liberata dalle sue catene. La coscienza individuale si unisce alla Coscienza Cosmica, ponendo fine al dolore della divisione tra i due.

GLI OCCHI PSICHICI

Oltre ai due occhi fisici, nella nostra testa ci sono altri cinque occhi Spirituali (Figura 31) che ci permettono di ampliare la consapevolezza quando la nostra coscienza è più elevata. Inoltre, i due occhi fisici hanno funzioni che vanno oltre le normali capacità visive. L'occhio destro è usato principalmente per vedere le forme degli oggetti e aiuta a percepire i dettagli. L'occhio sinistro si riferisce al nostro Sé emotivo. Ci dà un senso di relazione tra gli oggetti attraverso il loro colore e la loro consistenza.

Il Terzo Occhio, o Occhio della Mente, si trova leggermente sopra e tra le sopracciglia. Serve come portale energetico che ci permette di intuire la forma energetica degli oggetti nella nostra Terza Dimensione. Il Terzo Occhio ci permette di vedere l'ignoto come una finestra sul Mondo Astrale. La posizione effettiva del Chakra Ajna, tuttavia, è al centro del cervello, nell'area del Terzo Ventricolo, come si dirà in un capitolo successivo. Gli occhi psichici descritti di seguito hanno funzioni ausiliarie rispetto all'Occhio della Mente. Servono come portali energetici, ciascuno con poteri specifici che, una volta risvegliati, ci permettono di ampliare la consapevolezza e la comprensione, poiché sono componenti distinti dell'Ajna Chakra nel suo complesso.

Il Quarto Occhio si trova proprio sopra il Terzo Occhio e ci permette di comprendere le relazioni tra le persone e di promuovere la fede nel Creatore. È il senso più elevato di ciò che percepisce l'occhio fisico sinistro, poiché ci permette di comprendere la Sorgente della Creazione. Il Quarto Occhio è il costruttore della fede.

Il Quinto Occhio si trova al centro della fronte e ci aiuta a comprendere le verità e gli ideali Universali. Attraverso di esso, riceviamo concetti sul funzionamento delle Leggi Universali che governano la realtà. Ci permette di vedere il quadro più ampio della vita e il nostro posto all'interno di essa. Il Quinto Occhio attiva la mente superiore e il pensiero creativo. Ci permette anche di vedere le nostre vite passate.

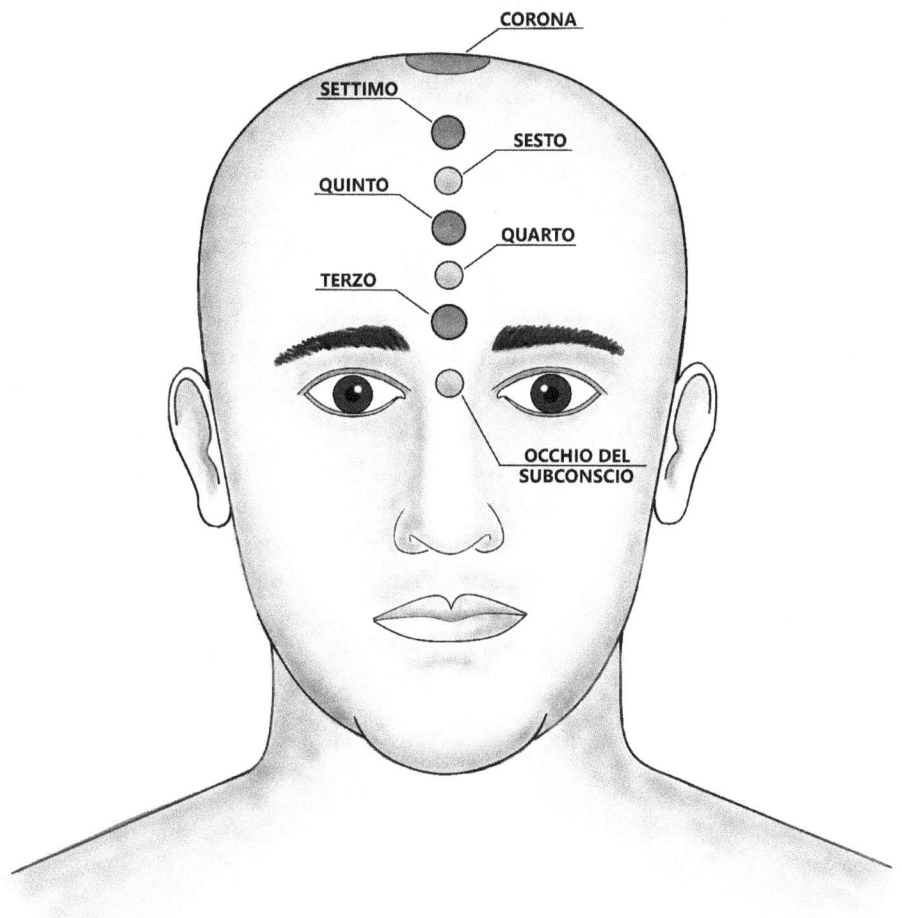

Figura 31: Posizione degli Occhi Psichici

Il Sesto Occhio si trova proprio sopra il Quinto Occhio e la sua funzione è quella di darci la vera visione interiore e la comprensione dello scopo della nostra anima. Il Settimo Occhio si trova proprio all'attaccatura dei capelli, sul lato opposto del Bindu. Aiuta a comprendere la totalità e lo scopo dell'Universo nel suo complesso. Attraverso di esso possiamo comunicare con gli Esseri Angelici del Piano di esistenza Divino.

Il Settimo Occhio è fondamentale nel processo di trasformazione della Kundalini, poiché agisce come punto di uscita della Kundalini, lo stesso del Bindu. Il Settimo Occhio e il Bindu agiscono come imbuti per il circuito della Kundalini quando sono pienamente attivi e integrati. Se c'è un blocco nel Settimo Occhio, il circuito della Kundalini diventa inattivo e si perde il contatto con il Bindu e con i Piani Spirituali e Divini dell'esistenza.

È fondamentale capire che tutti gli occhi psichici si sviluppano nel tempo quando si subisce una trasformazione Kundalini dopo un risveglio completo. Una volta che sono tutti creati e la coscienza acquisisce la capacità di utilizzare le loro funzioni, il Quinto Occhio diventa il "centro di comando" della coscienza, invece del Terzo Occhio, poiché è il centro dei cinque occhi psichici e può ricevere impressioni da ciascuno di essi.

Esiste un altro centro psichico, chiamato "Occhio del Subconscio", che si trova proprio tra i due occhi fisici, sul ponte del naso. La mente subconscia è il centro della nostra vita primitiva e basilare e delle nostre sensazioni viscerali. La sua funzione è la sopravvivenza, quindi si riferisce alle necessità della vita, come cibo, acqua e riparo. Anche la paura svolge un ruolo cruciale nella sopravvivenza, poiché impariamo ad evitare ciò che può farci male, sia fisicamente che emotivamente. La mente subconscia diventa un deposito di tutte le cose che ci hanno causato dolore nel tempo, contenendo l'energia della paura che ci limita nella vita.

Una volta che la Kundalini è entrata nel cervello e ha perforato l'Ajna Chakra, l'Occhio Subconscio è completamente risvegliato. Poiché il risveglio completo della Kundalini crea un ponte tra la mente conscia e quella subconscia, tutta l'energia negativa immagazzinata nel subconscio viene liberata per essere affrontata e trasformata. In questo modo, l'Occhio del Subconscio ci permette di vedere tutto ciò che prima ci era nascosto a livello psichico.

L'Occhio del Subconscio ci permette di vedere il funzionamento della mente subconscia per diventare Co-Creatori più efficienti con il nostro Creatore. Una volta superata l'energia negativa immagazzinata nella mente subconscia, possiamo utilizzare questo centro psichico per plasmare i nostri pensieri, rendendoci padroni delle nostre realtà. Tuttavia, l'Occhio del Subconscio è solo una finestra, o un portale, della mente subconscia, che si trova nella parte posteriore della testa. Al contrario, la parte cosciente della mente si trova nella parte anteriore della testa.

I CHAKRA TRANSPERSONALI

Secondo molte scuole di pensiero Spirituale, oltre ai Chakra Maggiori e Minori, esistono anche i Chakra Transpersonali. Si tratta di Chakra esterni al Corpo di Luce a cui l'essere umano è connesso energeticamente. Transpersonale significa che trascendono i regni della personalità incarnata. Inoltre, nella scienza Chakrica, essi aggiungono il secondo, cruciale tassello del puzzle, accanto ai Chakra Maggiori e Minori, nella comprensione della nostra composizione energetica.

Lo scopo principale dei Chakra Transpersonali è quello di collegare il corpo fisico e i Chakra Maggiori e Minori alle altre persone, agli Esseri Eterici e ad altre fonti di energie Divine e superiori. La maggior parte delle scuole di pensiero Spirituale afferma che i Chakra Transpersonali sono cinque, anche se il numero può variare. È anche comune vedere che molti sistemi Chakrici utilizzano solo i due Chakra Transpersonali opposti, la Stella dell'Anima e la Stella della Terra.

I Chakra Transpersonali esistono lungo la Linea Hara, che è una colonna energetica che contiene i sette Chakra primari. Quando estendiamo questa colonna energetica verso l'alto e verso il basso, oltre i sette Chakra primari, incontriamo vari Chakra Transpersonali sopra Sahasrara e uno sotto Muladhara, chiamato Chakra della Stella della Terra (Figura 32).

I Chakra Transpersonali sono la chiave dello sviluppo Spirituale e della comprensione delle dinamiche della Creazione. Attraverso i Chakra al di sopra di Sahasrara, possiamo connetterci con le vibrazioni più sottili del Cosmo. In *The Magus*, ho definito questi stati vibratori superiori della coscienza come i Piani Divini dell'esistenza.

In termini di Albero della Vita Qabalistico, i Chakra Transpersonali intorno e sopra la zona della testa fanno parte della Sephira di Kether e non dei Tre Veli dell'Esistenza Negativa (Ain Soph Aur). Poiché Kether è la Luce Bianca, questi Chakra Transpersonali si occupano del modo in cui questa Luce filtra nel Corpo di Luce e nei Sette Centri Chakra Maggiori.

A meno che i vostri Sette Chakra Maggiori non siano adeguatamente bilanciati e la vostra vibrazione non sia aumentata, vi sconsiglio vivamente di tentare di lavorare con i tre Chakra Transpersonali più elevati. Cercare di utilizzare queste potenti fonti di potere prima di essersi trasformati in un condotto adeguato sarà inutile, poiché non sarete in grado di accedere al loro potere. Per questo motivo, lasciate il lavoro con questi Chakra superiori per quando vi sarete sufficientemente sviluppati Spiritualmente. L'unico Chakra

Transpersonale con cui si può lavorare in sicurezza è la Stella della Terra, poiché questo Chakra è legato al radicamento.

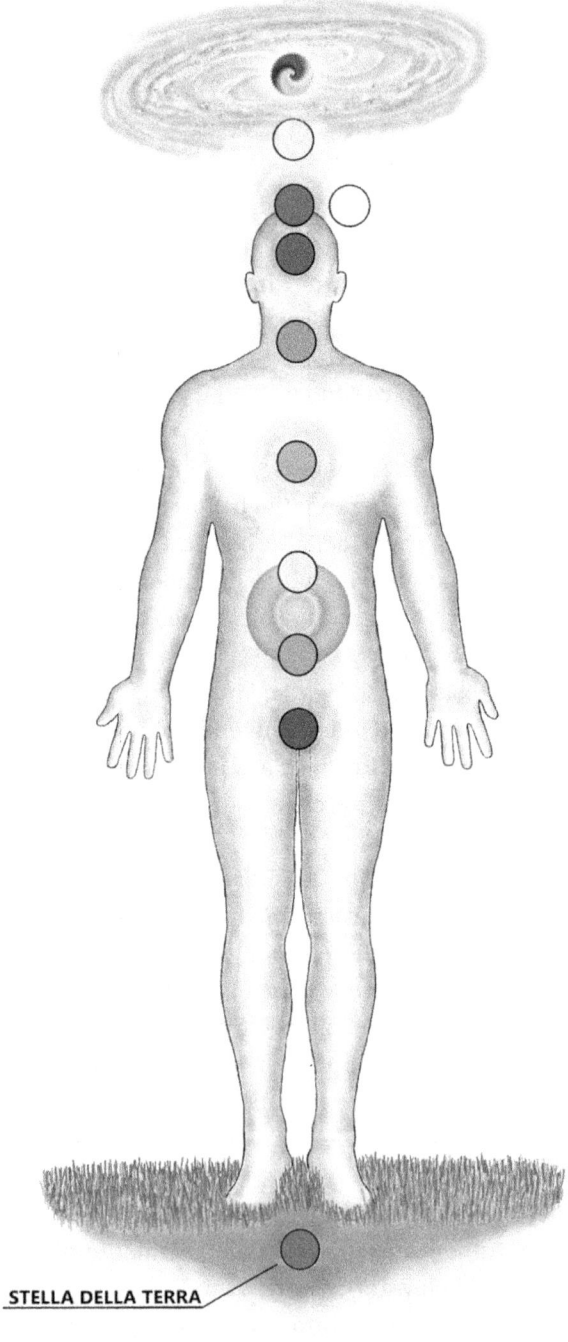

Figura 32: I Chakra Transpersonali

CHAKRA DELLA STELLA DELLA TERRA

Il Chakra della Stella della Terra, Vasundhara (in Sanscrito "Figlia della Terra"), si trova a circa 15 centimetri sotto i piedi. Chiamato anche "Super-Radice", questo Chakra aiuta a radicarci e a connetterci al Pianeta Terra, poiché è in contatto diretto con il suolo. La Stella della Terra funge da ponte tra la nostra coscienza e la coscienza collettiva del Pianeta Terra. Pertanto, questo Chakra si occupa della consapevolezza della natura. I Chakra del Piede sono il mezzo di comunicazione tra i Chakra Maggiori e la Stella della Terra.

La Stella della Terra ci permette anche di connetterci con le energie terrestri più dense del nostro Pianeta. L'energia terrestre/tellurica sale attraverso i canali energetici delle gambe, passando per i Chakra dei Piedi, fino a raggiungere il Chakra della Radice, Muladhara. Il Muladhara Chakra è il fondamento del nostro sistema Chakrico, la sua radice: da qui il nome di questo Chakra. Muladhara e la Stella della Terra hanno una relazione diretta: sono entrambi legati all'Elemento Terra e servono a canalizzare la sua energia. Dal punto di vista Qabalistico, la loro funzione corrisponde alla Sephira Malkuth, posta direttamente ai piedi. Tuttavia, la Stella della Terra rappresenta l'aspetto Spirituale della Terra, che vibra alla quarta dimensione della vibrazione o dell'energia.

La Stella della Terra è essenziale per ancorarci al piano fisico dell'esistenza. Una delle funzioni della Stella della Terra è quella di radicare le parti personali e transpersonali dell'Anima al nucleo magnetico del Pianeta Terra attraverso il suo campo elettromagnetico. Poiché il sistema energetico dell'essere umano può essere paragonato a un albero, la Stella della Terra funge da radice.

La Stella della Terra ci permette di rimanere radicati nonostante tutte le attività quotidiane ci mettano a terra. Una solida connessione con questo Chakra ci permette di rimanere saldi nello scopo della nostra vita e di non lasciarci influenzare dai pensieri e dalle emozioni delle altre persone che ci circondano. Queste energie esterne vengono eliminate dalla nostra Aura quando la connessione con la Stella della Terra è forte. Il rapporto con la Stella della Terra dà alla nostra Anima la sicurezza necessaria per esprimere se stessa e il suo scopo.

La Stella della Terra ha un proprio strato Aurico che si estende oltre lo strato del Sahasrara Chakra. Serve come impronta eterica che collega gli strati Aurici intermedi al nostro Corpo Astrale Inferiore (Corpo Eterico), il primo Corpo Sottile oltre il Piano Fisico. Grazie alla sua collocazione sotto i piedi, questo Chakra mette a terra i Corpi Sottili e l'intero sistema Chakrico, compresi i Chakra Transpersonali sopra Sahasrara.

La Stella della Terra è anche direttamente coinvolta nella stimolazione della Kundalini in attività, grazie alla sua relazione con Muladhara. Senza la sua assistenza, il processo di risveglio sarebbe impossibile, poiché la coscienza umana è inestricabilmente legata alla coscienza terrestre. I cambiamenti nella coscienza Terrestre influenzano la coscienza umana a livello collettivo e personale.

Affinché si verifichi un risveglio della Kundalini, è necessario creare una potente corrente energetica nel Muladhara Chakra. La creazione di questa energia inizia nella

Stella della Terra, poiché questi due Chakra dell'Elemento Terra lavorano insieme. In altre parole, l'energia nel Muladhara è generata dal Chakra della Stella della Terra. La Stella di Terra agisce come una batteria per il Muladhara; vi invia le energie planetarie attraverso le correnti positive e negative rappresentate dai due canali energetici nelle gambe.

La storia della nostra vita è registrata nella matrice della nostra Stella della Terra. Questo Chakra è responsabile del nostro sviluppo personale sul piano materiale e dei percorsi che intraprendiamo per andare avanti nella vita. Comprende tutta la nostra storia ancestrale e i modelli del DNA. Questo Chakra è anche il custode di tutte le incarnazioni delle vite passate e delle lezioni Karmiche apprese.

La Stella della Terra ci connette con tutta l'umanità a livello terrestre. Quando è equilibrato, questo Chakra ci permette di sentire una profonda connessione con i nostri poteri interiori intrinseci e di lavorare per una causa più grande. L'obiettivo finale della Stella della Terra è quello di promuovere la coscienza collettiva del nostro Pianeta e dell'Universo di cui facciamo parte. Una Stella della Terra equilibrata ci permette anche di sentirci radicati, protetti e sicuri, poiché la nostra connessione Divina con la Madre Terra (Gaia) è rafforzata.

Una Stella della Terra squilibrata crea instabilità mentale ed emotiva nella vita. Non essendo ancorati alla Madre Terra, perdiamo il contatto con la nostra Spiritualità, perdendo nel tempo il senso del nostro scopo. A livello fisico, uno squilibrio della Stella della Terra può causare problemi alle gambe, alle ginocchia, alle caviglie e alle anche, poiché queste parti del nostro corpo ci mettono a terra con la Madre Terra.

Il colore della Stella della Terra è nero, marrone o magenta (quando è attivata). Le Gemme attribuite a questo Chakra sono il Quarzo Fumé, l'Onice, l'Ossidiana Nera e la Magnetite (Lodestone).

HARA CHAKRA (OMBELICO)

Hara è una parola Giapponese che significa "mare di energia". Il suo nome è appropriato poiché il Chakra Hara funge da porta d'accesso al Piano Astrale. Attraverso questo Piano si può accedere a tutti i Piani Cosmici Interni. In quanto tale, l'Hara Chakra è il nostro accesso all'infinito oceano di energia dell'Universo. Non è necessariamente un Chakra, ma è una categoria a sé stante per le sue dimensioni e la sua portata. Tuttavia, Hara fa parte del modello dei Chakra Transpersonali in molti sistemi Chakrici della New Age. La sua posizione è tra Swadhisthana e Manipura, all'altezza dell'ombelico (Figura 33), circa due centimetri verso l'interno.

Intorno all'Hara si trova una sfera Eterica di energia, grande come un pallone da calcio, chiamata "Dantian" o "Tan Tien". L'energia del Dantian è il chi, il qi, il mana, il Prana, cioè l'energia Vitale. Questa palla di energia interagisce con gli organi vicini coinvolti nell'elaborazione del cibo, poiché il cibo ingerito si trasforma in energia Vitale, la cui essenza è l'energia della Luce. Questa energia viene riempita dall'Hara, che ne è il centro.

Una volta generata nel Dantian attraverso il Chakra Hara, l'energia di Luce viene distribuita in tutto il corpo.

Hara Chakra ha una relazione diretta con Swadhisthana, in quanto funge da portale per il Piano Astrale e da generatore di energia Vitale. La distinzione tra i due è che la funzione di Swadhisthana è quella di generare energia sessuale (insieme a Muladhara), mentre Hara genera energia Vitale. In realtà, però, i due lavorano insieme come una batteria, proprio come Muladhara lavora con il Chakra della Stella della Terra. Sull'Albero della Vita, la funzione dei Chakra Hara e Swadhisthana corrisponde alla Sephira Yesod.

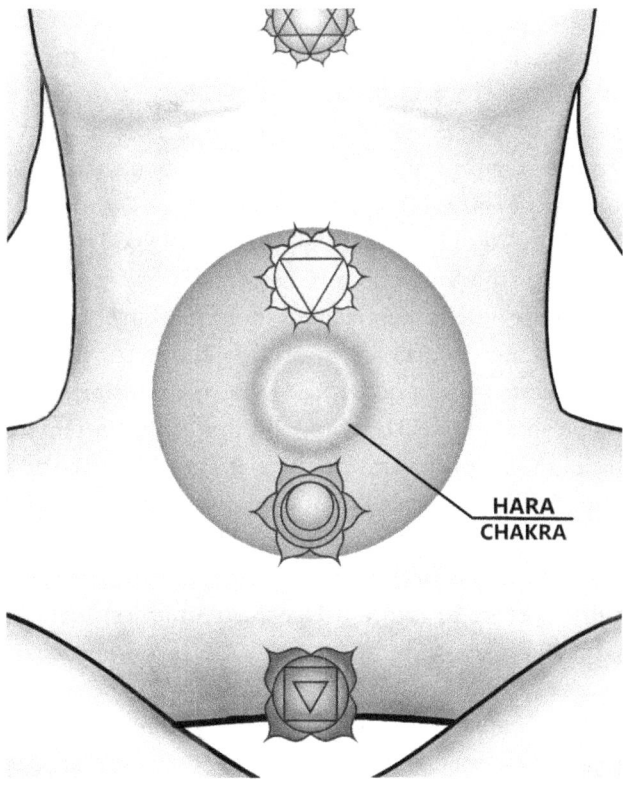

Figura 33: Il Chakra Hara (Ombelico)

Il Chakra Hara ci dà sostentamento e forza, che dipendono dal fatto che il Muladhara e la Stella della Terra siano sufficientemente radicati. La nostra fonte di energia è nell'Hara e nella nostra capacità di rigenerazione. Mentre la Stella della Terra e il Muladhara richiamano le energie della Terra, l'Hara utilizza l'energia sessuale di Swadhisthana per alimentare la volontà. A tal fine, utilizza l'energia del fuoco grezzo di Manipura, che si trova direttamente sopra di esso. Manipura è direttamente coinvolto nel processo di trasformazione del cibo ingerito in energia di Luce. Molte tradizioni Spirituali riconoscono l'esistenza di Hara Chakra, ma non riescono a distinguere se sia collegato a Swadhisthana o a Manipura, o ad entrambi, come nel caso in questione.

L'efficienza dell'Hara Chakra dipende anche dal grado di radicamento della Stella della Terra e del Chakra della Radice. Questi due Chakra assorbono le energie della Terra, mentre l'Hara utilizza questa energia, insieme a quella dei Chakra Swadhisthana e Manipura, per alimentare l'intero sistema energetico. Il Chakra Hara è essenzialmente il nostro nucleo e le nostre fondamenta. Il suo colore è ambrato, in quanto è una miscela del giallo di Manipura e dell'arancione di Swadhisthana.

Sebbene Swadhisthana sia spesso indicato come Chakra dell'Ombelico nelle tradizioni Spirituali, Hara è il vero Chakra dell'Ombelico per la sua posizione e funzione. Da feti, tutti noi siamo stati nutriti attraverso l'ombelico mentre i nostri Corpi sottili si stavano formando. Una volta nati e tagliato il cordone ombelicale, siamo stati tagliati fuori dalla fonte di energia Eterica. Di conseguenza, abbiamo smesso di attingere energia attraverso l'Hara. Con il condizionamento e la formazione dell'Ego, abbiamo perso di vista questo portale e abbiamo iniziato a incanalare l'energia nella nostra testa a causa dei pensieri eccessivi. Per rimediare, dovremmo concentrarci sul nostro nucleo e attingere energia attraverso il nostro Chakra Hara, che espanderà il nostro Dantian.

Hara e il Dantian (Tan Tien) sono spesso citati nel Qigong, nel Tai Chi e in altre arti marziali. Tutte le discipline marziali che cercano di lavorare con l'energia si rendono conto del potere del centro Hara e della costruzione del Dantian, che considerano il centro di gravità. Per farlo, però, è necessario avere una solida connessione con il proprio Corpo Eterico, altrimenti non si riesce a canalizzare le energie interiori. In molti di questi sistemi di arti marziali, l'Hara è solo uno dei Dantian, chiamato Dantian Inferiore. Il Dantian medio si trova nella zona del cuore (Anahata), mentre il Dantian superiore si trova nella zona della testa, a livello dell'Ajna Chakra. Questa suddivisione dei tre centri energetici principali del corpo umano consente agli artisti marziali di utilizzare al meglio il flusso naturale delle energie per ottimizzare la loro potenza di combattimento.

Il Chakra Hara deve essere aperto e il Dantian (inferiore) pieno di energia se si vuole avere una buona salute e un'abbondante vitalità. Se l'Hara è chiuso o inattivo, può causare molte dipendenze, soprattutto dal cibo. La sovralimentazione è un tentativo di sentirsi sazi nonostante l'Hara sia bloccato e il Dantian vuoto. La pratica del Sesso Tantrico è un modo per aprire l'Hara e prendere coscienza del Dantian. Il Sesso Tantrico concentra l'energia nell'addome, incorporando l'uso della nostra energia sessuale e della nostra forza di volontà, coinvolgendo così entrambi i Chakra Swadhisthana e Manipura.

CHAKRA CAUSALE (BINDU)

Il Bindu funge da porta d'accesso al Chakra Causale, che si trova a circa due o tre centimetri di distanza dalla parte superiore della nuca, una volta proiettata una linea retta dal Talamo (Figura 34). Poi, si allinea con il Sahasrara Chakra, che si trova direttamente di fronte. Il Chakra Causale è uno dei tre Chakra Celesti Transpersonali che circondano l'area della testa, insieme alla Stella dell'Anima e alla Porta Stellare.

Il Bindu nella parte superiore posteriore del cranio (dall'interno) funge da porta per il Chakra Causale. Il Bindu è la porta, mentre il Chakra Causale è la casa. Tuttavia, non si può avere la porta senza la casa, né la casa senza la porta: le due cose vanno insieme. Per questo motivo, le caratteristiche del Bindu Chakra rispecchiano quelle del Chakra Causale nel modello dei Chakra Transpersonali.

Il Chakra Causale si occupa di sradicare l'Ego e di trasformare la personalità. Ci dà la nozione della continuità della vita oltre la morte fisica. Siamo Esseri Eterni di Luce che continueranno a vivere oltre questa momentanea esistenza fisica. Questo Chakra serve a far tacere l'Ego e a rendere la mente immobile, consentendo all'individuo di esplorare il Piano Spirituale e i Piani Divini.

Il Chakra Causale è un punto di ingresso nei Piani Divini, che può essere sperimentato attraverso la Stella dell'Anima e i Chakra della Porta Stellare che si trovano sopra il Chakra della Corona. Il Chakra Causale assiste anche nelle attivazioni superiori dei Chakra Spirituali (Corona, Occhio della Mente e Gola), che facilitano l'esplorazione del Piano Spirituale.

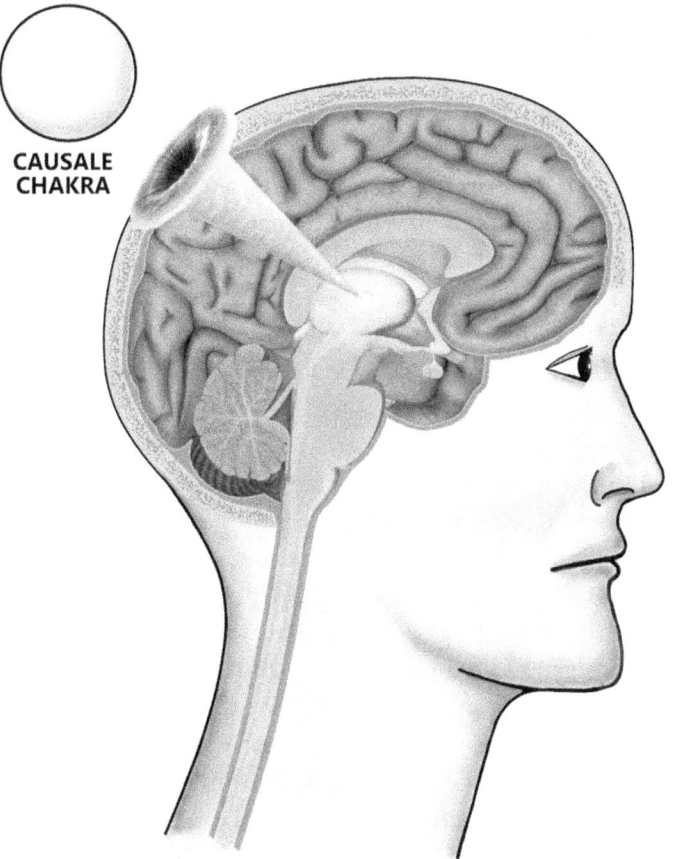

Figura 34: Il Chakra Causale/Bindu

Poiché il Chakra Causale/Bindu è chiamato Chakra della Luna, la sua qualità è femminile. Quando viene risvegliato, le qualità femminili dell'amore, della compassione, della creatività e dell'intuizione si intensificano nell'individuo. Questo Chakra assorbe e irradia la Luce Lunare, illuminando così i pensieri che riceviamo direttamente dalla Coscienza Cosmica.

Attraverso il Chakra Causale, riceviamo informazioni dai Piani Divini e dal Piano Spirituale Superiore; informazioni a cui possiamo accedere solo quando siamo distaccati dal nostro Ego e dalla nostra personalità. Per questo motivo, una delle proprietà principali di questo Chakra è che ci permette di esplorare la saggezza superiore e i misteri del Cosmo.

Il Chakra Causale vibra nella Quarta Dimensione, la Dimensione della Vibrazione o dell'Energia. Riceve le energie dai due Chakra della Quinta Dimensione sopra la testa (Stella dell'Anima e Porta Stellare) e le filtra nell'Aura. Il Chakra Causale/Bindu è il nostro collegamento con questi due Chakra a più alta frequenza, poiché ci permette di accettare i dosaggi graduali di Luce Bianca che i Piani Divini emettono.

Gli esseri Spirituali Superiori dei Regni Divini possono comunicare con noi attraverso il Chakra Causale. Quando le informazioni arrivano attraverso questo Chakra, vengono portate nei Chakra Inferiori, dove possiamo accedervi attraverso i Corpi Sottili rispettivi a quei particolari Piani.

Il Chakra Causale svolge il ruolo più cruciale nel processo di risveglio della Kundalini, poiché la sua apertura determina una maggiore chiarezza nella comunicazione psichica e telepatica. Permette all'individuo di "leggere" l'energia che lo circonda attraverso la sua capacità intuitiva. Il Chakra Causale/Bindu lavora con il Chakra Ajna per realizzare questa impresa. L'individuo utilizza i vari portali dell'Occhio della Mente per "vedere" le informazioni che vengono convogliate nel Chakra Causale dalla Coscienza Cosmica.

Il Chakra Causale/Bindu si apre naturalmente e rimane aperto come parte del processo di trasformazione della Kundalini. Quando questo Chakra viene sbloccato e la mente e l'Ego vengono messi a tacere, il nostro Dio-Sé Superiore può comunicare direttamente con noi. Questa comunicazione è un processo immediato che non richiede alcuno sforzo cosciente. L'individuo viene assorbito dalla meditazione da un momento all'altro e diventa un'incarnazione vivente dell'Unità di tutta l'esistenza. Tuttavia, questa esperienza avviene solo quando la Kundalini è stata risvegliata e portata al Sahasrara Chakra.

Sebbene sia possibile accedere alle energie del Chakra Causale/Bindu attraverso diverse pratiche Spirituali (come l'uso delle Pietre Preziose), l'unico modo per aprirlo e mantenerlo aperto in modo permanente è il risveglio della Kundalini. Come già detto, i due punti di uscita della Kundalini sono il Bindu e il centro del Settimo Occhio. Una volta che il sistema Kundalini è attivo nel Corpo di Luce dopo il risveglio, il Bindu regola l'energia di Luce che circola al suo interno, alimentando le Settantadue Nadi o canali energetici. Man mano che questi canali vengono infusi di energia di Luce, la coscienza si espande. Il Bindu si apre ulteriormente, consentendo all'individuo di far fluire più informazioni dal Piano Spirituale e dai Piani Divini superiori.

Il Chakra Causale/Bindu è bianco e suggerisce una connessione profonda e intima con l'Elemento Spirito e la Luna. Le Gemme attribuite a questo Chakra sono la Pietra di Luna, il Quarzo dell'Aura dell'Angelo, la Celestite, la Cianite e l'Herderite.

CHAKRA DELLA STELLA DELL'ANIMA

Il Chakra della Stella dell'Anima, Vyapini (in Sanscrito "Onnipresente"), si trova a circa 15 centimetri sopra la sommità del capo, allineato direttamente con il Chakra della Corona che si trova sotto di esso (Figura 35). Il colore di questo Chakra è bianco-oro. La Stella dell'Anima funge da collegamento con le energie cosmiche del nostro Sistema Solare, mentre la Porta Stellare funge da collegamento con l'intera Galassia della Via Lattea. La Stella dell'Anima modera anche l'energia vibrazionale molto alta proveniente dal Portale Stellare e la trasmette (attraverso il Chakra Causale) ai Sette Chakra Maggiori del Corpo di Luce. In questo modo, siamo in grado di assimilare queste energie galattiche nella nostra esistenza fisica.

Il Chakra della Stella dell'Anima è della Quinta Dimensione e rappresenta l'energia dell'amore, della verità, della compassione, della pace, della saggezza e della consapevolezza Spirituale. Corrisponde al Piano Divino più basso dell'esistenza. Secondo gli insegnamenti dell'Ascensione, la Terra e l'umanità sono in procinto di passare a un livello di realtà completamente nuovo, che è la Quinta Dimensione.

Possiamo sperimentare le energie cosmiche della Quinta Dimensione solo attraverso l'unità della coscienza individuale con la Coscienza Cosmica. Quando si raggiunge questa connessione, si accede ai registri Akashici, una banca dati di memoria all'interno della Coscienza Cosmica che contiene tutti gli eventi, i pensieri, le emozioni e le intenzioni umane del passato, del presente e del futuro. In questo modo si diventa chiaroveggenti, sensitivi o veggenti. Pertanto, parte del processo di trasformazione della Kundalini consiste nella piena attivazione del Chakra Bindu/Causale, che ci connette con la Stella dell'Anima e la Porta Stellare, permettendoci di diventare uno con la Coscienza Cosmica.

Il Chakra della Stella dell'Anima è il luogo in cui ci connettiamo con il nostro Dio-Sé Superiore. Tuttavia, questa connessione è integrata attraverso il Chakra Causale/Bindu e i Chakra dello Spirito (Vishuddhi, Ajna e Sahasrara). Questi Chakra servono a radicare l'esperienza di connessione con il nostro Sé Superiore. Poiché la Stella dell'Anima rappresenta la Divinità in tutte le sue forme, è portatrice di amore incondizionato, altruismo e compassione spirituali e unità in tutte le cose. È l'origine della nostra ricerca dell'Ascensione e dell'Illuminazione.

Poiché il Chakra Causale/Bindu è indicato come Chakra della Luna, la Stella dell'Anima sarebbe il nostro Chakra del Sole, poiché è l'origine della nostra Anima. Ha un'intima connessione con la Stella del nostro Sistema Solare (il Sole) e con Manipura Chakra, la sede dell'Anima e il Sole del Corpo di Luce. Da qui l'aspetto dorato del colore della Stella dell'Anima, che è una vibrazione più elevata del colore giallo di Manipura.

Poiché la Stella dell'Anima corrisponde al Piano Divino, è al di sopra dell'energia Karmica, in quanto il Karma appartiene ai Piani Inferiori dell'esistenza. La Stella dell'Anima regola però il Karma dell'Anima, impartendo le necessarie lezioni di vita attraverso il Manipura Chakra e l'Elemento Fuoco. Queste energie Karmiche si sono accumulate nel corso di molte vite e ci impediscono di manifestare i nostri desideri. Pertanto, sviluppando la nostra forza di volontà, illuminiamo il Manipura Chakra e otteniamo una connessione più forte con la nostra Stella dell'Anima.

La Stella dell'Anima lavora con la Porta Stellare, permettendoci di vedere la connessione Cosmica tra noi e l'Universo in cui viviamo. Quando la Stella dell'Anima è in allineamento con i Chakra sottostanti, sentiamo un forte senso di scopo e voglia di vivere. La Stella dell'Anima è la nostra Vera Volontà di vita e il ponte tra la nostra essenza impersonale e la realtà fisica personale.

Per evitare di essere distanziati e non radicati, è necessario attivare la Stella della Terra prima di lavorare con la Stella dell'Anima. Chi passa troppo tempo a lavorare sui Chakra Transpersonali superiori ignorando la Stella della Terra sarà troppo spaziale ed etereo. La Stella dell'Anima e la Stella della Terra funzionano insieme per compiere il lavoro della Stella centrale del nostro Sistema Solare, il Sole. Le Gemme attribuite alla Stella dell'Anima sono la Selenite, la Kianite, il Quarzo Nirvana e la Danburite.

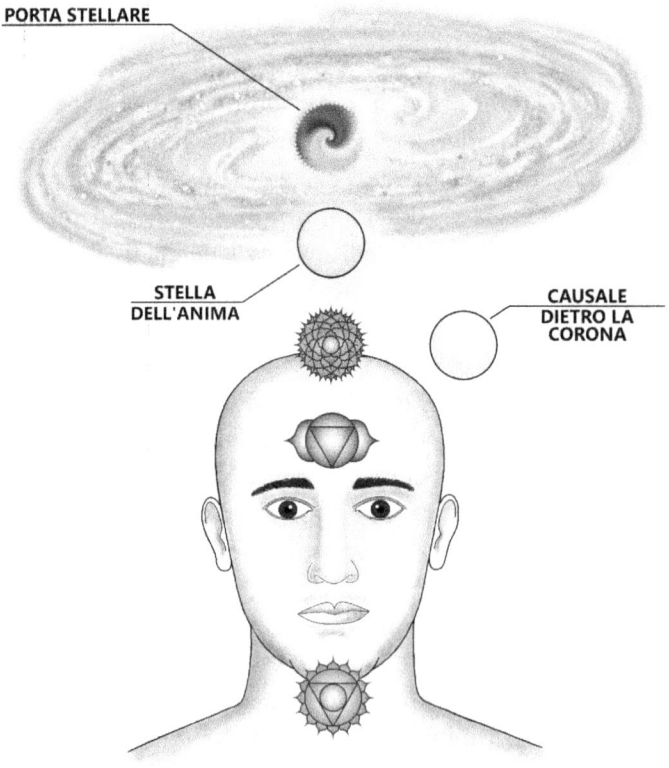

Figura 35: I Chakra Transpersonali Sopra la Corona

GATEWAY STELLARE

Il Chakra della Porta Stellare, Vyomanga (in sanscrito "Essere Celeste"), si trova a circa dodici centimetri sopra la sommità del capo, direttamente sopra la Stella dell'Anima e il Chakra della Corona (Figura 35). Il colore di questo Chakra è oro puro o arcobaleno (quando è attivato). La Porta Stellare, come dice il nome, è una porta o un portale verso le stelle della Via Lattea. In poche parole, è il Chakra della Coscienza Cosmica.

La Porta Stellare è la vibrazione più alta di tutti i Chakra Transpersonali. È il più alto dei Chakra della Quinta Dimensione e la nostra connessione definitiva con la fonte di tutta la Creazione. La Porta Stellare corrisponde ai Piani Divini superiori dell'esistenza.

La Quinta Dimensione rappresenta l'Unità consapevole con il Creatore (Divinità). La Stella dell'Anima ci fa capire che abbiamo Anime Eterne, che hanno origine dalla Stella centrale (il Sole) del nostro Sistema Solare. Tuttavia, il Portale Stellare ci fa capire che le nostre Anime Eterne hanno origine dalla stessa fonte di altre Anime provenienti da altri Sistemi Solari della nostra Via Lattea. La Porta Stellare rappresenta quindi il livello più alto della Quinta Dimensione, che è l'Unità con tutte le Scintille di Luce della Galassia.

La Quinta Dimensione è la fonte stessa della Luce Bianca di cui tutti noi facciamo parte. Non solo ci unisce agli Esseri terrestri, ma anche agli Esseri Extraterrestri. Non importa da quale Sistema Solare proveniate, siamo tutti Uno, poiché il nostro Creatore è lo stesso, così come l'Ologramma Cosmico a cui tutti partecipiamo. In quanto tale, la Quinta Dimensione si riferisce alla pace e all'armonia finale tra tutte le cose e all'energia d'amore divina che collega tutto.

La Porta Stellare è un barometro Spirituale che modera l'intensità della Luce Bianca che si riversa nella nostra Aura. La Stella dell'Anima è il filtro attraverso il quale viene misurata la Luce, mentre la Stella della Terra mette in relazione questa Luce e la nostra coscienza con la coscienza del Pianeta Terra.

La Porta Stellare è la connessione Interstellare dell'umanità, che è senza tempo. Essendo senza tempo, contiene tutte le nostre esperienze di tutte le vite passate. Quindi, ogni volta che ricordate una vita passata, vi connettete con il Chakra della Porta Stellare.

La Porta Stellare è l'apice dell'esperienza di trasformazione della Kundalini e il più alto stato di coscienza raggiungibile dagli esseri umani. Questo Chakra emette le più alte energie vibrazionali su cui si fondano le virtù umane. L'illuminazione è raggiungibile solo quando l'individuo si connette completamente con il Chakra della Porta Stellare. Le Gemme attribuite alla Porta stellare sono la Moldavite, la Calcite a Raggio Stellare, l'Azeztulite e la Selenite.

LA LINEA HARA

La Linea Hara è un importante condotto energetico che collega la colonna dei Chakra Transpersonali. È un canale che permette all'energia della Luce di passare dalla Porta Stellare alla Stella dell'Anima, nel Chakra Causale, giù fino al Chakra Hara e collegarsi con la Stella della Terra sotto i piedi. Questa energia passa attraverso la parte centrale del corpo umano, lungo il canale Sushumna, dove si trovano i Sette Chakra Maggiori.

La Linea Hara ha lo scopo di portare la Luce nei Sette Chakra Maggiori attraverso il Chakra Causale e nel Sahasrara. Questa Luce viene poi distribuita nei sei Chakra Maggiori Inferiori. Infine, il Chakra Hara raccoglie questa Luce e la invia giù attraverso il perineo (Chakra Muladhara) fino alla Stella della Terra, collegando così i Chakra Maggiori e i Chakra Transpersonali.

La Linea Hara dirige anche il flusso di energia nei Chakra Maggiori. Poiché ciascuno dei nostri Sette Chakra Maggiori riceve e cede energia ai Chakra superiori e inferiori, la linea Hara funge da asse invisibile che dirige e distribuisce sottilmente il flusso di tale energia.

Il Chakra Hara funge da centro del condotto energetico della Linea Hara, poiché è il contenitore dell'energia vitale (Prana, chi, qi, mana). La Linea Hara è completamente attivata e rinvigorita quando la Kundalini viene risvegliata e sale al Chakra della Corona. La Kundalini serve come forza che collega i Chakra Transpersonali con i Chakra Maggiori. Questa connessione è poi ancorata alla Madre Terra (Gaia) attraverso la Stella della Terra.

Poiché la Linea Hara si occupa di incanalare l'energia di Luce nei Chakra Maggiori e di distribuirla, è l'essenza della nostra Divinità. Questa energia di luce è guidata dal Chakra della Stella dell'Anima, la nostra essenza divina. L'Anima utilizza l'asse della Linea Hara come un'autostrada, salendo e scendendo l'energia di Luce da un Chakra all'altro. La Stella dell'Anima funge da centro di comando (controllo) per svolgere questo compito.

Quando i Chakra Transpersonali e i Sette Chakra Maggiori sono adeguatamente bilanciati, si verifica un fenomeno alchemico in cui tutti i Chakra sono unificati e fusi come un tutt'uno. Questo fenomeno a livello energetico rappresenta il punto più alto dell'Illuminazione. Affinché questa esperienza si verifichi, sia la Stella dell'Anima che la Stella della Terra devono essere attivate e lavorare insieme. Questi due Chakra Transpersonali funzionano come i poli negativo e positivo di una batteria, dove l'energia della Luce viene fatta rimbalzare tra di loro.

LA QUINTA DIMENSIONE

La maggior parte delle religioni e delle tradizioni Spirituali concordano sul fatto che la Quinta Dimensione è il regno più alto che un'anima può raggiungere e l'ultima frontiera della coscienza umana. La Quinta Dimensione è la dimensione della Luce Bianca che sta alla base di tutta la Creazione manifesta. È la "Mente di Dio", altrimenti chiamata Coscienza Cosmica. Il nostro Universo manifesto esiste all'interno di questa Luce Bianca, che è illimitata, senza tempo ed Eterna.

La Luce Bianca è la Prima Mente, mentre l'Universo manifesto è la Seconda Mente. In realtà, i due sono Uno, poiché le Forme nella Seconda Mente dipendono dalla Forza proiettata dalla Prima Mente per dare loro vita. La Luce Bianca è la Sephira Kether dell'Albero della Vita, che dipende da Chokmah (Forza) e Binah (Forma) perché la Creazione si manifesti. Queste due Sephiroth manifestano l'Anima e la coscienza nell'Universo.

La Luce Bianca è la Fonte dell'amore, della verità e della saggezza. Ci incarniamo su questo Pianeta come luminosi Esseri di Luce, ma col tempo, con lo sviluppo del nostro Ego, perdiamo il contatto con la nostra Anima e i nostri poteri Spirituali. Man mano che la nostra coscienza si deteriora, diventa imperativo tornare in contatto con la nostra Anima per poter risorgere Spiritualmente e realizzare il nostro pieno potenziale. Il risveglio della Kundalini è il nostro metodo per raggiungere la realizzazione Spirituale. Il nostro Creatore ha lasciato l'innesco della Kundalini in noi per disegno. La maggior parte delle persone non è consapevole di questo fatto, ed è per questo che persone come me servono come messaggeri dell'esistenza e del potenziale dell'energia Kundalini.

Un pieno risveglio della Kundalini attiva i Sette Chakra Maggiori, ognuno dei quali risuona con la vibrazione di uno dei colori dell'arcobaleno. Troviamo questi colori dell'arcobaleno quando facciamo brillare la Luce Bianca attraverso un prisma. Abbiamo in sequenza il rosso, l'arancione, il giallo, il verde, il blu, l'indaco e il viola.

Quando la Kundalini sale attraverso la colonna vertebrale e il cervello, cerca di raggiungere il Chakra della Corona e di aprire l'Uovo Cosmico. In questo modo attiva le Settantadue Nadi del Corpo di Luce, risvegliando tutto il suo potenziale latente. Quando tutti i petali di Sahasrara si aprono con l'ascesa della Kundalini, la coscienza individuale si espande al Livello Cosmico. Poiché Sahasrara è la porta d'accesso ai Chakra Transpersonali superiori, l'individuo risvegliato ottiene col tempo l'accesso anche ai loro poteri.

Un risveglio completo della Kundalini dà inizio al processo di trasformazione Spirituale, che ha lo scopo di allineare la nostra coscienza con i due Chakra della Quinta Dimensione sopra la testa, la Stella dell'Anima e la Porta Stellare. Quando abbiamo accesso a questi Chakra, ci eleviamo al di sopra del dolore fisico, della paura e della dualità in generale. Cominciamo a funzionare pienamente grazie all'intuizione e a vivere nel momento presente, l'Adesso. Una volta aggirata la mente, l'Ego viene sconfitto, poiché esiste solo all'interno della mente.

Attraverso una trasformazione Kundalini, il dolore della separazione viene superato, poiché sperimentiamo l'Unità di tutta la Creazione partecipando alla Quinta Dimensione. Tutte le nostre azioni sono basate sull'amore e sulla verità, il che costruisce la saggezza nel tempo. Abbiamo accesso a una conoscenza illimitata dei misteri della Creazione, ricevuta attraverso la Gnosi.

Con la piena attivazione del nostro Corpo di Luce, otteniamo l'Immortalità. Ci rendiamo conto che moriremo fisicamente, sì, poiché non possiamo evitarlo, ma sappiamo interiormente che questa vita è una delle tante, poiché le nostre Anime non potranno mai essere annientate.

LA MERKABA - VEICOLO DI LUCE

Il termine "Merkaba" deriva dall'Antico Egizio. Si riferisce al veicolo di Luce di un individuo che permette di viaggiare Interdimensionalmente e Interplanetariamente. "Mer" si riferisce a due campi di Luce che ruotano nello stesso spazio, mentre "Ka" si riferisce allo Spirito individuale e "Ba" al corpo fisico. I due Tetraedri opposti l'uno nell'altro rappresentano i due poli, o aspetti della Creazione, Spirito e Materia, in completo equilibrio.

La Merkaba ha un posto di rilievo anche nel misticismo Ebraico. In Ebraico, la parola "Merkabah" (Merkavah o Merkava) significa "carro" e si riferisce al carro Divino di Dio descritto dal profeta Ezechiele in una delle sue visioni (*Antico Testamento*). Le visioni di Ezechiele ricordano le visite di esseri ultradimensionali o ultraterreni, descritte attraverso metafore che contengono immagini simboliche.

Nella sua visione, Ezechiele descrive un veicolo Divino che aveva "ruote su ruote", che scintillavano come "diamanti al sole" e ruotavano l'una intorno all'altra come un giroscopio. I mistici e gli Spirituali Ebrei interpretano la visione di Ezechiele come un riferimento al proprio veicolo interdimensionale di Luce, la Merkaba. È noto nei circoli Spirituali che i Maestri Ascesi e gli Esseri al di là dei nostri regni e delle nostre dimensioni si manifestano nella nostra realtà attraverso le loro Merkaba.

La Merkaba è una rappresentazione geometrica del toro ottimizzato, la propria "ciambella dinamica", che comprende il campo Aurico e il Campo Elettromagnetico del cuore. Come già detto, il toro ha un asse centrale con un polo nord e uno sud che fanno circolare l'energia a spirale. Dopo un pieno risveglio della Kundalini, l'energia inizia a circolare all'interno del toro a una velocità maggiore, influenzando la velocità di rotazione della Merkaba.

La Merkaba si attiva completamente quando il toro si ottimizza, consentendo di viaggiare attraverso la coscienza. Il Cubo di Metatron è un simbolo che contiene ogni forma geometrica sacra conosciuta nell'Universo. Attribuito all'Arcangelo Metatron, rappresentante dell'Elemento Spirito, il Cubo di Metatron serve come metafora dell'Universo manifesto e dell'armonia e interconnessione di tutte le cose. Tra la miriade di forme geometriche che possiamo trovare nel Cubo di Metatron c'è la Merkaba, vista sul piano verticale dall'alto o dal basso (Figura 36).

Figura 36: Il Cubo di Metatron e la Merkaba

Se visti di lato, sul piano orizzontale, i due Tetraedri della Merkaba si intersecano al centro e puntano in direzioni opposte: uno punta verso l'alto e l'altro verso il basso. Il Tetraedro della Merkaba che punta verso l'alto rappresenta il principio del Sole maschile, collegato agli elementi Fuoco e Aria e all'energia elettrica. Il Tetraedro che punta verso il basso è il principio femminile della Terra, corrispondente agli Elementi Acqua e Terra e all'energia magnetica. Insieme, i due Tetraedri opposti e intrecciati creano il "Tetraedro Stella", un oggetto a otto punte che è un'estensione Tridimensionale dell'Esagramma, la Stella di Davide.

Il Tetraedro del Sole ruota in senso orario, mentre il Tetraedro della Terra ruota in senso antiorario. Nei maschi, poiché l'energia maschile è dominante, il Tetraedro del Sole è orientato verso la parte anteriore del corpo, mentre il Tetraedro della Terra è orientato verso la parte posteriore. Nelle donne, l'orientamento è invertito e il Tetraedro Terra è rivolto verso la parte anteriore (Figura 37).

Il Tetraedro del Sole è alimentato dal Chakra della Stella dell'Anima, situato a quindici centimetri sopra la testa, al suo apice. Al contrario, il Tetraedro della Terra invertito è alimentato dal Chakra della Stella della Terra, situato sei Pollici sotto i piedi. Il Chakra della Stella della Terra è l'apice del Tetraedro Terrestre rovesciato. L'energia luminosa rimbalza tra la Stella dell'Anima e la Stella della Terra, lungo la Linea Hara, alimentando i due Tetraedri della Merkaba e facendoli ruotare in direzioni opposte.

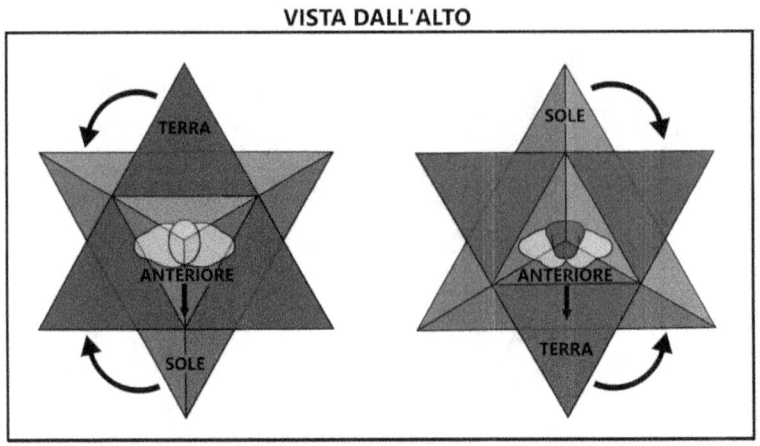

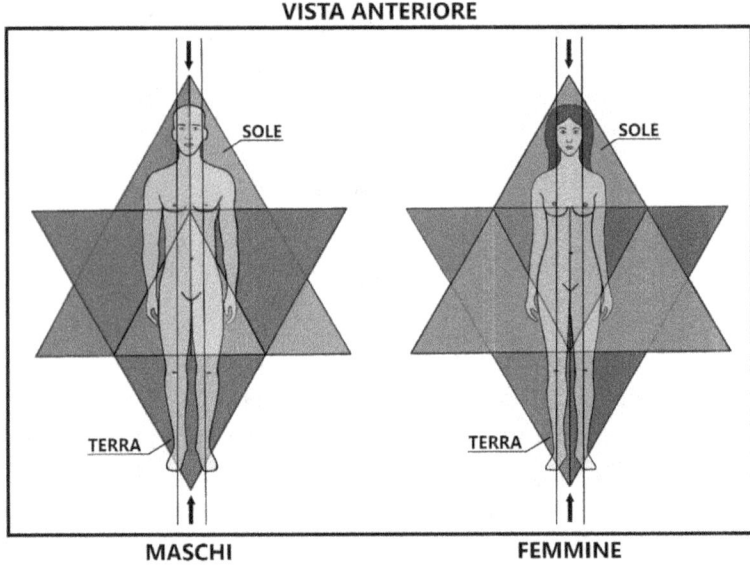

Figura 37: Orientamento dei Tetraedri nei Maschi e nelle Femmine

Quando la Merkaba è ottimizzata, il campo di Luce generato intorno alla sua forma sferica rotante può estendersi per 15-60 metri di diametro, in proporzione all'altezza di una persona. Se si osservasse una Merkaba che gira velocemente con strumenti adeguati, si vedrebbe una forma simile a un disco volante intorno alla persona che si espande orizzontalmente. Non è la Merkaba in sé a essere così grande, ma la Luce che emette a creare la sua forma allungata, diffondendosi lungo il piano orizzontale.

Figura 38: La Merkaba: Veicolo di Luce (nei Maschi)

Il centro del sistema Chakrico è nel Chakra del Cuore, Anahata; i due Tetraedri controrotanti della Merkaba sono sospesi al suo livello (Figura 38). La Luce emanata dal Chakra del Cuore fa girare i Tetraedri della Merkaba. Per questo motivo, esiste una correlazione tra l'attivazione della Merkaba e la risonanza del proprio Essere con l'energia dell'amore incondizionato. In altre parole, più amore si porta nel cuore, la Merkaba gira più velocemente.

Le persone che amano incondizionatamente hanno capacità creative potenziate, comprese quelle psichiche, come la trasposizione del proprio Spirito in oggetti e altre persone. La loro Merkaba a rotazione rapida permette loro di trascendere le barriere del corpo fisico attraverso l'immaginazione.

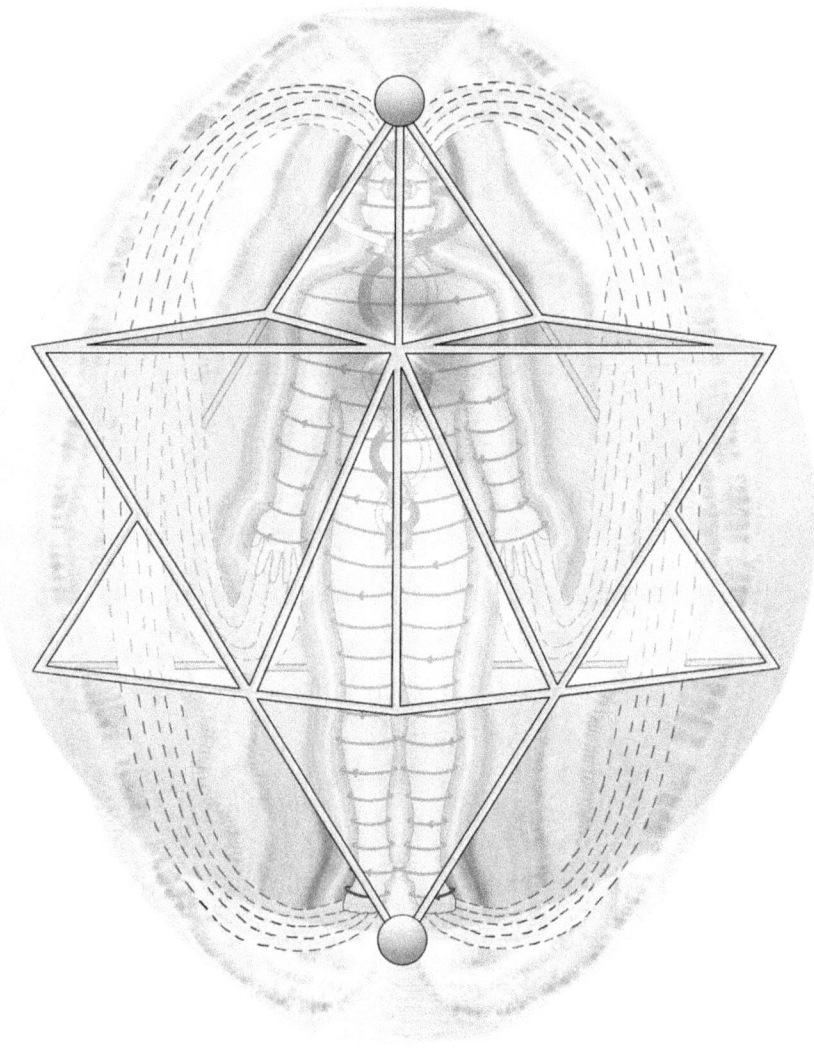

Figura 39: Risveglio della Kundalini e Ottimizzazione della Merkaba

Il Chakra del Cuore è il centro del nostro Essere che riceve l'energia di Luce dalla Stella dell'Anima e la distribuisce ai Chakra inferiori prima di radicarla nella Stella della Terra. I nostri cuori fisici ed eterici si interfacciano con il mondo circostante come ricevitori di energie. Come descriverò nella prossima sezione su Kundalini e anatomia, il cuore lavora in tandem con il cervello per guidare la nostra realtà.

Quando la Kundalini si risveglia, viaggia verso l'alto attraverso il canale Sushumna. Al contrario, Ida e Pingala viaggiano lungo la colonna vertebrale a spirale, l'uno di fronte all'altro, come la doppia elica della molecola del DNA. Quando la Kundalini raggiunge la sommità del capo a Sahasrara, espande questo centro in modo esponenziale, permettendo all'energia di Luce della Stella dell'Anima di riversarsi nel nostro sistema di Chakra sottostante. Man mano che ciascuno dei Chakra viene infuso di Luce, il campo energetico toroidale si ottimizza, attivando il potenziale latente della Merkaba.

Un risveglio completo di Kundalini energizza il Corpo di Luce, massimizzando la capacità della Merkaba (Figura 39). Quando la Luce viene infusa nell'Aura, i Tetraedri controrotanti della Merkaba iniziano a girare più velocemente, formando una Sfera di Luce intorno al corpo fisico. L'Anima, anch'essa sferica, ha ora un veicolo che sostiene la sua forma, con il quale può lasciare il corpo fisico per viaggiare in altre dimensioni dello Spazio/Tempo. Vedere sfere di luce è un fenomeno spirituale comune, che consiste nel guardare le Merkaba rotanti degli Esseri al di là della Terza Dimensione che vogliono interfacciarsi con gli esseri umani attraverso la coscienza.

Una delle funzioni principali della Merkaba è quella di permettere all'individuo di esplorare i significati e gli strati più profondi della vita nell'Universo. Ottimizzando la funzione della Merkaba, diventate un Essere di Luce della Quinta Dimensione in grado di utilizzare i Chakra Transpersonali superiori a vostro vantaggio.

IL RITORNO AL GIARDINO DELL'EDEN

La forma a toro assomiglia in modo impressionante a una mela, una correlazione interessante che ci riporta alla storia del Giardino dell'Eden dell'*Antico Testamento* e all'acquisizione della conoscenza da parte dell'umanità. Il serpente dispettoso è colui che si oppose a Dio, il Creatore, tentando Eva di fare l'unica cosa che a lei e ad Adamo era stato detto di non fare: mangiare dall'Albero della Conoscenza del Bene e del Male.

Il serpente disse che se Adamo ed Eva avessero disobbedito a Dio, sarebbero diventati "come gli dei e avrebbero conosciuto la dualità" (Genesi 3:4-5). La conoscenza si riceve attraverso l'esperienza di vita nel Mondo della Materia, costruito sulla dualità di Luce e Tenebre, Bene e Male.

Adamo ed Eva che mangiano la mela proibita dall'Albero della Conoscenza del Bene e del Male possono essere visti come un riferimento all'ottenimento da parte dell'umanità di un campo energetico toroidale, che permette alla nostra coscienza di sperimentare il Mondo della Materia. Materializzandosi nella Terza Dimensione, la nostra coscienza è rimasta incastrata nella Materia, facendoci perdere il contatto con il Piano Spirituale, nostro diritto di nascita intrinseco.

Il Giardino dell'Eden è una rappresentazione metaforica del Piano Spirituale, fonte della nostra innocenza primordiale. Come già detto, tutto ciò che ha una forma nel Mondo della Materia ha un campo energetico toroidale intorno a sé. Il campo energetico toroidale sostiene l'esistenza della Materia nella Terza Dimensione dello Spazio/Tempo.

Il toro è composto dai Chakra Maggiori e Transpersonali che formano il nostro Mondo Interiore e ci danno le funzioni cognitive per imparare dall'esperienza e crescere nell'intelletto. Ci permette inoltre di contemplare la Creazione di Dio e i misteri dell'Universo attraverso i Piani e le Dimensioni Cosmiche interne corrispondenti ai Chakra.

Dopo essere stati espulsi dal Giardino dell'Eden per il loro atto di disobbedienza, Dio-Creatore disse che Adamo ed Eva avrebbero potuto tornare nel Giardino solo se avessero "mangiato il frutto dell'Albero della Vita", che avrebbe dato loro la vita eterna. Come ho spiegato nel mio libro precedente, mangiare il frutto dell'Albero della Vita si riferisce al risveglio dell'energia Kundalini e alla progressione verso l'alto attraverso i Chakra per raggiungere l'Illuminazione Spirituale. Di conseguenza, anche il serpente, simbolo dell'energia Kundalini, è coinvolto nel processo di "ritorno a casa". Si trova nella causa ma anche nell'effetto.

Risvegliando l'intero Albero della Vita dentro di voi attraverso il potere del Serpente, la Kundalini, integrate la Luce nel vostro Essere. Così facendo, ottimizzate la velocità di rotazione dei Tetraedri controrotanti della vostra Merkaba, che forniscono un veicolo alla vostra Anima per viaggiare in altre dimensioni dello Spazio/Tempo. Ma soprattutto, unificando le energie positive e negative in voi stessi, riguadagnate l'ingresso nel Giardino dell'Eden e diventate Immortali ed Eterni, come gli Dei.

L'EVENTO FLASH SOLARE

Molte storie di Ascensione provenienti da antiche tradizioni e scritture religiose dicono che arriverà un momento in cui la Terra, insieme a tutti i suoi abitanti, si trasformerà in un Corpo di Luce di Quinta Dimensione. Dicono che il nostro Pianeta subirà un cambiamento fisico che trasfigurerà il suo denso corpo materiale in un Corpo di Luce. Alcuni credono che la Terra diventerà una stella, ma io non la penso così. Penso invece che la Terra manterrà le sue proprietà, che saranno solo migliorate con l'aumento della vibrazione della sua coscienza. E, naturalmente, con questo spostamento della coscienza Terrestre, la coscienza umana ne sarà influenzata.

Dopo molti anni di ricerche e un potente sogno profetico all'inizio del 2019, ho concluso che un evento di Ascensione si verificherà nel nostro prossimo futuro. Sarà un momento effettivo in cui accadrà qualcosa di significativo a livello Cosmico. Secondo la tradizione e la profezia Maya, sarebbe dovuto accadere nel 2012. Tuttavia, molti addetti ai lavori Cosmici che sostengono di essere entrati in contatto con gli Extra-Terrestri investiti nella nostra evoluzione Spirituale ritengono che l'umanità non fosse ancora pronta e che l'evento sia stato ritardato. Quindi, se dovessi prevedere un anno effettivo, direi tra il 2022-2025, ma dipende da quanto l'umanità sarà pronta.

Il Sole sarà la forza attivatrice di questo grande evento, che porterà l'umanità nella tanto attesa Età dell'Oro. Il Sole eseguirà una sorta di attivazione dall'interno, che cambierà la frequenza della sua Luce. In un momento, mentre avviene l'attivazione, il Sole emetterà un lampo che potrebbe essere catastrofico per la superficie terrestre, in quanto metterà fuori uso la nostra rete elettromagnetica e causerà massicci incendi boschivi. A prescindere dalle sue ramificazioni fisiche, questo evento causerà un cambiamento significativo nella coscienza della Terra, con conseguenti risvegli Kundalini di massa per tutta l'umanità.

Quando la nostra società si sarà stabilizzata dopo questo evento, inizierà un nuovo modo di vivere per tutti noi. Il male sarà sradicato su scala di massa e la bontà prevarrà. Avendo vissuto io stesso un risveglio della Kundalini, posso dire con certezza che, una volta sperimentato, non si ha più scelta se non quella di rivolgersi alla Luce. E quando lo fate, l'oscurità dentro di voi brucia attraverso il fuoco trasformativo della Kundalini.

Credo che alcune persone che sono state così malvagie per tutta la vita, per esempio gli assassini e gli stupratori recidivi, saranno completamente consumate da questo fuoco e non sopravviveranno fisicamente. L'improvviso cambiamento di coscienza sarà troppo per loro da integrare e, mentre cercheranno di aggrapparsi ai loro modi malvagi, il fuoco divorerà i loro cuori. D'altro canto, la maggior parte delle persone che si sono solo avvicinate all'oscurità, ma che non le hanno permesso di prendere il controllo completo della loro anima, saranno purificate dal fuoco sacro della Kundalini.

Anche se la mia convinzione può sembrare Cristiana, bisogna capire che Gesù Cristo era un individuo risvegliato dalla Kundalini, un prototipo dell'esperienza che gli altri dovevano emulare. Anche altre figure religiose centrali, come Mosè dell'Ebraismo e il Buddha del Buddismo, erano risvegliati dalla Kundalini. Tuttavia, a causa della mia ascendenza e della mia educazione, mi sono allineato con Gesù Cristo e i suoi insegnamenti, ma ho studiato entrambi da una prospettiva esoterica, non religiosa. Per questo motivo, cito spesso gli insegnamenti di Gesù.

Tuttavia, non bisogna confondere il mio programma e pensare che io stia promuovendo il Cristianesimo o il Cattolicesimo. Al contrario, credo che tutte le figure centrali delle religioni abbiano una natura esoterica che rivela l'essenza dei loro insegnamenti reali prima di essere inquinati dalle opinioni dogmatiche delle rispettive religioni. Sono questi gli insegnamenti che mi hanno sempre interessato, poiché ognuno di essi contiene un nucleo di verità sulla nostra esistenza.

La profezia della Seconda Venuta di Gesù è una metafora del momento futuro in cui l'umanità integrerà la sua Coscienza Cristica come propria e diventerà come lui, un Essere di Luce. La Seconda Venuta di Gesù è in linea con le profezie degli Antichi che parlano dell'Ascensione umana collettiva. Non significa che Gesù riapparirà in forma fisica, se sia mai esistito o meno, questo è un dibattito da lasciare a un altro momento.

La parola "Cristo" si basa sulla traduzione Greca di "Messia". A Gesù di Nazareth fu dato il titolo di "Cristo" per indicare la sua Divinità. La Coscienza Cristica rappresenta uno stato di consapevolezza della nostra vera natura, come Figli e Figlie di Dio, il Creatore. In questo stato, è implicita l'integrazione dello Spirito nella Materia e l'equilibrio tra i due, sperimentato attraverso un afflusso di energia d'amore tramite il Chakra del Cuore espanso.

La Coscienza Cristica è affine alla Coscienza Cosmica, la Quinta Dimensione, che è il destino ultimo della razza umana. Quando l'umanità imparerà a funzionare al livello della Quinta Dimensione, l'amore, la verità e la saggezza saranno la nostra forza guida. Non avremo bisogno di governi e di altre strutture di controllo, ma saremo guidati dalla Luce appena risvegliata dentro di noi. Invece di far combattere i Paesi tra loro, ci uniremo e concentreremo le nostre energie sull'esplorazione dello spazio, diventando veri esseri Intergalattici.

PARTE IV: ANATOMIA E FISIOLOGIA DELLA KUNDALINI

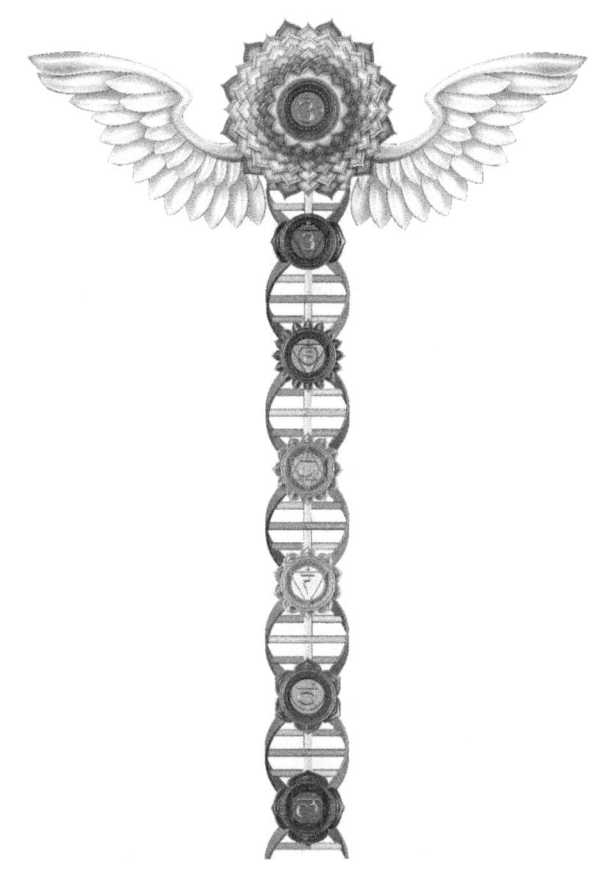

RISVEGLIARE L'OCCHIO DELLA MENTE

L'Occhio della Mente o Terzo Occhio è un portale energetico o una "porta" all'interno del cervello che permette di percepire oltre la vista ordinaria. È un occhio invisibile o una finestra sui Piani Cosmici interni e sugli stati di coscienza superiori. L'Occhio della Mente è spesso associato alla chiaroveggenza, alla capacità di vedere visioni, osservare Aure, alla precognizione e persino a esperienze Extracorporee. Le persone che affermano di avere la capacità di utilizzare l'Occhio della Mente sono note come "veggenti". Il risveglio o l'attivazione dell'Occhio della Mente va di pari passo con l'evoluzione Spirituale e il cammino verso l'Illuminazione.

Come descritto nel libro *The Magus*, l'Occhio della Mente si trova tra le sopracciglia, appena sopra il livello degli occhi, a circa 1/5 dell'attaccatura dei capelli. Presenta un piccolo portale circolare, la cui posizione è un centimetro all'interno della testa quando si guarda in questo punto a occhi chiusi. Quando ci concentriamo su di esso, si produce un'attrazione magnetica che ci porta in uno stato di calma e meditazione. Mantenendo l'attenzione sul portale dell'Occhio della Mente, l'Ego si ammutolisce e si iniziano a ricevere visioni e immagini che scorrono su quest'area come su uno schermo cinematografico.

Sebbene il portale dell'Occhio della Mente si trovi leggermente al di sopra del centro delle sopracciglia, la posizione effettiva del Chakra Ajna è nel Terzo Ventricolo del cervello. Ajna non è un singolo Chakra, ma una disposizione di centri energetici nel cervello e lungo la fronte. L'Ajna Chakra è spesso chiamato Occhio della Mente o Terzo Occhio, anche se questi ultimi termini insinuano il portale dell'Ajna, mentre la posizione reale del Chakra è al centro del cervello.

Ajna è meglio descritto come il proiettore cinematografico, mentre lo schermo cinematografico è l'Occhio della Mente. Pertanto, il nome "Terzo Occhio" è associato al Terzo Ventricolo di Ajna, ma anche alla sua posizione: tra i due occhi fisici, nel centro del cervello. Inoltre, il Terzo Occhio ci dà la capacità di percepire la nostra realtà psichicamente, con la mente, aggirando così la normale vista fisica; per questo è chiamato Occhio della Mente.

Sebbene alcune tradizioni antiche affermino che Ajna Chakra è il Talamo, le mie ricerche mi hanno portato a scoprire che il Talamo, l'Ipotalamo, la Ghiandola Pineale e l'Ipofisi contribuiscono tutti al funzionamento di Ajna. Questi quattro quadri endocrini e neurologici primari del cervello lavorano in sincronia tra loro.

Il Terzo Ventricolo è riempito di Liquido Cerebrospinale (LCS), che funge da mezzo di trasporto delle informazioni da una parte all'altra del cervello. L'osso sacro pompa il LCS lungo il midollo spinale fino al cervello. L'osso sacro è anche responsabile del risveglio della Kundalini, che si trova arrotolata nel coccige. La corrente bioelettrica della Kundalini risale la colonna vertebrale e arriva al cervello attraverso il LCS. Descriverò il ruolo del LCS e dell'osso sacro in modo più dettagliato più avanti in questa sezione.

La tradizione Induista parla diffusamente della connessione tra l'Occhio della Mente e Sahasrara, la Corona, altrimenti chiamata Loto dai Mille Petali. Il primo è il ricevitore delle energie sperimentate e proiettate dal secondo. Dal punto di vista Qabalistico, Kether (la Luce Bianca) può essere sperimentato solo quando Chokmah (la Forza) proietta il suo potere onnipotente in Binah (la Forma). Binah funge da ricevitore femminile, la componente "Me" del Sé che riceve il suo impulso dal proiettore maschile, l'"Io". Poiché Binah si riferisce all'intuizione e alla comprensione, Chokmah è la forza Onnisciente che vi si proietta per darci la saggezza. Il funzionamento di Chokmah e Binah costituisce il funzionamento di Ajna Chakra, mentre Kether corrisponde a Sahasrara. Le tre Sephiroth superne lavorano insieme e non possono essere sottratte l'una all'altra.

Nel sistema del Tantra Yoga, l'Occhio della Mente è associato al suono "Om". Il suono Om è il suono primordiale dell'Universo, che si riferisce all'Atman (Anima) e al Brahman (Spirito) come Uno. Tuttavia, se pronunciato correttamente, suona più come "Aum", le cui tre lettere incarnano l'energia divina di Shakti e le sue tre caratteristiche principali di creazione, conservazione e liberazione. Dopotutto, Ajna Chakra è di natura femminile, ed è per questo che si riferisce alla Luna.

Il Taoismo insegna che, praticando gli esercizi di allenamento dell'Occhio della Mente, ci si può sintonizzare con la corretta vibrazione dell'Universo e acquisire una solida base su cui raggiungere livelli di meditazione più avanzati. Si insegna che il portale dell'Occhio della Mente si espande fino al centro della fronte quando il centro del Quinto Occhio si apre. È uno dei centri energetici primari del corpo e fa parte del meridiano principale, che separa gli emisferi destro e sinistro del corpo e del cervello.

Ajna Chakra è il deposito Lunare del Prana, mentre Manipura è il deposito Solare del Prana. Ajna Chakra è femminile e nutritivo e il suo funzionamento principale è quello di fungere da recettore delle energie vibratorie superiori proiettate da Sahasrara. Ajna, proprio come Vishuddhi, è sattvico, cioè contiene le qualità di positività, verità, bontà, serenità, tranquillità, virtù, intelligenza ed equilibrio. Le qualità sattviche attirano l'individuo verso il Dharma (che nel buddismo significa "legge e ordine cosmico") e Jnana (conoscenza).

Poiché Ajna ha due petali, indica il numero di Nadi principali che terminano in questo Chakra. Ajna ha il numero più basso di Nadi ma le due più importanti, Ida e Pingala. Sushumna è escluso perché è il canale energetico centrale che alimenta il Sistema Nervoso Centrale e sostiene tutti i Chakra.

Ida è il canale Lunare che alimenta l'emisfero destro del cervello e il Sistema Nervoso Parasimpatico (SNP). Pingala è il canale Solare che alimenta l'emisfero sinistro del cervello e il Sistema Nervoso Simpatico (SNS). Il SNP inibisce il corpo dal sovraccarico di lavoro e lo riporta a uno stato di calma e compostezza, tutte qualità dell'Elemento Acqua, che vengono apportate dalla rinfrescante Ida Nadi. L'SNS prepara l'organismo all'attività e lo predispone a una risposta di "lotta o fuga" quando viene riconosciuto un potenziale pericolo. Il SNS è caratteristico dell'Elemento Fuoco e del calore, indotto dalla Pingala Nadi.

I SETTE CHAKRA E LE GHIANDOLE ENDOCRINE

Ciascuno dei Chakra Maggiori è abbinato a una o più ghiandole endocrine e ne regola le funzioni (Figura 40). In molti casi, i singoli Chakra influenzano anche gli organi che circondano le ghiandole. Il sistema endocrino fa parte del meccanismo di controllo primario dell'organismo. Comprende diverse ghiandole prive di condotti che producono ormoni, i quali fungono da messaggeri chimici dell'organismo che agiscono su diverse operazioni e processi corporei. Questi includono la funzione cognitiva e l'umore, lo sviluppo e la crescita, il mantenimento della temperatura corporea, il metabolismo degli alimenti, la funzione sessuale, ecc.

Il sistema endocrino lavora per regolare i livelli ormonali nell'organismo. Gli ormoni vengono secreti direttamente nel flusso sanguigno e vengono trasportati agli organi e ai tessuti per stimolare o inibire i loro processi. L'equilibrio ormonale è un processo delicato e una lieve carenza o un eccesso di ormoni può portare a stati patologici nell'organismo. Se si riscontrano disturbi fisici, significa che esistono problemi con le ghiandole endocrine, con il Chakra che le governa o con entrambi. Non dimenticate mai che tutte le manifestazioni fisiche derivano da cambiamenti energetici nei Piani Interni - Come Sopra, Così Sotto. Questo principio o legge ermetica è Universale ed è sempre in funzione.

Muladhara/Ghiandole Surrenali

Il Chakra della Radice, Muladhara, governa le Ghiandole Surrenali, che sono situate sopra i reni e contribuiscono alla funzione di autoconservazione di questo Chakra. Le Surrenali producono gli ormoni adrenalina e cortisolo che sostengono il nostro meccanismo di sopravvivenza stimolando la risposta "combatti o fuggi" quando ci troviamo di fronte a una situazione stressante. Inoltre, le Surrenali producono anche altri ormoni che aiutano a regolare il metabolismo, il sistema immunitario, la pressione sanguigna e altre funzioni vitali essenziali.

Poiché il Chakra della Radice si occupa del radicamento a terra, governa il sostegno del corpo fisico, compresi schiena, fianchi, piedi, colonna vertebrale e gambe. Regola anche il retto e la ghiandola prostatica (negli uomini). Uno squilibrio del Chakra Muladhara può causare problemi come sciatica, dolore al ginocchio, artrite, stitichezza e problemi alla prostata per gli uomini.

Swadhisthana/Ghiandole Riproduttive

Il Chakra Sacrale, Swadhisthana, governa le Ghiandole Riproduttive, compresi i testicoli negli uomini e le ovaie nelle donne. Le Ghiandole Riproduttive regolano il nostro desiderio sessuale e sostengono il nostro sviluppo sessuale. Le ovaie producono gli ovuli e i testicoli gli spermatozoi, entrambi essenziali per la procreazione. Inoltre, le ovaie producono gli ormoni femminili estrogeno e progesterone, responsabili dello sviluppo del seno durante la pubertà, della regolazione del ciclo mestruale e della gravidanza. I testicoli producono l'ormone maschile testosterone, responsabile della crescita dei peli sul viso e sul corpo durante la pubertà e della stimolazione della crescita del pene durante l'eccitazione sessuale.

Il Chakra Swathisthana governa anche gli altri organi sessuali, l'intestino, la vescica, la prostata, l'intestino tenue e i reni. Pertanto, i problemi con questi organi e le loro prestazioni sono legati a un Chakra Sacrale squilibrato o inattivo. Si noti che in molti sistemi Spirituali le corrispondenze sono invertite: il Chakra Muladhara governa le Ghiandole Riproduttive, mentre il Chakra Swadhisthana governa le Ghiandole Surrenali. Si possono avanzare argomentazioni credibili a favore dell'uno o dell'altro caso. Nelle donne le ovaie e le Ghiandole Surrenali sono collegate. Se il ciclo mestruale di una donna è alterato, potrebbe essere un segno di affaticamento Surrenale.

Manipura/Pancreas

Il Chakra del Plesso Solare, Manipura, governa il Pancreas, che regola il sistema digestivo. Gli organi e le parti del corpo governati da Manipura comprendono il fegato, la cistifellea, la parte superiore della colonna vertebrale, la parte superiore della schiena, l'intestino superiore e lo stomaco. Il pancreas si trova dietro lo stomaco, nella parte superiore dell'addome. Produce enzimi che scompongono gli zuccheri, i grassi e gli amidi per favorire la digestione. Produce inoltre ormoni che aiutano a regolare il livello di glucosio (zuccheri) nel sangue. Il diabete è segno di un malfunzionamento del Pancreas dovuto a uno squilibrio del Chakra Manipura. Quando Manipura è sovrastimolato, può verificarsi un eccesso di glucosio nel sangue, che causa il diabete. Quando Manipura è sottostimolato, può verificarsi ipoglicemia (basso livello di glucosio nel sangue) e ulcere gastriche. Uno squilibrio del Chakra Manipura può anche portare a problemi digestivi e alla cistifellea.

Anahata/Ghiandola del Timo

Il Chakra Anahata governa la Ghiandola del Timo e regola il sistema immunitario. La Ghiandola del Timo si trova nella parte superiore del torace, dietro lo sterno e prima del cuore. Il Timo è fondamentale per il corretto funzionamento del sistema immunitario. La sua funzione è quella di produrre globuli bianchi (linfociti T) che servono come sistema di difesa dell'organismo contro virus, batteri e cellule tumorali. Inoltre, i globuli bianchi combattono le infezioni e distruggono le cellule anomale.

Il Chakra Anahata regola anche la funzione del cuore, dei polmoni e della circolazione sanguigna. Conosciuto anche come Chakra del Cuore, Anahata è associato alla guarigione Wpirituale e fisica. È considerato il centro del nostro essere poiché produce energia d'amore che ci guarisce a tutti i livelli, mente, corpo e anima. I sentimenti di compassione e amore incondizionato sono espressi attraverso il Chakra del Cuore. D'altra parte, il Chakra del Cuore si indebolisce quando proviamo emozioni negative, come la rabbia, l'odio, la gelosia e la tristezza, e questo influisce sulla Ghiandola del Timo, abbassando la capacità del sistema immunitario di combattere le malattie. Uno squilibrio del Chakra delCcuore può portare a pressione alta, cattiva circolazione sanguigna, difficoltà respiratorie e di respirazione, problemi cardiaci e abbassamento delle difese immunitarie.

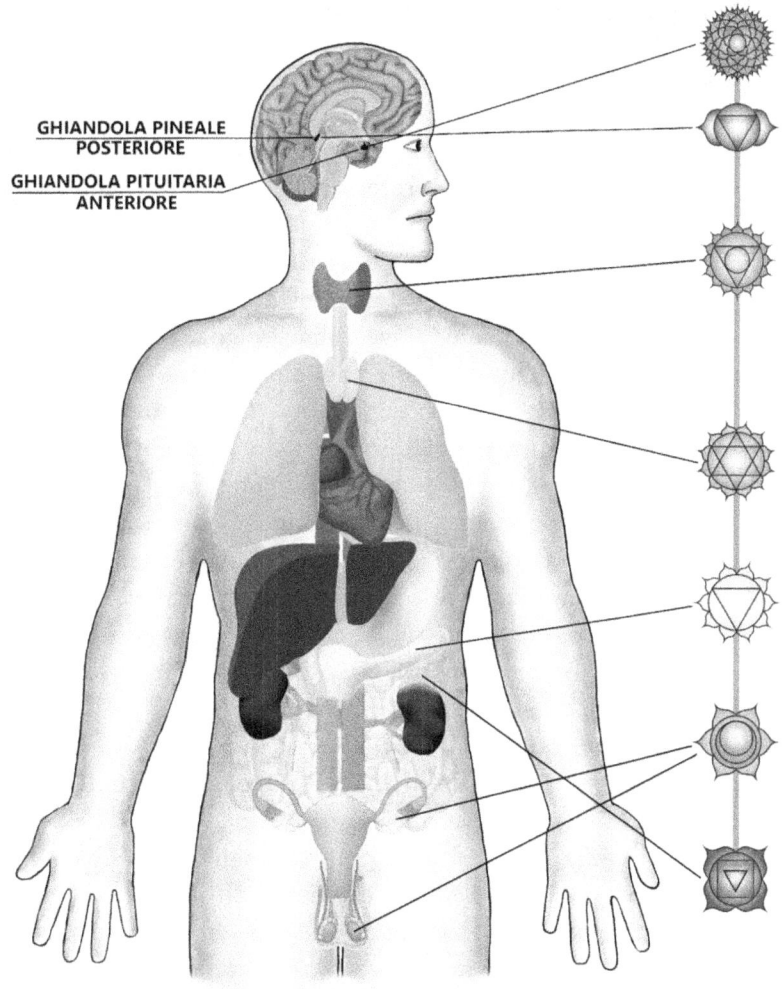

Figura 40: Le Ghiandole Endocrine nel Corpo

Vishuddhi/Ghiandola Tiroidea

Il Chakra della Gola, Vishuddhi, governa la Ghiandola Tiroidea, situata alla base del collo. La Tiroide rilascia ormoni che controllano il metabolismo, cioè la velocità con cui il corpo converte il cibo in energia utilizzabile. Questi ormoni regolano anche la temperatura corporea, la funzione respiratoria, la frequenza cardiaca, i livelli di colesterolo, i processi digestivi, il tono muscolare e i cicli mestruali nelle donne. La Tiroide è quindi una delle ghiandole essenziali dell'organismo.

Una disfunzione della Ghiandola Tiroidea causa problemi significativi come stanchezza debilitante, debolezza muscolare, aumento o perdita di peso, disturbi della memoria e cicli mestruali irregolari (nelle donne). La funzione del Chakra della Gola controlla anche le corde vocali, i bronchi e tutte le aree della bocca, comprese la lingua e l'esofago. Uno squilibrio del Chakra della Gola può provocare mal di gola o laringite, dolore alla mascella, problemi ai polmoni, dolore o rigidità del collo e problemi alle corde vocali.

Ajna/Ghiandola Pineale

Il Chakra dell'Occhio della Mente, Ajna, governa la Ghiandola Pineale, che regola i cicli biologici. Oltre a rilasciare l'ormone melatonina, responsabile della sonnolenza, la Ghiandola Pineale secerne anche la serotonina, la sostanza chimica "della felicità" dell'organismo.

La Ghiandola Pineale si trova nella parte posteriore del cervello, direttamente dietro il Talamo e leggermente sopra il livello degli occhi. La Ghiandola Pineale ha le dimensioni di un chicco di riso (5-8 mm) nell'uomo ed è a forma di pigna (da cui il nome). Controlla e inibisce la funzione dell'Ipofisi. Queste due ghiandole lavorano in collaborazione tra loro per raggiungere l'equilibrio generale dell'organismo. Creare un sano equilibrio tra le Ghiandole Pineale e Pituitaria aiuta a facilitare l'apertura del Chakra Ajna, il Terzo Occhio.

Ajna è il nostro centro psichico, poiché ci dà la visione interiore. I disturbi mentali ed emotivi, come l'insonnia, il bipolarismo, la schizofrenia, i disturbi della personalità e la depressione, derivano da uno squilibrio del Chakra Ajna e dalla sovrastimolazione o sottostimolazione della Ghiandola Pineale. Ajna controlla anche la funzione del midollo spinale, del tronco encefalico, dei centri del dolore e dei nervi. Pertanto, un Chakra Ajna squilibrato può anche essere responsabile di crisi epilettiche e di altri disturbi neurologici.

Sahasrara/Glandola Ipofisaria

Il Chakra della Corona, Sahasrara, governa l'Ipofisi e produce gli ormoni che controllano il resto del sistema endocrino. Per questo motivo, l'Ipofisi è chiamata la "Ghiandola Maestra" dell'organismo. "È poco più grande di un pisello e si trova all'interno di una cavità ossea, appena dietro il ponte del naso. Si trova nella parte anteriore del cervello ed è collegata all'Ipotalamo da un sottile peduncolo. L'Ipofisi si collega al sistema nervoso centrale attraverso l'Ipotalamo. Gli organi regolati da Sahasrara comprendono gli occhi e il cervello.

Problemi come il mal di testa, la vista e alcuni problemi neurologici sono associati a un Sahasrara Chakra squilibrato. Si noti che in alcuni sistemi Spirituali la Ghiandola Pineale è associata a Sahasrara, mentre la Ghiandola Pituitaria si riferisce ad Ajna. Poiché la Ghiandola Pineale si trova nella parte posteriore del cervello, è in relazione con il subconscio, la Luna e l'Elemento Acqua (femminile), che sono associati ad Ajna Chakra. L'Ipofisi si trova nella parte anteriore del cervello e si riferisce al Sé cosciente, al Sole e all'Elemento Fuoco (maschile). Pertanto, ritengo che queste siano le corrette corrispondenze tra le Ghiandole Pituitaria e Pineale. (Per saperne di più sulle Ghiandole Pineale e Pituitaria e sulle loro varie funzioni si rimanda a un capitolo successivo).

***

Poiché ciascuno dei Chakra è collegato a uno dei Piani Sottili, l'energia negativa in quei Piani si manifesterà come disturbi nelle ghiandole e negli organi corrispondenti. Tutti i sintomi fisici sono manifestazioni della qualità delle energie dei Chakra. Poiché i Chakra sono centri energetici che influenzano il nostro essere a molti livelli, dobbiamo mantenerli in equilibrio se vogliamo essere sani nella mente, nel corpo e nell'Anima.

Le afflizioni fisiche possono verificarsi quando uno dei nostri centri energetici si riempie di energia negativa o è bloccato. La sintonizzazione dei Chakra è quindi di importanza cruciale per il nostro benessere fisico. Il mio primo libro, *The Magus*, si concentra sul lavoro energetico attraverso la Magia Cerimoniale, il metodo occidentale di guarigione dei Chakra. In *Serpent Rising*, mi concentro su tecniche orientali come lo Yoga, i Tattva e i Mantra, implementando al contempo pratiche New Age come le Pietre Preziose (Cristalli), l'Aromaterapia e i Diapason.

È fondamentale capire che l'energia negativa in un Chakra viene percepita a livello di quello specifico Chakra e degli altri Chakra collegati alla sua funzione. In fondo, i nostri pensieri influenzano le nostre emozioni e viceversa. E queste, a loro volta, influenzano la nostra forza di volontà, l'immaginazione, il livello di ispirazione, ecc.

LA GUARIGIONE DEI CHAKRA E LE GHIANDOLE ENDOCRINE

Le Ghiandole Endocrine sono utili punti di riferimento per la guarigione dei Chakra, poiché rappresentano il collegamento tra l'energia dei Chakra e le funzioni fisiche e fisiologiche del corpo. Anche il sistema nervoso e i suoi molteplici nessi sono associati a ghiandole e organi. Pertanto, la conoscenza del sistema nervoso e delle sue parti è fondamentale perché può aiutare le sedute di guarigione. Per questo motivo, ho incluso un capitolo su di esso in questo libro. Rilassare e riequilibrare il sistema nervoso consente una guarigione più efficace di una ghiandola o di una regione specifica del corpo.

Esistono vari metodi per ottimizzare il funzionamento dei Chakra. Uno di questi metodi, a cui è dedicata un'intera sezione di quest'opera, è la pratica orientale dello Yoga. Lo Yoga comprende posture (Asana), tecniche di respirazione (Pranayama), canti (Mantra), meditazione (Dhyana) e l'esecuzione di specifici gesti fisici per la manipolazione dell'energia (Mudra). Alcuni di questi gesti coinvolgono tutto il corpo, altri solo le mani. Oltre a riequilibrare il sistema energetico, lo Yoga è un'eccellente forma di esercizio fisico che vi farà sentire e apparire in forma.

Anche la dieta è una componente essenziale della pratica Yogica. Dopo tutto, si è ciò che si mangia. Il corpo fisico ha bisogno di determinati nutrienti nel corso della giornata per funzionare e operare al suo livello ottimale. Sostenendo una buona salute attraverso la dieta e l'esercizio fisico, i Chakra vengono guariti a livello sottile. A loro volta, i nostri pensieri, le nostre emozioni e il nostro benessere Spirituale complessivo ne risentono positivamente. Inoltre, lavorando su un Chakra, gli altri Chakra ne risentono, poiché l'intero sistema è interdipendente dai suoi vari componenti.

RISVEGLIO SPIRITUALE E ANATOMIA CEREBRALE

L'IPOFISI

Le due ghiandole che regolano la funzione ghiandolare e biologica complessiva dell'organismo sono l'Ipofisi e la Ghiandola Pineale. Sono le due ghiandole più essenziali del corpo umano. Esse orchestrano e controllano l'intero sistema endocrino.

La funzione principale dell'Ipofisi è quella di regolare la chimica del corpo. Proprio come la Ghiandola Pineale esprime la sua duplice natura controllando i cicli giorno/notte, la duplice natura dell'Ipofisi si esprime nei due lobi che la compongono (Figura 41). Il Lobo Frontale (anteriore) rappresenta l'80% del peso dell'ipofisi ed è il lobo dominante.

Varie tradizioni antiche affermano che il lobo anteriore è associato alla mente intellettuale, alla logica e alla ragione. Al contrario, il lobo posteriore si riferisce alla mente emotiva e all'immaginazione.

Come già detto, l'Ipofisi controlla l'attività della maggior parte delle altre ghiandole che secernono ormoni, tra cui la Tiroide, le Surrenali, le ovaie e i testicoli. Secerne ormoni dai lobi anteriore e posteriore, il cui scopo è quello di trasportare messaggi da una cellula all'altra attraverso il flusso sanguigno. A causa del suo immenso ruolo nella nostra vita, si dice che la rimozione dell'Ipofisi dal cervello provochi la morte fisica in tre giorni.

L'Ipotalamo è situato immediatamente sopra l'Ipofisi ed è collegato ad essa. Direttamente di fronte ad esso si trova il Chiasma Ottico, che trasmette le informazioni visive dai Nervi Ottici al Lobo Occipitale, nella parte posteriore del cervello.

L'Ipotalamo governa l'Ipofisi inviando messaggi o segnali. Questi segnali regolano la produzione e il rilascio di altri ormoni da parte dell'Ipofisi, che a loro volta inviano messaggi ad altre ghiandole o organi del corpo. L'Ipotalamo è una sorta di centro di comunicazione per l'Ipofisi.

L'Ipotalamo lavora con il Midollo Allungato. Il Midollo Allungato e l'Ipotalamo controllano i processi involontari e autonomi del corpo, come la regolazione del battito cardiaco, della respirazione e della temperatura corporea. Inoltre, il midollo allungato è essenziale per la trasmissione degli impulsi nervosi tra il midollo spinale e i centri cerebrali superiori. È essenzialmente la porta tra il midollo spinale e il cervello.

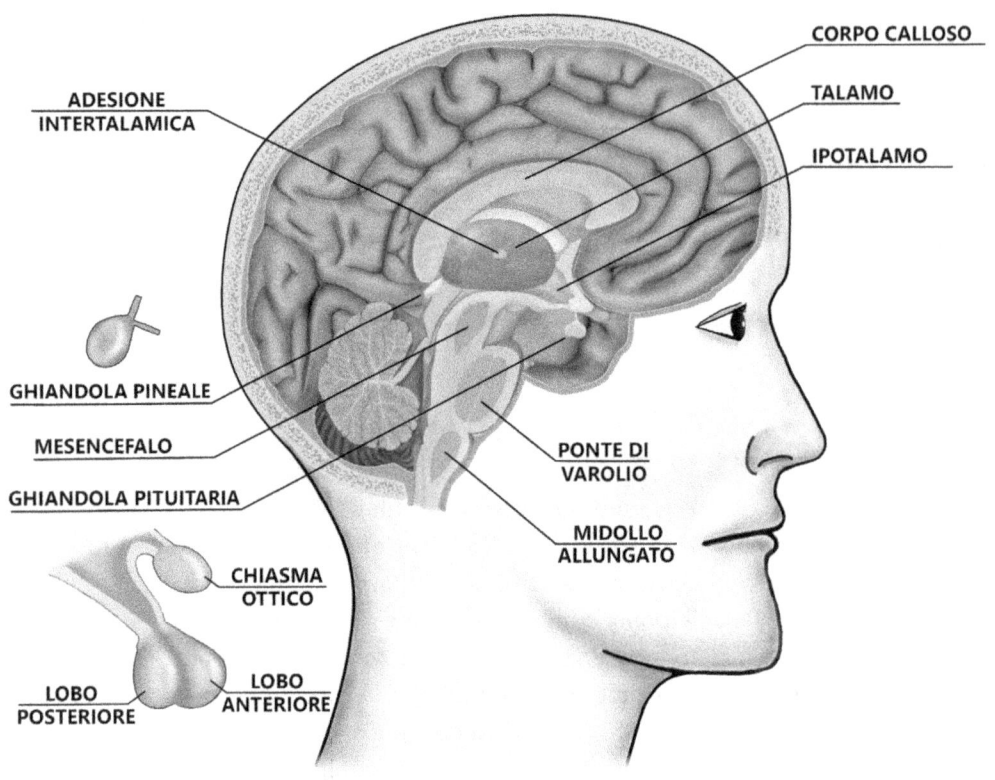

Figura 41: I Principali Centri Cerebrali

LA GHIANDOLA PINEALE

La Ghiandola Pineale si trova nel centro geometrico, in profondità nel cervello. Produce l'ormone serotonina e il suo derivato melatonina, essenziali per il nostro funzionamento e benessere. La serotonina è una sostanza chimica e un neurotrasmettitore che controlla il nostro umore, il comportamento sociale, l'appetito e la digestione, la memoria, il desiderio e la funzione sessuale. La serotonina contribuisce al nostro livello di felicità e di benessere mentale ed emotivo: bassi livelli di serotonina sono stati collegati a depressione, ansia e altri disturbi mentali ed emotivi. Per alcuni di questi problemi, i medici sono soliti prescrivere farmaci antidepressivi (SSRI), che hanno lo scopo di aumentare i livelli di serotonina nel cervello.

Durante il giorno, in risposta alla luce solare ricevuta dagli occhi, la Ghiandola Pineale secerne e immagazzina una grande quantità di serotonina. Quando arriva la notte e cala il buio, la Ghiandola Pineale inizia a convertire la serotonina immagazzinata nell'ormone melatonina, che viene rilasciato nel cervello e nel sangue, inducendo sonnolenza per tutta la notte. La melatonina è l'unico ormone sintetizzato dalla Ghiandola Pineale e influenza i nostri modelli di veglia/sonno e le funzioni delle stagioni. Per questo motivo viene spesso definita "l'ormone del buio".

Durante il Solstizio d'Estate (il giorno più lungo dell'anno), le persone godono della massima luce solare e sono più felici e gioiose, poiché la loro Ghiandola Pineale secerne la maggior quantità di serotonina. Al contrario, nel periodo del Solstizio d'Inverno (il giorno più buio dell'anno), la luce solare è minore e quindi la Ghiandola Pineale riceve meno serotonina, il che porta al "winter blues", il periodo del mondo in cui le persone sono più giù e depresse.

Lo "Stato Ipnagogico", altrimenti chiamato "Stato di Trance" o "Stato Alfa", si produce quando la coscienza si trova in un punto intermedio tra la veglia e il sonno. Si è coscienti e incoscienti allo stesso tempo, ma vigili. L'attività cerebrale rallenta, ma non abbastanza da addormentarsi. Lo scopo ultimo della meditazione è raggiungere questo stato, poiché in esso viene utilizzato l'Occhio della Mente, con la conseguente capacità di vedere visioni e di avere esperienze mistiche. Lo Stato Alfa è anche noto per indurre Sogni Lucidi se lo si raggiunge durante un ciclo di sonno.

Gli antichi usavano prontamente lo stato Ipnagogico per contattare il Mondo degli Spiriti e ricevere messaggi dal Divino. Noi possiamo raggiungerlo con pratiche e metodi Spirituali, ma anche con l'uso di alcune droghe.

Anche la DMT (Dimetiltriptamina) è prodotta dalla Ghiandola Pineale attraverso vie simili a quelle della melatonina. Spesso chiamata "Molecola dello Spirito", la DMT è diffusa in tutto il regno vegetale, ma se ne trovano tracce anche nei mammiferi.

Le piante contenenti DMT, come l'ayahuasca, sono comunemente utilizzate nei rituali Sciamanici. Il suo uso può produrre esperienze potenti, mistiche, psichedeliche e di pre-morte. Si ipotizza che la DMT venga rilasciata alla nascita, alla morte e nei sogni vividi. La DMT si trova nel sangue, nelle urine, nelle feci, nei polmoni e nei reni degli esseri umani. Le tracce più elevate, tuttavia, si trovano nel Liquido Cerebrospinale.

LA GHIANDOLA PINEALE E LA SPIRITUALITÀ

Il termine "Pineale" deriva dalla parola latina "pinealis", che si riferisce a una pigna, la forma della ghiandola. Le tradizioni antiche raffiguravano ampiamente la Ghiandola Pineale nell'arte e nella scultura. Tuttavia, il suo significato e il suo ruolo erano velati dal profano attraverso la simbologia, come la maggior parte delle conoscenze esoteriche tramandate nei secoli. Esaminando i simboli degli antichi associati alla Ghiandola Pineale (in particolare la pigna), possiamo farci un'idea più precisa del suo ruolo Spirituale nella nostra vita.

L'interesse per la Ghiandola Pineale risale all'antica Cina, durante il regno dell'Imperatore Giallo Huangdi, il più antico dei cinque leggendari imperatori Cinesi. Nelle antiche scritture Indù, *i Veda*, la Ghiandola Pineale era uno dei sette punti Chakrici, presumibilmente collegato a Sahasrara, la Corona. Questo punto di vista si è evoluto nel tempo, quando altri Yogi e Saggi hanno iniziato a collegare la Ghiandola Pineale al Chakra Ajna. Come già detto, a seconda della scuola di pensiero, le corrispondenze di Ajna e Sahasrara alle Ghiandole Pineale e Pituitaria vengono scambiate. Tenete quindi presente questo aspetto mentre leggete l'anatomia del cervello e i Chakra.

I filosofi e gli scienziati dell'Antica Grecia hanno forse avuto l'impatto più significativo sulla nostra comprensione della funzione Spirituale della Ghiandola Pineale. Il loro viaggio di scoperta è iniziato con dibattiti filosofici e teologici sulla Sede dell'Anima, in riferimento all'area del corpo da cui l'Anima opera. Si riferivano a questo concetto come "Phren", la parola Greca Antica che indica il luogo del pensiero o della contemplazione.

Più di 2000 anni fa, Platone e Aristotele scrissero sull'Anima e concordarono sul fatto che l'Anima operava dal cuore ma non risiedeva nel corpo. Essi evidenziarono i tre tipi di Anima, quella nutritiva, quella sensibile e quella razionale, e conclusero che il cuore era il loro centro di controllo. Ippocrate confutava questa affermazione e riteneva che l'Anima risiedesse nel corpo e operasse dal cervello, non dal cuore, poiché il cervello si occupa di logica, ragione e sentimenti.

Poi arrivò il medico Greco Erofilo, considerato da molti il padre dell'anatomia. Fu il primo scienziato a scoprire la Ghiandola Pineale nel cervello e fu il primo a eseguire sistematicamente dissezioni scientifiche di cadaveri umani. Fu anche il primo a descrivere i ventricoli cerebrali, ritenendoli la "Sede della Mente". Inoltre, conclude che la Ghiandola Pineale regola il flusso di "Pneuma" psichico, una parola Greca Antica che significa "respiro", attraverso questi ventricoli cerebrali.

Lo Pneuma si riferisce anche allo Spirito e all'Anima da una prospettiva teologica e religiosa. È una sostanza Eterea sotto forma di aria che fluisce dai polmoni e dal cuore al cervello. Il pneuma è necessario per il funzionamento sistemico degli organi vitali. Inoltre, è il materiale che sostiene la coscienza del corpo, definita "primo strumento dell'Anima". Erofilo riteneva che la Ghiandola Pineale regolasse i pensieri e i ricordi sotto forma di Pneuma psichico.

Galeno, filosofo e medico Greco, confutò Erofilo e affermò che la Ghiandola Pineale è semplicemente una ghiandola che regola il flusso sanguigno e nulla più. Egli sosteneva invece che il verme del Cervelletto controllava il Pneuma psichico nei ventricoli cerebrali. Poiché Galeno fu l'autorità medica suprema fino al XVII secolo, le sue opinioni e convinzioni sulla natura della Ghiandola Pineale rimasero relativamente incontrastate fino a quando Rene Descartes, matematico e filosofo Francese, iniziò ad esaminare questi argomenti.

Cartesio concluse che la Ghiandola Pineale era il tramite tra l'Anima e il corpo e la fonte di tutto il pensiero. Confutò Galeno e affermò che, essendo la Ghiandola Pineale l'unica struttura del cervello non duplicata, era la Sede dell'Anima. La sua posizione sosteneva che, poiché il verme del Cervelletto ha due metà, non poteva essere un candidato adatto a questo compito. Cartesio riteneva che l'Anima fosse al di là della dualità e che dovesse avere un'unica controparte simbolica della sua funzione.

Cartesio pensava che la mente potesse essere separata dal corpo, ma che potesse assumere il controllo degli istinti animali attraverso la Ghiandola Pineale. L'Anima controlla la mente che, a sua volta, governa il sistema di azioni svolte dal corpo attraverso la Ghiandola Pineale. Cartesio credeva che la Ghiandola Pineale fosse l'Anima in forma fisica. Poiché la comunità scientifica rispettava ampiamente Cartesio, la maggior parte non osò mettere in discussione le sue opinioni, e così l'idea che la Ghiandola Pineale fosse la Sede dell'Anima rimase intatta per i tre secoli successivi.

Negli ultimi anni, gli scienziati hanno stabilito che la Ghiandola Pineale è un organo endocrino intimamente legato alla percezione della Luce da parte dell'organismo. Tuttavia, la sua funzione Spirituale è ancora oggetto di dibattito, anche se la maggior parte degli studiosi concorda sul fatto che svolge un ruolo significativo.

In *The Magus*, ho parlato della Sede dell'Anima come di Manipura, il Chakra del Plesso Solare, come dell'energia sorgente dell'anima. Manipura è la fonte della nostra forza di volontà, la massima espressione dell'Anima. Inoltre, l'Anima ha bisogno di energia Pranica per esistere, che riceve attraverso la digestione del cibo (collegata a Manipura) e la respirazione/assunzione di ossigeno (collegata ad Anahata). Per questo motivo, l'Anima è situata (seduta) nel nostro Centro Solare, la Sfera Tiphareth, situata tra i Chakra Manipura e Anahata.

D'altra parte, la Ghiandola Pineale potrebbe benissimo essere il collegamento fisico dell'Anima con il corpo. Tuttavia, le mie ricerche e il mio intuito mi hanno portato a concludere che la dinamica tra le Ghiandole Pineale e Pituitaria e il Talamo e l'Ipotalamo regola la coscienza e la Spiritualità e non una ghiandola o un centro cerebrale in particolare.

IL TALAMO

Il Talamo si trova al centro del cervello, in cima al tronco encefalico, tra la Corteccia Cerebrale e il Mesencefalo, con vaste connessioni nervose a entrambi che consentono scambi di informazioni simili a quelli di un hub. Il Talamo è il nostro sistema di controllo centrale, il centro di comando della coscienza che regola il sonno, la vigilanza e la cognizione. Il suo nome deriva dal Greco e significa "camera interna".

Il Talamo agisce come una stazione di collegamento che filtra le informazioni tra il cervello e il corpo. Riceve le vibrazioni (dati) dal mondo esterno attraverso tutti i recettori sensoriali (tranne l'olfatto) e le trasmette a diverse parti del cervello. Il Talamo influisce sui movimenti volontari comunicando i segnali motori alla Corteccia Cerebrale. Inoltre, trasmette informazioni relative all'eccitazione e al dolore fisico.

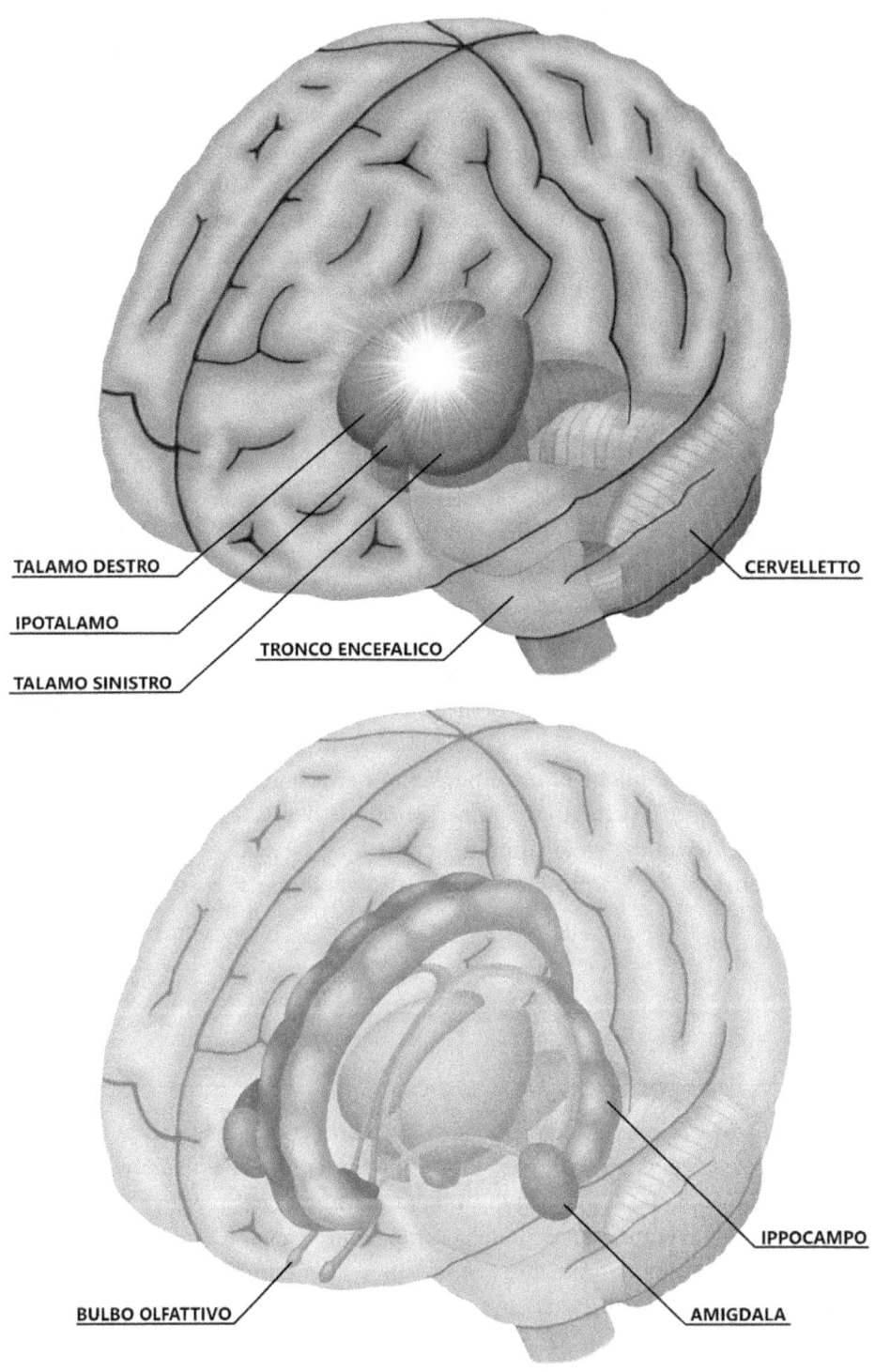

Figura 42: Il Sistema Limbico

Insieme all'Ipotalamo, all'Amigdala e all'Ippocampo, il Talamo fa parte del Sistema Limbico (Figura 42) che regola le emozioni e la memoria. Il Sistema Limbico governa le funzioni autonome ed endocrine, che si occupano delle risposte agli stimoli emotivi, come la "lotta o la fuga". Il Sistema Limbico viene spesso definito "Cervello Rettiliano", in quanto governa le nostre risposte comportamentali e le motivazioni di sopravvivenza. L'olfatto influisce direttamente sul Sistema Limbico; gli odori vengono recepiti attraverso i Bulbi Olfattivi che registrano gli input neurali rilevati dalle cellule delle cavità nasali.

È interessante notare che il talamo non sembra distinguere tra ciò che è fuori e ciò che è dentro di noi. Dà un significato emotivo a tutto ciò che recepiamo attraverso i sensi, compresi i concetti di Spiritualità e di Dio Creatore. In sostanza, il Talamo è la nostra interfaccia con la realtà che ci circonda. Media le nostre impressioni su ciò che accettiamo come reale.

Il Talamo ha due lobi, noti come "Corpi Talamici", che sembrano una versione più piccola dei due emisferi cerebrali. Sono anche paragonabili a due piccole uova unite insieme. Applicando il Principio Ermetico di Corrispondenza (Come Sopra, Così Sotto), troviamo un riflesso dei Corpi Talamici nei testicoli dell'uomo e nelle ovaie della donna, anch'essi doppi e a forma di uovo. Mentre il Talamo contribuisce a creare la nostra realtà mentale (il Sopra), i testicoli e le ovaie hanno il compito di generare la nostra prole sul piano terrestre (il Sotto). Pertanto, la forma a uovo si riferisce alla creazione su tutti i livelli della realtà.

Nel 70-80% dei cervelli umani, i due lobi Talamici sono collegati da una fascia appiattita di tessuto chiamata Massa Intermedia o Adesione Intertalamica (Figura 41). Questo tessuto contiene cellule e fibre nervose. Intorno alla Massa Intermedia, i due corpi Talamici sono separati dal Terzo Ventricolo, che pompa continuamente Liquido Cerebrospinale in quest'area del cervello.

Il Talamo è il nucleo del nostro cervello, il mezzo di comunicazione tra le diverse parti della neocorteccia. Ricercatori e neurologi ritengono che il Talamo sia il centro della nostra coscienza. Secondo studi scientifici, se il Talamo viene danneggiato, mette fuori uso la coscienza, portando a un coma permanente.

Molte tradizioni Antiche, tra cui gli Egizi, consideravano il Talamo come il centro del Terzo Occhio. Quando la Kundalini risale la colonna vertebrale (Sushumna), raggiunge il Talamo nella parte superiore del tronco encefalico. Secondo lo Yoga e il Tantra, le Nadi Ida e Pingala si incontrano al Terzo Occhio e si unificano. La loro unificazione rappresenta la completa apertura del Terzo Occhio. Il Caduceo di Ermete rappresenta questo stesso concetto, ovvero le due teste di serpente che si fronteggiano nella parte superiore del bastone. Il Caduceo è il simbolo Universale dell'umanità che rappresenta il processo di risveglio dell'energia Kundalini. Tuttavia, la maggior parte delle persone non conosce il profondo significato esoterico di questo simbolo e lo collega solo alla medicina.

Nelle tradizioni Yogiche, l'area centrale del cervello in cui si trova il Talamo svolge un ruolo essenziale nel risveglio Spirituale. I massicci fasci nervosi che emergono dalla colonna vertebrale e dal tronco encefalico passano attraverso il Talamo prima di essere distribuiti attraverso il Corpo Calloso. Il Corpo Calloso (Figura 41) è un grande fascio di fibre nervose a forma di C che si trova sotto la corteccia cerebrale e collega gli emisferi cerebrali destro e sinistro. Le fibre nervose in esso contenute si diramano verso l'alto in tutta la neocorteccia fino a raggiungere la sommità del capo. I milioni di neuroni lungo la corona della testa sono correlati al Sahasrara Chakra e alla sua designazione come Loto dai Mille Petali.

Accanto al Talamo si trovano le Ghiandole Pituitaria e Pineale e l'Ipotalamo, che svolgono un ruolo centrale nelle pratiche di meditazione e nel risveglio Spirituale. Durante la meditazione, la Luce di Sahasrara viene attirata nel centro del cervello, determinando un cambiamento sostanziale e permanente nella percezione di Sé e del mondo. Il Talamo è essenzialmente il nostro centro di trasformazione Spirituale e di espansione della coscienza.

Poiché il Talamo focalizza la nostra attenzione, è coinvolto nel processo di filtraggio dei numerosi impulsi che arrivano al nostro cervello in ogni momento. Agisce come una valvola che dà la priorità ai messaggi vibratori che il nostro cervello riceve dal mondo esterno. Per questo motivo, quando una persona subisce un risveglio Kundalini, il suo Talamo si ottimizza in modo da poter ricevere ed elaborare più informazioni contemporaneamente.

La trasfigurazione del Talamo fa sì che si riceva e si sperimenti una versione amplificata della realtà attraverso sensi potenziati. In questo modo, poteri psichici come la chiaroveggenza, la chiarudienza e la chiarosenzienza diventano parte della vita quotidiana. Quando il Talamo si ottimizza, il DNA latente viene attivato all'interno del Sé, dando luogo a una trasformazione permanente della coscienza a livello cellulare.

Il Talamo è anche la porta d'accesso tra la parte conscia e quella subconscia del Sé, un filtro che tiene a bada le nostre energie Karmiche. Quando una persona subisce un risveglio completo della Kundalini e la Luce entra nel cervello in modo permanente, si forma un ponte tra la mente conscia e quella subconscia, permettendo alle nostre energie negative e represse di fluire nella coscienza. Invece di fungere da filtro, il Talamo non funziona più come tale. Al contrario, la sua funzione va in hyperdrive, permettendo alla nostra coscienza di sperimentare tutte le energie dentro di noi contemporaneamente. Parte del motivo di questo fenomeno è l'apertura completa della coscienza per poter purificare le energie Karmiche attraverso il Fuoco della Kundalini ed evolvere Spiritualmente.

LA FORMAZIONE RETICOLARE

La Formazione Reticolare (Figura 43) è un'intricata rete di neuroni e fibre nervose che si estende dal midollo spinale al tronco encefalico inferiore, attraverso il Mesencefalo e il Talamo, dividendosi in molteplici irradiazioni verso diverse parti della Corteccia Cerebrale. La Formazione Reticolare è un canale di trasmissione delle informazioni provenienti dalle varie vie sensoriali e le trasmette alle parti del cervello attraverso il Talamo. Il suo altro nome è Sistema Attivatore Reticolare, o in breve SAR.

La Formazione Reticolare è fondamentale per l'esistenza della coscienza, poiché media tutta la nostra attività cosciente. Poiché il Talamo è la nostra centralina di controllo, il Sistema Reticolare è il cablaggio che collega tale centralina al tronco encefalico sottostante e alla Corteccia Cerebrale superiore. È coinvolto in molti stati di coscienza che coinvolgono il Talamo.

La Formazione Reticolare permette al Talamo, all'Ipotalamo e alla Corteccia Cerebrale di controllare quali segnali sensoriali raggiungono il Cerebro (la parte più alta del cervello) e arrivano alla nostra attenzione cosciente. In quanto tale, è il meccanismo di focalizzazione della nostra mente.

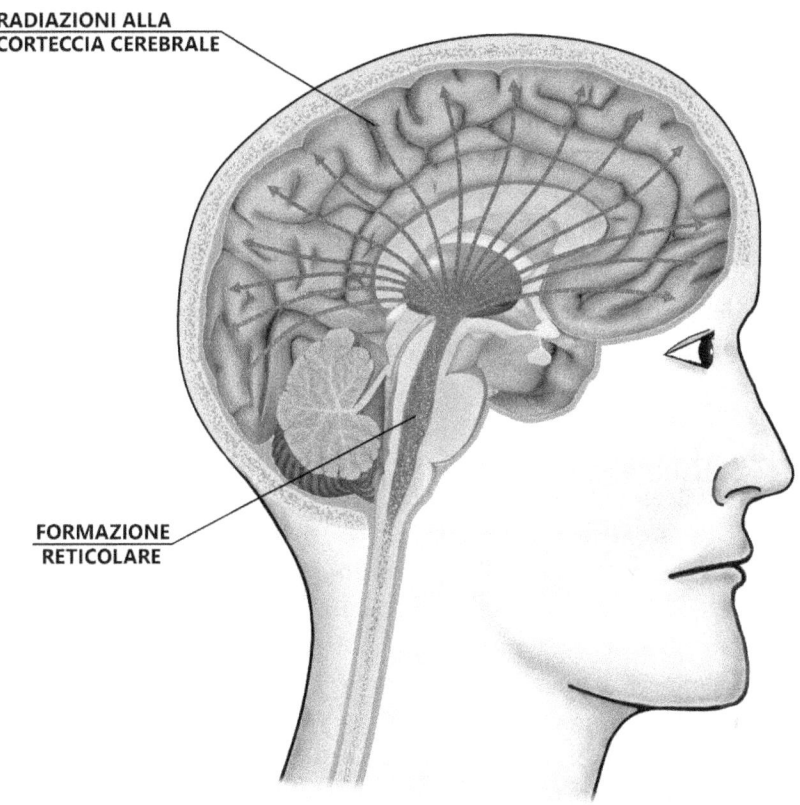

Figura 43: La Formazione Reticolare

La Formazione Reticolare è coinvolta anche nella maggior parte delle attività del Sistema Nervoso Centrale. Le sensazioni di dolore, ad esempio, devono passare attraverso la Formazione Reticolare prima di raggiungere il cervello. Inoltre, anche il Sistema Nervoso Autonomo, che si occupa di comportamenti automatizzati come la respirazione, il battito cardiaco e l'eccitazione, è regolato dalla Formazione Reticolare.

La meditazione altera la nostra coscienza per consentire alle regioni cerebrali superiori di controllare gli impulsi sensoriali e gli stimoli ambientali. Durante la meditazione, l'Ipotalamo e la Formazione Reticolare vengono parzialmente inibiti, il che spiega alcuni degli effetti fisiologici della meditazione, come la diminuzione della pressione sanguigna e della frequenza respiratoria.

Quando riusciamo a sospendere la funzione della Formazione Reticolare e ad interrompere il flusso di informazioni sensoriali distraenti e irrilevanti, il cervello inizia ad emettere onde Alfa, determinando uno stato mentale calmo e rilassato. Per questo motivo, il superamento degli effetti della Formazione Reticolare è associato alla consapevolezza e al mindfulness.

La Formazione Reticolare dirige le nostre impressioni sulla vita e sulle sue attività, il che porta ad identificarsi con tali impressioni. Il Sé si ancorerà alle sensazioni del corpo fisico, buone o cattive che siano, e la nostra coscienza scenderà al livello dell'Ego. Con il tempo, la coscienza viene dirottata dall'Ego. Allineandoci ad esso, perdiamo il contatto con l'Anima che si trova all'estremità opposta dello spettro.

Dopo un risveglio completo della Kundalini, con l'aumento del voltaggio della bioelettricità, il Talamo si ottimizza e la Formazione Reticolare si disimpegna in modo permanente. Questa esperienza porta a sentire la radianza del Corpo di Luce attraverso tutte le cellule del corpo contemporaneamente, invece di avere singoli momenti o incontri spirituali. Bypassando la mente e l'Ego, l'individuo inizia a operare attraverso il cuore, il che gli permette di sperimentare in modo più sostanziale il campo di energia che lo circonda.

Il cranio si trova in cima all'Atlante, la prima vertebra cervicale (C1). Atlante è anche il nome di un Titano della mitologia Greca che sostiene il cielo celeste. Le immagini visive di Atlante lo ritraggono mentre tiene sulle spalle il Pianeta Terra. Vediamo qui un collegamento tra il cranio e il cervello, il mondo e il Cielo. L'Atlante cervicale sostiene la testa, che contiene il cervello che regola il nostro concetto di realtà. Il nostro cervello è anche l'anello di congiunzione con il Cielo, o Dio - il Creatore, popolarmente raffigurato dall'artista Michelangelo in un affresco intitolato "La creazione di Adamo", che fa parte del soffitto della Cappella Sistina.

Il primo gruppo di neuroni della Formazione Reticolare inizia nell'area tra il Midollo Allungato e la parte superiore del midollo spinale, rappresentata dall'Atlante. Quest'area è il punto principale di ingresso dell'energia Pranica nel corpo per gli individui risvegliati dalla Kundalini. La massima concentrazione di Forza Vitale è immagazzinata nel Sahasrara, il nostro centro di Luce Bianca, il principale serbatoio di Prana nelle persone la cui coscienza è espansa. L'energia Pranica fluisce da Sahasrara verso i centri cerebrali importanti, alimentandoli. In seguito, scende lungo la colonna vertebrale e raggiunge il sistema nervoso, quindi gli organi e i muscoli. In questo modo, il corpo si nutre dell'energia della Luce. Per questo motivo, gli individui risvegliati Spiritualmente non hanno bisogno di molta energia Pranica dal cibo e dal Sole, come i non risvegliati: ottengono tutto ciò di cui hanno bisogno dal Sahasrara Chakra.

Di conseguenza, in questa stessa area dove inizia la Formazione Reticolare si trova un cruciale e misterioso Chakra nascosto, chiamato Lalana o Talu Chakra. La Kundalini deve attraversare il Lalana Chakra durante la sua ascesa prima di entrare nel cervello. Poi, con la piena attivazione del Lalana Chakra, la Kundalini può raggiungere Ajna nel centro del cervello, seguito da Sahasrara nella parte superiore della testa.

Lalana è il quadro principale che controlla l'ingresso, l'immagazzinamento e la distribuzione dell'energia Pranica. La Forza Vitale deve passare attraverso Lalana prima di raggiungere i cinque Chakra sottostanti, trasmettendo l'energia Pranica ai principali organi e alle ghiandole endocrine attraverso il Sistema Nervoso Periferico (SNP). Rispetto a Lalana, i Chakra inferiori sono solo centri minori di distribuzione della Forza Vitale. Lalana si connette con Hara Chakra nell'ombelico, che rappresenta il luogo in cui il Sé si è ancorato per la prima volta al corpo fisico al momento del concepimento.

Lalana è chiamato esotericamente la "Bocca di Dio" o il "Calice d'Oro" come nostro Chakra dell'Ascensione, in relazione alla "Triplice Fiamma dell'Anima" (lettera Ebraica Shin). Una volta perforato Lalana, la Kundalini continua a salire verso il centro del cervello, dove i tre canali di Ida, Pingala e Sushumna si unificano in un'unica fonte di energia. La loro unificazione porta alla fusione energetica delle ghiandole Pineale e Pituitaria e del Talamo e dell'Ipotalamo. L'effetto della Formazione Reticolare sulla coscienza viene meno quando l'individuo inizia ad operare a partire dall'energia della Sorgente presente nel suo centro cerebrale.

Quando i Chakra Ajna e Sahasrara sono completamente aperti, la coscienza si espande al livello Cosmico, dando luogo a un'esperienza permanente della realtà Spirituale. Dopo la completa attivazione del Corpo di Luce, nel tempo si verifica un ricablaggio del cervello che risveglia il suo potenziale latente. L'individuo trasformato diventa un ricevitore della Saggezza Cosmica, poiché la sua intelligenza si espande. Una volta allineato con queste vibrazioni superiori, l'individuo si dissocia gradualmente dal corpo fisico, riducendo così la presa dell'Ego sulla coscienza.

Una volta disinnescata la Formazione Reticolare, il Sé può superare l'Ego molto più facilmente, poiché la coscienza è naturalmente elevata a un livello superiore. Il dolore fisico è uno dei fattori critici che allineano il Sé con il corpo fisico. Dopo un risveglio completo della Kundalini, la connessione cosciente con il dolore fisico viene interrotta in modo permanente. Come ho descritto questo fenomeno in precedenza, si può ancora sentire il dolore, poiché è impossibile superarlo completamente mentre si vive nel corpo fisico. Invece, si sviluppa la capacità di dissociarsi consapevolmente dall'esperienza dell'energia negativa del dolore, elevandosi su un Piano Cosmico sostanzialmente più elevato rispetto al Piano Fisico in cui si verifica il dolore.

PARTI DEL CERVELLO

Il cervello è diviso in tre parti principali: il Cerebro, il Cervelletto e il Tronco Encefalico. Ho già parlato del Tronco Encefalico, che comprende il Mesencefalo, il Ponte di Varolio e il Midollo Allungato. Il Mesencefalo è in continuità con il Diencefalo, il nostro "interencefalo", costituito da Talamo, Ipotalamo, Ipofisi (parte posteriore) e Ghiandola Pineale. Il Diencefalo racchiude il Terzo Ventricolo.

Il Cervelletto è la parte più grande del cervello e comprende l'emisfero destro e quello sinistro, uniti dal Corpo Calloso. La metà destra del cervello controlla il lato sinistro del corpo, mentre la metà sinistra controlla il lato destro. Ogni emisfero contiene quattro lobi sulla sua superficie esterna: Lobi Frontali, Parietali, Temporali e Occipitali (Figura 44). Lo strato esterno del cervello è chiamato Corteccia Cerebrale, che costituisce la materia grigia del cervello, mentre lo strato interno è la materia bianca.

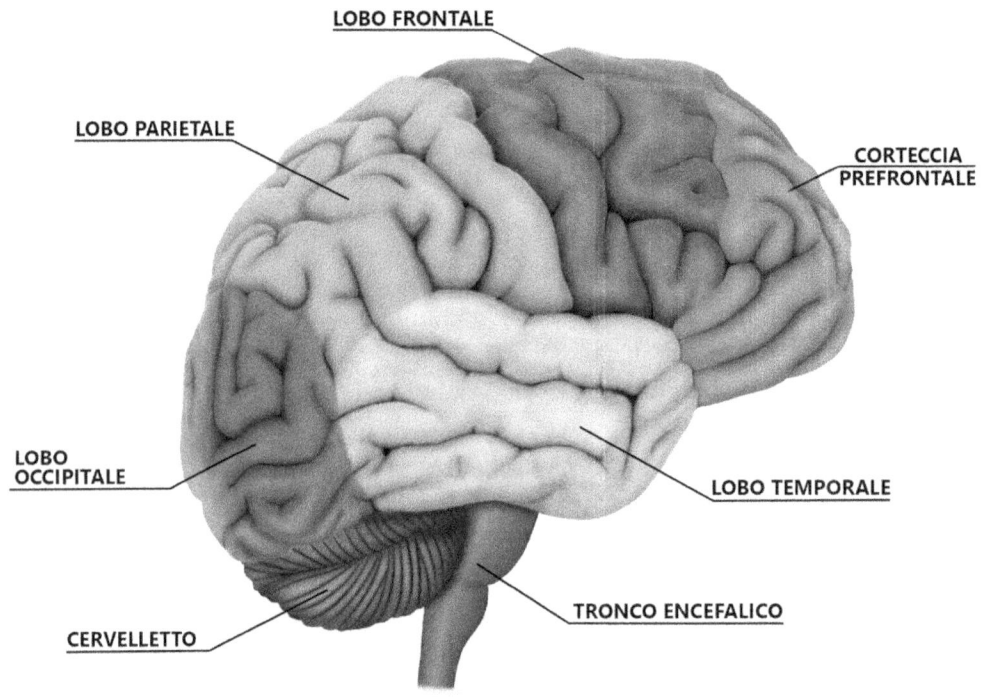

Figura 44: Le Parti del Cervello

Ciascuno dei quattro lobi è associato a una serie di funzioni. Ad esempio, il Lobo Frontale si trova nella parte anteriore del cervello. La Corteccia Prefrontale è la Corteccia Cerebrale che copre la parte anteriore del Lobo Frontale. Il Lobo Frontale si occupa di funzioni cognitive superiori come il richiamo della memoria, l'espressione emotiva, i cambiamenti d'umore, il linguaggio e la parola, la creatività, l'immaginazione, il controllo degli impulsi, l'interazione sociale e i comportamenti, il ragionamento e la risoluzione dei problemi, l'attenzione e la concentrazione, l'organizzazione e la pianificazione, la motivazione e l'espressione sessuale.

Il Lobo Frontale è anche responsabile della funzione motoria primaria e della coordinazione dei movimenti. È il lobo più prominente del cervello e viene utilizzato quotidianamente dal Sé. Poiché si trova nella parte anteriore della testa, direttamente dietro la fronte, il Lobo Frontale è la regione più comunemente colpita da lesioni cerebrali traumatiche con gli effetti collaterali potenzialmente peggiori, poiché influisce sulle capacità cognitive e sulla funzione motoria. Inoltre, il danno ai Lobi Frontali può innescare una reazione a catena che può influenzare negativamente altre aree cerebrali.

Il Lobo Parietale si trova vicino al centro del cervello, dietro al Lobo Frontale. Quest'area cerebrale è la principale area sensoriale in cui vengono elaborati e interpretati gli impulsi della pelle relativi alla temperatura, al dolore e al tatto. Il Lobo Parietale sinistro si occupa di gestire simboli, lettere e numeri e di interpretare le informazioni archetipiche. Il Lobo Parietale destro ha il compito di interpretare la distanza spaziale nelle immagini.

Il Lobo Parietale si occupa di tutte le informazioni spaziali, consentendoci di valutare dimensioni, distanze e forme. Ci fornisce la consapevolezza del Sé e delle altre persone nello spazio davanti a noi. È interessante notare che i neuroscienziati hanno determinato un aumento dell'attività della Corteccia Parietale durante un'esperienza Spirituale. Il confine tra il Sé e gli oggetti e le persone che ci circondano si rompe, poiché la maggior parte delle esperienze Spirituali comporta un elemento "fuori dal corpo". Quando l'individuo sperimenta un senso di unità con l'ambiente, trascende l'ambiente fisico circostante.

Il Lobo Temporale si trova dietro le orecchie e le tempie della testa. Ospita la Corteccia Uditiva Primaria, che si occupa dell'elaborazione dei suoni e della codifica della memoria. Svolge inoltre un ruolo essenziale nell'elaborazione delle emozioni, del linguaggio e di alcuni aspetti della percezione visiva. Il Lobo Temporale è costituito da strutture vitali per la memoria cosciente relativa a fatti ed eventi. Comunica con l'Ippocampo ed è modulato dall'Amigdala.

Il Lobo Occipitale si trova nella parte posteriore della parte superiore del cervello. Contiene la Corteccia Visiva Primaria, una regione del cervello che riceve input dagli occhi. Il Lobo Occipitale si occupa generalmente di interpretare la distanza, i colori, la percezione della profondità, il riconoscimento di oggetti e volti, i movimenti e le informazioni della memoria.

Il Cervelletto si trova nella parte posteriore della testa e controlla il coordinamento dell'attività muscolare. Ci aiuta a mantenere la postura, l'equilibrio e il bilanciamento coordinando i tempi e la forza dei diversi gruppi muscolari per produrre movimenti fluidi del corpo. Il Cervelletto coordina anche i movimenti degli occhi e il linguaggio.

Il fondatore della psicoanalisi, Sigmund Freud, associò il Cervelletto all'inconscio personale, la parte repressa del Sé che è nascosta alla mente cosciente. Sebbene Freud abbia coniato il termine "mente inconscia", spesso lo scambiava con la mente "subconscia", essendo la prima uno strato più profondo della seconda. Ciò è in linea con gli insegnamenti della saggezza Antica che associano la mente subconscia alla nuca e alla Luna. Tuttavia, l'ambito della mente subconscia coinvolge la maggior parte delle parti del cervello, compreso il Sistema Limbico. È esclusa la Corteccia Prefrontale, che rappresenta la mente cosciente e il Sole.

Con un risveglio completo della Kundalini, quando l'energia sale attraverso il Midollo Spinale, grandi quantità di energia ad alto numero di ottani raggiungono il cervello. Questa energia fluisce dalla Formazione Reticolare al Talamo e alla Corteccia Cerebrale, risvegliando le parti dormienti e inattive del cervello, soprattutto nel Lobo Frontale. In seguito, l'intero cervello inizia a pulsare come un'unità coesa, generando onde cerebrali coerenti e di elevata ampiezza in tutte le bande di frequenza. Questo processo di aumento della potenza cerebrale si accompagna all'espansione della coscienza quando la Kundalini attraversa il Sahasrara Chakra.

La banda di frequenza Alfa raggiunge la massima ampiezza nel Lobo Occipitale, creando cambiamenti nella percezione del mondo circostante. Le cose che prima apparivano in un modo o nell'altro si trasformano sotto i vostri occhi quando il potenziale del Lobo Occipitale è massimizzato, in combinazione con l'afflusso di Luce Astrale nella testa.

L'aumento dell'attività cerebrale unifica la mente conscia e quella subconscia, rappresentata Alchemicamente come le energie del Sole e della Luna unite nel Santo Matrimonio. Anche il Cervelletto è influenzato dall'aumento dell'attività cerebrale, in quanto l'individuo ha accesso a sentimenti, pensieri, desideri e ricordi nascosti repressi, che possono essere integrati e trasformati.

Nel Lobo Frontale si verificano grandi quantità di attività elettrica nelle bande di frequenza Beta e Gamma, massimizzando il potenziale della Corteccia Prefrontale e di altre parti essenziali. Di conseguenza, l'individuo risvegliato dalla Kundalini sviluppa la capacità di controllare i propri pensieri, le emozioni e il comportamento, consentendogli di dominare la propria realtà. Inoltre, le loro capacità cognitive, tra cui l'immaginazione, la creatività, l'intelligenza, la comunicazione, il pensiero critico e il potere di concentrazione, sono tutte enormemente potenziate, consentendo loro di diventare i potenti ed efficienti Co-Creatori con il Creatore che sono destinati a essere.

IL SISTEMA NERVOSO

Il sistema nervoso è costituito da tutte le cellule nervose presenti nel corpo. Il sistema nervoso serve a comunicare con il mondo esterno e a controllare i vari meccanismi del nostro corpo. Il sistema nervoso assimila le informazioni attraverso i sensi e le elabora, suscitando reazioni nell'organismo. Lavora insieme al sistema endocrino per rispondere agli eventi della vita.

Il sistema nervoso collega il cervello con ogni altro organo, tessuto e parte del corpo. Contiene miliardi di cellule nervose chiamate neuroni. Il cervello stesso ha 100 miliardi di neuroni che agiscono come messaggeri di informazioni. Questi neuroni utilizzano segnali chimici e impulsi elettrici per trasmettere informazioni tra le diverse parti del cervello e tra il cervello e il resto del sistema nervoso.

Il sistema nervoso è composto da due parti con tre divisioni distinte. La prima e più importante è il Sistema Nervoso Centrale (SNC), che controlla le sensazioni e le funzioni motorie. Il Sistema Nervoso Centrale comprende il cervello, Dodici Coppie di Nervi Cranici, il midollo spinale e trentuno coppie di nervi spinali. Tutti i nervi del Sistema Nervoso Centrale sono contenuti in modo sicuro all'interno del cranio e del canale spinale.

Due tipi di nervi servono il cervello: i nervi motori (efferenti), che eseguono le risposte agli stimoli, e i nervi sensoriali (afferenti), che trasmettono informazioni e dati sensoriali dal corpo al Sistema Nervoso Centrale. I nervi spinali svolgono entrambe le funzioni; per questo motivo sono chiamati nervi "misti". I nervi spinali sono collegati al midollo spinale attraverso i gangli, che agiscono come stazioni di collegamento per il Sistema Nervoso Centrale.

La testa e il cervello sono gli organi dell'Anima e del Sé Superiore. Poiché si trova nella parte superiore del corpo, la testa è la più vicina al Cielo. Il cervello ci permette di sperimentare il mondo circostante attraverso i cinque sensi della vista, del tatto, del gusto, dell'olfatto e del suono. Ci permette anche di sperimentare la realtà attraverso il sesto senso, lo psichismo, ricevuto attraverso l'Occhio della Mente.

Il Sistema Nervoso Periferico (SNP) collega i nervi provenienti dal Sistema Nervoso Centrale agli arti e agli organi. Tutti i nervi al di fuori del cervello e della colonna vertebrale fanno parte del Sistema Nervoso Periferico (Figura 45). Il Sistema Nervoso Periferico è ulteriormente suddiviso in tre sottosistemi distinti: Sistema Nervoso Somatico (SNS), Sistema Nervoso Enterico (SNE) e Sistema Nervoso Autonomo (SNA).

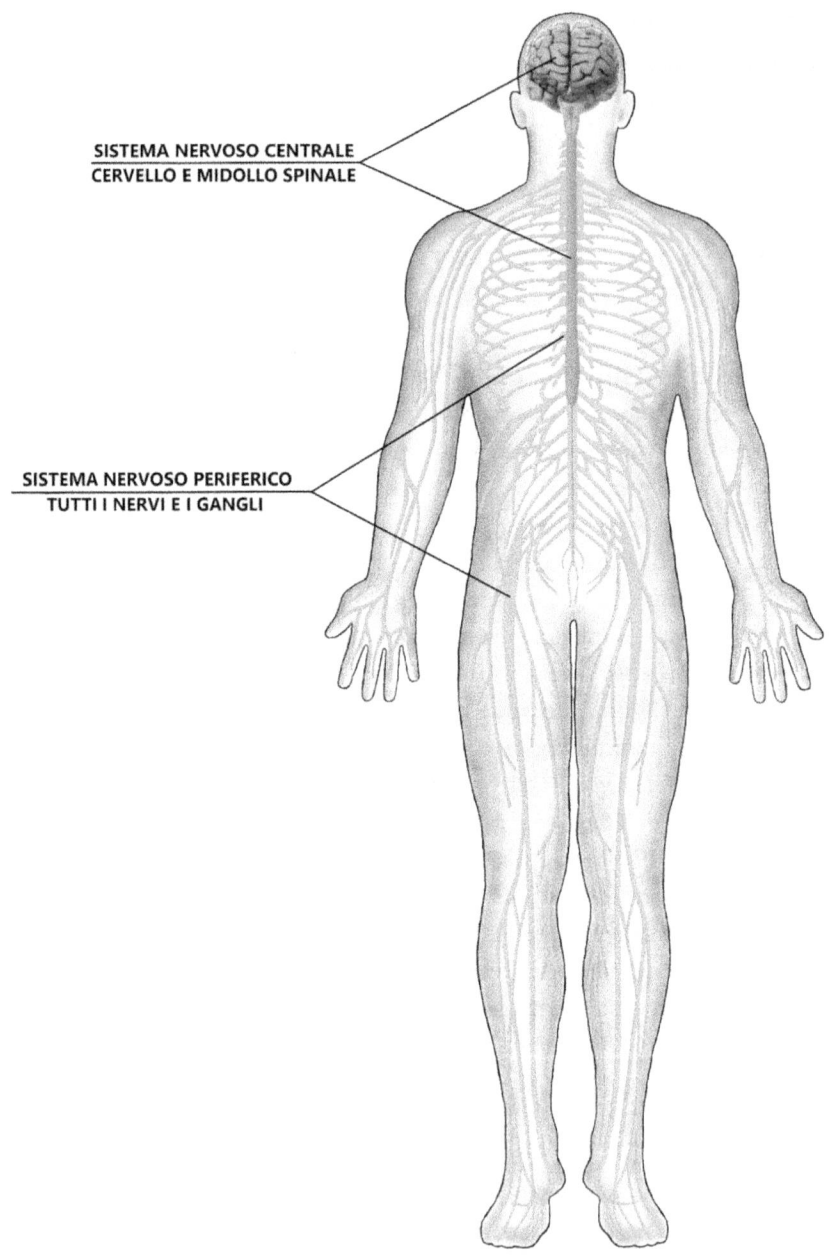

Figura 45: Il Sistema Nervoso Centrale e Periferico

Il Sistema Nervoso Somatico è il sistema nervoso volontario i cui nervi sensoriali e motori fungono da mezzo di trasmissione degli impulsi tra il Sistema Nervoso Centrale e il sistema muscolare. Il Sistema Nervoso Somatico controlla tutto ciò che riguarda il nostro corpo fisico e che possiamo influenzare consapevolmente. Il Sistema Nervoso Enterico agisce involontariamente e controlla il sistema gastrointestinale. È un sistema nervoso autonomo che regola la motilità intestinale nel processo di digestione.

Anche il Sistema Nervoso Autonomo è un sistema involontario che agisce per lo più in modo inconsapevole. Regola la frequenza cardiaca, la respirazione, il metabolismo, la digestione, l'eccitazione sessuale, la minzione e la dilatazione/costrizione delle pupille. Sia il Sistema Nervoso Autonomo che il Sistema Nervoso Enterico sono sempre attivi, sia che siamo svegli o addormentati. Il sistema nervoso involontario reagisce rapidamente ai cambiamenti dell'organismo, consentendogli di adattarsi modificando i processi di regolazione.

Il Sistema Nervoso Autonomo è controllato dall'Ipotalamo e può essere suddiviso in Sistema Nervoso Simpatico (SNS) e Sistema Nervoso Parasimpatico (SNP). Il Sistema Nervoso Simpatico e il Sistema Nervoso Parasimpatico svolgono di solito funzioni opposte nell'organismo. Il Sistema Nervoso Simpatico è alimentato dall'energia maschile (Yang) del corpo, mentre il Sistema Nervoso Parasimpatico è alimentato dall'energia femminile (Yin).

Il Sistema Nervoso Simpatico prepara il corpo all'attività mentale e (o) fisica. Si attiva in caso di emergenza (lotta o fuga) per creare energia utilizzabile. Aumenta la frequenza cardiaca, dilata le pupille, apre le vie aeree per respirare più facilmente, aumenta l'afflusso di sangue ai muscoli e inibisce la digestione e l'eccitazione sessuale. Il Sistema Nervoso Parasimpatico, invece, è passivo. Si attiva quando il corpo e la mente sono in uno stato di rilassamento. Il Sistema Nervoso Parasimpatico abbassa la frequenza cardiaca, restringe le pupille, stimola la digestione e la minzione, attiva vari processi metabolici e promuove l'eccitazione sessuale.

SISTEMA NERVOSO FORTE/DEBOLE

Lo stress e l'ansia sono problemi comuni nella società odierna, caratterizzata da ritmi frenetici. Per questo si parla spesso dell'importanza di avere un sistema nervoso forte quando si affrontano le avversità della vita. Una persona con un sistema nervoso robusto e resistente affronta la realtà di petto, sia nel bene che nel male. Al contrario, chi ha un sistema nervoso debole si intimidisce facilmente e si rifugia dalla realtà per evitare la negatività.

In quanto Co-Creatori con il Creatore, non potete controllare al 100% ciò che vi capita, perché ci sono sempre fattori esterni a cui nemmeno le menti più acute possono pensare, ma potete scegliere, attraverso il Libero Arbitrio, se permettervi di affrontare tutto ciò che vi capita. Questa scelta dipende spesso dal modo in cui gestite l'energia della paura, che nel tempo rafforza o indebolisce il vostro sistema nervoso.

Pensate al sistema nervoso come a un contenitore. Le persone con un sistema nervoso debole hanno un contenitore piccolo, perché non possono sopportare l'ansia, lo stress o il dolore fisico. Le persone con un sistema nervoso forte hanno contenitori sostanzialmente più grandi e possono affrontare qualsiasi cosa gli capiti a tiro. Sperimentano ed elaborano gli eventi avversi molto più velocemente e non vengono scossi nel loro equilibrio. Le persone con un sistema nervoso robusto hanno l'attitudine ad affrontare la paura e le avversità, indipendentemente da quanto le cose possano apparire spaventose in superficie. Il risultato è diventare un maestro nel manifestare la propria realtà e massimizzare il proprio potenziale personale. Le persone con un sistema nervoso forte vivono i loro sogni e ottengono il massimo dalla vita.

La forza del sistema nervoso dipende dall'uso della forza di volontà e dalla capacità di superare le emozioni. Le emozioni sono fluide e fluttuano da positive a negative in ogni momento. A volte ci vuole tempo prima che le cose diventino negative, ma inevitabilmente lo diventano e alla fine tornano ad essere positive.

Il Principio del Ritmo (dal *Kybalion*) afferma che il pendolo del ritmo manifesta la sua oscillazione tra tutti gli opposti presenti in natura, compresi emozioni e pensieri. Pertanto, nulla rimane mai statico e tutte le cose sono costantemente sottoposte a un processo di cambiamento e trasformazione da uno stato all'altro. Pertanto, questo Principio è sempre in gioco. Non è possibile superarlo se non si impara a far vibrare la propria forza di volontà in modo così forte da elevarsi al di sopra del Piano Astrale in cui si verifica l'oscillazione emotiva e raggiungere il Piano Mentale.

Un'altra chiave per un sistema nervoso robusto è imparare a rilassare il corpo e la mente quando si affronta una situazione stressante. Lo stress e l'ansia attivano immediatamente il Sistema Nervoso Simpatico, che ci mette in modalità di sopravvivenza; l'applicazione di tecniche di mindfulness e di respirazione quando si è sotto pressione e il non lasciarsi dominare dalle emozioni spengono il SNS e attivano il Sistema Nervoso Parasimpatico. In questo modo, anche quando si ha a che fare con una situazione avversa, si può rimanere freddi, calmi e raccolti, migliorando così la capacità di risolvere i problemi e ottenendo il miglior risultato in ogni situazione.

Lasciare che siano le emozioni a guidare la vostra vita porterà sempre caos e disperazione, mentre se vi sintonizzate con la vostra forza di volontà e vi lasciate guidare da essa, trionferete nella vita. Le emozioni sono duali e prive di logica e ragione. Sull'Albero della Vita, appartengono alla Sfera Netzach, mentre la logica e la ragione corrispondono al suo opposto, Hod. Le emozioni si oppongono naturalmente alla logica e alla ragione finché non si impara a utilizzare le loro Sephiroth superiori. Applicando la forza di volontà (Geburah) e l'immaginazione (Tiphareth), temperate dalla memoria (Chesed), è possibile elevarsi nella coscienza e controllare la propria realtà in modo molto più efficiente che essere schiavi delle proprie emozioni.

Per salire ancora più in alto sull'Albero della Vita, è necessario bypassare completamente la dualità, il che significa che la coscienza deve essere sintonizzata sull'intuizione. L'intuizione appartiene al Chakra Ajna, che è alimentato da Binah (comprensione) e Chokmah (saggezza). Per funzionare pienamente attraverso l'intuizione, è necessario aver avuto un risveglio permanente della Kundalini o aver imparato la meditazione e aver acquisito la capacità di risuonare con il Piano Spirituale a volontà. Come già detto, un risveglio della Kundalini vi sintonizzerà naturalmente con il Piano

Spirituale nel corso del tempo. È quindi l'esperienza desiderata da tutti coloro che conoscono il potere trasformativo della Kundalini.

LO YOGA E IL SISTEMA NERVOSO

I Sistemi Nervosi Simpatico e Parasimpatico passano da uno all'altro molte volte nel corso della giornata, soprattutto nelle persone in cui le emozioni dominano la loro vita. Quindi, per essere equilibrati nella mente, nel corpo e nell'Anima, è necessario che il Sistema Nervoso Autonomo sia equilibrato. Quando una metà del Sistema Nervoso Autonomo è eccessivamente dominante, causa problemi all'altra metà.

Le persone inclini allo stress, ad esempio, utilizzano il Sistema Nervoso Simpatico più di quanto sia salutare per la mente e il corpo, il che provoca nel tempo un danno al Sistema Nervoso Parasimpatico. In questo modo, la persona è sempre tesa e sotto pressione mentale, incapace di rilassarsi e di essere in pace.

Lo stress psicologico influisce anche sul sistema immunitario, per cui la qualità del nostro Sistema Nervoso Autonomo fa la differenza nella propensione alle malattie. Le malattie cronico-degenerative come le cardiopatie, l'ipertensione, l'ulcera, la gastrite, l'insonnia e l'esaurimento Surrenale sono il risultato di uno squilibrio del Sistema Nervoso Autonomo.

La gestione delle due metà complementari del Sistema Nervoso Autonomo dipende dalla dieta e dall'alimentazione, ma anche dallo stile di vita e dalle abitudini di vita. Dobbiamo imparare a bilanciare attività e riposo, sonno e veglia, pensieri ed emozioni.

Lo Yoga aiuta a regolare e rafforzare il Sistema Nervoso Autonomo grazie al suo effetto sull'Ipotalamo. Lo Yoga è molto efficace per aiutare il corpo e la mente a rilassarsi attraverso esercizi di respirazione (Pranayama) e meditazione. La respirazione è un'interfaccia tra il Sistema Nervoso Centrale e il Sistema Nervoso Autonomo. Attraverso la pratica del Pranayama, si può imparare a controllare le proprie funzioni autonome. Controllando i polmoni, si ottiene il controllo del cuore. Le posture Yogiche (Asanas) mirano a bilanciare le energie maschili e femminili all'interno di se stessi, favorendo un sistema nervoso sano e robusto.

L'Anulom Vrilom (Respirazione a Narici Alterne), ad esempio, agisce direttamente sul Sistema Nervoso Simpatico o Parasimpatico, a seconda della narice attraverso cui si respira. Quando si respira attraverso la narice destra, il metabolismo aumenta e la mente si concentra sull'esterno. Quando si respira attraverso la narice sinistra, il metabolismo rallenta e la mente si rivolge verso l'interno, migliorando la concentrazione.

IL RISVEGLIO DI KUNDALINI E IL SISTEMA NERVOSO

Un impulso nervoso è un fenomeno elettrico, proprio come un fulmine. Quindi, quando c'è un'abbondanza di bioelettricità nel corpo dopo un pieno risveglio di Kundalini, l'intero sistema nervoso va in overdrive. Nel corso del tempo si verifica una trasformazione completa, poiché il sistema nervoso aumenta se stesso, costruendo ogni giorno nuovi circuiti per adattarsi ai cambiamenti interiori.

In primo luogo, quando la Luce di Kundalini attiva e rinvigorisce tutti i nervi latenti, il Sistema Nervoso Centrale inizia a funzionare alla massima capacità. Il cervello mostra livelli di attività più elevati, in quanto si impegna al massimo per registrare gli impulsi vibratori provenienti dai Sistemi Nervosi Periferici e Autonomi iperattivi. Oltre ad adattarsi all'espansione della coscienza, il cervello deve anche lavorare per costruire nuovi percorsi neurali per accogliere questa espansione bioenergetica e sincronizzarsi con il resto del sistema nervoso.

Le fasi iniziali della ricostruzione del sistema nervoso sono impegnative per la mente e per il corpo. Poiché l'intero processo è nuovo per la coscienza, il corpo entra in modalità "lotta o fuga" per proteggersi da potenziali danni. Per questo motivo, il Sistema Nervoso Simpatico domina per il momento, mentre è presente l'energia della paura. Come molti risvegliati Kundalini sanno per esperienza diretta, l'esaurimento Surrenale da stress è comune in queste fasi iniziali.

Tuttavia, nelle ultime fasi del processo di ricostruzione, una volta costruite le nuove vie neurali, la mente accetta il processo e si rilassa. Di conseguenza, il Sistema Nervoso Simpatico si spegne e subentra il Sistema Nervoso Parasimpatico. Anche il Nervo Vago svolge un ruolo importante in questo processo, poiché contribuisce a dare coerenza al corpo. Sebbene possano essere necessari molti anni per completare la trasformazione complessiva, il risultato sarà un sistema nervoso sostanzialmente più forte, che permetterà di affrontare situazioni potenzialmente stressanti in modo inedito.

FUNZIONE DEL NERVO VAGO

I Dodici Nervi Cranici sono disposti a coppie e aiutano a collegare il cervello con altre aree del corpo come la testa, il collo e il tronco. Il Nervo Vago (Figura 46) è il più lungo dei Nervi Cranici (decimo nervo) e va dal tronco encefalico a una parte del colon. Ha funzioni sia motorie che sensoriali.

La parola "Vago" in Latino significa "errante", il che è appropriato poiché si tratta di un fascio tortuoso e serpentino di fibre motorie e sensoriali che collega principalmente il tronco encefalico al cuore, ai polmoni e all'intestino. L'intestino è il sistema digestivo (tratto gastrointestinale) composto da bocca, esofago, stomaco, fegato, intestino tenue, intestino crasso e retto (ano).

Il Nervo Vago si dirama anche per interagire con il fegato, la milza, la cistifellea, l'uretere, l'utero, il collo, le orecchie, la lingua e i reni: le sue fibre nervose innervano tutti gli organi interni. Sebbene il cervello comunichi con gli organi del corpo attraverso il Nervo Vago, l'80% delle informazioni è diretto dagli organi al cervello. Tra tutti gli organi del corpo, lo stomaco è quello che utilizza maggiormente il Nervo Vago per comunicare con il cervello: gli invia infatti segnali relativi alla sazietà (fame), al senso di sazietà (pienezza) e al metabolismo energetico.

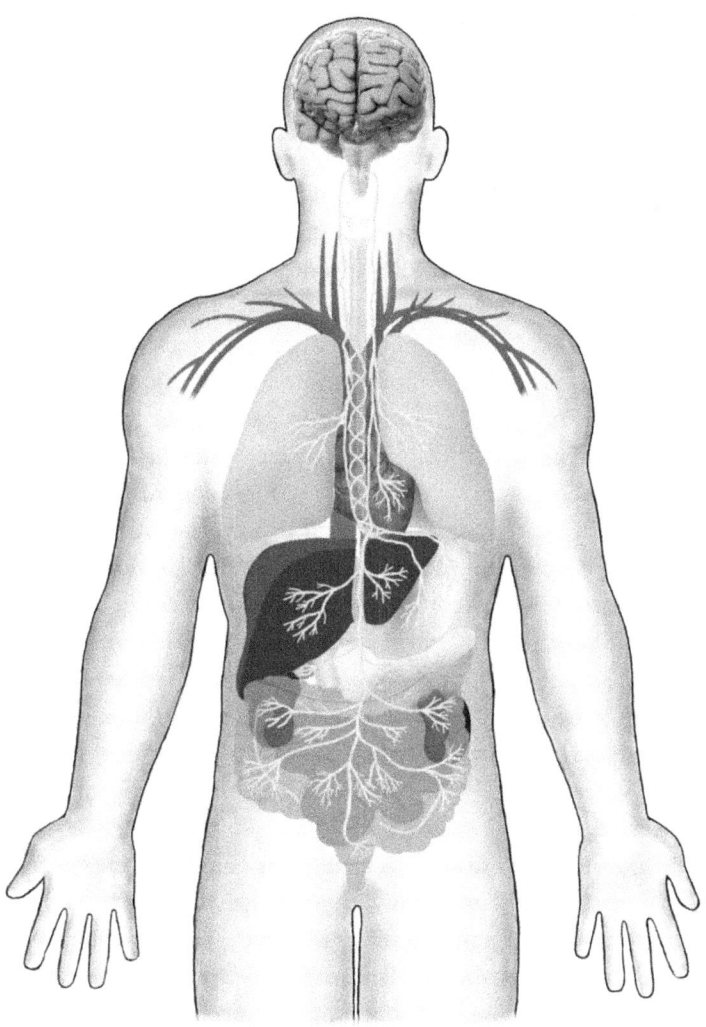

Figura 46: Il Nervo Vago

L'elaborazione e la gestione delle emozioni avvengono attraverso il Nervo Vago, che collega cuore, cervello e intestino. Il Sistema Nervoso Enterico è costituito da una rete di neuroni che regolano le funzioni dell'intestino e comunicano con il cervello attraverso il

Nervo Vago. Quando si sente dire che qualcuno ha una "sensazione di pancia" riguardo a qualcosa, questo senso di consapevolezza è un vero e proprio segnale nervoso nell'intestino. Per questo motivo, abbiamo una potente reazione intestinale agli stati mentali ed emotivi intensi. Il Sistema Nervoso Enterico è spesso definito come il nostro "secondo cervello", centrato nell'area del Plesso Solare, e il Nervo Vago è spesso chiamato "asse intestino-cervello".

Il Nervo Vago attiva il Sistema Nervoso Parasimpatico, che controlla le funzioni inconsce di "riposo e digestione" dell'organismo. Il Nervo Vago serve a calmare il corpo dopo aver mangiato, in modo da poter elaborare il cibo più facilmente. Uno dei suoi ruoli chiave, tuttavia, è quello di fungere da pulsante di "reset" che contrasta il nostro sistema di allarme interno automatico, la risposta "lotta o fuga" del Sistema Nervoso Simpatico.

Il neurotrasmettitore che il nervo Vago utilizza per comunicare con il corpo, l'acetilcolina, è responsabile delle sensazioni di calma, pace, rilassamento e delle funzioni di apprendimento e memoria. Le persone il cui Nervo Vago è poco attivo sono afflitte da ansia cronica e hanno scarse capacità di apprendimento e di memoria. Per queste persone è fondamentale stimolare il Nervo Vago, naturalmente o con un dispositivo elettrico artificiale. Ciò può portare a benefici per la salute, tra cui il superamento dello stress e della depressione e la riduzione dell'infiammazione causata dal dolore emotivo.

Il tono Vagale viene misurato monitorando la frequenza cardiaca e la frequenza respiratoria. Quando inspiriamo, la nostra frequenza cardiaca accelera, mentre quando espiriamo, la frequenza cardiaca rallenta. Le persone con un tono Vagale elevato hanno un periodo più lungo tra la frequenza cardiaca di inspirazione e quella di espirazione, il che significa che il loro corpo può rilassarsi più velocemente dopo un evento stressante.

Un tono Vagale elevato migliora il funzionamento di molti sistemi dell'organismo: riduce il rischio di ictus abbassando la pressione sanguigna, favorisce la digestione e la regolazione degli zuccheri nel sangue e migliora l'umore generale e la resistenza allo stress. Il basso tono Vagale, invece, ha effetti opposti sull'organismo: è associato a patologie cardiovascolari, diabete, deterioramento cognitivo, ansia cronica e depressione. Un basso tono Vagale rende inoltre l'organismo più suscettibile alle malattie autoimmuni derivanti da stati infiammatori elevati.

Il Nervo Vago è noto per promuovere l'amore, la compassione, la fiducia, l'altruismo e la gratitudine, tutti fattori che contribuiscono alla nostra felicità generale nella vita. Uno dei metodi naturali più efficaci per stimolare il Nervo Vago e migliorare il tono Vagale è la tecnica Pranayama della respirazione Diaframmatica. Quando si respira lentamente e ritmicamente attraverso l'addome, il diaframma si apre, facendo entrare più ossigeno nel corpo. Di conseguenza, il Sistema Nervoso Parasimpatico si attiva, calmando la mente.

La respirazione Diaframmatica coinvolge l'intero sistema nervoso e I Sette Chakra Principali, consentendoci di radicare le nostre energie invece di farle correre freneticamente nella zona del petto, causando stress e ansia inutili. (Per una descrizione completa della tecnica di respirazione Diaframmatica e dei suoi benefici, vedere "Esercizi di Pranayama" nella sezione Yoga).

Poiché il Nervo Vago è collegato alle corde vocali, anche cantare, canticchiare e cantare è associato al miglioramento del tono Vagale. La comunicazione orale è benefica e le persone che parlano molto sono generalmente di buon umore. Comunicare con gli altri promuove emozioni positive e porta vicinanza sociale, il che migliora il tono Vagale.

Le ricerche hanno dimostrato che lo Yoga aumenta il tono Vagale, riduce lo stress e migliora il recupero da traumi emotivi e mentali. Il Pranayama e la meditazione attivano il Sistema Nervoso Parasimpatico e calmano la mente, stimolando il Nervo Vago. Le Asana (posture Yogiche) equilibrano le parti maschili e femminili del Sé, creando armonia nel corpo e promuovendo la consapevolezza. Anche altre tecniche Yogiche hanno enormi benefici per la salute fisica e Spirituale. Per questo motivo, ho dedicato un'intera sezione alla scienza, alla filosofia e alla pratica dello Yoga.

IL NERVO VAGO E LA KUNDALINI

Esistono interessanti analogie tra il Nervo Vago e la Kundalini che vale la pena esaminare. Dopo aver visto le corrispondenze, sarà evidente che il Nervo Vago completa il processo di risveglio della Kundalini e può persino essere una rappresentazione fisica della Kundalini stessa.

In primo luogo, il Nervo Vago va dalla zona del colon (Muladhara) al cervello (Sahasrara). La Kundalini, invece, si trova arrotolata alla base della colonna vertebrale nel Muladhara, proprio accanto all'ano. Una volta risvegliata, sale verso il centro del cervello e infine verso la sommità del capo per completare il processo.

Si parla del Nervo Vago come di uno solo, ma in realtà si tratta di due nervi che funzionano come un unico canale. Qui vediamo una correlazione con le Nadi Ida e Pingala, i doppi serpenti che, quando sono in equilibrio, funzionano come un unico canale (Sushumna).

Il Nervo Vago interagisce direttamente con tutti gli organi e le ghiandole del corpo. Il suo ruolo è quello di raccogliere le informazioni dagli organi e dalle ghiandole e di portarle al cervello per esaminarle. Allo stesso modo, la Kundalini si connette con gli organi e le ghiandole del corpo e comunica il loro stato al cervello attraverso il sistema nervoso.

La Kundalini si muove attraverso il midollo spinale, mentre il Nervo Vago attraversa il corpo in modo più centrale. Quando attiviamo la Kundalini, tutti gli organi e le ghiandole iniziano a lavorare in sincronia tra loro, portando coerenza al corpo. Anche il Nervo Vago, quando viene stimolato, crea un effetto di unificazione negli organi e nelle ghiandole, che iniziano a funzionare in armonia tra loro.

Poiché il Nervo Vago è collegato all'apparato digerente, un suo malfunzionamento provoca problemi allo stomaco. Al contrario, il centro di potere della Kundalini si trova in Manipura e quando non viene attivato o la sua energia è bloccata, si verificano problemi digestivi e di stomaco.

Il cuore e il cervello sono strettamente collegati e comunicano molto attraverso il Nervo Vago. Il Chakra del Cuore è anche in comunicazione diretta con i due Chakra più alti del cervello, Ajna e Sahasrara. Nel sistema Kundalini, il Chakra del Cuore è il centro del Sé, la parte di noi che assimila e armonizza le energie degli altri Chakra. A livello fisico, il cuore è il più potente generatore di energia elettromagnetica del corpo e la nostra principale interfaccia con l'ambiente (per maggiori dettagli su questo argomento, si veda il capitolo "Il Potere del Cuore").

Il tema della Kundalini ha origine in Oriente e fa parte delle pratiche Yogiche e Tantriche. Sia lo Yoga che il Tantra prevedono Pranayama, Asanas, meditazione e altre tecniche che coinvolgono la risposta del Nervo Vago per rilassare il corpo e calmare la mente. Molti Yogi riconoscono il ruolo e il potere del Nervo Vago nel corpo e nella mente e lo considerano la controparte anatomica della Sushumna Nadi. Come tale, il Nervo Vago richiede la nostra massima attenzione.

LE DODICI COPPIE DI NERVI CRANICI

Le Dodici Coppie di Nervi Cranici (Figura 47) collegano il cervello a diverse parti della testa, del collo e del tronco. In quanto tali, trasmettono informazioni tra il cervello e le parti del corpo, in particolare da e verso le regioni della testa e del collo. Questi Nervi Cranici regolano la vista, l'olfatto, l'udito, il movimento degli occhi, la sensibilità del viso, l'equilibrio e la deglutizione. Le funzioni delle Dodici Coppie di Nervi Cranici sono sensoriali, motorie o entrambe. I nervi sensoriali si occupano di vedere, ascoltare, odorare, gustare e toccare. I nervi motori, invece, aiutano a controllare i movimenti della testa e del collo.

A ciascuna delle Dodici Coppie di Nervi Cranici corrispondono numeri romani tra I e XII, in base alla loro posizione dalla parte anteriore a quella posteriore. Essi comprendono il Nervo Olfattivo (I), il Nervo Ottico (II), il Nervo Oculomotore (III), il Nervo Trocleare (IV), il Nervo Trigemino (V), il Nervo Abducente (VI), il Nervo Dacciale (VII), il Nervo Vestibolococleare (VIII), il Nervo Glossofaringeo (IX), il Nervo Vago (X), il Nervo Spinale Accessorio (XI) e il Nervo Ipoglosso (XII). Il Nervo Olfattivo e il Nervo Ottico emergono dal Cervelletto, mentre le altre dieci coppie derivano dal tronco encefalico.

Il Nervo Olfattivo trasmette al cervello le informazioni relative all'olfatto, mentre il Nervo Ottico trasmette le informazioni sulla vista. I Nervi Oculomotore, Trocleare e Abducente si occupano dei movimenti degli occhi. Il Nervo Trigemino controlla le sensazioni e le funzioni motorie del viso e della bocca. Il Nervo Facciale controlla i muscoli dell'espressione facciale e trasmette le sensazioni gustative dalla lingua. Il Nervo Vestibolococleare trasmette i suoni e l'equilibrio dall'orecchio interno al cervello. Il Nervo Glossofaringeo si occupa del senso del gusto ricevuto dalla parte della lingua e della gola. Il Nervo Vago ha molte funzioni, che ho già descritto. Il Nervo Accessorio Spinale controlla i muscoli della spalla e del collo.

Infine, il Nervo Ipoglosso controlla i movimenti della lingua che riguardano la parola e la deglutizione del cibo.

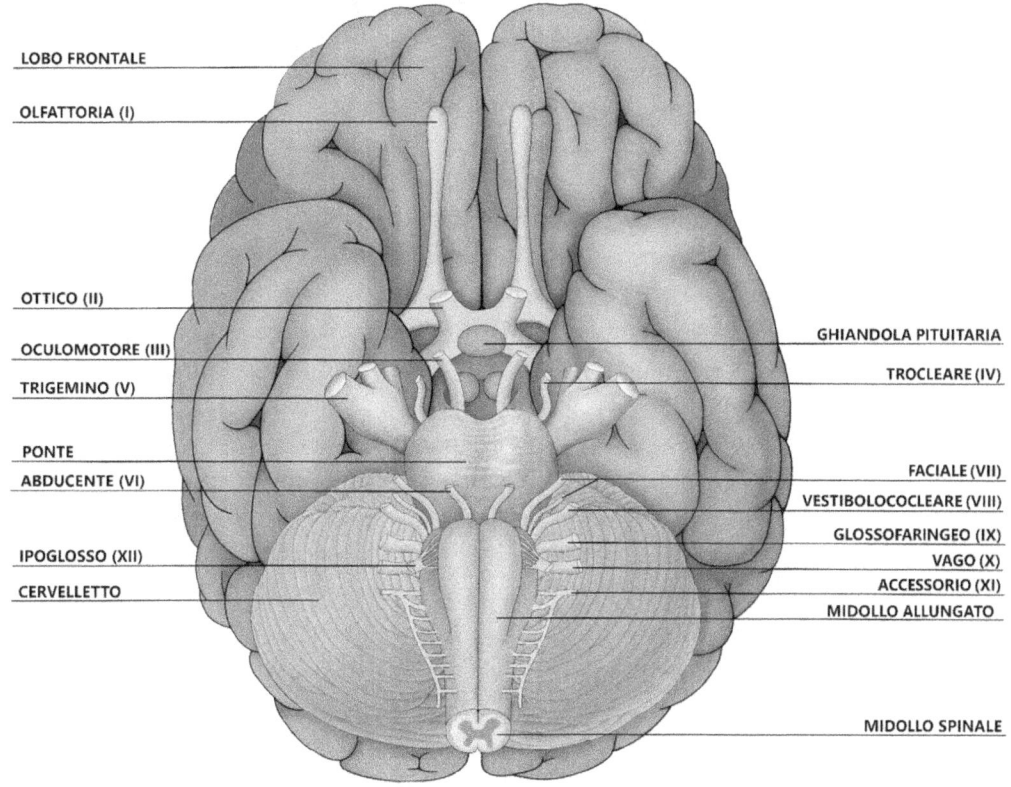

Figura 47: Le Dodici Coppie di Nervi Cranici

Le Dodici Coppie di Nervi Cranici corrispondono alle Dodici Costellazioni Zodiacali. Come tali, esemplificano il Principio Ermetico "Come in Alto, Così in Basso". Le "coppie" sono dodici perché viviamo in un mondo di Dualità in cui ogni cosa è duplice. Il mondo della Dualità, il mondo materiale, riflette l'Unità del mondo Spirituale, che alimenta le Dodici Costellazioni Zodiacali (raggruppamenti di stelle) emettendo la sua Luce Bianca attraverso di esse.

Si tenga presente che il Sole del nostro Sistema Solare è solo una di queste Stelle e che solo nella Via Lattea ce ne sono milioni, con Sistemi Solari propri. Gli Antichi davano un nome a quelle che vediamo nel nostro cielo notturno in base alle forme e alle immagini che i loro raggruppamenti creavano, dandoci la fascia dei Dodici Zodiaci. Di conseguenza, le Dodici Costellazioni Zodiacali si riflettono nelle Dodici Coppie di Nervi Cranici, una grande coincidenza o parte di un mistero più grande. Questo piano generale ha molto a che fare con la nostra Evoluzione Spirituale e con l'ottimizzazione del nostro potere personale.

I Nervi Cranici informano la mente umana (sotto) di tutto ciò che accade nell'Universo manifesto di cui fanno parte (sopra). Sono responsabili del modo in cui interagiamo con la realtà materiale e la interpretiamo. In quanto interfaccia con il mondo esterno, le Dodici Coppie di Nervi Cranici contribuiscono a definire la nostra realtà. Ci permettono di ricevere informazioni esterne e di esprimere le nostre risposte a queste informazioni attraverso il linguaggio del corpo, comprese le espressioni facciali e i movimenti degli occhi.

I Nervi Cranici influiscono sulla percezione che gli altri hanno di noi, influenzando le nostre risposte corporee agli stimoli esterni. Poiché il 93% della nostra comunicazione non è verbale, i Nervi Cranici hanno il compito di esprimere le nostre energie interiori, anche se la maggior parte di questa comunicazione avviene a livello subconscio.

Quando una persona subisce un risveglio completo della Kundalini e ottimizza i suoi Chakra, ottiene un controllo completo sulle proprie vibrazioni e sui segnali che invia all'Universo attraverso il linguaggio del corpo. Il risveglio del Testimone Silenzioso del proprio Sé permette all'individuo risvegliato di vedere se stesso in terza persona. Credo che questo dono del risveglio sia collegato all'espansione del raggio del portale interno dell'Occhio della Mente, che permette all'individuo di uscire dal corpo a suo piacimento e di osservare i processi del suo corpo, compresi i gesti del viso e i movimenti degli occhi che rivelano il suo stato interno. Ottenendo il controllo cosciente delle funzioni altrimenti involontarie delle Dodici Coppie di Nervi Cranici, l'individuo è sulla buona strada verso la padronanza di sé.

LIQUIDO CEREBROSPINALE (LCS)

Il Liquido Cerebrospinale (LCS) è una sostanza liquida trasparente che bagna gli spazi all'interno e intorno al midollo spinale, al tronco encefalico e al cervello. Svolge un ruolo fondamentale nel sostenere la coscienza, nel coordinare tutte le attività fisiche e nel facilitare il processo di risveglio della Kundalini.

Nel corpo di un adulto normale sono presenti circa 100-150 ml di LCS (in media), pari a circa due terzi di una tazza. Il corpo stesso produce circa 450-600 ml di LCS al giorno. L'LCS viene prodotto continuamente e viene sostituito ogni sei-otto ore.

Le cavità del cervello sono serbatoi di fluido chiamati "ventricoli", che creano l'LCS. I ventricoli cerebrali servono come passaggi o canali per la coscienza. Quando questi passaggi sono ostruiti o bloccati, si verifica la perdita di coscienza. Il ventricolo cerebrale più importante è il Terzo Ventricolo, che comprende l'area centrale del cervello e contiene le Ghiandole Pineale e Pituitaria, il Talamo e l'Ipotalamo. L'LCS bagna anche la parte esterna del cervello, fornendo galleggiamento e assorbimento degli urti.

Dopo aver servito il cervello e il tronco encefalico, l'LCS viaggia verso il basso attraverso il canale centrale del midollo spinale e all'esterno di esso (Figura 48). Il canale centrale è uno spazio vuoto riempito di LCS che scende lungo tutta la colonna vertebrale. Anche se il midollo spinale termina tra la prima e la seconda vertebra lombare (L1-2), proprio sopra la zona della vita, l'LCS scende attraverso l'osso sacro. Una volta raggiunto il fondo della colonna vertebrale, l'LCS viene assorbito dal sangue.

Il Sistema Nervoso Centrale è contenuto nel cervello e nel midollo spinale. È sempre immerso nell'LCS. Serve come mezzo attraverso il quale il cervello comunica con il Sistema Nervoso Centrale. Il circuito vero e proprio è costituito dalla materia bianca e grigia (a forma di farfalla) che compongono il midollo spinale. Una volta che il Sistema Nervoso Centrale integra le informazioni provenienti dal cervello, le invia alle diverse parti del corpo.

L'LCS è contenuto negli spazi subaracnoidei del cervello e del midollo spinale. Il cervello e il midollo spinale sono protetti da tre membrane (meningi): pia madre, spazio aracnoideo e duramadre. L'area subaracnoidea è il tessuto connettivo tra la pia madre e lo spazio aracnoideo. Ha un aspetto a ragnatela e funge da cuscinetto per il sistema nervoso centrale, il midollo spinale e il cervello. Soprattutto, funge da canale per l'LCS.

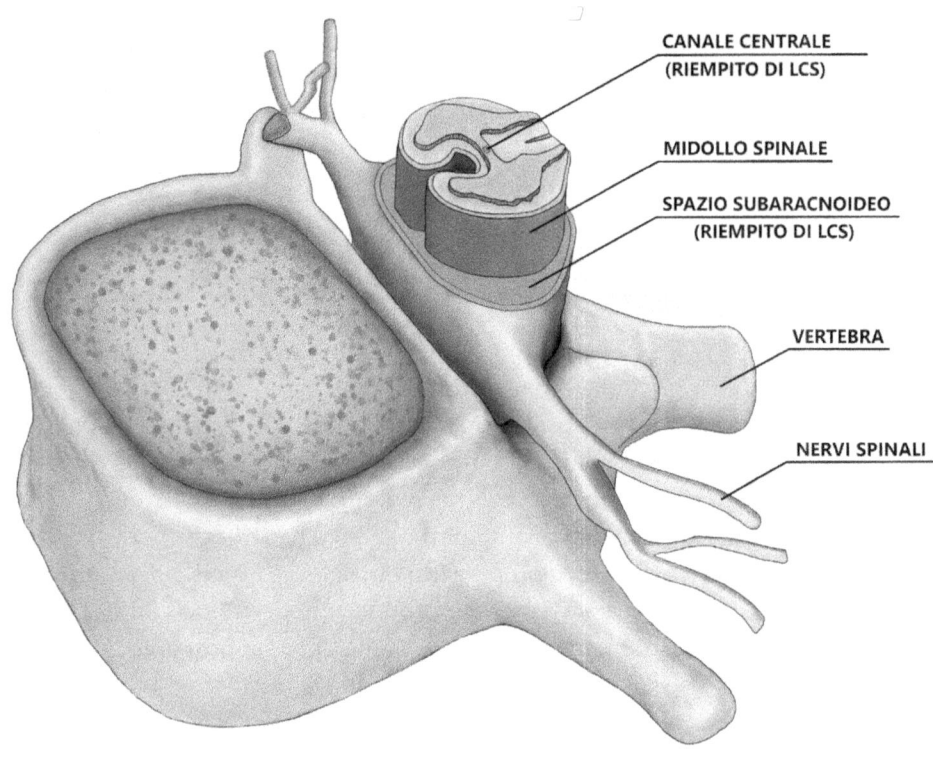

Figura 48: Il Midollo Spinale (Sezione-Trasversale)

L'LCS può trasmettere Luce, vibrazioni, movimenti e molecole. Trasporta nutrienti e ormoni all'intero sistema nervoso e al cervello. L'LCS serve a proteggere entrambi e il midollo spinale. Inoltre, elimina tutti i rifiuti da queste tre parti del corpo. A livello più fondamentale, l'LCS regola i ritmi circadiani e l'appetito.

L'LCS è essenziale per mantenere il corpo fisico vivo, sano ed equilibrato. Inoltre, facilita il libero movimento della colonna vertebrale e della testa fornendo mobilità.

L'LCS fornisce fattori di crescita e di sopravvivenza essenziali al cervello, dalla fase embrionale all'età adulta. È fondamentale per la moltiplicazione, la crescita, la migrazione, la differenziazione delle cellule staminali e per la nostra sopravvivenza generale.

VENTRICOLI CEREBRALI

Il Terzo Ventricolo (Figura 49) è una struttura perfettamente centrale che contiene l'Ipofisi nella parte anteriore e la Ghiandola Pineale in quella posteriore. Al centro si trovano il Talamo e l'Ipotalamo. È il punto di collegamento tra le parti superiori razionali del cervello e le funzioni di sopravvivenza del cervello inferiore.

Da sempre gli Antichi hanno venerato lo spazio tra il Terzo Ventricolo per le sue qualità Spirituali. I Taoisti lo chiamavano "Palazzo di Cristallo", mentre gli Indù lo chiamavano "Grotta di Brahma". "Il Terzo Ventricolo è essenzialmente il fondamento della connessione mente-corpo-Spirito. I sentimenti profondi di beatitudine, pace e Unità con la Sorgente hanno origine nel Terzo Ventricolo, che funge da portale per la conoscenza Universale.

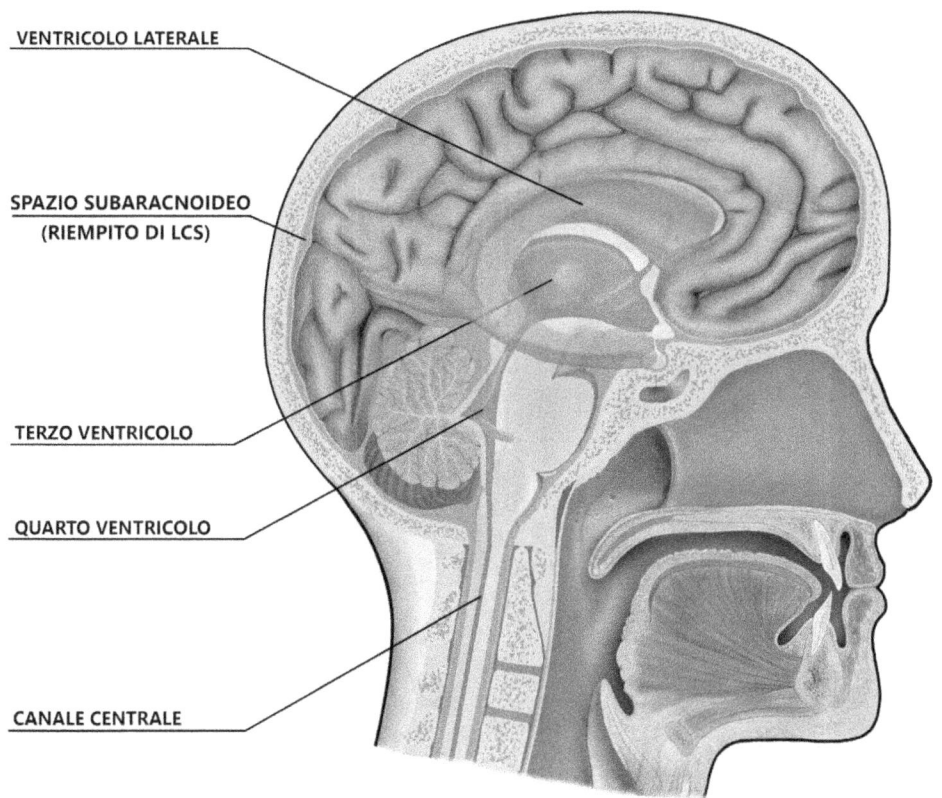

Figura 49: L'LCS e i Ventricoli Cerebrali (Vista Laterale)

La caverna cerebrale del Terzo Ventricolo è lo spazio che ci dà una consapevolezza unificata della nostra vera essenza. Molti ritengono che il Liquido Cerebrospinale trasmetta l'energia dello Spirito una volta attivate le Ghiandole Pineale e Pituitaria e il Talamo. Il Terzo Ventricolo permette quindi la trasformazione della coscienza.

Il Ventricolo Laterale contiene due corni (Figura 50) che entrano in contatto con il Lobo Frontale, il Lobo Parietale, il Lobo Occipitale e il Lobo Temporale. Il corno posteriore entra in contatto con le aree visive del cervello.

Il Quarto Ventricolo è in contatto con il Cervelletto, il Ponte di Varolio e il Midollo Sllungato. È situato tra il Terzo Ventricolo e il canale centrale all'interno del tronco encefalico e del midollo spinale. L'LCS prodotto e (o) confluito nel Quarto Ventricolo si trova nello spazio subaracnoideo alla base del cranio, dove il canale centrale entra nel tronco encefalico.

L'LCS funge da veicolo per la trasmissione delle informazioni al cervello. Assorbe, immagazzina e trasmette le vibrazioni provenienti dal mondo esterno ai diversi recettori cerebrali. Per questo motivo, tutte le aree di controllo del cervello, compreso il midollo spinale (Sistema Nervoso Centrale), sono sempre immerse nell'LCS.

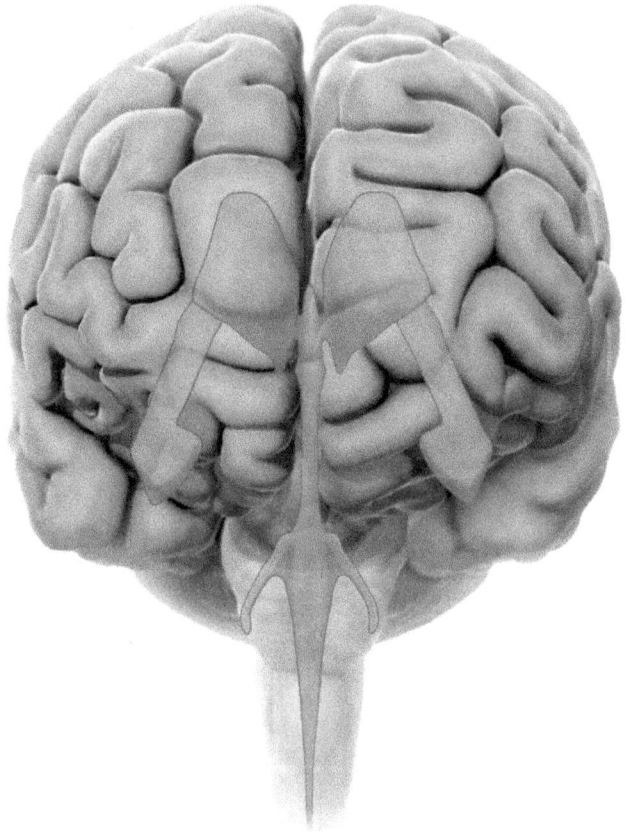

Figura 50: I Ventricoli del Cervello (Vista Frontale)

LCS E RISVEGLIO DI KUNDALINI

Le tre Nadi di Ida, Pingala e Sushumna si incontrano nel Terzo Ventricolo, questo spazio radiante pieno di fluido cerebrospinale al centro della testa. Una volta che la Kundalini e le Nadi attivate entrano nell'area del Terzo Ventricolo, le Ghiandole Pineale e Pituitaria si elettrizzano attraverso il LCS come mezzo. Il risveglio della Kundalini e l'attivazione Chakrica avvengono a livello sottile, eterico, mentre l'LCS elettrificato rinvigorisce il sistema nervoso e attiva il potenziale latente nei principali centri cerebrali.

Poiché le Ghiandole Pineale e Pituitaria rappresentano le componenti femminili e maschili del Sé, le emozioni e la ragione, la loro attivazione simultanea rappresenta l'unificazione degli emisferi cerebrali destro e sinistro. In questo modo, il Talamo inizia a funzionare a un livello superiore, facilitando l'apertura e l'ottimizzazione di Ajna Chakra.

Il Sushumna agisce attraverso l'LCS nel midollo spinale. Nel punto in cui il midollo spinale termina tra la prima e la seconda vertebra lombare (L1-2), chiamato Cono Medullare, inizia un delicato filamento chiamato Filo Terminale che termina al coccige (Figura 51). È lungo circa 20 cm ed è privo di tessuto nervoso. Uno degli scopi del Filum Terminale è quello di trasportare l'LCS alla base della colonna vertebrale.

Gli scienziati ritengono che attraverso il canale centrale del midollo spinale scorra un'altra minuscola fibra costituita da proteine condensate dell'LCS. Questa fibra funge da filamento che si illumina quando viene caricata elettricamente. Poiché uno degli scopi dell'LCS è quello di trasportare le energie della Luce, esso funge da condotto attraverso il quale la Kundalini risvegliata risale la colonna vertebrale e arriva al cervello.

Il Sushumna inizia nel coccige e risale il Filo Terminale fino a raggiungere il Cono Medullare. Prosegue attraverso la fibra nel canale centrale, oltrepassa il Quarto Ventricolo e termina nell'area del Terzo Ventricolo, cioè nel Talamo e nell'Ipotalamo che vi si connettono. L'LCS viene caricato elettricamente dall'energia Kundalini risvegliata, che risale lungo il midollo spinale, attivando sistematicamente i Chakra Maggiori fino a raggiungere i centri cerebrali superiori. L'LCS è la chiave dei cambiamenti anatomici che avvengono nel cervello al risveglio della Kundalini. Anche il sistema nervoso si trasforma grazie al rinvigorimento dei nervi spinali. Gli organi sono influenzati da questa infusione di energia di Luce, il che spiega perché molti individui risvegliati dalla Kundalini riferiscono di cambiamenti anatomici all'interno.

Quando la Kundalini entra nel cervello attraverso il canale Sushumna, termina nel Talamo, energizzandolo. Contemporaneamente, le Nadi Ida e Pingala energizzano le Ghiandole Pineale e Pituitaria. Poiché Ida e Pingala terminano nelle Ghiandole Pineale e Pituitaria, la loro attivazione crea un effetto magnetico che proietta un flusso vibratorio di energia verso il Talamo. L'unificazione di questi poteri maschili (Yang) e femminili (Yin) nel Talamo consente la piena apertura di Ajna Chakra, seguito da Sahasrara nella parte superiore della testa.

Quando la Kundalini raggiunge la Corona, la componente "Io Sono" del Sé, il Sé Superiore, si risveglia nella nostra coscienza. Il potenziale del Talamo è massimizzato, rendendo questo centro cerebrale un'antenna perfetta per le vibrazioni esterne. La coscienza si espande al livello Cosmico e, invece di recepire solo il 10% degli stimoli provenienti dall'ambiente, può ora sperimentarne il 100%.

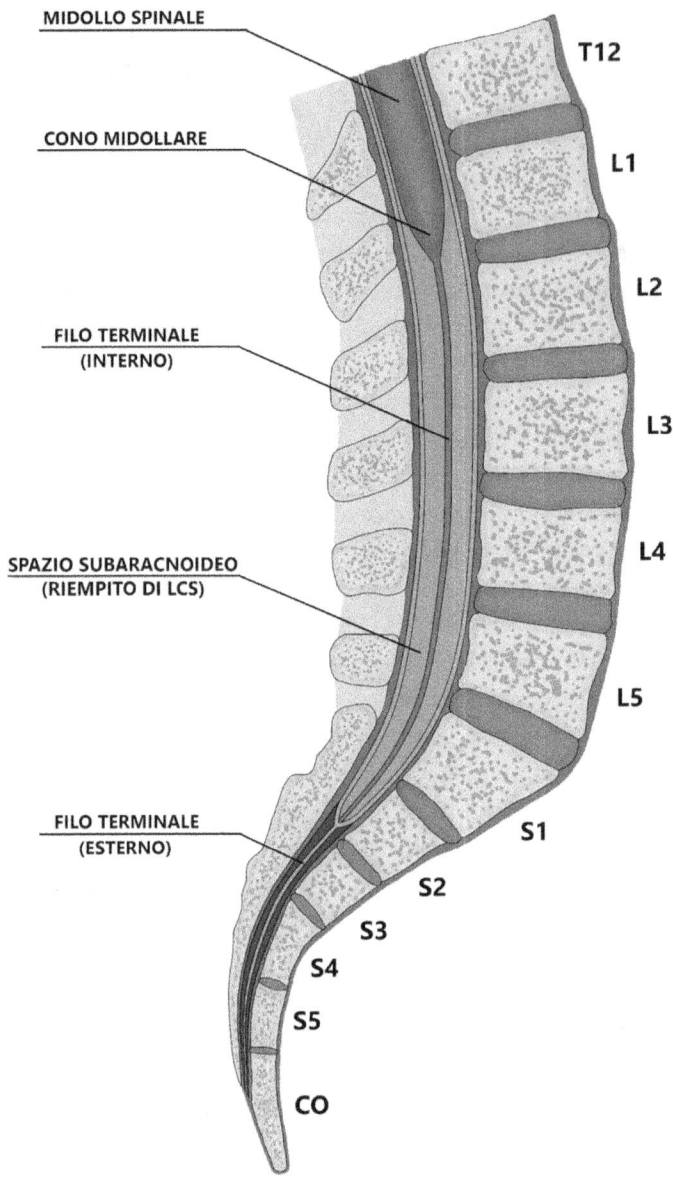

Figura 51: Cono Medullare e Filo Terminale

MULADHARA E KUNDALINI

IL SACRO E IL COCCIGE

L'osso sacro e il coccige (Figura 52) svolgono un ruolo importante nel processo di risveglio della Kundalini. Il sacro, o colonna vertebrale sacrale, contiene cinque vertebre fuse. È un grande osso triangolare situato tra le ossa dell'anca e l'ultima vertebra lombare (L5). In Latino, la parola "sacrum" significa "sacro". I Romani chiamavano quest'osso "os sacrum", mentre i Greci lo chiamavano "hieron osteon", con il significato di "osso Sacro".

È interessante notare che la parola "hieron" in Greco si traduce anche come "Tempio". L'osso sacro era considerato sacro perché all'interno della sua concavità ossea si trovavano le ovaie e l'utero nelle donne. Gli Antichi ritenevano che gli organi riproduttivi femminili fossero Divini, poiché l'utero è l'origine della Creazione.

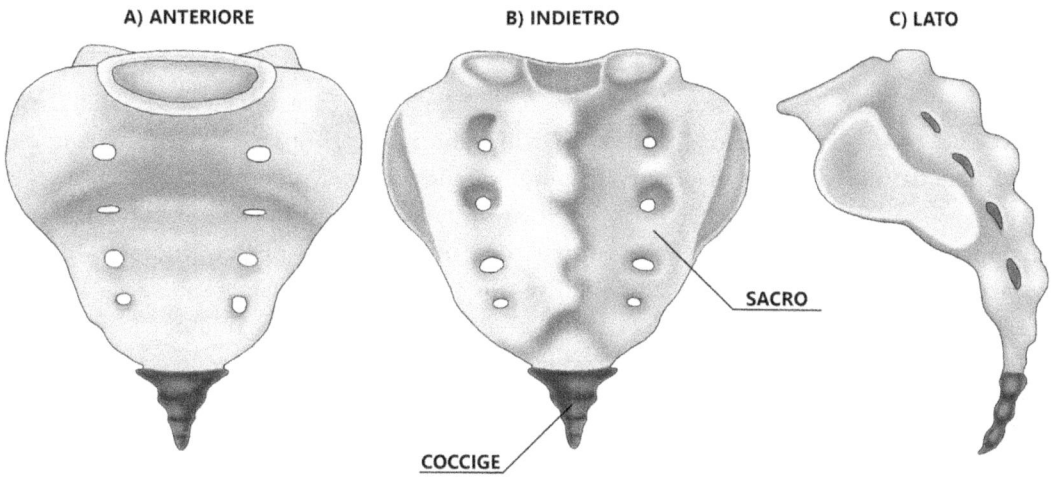

Figura 52: Il Sacro e il Coccige

L'osso sacro è il nostro Tempio Santo, poiché ospita e protegge gli organi genitali, i plessi e i centri energetici sottili inferiori, tutti coinvolti nell'attivazione del processo di risveglio della Kundalini. L'osso sacro è anche responsabile del pompaggio del Liquido Cerebrospinale verso l'alto del cervello. Questo fluido sostiene la coscienza e svolge un ruolo cruciale nell'attivazione dei centri cerebrali superiori al momento del risveglio Spirituale.

Nella tradizione Egizia, l'osso sacro era sacro a Osiride, il Dio degli Inferi. Gli Egizi credevano che la spina dorsale di Osiride, chiamata Colonna di Djed, rappresentasse l'energia Kundalini, il cui processo di risveglio iniziava nell'osso sacro. Il coccige (osso sacro) è un altro piccolo osso triangolare attaccato alla base dell'osso sacro.

Come già detto, nel suo stato potenziale, la Kundalini è arrotolata tre volte e mezzo nel coccige. Il Muladhara Chakra, il Chakra sorgente dell'energia Kundalini, si trova tra il coccige e il perineo. Quando l'energia Kundalini viene rilasciata, viaggia attraverso il tubo cavo del midollo spinale come un serpente (Figura 53), accompagnata dal suono sibilante che un serpente emette quando si muove o sta per colpire.

Per coincidenza, il coccige è composto da tre o cinque vertebre coccigee fuse o ossa spinali. A livello fisico, il coccige è il residuo di una coda vestigiale. Nel contesto dell'evoluzione umana, si ritiene che tutti gli esseri umani abbiano avuto una coda in un certo momento, come la maggior parte dei mammiferi oggi.

La parola "coccige" deriva dal Greco "cuckoo", poiché l'osso stesso ha la forma del becco di un cuculo. È interessante notare che il cuculo è un uccello famoso per il suo suono che porta un cambiamento nella vita di una persona. Il suo richiamo è simbolo di un nuovo destino o di un evento che si manifesta nella vita di una persona. Ricordiamo che il Caduceo di Ermete, simbolo del processo di risveglio della Kundalini, ha avuto origine in Grecia: i Greci erano ben consapevoli del potenziale Spirituale del coccige, poiché sapevano che ospitava l'energia trasformativa della Kundalini.

Nella tradizione Egizia, il Dio della Saggezza, Thoth (Tehuti), ha una testa di uccello Ibis con un lungo becco la cui forma ricorda il coccige. Thoth è la controparte Egizia dell'Ermes Greco e del Mercurio Romano. Queste tre Divinità hanno attributi e corrispondenze quasi identiche e tutte e tre sono associate all'energia Kundalini e al processo di risveglio.

Nel *Corano* (scritto anche Qu'ran), il Profeta Maometto afferma che il coccige non si decompone mai ed è l'osso da cui gli uomini risorgeranno nel Giorno del Giudizio. Gli Ebrei avevano la stessa idea, ma al posto del coccige credevano che fosse l'osso sacro a essere indistruttibile e a costituire il nucleo della resurrezione del corpo umano. Si riferivano all'osso sacro come all'osso "Luz" (in Aramaico "noce"). L'osso sacro presenta un motivo di fossette che, insieme alla sua forma complessiva, ricorda il guscio della mandorla. Nello *Zohar*, il libro degli insegnamenti esoterici e mistici Ebraici, il Luz è l'osso della colonna vertebrale che appare come la testa di un serpente. Dato che sia il coccige che l'osso sacro hanno una forma triangolare, alcuni Rabbini ritengono che sia l'osso sacro a essere sacro, mentre altri ritengono che sia il coccige.

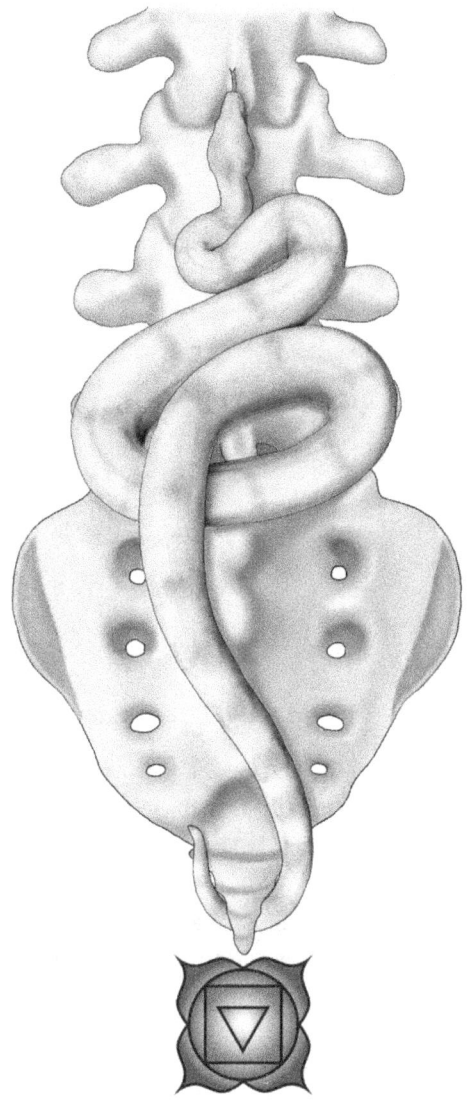

Figura 53: La Kundalini Srotolata

PLESSO SACRALE E NERVO SCIATICO

Altri due fattori essenziali nel processo di risveglio della Kundalini sono il Plesso Sacrale e il Nervo Sciatico (Figura 54). Il Plesso Sacrale è un plesso nervoso che emerge dalle vertebre lombari inferiori e dalle vertebre sacrali (L4-S4). Fornisce nervi motori e sensoriali alla parte posteriore della coscia, al bacino e alla maggior parte della parte inferiore della gamba e del piede.

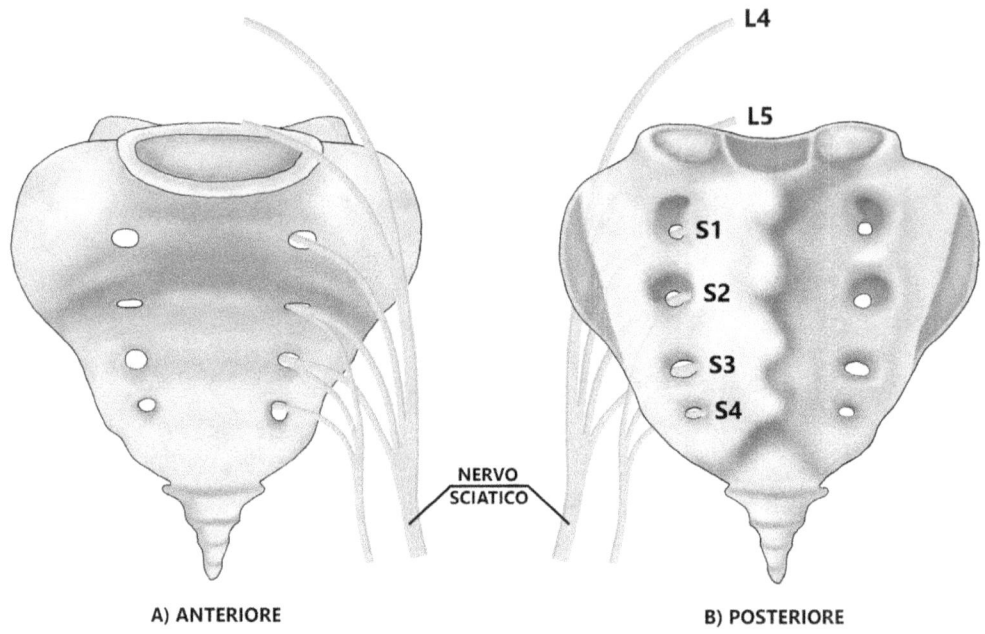

Figura 54: Il Plesso Sacrale

Al di sotto del Plesso Sacrale si trova il Muladhara Chakra, situato tra il coccige e il perineo. La testa del fiore di Muladhara si proietta verso la Terra ed è situata vicino al Plesso Coccigeo. Lo stelo del Chakra Muladhara, tuttavia, ha origine tra la terza e la quarta vertebra sacrale (S3-4), una parte del Plesso Sacrale.

Il Plesso Pelvico si trova nella regione addominale, proprio di fronte al Plesso Sacrale. Il Plesso Pelvico innerva gli organi associati ai chakra Swadhisthana e Muladhara, cioè gli organi sessuali.

Esiste una connessione tra gli Elementi Terra e Acqua e il Pianeta Terra sotto i nostri piedi. Non è un caso che i nostri due Chakra Maggiori più bassi, Muladhara e Swadhisthana, si riferiscano agli unici due Elementi passivi che si occupano di ricevere energia. Mentre Muladhara è un ricettacolo dell'energia terrestre generata dalla Stella della Terra sotto i piedi, Swadhisthana è il nostro contenitore emozionale, il Chakra della mente subconscia e degli istinti.

Swadhisthana rappresenta le emozioni, compresa l'energia sessuale, che alimenta la creatività. È dimostrato che l'energia sessuale, se rivolta verso l'interno, ha un effetto trasformativo sulla coscienza. Nella mia esperienza personale, stavo generando un'enorme quantità di energia sessuale attraverso un'involontaria pratica di sesso Tantrico che stavo eseguendo, che ha portato a continui orgasmi interni che sono culminati in un pieno risveglio della Kundalini.

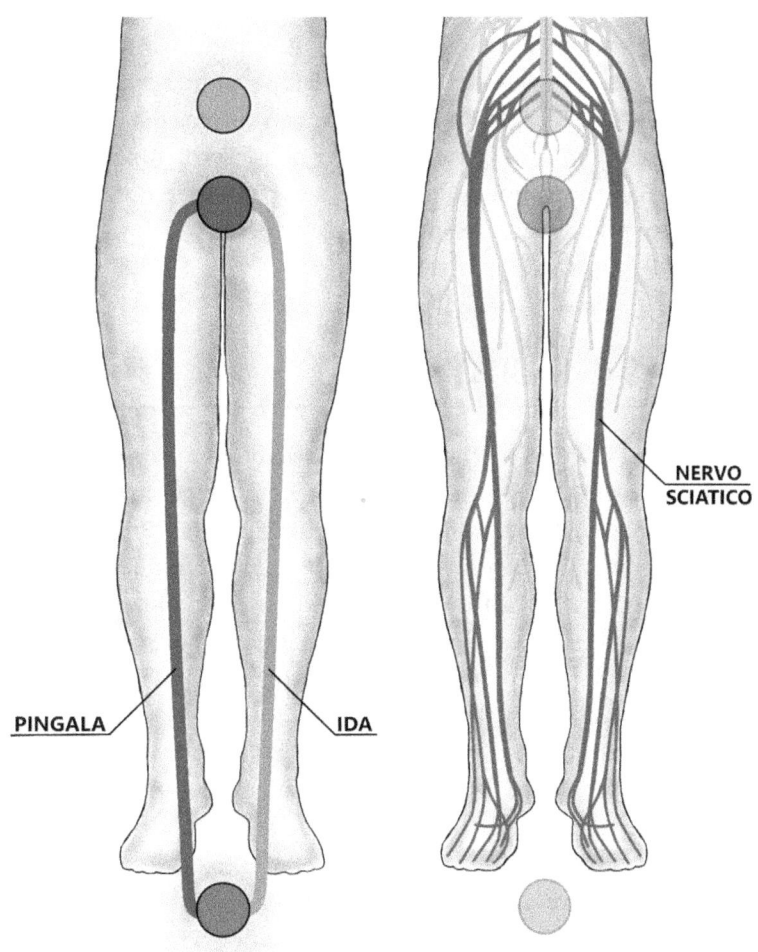

Figura 55: I Nervi Sciatici e i Canali Energetici nelle Gambe

Il Nervo Sciatico è il più grande nervo periferico del corpo umano, formato dall'unione di cinque radici nervose provenienti dal Plesso Sacrale. Ha un diametro di 2 cm e attraversa la coscia e la gamba, fino alla pianta del piede. Il Nervo Sciatico funge da radice del sistema nervoso, collegandoci al Pianeta Terra. Poiché ci sono due gambe, due Nervi Sciatici le attraversano. Il Nervo Sciatico si divide in due rami principali nella zona del ginocchio (nervo tibiale e nervo peroneo comune).

Come il Nervo Vago è una rappresentazione fisica dell'energia Kundalini, i Nervi Sciatici sono l'equivalente biologico dei canali energetici delle gambe che ci collegano alla Stella della Terra attraverso i Chakra dei Piedi (Figura 55). Sebbene le Nadi Ida e Pingala inizino nel Muladhara, la loro fonte di energia proviene dalle due correnti energetiche delle gambe, quella negativa e quella positiva.

Ida è attribuita al lato sinistro del corpo e riceve la sua corrente energetica negativa dalla gamba sinistra, mentre Pingala attraversa il lato destro del corpo e riceve la sua corrente energetica positiva dalla gamba destra. Le due gambe portano le energie femminili e maschili dalla Stella della Terra a Muladhara, alimentando così l'intero sistema Chakrico con queste forze duali. Come già detto, la Stella della Terra funziona come una batteria per Muladhara: i canali energetici nelle gambe servono come correnti negative e positive che trasmettono le energie della Terra dal nostro Pianeta.

METTERE TUTTO INSIEME

Per stimolare la Kundalini in attività e risvegliarla dal suo sonno, dobbiamo creare una potente corrente energetica nel Muladhara, che coinvolge molti fattori che lavorano insieme. La stimolazione delle Nadi Ida e Pingala inizia nella Stella della Terra, la radice del nostro sistema energetico complessivo, rappresentata dalla Linea Hara. Quando la Stella della Terra si energizza, attraverso la meditazione o altre pratiche, proietta una corrente energetica attraverso i canali energetici delle gambe tramite i Chakra dei Talloni. Contemporaneamente, il Nervo Sciatico viene stimolato, eccitando l'area del Plesso Sacrale, dove inizia il Chakra Muladhara.

Come descriverò più dettagliatamente nella sezione dedicata alla scienza Yogica, per risvegliare la Kundalini dobbiamo stimolare sia il Muladhara che lo Swadhisthana Chakra. Il Chakra Swadhisthana inizia tra la prima e la seconda vertebra lombare (L1-2), in corrispondenza del punto in cui termina il midollo spinale e inizia il Filo Terminale. Il processo di risveglio della Kundalini ha molto a che fare con l'energizzazione del LCS, che inizia nel Filo Terminale e attraversa il midollo spinale fino a raggiungere il Terzo Ventricolo e il Talamo e l'Ipotalamo centrali. Stimolando il Terzo Ventricolo, vengono stimolati anche i lobi cerebrali circostanti. L'intero processo di espansione della potenza cerebrale coinvolge il Terzo Ventricolo e l'LCS elettrificato.

Il risveglio della Kundalini nel Muladhara coinvolge i Cinque Prana Vayus, i cinque movimenti o funzioni del Prana, la Forza Vitale. Quando tre di questi Prana Vayus cambiano la loro forza direzionale per incontrarsi nell'Hara Chakra, si verifica un'attivazione che comporta la generazione di calore nel centro dell'Ombelico. Questo immenso calore è accompagnato da una sensazione di estasi nell'addome, simile a un'intensificazione dell'eccitazione sessuale, che elettrizza la Sushumna Nadi, facendola accendere come una lampadina. Una volta che Sushumna si accende, la Kundalini si risveglia alla base della colonna vertebrale. (Spiegherò questa parte del processo in modo più dettagliato nel capitolo "I Cinque Prana Vayus").

Nella mia esperienza, la Kundalini risvegliata si manifestava come una sfera di energia Luminosa, che emanava un campo elettrico delle dimensioni di una pallina da golf. Quando si risvegliava, creava una pressione nella parte inferiore della colonna vertebrale, che non era fisica ma poteva essere percepita a livello sottile. La sfera di Luce di Kundalini viaggia verso l'alto attraverso l'LCS nel midollo spinale. Contemporaneamente, la Stella della Terra genera un'enorme energia, che viene trasmessa al Muladhara Chakra attraverso i canali energetici delle gambe, energizzando così le Nadi Ida e Pingala.

A livello fisico, i testicoli (uomini), le ovaie (donne) e le Surrenali sono coinvolti nel processo di risveglio della Kundalini, poiché generano l'energia sessuale necessaria per alimentare Ida e Pingala e farli salire. Ida corrisponde al testicolo sinistro e all'ovaio, mentre Pingala si riferisce al destro. Una volta che la Kundalini inizia a salire attraverso Sushumna, Ida e Pingala, alimentate dall'energia sessuale, salgono con un movimento ondulatorio, adiacente al midollo spinale, incrociandosi in ciascuno dei punti Chakrici lungo la colonna vertebrale.

Quando la sfera di energia di Luce di Kundalini raggiunge sistematicamente ciascuno degli steli Chakrici, si combina con le correnti femminili e maschili equilibrate di Ida e Pingala, elettrizzando e inviando un fascio di energia di Luce attraverso ciascuno degli steli dei fiori Chakrici. Una volta che ogni stelo Chakrico viene infuso di energia di Luce, il fiore Chakrico nella parte anteriore del corpo inizia a girare più velocemente, risvegliando completamente ogni Chakra e ottimizzandone il flusso.

Dopo aver perforato le Granthis Brahma e Vishnu e risvegliato i primi cinque Chakra, l'energia Kundalini entra nel centro del cervello e termina nel Talamo, che si illumina dall'interno. Al contrario, le Nadi Ida e Pingala elettrificate terminano nelle Ghiandole Pineale e Pituitaria. Una volta attivate completamente, le Ghiandole Pineale e Pituitaria si magnetizzano e proiettano una corrente elettrica che si unifica nel Talamo centrale come un'unica fonte di Luce. Quando il Talamo riceve le energie di Ida e Pingala, si illumina più che mai attraverso le Ghiandole Pineale e Pituitaria, mentre le tre Nadi principali si integrano.

L'unificazione delle Nadi Sushumna, Ida e Pingala nel Talamo invia una corrente di energia di Luce attraverso lo stelo Chakrico di Ajna, fino a raggiungere la testa del fiore che si trova al centro delle sopracciglia (leggermente in alto). Se il flusso di energia di Luce proiettato dal Talamo è abbastanza potente, espanderà il portale dell'Occhio della Mente di Ajna. Ho paragonato questa parte del processo al portale circolare di Ajna che cresce dalle dimensioni di una ciambella a quelle di un pneumatico. Come ho detto, però, questa parte del processo non è universale, il che significa che accade solo a quegli individui che generano una quantità eccezionale di energia di Luce nel centro del loro cervello, come è successo a me.

La fase successiva del processo di risveglio della Kundalini prevede che la corrente di Luce unificata delle Nadi Ida, Pingala e Sushumna salga attraverso la corteccia cerebrale fino alla sommità, al centro della testa. Lungo il percorso, Rudra Granthi viene trafitto, il che è necessario per il risveglio di Sahasrara, che è il nodo finale che lega la coscienza alla dualità. (Per saperne di più sui Granthi e sul loro ruolo nel processo di risveglio della Kundalini, consultare il capitolo "I Tre Granthi").

Se la corrente di Kundalini è abbastanza potente, una volta raggiunta la sommità del capo, l'Uovo Cosmico si apre, dando luogo al fenomeno della "folgorazione", che comporta l'infusione di energia di Luce nelle Settantadue Nadi. Questa esperienza rappresenta la piena attivazione del Corpo di Luce. Il passo successivo e finale del processo di risveglio della Kundalini consiste nell'aprire completamente il Loto dai Mille Petali di Sahasrara, ottimizzando il proprio campo energetico toroidale e unificando la propria coscienza con la Coscienza Cosmica. (La figura 56 è una rappresentazione simbolica del processo di risveglio della Kundalini e della sua associazione con il Caduceo di Ermete e la Doppia Elica del DNA).)

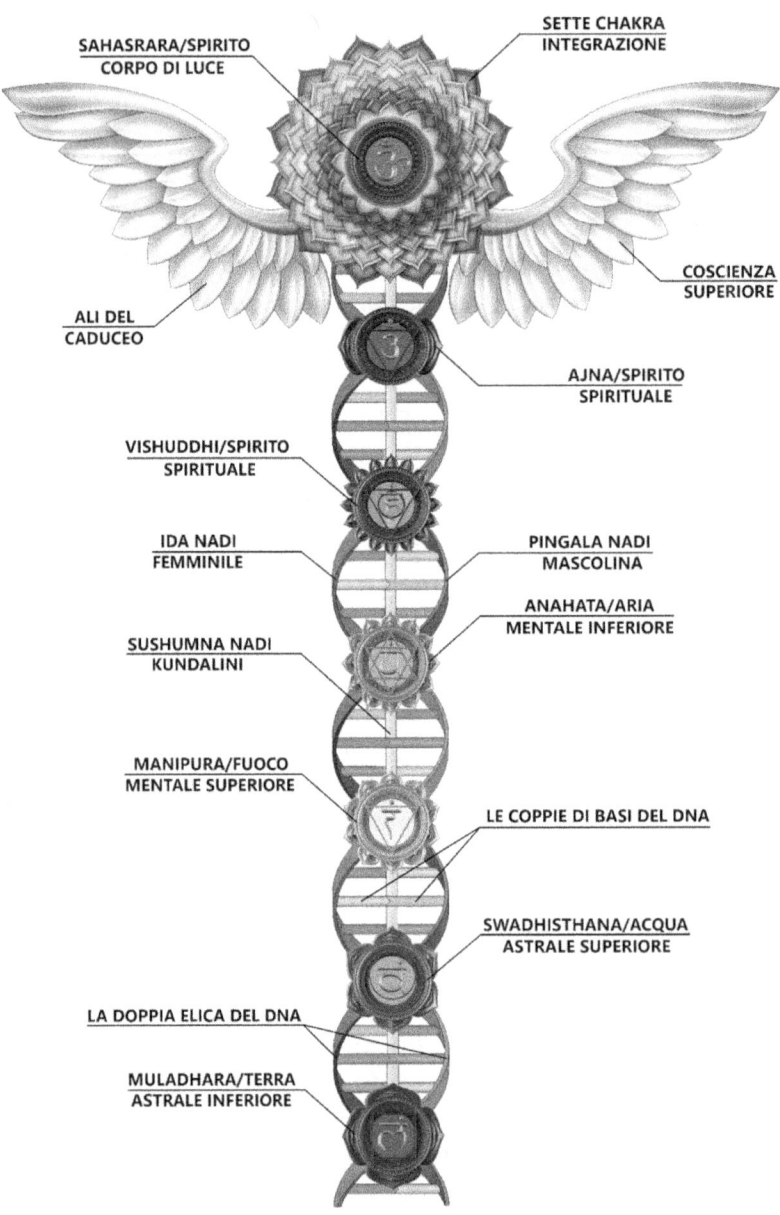

Figura 56: Kundalini/Caduceo di Hermes/La Doppia Elica del DNA

IL POTERE DEL CUORE

Negli ultimi vent'anni l'HeartMath Institute ha condotto ricerche sul potere del cuore umano. Ha stabilito che il cuore è il più potente generatore di energia elettromagnetica del corpo umano. Il suo campo elettrico ha un'ampiezza circa 60 volte superiore a quella del cervello. Il campo magnetico del cuore, invece, è 5000 volte più forte di quello generato dal cervello.

Il Campo Elettromagnetico (CEM) del cuore ha una forma toroidale (Figura 57) e avvolge ogni cellula del corpo umano. Il nostro CEM cardiaco si estende in tutte le direzioni e influenza direttamente le onde cerebrali delle altre persone che si trovano nel raggio di otto o tre metri (in media) da dove ci troviamo. Anche le persone più lontane (fino a 15 metri) sono influenzate, ma in modo più sottile. Il CEM cardiaco, proprio come il campo Aurico, fluttua nelle dimensioni lungo il piano orizzontale, espandendosi e contraendosi come un organismo vivente e respirante.

Poiché le scoperte della HearthMath sul potere del cuore sono relativamente nuove, molti ricercatori hanno suggerito che il CEM cardiaco e il campo Aurico siano la stessa cosa, poiché entrambi hanno una forma toroidale e sono espressivi delle nostre energie elettromagnetiche. La mia convinzione, formatasi grazie a un'ampia ricerca e alla guida Divina, è che si tratti di due campi elettromagnetici separati ma interconnessi.

Il campo Aurico è un insieme di diverse energie sottili che esprimono i Chakra Maggiori e Transpersonali, che vibrano a varie frequenze elettromagnetiche. Il campo Aurico contiene anche altri campi sottili che ci collegano agli altri esseri viventi, al Pianeta Terra e all'Universo. Poiché il campo Aurico si estende per circa un metro e mezzo, mentre il campo elettromagnetico del cuore è molto più grande, stiamo chiaramente parlando di due cose diverse.

Credo che il campo Aurico si trovi all'interno del campo elettromagnetico del cuore e che siano due parti di un tutto. Il CEM del cuore ha lo scopo di registrare le vibrazioni dell'ambiente e di inviarle al cervello e al resto del corpo. Di conseguenza, i Piani Cosmici Interni vengono influenzati, influenzando le energie dei Chakra. I Chakra, a loro volta, suscitano determinate risposte nella coscienza in base alle facoltà interiori corrispondenti. Per questo motivo, i campi elettromagnetici del cuore ci influenzano a tutti i livelli, Spirituale, mentale, emotivo e fisico. Agisce come interfaccia con l'ambiente, inviando informazioni al campo Surico, che alimenta la coscienza.

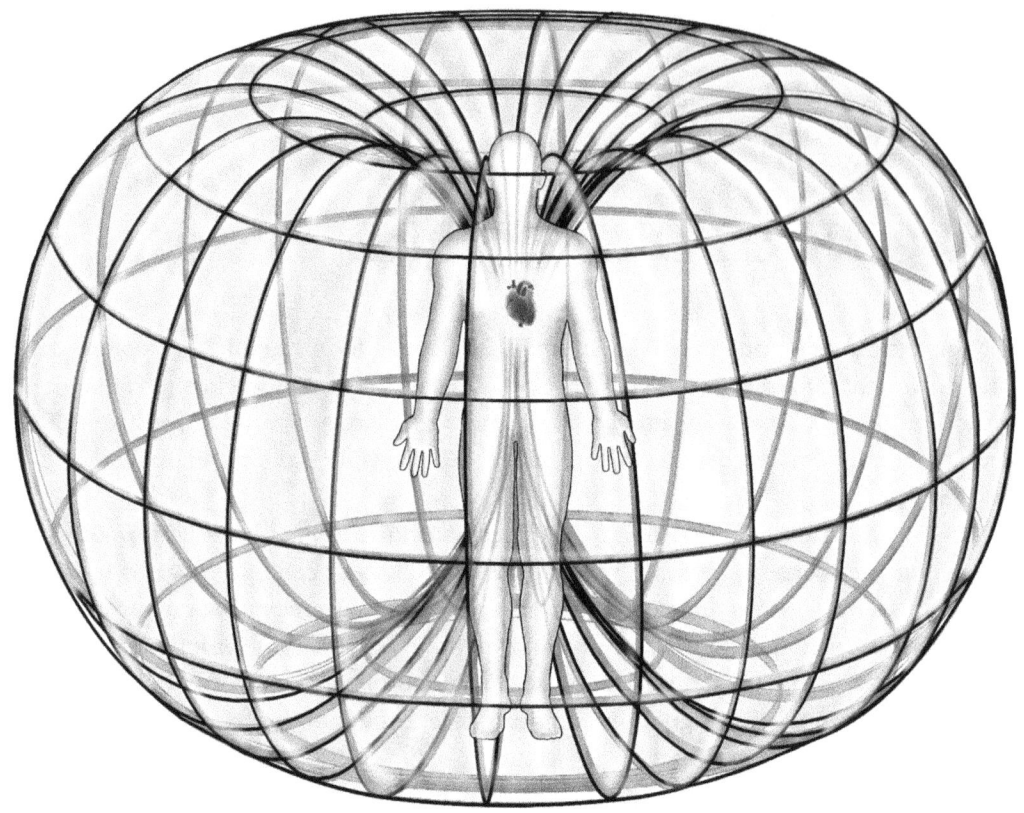

Figura 57: Il Campo Elettromagnetico del Cuore

Il CEM del cuore è collegato al Chakra del Cuore, che corrisponde all'Elemento Aria e al Piano Mentale Inferiore. Grazie alla sua posizione, il CEM del cuore funge da intermediario tra i Piani Cosmici Superiori e Inferiori. Le vibrazioni sottili dell'ambiente vengono captate e trasmesse ai Piani Mentali e Spirituali Superiori e ai Piani Astrale e Fisico Inferiori.

Il Chakra del Cuore è il quarto Chakra Maggiore, posizionato tra i tre Chakra Wuperiori dell'Elemento Spirito e i tre Chakra Inferiori (Fuoco, Acqua e Terra). L'elemento Aria è esotericamente conosciuto come un intermediario tra lo Spirito e la Materia, paragonato al modo in cui l'atmosfera contenente aria separa il Cielo sopra e la Terra sotto. L'aria si riferisce al respiro e all'ossigeno, che sostengono tutta la vita. Non possiamo sopravvivere per più di qualche minuto senza l'atto di respirare, poiché è essenziale per la nostra sopravvivenza. In questo modo, il CEM del cuore è al servizio dell'Anima e della mente, che sono gli intermediari dello Spirito e della Materia.

LA CONNESSIONE CUORE-CERVELLO

Nello sviluppo fetale, il cuore è il primo organo che si forma: inizia a battere prima ancora che si sviluppi il cervello. Il cuore è la parte centrale del Sé, la base su cui viene creato il resto del corpo nel grembo materno. I neurocardiologi hanno stabilito che il cuore contiene molti componenti simili a quelli del cervello, consentendo un dialogo dinamico, continuo e bidirezionale.

Circa il 60-65% delle cellule cardiache sono cellule neurali, come quelle del cervello. Questi 40 000 neuroni sono raggruppati in gruppi come i gruppi neurali del cervello e contengono gli stessi gangli, neurotrasmettitori, proteine e cellule di supporto. Il "cuore-cervello", come viene comunemente chiamato, permette al cuore di agire indipendentemente dal cervello cranico. Elaborando emotivamente gli eventi della vita, il cuore sviluppa capacità decisionali e memoria. Nel corso del tempo, il cuore sviluppa una propria intelligenza emotiva che aiuta a guidarci nella vita.

Il cuore e il cervello comunicano a livello neurologico (attraverso il sistema nervoso) ed energetico (attraverso i loro Campi Elettromagnetici). Comunicano anche a livello ormonale e attraverso le onde del polso (biofisicamente). Le energie vibratorie che fluiscono continuamente tra il cuore e il cervello aiutano a elaborare gli eventi e le risposte emotive, l'esperienza sensoriale, il ragionamento e la memoria.

Il cuore è la nostra principale interfaccia con il mondo circostante e lavora all'unisono con il Talamo e il cervello. Il cervello e il cuore sono in relazione con la Mente e l'Anima, che sono partner nel mantenimento e nel governo della coscienza. Come il cervello contiene i ventricoli che incanalano l'energia e la coscienza dello Spirito, anche il cuore ha dei passaggi sottili che fanno lo stesso. Se si verifica un'interruzione nel flusso armonioso di comunicazione dello Spirito e della coscienza tra il cervello e il cuore, può verificarsi la perdita della coscienza.

Il nostro CEM cardiaco riceve continuamente segnali dall'ambiente, ma la maggior parte di queste informazioni non raggiunge mai la mente cosciente. I dati vengono invece immagazzinati nel subconscio. La mente subconscia è associata al 90% dell'attività neurale del cervello e influisce in modo sostanziale sul nostro comportamento più della mente conscia. Per questo motivo, la maggior parte delle nostre risposte istintive, come ad esempio le espressioni del linguaggio del corpo, sono automatiche senza che ci rendiamo conto di averle innescate.

La mente cosciente utilizza la Corteccia Prefrontale del cervello per elaborare le informazioni. Può elaborare e gestire solo 40 impulsi nervosi al secondo. In confronto, la mente subconscia, che opera dalla parte posteriore del cervello, può elaborare 40 milioni di impulsi nervosi al secondo: il processore della mente subconscia è un milione di volte più potente di quello della mente conscia.

Dopo un risveglio completo della Kundalini, quando la Luce interiore entra nel centro del cervello e vi si localizza in modo permanente, la mente conscia e quella subconscia diventano una cosa sola, con un conseguente aggiornamento permanente della CPU. In questo modo, l'individuo ottiene pieno accesso a tutte le informazioni lette dal suo CEM cardiaco, che aumenta la sua consapevolezza, ottimizzando le sue capacità decisionali.

COERENZA DEL CORPO

Il cuore umano è un muscolo cavo, grande come un pugno, che batte a 72 battiti al minuto ed è il centro del sistema circolatorio (Figura 58). Il cuore si trova al centro della testa e del tronco, al centro del torace (leggermente spostato a sinistra), consentendo un collegamento ottimale con tutti gli organi che alimentano il corpo.

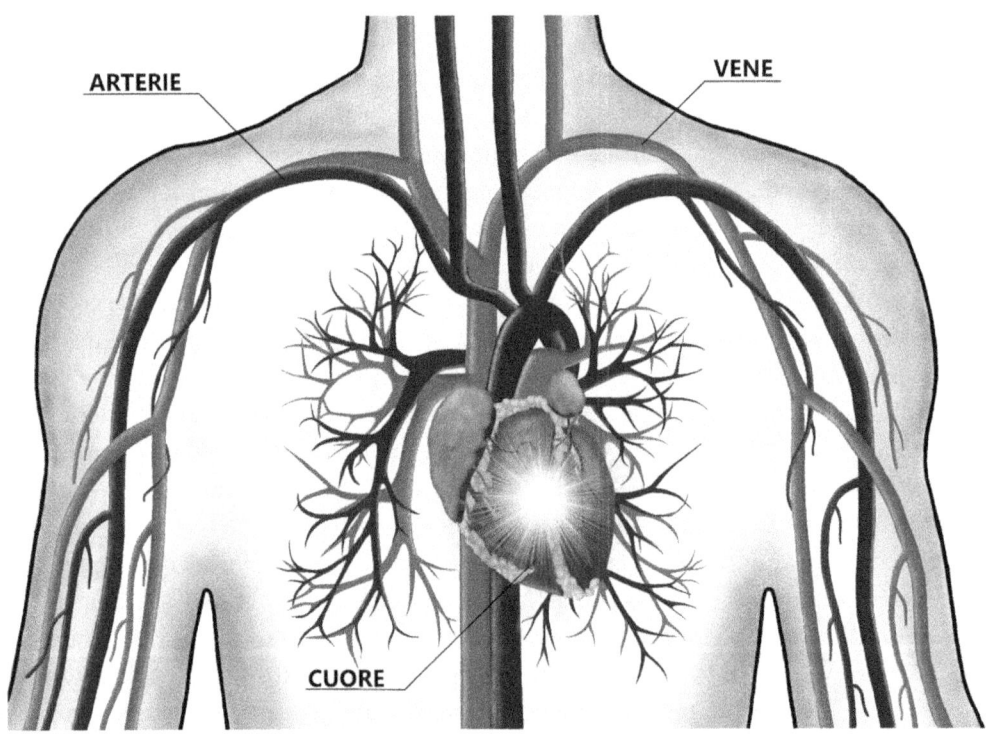

Figura 58: Il Cuore Umano e il Sistema Circolatorio

Il sistema circolatorio è costituito da vasi sanguigni (arterie) che portano il sangue lontano e verso il cuore. Il lato destro del cuore riceve il sangue povero di ossigeno dalle vene e lo pompa ai polmoni, dove raccoglie l'ossigeno e scarta l'anidride carbonica. Il lato sinistro del cuore riceve il sangue ricco di ossigeno e lo pompa attraverso le arterie verso il resto del corpo, compreso il cervello. Tra tutti gli organi, il cervello è uno dei maggiori consumatori di sangue ricco di ossigeno e un apporto cranico insufficiente può causare un notevole affaticamento cerebrale.

Il cuore ha un'influenza significativa sul corpo fisico a livello cellulare. Il cuore non solo pompa ossigeno e sostanze nutritive a tutte le cellule del corpo attraverso il sistema circolatorio, ma produce anche ormoni che influiscono sulle funzioni fisiologiche del corpo e del cervello. Come già detto, uno dei modi in cui il cuore e il cervello comunicano è quello ormonale, perché il cuore funge da ghiandola endocrina.

Attraverso le frequenze elettromagnetiche e il rilascio di sostanze chimiche, il nostro cuore regola i ritmi del cervello e dei vari sistemi dell'organismo (respiratorio, immunitario, digestivo, circolatorio, endocrino, ecc.) La coerenza del corpo si ottiene quando si crea un'interazione armoniosa ed equilibrata in tutti i sistemi del corpo.

Se proviamo emozioni positive e amorevoli, si verifica una coerenza corporea che rallenta le onde cerebrali e bilancia i Sistemi Nervosi Parasimpatico e Simpatico. Il battito cardiaco rallenta e diventa regolare ed equilibrato. La nostra mente diventa chiara e ci permette di sintonizzarci con la Luce interiore della nostra Anima. In questo modo, la creatività, l'immaginazione, l'intuizione e l'ispirazione si intensificano, permettendoci di attingere al nostro potenziale più profondo di esseri umani Spirituali.

Al contrario, se proviamo emozioni negative e di paura, il nostro corpo non è più in armonia e si scatenano stress e ansia. Le onde cerebrali si accelerano, rendendoci più vigili. Anche il battito cardiaco accelera e spesso si verificano contrazioni ritmiche dovute all'elaborazione delle negatività da parte della mente. Il nostro Sistema Nervoso Simpatico prende il sopravvento su quello Parasimpatico e perdiamo il contatto con la nostra Anima, interrompendo la connessione con l'ispirazione e la creatività. La nostra capacità di pensare viene offuscata dallo stato negativo in cui ci troviamo e ci affidiamo al nostro Ego per razionalizzare la nostra esistenza.

Respirare attraverso lo stomaco espandendo il diaframma (respirazione diaframmatica) è forse il modo più utile per neutralizzare l'energia negativa e calmare l'interno. Questa tecnica di respirazione Yogica (Pranayama) permette di riprendere il controllo dei propri ritmi corporei e di ritrovare la coerenza del corpo. La respirazione diaframmatica è un prerequisito per la meditazione, che è un altro metodo per elevare la vibrazione della coscienza che ottimizza la salute del corpo.

IL CUORE E LE VIBRAZIONI

Secondo il Principio Ermetico della Vibrazione, tutte le cose nell'Universo (compresi gli organismi viventi, i pensieri, le emozioni, ecc.) sono in uno stato di movimento vibratorio a livello subatomico. Anche la fisica quantistica oggi afferma ciò che gli Antichi dicevano da migliaia di anni. Non solo la Materia è costituita da energie vibratorie, ma la vibrazione è alla base di tutta la comunicazione nell'Universo, sia orale che attraverso livelli più sottili: tutti noi ci induciamo continuamente l'un l'altro attraverso le nostre vibrazioni.

Le risonanze magnetiche della Terra vibrano alla stessa frequenza dei nostri ritmi cardiaci e delle nostre onde cerebrali: Come Sopra, Così Sotto. Tutti gli organismi viventi trasmettono energie vibratorie uniche, mentre il cuore è il ricevitore che "legge" i campi energetici intorno a noi. I CEM del nostro cuore ricevono costantemente segnali vibratori dall'ambiente, il che permette alle nostre cellule di interagire con il mondo esterno. L'analisi scientifica rivela che è il cuore, e non il cervello, a dare la prima risposta alle informazioni in arrivo dall'esterno. Per questo motivo, si sente spesso dire: "Mi piacciono le vibrazioni di questa persona", riferendosi all'impressione che si ha di lei attraverso il cuore.

È interessante notare che, con la pletora di stimoli presenti in ogni momento, il cuore registra soprattutto le informazioni che risuonano con le proprie vibrazioni interiori. Questo fenomeno è una manifestazione della Legge di attrazione, secondo la quale i pensieri e le emozioni positivi o negativi portano esperienze positive o negative nella vita di una persona. In altre parole, sperimentiamo ciò su cui la nostra mente e il nostro cuore si concentrano.

Ad esempio, una persona che occupa la propria mente e il proprio cuore con pensieri e sentimenti d'amore si sintonizzerà con le informazioni provenienti dall'ambiente che riguardano l'energia dell'amore. Il suo CEM cardiaco si concentrerà e amplificherà tutti i segnali dell'ambiente relativi all'amore. Chi pensa solo alla paura e prova emozioni di paura accederà ai dati ambientali relativi alla paura. E anche se stiamo pensando di non pensare a qualcosa, ci concentriamo comunque su quella cosa, che si manifesta nella nostra mente e nel nostro cuore. In questo modo, registriamo e sentiamo continuamente ciò che siamo programmati per sentire.

Il cuore di ogni persona ha un modello di onde elettromagnetiche unico come la sua impronta digitale. Non solo contiene dati sullo stato attuale del corpo, ma ha anche ricordi codificati memorizzati all'interno delle due distinte reti di nervi del cuore. Il fenomeno della memoria cardiaca può essere dimostrato da chi ha subito un trapianto di cuore. È comune che chi ha ricevuto il cuore di un'altra persona sviluppi cambiamenti nella sua personalità, nei suoi gusti, nelle sue preferenze e nelle sue antipatie, causati da vecchi ricordi immagazzinati nel cuore.

IL CUORE E LE RELAZIONI

Quando incontriamo qualcuno, subiamo una sincronizzazione cuore-cervello con quella persona. Il nostro stato mentale ed emotivo induce immediatamente l'altra persona a leggere le nostre intenzioni a livello energetico. Ad esempio, quando proveniamo da un luogo di amore, verità e rispetto, il cuore di un'altra persona si aprirà naturalmente a noi e ricambierà le nostre buone intenzioni. Se invece proveniamo da un luogo di Ego e le nostre intenzioni non sono pure, come quando cerchiamo di manipolare qualcuno per scopi egoistici, l'altra persona si metterà naturalmente in difesa. Il suo cuore rimarrà chiuso nei nostri confronti e il suo cervello prenderà il sopravvento per cercare di razionalizzare la situazione.

Se siamo stressati e agitati, respingiamo naturalmente le persone che ci circondano, mentre le attiriamo quando siamo calmi e in pace. Le persone sono attratte dalla positività perché sappiamo intuitivamente che stiamo continuamente comunicando telepaticamente e ci induciamo a vicenda con i nostri pensieri e le nostre emozioni. Questa conoscenza è qualcosa con cui siamo nati, anche se potremmo non riconoscerla con il nostro Ego.

Considerando il potere elettromagnetico del cuore e l'impatto che l'energia positiva e amorevole ha sulle persone che incontriamo, non c'è da stupirsi se desideriamo naturalmente essere sociali e creare legami con gli altri. Ci nutriamo e ci curiamo a vicenda quando i nostri cuori sono aperti e le nostre intenzioni sono buone. Con le sole buone intenzioni, possiamo penetrare attraverso la barriera dell'Ego e della personalità e raggiungere l'Anima di un altro essere umano. Al contrario, quando le nostre intenzioni sono egoistiche, ci scateniamo l'un l'altro emotivamente e possiamo causare danni a livello profondo. In quest'ultimo caso, l'Ego prende il sopravvento e non c'è scambio di energie di guarigione dell'Anima.

Quando si litiga con qualcuno, il modo migliore per risolvere le divergenze è parlare con il cuore a quella persona, che molto spesso ricambierà l'azione. La verità è in grado di eliminare tutti gli ostacoli, perché neutralizza l'energia negativa e permette di arrivare al "cuore della questione", come si suol dire. Quando c'è un'apertura del cuore tra due persone, non solo le differenze si risolvono, ma il legame d'amore tra loro diventa più forte. Per questo motivo, vivere con il cuore ed essere sempre onesti permette di non avere rimpianti e di vivere con la coscienza pulita.

Isolarsi dagli altri e mancare di contatto umano a livello fisico ed emotivo è doloroso e spesso intorpidisce se passa troppo tempo. Abbiamo bisogno di legami umani, comprese le amicizie e l'intimità, per aiutarci nel nostro percorso di Evoluzione Spirituale. Le relazioni romantiche sono le più curative, soprattutto se prevedono il sesso, poiché il sesso è l'atto fisico di unificazione che crea il legame più potente quando si applica un cuore aperto e intenzioni amorevoli.

COMPORTAMENTO UMANO E CAUSE ED EFFETTI

Come ho descritto nel libro *The Magus,* se volete sviluppare un vero potere personale, dovete conoscere i vostri Demoni in modo da poterne utilizzare le energie in modo produttivo quando la situazione lo richiede. Per esempio, quando qualcuno cerca di manipolarvi, riconoscerete la sua intenzione invece di esserne ciechi e potrete ottenere una reazione uguale e contraria per neutralizzare la Legge del Karma.

Quando parlo di Demoni, mi riferisco all'energia negativa e di paura che non è di per sé della Luce, ma che può favorire il programma della Luce. Anche se ciò che dico può sembrare controintuitivo (poiché a molti di voi è stato insegnato che le energie Demoniache sono cattive), non è così. L'energia negativa non è qualcosa da cui dovete fuggire, ma che dovete cercare di domare dentro di voi. Attraverso l'applicazione del Libero Arbitrio, potete facilmente utilizzare l'energia negativa per ottenere un risultato positivo. In questo modo mettete le ali ai vostri Demoni, metaforicamente parlando.

Conoscere le proprie energie Demoniache permette di rendersi conto quando si è attaccati energeticamente dagli altri, di valutare il tipo di attacco e di mobilitare le proprie forze interiori per passare all'attacco. Ricordate che dobbiamo punire tutto il male, altrimenti diventiamo complici del male. La Legge del Karma ci impone di essere vigili e forti di fronte a qualsiasi energia avversaria e di usare la Severità quando ci viene richiesta. Così facendo, insegniamo sottilmente agli altri a comportarsi correttamente, secondo le Leggi Universali. Ognuno di noi ha il sacro dovere che dobbiamo al nostro Creatore; di trattare gli altri con amore e rispetto e di proteggersi reciprocamente da ogni male.

Se fuggiamo dalle energie negative, non riusciamo a costruire il nostro potere personale, cosa che col tempo ci toglie le capacità donate da Dio. Ogni volta che non puniamo il male per paura del confronto, quella paura si ingigantisce dentro di noi, allontanandoci sempre di più dalla Luce della nostra Anima. E poiché la Legge del Karma è ciclica, continuiamo ad affrontare le stesse sfide, ancora e ancora, fino a quando non riusciamo a farcela.

La Legge di Mosè "Occhio per Occhio", tratta dalla *Torah (l'Antico Testamento),* contiene il principio di fondo secondo cui la punizione deve essere adeguata al crimine. È in linea con la Terza Legge di Causa ed Effetto di Newton, basata sulla precedente Legge Ermetica di Causa ed Effetto: "Per ogni azione (forza) in natura, c'è una reazione uguale e contraria". Causa ed effetto è alla base della Legge del Karma e implica essenzialmente che ciò che si immette nell'Universo, lo si riceve indietro.

"Raccogliete ciò che seminate"-come dice il detto, se fate cose diaboliche, vi ritornerà il male, mentre se farete del bene, del bene vi ritornerà. Dal punto di vista delle relazioni umane, se si è positivi e amorevoli con gli altri, si otterrà da loro la stessa cosa, mentre se si è egoisti e malvagi, gli altri ricambieranno il favore. Tutti noi siamo intrinsecamente incaricati di esprimere la Legge di Causa ed Effetto e di essere l'effetto delle cause altrui.

Una massima simile, con la stessa energia di fondo, viene da Gesù, che disse: "Di spada si vive, di spada si muore", intendendo che la qualità della vostra vita e le scelte che fate determineranno il corso della vostra vita. A un livello ancora più profondo, il detto di Gesù implica che si attrae il tipo di vita che corrisponde alla qualità del proprio cuore. Se mostrate coraggio, forza e determinazione, potete vivere all'altezza del vostro potenziale come esseri umani Spirituali. Se invece vivete nella paura, non sarete mai soddisfatti della qualità della vostra vita e troverete continuamente scuse e vi sentirete vittime. Il modo migliore per contenere l'energia della paura è affrontarla invece di fuggire da essa. Pertanto, dobbiamo diventare Co-Creatori responsabili con il nostro Creatore e integrare in noi sia i poteri Angelici che quelli Demoniaci e padroneggiarli.

La frase di Gesù "Porgi l'altra Guancia", contenuta nel Discorso della Montagna (Nuovo Testamento), si riferisce al reagire a una ferita senza vendicarsi o permettere che venga fatto altro male. A un livello più sottile, si riferisce al perdono delle trasgressioni altrui e al non farsi valere perché "se ne occuperà Dio". Questa frase è diventata la spina dorsale del modo in cui la Chiesa Cristiana ha insegnato ai suoi seguaci a comportarsi. A posteriori, però, la Chiesa la mise in atto per motivi politici.

È diventato chiaro che la Chiesa Cristiana ha indottrinato i suoi seguaci per avere potere e controllo su di loro senza avere alcuna ripercussione per le loro azioni malvagie in gran parte del Medioevo e oltre. La Chiesa tassò il suo popolo in modo immorale e lo oppresse in altro modo, mentre bruciava sul rogo coloro che sfidavano le sue leggi. Teneva il popolo in stato di ebbrezza mentre conduceva guerre religiose e distruggeva aree pagane per convertirle al Cristianesimo con la forza.

La frase "Porgi l'altra Guancia", erroneamente usata dalla Chiesa Cristiana come legge Universale, crea persone deboli e timide che sono "zerbini" da usare per gli altri, poiché viene insegnato loro a non difendere mai il proprio onore e a punire il male che viene fatto loro. Lascia tutte le azioni nelle mani di Dio, il Creatore, con la speranza che la giustizia arrivi in modo naturale e che non sia necessario partecipare alla giustizia.

La Chiesa Cristiana ha insegnato ai suoi seguaci che Gesù è il Salvatore, mentre l'insegnamento originale di Gesù era che ognuno di noi è il proprio Salvatore. In altre parole, siamo Co-Creatori consapevoli con il Creatore e abbiamo la responsabilità di manifestare la creazione usando i nostri poteri donati da Dio e rispettando la Legge di Causa ed Effetto. L'interpretazione errata della Chiesa è stata ancora una volta per motivi politici, per sottrarre il potere personale al popolo e diventare l'unica forza di governo.

Secondo gli insegnamenti Qabalistici, bisogna sempre mantenere un giusto equilibrio tra Misericordia e Severità. Una Misericordia squilibrata produce debolezza mentale, mentre una Severità squilibrata crea tirannia e oppressione. Sebbene sia stato erroneamente raffigurato come un Pilastro della Misericordia, Gesù ha imposto la Severità quando necessario. Non dimentichiamo mai che quando entrò nel Tempio di Gerusalemme e vide i mercanti e i cambiavalute che lo usavano a scopo di lucro, girò i tavoli in preda alla rabbia per far capire che il Tempio è un luogo Sacro.

La Legge di Gesù del "Porgi l'altra Guancia" può essere usata efficacemente, come ci ha mostrato il Mahatma Gandhi, che ha usato la non violenza per cacciare gli ostili Inglesi dall'India. L'idea che sta alla base della Legge di Gesù è che l'energia negativa, quando viene proiettata, rimbalza subito verso di noi se l'altra persona diventa neutrale applicando l'energia dell'amore e perdonando la trasgressione nel momento stesso in cui avviene. Si è destinati a diventare un prodotto della propria negatività se gli altri neutralizzano energeticamente il loro trattamento immorale.

La Legge di Gesù può ottenere l'effetto desiderato se chi la applica è un Essere altamente evoluto Spiritualmente, come lo erano Gesù e Gandhi, che non si scatena emotivamente quando qualcuno gli manca di rispetto. Tuttavia, questo è impossibile per le persone comuni, poiché le loro emozioni sono istintive e la loro coscienza sperimenta la dualità. Pertanto, la persona comune deve sempre bilanciare la Misericordia con la Severità e applicare ciascuna forza quando necessario. Punendo il male, manteniamo l'integrità della Luce nel mondo, che favorisce l'Evoluzione Spirituale di tutta l'umanità. Siamo tutti giudici, guaritori e insegnanti gli uni degli altri, e questo perché siamo tutti interconnessi al livello più profondo attraverso il potere elettromagnetico dei nostri cuori.

APERTURA DEL CHAKRA DEL CUORE

Nella storia Qntica, i mistici, i Saggi, gli Yogi, gli Adepti e gli esseri umani Spiritualmente avanzati hanno considerato il cuore fisico come il centro dell'Anima. L'Anima è la nostra Luce guida interiore, collegata alla Stella di fuoco del nostro Sistema Solare, il Sole. Sebbene l'Elemento Fuoco corrisponda al Chakra del Plesso Solare, l'interazione tra i Chakra Manipura e Anahata dà inizio alla coscienza Solare. Nella Qabalah, la coscienza Solare è rappresentata dalla Sephira Tiphareth, che si trova tra il Chakra del Cuore e quello del Plesso Solare, poiché condivide corrispondenze con entrambi.

Il cuore fisico corrisponde al Chakra del Cuore, Anahata, situato al centro del petto. Il Chakra del Cuore è il nostro centro di pace interiore, amore incondizionato, compassione, verità, armonia e saggezza. È il nostro centro di energia di guarigione che può essere applicata all'esterno attraverso pratiche di guarigione manuale come il Reiki e il Ruach Healing. L'energia di guarigione è imbrigliata nel Chakra del Cuore, ma viene inviata all'esterno attraverso il Chakra della Gola, che si connette ai canali energetici nelle braccia che si irradiano fino ai Chakra dei Palmi.

Il Chakra del Cuore è il nostro centro Spirituale attraverso il quale possiamo accedere alle energie vibrazionali superiori. Poiché il Chakra del Cuore si trova tra i Chakra dello Spirito superiori e i Chakra Elementali inferiori, l'ampio spettro di queste energie vibrazionali superiori diventa pienamente disponibile quando i nostri centri Chakrici inferiori e superiori sono completamente attivati, purificati ed equilibrati. Ad esempio, se i centri superiori sono ancora relativamente chiusi, una minore quantità di Luce si riverserà nei Chakra inferiori da Sahasrara, impedendo loro di funzionare al livello ottimale. Di conseguenza, avrete accesso all'amore incondizionato, per esempio, ma non sarete in grado di sentirlo ai livelli più profondi del vostro Essere.

Il Chakra del Cuore è il centro dei Sette Chakra Maggiori, che armonizza le nostre energie maschili e femminili. È il primo Chakra della Non-Dualità, attraverso il quale possiamo sperimentare il Testimone Silenzioso che è in noi, il nostro Sé Superiore o il Santo Angelo Custode. L'Angelo Custode risiede nel Sahasrara, ma può essere sperimentato attraverso il Chakra del Cuore se Vishuddhi e Ajna sono aperti.

Sebbene Manipura (Elemento Fuoco) sia la sede dell'Anima, a meno che Anahata (Elemento Aria) non venga risvegliato, l'Anima può sperimentare solo le energie vibrazionali inferiori di Swadhisthana (Elemento Acqua) e Muladhara (Elemento Terra). In questo modo, l'Anima diventa troppo radicata nella Materia, oscurando la sua Luce e permettendo all'Ego di prendere il sopravvento. Quando Anahata viene risvegliato, l'Anima ottiene l'accesso all'Elemento Spirito, che le permette di subire una trasformazione Spirituale se i centri Chakrici superiori sono aperti.

Se trasponiamo il modello dei Chakra Transpersonali e dei Sette Chakra Maggiori, vediamo che il Chakra del Cuore è il centro dell'intero sistema dei Chakra. La nostra fonte di energia Cosmica è la Porta Stellare, che si riferisce alla Galassia della Via Lattea che contiene il nostro Sistema Solare tra decine di miliardi di altri Sistemi Solari. La Via Lattea è una galassia a spirale, come più di due terzi di tutte le galassie osservate nell'Universo.

L'energia Cosmica emana dalla Porta Stellare a spirale (Figura 59), abbracciando la Stella della Terra e la Stella dell'Anima prima di raggiungere i Chakra Maggiori. L'intero sistema dei Chakra riflette la nostra energia sorgente, che è la Porta Stellare e la Galassia della Via Lattea. Attingiamo a questa energia sorgente della Quinta Dimensione attraverso il Chakra del Cuore, al centro della spirale.

Figura 59: Il Centro del Chakra del Cuore

Quando il Chakra del Cuore è aperto, ci ricordiamo della nostra Divinità, che è profondamente intrinseca. Riconosciamo anche la Divinità in tutti gli esseri viventi che ci circondano, compresi gli altri esseri umani, gli animali e le piante, e sviluppiamo la coscienza dell'unità. Ogni essere vivente ha un'Anima, una cellula individuale nel corpo di un enorme Essere Cosmico che si esprime attraverso il nostro Sistema Solare con il Sole come centro. Nella Qabalah ci riferiamo a questo grande Essere come *Adam Kadmon*, simile alla Coscienza Cosmica. Adam Kadmon è la somma di tutte le Anime manifestate sulla Terra come coscienza superiore che ci unisce.

Con il Chakra del Cuore aperto, ci rendiamo conto che la nostra esistenza attuale fa parte di una catena infinita di vite, poiché la nostra Anima è Eterna e continuerà a vivere oltre la morte fisica. Abbiamo già vissuto molte vite diverse e continueremo a farlo anche dopo la morte del nostro corpo fisico. Siamo nati con questa consapevolezza, che ci permette di reintegrare la fede come parte della nostra esistenza quando viene riattivata. E quando si ha fede e amore, si domina immediatamente la paura, poiché la paura è l'assenza di fede e amore.

Relazioni sane ed equilibrate ci impongono di essere aperti l'uno con l'altro. Un Chakra del Cuore aperto ci rende generosi e gentili nelle parole e nelle azioni, poiché siamo esseri umani Spirituali nel profondo. Sperimentando l'energia dello Spirito attraverso il Chakra del Cuore, sviluppiamo una comprensione genuina delle difficoltà altrui, che ci permette di diventare misericordiosi e indulgenti. Al contrario, un Chakra del Cuore aperto ci dà il coraggio di essere severi quando la situazione lo richiede, un termine che chiamiamo "amore duro". "Se vediamo qualcuno impegnato in attività immorali, che lo allontanano dal sentiero Spirituale, vogliamo naturalmente aiutarlo, il che ci impone di usare Misericordia o Severità, a seconda della situazione.

Diventando Spirituali, portiamo gioia e beatitudine nella nostra vita. Impariamo anche ad amare e ad accettare noi stessi, i buoni e i cattivi, che è il primo passo verso la trasformazione personale. Se ci nascondiamo da ciò che siamo, perdiamo il senso dell'identità, il che ci fa perdere il contatto con la nostra Anima. In questo modo, ci identifichiamo con l'Ego e operiamo esclusivamente attraverso la sua coscienza di basso livello.

L'Ego rappresenta la parte di noi separata dal mondo. Manca di empatia e si dedica ai vizi, mentre l'Anima è virtuosa perché fa parte dell'Unità di tutta l'esistenza. Aprendo il Chakra del Cuore, ritroviamo la connessione con lo stato di Unità, attivando la guarigione interiore. In questo modo, tutti i traumi personali, tra cui l'abbandono, il rifiuto, il tradimento, l'abuso fisico ed emotivo, iniziano a essere eliminati per integrare la coscienza Spirituale nel nostro cuore.

Curando le nostre energie interiori, guariamo anche i problemi del corpo fisico, poiché le malattie sono una manifestazione dei blocchi energetici dei Chakra. Possiamo inviare consapevolmente l'energia di guarigione dal Chakra del Cuore a qualsiasi parte del corpo per curare eventuali squilibri. Quando abbiamo problemi fisici, è segno che il nostro cuore non è abbastanza aperto; o non amiamo abbastanza noi stessi o non siamo sufficientemente amorevoli verso gli altri. Invece di concentrarci sulla malattia o sul disturbo, dobbiamo concentrarci sulla canalizzazione dell'energia d'amore e diventare un faro di Luce nel mondo.

L'apertura del Chakra del Cuore ci permette di mostrare pazienza e di non aspettarci ricompense immediate per le nostre azioni. La pazienza è un segno che la fede è entrata nella nostra vita e che stiamo seguendo un percorso più elevato. L'integrità, l'etica e la bussola morale diventano la nostra forza guida, invece di essere guidati dall'ego e dai suoi desideri. Quando è il cuore a guidarci, percorriamo il sentiero della Luce con la nostra verità interiore come più grande alleato. La saggezza interiore si risveglia, allontanandoci dalla mera logica e dalla ragione per razionalizzare la nostra esistenza. Vediamo invece il quadro generale: il nostro scopo ultimo sulla Terra è evolvere Spiritualmente e sintonizzare le nostre vibrazioni con la Coscienza Cosmica di Dio - il Creatore.

KUNDALINI ED ESPANSIONI DEL CUORE

Quando la Kundalini apre il Chakra del Cuore nella sua ascesa verso l'alto, massimizza il campo magnetico del cuore, che si sente come se il Sé si fosse espanso in tutte le direzioni. L'effetto immediato è un aumento del senso di percezione e un risveglio del suono del silenzio.

Il suono interiore del silenzio è una quiete di fondo paragonata al rumore bianco, un ronzio costante. È il suono del nulla, il Vuoto dello Spazio, che è calmante e rilassante quando ci sintonizziamo su di esso. Ci sintonizziamo con il suono del silenzio quando siamo in profonda meditazione, anche se, con il risveglio del Chakra del Cuore, diventa più accessibile.

Come già detto, il Chakra del Cuore è il primo Chakra della Non-Dualità: quando la Kundalini vi entra, ci risvegliamo al momento presente, all'Adesso. Questa esperienza ci porta immediatamente fuori dalla testa e nel cuore. Sviluppiamo un senso di consapevolezza superiore, che all'inizio è piuttosto trascendentale, ma a cui ci abituiamo con il passare del tempo.

Se la Kundalini sale nel Chakra del Cuore, ma non sale più in alto, scende di nuovo nel Muladhara per poi risalire in futuro fino a perforare i Chakra superiori e completare il processo di risveglio. Una volta che il risveglio della Kundalini è completo e l'energia è penetrata nel Sahasrara, il campo toroidale dell'individuo è massimizzato, con conseguente espansione della coscienza e rimodellamento completo di mente, corpo e Anima. Poiché il cuore e il cervello sono partner nel governo e nel mantenimento della coscienza, ne consegue una trasformazione di entrambi.

Ho già parlato del processo di attivazione del potere cerebrale una volta che la Kundalini sale definitivamente nella sua area centrale. Il cervello ha la sensazione di aprirsi dall'interno, risvegliando parti latenti. Nella nostra CPU si verifica un processo di aggiornamento completo, in quanto i principali centri cerebrali iniziano a funzionare a un livello superiore. Questo processo è accompagnato da una sensazione di trasparenza e assenza di peso, come se la testa si fosse espansa in tutte le direzioni.

Le espansioni del cuore si verificano quando la beatitudine e l'amore intensi entrano nel cuore. Di solito non è un processo immediato, poiché i Chakra inferiori devono prima essere purificati. Se si sperimenta un risveglio spontaneo della Kundalini, il fuoco interiore, con il tempo, purificherà naturalmente i Chakra inferiori, permettendo all'energia Spirituale di scendere nel cuore.

Le espansioni del cuore rilassano i muscoli e il sistema nervoso, il che può provocare una sensazione di nausea alla bocca dello stomaco e debolezza alle braccia e alle gambe. Il CEM del cuore può sembrare così grande perché il concetto di Coscienza Cosmica non è più un'idea ma una parte permanente della propria realtà. L'Anima ha la sensazione di non essere più nel corpo, ma di essere presente ovunque. Si sviluppa una maggiore consapevolezza e presenza dell'ambiente in cui ci si trova. Nel momento in cui si pone l'attenzione su un oggetto esterno, ci si assorbe in esso e si può leggere la sua energia psichica. Questo fenomeno è dovuto al fatto che il CEM del cuore si espande in modo esponenziale, consentendogli di ricevere un livello di informazioni sostanzialmente maggiore dall'ambiente.

L'aumento del CEM cardiaco provoca una trasfigurazione del corpo, attivando il DNA latente. Con il tempo, una volta che il corpo si è adattato ai cambiamenti interiori che avvengono nella coscienza, il CEM cardiaco si stabilizza, ma ora funziona permanentemente a un livello superiore (Figura 60).

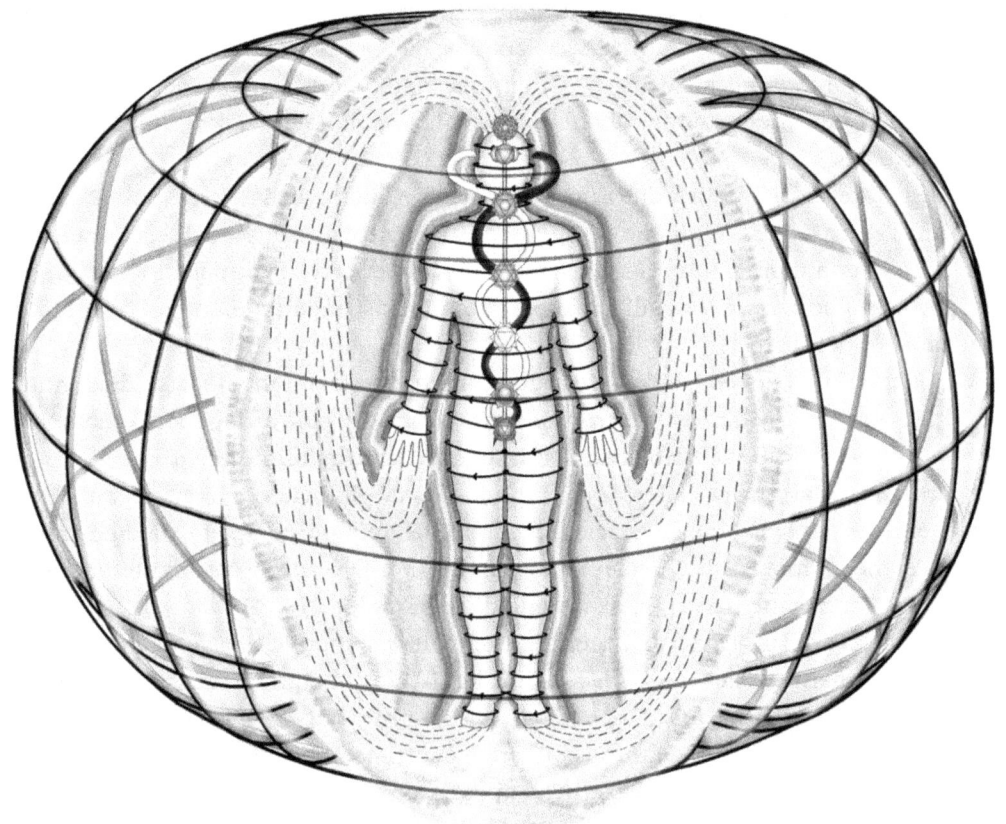

Figura 60: Il Risveglio di Kundalini e il Campo Elettromagnetico del Cuore

Il battito cardiaco diventa più potente quando il corpo e il cervello elaborano più informazioni e fanno gli straordinari per sostenere la nuova coscienza espansa. Durante le espansioni e gli aggiornamenti del cuore e del cervello, è utile mettere a terra il proprio campo elettromagnetico con il campo energetico della Terra. Stare in casa può essere dannoso perché ci taglia fuori dalla natura e dai raggi del sole, che aumentano la nostra vitalità e la capacità di guarigione del corpo. Camminare a piedi nudi nella natura a cielo aperto, sdraiarsi sull'erba e stare accanto a uno specchio d'acqua sono tutti benefici per prevenire la stanchezza fisica e favorire un processo di trasformazione senza intoppi.

Un'alimentazione corretta è fondamentale: bisogna inserire nella propria dieta frutta e verdura per allinearsi alle energie del Pianeta. Inoltre, tutto ciò che è naturale e organico dovrebbe essere abbracciato, mentre ciò che non lo è dovrebbe essere evitato.

Stimolanti come l'alcol e le droghe causano uno squilibrio nel sistema nervoso e devono essere evitati. Anche l'assunzione di caffè dovrebbe essere moderata, anche se una tazza al giorno può aiutare a radicarsi.

La Ghiandola del Timo svolge un ruolo importante nel risveglio del Chakra del Cuore e nelle espansioni cardiache. Come già detto, la Ghiandola del Timo fa parte del nostro sistema linfatico e si trova tra il cuore e lo sterno. Quando il Chakra del Cuore si apre, il nostro sistema immunitario si rafforza, ottimizzando la capacità del nostro corpo di combattere le malattie. L'organismo non ha più bisogno di spendere riserve di energia extra per curarsi, ma può utilizzare questa energia per purificare il sistema Spirituale.

La Ghiandola del Timo si sveglia in modo significativo durante le espansioni del cuore, causando spesso un'immensa pressione nel petto. Possiamo alleviare questa pressione semplicemente picchiettando ritmicamente la Ghiandola del Timo. Mentre il cuore sperimenta un afflusso di energia dello Spirito, il rilassamento e l'euforia attraversano il corpo, spesso con onde ondulate. In questi casi la pressione sanguigna tende a scendere, mentre i livelli di istamina e serotonina aumentano. Questa situazione segnala un momento di pausa dalla vita quotidiana e di attenzione a noi stessi e ai nostri bisogni. Aspettarsi di lavorare al 100% è impossibile; quindi, invece di combattere il processo, è meglio accettarlo e regolarsi di conseguenza.

Le espansioni del cuore avvengono di solito per fasi e possono durare settimane, a volte mesi. Possono verificarsi una sola volta durante il processo di trasformazione di Kundalini, anche se è più comune che si manifestino più volte. La fase di equilibrio del corpo segue le espansioni cardiache. Il sistema nervoso si equilibra aumentando i livelli di adrenalina, dopamina e serotonina e aumentando la frequenza cardiaca, la pressione sanguigna e la glicemia.

Qualunque cosa stia accadendo al vostro corpo e qualunque sia il punto in cui vi trovate nel processo di trasformazione Spirituale, ricordate sempre che è meglio abbandonarsi ad esso. È indispensabile essere rilassati nella mente, nel corpo e nell'Anima durante questo processo, poiché è inutile razionalizzarlo o controllarlo. L'abbandono completo e assoluto ci aiuterà a raggiungere il traguardo nel più breve tempo possibile e a facilitare il percorso più agevole.

PARTE V: MODALITÀ DI GUARIGIONE DEI SETTE CHAKRA

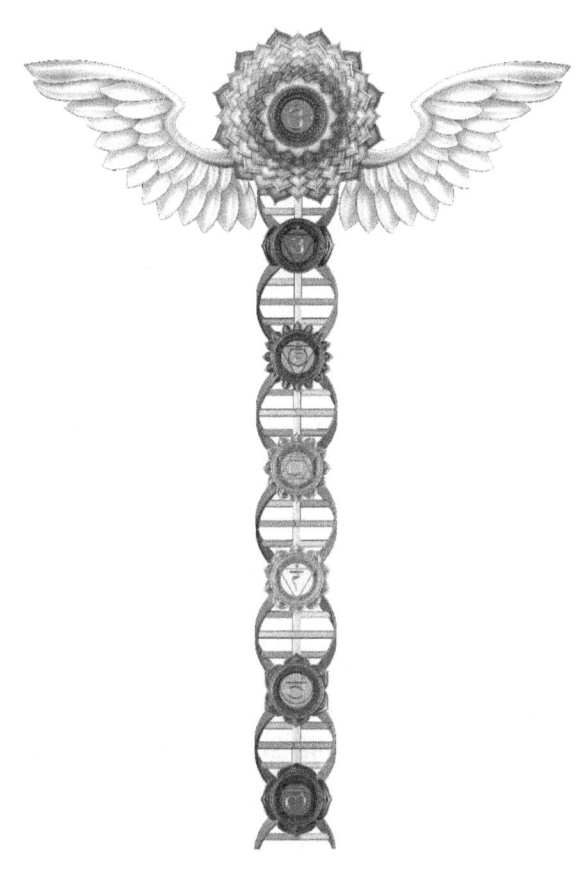

CHAKRA MASCHILI E FEMMINILI

Il Principio del Genere, tratto dal *Kybalion,* afferma: "Il Genere è in ogni cosa; ogni cosa ha i suoi Principi Maschili e Femminili, il Genere si manifesta su tutti i Piani". Questo Principio implica che ogni essere umano ha una dinamica a doppia energia, una componente maschile e una femminile, espresse attraverso i Sette Chakra Principali.

Ciascuno dei Chakra Maggiori è associato a un'energia maschile o femminile, che rappresenta la qualità della sua essenza. Le energie maschili (Yang) rappresentano l'energia attiva e proiettiva, mentre le energie femminili (Yin) rappresentano l'energia passiva e ricettiva. Queste energie binarie sono una manifestazione di Shiva e Shakti, la fonte Divina dei Princìpi Maschili e Femminili. In termini scientifici, l'energia maschile è composta da protoni, mentre quella femminile da elettroni.

Allo stesso modo, come tutti gli Esseri dell'Universo hanno una componente maschile e una femminile (indipendentemente dal genere della loro Anima), così anche i Chakra. In altre parole, un Chakra non è mai completamente maschile o femminile, ma contiene aspetti di entrambi. Tuttavia, ognuno dei sette Chakra è dominante in un genere, poiché esprime un polo positivo o negativo. I due poli di genere definiscono la natura e la funzione del Chakra, che si invertono nel sistema Chakrico delle Anime maschili e femminili. Faccio una distinzione tra Anime e corpi di genere, poiché nella nostra società moderna non è raro che un'Anima femminile nasca in un corpo maschile, e viceversa.

La Figura 61 è uno schema che descrive il sistema dei Sette Chakra e le sue varie parti e funzioni. Una colonna energetica centrale all'interno del corpo incanala la Luce e la trasmette avanti e indietro tra Sahasrara e Muladhara. Sahasrara si proietta verso l'alto in direzione della Stella dell'Anima, mentre Muladhara si proietta verso il basso in direzione della Stella della Terra.

Ogni Chakra tra Sahasrara e Muladhara ha una parte anteriore e una posteriore che si proiettano verso l'esterno. Quando il Chakra funziona bene, si proietta più lontano, mentre quando la sua energia è stagnante, la sua proiezione raggiunge una distanza minore. Quando è bloccato, il Chakra smette di girare e la sua proiezione si avvicina al corpo. Utilizzate lo schema della Figura 61 come riferimento per i metodi di Guarigione Spirituale di questa sezione, ovvero il lavoro energetico con le bacchette di Cristallo e i Diapason.

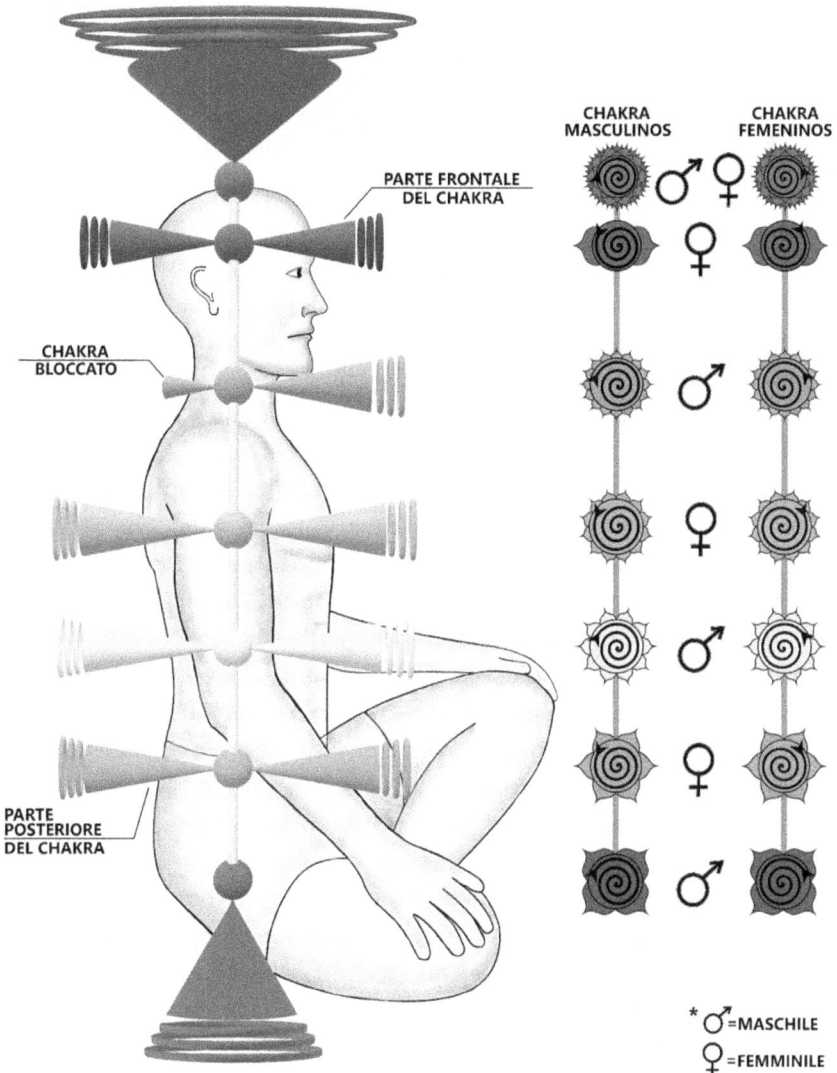

Figura 61: I Sette Chakra Maschili e Femminili

Poiché ogni Chakra è una ruota di energia che gira, può ruotare in senso orario o antiorario, con un angolo di novanta gradi rispetto al corpo. La direzione di rotazione di un Chakra è qualcosa di insito in noi fin dalla nascita. L'origine della rotazione opposta dei Chakra maschili e femminili inizia nel Sahasrara e si alterna man mano che si procede verso il basso attraverso i Chakra. Per questo motivo, ognuno di noi è positivo o negativo, con un'energia dominante maschile o femminile. I maschi risiedono maggiormente nel Primo, Terzo e Quinto Chakra, in cui sono dominanti, mentre le femmine operano dal Secondo, Quarto e Sesto Chakra.

Tenete presente, però, che la direzione di rotazione dei nostri Chakra maschili e femminili non è fissa. Ogni Chakra può essere nell'atto di proiettare o di ricevere, il che influisce sulla sua direzione di rotazione. I Chakra sono come gli ingranaggi di una macchina, dove ogni ruota è in relazione con le altre. Lavorano insieme come parti di un motore o di un orologio, dove ogni pezzo del macchinario influisce su ogni altro componente e tutto deve essere sincronizzato per far funzionare il dispositivo. Allo stesso modo, ogni Chakra deve girare in modo fluido e ad una velocità simile a quella di ogni altro Chakra per dare coerenza all'intero sistema energetico.

La sfida per uomini e donne è quella di portare i loro Chakra in equilibrio lavorando con i Chakra non dominanti. Possiamo raggiungere l'equilibrio dei Chakra attraverso metodi di Guarigione Spirituale, ma anche innamorandoci. Quando due persone di polarità Animiche opposte si innamorano, le loro energie complementari permettono loro di raggiungere l'unificazione delle polarità maschile e femminile, dando origine a uno stato di coscienza superiore. L'innamoramento è altamente benefico per l'Evoluzione Spirituale, il che spiega perché è così ricercato nella nostra società.

Che un Chakra sia di qualità maschile o femminile, il suo potere viene ottimizzato quando passa più tempo a girare in senso orario. Come si vede nella Figura 61, il Chakra è dominante quando la rotazione avviene in senso orario. L'energia si proietta verso l'esterno in una rotazione in senso orario, permettendo alla Luce interiore di fluire attraverso il sistema dei Chakra in modo più efficiente. La Luce interiore è essenzialmente ciò che alimenta i Chakra: più Luce si porta con sé, più potenti saranno i Chakra. Al contrario, quando un Chakra riceve energia, ruota in senso antiorario. In questo caso, il suo potere non viene sfruttato appieno, poiché attinge energia dall'ambiente invece di utilizzare la propria fonte energetica.

Affinché i Chakra si mantengano sani ed equilibrati, non si dovrebbe mai passare troppo tempo ad attrarre energia dall'esterno, poiché energie sconosciute ed estranee possono facilmente bloccare un Chakra, soprattutto se hanno una bassa frequenza vibrazionale. Un Chakra bloccato provoca un ristagno nel flusso energetico dell'Aura e, nel tempo, può persino causare malattie fisiche. Al contrario, proiettare costantemente energia verso l'esterno senza dedicare il tempo necessario al radicamento e all'Autoriflessione può impoverire la propria Aura di energia Pranica vitale, esaurendo la mente, il corpo e l'Anima.

Nel caso di un risveglio completo della Kundalini, tuttavia, quando l'individuo ha stabilito una connessione permanente con Sahasrara, incanala un maggior grado di energia di Luce nei sei Chakra sottostanti ottimizzati, consentendogli di essere un guaritore naturale per gli altri. Gli individui sono naturalmente attratti dalle persone risvegliate dalla Kundalini: si viene guariti semplicemente stando in loro presenza.

A margine, per mantenere relazioni sane, ci dovrebbe essere sempre un uguale dare e avere dal punto di vista energetico. Dovremmo sentirci ringiovaniti passando del tempo con gli altri, invece di sentirci esauriti. Le persone che prendono troppa energia senza dare nulla in cambio (che lo facciano consapevolmente o meno) sono definite "vampiri di energia". Il concetto di vampirismo deriva da questo tipo di scambio energetico egoistico tra le persone; se siamo aperti a prendere energia d'amore dagli altri, dovremmo essere aperti anche a restituire loro la nostra energia d'amore.

CARATTERISTICHE DI GENERE DEI CHAKRA

Come fonte dell'energia grezza della fisicità e dell'azione, Muladhara, il Chakra della Radice, è di natura maschile (positiva) e ruota in senso orario nei maschi e in senso antiorario nelle femmine. Per le donne, Muladhara è in modalità di ricezione; per i maschi, invece, è nell'atto di dare energia. Per questo motivo, i maschi sono generalmente il genere più dominante, coinvolto in attività fisiche come il lavoro manuale e gli sport competitivi.

Swadhisthana, il Chakra Sacrale, la fonte delle emozioni, è di natura femminile (negativa); ruota in senso antiorario negli uomini e in senso orario nelle donne. Swadhisthana è in modalità ricettiva per gli uomini e proiettiva per le donne. Poiché Swadhisthana è più dominante nelle donne, non c'è da stupirsi che esse siano generalmente le più emotive tra i due sessi.

Come fonte della forza di volontà, Manipura, il Chakra del Plesso Solare, è di energia maschile (positiva) e ruota in senso orario negli uomini e in senso antiorario nelle donne. Manipura è in modalità di ricezione per le donne, mentre emette energia per gli uomini. Il dominio di Manipura nei maschi ha portato all'ossessione per il potere e il controllo, come dimostra la storia delle guerre che i maschi hanno combattuto tra loro. Una nota positiva è che l'energia guerriera maschile li ha resi protettori e fornitori della famiglia da tempo immemorabile.

La fonte della compassione e dell'amore, Anahata, il Chakra del Cuore, è di natura femminile (negativa) e ruota in senso antiorario negli uomini e in senso orario nelle donne. Anahata si trova nell'atto di ricevere per i maschi e nella modalità di proiezione per le femmine. Le donne sono associate alla cura e all'assistenza. Possono seguire il flusso della vita invece di controllare ogni aspetto della loro esistenza. Poiché le donne dominano i Chakra del Cuore e del Sacro, l'intimità è molto più accessibile per loro rispetto ai maschi. La maggior parte delle donne sono generalmente il cuore delle loro relazioni sentimentali, mentre gli uomini lottano con i loro sentimenti.

Vishuddhi, il Chakra della Gola, il centro dell'espressione, è di energia maschile (positiva); ruota in senso orario negli uomini e in senso antiorario nelle donne. Poiché gli uomini sono dominanti nel Chakra della Gola, non è raro che siano più allineati con lo scopo e l'espressione rispetto alle donne, che tendono ad essere più introverse.

Essendo il centro dell'intuizione, Ajna, l'Occhio della Mente, è di natura femminile (negativa) e ruota in senso antiorario negli uomini e in senso orario nelle donne. Negli uomini, Ajna è nell'atto di ricevere, mentre nelle donne è nel modo di dare. Per questo motivo, le donne sono note per avere sensi psichici più elevati rispetto agli uomini. Nel corso della storia, non c'è da stupirsi che le donne fossero le veggenti e gli oracoli, poiché erano un canale migliore per le energie provenienti dai Piani Superiori.

Sahasrara è neutro dal punto di vista del genere, poiché è la fonte della Luce Divina. I poli positivo e negativo si fondono in un'unica energia, rendendo Sahasrara l'unico Chakra maggiore non duale. Nei maschi questo Chakra ruota in senso orario, mentre nelle femmine ruota in senso antiorario. Sahasrara è la fonte delle energie del Divino Maschile e del Divino Femminile. Per entrambi i sessi, Sahasrara è nell'atto di emettere l'energia della Luce Divina e di proiettarla nei Chakra sottostanti.

I ruoli e le designazioni tra i generi sopra menzionati non sono in alcun modo fissi, né determinano i punti di forza e di debolezza di un essere umano. Molti individui di sesso maschile e femminile hanno ottimizzato i Chakra in cui non sono naturalmente dominanti e prosperano in aree meno comuni per le persone del loro sesso. Il Libero Arbitrio sostituisce tutte le disposizioni energetiche e i condizionamenti della società; con concentrazione e determinazione, gli esseri umani possono trasformarsi in qualsiasi cosa vogliano essere.

BILANCIARE I CHAKRA

Quando si parla di Guarigione Spirituale, è utile sapere in quali Chakra siamo naturalmente dominanti. Grazie a questa conoscenza, possiamo sviluppare i Chakra non dominanti e raggiungere un maggiore equilibrio nel nostro sistema energetico generale. Dopo tutto, la chiave per massimizzare il proprio potenziale è l'equilibrio delle energie maschili e femminili all'interno del corpo. Per questo motivo, quando si lavora con i Chakra attraverso le pratiche di Guarigione Spirituale, le donne dovrebbero concentrarsi sui Chakra maschili, dispari (Primo, Terzo, Quinto), mentre gli uomini dovrebbero concentrarsi sui Chakra femminili, pari (Secondo, Quarto, Sesto).

Quando un Chakra è iperattivo (in eccesso di energia) o se un Chakra è sottoattivo e carente di energia, possiamo applicare i principi maschili e femminili per portare quel Chakra in equilibrio. Ad esempio, poiché il Chakra Swadhisthana ha un'energia femminile, uno squilibrio in questo Chakra significa che si ha una quantità eccessiva di energia femminile o una carenza di energia maschile. Se l'individuo si sente eccessivamente emotivo, deve applicare l'energia maschile nel suo Chakra Sacrale per ottenere l'equilibrio. Se è freddo e distaccato e non è in contatto con le proprie emozioni, deve utilizzare l'energia femminile.

Poiché il Manipura Chakra ha una qualità maschile, se l'individuo sente un eccesso di energia che lo rende agitato e arrabbiato, è segno che il Chakra è iperattivo e ha bisogno dell'applicazione di energia femminile per riportarlo in equilibrio. Al contrario, se l'individuo non è in contatto con la propria forza di volontà, deve usare l'energia maschile per riequilibrarla.

Che sia maschile o femminile, ogni Chakra ruota in senso orario quando è iperattivo e in senso antiorario quando è sottoattivo. Pertanto, per ottimizzare un Chakra, dobbiamo trovare il giusto equilibrio tra le sue funzioni proiettive e ricettive. Tuttavia, come già detto, affinché l'individuo possa canalizzare la propria Luce interiore, i Chakra dovrebbero proiettare energia più che riceverla. In questo modo si rafforza la connessione con l'Anima.

L'ASTROLOGIA E I SETTE CHAKRA

L'Astrologia è una scienza Antica che esamina i movimenti e le posizioni relative dei corpi Celesti (Pianeti) nel nostro Sistema Solare. Per i nostri Antenati, l'Astrologia era al centro di tutte le scienze, la filosofia, la medicina e la magia. Secondo loro, l'Universo esterno (Macrocosmo) si rifletteva nell'esperienza umana (Microcosmo) - Come Sopra, Così Sotto. Credevano che, studiando le Costellazioni Stellari e i Pianeti, potessero divinare le vicende umane, guarire il corpo e persino prevedere gli eventi qui sulla Terra.

Gli astrologi ritengono che ogni essere umano sia influenzato dai Pianeti e dai Segni Zodiacali in cui si trovava al momento della nascita. Chiamano l'impronta di queste influenze energetiche il nostro Oroscopo, o Carta Natale. L'Oroscopo ci fornisce una mappa delle energie che compongono il nostro Sé complessivo. Alla nascita, le energie Zodiacali si fissano nella nostra Aura, alimentano i Chakra e influenzano i nostri desideri, le aspirazioni, le motivazioni, le simpatie e le antipatie, le tendenze comportamentali. Le Stelle ci forniscono le lezioni Karmiche di cui abbiamo bisogno per evolvere Spiritualmente in questa vita.

L'essenza dell'Astrologia sta nel comprendere il significato dei Pianeti, che governano i Segni Zodiacali e le Dodici Case. In altre parole, le forze delle Costellazioni Stellari si manifestano attraverso i Pianeti. Ogni essere umano è composto da diverse combinazioni e gradi di energie dei Pianeti. I Sette Pianeti Antichi fungono da stazioni di ricezione e trasmissione delle energie Stellari. Essi corrispondono ai Sette Chakra, mentre i Dodici Segni Zodiacali rappresentano gli aspetti maschili e femminili, diurni (Solari) e notturni (Lunari) dei Sette Pianeti Antichi (Figura 62). Pertanto, misurando il nostro Tema Natale, possiamo determinare le caratteristiche dei nostri Chakra che danno forma al nostro carattere e alla nostra personalità.

Il Tema Natale è un'istantanea nel tempo, un'immagine di chi siamo e di chi possiamo diventare. Quando si esamina il Tema Natale, occorre prestare particolare attenzione ai segni del Sole, della Luna e dell'Ascendente. Questi tre segni ci danno una visione straordinaria del nostro focus Chakrico nella vita, dei punti di forza che possiamo sfruttare e delle debolezze e dei limiti che possiamo migliorare e superare per evolvere Spiritualmente.

La ripartizione Elementale di un individuo nel suo Tema Natale determina anche la quantità di energia maschile o femminile che incarna, il che influisce sulla sua psicologia. Tuttavia, l'aspetto fisico è influenzato dall'Ascendente e dai pianeti che cadono nella Prima Casa. Ad esempio, se una persona ha Giove in Prima Casa, può avere problemi di aumento di peso, mentre se ha Marte, il suo corpo sarà tonico e muscoloso. Queste associazioni hanno molto a che fare con i Chakra dominanti dei pianeti, che verranno approfonditi in questo capitolo.

ASTROLOGIA OCCIDENTALE VS. ASTROLOGIA VEDICA

Dall'avvento dell'Astrologia, che è antica quanto l'umanità stessa, sono stati inventati molti sistemi Astrologici per studiare e divinare le Stelle. Tuttavia, i due più importanti che hanno superato la prova del tempo sono l'Astrologia Occidentale e l'Astrologia Vedica.

L'astrologia Vedica, Indù o Indiana, altrimenti chiamata "Jyotish Shastra" ("Scienza della Luce" in Sanscrito), è diversa e più complessa dell'Astrologia Occidentale. L'Astrologia Vedica affonda le sue radici nei Veda e ha almeno 5000 anni. Utilizza lo Zodiaco Siderale, che si basa sulla posizione delle Costellazioni Stellari nel cielo notturno che fanno da sfondo ai Pianeti in movimento. Antiche culture come gli Egizi, i Persiani e i Maya utilizzavano il sistema Siderale per prevedere con precisione gli eventi futuri.

L'Astrologia Occidentale, invece, si basa sullo Zodiaco Tropicale, che è geocentrico e segue l'orientamento della Terra rispetto al Sole, dove i Segni Zodiacali sono collocati sull'eclittica. L'Astrologia Occidentale è allineata con i cambiamenti delle stagioni; l'Ariete è il primo Zodiaco poiché coincide con il primo giorno di primavera all'Equinozio di Vernale (Primavera), quando il Sole attraversa l'equatore celeste in direzione nord. Quindi, l'Ariete inizia l'anno Solare, mentre i Pesci lo concludono anno dopo anno. La maggior parte del mondo moderno ha adottato il calendario Tropicale o Solare per contare il tempo, grazie alla sua coerenza con i cambiamenti delle stagioni.

Pertanto, l'Astrologia Occidentale valuta la nascita di una persona utilizzando gli allineamenti delle Stelle e dei Pianeti dalla prospettiva della Terra, anziché nello spazio come nell'Astrologia Vedica. L'Astrologia Occidentale ha avuto origine nell'Antica Grecia con Tolomeo, circa 2000 anni fa. Tuttavia, era una continuazione delle tradizioni Ellenistiche e Babilonesi.

Poiché la Terra oscilla e si inclina di circa 23,5 gradi rispetto all'equatore, ogni 72 anni si verifica uno spostamento di 1 grado, che viene definito "Precessione degli Equinozi". Ciò significa che l'Equinozio di Primavera arriva con 20 minuti di anticipo ogni anno e con un giorno di anticipo ogni 72 anni. Mentre l'Astrologia Vedica tiene conto di questa variazione, l'Astrologia Occidentale non lo fa. Quindi, mentre l'Astrologia Vedica è mobile e fornisce risultati praticamente in "tempo reale" della configurazione delle Costellazioni Stellari, l'Astrologia Occidentale è fissa e non tiene conto di questi cambiamenti nel cielo notturno.

Ma è qui che la questione si complica. Sebbene i due sistemi siano stati allineati all'avvento dello Zodiaco Tropicale circa 2000 anni fa, le date dei Segni Solari sono cambiate nel corso degli anni nell'Astrologia Vedica, mentre nell'Astrologia Occidentale sono rimaste invariate. Così, ad esempio, attualmente l'Ariete inizia il 13 aprile (questo numero varia) nello Zodiaco Siderale, mentre nello Zodiaco Tropicale l'Ariete mantiene il suo arrivo il 21 marzo.

Pertanto, sebbene i Dodici Segni Zodiacali condividano le stesse caratteristiche e tratti, poiché le loro date differiscono, si può ottenere una lettura completamente diversa nel proprio Tema Natale. Inoltre, sebbene non faccia parte ufficialmente di nessuno dei due sistemi, dal momento che la sua Costellazione tocca l'eclittica, Ofiuco, il "Serpente Portatore", è stato talvolta proposto come tredicesimo Segno Zodiacale nell'Astrologia Siderale. Cade tra lo Scorpione e il Sagittario dal 29 novembre al 18 dicembre.

Un'altra differenza essenziale tra i due sistemi è che l'Astrologia Occidentale utilizza i tre Pianeti esterni del nostro Sistema Solare, Urano, Nettuno e Plutone, come parte del quadro Planetario. Al contrario, l'Astrologia Vedica (che rispecchia l'Antica Alchimia e la Qabalah Ermetica) si concentra solo sui Sette Pianeti Antichi. Tuttavia, include i Nodi Nord e Sud della Luna (Rahu e Ketu), per un totale di nove corpi Celesti (Divinità), chiamati "Navagrahas" (in Sanscrito "Nove Pianeti"). Secondo le credenze Indù, i Navagraha influenzano l'umanità collettivamente e individualmente. Per questo motivo, non è raro vedere gli Indù venerare i Navagraha nelle loro case per superare le avversità o le disgrazie derivanti dai Karma passati.

L'Astrologia Occidentale enfatizza la posizione del Sole in uno specifico Segno Solare. Allo stesso tempo, l'Astrologia Vedica enfatizza la posizione della Luna e dell'Ascendente (Lagna in Sanscrito). Inoltre, include i "Nakshatras" (Dimore Lunari), che sono un'esclusiva di questo sistema. Inoltre, le Dodici Case fanno parte del Tema Natale dell'Astrologia Vedica, mentre sono secondarie nell'Astrologia Occidentale. Il sistema Solare dell'Astrologia Occidentale è probabilmente più adatto a valutare la personalità e le caratteristiche di una persona e le influenze Planetarie sul comportamento e sulle percezioni. Al contrario, il sistema di Astrologia Vedica a base Lunare è più adatto a dare una visione del destino e del fato di una persona, grazie alla sua accuratezza nel predire il futuro. In altre parole, l'Astrologo Occidentale è più uno psicologo, mentre l'Astrologo Vedico è più un veggente o un rabdomante.

Come nota finale su questo argomento, avendo studiato l'Astrologia Occidentale per tutta la vita, posso attestarne la validità e l'accuratezza per quanto riguarda i tratti e le caratteristiche della mia personalità e di altre persone che ho incontrato. Inoltre, poiché l'Ermetismo è l'influenza principale su tutto il mio lavoro, riconosco l'importanza della Luce del Sole e dei suoi effetti sulla vita sulla Terra e sulla nostra natura Spirituale interiore e le do la precedenza su tutto. Per questo motivo, l'attribuzione stagionale dei Segni Zodiacali ha sempre avuto un senso per me, poiché la loro collocazione riflette la vita, la morte e la rinascita metaforica del Sole dal punto di vista della Terra.

Il mio interesse per l'Astrologia è sempre stato una forma di psicologia transpersonale, invece di prevedere gli eventi futuri della mia vita. Per questo motivo, l'Astrologia Occidentale mi è stata di grande aiuto. Tuttavia, se il vostro interesse per l'Astrologia è principalmente una forma di divinazione, troverete più utile l'Astrologia Vedica. Detto questo, credo che nessuno dei due sistemi abbia le risposte definitive. Pertanto, per comprendere appieno l'Astrologia, dovreste familiarizzare con entrambi i sistemi, cosa che molti Astrologi seri fanno.

I SETTE PIANETI ANTICHI

I Sette Chakra Maggiori corrispondono ai Sette Pianeti Antichi nel modo seguente: Muladhara si riferisce a Saturno, Swadhisthana a Giove, Manipura a Marte, Anahata a Venere, Vishuddhi a Mercurio, Ajna alla Luna e Sahasrara al Sole (Figura 62).

Collocando i Pianeti nelle loro posizioni Chakriche, otteniamo una sequenza quasi esatta del loro ordine nel nostro Sistema Solare. L'unica variante è la Luna, collocata al secondo posto dopo il Sole invece che tra Venere e Marte, accanto alla Terra.

Nell'Albero della Vita Qabalistico, la Luna è la prima Sephira (Yesod) che incontriamo quando andiamo verso l'interno. Poiché riflette la Luce del Sole, corrisponde ai pensieri visivi proiettati attraverso l'Occhio della Mente - la nostra porta o portale verso i Piani o Regni Cosmici interni. La Luna rappresenta il Piano Astrale, riflettendo la realtà Spirituale che il Sole genera all'altro capo dello spettro.

Nella simbologia Alchemica, la Luna e il Sole sono sempre stati raffigurati insieme come rappresentanti delle energie femminili e maschili Universali. L'interazione delle energie del Sole e della Luna si trova alla base di tutta la Creazione come Anima e coscienza: gli Elementi Fuoco e Acqua.

Di conseguenza, la collocazione dei Sette Pianeti Antichi sull'albero Chakrico rispecchia quasi la loro disposizione sull'Albero della Vita Qabalistico, anche se al contrario. Se al posto del Sole sostituiamo il Pianeta Terra, abbiamo la Luna, seguita da Mercurio, Venere, Marte, Giove e Saturno.

Come già detto, la Luce del Sole è l'origine delle nostre Anime. L'associazione tra la Terra e il Sole implica che la realtà Spirituale si riflette nella realtà materiale e viceversa. Le due cose sono solo aspetti opposti dell'Uno.

Se il Sole rappresenta l'Anima, i Pianeti sono i poteri superiori dell'Anima che si manifestano attraverso i Chakra associati. Sono le varie componenti del Sé interiore e la fonte di tutte le virtù, la morale e l'etica che compongono il nostro carattere. Come si legge ne *"The Magus"*, grazie al nostro legame con i Pianeti e ai loro cicli intorno al Sole, siamo un "perfetto Microcosmo del Macrocosmo, un Mini-Sistema Solare che riflette il grande Sistema Solare in cui abbiamo la nostra esistenza fisica".

Poiché ciascuno dei Sette Pianeti Antichi corrisponde a uno dei Sette Chakra, ogni Chakra mostra la natura del suo Pianeta dominante. Questa associazione è utile da conoscere quando si esamina l'Oroscopo o il Tema Natale. Poiché la vita è continua, la posizione dei Pianeti riflette i poteri necessari per superare l'energia Karmica delle vite precedenti.

A seconda del Segno Zodiacale a cui un Pianeta era allineato al momento della nascita, alcuni pianeti sono malefici, mentre altri sono benigni nel Tema Natale. Ciò è dovuto al rapporto tra i Pianeti e i governanti dei Segni Zodiacali in cui si trovano. I Pianeti sono forti nei segni dei loro amici, mentre sono neutri nei segni neutri. Al contrario, sono deboli nei Segni dei loro nemici. Pertanto, le radiazioni Planetarie e Cosmiche possono avere un impatto positivo o negativo sui Chakra associati nel Corpo di Luce. Se uno dei Pianeti è debole nel nostro Tema Natale, anche il Chakra corrispondente lo sarà. Quando i Chakra sono deboli e (o) bloccati, si verificano problemi di salute legati a quel Chakra.

Infine, la maggior parte degli Astrologi Occidentali include i Pianeti esterni nei propri modelli di Oroscopo. Equiparano Plutone al lato femminile del Chakra Marte (Scorpione), Nettuno al lato femminile del Chakra Giove (Pesci) e Urano al lato maschile del Chakra Saturno (Acquario).

Spesso vengono inclusi anche i Nodi Nord e Sud della Luna. In Latino sono chiamati Caput e Cauda Draconis: la Testa e la Coda del Drago. In generale, il Nodo Nord si riferisce al nostro fato e al nostro destino in questa vita, mentre il Nodo Sud si riferisce al Karma che portiamo in questa incarnazione dalle vite passate.

Di seguito sono descritti i poteri Planetari in relazione ai Chakra ad essi associati. Per un'esposizione più approfondita delle corrispondenze Planetarie e Zodiacali dell'Astrologia Occidentale, consultare *The Magus*. Le conoscenze Astrologiche qui presentate integrano le informazioni sullo stesso argomento contenute nel mio libro precedente.

Saturno/Muladhara

Saturno (Shani in Sanscrito) è il Pianeta che si muove più lentamente nel nostro Sistema Solare, ed è per questo che è associato alle lezioni di vita che riguardano lo scorrere del tempo. È il Pianeta dell'autocontrollo, della responsabilità, della diligenza e della disciplina, tutti elementi che danno struttura alla nostra vita. La sua energia è radicante, come l'Elemento Terra che rappresenta. Saturno rappresenta il Chakra Muladhara maschile.

Saturno ci permette di vedere la verità della materia e di allinearci ad essa. In quanto tale, ha a che fare con l'integrità. L'energia Saturnina influisce sulla nostra capacità di manifestare i sogni e gli obiettivi della nostra vita, ispirandoci ad affrontare il mondo a testa alta. Influisce anche sui nostri limiti e sulle nostre restrizioni, permettendoci di vivere all'interno dei vincoli della società in modo sano e produttivo.

Saturno contiene una qualità Ariosa; stimola l'intuizione e la conoscenza profonda di una realtà superiore che governa l'Universo. In fondo, è il Pianeta della fede e del Karma. Una forte influenza dell'energia Saturnina ci permette di dare priorità alla nostra Evoluzione Spirituale rispetto ai guadagni materiali.

Per quanto riguarda il corpo, Saturno governa tutto ciò che riguarda la nostra struttura fisica, compreso il sistema scheletrico, i denti, la cartilagine, le ghiandole, i capelli e la pelle. Un'energia Saturnina troppo scarsa nel Muladhara ci rende privi di base e incapaci di sostenerci. La mancanza di disciplina e di ambizione può renderci inerti e in conflitto interiore, impedendoci di raggiungere gli obiettivi che ci siamo prefissati. D'altra parte, se Saturno è troppo presente, una persona può diventare eccessivamente ambiziosa, egoista, inflessibile e pessimista.

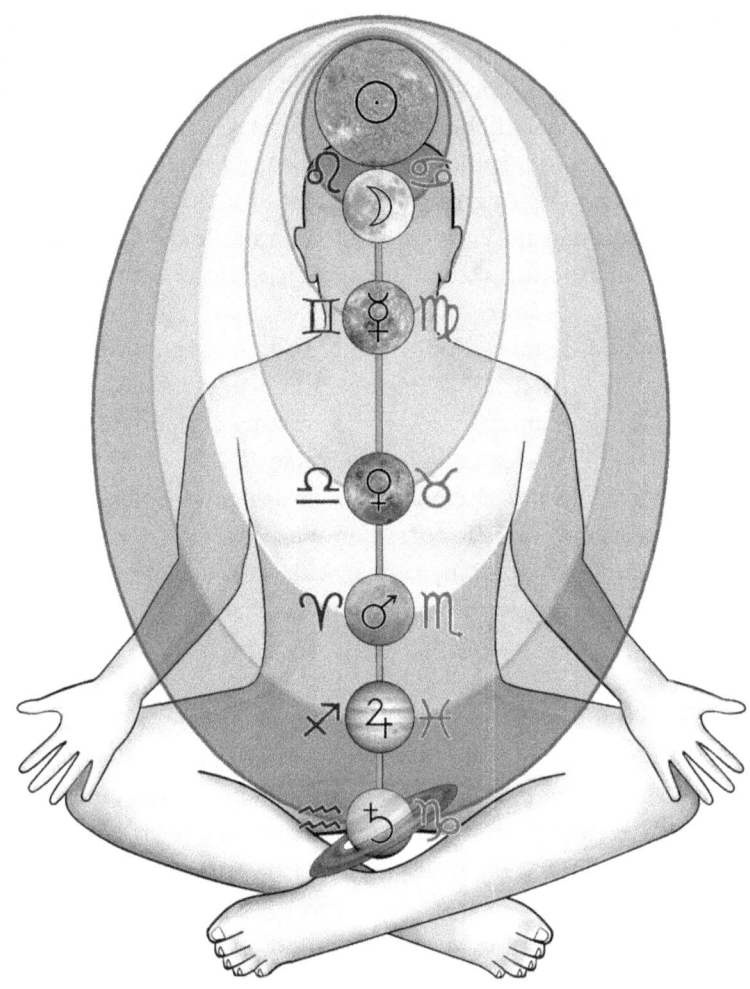

Figura 62: Posizioni Chakriche dei Sette Pianeti Antichi

Saturno ha un rapporto amichevole con Mercurio e Venere nel Tema Natale, mentre è nemico di Marte e neutrale di Giove. Inoltre, governa i due segni più solidi e affidabili dello Zodiaco, l'Acquario (Kumbha in Sanscrito) e il Capricorno (Makara in Sanscrito). L'Acquario rappresenta l'energia maschile di Saturno, mentre il Capricorno ne rappresenta l'energia femminile. Mentre l'Acquario si occupa dell'espressione della forza conservatrice della vita, il Capricorno si occupa di stabilizzarla.

Se uno di questi due segni è prominente nel vostro Tema Natale, soprattutto se si trova come Segno Solare, Lunare o Ascendente, dovreste prestare attenzione al Muladhara Chakra. Gli Acquario e i Capricorno spesso ricevono troppa o troppo poca energia Saturnina e richiedono un lavoro Spirituale sul Muladhara per bilanciarla.

Giove/Swadhisthana

Il Pianeta Giove (Brihaspati o Guru in Sanscrito) è un Pianeta espansivo e generoso che porta fortuna, abbondanza e successo. È legato all'Elemento Acqua e rappresenta le qualità superiori della coscienza, la cui energia di base è l'amore incondizionato. Giove corrisponde al Chakra femminile Swadhisthana.

L'energia benevola di Giove ispira fiducia in Sè stessi, ottimismo, cooperazione con gli altri e impulso protettivo. L'energia di Giove crea virtù che modellano il nostro carattere e ci mettono in contatto con il nostro Sé Superiore. Ci dà un forte senso della moralità e dell'etica e ci permette di crescere nella società e di essere una risorsa per gli altri. Giove infonde in noi un senso di compassione, misericordia e generosità, rendendoci giusti e onorevoli nelle nostre parole e azioni. Fortuna, felicità e buona salute sono tutti aspetti di Giove. Governa la crescita del corpo fisico, compreso lo sviluppo cellulare e la conservazione dei tessuti molli.

Giove è l'insegnante che ci dona la saggezza interiore e ci ispira a sviluppare una visione filosofica della vita. La sua energia positiva ci rende amichevoli, allegri e generalmente benvoluti dagli altri. Ci permette di vedere il lato positivo in tutte le situazioni, il che ci permette di avere successo negli affari.

Se Swadhisthana è carente di energia di Giove, si verifica una repressione delle emozioni e della sessualità, che influisce negativamente sulla creatività, sulla fiducia in se stessi e sul senso di identità personale. Troppo poca energia Gioviana può renderci pessimisti, disonesti, timidi e generalmente sfortunati nella vita. Al contrario, troppo Giove può renderci ciecamente ottimisti, stravaganti e pigri. L'aspetto negativo di una vita troppo facile è che non riusciamo a sviluppare la forza di carattere.

Nel Tema Natale, Giove è amico di Sole, Luna e Marte, mentre è nemico di Mercurio e Venere e neutrale di Saturno. Inoltre, Giove governa il Sagittario (Dhanus in Sanscrito) e i Pesci (Mina in Sanscrito), entrambi segni altamente morali. Il Sagittario rappresenta l'energia maschile di Giove, mentre i Pesci ne rappresentano l'energia femminile. Mentre il Sagittario manifesta l'energia creativa della vita, i Pesci la esprimono. Le persone che hanno uno di questi due segni nel loro Tema Natale dovrebbero prestare attenzione al Chakra Swadhisthana e al suo funzionamento. Se sono sbilanciate nell'assunzione di energia Gioviniana, potrebbero aver bisogno di un lavoro Spirituale per ottimizzare questo Chakra.

Marte/Manipura

Il Pianeta Marte (Mangals, Angaraka o Kuja in Sanscrito) è il carburante della forza di volontà che dà inizio all'azione e al cambiamento. Rappresenta l'Elemento Fuoco, corrispondente al Chakra Manipura maschile. Marte è il pianeta dell'energia fisica che governa l'impulso sessuale. È la fonte del nostro potere personale che fornisce forza e coraggio alla mente, al corpo e all'Anima.

Marte è eccitante e dinamico, ci dà forza mentale e ci rende competitivi con gli altri esseri umani. Inoltre, essendo l'Elemento Fuoco, ci permette di costruire forti convinzioni che ci aiutano a trovare lo scopo della nostra vita e la spinta per realizzarlo.

Marte ci dà anche entusiasmo, passione e la capacità di affrontare le sfide della vita e di superarle con determinazione e perseveranza. Facilita la crescita interiore e il cambiamento necessario per continuare a evolvere. L'energia Marziana è fortemente incentrata sulla trasformazione interiore, poiché l'Elemento Fuoco consuma il vecchio per fare spazio al nuovo.

Come Pianeta Rosso, Marte governa i globuli rossi e l'ossidazione del corpo. Se Manipura riceve troppa energia Marziana, gli individui possono diventare distruttivi per sè stessi e per gli altri. In questo caso, possono ricorrere alla rabbia, all'ira, alla tirannia, all'oppressione e persino alla violenza. Pertanto, Giove dovrebbe sempre bilanciare Marte: l'Ego deve essere tenuto sotto controllo dall'Anima e dalle sue aspirazioni più elevate. Al contrario, un'energia Marziana troppo scarsa porta ad essere intimiditi, apprensivi, codardi, dubbiosi, eccessivamente mutevoli nelle convinzioni personali, privi di passione e di slancio e generalmente indifferenti ai risultati della vita.

In un Tema Natale, Marte ha un rapporto amichevole con Sole, Luna e Giove, mentre è nemico di Mercurio e neutrale di Venere e Saturno. Inoltre, i due segni molto ambiziosi e orientati all'azione, Ariete (Mesha in Sanscrito) e Scorpione (Vrishchika in Sanscrito), sono governati da Marte. L'Ariete rappresenta l'energia maschile di Marte, mentre lo Scorpione ne rappresenta l'energia femminile. Mentre l'Ariete governa la nostra proiezione di vitalità, lo Scorpione ne influenza la conservazione. Se uno di questi due segni è prominente nel vostro Tema Natale, dovreste prestare attenzione al Manipura Chakra e verificarne il livello di funzionamento. Per ottimizzare Manipura, è necessario un raggio equilibrato di energia Marziana.

Venere/Anahata

Il Pianeta Venere (Shukra in Sanscrito) è il Pianeta dell'amore, del desiderio e del piacere. Venere è un Pianeta gioioso e benevolo che porta fortuna nelle amicizie e nelle relazioni sentimentali. Governa la nostra capacità di accettare ed esprimere affetto e di godere della bellezza. La sua energia ci dona sex appeal poiché governa le arti seduttive. Poiché l'amore influisce sul nostro livello di ispirazione e immaginazione, Venere alimenta il pensiero astratto e destro. Governa le espressioni artistiche come la musica, le arti visive, la danza, il teatro e la poesia.

Venere è in relazione con il Chakra Anahata femminile e con l'Elemento Aria, che governa i nostri pensieri. I desideri sono il prodotto di pensieri a bassa vibrazione dell'Ego o di pensieri a più alta vibrazione dell'Anima. Venere ha un'affinità con l'Elemento Fuoco; il desiderio può facilmente trasformarsi in passione che alimenta la creatività. Ha anche un'affinità con l'Elemento Acqua, poiché l'amore è un'emozione potente. Ricordate che l'Aria alimenta gli Elementi Fuoco e Acqua e dà loro vita.

Poiché Anahata è il ponte tra i tre Chakra Elementali inferiori e i tre Chakra dello Spirito superiori, Venere ci insegna ad amare senza attaccamento per trascendere la nostra individualità e fonderci con lo Spirito, la cui essenza è l'Amore Divino. L'energia di Venere ci permette di eliminare gli attaccamenti emotivi al denaro, al sesso e al potere creati dai tre Chakra inferiori. Ciò facilita l'esplorazione delle qualità espansive dell'Elemento Spirito che possiamo sperimentare attraverso i tre Chakra superiori, dandoci livelli di comprensione più profondi.

Venere è un Pianeta tattile, quindi governa gli organi sensoriali del corpo. Una scarsa dose di energia di Venere nel Chakra Anahata provoca relazioni malsane, attaccamento estremo alle cose del mondo, autoindulgenza e blocchi creativi. Una carenza di energia di Venere crea la paura di non essere amati, rendendoci insicuri.

Quando i Chakra superiori sono utilizzati, l'individuo può amare incondizionatamente. Tuttavia, quando i Chakra inferiori sono dominanti, l'amore si trasforma in lussuria, che può essere distruttiva per l'Anima se non è bilanciata da Mercurio e dai suoi poteri di ragionamento.

In un Tema Natale, Venere è amica di Mercurio e Saturno, nemica del Sole e della Luna e neutrale di Marte e Giove. Inoltre, i due segni sociali e orientati al piacere, Bilancia (Tula in Sanscrito) e Toro (Vrishabha in Sanscrito) sono governati da Venere. La Bilancia rappresenta l'energia maschile di Venere, mentre il Toro ne rappresenta l'energia femminile. Mentre la Bilancia rappresenta la nostra capacità di esprimere le emozioni, il Toro governa la nostra ricettività emotiva. Se uno di questi due segni è influente nel vostro Tema Natale, fate attenzione al Chakra Anahata per assicurarvi che riceva un raggio equilibrato di energia di Venere.

Mercurio/Vishuddhi

Mercurio (Budha in Sanscrito) è il Pianeta della logica, della ragione e della comunicazione, corrispondente al Chakra maschile Vishuddhi e all'Elemento Spirito. Poiché si riferisce ai processi di pensiero, Mercurio ha un'affinità con l'Elemento Aria; la sua denominazione corretta sarebbe Aria dello Spirito. Mercurio governa anche i viaggi e il desiderio di sperimentare nuovi ambienti.

Poiché Mercurio governa l'intelligenza, influenza il modo in cui una persona pensa e le caratteristiche della sua mente. Mercurio tempera Venere e dà struttura ai pensieri e alle idee creative. Entrambi gli emisferi del cervello sono influenzati da Mercurio, anche se è dominante nell'emisfero sinistro che si occupa del pensiero lineare attraverso la logica e la ragione.

Mercurio governa il cervello, i nervi e il sistema respiratorio. Poiché governa la comunicazione verbale e non verbale, come il linguaggio del corpo, Mercurio influenza la nostra capacità di esprimere i nostri pensieri. Una forte influenza di Mercurio ci conferisce una buona memoria ed eccellenti capacità di parlare e scrivere. Ci trasforma in narratori accattivanti e in abili e astuti negoziatori. Poiché governa la voce, ci dà il potere di parlare e di esibirci in pubblico.

Mercurio riflette il modo in cui vediamo, ascoltiamo, comprendiamo e assimiliamo le informazioni. Un'energia Mercuriale troppo bassa rende Vishuddhi inattivo, chiudendoci alle sottili informazioni intuitive che ci vengono trasmesse dai Chakra superiori. Chi ha poca energia Mercuriale perde la capacità di esprimere la propria verità interiore, perdendo il contatto con la realtà e vivendo nell'illusione.

Una carenza di energia Mercuriale si traduce spesso in decisioni sbagliate, poiché è necessario pensare con intelligenza prima di agire. Inoltre, se non riusciamo a bilanciare le emozioni con la logica e la ragione, possiamo avere un comportamento nevrotico. La nostra capacità di pianificare le cose nella nostra mente influisce sulla capacità di manifestare i nostri obiettivi e i nostri sogni e sul fatto che i risultati siano fruttuosi.

Al contrario, un eccesso di Mercurio può rendere gli individui sarcastici, polemici, manipolatori ed eccessivamente critici verso se stessi e gli altri. Bugie e inganni indicano un Mercurio squilibrato, che blocca il Vishuddhi Chakra, mentre dire la verità lo ottimizza.

In Astrologia Mercurio ha un rapporto amichevole con il Sole e Venere, mentre è nemico della Luna e neutrale di Marte, Giove e Saturno. Inoltre, Mercurio governa i due segni altamente comunicativi dei Gemelli (Mithuna in Sanscrito) e della Vergine (Kanya in Sanscrito). I Gemelli rappresentano l'energia maschile di Mercurio, mentre la Vergine ne rappresenta l'energia femminile. Mentre i Gemelli sono coinvolti nell'espressione delle idee, la Vergine governa la ricezione delle impressioni. Prestate attenzione al Vishuddhi Chakra se avete uno di questi due segni nel vostro Tema Natale. Indica l'utilizzo dell'energia Mercuriale e il bisogno di equilibrio di questo Chakra.

La Luna/Ajna

Il Pianeta Luna (Chandra in Sanscrito) è il Pianeta degli istinti, delle illusioni e delle emozioni involontarie proiettate dal subconscio. Ha una grande influenza sulle capacità mentali superiori, come l'introspezione, la contemplazione, l'autoesame e l'intuizione, perché riflette pensieri ed emozioni profonde. La Luna influenza la nostra percezione della realtà, poiché tutto ciò che recepiamo deve passare attraverso la mente subconscia. La sua influenza riguarda i cinque sensi: vista, udito, gusto, olfatto e tatto.

La Luna corrisponde al Chakra Ajna femminile e all'Elemento Spirito. Tuttavia, è affiliata all'Elemento Acqua: la sua denominazione corretta sarebbe Acqua dello Spirito. Ajna ha un'intima connessione con Swadhisthana, poiché entrambi svolgono le funzioni della mente subconscia che controlla le emozioni volontarie e involontarie.

La Luna governa la notte come il Sole governa il giorno. Governa i sogni, dando chiarezza alle immagini visive. In quanto tale, influisce anche sulla nostra immaginazione e sul pensiero creativo. La Luna è protettiva e ha una forte influenza sulla crescita, sulla fertilità e sul concepimento. È molto mutevole: un momento possiamo essere freddi e distaccati mentre siamo sotto il controllo della Luna, e un momento dopo diventiamo intensamente passionali.

Nell'Oroscopo, il segno della Luna riflette il nostro Sé interiore ed emotivo ed è secondo per importanza solo al segno del Sole. Come il Sole è espressivo del nostro carattere, la

Luna esprime la nostra personalità. Poiché regola il flusso e il riflusso di tutti i corpi idrici, la Luna governa tutti i fluidi corporei e influenza le fluttuazioni delle emozioni.

La Luna è il nostro nucleo interiore che sperimenta le reazioni emotive agli stimoli ambientali. Poiché rappresenta il subconscio, la Luna è la parte della nostra personalità che possiamo trovare inquietante in noi stessi. Dà origine a fantasie e sogni ad occhi aperti strani, spesso immorali, e suscita reazioni istintive come l'odio e la gelosia. D'altra parte, la Luna influisce anche sul nostro richiamo alla spontaneità e al desiderio di piaceri sensuali. Essendo due pianeti femminili, la Luna e Venere hanno un'affinità.

Se il Chakra Ajna dell'individuo è carente di energia Lunare, i suoi pensieri visivi diventano deboli e poco chiari, con un impatto negativo sull'immaginazione, sulla creatività e sul livello di ispirazione. Un Chakra Ajna poco potente interrompe la connessione con l'intuizione e le emozioni profonde, permettendo alla paura e all'ansia di prendere il sopravvento. L'individuo non ha più una guida interiore, il che lo rende incapace di imparare dalle esperienze della vita, generando un senso generale di disperazione e depressione. Una bassa energia Lunare nel Chakra Ajna influisce negativamente anche sui sogni, che diventano opachi, sfocati e altrimenti oscuri. Un metodo efficace per ricevere l'energia Lunare consiste nel trascorrere del tempo all'aperto durante la Luna piena.

In Astrologia, la Luna è amica del Sole e di Mercurio, mentre è neutrale con Venere, Marte, Giove e Saturno. Non ha nemici. La Luna governa il segno intuitivo e sensibile del Cancro (Kataka in Sanscrito), che ha una qualità energetica femminile. Se il Cancro è presente nel vostro Tema Natale, prestate attenzione all'Ajna Chakra e al suo funzionamento. Potrebbe essere necessario bilanciare il raggio di energia Lunare attraverso pratiche di Guarigione Spirituale.

Il Sole/Sahasrara

Il Pianeta Sole (Surya in Sanscrito) è il Pianeta dell'immaginazione, dell'ispirazione, della Spiritualità e della trascendenza. Il Sole è la fonte di energia Pranica che dà vita, luce e calore a tutti gli esseri viventi del nostro Sistema Solare. Tutte le Anime del nostro Sistema Solare emanano dal Sole e si affidano ad esso per il loro sostentamento.

Il Sole corrisponde al Chakra Sahasrara non doppio e all'Elemento Spirito. Come il Sole è la fonte di luce del nostro Sistema Solare, Sahasrara è la nostra fonte di Luce Chakrica. La Luce Bianca è la nostra fonte di Unità, verità e saggezza Universale. Rappresenta la mente cosciente, mentre la Luna rappresenta il subconscio.

Il Sole non genera solo Luce ma anche calore. Per questo è affiliato all'Elemento Fuoco; la sua denominazione corretta è Fuoco dello Spirito, il che implica che, pur essendo al di là della dualità, ha una propensione verso il principio proiettivo, maschile.

L'energia dell'amore genera un calore calmo e costante, la cui essenza è la Luce Bianca. Pertanto, quando usiamo il termine "Coscienza Cosmica", ci riferiamo alla coscienza del Sole come fonte di amore, Luce, vita e beatitudine divina del nostro Sistema Solare.

Il Sole è l'espressione fondamentale dell'identità dell'individuo - l'Io - e come tale è l'influenza più critica del nostro Oroscopo. Rappresenta chi siamo e l'essenza della nostra

Anima. Pertanto, il Segno del Sole è la nostra energia fondamentale che influenza il nostro carattere e le nostre aspirazioni più elevate.

Il Sole conferisce eccellenti capacità di leadership. Governa il cuore, regolando il sistema circolatorio. Il Sole ci dona anche vitalità, armonia ed equilibrio, poiché bilancia tutte le energie opposte del corpo. Se l'energia del Sole è carente, si verificano dei blocchi in Sahasrara, che si ripercuotono negativamente sull'intero sistema Shakrico. Bassi livelli di energia della Luce nel sistema Chakrico rallentano la rotazione dei Chakra, manifestando problemi mentali, emotivi e fisici.

Il modo ideale per ricevere l'energia del Sole è trascorrere del tempo all'aperto in una giornata di sole e permettere ai raggi Solari di nutrire i vostri Chakra, alimentando la vostra Aura con l'energia Pranica. Il Sole è la fonte di energia del nostro sistema energetico; senza di esso, moriremmo. Un pieno risveglio della Kundalini ottimizza il Sahasrara Chakra, massimizzando la nostra connessione con il Sole e permettendoci di accedere al pieno potenziale del nostro Segno Solare.

Nello Zodiaco, il Sole ha un rapporto amichevole con la Luna, Marte e Giove, mentre è nemico di Venere e Saturno e neutrale con Mercurio. Il Sole governa il segno autorevole del Leone (Simha in Sanscrito), la cui energia di base è di qualità maschile. Cancro e Leone, i segni della Luna e del Sole, rappresentano la polarità di base della mente in termini di emozioni e ragione, di Sé inconscio e cosciente. Notate se avete il Leone nel vostro Tema Natale e come l'energia Solare influisce sul Sahasrara Chakra. Potreste aver bisogno di una Guarigione Spirituale per bilanciare la vostra corrente Solare e ottimizzare questo Chakra essenziale.

GUARIGIONE SPIRITUALE ED EVOLUZIONE

Con l'ingresso nell'Era dell'Acquario, l'Evoluzione Spirituale (Figura 63) è diventata di estrema importanza per l'umanità. Dall'avvento di Internet e della libera condivisione delle informazioni, la nostra coscienza collettiva si è evoluta fino a comprendere che Dio non è fuori di noi, ma dentro di noi. Di conseguenza, le domande esistenziali relative allo scopo della nostra vita e a come raggiungere una felicità reale e duratura hanno avuto la precedenza sulla ricerca di ricchezza materiale.

Le principali religioni mondiali sono diventate obsolete, come tutte le religioni dopo qualche tempo. Non hanno più le risposte per la nuova generazione di esseri umani e molti cercano metodi e tecniche Spirituali alternativi per connettersi con Dio, il Creatore. Indipendentemente dalla religione in cui sono nate, le persone sono diventate aperte a provare nuove e vecchie pratiche di Guarigione Spirituale, a patto che queste pratiche forniscano i risultati che cercano.

Rientrando nella categoria delle "modalità di guarigione", queste tecniche terapeutiche alternative mirano a bilanciare la mente, il corpo e l'Anima in modo integrativo, promuovendo al contempo l'Evoluzione Spirituale. Pertanto, sono molto interessanti per le persone Spirituali e per coloro che cercano metodi alternativi per trattare problemi a livello energetico e corporeo.

Anche se abbiamo tutti la stessa base energetica, abbiamo inclinazioni diverse. Alcuni di noi sono attratti da certe pratiche di Guarigione Spirituale, mentre altri ne sono respinti. La nostra energia Ancestrale ha molto a che fare con questa propensione, così come il nostro condizionamento ambientale. Per questo motivo, negli ultimi quattro anni il mio obiettivo è stato quello di presentare le modalità di Guarigione Spirituale Occidentali e Orientali più ottimali in *Serpent Rising* e *The Magus*. Volevo dare alle persone la possibilità di scegliere e fornire loro le istruzioni più pratiche per applicare queste pratiche Spirituali nella loro vita quotidiana.

Prima di parlare della scienza e della filosofia dello Yoga, vorrei soffermarmi su altre pratiche Spirituali che ricalibrano i Chakra principali. Curando i Chakra a livello profondo, si ottimizza il loro flusso energetico, massimizzando la quantità di energia di Luce che l'Aura può contenere. Più Luce è presente, più alta è la vibrazione della coscienza, migliorando la qualità della mente, del corpo e dell'Anima e favorendo l'Evoluzione Spirituale.

Le quattro modalità di Guarigione su cui mi concentrerò in questa sezione sono le Pietre Preziose (Cristalli), i Diapason, l'Aromaterapia e i Tattva. Queste sono le modalità di Guarigione che ho trovato più interessanti per lavorare e conoscere nel mio viaggio Spirituale e quelle che hanno avuto l'impatto più significativo su di me. Altri metodi di Guarigione includono, ma non solo, il Reiki, l'Agopuntura, il Qigong, il Tai Chi, la Riflessologia, il Biofeedback, il Ruach Healing, la Regressione di Vita Passata, l'Ipnosi, la Meditazione Trascendentale e la Programmazione Neuro-Linguistica.

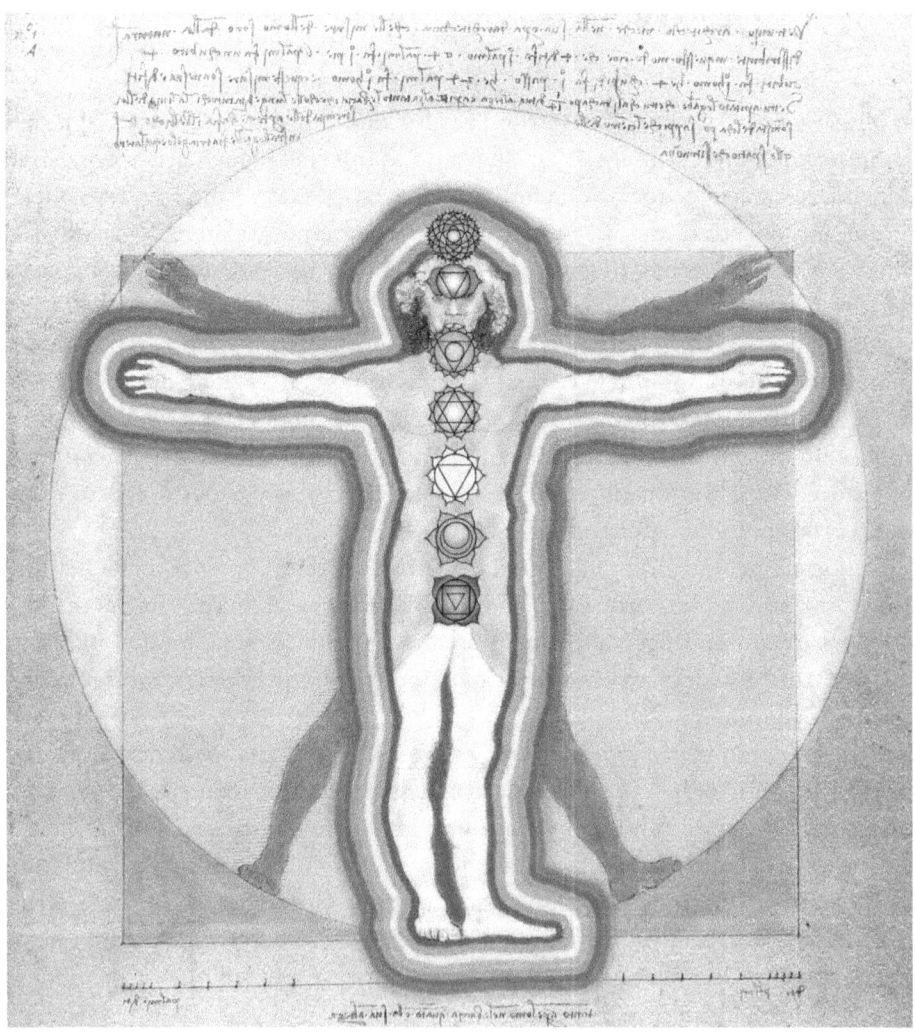

Figura 63: Evoluzione Spirituale

GEMME (CRISTALLI)

Formatesi nel cuore della Terra nel corso di Eoni di tempo, le Gemme (Cristalli) racchiudono intense concentrazioni di energia. Il loro uso terapeutico risale a circa 5000 anni fa; Antichi testi Cinesi di medicina tradizionale citano le Gemme, così come i testi Ayurvedici Indiani. L'uso delle Pietre Preziose risale a prima che la storia fosse scritta: persino *la Sacra Bibbia* contiene oltre 200 riferimenti alle Pietre Preziose e alle loro proprietà curative e protettive.

Molte civiltà e tradizioni Antiche, tra cui gli Olmechi della Mesoamerica e gli Egizi, utilizzavano le Gemme nei loro luoghi Sacri, dove abbiamo trovato prove della generazione e della manipolazione dell'energia. La pratica di utilizzare le gemme per guarire la mente, il corpo e l'Anima e per proteggere l'Aura dalle influenze energetiche negative continua ancora oggi, in quanto vengono utilizzate come forma di guarigione alternativa da parte dei praticanti Spirituali.

Una Gemma è una pietra preziosa o semipreziosa prodotta dalla natura, che si trova in formazioni rocciose. Sono il DNA della Terra e contengono le registrazioni dello sviluppo della Terra nel corso di milioni di anni. La maggior parte delle Gemme è costituita da Cristalli minerali, pietre semipreziose che sono più diffuse in natura rispetto alle pietre preziose. Per chiarire, le pietre preziose (Rubino, Zaffiro, Diamante e Smeraldo) sono considerate Pietre Preziose ma non Cristalli, mentre tutti i Cristalli esistenti possono essere definiti Pietre Preziose. Inoltre, esistono alcuni materiali occasionalmente organici che non sono minerali (Ambra, Giaietto, Corallo e Perla), ma sono anch'essi considerati Pietre Preziose. A causa della loro rarità, del colore e della composizione, le pietre preziose sono molto più costose sul mercato rispetto alle pietre semipreziose.

"Guarigione con i Cristalli" è il termine usato nella comunità Spirituale per l'uso terapeutico dei Cristalli - le Gemme semipreziose. Molti Cristalli hanno le molecole disposte in modo tale da creare in qualche modo un disegno geometrico, il che li rende ottimi generatori e conduttori di energia da utilizzare nelle sedute di guarigione. Una sessione di guarigione può avere effetti positivi che durano per giorni, tra cui una maggiore consapevolezza, pace e calma interiori, aumento dell'intuizione, dell'empatia, delle capacità intellettuali e un senso di amore e accettazione per se stessi e per gli altri.

Le Gemme sono generalmente facili da usare, il che le rende piuttosto interessanti per i principianti nel campo della Guarigione Spirituale. Tuttavia, è necessaria una corretta comprensione delle corrispondenze di ciascuna pietra per trarne il massimo beneficio, poiché molte Gemme si riferiscono a più Chakra. Per questo motivo, non è raro vedere autori che presentano relazioni incoerenti tra le Gemme e i Chakra.

Come già detto, esistono centinaia di Pietre Preziose, ognuna delle quali ha una vibrazione unica e proprietà energetiche specifiche determinate dal colore e da altri fattori. Imparando a conoscere le varietà di Gemme e le loro applicazioni, è possibile sfruttare tutto il loro potenziale di guarigione. La medicina energetica con le Gemme utilizza la forza di guarigione intrinseca del corpo per nutrire e guarire le energie dell'Aura. Quando viene posizionato sul corpo, la vibrazione del Cristallo induce la guaina del Corpo Astrale Inferiore (Corpo Eterico), il Corpo Sottile più basso e più denso dopo il Corpo Fisico, che ci collega con i Corpi Sottili superiori degli Elementi Acqua, Fuoco, Aria e Spirito.

Il Corpo Fisico e il Corpo Astrale Inferiore sono in relazione con l'Elemento Terra, il punto di contatto per le energie dei Cristalli che entrano nella nostra Aura. Estratti dalle profondità del nostro Pianeta, tutti i Cristalli hanno una componente terrestre, anche se le loro proprietà si riferiscono ad altri Elementi. Per questo motivo, il lavoro con i Cristalli è molto efficace nel trattamento dei disturbi associati al corpo fisico. Tuttavia, anche se possiamo usare i Cristalli e le altre pietre per curare problemi mentali, disturbi emotivi o malattie acute, il loro scopo ultimo è quello di aiutarci a raggiungere il nostro più alto potenziale come esseri umani Spirituali.

Poiché i nostri Chakra vibrano a una frequenza specifica, siamo naturalmente ricettivi alle vibrazioni delle Gemme, poiché possiamo allineare le nostre vibrazioni con le loro. Le Gemme hanno l'effetto vibratorio più potente quando vengono posizionate direttamente sul corpo nelle aree che corrispondono ai Chakra Maggiori. L'energia emessa dalla Gemma agisce direttamente sul Chakra, eliminando eventuali blocchi o ristagni al suo interno. In questo modo, i Chakra riacquistano il loro funzionamento ottimale e, a loro volta, facilitano il libero flusso di energia nelle Nadi. In sostanza, è così che funziona la pratica della Guarigione con i Cristalli.

L'uso delle Gemme, però, non inizia e finisce con la Guarigione Spirituale. Possiamo anche incorporare le Gemme per potenziare il potere di altre modalità di guarigione energetica e persino per aiutarci a manifestare un desiderio o un obiettivo. Per esempio, se volete una spinta energetica durante la meditazione, tenete semplicemente in mano una Gemma con le proprietà corrispondenti che state cercando di indurre nella vostra Aura. Oppure, se desiderate attrarre l'amore romantico o desiderate un nuovo lavoro o una nuova carriera, potete ideare un rituale in cui infondere la vostra intenzione in una Gemma con proprietà in grado di attirare queste cose verso di voi. In effetti, poiché si riferiscono all'Elemento Terra, i Cristalli sono strumenti potenti per aiutare la manifestazione.

Le Gemme sono essenzialmente come batterie con diverse proprietà che possiamo utilizzare in vari modi. Un altro esempio del loro utilizzo è quello di aggiungere protezione a una stanza o di infondervi energia positiva, rendendola uno spazio Sacro. Per aumentare la vibrazione di un'area, collocate le Gemme con proprietà specifiche in alcune parti della stanza, soprattutto negli angoli o davanti a una finestra da cui entra la Luce. Tuttavia, fate attenzione al Quarzo Ialino davanti a una finestra, poiché concentra i raggi del Sole e potrebbe innescare un incendio.

Posizionando diverse Pietre Preziose in uno spazio si crea una griglia energetica che le collega, trasmettendo energia avanti e indietro per ottenere gli effetti desiderati e influenzare chiunque entri in questo spazio. Questo uso delle Pietre Preziose esiste da tempo immemorabile ed è per questo che le troviamo posizionate strategicamente in molti siti Antichi di varie culture e tradizioni.

Sebbene le Pietre Preziose abbiano molti usi, in questa sezione ci concentreremo principalmente sulla Guarigione dei Chakra e sull'uso dei Cristalli per aiutare il processo di Evoluzione Spirituale. Ricordate che curando l'energia di una persona a livello profondo, il suo stato mentale, emotivo e fisico migliora e la sua capacità di manifestare la vita che desidera.

FORMAZIONI E FORME DI CRISTALLO

I Cristalli possono essere trovati in molte forme, con molte formazioni naturali come Geodi, Grappoli, Cristalli Liberi e altri che l'uomo ha estratto e tagliato in forme specifiche (Figura 64). Le Geodi sono formazioni rocciose arrotondate che espongono un bellissimo interno cristallino una volta spezzate a metà. I Grappoli, invece, sono gruppi di Cristalli estratti dalle Geodi. Ogni Grappolo è speciale e unico, non ce ne sono due uguali.

Sia le Geodi che i Grappoli hanno potenti energie vibrazionali, poiché contengono molti punti di Cristallo combinati. A differenza dei Grappoli, però, le Geodi hanno tutte le terminazioni all'interno. Entrambe le varietà sono disponibili in diverse forme e dimensioni e vengono spesso utilizzate come decorazione per il loro fascino visivo. I Grappoli sono più spesso utilizzati durante le sedute di guarigione per amplificare e concentrare le loro energie naturali.

I Cristalli a Forma Libera o "Grezzi", come vengono chiamati, sono pezzi di pietra semipreziosa di forma irregolare e non lucidati. Sono stati tagliati e scolpiti invece di essere lucidati per mostrare la bellezza naturale del singolo Cristallo. I Cristalli a Forma Libera di taglio più piccolo possono essere utilizzati nelle sedute di guarigione. Quelli più grandi, invece, sono più spesso utilizzati per aggiungere energia positiva e protettiva a uno spazio o semplicemente come elementi decorativi.

Le pietre Burattate sono la forma standard di Cristallo tagliato e lucidato presente sul mercato, con forme che variano per dimensione e forma. In genere, però, sono di dimensioni ridotte, fino a un pollice di diametro, il che le rende utili per la Guarigione con i Cristalli, poiché possono essere posizionate direttamente sul corpo per generare e manipolare l'energia.

Poi ci sono i Cristalli che vengono intagliati e lucidati in diverse forme geometriche e simboliche. Questa usanza esiste da migliaia di anni in varie tradizioni e culture Antiche. Poiché tutte le forme geometriche dirigono l'energia in modi diversi, intagliando un

Cristallo in una forma, ne modifichiamo l'emissione energetica e ne miglioriamo le proprietà specifiche, permettendoci di lavorare con la pietra in più modi. Alcune delle forme di Cristallo più diffuse sono le Punte, le Bacchette, i Cuori, le Sfere, le Uova, le Piramidi e i Frammenti. Altre forme di Cristallo meno comunemente prodotte sono le Aste e le Lastre, per citarne alcune.

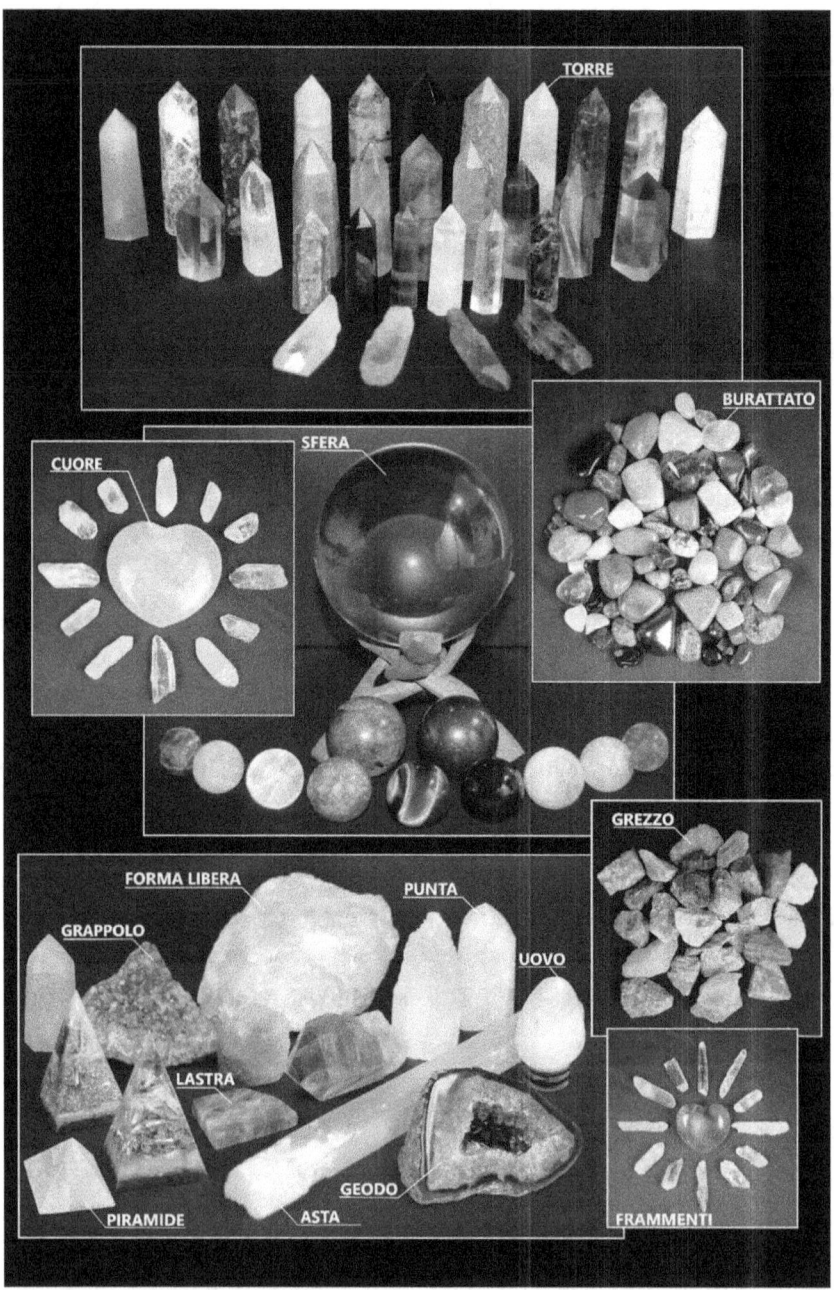

Figura 64: Forme e Formazioni dei Cristalli

Le Punte di Cristallo (Torri) sono generalmente pietre più grandi che terminano in un punto, generando un'energia più diretta. Spesso sono a sei o otto lati e hanno la forma di Bacchette di Cristallo, ma più grandi. Le Punte di Cristallo sono presenti in natura in molti tipi di Cluster, tra cui l'Ametista, il Quarzo Ialino e il Citrino. Di solito sono tagliate alla base per stare in piedi e sono ricercate dai guaritori energetici perché trasportano più energia naturale. Anche i pezzi più grandi di Cristalli Grezzi possono essere tagliati a punta per dirigere l'energia. Sono meno costosi delle Torri, il che li rende più desiderabili per i guaritori energetici.

Le Bacchette di Cristallo sono disponibili in una varietà di forme, dimensioni e tipi. Come le Punte di Cristallo, le bacchette sono tagliate a punta per aiutare ad amplificare e dirigere l'energia di un Cristallo. Alcune Bacchette hanno una doppia terminazione, con una punta a ciascuna estremità del Cristallo. Le Bacchette da Massaggio, invece, sono completamente arrotondate e lisce ad ogni estremità. Le Bacchette di Cristallo sono tipicamente utilizzate per guarire diverse parti dell'Aura. Si possono usare anche per ottimizzare la rotazione di un Chakra, come verrà spiegato in una tecnica di Guarigione dei Chakra alla fine di questo capitolo.

I Cuori di Cristallo sono pietre a forma di cuore, disponibili in varie dimensioni. In genere hanno proprietà che si riferiscono al Chakra del Cuore, come il Quarzo Rosa, la Malachite e l'Avventurina Verde. Emettono energia in modo amorevole e gentile, donandoci un senso di pace e armonia. I Cuori di Cristallo ci ricordano simbolicamente di equilibrare e centrare noi stessi sintonizzandoci sul Chakra Anahata e permettendo alla nostra Anima di guidarci nella vita. Quando viene utilizzato in una sessione di guarigione, il Cuore di Cristallo diventa il fulcro centrale poiché serve a infondere lo Spirito negli Elementi inferiori, portando a una completa trasformazione di mente, corpo e Anima.

Una Sfera di Cristallo è un oggetto tridimensionale in cui ogni punto della superficie ha la stessa distanza dal centro. Le Sfere sono riflettenti ed emanano energia verso l'esterno in direzioni uguali, il che le rende strumenti perfetti per la divinazione, altrimenti chiamato "Divinazione con Sfera di Cristallo". "Lo scopo della divinazione è quello di ricevere download Divini o visioni di cose che accadranno in futuro o di ottenere informazioni su qualcosa che sta accadendo in questo momento e di cui non siamo consapevoli.

Le Uova di Cristallo sono simili alle Sfere di Cristallo, poiché emettono energia da tutti i lati, ma con un punto focale nella parte superiore. Le Uova di Cristallo contengono una componente simbolica che si riferisce alla trasformazione e al rinnovamento personale. Ci aiutano a sintonizzarci con la nostra energia femminile, il nostro lato ricettivo e passivo dell'Essere collegato all'Elemento Acqua. Le Uova di Cristallo sono note per sintonizzarci con la nostra mente subconscia, dove inizia la trasfigurazione Spirituale.

Le Piramidi di Cristallo sono figure tridimensionali con una base piatta e quattro lati che si incontrano in un punto. Attingono energia dalla Terra e la proiettano verso l'alto attraverso il punto terminale. Possono essere costituite da un singolo tipo di Cristallo o da una combinazione di Cristalli diversi, come nel caso delle Piramidi di Orgonite, spesso utilizzate per assorbire e schermare le radiazioni elettromagnetiche.

I Frammenti di Cristallo sono piccoli pezzi di Cristallo Grezzo simili a bastoncini, usati più spesso per aggiungere energia ad altre pietre durante le sessioni di guarigione. I tre tipi più comuni di frammenti di Cristallo sono il Quarzo Ialino, l'Ametista e il Quarzo Rosa. I Bastoncini di Cristallo sono pezzi di Cristallo grezzi e non lucidati, tagliati a forma di bastone e di dimensioni variabili. Poiché la Selenite è piuttosto fragile e difficile da modellare con le macchine, di solito viene venduta in questa forma. Infine, le Lastre di Cristallo sono fette di Cristallo tagliate e lucidate con lati ruvidi che preservano l'aspetto naturale della Pietra. Le dimensioni più grandi sono generalmente utilizzate per la decorazione, mentre quelle più piccole (fino a 2 Pollici di diametro) possono essere utilizzate per scopi curativi.

VENTI-QUATTRO TIPI DI GEMME SIGNIFICATIVE

Ambra

Questa pietra è creata dalla resina fossile di antichi alberi; è disponibile in varie tonalità di giallo, oro e marrone. L'Ambra ha proprietà dell'Elemento Fuoco, che la rendono un potente guaritore e purificatore del corpo, della mente e dello Spirito. Rinnova il sistema nervoso e riequilibra le energie interiori. Assorbe anche l'energia negativa e ci mette in contatto con la saggezza Antica. L'Ambra è associata al Chakra Manipura e al Pianeta Sole. Si riferisce ai Segni Zodiacali Toro e Leone. L'Ambra ci aiuta a superare la depressione, stimolando l'intelletto e promuovendo la fiducia in se stessi, l'altruismo, la fiducia in se stessi, il processo decisionale e la pace interiore. Questa pietra ci dà anche il coraggio di stabilire confini sani nelle nostre relazioni, proteggendoci dalle persone che prosciugano la nostra energia.

Ametista

Una pietra viola trasparente che aumenta la consapevolezza Spirituale sbloccando un livello superiore di coscienza. Vibrando ad alta frequenza, l'Ametista ha proprietà da Elemento dello Spirito che creano un anello di protezione intorno alla propria Aura, bloccando le frequenze e le energie inferiori. L'Ametista favorisce anche la meditazione, aumentando l'intuizione, la guida interiore e la saggezza. Potenzia le nostre capacità psichiche stimolando il Terzo Occhio e il Chakra della Corona. Inoltre, l'Ametista favorisce l'equilibrio emotivo e mentale eliminando la negatività e la confusione. È nota per allontanare gli incubi e favorire i sogni positivi. L'Ametista è legata ai Segni Zodiacali dell'Acquario e dei Pesci e ha un'affinità con i Pianeti Urano e Nettuno e con gli Elementi Aria e Acqua.

Acquamarina

Questa pietra di colore verde-blu, da trasparente ad opaca, possiede energie calmanti che riducono lo stress, calmano la mente e portano consapevolezza Spirituale. Ci mette in contatto con i poteri dell'Acqua e dell'Aria, poiché è associata al Pianeta Giove e ha un'affinità con Urano e Nettuno. L'Acquamarina è nota per potenziare le capacità cerebrali e l'intelletto. Collegata direttamente al Vishuddhi Chakra, questa pietra migliora le nostre capacità di comunicazione e ci dà il coraggio di esprimere la nostra verità interiore. Calma le nostre paure e aumenta la nostra sensibilità alle energie del nostro ambiente. L'Acquamarina acuisce la nostra intuizione e cancella i blocchi creativi. Ci aiuta a sviluppare la tolleranza e la responsabilità, migliorando la nostra capacità di risolvere i problemi. Questa pietra allinea i Chakra e protegge l'Aura dalle energie negative. Libera la coscienza da pensieri emotivamente carichi, promuovendo l'armonia e l'equilibrio, ed è quindi uno strumento eccellente per la meditazione. L'Acquamarina si riferisce ai Segni Zodiacali dei Gemelli, dello Scorpione e dei Pesci.

Ossidiana Nera
Questa pietra nera scura e riflettente deriva dalla lava fusa che si è raffreddata così rapidamente da non avere il tempo di cristallizzarsi. Legata all'Elemento Terra, questa pietra ha un effetto di radicamento e calmante sulla mente e sulle emozioni, aiutandoci a rimanere centrati e concentrati sul compito da svolgere. Il suo colore nero attira l'utente verso il vuoto dello spazio, dove si trova la nostra verità interiore. Come tale, questa pietra che favorisce la verità ha qualità riflettenti che mettono a nudo i blocchi, le debolezze e i difetti di una persona. Agisce come uno specchio per l'Anima che ci dà la vitalità per trovare lo scopo della nostra vita. Le proprietà energetiche dell'Ossidiana Nera tengono lontani i pensieri negativi, promuovendo una visione positiva della vita. Possiamo anche usarla per deviare le energie negative degli altri e rimuovere le influenze Spirituali indesiderate. Questa pietra si riferisce al Chakra della Stella della Terra e al Pianeta Terra, con un'affinità con Plutone e l'Elemento Fuoco. La sua energia è anche caratteristica del Segno Zodiacale dello Scorpione.

Bloodstone
Questa pietra di colore verde scuro tendente al nero, con macchie rosse simili al sangue, aiuta a rimuovere i blocchi energetici dall'Aura, aumentando la vitalità, la motivazione, il coraggio, la creatività, la resistenza, la capacità di soppportazione e l'energia generale. Associata al Pianeta Marte e all'Elemento Fuoco, la Pietra del Sangue purifica e pulisce i tre Chakra Elementali inferiori, equilibrando il Chakra del Cuore. Ha proprietà di radicamento, riduce lo stress, l'irritabilità, l'impazienza e l'aggressività, consentendoci di vivere nel momento presente. Protegge anche dall'energia ambientale nociva, come le frequenze elettromagnetiche dirompenti. Inoltre, questa pietra è eccellente per migliorare la circolazione sanguigna e bilanciare gli ormoni, portando coerenza al corpo fisico. Gli Antichi soldati usavano la Pietra del Sangue per allontanare il male e invocare l'energia del guerriero. La Pietra del Sangue è associata all'Ariete e ai Pesci, i due Segni Zodiacali governati da Marte. Ha un'affinità con l'Elemento Terra.

Corniola

Questa pietra traslucida di colore rosso-arancio stimola la creatività e l'immaginazione, aiutandoci a dare vita a nuovi progetti. La Corniola ha un potente effetto sulle emozioni, quindi è direttamente collegata al Chakra Swadhisthana. Conosciuta come pietra dell'azione e dell'avanzamento nella vita, la Corniola ci aiuta a trovare soluzioni quando si verificano blocchi emotivi. Ha proprietà dell'Elemento Fuoco, che ci motiva a raggiungere il successo negli affari e in altre questioni. Ci aiuta anche a elaborare le emozioni negative come la rabbia, la gelosia, la paura, la tristezza, la confusione e la solitudine, proteggendoci dalle energie negative proiettate da altre persone. La Corniola può anche essere usata come strumento per coinvolgerci in espressioni creative come l'arte visiva, la musica, la danza o la scrittura. Questa pietra è associata ai Segni Zodiacali Ariete, Leone e Vergine. Inoltre, ha un'affinità con Marte e il Sole.

Citrino

Questa pietra trasparente di colore giallo-arancio apporta vitalità, fiducia, coraggio, felicità e gioia alla propria vita. Essendo in relazione con Hara e con i Chakra del Plesso Solare, il Citrino è una pietra molto energizzante, che aumenta l'energia Pranica, la creatività, la motivazione e la capacità di risolvere i problemi. Il Citrino favorisce il rispetto di Sé e l'espressione della propria verità interiore. Ha proprietà legate agli Elementi Aria e Fuoco. I suoi raggi di luce dorata allontanano le insicurezze derivanti da una mentalità negativa e le sostituiscono con la positività. Questa pietra si riferisce anche al Segno Astrologico dei Gemelli e al Pianeta Mercurio. Ha un'affinità con il Sole, ed è per questo che possiamo usarla per energizzare tutti i Chakra.

Quarzo Ialino

Questa pietra trasparente trasporta al suo interno l'intero spettro della Luce, rendendola un maestro di guarigione a tutti i livelli. Collegandosi direttamente all'Elemento Spirito, il Quarzo Ialino può essere utilizzato per la meditazione, la canalizzazione, il lavoro sui sogni, la guarigione energetica e la connessione con il nostro Sé Superiore. Grazie alle sue profonde proprietà detergenti, il Quarzo Ialino elimina dall'Aura qualsiasi energia stagnante e negativa. Promuove la positività, la chiarezza mentale ed emotiva e la concentrazione. Il Quarzo Ialino potenzia le capacità metafisiche e ci mette in sintonia con il nostro scopo Spirituale e la nostra vera volontà. Poiché i suoi usi curativi sono ad ampio raggio, questa pietra agisce su tutti i Chakra. Tuttavia, essendo ad alta vibrazione, il Quarzo Chiaro agisce meglio sul Sahasrara Chakra e sui Chakra Transpersonali sopra la testa. La sua energia amplifica anche gli aspetti positivi di tutti i Segni Astrologici. Possiamo usare il Quarzo Ialino per purificare, pulire e potenziare l'energia di altri Cristalli. Poiché è facilmente programmabile con l'intenzione e i pensieri, può essere usato anche come talismano per attrarre ciò che si desidera.

Fluorite
Questa pietra trasparente è una miscela di colori viola, blu, verde e trasparente. È eccellente per neutralizzare l'energia negativa, disintossicare la mente e portare armonia a mente, corpo e anima. La Fluorite fa emergere il proprio genio interiore stabilizzando l'Aura e aumentando la concentrazione. Associata al Chakra Ajna, questa pietra radica e integra le energie Spirituali, aumentando i poteri psichici e l'intuizione. Poiché eleva la coscienza al Piano Spirituale, la Fluorite è un'ottima pietra per la meditazione e il sonno profondo. Le sue proprietà si riferiscono agli Elementi Aria, Acqua e Spirito, invocati dai suoi colori: l'energia verde infonde l'Elemento Aria, purificando il cuore, il blu porta l'Elemento Acqua, calmando la mente, mentre il colore viola integra le proprietà metafisiche dell'Elemento Spirito. L'energia chiara e trasparente, la forza guida della pietra, riallinea tutti i Chakra e gli Elementi in un insieme integrato, permettendo di funzionare mentalmente, emotivamente e fisicamente al meglio. Oltre alle sue profonde proprietà curative, la Fluorite è uno dei Cristalli più belli sul mercato, il che la rende una pietra molto popolare nelle case.

Granato
Questa pietra rosso rubino, da trasparente a traslucida, aumenta la vitalità, il coraggio, la creatività, la determinazione, il cambiamento e la capacità di manifestare i propri obiettivi. Associato a Marte e all'Elemento Fuoco, il Granato purifica tutti i Chakra e li rienergizza. Attiva e rafforza l'istinto di sopravvivenza, invocando amore incondizionato, passione e devozione Spirituale. Mette a terra l'energia caotica, equilibrando le emozioni e creando una maggiore consapevolezza di Sé e dell'ambiente circostante. È la pietra del risveglio Spirituale, la cui energia è nota per stimolare l'attività della Kundalini quando viene utilizzata insieme alle pratiche Yogiche volte a risvegliare questa energia. Il Granato ha anche forti legami con la Ghiandola Pituitaria, in quanto favorisce la rigenerazione del corpo, aumentando il metabolismo, il sistema immunitario e il desiderio sessuale. Questa pietra è associata ai Segni Zodiacali dell'Ariete, dello Scorpione e del Capricorno.

Avventurina verde
Questa pietra verde traslucida è nota per manifestare prosperità e ricchezza. Amplifica le intenzioni di creare maggiore abbondanza nella vita. Associata al Chakra del Cuore e al Pianeta Venere, l'Avventurina Verde porta armonia a tutti gli aspetti dell'Essere. Bilancia l'energia maschile e femminile, promuovendo una sensazione di benessere. Rafforza inoltre le qualità di leadership e la risolutezza, favorendo al contempo la compassione e l'empatia. L'Avventurina Verde aumenta la creatività e permette di vedere diverse alternative e possibilità. Stabilizza la mente, placando le emozioni e calmando l'irritazione e la rabbia. Questa pietra protegge dai vampiri psichici. Poiché favorisce la manifestazione, l'Avventurina Verde possiede potenti proprietà dell'Elemento Terra.

Ematite

Questa pietra dal colore nero metallico al grigio acciaio fornisce un'energia di radicamento e di bilanciamento che aiuta a dissolvere le limitazioni mentali. L'Ematite sfrutta le qualità magnetiche delle energie Yin-Yang per equilibrare le Nadi e portare stabilità al sistema nervoso. Elimina le energie caotiche dall'Aura e respinge i pensieri negativi degli altri. Ci dà anche una sensazione di sicurezza, rafforzando l'autostima, il coraggio e la forza di volontà. Le vibrazioni calmanti dell'Ematite la rendono una pietra perfetta per chi soffre di ansia, stress e nervosismo. Questa pietra è nota per aiutare a superare compulsioni e dipendenze. Il suo effetto rilassante sul corpo fisico rafforza la nostra connessione con il Pianeta Terra. L'Ematite è legata al Chakra Muladhara e all'Elemento Terra, con un'affinità con Marte e l'Elemento Fuoco. Poiché stimola la concentrazione, la focalizzazione e i pensieri originali, l'Ematite ha proprietà specifiche affini ai Segni Zodiacali dell'Ariete e dell'Acquario.

Cianite

Questa pietra di colore blu intenso allinea istantaneamente tutti i Chakra e i Corpi Sottili. Associata ai Chakra Causali e ai Chakra della Stella dell'Anima, la Cianite equilibra le nostre energie Yin-Yang, rimuovendo i blocchi e ripristinando il Prana nel corpo. La Cianite porta pace e serenità; elimina ogni confusione e stress e migliora la comunicazione e l'intelletto. La Cianite equilibra anche il Chakra della Gola, poiché incoraggia l'espressione di sé e ci allinea alla nostra verità interiore. Risveglia le nostre facoltà psichiche, attivando la nostra innata capacità di comunicare telepaticamente. Il colore blu rilassante della Cianite ci apre ai Regni Spirituali e Divini, permettendoci di contattare i nostri Spiriti guida, sia attraverso la meditazione che i sogni. La sua energia è di Quinta Dimensione, ma possiede alcune proprietà affini all'Elemento Aria. La Cianite è un potente trasmettitore e amplificatore di energie ad alta frequenza che ci risveglia al nostro Vero Sé e allo scopo della vita. Questa pietra non richiede mai una pulizia energetica, poiché non può trattenere le vibrazioni negative.

Lapislazzuli

Questa pietra opaca di colore blu scuro profondo, con macchie d'oro metallico, apre il Terzo Occhio, migliorando l'intuizione, l'intuizione Spirituale, la guida interiore e le capacità psichiche. I Medium usano spesso il Lapislazzuli per contattare i Piani Cosmici Superiori e migliorare la loro capacità di canalizzazione. Questa pietra è adatta per migliorare la memoria e viene spesso utilizzata nel lavoro onirico. Il Lapislazzuli possiede proprietà dell'Elemento Acqua che hanno un effetto calmante sul sistema nervoso, migliorando la concentrazione e l'attenzione. Il suo uso è utile per lo studio e l'apprendimento, poiché aumenta la capacità di digerire le conoscenze e di comprendere a fondo le cose. Si può usare anche per superare dipendenze e traumi, poiché favorisce la guarigione emotiva. Poiché armonizza tutti gli aspetti del Sé, il Lapislazzuli aiuta a superare lo stress e l'ansia, facilitando la pace interiore e favorendo il sonno profondo. Il Lapislazzuli è collegato al Chakra Ajna e al Pianeta Giove.

Malachite

Questa pietra verde scuro opaco, con bande verde chiaro e scuro e verde-blu, protegge dalle energie negative e libera da schemi emotivi malsani che impediscono alla nostra Anima di progredire ulteriormente. Associata al Chakra del Cuore e al Pianeta Venere, la Malachite riallinea la mente con il cuore, aiutando a crescere Spiritualmente. Invoca amore, compassione e gentilezza nella nostra vita, guarendo i traumi del passato e aumentando le nostre capacità empatiche. La Malachite ci insegna ad assumerci la responsabilità delle nostre azioni, pensieri e sentimenti, incoraggiando l'assunzione di rischi e il cambiamento. È nota per proteggere dalle radiazioni e per eliminare l'inquinamento elettromagnetico. La Malachite ha una componente Terrestre e di radicamento; è associata al Segno Zodiacale del Capricorno.

Moldavite

Questa pietra verde oliva o verde opaco ci porta oltre i nostri limiti e confini, in dimensioni ultraterrene. Tecnicamente si tratta di una Tektite, un gruppo di vetri naturali formati dall'impatto di meteoriti. Come tale, la Moldavite è letteralmente fuori dal mondo. Le sue proprietà energetiche sono di Quinta Dimensione; si riferiscono ai Piani Divini Superiori della coscienza, che possiamo contattare attraverso la completa trascendenza. La Moldavite ci permette di comunicare con i nostri Sé Superiori, i Maestri Ascesi e altri Esseri ad alta vibrazione. Si dice anche che questa pietra ci apra al contatto Extraterrestre attraverso la coscienza. Associata al più alto Chakra Transpersonale, la Porta Stellare, le proprietà metafisiche della Moldavite ci permettono di trascendere il Tempo e lo Spazio. In quanto tale, può essere utilizzata per ottenere conoscenze relative alle nostre vite passate e per eliminare qualsiasi bagaglio indesiderato che ci siamo portati dietro in questa incarnazione. Su un piano più temporale, la moldavite ci aiuta a scoprire le emozioni che ci tengono bloccati in situazioni infelici nella vita. Ci permette di avanzare verso la scoperta dello scopo della nostra Anima.

Pietra di Luna

Questa pietra bianco-latte con un bagliore luminescente è ottima per potenziare l'energia femminile, migliorare l'intuizione e le capacità psichiche e bilanciare le emozioni. È collegata ai due Chakra Maggiori femminili, Swadhisthana e Ajna, mentre è direttamente connessa al Chakra Causale/Bindu. Grazie alle proprietà dell'Elemento Acqua, la Pietra di Luna ci mantiene in equilibrio emotivo, permettendoci di seguire il flusso della vita senza essere troppo attaccati. Invoca la passività, la ricettività e la riflessione, permettendoci di percepire il mondo circostante senza giudicare. La Pietra di Luna è nota anche per migliorare gli schemi di credenze negative e per potenziare le nostre capacità empatiche. Il suo uso promuove un senso di coscienza più elevato e la crescita Spirituale. La Pietra di Luna è legata al Segno Zodiacale del Cancro e al Pianeta Luna; la sua energia è più potente quando la Luna è crescente (in aumento) che calante (in diminuzione). Quando c'è la Luna Piena, la Pietra di Luna è nota per indurre sogni lucidi. Gli Antichi usavano la Pietra di Luna per risolvere i problemi del sistema riproduttivo femminile.

Diaspro Rosso

Questa pietra rossa è eccellente per fornire protezione e stabilità all'Aura, assorbendo l'energia negativa. Può neutralizzare le radiazioni e altre forme di inquinamento elettromagnetico e ambientale. La sua vibrazione rovente aumenta i nostri livelli di energia, ispirando un atteggiamento positivo e mettendo a terra tutte le energie indesiderate. Il Diaspro Rosso fornisce il coraggio di essere assertivi e la resistenza mentale per portare a termine qualsiasi compito. Ha caratteristiche dell'Elemento Fuoco; il Diaspro Rosso è associato al Chakra Muladhara e al Segno Zodiacale dell'Ariete, con un'affinità con Saturno. Questa pietra ci sostiene e ci supporta nei momenti di stress, portando stabilità emotiva e pace mentale. Stimola la nostra immaginazione, motivandoci a mettere in pratica le nostre idee. Poiché accende il nostro sistema energetico, il Diaspro Rosso rigenera e ringiovanisce anche le nostre passioni e il nostro desiderio sessuale.

Quarzo Rosa

Pietra di colore rosa da trasparente a traslucido, equilibra il Chakra del Cuore con la sua energia amorevole e pacifica. Invoca l'Amore Divino, la misericordia, la compassione, la tolleranza e la gentilezza nell'Aura. La vibrazione del colore rosa della pietra attiva un ponte tra i tre Chakra dello Spirito superiori e i tre Chakra Elementali inferiori. La creazione di questo ponte è fondamentale per sintetizzare il Sé Spirituale con il Sé fisico umano. Grazie alle proprietà dell'Elemento Acqua, il Quarzo Rosa rende ricettivi, insegnando ad amare se stessi e gli altri attraverso la fiducia, il perdono e l'accettazione. Il suo uso è benefico nei momenti traumatici, poiché calma le emozioni a livello profondo. Calma l'intero sistema nervoso, riducendo lo stress e l'ansia. Il Quarzo Rosa è la pietra ideale per aiutare ad attrarre un partner romantico nella propria vita, poiché aumenta il livello di amore incondizionato nel Chakra del Cuore. È legato ai Segni Zodiacali della Bilancia e del Toro e al Pianeta Venere. Il Quarzo Rosa può anche essere usato come aiuto per il sonno e per guarire qualsiasi problema legato al cuore fisico.

Selenite

Questa pietra riflettente di colore bianco latte è un potente strumento per sintonizzarci con i Piani Spirituali e Divini della coscienza. Il suo utilizzo fornisce un'energia Eterea che ci connette con il nostro Corpo di Luce e che possiamo utilizzare per contattare Esseri ad alta vibrazione come Angeli, Arcangeli e Maestri Ascesi in questi Regni Celesti. Associata alla Dea greca della Luna, Selene, questa pietra calmante con proprietà di Elemento Spirituale ci guarisce a tutti i livelli: fisico, emotivo e mentale. Attribuita al Sahasrara Chakra e al Chakra della Stella dell'Anima, si può usare la Selenite per connettersi con il proprio scopo Divino e ancorarlo alla propria coscienza inferiore. Inoltre, possiamo usare questa pietra per sintonizzarci con la nostra saggezza innata e riallineare la nostra coscienza con l'amore e la Luce. La Selenite ci connette con il ciclo lunare e con i nostri Angeli Custodi e Spiriti Guida.

Quarzo Fumé

Questa pietra traslucida di colore marrone chiaro o scuro mantiene le energie protettive e devia le vibrazioni negative. Il Quarzo Fumé è noto per creare un cerchio protettivo intorno a sé durante le cerimonie e i rituali Spirituali. Può essere utilizzato anche per deviare le frequenze elettromagnetiche emesse dai dispositivi elettronici. Grazie alle proprietà degli Elementi Terra e Aria, il Quarzo Fumé mette a terra tutte le chiacchiere della mente e aumenta la concentrazione, rendendolo un compagno perfetto per la meditazione. Questa pietra aiuta a eliminare la paura, il nervosismo e l'ansia e ci dà una sensazione di sicurezza. È nota per amplificare l'energia maschile e gli istinti di sopravvivenza. Il Quarzo Fumé è spesso consigliato per trattare la depressione e lo stress emotivo, poiché scaccia l'oscurità e porta energia positiva. Il Quarzo Fumé è associato al Chakra della Stella della Terra e al Pianeta Saturno. È inoltre correlato al Segno Zodiacale del Capricorno.

Sodalite

Questa pietra blu scuro opaco con striature bianche e nere è eccellente per migliorare l'intuizione, lo psichismo, l'espressione creativa e la comunicazione. Collegata ai Chakra Vishuddhi e Ajna, la Sodalite eleva la coscienza al Piano Spirituale, portando la mente superiore al livello fisico. Innalzando la percezione Spirituale, si intensificano le pratiche divinatorie e meditative. Grazie alle sue proprietà legate agli Elementi Aria e Acqua, la Sodalite è un buon aiuto per lo studio, in quanto elimina la confusione mentale e aumenta la concentrazione, l'attenzione e la capacità di ricordare le informazioni. Inoltre, aumenta le capacità di ragionamento, l'obiettività e il discernimento. La Sodalite stabilizza anche le emozioni, portando la pace interiore e rendendola un buon strumento per superare gli attacchi di panico. Inoltre, aumenta l'autostima, l'accettazione di sé e la fiducia in se stessi. Ha un'affinità con il Pianeta Giove e con il Segno Zodiacale del Sagittario.

Occhio di Tigre

Questa pietra opaca di colore marrone e oro, con bande più chiare di questi due colori, combina le energie Solari e Terrestri per invocare fiducia, coraggio, motivazione, protezione ed equilibrio emotivo. L'Occhio di Tigre sostiene l'integrità, l'orgoglio, la sicurezza e ci aiuta a realizzare i nostri obiettivi e sogni. È associato al Chakra Swadhisthana e ha un'affinità con i Chakra Muladhara (Terra) e Manipura (Fuoco) e con gli Elementi che li governano. Poiché la sua energia è direttamente collegata al Sole, l'Occhio di Tigre accende l'immaginazione e ci mantiene saldi nelle nostre aspirazioni e ricerche Spirituali e materiali. Ci mette in contatto con la nostra Anima, ci dà potere e ci apre al nostro massimo potenziale. Il suo uso alleggerisce la nostra visione della vita, portando chiarezza mentale e positività, anche di fronte alle avversità. L'Occhio di Tigre ci aiuta a dominare le nostre emozioni e a liberarci dai sentimenti negativi verso gli altri, come la gelosia. Ha un'affinità con i Segni Zodiacali del Capricorno e del Leone.

Turchese

Questa pietra opaca dal verde-blu al verde-blu è eccellente per la comunicazione, poiché aiuta ad articolare i sentimenti interiori e a rimuovere i blocchi all'espressione di sé. Si collega a Vishuddhi, il Chakra della Gola, dove le energie maschili e femminili si equilibrano attraverso l'Elemento Spirito. Il Turchese è utile per connetterci con la nostra verità interiore, proteggendoci dalle emozioni negative delle persone. Grazie alle proprietà degli Elementi Aria, Acqua e Fuoco, il Turchese bilancia gli sbalzi d'umore e favorisce l'ispirazione, aiutandoci a superare i blocchi creativi. Inoltre, aiuta a canalizzare la saggezza superiore e a esprimerla verbalmente o attraverso la parola scritta. Il Turchese è legato ai Pianeti Giove e Mercurio e ai Segni Zodiacali Gemelli, Vergine e Sagittario. È stata una delle pietre più utilizzate in gioielleria nel corso dei secoli, grazie al suo colore sorprendente e alle sue proprietà energetiche. I Nativi Americani, in particolare, la indossano da migliaia di anni per entrare in contatto con le energie Cosmiche.

PULIZIA DELLE GEMME

Le Pietre Preziose si programmano con l'energia nel corso del tempo. È la loro natura a farlo, soprattutto se sono state maneggiate da altre persone o addirittura da voi stessi quando eravate in uno stato mentale squilibrato. Per questo motivo, prima di utilizzare le Pietre Preziose a scopo curativo, è fondamentale "ripulirle" da qualsiasi energia residua. La pulizia di una Pietra Preziosa la riporterà al suo stato ottimale e neutro, il che è essenziale, soprattutto quando si effettua una sessione di guarigione su una persona nuova. Ma anche se state effettuando una guarigione su voi stessi, è utile ripulire spesso le pietre preziose, perché sono più potenti quando le loro energie sono ripristinate.

Discuterò alcuni metodi che ho trovato più efficaci per cancellare le Pietre Preziose. Tenete presente che se avete familiarità con il modo di ripulire l'energia delle carte dei Tarocchi, come descritto in *The Magus,* potete utilizzare gli stessi metodi anche per ripulire le Pietre Preziose. La Purificazione con la Luna Piena è particolarmente utile, poiché i raggi della Luna sono molto efficaci per disperdere le vecchie energie dalle Pietre Preziose e riportarle alla loro vibrazione ottimale.

Il modo più rapido, più popolare e forse più efficace per pulire una Pietra Preziosa è metterla in acqua salata. L'acqua di per sé, specialmente quella di un ruscello naturale, funziona bene per pulire una Gemma, ma quando la si versa in un bicchiere (non di metallo o di plastica) e si aggiunge del sale marino, si ottiene una pulizia più potente. Assicuratevi di usare solo sale marino, poiché il sale da cucina contiene alluminio e altre sostanze chimiche.

Assicuratevi che la Gemma sia completamente immersa nell'acqua e lasciatela lì per 24 ore, in modo che abbia il tempo di resettarsi completamente. Le Pietre Preziose che richiedono una pulizia molto più profonda possono essere lasciate nell'acqua fino a una settimana. Al termine, sciacquare le gemme in acqua corrente fresca per rimuovere i residui di sale. Si raccomanda di smaltire l'acqua salata dopo aver assorbito le energie negative indesiderate.

Si tenga presente che, sebbene l'acqua salata sia il metodo più ottimale per la pulizia di una Pietra Preziosa, può avere un effetto dannoso su alcune Gemme e persino modificarne l'aspetto e le proprietà. Ad esempio, le pietre porose che contengono metalli o acqua non dovrebbero essere lasciate in acqua salata. Le Gemme che dovrebbero essere tenute lontane dal sale sono l'Opale, il Lapislazzuli, la Pirite e l'Ematite, solo per citarne alcune.

PROGRAMMAZIONE DELLE PIETRE PREZIOSE

Oltre a essere utilizzate per la guarigione energetica, le Gemme possono anche essere programmate con un'intenzione specifica per manifestare un obiettivo. Le Gemme sono note nella storia per essere state utilizzate come strumenti per aiutare a collegare i pensieri coscienti con il corpo. I pensieri sono potenti perché dirigono l'energia. Quando si usa una Gemma programmata, la sua frequenza aiuta a magnificare i pensieri e le intenzioni, favorendo così il processo di manifestazione.

Sebbene molte persone usino le Gemme per manifestare cose materiali, come una nuova fidanzata o un'automobile, ho sempre pensato che concentrarsi sulla propria trasformazione Spirituale sia più proficuo a lungo termine. Dopotutto, attirare a sé qualcosa che il proprio Ego desidera ma che non favorisce la progressione della propria Anima, ristagna il progresso dell'Evoluzione Spirituale, poiché alla fine si dovrà scartare quell'oggetto per andare avanti. Pertanto, se vi concentrate sull'Illuminazione e programmate le Gemme per raggiungere questo obiettivo, la vostra vita materiale andrà al suo posto a tempo debito.

È possibile programmare una Gemma per concentrare la sua energia su qualcosa che si desidera raggiungere o modificare all'interno di se stessi, amplificando così il proprio intento. In questo modo, la Gemma diventa un talismano, un dispositivo energetico autogenerante (batteria) che aggiunge il carburante necessario alla vostra forza di volontà per raggiungere il vostro obiettivo.

Trovate un luogo in cui possiate stare da soli per questo esercizio. Prima di iniziare il processo di programmazione di una Gemma, dovete chiarire la vostra intenzione o il vostro scopo in merito a ciò che state cercando di ottenere attraverso il suo aiuto. Costruite una semplice frase che contenga il vostro desiderio, inquadrato in un'ottica affermativa. Se volete essere aiutati a sviluppare una memoria migliore, ad esempio, o ad aumentare la vostra creatività o ispirazione, chiarite la vostra intenzione nella frase. Per le corrispondenze tra le Gemme e le espressioni/poteri umani, consultare la Tabella 1 alla fine di questo capitolo.

A questo punto è necessario pulire la Pietra Preziosa e rimuovere tutte le energie pre-programmate da essa. A tale scopo, eseguite una delle tecniche di pulizia menzionate in precedenza. Dopodiché, tenete la Gemma in mano e connettetevi ad essa entrando in uno stato meditativo. Sentite la sua energia riversarsi nel vostro Chakra del Cuore attraverso i palmi delle mani e diventate un tutt'uno con essa. Una volta stabilita la connessione, si può iniziare a programmarla.

Parlate alla pietra ad alta voce come fareste con un amico. Chiarite bene in cosa avete bisogno di aiuto. Se sentite che la sua energia diventa negativa rispetto a ciò che le chiedete, dovrete trovare un'altra pietra. La connessione tra voi e la pietra deve essere positiva perché questo funzioni.

Ora iniziate a ripetere la vostra frase, che userete come un Mantra. La frase è magica perché la userete per manifestare la realtà che desiderate. Continuate a ripetere il Mantra per qualche minuto e sentite la pietra riscaldarsi nella vostra mano mentre la caricate. Quando sentite di averla caricata a sufficienza con la vostra forza di volontà, terminate l'esercizio.

Ora avete un potente strumento che vi aiuterà a realizzare qualsiasi cosa vi serva. Conservate la pietra in un telo bianco e portatela con voi finché non si manifesterà ciò che le avete chiesto. Se sentite il bisogno di riprogrammare la pietra o di aggiungervi altra carica, potete sempre tenerla in mano, stabilire una connessione e ripetere il vostro Mantra per programmarla ulteriormente.

GUARIGIONE DEI CHAKRA CON PIETRE PREZIOSE

La seguente tecnica di Guarigione con i Cristalli può essere eseguita su se stessi o su altre persone. Se la fate su voi stessi, create uno spazio in cui possiate rilassarvi e meditare senza essere disturbati. Se volete bruciare dell'incenso per entrare nello stato mentale giusto, fatelo. Per questo esercizio dovrete stare comodamente sdraiati, quindi utilizzate un cuscino se lo desiderate. Dovete essere in uno stato mentale rilassato e meditativo, praticando la consapevolezza (Mindfulness).

Il controllo del respiro è una delle componenti essenziali per entrare in uno stato mentale meditativo, che è un prerequisito per lavorare con tutte le modalità di Guarigione Spirituale. Per ottenere risultati ottimali, utilizzate la tecnica del Respiro Quadruplo (Sama Vritti), che potete trovare nel capitolo "Esercizi di Pranayama" nella sezione Yoga di questo libro. Questo esercizio di respirazione calmerà le energie interiori e innalzerà la vibrazione della vostra coscienza, aprendovi a ricevere la guarigione. Potete utilizzarlo isolatamente per qualche minuto prima della sessione di guarigione e durante la stessa per mantenervi in equilibrio.

Se state eseguendo la Guarigione con i Cristalli su qualcun altro, potete includere una componente di guarigione manuale in questo esercizio per ottenere risultati ottimali. Tuttavia, sarebbe utile determinare quali Chakra richiedono maggiore attenzione prima di iniziare l'esercizio di guarigione dei Chakra. Queste informazioni possono essere applicate anche se si desidera aggiungere l'uso delle Bacchette di Cristallo per ottimizzare la rotazione dei Chakra.

Esaminate ogni Chakra usando il palmo della mano non dominante per intuire se funziona bene o se la sua energia è stagnante. I Chakra ben funzionanti hanno una sfera di energia con un calore costante che emana da essi e che si può sentire sulla mano che li scansiona, mentre la pressione si intensifica quanto più il contatto con essi è consapevole. Tuttavia, i Chakra stagnanti creano una pressione minima o nulla sulla mano di scansione.

Metodo di Guarigione dei Chakra con le Gemme (con Elementi Aggiunti Opzionali)

Per iniziare l'esercizio, posizionare una Gemma corrispondente su ciascuno dei Sette punti dei Chakra Maggiori (sulla parte anteriore del corpo) mentre si è sdraiati (utilizzare la Tabella 1 per ottenere queste informazioni). (Per Sahasrara, collocare una Gemma sopra la testa. Per Muladhara, si può collocare una Gemma sui genitali o proprio sotto, nella zona tra il perineo e il coccige. Se state lavorando con i Chakra Transpersonali, collocate il Cristallo Stella dell'Anima a 15 centimetri sopra la testa e il Cristallo Hara direttamente sopra l'ombelico (Figura 65). Il Cristallo Stella della Terra deve essere collocato a quindici centimetri sotto i piedi. Se state facendo questo esercizio da soli e avete difficoltà a posizionare i Cristalli sul corpo, potete farvi aiutare da un'altra persona.

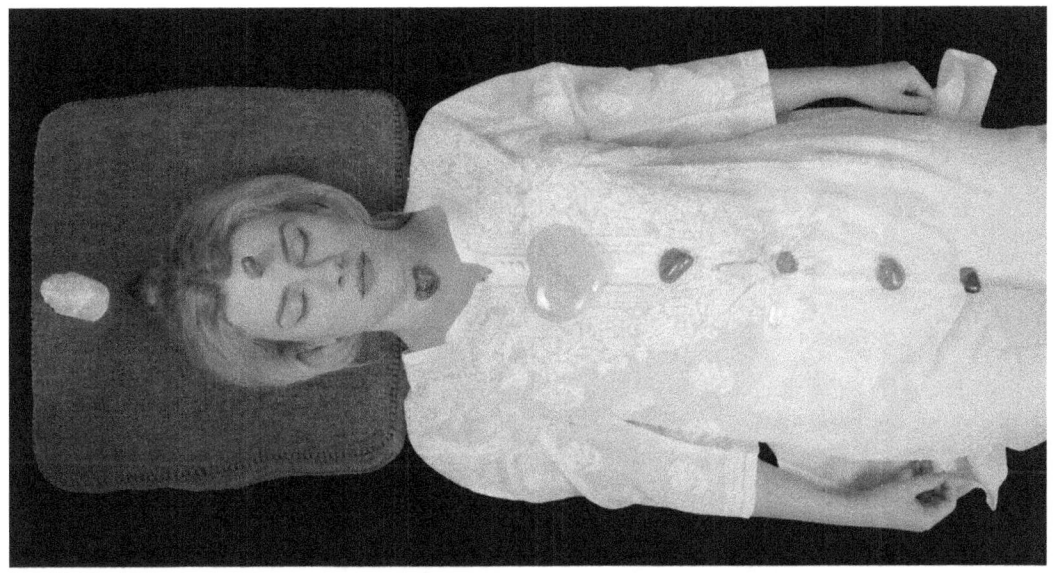

Figura 65: Collocazione delle Gemme sui Chakra

Una volta posizionate le Gemme, chiudete gli occhi e rilassatevi, calmando la mente per 10-30 minuti. Più a lungo si fa questo esercizio, più energia di guarigione si otterrà. È essenziale dedicare almeno 10 minuti affinché l'energia delle Gemme possa infondere efficacemente i Chakra. Questo esercizio ha un effetto quantificabile, il che significa che più a lungo lo si fa, più guarigione si riceverà. Per iniziare, è meglio iniziare con meno tempo e poi aggiungere più tempo man mano che si ripete l'esercizio. L'ideale sarebbe ripetere questo esercizio ogni giorno. Lasciatevi guidare dal vostro Sé Superiore in questo processo.

Durante la sessione di guarigione, esercitatevi a prendere coscienza delle risposte del vostro corpo al trattamento di guarigione. L'attenzione può essere attirata da una o più Gemme, che possono sembrare calde o fredde, pesanti o leggere. Potreste avvertire formicolii o scosse elettriche, di solito nelle zone in cui è stata collocata la Gemma, ma anche in altre zone del corpo. Basta notarli e lasciarli andare. Non soffermatevi su ciò che state vivendo. Questo esercizio dovrebbe farvi sentire calmi e rilassati, ma anche radicati. L'energia delle Gemme stimolerà i vostri pensieri e le vostre emozioni. In ogni caso, concentrate la vostra attenzione sul mantenere la mente ferma.

Opzione 1 - Frammenti di Cristallo

Una tecnica potente per amplificare la guarigione in uno specifico Chakra consiste nell'aggiungere quattro, otto o dodici frammenti di Cristallo di Quarzo Ialino intorno a una Gemma Chakra per intensificarne le proprietà curative. Più Frammenti di Cristallo di Quarzo si aggiungono, maggiore sarà l'effetto. Potete usare questa parte dell'esercizio su voi stessi o su altre persone. Ogni Frammento di Cristallo di Quarzo deve essere rivolto verso la Gemma centrale, che concentrerà l'energia nel Chakra prescelto in modo più efficiente, amplificando e intensificando notevolmente il potere curativo.

Figura 66: Amplificazione di un Cristallo con Frammenti di Quarzo Ialino

Ad esempio, è possibile potenziare il potere del Cristallo posto sul Chakra del Cuore, come un Quarzo Rosa o una Malachite, poiché questo è il Chakra dell'Elemento Aria che armonizza i tre Chakra inferiori del Fuoco, dell'Acqua e della Terra, infondendo l'Elemento

Spirito. L'uso di un Cristallo del Cuore a questo scopo può essere benefico, soprattutto se si tratta di un Cristallo più grande che diventa il fulcro della sessione di Guarigione con i Cristalli. Può essere utile anche amplificare il potere di un Cristallo del Chakra Hara (Figura 66), come un Citrino o una Pietra del Sole. In questo modo si aumenta la quantità di Prana nel corpo, che può essere utilizzata per vari scopi, come l'alimentazione della mente o la guarigione del corpo.

Opzione#2 - Guarigione con le Mani

Se state eseguendo la guarigione con i Cristalli su un'altra persona, potete utilizzare il tempo in cui è sdraiata in silenzio per praticare la guarigione manuale sui suoi Chakra (Figura 67). Utilizzando i vostri Chakra Palmari, potete inviare intenzionalmente l'energia di guarigione a qualsiasi Chakra che necessita di un intervento o a tutti i Chakra, dedicando qualche minuto a ciascuno di essi, se il vostro obiettivo è quello di equilibrarli.

Quando si pratica la guarigione manuale, è necessario generare energia Pranica nel petto, il che richiede di portare l'attenzione al suo centro e di respirare dai polmoni. Incanalate ora questa energia attraverso le mani, immaginando che l'energia di guarigione esca dai vostri Chakra Palmari e infonda il Chakra interessato. Se lo state facendo bene, dovreste sentire il calore delle mani e occasionali scintille sulla superficie del palmo.

Figura 67: Invio di Energia Curativa Attraverso i Palmi delle Mani

Opzione#3-Bacchette di Cristallo

Un metodo potente per ottimizzare la rotazione dei Chakra è l'uso delle Bacchette di Cristallo. Questa tecnica può essere utilizzata su se stessi o su altre persone. Se state facendo una sessione di Guarigione con i Cristalli su qualcun altro, potete incorporare questa tecnica sui Chakra che necessitano di maggiore attenzione. È utile che abbiate già scansionato ciascuno dei Chakra prima di iniziare l'esercizio. Poiché è necessario muovere la Bacchetta di Cristallo in modo circolare per ottimizzare la rotazione di un Chakra, è necessario determinare se il Chakra su cui si vuole lavorare ruota in senso orario o antiorario. (Per ottenere questa informazione, utilizzate il diagramma della Figura 61).

Posizionare la Bacchetta di Cristallo davanti al Cristallo che si trova in cima al corpo sopra il Chakra desiderato. Assicuratevi che le proprietà della Bacchetta di Cristallo corrispondano al Chakra o usatene una che possa essere usata su tutti i Chakra, come una Bacchetta di Quarzo Ialino. Ora iniziate a muoverla in senso orario o antiorario. Quando si lavora vicino al corpo, i cerchi devono avere un diametro più piccolo rispetto a quelli che si trovano più lontano, poiché ogni Chakra si proietta verso l'esterno a forma di cono. Potete anche tirare verso l'esterno in modo spiraliforme, tracciando l'esterno del Chakra sporgente.

Entrando in contatto con la testa del fiore del Chakra, si crea un vortice di energia nell'Aura il cui movimento ottimizza la rotazione di quel particolare Chakra. Per ottenere risultati ottimali, dedicare da cinque a dieci minuti a ciascun Chakra da trattare. A meno che non stiate eseguendo questa tecnica su voi stessi, potete lavorare su due Chakra alla volta (Figura 68).

Una volta completato l'esercizio di Guarigione con i Cristalli, rimuovete le Gemme dal corpo. I vostri Chakra saranno infusi di nuova energia, che potrete sentire fortemente per il resto della giornata. L'energia in eccesso si disperderà durante il sonno, mentre i Chakra manterranno una parte dell'energia per uno o due giorni successivi. La vostra coscienza potrebbe notare immediatamente un cambiamento di energia, a seconda della vostra sensibilità psichica. Considerando che in questo esercizio state sintonizzando i Sette Chakra Principali, diventerete equilibrati nella mente, nel corpo e nell'Anima. Questo effetto, tuttavia, è solo temporaneo, ed è per questo che vi consiglio di eseguire questo esercizio spesso.

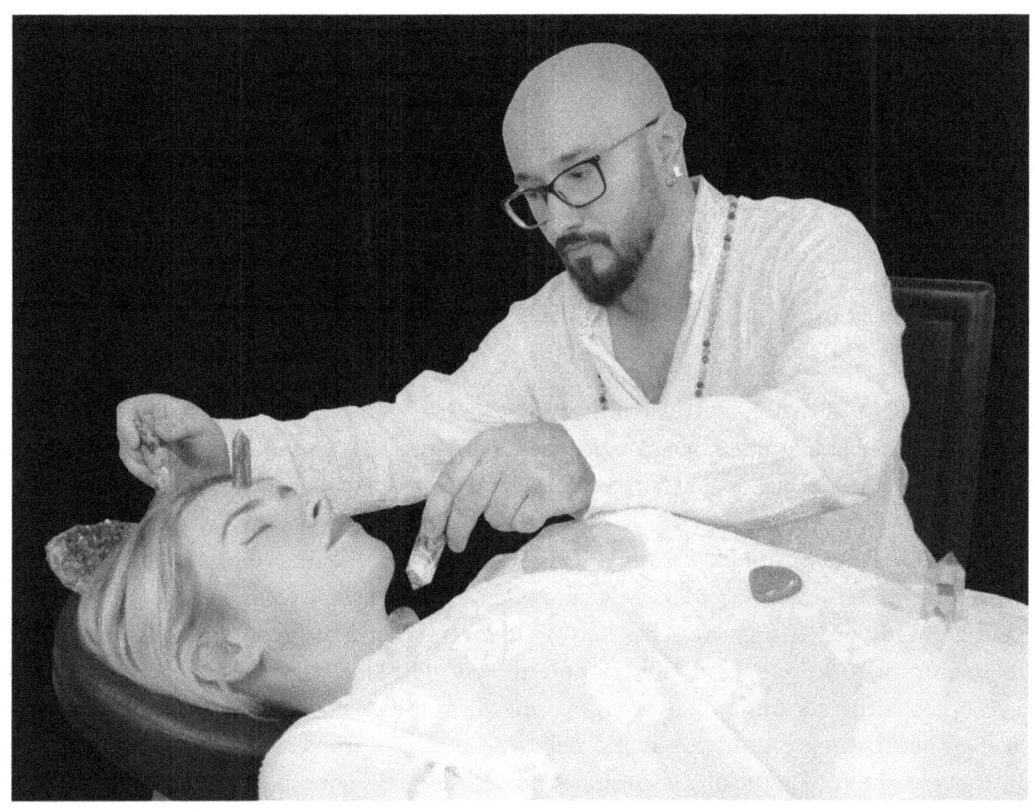

Figura 68: Ottimizzazione della Rotazione dei Chakra con le Bacchette di Cristallo

I DIAPASON

Per migliaia di anni, tutte le culture e le tradizioni hanno parlato di un Campo Energetico Universale che collega ogni cosa esistente. *Il Kybalion* lo definisce "Il Tutto" e aggiunge che tutto ciò che si trova all'interno di questo campo onnicomprensivo è in costante vibrazione e movimento. La *Sacra Bibbia* si riferisce alla vibrazione dell'Universo come "il Verbo", mentre nell'Induismo viene suonato come il sacro Mantra "Om". "

All'interno del nostro Sistema Solare e oltre, tutto è essenzialmente composto da Luce e suono. Pitagora insegnava che tutti i Pianeti creano una melodia sonora nel loro movimento di rotazione, una vibrazione che egli definiva "Musica delle Sfere". Mentre la Luce è costituita da onde elettromagnetiche, il suono è costituito da onde meccaniche. Un'onda meccanica è una vibrazione nella Materia che trasferisce energia attraverso un materiale come un Diapason, che emette perfetti modelli sonori sinusoidali.

Il Diapason è stato inventato all'inizio del 1700, ma nelle sue fasi iniziali è stato utilizzato per accordare gli strumenti musicali. Tuttavia, è stato solo negli anni '60 (1960) che la scienza dei Diapason è stata applicata al corpo umano e alle sue energie. Per questo motivo, i Diapason sono diventati una potente modalità di Guarigione Sonora.

La terapia del suono si basa sul principio della risonanza simpatica: un oggetto vibrante invia impulsi attraverso l'aria, facendo vibrare in armonia altri oggetti nelle sue vicinanze. I Diapason vengono utilizzati principalmente sul corpo o intorno ad esso, inviando onde sonore in aree mirate. Per la guarigione Chakrica, l'attenzione si concentra sulla parte anteriore del corpo, dove si trovano i centri energetici Chakrici, o sulla parte posteriore lungo la colonna vertebrale, sempre mirando ai punti Chakrici. I centri energetici Chakrici si trovano proprio dove si trovano i centri nervosi lungo la colonna vertebrale che inviano impulsi ai diversi organi del corpo. Per questo motivo, energizzando i centri Chakrici, stimoliamo anche gli organi e ne ottimizziamo la salute.

Il nostro senso dell'udito che rileva il suono è associato all'Elemento dello Spirito o Aethyr. Per questo motivo, l'uso dei Diapason nella Guarigione Sonora ha un impatto immediato sulla nostra coscienza, a differenza di altre modalità di guarigione menzionate in questa sezione che richiedono un periodo di applicazione più lungo per sentire i loro effetti energetici.

Il tempo necessario a una modalità di guarigione per avere un impatto sulla coscienza dipende da quale dei cinque sensi filtra e dal livello del Piano Cosmico dell'Elemento corrispondente. I Cristalli, ad esempio, essendo associati all'Elemento Terra, richiedono un periodo di utilizzo più lungo durante una sessione di guarigione per avere un impatto sulla coscienza rispetto all'Aromaterapia, che è legata agli Elementi Acqua e Aria, che si trovano più in alto nella scala. Al contrario, l'uso dei Tattva ha un impatto ancora più immediato sulla coscienza rispetto ai Cristalli e all'Aromaterapia, poiché è associato agli Elementi Fuoco e Aria.

Sul mercato esistono molti Diapason e set utilizzati per la Guarigione Spirituale. Ogni Diapason è calibrato per emettere una particolare frequenza sonora che si riferisce al nostro benessere fisico, mentale, emotivo e Spirituale. Alcuni dei set di Diapason più utilizzati includono il Solfeggio Sacro, l'attivazione del DNA, l'Albero della Vita Sephiroth e le energie Planetarie. In tutti i casi, i Diapason sono calibrati per corrispondere alle particolari energie che sono destinati a produrre. L'uso di questi suoni specifici modifica la nostra vibrazione interna, consentendo una profonda guarigione cellulare.

TIPI DI DIAPASON E UTILIZZO

Tutti i set di Diapason sono disponibili in versione pesata e non pesata. I Diapason appesantiti hanno un peso rotondo all'estremità di ogni punta. Più pesante è il Diapason, più forte o più pesante è la sua vibrazione. I Diapason appesantiti hanno una vibrazione più robusta e possono essere utilizzati intorno al corpo e direttamente su di esso con l'estremità del Diapason, lo stelo, in posizione verticale. I Diapason non appesantiti non forniscono la stessa frequenza di quelli appesantiti e sono più adatti a essere utilizzati intorno al corpo e alle orecchie.

Gli insiemi di Diapason di cui ci occuperemo in questo libro riguardano direttamente i Chakra Maggiori e Transpersonali. Il processo di guarigione dei Chakra con i Diapason è semplice. Tutto ciò che si deve fare è battere un Diapason e posizionarlo sull'area corrispondente. Poi, ascoltando la vibrazione del Diapason fino a quando non si spegne, il Chakra correlato si sincronizza con il suo suono, tornando così al suo stato ottimale e sano.

Poiché i Diapason sono una forma di Guarigione Sonora, è indispensabile ascoltare la loro vibrazione indisturbati, soprattutto se si utilizzano Diapason non pesati. Ma ho scoperto che anche se si indossano i tappi per le orecchie quando si è in prossimità dei Diapason vibranti, l'onda sonora induce l'Aura e provoca un cambiamento interiore. L'intensità, tuttavia, è inferiore a quella che si avrebbe se si ascoltasse anche la vibrazione.

Secondo la mia esperienza, non esiste un altro metodo così potente ed efficace per equilibrare i Chakra come il lavoro con i Diapason. Questo perché la guarigione sonora ha un impatto diretto sul Piano Spirituale, che influenza i Piani sottostanti. Gli esercizi rituali di Magia Cerimoniale di *The Magus* sono la pratica più efficace per isolare ogni Chakra e lavorare su di esso. Allo stesso tempo, i Diapason sono ottimali per bilanciare tutti i Chakra contemporaneamente.

I Chakra Diapason forniscono anche una rinnovata vitalità e un senso di benessere, calmando e rilassando il sistema nervoso. Il bilanciamento dei Chakra mette a tacere l'Ego, poiché gli impulsi provenienti dalle parti inferiori del Sé vengono neutralizzati. Con i Chakra equilibrati si ottiene la pace mentale. A sua volta, questo stato di equilibrio permette alla coscienza di connettersi con il Sé Superiore, portando ispirazione, creatività e una vita piena di propositi nella propria vita.

La connessione con il Sé Superiore permette di vivere nel momento, migliorando le capacità cognitive e aumentando la consapevolezza del proprio ambiente. Vivere nell'Adesso è un processo estasiante che ci permette di attingere al nostro più alto potenziale di esseri umani spirituali.

SET DI DIAPASON PER CHAKRA

Esistono in commercio due set di Diapason per i Chakra, di cui vi parlerò. Entrambi i set lavorano per bilanciare e sintonizzare i Chakra Maggiori, anche se gli effetti prodotti sono leggermente diversi. Il primo è il set dei Sette Chakra (Figura 69), che spesso comprende i Diapason Stella dell'Anima e Stella della Terra. Questo set di Diapason è progettato per contattare i Piani Cosmici Superiori, compresa l'energia Spirituale interiore. Grazie al Principio Ermetico di Corrispondenza (Come Sopra, Così Sotto), saranno influenzati i Piani inferiori, comprese le emozioni e i pensieri. Il Set di Diapason dei Sette Chakra si basa sulla rotazione dei Pianeti intorno al Sole.

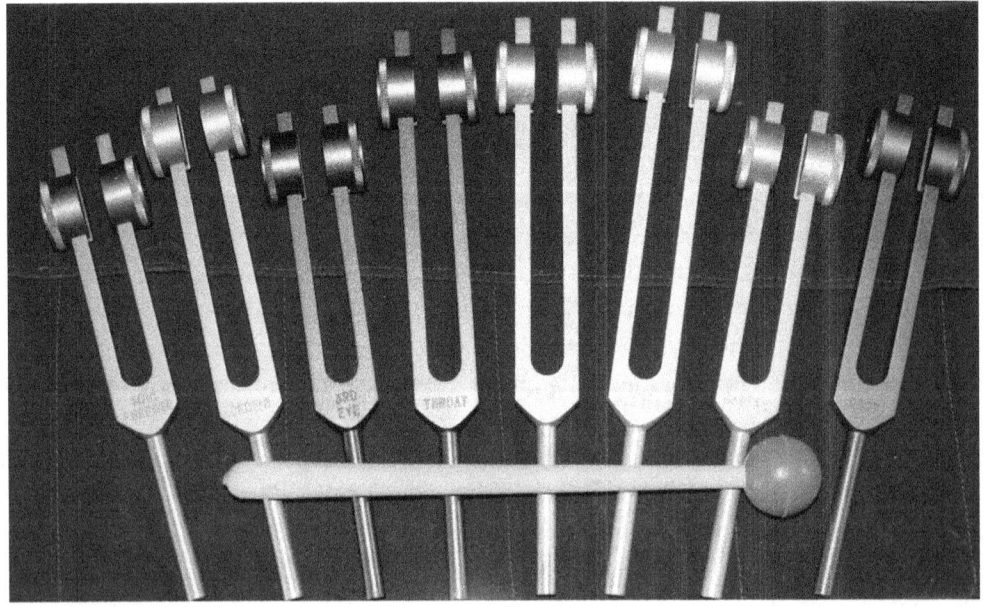

Figura 69: Set di Diapason dei Sette Chakra con Stella dell'Anima (Pesata)

Il Set dei Sette Chakra utilizza precise formule matematiche dei cicli Planetari del nostro Sistema Solare, collegandosi al nostro Sé Cosmico Multi-Dimensionale. In sostanza, ci permette di connetterci al nostro Sé Superiore e di utilizzarne i poteri. Lavorare con questi Diapason equilibra i Chakra e neutralizza l'Ego. Il risultato immediato è uno stato mentale ispirato e una chiarezza di pensiero. Riuscire a sintonizzare i Chakra Transpersonali Stella dell'Anima e Stella della Terra permette di mettere a terra l'intero sistema dei Chakra, allineando la coscienza con la Volontà Superiore. Questo permette di essere in armonia con il Pianeta Terra.

Il secondo set di Diapason dei Chakra è chiamato Set dello Spettro Armonico (Figura 70). Si tratta di un'ottava completa di otto Diapason (C,D,E,F,G,A,B,C) derivati dalla matematica Pitagorica, che è essenzialmente la scala musicale ascendente. Rispetto al Set dei Sette Chakra, il Set dello Spettro Armonico agisce più a livello fisico, influenzando direttamente le funzioni cognitive. Poiché il piano fisico è più denso e con vibrazioni più basse rispetto al Piano Spirituale, il corpo fisico viene influenzato per primo, influenzando poi i Piani Cosmici interni attraverso il Principio di Corrispondenza.

Il Kit dello Spettro Armonico è più incentrato sui cinque sensi umani; i tessuti, i fluidi, gli organi, le ossa, ecc. del corpo fisico. Si tratta delle frequenze tradizionali dei Chakra della tradizione Indù, con due note di DO corrispondenti al Chakra della Radice, RR al Chakra Sacrale, MI al Plesso Solare, FA al Chakra del Cuore, SOL al Chakra della Gola, LA al Chakra Ajna e SI alla Corona.

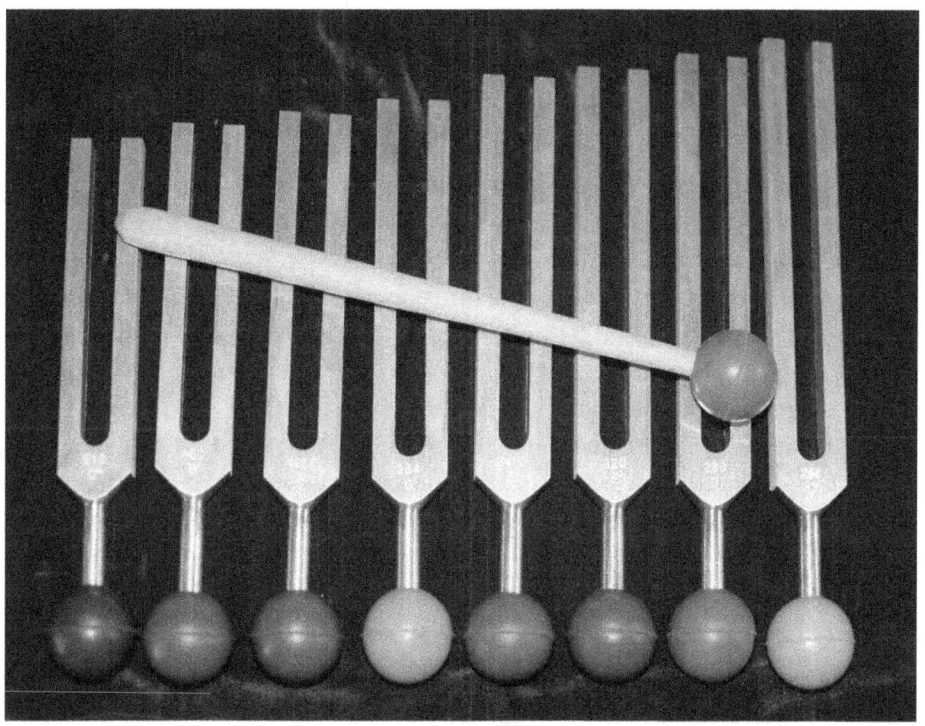

Figura 70: Spettro Armonico Set di Diapason (Non Ponderato)

GUARIGIONE DEI CHAKRA CON DIAPASON

Potete eseguire la Guarigione con Diapason su voi stessi, se desiderate trattare i punti Chakrici sulla parte anteriore del corpo (Figura 72). Per i punti Chakrici lungo la colonna vertebrale è necessario l'aiuto di un'altra persona. Tenete presente che anche la persona che vi aiuta riceverà la guarigione, poiché i Diapason funzionano attraverso le onde sonore: basta ascoltare il suono emesso da un Diapason o trovarsi nelle stesse vicinanze e la vibrazione indurrà la sua Aura.

Se state eseguendo la Guarigione con Diapason su voi stessi, dovreste essere seduti comodamente in posizione di Loto o su una sedia. Assicuratevi di avere un po' di privacy quando eseguite la Guarigione dei Chakra con Diapason. Come per tutte le pratiche e gli esercizi Spirituali, il rilassamento, la concentrazione e la pace mentale sono di primaria importanza. Per questo motivo, dovreste iniziare ogni sessione eseguendo il Respiro Quadruplo per alcuni minuti con gli occhi chiusi, per calmare l'interno ed entrare in uno stato mentale meditativo. Ricordate di continuare a usare questa tecnica di respirazione anche durante la sessione di guarigione per ottenere risultati ottimali.

La guarigione con il Diapason è meglio farla a stomaco vuoto, perché è il momento in cui l'Ego è meno attivo e la mente è più concentrata. Inoltre, insegno ai miei studenti a non lavorare mai con esercizi di invocazione o bilanciamento dell'energia prima di dormire, poiché in molti casi è difficile indurre il sonno in seguito. Nel caso della Guarigione dei Chakra con Diapason, vi accorgerete che la vostra vitalità e l'energia grezza complessiva aumenteranno dopo l'esercizio, rendendovi incapaci di addormentarvi per almeno qualche ora. La cosa migliore è eseguire questa pratica al mattino, prima dei pasti, per dare il tono giusto alla giornata, essendo energeticamente equilibrati.

Guarigione dei Chakra con Diapason-Metodo di Base

Iniziate l'esercizio dal Chakra più basso, la Stella della Terra, se avete il Diapason corrispondente. In caso contrario, iniziate dal Chakra della Radice, Muladhara, e colpite il suo Diapason con il martello di gomma fornito con il set. Se non avete ricevuto un martello di gomma, potete usare un disco da hockey. Molti praticanti preferiscono usare il disco da hockey perché è più versatile.

In questo metodo di Guarigione di Base verranno utilizzate due tecniche per ciascun Chakra. La prima tecnica consiste nell'utilizzare la parte vibrante del Diapason, il rebbio, nei Diapason non appesantiti e il peso rotondo in quelli appesantiti, e nel posizionarlo a circa mezzo centimetro dal corpo sopra il Chakra. Un altro metodo che si può utilizzare solo con i Diapason ponderati è quello di appoggiarli sul loro stelo (parte terminale) e posizionarli in verticale direttamente sul Chakra, in modo che la vibrazione induca il corpo. (Assicuratevi di non toccare i rebbi del Diapason per non disturbare la sua vibrazione).

Il Diapason deve essere tenuto in posizione e ascoltato per venti secondi. Sarà necessario colpire il Diapason due, forse tre volte, poiché il suono si attenua dopo una decina di secondi. La Figura 71 mostra il posizionamento dei Diapason nella Guarigione Chakrica, con o senza peso.

Il Diapason della Stella della Terra deve essere collocato a quindici centimetri sotto i piedi o ai piedi se si è in piedi, mentre la Stella dell'Anima deve essere collocata a quindici centimetri sopra il centro della testa. Per il Chakra della Radice, il Diapason va collocato sul perineo o direttamente sotto di esso, mentre per il Chakra della Corona va collocato sul centro della testa o direttamente sopra di essa. L'idea alla base di questa prima tecnica di guarigione, sia che si utilizzi il Diapason sul corpo o a pochi centimetri da esso, è di permettere al Diapason vibrante di indurre il Chakra e farlo vibrare in risonanza con esso.

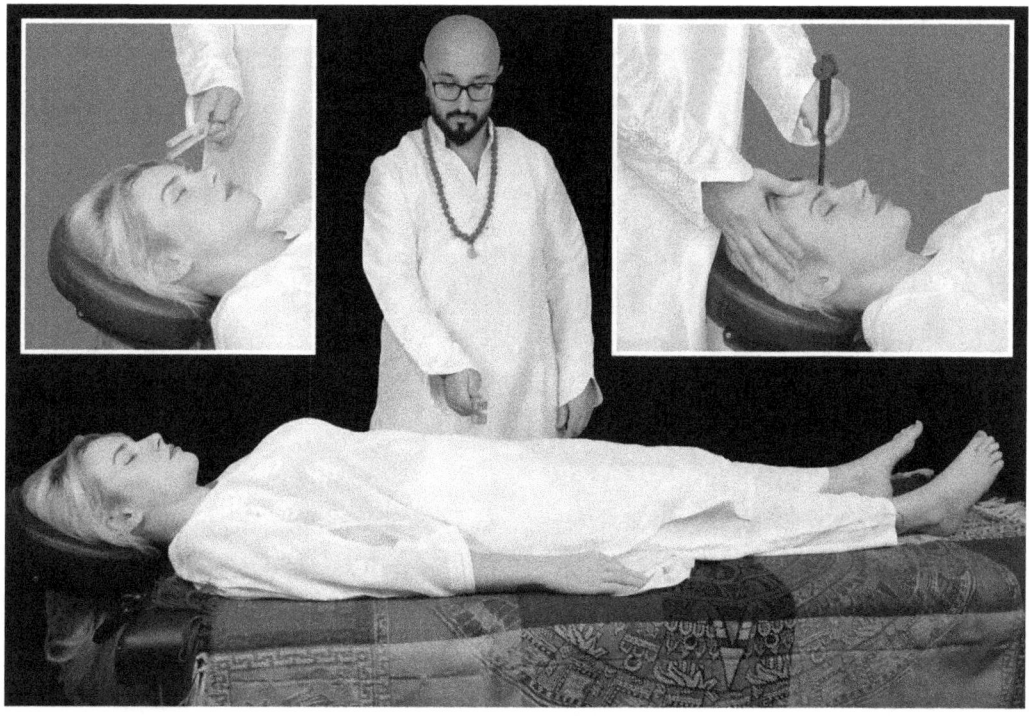

Figura 71: Posizionamento dei Diapason nella Guarigione Chakrica

La seconda tecnica è simile al metodo delle Bacchette di Cristallo per ottimizzare la rotazione di un Chakra. Con questo metodo, vi concentrerete solo sui Sette Chakra Principali. A seconda del sesso della vostra Anima, determinate la direzione di movimento della testa del fiore del vostro Chakra Radice. (Ancora una volta, utilizzate la Figura 61 nel capitolo precedente per scoprire quali Chakra stanno ruotando in senso orario e quali in senso antiorario). Quindi, usate il Diapason del Chakra Radicale e muovetelo gradualmente in senso circolare nella stessa direzione della rotazione del Chakra corrispondente. Il Diapason può essere tenuto parallelo al corpo o inclinato di 45 gradi. Mentre girate intorno ai Diapason, muoveteli verso l'esterno con un movimento di trazione per i Chakra che si proiettano perpendicolarmente al corpo. Al contrario, per i Chakra della Corona e della Radice che si proiettano parallelamente al corpo, fate circolare i rispettivi Diapason verso l'alto e verso il basso in modo spiraliforme. Fate attenzione a concentrarvi sempre sul centro da cui proviene l'energia del Chakra.

Dovete usare entrambe le tecniche di guarigione con i Diapason e scambiarle tra loro, dedicando circa due o tre minuti a ciascun Chakra. Tenete presente che questo esercizio ha un effetto cumulativo. Più tempo si dedica a ciascun Chakra, più lo si sintonizza. Se volete dedicare più di tre minuti a ciascun Chakra, la scelta è vostra. Ricordate di essere coerenti con tutti i Chakra - se dedicate una certa quantità di tempo a un Chakra, dedicatene altrettanta a tutti gli altri, poiché lo scopo di questo esercizio è quello di sintonizzare i Chakra, ma anche di equilibrarli.

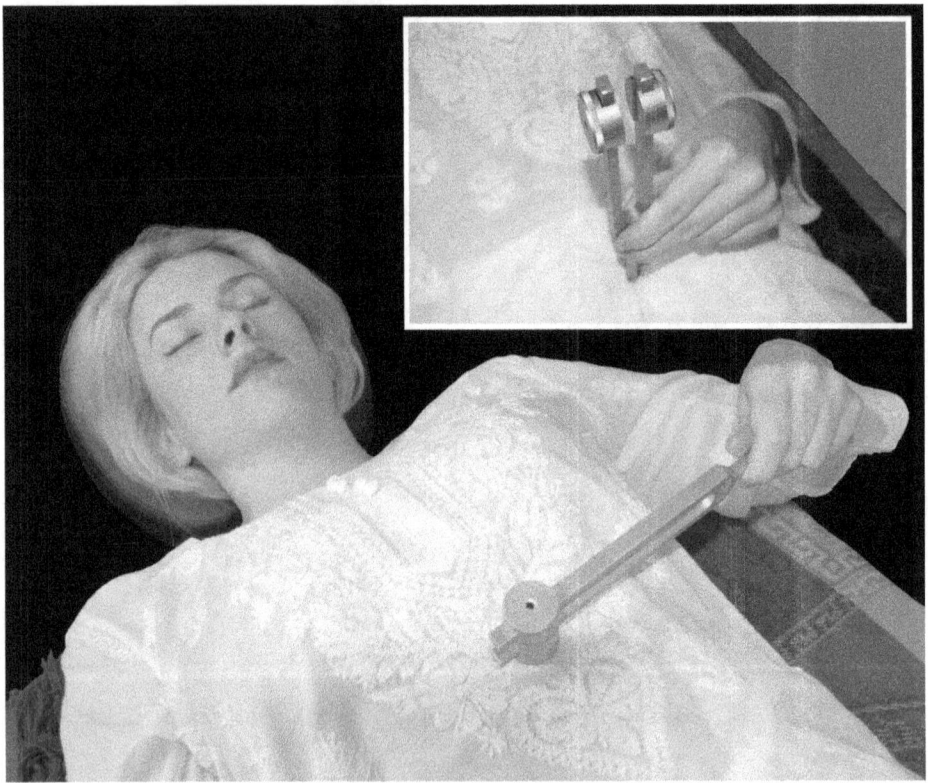

Figura 72: Utilizzo dei Diapason Ponderati su Sè Stessi

Successivamente, prendete il Diapason per il Chakra Sacrale, Swadhisthana, e seguite la stessa procedura. Tenete presente che se il Chakra della Radice ruota in senso orario, il Chakra Sacrale ruota in senso antiorario e viceversa. Pertanto, una volta individuata la direzione di rotazione del Chakra della Radice, il Chakra sovrastante ruoterà nella direzione opposta, scambiandosi man mano che si sale verso l'alto fino a raggiungere Sahasrara.

Siate coerenti con la variazione della vostra tecnica, mantenendo una mente chiara e concentrata sul compito da svolgere. Lasciate che tutti i pensieri esterni si disperdano e lascino la vostra Aura senza che vi siate attaccati. La chiave è mantenere la mente silenziosa e concentrarsi solo sull'energia all'interno di sé mentre si sintonizzano i Chakra. In questo modo, la guarigione sarà ottimale.

Successivamente, prendete il Diapason per il Chakra del Plesso Solare, Manipura, e ripetete la stessa procedura con le due tecniche sopra menzionate. Poi, fate lo stesso per gli altri Chakra. Si noti che se si lavora con i Chakra della Stella della Terra e della Stella dell'Anima, si deve iniziare con la Stella della Terra e terminare con la Stella dell'Anima, poiché sono i due Chakra più bassi e più alti con cui si lavora. Inoltre, quando si lavora con i Chakra Transpersonali, si deve utilizzare solo la prima tecnica di guarigione, poiché questi Chakra emanano dal loro centro verso l'esterno, invece di proiettarsi orizzontalmente o verticalmente.

Una volta terminato l'esercizio, dedicate qualche minuto alla meditazione sulla vostra energia e permettete alla guarigione di permeare tutti i livelli della vostra coscienza. Scoprirete che la Guarigione dei Chakra con il Diapason non solo sintonizza ed equilibra i Chakra, ma vi connette anche con il vostro Sé Superiore. Di conseguenza, l'ispirazione e la creatività aumenteranno, così come la neutralità del vostro stato emotivo. Non esiste un modo più efficace per equilibrare i Chakra che l'uso dei Diapason.

Guarigione dei Chakra con Diapason - Metodo Avanzato

Un metodo più avanzato per eseguire la Guarigione Dei Chakra con il Diapason consiste nell'utilizzare più Diapason contemporaneamente (Figura 73). L'idea alla base di questa tecnica è di collegare due Chakra in sequenza. Questa tecnica viene eseguita al meglio sui Chakra Maggiori, anche se si può fare anche per unire la Stella della Terra con Muladhara e la Stella dell'Anima con Sahasrara.

Se state lavorando solo sui Chakra Maggiori, prendete i Diapason della Radice e del Chakra Sacrale in una mano e colpiteli ciascuno. Mentre vibrano, mettete uno dei Diapason nell'altra mano e posizionateli sopra i rispettivi Chakra. Dopo circa cinque secondi, prendete il Diapason del Chakra Sacrale e spostatelo verso il Chakra della Radice con un movimento di sfioramento. Ora risalite verso l'area del Chakra Sacrale, sempre con un movimento di spazzolamento. Ripetete questo processo alcune volte con il Diapason del Chakra Sacrale, salendo e scendendo mentre tenete in posizione il Diapason del Chakra Radice.

Poi, prendete entrambi i Diapason in una mano e colpiteli con il martello di gomma o il disco da hockey. Ripetete lo stesso procedimento, solo che questa volta tenete fermo il Diapason del Chakra Sacrale mentre muovete il Diapason del Chakra della Radice su e giù con un movimento di spazzolamento. Ripetete questa procedura alcune volte, dedicando circa tre-cinque minuti a ogni serie di Chakra.

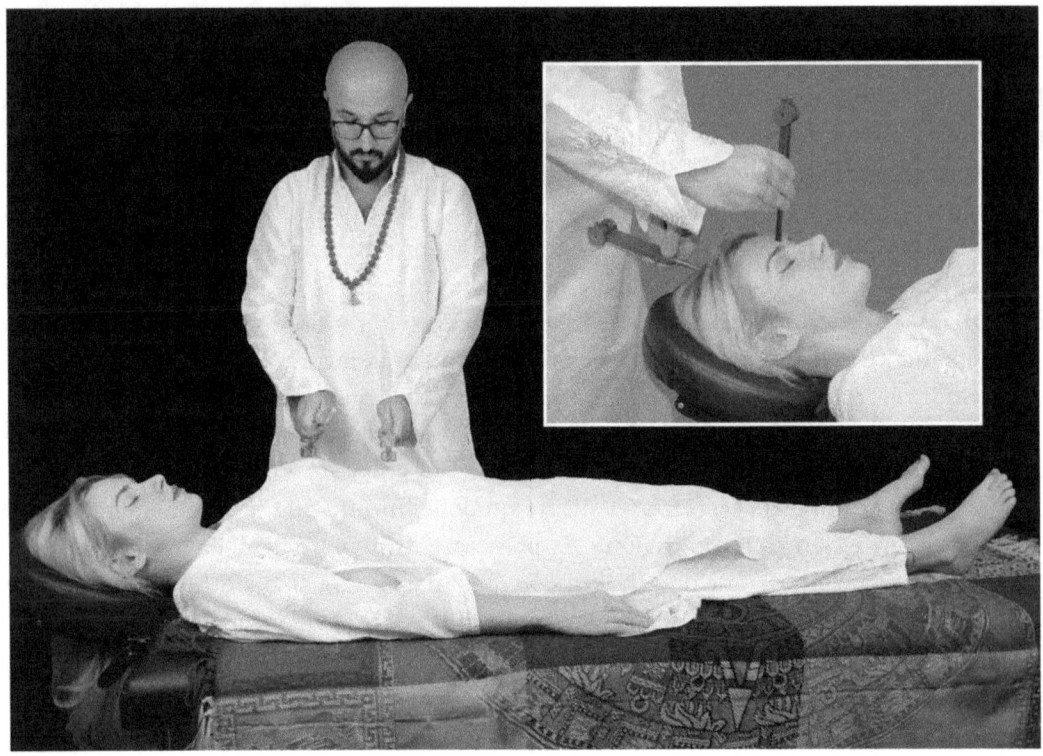

Figura 73: Lavorare con Due Diapason Contemporaneamente

A questo punto, mettete giù il Diapason del Chakra della Radice e prendete quello del Plesso Solare. Ripetete la stessa procedura per i Chakra Sacrale e del Plesso Solare, dedicando a questa serie di Chakra la stessa quantità di tempo che avete dedicato alla prima serie. Quindi, posate il Diapason del Chakra Sacrale e prendete quello del Chakra del Cuore. Ripetete lo stesso procedimento. Procedete in questo modo per i restanti Chakra, assicurandovi di lavorare in modo coerente con ogni coppia. Quando avete finito, trascorrete qualche minuto in silenzio meditando sulle energie invocate prima di terminare l'esercizio.

DIAPASON DEL SOLFEGGIO SACRO

Le Frequenze Sacre del Solfeggio risalgono a centinaia di anni fa. Si ritiene che abbiano avuto origine con i Monaci Gregoriani che cantavano queste frequenze in armonia durante le messe religiose per provocare un risveglio Spirituale. Queste frequenze sonore costituiscono una scala di sei toni in cui ogni frequenza sintonizza diverse parti del Sé a livello fisico, emotivo e Spirituale.

Poiché le frequenze originali sono sei, negli ultimi tempi sono state aggiunte altre tre note mancanti per completare l'intera scala. Insieme, le frequenze del Solfeggio Sacro curano ed equilibrano l'intero Sistema dei Chakra. Sette delle nove frequenze sono attribuite a uno dei Sette Chakra Maggiori, mentre gli altri due Diapason corrispondono ai Chakra della Stella della Terra e della Stella dell'Anima (Figura 75).

Quando vengono utilizzati per la Guarigione Sonora, i Sacri Diapason di Solfeggio si applicano al meglio a 0.5-1 Pollici di distanza (dalle orecchie, entrando così in contatto diretto con il Piano Eterico, il primo strato Aurico del corpo collegato alla Stella della Terra e ai Chakra Muladhara. La Stella di Terra ha anche uno strato Transpersonale che è come un'impronta Eterica che contiene l'intero Sistema Chakrico e si connette con le energie dei tre Chakra Transpersonali più alti. Quindi, mirando allo strato Aurico più basso, il Piano Eterico, possiamo indurre uno qualsiasi degli strati superiori contenuti in questo schema Eterico. Ricordate che gli strati superiori si compenetrano con quelli inferiori - Come Sopra, Così Sotto.

Ogni strato Aurico dei Chakra Maggiori è distante circa 1 pollice in larghezza da quello che lo precede o lo segue (Figura 74). (I quattro strati aurici dei Chakra Transpersonali sono più ampi dei Sette Chakra Maggiori. Ognuno di essi è largo almeno 3 o 4 Pollici, forse di più.

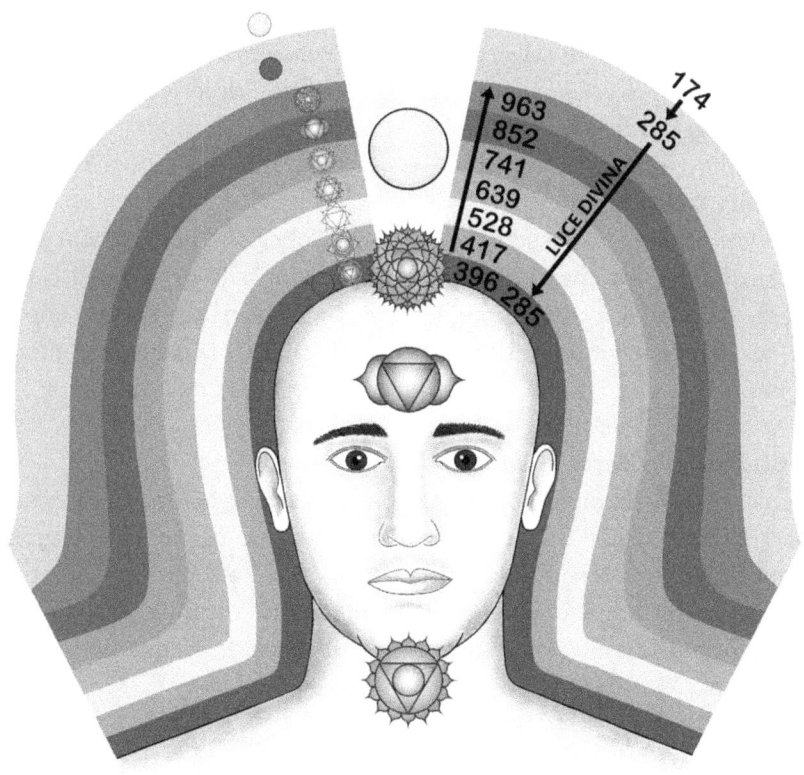

Figura 74: Le Sacre Frequenze del Solfeggio e gli Strati dell'Aura

Sebbene il Chakra Causale/Bindu abbia un proprio strato Aurico, posto tra l'impronta Eterica della Stella della Terra e la Stella dell'Anima, in genere serve come punto di contatto tra il Piano Spirituale e quello Divino. Poi c'è lo strato Aurico della Porta Stellare e altri campi sottili che vi si sovrappongono. Tuttavia, utilizzando i Sacri Diapason di Solfeggio, lavoreremo solo con i primi sette strati Aurici relativi ai Piani Fisico, Astrale, Mentale e Spirituale, mentre utilizzeremo il Diapason della Stella dell'Anima per aprire la nostra coscienza all'alta vibrazione del Piano Divino.

Quando si usano i Sacri Diapason Solfeggio (Figura 76), si inizia con la frequenza più bassa, 174Hz (Stella dell'Anima), seguita dalla frequenza di 285Hz (Stella della Terra). La bassa frequenza del Diapason della Stella dell'Anima non vi connette con il Piano Divino innalzando la vibrazione della vostra coscienza verso di esso. Al contrario, tranquillizza la vostra coscienza in modo da aprirvi all'energia amorevole della Quinta Dimensione, che si proietta verso il basso dalla Stella dell'Anima. Poi, la Forcella della Stella della Terra raccoglie questa alta vibrazione e la radica e la àncora in profondità nell'Aura. In seguito, si inizia gradualmente a spostarsi verso l'esterno attraverso i sette strati Aurici in sequenza, utilizzando le frequenze corrispondenti ai Sette Chakra Maggiori. La progressione si conclude con la frequenza finale, 964Hz, relativa al Sahasrara Chakra.

Rispetto ai due set che ho descritto in precedenza, i Sacri Diapason di Solfeggio hanno una vibrazione significativamente più alta ed Eterea. Aprono la mente al Piano Divino e permettono alla sua luce di riversarsi nella coscienza. Permettono di intravedere l'esperienza Spirituale o religiosa di Dio. Di seguito, descriverò ciascuna delle nove frequenze del Solfeggio Sacro e i loro attributi e poteri.

174 Hz/Stella Dell'Anima

Essendo la vibrazione più bassa della scala del Solfeggio Sacro, la vibrazione di 174 Hz agisce come un anestetico energetico: qualsiasi dolore nel corpo fisico o nell'Aura viene diffuso da essa. La sua bassa vibrazione lenitiva dà ai nostri organi un senso di sicurezza, protezione e amore, riportandoli al loro stato ottimale. Ci fa sentire confortati e nutriti, rafforzando la nostra connessione con il Chakra della Stella dell'Anima.

285 Hz/Stella Della Terra

La frequenza di 285 Hz mette a terra la coscienza della Madre Terra e ha un rapporto intimo con il Chakra della Stella della Terra. Questa particolare frequenza affronta eventuali buchi nell'Aura e squilibri nei Chakra. Aiuta a riparare i tessuti danneggiati inviando messaggi ai campi energetici corrispondenti, dicendo loro di ristrutturare il tessuto e riportarlo alla sua forma originale. 285 Hz è la frequenza preferita da molti guaritori energetici.

396 Hz/Muladhara

Essendo collegata al Muladhara, il Chakra della Radice, la frequenza di 396 Hz viene utilizzata per realizzare i nostri obiettivi nella vita. La sua energia ci sintonizza con l'Elemento Terra, che la coscienza utilizza per manifestare i nostri desideri nella realtà.

Poiché mette a terra le emozioni e i pensieri, l'elemento Terra mette a terra anche i sensi di colpa, le paure e i traumi. I 396 Hz sono una frequenza liberatoria che crea un potente campo magnetico che elimina gli ostacoli alla realizzazione.

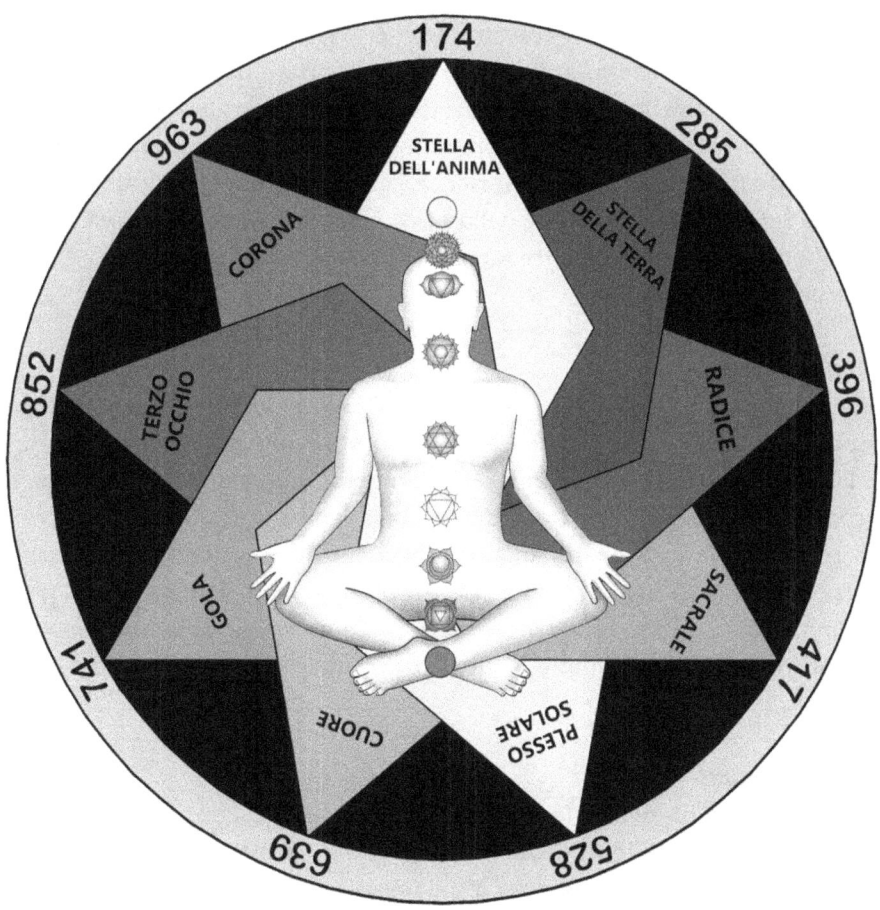

Figura 75: Le Sacre Frequenze di Solfeggio e i Chakra

417 Hz/Swadhisthana

Questa particolare frequenza allevia la tensione e lo stress e facilita i cambiamenti positivi e la creatività. È associata a Swadhisthana, il Chakra Sacrale, corrispondente all'Elemento Acqua. Ha un effetto purificante sulle emozioni, in quanto elimina le influenze distruttive di eventi passati memorizzati nel subconscio. 417 Hz ristruttura il DNA per farlo funzionare al meglio, eliminando le convinzioni limitanti che ci impediscono di essere la versione migliore di noi stessi. A livello fisico, questa frequenza aumenta la mobilità alleviando l'irrigidimento delle articolazioni e dei muscoli grazie all'afflusso di energia dell'Elemento Acqua. 417 Hz è un purificatore dell'Anima che inizia il processo di sintonizzazione con la Luce.

528 Hz/Manipura

Essendo collegata al Chakra del Plesso Solare (Manipura) e all'Elemento Fuoco, la frequenza di 528 Hz riguarda la trasformazione a tutti i livelli. Ottimizzando la nostra energia vitale e la nostra vitalità, questa frequenza porta a una maggiore consapevolezza, chiarezza mentale, ispirazione e immaginazione. Ci dà l'energia grezza per le espressioni creative e ci rende entusiasti delle opportunità della vita. La frequenza di 528 Hz è stata collegata alla riparazione del DNA e al ricablaggio dei percorsi neurali nel cervello. Apre ulteriormente i nostri cuori al potere della Luce e porta a profonde esperienze spirituali e miracoli nella nostra vita. Questa frequenza aiuta a neutralizzare l'ansia e il dolore fisico e facilita la perdita di peso.

639 Hz/Anahata

Questa frequenza è legata ad Anahata, il Chakra del Cuore, e all'Elemento Aria. Conosciuta soprattutto come frequenza dell'amore e della guarigione, 639 Hz ci aiuta a creare relazioni interpersonali armoniose nella nostra vita, sia con la famiglia, che con gli amici o con i partner romantici. Questa frequenza ispira la compassione, creando legami profondi con gli altri. Migliora la tolleranza, la pazienza, la comprensione e la comunicazione. Nelle relazioni sentimentali, la frequenza di 639 Hz ci permetterà di diventare vulnerabili, migliorando l'intimità. A livello mentale ed emotivo, questa frequenza è molto curativa perché ci permette di sintonizzarci con la nostra Anima e di allontanarci dall'Ego e dalle sue inibizioni.

741 Hz/Vishuddhi

Questa frequenza ha a che fare con l'empowerment e con il dire la propria verità. Essendo collegata a Vishuddhi, il Chakra della Gola, la frequenza di 741 Hz migliora la comunicazione facilitando la chiarezza di pensiero e di parola, che aumenta la fiducia in se stessi. Inoltre, questa frequenza determina un afflusso dell'Elemento Spirito che ci permette di sintonizzarci con la nostra intuizione e con il nostro Sé Superiore. Ciò porta a una vita più semplice e sana, ricca di nuove opportunità. A livello fisico, la frequenza di 741 Hz determina un cambiamento nella dieta verso gli alimenti con tossine nocive. Inoltre, è noto che questa frequenza elimina qualsiasi infezione batterica, virale e fungina nel corpo.

852 Hz/Ajna

Essendo collegata al Chakra Ajna, l'Occhio della Mente, questa frequenza ha a che fare con la vista interiore, l'intuizione, i sogni profondi (spesso lucidi), la consapevolezza e il superamento delle illusioni. Portando un afflusso dell'Elemento Spirito, la frequenza di 852 Hz ci permette di riconnetterci al pensiero Spirituale e alle esperienze mistiche. Mette ordine nella nostra vita stabilendo un collegamento con il Sé Superiore, in modo che possa comunicare facilmente con la nostra coscienza. In quanto tale, la frequenza di 852 Hz ci permette di comprendere più a fondo i misteri della Creazione. Trasforma il DNA e ne innalza la vibrazione, mettendoci in piena sintonia con la Luce e con la nostra Anima.

963 Hz/Sahasrara

Questa particolare frequenza corrisponde a Sahasrara, il Chakra della Corona, e si occupa dell'Unità. Ci connette alla Coscienza Cosmica e alla Quinta Dimensione, dando luogo a esperienze dirette dei Piani Spirituale e Divino. Come la frequenza di 852 Hz ci ha permesso di comprendere le verità interiori riguardanti la nostra realtà, la frequenza di 963 Hz ci trasmette la saggezza e la conoscenza Universali. Attraverso questa frequenza, i Maestri Ascesi possono entrare in contatto con la nostra coscienza e insegnarci attraverso la Gnosi. Non è raro, inoltre, che ci permettano di canalizzare le informazioni ricevute dai Piani Superiori. La frequenza di 963 Hz ci offre la connessione più sostanziale con il nostro Sé Superiore, avvicinandoci alla mente del Creatore.

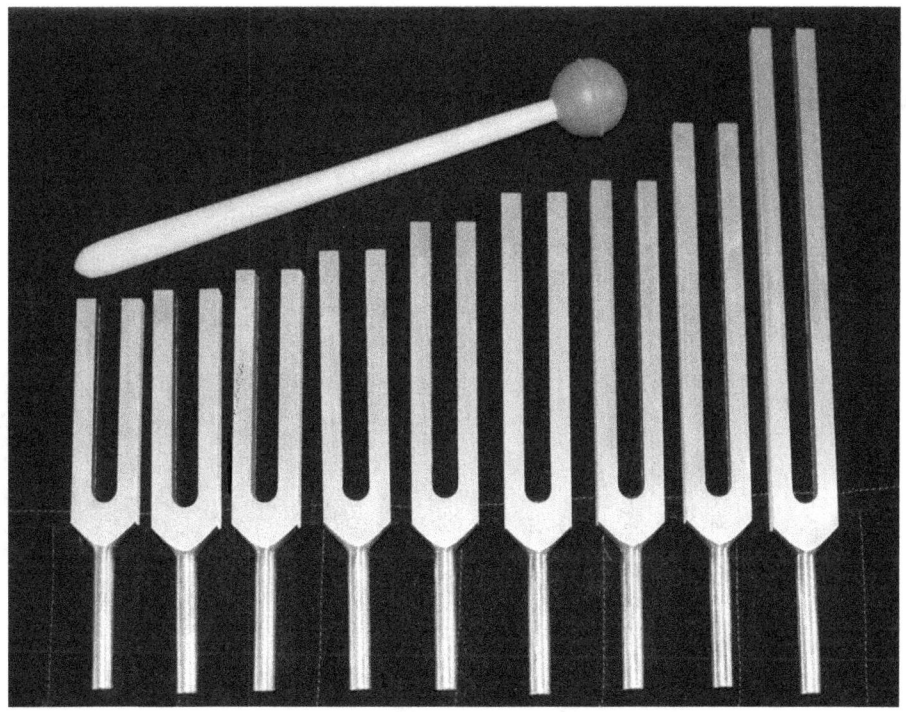

Figura 76: Diapason del Solfeggio Sacro (Non Pesato)

Metodo di Guarigione con i Diapason del Solfeggio Sacro

L'esercizio seguente deve essere utilizzato con i Diapason Sacri non pesati, anche se è possibile utilizzare qualsiasi set di Diapason non pesati con una scala discendente, come il set di Spettro Armonico che ho descritto. L'idea è quella di iniziare con la frequenza più bassa e risalire la scala fino a terminare con la frequenza più alta. Questo metodo di guarigione è semplice da portare a termine, poiché richiede solo l'ascolto delle vibrazioni dei diapason (Figura 77).

Potete eseguire questo esercizio su voi stessi o su qualcun altro. La persona che accetta la guarigione deve essere seduta o sdraiata. Iniziate a calmare le vostre energie interiori e a entrare in uno stato mentale meditativo. Questo metodo di guarigione prevede due diverse sequenze che possono essere eseguite più volte nella giornata, anche se non contemporaneamente.

Nella prima sequenza, si deve ascoltare ogni frequenza del Solfeggio Sacro una alla volta, dalla più bassa (174Hz) alla più alta (963Hz). Posizionate il Diapason vibrante prima vicino all'orecchio sinistro (a 0,5-1 pollice di distanza) e ascoltate il suo suono indisturbati per venti secondi. È necessario colpire il Diapason almeno due volte, poiché il suono si spegne dopo dieci secondi. Quindi, posizionare il Diapason vibrante accanto all'orecchio destro e ascoltare per venti secondi prima di passare al diapason successivo in sequenza. Procedere con la scala ascendente ripetendo lo stesso procedimento fino a terminare con la frequenza di 963 Hz, completando così la scala.

Nella seconda sequenza, si ascoltano contemporaneamente due Diapason, uno per orecchio, seguendo il loro ordine nella scala. Si inizia con il 174Hz e il 285Hz, posizionandone uno vicino all'orecchio sinistro e l'altro a quello destro. Poi, cambiate orecchio. Successivamente, prendete i 285Hz e i 396Hz e ripetete il processo. E così via, finché non avrete terminato le frequenze di 963Hz e 174Hz, completando così il ciclo. Dopo ogni sequenza, trascorrete qualche minuto in silenzio, meditando sulle energie che avete invocato, prima di terminare l'esercizio.

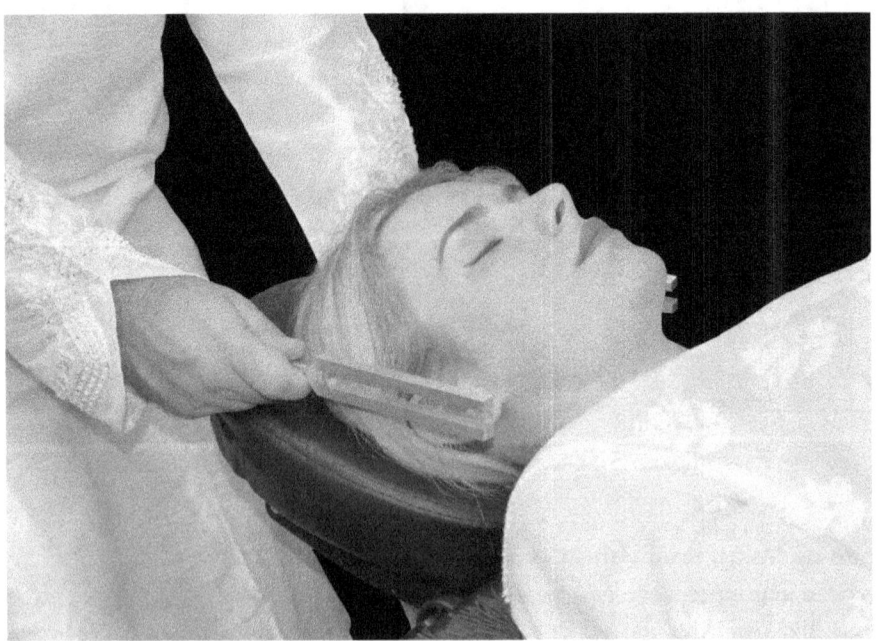

Figura 77: Posizionamento dei Diapason Vicino le Orecchie

***

Non è raro che questioni irrisolte vengano a galla per essere affrontate, come accade in qualsiasi guarigione energetica. Ricordate che state sintonizzando i vostri Chakra, il che significa che dovete guarire l'energia Karmica che portano con sé. Questo processo può essere spiacevole per alcuni e accogliente per altri che sono determinati a superarlo. Concentratevi sull'affrontare i vostri problemi invece di fuggire da essi. La guarigione permanente e duratura avviene solo quando avete accettato qualcosa di voi stessi e siete pronti a cambiare.

Sarebbe meglio se diventaste flessibili nel cambiare le vostre convinzioni su voi stessi e sul mondo in cui vivete. Altrimenti, ogni seduta di guarigione sarà solo temporanea, finché non ricadrete nella vostra vecchia programmazione. La vostra coscienza deve allinearsi con il vostro Sé Superiore, che è della Luce, se volete realizzare e vivere il vostro vero potenziale Spirituale in questa vita.

TAVOLO 1: I Dodici Chakra e le loro Corrispondenze

Nome del Chakra (Sanscrito e Inglese)	Posizione e Colore	Elemento, Piano Cosmico	Espressioni/ Poteri	Diapason Hz- Cosmico/ Musicale	Pietre Preziose
Stella Della Terra, Super-Radice	6 Pollici Sotto i Piedi, Nero, Marrone, Magenta	Tutti gli Elementi, Azzurro Eterico/Astrale Inferiore (Eterico)	Fondazione Energetica, Vite Passate, Consapevolezza della Natura, Registri karmici	68.05, -	Quarzo Fumé, Onice, Ossidiana Nera, Magnetite
Muladhara, Radice o Base	Tra il Perineo e il Coccige, Rosso	Elemento Terra, Piano Astrale Inferiore (Eterico)	Sopravvivenza, Radicamento, Sicurezza, Fisicità, Kundalini (Origine)	194.18, 256.0 & 512.0	Ematite, Tormalina Nera, Diaspro Rosso, Ossidiana a Fiocco di Neve
Swadhisthana, Sacro o Milza	Basso Addome, Arancione	Elemento Acqua, Piano Astrale Superiore (Emozionale)	Emozioni, Energia della Paura, Mente Subconscia, Sessualità, Personalità (Ego)	210.42, 288.0	Corniola, Calcite Arancione, Occhio di Tigre, Settario
Hara, Ombelico	Ombelico, Ambra	Tutti gli Elementi, Piano Astrale	Porta Astrale, Fonte Pranica, Sostentamento, Rigenerazione	-	Agata di Fuoco, Citrino, Pietra del Sole
Manipura, Plesso Solare	Plesso Solare, Giallo	Elemento Fuoco, Piano Mentale Superiore	Forza di Volontà, Creatività, Vitalità, Motivazione, Autostima, Mente Cosciente, Carattere (anima)	126.22, 320.0	Ambra, Citrino Giallo, Topazio Dorato, Diaspro Giallo e Opale
Anahata, Cuore	Tra i Seni (Centro), Verde	Elemento Aria, Piano Mentale Inferiore	Pensieri, Immaginazione, Amore, Compassione, Affetto, Gentilezza, Guarigione, Armonia, Coscienza di Gruppo.	136.10, 341.3	Avventurina Verde, Giada Verde, Malachite, Quarzo Rosa
Vishuddhi, Gola	Gola, Blu	Elemento Spirito, Piano Spirituale	Comunicazione, Intelligenza, Espressione di sé, Verità, Discernimento	141.27, 384.0	Amazzonite, Acquamarina, Agata Blu, Topazio Blu, Turchese, Sodalite, Angelite
Ajna, Sopracciglio, Occhio della Mente, Terzo Occhio	Tra le Sopracciglia (Leggermente Sopra), Indaco	Elemento Spirito, Piano Spirituale	Chiaroveggenza, Intuizione, Sensi Psichici, Sogni, Gnosi	221.23, 426.7	Lapislazzuli, Zaffiro, Azurite, Sodalite, Fluorite, Labradorite
Sahasrara, Corona	Parte Superiore della Testa (Centro), Viola o Bianco	Elemento Spirito, Piano Spirituale	Unità, Sé Divino e Coscienza Cosmica (Collegamento), Trascendenza, Comprensione, Saggezza	172.06, 480.0	Ametista, Diamante, Quarzo chiaro, Quarzo rutilato, Selenite, Azeztulite
Causale/ Bindu	Parte Superiore e Posteriore della Testa (2-3 Pollici Fuori), Bianco	Tutti gli Elementi, Piano Spirituale e Divino	Unione, Morte dell'Ego, Continuità della Vita, Esplorazione Cosmica, 4ª Dimensione	-	Pietra di Luna, Quarzo dell'Aura dell'Angelo, Celestite, Cianite, Herderite
Stella dell'Anima	6 Pollici Sopra la Testa, Bianco-Oro	Tutti gli Elementi, Piano Divino	Sé Solare, Consapevolezza Spirituale, Scopo della Vita, Vera Volontà	272.2, -	Selenite, Cianite, Quarzo Nirvana, danburite
Portale Stellare	12 Pollici Sopra la Testa, Oro o Arcobaleno	Tutti gli Elementi, Piano Divino	Sé Galattico, Coscienza Cosmica e Sé di Dio (Sorgente), Divinità, Eternità, 5ª Dimensione	-	Moldavite, Calcite a Raggi Stellari, Azeztulite, Selenite

AROMATERAPIA

L'Aromaterapia utilizza estratti naturali di piante per creare oli essenziali, incensi, spray e nebbie, che possiamo usare a livello Spirituale, terapeutico, rituale e per scopi igienici. Questa pratica è presente da migliaia di anni in diverse culture e tradizioni Antiche: testimonianze scritte risalenti a circa 6000 anni fa menzionano l'uso di oli essenziali.

Nell'antica Mesopotamia, culla della civiltà, i Sumeri utilizzavano gli oli essenziali nelle cerimonie e nei rituali. Subito dopo di loro, gli antichi Egizi svilupparono le prime macchine di distillazione per estrarre gli oli dalle piante e li utilizzarono nel processo di imbalsamazione e mummificazione. Gli Egizi furono anche i primi a creare profumi dagli oli essenziali, cosa che facciamo ancora oggi nell'industria cosmetica.

La vasta gamma di fragranze di oli essenziali non solo ha un profumo gradevole, ma emana vibrazioni specifiche con proprietà curative che hanno un impatto sulla nostra coscienza quando vengono respirate attraverso il canale olfattivo o applicate direttamente sulla pelle. L'Antica medicina Cinese è stata la prima a utilizzare gli oli essenziali in modo olistico, mentre gli Antichi Greci usavano gli oli essenziali per via topica per combattere le malattie e guarire il corpo. Anche gli Antichi Romani usavano gli oli essenziali per la loro fragranza come parte dell'igiene personale.

L'Aromaterapia è un metodo eccellente per utilizzare gli elementi del mondo naturale per curare la mente, il corpo e l'Anima. I suoi benefici per la salute includono l'alleviamento dello stress, dell'ansia e del dolore fisico, il miglioramento del sonno, l'aumento della vitalità e l'incremento dei sentimenti di rilassamento, pace e felicità.

Gli oli essenziali sono gli estratti vegetali più utilizzati in Aromaterapia, tinture concentrate ricavate da parti di fiori, erbe e alberi, come corteccia, radici, bucce e petali. Le cellule che conferiscono a una pianta la sua fragranza sono considerate la sua "essenza", che diventa un olio essenziale quando viene estratta da una pianta. I tre principali metodi di estrazione degli oli essenziali dalle piante sono la distillazione, la spremitura a freddo e l'estrazione con CO_2 supercritica.

A livello sottile, gli oli essenziali hanno un effetto curativo sull'Aura e sui Sette Chakra. Possono essere usati indipendentemente o combinati con Cristalli, Diapason, Mudra, Mantra e altri strumenti indicati in questa sezione per l'invocazione/manipolazione energetica.

USARE OLI ESSENZIALI

L'Aromaterapia è una guarigione vibrazionale basata su principi metafisici e sui benefici fisiologici e fisici dei componenti chimici di ogni fragranza. Mentre i Cristalli hanno un impatto sulla nostra coscienza attraverso il contatto fisico (il tatto) e i Diapason lavorano attraverso il suono, gli oli essenziali lavorano attraverso l'olfatto per influenzare le nostre energie interiori.

I tre metodi più diffusi di utilizzo degli oli essenziali sono l'uso topico, la diffusione e l'inalazione. L'uso topico prevede la miscelazione degli oli essenziali con lozioni o oli vettore e la loro applicazione diretta sulla pelle. Gli oli essenziali hanno potenti componenti chimici con proprietà antisettiche, antibatteriche e antivirali che sono stati utilizzati per secoli per prevenire e curare le malattie se usati direttamente sulla pelle.

La diffusione e l'inalazione richiedono di respirare con il naso il profumo dell'olio essenziale per ottenere un effetto curativo. Quando si utilizzano gli oli essenziali per le loro proprietà sottili, è necessaria una quantità molto minore rispetto all'applicazione topica. In generale, minore è la quantità di olio utilizzata, più potente è il suo effetto sottile.

Nella diffusione, si combinano gocce di olio essenziale con acqua fredda in un apparecchio diffusore (Figura 78), rilasciando gradualmente la nebbia nell'ambiente. Quando viene diffusa, la vasta gamma di fragranze non solo influisce sul nostro stato mentale ed emotivo, ma aiuta anche a rimuovere gli odori indesiderati dall'atmosfera circostante e a purificarla da contaminanti nocivi.

L'uso degli oli essenziali è generalmente sicuro, anche se possono verificarsi alcuni effetti collaterali, tra cui irritazioni agli occhi, alla pelle e al naso. Si tratta di estratti "concentrati" in cui è necessaria un'enorme quantità di materia vegetale per ottenere una sola goccia di olio essenziale, e ogni goccia contiene i componenti chimici condensati di tutte le piante che l'hanno prodotta. Pertanto, l'uso di una quantità eccessiva di olio essenziale può causare effetti negativi, proprio come l'uso di una quantità eccessiva di medicinali.

Inoltre, alcune fragranze possono causare lievi reazioni allergiche in persone sensibili alle piante. Per questo motivo, il metodo più utilizzato dai guaritori è l'inalazione, che richiede di annusare l'olio essenziale direttamente dal flacone per ottenere gli effetti desiderati. Questo metodo permette di controllare completamente la quantità di fragranza che si desidera inalare, ed è quindi il metodo più a basso rischio per applicare gli oli essenziali durante una sessione di guarigione. Per esempio, se qualcuno dovesse avere una reazione allergica con un diffusore, potrebbe dover lasciare completamente lo spazio, interrompendo o addirittura dovendo terminare la sessione di guarigione.

Gli oli essenziali possono essere utilizzati anche per preparare un bagno aromatico nell'ambito di un processo di pulizia rituale. Nei bagni rituali si usano solo sei-otto gocce di un olio essenziale, da abbinare a candele accese di colore corrispondente all'effetto che si vuole ottenere. Tenete presente che l'intento è fondamentale, quindi scegliete con cura l'olio essenziale e praticate la consapevolezza durante il bagno. I bagni rituali sono un modo eccellente per purificare le energie e dovrebbero essere eseguiti spesso, soprattutto come precursore della meditazione, della Magia Cerimoniale, dello Yoga e di altre pratiche di Guarigione Spirituale.

L'uso degli oli essenziali richiede alcune precauzioni. Innanzitutto, gli oli essenziali non devono mai essere ingeriti. Alcuni oli sono considerati tossici se ingeriti e possono causare danni al corpo e agli organi. Per questo motivo, assicuratevi di tenere tutti gli oli essenziali fuori dalla portata dei bambini. In secondo luogo, le donne in gravidanza dovrebbero evitare di usare gli oli essenziali, soprattutto durante il primo trimestre. Lo stesso vale per i bambini al di sotto dei sei anni. Infine, è sconsigliato usare gli oli essenziali sugli animali, perché potrebbero avere reazioni avverse alla potenza di alcune fragranze e persino morire. Ad esempio, l'uso di oli essenziali sugli uccelli può rivelarsi fatale in molti casi.

Figura 78: Oli Essenziali e Diffusore

COME FUNZIONANO GLI OLI ESSENZIALI

Le fragranze degli oli essenziali utilizzano l'aria che ci circonda come mezzo di trasmissione per portare le molecole nella cavità nasale (Figura 79), innescando così una risposta emotiva. Allo stesso tempo, le particelle dell'olio essenziale arrivano ai polmoni con ogni respiro, dove entrano nel flusso sanguigno, influenzando direttamente il sistema nervoso e altri organi. Per questo motivo, l'aromaterapia è direttamente associata all'Elemento Aria. Tuttavia, poiché l'olfatto è legato al Sistema Limbico, che regola le emozioni, i comportamenti, i ricordi e la memoria, l'Aromaterapia ha anche una relazione con l'Elemento Acqua.

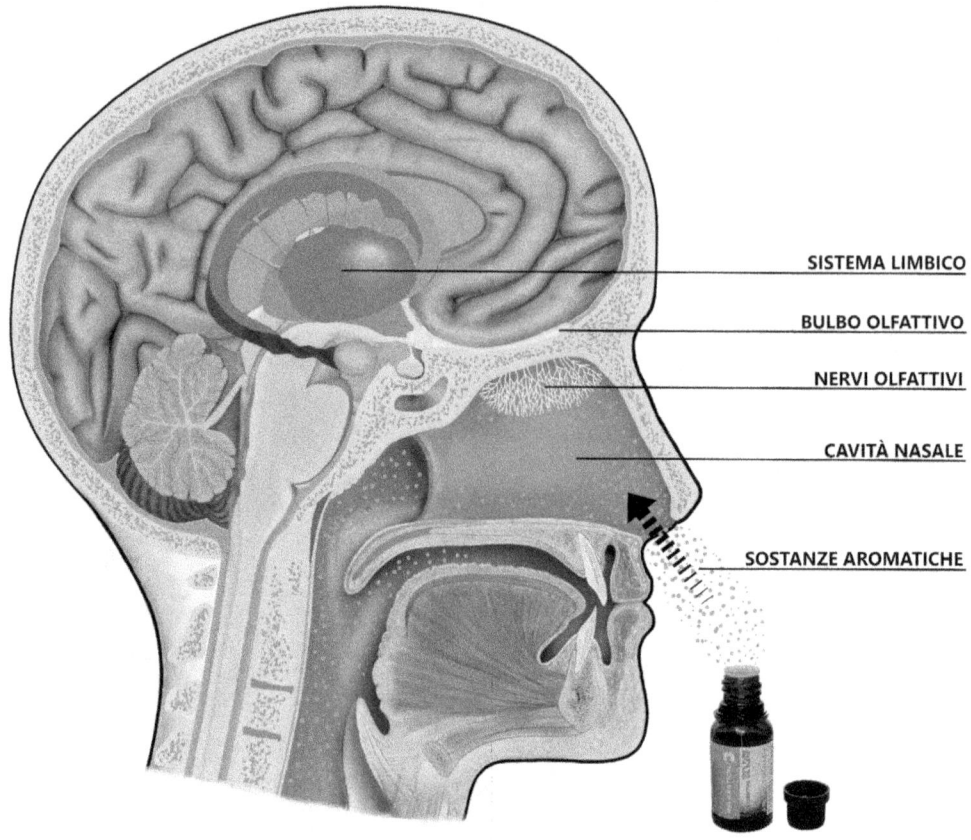

Figura 79: Aromaterapia e Sistema Limbico

Esiste una relazione simbiotica tra gli Elementi Acqua e Aria, evidenziata dai processi della natura. Ad esempio, la molecola dell'acqua (H2O) contiene una parte di ossigeno. Questa stretta relazione si ritrova anche nei nostri processi mentali, poiché ogni volta che proviamo una sensazione (Elemento Acqua), un pensiero (Elemento Aria) la precede.

Nella scuola di filosofia Indiana Samkhya (anche Sankhya), il senso dell'olfatto è associato all'Elemento Terra, il che si adatta a questo caso poiché le piante sono solidi organici che provengono dalla Terra. Tuttavia, possiamo cambiare lo stato solido delle piante con l'applicazione di calore e trasformarle in forme liquide per creare tinture di oli essenziali. Non possiamo invece modificare lo stato solido dei Cristalli, ed è per questo che le loro energie sono più dense di quelle delle fragranze dell'Aromaterapia.

I profumi dell'Aromaterapia sono noti per attivare vecchi ricordi e riportare le nostre emozioni allo stato di pace. Molte fragranze sono note anche per migliorare il nostro umore generale, poiché stimolano l'ipotalamo a inviare messaggi all'ipofisi per creare sostanze chimiche cerebrali benefiche come la serotonina. Quando siamo calmi e felici, la mente si tranquillizza e aumenta la vibrazione della nostra coscienza. Per questo motivo, bruciare incenso o diffondere oli è utile prima di iniziare la meditazione, perché pulisce lo spazio e ci calma, permettendoci di andare più in profondità dentro di noi.

Quando applichiamo gli oli essenziali per via topica, mentre il profumo entra nei polmoni e nelle narici, un numero ancora maggiore di molecole viene assorbito direttamente dalla pelle, fornendo benefici fisici immediati. Inoltre, possiamo utilizzare l'applicazione topica degli oli essenziali per curare problemi legati alla pelle, tra cui la guarigione di un'eruzione cutanea o di una piccola ferita, l'arresto di un'infezione, l'attenuazione del dolore causato da una scottatura solare o l'alleviamento del prurito causato da punture d'insetto. I massaggiatori amano utilizzare gli oli essenziali direttamente sulla pelle per rilassare i muscoli e gestire il dolore.

OLI ESSENZIALI PER I SETTE CHAKRA

Ogni Chakra ha proprietà uniche che corrispondono a determinati oli essenziali. Pertanto, possiamo utilizzare gli oli essenziali sul corpo per promuovere il funzionamento equilibrato dei Chakra. Il metodo descritto di seguito può essere utilizzato su un Chakra alla volta per ottimizzare il suo flusso energetico o su più Chakra che necessitano di guarigione. È anche possibile applicare questo metodo a tutti e Sette i Chakra contemporaneamente per portare l'allineamento all'intero Sistema dei Chakra. Tuttavia, poiché gli oli essenziali devono essere applicati sul corpo dove si trovano i Chakra, con questo particolare metodo di applicazione non è possibile agire sui Chakra Transpersonali.

Quando si usano gli oli essenziali per guarire e riequilibrare i Chakra, non applicarli mai direttamente sulla pelle senza averli prima diluiti con un olio vettore. Le miscele di oli essenziali potenziano e massimizzano gli effetti terapeutici e medicinali. Per preparare le miscele di oli essenziali per i Chakra si possono usare diversi oli vettore, tra cui l'olio di jojoba o l'olio di cocco frazionato. Il rapporto da tenere presente è di due o tre gocce di olio essenziale per un cucchiaino di olio vettore. Le miscele di oli essenziali si applicano al meglio con un flacone roll-on standard da 10 ml. Se si utilizza un altro tipo di flacone, si può usare il dito per applicare l'olio.

Per applicare una miscela di oli essenziali, strofinatene un po' sulla parte anteriore o posteriore del corpo dove si trova il Chakra. Usatene una quantità sufficiente a coprire un'area di circa 1,5" -2" di diametro. Una volta applicato, si può lasciare sul corpo per tutto il giorno per ottenere i massimi effetti terapeutici. L'unico modo per interrompere l'influenza curativa continua della o delle miscele essenziali è quello di lavarle via dal corpo con un sapone forte, anche se una parte della miscela di solito rimane sulla superficie della pelle.

Tenete presente che dopo aver applicato la miscela di oli essenziali per più di un'ora, i cambiamenti nella vostra energia saranno già avvenuti, anche se la vostra coscienza potrebbe avere bisogno di più tempo per integrarli. Pertanto, è utile meditare subito dopo l'applicazione per accelerare il processo di integrazione.

Utilizzate la Tabella 2 per individuare l'olio o gli oli essenziali più appropriati da utilizzare su ciascun Chakra. Alcuni oli essenziali hanno un effetto energizzante su un Chakra, mentre altri hanno un effetto calmante. Gli oli equilibranti sono utili per portare i Chakra in equilibrio, sia che siano sottoattivi sia che siano iperattivi. Quando il Chakra è sottoattivo, la vibrazione emessa dall'olio essenziale scelto accelererà la rotazione del Chakra, riportandolo alla sua velocità ottimale. Quando è iperattivo, la vibrazione rallenta la rotazione del Chakra e lo riporta in equilibrio.

Utilizzate un olio vettore per preparare una miscela di oli essenziali per ogni Chakra su cui volete lavorare. L'intenzione è di estrema importanza, così come la coerenza e le corrispondenze riportate nella Tabella 2. In questo modo potrete creare una collezione di miscele di oli essenziali per la guarigione dei Chakra, da utilizzare nelle vostre future sedute di guarigione.

Si possono anche creare miscele singole di più oli, purché corrispondano al Chakra a cui ci si rivolge e se si sta cercando di energizzarlo, calmarlo o equilibrarlo. Per esempio, se state preparando una miscela di oli da 10 ml (due cucchiaini) per equilibrare un Chakra Muladhara iperattivo, dovreste usare da quattro a sei gocce di olio essenziale di una combinazione di oli calmanti che appartengono solo a questo Chakra. Sperimentate la miscelazione delle miscele di oli essenziali utilizzando come riferimento la tabella sottostante.

TAVOLO 2: Oli Essenziali Per i Sette Chakra

Nome del Chakra (Sanscrito e Inglese)	Oli Energizzanti	Oli Calmanti	Oli Riequilibranti	Applicazione sul Corpo (Fronte/Retro)
Muladhara, Radice o Base	Cannella, Cardamomo, Pepe Nero, Zenzero, Cipresso	Vetiver, Patchouli, Legno di cedro, Mirra, Basilico	Sandalo, Incenso, Geranio	Tra il Perineo e il Coccige, la Parte Inferiore dei Piedi o Entrambi.
Swadhisthana, Sacro o Milza	Arancia, Mandarino, Limone, Bergamotto	Legno di Rosa, Ylang-Ylang, Salvia Sclarea, Neroli	Neroli, Gelsomino, Elicriso, Sandalo, Elemi	Basso Addome (sotto l'Ombelico), Bassa Schiena o Entrambi
Manipura, Plesso Solare	Pompelmo, limone, Citronella, Zenzero, Lime, Ginepro	Vetiver, Bergamotto, Finocchio, Rosmarino	Pepe Nero, Nardo, Elicriso	Plesso Solare, Parte Centrale della Schiena o Entrambi
Anahata, Cuore	Palmarosa, Pino, Palissandro, Bergamotto	Rosa, Maggiorana, Legno di cedro, Eucalipto	Gelsomino, Melissa, Sandalo, Geranio	Tra i Seni (Centro), nella Parte Superiore della Schiena o in Entrambi i Casi
Vishuddhi, Gola	Menta piperita, Cipresso, Limone, Menta spezzata, Salvia	Camomilla romana, Basilico, Rosmarino, Bergamotto	Coriandolo, Geranio, Eucalipto	Gola, Parte Posteriore del Collo o Entrambi
Ajna, Sopracciglio, Occhio della Mente, Terzo Occhio	Salvia sclarea, Pino, Lavanda, Mirra Legno di sandalo, Ginepro	Camomilla tedesca, Basilico, Patchouli, Legno di cedro, Timo	Incenso, Elicriso, Gelsomino	Tra le sopracciglia, Dietro la Testa o Dntrambe. Anche al Centro della Fronte (Quinto Occhio).
Sahasrara, Corona	Lavanda, Zafferano, Palo Santo	Legno di Rosa, Timo, Legno di Cedro, neroli, Loto	Incenso, Mirra, Elicriso, Sandalo	Parte Superiore Della Testa (Centro)

I TATTVAS

Tattva, o Tattwa, è una parola Sanscrita che significa "principio, "verità" o "realtà". Significa "quella realtà", che può essere ulteriormente intesa come "l'essenza che crea la sensazione dell'esistenza". "Nei *Veda*, i Tattva sono formule sacre o principi di realtà che denotano l'identità del Sé individuale e di Dio, il Creatore. Essi rappresentano il corpo di Dio, che è l'Universo stesso, e il nostro corpo che sperimenta la natura attraverso la coscienza.

Esistono cinque Tattva primari (Figura 80), che rappresentano l'essenza della natura che si manifesta come i Cinque Elementi. I cinque Tattva sono conosciuti come Akasha (Spirito), Vayu (Aria), Tejas (Fuoco), Apas (Acqua) e Prithivi (Terra). I primi quattro Tattva (Prithivi, Apas, Tejas, Vayu) rappresentano modalità o qualità dell'energia Solare del Prana in vari gradi di vibrazione. Sono una conseguenza delle emanazioni di Luce e suono, che si fondono nel Tattva finale, o principio - Akasha, l'Elemento Spirito/Aethyr.

I Tattva sono primordiali e semplici nella forma; assumono le cinque forme principali nel campo della percezione umana: quadrato, mezzaluna, triangolo, cerchio e uovo. I Tattva sono presentati su carte con uno sfondo bianco che ne fa risaltare la forma e il colore. Sono classificati come "Yantra", strumenti per la concentrazione mentale e la meditazione. Gli Yantra sono diagrammi mistici della tradizione Tantrica e della religione Indiana che si presentano in molte forme e configurazioni geometriche, spesso molto complesse. Oltre che come strumenti di meditazione, gli Indù usano spesso gli Yantra per venerare le divinità nei templi o a casa. Li usano anche come talismani per proteggersi o per portare fortuna.

I Tattva sono forse i più semplici Yantra esistenti. Nella semplicità delle loro forme e dei loro colori, tuttavia, si nasconde il potenziale per stabilire una potente connessione con i Cinque Elementi primordiali che esistono a livello Microcosmico. In questo modo, possiamo ottenere una connessione con il livello Macrocosmico - Come in Alto, Così in Basso. Pertanto, padroneggiando gli Elementi dentro di noi, sviluppiamo la capacità di alterare e cambiare la realtà con i nostri pensieri, diventando maestri manifestatori.

Kundalini Shakti è la forma più sottile dell'energia (femminile) e una parte inseparabile della pura coscienza (maschile) - rappresentata dal Signore Shiva, consorte di Shakti. Sebbene l'energia e la coscienza si siano separate e diversificate per dare origine alla Creazione, si sforzano sempre di riunirsi. Questo processo è esemplificato dall'energia Kundalini che sale dalla base della colonna vertebrale alla sommità (Corona) della testa.

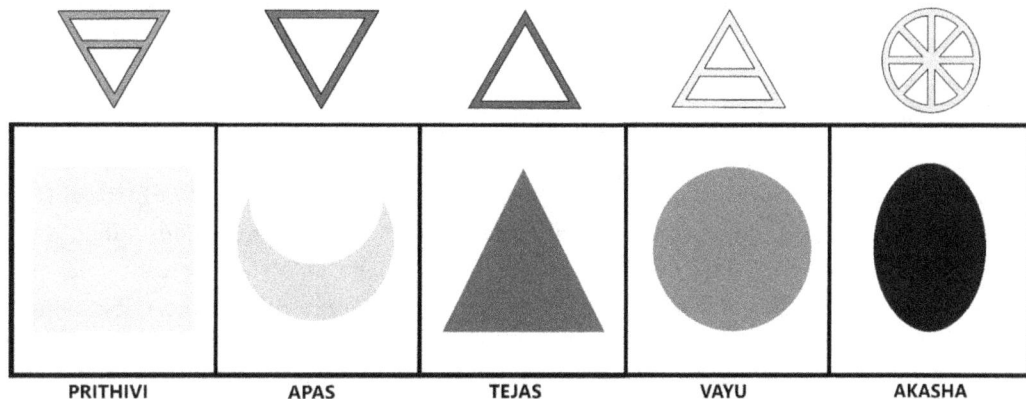

Figura 80: I Cinque Tattva Principali

Lo scopo del risveglio della Kundalini non è solo l'Illuminazione per l'individuo nel cui corpo avviene questo processo, ma anche la possibilità per Shakti e Shiva di sperimentare nuovamente l'unità Cosmica da cui si sono evoluti. Tuttavia, quando la Kundalini sale, l'individuo sperimenta il pieno risveglio e l'infusione di Luce nei Sette Chakra, le cui energie possono essere suddivise nei Cinque Elementi, rappresentati dai cinque Tattva primari. Lavorando con i Tattva, quindi, si lavora sulla sintonizzazione dei Chakra e sulla guarigione dell'energia Karmica in essi contenuta.

IL PROCESSO DI CREAZIONE

Durante il processo di Creazione, l'infinita Luce Bianca ha gradualmente abbassato la sua vibrazione, manifestando i Cinque Elementi in fasi successive. Ognuno dei cinque Tattva primari rappresenta uno dei processi creativi, a partire dallo Spirito, seguito dall'Aria, dal Fuoco, dall'Acqua e dalla Terra come materializzazione finale della Creazione. Secondo i Misteri Esoterici Orientali e Occidentali, ogni Elemento (Tattva) fa parte di una serie collegata in cui ogni Elemento (Tattva) successivo deriva dal precedente. Inoltre, tutti i Tattva devono essere considerati come un'estensione della coscienza pura e non come principi individuali che esistono separatamente.

Il primo Tattva, Akasha (Spirito), è un amalgama di energia e Materia che contiene una quantità infinita di energia potenziale nel Mare della Coscienza. Quando l'energia di Akasha ha iniziato a vibrare nel processo di evoluzione, ha creato un movimento che ha manifestato il Tattva Vayu (Aria). Le particelle di Vayu hanno la massima libertà di movimento, poiché l'Aria è il meno tenue dei Quattro Elementi inferiori. Mentre il processo creativo continuava, il moto perpetuo di Vayu ha generato calore, facendo emergere il Tattva successivo, Tejas (Fuoco).

Poiché il movimento dell'energia di Tejas era inferiore a quello di Vayu, gli permise di espellere parte del suo calore radiativo che si raffreddò per creare l'Apas Tattva (Acqua). Con Apas, le particelle di Spirito, Aria e Fuoco divennero confinate in uno spazio ristretto, con un movimento limitato ma fluido. Quando la vibrazione della manifestazione della Creazione si abbassò ulteriormente, tuttavia, Apas si solidificò nel Tattva Prithivi (Terra), la fase successiva e finale del processo di Creazione. Prithivi è l'equivalente della Sephira Malkuth sull'Albero della Vita e rappresenta il Mondo della Materia, la realtà fisica.

Va notato che durante il processo creativo, gli stati sottili hanno dato origine a stati più grossolani e densi, con una vibrazione inferiore a quella dello stato precedente. Più alta è la vibrazione, più alto è lo stato di coscienza e l'Elemento a cui corrisponde. Tenete inoltre presente che la causa è parte essenziale dell'effetto. La Terra contiene gli Elementi Acqua, Fuoco, Aria e Spirito, poiché si è evoluta da essi, mentre lo Spirito non li contiene, poiché precede tutti gli Elementi.

Nel libro *The Magus* ho descritto che quando si lavora con l'energia di un Elemento, quando si è completato il suo processo di alchimia Spirituale, l'Elemento successivo in sequenza si svela davanti a noi. Pertanto, non c'è una linea sottile in cui finisce un Elemento e inizia l'altro, ma tutti e cinque sono collegati come parte di un'unica sequenza.

Noterete che la sequenza orientale di emanazione degli Elementi è leggermente diversa da quella Occidentale: l'Elemento Aria viene subito dopo lo Spirito, invece dell'Elemento Fuoco. Secondo il sistema Spirituale Orientale, l'Elemento Aria è meno denso e più Etereo del Fuoco, per cui gli Antichi Rishi mettevano l'Aria prima del Fuoco nella sequenza di manifestazione della Creazione. Discuterò in modo approfondito questa variazione tra i sistemi Orientali e Occidentali nella successiva sezione dedicata allo Yoga, in particolare nel capitolo "I Cinque Koshas".

IL SISTEMA DEI TRENTA TATTVA

Ciascuno dei cinque Tattva ha cinque Sottotattva che si riferiscono a diversi piani del Tattva principale a cui appartengono. Per esempio, il Tattva del Fuoco ha cinque Sotto-Elementi: Fuoco del Fuoco, Spirito del Fuoco, Acqua del Fuoco, Aria del Fuoco e Terra del Fuoco. Lavorando con i Sottoelementi dei Tattva, abbiamo un modo più preciso per sintonizzarci con l'esatta energia che desideriamo.

Le principali energie che influenzano il nostro Sistema Solare, Planetario e Zodiacale, possono essere suddivise in Sottoelementi, corrispondenti a diverse parti del Sé. Essi si riferiscono ai percorsi di collegamento dell'Albero della Vita (Carte dei Tarocchi) e alle energie che filtrano uno stato di coscienza in un altro. Questi stati di coscienza sono in numero di dieci, rappresentati dalle dieci Sfere dell'Albero della Vita nella Qabalah.

In India esistono sei principali scuole di pensiero sulla filosofia Tattvica. Il sistema originale dei Tattva fu sviluppato dal Saggio Vedico Kapila nel VI secolo a.C. come parte della sua filosofia Samkhya, che influenzò pesantemente la scienza dello Yoga. La filosofia Samkhya utilizza un sistema di venticinque Tattva, mentre lo Shaivismo ne riconosce trentasei. L'Ordine Ermetico della Golden Dawn utilizza il sistema dei trenta Tattva, poiché questa particolare suddivisione corrisponde agli Elementi e ai Sotto-Elementi presenti nell'Albero della Vita Qabalistico. Questo sistema comprende i cinque Tattva primari e i venticinque Tattva Sub-Elementali (Figura 81). Considerando che ho la più ampia esperienza con questo particolare sistema, è quello a cui mi atterrò in questo libro.

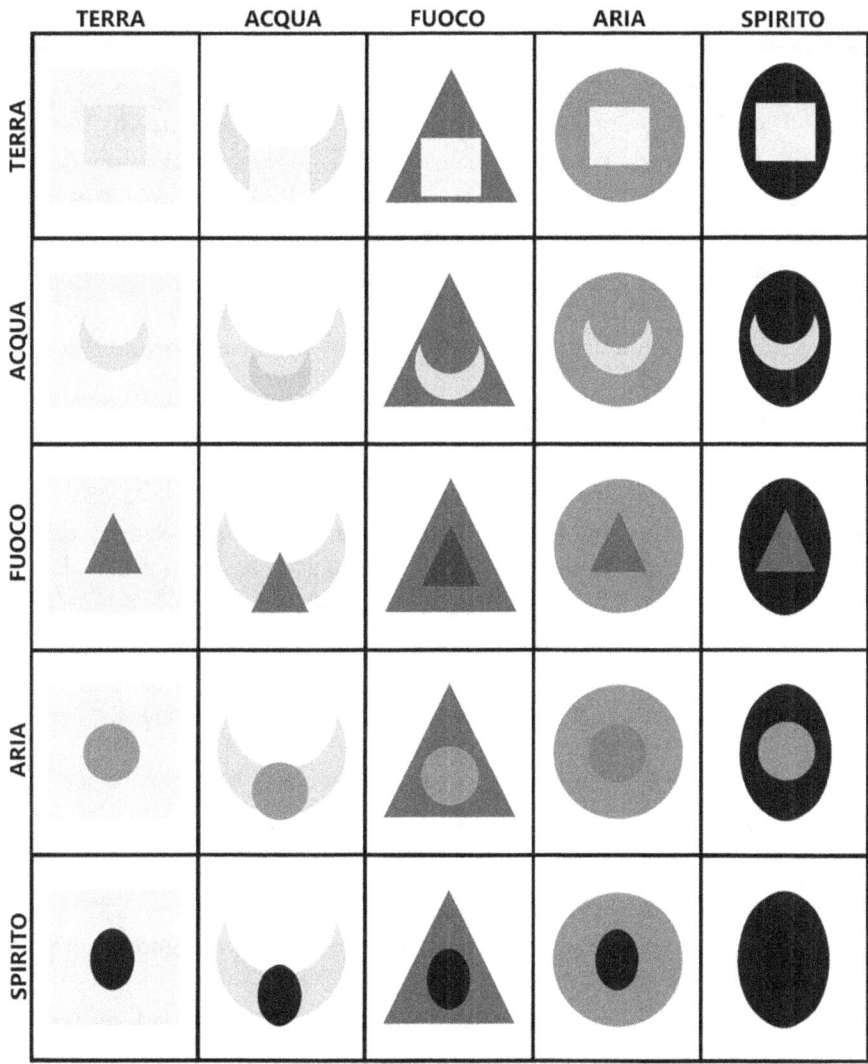

Figura 81: I Venticinque Tattva Sub-Elementali

Poiché il lavoro con i Tattva richiede il nostro senso della vista, che percepisce i colori e le forme nell'ambiente, questa modalità di guarigione vibrazionale è associata all'Elemento Fuoco e al Piano Mentale Superiore. Ci permette quindi di andare più in profondità dentro di noi rispetto alle altre modalità di guarigione presentate in questo libro. Poiché il Fuoco si nutre dell'Aria, anche nel lavoro con i Tattva c'è una componente dell'Elemento Aria, che corrisponde al Piano Mentale Inferiore.

Pertanto, il Piano Mentale, che utilizza la nostra forza di volontà e i nostri pensieri, è il nostro punto di contatto per raggiungere i Piani Cosmici Superiori e inferiori, rappresentati dai Tattva. Inoltre, questa relazione simbiotica tra gli Elementi Fuoco e Aria è evidente nei processi della natura. Per esempio, il fuoco fisico, o fiamma, ha bisogno di ossigeno per il suo sostentamento; senza di esso, muore. Allo stesso modo, l'intenzione e la forza di volontà non possono riuscire in nessuna impresa senza pensieri e immaginazione.

Come già detto, lavorare con i Tattva è simile a lavorare con gli Elementi attraverso gli esercizi rituali di Magia Cerimoniale presentati in *The Magus*. Tuttavia, la Magia Cerimoniale si occupa principalmente di invocazioni, ovvero di richiamare nella propria Aura particolari energie dall'Universo esterno, mentre il lavoro con i Tattva si configura come un'evocazione, nel senso che si accede o si "tira fuori" un tipo specifico di energia all'interno di sé per l'introspezione.

Pertanto, gli esercizi rituali della Magia Cerimoniale invocano una quantità più significativa di energia Elementare nell'Aura, mentre i Tattva lavorano solo con le nostre energie interiori e naturali.

Tuttavia, il vantaggio dei Tattva rispetto agli esercizi rituali della Magia Cerimoniale è che si possono individuare i Sub-Elementi senza sforzo usando le rispettive carte Tattva (Yantra). Al contrario, gli unici esercizi rituali di Magia Cerimoniale che permettono di raggiungere lo stesso obiettivo sono le Chiavi Enochiane, che sono molto avanzate e trasportano molta energia Karmica specifica per quell'egregore. Ho lasciato delle note di avvertimento in diverse pagine di *The Magus* riguardo al lavoro con la Magia Enochiana, perché richiede più di una dozzina di mesi di preparazione con altre invocazioni Elementali più basilari. Con i Tattva Sub-Elementali, invece, si può entrare subito in azione.

I CINQUE TATTVA PRINCIPALI

Akasha Tattva (Elemento Spirito)

Il primo Tattva, Akasha, corrisponde all'Elemento Spirito. Akasha rappresenta il vuoto dello spazio, l'Aethyr, simboleggiato da un ovoide nero o indaco. Spirito e Aethyr sono termini intercambiabili che indicano la stessa cosa: l'Akasha. Il colore nero dell'Akasha riflette l'oscurità del vuoto, che possiamo vedere nel vasto spazio tra i corpi celesti (Stelle e Pianeti) dell'Universo. Quando chiudiamo gli occhi, vediamo anche mentalmente questa stessa oscurità dello spazio davanti a noi, il che implica che Akasha è anche dentro di noi. Sebbene il nero sia l'assenza di Luce, contiene in sé tutti i colori dello spettro. Come tale, ha un potenziale e una portata infiniti. Per esempio, un buco nero nell'Universo contiene più massa di milioni di stelle messe insieme.

L'Akasha è equiparato al principio della Luce Bianca che si estende all'infinito in tutte le direzioni. Gli Ermetici la definiscono la Prima Mente di Dio, il Creatore (il Tutto). Un altro nome è "Monade", che in Greco significa "singolarità". L'oscurità dello spazio è solo un riflesso della Luce Bianca a livello fisico, manifestata dalla Seconda Mente, che è stata generata (partorita) dalla Prima Mente attraverso il processo di differenziazione. Anche se non possiamo entrare nella Prima Mente mentre viviamo, possiamo sperimentarne il potenziale risvegliando la Coscienza Cosmica dentro di noi (attraverso la Kundalini), che fa da ponte tra la Prima e la Seconda Mente.

L'Universo manifesto, comprese tutte le Galassie e le Stelle esistenti, sono contenute nella Seconda Mente. La materia è un sottoprodotto dell'energia Spirituale, invisibile ai sensi ma che permea tutte le cose. Essendo l'essenza di ogni cosa, la vibrazione di Akasha è così alta da apparire immobile, a differenza degli altri Quattro Elementi, che sono costantemente in movimento e possono essere sperimentati attraverso i sensi fisici. Akasha è Materia indifferenziata che contiene una quantità infinita di energia potenziale. In altre parole, la materia e l'energia esistono allo stato potenziale dormiente all'interno dell'Elemento Spirito, nel cuore della Creazione. L'Akasha non è mai nata e non morirà mai. Non può essere sottratta né aggiunta.

L'energia Spirituale della Prima Mente si manifesta nella Seconda Mente attraverso le Stelle come Luce visibile. Tuttavia, si dice che lo Spirito viaggi più velocemente della velocità della Luce, avendo la più alta velocità conosciuta dall'umanità. Questo spiegherebbe perché le informazioni canalizzate attraverso la Coscienza Cosmica vengono trasmesse istantaneamente in qualsiasi punto dell'Universo. E perché le persone Spiritualmente evolute devono solo pensare a un oggetto o a un luogo e sperimentano immediatamente, attraverso il pensiero, com'è essere quell'oggetto o trovarsi in quel luogo.

Poiché viaggia più veloce della luce, l'energia Spirituale trascende lo spazio e il tempo secondo la teoria della relatività di Einstein. Per questo motivo, non è raro che le persone risvegliate Spiritualmente sviluppino il senso di precognizione o preveggenza, che permette loro di vedere il futuro attraverso il sesto senso (psichismo). La coscienza Spirituale permette di accedere ai Registri Akashici.

Nell'Alchimia Ermetica, Akasha è la Quintessenza. È onnipervasiva, poiché tutto ciò che esiste si è evoluto da Akasha e ad Akasha, alla fine, tutto ritornerà. L'Akasha si riferisce al principio della vibrazione del suono. Fornisce il mezzo per far viaggiare il suono nello spazio. Akasha è la fonte degli altri quattro Elementi che si sono evoluti nel processo di manifestazione della Creazione.

L'energia Planetaria di Saturno influenza l'Akasha, come dimostrano i colori indaco e nero che corrispondono ad entrambi. Nella Qabalah, Saturno è in relazione con la Sephira Binah, uno dei Superni che rappresentano l'Elemento Spirito. Binah è il progetto Astrale di tutto ciò che esiste, le forme sottili ed eteree di tutte le cose che sono invisibili ai sensi fisici ma che possiamo sperimentare attraverso l'Occhio della Mente. È possibile accedere alla vibrazione dell'Akasha solo quando la mente viene messa a tacere e l'Ego viene trasceso. Nella filosofia Yogica e Induista, il suo regno di esperienza è il Piano della coscienza, chiamato "Jana Loka", la dimora dei mortali liberati che risiedono nel Regno Celeste.

L'Akasha è attribuito ai tre Chakra di Vishuddhi, Ajna e Sahasrara (Figura 82). A livello di Sahasrara, l'Akasha è meglio espresso dal simbolo dell'Infinito, una figura otto sul lato, che rappresenta il concetto di Eternità e illimitatezza. A livello di Ajna, l'Akasha è meglio simboleggiato dal simbolo taoista Yin/Yang, che rappresenta la dualità, le forze femminili e maschili, Ida e Pingala, che si uniscono in Ajna Chakra. Vishuddhi è il rappresentante tradizionale del Tattva Akasha nel Tantra e nello Yoga, al suo livello più accessibile che lo collega agli Elementi e ai Chakra inferiori.

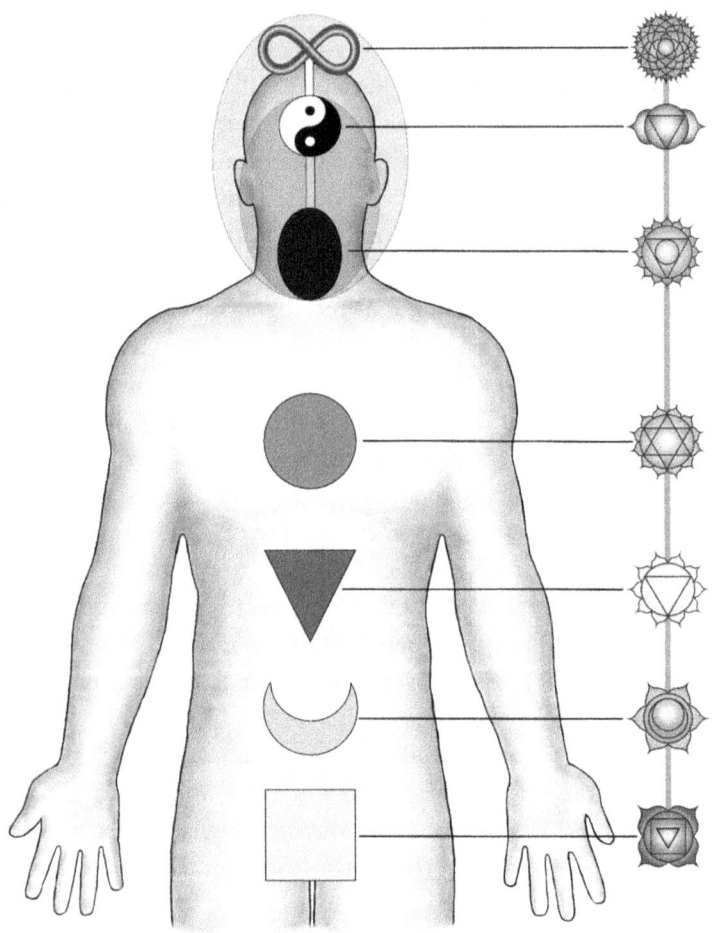

Figura 82: I Tattva e i Chakra

Il Bija Mantra di Akasha è "Ham". "Sperimentare l'energia di Akasha Tattva assomiglia all'effetto delle invocazioni rituali dell'Elemento Spirito e dell'energia Saturnale, anche se quest'ultima può essere meglio descritta come l'aspetto Terrestre di Akasha. I Sotto Elementi di Akasha sono Spirito dello Spirito, Fuoco dello Spirito, Acqua dello Spirito, Aria dello Spirito e Terra dello Spirito.

Vayu Tattva (Elemento Aria)

Il testo religioso Indù, *le Upaniṣad*, insegna che il primo principio o Tattva ad evolversi dall'Akasha è Vayu, simboleggiato da un cerchio blu. "Vayu" deriva dalla stessa parola Sanscrita che significa "movimento" ed è di conseguenza attribuito allEelemento dell'aria. Avendo la natura del vento, Vayu assume il colore blu del cielo limpido.

Quando il vuoto dell'Akasha è stato influenzato dal movimento durante il processo creativo, è stata creata l'energia luminosa, manifestando il Vayu Tattva. Tuttavia, Vayu non è Luce fisica, ma energia cinetica nelle sue diverse forme: elettrica, chimica e vitale (Prana). Mentre l'Akasha era immobile, Vayu è il movimento onnipervadente.

Tutti i gas dell'atmosfera Terrestre, compreso l'ossigeno, racchiudono il Tattva Vayu. Sebbene sia invisibile a occhio nudo, Vayu è il primo Tattva che può essere percepito tangibilmente sulla pelle. In quanto tale, si riferisce al senso del tatto. L'essenza di Vayu si esprime attraverso la contrazione e l'espansione. Nel corpo fisico, Vayu controlla le cinque "arie" vitali chiamate Prana Vayus: Prana, Apana, Samana, Udana, Vyana.

Vayu è attribuito ad Anahata, il Chakra del Cuore. Si riferisce alla mente, ai pensieri e all'immaginazione, alimentati dal processo di respirazione che porta l'energia Pranica nel corpo. Il movimento costante di Vayu Tattva crea cambiamenti, causando instabilità, incoerenza, volatilità e incostanza nell'individuo e nell'ambiente. Questa è la natura dell'Elemento Aria. Il suo regno di esperienza è il piano della coscienza, chiamato "Maha Loka", la casa dei grandi Saggi e Rishi.

Il Bija Mantra di Vayu Tatva è "Yam". La sua energia è paragonabile alle invocazioni rituali dell'Elemento Aria e alle invocazioni del Pianeta Mercurio con aspetti di energia solare. In fondo, Vayu è un'estensione dell'energia pranica, la cui fonte è il Sole. I Sotto Elementi di Vayu sono Aria dell'Aria, Spirito dell'Aria, Fuoco dell'Aria, Acqua dell'Aria e Terra dell'Aria. Il Sotto Elemento Aria dell'Aria è affine all'energia dello Zodiaco dell'Acquario, mentre il Fuoco dell'Aria è simile alla Bilancia e l'Acqua dell'Aria ai Gemelli.

Tejas Tattva (Elemento Fuoco)

Tejas, o Agni (fuoco), è il Tattva dell'Elemento Fuoco. Tejas significa "tagliente" in Sanscrito; il suo significato si traduce in "calore" o "illuminazione". Il Tattva Tejas è simboleggiato da un triangolo rosso rivolto verso l'alto, il cui colore è associato alla sua energia Archetipica. Tuttavia, quando viene posizionato sul corpo, il triangolo punta verso il basso, verso l'Elemento Apas (Acqua) (Figura 82). Il concetto di "Acqua verso l'Alto, Fuoco verso il Basso" spiega il naturale flusso energetico del nostro corpo.

Poiché il Fuoco è la fonte del calore e della Luce, è il primo principio la cui forma è visibile a occhio nudo. In fondo, è dall'apparenza della Luce che percepiamo le forme nel nostro ambiente. Pertanto, Tejas è la qualità che dà definizione o struttura alle diverse espressioni di energia cinetica rappresentate da Vayu Tatva, da cui Tejas si è evoluto.

La nascita della forma è strettamente legata all'avvento dell'Ego, l'antitesi dell'Anima. L'Ego è nato quando abbiamo riconosciuto per la prima volta qualcosa al di fuori di noi stessi. Acclimatandoci al mondo materiale nei primi anni di vita, ci siamo affezionati alle forme che vedevamo nell'ambiente, il che ha permesso all'Ego di crescere, prendendo saldamente il controllo della coscienza. Nel corso del tempo si sono quindi sviluppati i Samskara, un termine Sanscrito che implica impressioni mentali, ricordi e impronte psicologiche. I Samskara sono la radice dell'energia Karmica che ci impedisce di evolvere Spiritualmente finché non la superiamo.

Lo sviluppo dell'Ego continua fino all'adolescenza, formando nel tempo la nostra personalità. L'Ego non smette di crescere ed espandersi per il resto della nostra vita qui sulla Terra, poiché è legato al corpo fisico e alla sua sopravvivenza. L'unico modo per arrestare la crescita dell'Ego è riconoscere e abbracciare la realtà spirituale più profonda che sta alla base di quella fisica: il vuoto e quindi la mancanza di forma. Quando la nostra attenzione si concentra sull'Evoluzione Spirituale invece di alimentare l'Ego, l'Anima prende finalmente il sopravvento e iniziamo a costruire un carattere che trascende la nostra esistenza materiale.

Come già detto, l'Ego e l'Anima non possono coesistere come conducenti della coscienza; uno dei due deve sempre prendere il posto del passeggero. Questa scelta è determinata da noi e da quale aspetto del Sé dedichiamo la nostra attenzione in un dato momento, poiché abbiamo il libero arbitrio. Pertanto, Tejas si riferisce sia all'Anima che all'Ego. L'Elemento Fuoco è la forza di volontà che usiamo per esprimere il nostro principio di Libero Arbitrio in entrambe le direzioni, alimentato da Manipura, il Chakra del Plesso Solare. Il suo regno di esperienza è il Piano della coscienza, definito "Swar Loka", la regione tra il Sole e la Stella Polare, il Cielo del Dio Indra.

Il Tejas Tattva è stato spesso descritto come una forza divoratrice che consuma tutto ciò che incontra sul suo cammino. Tuttavia, la distruzione è un catalizzatore per la trasformazione, poiché nulla muore mai, ma cambia solo il suo stato. Per questo motivo, l'Elemento Fuoco è cruciale per l'Evoluzione Spirituale, poiché ci permette di riformare le nostre convinzioni su noi stessi e sul mondo, consentendoci di attingere al nostro potenziale più elevato. La distruzione di Tejas, quindi, dà luogo a nuove creazioni propizie alla crescita dell'Anima.

Il Bija Mantra di Tejas è "Ram". "L'energia di questo Tattva è paragonabile a un'invocazione rituale dell'Elemento Fuoco e dell'energia del Pianeta Marte con aspetti dell'energia del Sole. Tejas è maschile e attivo, poiché stimola l'impulso e la forza di volontà dell'individuo. I Sotto Elementi di Tejas sono Fuoco del Fuoco, Spirito del Fuoco, Aria del Fuoco, Acqua del Fuoco e Terra del Fuoco. Il Sotto Elemento Fuoco del Fuoco è affine all'energia dello Zodiaco dell'Ariete, mentre l'Aria del Fuoco è simile al Leone e l'Acqua del Fuoco al Sagittario.

Apas Tattva (Elemento Acqua)

Il Tattva successivo nella sequenza di manifestazione è Apas, simboleggiato dalla mezzaluna d'argento. Apas è la Materia intensamente attiva che è emersa dall'Elemento

Fuoco a causa della diminuzione del movimento e della condensazione. È confinata in uno spazio definitivo, ma in uno stato di fluidità.

Apas è l'Universo fisico che si sta ancora organizzando prima di materializzarsi come Tattva successivo. Rappresenta l'ordine che emerge dal caos. La disposizione degli atomi e delle molecole in Apas occupa uno spazio molto ridotto con una libertà di movimento limitata, a differenza degli Elementi Fuoco, Aria e Spirito. Ad esempio, l'idrogeno e l'ossigeno si comportano in modo diverso dalle stesse molecole nel vapore.

Apas è femminile e passivo; è attribuito a Swadhisthana, il Chakra Sacrale. Apas si riferisce all'effetto della Luna sulle maree del mare e all'Elemento Acqua in noi. Considerando che il nostro corpo fisico è composto per il 60% di acqua, è evidente l'importanza dell'Elemento acqua per il nostro sistema biologico.

Poiché Apas è Materia ancora in fase di creazione, rappresenta l'impulso creativo all'interno della nostra psiche. Si riferisce alle emozioni che sono fluide e mutevoli, come l'Elemento Acqua che le rappresenta. Anche la nostra sessualità si esprime emotivamente come desiderio, che funge da potente motivatore nella nostra vita. I cicli lunari non solo hanno una forte influenza sulle nostre emozioni, ma anche sulla nostra sessualità.

Apas ha la qualità della contrazione e il principio del gusto. Il suo Bija Mantra è "Vam". "Le esperienze di Apas sono simili alle invocazioni rituali dell'Elemento Acqua. La sua corrispondenza Planetaria è con la Luna e Giove e con aspetti di Venere, poiché tutti e tre i Pianeti sono associati alle emozioni e ai sentimenti.

I Sotto Elementi di Apas sono Acqua dell'Acqua, Spirito dell'Acqua, Fuoco dell'Acqua, Aria dell'Acqua e Terra dell'Acqua. Il Sotto Elemento Acqua d'Acqua è affine all'energia dello Zodiaco dei Pesci, mentre il Fuoco d'Acqua è simile al Cancro e l'Aria d'Acqua allo Scorpione. Il regno di Apas è il piano di coscienza chiamato "Bhuvar Loka", l'area tra la Terra e il Sole, dove vivono gli esseri celesti conosciuti come Siddhas.

Prithivi Tattva (Elemento Terra)

Il quinto e ultimo Tattva è Prithivi, simboleggiato da un quadrato giallo e legato all'Elemento Terra. L'ultimo Elemento che si evolve nel processo di Creazione è il risultato di un'ulteriore diminuzione della vibrazione che porta l'Elemento Acqua a solidificarsi e a diventare immobile. Prithivi è il più denso di tutti i Tattva, in quanto rappresenta il mondo concreto della Materia, le cui molecole sono fissate al loro posto. Rappresenta le qualità di solidità, peso e coesione, portando stabilità e permanenza a tutti i livelli.

Sebbene il colore giallo rappresenti tipicamente l'Elemento Aria nei Misteri Occidentali, nel sistema Tattvico è associato alla Terra. Il giallo si riferisce alla luce gialla del Sole che ci permette di percepire il mondo della materia. La corrispondenza di Prithivi è con la Radice o Muladhara Chakra e con l'olfatto. Il suo Bija Mantra è "Lam."

L'energia di Prithivi è simile alle invocazioni rituali dell'Elemento Terra. I Sotto Elementi di Prithivi sono Terra della Terra, Spirito della Terra, Fuoco della Terra, Acqua della Terra e Aria della Terra. L'energia del Sotto Elemento Fuoco della Terra è affine allo Zodiaco del Capricorno, mentre l'Acqua della Terra è simile alla Vergine e l'Aria della Terra può essere paragonata al Toro. Il regno di esperienza di Prithivi è il piano di coscienza chiamato "Bhu Loka", il mondo fisico della materia grossolana.

OSSERVAZIONE DEI TATTVA

I Tattva sono facili da usare e molto efficaci per sintonizzarsi con le energie Elementali desiderate. È sufficiente tenere un Tattva in mano e "scrutarlo" fissandolo o guardandolo profondamente per sbloccare il suo potere. Scrutare i Tattva è fondamentale per sviluppare poteri psichici come la chiaroveggenza. È uno dei metodi più semplici, veloci ed efficaci per esercitare e migliorare le proprie capacità di chiaroveggenza.

Il metodo Tattva Scrying può anche facilitare un'esperienza Extra-Corporea completa, poiché include una componente di Proiezione Astrale la cui tecnica è simile al viaggio Sciamanico e al pathworking. Tuttavia, è necessario essere cauti quando si tenta la Proiezione Astrale, soprattutto se si soffre di ansia o nervosismo. Può essere una scossa per la mente sperimentare cose al di là del fisico, soprattutto la prima volta. Per questo motivo, prima di tentare la Proiezione Astrale è necessario essere sufficientemente equilibrati dal punto di vista energetico, cosa che si può ottenere con l'uso delle modalità di Guarigione Spirituale presentate in questo libro.

Prima di iniziare questo esercizio, è necessario stampare le carte Tattva a colori dal mio sito web www.nevenpaar.com, seguendo il link "Tattva Cards" nella navigazione principale. Le carte nel documento PDF hanno una dimensione di cinque centimetri per sei, che è la dimensione ideale per l'esplorazione, con i simboli di circa tre o quattro Pollici di altezza. Se possedete già delle carte Tattva, potete lavorare con esse, purché rientrino nei parametri indicati.

Tuttavia, le carte Tattva più ottimali dovrebbero essere autocostruite in cartone. Si dovrebbero ritagliare i simboli separatamente, dipingerli a mano e incollarli sulle carte per ottenere una prospettiva tridimensionale. La Figura 83 mostra le carte Tattva che ho costruito molti anni fa quando ero nell'Ordine della Golden Dawn.

Il metodo della Divinazione con Tattva, presentato dall'Ordine Ermetico della Golden Dawn, si articola in due parti. La prima parte si chiama "Indagine nella Visione dello Spirito" e consiste nel sintonizzarsi sull'energia Elementare e Sub-Elementare all'interno della propria Aura, isolando così i Chakra per poter lavorare con essi. La seconda parte, facoltativa, è una continuazione della prima e si chiama "Viaggiare nella Visione dello Spirito". "Dopo aver evocato l'energia Elementare o Sub-Elementare e averla amplificata nella vostra Aura, la vostra coscienza si immerge in essa. Questa è un'ottima occasione per effettuare una proiezione Astrale nel suo Piano Cosmico, utilizzando una tecnica di visualizzazione che coinvolge l'immaginazione e la forza di volontà.

Prima di iniziare l'esercizio del Tattva Scrying, trovate uno spazio tranquillo in cui sarete indisturbati durante la sua esecuzione. Poiché questa pratica implica l'ingresso nell'interiorità, è consigliabile bruciare dell'incenso per ripulire lo spazio dalle energie negative e renderlo sacro. Se conoscete gli esercizi rituali di Magia Cerimoniale del mio primo libro, eseguite il Rituale Minore di Allontanamento del Pentagramma e il Rituale di allontanamento dell'Esagramma per scacciare le influenze energetiche negative e centrarvi.

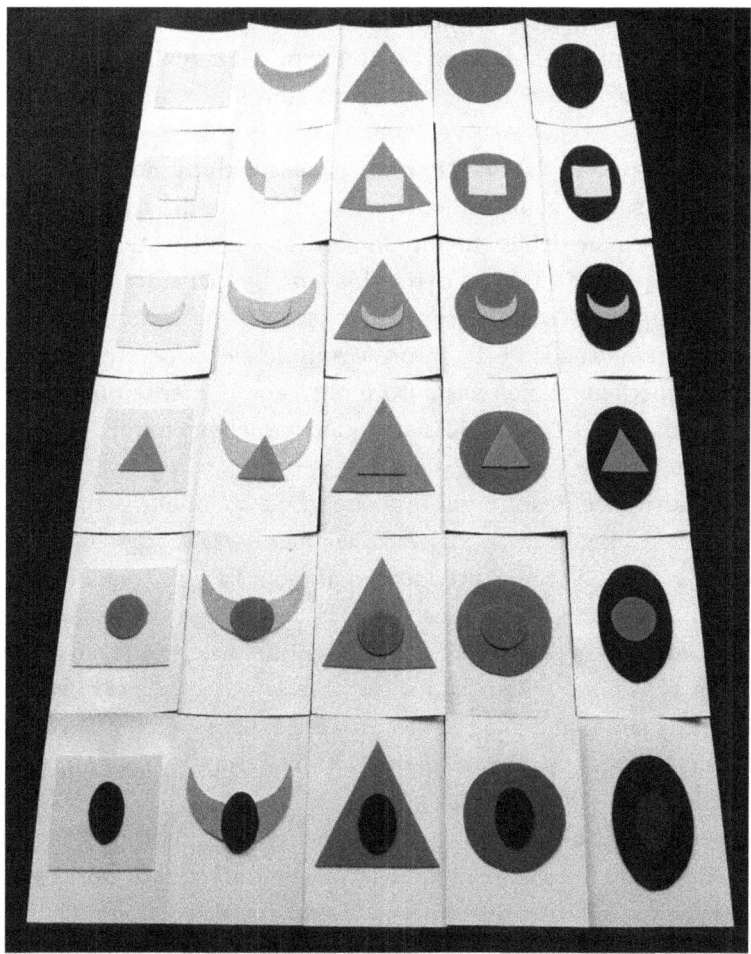

Figura 83: Le Carte Tattva dell'Autore

Questi due esercizi rituali sono fondamentali per la protezione durante il lavoro Astrale, compresa la proiezione Astrale che apre la coscienza al contatto diretto con le intelligenze Spirituali dei Piani Cosmici interni. Oltre agli Elementali di base, possono essere entità o Spiriti Angelici o Demoniaci che si sono insediati negli strati della vostra Aura e nei rispettivi Chakra in qualche momento del passato. Sono responsabili di molti dei nostri stati d'animo e sentimenti, siano essi positivi e costruttivi, come nel caso degli Angeli, o negativi e distruttivi, come quelli influenzati dai Demoni.

I Demoni sono più elusivi degli Angeli, poiché in genere le persone evitano di affrontarli. Spesso si rinchiudono nel profondo del subconscio per paura di doverli affrontare. Tuttavia, i Demoni rimarranno attaccati a voi fino a quando non li affronterete con coraggio e imparerete la loro vera natura, integrando così pienamente i loro poteri e rilasciandoli nuovamente nell'Universo. In questo modo, guarirete e ottimizzerete i Chakra e padroneggerete gli Elementi corrispondenti all'interno della vostra psiche. Ricordate che qualsiasi Intelligenza Spirituale possiate incontrare nella vostra seduta di divinazione se la affrontate con compostezza e amore nel vostro cuore, sarà al vostro servizio.

Metodo di Osservazione Tattva - Parte 1 (Osservazione nella Visione dello Spirito)

Iniziate l'esercizio seduti comodamente nella posizione del Loto o su una sedia, rivolti verso la direzione cardinale dell'Elemento da scrutare. (Utilizzate la Tabella 3 per ottenere tutte le informazioni pertinenti di cui avrete bisogno per scrutare i Tattva). Dovreste avere davanti a voi una superficie bianca, come una parete, uno schermo o un qualche tipo di sfondo, poiché dovrete trasporre l'impronta Astrale del Tattva su di essa come parte dell'esercizio. La superficie bianca assicura inoltre che la mente non sia distratta quando si concentra sulla carta del Tattva. Se avete quadri appesi o mobili vicino alla vostra area di lavoro, rimuoveteli.

Eseguite il Quadruplice Respiro per qualche minuto con gli occhi chiusi per entrare in uno stato mentale meditativo, essenziale per il successo di questo lavoro. Successivamente, aprite gli occhi e prendete in mano il Tattva. Tenetelo in mano a distanza di un braccio, in modo che l'immagine sia all'altezza degli occhi. Cominciate a fissarla comodamente, sbattendo le palpebre il meno possibile. Assicuratevi di vedere il Tattva e lo sfondo bianco davanti a voi e nient'altro. Non lasciate che gli occhi vaghino. Assorbitevi invece nel Tattva, mantenendo la mente vuota da ogni pensiero. Lasciate che la sua immagine riempia la vostra coscienza mentre immaginate di essere impregnati dell'energia dell'Elemento o del Sotto-Elemento associato.

Inizialmente si dovrebbe fissare il Tattva per venti secondi o un minuto, per poi allungare la durata man mano che si diventa più abili in questo esercizio. Assicuratevi di non sforzare gli occhi in nessun momento. Dopo un po' di tempo, il Tattva inizierà a "balenare" dal simbolo che state fissando, come se steste vedendo la sua impronta energetica o Aura. L'esperienza vi insegnerà quanto tempo ci vuole per arrivare a questo punto.

Il passo successivo consiste nel posare la carta del Tattva e spostare lo sguardo sulla superficie bianca di fronte a voi. Noterete il trasferimento del simbolo nel suo colore "lampeggiante" o complementare al Tattva. Ad esempio, se state scrutando Prithivi, il suo colore complementare sarà il viola. Se state scrutando un Tattva Sotto-Elementare, vedrete lampeggiare davanti a voi due colori complementari.

Ora guardate il simbolo lampeggiante davanti a voi. Se inizia ad allontanarsi, riportatelo a fuoco davanti a voi. Una volta svanito nella vostra vista fisica, chiudete gli occhi e concentratevi su ciò che rimane della sua impronta mentale. Lasciate che la vostra visione fisica passi alla visione Astrale, come se la parte posteriore delle vostre palpebre fosse uno schermo cinematografico che vi riproduce l'immagine.

È consigliabile esercitarsi a trasferire visivamente la carta Tattva sullo sfondo bianco per tre o quattro volte, poiché questa parte dell'esercizio è la più importante per il passo successivo della Proiezione Astrale. Tuttavia, semplicemente fissando il Tattva, si sblocca l'energia ad esso associata nella propria Aura, che dovrebbe essere percepita immediatamente (se si è sensibili alle energie) come un'essenza quantificabile. Notate che più a lungo fissate il Tattva, più la sua energia corrispondente permea l'Aura.

Metodo di Osservazione Tattva - Parte 2 (Viaggiare nella Visione dello Spirito)

Dopo che l'immagine Astrale è svanita, usate l'immaginazione per riportarla nell'Occhio della Mente nel colore complementare del Tattva con cui state lavorando. Immaginate che l'immagine si ingrandisca fino a diventare grande come una porta. Visualizzate poi la vostra forma Astrale e vedetela in piedi davanti a questa porta. Prendete un momento per annotare tutti i dettagli del vostro Sé Astrale, compreso il guardaroba, le espressioni facciali, ecc. Se la visualizzazione vi aiuta, immaginate di indossare gli stessi vestiti che indossate durante l'esercizio. Notate che per questa parte dell'esercizio dovreste guardarvi in terza persona nella vostra mente, come se foste sia il regista che il protagonista del film.

Successivamente, dovete trasferire il vostro seme di coscienza nel vostro Sé Astrale. Questa parte è complicata e la maggior parte degli studenti ha bisogno di fare pratica. Per riuscirci, dovete smettere di vedervi in terza persona e cambiare la prospettiva in prima persona. Immaginate che tutta la vostra essenza entri nel vostro Sé Astrale mentre uscite dal vostro corpo fisico, che rimane seduto in silenzio con gli occhi chiusi. Aprite gli occhi come Sé Astrale e osservate le vostre mani e i vostri piedi come se vi foste appena svegliati in un Sogno Lucido. Guardate poi la porta di fronte a voi, il vostro portale verso un'altra dimensione. Quando siete pronti, attraversate la porta. Se avete familiarità con gli esercizi rituali di *The Magus*, potete proiettare il vostro Sé Astrale attraverso la porta con il Segno dell'Entrante, sigillandovi al contempo nel Piano Cosmico corrispondente con il Segno del Silenzio. Se non avete familiarità con questi gesti, attraversate semplicemente la porta.

Nel momento in cui entrate nel Piano Cosmico proiettato, permettete alla vostra immaginazione di andare con il pilota automatico. Questa parte è cruciale per il successo della Proiezione Astrale, poiché fino a questo punto si trattava di una visualizzazione guidata che utilizzava la vostra forza di volontà e la vostra immaginazione. Ora dovete smettere di controllare l'esperienza, in modo che l'immaginazione tragga la sua impronta dall'energia Elementare o Sotto-Elementare che avete amplificato nella vostra Aura con la tecnica dell'osservazione del Tattva. Se l'operazione è stata eseguita correttamente, si dovrebbe ottenere una visione del Piano Cosmico.

Osservate il paesaggio intorno a voi, annotando ogni minimo dettaglio che riuscite a vedere. Usate i vostri sensi Astrali per cogliere i panorami, i suoni, i sapori, gli odori e le sensazioni tattili del Piano Cosmico. Se le cose vi sembrano monotone e unanimi, potete vibrare i Nomi Divini dell'Elemento corrispondente per tre o quattro volte ciascuno, come indicato nella Tabella 3. La sequenza da seguire è Nome di Dio, Nome di Elemento, Nome di Dio, Nome di Elemento, Nome di Elemento. La sequenza da seguire è Nome di Dio, Arcangelo e Angelo. In questo modo si dovrebbero ottenere colori e movimenti vivaci. Se così non fosse, potreste aver bisogno di maggiore pratica per trasferire la vostra coscienza nel vostro Sé Astrale e permettervi di "lasciarvi andare" abbastanza a lungo da sperimentare una visione sul Piano Astrale. Non disperate se le prime volte non funziona; la maggior parte delle persone ha bisogno di fare più pratica con la Parte 1 del Metodo Tattva Scrying prima di dedicarsi alla Parte 2.

TAVOLO 3: Corrispondenze Tattva

Elemento (Inglese e Sanscrito)	Direzione	Elementali	Nome di Dio (Ebraico)	Arcangelo	Angelo
Terra, Prithivi	Nord	Gnomi	Adonai ha-Aretz	Auriel	Phorlakh
Acqua, Apas	Ovest	Undine	Elohim Tzabaoth	Gabriele	Taliahad
Fuoco, Tejas	Sud	Salamandre	YHVH Tzabaoth	Michele	Aral
Aria, Vayu	Est	Silfidi	Shaddai El Chai	Raffaele	Chassan
Spirito, Akasha	Su/Giù, Est (predefinito)	-	Eheieh	Metatron	Chayoth ha-Qadesh

Dopo aver vibrato i nomi Divini appropriati, non è raro vedere una guida Spirituale apparire davanti a voi. Questa entità è spesso un Elementale le cui caratteristiche rappresentano le qualità dell'Elemento che state visitando. È anche possibile evocare una guida che vi aiuti a esplorare il luogo, il che è consigliabile, soprattutto se siete nuovi a questa pratica.

Osservate l'aspetto dell'entità e mettetela alla prova chiedendole quale sia il suo scopo nell'assistervi, il che vi aiuterà a determinare se è benevola o malevola. A volte può capitare di non vedere un'entità, ma di percepirne la presenza, cosa che spesso può essere più affidabile dell'uso della vista Astrale o di altri sensi.

Se l'entità appare malevola, potete usare i nomi divini dell'Elemento con cui state lavorando per scacciarla. Potete anche disegnare un Pentagramma della Terra che bandisce (come indicato in *The Magus*) per allontanare l'entità, a meno che non stiate lavorando con Prithivi Tattva, che causerà l'allontanamento di entrambi gli aspetti positivi e negativi della Terra. Se per qualche motivo non volete l'assistenza di una guida, potete usare il Pentagramma di allontanamento dell'Elemento con cui state lavorando per mandarla via, il che funziona nella maggior parte dei casi.

Supponendo che la vostra guida sia uno Spirito positivo che vuole aiutarvi, permettetele di condurvi in giro in modo da poter esplorare il paesaggio. Ponete alla vostra guida qualsiasi domanda su ciò che state vedendo durante il viaggio o sulla natura dell'Elemento relativo al Piano Cosmico che state esplorando. In fondo, questo lavoro mira a sviluppare la conoscenza e la padronanza degli Elementi che sono parti della vostra psiche.

Quando si esplorano i Piani Cosmici Sotto-Elementali, non è raro che si venga affidati a una seconda guida che vi mostrerà uno scenario completamente diverso. In questo caso, è necessario metterla nuovamente alla prova per determinare la qualità del suo Essere, anche vibrando i Nomi Divini del Tattva secondario che si sta visitando. Quando vi lasciate alle spalle la prima guida, concedetele la cortesia di un saluto, soprattutto se vi ha trattato con rispetto.

Se sentite che l'ambiente è diventato caotico con la vostra presenza, potete usare i Nomi Divini per portare armonia e pace sul Piano Cosmico che state visitando e ripristinare la sua costituzione originale. Ricordate sempre di essere rispettosi ma fermi con le vostre guide e di non farle uscire dalle righe, poiché sono lì per assistervi. Dovete sempre mantenere la compostezza e il controllo della situazione.

Il metodo per lasciare il Piano Cosmico e tornare alla coscienza ordinaria e di veglia è l'esatta inversione del processo iniziale. Innanzitutto, si ringrazia la guida e la si saluta. Poi si devono ripercorrere i propri passi fino alla porta da cui si è venuti. Una volta varcata la porta, il vostro viaggio sarà completo. Se avete usato il Segno dell'Entrante e il Segno del Silenzio per entrare nella porta, usatelo di nuovo per uscirne.

Successivamente, dovete trasferire il vostro seme di coscienza dal vostro Sé Astrale al vostro Sé fisico. Nel farlo, sentite il vostro Essere passare da una prospettiva interna a una esterna, mentre spostate l'attenzione dai vostri sensi Astrali a quelli fisici. Fate alcuni respiri profondi mentre vi concentrate sull'ascolto dei suoni dell'ambiente circostante. Quando siete pronti a terminare la vostra esperienza di Divinazione Tattva, aprite lentamente gli occhi. Se avete iniziato questo esercizio con il Rituale di Allontanamento Minore del Pentagramma e il Rituale di Allontanamento dell'Esagramma, ripeteteli per centrarvi e allontanare qualsiasi influenza indesiderata.

È fondamentale non terminare mai l'esperienza aprendo semplicemente gli occhi fisici mentre il vostro Sé Astrale è ancora all'interno del Piano Cosmico che state visitando. Non si deve mai fondere un Piano Elementale con il Piano Fisico della coscienza, poiché ciò può essere dannoso per la psiche. Gli effetti collaterali immediati sono una sensazione di confusione, disorientamento e distrazione. Gli effetti collaterali più duraturi includono manifestazioni caotiche e distruttive nella vostra vita, che possono protrarsi per settimane, mesi e persino anni, fino a risolversi. Pertanto, prendetevi il tempo necessario per questo processo di "ritorno a casa" e seguite tutti i passaggi, anche se li fate in modo accelerato.

***

Se siete principianti, iniziate a praticare con i Tattva primari di Prithivi, Apas, Tejas, Vayu e Akasha, in quest'ordine. Concentratevi sui primi quattro fino ad acquisire una certa esperienza, prima di passare al Tattva Akasha. Eseguite ogni sessione di divinazione con una singola carta Tattva una volta al giorno, non di più. È possibile eseguire questo esercizio in qualsiasi momento, anche se è meglio al mattino e al pomeriggio, preferibilmente a stomaco vuoto. Se scrutate i Tattva prima di dormire, prevedete che l'operazione influenzerà il contenuto dei vostri sogni.

Dopo alcune settimane di esperimenti con i Tattva primari e dopo aver ottenuto risultati soddisfacenti con la Proiezione Astrale, potete passare al Programma di Alchimia Spirituale che ho ideato per gli aspiranti più ambiziosi di questo lavoro. Questa operazione di Tattva avanzata fornirà risultati ottimali nell'esplorazione degli Elementi, dei Sotto-Elementi e dei Chakra corrispondenti. Segue la sequenza di ingresso negli strati dell'Aura dall'Astrale Inferiore (Terra) all'Astrale Superiore (Acqua), seguito dal Mentale Inferiore (Aria), dal Mentale superiore (Fuoco) e infine dal Piano spirituale (Spirito).

Presento la sequenza occidentale degli Elementi emananti, che pone l'Elemento Fuoco dopo l'Elemento Aria, anziché prima, come nel sistema orientale. Secondo la mia esperienza, questa sequenza di lavoro progressivo con i piani cosmici, dal più basso al più alto, è la più efficace per la guarigione spirituale e l'innalzamento della vibrazione della coscienza.

L'intero Programma di Alchimia Spirituale con i Tattva richiede un mese per essere completato. In seguito, potrete ripetere il ciclo o lavorare con i singoli Elementi e Sotto Elementi per padroneggiare quelle parti del Sé. Potete anche rivisitare specifici Piani Cosmici che avete trovato più eccitanti e rivelatori, che vi hanno richiamato o che avete ritenuto necessario esplorare ulteriormente.

Lavorare con i Tattva è un'ottima opportunità per utilizzare un Diario Magico, un quaderno o un diario per annotare le vostre esperienze. Questo è essenziale per migliorare le vostre capacità di divinare e ricordare e per darvi una visione di particolari simboli, numeri ed eventi che avete vissuto durante una sessione. Documentando le vostre esperienze nel corso del tempo, comincerete a riconoscere gli schemi e a trarre dalle vostre sedute significati metaforici che fanno parte di un quadro più ampio di chi siete e di ciò su cui dovete lavorare per favorire la vostra Evoluzione Spirituale.

In conclusione, ricordate di essere pazienti, determinati e persistenti in questo lavoro, soprattutto all'inizio. È facile scoraggiarsi dalla componente di Proiezione Astrale di questa pratica quando non si ottengono i risultati sperati. Tuttavia, tenete presente che sviluppare la chiaroveggenza interiore non è un compito facile. La Divinazione con I Tattva è un lavoro duro e faticoso che spesso richiede mesi o addirittura anni per diventare abile. Ma con la perseveranza, le vostre visioni passeranno da immagini vaghe e leggermente indistinguibili a esperienze magiche vivide, dinamiche e potenti.

Programma di Alchimia Spirituale con i Tattva

Piano Astrale Inferiore-Terra/Muladhara:
Giorno 1 - Terra/Terra Primaria
Giorno 2 - Terra/Terra della Terra
Giorno 3 - Terra/Acqua della Terra
Giorno 4 - Terra/Aria della Terra
Giorno 5 - Terra/Fuoco della Terra
Giorno 6 - Terra/Spirito della Terra

Piano Astrale Superiore - Acqua/Swadhisthana:
Giorno 7 - Acqua/Acqua Primaria
Giorno 8 - Acqua/Terra dell'Acqua
Giorno 9 - Acqua/Acqua dell'Acqua
Giorno 10 - Acqua/Aria dell'Acqua
Giorno 11 - Acqua/Fuoco dell'Acqua
Giorno 12 - Acqua/Spirito dell'Acqua

Piano Mentale Inferiore-Aria/Anahata:
Giorno 13 - Aria/Aria Primaria
Giorno 14 - Aria/Terra dell'Aria
Giorno 15 - Aria/Acqua dell'Aria
Giorno 16 - Aria/Aria dell'Aria
Giorno 17 - Aria/Fuoco dell'Aria
Giorno 18 - Aria/Spirito dell'Aria

Piano Mentale Superiore-Fuoco/Manipura:
Giorno 19 - Fuoco/Fuoco Primario
Giorno 20 - Fuoco/Terra del Fuoco
Giorno 21 - Fuoco/Acqua del Fuoco
Giorno 22 - Fuoco/Aria del Fuoco
Giorno 23 - Fuoco/Fuoco del Fuoco
Giorno 24 - Fuoco/Spirito del Fuoco

Piano Spirituale/Spirito/Vishuddhi, Ajna, Sahasrara:
Giorno 25 - Spirito/Spirito Primario
Giorno 26 - Spirito/Terra dello Spirito
Giorno 27 - Spirito/Acqua dello Spirito
Giorno 28 - Spirito/Aria dello Spirito
Giorno 29 - Spirito/Fuoco dello Spirito
Giorno 30 - Spirito/Spirito dello Spirito

PARTE VI: LA SCIENZA DELLO YOGA (CON L'AYURVEDA)

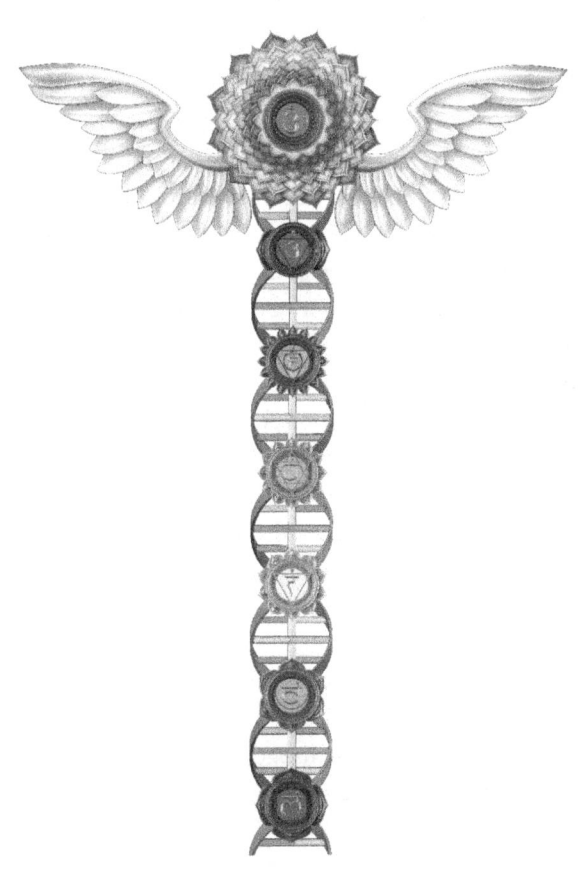

LO SCOPO DELLO YOGA

Lo Yoga è un insieme di pratiche, discipline e tecniche fisiche, mentali e Spirituali che hanno avuto origine nell'Antica India circa 5000 anni fa. Lo Yoga è menzionato negli antichi testi indù *Rig Veda* e *Upanishad*, anche se il suo sviluppo effettivo avvenne solo nel quinto e sesto secolo a.C.. *Gli Yoga Sutra di Patanjali*, il testo Indù più influente sullo Yoga, sono datati intorno al secondo secolo a.C.. Nel XX secolo, questo testo è stato tradotto in Inglese, suscitando un forte interesse per lo Yoga nel mondo Occidentale.

Sebbene la maggior parte delle persone in Occidente creda che lo Yoga sia un mero esercizio fisico costituito da posture corporee (Asana), ciò non potrebbe essere più lontano dalla verità. Le Asana sono gli aspetti fisici di quella che è una scienza profonda che mira a dispiegare il potenziale Spirituale degli esseri umani. In passato, la pratica delle Asana come parte dello Yoga era molto limitata. Le sue forme originali erano per lo più di natura trascendentale e meditativa. Lo Yoga consisteva nell'accedere a stati di pura coscienza e beatitudine (Samadhi) e nel superare i fardelli della realtà materiale. La pratica delle Asana, che è il cuore dello Hatha Yoga, è nata dal Tantra circa 1000 anni fa.

La parola "Yoga" in Sanscrito significa "unione" e si riferisce all'unione della coscienza individuale con la Coscienza Cosmica. Perché ci sia un'unione tra i due, però, deve prima esserci stata una separazione. In realtà, non c'è mai stata. La separazione è un'illusione che si verifica attraverso la mente con la nascita e la crescita dell'Ego. Lo Yoga mira quindi a trascendere l'Ego e a diventare un essere umano autorealizzato. Praticando un sistema collaudato di lavoro con il proprio campo energetico, un individuo può superare le limitazioni della propria mente e raggiungere il massimo del proprio potenziale Spirituale.

Secondo Patanjali, lo Yoga richiede la cessazione delle fluttuazioni della mente, che si traduce nell'unione di osservatore, osservante e osservato. Lo scopo ultimo dello Yoga è l'Illuminazione e l'integrazione dello Spirito nel corpo. Per portarvi i suoi praticanti, lo Yoga mira a bilanciare il sistema energetico e a risvegliare gradualmente la Kundalini alla base della colonna vertebrale. Una volta che la Kundalini Shakti risale la colonna vertebrale per incontrare Shiva alla corona, si verifica un matrimonio Divino che espande la coscienza individuale. Quando le due forze maschili e femminili opposte diventano una cosa sola, l'Anima si libera dal corpo e si esalta sull'Ego. L'individuo diventa uno Yogi o Anima liberata, un uomo-Dio. Trascende la dualità e gli Elementi al suo interno, rappresentati dai piani cosmici inferiori, e sintonizza la sua coscienza sul piano Spirituale che non è duale.

Poiché lo Yoga è il metodo più antico per equilibrare il sistema energetico e risvegliare l'energia Kundalini, ho deciso di dedicare un intero capitolo alla sua scienza. Sebbene questa sezione sia un semplice abbecedario sullo Yoga, le pratiche qui presentate sono molto utili e fanno parte del sistema Spirituale Orientale.

TIPI DI YOGA

La pratica dello Yoga è molto varia, in quanto ne esistono molti rami diversi. Tutte hanno lo scopo di portare all'esperienza dell'unione con la Divinità. Di seguito sono riportati i principali rami dello Yoga, anche se ce ne sono molti altri che non sono elencati qui. Alcuni di questi sono considerati parte di quelli principali, anche se sono unici di per sé.

Hatha Yoga

Il Tantra è emerso intorno al VI-VIII secolo d.C. ed è il suo sviluppo storico nella pratica che ha poi generato lo Hatha Yoga (XIV secolo). Lo Hatha Yoga è quello generalmente praticato nella società occidentale. Ci sono leggere variazioni nelle filosofie, nelle pratiche e nella terminologia che permettono alle diverse scuole di Yoga in Occidente di adattarsi ai singoli praticanti, ma tutte includono la pratica di Asana (posizioni fisiche) e Pranayama (note come tecniche di respirazione, ma più precisamente progettate per l'espansione del Prana).

La parola "Hatha" è tradotta dal Sanscrito e significa "Sole e Luna", con "ha" che indica l'energia del Sole e "tha" quella della Luna. Hatha Yoga significa armonia o equilibrio tra Sole e Luna, Nadi Pingala e Ida, due aspetti opposti e complementari del nostro Essere. Lo scopo superiore dell'Hatha Yoga è quello di ottimizzare la propria salute, purificando i canali energetici del corpo e massimizzando la funzione dei Chakra. Cerca di armonizzare il corpo fisico in modo da poterlo trascendere. L'Hatha Yoga permette anche di controllare i propri stati interni, in modo da ottenere una migliore consapevolezza e concentrazione per sviluppare e perfezionare le pratiche meditative dello Yoga, chiamate Dharana e Dhyana. La meditazione è una componente cruciale di tutte le pratiche Spirituali, compreso lo Yoga.

Anche i Mudra e i Bandha sono classificati come parte dello Hatha Yoga. I Mudra sono gesti fisici o posizioni del corpo che inducono cambiamenti psicologici e mentali nel proprio essere. I Bandha sono blocchi fisici di energia che svolgono la stessa funzione dei Mudra. I Bandha sono usati principalmente per forare i Tre Granthis, o nodi psichici, che si trovano lungo la Sushumna Nadi. L'obiettivo finale dello Hatha Yoga è risvegliare la Kundalini e raggiungere il Samadhi. Lo Hatha Yoga prevede numerosi metodi e tecniche per raggiungere questo obiettivo. Molti di questi sono presentati in quest'opera.

Kundalini Yoga

Il sistema di Yoga si concentra sul risveglio dei centri Chakrici per indurre uno stato di coscienza superiore. Il Kundalini Yoga prevede movimenti ripetitivi del corpo, sincronizzati con il respiro, accompagnati da canti e meditazione. Il suo scopo è quello di tenere la mente occupata combinando diverse pratiche Yogiche contemporaneamente. L'obiettivo finale del Kundalini Yoga è risvegliare l'energia Kundalini alla base della colonna vertebrale, che attiva i Chakra maggiori nella sua ascesa. La sua disciplina prevede semplici Asana, che permettono al praticante di concentrarsi sulla propria energia e di avere una consapevolezza ottimale del proprio corpo e della propria mente. Il Kundalini Yoga include tecniche specifiche del Kriya Yoga, dell'Hatha Yoga, del Bhakti Yoga, del Raja Yoga e dello Shakti Yoga.

Karma Yoga

Lo "Yoga dell'Azione". Il Karma Yoga è il sistema per raggiungere la consapevolezza del Sé attraverso l'attività. I suoi ideali sono altruistici, in quanto implica un servizio disinteressato agli altri come parte di un Sé più grande, privo di attaccamento ai risultati: l'individuo mira ad allineare la propria forza di volontà con la Volontà di Dio. In quanto tali, tutte le loro azioni sono compiute da un senso di coscienza superiore. Il Karma Yoga implica il coinvolgimento nel momento presente, che permette di trascendere l'Ego. Aiuta a rendere la mente più calma e pacifica, superando le emozioni personali. Poiché il Karma Yoga è più uno stile di vita che altro, nel passato ci sono stati molti personaggi di rilievo che sono stati Karma Yogi, anche inconsapevolmente. Gesù Cristo, Krishna, Mahatma Gandhi, Madre Teresa, Rumi, sono solo alcuni esempi.

Mantra Yoga

Lo "Yoga del Suono". "Le vibrazioni sonore hanno un effetto incredibile sulla mente, sul corpo e sull'Anima e possono anche produrre un cambiamento nel mondo materiale. Il Mantra Yoga utilizza il potere del suono per indurre diversi stati di coscienza attraverso il processo di ripetizione di alcuni suoni Universali, che diventano un Mantra. Questi suoni Universali devono essere vibrati o "cantati" con le corde vocali per ottenere un effetto maggiore. I Mantra sono presenti in ogni tradizione e spesso includono i nomi e i poteri di Dei, Dee, Spiriti e altre Divinità. L'uso dei Mantra invoca/evoca energia nell'Aura, che influisce sulla coscienza. Molti Mantra mirano a produrre tranquillità mentale ed emotiva, aumentando così la consapevolezza dei processi interni della mente. Il nome stesso, "Mantra", significa "trascendere la mente che lavora". "Esistono tre modi per cantare i Mantra: Bhaikari (Intonazione normale e udibile - Vocale), Upanshu (Intonazione morbida e udibile - Sussurro) e Manasik (Non udibile - silenzioso/mentalmente). Il Mantra Yoga è un potente metodo di introspezione e di allineamento della coscienza con le forze Divine. Attraverso di esso è possibile raggiungere lo scopo ultimo dello Yoga (l'unione con la Divinità).

Jnana (Gyana) Yoga

Lo Yoga o sentiero dell'Autoindagine, noto anche come sentiero della conoscenza intuitiva. Sebbene molti pensino che il Jnana Yoga sia il sentiero dell'intelletto, la percezione avviene prevalentemente attraverso il Vijnanamaya Kosha (la mente intuitiva) e non il Manomaya Kosha (l'intelletto razionale), che è l'esperienza diretta del Divino e sviluppa la Gnosi. Lo Jnana Yoga mira a sviluppare la consapevolezza del proprio Sé Superiore per ottenere una conoscenza illuminante dei misteri dell'Universo. Cerca di discernere tra Maya (illusione) e il mondo reale dello Spirito. Le componenti del Jnana Yoga includono lo studio dei testi sacri, l'introspezione, le discussioni filosofiche e i dibattiti. Tra i principali Jnana Yogi si ricordano Swami Vivekananda, Sri Yukteswar Giri (Guru di Yogananda) e Ramana Maharshi, per citarne alcuni. Anche alcuni filosofi Greci, tra cui Socrate e Platone, erano Jnana Yogi.

Bhakti Yoga

Lo Yoga della devozione. Il Bhakti Yoga focalizza l'amore per il Divino attraverso rituali devozionali. Esempi di pratiche coinvolte nel Bhakti Yoga sono la preghiera, il canto, la danza, il canto, le cerimonie e le celebrazioni. Alle emozioni viene dato uno sfogo invece di sopprimerle o disperderle in direzioni diverse. Diventando completamente assorbito dall'oggetto della sua devozione, il Bhakti trascende il suo Ego. Quando le emozioni inferiori diminuiscono, i problemi mentali scompaiono. Di conseguenza, la concentrazione e la consapevolezza aumentano, portando alla realizzazione del Sé.

Raja Yoga

Lo Yoga dell'introspezione attraverso la meditazione. Il Raja Yoga è il sentiero reale, poiché "raja" significa re. Racchiude l'essenza di molti altri sentieri dello yoga, come il Karma, il Bhakti e lo Jnana Yoga. L'obiettivo del Raja Yoga è l'analisi interna del funzionamento della mente per placarla e andare oltre. Cerca di trascendere l'Ego e l'ambiente esterno del corpo fisico e di sintonizzarsi con il Sé interiore dell'Anima e dello Spirito. È il cammino verso l'Illuminazione.

Yoga Patanjali

Lo Yoga di Patanjali è spesso identificato direttamente con il Raja Yoga perché è introspettivo. Il sistema di Patanjali consiste in otto arti (termine sanscrito "Ashtanga") o passi dello Yoga (Figura 84), che l'individuo deve padroneggiare nel suo cammino verso la realizzazione del Sé. Pensate agli otto arti come a parti del grande albero dello Yoga, dove ogni arto (ramo) si collega al tronco. Ogni arto ha delle foglie che esprimono la sua vita e sono le tecniche della scienza dello Yoga. Gli otto arti o passi dello Yoga sono descritti negli *Yoga Sutra*, compilati dal saggio Patanjali. Esse sono Yamas (Auto-limitazioni), Niyamas (Auto-osservazioni), Asana (posture), Pranayama (respirazione), Pratyahara (ritiro dei sensi), Dharana (concentrazione), Dhyana (meditazione) e Samadhi (Auto-identificazione con la Coscienza Cosmica).

Figura 84: Gli Otto Arti dello Yoga

Kriya Yoga

La parola Sanscrita "kriya" significa "azione" o movimento". Il Kriya Yoga è la scienza del controllo del Prana nel corpo. Uno dei suoi obiettivi è quello di decarbonizzare il sangue umano e di ricaricarlo di ossigeno per ringiovanire il cervello e i centri spinali. L'antico sistema del Kriya Yoga consiste in molti livelli di Pranayama, Mantra e Mudra, basati su tecniche che mirano ad accelerare rapidamente l'Evoluzione Spirituale e a portare alla comunione con il proprio Sé Superiore, Dio. Il Kriya Yoga è diventato popolare nel mondo grazie al libro di Paramahamsa Yogananda *Autobiografia di uno Yogi*.

Dhyana Yoga

Lo Yoga della meditazione. Il Dhyana Yoga riguarda principalmente il settimo arto dello Yoga citato negli *Yoga Sutra di Patanjali*. Si occupa di calmare la mente e di consentire una maggiore concentrazione e consapevolezza, che si ottiene attraverso le pratiche di Asana, Pranayama, Mantra e Dharana (concentrazione). Il Dhyana Yoga allena a non pensare alle cose inutili della vita e a concentrarsi su ciò che conta. La meditazione elimina l'illusione e conduce alla verità della realtà, permettendo la conoscenza del Sé.

***

In conclusione, molte altre forme di Yoga sono sistemi eccellenti di per sé, ma che rientrano in uno dei gruppi primari citati. Tra questi vi sono il Siddha Yoga, lo Shiva Yoga, il Buddhi Yoga, il Sannyasa Yoga, il Maha Yoga e altri ancora. Poiché esistono molti stili o tipi di Yoga, ognuno leggermente diverso dall'altro, la persona media ha molte opzioni tra cui scegliere quella che meglio si adatta alla sua formazione psicologica e fisica. Tuttavia, la maggior parte dei tipi di Yoga include gli stessi elementi e le stesse pratiche, che esaminerò in dettaglio in questa sezione.

I CINQUE KOSHA

Secondo lo Yoga e l'Ayurveda, il sistema energetico umano è composto da cinque Corpi Sottili o "guaine", chiamati Koshas (Figura 85), che coprono e nascondono la nostra natura essenziale - l'Atman, il Sé Universale (Anima). I Koshas sono essenzialmente le porte d'accesso all'Anima. Essi spiegano le diverse dimensioni e gli stati vibratori della coscienza di cui l'uomo è portatore. I Kosha si riferiscono ai Cinque Elementi (Tattva) e ai Sette Chakra Principali, con il Kosha più alto (Anandamaya) che comprende i tre Chakra dello Spirito. (Si noti che la Figura 85 è uno schema astratto dei Cinque Kosha, non la loro reale rappresentazione nell'Aura).

I Koshas sono sinonimi dei Corpi Sottili dei Piani Cosmici Interni della Tradizione Misterica Occidentale. Tuttavia, invece di sette, nel sistema Yogico ci sono cinque strati dell'Aura, che sono interconnessi e interagiscono costantemente tra loro. I Kosha si sprigionano in sequenza, a partire dal più denso, mentre ogni strato successivo è più sottile e di vibrazione più elevata di quello che lo precede.

Annamaya Kosha

Il primo strato o guaina è chiamato Annamaya Kosha e si riferisce alla mente cosciente e al corpo fisico. È il Kosha più grossolano e denso e quello con cui ci identifichiamo di più. Costruito dal cibo che mangiamo, Annamaya Kosha corrisponde al primo Chakra, Muladhara, e all'Elemento Terra (Prithivi Tattva). Una pratica regolare delle Asana e una dieta sana possono mantenere il nostro corpo fisico in condizioni ottimali, in modo da poter vivere una vita priva di malattie.

Pranamaya Kosha

La seconda guaina è il Pranamaya Kosha, il corpo energetico vitale costituito dall'energia vitale. Il Pranamaya Kosha, come dice il nome, si occupa del Prana presente nel corpo; quindi può essere definito il nostro Corpo Pranico, che viene assorbito attraverso il respiro, il cibo e la Forza Vitale Universale che ci circonda, permeando la nostra Aura. Fluisce attraverso l'intricato sistema di Nadi del corpo, di cui si dice che ce ne siano Settantadue Mila. Il Pranamaya Kosha può essere controllato dal respiro, sebbene sia una forza più sottile dell'aria che respiriamo. Si riferisce al secondo Chakra, Swadhisthana, e all'Elemento Acqua (Apas Tattva). Pranamaya Kosha collega Annamaya e Manomaya Kosha in quanto si riferisce sia al corpo che alla mente. La pratica del Pranayama aiuta a far fluire liberamente la Forza Vitale nel Pranamaya Kosha, mantenendo il corpo e la mente in salute.

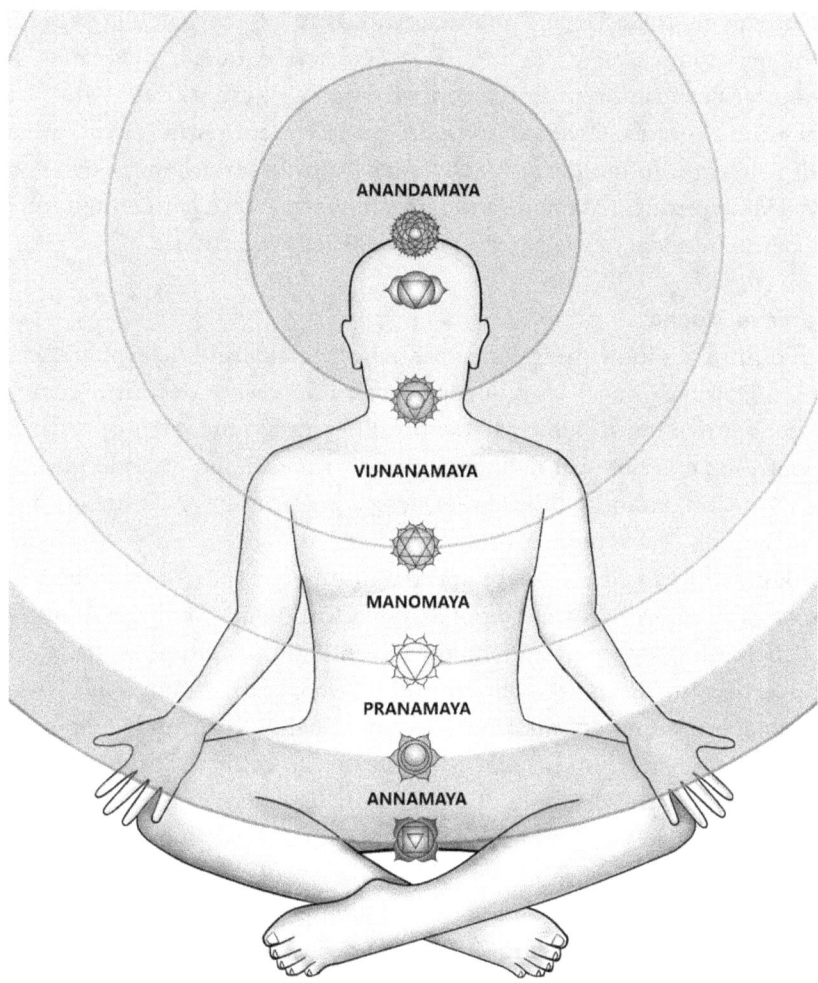

Figura 85: I Cinque Koshas

Manomaya Kosha

La terza guaina è Manomaya Kosha, il corpo mentale/emozionale del sistema Yogico, legato alla mente subconscia. Manomaya Kosha comprende i modelli di pensiero e i sentimenti, che permeano le guaine vitali e alimentari. Corrisponde al terzo Chakra, Manipura, e all'Elemento Fuoco (Tejas Tattva). Diventare consapevoli dei nostri pensieri ed emozioni quotidiani e dissolverli attraverso il ritiro dei sensi (Pratyahara) e la concentrazione su un unico punto (Dharana) può aiutare a mantenere la nostra mente pura e libera dal dolore della dualità.

Vijnanamaya Kosha

La quarta guaina è Vijnanamaya Kosha, ed è il corpo psichico o mentale superiore che permette l'intuizione. Nello Yoga, Vijnanamaya Kosha è il "corpo della saggezza" che rivela le intuizioni personali. Collega la mente subconscia e quella inconscia, fornendoci la conoscenza interiore, comprese le reazioni viscerali agli eventi della vita. Il Vijnanamaya Kosha è collegato al quarto Chakra, Anahata, e all'Elemento Aria (Vayu Tattva). Attraverso la pratica di Yamas (Auto-limitazioni) e Niyamas (Auto-osservazioni), e con l'uso di pratiche Yogiche, possiamo purificare la nostra mente e il nostro cuore per connetterci con la nostra intuizione, permettendoci di vivere una vita più felice e Spirituale.

Anandamaya Kosha

Infine, la quinta guaina è Anandamaya Kosha, considerata il corpo trascendentale o di beatitudine, il Corpo di Luce. La sua esperienza può essere descritta come uno stato di totale assorbimento in uno stato di beatitudine, raggiunto attraverso il silenzio della mente. La dolcezza e la bellezza della vita che sperimentiamo quando la mente è ferma è nota come Sat-Chit-Ananda (Verità-Coscienza-Beatitudine in Sanscrito), l'esperienza soggettiva della realtà immutabile ultima, il Brahman.

L'Ananadamaya Kosha può essere sperimentato attraverso la meditazione quotidiana (Dhyana) o attraverso un risveglio completo della Kundalini. Sebbene Anandamaya Kosha ci permetta di sperimentare lo stato supercosciente del Samadhi, esiste ancora la dualità tra soggetto e oggetto. Pertanto, per diventare uno con Brahman (il Tutto), dobbiamo raggiungere lo strato superiore ad Ananadamaya Kosha, lo strato Divino senza nome.

Nelle Upanishad, Anandamaya Kosha è conosciuto come il Corpo Causale. Si riferisce alla mente inconscia, un serbatoio di sentimenti, pensieri, ricordi e pulsioni al di fuori della nostra consapevolezza cosciente e subconscia. La mente inconscia controlla molti dei processi automatici del corpo che garantiscono la nostra sopravvivenza fisica. Anandamaya Kosha corrisponde allo Spirito/Elemento (Akasha Tattva) e ai tre Chakra più elevati: Vishuddhi, Ajna e Sahasrara. È lo stato di coscienza in cui risiede il nostro Angelo custode, il nostro Sé Superiore.

I CORPI SOTTILI IN ORIENTE E IN OCCIDENTE

I Cinque Kosha del sistema Spirituale Orientale dello Yoga corrispondono ai Corpi Sottili dei Piani Cosmici Interni del sistema Esoterico Occidentale: Fisico, Astrale, Mentale e Spirituale, con l'Astrale e il Mentale che contengono gli aspetti inferiori e superiori. Tuttavia, una piccola differenza tra i due sistemi richiede la nostra attenzione.

Nella scienza e nella filosofia dello Yoga, i Corpi Sottili emanano rispetto alla sequenza dei primi cinque Chakra Maggiori, a partire dal Muladhara fino al Vishuddhi. Come già detto, ai tre Chakra dello Spirito è attribuito uno strato Aurico, per un totale di cinque Koshas. Al contrario, la Tradizione Misterica Occidentale, il cui fondamento è l'Albero della Vita Qabalistico, segue la sequenza di emanazione della Luce Divina di Ain Soph Aur (Luce illimitata) per quanto riguarda i Cinque Elementi. Nella Qabalah, la Luce Divina si manifesta come Spirito, Fuoco, Aria, Acqua, Terra, dove ogni Elemento successivo è di qualità Spirituale inferiore a quello precedente.

Come si può vedere, i due sistemi sono quasi identici su questo argomento, con un'eccezione. Nello Yoga, gli Elementi Fuoco (Manomaya Kosha) e Aria (Vijnanamaya Kosha) sono scambiati, poiché il Manipura Chakra si trova al di sotto di Anahata nel sistema Chakrico. Nella filosofia Qabalistica, il Fuoco è il primo Elemento che si è manifestato dallo Spirito ed è di qualità Spirituale superiore all'Elemento Aria, indipendentemente dalla sua posizione nel sistema dei Chakra. Le Scuole Misteriche Occidentali insegnano che la forza di volontà (Fuoco) è superiore al pensiero (Aria) nel processo di manifestazione.

Entrambi i sistemi Spirituali forniscono argomenti convincenti su questo tema. Il sistema Occidentale sostiene che la nostra Parola, che ci collega al Creatore, è mossa dalla forza di volontà. Il suo mezzo di espressione è la mente (i pensieri), ma il suo impulso è una Forza proiettata dall'Anima nel profondo. L'Anima è un fuoco e la sua origine è il nostro Sole (Sol).

I teosofi, che appartengono alla Tradizione Misterica Occidentale, si riferiscono al Piano dell'Anima come al Piano Buddico, che collocano tra il Piano Mentale e quello Spirituale. Ad esso attribuiscono l'Elemento Fuoco. I Teosofi furono fortemente influenzati dall'Ermetismo e dalla sua branca dell'Alchimia, quest'ultima influenzata dalle opere di Platone e Aristotele. Pertanto, i Teosofi adottarono il sistema Chakrico Orientale, ma lo modificarono in base alle loro esperienze psichiche dei Piani Sottili. Secondo loro, l'Alchimia Spirituale definisce chiaramente l'Elemento Fuoco come di qualità Spirituale superiore all'Elemento Aria.

Sebbene l'Aria sia più sottile del Fuoco, in quanto invisibile come lo Spirito, gli Ermetici ritengono che l'Elemento Aria vibri tra l'Elemento Fuoco e l'Elemento Acqua, poiché entrambi ne partecipano e ne hanno bisogno per il loro sostentamento. Secondo la sua collocazione nel sistema dei Chakra, l'Elemento Aria emana dallo Spirito. Tuttavia, il suo posizionamento nell'espressione dell'energia sottile nella nostra Aura sarebbe tra il Piano Mentale Superiore (Fuoco) e il Piano Astrale Superiore (Acqua). Per questo motivo, l'Elemento Aria viene utilizzato maggiormente dall'Ego, mentre l'Anima utilizza l'Elemento Fuoco per esprimersi.

Anche l'Ego utilizza l'Elemento Fuoco, ma filtra attraverso la mente e partecipa alla dualità. L'Elemento Fuoco, invece, raggiunge la non-dualità dello Spirito, poiché riconcilia tutti gli opposti al suo interno, così come la combustione, il Fuoco nel suo stato fisico, consuma tutte le cose. Per questo motivo, il Fuoco è l'Elemento dell'azione, in quanto esclude la mente e si occupa esclusivamente di applicare la forza di volontà.

La forza di volontà richiede tuttavia l'immaginazione, che nella Qabalah è collegata alla Sephira Tiphareth, situata tra i centri del Cuore e del Plesso Solare e corrispondente all'Elemento Aria. Vedete quindi che, secondo la filosofia Qabalistica, sia le emozioni (Acqua) che la forza di volontà (Fuoco) hanno bisogno dell'Aria (pensieri) per manifestarsi. Entrambi ne partecipano, ed è per questo che nel modello dei Piani Cosmici la sua guaina energetica o Corpo Sottile si trova tra i due Elementi anziché sopra di essi.

Un altro argomento a favore della filosofia Qabalistica è che, secondo il loro modello dei Quattro Mondi (YHVH), l'Elemento Fuoco è Atziluth, il più alto dei mondi. Questo mondo si riferisce agli Archetipi come il Piano più alto al di sotto dello Spirito, mentre l'Elemento Aria è il terzo mondo (Yetzirah), relativo alle immagini visive che la nostra mente forma. Secondo i Qabalisti, Atziluth (Fuoco) è informe, mentre Yetzirah (Aria) ha una forma.

L'Elemento Fuoco è responsabile del pensiero astratto, mentre l'Elemento Aria è responsabile del pensiero logico o razionale. I pensieri astratti mostrano un'intelligenza superiore a quella dei pensieri logici. Ad esempio, l'Ego usa la logica e la ragione per relazionarsi con il mondo circostante, dove il suo impulso principale è la sopravvivenza e la paura della morte. L'Anima, invece, utilizza il pensiero astratto e ciò che chiamiamo intuizione, ovvero il riconoscimento interno della verità nella realtà. Non sappiamo come o perché sappiamo quello che sappiamo, ma siamo sicuri di saperlo.

Il pensiero astratto e l'intuizione sono motivati dall'amore incondizionato, espressione dell'Elemento Fuoco che agisce sull'Elemento Acqua. Per questo motivo, quando sperimentiamo l'amore nel nostro cuore, c'è un calore che lo accompagna. Secondo la maggior parte delle religioni e delle filosofie mondiali, la concezione più alta di Dio-Creatore per l'umanità è l'amore incondizionato. Per questo motivo, il più alto dei quattro Elementi inferiori, e quello più vicino a Dio, è l'Elemento Fuoco e non l'Elemento Aria.

Sebbene io sia prima di tutto uno Yogi Qabalista, i miei pensieri si allineano naturalmente con la Tradizione Misterica Occidentale, così come le mie convinzioni. La Magia Cerimoniale, la pratica Spirituale dei Misteri Occidentali, mi ha fornito per molti anni un'esperienza diretta delle energie Elementali e ho potuto constatare di persona l'accuratezza del sistema Qabalistico. Allo stesso modo, le mie esperienze con la Magia Enochiana, in particolare con l'operazione dei Trenta Eteri che entra sistematicamente negli strati dell'Aura, mi hanno dato un'intuizione Gnostica che convalida e sostiene le affermazioni della Tradizione Occidentale sugli Elementi in termini di progressione Spirituale.

A prescindere da ciò, devo mantenere il rispetto per lo Yogi che ha praticato il sistema Spirituale Orientale per più di 20 anni, che può anche provare lo stesso senso di certezza riguardo alla sua validità. L'emanazione dei Tattva Orientali, ad esempio, segue la sequenza Terra, Acqua, Fuoco, Aria, Spirito. E nelle spiegazioni dei Tattva e di come ciascuno di essi si sia manifestato, è evidente che l'Elemento Aria è più Eterico e quindi meno denso dell'Elemento Fuoco. È invisibile ai sensi, mentre il Fuoco è visibile come combustione o fiamma. Inoltre, non si può negare la sequenza di manifestazione dei Chakra, le loro corrispondenze e le loro posizioni nel corpo. Pertanto, riconosco che si possono avanzare argomentazioni a favore dei sistemi Occidentali e Orientali su questo argomento.

    Il Corpo Sottile legato all'Elemento Fuoco viene prima del Corpo Sottile associato all'Elemento Aria o dopo? Possiamo discutere di questo argomento fino alla nausea e non arriveremo da nessuna parte perché sia il sistema Orientale che quello Occidentale fanno affermazioni valide dai loro rispettivi punti di vista. Ma poiché *Serpent Rising* è una mia creazione e posso parlare solo di ciò che ho sperimentato per essere accurato, la sua filosofia riguardo all'emanazione e alla sequenza dei Piani Cosmici rimarrà allineata con il sistema Qabalistico finché non sarò convinto del contrario.

ASANA

Secondo gli *Yoga Sutra di Patanjali*, Asana è definita come "quella posizione che è stabile e confortevole". In Sanscrito, la parola "Asana" significa "sedersi", una posizione seduta o un posto di meditazione. Il suo significato più letterale è "postura", sia essa seduta o in piedi. Per questo motivo, le Asana sono chiamate in Inglese "Yoga poses" o "Yoga postures".

L'Asana mira a sviluppare la capacità di stare comodamente seduti o in piedi in una posizione per un periodo prolungato. Lo scopo delle Asana è quello di influenzare, integrare e armonizzare tutti i livelli dell'essere, compreso quello fisico, mentale, emotivo e Spirituale. Sebbene all'inizio possa sembrare che le Asana riguardino principalmente il corpo fisico, esse hanno effetti profondi a tutti i livelli dell'Essere se si pratica la consapevolezza durante il processo.

L'Asana è uno degli otto arti dello Yoga. A livello sottile, le Asana servono ad aprire i canali energetici e i centri psichici. Il loro utilizzo facilita il libero flusso del Prana attraverso le Nadi dei corpi sottili, stimolando così i Chakra e l'energia Kundalini. Per questo motivo, le Asana contribuiscono notevolmente all'evoluzione Spirituale dell'individuo. Uno dei risultati più immediati è il miglioramento della flessibilità e della forza e la riduzione dello stress e delle condizioni mentali ed emotive ad esso correlate.

Sviluppando il controllo sul corpo, si acquisisce il controllo anche sulla mente - Come Sopra, Così Sotto. La pratica delle Asana integra e armonizza il corpo fisico e la mente. Scioglie le tensioni o i nodi in entrambi. Le tensioni mentali vengono sciolte affrontandole a livello fisico attraverso il mantenimento delle posizioni fisiche. Anche le tensioni fisiche, come i nodi muscolari, vengono eliminate, ripristinando così la salute del corpo. Dopo una sola sessione di Yoga Asana, il praticante ha più vitalità, vigore e forza, mentre la mente è più gioiosa, creativa e ispirata.

L'Hatha Yoga Pradipika del XV secolo, il testo centrale dello Hatha Yoga, identifica 84 Asana che forniscono benefici sia Spirituali che fisici. Dato il suo potere come strumento per sviluppare una maggiore consapevolezza, la pratica delle Asana viene introdotta per prima nella pratica dello Hatha Yoga, seguita dal Pranayama, dai Mudra, ecc. Durante la pratica di Asana, l'individuo dovrebbe sempre respirare attraverso il naso, a meno che non gli vengano date istruzioni specifiche per fare diversamente. Il respiro deve essere sempre coordinato con la pratica dell'Asana.

È stato dimostrato che la pratica delle posture Yogiche (Asanas) aumenta le sostanze chimiche del benessere nel cervello, come la serotonina, la dopamina e le endorfine. La diminuzione del cortisolo, l'ormone dello stress, favorisce il rilassamento mentale e aumenta la consapevolezza e la concentrazione. Combinando esercizio fisico e meditazione, il metabolismo del corpo si equilibra. La pratica delle Asana rafforza e tonifica i muscoli, permettendo non solo di sentirsi bene internamente, ma anche di avere un bell'aspetto esteriore.

LE TRE ASANA DI MEDITAZIONE

Lo scopo delle Asana di meditazione è quello di permettere all'individuo di stare seduto per un periodo prolungato senza che il corpo si muova o si senta a disagio. Una volta che il corpo fisico viene bypassato attraverso l'applicazione di un Asana di meditazione e la concentrazione della mente, si può sperimentare uno stato di coscienza più profondo.

Quando si è in un'Asana di meditazione, la colonna vertebrale deve essere dritta, per consentire al Prana di circolare in modo ottimale attraverso le Nadi e i Chakra. Inoltre, poiché è facile perdere il controllo dei muscoli durante la meditazione profonda, è meglio che le gambe siano immobilizzate in qualche modo mentre il busto è a contatto con il suolo.

Sukhasana, Siddhasana e Padmasana (Figura 86) vengono praticate soprattutto quando si vuole entrare in una meditazione profonda. Queste pose sono le Asana sedute e a gambe incrociate in cui sono comunemente raffigurate le antiche Divinità orientali. Di seguito verranno descritti i meccanismi di ciascuna di queste Asana di meditazione.

Stare sdraiati in quella che gli Yogi chiamano Shavasana (Figura 94), la posizione del cadavere, non è raccomandato per la meditazione, poiché si tende a scivolare nel sonno. Sukhasana, Siddhasana e Padmasana soddisfano tutti i requisiti della meditazione, rendendo l'individuo vigile e concentrato sul compito da svolgere. Queste tre Asana di meditazione permettono anche alla parte inferiore della colonna vertebrale di entrare in contatto con il suolo, ottenendo così un corretto radicamento delle energie interiori. In questo modo è possibile superare il chiacchiericcio della mente.

Quando il praticante riesce a stare seduto in un'Asana di meditazione per tre ore intere senza che il corpo sussulti o si agiti, avrà raggiunto la padronanza su di essa. Solo allora potrà praticare gli stadi superiori di Pranayama e Dhyana. Se si vuole progredire nella pratica della meditazione, è indispensabile raggiungere un'Asana di meditazione stabile. Il chiacchiericcio dell'Ego deve essere superato e la mente deve essere calmata se si vuole trovare la propria beatitudine interiore.

Raggiungere la padronanza di un'Asana di meditazione è solo una parte del processo di ingresso nella meditazione profonda. L'altra parte del processo consiste nel tenere gli occhi chiusi e concentrarsi sullo spazio tra le sopracciglia, che attiva l'Occhio della Mente. L'Occhio della Mente è la porta o il punto di ingresso a Sahasrara, che rappresenta lo stato di coscienza superiore. Sahasrara è, infatti, il nostro punto di contatto con la Coscienza Cosmica.

Prima di iniziare un'Asana di meditazione, è utile fare un po' di stretching di base. In questo modo si evitano crampi muscolari e dolori articolari che possono distogliere dal compito da svolgere. Inoltre, è bene evitare di meditare a stomaco pieno, poiché le energie interiori potrebbero muoversi troppo mentre il cibo viene sintetizzato.

Figura 86: Le Tre Asana di Meditazione

Sukhasana

Questa è la posa standard da seduti a gambe incrociate. È chiamata la "Posa Facile" perché tutti possono eseguirla senza sforzo. La schiena deve essere dritta e le spalle rilassate. Le mani sono appoggiate sulle ginocchia, con gli indici e i pollici che si toccano in Jnana o Chin Mudra. (Per sapere come eseguire Jnana e Chin Mudra, vedere il capitolo

"Mudra: Hasta (Mudra delle Mani)"). Quando si medita, gli occhi devono essere chiusi e ci si deve concentrare sul punto tra le sopracciglia, che è la posizione dell'Occhio della Mente.

Sebbene questa posizione sia considerata la più semplice tra le Asana di meditazione, se non viene eseguita correttamente può provocare mal di schiena. È indispensabile mantenere le ginocchia vicine o a terra e la colonna vertebrale dritta. È comune vedere i praticanti posizionare un cuscino sotto i glutei come supporto.

È bene iniziare la meditazione con Sukhasana, ma non farne l'obiettivo finale. Sarebbe meglio, invece, progredire fino ad arrivare a Siddhasana e persino a Padmasana, che offrono un maggiore sostegno al corpo e sono ottimali per le meditazioni a lungo termine.

Siddhasana

Siddhasana è la posizione più avanzata della posizione seduta a gambe incrociate ed è altrimenti chiamata "Posizione Compiuta". "In Siddhasana si devono infilare i piedi nelle cosce (tra le cosce e i polpacci), in modo che i genitali si trovino tra i due talloni. I piedi saranno affiancati, mantenendo così le ginocchia ben distanziate. La schiena deve essere dritta e le mani devono essere appoggiate sulle ginocchia, in Jnana o Chin Mudra. Questa posizione è chiamata "Compiuta" perché è più avanzata di Sukhasana e richiede al praticante una maggiore flessibilità per avere i fianchi aperti.

Siddhasana dirige l'energia dei Chakra inferiori verso l'alto, attraverso la colonna vertebrale, stimolando il cervello e calmando l'intero sistema nervoso. Quando il piede inferiore viene premuto contro il perineo, il Muladhara Chakra viene attivato, consentendo Mula Bandha. Inoltre, la pressione sull'osso pubico spinge il punto di attivazione di Swadhisthana, attivando automaticamente Vajroli Mudra. Questi due blocchi psico-muscolari reindirizzano gli impulsi nervosi sessuali lungo la colonna vertebrale e nel cervello. Danno al praticante il controllo dei propri ormoni riproduttivi, consentendogli di praticare la continenza o l'astinenza sessuale. (Per una descrizione di Mula Bandha e Vajroli Mudra, vedere la sezione "Mudra: Bandha (Mudra di Chiusura)" e "Mudra: Adhara (Mudra Perineali)").

Padmasana

La posizione di meditazione seduta a gambe incrociate più avanzata, Padmasana, è comunemente chiamata "Posa del Loto". "Sebbene il termine "Posa del Loto" sia spesso usato nei circoli di meditazione, Padmasana è l'unica posa del loto corretta, mentre le due precedenti ne sono variazioni meno avanzate. In Padmasana, ci si siede con i piedi sopra le cosce, infilati vicino ai fianchi. Si tratta di una posizione a ginocchia chiuse che può essere eseguita con successo solo quando le anche sono più aperte rispetto alle altre due Asana o posture di meditazione. Non si dovrebbe tentare Padmasana finché non si è sviluppata una sufficiente flessibilità delle ginocchia.

Padmasana permette di mantenere il corpo completamente fermo per lunghi periodi di tempo. Una volta che il corpo è stabile, la mente può diventare calma. Padmasana dirige il flusso di Prana dal Muladhara al Sahasrara Chakra, aumentando l'esperienza della meditazione. La pressione esercitata sulla parte inferiore della colonna vertebrale attraverso questa postura ha un effetto rilassante anche sul sistema nervoso. La pressione sanguigna si riduce, la tensione muscolare diminuisce e il respiro diventa lento e costante.

HATHA YOGA VS. VINYASA YOGA

Hatha Yoga è un termine che racchiude molte delle forme più comuni di pratica delle Asana insegnate in Occidente. L'Hatha Yoga pone l'accento sulla respirazione e sulla postura controllate, che rafforzano il corpo e forniscono i benefici psicologici associati alla pratica delle Asana. Nell'Hatha Yoga, il corpo si muove lentamente e deliberatamente da una postura all'altra, concentrandosi sulla consapevolezza e sul rilassamento.

Il Vinyasa è un approccio allo Yoga che prevede una transizione fluida da una posizione all'altra. In una sessione di Vinyasa Yoga c'è un flusso in cui le transizioni sono coordinate con la respirazione, dando la sensazione che il respiro si muova con il corpo. Le sessioni di Vinyasa a ritmo sostenuto sono fisicamente impegnative. Offrono un allenamento cardio che fa sudare di più ed è fisicamente più impegnativo delle sessioni di Hatha Yoga.

Hatha e Vinyasa sono due stili o approcci diversi alla pratica delle Asana che incorporano le stesse pose e sono benefici a modo loro. Mentre l'Hatha è un approccio più statico, il Vinyasa è dinamico. Poiché il Vinyasa si muove a un ritmo più veloce da una postura all'altra, richiede un controllo della respirazione più significativo rispetto all'Hatha Yoga. Al contrario, l'Hatha Yoga consente un maggiore allungamento e una maggiore meditazione, poiché le posizioni vengono mantenute più a lungo.

Mentre l'Hatha Yoga è più indicato per la riduzione dello stress, il Vinyasa offre un migliore allenamento della forza e del cardio. È possibile applicare entrambi gli approcci alla pratica delle Asana per ottenere risultati diversi. Tuttavia, per ottenere risultati ottimali, sarebbe meglio determinare la vostra specifica costituzione mente/corpo, o Dosha, per sapere quale stile è più adatto a voi. Le linee guida per le pratiche Yogiche, comprese le Asana, e per determinare quale dei tre Dosha è dominante nella vostra vita sono riportate nel capitolo sull'Ayurveda, nell'ultima parte di questa sezione.

PREPARAZIONE ALLA PRATICA DI ASANA

Prima di iniziare la pratica delle Asana, riservate un momento specifico della giornata per la loro esecuzione. Ad esempio, l'alba e il tramonto sono tradizionalmente i momenti migliori della giornata per praticare lo Yoga, grazie alla naturale connessione del nostro corpo e della nostra mente con l'energia del Sole. Tuttavia, se non riuscite a praticare a quest'ora, trovate un altro momento della giornata e siate coerenti con esso durante la settimana quando programmate le vostre sessioni di Yoga.

Se decidete di praticare lo Yoga al mattino per preparare il corpo e la mente alla giornata, tenete presente che i muscoli e le ossa saranno più rigidi rispetto al giorno dopo. Per questo motivo, bisogna essere cauti nell'assumere le posizioni e non sforzarsi troppo. Al contrario, la pratica serale permette di rilassarsi dopo aver portato a termine gli impegni quotidiani. Inoltre, la sera il corpo è più flessibile e permette di andare in profondità nelle posizioni con meno resistenza.

Trovate un luogo in cui non sarete disturbati per tutta la durata della pratica dell'Asana. Dovrebbe essere un'area con una superficie piana e uniforme. Assicuratevi di avere abbastanza spazio per muovervi, poiché molte posizioni richiedono di stendere liberamente le braccia e le gambe. È meglio praticare le Asana in un ambiente aperto per evitare la distrazione degli oggetti vicini.

Se vi allenate in casa, come la maggior parte delle persone, assicuratevi che la stanza sia ben ventilata e abbia una temperatura confortevole. Tenete presente che il vostro corpo in genere si riscalda, quindi assicuratevi che non ci siano correnti d'aria o che la stanza sia troppo fredda, poiché l'aria fredda influisce sui muscoli e sulle articolazioni e li rende più rigidi. Per questo motivo, è comune che le lezioni di Yoga si tengano in ambienti caldi, ma mai freddi.

L'aria fresca aggiunge ulteriori benefici alla componente respiratoria dell'esecuzione delle Asana. Dopo tutto, la respirazione è una delle chiavi del successo della pratica dello Yoga. Se si bruciano incensi o si diffondono oli essenziali per aiutare a elevare la mente e raggiungere uno stato meditativo, assicurarsi di non esagerare in modo da interferire con la qualità dell'aria e la respirazione. Sebbene gli oli essenziali e gli incensi siano stati parte integrante di molte lezioni di Yoga nel corso degli anni, alcuni praticanti li evitano perché il profumo può essere una distrazione.

La stessa regola vale per la musica durante le sessioni di Yoga. Una musica rilassante e calmante in sottofondo può aiutare a entrare nello stato d'animo giusto, ma può anche distrarre. Se decidete di ascoltare la musica, assicuratevi che non sia troppo alta, perché la vostra attenzione deve essere rivolta verso l'interno durante la pratica.

Come nel caso di tutte le pratiche che invocano o manipolano l'energia, comprese le modalità di Guarigione Spirituale di questo libro, evitate di praticare lo Yoga a stomaco pieno. In altre parole, concedetevi almeno un'ora dopo uno spuntino o due o tre ore dopo un pasto pesante prima di iniziare la pratica dello Yoga. Dopo la pratica, è consigliabile bere un frullato proteico o consumare un pasto completo ed equilibrato, in modo che i muscoli possano iniziare a ripararsi. Si può anche bere un frullato sostitutivo del pasto per apportare elementi nutritivi al corpo.

Assicuratevi di avere una bottiglia d'acqua a portata di mano per evitare di disidratarvi. È consigliabile evitare di bere acqua durante la pratica dell'Asana per non perdere la concentrazione, ma se si ha sete si può farlo. Dopotutto, essere disidratati può distrarre di più che bere qualche sorso d'acqua. Tuttavia, è meglio bere acqua prima e dopo la sessione di Yoga.

Dovete indossare indumenti larghi, comodi e leggeri, in fibre naturali come il cotone. L'abbigliamento non deve limitare i movimenti. Togliete gioielli e ornamenti e togliete scarpe e calze, perché lo Yoga si pratica a piedi nudi. Inoltre, spegnete il telefono e mettetelo lontano da voi per evitare distrazioni.

Infine, procuratevi un tappetino da Yoga che offra un'imbottitura e una superficie antiscivolo su cui praticare. Il tappetino da Yoga diventerà il vostro unico oggetto rituale che conterrà la vostra energia, quindi assicuratevi di non condividerlo con altri. Procuratevi un cuscino e tenetelo a portata di mano se avete bisogno di un supporto extra mentre praticate le Asana di meditazione. Le Asana di meditazione sono il prerequisito per la maggior parte delle altre pratiche Yogiche, come il Pranayama, i Mudra, i Mantra e la meditazione.

Sebbene le linee guida per la preparazione di cui sopra si riferiscano alla pratica delle Asana, esse si applicano anche alle altre pratiche Yogiche. Per una sessione completa che produca i risultati Spirituali più ottimali, dovreste strutturare la vostra pratica Yoga in modo da includere una combinazione di Asana, Pranayama, Mudra, Mantra e meditazione.

CONSIGLI PER LA PRATICA DI ASANA

Prima di iniziare la pratica delle Asana, è necessario eseguire un riscaldamento di base per preparare il corpo all'attività fisica e prevenire il rischio di lesioni. Iniziate a ruotare le articolazioni in modo circolare per qualche minuto, in senso orario e antiorario, per risvegliare il corpo e fornire una lubrificazione naturale per una migliore mobilità. Si possono eseguire rotolamenti della testa, dei polsi, delle caviglie e delle spalle a terra, seduti sul tappetino. Poi, alzatevi sul tappetino e passate ai rotolamenti delle braccia, delle gambe e della schiena.

Successivamente, è necessario eseguire alcuni allungamenti di base per qualche minuto in più, per assicurarsi di non strappare un muscolo durante l'allenamento. Iniziate con lo stretching della schiena in piedi. Poi, quando vi sedete, passate agli allungamenti delle spalle, delle braccia, delle gambe e della testa. L'intero riscaldamento dovrebbe durare dai cinque ai sette minuti.

Iniziare e terminare ogni pratica Asana sdraiandosi in Shavasana, la posizione del cadavere. Per esempio, si può fare uno Shavasana più breve all'inizio e uno più lungo quando si termina la sequenza di Asana. Quando iniziate le Asana, ricordate sempre di passare da una postura all'altra con calma e deliberatamente. Nel farlo, coordinate il respiro in modo da inspirare quando entrate in un'Asana ed espirare quando ne uscite.

Anche se ci sono opinioni contrastanti su questo punto, non esiste un tempo definitivo per l'applicazione di un Asana. Dovreste tenerla finché è confortevole e non provoca dolore o disagio. Fate un buon stretching e lavorate su qualsiasi parte del corpo a cui l'Asana si rivolge. Per i principianti, non bisogna sforzarsi troppo, ma aumentare gradualmente la durata con il tempo. Ad esempio, si può iniziare con intervalli di 20-60 secondi praticando la respirazione profonda. Il tempo medio per ottenere risultati ottimali è di circa uno-tre minuti per Asana.

Per evitare lesioni alla schiena, praticate un numero uguale di Asana che piegano la schiena in avanti e di Asana che la piegano all'indietro. Se la schiena si irrigidisce o se si sviluppano dolori alla schiena, soprattutto nella parte bassa, si può assumere Balasana (posa del bambino) per trovare sollievo. Inoltre, quando ci si sente stanchi o deboli durante la pratica di Asana, sdraiarsi in Shavasana o Balasana per un breve periodo di tempo per riposare. Poi si può riprendere la pratica.

Ricordate di eseguire tutte le Asana lentamente e con controllo. I progressi nella pratica dello Yoga saranno molto più rapidi se si procede lentamente, concentrandosi sulla respirazione e sulla consapevolezza. Inoltre, imparate a lasciar andare qualsiasi tensione, stress o pensiero negativo. La chiave per sbloccare il potere dello Yoga nella vostra vita è essere coerenti e determinati nella pratica, mostrando pazienza e non aspettandosi risultati immediati. Ascoltate il vostro corpo e lasciatevi guidare da lui, senza mai forzare le cose. Infine, divertitevi e godetevi il processo. Lo Yoga porterà più felicità nella vostra vita se glielo permetterete.

ASANA PER PRINCIPIANTI

Figura 87: Asana per Principianti (Parte I)

Figura 88: Asana per Principianti (Parte II)

Figura 89: Asana per Principianti (Parte III)

ASANA INTERMEDIE

Figura 90: Asana Intermedie (Parte I)

Figura 91: Asana Intermedie (Parte II)

ASANA AVANZATE

Figura 92: Asana Avanzate (Parte I)

Figura 93: Asana Avanzate (Parte II)

PRANAYAMA

Pranayama è un termine usato per varie tecniche di respirazione che lavorano con l'energia Pranica nel corpo. È composto da due parole, "prana" e "ayama". Il Prana è l'energia vitale o Forza Vitale che è in costante movimento e che esiste in ogni cosa animata e inanimata dell'Universo. Sebbene sia strettamente legato all'aria che respiriamo, il Prana è più sottile del semplice ossigeno, anche se noi esseri umani possiamo manipolarlo attraverso tecniche di respirazione.

"Ayama" significa "estensione" o "espansione". Si può quindi dire che la parola "Pranayama" implica "l'estensione o l'espansione del Prana". L'essenza o lo scopo del Pranayama è quello di utilizzare metodi di respirazione per influenzare il flusso del Prana nelle varie Nadi del Corpo di Luce. Quando il movimento del Prana nel Corpo di Luce aumenta, la funzione dei Chakra viene ottimizzata.

Sia lo Yoga che il Tantra affermano che la base dell'esistenza dipende dalle forze di Shiva (coscienza) e Shakti (energia). In definitiva, invece di due, c'è una sola forza, poiché Shakti è la forza creativa o energia di Shiva. Shakti è anche un riferimento diretto all'energia Kundalini, che è il Prana sublimato. Lo scopo ultimo dell'Hatha Yoga è realizzare Shiva o la Coscienza Cosmica attraverso la manipolazione della propria Shakti. Elevare l'energia Kundalini al Chakra della Corona è l'obiettivo di tutti gli esseri umani, che è sinonimo di Shakti e Shiva che diventano Uno in un Matrimonio Divino alla Corona.

Il Pranayama è considerato uno degli otto arti dello Yoga. Nello Hatha Yoga, il Pranayama inizia una volta che l'individuo ha regolato il corpo attraverso la pratica di Asana e una dieta moderata. Mangiare è un mezzo diretto per ottenere il Prana nel corpo. Tutti gli alimenti contengono diverse vibrazioni praniche e la qualità del cibo che mangiamo ha un effetto immediato sul nostro corpo e sulla nostra mente.

La pratica del Pranayama agisce principalmente sul corpo energetico vitale, altrimenti noto come Pranamaya Kosha, lungo il Piano Astrale. Agisce direttamente sui cinque Prana Vayus, che a loro volta influenzano le Nadi e i Chakra. La mente segue il respiro, mentre il corpo segue la mente. Controllando il corpo energetico attraverso il respiro, otteniamo il controllo della nostra mente e del nostro corpo fisico - Come Sopra, Così Sotto.

Il Pranayama è utile per regolare le onde cerebrali e calmare la mente e le emozioni. Attraverso il Pranayama, possiamo fermare la nostra mente e creare uno stato meditativo di coscienza che ci darà chiarezza mentale e migliorerà la concentrazione e l'attenzione. Per questo motivo le tecniche di respirazione sono un prerequisito nella maggior parte dei rituali.

L'energia Pranica fornisce vitalità a tutti i sistemi che sostengono la nostra coscienza. Aumentando il deposito di Prana nel corpo attraverso i metodi di respirazione, la nostra mente si eleva e possiamo raggiungere stati vibratori di coscienza più elevati. I suoi obiettivi più fisici sono quelli di aiutare la guarigione dalle malattie e di mantenere la nostra salute e il nostro benessere.

ESERCIZI DI PRANAYAMA

Respirazione Naturale

La Respirazione Naturale è essenzialmente la consapevolezza del respiro. È l'esercizio di Pranayama più elementare che introduce i praticanti ai loro modelli di respirazione e al loro sistema respiratorio. Essere consapevoli del processo di respirazione è sufficiente per rallentare la frequenza respiratoria e avviare un ritmo più calmo. È rilassante per la mente e fa entrare in uno stato meditativo. La respirazione naturale può essere praticata in qualsiasi momento, indipendentemente da dove ci si trovi e da cosa si stia facendo.

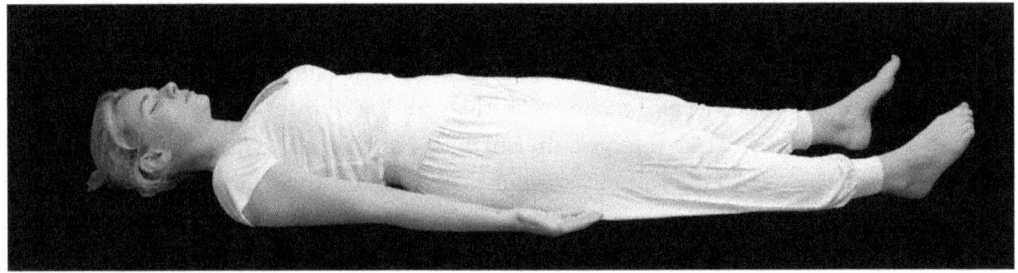

Figura 94: Shavasana

Per iniziare l'esercizio, sedetevi in una comoda Asana di meditazione o sdraiatevi in Shavasana (Figura 94). Chiudete gli occhi e lasciate che il corpo si rilassi. Entrate nella vostra mente e prendete coscienza della vostra respirazione naturale. Sentite il respiro che entra ed esce dal naso tenendo la bocca chiusa per tutto il tempo. Notate se il respiro è superficiale o profondo ed esaminate se state respirando dal petto o dallo stomaco. Notate se c'è qualche suono durante la respirazione e prendete coscienza della sua temperatura durante l'inspirazione e l'espirazione. Il respiro dovrebbe essere più freddo durante l'inspirazione e più caldo durante l'espirazione.

Siate consapevoli che i polmoni si espandono e si contraggono durante la respirazione. Notate l'effetto che il vostro modello di respirazione ha sul vostro corpo e se sta causando uno sforzo. Osservate il suo ritmo con totale distacco. La chiave di questo esercizio è la consapevolezza e l'attenzione. Non cercate di controllare il respiro in alcun modo, ma sviluppate una consapevolezza totale e assoluta di esso andando verso l'interno. Eseguite questo esercizio per tutto il tempo che volete. Poi, concludetelo riportando la consapevolezza su tutto il corpo e aprendo gli occhi.

Respirazione Addominale/Diaframmatica

La Respirazione Addominale è il modo più naturale ed efficiente di respirare. Utilizzarla e renderla una parte naturale della vostra vita quotidiana migliorerà il vostro benessere fisico e mentale. Lo scopo della Respirazione Addominale o Diaframmatica è aumentare l'uso del diaframma e diminuire quello della cassa toracica.

Il diaframma è un sottile muscolo scheletrico situato alla base del torace che separa l'addome dal petto. Durante l'inspirazione, il diaframma si muove verso il basso e spinge l'aria nell'addome, espandendolo. Durante l'espirazione, il diaframma si muove verso l'alto per svuotare l'addome, contraendosi. Anche i polmoni si gonfiano e si sgonfiano naturalmente durante l'inspirazione e l'espirazione.

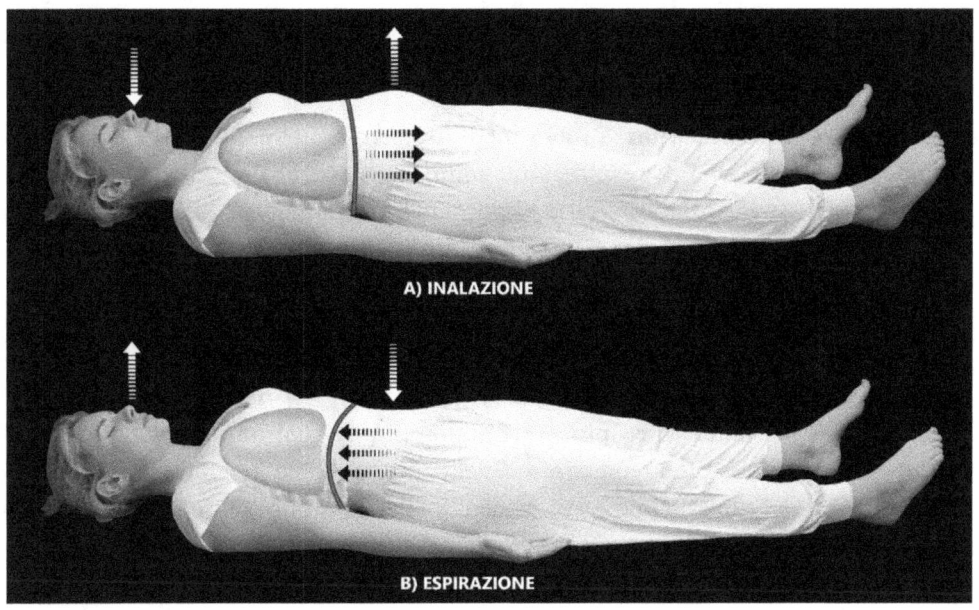

Figura 95: Respirazione Addominale/Diaframmatica

Per iniziare, sedetevi in una comoda Asana di meditazione o sdraiatevi in Shavasana per rilassare il corpo. Chiudere gli occhi ed entrare in uno stato di calma e meditazione. Appoggiare la mano destra sull'addome, appena sopra l'ombelico, e la mano sinistra sul centro del petto. Osservate la vostra respirazione naturale senza cercare di controllarla in alcun modo. Notate se respirate dal petto o dalla pancia.

Ora prendete il controllo del processo di respirazione inspirando profondamente con il naso e inviando il respiro nell'addome, facendolo espandere verso l'esterno. Espirando con il naso, l'addome si muove verso il basso fino a svuotarsi dell'aria (Figura 95). Sentitevi come se steste cercando di respirare solo attraverso l'ombelico.

Tutto il movimento deve avvenire nella mano destra, che si muove verso l'alto con l'inspirazione e verso il basso con l'inspirazione. La mano sinistra deve rimanere immobile, poiché si cerca di non coinvolgere le costole nel processo di respirazione. Ripetete l'inspirazione e l'espirazione respirando lentamente e profondamente. Quando si espande l'addome, lo si fa in modo confortevole, senza provocare alcuno sforzo nel corpo.

Eseguite questo esercizio per tutto il tempo che volete, con un minimo di qualche minuto. Quando siete pronti a terminarlo, riportate la consapevolezza al vostro corpo fisico e aprite gli occhi.

Si noti che la respirazione diaframmatica aumenta l'uso dei lobi inferiori dei polmoni, migliorandone l'efficienza e fornendo un effetto positivo su cuore, stomaco, fegato e intestino. Le persone che respirano attraverso il diaframma sono meno inclini allo stress e all'ansia e godono di una migliore salute mentale generale. Per questo motivo, è bene fare il possibile per rendere questo tipo di respirazione una parte regolare della propria vita.

Respirazione Toracica

La Respirazione Toracica utilizza i lobi medi dei polmoni espandendo e contraendo la gabbia toracica. Questo tipo di respirazione comporta un maggiore dispendio di energia rispetto alla respirazione addominale, ma apporta più rapidamente ossigeno all'organismo. Per questo motivo, è il metodo di respirazione preferito quando si fa esercizio fisico o si affrontano situazioni di stress.

Molte persone inclini all'ansia hanno fatto della respirazione toracica una parte regolare della loro vita. Tuttavia, respirare in questo modo in situazioni di tensione perpetua ulteriormente lo stress, poiché l'energia negativa non si neutralizza o si "radica" nell'addome. Come già detto, la respirazione addominale o diaframmatica è il metodo più ottimale per respirare in modo naturale. Se si inizia con la Respirazione Toracica, è necessario fare uno sforzo consapevole per tornare subito dopo alla Respirazione Addominale, in modo da preservare e conservare l'energia vitale e mantenere l'equilibrio mentale.

Per iniziare l'esercizio, sedetevi in una comoda Asana di meditazione o sdraiatevi in Shavasana. Chiudere gli occhi ed entrare in uno stato di calma e rilassamento. Posizionare la mano destra sull'addome, appena sopra l'ombelico, e la mano sinistra sul centro del petto. Prendere coscienza del proprio ritmo naturale di respirazione, senza cercare di controllarlo all'inizio. Notate quale mano si muove su e giù mentre respirate.

Smettete di usare il diaframma e iniziate a inspirare espandendo lentamente la cassa toracica. Aspirate l'aria nei polmoni e sentiteli gonfiarsi e allargarsi. Espandete il petto il più possibile, in modo confortevole. Ora espirate lentamente e fate uscire l'aria dai polmoni, senza provocare alcuno sforzo nel corpo. La mano sinistra deve muoversi su e giù durante questo movimento, mentre la mano destra rimane immobile.

Ripetere l'inspirazione espandendo la cassa toracica, facendo attenzione a non utilizzare il diaframma. Controllate il processo di respirazione assicurandovi che solo la mano sinistra si muova. Continuate la respirazione toracica per tutto il tempo che volete, con un minimo di qualche minuto. Notate come vi sentite respirando in questo modo e i pensieri che vi vengono in mente. Quando siete pronti a terminare l'esercizio, riportate la consapevolezza sul vostro corpo fisico e aprite gli occhi.

Respirazione Clavicolare

La Respirazione Clavicolare segue la Respirazione Toracica e può essere praticata in combinazione con essa nei periodi di stress significativo o di forte sforzo fisico. Se una persona soffre di ostruzione delle vie aeree, ad esempio in caso di attacco asmatico, tende a respirare in questo modo. La Respirazione Clavicolare consente la massima espansione della gabbia toracica durante l'inspirazione, portando la maggior parte dell'aria nei polmoni.

La Respirazione Clavicolare viene eseguita utilizzando lo sterno e i muscoli del collo e della gola per tirare le costole superiori e la clavicola verso l'alto, coinvolgendo i lobi superiori dei polmoni. Questa tecnica di respirazione può essere combinata con la Respirazione Toracica e Addominale per formare la Respirazione Yogica.

Sdraiarsi in Shavasana o sedersi in una comoda Asana di meditazione per iniziare l'esercizio. Il corpo deve essere rilassato, come per tutti gli esercizi di Pranayama. Chiudere gli occhi ed entrare in uno stato meditativo, diventando consapevoli del proprio modello di respirazione naturale. Successivamente, eseguire la respirazione toracica per alcuni minuti. Fate un altro respiro nel petto, ma questa volta inspirate un po' di più fino a sentire un'espansione nella parte superiore dei polmoni. Notate che le spalle e la clavicola si muovono leggermente verso l'alto. Espirare lentamente rilassando prima il collo e la parte superiore del torace e poi riportando la cassa toracica al suo stato originale, mentre l'aria viene espulsa completamente dai polmoni.

Ripetete questo esercizio tutte le volte che volete, con un minimo di qualche minuto. Osservate gli effetti sul corpo di questo tipo di tecnica di respirazione. Quando siete pronti per completare l'esercizio, riportate la consapevolezza sul vostro corpo fisico e aprite gli occhi.

Respirazione Yogica

La Respirazione Yogica combina le tre tecniche di respirazione precedenti per massimizzare l'assunzione di ossigeno e bilanciare gli elementi interni. È comunemente nota come "Respirazione in Tre Parti" perché coinvolge l'addome, il torace e la regione clavicolare per la massima inspirazione ed espirazione (Figura 96). La Respirazione Yogica apporta grandi benefici agli organi vitali e ai Chakra, che possono essere costretti o ristagnare a causa della tensione fisica ed emotiva dovuta a stress e ansia. Inoltre, questo esercizio rivitalizza il corpo, la mente e il sistema energetico grazie all'energia Pranica che riceviamo dall'aria che ci circonda.

La Respirazione Yogica allevia l'ansia, rinfresca la psiche e attiva il Sistema Nervoso Parasimpatico per portare a uno stato di coscienza più calmo ed equilibrato. Per questo motivo, questo esercizio dovrebbe essere praticato spesso, per almeno dieci minuti alla volta, preferibilmente a stomaco vuoto. La Respirazione Yogica è consigliata prima e durante le tecniche di Pranayama più avanzate e per correggere le cattive abitudini respiratorie.

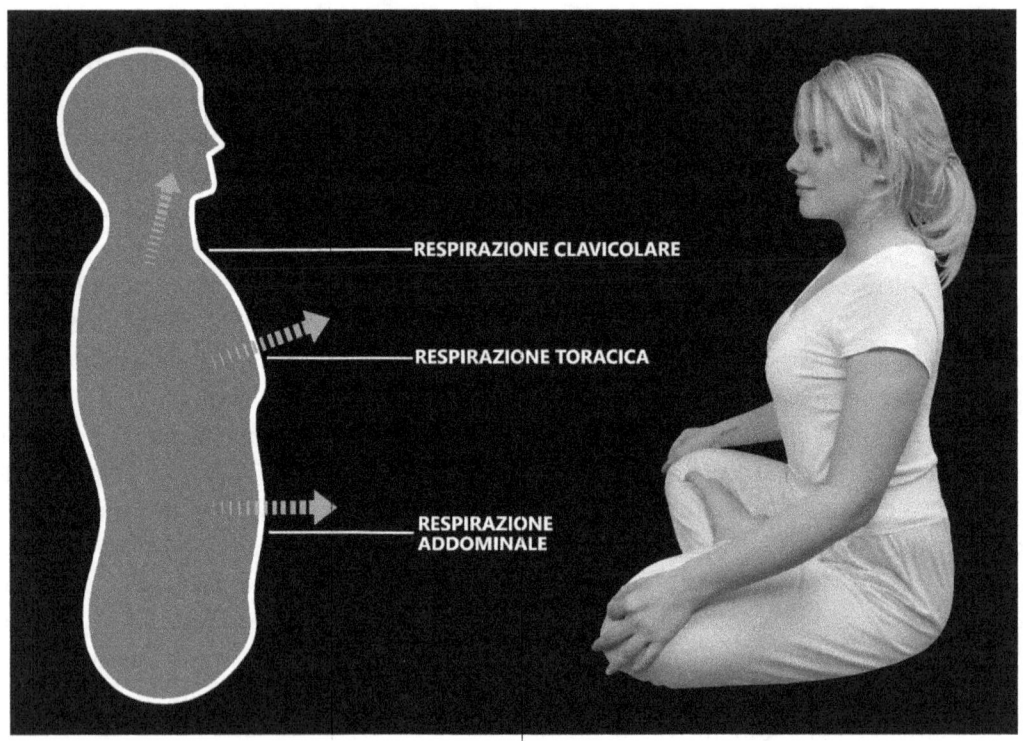

Figura 96: Respirazione Yogica (Respiro in TreParti)

Per iniziare l'esercizio, sedetevi in una comoda Asana di meditazione o sdraiatevi in Shavasana. Inspirare lentamente e profondamente, permettendo all'addome di espandersi completamente. Quando la pancia non può più ricevere aria, estendere il torace verso l'esterno e poi verso l'alto. Dopo che la parte inferiore e centrale dei polmoni ha massimizzato l'ingresso di aria, inspirare ancora un po' in modo che le clavicole e le spalle si spostino leggermente verso l'alto, riempiendo i lobi superiori dei polmoni. I muscoli del collo saranno un po' tesi, mentre il resto del corpo dovrà rimanere rilassato.

La sequenza deve essere invertita durante l'espirazione: le clavicole e le spalle si muovono prima verso il basso, liberando l'aria dalla parte superiore del torace, seguite dalle costole che si contraggono nella parte centrale del tronco. Infine, il respiro viene rilasciato dal basso addome, mentre la pancia si contrae e si ritira verso l'interno della colonna vertebrale. Un ciclo di Respirazione Yogica comprende un'inspirazione e un'espirazione complete.

L'inspirazione e l'espirazione devono essere un movimento fluido e continuo, senza punti di transizione, a meno che non si pratichi una respirazione ritmica, come il Quadruplice Respiro, in cui si fa una pausa durante l'inspirazione e l'espirazione. L'esercizio di Respirazione Yogica non deve in alcun momento provocare uno sforzo del corpo.

Dopo ripetuti cicli di Respirazione Yogica, si noterà che la Respirazione Addominale assorbe circa il 70% del respiro. Più si pratica la Respirazione Yogica, più si adatta la Respirazione Naturale per utilizzare l'addome nel modo più costruttivo e alleviare lo stress. Praticate la tecnica della Respirazione Yogica per tutto il tempo che volete; quando siete pronti a completare l'esercizio, riportate la consapevolezza al vostro corpo fisico e aprite gli occhi.

Si noti che il requisito principale di tutti gli esercizi di Pranayama è che la respirazione sia confortevole e rilassata. Qualsiasi sforzo del corpo porta agitazione nella mente. Una volta acquisita la consapevolezza e il controllo del processo respiratorio nel metodo della Respirazione Yogica, la tecnica clavicolare viene abbandonata e l'enfasi viene posta sulla Respirazione Addominale e Toracica. Questa modifica rende il metodo della Respirazione Yogica più naturale nel riempire d'aria l'addome e i polmoni senza causare alcuno sforzo al corpo.

Sama Vritti (Respiro Quadruplo)

Sama Vritti (in Sanscrito "respirazione uguale") è un potente esercizio di rilassamento che permette di liberare la mente, rilassare il corpo e migliorare la concentrazione. Utilizza una respirazione di uguale rapporto, in cui l'inspirazione (Puraka), la ritenzione interna (Antara Khumbaka), l'espirazione (Rechaka) e la ritenzione esterna (Bahya Khumbaka) sono tutte della stessa lunghezza. Sama Vritti favorisce l'equilibrio mentale attivando il Sistema Nervoso Parasimpatico, alleviando lo stress e aumentando la consapevolezza.

Conosciuto anche come il Quadruplice Respiro, Sama Vritti è la tecnica di respirazione fondamentale di *The Magus*, un prerequisito per la meditazione e il lavoro rituale della Magia Cerimoniale. Calma l'individuo in pochi minuti e sposta la sua coscienza nello Stato Alfa, attivando i centri cerebrali superiori. È la mia tecnica di respirazione principale da oltre sedici anni e la insegno a tutti gli individui risvegliati dalla Kundalini.

Il Quadruplice Respiro dovrebbe essere eseguito con la Respirazione Yogica durante l'inspirazione e l'espirazione per ottenere il massimo apporto di aria. Se si sente una tensione eccessiva sulla regione clavicolare durante la Respirazione Yogica, è sufficiente concentrarsi sulla Respirazione Diaframmatica e Toracica. Questo esercizio può essere eseguito in qualsiasi momento e in qualsiasi luogo. Non è necessario chiudere gli occhi durante l'esercizio, anche se è utile se si sta meditando o si è nel bel mezzo di una sessione di guarigione.

Per iniziare l'esercizio, sedetevi in una comoda Asana di meditazione o sdraiatevi in Shavasana. Inspirate dal naso, contando lentamente fino a quattro. Riempite d'aria prima l'addome e poi i polmoni. Entrambi dovrebbero raggiungere il massimo dell'aria quando si arriva al quarto conteggio. Trattenete ora il respiro e contate di nuovo lentamente fino a quattro. Quindi, iniziate a espirare al ritmo di quattro, lasciando che il petto e l'addome si rilassino e tornino al loro stato naturale. L'espirazione deve essere regolare e non forzata. Trattenere di nuovo fino a quattro, completando così il primo ciclo di respirazione.

Continuare l'esercizio per tutto il tempo necessario, con un minimo di qualche minuto. I cicli di respirazione devono essere continui e regolari, senza pause o interruzioni. Ripetete l'esercizio tutte le volte che ne avete bisogno durante la giornata. È utile eseguire il Respiro Quadruplo prima di affrontare qualsiasi situazione potenzialmente impegnativa, poiché ottimizza il vostro stato mentale ed emotivo in modo che possiate lavorare al massimo delle vostre capacità.

Anulom Vilom (Respirazione a Narici Alternate)

L'Anulom Vilom, comunemente nota come Respirazione a Narici Alterne, consiste nell'inspirare attraverso una narice ed espirare attraverso l'altra. La narice sinistra corrisponde alla Ida Nadi Lunare, mentre la narice destra si riferisce alla Pingala Nadi Solare. L'Anulom Vilom purifica le Nadi Ida e Pingala e crea un senso di benessere e armonia nella mente, nel corpo e nell'Anima.

La Respirazione a Narici Plternate stimola i Chakra e i principali centri cerebrali a lavorare al meglio, bilanciando le energie maschili e femminili. Questa tecnica di Pranayama dona vitalità al corpo, eliminando i blocchi pranici e bilanciando i due emisferi del cervello. Il suo uso regolare stimola la Sushumna Nadi e può persino provocare un risveglio della Kundalini.

Anulom Vilom è spesso consigliato per i problemi legati allo stress, come mal di testa o emicrania. Nutre l'organismo grazie all'apporto supplementare di ossigeno, a beneficio del cervello e del sistema respiratorio. Inoltre, purifica il sangue dalle tossine, favorendo il sistema cardiovascolare e circolatorio.

Per iniziare l'esercizio, scegliete una delle tre Asana di meditazione. Mantenere la colonna vertebrale e il collo dritti chiudendo gli occhi. Poi, con la mano destra o sinistra, eseguite il Pranava Mudra chiamato Vishnu Mudra, che consiste nel piegare l'indice e il medio verso il palmo della mano (Figura 97). Mentre lo fate, mettete l'altra mano sul ginocchio in Jnana o Chin Mudra.

Il Pranava Mudra consente di bloccare una narice con il pollice o l'anulare mentre si inspira dall'altra narice e poi di alternare l'espirazione. (Quando si blocca con l'anulare, il mignolo funge da supporto). Con questo metodo, si può andare avanti e indietro mirando a una narice per l'inspirazione e all'altra per l'espirazione.

L'Anulom Vilom deve essere usato in combinazione con la Respirazione Yogica durante l'inspirazione e l'espirazione. Iniziare inspirando lentamente fino al numero di quattro attraverso la narice sinistra, tenendo chiusa la narice destra. Ora cambiate e chiudete la narice sinistra mentre espirate al numero di quattro attraverso la narice sinistra.

Figura 97: Respirazione a Narice Alternata

Ora invertite il processo e inspirate fino al numero di quattro attraverso la narice destra, tenendo chiusa la narice sinistra. Successivamente, cambiate e chiudete la narice destra mentre espirate attraverso la narice sinistra fino al conteggio di quattro. Il primo giro o ciclo è ora completo.

Ricordate di iniziare sempre l'Anulom Vilom inspirando con la narice sinistra, che calma il Sé interiore e vi mette in uno stato meditativo. Mantenete le inspirazioni e le espirazioni uguali e ritmate. Non si deve sentire alcuno sforzo corporeo e non deve mancare il respiro in nessun momento.

Iniziate con il conteggio di quattro volte durante l'inspirazione e l'espirazione e passate a cinque e sei, fino a dieci. Più si riesce a salire nel conteggio mantenendo uguali l'inspirazione e l'espirazione, più si otterrà il controllo del respiro. Se avete difficoltà a contare fino a quattro, contate fino a tre o anche fino a due. Ho scoperto che i risultati migliori si ottengono con il conteggio a quattro, quindi lo introduco sempre come base.

Mentre inspirate ed espirate, prestate attenzione alla narice corrispondente e notate i cambiamenti emotivi interiori che si verificano. Essere consapevoli durante questa tecnica di Pranayama vi permetterà di trarne il massimo potere.

Una variante potente ed efficace di Anulom Vilom è Nadi Shodhana, che include la ritenzione interna del respiro (Khumbaka). È possibile incorporare il Khumbaka interno per trattenere il respiro per lo stesso conteggio dell'inspirazione e dell'espirazione. Si può anche includere il Khumbaka interno ed esterno, in cui si trattiene il respiro dopo l'inspirazione e l'espirazione. Considerate questo secondo metodo come Samma Vritti con l'aggiunta della tecnica di Respirazione a Narici Alternate. Anche in questo caso, suggerisco di iniziare con il conteggio di quattro e di salire da lì fino a dieci.

Un'altra variante dell'Anulom Vilom è la respirazione attraverso una narice alla volta, detta Respiro Lunare e Respiro Solare. Il Respiro Lunare consiste nel tenere chiusa la narice destra ed espirare dalla narice sinistra. Essendo associato a Ida Nadi e all'Elemento passivo Acqua, può essere utilizzato per raffreddare il corpo, abbassare il metabolismo e calmare la mente. Il Respiro Lunare richiama uno stato mentale introverso, rendendo la sua pratica benefica prima della contemplazione interiore, della meditazione profonda e del sonno.

Il Respiro Solare consiste nel tenere chiusa la narice sinistra mentre si espira dalla narice destra. Essendo associato alla Pingala Nadi e all'Elemento Fuoco attivo, l'esecuzione del Respiro Solare riscalda il corpo, aumenta il metabolismo e accelera le attività corporee. Poiché rafforza la forza di volontà, il Respiro Solare è utile quando è necessario invocare concentrazione, determinazione e forza d'animo. Il suo utilizzo rende l'individuo estroverso, favorendo il lavoro e le attività fisiche.

Bhastrika Pranayama (Respiro a Soffietto)

Bhastrika in Sanscrito significa "soffietto", che si riferisce a un dispositivo simile a una borsa con manici che i fabbri usano per soffiare aria sul fuoco e mantenere la fiamma accesa. Allo stesso modo, il Bhastrika Pranayama aumenta il flusso d'aria nel corpo, alimentando il fuoco interiore e producendo calore a livello fisico e sottile. Questa tecnica di Pranayama è nota per bilanciare i Tre Dosha dell'Ayurveda.

Il Bhastrika Pranayama pompa una maggiore quantità di ossigeno nel corpo, che aumenta il battito cardiaco, incrementando i livelli di energia. Se praticato regolarmente, rimuove le ostruzioni dal naso e dal petto, comprese le tossine e le impurità. Bhastrika aiuta a combattere sinusiti, bronchiti e altri problemi respiratori. Poiché alimenta il fuoco gastrico, migliora anche l'appetito e la digestione. È possibile praticare il Bhastrika Pranayama con la ritenzione del respiro interno (Khumbaka) per mantenere il corpo caldo in caso di freddo e pioggia.

Per iniziare l'esercizio del Bhastrika Pranayama, sedetevi in una delle tre Asana di meditazione. Chiudere gli occhi e rilassare il corpo mantenendo la testa e la spina dorsale dritte. Quindi, posizionare le mani sulle ginocchia nel Jnana o nel Chin Mudra.

Inspirare profondamente ed espirare con forza attraverso le narici, senza sforzarsi. Poi, inspirare di nuovo con la stessa forza. Durante l'inspirazione, l'addome deve espandersi completamente verso l'esterno, permettendo al diaframma di scendere. All'espirazione, l'addome spinge verso l'interno, mentre il diaframma si muove verso l'alto. I movimenti devono essere eseguiti con esagerazione e vigore, in modo da ottenere un forte suono nasale.

Un ciclo di Bhastrika Pranayama equivale a dieci cicli. Per iniziare, praticate fino a cinque cicli inspirando profondamente ed espirando lentamente. Seguite il vostro ritmo, mantenendo sempre uguale la forza dell'inspirazione e dell'espirazione. Se vi gira la testa, rallentate a un ritmo più confortevole. Una volta acquisita una certa dimestichezza con l'esercizio, aumentate gradualmente la velocità mantenendo il respiro ritmico.

Il Bhastrika Pranayama riduce il livello di anidride carbonica nel sangue, equilibra e rafforza il sistema nervoso, inducendo pace mentale e tranquillità energetica. È un esercizio eccellente per prepararsi alla meditazione.

Una variante di questo esercizio è il Kapalabhati Pranayama, una tecnica di respirazione Yogica considerata un Kriya, o pratica di purificazione interna (Shatkarma). Kapalabhati deriva dalla radice Sanscrita di "kapal", che significa "cranio", e "bhati", che significa "splendente". "Per questo motivo, in Inglese è chiamato "Skull Shining Breath". Questa tecnica di Pranayama ha lo scopo di pulire tutte le parti del cranio e della testa attraverso forti espirazioni d'aria, migliorando la chiarezza mentale e la concentrazione e acuendo l'intelletto.

A differenza di Bhastrika, Kapalbhati implica la forza solo nell'espirazione, mantenendo l'inspirazione come un processo naturale e passivo. Mentre Bhastrika impegna il torace e i polmoni, Kapalbhati impegna solo i muscoli addominali. Il Pranayama Kapalbhati inverte il normale processo di respirazione, che prevede un'inspirazione attiva e un'espirazione passiva. Questa tecnica di Pranayama è nota per i suoi profondi effetti sul sistema nervoso. Molti Yogi la praticano anche per eliminare le Nadi.

Poiché Bhastrika è la più avanzata delle due tecniche di Pranayama, è consigliabile iniziare con Kapalabhati e passare a Bhastrika. Entrambe hanno effetti simili sul corpo e sulla mente. È inoltre possibile praticare la ritenzione interna ed esterna (Khumbaka) con entrambi gli esercizi per ottenere ulteriori benefici.

Ujjayi Pranayama (Respiro dell'Oceano)

L'Ujjayi Pranayama è un respiro morbido e sussurrato, spesso chiamato "respiro dell'Oceano", poiché ricorda il suono delle onde che si avvicinano alla riva. Il suo altro nome è Respiro Vittorioso, poiché Ujjayi in Sanscrito significa "colui che è vittorioso". "La tecnica Ujjayi ci permette di diventare vittoriosi nel Pranayama, costringendo il respiro per facilitarne la distribuzione nelle aree interessate. Crea un calore interno rilassante, calmando la mente e il sistema nervoso. Questa tecnica di Pranayama ha un effetto profondamente rilassante a livello psichico, poiché imita la respirazione del sonno profondo.

Con l'Ujjayi Pranayama si inspira ed espira dal naso con le labbra chiuse, contraendo la glottide all'interno della gola per produrre un suono morbido e russante. La glottide è la parte centrale della laringe, dove si trovano le corde vocali, che si espande con la respirazione forzata e si chiude quando si parla. La glottide deve contrarsi ma non chiudersi del tutto, in modo da dare la sensazione di respirare da una cannuccia in gola (Figura 98). Si sentirà il respiro accarezzare la parte posteriore della gola durante l'inspirazione e l'espirazione.

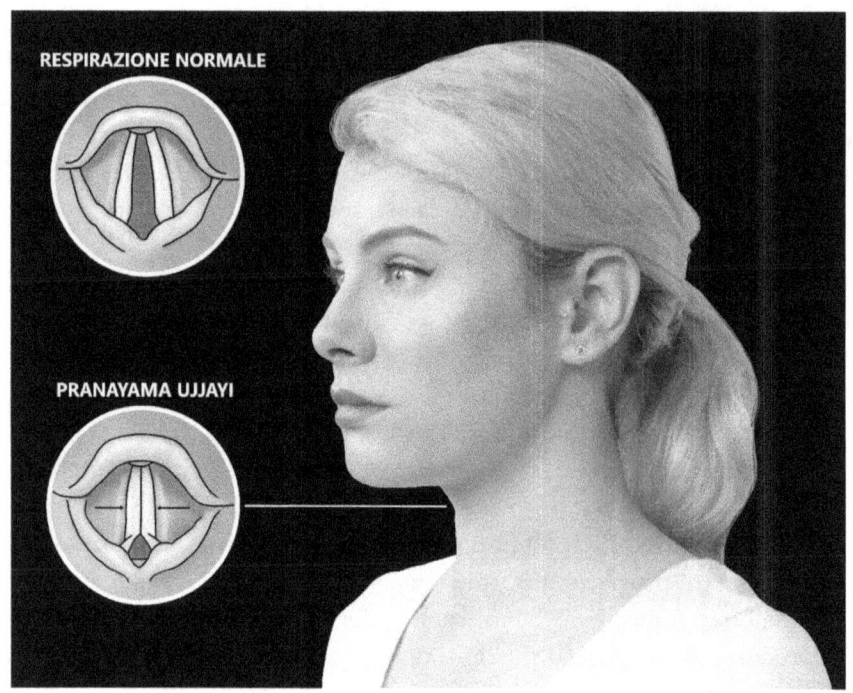

Figura 98: Ujjayi Pranayama (Posizione Della Glottide)

La respirazione di Ujjayi Pranayama deve essere lenta, calma e profonda. È necessario attuare la respirazione yogica durante l'inspirazione e l'espirazione per ottenere la massima aspirazione dell'aria. (Il diaframma deve controllare la lunghezza e la velocità del respiro). Le inspirazioni e le espirazioni devono avere la stessa durata senza provocare alcuno sforzo nel corpo. Durante la pratica di Ujjayi, concentratevi sul suono prodotto dal respiro nella gola, che dovrebbe essere udibile solo da voi.

Iniziate l'esercizio con dieci-quindici respiri e aumentate lentamente fino a cinque minuti per ottenere effetti ottimali. Man mano che si acquisisce esperienza con l'Ujjayi Pranayama, si può integrare il Khechari Mudra per ottenere ulteriori benefici. (Per la tecnica del Khechari Mudra, consultare il capitolo "Lalana Chakra e il Nettare di Amrita" in questa sezione). Il Khechari Mudra può essere praticato indipendentemente o come parte delle Asana e delle tecniche avanzate di Pranayama.

Bhramari Pranayama (Respiro dell'Ape Ronzante)

Il Bhramari Pranayama deriva il suo nome dall'ape nera Indiana chiamata Bhramari, poiché l'espirazione di questo Pranayama assomiglia al tipico ronzio. Le vibrazioni del ronzio hanno un effetto calmante naturale sui nervi e sulla psiche, rendendo questa tecnica di Pranayama eccellente per alleviare la tensione mentale, lo stress, l'ansia e la rabbia. La sua esecuzione rafforza la gola e la scatola vocale ed è benefica per la Ghiandola Tiroidea e per il superamento di qualsiasi problema fisico ad essa correlato.

Il Bhramari Pranayama stimola il Sistema Nervoso Parasimpatico, inducendo il rilassamento muscolare e abbassando la pressione sanguigna. I suoi benefici per la salute rendono vantaggiosa l'esecuzione prima di dormire, poiché aiuta a combattere l'insonnia.

Iniziate l'esercizio sedendovi in una delle tre Asana di meditazione. Mantenere la colonna vertebrale dritta e chiudere gli occhi. Posizionare entrambe le mani sulle ginocchia in Jnana o Chin Mudra, lasciando che il corpo e la mente si rilassino. Portate la consapevolezza al centro della fronte, dove si trova Ajna Chakra. Durante l'esecuzione dell'esercizio, fate attenzione a mantenere l'attenzione in quest'area. Con l'uso ripetuto, il Bhramari Pranayama aumenta la sensibilità psichica e la consapevolezza delle vibrazioni sottili, il che è utile per la meditazione profonda.

Quindi, sollevare le braccia piegando i gomiti e portando le mani alle orecchie. Usare l'indice di ciascuna mano per tappare i fori auricolari o premere contro i lembi auricolari senza inserire le dita (Figura 99). Dovreste bloccare tutti i suoni esterni, il che vi permetterà di concentrarvi completamente sull'interno.

Figura 99: Respiro dell'Ape Ronzante

Prendetevi un momento per ascoltare il suono del silenzio dentro di voi, mantenendo il respiro regolare. Prima di iniziare il metodo di respirazione controllata, chiudete le labbra tenendo i denti leggermente separati, in modo da far sentire e percepire maggiormente la vibrazione sonora dentro di voi.

Inspirare lentamente e profondamente attraverso il naso. Durante l'espirazione, emettere un suono profondo "mmmm", simile al ronzio di un'ape. L'espirazione deve essere più lunga dell'inspirazione, con una vibrazione sonora continua, dolce e uniforme. Dovreste sentire fortemente la vibrazione all'interno della bocca e della laringe, che ha un effetto calmante sul cervello. Il primo giro è terminato.

Continuare l'esercizio per tutto il tempo che si desidera, con un minimo di qualche minuto, praticando la Respirazione Yogica per tutta la durata dell'esercizio, in modo da ottenere il massimo apporto di aria. Osservare gli effetti dell'esercizio sul corpo e sulla mente. Quando si è pronti a terminare il Bhramari Pranayama, riportare la consapevolezza al corpo fisico e aprire gli occhi.

Sheetali Pranayama (Respiro di Raffreddamento)

In Sanscrito, la parola "Sheetali" si traduce approssimativamente come "ciò che ha un effetto calmante o rinfrescante". "Lo Sheetali Pranayama o Respiro di Raffreddamento è una tecnica di Pranayama che calma la mente e il corpo con l'esecuzione di un potente meccanismo di raffreddamento durante l'inspirazione.

Lo Sheetali Pranayama è particolarmente benefico in estate, quando si avverte un eccesso delle qualità principali di Pitta. Il caldo produce vampate di calore, febbri, disturbi della pelle, infiammazioni, indigestione acida, pressione alta, agitazione generale dovuta al calore e sforzo fisico generale, che portano a uno squilibrio mente-corpo. Lo Sheetali Pranayama aiuta a contrastare gli effetti negativi del caldo rilasciando il calore corporeo, armonizzando le qualità di Pitta e lasciando il corpo e la mente calmi, freschi e rilassati.

Per iniziare l'esercizio di Pranayama, sedetevi in una delle tre Asana di meditazione. Chiudere gli occhi e rilassare tutto il corpo mantenendo la colonna vertebrale dritta. Posizionare le mani sulle ginocchia in Jnana o Chin Mudra.

Aprite la bocca e allungate la lingua al massimo, arricciando i lati verso il centro per formare un tubo. Contraete le labbra per mantenere la lingua in questa posizione (Figura 100). Esercitatevi a fare un'inspirazione lunga, regolare e controllata attraverso la lingua arrotolata. Dopo l'inspirazione, ritrarre la lingua chiudendo la bocca ed espirare attraverso il naso. Il primo giro è terminato.

Continuate l'esercizio per tutto il tempo che volete, con un minimo di qualche minuto. Osservate gli effetti sul corpo e sulla mente, prestando particolare attenzione alla lingua e al suono e alla sensazione di raffreddamento del respiro inspirato. Ricordate di praticare la Respirazione Yogica durante tutto l'esercizio. Quando siete pronti a terminare lo Sheetali Pranayama, riportate la consapevolezza al vostro corpo fisico e aprite gli occhi.

L'inspirazione dovrebbe produrre un suono di risucchio con una sensazione di raffreddamento sulla lingua e sul tetto della bocca. Sebbene si debba iniziare con un rapporto uguale tra inspirazione ed espirazione, man mano che si avanza con lo Sheetali

Pranayama, la durata dell'inspirazione deve diventare gradualmente più lunga per aumentare l'effetto di raffreddamento.

Il Respiro di Raffreddamento ripristina efficacemente l'equilibrio termico dopo aver praticato le Asana o altre pratiche Yogiche che riscaldano il corpo. Per questo motivo, è bene che diventi parte della vostra pratica quotidiana, soprattutto durante i mesi estivi.

Figura 100: Sheetali Pranayama

Sheetkari Pranayama (Respiro Sibilante)

In Sanscrito, la parola "Sheetkari" implica una forma di respirazione che produce il suono "shee" (sibilo); per questo motivo viene spesso chiamata "respiro sibilante". Proprio come lo Sheetali Pranayama, questo esercizio ha lo scopo di raffreddare il corpo e la mente. L'unica differenza è che nello Sheetali si inspira attraverso la lingua piegata, mentre nello Sheetkari si inspira attraverso i denti chiusi. Come lo Sheetali Pranayama, lo Sheetkari è molto utile nella stagione calda e per ripristinare l'equilibrio termico dopo aver riscaldato il corpo con l'esercizio fisico.

Figura 101: Sheetkari Pranayama

Per iniziare lo Sheetkari Pranayama, sedetevi in una delle tre Asana di meditazione e chiudete gli occhi. Mantenete la colonna vertebrale dritta e il corpo rilassato mentre appoggiate le mani sulle ginocchia in Jnana o Chin Mudra. Tenete i denti leggermente uniti senza sforzare la mascella. Le labbra devono essere separate, esponendo così i denti (Figura 101). Tenere la lingua piatta contro il palato molle della bocca, oppure eseguire il Khechari Mudra.

Inspirare lentamente e profondamente attraverso i denti. Al termine dell'inspirazione, chiudere la bocca ed espirare dal naso in modo controllato. Il primo giro è terminato. Ricordate di praticare la Respirazione Yogica durante tutto l'esercizio. I respiri in entrata e in uscita devono essere lenti e rilassati. Fate attenzione alla sensazione di raffreddamento sui denti e all'interno della bocca e al sibilo prodotto. Eseguite l'esercizio per tutto il tempo che volete, con un minimo di qualche minuto. Quando siete pronti a terminare lo Sheetkari Pranayama, riportate la consapevolezza sul vostro corpo fisico e aprite gli occhi.

Questa tecnica di Pranayama e la precedente possono essere utilizzate per controllare la fame o la sete, poiché l'ingresso di aria fresca soddisfa il corpo. Entrambi gli esercizi permettono al Prana di fluire più liberamente attraverso il corpo, rilassando i muscoli e, di conseguenza, le emozioni. Entrambe le pratiche di raffreddamento equilibrano il sistema endocrino e purificano il sangue dalla tossicità. Infine, entrambi gli esercizi sono utili prima di andare a dormire o in caso di insonnia.

Evitare i Pranayama Sheetali e Sheetkari in caso di pressione bassa, asma, disturbi respiratori o eccesso di muco, come in caso di raffreddore o influenza. A causa dell'effetto refrigerante sul corpo, evitate entrambi gli esercizi nei climi freddi o in caso di sensibilità generale al freddo. Con lo Sheetkari Pranayama, evitare se si hanno problemi ai denti o alle gengive.

Moorcha Pranayama (Respiro di Svenimento)

La parola Moorcha in Sanscrito significa "svenimento" o "perdita di sensazioni". L'altro nome del Moorcha Pranayama è "Swooning Breath", in riferimento alle vertigini che si provano durante l'esecuzione di questo esercizio. Il Moorcha Pranayama è una tecnica avanzata che dovrebbe essere praticata solo da coloro che hanno sviluppato la padronanza dei precedenti esercizi di Pranayama. Quando viene eseguito correttamente, l'individuo può sperimentare intensi e prolungati periodi di beatitudine interiore che accompagnano la semi-coscienza.

Esistono due metodi per praticare il Moorcha Pranayama: nel primo si inclina leggermente la testa all'indietro, mentre nel secondo si appoggia il mento alla base della gola (Jalandhara Bandha). In entrambi i metodi, si deve praticare la ritenzione del respiro interno (Khumbaka) fissando il centro tra le sopracciglia, dove si trova il tunnel dell'Occhio della Mente (Shambhavi Mudra). In questo modo si induce lo stato di vuoto mentale, mentre la connessione con Ajna chakra permette di sperimentare pensieri profondi e contemplativi.

Uno dei motivi per cui l'individuo diventa stordito durante l'esecuzione del Moorcha Pranayama è la riduzione dell'apporto di ossigeno al cervello durante la ritenzione prolungata del respiro. Un altro motivo è la pressione esercitata sui vasi sanguigni del collo, che provoca fluttuazioni della pressione all'interno del cranio. Infine, l'arteria carotidea viene continuamente compressa, il che induce un'ulteriore sensazione di svenimento.

Il Moorcha Pranayama può essere eseguito in qualsiasi momento della giornata, come tutti gli esercizi di Pranayama. Tuttavia, è più efficace al mattino presto e alla sera, quando l'ego è meno attivo. Superare il controllo dell'Ego sulla coscienza è fondamentale per facilitare l'effetto desiderato di questo esercizio. La sensazione di quasi-svenimento può essere così potente da farvi sentire completamente fuori dal corpo, come se steste fluttuando nello spazio.

Il superamento dei confini del corpo fisico ci permette di separarci dall'Ego nella coscienza e di sentire l'estasi della consapevolezza Spirituale. Il Moorcha Pranayama aiuta ad alleviare lo stress, l'ansia, la rabbia e le nevrosi, aumentando il livello di Prana nel corpo. Questo esercizio è altamente raccomandato a chi vuole risvegliare la propria energia Kundalini. Permette di comprendere l'Unità che le esperienze extracorporee possono portare, connettendole con il Sahasrara Chakra.

Per iniziare l'esercizio, sedetevi in una delle tre Asana di meditazione mantenendo la testa e la colonna vertebrale dritte. Posizionare le mani sulle ginocchia in Jnana o Chin Mudra, rilassando il corpo. Alcune persone preferiscono tenere le ginocchia invece di adottare il Jnana o il Chin Mudra. In questo modo possono premere sulle ginocchia e bloccare i gomiti quando inclinano la testa all'indietro o in avanti, ottenendo un sostegno migliore durante questa parte cruciale dell'esercizio. Potete provare entrambe le opzioni e vedere quale funziona meglio per voi.

Metodo#1

Con gli occhi aperti, concentratevi sullo spazio tra le sopracciglia. Respirate lentamente e profondamente per calmare la mente. Eseguite il Khechari Mudra, poi inspirate lentamente da entrambe le narici con l'Ujjayi Pranayama mentre piegate delicatamente la testa all'indietro (Figura 102). Trattenete il respiro il più a lungo possibile senza affaticarvi, mantenendo lo sguardo al centro delle sopracciglia per tutto il tempo. Dovreste sentire una leggera vertigine mentre trattenete il respiro. Espirare lentamente riportando la testa in posizione eretta. Chiudete gli occhi e rilassatevi per qualche secondo. Lasciatevi trasportare dalla leggerezza e dalla tranquillità della mente e del corpo. Il primo giro è terminato.

Figura 102: Moorcha Pranayama (Metodo#1)

Metodo#2

Concentrate lo sguardo nello spazio tra le sopracciglia mentre fate alcuni respiri profondi per calmare l'interno. Attuate il Khechari Mudra, poi inspirate lentamente attraverso entrambe le narici con l'Ujjayi Pranayama mentre piegate gradualmente la testa in avanti fino a quando il mento tocca la cavità della gola (Figura 103). Sospendete la respirazione il più a lungo possibile senza tensione, permettendovi di unirvi con l'Occhio della Mente. Mantenete questa posizione finché non iniziate a sentire una perdita di coscienza. Espirate lentamente e riportate la testa in posizione verticale. Chiudete gli occhi e rilassatevi per qualche secondo, permettendovi di sperimentare l'intensa sensazione di non esistenza provocata dal quasi-svenimento. Questo completa il primo giro.

Ripetete lo schema di respirazione in entrambi i metodi tutte le volte che vi sentite a vostro agio. È utile iniziare con 5-10 respiri e passare a 15-20 man mano che si prende confidenza con l'esercizio. Ricordate sempre di interrompere la pratica non appena si avverte la sensazione di svenimento. L'obiettivo è indurre una sensazione di svenimento, non perdere completamente i sensi.

Figura 103: Moorcha Pranayama (Metodo #2)

Come nota finale, è possibile combinare il Metodo 1 e il Metodo 2 nella stessa pratica: al primo respiro si esegue un metodo e al secondo respiro si esegue l'altro. Prima di farlo, però, è bene dedicare un po' di tempo a familiarizzare e a sentirsi a proprio agio con le due tecniche separatamente.

I TRE GRANTHIS

Granthi è un termine Sanscrito che significa "dubbio" o "nodo", più esplicitamente "un nodo difficile da sciogliere". "Questo termine è spesso usato nella letteratura yogica per indicare i nodi psichici che bloccano il flusso dell'energia Pranica nella Sushumna Nadi. Nel Kundalini Yoga, ci sono tre Granthis che sono ostacoli sul cammino della Kundalini risvegliata. Questi Granthis sono chiamati Brahma, Vishnu e Rudra (Figura 104).

Le Tre Granthis rappresentano livelli di consapevolezza in cui il potere di Maya o illusione (che riguarda la nostra ignoranza della realtà Spirituale e l'attaccamento al mondo materiale) è particolarmente forte. Per risvegliare tutti i Chakra ed elevare la Kundalini alla Corona, dovete trascendere queste barriere. Le nostre convinzioni limitanti, i tratti della personalità, i desideri e le paure derivano dal fatto che siamo impigliati nei Granthis.

Le Tre Granthis sono ostacoli sul nostro cammino verso la conoscenza superiore e l'Evoluzione Spirituale. Oscurano la verità della nostra natura essenziale. Tuttavia, applicando la conoscenza e le pratiche Spirituali, possiamo sciogliere i nodi e trascendere le loro restrizioni.

Nello Yoga ci sono vari modi per sciogliere i Granthis. I Bandha (blocchi energetici) dello Hatha Yoga favoriscono il flusso del Prana e possono essere usati anche per superare i Tre Granthis (ne parlerò nel prossimo capitolo sui Mudra). I Bandha bloccano il flusso di energia in un'area specifica del corpo, facendo sì che l'energia si diffonda con maggiore forza quando il Bandha viene rilasciato. I Bandha sono strumenti potenti che possiamo usare per innalzare l'energia Kundalini fino al Sahasrara Chakra, superando i Tre Granthis lungo il percorso.

Brahma Granthi

Comunemente chiamato Nodo Perineale, Brahma Granthi agisce nella regione tra i Chakra Muladhara e Swadhisthana, lungo la Sushumna Nadi. Questo primo nodo è causato dall'ansia di sopravvivenza, dall'impulso a procreare, dalle tendenze istintive, dalla mancanza di radicamento o stabilità e dalla paura della morte. Brahma Granthi crea un attaccamento ai piaceri fisici, agli oggetti materiali e all'egoismo dell'Ego. Ci lega al potere irretente di Tamas: inerzia, inattività, letargia e ignoranza.

Tamas, che significa "oscurità", è uno dei Tre Guna che si trovano al centro della filosofia e della psicologia Indù. I testi Yogici considerano i Tre Gunas - Tamas, Rajas e

Sattva - come le qualità essenziali della natura. Esse sono presenti in ogni individuo, ma variano di grado. Brahma Granthi può essere trasceso attraverso il Mula Bandha, il "Blocco della Radice". Quando Brahma Granthi viene trafitto dalla Kundalini nella sua ascesa verso l'alto, gli schemi istintuali della personalità vengono superati e l'Anima si libera dagli attaccamenti descritti.

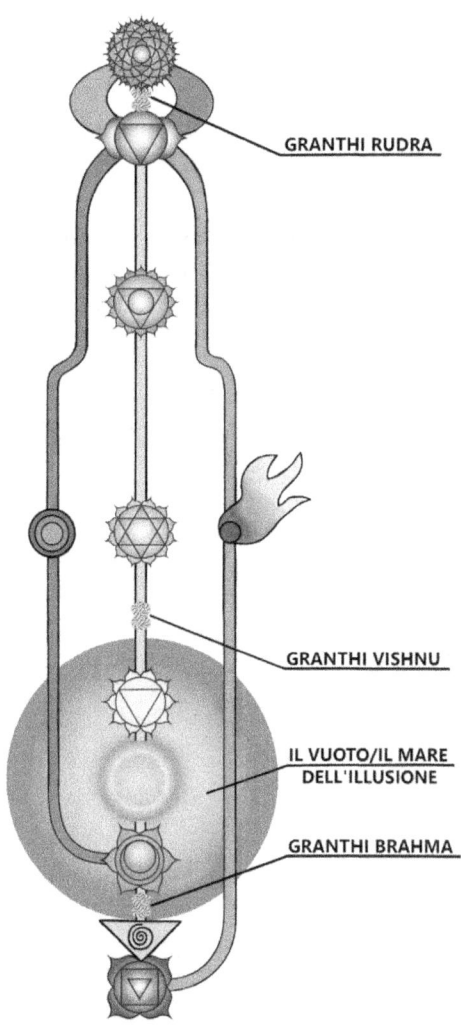

Figura 104: I Tre Granthis

Vishnu Granthi e il Vuoto

Sebbene sia posizionato più in alto rispetto alla regione dell'ombelico, il Vishnu Granthi viene chiamato Nodo dell'Ombelico. Funziona nell'area tra i Chakra Manipura e Anahata, lungo la Sushumna Nadi. Questo Granthi è causato dall'aggrapparsi all'Ego e dalla ricerca del potere personale. Anche l'orgoglio, così come l'attaccamento emotivo alle persone e ai risultati, causano questo nodo. Vishnu Granthi è collegato a Rajas-la tendenza alla passione, all'assertività e all'ambizione. Sono tutte espressioni negative del Manipura Chakra, legate all'uso improprio della forza di volontà. Per sciogliere Vishnu Granthi, la forza di volontà deve servire il Sé Superiore anziché l'Ego.

Il secondo e il terzo Chakra sono circondati da un vuoto chiamato "Mare dell'Illusione". "All'interno di questo Vuoto si trovano i nostri modelli comportamentali negativi derivanti da influenze esterne, compresi gli effetti Karmici delle forze Planetarie e Zodiacali. Hara, il Chakra dell'Ombelico, crea il Vuoto e la sfera di energia Vitale che genera, che è la nostra porta d'accesso al Piano Astrale. Le forze Karmiche ci influenzano attraverso il Piano Astrale, che lega il nostro Ego ai Chakra inferiori che circondano il Centro Hara. In questo modo, il nostro Ego rimane impigliato nel Mare dell'Illusione, bloccando la visione della nostra vera natura Spirituale.

Il superamento del Vishnu Granthi porta la nostra consapevolezza fuori dal Vuoto e nel nostro cuore, dove risiede il vero Sé, lo Spirito Eterno. Ci permette di sperimentare l'amore incondizionato nel Chakra Anahata e nei Chakra dello Spirito superiori Vishuddhi e Ajna. Sciogliere il Vishnu Granthi rende l'individuo un Maestro del Sé e tutte le Leggi innate della natura si risvegliano in lui. Una persona del genere diventa onesta e sincera in tutte le sue espressioni. Il loro carisma aumenta in modo naturale, rendendoli grandi leader dell'umanità.

Per trascendere il Vishnu Granthi, bisogna abbandonarsi all'energia dell'amore incondizionato. La vera discriminazione, la conoscenza e la fede nell'unità di tutte le cose nel Cosmo permettono di elevare la coscienza alle sfere superiori e di trascendere le limitazioni dell'Ego e il suo desiderio di potere. L'esecuzione di Uddiyana Bandha, il "Blocco Addominale", aiuta a sciogliere il Vishnu Granthi.

Rudra Granthi

Chiamato Shiva Granthi ("Nodo di Shiva") o "nodo della fronte", Rudra Granthi funziona nella regione tra Ajna e Sahasrara Chakra. Questo nodo è causato dall'attaccamento ai Siddhis (poteri psichici), dalla separazione del Sé dal resto del mondo e dal pensiero dualistico. Rudra Granthi è collegato a Sattva, l'inclinazione verso la purezza, la salubrità e la virtù. Per sciogliere questo nodo è necessario abbandonare l'Ego e trascendere la dualità. Per farlo, bisogna diventare virtuosi e puri nella mente, nel corpo e nell'Anima, dedicandosi completamente a Dio, il Creatore.

Dobbiamo capire che i siddhis sono solo un'espressione della nostra connessione con la Mente Universale e non qualcosa da ottenere per uso personale. Quando ci attacchiamo ai Siddhis, li facciamo scendere al livello del mondo materiale. Dovremmo invece essere distaccati, permettendo ai Siddhis di esprimersi semplicemente attraverso di noi, senza cercare di controllare il processo. Quando perforiamo il Rudra Granthi, la coscienza dell'Ego viene abbandonata e si rivela la verità dell'Unità. Il Jalandhara Bandha, il "Blocco della Gola", può essere applicato per sciogliere questo nodo e passare a un livello di coscienza superiore.

***

Una volta che la Kundalini è stata risvegliata nel Muladhara Chakra, per completare il suo viaggio e perforare il Sahasrara, è necessario sbloccare tutti e tre i Granthis. Se c'è un blocco lungo Sushumna Nadi, di solito è nell'area di uno dei Tre Granthis. Slegandoli attraverso l'applicazione della forza di volontà e di pensieri puri, o con l'uso di blocchi energetici (Bandha), la Kundalini può salire a Sahasrara. In questo modo, la coscienza individuale si unirà alla Coscienza Cosmica e i due diventeranno Uno. Questa trasformazione è permanente e l'individuo non sarà più vincolato dai Granthi per tutta la durata della sua vita qui sulla Terra.

MUDRA

Spesso vediamo rappresentazioni visive di Antichi Dei e Dee del mondo Orientale seduti in meditazione e che tengono le mani in determinate posizioni. Questi gesti delle mani sono chiamati Mudra. Sono gesti esoterici che attivano un potere specifico dentro di noi attraverso la manipolazione dell'energia. Eseguendo un Mudra, comunichiamo direttamente con le Divinità e ci allineiamo con le loro energie o i loro poteri.

Esistono oltre 500 diversi Mudra. I Mudra sono usati trasversalmente in molti sistemi Spirituali, ma soprattutto nell'Induismo, nel Giainismo e nel Buddismo. In Sanscrito, Mudra significa "sigillo", "segno" o "gesto". I Mudra sono essenzialmente gesti psichici, emotivi, devozionali ed estetici che collegano la forza Pranica individuale con la forza Cosmica Universale. L'esecuzione di un Mudra altera lo stato d'animo, l'atteggiamento e la percezione di una persona, approfondendo la consapevolezza e la concentrazione.

Sebbene la maggior parte dei Mudra siano semplici posizioni o gesti delle mani, un particolare Mudra può coinvolgere tutto il corpo. I Mudra dell'Hatha Yoga, ad esempio, utilizzano una combinazione di tecniche Yogiche come Asana (posizioni del corpo), Pranayama (tecniche di respirazione), Bandha e meditazioni di visualizzazione. Comportano l'esecuzione di azioni interne che impegnano il pavimento pelvico, la gola, gli occhi, la lingua, il diaframma, l'ano, i genitali, l'addome o altre parti del corpo.

I Mudra dell'Hatha Yoga sono orientati verso particolari obiettivi Yogici, tra cui influenzare il flusso del Prana per risvegliare la Kundalini, facilitare la perforazione dei Tre Granthis da parte della Kundalini, attivare direttamente il Bindu, utilizzare il nettare Amrita o Ambrosia che gocciola dal Bindu, o raggiungere la trascendenza o l'Illuminazione. Esempi di Mudra dell'Hatha Yoga sono Khechari Mudra, Shambhavi Mudra, Nasikagra Drishti, Vajroli Mudra, Maha Mudra e Viparita Karani.

L'Hatha Yoga Pradipika e altri testi Yogici considerano i Mudra una branca indipendente dello Yoga, che viene introdotta solo dopo aver raggiunto una certa competenza in Asana, Pranayama e Bandha. Sono pratiche superiori che possono portare all'ottimizzazione dei Chakra, delle Nadi e persino al risveglio della Kundalini Shakti. Se eseguiti con una pratica dedicata, i Mudra possono conferire poteri psichici (Siddhis) al praticante.

La pratica dei Mudra ha lo scopo di creare un collegamento diretto tra Annamaya Kosha (Corpo Fisico), Pranamaya Kosha (Corpo Astrale) e Manomaya Kosha (Corpo Mentale). Ha lo scopo di assimilare e bilanciare i primi tre Chakra di Muladhara, Swadhisthana e Manipura e di consentire l'apertura del quarto Chakra, Anahata, e oltre.

Ho raggruppato i diversi tipi di Mudra in Mudra delle Mani, della Testa, Posturali, Bandhas (blocchi energetici) e Perineali. Gli Hasta (Mudra delle Mani) sono Mudra meditativi che reindirizzano il Prana emesso dalle mani verso il corpo, generando un circuito energetico che si muove dal cervello alle mani e viceversa. La loro esecuzione ci permette di connetterci con i poteri Archetipici della nostra mente subconscia.

I Mana (Mudra della Testa) sono gesti potenti che utilizzano gli occhi, le orecchie, il naso, la lingua e le labbra. Sono importanti nella meditazione per il loro potere di risvegliare i principali centri cerebrali e i Chakra corrispondenti e di accedere a stati di coscienza più elevati.

I Kaya (Mudra Posturali) sono posizioni fisiche specifiche da eseguire con respirazione controllata e concentrazione. Il loro utilizzo ci permette di canalizzare il Prana in particolari aree del corpo e di stimolare i Chakra.

I Bandha (Lock Mudra) combinano Mudra e Bandha per caricare il sistema di Prana e prepararlo al risveglio della Kundalini. Permettono inoltre di garantire che la Kundalini trafigga le Tre Granthis al momento del risveglio. I Bandha sono strettamente collegati ai plessi nervosi e alle ghiandole endocrine che sono in relazione con i Chakra. Infine, gli Adhara (Mudra perineali) reindirizzano il Prana dai centri inferiori del corpo al cervello. Permettono inoltre di sublimare l'energia sessuale che si trova nella zona dell'inguine e del basso addome e di utilizzarla per il risveglio Spirituale.

HASTA (MUDRA DELLE MANI)

Gli Hasta (Mudra delle Mani) ci permettono di dirigere e sigillare l'energia Pranica in canali specifici dell'Aura. Poiché la maggior parte delle Nadi principali inizia o termina nelle mani o nei piedi, gli Hasta (Mudra delle Mani) sono particolarmente efficaci per pulire questi canali sottili dalle impurità e rimuovere le ostruzioni, facilitando il libero flusso di energia. Il loro uso regolare promuove la guarigione fisica, mentale ed emotiva, favorendo il nostro cammino di Evoluzione Spirituale.

Poiché ogni dito è collegato a un Chakra, si influenzano i Chakra corrispondenti posizionando le dita in modi specifici. Il Chakra del Palmo funge anche da interfaccia tra il Chakra del Cuore e i Chakra sopra e sotto di esso. Pertanto, i Mudra delle Mani non solo influenzano il flusso di Prana nell'Aura, ma ci permettono di attingere all'energia curativa di Anahata e di distribuirla ai Chakra che necessitano di pulizia.

Poiché ci sono cinque dita e cinque Elementi, esiste una corrispondenza tra di essi (Figura 105). Ad esempio, il pollice si riferisce al Fuoco (Agni), l'indice all'Aria (Vayu), il medio allo Spirito o Spazio (Akasha), l'anulare alla Terra (Prithivi) e il mignolo all'Acqua (Jal). I due Elementi passivi dell'Acqua e della Terra e i due Elementi attivi del Fuoco e dell'Aria sono conciliati dall'Elemento centrale dello Spirito.

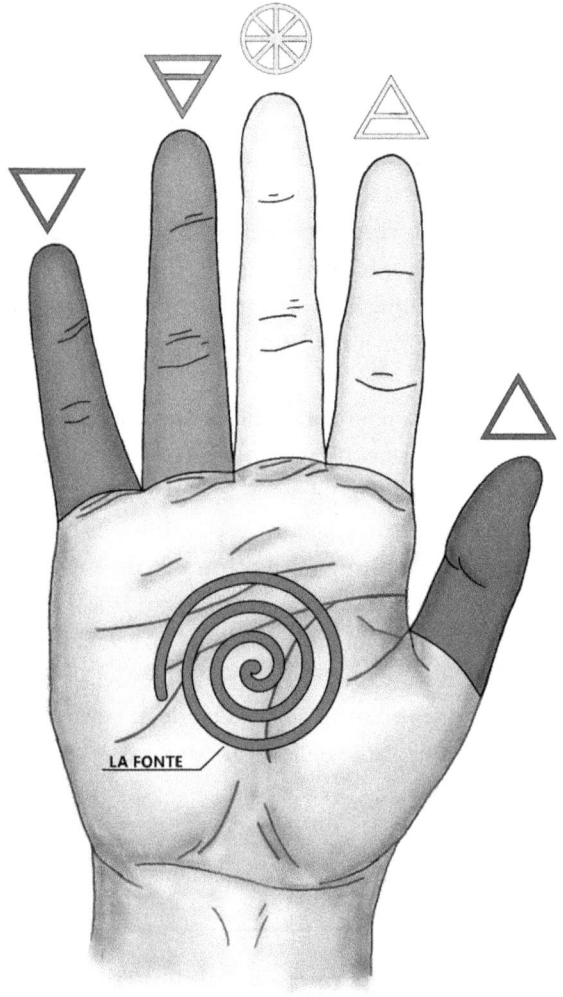

Figura 105: Le Dita e I Cinque Elementi

Si noterà che nei Mudra della Mano si usa più spesso il pollice, che ha più correnti Praniche che lo attraversano rispetto alle altre dita. In relazione al Manipura Chakra e all'Elemento Fuoco, il pollice accende e attiva tutti gli altri Elementi e Chakra. In Ayurveda, da cui provengono queste corrispondenze, si dice che il pollice stimoli il Pitta Dosha, l'energia responsabile della trasformazione. Manipura è anche la sede dell'Anima, quindi quando il pollice è coinvolto in un Mudra, l'Anima è la forza guida che attua il cambiamento.

Ci sono cinque posizioni principali delle dita e della mano da tenere presenti quando si esegue un Mudra della mano. La prima posizione consiste nell'unire il pollice a un polpastrello, stimolando la stabilità dell'Elemento associato. La seconda posizione consiste nel toccare il dorso di un dito sull'unghia o sulla nocca, per diminuire l'influenza dell'Elemento associato. Nella terza posizione, si porta il pollice alla base del dito, stimolando così l'Elemento corrispondente. Poi, a seconda del Mudra che si sta attivando, quando il palmo della mano è rivolto verso l'esterno, ci si apre a ricevere energia. Quando invece il palmo è rivolto verso il basso, ci si mette a terra.

Essendo semplici da eseguire, i Mudra possono essere praticati in qualsiasi momento, a casa o in viaggio. Gli Yogi spesso eseguono i Mudra delle Mani come parte della pratica della meditazione, prima o dopo altre tecniche come Asana, Pranayama o Bandha.

Passi per l'Esecuzione dei Mudra delle Mani

Quando si eseguono i Mudra, assicurarsi che le mani siano pulite. Poiché si tratta di gesti divini progettati per connettersi con i poteri superiori, la pulizia è fondamentale. Potete praticare i Mudra in piedi, in ginocchio, sdraiati o seduti su una sedia. Tuttavia, per ottenere risultati ottimali, è necessario sedersi in una comoda Asana di meditazione e tenere la schiena e la testa dritte. Inoltre, le mani e le braccia devono rimanere rilassate durante l'intera pratica. I Mudra delle mani vengono generalmente eseguiti all'altezza dell'ombelico, del cuore o appoggiati sulle ginocchia durante l'Asana di meditazione.

Iniziate strofinando delicatamente le mani per sette-dieci secondi per caricarle di energia Pranica. Successivamente, mettete la mano destra sul vostro Chakra Hara e la mano sinistra sopra la destra. Inizierete a sentire un flusso di energia calda generato in Hara, il centro Pranico del vostro corpo. Rimanete in questa posizione per circa un minuto per ottenere la connessione necessaria.

Eseguite sempre ogni Mudra uno alla volta, dedicando a ciascuno il tempo necessario. Ricordate che il risultato è cumulativo, quindi più a lungo si esegue un Mudra, maggiore sarà l'effetto sull'energia. Per gestire i problemi cronici, eseguite un Mudra al giorno per quarantacinque minuti o tre periodi di quindici minuti.

Quando si esegue un Mudra, non bisogna esercitare alcuna pressione, ma solo collegare le mani e le dita nel modo richiesto per manipolare il flusso energetico desiderato. Inoltre, eseguite ogni Mudra con entrambe le mani, perché così facendo si favorisce l'armonia e l'equilibrio, massimizzando l'effetto desiderato. Infine, è ideale praticare i Mudra a stomaco vuoto, come per tutte le tecniche di invocazione/manipolazione dell'energia.

Jnana Mudra

Il Jnana Mudra è uno dei Mudra delle mani più utilizzati, soprattutto durante la pratica della meditazione. Il suo nome deriva dal Sanscrito "jnana", che significa "saggezza" o "conoscenza". "La conoscenza a cui si fa riferimento è la saggezza illuminata che lo Yogi cerca di raggiungere nel percorso Yogico.

Per eseguire questo Mudra, toccare la punta dell'indice e del pollice insieme, formando così un cerchio, mentre le altre tre dita sono estese e tenute diritte (Figura 106). Una variante del Jnana Mudra consiste nell'infilare l'indice sotto la punta del pollice. La parte anteriore della mano deve essere appoggiata sulle cosce o sulle ginocchia, con il palmo rivolto verso il basso.

Secondo l'Ayurveda, Jnana Mudra bilancia gli Elementi del Fuoco (Pollice-Agni) e dell'Aria (Indice-Vayu) all'interno del corpo. Per questo motivo, la pratica di questo Mudra durante la meditazione stabilizza la mente, favorendo la concentrazione e facilitando gli stati superiori di coscienza.

Esiste un ulteriore simbolismo nella pratica del Jnana Mudra in varie tradizioni Spirituali come l'Induismo, il Buddismo e lo Yoga. Si ritiene che il pollice simboleggi l'Anima Suprema, o coscienza Universale (Brahman), mentre l'indice rappresenta l'Anima individuale, il Jivatma. Collegando il pollice e l'indice, uniamo queste due realtà. Le altre tre dita, invece, rappresentano le tre qualità (Gunas) della natura: Rajas (dito medio), Sattva (dito anulare) e Tamas (dito mignolo). Affinché la coscienza passi dall'ignoranza alla conoscenza, dobbiamo trascendere questi stati.

Collegando l'indice al pollice, si crea un circuito che reindirizza l'energia Pranica attraverso il corpo, facendola risalire al cervello invece di rilasciarla nell'ambiente. Poiché il Jnana Mudra punta alla Terra, l'effetto è quello di mettere a terra la propria energia, calmando la mente e placando le emozioni. Questo Mudra è noto anche per migliorare la memoria.

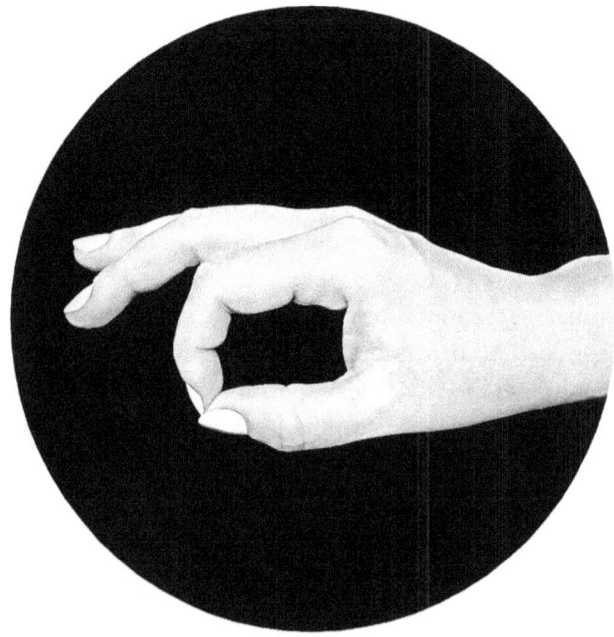

Figura 106: Jnana Mudra

Chin Mudra

Chin significa "coscienza" in Sanscrito e questo Mudra viene spesso definito il "Mudra psichico della coscienza". "Il Chin Mudra è altrimenti noto come Gyan Mudra. (Gyan in Sanscrito è "conoscenza" e "saggezza".) Il Chin Mudra deve essere eseguito allo stesso modo del Jnana Mudra, con l'unica differenza che il palmo della mano è rivolto verso l'alto anziché verso il basso (Figura 107), in modo che il dorso della mano possa appoggiarsi sulle cosce o sulle ginocchia.

Poiché sono quasi identici, gli elementi simbolici del Chin Mudra sono gli stessi del Jnana Mudra. Poiché il Chin Mudra punta al Cielo, la posizione della mano rivolta verso l'alto apre il petto, rendendo il praticante ricettivo alle energie dei Piani Superiori. Per questo motivo, il Chin Mudra favorisce l'intuizione e la creatività, alleviando lo stress e la tensione e migliorando la concentrazione. È anche utile per superare l'insonnia.

Sia il Jnana che il Chin Mudra facilitano l'ingresso nell'interiorità, un prerequisito per la meditazione profonda e il raggiungimento di stati di coscienza più elevati. Oltre che per la meditazione, Jnana e Chin Mudra possono essere utilizzati per potenziare gli effetti del canto dei Mantra e di altre pratiche Yogiche come Asana, Pranayama e Bandha.

Come nota finale, non è raro che i praticanti di Yoga eseguano Jnana Mudra con una mano mentre eseguono Chin Mudra con l'altra. Ciò consente di ricevere energia da una fonte superiore e allo stesso tempo di radicare l'esperienza.

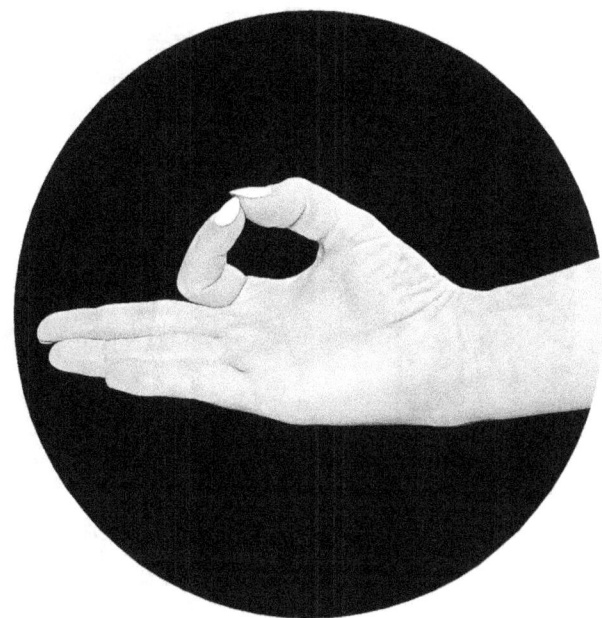

Figura 107: Chin Mudra

Hridaya Mudra

Hridaya significa "Cuore" in Sanscrito, poiché questo Mudra migliora la vitalità del cuore aumentando il flusso di Prana. È noto che il Mudra Hridaya ha la capacità di salvare una persona da un attacco di cuore, riducendo istantaneamente il dolore al petto e rimuovendo i blocchi all'interno delle arterie. È anche conosciuto come "Mrit Sanjeevani", un termine Sanscrito che implica che questo Mudra ha il potere di strapparci dalle fauci della morte.

Il Mudra Hridaya è chiamato anche Apana Vayu Mudra perché combina due Mudra: Apana e Vayu. Per assumere il Mudra, si piega l'indice e si preme sulla nocca con il pollice (Vayu Mudra), che riduce l'influenza dell'Elemento Aria, rilassando il corpo e la mente. Poi si unisce la punta del pollice con il medio e l'anulare (Apana Mudra), attivando così gli Elementi Spirito, Terra e Fuoco (Figura 108).

Mentre il Vayu Mudra cura le irregolarità cardiache, compresi i battiti accelerati e la sudorazione, l'Apana Mudra riduce l'eccesso di gas dallo stomaco e favorisce la circolazione del sangue al cuore. Anche l'acidità e il bruciore di stomaco vengono alleviati con l'esecuzione di Hridaya Mudra.

Poiché il cuore è il centro delle emozioni, il Mudra Hridaya aiuta anche a liberare i sentimenti repressi che causano stress e ansia. Per questo motivo, è utile praticare questo Mudra durante i conflitti emotivi e le crisi. Un altro beneficio comune dell'Hridaya Mudra è il superamento dei problemi di sonno, come l'insonnia. L'Hridaya Mudra può essere praticato per dieci o quindici minuti alla volta o più a lungo e ripetuto tutte le volte che è necessario.

Figura 108: Hridaya Mudra

Shunya Mudra

Shunya significa "vuoto", "spaziosità" o "apertura" in Sanscrito; da qui il suo altro nome, il "Mudra del Cielo". "Questo Mudra ha lo scopo di diminuire l'Elemento Spirito (Spazio) nel corpo (dito medio) e di aumentare l'energia dell'elemento Fuoco (pollice).

Per assumere lo Shunya Mudra, piegare il dito medio e premere sulla nocca con il pollice. Le altre tre dita devono rimanere estese (Figura 109). L'uso regolare dello Shunya Mudra durante la meditazione risveglia l'intuizione, aumenta la forza di volontà e calma la mente. Inoltre, i praticanti di lunga data riferiscono di aver acquisito la capacità di sentire il suono del silenzio di Anahata, che fa sentire come se ci si trovasse su un altro pianeta, in un'altra dimensione spazio-temporale. La pratica regolare di questo Mudra apre quindi la strada all'ottenimento della beatitudine Eterna e della trascendenza.

A livello fisico, lo Shunya Mudra è noto per alleviare una serie di problemi di udito e di equilibrio interno, tra cui mal d'auto, vertigini, intorpidimento del corpo e disturbi alle orecchie. È anche noto per curare le malattie del cuore e della gola. Praticate questo Mudra per dieci o quindici minuti alla volta, o più a lungo se necessario. Ripetete tutte le volte che volete.

Nella medicina Ayurvedica, lo Shunya Mudra è benefico per le persone che dominano il Vata Dosha, ovvero l'energia associata al movimento, compresa la circolazione sanguigna, la respirazione e il sistema nervoso.

Figura 109: Shunya Mudra

Anjali Mudra

Anjali significa "saluto" o "offrire" in Sanscrito. L'Anjali Mudra è comunemente accompagnato dalla parola "Namasté", che costituisce un tipo di saluto usato frequentemente dalle persone Spirituali nel mondo Occidentale. Questo gesto, tuttavia, è originario dell'India e fa parte della sua cultura da migliaia di anni. Consiste nel tenere i due palmi eretti uniti davanti al seno (Figura 110), spesso accompagnati da un leggero inchino.

In Sanscrito, "Nama" significa "inchino", mentre "as" significa "io" e "te" significa "tu". Pertanto, Namasté significa "Mi Inchino a Te". "Namasté rappresenta la fede in una scintilla di coscienza Divina all'interno di ognuno di noi, situata nel Chakra del Cuore, Anahata. Eseguendolo, ci riconosciamo l'un l'altro come Anime Divine provenienti dalla stessa fonte - Dio, il Creatore.

L'Anjali Mudra può anche essere offerto come saluto sacro quando si cerca di stabilire un contatto con un potere superiore. Questo potente gesto delle mani è stato adottato come posizione di preghiera nel mondo Occidentale per oltre duemila anni. La sua esecuzione ci permette di connetterci con il nostro Santo Angelo Custode. Unendo le mani al centro del Chakra del Cuore, si unificano simbolicamente ed energeticamente tutti gli opposti all'interno di noi, permettendo alla nostra coscienza di elevarsi su un Piano Superiore.

L'Anjali Mudra riconcilia le nostre energie maschili e femminili, unendo gli emisferi cerebrali destro e sinistro. Il risultato è la coerenza della mente e del corpo a tutti i livelli. Altri benefici per la salute sono: migliorare la concentrazione, calmare la mente, promuovere la consapevolezza e alleviare lo stress.

Figura 110: Anjali Mudra

Yoni Mudra

Yoni in Sanscrito significa "grembo", "fonte" o "ricettacolo" ed è una rappresentazione astratta di Shakti, il potere dinamico femminile della natura. Yoni si riferisce anche al sistema riproduttivo femminile in generale. L'esecuzione dello Yoni Mudra equilibra le energie opposte ma complementari del corpo, in particolare i due emisferi cerebrali.

Per assumere lo Yoni Mudra, si devono unire i palmi delle mani all'altezza dell'ombelico. Le dita e i Pollici devono essere dritti e rivolti verso il corpo. Per prima cosa, ruotare il medio, l'anulare e il mignolo verso l'interno in modo che i dorsi delle dita si tocchino. Quindi, intrecciare il medio, l'anulare e il mignolo tenendo unite le punte degli indici e dei Pollici. Infine, portate i Pollici verso il corpo mentre puntate gli indici a terra, formando così la forma dell'utero con i Pollici e gli indici (Figura 111).

Nella posizione finale, i gomiti tendono naturalmente a puntare di lato, aprendo il petto. Per ottenere l'effetto desiderato, si può eseguire lo Yoni Mudra per dieci o quindici minuti alla volta. Ripetete tutte le volte che volete durante la giornata.

Gli indici rivolti verso il basso stimolano il flusso di Apana, l'energia sottile che purifica il corpo, la mente e le emozioni. Lo Yoni Mudra ha un effetto calmante sul sistema nervoso, riduce lo stress e porta pace e armonia all'interno. Inoltre, lo Yoni Mudra ci mette in sintonia con l'aspetto femminile e intuitivo del nostro essere. Come un feto nel grembo materno, chi lo pratica sperimenta la beatitudine diventando passivo mentalmente ed emotivamente.

Figura 111: Yoni Mudra

Bhairava Mudra

Bhairava significa "temibile" in Sanscrito e si riferisce alla feroce manifestazione di Shiva il Distruttore. Il Bhairava Mudra è un gesto simbolico e rituale delle mani che armonizza il flusso energetico del corpo durante la meditazione o altre pratiche Yogiche. Questa pratica Yogica comune dà un'immediata sensazione di pace, permettendo alle qualità superiori di emergere.

Per eseguire il Bhairava Mudra, mettete la mano destra sopra la sinistra, con i palmi rivolti verso l'alto (Figura 112). Se viene eseguito in un'Asana di meditazione, le mani devono essere appoggiate sul grembo mentre la colonna vertebrale e la testa vengono tenute dritte. Quando la mano sinistra è posta sopra la destra, la pratica è chiamata Bhairavi Mudra, la controparte femminile (Shakti) di Bhairava.

Le due mani rappresentano le Nadi Ida (mano sinistra) e Pingala (mano destra), i canali energetici femminili e maschili che si unificano quando una mano è posta sopra l'altra. A seconda di quale mano si trova sopra, tuttavia, questo principio di genere diventa la qualità espressiva. Ad esempio, quando la mano sinistra è in alto, l'Elemento Acqua è dominante e attiva il principio della coscienza e della manifestazione. Al contrario, quando la mano destra è in alto, domina l'Elemento Fuoco, che invoca forza e potere e distrugge l'egoismo, mentre la Luce Divina si assorbe nell'Aura. Si dice quindi che questo Mudra curi tutte le malattie corporee.

Eseguite il Bhairava Mudra per dieci o quindici minuti alla volta o più a lungo e ripetetelo tutte le volte che volete. Nei testi Tantrici e Yogici, il Bhairava Mudra è considerato il Mudra della mano per eccellenza, perché la sua esecuzione unifica l'Anima individuale con la coscienza universale: il Sé interiore e quello esteriore diventano Uno.

Figura 112: Bhairava Mudra

Mudra del Loto

Il Mudra del Loto è progettato per aprire il Chakra del Cuore, Anahata. È un simbolo di purezza e positività, che rappresenta la Luce che emerge dall'oscurità. Come tale, il Mudra del Loto ha potenti effetti curativi a livello mentale, emotivo e fisico. La sua esecuzione rilassa e stabilizza la mente e crea un atteggiamento più amorevole nei confronti degli altri. A livello fisico, il Mudra del Loto è noto per trattare ulcere e febbri.

Per eseguire il Mudra del Loto, iniziare unendo le mani davanti al centro del cuore in Anjali Mudra. Quindi, stendete l'indice, il medio e l'anulare come un fiore di loto che si apre, mantenendo i pollici e i mignoli uniti (Figura 113). Rimanete ora in questa posizione e sentite gli effetti di questo Mudra sul Chakra del Cuore. Il Mudra del Loto può essere eseguito tutte le volte che si vuole, per un minimo di dieci minuti alla volta per sentirne gli effetti.

Mentre le radici di un fiore di loto rimangono saldamente ancorate al fondo fangoso di uno stagno, la testa del fiore è rivolta verso il sole, ricevendo i suoi raggi curativi. Allo stesso modo, il Mudra del Loto ci insegna a rimanere connessi alle nostre radici mentre apriamo il nostro cuore alla Luce Divina. Ci insegna a mantenere puri i nostri pensieri e ad accettare gli altri, anche se i nostri sentimenti sono negativi nei loro confronti. Così facendo, ci connettiamo con la grazia e la bellezza presenti in noi quando il nostro Chakra del Cuore è aperto.

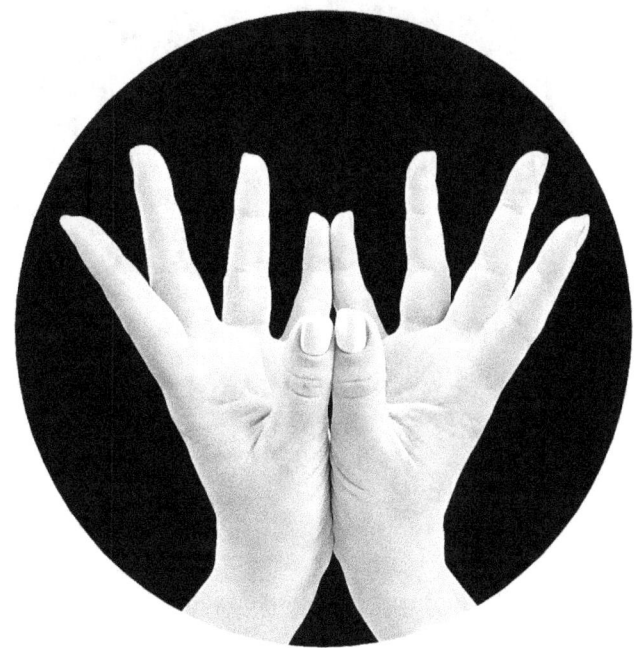

Figura 113: Mudra del Loto

Shiva Linga Mudra

Lo Shiva Linga Mudra è un potente gesto della mano che rappresenta il Dio Shiva e la Dea Parvati, sua consorte. Il Lingam è l'emblema dell'energia creativa maschile, il fallo, venerato nei templi Indù. È rappresentato simbolicamente dal pollice eretto della mano destra nello Shiva Linga Mudra, mentre il palmo su cui poggia rappresenta l'energia femminile, il ricettacolo. Come tale, questo Mudra denota l'integrazione di Shiva e Shakti (l'energia femminile di Shiva). Il suo nome Inglese è "Upright Mudra". "

Per assumere lo Shiva Linga Mudra, posizionare la mano sinistra a livello dell'addome a forma di ciotola, tenendo le dita unite. Poi, mettete il pugno destro sopra il palmo della mano sinistra. Infine, estendete il pollice della mano destra verso l'alto (Figura 114). Sentite gli effetti di radicamento di questo Mudra nella vostra Aura.

Lo Shiva Linga Mudra si concentra sul Muladhara Chakra, la dimora del Lingam. Questo Mudra allevia l'ansia e lo stress calmando la mente e caricando il corpo con la densa energia della Terra. Non solo affronta la stanchezza fisica e mentale energizzando il corpo, ma aumenta la fiducia in se stessi e migliora l'intuizione. Per i suoi potenti effetti di radicamento energetico, lo Shiva Linga Mudra dovrebbe essere praticato non più di due o tre volte al giorno per dieci minuti alla volta.

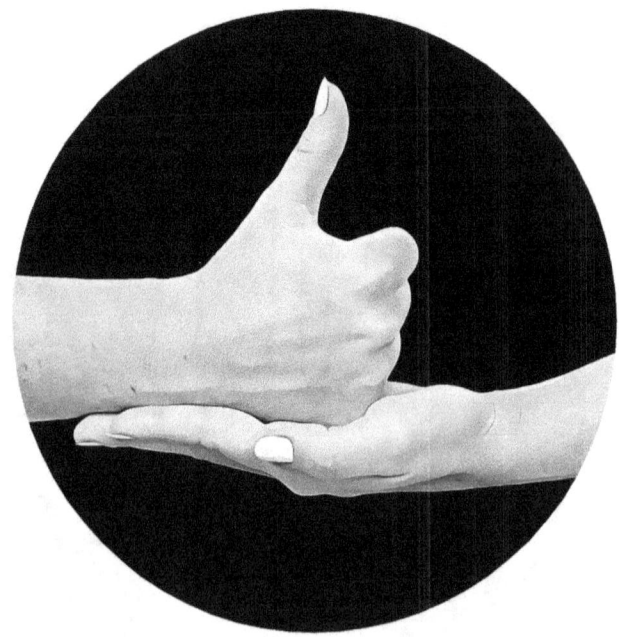

Figura 114: Shiva Linga Mudra

Kundalini Mudra

Il Kundalini Mudra risveglia la forza sessuale, stimolando la creatività e la rigenerazione. Questo Mudra è noto per attivare i desideri sessuali sopiti e guarire eventuali problemi agli organi riproduttivi. A livello sottile, l'esecuzione del Kundalini Mudra unifica i principi maschili e femminili all'interno del Sé, facilitando il risveglio della Kundalini alla base della colonna vertebrale.

Per eseguire il Kundalini Mudra, stringere il pugno all'altezza dell'ombelico con entrambe le mani. Quindi, estendete l'indice della mano sinistra e avvolgete le quattro dita della mano destra. La punta dell'indice della mano sinistra deve collegarsi al pollice della mano destra (Figura 115).

L'indice sinistro rappresenta l'Anima e la mente individuale, mentre le quattro dita della mano destra simboleggiano il mondo esterno. Infine, il pollice destro rappresenta il sacro potere della Kundalini. Il Kundalini Mudra, nel suo complesso, rappresenta l'unione del Sé individuale con l'Universo. A causa del suo potente effetto sull'energia sessuale, il Kundalini Mudra dovrebbe essere praticato non più di due o tre volte al giorno per dieci minuti alla volta.

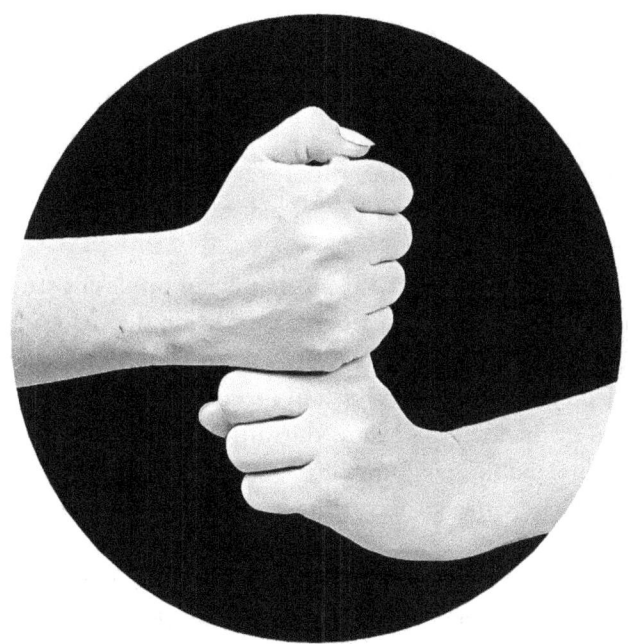

Figura 115: Kundalini Mudra

MANA (MUDRA DELLA TESTA)

Shambhavi Mudra (Sguardo al Centro delle Sopracciglia)

Lo Shambhavi Mudra è una pratica molto apprezzata nello Yoga e nel Tantra per il suo potere di fermare la mente e sperimentare stati di coscienza superiori. È una tecnica potente per risvegliare Ajna Chakra, poiché prevede di fissare il centro delle sopracciglia, dove si trova il tunnel dell'Occhio della Mente. Se applicato correttamente, il Shambhavi Mudra annulla tutti i pensieri positivi e negativi e porta a uno stato di vuoto (Shoonya) o di assenza di pensieri. Il suo altro nome è Bhrumadya Drishti, dove "bhru" significa "centro del sopracciglio" e "drishti" significa "sguardo" in Sanscrito.

La parola "Shambhavi" deriva dal Sanscrito "Shambhu", che è un riferimento al Signore Shiva come colui che "nasce dalla felicità o dalla beatitudine". "Shambhavi è l'aspetto femminile del Signore Shiva, la Kundalini Shakti. Il Mudra Shambhavi non solo attiva Ajna Chakra, ma concentrandosi sul centro delle sopracciglia stimola le Nadi Ida e Pingala a convergere in questo punto, il che influisce direttamente sulla Kundalini alla base della colonna vertebrale e può facilitarne la risalita.

Shambhavi Mudra è utile per superare i pensieri negativi e di paura, che provengono dalla mente subconscia. Concentrandosi sul centro delle sopracciglia, l'attenzione si sposta sulla parte anteriore della testa, da dove opera la mente cosciente. Nell'Ermetismo, la parte anteriore della testa rappresenta l'aspetto Solare, maschile, mentre la parte posteriore della testa rappresenta l'aspetto Lunare, femminile. Nell'Albero della Vita Qabalistico, il sentiero di Qoph (la carta dei Tarocchi della Luna), che letteralmente significa "la parte posteriore della testa", rappresenta la mente subconscia. Al contrario, il sentiero di Resh (la carta dei Tarocchi del Sole) significa "testa", riferendosi alla parte anteriore della testa e alla mente cosciente.

Per iniziare l'esercizio Shambhavi Mudra, sedetevi in una delle tre Asana di meditazione rilassando il corpo e mantenendo la colonna vertebrale dritta. Appoggiare le mani sulle ginocchia nel Jnana o nel Chin Mudra. Chiudete gli occhi e rilassate tutti i muscoli del viso, della fronte, degli occhi e dietro gli occhi facendo alcuni respiri lenti e profondi. Ora aprite gradualmente gli occhi e guardate davanti a voi in un punto fisso. Per ottenere risultati ottimali, è consigliabile eseguire il Khechari Mudra come parte della pratica, anche se si consiglia di iniziare senza di esso fino a quando non si acquisisce una maggiore familiarità con l'esercizio.

Guardate ora verso l'alto e verso l'interno mentre concentrate gli occhi sul centro delle sopracciglia, mantenendo la testa e tutto il corpo fermi (Figura 116). Se l'operazione viene eseguita correttamente, la curva delle sopracciglia formerà un'immagine a forma di V il cui apice si trova al centro delle sopracciglia. Se non si vede la forma a V, lo sguardo non è diretto correttamente verso l'alto e verso l'interno.

Concentratevi sul punto tra le sopracciglia senza sbattere le palpebre per qualche secondo. Quindi, rilassare gli occhi riportandoli alla posizione iniziale prima di ripetere l'esercizio. È fondamentale mantenere lo sguardo solo per pochi secondi all'inizio e aumentare gradualmente la durata man mano che si prende confidenza con questo esercizio. Non bisogna mai sforzare troppo gli occhi. Se si avverte un fastidio agli occhi, si possono riscaldare le mani strofinandole e coprendo gli occhi per infondere energia curativa e rimuovere la tensione.

Man mano che si acquisisce esperienza con questo esercizio, fissare lo sguardo sul centro delle sopracciglia verrà naturale, poiché i muscoli che controllano gli occhi diventano più forti. Quando eseguite l'esercizio Shambhavi Mudra, esercitatevi a essere consapevoli mentre eseguite la respirazione Yogica durante l'inspirazione e l'espirazione per ottenere effetti ottimali.

Lo Shambhavi Mudra può essere incorporato come parte della pratica delle Asana e degli esercizi di Pranayama, come Sama Vritti e Moorcha Pranayama. Se praticato da solo, si inizia con cinque giri e si aumenta gradualmente fino a dieci nell'arco di cinque mesi. Si noti che se si hanno problemi di salute agli occhi, non si deve eseguire questo esercizio.

È possibile praticare Shambhavi Mudra anche a occhi chiusi, una volta acquisita una certa esperienza. La variante a occhi chiusi di questo esercizio è l'importantissima Meditazione dell'Occhio della Mente di *The Magus*. Discuto i meccanismi di questo Shambhavi Mudra interno come parte delle Meditazioni Kundalini nel capitolo "Risoluzione dei problemi del sistema" di questo libro.

Figura 116: Shambhavi Mudra

Nasikagra Drishti (Sguardo sul Naso)

Nasikagra Drishti è simile a Shambhavi Mudra, con la differenza che gli occhi si concentrano sulla punta del naso invece che sul centro delle sopracciglia. Il termine deriva dalle parole Sanscrite "nasagra", che significa "punta del naso" e "drishti", che si traduce con "sguardo". "Nasikagra Drishti è eccellente per rafforzare i muscoli oculari, sviluppare la concentrazione e portare il praticante a stati di coscienza più elevati durante la meditazione. Questo esercizio è noto per attivare il Muladhara Chakra, collegato al Lobo Frontale del cervello.

Per esercitarsi a guardare la punta del naso, tenere il dito indice in posizione verticale, a distanza di un braccio, all'altezza del naso. Fissate lo sguardo su di esso e iniziate a muoverlo lentamente verso la punta del naso mantenendo la testa ferma. Quando il dito raggiunge l'estremità del naso (gli occhi devono essere ancora concentrati su di esso), lasciate cadere il dito e trasferite la concentrazione degli occhi sulla punta del naso. Dopo aver mantenuto lo sguardo per qualche secondo, chiudete gli occhi e rilassateli prima di ripetere la pratica. Dedicate a questo esercizio non più di tre-cinque minuti al giorno per le prime due settimane. Quando sarà diventato semplice fissare lo sguardo sulla punta del naso a volontà, sarete pronti per il Nasikagra Drishti.

Per iniziare Nasikagra Drishti, sedetevi in una delle tre Asana di meditazione rilassando il corpo e mantenendo la colonna vertebrale e la testa dritta. Appoggiare le mani sulle ginocchia nel Jnana o nel Chin Mudra. Chiudete gli occhi e rilassate tutti i muscoli del viso facendo alcuni respiri lenti e profondi. Aprite ora gradualmente gli occhi e concentrateli sulla punta del naso (Figura 117). La rifrazione della luce che forma una V dovrebbe essere visibile appena sopra la punta del naso, se eseguita correttamente. Mantenere lo sguardo su questo punto per alcuni secondi prima di chiudere gli occhi e ripetere l'operazione. Dedicate a questo esercizio non più di cinque-dieci minuti al giorno e aumentate la durata dopo qualche mese.

Figura 117: Nasikagra Drishti

È possibile eseguire il Khechari Mudra come parte del Nasikagra Drishti, anche se si consiglia di iniziare senza per i primi tempi. Fate sempre attenzione a non sforzare troppo gli occhi; se sentite fastidio agli occhi, potete scaldare le mani strofinandole e coprendo gli occhi per infondere energia curativa. Praticare Nasikagra Drishti con la respirazione Yogica in inspirazione ed espirazione per ottenere effetti ottimali. Le persone che hanno problemi di salute agli occhi o che soffrono di depressione non dovrebbero eseguire questo esercizio.

È possibile praticare Nasikagra Drishti anche a occhi chiusi. Ho scoperto la meditazione con la punta del naso ad occhi chiusi durante il mio viaggio Spirituale e il suo potere di ottimizzare il circuito della Kundalini una volta collassato. In seguito, quando mi sono avvicinata allo Yoga, ho scoperto il Nasikagra Drishti e la sua meccanica simile. Ho scoperto che, concentrandosi sulla punta del naso, ci si connette con il centro psichico dell'Occhio Subconscio che si trova tra i due occhi fisici, un centimetro fuori dalla testa.

Un canale energetico corre lungo la parte anteriore del naso, dall'Occhio del Subconscio alla punta del naso. La punta del naso funge da punto di rilascio per l'Occhio del Subconscio. Se questo centro psichico si blocca, si verifica un aumento dell'energia negativa e della paura all'interno della mente, di solito a causa del collasso del canale Ida. Concentrarsi sulla punta del naso permette di aprire o riaprire questo canale se si blocca, alleviando pensieri ed emozioni disturbanti e basati sulla paura. Per maggiori informazioni su questo esercizio si rimanda alle Meditazioni Kundalini (Meditazione del Centro degli Occhi/Ponte del Naso).

Shanmukhi Mudra (Chiusura delle Sette Porte)

Shanmukhi Mudra è composto da due radici Sanscrite, "Shan" che significa "sei" e "mukhi" che significa "faccia" o "porta". Come tale, Shanmukhi Mudra si riferisce alle sei porte della percezione attraverso le quali percepiamo il mondo esterno: i due occhi, le due orecchie, il naso e la bocca. Questo esercizio consiste nel chiudere le sei aperture della percezione per bloccare i cinque sensi del corpo: vista, suono, olfatto e tatto.

Secondo gli *Yoga Sutra di Patanjali*, Shanmukhi Mudra è considerato una pratica di Pratyahara (ritiro dei sensi), lo stadio preliminare di Dharana (concentrazione) e Dhyana (meditazione). Lo Shanmukhi Mudra è eccellente per la concentrazione e l'introspezione, poiché tagliandosi fuori dal mondo esterno si ottiene una visione più profonda del proprio Sé interiore. Inoltre, calma la mente e il sistema nervoso e rilassa e ringiovanisce gli occhi e i muscoli facciali grazie all'energia e al calore delle mani e delle dita.

Per iniziare l'esercizio Shanmukhi Mudra, sedetevi in una delle tre Asana di meditazione mantenendo la colonna vertebrale dritta. Appoggiate le mani sulle ginocchia nel Jnana o nel Chin Mudra. Chiudete gli occhi e fate alcuni respiri profondi per rilassare il corpo. Permettete a voi stessi di percepire l'ambiente circostante prima di distaccarvene.

Per ottenere il massimo beneficio e per risvegliare potenzialmente la Kundalini alla base della colonna vertebrale, questo esercizio dovrebbe essere accompagnato dall'applicazione di Mula Bandha. Per questo motivo, posizionate un piccolo cuscino sotto il perineo per esercitare una pressione su quest'area, attivando così il Muladhara Chakra.

Sollevate le braccia e i gomiti all'altezza delle spalle con i palmi rivolti verso di voi. Uno alla volta, iniziare a chiudere gli organi di senso con le dita. Chiudete le orecchie con i pollici, gli occhi con gli indici, le narici con i medi e la bocca con l'anulare e il mignolo (Figura 118). Rilasciate la pressione delle dita medie (parzialmente) in modo da poter respirare attraverso le narici. Gli altri organi di senso esercitano una leggera pressione per garantire che rimangano chiusi durante l'esercizio.

Figura 118: Shanmukhi Mudra

Inspirare lentamente e profondamente attraverso le narici parzialmente ostruite utilizzando la tecnica della Respirazione Yogica. Al termine dell'inspirazione, chiudere le narici con le dita medie e trattenere il respiro. Quanto più a lungo si riesce a trattenere comodamente il respiro, tanto più sostanziali saranno gli effetti di questo esercizio. Rilasciate ora la pressione delle dita medie ed espirate lentamente attraverso le narici. In questo modo si completa il primo giro.

Iniziate con cinque minuti di esercizio e arrivate a trenta minuti nell'arco di tre mesi. Quando siete pronti a terminare l'esercizio, abbassate le mani sulle ginocchia tenendo gli occhi chiusi. Prima di aprire gli occhi e terminare l'esercizio, prendete coscienza di ciò che vi circonda per qualche istante.

Per ottenere effetti ottimali con lo Shanmukhi Mudra, concentratevi sullo spazio tra le sopracciglia con gli occhi chiusi per connettervi con Ajna chakra. Prestate attenzione al respiro mentre vi staccate dal mondo esterno. A ogni respiro, dovreste entrare in profondità nel vostro Sé interiore. Mentre lo fate, notate come vi sentite e i cambiamenti nel vostro Chakra del Cuore. Non è raro sentire suoni diversi dall'interno, come le sottili vibrazioni emanate dal Bindu Chakra.

È possibile praticare lo Shanmukhi Mudra in qualsiasi momento della giornata, anche se è ottimale al mattino o prima di andare a dormire. Come tutti gli esercizi Yogici che provocano uno stato d'animo introverso, le persone che soffrono di depressione non dovrebbero praticare lo Shanmukhi Mudra.

KAYA (MUDRA POSTURALI)

Viparita Karani - Atteggiamento psichico invertito

Viparita Karani deriva dalle parole Sanscrite "viparita", che significa "invertito" o "rovesciato", e "karani", che significa "un particolare tipo di pratica". Lo scopo di questo Mudra posturale è quello di invertire il flusso e la perdita dell'Amrita (il nettare dell'Ambrosia che secerne la vita dal Bindu) attraverso l'uso della forza di gravità. (Per saperne di più sull'uso e lo scopo dell'Amrita, consultate il capitolo "Lalana Chakra e il Nettare dell'Amrita" in questa sezione). L'altro obiettivo è quello di creare una sublimazione di energia dal basso verso l'alto del corpo e di equilibrare il flusso di energia Pranica. Poiché l'attenzione deve essere posta su Manipura e Vishuddhi durante l'inspirazione e l'espirazione, Viparita Karani serve a ottimizzare anche questi due Chakra.

Per entrare nella posizione Viparita Karani, portare le gambe sopra la testa sostenendo i fianchi con le mani. Il busto deve essere il più vicino possibile a un angolo di 45 gradi, mentre le gambe sono dritte (Figura 119). Gli occhi devono guardare i piedi verso l'alto, mentre le dita dei piedi puntano verso il cielo. Tenete i gomiti vicini l'uno all'altro, facendo attenzione a non premere il mento contro il petto. Nella posizione finale, il peso del corpo poggia sulle spalle, sul collo e sui gomiti. Se avete problemi a entrare in questa posizione, potete usare una parete e dei cuscini per sostenere le gambe e il busto. Chiudete gli occhi e rilassate tutto il corpo.

Applicare Jiva Bandha (lingua sul tetto della bocca) o Khechari Mudra per tutta la pratica. Poi, inspirare lentamente e profondamente con l'Ujjayi Pranayama, ponendo la consapevolezza sul Manipura Chakra. All'espirazione, spostare l'attenzione sul Vishuddhi Chakra. Questo completa il primo ciclo.

All'inizio praticate fino a sette giri, spostando l'attenzione da Manipura all'inspirazione a Vishuddhi all'espirazione e viceversa. Se si avverte un accumulo di pressione nella testa o se insorge un altro disagio, terminare immediatamente la pratica.

Aumentate gradualmente il numero di giri da sette a ventuno nell'arco di tre mesi. L'inspirazione e l'espirazione devono avere la stessa durata durante questa pratica. Man mano che ci si sente più a proprio agio, si può aumentare la durata mantenendo lo stesso rapporto.

Figura 119: Viparita Karani

Per concludere la pratica, abbassare lentamente la colonna vertebrale, vertebra per vertebra, mantenendo la testa sul pavimento. Una volta abbassati i glutei, abbassate le gambe mantenendole dritte. Trascorrere ora qualche istante in Shavasana per permettere alla coscienza di radicarsi. Si consiglia di eseguire successivamente un Asana counterpose per equilibrare le energie.

Il Viparita Karani si pratica meglio al mattino. Incorporare questo esercizio alla fine del programma di pratica quotidiana delle Asana e/o prima della meditazione. Si noti che le persone che soffrono di pressione alta, di malattie cardiache, di dolori al collo o alla schiena o di un eccesso di tossine nel corpo non dovrebbero eseguire il Viparita Karani. Inoltre, poiché l'esecuzione di questo esercizio per un periodo prolungato aumenta il tasso metabolico, evitatelo per almeno tre ore dopo i pasti.

Pashinee Mudra - Atteggiamento Psichico Ripiegato

Pashinee Mudra deriva dal termine Sanscrito "pash", che significa "cappio". "La parola "Pashinee" si riferisce all'essere "legati in un cappio", a cui questa posizione assomiglia. La pratica di questo Mudra dona tranquillità ed equilibrio al sistema nervoso e induce Pratyahara. Allunga il collo, la colonna vertebrale e i muscoli della schiena.

Per iniziare l'esercizio Pashinee Mudra, assumete Halasana (posizione dell'aratro) ma separate le gambe di circa un piede e mezzo. Piegare le ginocchia e portare le cosce verso il petto fino a quando le ginocchia non sono a terra. Nella posizione finale, le ginocchia devono essere il più vicino possibile alle spalle e alle orecchie (Figura 120).

Rilassare il corpo e chiudere gli occhi. Respirare lentamente e profondamente. Mantenere questa posizione il più a lungo possibile. A questo punto, rilasciare delicatamente le braccia e tornare in Halasana. Abbassare le gambe e rilassarsi in Shavasana per qualche istante per permettere alla coscienza di radicarsi.

Come per Viparita Karani, è consigliabile eseguire una controposizione per bilanciare le energie, ovvero un'Asana di piegamento all'indietro. Le persone che soffrono di disturbi alla colonna vertebrale o di lesioni al collo dovrebbero evitare questo Mudra. Inoltre, le donne mestruate o incinte dovrebbero evitare questa pratica.

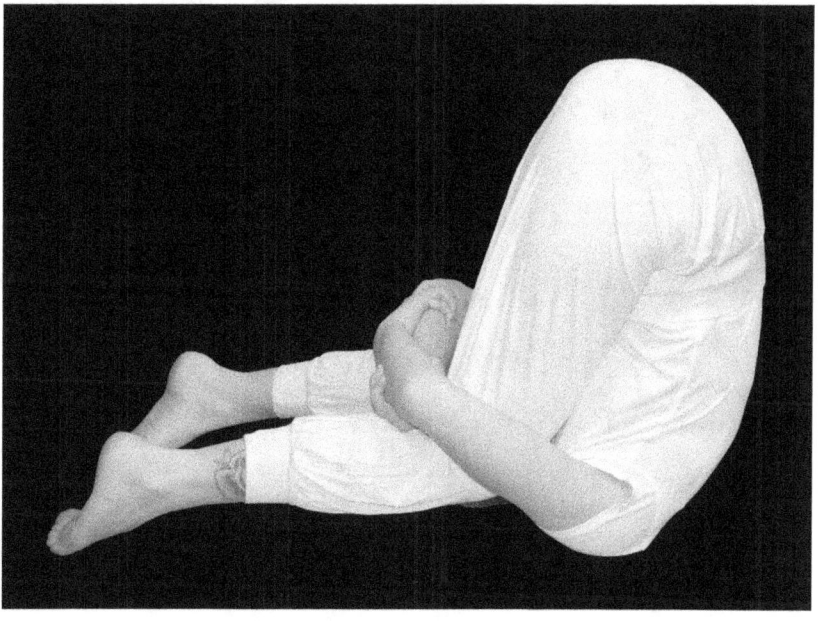

Figura 120: Pashinee Mudra

Tadagi Mudra

Tadagi deriva dal termine Sanscrito "tadaga", che significa "corpo idrico" o "struttura simile a un vaso d'acqua, simile a un lago o a uno stagno". Questa tecnica di Mudra consiste nel modellare l'addome a forma di barile attraverso una profonda respirazione addominale, da cui il nome. Il Tadagi Mudra stimola i Chakra Manipura e Hara, aumentando il livello di Prana nel corpo. Inoltre, favorisce la circolazione sanguigna degli organi addominali e scioglie le tensioni del pavimento pelvico.

Sedersi sul pavimento o su un tappetino da Yoga con le gambe distese e i piedi leggermente divaricati. (Per assumere il Tadagi Mudra, iniziare appoggiando le mani sulle ginocchia e mantenendo la testa e la colonna vertebrale dritte. Chiudere quindi gli occhi e rilassare tutto il corpo respirando normalmente. Piegatevi ora in avanti e avvolgete i pollici, gli indici e i medi sulle dita dei piedi (Figura 121).

Inspirate lentamente e riempite l'addome di ossigeno, lasciandolo espandere completamente. Trattenere il respiro per un periodo prolungato in modo confortevole. Il corpo non deve mai essere sottoposto a sforzi durante questo esercizio. È possibile rilasciare le dita dei piedi tra un respiro e l'altro per adattarsi e mettersi più comodi.

Espirate lentamente e profondamente, lasciando che la pancia si rilassi e mantenendo la presa sulle punte dei piedi. Un giro è terminato. Ripetete i giri da cinque a dieci volte. Quando si è pronti a terminare la pratica, rilasciare le dita dei piedi e tornare alla posizione iniziale. Si noti che le donne in gravidanza e le persone che soffrono di ernia o prolasso dovrebbero evitare questo esercizio.

Figura 121: Tadagi Mudra

Manduki Mudra-Gesto della Rana

Manduki significa "rana" in Sanscrito e imita la postura di una rana a riposo. Il suo altro nome è "Gesto della Rana" o "Atteggiamento della Rana". "Questo Mudra stimola il Muladhara Chakra e riequilibra il flusso di energia Pranica nel corpo. Calma la mente, equilibra le Nadi Ida e Pingala e aumenta i livelli di intuizione. Trattandosi di una potente Asana Yoga, migliora la forza di fianchi, ginocchia e caviglie e li rende più flessibili.

Iniziate in una semplice posizione inginocchiata in cui entrambe le ginocchia toccano il suolo. Poi, per eseguire il Manduki Mudra, regolate le gambe in modo che le dita dei piedi siano rivolte verso l'esterno e i glutei poggino sul pavimento (Figura 122). Se questa posizione è scomoda, sedetevi invece su un cuscino, posizionando le gambe e i piedi nella stessa posizione.

Figura 122: Manduki Mudra

Dovreste sentire una pressione sul perineo, attivando così il Muladhara Chakra. Successivamente, posizionare le mani sulle ginocchia in Jnana o Chin Mudra. Durante questo esercizio è necessario tenere la colonna vertebrale e la testa dritta. Se vi viene spontaneo piegarvi in avanti da questa posizione, tenete le ginocchia e raddrizzate le braccia per sostenervi. Chiudete gli occhi e rilassate tutto il corpo.

Aprire gli occhi ed eseguire Nasikagra Drishti. Iniziate appoggiando la lingua sul palato (Jiva Bandha) per un minuto o due e poi passate al Khechari Mudra. Il respiro deve essere lento e ritmico. Se sentite fastidio agli occhi, chiudeteli per qualche secondo e poi riprendete la pratica. Praticare il Manduki Mudra con la Respirazione Yogica in inspirazione ed espirazione per ottenere effetti ottimali.

Iniziate a fare questo esercizio per due minuti una volta al giorno, preferibilmente al mattino. Man mano che si acquisisce familiarità, aumentare gradualmente fino a cinque minuti per ottenere effetti ottimali. Se eseguito correttamente, i sensi dovrebbero essere attirati verso l'interno.

Il Manduki Mudra è una versione avanzata del Nasikagra Drishti. Per questo motivo, deve essere praticato con una luce leggera, in modo da poter vedere chiaramente la punta del naso. Seguire le precauzioni per la pratica di Nasikagra Drishti. Le persone con problemi alle caviglie, alle ginocchia o alle anche dovrebbero fare attenzione quando eseguono il Manduki Mudra, poiché richiede che queste parti del corpo siano flessibili.

BANDHA (MUDRA DI CONTRAZIONE)

Mula Bandha (Contrazione del Perineo)

Il Mula Bandha è il primo dei tre principali blocchi energetici utilizzati nelle pratiche Yogiche per controllare il flusso del Prana nel corpo, insieme ai Bandha Uddiyana e Jalandhara. Ognuno dei tre Bandha (blocchi) sigilla una parte specifica del corpo, inviando il Prana verso l'interno e verso l'alto attraverso Sushumna Nadi. Quando tutti e tre i Bandha sono usati insieme, la pratica è chiamata Maha Bandha, che significa "Grande Blocco" (Figura 132). Ogni Bandha può essere usato anche per sciogliere uno dei tre Granthis (nodi psichici) che ostacolano l'energia Kundalini nella sua ascesa verso l'alto.

Mula Bandha significa "Blocco della Radice" in Sanscrito, riferendosi al processo di imbrigliamento dell'energia nel Muladhara, il Chakra della Radice, e di invio verso l'alto attraverso Sushumna. Mula Bandha è il blocco energetico iniziale utilizzato per stimolare la Kundalini in attività alla base della colonna vertebrale.

L'esecuzione di Mula Bandha comporta la contrazione di muscoli specifici tra l'ano e gli organi genitali nella regione del perineo, dove si trova la testa del fiore di Muladhara. Il punto esatto di contrazione per i maschi è tra l'ano e i testicoli, mentre per le femmine è dietro la cervice, dove l'utero sporge nella vagina (Figura 123).

Essendo il punto di giunzione dei nervi, la zona del perineo è il punto di partenza del nostro sistema nervoso. Contrarre il perineo con Mula Bandha ha un effetto calmante sul sistema nervoso, favorendo la pace mentale e aumentando la concentrazione.

A livello Pranico, Mula Bandha reindirizza l'energia di Apana, l'aspetto del Prana all'interno del corpo che scorre verso il basso dall'ombelico. L'inversione della direzione del flusso di Apana, unita alla stimolazione delle tre Nadi che iniziano nella regione di

Muladhara, può avere un effetto potente sul risveglio della Kundalini dal suo sonno nella regione del coccige.

Durante il risveglio di Kundalini, Mula Bandha può essere usato per trascendere Brahma Granthi, che esiste tra i Chakra Muladhara e Swadhisthana. In questo modo, l'Anima si libera da particolari attaccamenti che la legano al Mondo della Materia. Il superamento di Brahma Granthi è essenziale per far salire la Kundalini nei Chakra sopra Muladhara.

A livello fisico, Mula Bandha rafforza i muscoli del pavimento pelvico. Previene l'eiaculazione precoce negli uomini, mentre per le donne lenisce il dolore delle mestruazioni. A livello psicologico, Mula Bandha aiuta a regolare gli ormoni e a promuovere una crescita e uno sviluppo mentale ed emotivo sani. Questa tecnica senza tempo bilancia gli ormoni sessuali maschili e femminili, il testosterone e gli estrogeni. Regola la tiroxina, che contribuisce alle attività metaboliche, e la serotonina, l'ormone che migliora l'umore. Mula Bandha è molto efficace nel trattamento di problemi mentali come mania, isteria, fobie, nevrosi e depressione generale.

Per iniziare l'esercizio Mula Bandha, scegliete una delle tre Asana di meditazione, preferibilmente Siddhasana, che vi permette di premere sul perineo con il tallone. Mantenere la colonna vertebrale e il collo dritti, chiudendo gli occhi e rilassando tutto il corpo. Per un maggiore effetto, si possono appoggiare le mani sulle ginocchia in Jnana o Chin Mudra.

Prendete coscienza del respiro naturale e concentrate la vostra attenzione sulla regione perineale. All'inspirazione successiva, contraete questa regione tirando su i muscoli del pavimento pelvico, sollevandoli verso la colonna vertebrale. All'espirazione, rilasciate e rilassate i muscoli pelvici. Respirate lentamente e profondamente. Continuate a contrarre e rilasciare la regione perineale/vaginale in modo controllato e ritmico, sincronizzando l'inspirazione e l'espirazione. Eseguite questo esercizio per qualche minuto come preparazione alla fase successiva.

Invece di abbandonare la contrazione successiva, tenetela stretta per qualche istante mantenendo il rilassamento nel resto del corpo. Concentratevi sul pavimento pelvico e assicuratevi di aver contratto solo i muscoli perineali legati alla regione di Muladhara e non l'ano o gli sfinteri urinari. Mantenete la contrazione per alcuni secondi. Rilasciate ora la contrazione, permettendo ai muscoli pelvici di rilassarsi. Ripetete l'esercizio per tutto il tempo che volete, con una contrazione massima seguita da un rilassamento totale dei muscoli pelvici.

La fase finale di Mula Bandha prevede la ritenzione del respiro (Khumbaka). Inspirate profondamente mentre contraete i muscoli del perineo. Trattenere il respiro finché si riesce a mantenere la contrazione in modo confortevole. Espirando, rilasciare la contrazione rilassando l'intera regione pelvica. Fate alcuni respiri normali prima di iniziare la contrazione successiva, sempre trattenendo il respiro. Ripetete l'esercizio per tutto il tempo che desiderate. Quando siete pronti a terminare la pratica, aprite gli occhi.

Il Mula Bandha può essere praticato con diverse Asana, Pranayama, Mudra e Bandha, per ottenere effetti ottimali. Se praticato da solo, dovrebbe essere eseguito come precursore della meditazione.

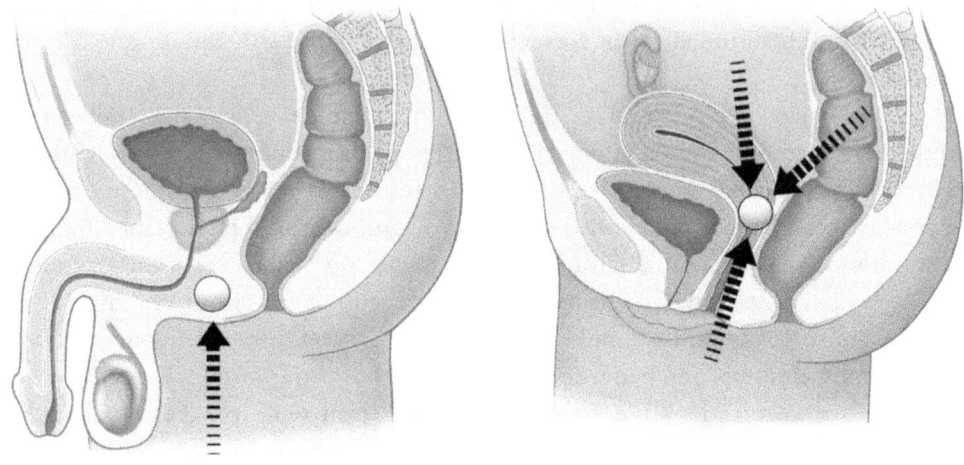

Figura 123: Punto di Contrazione di Mula Bandha

Uddiyana Bandha (Contrazione Addominale)

Uddiyana in Sanscrito significa "Volare verso l'Alto", in riferimento alla tecnica di bloccare l'energia Pranica nella regione addominale e dirigerla verso l'alto attraverso la Sushumna Nadi. Questo "Blocco Addominale" consiste nel contrarre e sollevare contemporaneamente la parete addominale verso l'interno (verso la colonna vertebrale) e verso l'alto (verso la cassa toracica). Se applicato correttamente, il diaframma sale verso il petto. Tenete presente che questo esercizio si esegue solo con la ritenzione del respiro esterno.

Il momento migliore per praticare Uddiyana Bandha è la mattina a stomaco vuoto e con l'intestino vuoto. Questo esercizio prepara lo stomaco a una migliore digestione nel corso della giornata, poiché accende il fuoco digestivo e purifica le tossine dal corpo. Massaggia e purifica gli organi addominali e tonifica i muscoli interni profondi di questa zona. Uddiyana Bandha consente una circolazione sanguigna più ottimale agli organi addominali, creando un vuoto nel petto. Inoltre, riequilibra le ghiandole surrenali, eliminando la tensione e alleviando l'ansia. Molti yogi hanno notato che l'esecuzione di Uddiyana Bandha arresta il processo di invecchiamento e fa sentire le persone anziane nuovamente giovani.

A livello energetico, l'esecuzione di Uddiyana Bandha carica Hara Chakra di energia Pranica e stimola Manipura Chakra, che influenza fortemente la distribuzione dell'energia in tutto il corpo. La pressione di aspirazione creata da Uddiyana Bandha inverte il flusso energetico di Apana e Prana, unendoli a Samana. Se combinato con Mula Bandha e

Jalandhara Bandha come parte del Maha Bandha (Grande Blocco), questo esercizio non solo può innescare un risveglio della Kundalini, ma può aiutare a sollevare la Kundalini verso la Corona. (Maggiori informazioni in un capitolo successivo).

Durante il risveglio di Kundalini, Uddiyana Bandha può essere usato per trascendere Vishnu Granthi che esiste tra Manipura e Anahata Chakra. Il superamento di Vishnu Granthi ci permette di sperimentare l'amore incondizionato nel Chakra Anahata che alimenta i Chakra dello Spirito Superiori. Raggiungere il Chakra del Cuore è fondamentale nel processo di risveglio della Kundalini, poiché risvegliamo il Guru interiore, il nostro Sé Superiore.

È possibile praticare Uddiyana Bandha in posizione eretta o seduta. La posizione in piedi facilita la concentrazione e il controllo dei muscoli addominali per i principianti. Quando ci si sente a proprio agio con la meccanica di questo esercizio, si può passare alla posizione seduta.

Per iniziare Uddiyana Bandha in posizione eretta, mantenere la colonna vertebrale dritta e piegare leggermente le ginocchia, mantenendo una distanza di un piede e mezzo tra di esse. Piegarsi in avanti appoggiando le mani sulle cosce, leggermente sopra le rotule. La colonna vertebrale deve essere orizzontale, mentre le braccia sono dritte e le dita puntano verso l'interno o verso il basso, come è più comodo. Le ginocchia devono essere leggermente piegate perché sostengono il peso della parte superiore del corpo (Figura 124).

Rilassatevi ora facendo alcuni respiri lenti e profondi, entrando dalle narici ed uscendo dalla bocca. In questa posizione dovrebbe verificarsi una contrazione automatica della regione addominale. Piegate la testa in avanti, ma non premete il mento contro il petto, perché ciò innesca Jalandhara Bandha.

Respirate profondamente e, mentre espirate, raddrizzate le ginocchia, che contrarranno automaticamente l'addome verso l'alto e l'interno della colonna vertebrale, attivando Uddiyana Bandha. Quando siete pronti, inspirate profondamente e rilasciate il blocco addominale mentre rilassate la pancia e il petto. Sollevate ora la testa e il busto in posizione eretta. Rimanere in posizione eretta finché il respiro non torna normale. Il primo giro è terminato.

Per iniziare Uddiyana Bandha in posizione seduta, mettetevi in Padmasana o Siddhasana, dove le ginocchia sono a contatto con il pavimento. Rilassare il corpo mantenendo la colonna vertebrale dritta. Appoggiare i palmi delle mani sulle ginocchia. Fare alcuni respiri profondi mantenendo il corpo rilassato.

Inspirate ora profondamente attraverso le narici. Espirando, piegatevi leggermente in avanti e premete con le mani sulle ginocchia, mentre raddrizzate i gomiti e sollevate le spalle, consentendo un'ulteriore estensione del midollo spinale. Successivamente, piegare la testa in avanti e premere il mento contro il petto, innescando Jalandhara Bandha. Nello stesso movimento, contrarre i muscoli addominali verso l'interno e verso la colonna vertebrale, attivando Uddiyana Bandha. Trattenere il respiro il più a lungo possibile, senza affaticarsi.

Figura 124: Uddiyana Bandha in Piedi

Quando siete pronti, inspirate profondamente e rilasciate il blocco addominale mentre piegate i gomiti e abbassate le spalle. Sollevate ora la testa durante l'espirazione, rilasciando Jalandhara Bandha, e rimanete in questa posizione finché il respiro non torna normale. Questo completa il primo giro.

Si noti che è necessario espirare completamente per entrare in Uddiyana Bandha, poiché la contrazione addominale dipende dalla presenza di uno stomaco vuoto. Mentre si trattiene il respiro, bisogna fare attenzione a non inspirare affatto, perché così facendo si possono minimizzare gli effetti di Uddiyana Bandha.

Iniziate la pratica con tre-cinque cicli e aumentate gradualmente fino a dieci cicli nell'arco di qualche mese. Uddiyana Bandha è ideale in combinazione con diverse Asana, Pranayama, Mudra e Bandha. Se praticato da solo, dovrebbe essere eseguito come precursore della meditazione. Si noti che è possibile praticare Uddiyana Bandha insieme a Jalandhara Bandha (Figura 125), ma anche senza. Lavorate con entrambi i metodi per familiarizzare con gli effetti di ciascuno.

Le persone che soffrono di pressione alta, ernia, ulcera gastrica o intestinale, malattie cardiache o altri problemi addominali non dovrebbero praticare Uddiyana Bandha. Inoltre, le donne non dovrebbero praticare il Maha Mudra durante le mestruazioni o la gravidanza.

Figura 125: Uddiyana Bandha Seduto (con Jalandhara Bandha)

Jalandhara Bandha (Blocco della Gola)

In Sanscrito, "Jal" significa "gola", mentre Jalan significa "rete" e "dharan" significa "flusso". "Jalandhara Bandha controlla e cattura l'energia nella gola attraverso i nervi e i vasi della zona del collo. È abbastanza semplice da eseguire, poiché richiede che il praticante porti semplicemente il mento verso il basso e lo appoggi sul petto, limitando così il respiro a scendere. Questo potente esercizio allunga il midollo spinale nella zona del collo e ha effetti potenti e sottili a livello interiore.

Jalandhara Bandha agisce sul Chakra della Gola, Visshudhi, che è il più basso dei tre Chakra dello Spirito. Ostacolando il flusso del Prana verso la testa, bloccando la gola, si sovraccaricano i quattro Chakra Elementali inferiori. Stimola gli organi della parte superiore del corpo, mentre gli altri due Bandha, Uddiyana e Mula, si rivolgono alla parte inferiore del corpo.

Per iniziare Jalandhara Bandha, sedetevi in una posizione meditativa che permetta alle ginocchia di toccare il pavimento. È possibile praticare questo esercizio anche in piedi, ad esempio nella posizione della montagna. Da seduti, si possono appoggiare le mani sulle ginocchia in Jnana o Chin Mudra, chiudendo gli occhi e rilassando tutto il corpo. Inspirare profondamente e trattenere il respiro. Piegate ora la testa in avanti e premete bene il mento contro il petto. Raddrizzate le braccia e bloccatele in posizione, sollevando leggermente le spalle verso l'alto e in avanti. Portate la consapevolezza alla gola e tenetela lì.

Rimanere in questa posizione mantenendo il respiro (Khumbaka interno) il più a lungo possibile, sentendo gli effetti di questo esercizio. Quando si è pronti a rilasciare il blocco energetico, piegare le braccia, permettendo alle spalle di rilassarsi, quindi sollevare lentamente la testa ed espirare, tutto in un unico movimento. In questo modo si completa un giro. Fate ora qualche respiro per far tornare la respirazione alla normalità prima di iniziare il giro successivo.

Si tenga presente che è possibile eseguire questo esercizio anche trattenendo il respiro dopo l'espirazione (Khumbaka esterno). La procedura è la stessa, ma si piega la testa verso il basso e si trattiene il respiro dopo l'espirazione, anziché dopo l'inspirazione. Non bisogna mai inspirare o espirare finché il blocco del mento non è stato rilasciato e la testa non è eretta. Iniziate la pratica con tre-cinque serie e aumentate gradualmente fino a dieci serie nell'arco di qualche mese.

Si noti che Jalanadhara Bandha è meglio praticato al mattino e può essere aggiunto a vari esercizi di Pranayama e Bandha. Ricordate di mantenere la colonna vertebrale dritta, altrimenti interromperete il flusso di energie attraverso il canale centrale della colonna vertebrale. Le persone che soffrono di pressione alta, di problemi cardiaci o di problemi alla gola e al collo non dovrebbero praticare Jalandhara Bandha.

Jiva Bandha

Jiva (o Jivha) Bandha è il quarto Bandha e uno degli strumenti più utili dello Yoga, soprattutto per le persone risvegliate dalla Kundalini. Può essere usato da solo o in alternativa al Khechari Mudra durante alcune Asana, Mudra o Pranayama. Jiva in Sanscrito significa "Essere con una forza vitale o anima", quindi questo Bandha permette all'individuo di controllare la propria energia Pranica. Il Prana è indistruttibile e la sua origine è il Sole, così come l'origine dell'Anima. Il Prana è meglio descritto come un'estensione dell'energia Vitale dell'Anima. Jiva Bandha è essenziale per chiudere il circuito energetico di Kundalini nel Corpo di Luce, in modo che il Prana sublimato possa circolare e nutrire i Sette Chakra.

Jiva Bandha consiste nel posizionare la lingua sul palato superiore della bocca e collegare la sua punta alla parte inferiore dei denti anteriori (Figura 126). Non si deve esercitare alcuna pressione, ma solo tenere la lingua in questa posizione.

Tutti gli individui completamente risvegliati dalla Kundalini dovrebbero adottare Jiva Bandha come posizione neutra della lingua, poiché in questo modo l'energia della Kundalini si incanala verso l'alto, verso l'Occhio della Mente, dove Ida e Pingala si uniscono, aprendo la porta del Settimo Occhio. Come descritto in precedenza, il Bindu è il punto di ingresso del circuito Kundalini, mentre il Settimo Occhio è il punto di uscita. Entrambi devono essere aperti perché l'individuo risvegliato dalla Kundalini possa sperimentare il regno estasiante della non-dualità, il Regno Spirituale. Il Jiva Bandha facilita questa esperienza e può anche essere usato per ricostruire il circuito della Kundalini negli individui risvegliati.

Jiva Bandha può essere eseguito con la bocca chiusa, come ho appena descritto, o con la bocca aperta. Gli Yogi ritengono che il Prana possa essere assimilato solo attraverso i seni paranasali; pertanto, avere la bocca aperta non è vitale per la respirazione e per il beneficio della coscienza. Tuttavia, poiché la bocca aperta durante la pratica di Jiva Bandha rilassa la mascella, è una pratica consigliata.

Per le persone risvegliate da Kundalini, praticare Jiva Bandha con la bocca aperta come parte regolare della giornata sarebbe poco pratico. Pertanto, Jiva Bandha dovrebbe essere praticato con la bocca aperta quando l'individuo è da solo e in uno spazio sicuro. In entrambi i casi, si dovrebbe praticare la Respirazione Yogica con enfasi sulla Respirazione Diaframmatica e Toracica. Per ottenere maggiori benefici, praticare Ujjayi Pranayama.

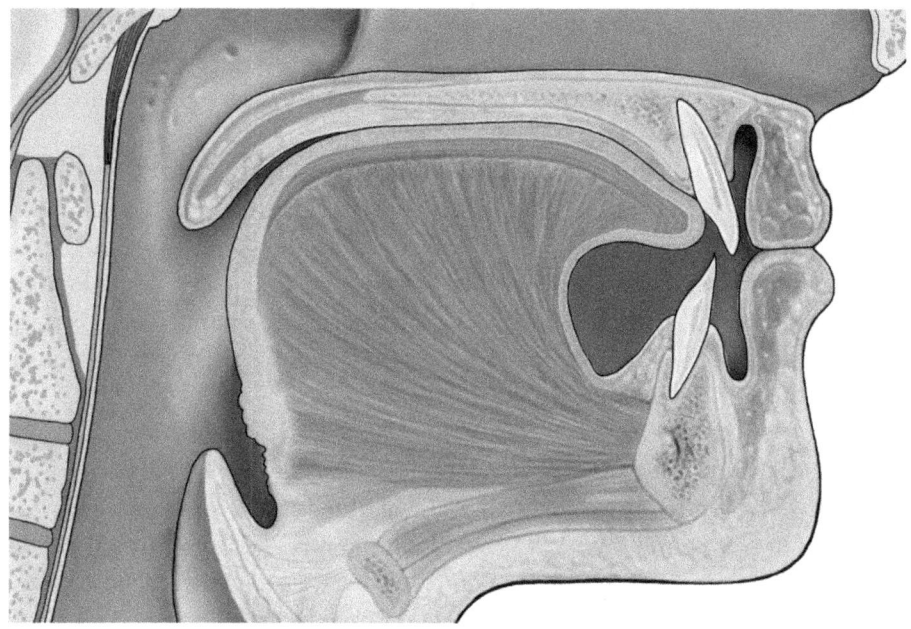

Figura 126: Jiva Bandha

Maha Mudra - Il Grande Gesto

Maha significa "grande" in Sanscrito, ecco perché il nome Inglese di questo Mudra è "Grande sigillo", "Grande Gesto" o "Grande Atteggiamento Psichico". "Il Maha Mudra è chiamato così perché coinvolge varie tecniche di Yoga individuali, elevando il potenziale di energia sessuale e facilitando una trasformazione Alchemica.

Il Maha Mudra è il primo dei dieci Mudra menzionati nello *Hatha Yoga Pradipika*, che si ritiene abbia il potere di distruggere la vecchiaia e la morte. Oltre ai suoi benefici come Mudra, è considerato un Asana maestro perché combina tutti e cinque i movimenti direzionali della colonna vertebrale: piegamento in avanti, piegamento all'indietro, torsione, piegamento laterale ed estensione assiale.

A differenza di altri Mudra dello Yoga, il Maha Mudra è un tipo di Bandha Mudra (gesto di chiusura) poiché coinvolge uno o più dei tre Bandha. Quando tutti e tre i Bandha sono applicati, la parte superiore e inferiore del tronco sono sigillate in modo che nessun Prana possa uscire dal corpo, aumentando il potenziale di risveglio dell'energia Kundalini alla base della colonna vertebrale.

Il Maha Mudra si esegue preferibilmente al mattino a stomaco vuoto. Esistono due varianti notevoli del Maha Mudra. Nella prima variante, si esercita una pressione sul perineo con il tallone (Mula Bandha) mentre si esegue Shambhavi Mudra e si pratica la ritenzione del respiro interno (Khumbaka). In questo modo si sfruttano le energie dei Chakra Muladhara, Vishuddhi e Ajna. L'intero sistema energetico si carica di Prana, che intensifica la consapevolezza e facilita la meditazione.

Una seconda variante è una forma avanzata chiamata Maha Bheda Mudra. (Questa seconda variante contiene gli stessi elementi della prima con l'aggiunta di Uddiyana e Janadhara Bandhas, che attivano la Kundalini a salire attraverso Sushumna, perforando i Sette Chakra lungo il percorso.

Per iniziare il Maha Mudra, sedetevi sul pavimento o sul tappetino da Yoga con le gambe distese e la colonna vertebrale dritta. Respirare lentamente e profondamente. Le mani devono essere appoggiate sul pavimento accanto ai fianchi. Piegate ora la gamba sinistra ed esercitate una pressione sul perineo con il tallone sinistro. Il ginocchio sinistro deve toccare il pavimento. La gamba destra deve rimanere distesa per tutta la durata della pratica. Posizionare ora entrambe le mani sul ginocchio destro mentre si rilassa tutto il corpo e si esegue il Khechari Mudra.

Piegatevi in avanti e tenete l'alluce del piede destro con entrambe le mani. La testa deve essere rivolta in avanti e la colonna vertebrale mantenuta il più possibile dritta (Figura 127). Inspirate lentamente attivando Mula Bandha. Inclinare e tenere la testa leggermente indietro. Eseguire ora Shambhavi Mudra trattenendo il respiro per otto-dieci secondi.

Trattenendo il respiro, fate scorrere la consapevolezza dal centro delle sopracciglia alla gola, giù fino al perineo e poi di nuovo indietro. Ripetete mentalmente "Ajna, Vishuddhi, Muladhara" mantenendo la concentrazione su ciascun Chakra per uno o due secondi. Espirando, rilasciare Shambhavi Mudra e Mula Bandha riportando la testa in posizione eretta. Ripetere l'intero processo ma con la gamba destra piegata. In questo modo si completa un giro, che equivale a due respiri completi.

La seconda variante prevede la contrazione della regione addominale dopo aver attivato Mula Bandha, che dà inizio a Uddiyana Bandha. Successivamente, invece di piegare la testa all'indietro, la si sposta in avanti, dando così inizio a Jalandhara Bandha. Infine, si esegue Shambhavi Mudra, trattenendo il respiro per otto-dieci secondi. Ripetete mentalmente "Vishuddhi, Manipura, Muladhara" mentre vi concentrate sulla gola, sull'addome e sul perineo, in successione, per uno o due secondi ciascuno.

Quando si espira, rilasciare Shambhavi Mudra, quindi sbloccare i Bandha in ordine inverso. Ripetere lo stesso processo con il piede destro piegato, completando così un giro completo. Nel Maha Bheda Mudra, una combinazione di Asana, Pranayama, Bandha e Mudra sono tutti coinvolti per ottenere risultati Spirituali ottimali.

Iniziate a praticare tre giri con la prima variante per qualche settimana, finché non avrete acquisito una certa esperienza con questo esercizio. Poi si può praticare la seconda variante, più avanzata, con l'applicazione dei Tre Bandha. Dopo qualche mese, aumentate il numero di giri a cinque. Il Maha Bheda Mudra integra il Maha Mudra per potenziare l'intero sistema mente-corpo.

Il Maha Mudra va praticato solo dopo una sessione di Asana e Pranayama e prima di una sessione di meditazione. Completate sempre il processo del Maha Mudra praticandolo sia sul lato destro che su quello sinistro.

Durante questo esercizio si applicano le precauzioni previste per lo Shambhavi Mudra. Le persone che soffrono di pressione alta, problemi cardiaci o glaucoma non dovrebbero eseguire il Maha Mudra. Poiché genera molto calore nel corpo, è meglio evitare questa pratica durante le calde giornate estive. Inoltre, le donne non dovrebbero praticare il Maha Mudra durante le mestruazioni o la gravidanza. Per il Maha Bheda Mudra sono incluse anche le precauzioni per Uddiyana e Jalandhara Bandha.

Figura 127: Maha Mudra

ADHARA (MUDRA PERINEALI)

Vajroli Mudra (maschile) e Sahajoli Mudra (Femminile)

Il Vajroli Mudra è una pratica avanzata di Hatha Yoga che ha lo scopo di preservare lo sperma nei maschi, permettendo all'energia sessuale di sublimare e di essere utilizzata per scopi Spirituali. Sahajoli Mudra è la controparte femminile della stessa pratica che produce benefici simili.

Vajroli deriva dalla parola radice Sanscrita "vajra", che è un'arma indistruttibile del Dio Indra con le proprietà del fulmine, cioè la folgore. Così, quando il praticante ha raggiunto il controllo della propria forza sessuale nell'area genitale, la fa risalire verso i Chakra con la potenza del fulmine. Per questo motivo, il Vajroli Mudra è spesso chiamato "Gesto del fulmine".

Vajra è anche una Nadi che inizia dai genitali e che coinvolge l'energia sessuale. L'attivazione della Vajra Nadi con questo Mudra permette all'energia sessuale di salire verso il cervello, non solo aumentando il proprio vigore, ma anche facilitando gli stati meditativi. Sahajoli, invece, deriva dalla parola "sahaj", che significa "spontaneo", e si riferisce all'eccitazione e al controllo della forza sessuale nelle donne.

Il Vajroli Mudra consiste nel contrarre i muscoli intorno alla base del pene, rafforzandoli nel tempo. Questa pratica permette di controllare il sistema urogenitale, compreso il mantenimento dell'orgasmo attraverso la ritenzione dello sperma. Di conseguenza, il Vajroli Mudra è un esercizio potente che porta alla potenza sessuale anche in età avanzata. Inoltre, la sua pratica quotidiana previene l'eiaculazione precoce, un problema comune negli uomini.

Sahajoli è una pratica che prevede la contrazione del passaggio urinario per reindirizzare l'energia sessuale nelle donne e permetterle di salire verso i Chakra e il cervello. Questa pratica permette di controllare il flusso mestruale e di controllare l'ovulazione.

A livello sottile, sia il Vajroli che il Sahajoli Mudra stimolano lo Swadhisthana Chakra, coinvolto nel processo di risveglio della Kundalini. Entrambi gli esercizi tonificano la regione urogenitale e si prendono cura dei disturbi urinari. Inoltre, entrambe le pratiche sono terapeutiche per le disfunzioni sessuali.

Per iniziare i Mudra Vajroli o Sahajoli, sedetevi in una qualsiasi Asana di meditazione comoda e mantenete la testa e la colonna vertebrale diritte. Quindi, posizionare le mani sulle ginocchia in Jnana o China Mudra, chiudere gli occhi e rilassare tutto il corpo. Il respiro deve essere normale. Posizionate ora la vostra consapevolezza sull'uretra (Figura 128). Gli uomini dovrebbero porre l'attenzione sulla radice del pene, non sulla punta.

Inspirare profondamente e trattenere il respiro mentre si tira l'uretra verso l'alto. Questa azione è simile a un intenso bisogno di urinare ma che si trattiene. Durante questa contrazione, i testicoli nell'uomo e le labbra nella donna dovrebbero spostarsi leggermente verso l'ombelico. Assicuratevi che la contrazione sia limitata alla sola uretra. Mantenete la contrazione per il tempo necessario e rilasciatela quando espirate il respiro. In questo modo si completa un giro. Eseguite da cinque a dieci serie di Vajroli o Sahajoli Mudra per le prime settimane. Man mano che la vostra capacità di tenuta migliora, aumentate gradualmente fino a venti serie nel giro di qualche mese.

Per una versione più avanzata di questi due esercizi, inserite la Navasana, Boat Pose, invece di un'Asana di meditazione. Tenete presente che per eseguire questa variante è necessario avere un nucleo forte. Per iniziare, mettetevi in Shavasana respirando normalmente e rilassandovi. Poi, portate le gambe ad un angolo specifico rispetto al suolo e mantenetele dritte. Ora, sollevate il petto per formare una forma a V con il corpo, appoggiando tutto il peso sui glutei. Durante la Boat Pose dovreste sentire una forte pressione sui muscoli addominali. Sollevate ora le mani dritte davanti a voi per bilanciarvi.

Da Navasana, seguire le stesse istruzioni: contrarre l'uretra e trattenere il respiro dopo l'inspirazione, quindi rilasciare la contrazione durante l'espirazione. Se avete difficoltà a trattenere il respiro interno, potete respirare normalmente durante questa variante dell'esercizio. Al termine dell'esercizio, tornare in Shavasana per qualche minuto per rilassarsi prima di terminare la pratica. Si noti che le persone che soffrono di condizioni mediche legate al tratto urinario dovrebbero consultare un medico prima di iniziare i Vajroli o i Sahajoli Mudra.

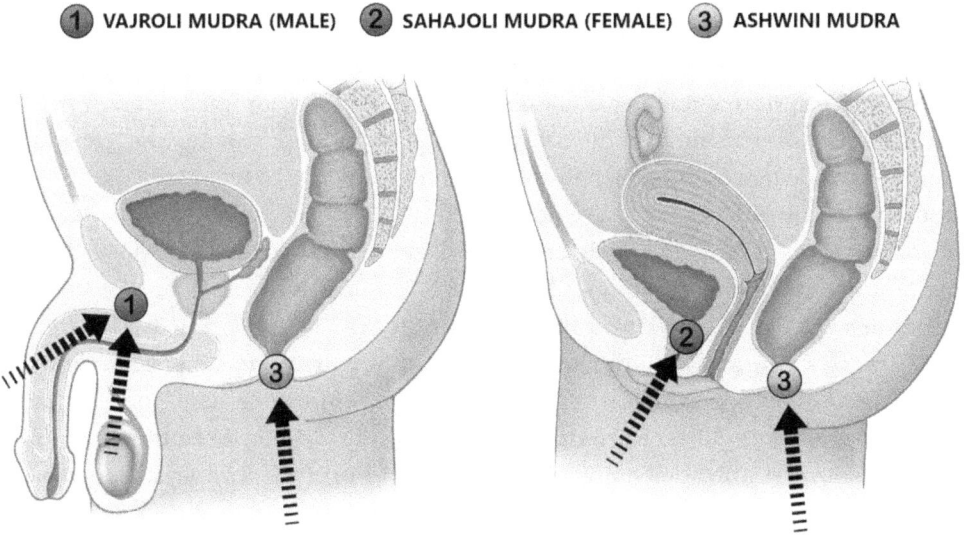

Figura 128: Punti di Contrazione dei Mudra Vajroli, Sahajoli e Ashwini

Ashwini Mudra (Gesto del Cavallo)

L'Ashwini Mudra è una pratica Tantrica utilizzata per generare e portare l'energia Pranica verso l'alto attraverso il canale Sushumna. Questa pratica prevede la contrazione ritmica dello sfintere anale, che genera l'energia Pranica nel pavimento pelvico, prima di riversarla verso l'alto. È una pratica facile che stimola l'energia Kundalini, che si trova tra il perineo e il coccige nel Muladhara Chakra.

La parola radice di Ashwini, "Ashwa", è la traslitterazione Sanscrita di "cavallo". Questo esercizio viene chiamato "Gesto del Cavallo" perché imita il modo particolare in cui i cavalli contraggono i muscoli anali dopo aver defecato, tirando così l'energia verso l'alto invece di farla fluire verso il basso.

Contraendo i muscoli anali con l'Ashwini Mudra, l'energia che di solito scorre verso il basso e fuori dal corpo (Apana Vayu) viene invertita e risale verso gli organi interni, rafforzandoli nel processo. Quando Apana Vayu riempie al massimo gli organi inferiori, si verifica una pressione alla base della colonna vertebrale, facendo fluire l'energia Pranica attraverso Sushumna Nadi.

Sebbene Ashwini Mudra sia simile a Mula Bandha, i muscoli coinvolti nel processo sono diversi. Nell'Ashwini Mudra si impegna un'area più ampia della muscolatura pelvica, il che lo rende un esercizio preparatorio adatto al Mula Bandha. Mentre l'Ashwini Mudra si concentra sulla contrazione e sul rilascio dei muscoli anali, reindirizzando il flusso naturale dell'energia e facilitandone il flusso verso l'alto, il Mula Bandha si concentra sul mantenimento dei muscoli per bloccare l'energia nell'area pelvica.

Per iniziare l'esercizio Ashwini Mudra, sedetevi in una qualsiasi comoda Asana di meditazione. Chiudete gli occhi e rilassate tutto il corpo prendendo coscienza del vostro respiro naturale. Posizionate ora la vostra consapevolezza sull'ano (Figura 128) e contraete i muscoli dello sfintere anale per qualche secondo, poi rilassateli. Respirate normalmente.

Per ottenere la massima contrazione, applicare una pressione maggiore all'interno dell'ano per sollevare i muscoli sfinterici verso l'alto. Dovreste avere la sensazione di trattenere il movimento intestinale e poi rilasciarlo. Eseguire la contrazione da dieci a venti volte in modo fluido e ritmico. Al termine dell'esercizio, rilasciare la posizione seduta e uscire lentamente dalla posizione.

Per una variante più avanzata dell'Ashwini Mudra, si può praticare la ritenzione del respiro interno (Khumbaka) durante la fase di contrazione. Inspirare lentamente e profondamente, quindi contrarre i muscoli dello sfintere anale per cinque secondi trattenendo il respiro. All'espirazione, rilasciare la contrazione. Eseguite da cinque a dieci serie di questa variante dell'Ashwini Mudra per le prime settimane, fino a venti serie nell'arco di qualche mese.

Si noti che i praticanti possono anche incorporare Pranayama, Bandha e altri Mudra con Ashwini Mudra. Per esempio, è possibile includere Jalandhara Bandha e Khechari Mudra insieme alla Respirazione Diaframmatica e Toracica per ottenere i massimi effetti. In questo modo si avrà un maggiore impatto sulla Kundalini alla base della colonna vertebrale e si potrà facilitare la risalita.

L'uso regolare dell'Ashwini Mudra purifica i canali energetici del corpo (Nadis), determinando uno stato mentale ed emotivo più equilibrato. A livello fisico, l'uso quotidiano supera molti disturbi legati al basso addome e al colon. Inoltre, dà al praticante un controllo cosciente sull'attività corporea inconscia, con conseguente maggiore controllo del sistema nervoso autonomo. Per gli uomini, l'esecuzione dell'Ashwini Mudra aiuta a risolvere le disfunzioni erettili, regolando la Ghiandola Prostatica e risolvendo qualsiasi problema ad essa correlato.

Le donne incinte e le persone con pressione alta o malattie cardiache non dovrebbero eseguire l'Ashwini Mudra con la ritenzione del respiro interno. Come nota finale, fate attenzione a non contrarre i muscoli anali quando l'intestino è pieno di feci o di gas.

I CINQUE PRANA VAYUS

Il Prana è l'energia della Luce, una forza Vitale che compenetra ogni atomo del nostro corpo e del Sistema Solare in cui ci troviamo. L'energia Pranica proviene dal Sole ed è direttamente responsabile della nostra vitalità e del nostro benessere. Come già detto, riceviamo il Prana dal cibo che mangiamo, dall'acqua che beviamo e dall'aria che respiriamo: è l'energia Vitale che sostiene la nostra mente, il nostro corpo e la nostra Anima.

L'atto stesso di respirare è un atto che porta il Prana nel corpo. Ogni respiro rifornisce il flusso sanguigno di ossigeno e coltiva i fuochi del metabolismo cellulare, liberando il corpo dalle scorie. Rifornire il nostro corpo di cibo e ossigeno crea le basi per ogni attività che svolgiamo.

Nel corpo umano, l'energia Pranica influisce direttamente sul Piano Astrale, in particolare sul Pranamaya Kosha o sul Corpo Astrale Superiore dell'Elemento Acqua. Il Prana si divide in cinque sotto-energie chiamate i Cinque Vayu. In Sanscrito, Vayu si traduce in "vento" o "aria", in riferimento all'atto della respirazione. Vayu è anche il Tattva dell'Elemento Aria e uno degli Elementi classici dell'Induismo. Il controllo del respiro e gli esercizi di respirazione sono essenziali in tutte le pratiche Yogiche e di meditazione: la manipolazione del Prana nel corpo può avere molti effetti, uno dei quali è il risveglio dell'energia Kundalini alla base della colonna vertebrale.

I Cinque Prana Vayus agiscono direttamente sull'Elemento Acqua del corpo attraverso l'Elemento Aria, poiché l'acqua ha bisogno dell'aria per essere animata e dare vita. Questa corrispondenza si ritrova anche in natura, poiché la molecola H2O (acqua) contiene al suo interno ossigeno (aria). Allo stesso modo, l'atto di respirare regola la coscienza da un momento all'altro.

I cinque Vayu sono Prana, Apana, Samana, Udana e Vyana (Figura 129). Ogni Prana Vayu è regolato da uno o più Chakra e ogni Vayu è responsabile di funzioni diverse ma cruciali nel corpo. Quando comprendiamo il ruolo di ciascun Prana Vayu, possiamo capire come il Prana serve il nostro corpo. I cinque Vayu sono le diverse manifestazioni e i processi del Prana, così come i vari arti compongono il corpo umano.

Per essere chiari, il Prana agisce sia attraverso il corpo fisico sia attraverso il Corpo di Luce. Attraverso il corpo fisico vengono introdotti cibo e ossigeno, che vengono poi scomposti per alimentare i Chakra e nutrire il Corpo di Luce e i corrispondenti Corpi Sottili (legati ai Piani Cosmici Interni). Il Corpo di Luce necessita di questi diversi meccanismi che elaborano e mettono a frutto l'energia Pranica. I Cinque Vayus possono essere paragonati a grandi oceani, dove ogni oceano contiene migliaia di correnti più piccole al suo interno.

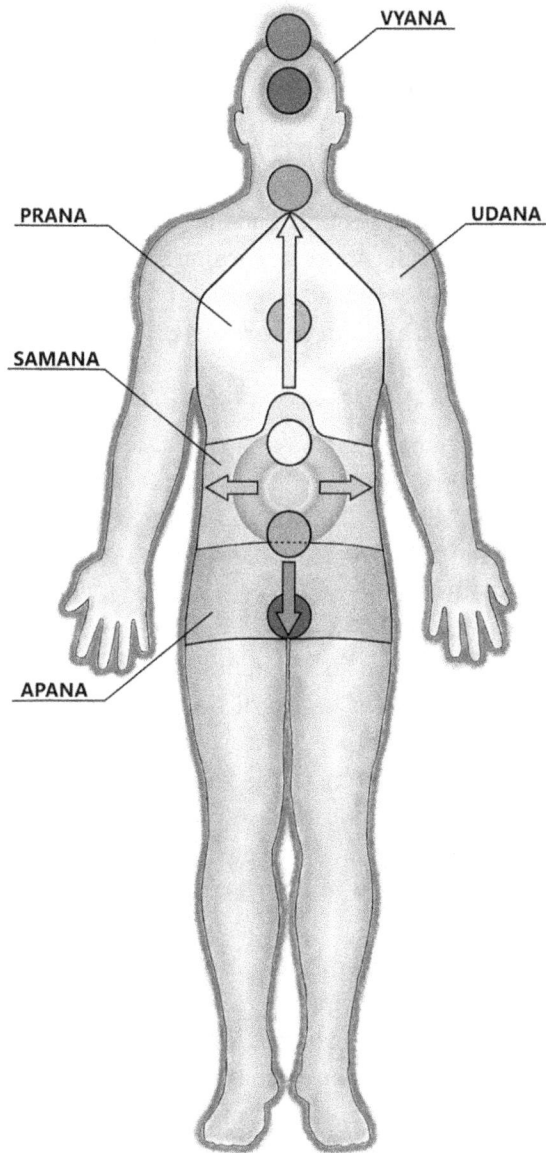

Figura 129: I Cinque Prana Vayus

Prana Vayu

Il Prana Vayu, che parte dalla zona della testa e del torace come energia che fluisce verso l'alto, si traduce come "aria che si muove in avanti". "È responsabile di tutto ciò che entra nel nostro corpo, come l'ossigeno, il cibo e le informazioni sensoriali. In quanto tale,

Prana Vayu si riferisce a tutte le modalità di assunzione di energia, la più importante delle quali è l'inspirazione, poiché non possiamo vivere senza ossigeno per più di qualche minuto.

Il Prana Vayu è associato al Chakra Anahata e all'Elemento Aria. Regola i nostri pensieri. È il più importante dei cinque Vayus, quindi il termine generale "Prana" viene utilizzato per includere tutti i cinque Vayus. Il Prana Vayu è l'energia fondamentale del corpo che dirige gli altri quattro Vayus.

Il Prana Vayu regola la respirazione, l'immunità, la vitalità e il cuore. Si riferisce all'intelligenza e al potere delle funzioni sensoriali e motorie. Gli organi che governa sono il cuore e i polmoni. Sebbene alcune scuole di pensiero sostengano che la dimora principale del Prana sia nell'area del petto e del cuore, altre affermano che si estende anche alla testa. Ogni volta che concentriamo la nostra attenzione su qualcosa, manipoliamo il Prana nel corpo e coinvolgiamo Ajna Chakra in questo processo.

Apana Vayu

Operando dalla base del tronco, Apana Vayu si traduce come "aria che si allontana". "È associato al Muladhara Chakra e all'Elemento Terra. La Terra è l'Elemento finale del processo di manifestazione e Apana è il Prana Vayu che rappresenta l'eliminazione di tutto ciò che il nostro corpo non ha più bisogno, come l'energia negativa e i rifiuti corporei, come le feci e l'urina, lo sperma e il liquido mestruale. Apana rappresenta quindi l'energia che scorre verso il basso e verso l'esterno e l'espirazione del respiro.

Come la testa contiene le aperture adatte al flusso del Prana verso l'interno, la base del torso ha le aperture necessarie per il lavoro di Apana. Apana governa i reni, la vescica, l'intestino, il sistema escretore e riproduttivo. Apana coinvolge anche Swadhisthana Chakra e l'Elemento Acqua per quanto riguarda l'eliminazione dei liquidi sessuali dal corpo (sperma negli uomini e fluidi vaginali nelle donne) e il rilascio dell'energia negativa immagazzinata nella mente subconscia come emozioni dannose.

Samana Vayu

Operando dalla regione dell'ombelico, tra Prana e Apana Vayu, Samana Vayu si traduce come "l'aria di equilibrio". "Poiché Prana Vayu è l'inspirazione e Apana è l'espirazione, Samana è il tempo che intercorre tra l'inspirazione e l'espirazione. Samana Vayu si occupa di digestione, assorbimento, assimilazione e manifestazione. È associato a Hara, il Chakra dell'Ombelico, che è alimentato dai Chakra Manipura e Swadhisthana (gli Elementi Fuoco e Acqua). Samana, tuttavia, ha un legame primario con l'Elemento Fuoco, poiché opera in connessione con Agni (il fuoco digestivo) e si concentra nello stomaco e nell'intestino tenue.

Samana permette di discriminare mentalmente tra pensieri utili e non utili. Governa fegato, stomaco, duodeno, milza e intestino tenue e crasso. Samana (insieme ad Agni) fornisce il calore interno per trasformare il cibo che mangiamo in energia Pranica. Questa energia viene poi distribuita attraverso gli altri Prana Vayus.

Mentre Prana e Apana sono le energie che fluiscono verso l'alto e verso il basso, Samana è l'energia che fluisce in orizzontale. Tutte e tre, però, si dice che abbiano origine da Hara Chakra, che è essenzialmente il deposito del Prana nel corpo.

Udana Vayu

Operando dalla gola, dalla testa, dalle braccia e dalle gambe, Udana Vayu è un'energia che scorre verso l'alto e si traduce come "ciò che porta verso l'alto". "È associata ai Chakra Vishuddhi e Ajna e all'Elemento Spirito. Mentre Udana sale durante l'inspirazione, circola durante l'espirazione, nutrendo il collo, la testa, il sistema nervoso ed endocrino.

Un flusso sano di Udana implica che una persona agisce da una fonte superiore. Questa energia ci porta a rivitalizzare e trasformare la nostra forza di volontà e a realizzarci attraverso l'Elemento Spirito. Udana regola la crescita, l'intuizione, la memoria e la parola. Governa tutti gli organi sensoriali e di azione, compresi mani e piedi.

Nelle *Upanishad*, Prana Vayu è chiamato "respiro interno", Apana "respiro esterno", Samana "respiro intermedio" e Udana "respiro superiore". "Udana è essenzialmente un'estensione di Samana. Udana guida l'inspirazione, il che significa che opera insieme al Prana Vayus. Entrambe sono energie che fluiscono verso l'alto e hanno qualità simili, poiché l'Elemento Aria (Prana) è Spirito (Udana) a un livello inferiore e più manifesto. Al momento della morte, Udana è l'energia che porta la coscienza individuale fuori dal corpo fisico.

Vyana Vayu

Operando in tutto il corpo come energia coordinatrice di tutti i Prana Vayu, Vyana Vayu si traduce come "aria che si muove verso l'esterno". "Vyana è la forza che distribuisce il Prana e lo fa fluire. Governa il sistema circolatorio e il movimento delle articolazioni e dei muscoli. A differenza di Samana, che attira l'energia verso l'ombelico, Vyana muove l'energia verso i confini del corpo, espandendosi durante l'espirazione.

Secondo la maggior parte delle scuole di pensiero yogiche, Vyana Vayu è associato a Sahasrara Chakra e all'Elemento Spirito, perché racchiude e regola tutti i Prana Vayus, così come Sahasrara è la fonte di Luce per tutti i Chakra sottostanti. Secondo altre scuole di pensiero, invece, Vyana Vayu corrisponde a Swadhisthana Chakra e all'Elemento Acqua, perché governa la circolazione del corpo. Tuttavia, indipendentemente dalla sua origine e dal suo centro, Vyana Vayu comprende tutti i Prana Vayu e fornisce un senso di coesione, integrazione ed espansione alla coscienza individuale.

***

Uno dei modi più semplici ed efficaci per bilanciare i cinque Prana Vayus è quello di praticare i Mudra delle mani specifiche per ogni Vayu (Figura 130). Oltre ad aumentare o diminuire gli elementi che corrispondono a ciascun Vayu, ogni Mudra ha ulteriori benefici per il complesso mente-corpo. Per le istruzioni sul loro utilizzo, consultare la sezione "Passi per l'Esecuzione dei Mudra delle Mani" a pagina 365.

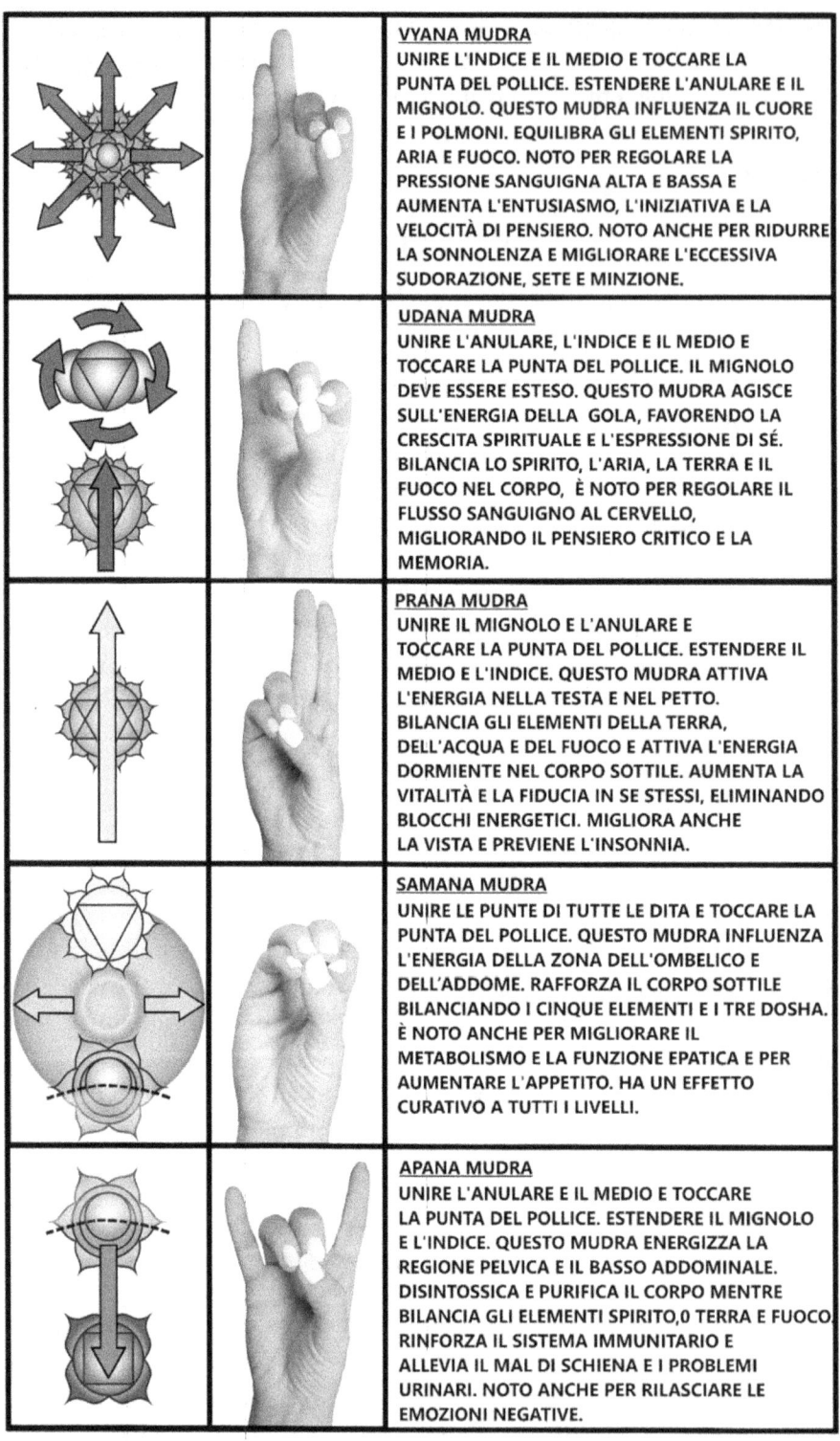

Figura 130: Mudra delle Mani per i Cinque Prana Vayus

PRANA E APANA

Le due energie coinvolte nel meccanismo di risveglio della Kundalini sono Prana e Apana. Queste due energie si muovono nel nostro corpo attraverso le Nadi. Come già detto, il Prana è rappresentato dall'inspirazione, mentre Apana è rappresentato dall'espirazione. Il Prana e l'Apana non si incontrano mai, poiché ciascuno si muove lungo il suo percorso attraverso i vari canali energetici.

Praticando specifiche tecniche di Kundalini Yoga, creiamo il potenziale per l'incontro tra Prana e Apana. Il punto in cui avviene questo magico incontro tra Prana e Apana è il Chakra Hara (Navel), nella regione dell'ombelico. Hara è un importante punto di incontro di molti canali energetici del corpo, poiché è il nostro fondamento energetico, il nostro nucleo.

Per quanto riguarda l'innalzamento della Kundalini, il Prana è l'"Aria Vitale" sopra l'Hara, mentre l'Apana è l'"Aria Vitale" sotto di esso. Le Settanta-Due Nadi emanano dai Chakra Maggiori e terminano nelle mani e nei piedi. La maggior parte di questi nadi è centrata intorno alle regioni del Chakra del Cuore e del Chakra Hara. Il Prana viene trasportato in tutte le parti del corpo attraverso le Nadi. Ida, Pingala e Sushumna sono i canali energetici più importanti, poiché trasmettono la maggior parte del Prana.

Il canale Ida inizia alla base della colonna vertebrale e termina nella narice sinistra. Al contrario, Pingala inizia alla base della colonna vertebrale e termina nella narice destra. Come già detto, però, durante il processo di risveglio della Kundalini, Ida e Pingala terminano nelle Ghiandole Pineale e Pituitaria. Ida rappresenta il Prana Vayu, mentre Apana rappresenta il Pingala. L'ascensione della Kundalini corrisponde a Udana. Samana rappresenta Sushumna. La forza direzionale di Samana deve trasformarsi perché la Kundalini alla base della colonna vertebrale si risvegli. Il suo sviluppo o trasformazione avviene quando Prana e Apana si incontrano nel Chakra Hara.

Attraverso l'inspirazione e la ritenzione, il Prana può essere diretto verso il basso fino all'Hara Chakra, mentre attraverso l'espirazione e la ritenzione, Apana viene portato verso l'alto dal Chakra della Radice all'Hara. Quando queste due energie si incontrano nell'Hara, il Samana inizia a cambiare il suo movimento. Non si allontana più orizzontalmente da Hara, ma si muove verso l'interno, creando un movimento rotatorio, come illustrato nella Figura 131.

Durante la trasformazione di Samana, nell'Ombelico inizia a generarsi un calore, chiamato Tapas. Questo calore provoca una sensazione estatica, paragonabile all'euforia sessuale o all'eccitazione sensuale; le "farfalle nello stomaco" che si provano quando ci si innamora, che in questo caso sono più simili ad aquile. Un altro esempio paragonabile è la sensazione che si prova quando si riconosce lo Spirito dentro di sé e l'immensa beatitudine che lo accompagna. Per questo motivo, il tipo di calore generato nel Samana è descritto come calore bianco, non caldo, il che significa che si tratta di un tipo di estasi Spirituale.

Questo calore intenso crea una pressione che agisce sulla Sushumna Nadi, attivandola. Il processo di attivazione energizza il canale Sushumna nella colonna vertebrale, facendolo illuminare come una lampadina una volta ricevuta l'energia elettrica necessaria. Queste energie integrate partono dal Chakra dell'Ombelico e scendono verso il Chakra della Radice, stimolando così la Kundalini in attività alla base della colonna vertebrale. In questo modo, la Kundalini inizia il suo viaggio verso l'alto attraverso il tubo cavo del midollo spinale, perforando ogni Chakra man mano che sale fino a raggiungere la Corona.

Contemporaneamente, i canali Ida e Pingala sorgono ai lati opposti di Sushumna. Si incrociano in ciascuno dei punti Chakrici fino a fondersi nel Talamo, dove termina anche Sushumna. Durante questo processo si attivano anche le Ghiandole Pineale e Pituitaria. La destinazione successiva di tutti e tre i canali è quella di salire come un unico flusso di energia fino alla sommità del capo, al Chakra della Corona, aprendo il Loto dai Mille Petali.

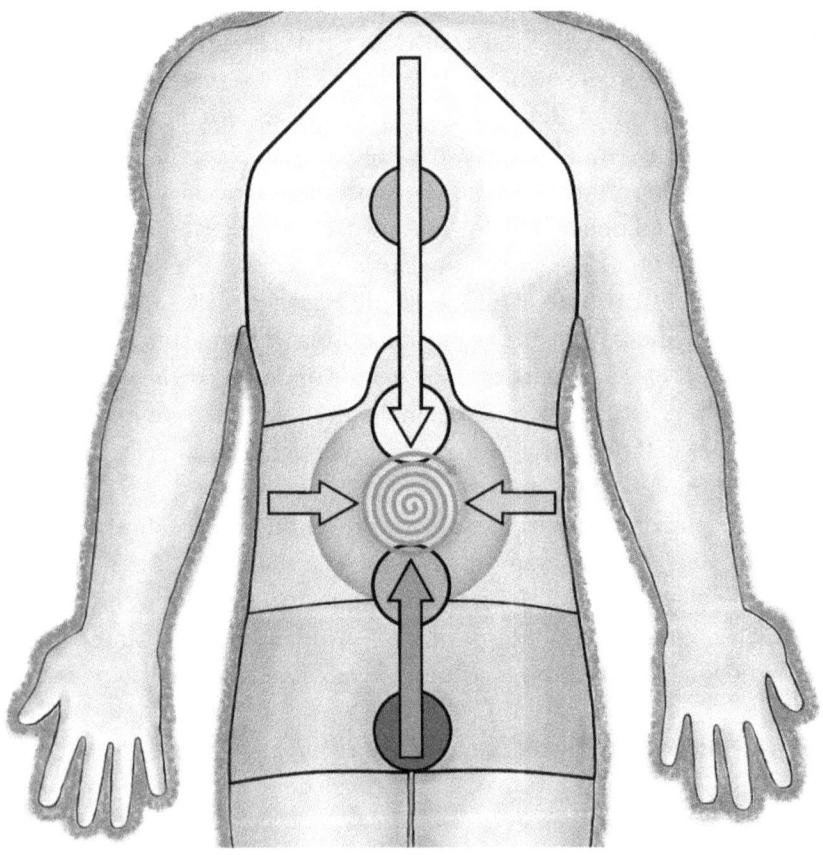

Figura 131: Reindirizzamento del Flusso di Prana, Apana e Samana

RISVEGLIARE LA KUNDALINI

È necessario praticare un adeguato controllo del respiro e una direzione mentale per stimolare la Kundalini in attività e farla salire e attivare i centri superiori della coscienza. L'applicazione della forza di volontà è fondamentale per questo processo, ma lo è anche la conoscenza, poiché occorre una tecnica comprovata che funzioni.

Prima di tentare di risvegliare la Kundalini, è fondamentale pulire i canali energetici e rimuovere qualsiasi energia negativa e impurità nei nervi. Altrimenti, se i canali sono bloccati, il Prana non potrà muoversi attraverso di essi e la Kundalini rimarrà dormiente. Le tecniche impiegate nello Yoga e nel Tantra lavorano per assolvere questo compito e risvegliare la Kundalini.

Gli insegnamenti Yogici e Tantrici dicono che la combinazione di esercizi fisici (Kriya/Asana), tecniche di respirazione (Pranayama), blocchi energetici (Bandha) e canto di Mantra può essere usata per far sì che Prana e Apana si incontrino all'Hara Chakra e stimolino la Kundalini in attività. Per far salire l'energia Kundalini attraverso Sushumna, Prana (Pingala) e Apana (Ida) lungo la colonna vertebrale, si possono applicare dei blocchi idraulici (Bandha), che richiedono l'applicazione consapevole di una pressione in diverse parti del corpo.

L'applicazione di una pressione nel Muladhara Chakra (Mula Bandha) invia le energie Kundalini, Prana e Apana verso Swadhisthana Chakra. Successivamente, è necessario applicare un Bandha nel diaframma (Uddiyana Bandha), che invierà le tre energie verso l'alto fino al Chakra della Gola. Da lì, il Blocco Idraulico della Gola (Jalandhara Bandha) porta le energie nel cervello. L'applicazione simultanea di tutti e tre i blocchi è chiamata Maha Bandha (Figura 132).

La Ghiandola Pineale è collegata a Ida Nadi, mentre l'Ipofisi è collegata a Pingala. Quando la Kundalini sale, la Ghiandola Pineale inizia a trasmettere un fascio di radiazioni e a proiettarlo verso l'Ipofisi. L'Ipofisi si eccita e proietta impulsi o lampi di luce verso la Ghiandola Pineale. Una volta che la Kundalini entra nel cervello attraverso Sushumna, Ida e Pingala si incrociano un'ultima volta al Talamo, dove si fondono come opposti. Questo processo risveglia l'Ajna Chakra, attivandolo completamente e dando luogo a un matrimonio mistico tra la Ghiandola Pineale e l'Ipofisi.

Quando Ida, Pingala e Sushumna si unificano come un unico flusso di energia nel centro del Talamo, la porta di Sahasrara si apre. La Kundalini può quindi salire fino alla sommità del capo e completare il suo viaggio. L'Anima, che aveva sede nella Ghiandola Pineale, lascia il corpo fisico e si verifica un'espansione permanente della coscienza.

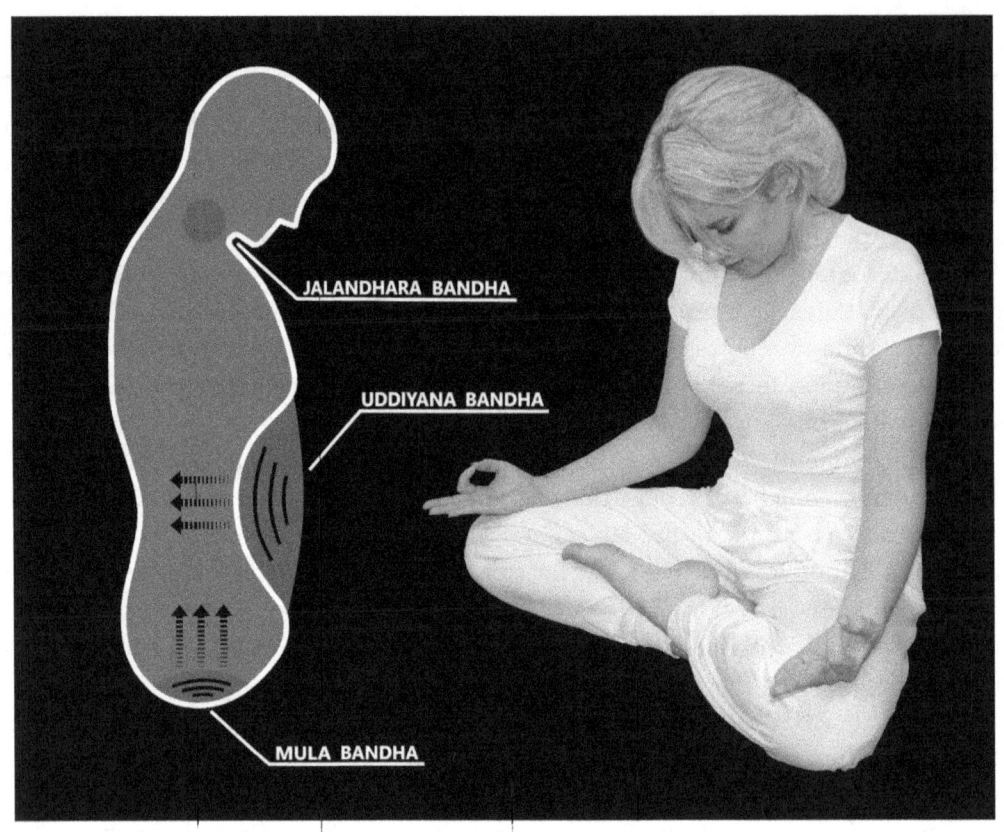

Figura 132: Maha Bandha: Applicazione dei Tre Bandhas

SUSHUMNA E BRAHMARANDHRA

Sushumna è la Nadi centrale che passa attraverso il tubo cavo della colonna vertebrale. Il suo flusso inizia alla base, nel Muladhara Chakra, e termina nel Sahasrara Chakra alla Corona. Una volta entrata nella testa, la Sushumna Nadi si divide in due flussi (all'altezza del Talamo). Un flusso si muove verso la parte anteriore della testa, oltrepassando Ajna Chakra mentre lo attiva. Continua a muoversi lungo la parte anteriore della testa, proprio all'interno del cranio, prima di raggiungere Brahmanrandhra, la sede della coscienza suprema, situata al centro della testa.

Il secondo flusso si muove verso la parte posteriore della testa, accanto ma appena dentro il cranio, prima di raggiungere Brahmarandhra. Entrambi i flussi di energia si incontrano con Brahmarandhra, perforandolo e portando all'apertura dell'Uovo Cosmico, che è la sommità direttamente sopra di esso.

In Sanscrito, Brahmarandhra significa "buco o apertura di Brahman". Secondo i testi Yogici, Brahmarandhra è l'apertura della Sushumna Nadi sulla corona della testa. In Sanscrito, Brahman si riferisce allo Spirito Cosmico. Connota il più alto Principio Universale, la realtà ultima dell'Universo.

Quando si eleva l'energia Kundalini a Brahmarandhra, si sperimenta un risveglio Spirituale di altissimo livello. Brahmanrandhra e l'Uovo Cosmico si riferiscono entrambi all'energia Cosmica e l'atto di sfondare questo centro è il risveglio del Sé Spirituale e Divino.

Sebbene, secondo i testi sacri, entrambi servano a liberare l'Anima dal corpo, non è chiaro se Brahmarandhra e l'Uovo Cosmico siano la stessa cosa. Tuttavia, dalle mie ricerche approfondite sull'argomento, unite alla mia esperienza di risveglio della Kundalini, ho concluso che perforando Brahmarandhra con sufficiente forza si avvia il processo di rottura dell'Uovo Cosmico. In altre parole, si tratta di un processo a due fasi.

Ulteriori indizi ci vengono forniti dallo Shiva Linga che contiene un cilindro a forma di uovo che si dice rappresenti il Brahmanda, il cui significato in sanscrito è "l'Uovo Cosmico". Brahma si riferisce al Cosmo, mentre "anda" significa "uovo". Il Brahmanda è un simbolo universale della fonte dell'intero Cosmo. L'Uovo Cosmico è una delle icone più importanti della mitologia mondiale che possiamo trovare in molte tradizioni Antiche. In quasi tutti i casi, nell'Uovo cosmico risiede un Essere Divino che si crea dal nulla e poi crea l'Universo materiale.

Nella sua ascesa, quando la Kundalini raggiunge la sommità del capo e perfora Brahmarandhra, l'Uovo Cosmico si rompe e il "tuorlo", che è energia Pranica sublimata, si riversa sul corpo, dando luogo alla piena attivazione del Corpo di Luce e delle Settanta-Due Nadi. Questa esperienza è come ereditare le "ali" Spirituali, che permettono di viaggiare nei Piani Cosmici interni attraverso la Merkaba ottimizzata. Pertanto, rompendo l'Uovo Cosmico si diventa essi stessi un Essere Angelico.

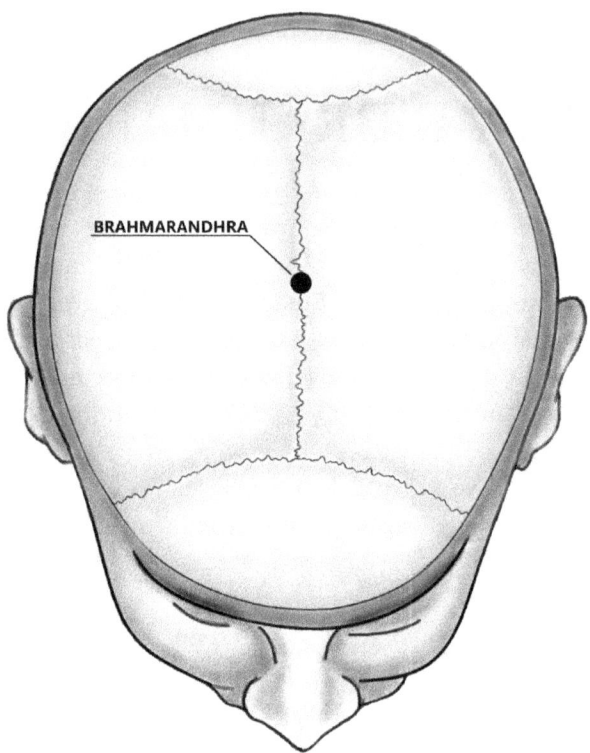

Figura 133: Il Brahmarandhra

La posizione di Brahmarandhra è tra le due ossa parietali e occipitali, più precisamente nella zona della fontanella anteriore (Figura 133). Nel bambino questa parte della testa è molto morbida. Quando il bambino cresce, il Brahmarandhra si chiude con la crescita delle ossa del cranio. Tutti gli esseri umani adulti hanno il compito di portare l'energia Kundalini nella testa e di penetrare il Brahmarandhra se desiderano ottenere la liberazione dalla morte. Penetrando Brahmarandhra attraverso l'attivazione della Kundalini, diventiamo uno con lo Spirito come Esseri Eterni di Luce.

Secondo le *Upanishad*, una volta che Sushumna trafigge la testa e attraversa il Brahmarandhra, lo Yogi raggiunge l'immortalità. Il Microcosmo e il Macrocosmo diventano uno e lo Yogi raggiunge l'illuminazione. Prima che ciò avvenga, però, il Corpo di Luce viene completamente attivato, poiché le Settanta-Due Nadi vengono infuse di energia Pranica. Questo processo è molto intenso, poiché il Corpo di Luce viene caricato da quella che sembra una fonte di energia esterna. Descrivo il processo come la sensazione di essere fulminati da una linea elettrica ad alta tensione, senza il dolore fisico, ovviamente.

Nella mia esperienza personale, una volta aperti gli occhi fisici durante il processo di attivazione della Kundalini, ho visto le mie mani e altre parti del mio corpo come pura Luce dorata, come se avessi subito una trasformazione biologica. Inoltre, la stanza in cui mi trovavo è apparsa olografica, poiché gli oggetti intorno a me sono diventati semitrasparenti e apparentemente sospesi a mezz'aria. Non si trattava di una visione momentanea, ma di una visione che ho mantenuto per oltre cinque secondi, con le mie funzioni cognitive pienamente operative, prima che l'energia infusa che ora si era impadronita del mio corpo mi ributtasse sul letto.

Una volta che Shakti si unisce a Shiva, la coscienza suprema, il velo di Maya viene bucato e si può percepire l'infinita e vivente Mente di Dio. In verità, la natura della nostra realtà è il sottoprodotto dell'unione di energia e coscienza.

Mentre l'energia continuava a salire verso l'alto, fino a superare Brahmarandhra e l'Uovo Cosmico, la mia coscienza ha iniziato a lasciare completamente il mio corpo fisico. Mi è sembrato di essere risucchiato dal mio corpo e di cessare di esistere. All'apice di questa esperienza, mi trovavo all'inizio dell'unione con la Luce Bianca. Considerando che Brahmarandhra è il centro dell'energia e della coscienza, alcuni credono che, se si va oltre, non si possa tornare al corpo fisico. Questa idea è puramente teorica, ma una possibilità esiste comunque. In altre parole, se avessi permesso a me stesso di unirmi alla Luce Bianca durante la mia intensissima esperienza di risalita della Kundalini, forse non sarei riuscito a tornare nel corpo fisico. L'esperienza era troppo intensa a tutti i livelli e c'erano molte variabili sconosciute, soprattutto perché in quel momento della mia vita non avevo alcuna conoscenza della Kundalini.

Sushumna Nadi ha tre strati o Nadi minori che la compongono. Una volta rotto l'Uovo Cosmico, l'energia Kundalini da Sushumna Nadi continua a salire verso l'alto fino alla completa apertura dei Mille Petali di Sahasrara Chakra. Bisogna lasciarsi andare e non cercare di controllare l'energia che continua a salire verso l'alto. Ognuno dei tre Nadi o strati di Sushumna deve fare la sua parte perché questo avvenga. Una volta completato, la testa si apre come un fiore. Il fiore simbolico è composto da tre strati, come illustrato nella Figura 134. Questi tre strati rappresentano la persona pienamente risvegliata. Questi tre strati rappresentano il Sahasrara Chakra completamente risvegliato. In quanto tale, l'uomo diventa un'antenna per le vibrazioni provenienti dall'esterno.

La Sushumna Nadi ha uno strato esterno tradizionalmente considerato di colore rosso brillante, simbolo del Fuoco Kundalini che scorre attraverso di essa. Poiché la Sushumna Nadi si divide in due flussi all'interno della testa, davanti e dietro, governa l'intera parte centrale della testa.

Il primo strato di Sushumna è chiamato Vajrini o Vajra Nadi. Questa Nadi inizia dall'Ajna Chakra e termina nelle gonadi (testicoli negli uomini e ovaie nelle donne). Il suo colore è l'oro, in quanto mostra la natura di Rajas o attività. Questo strato è la Nadi del Sole (Surya) che contiene l'energia maschile che lavora all'esterno del Sushumna come Pingala Nadi e al suo interno come Vajrini. Si ritiene che la Vajrini possa essere velenosa o tossica.

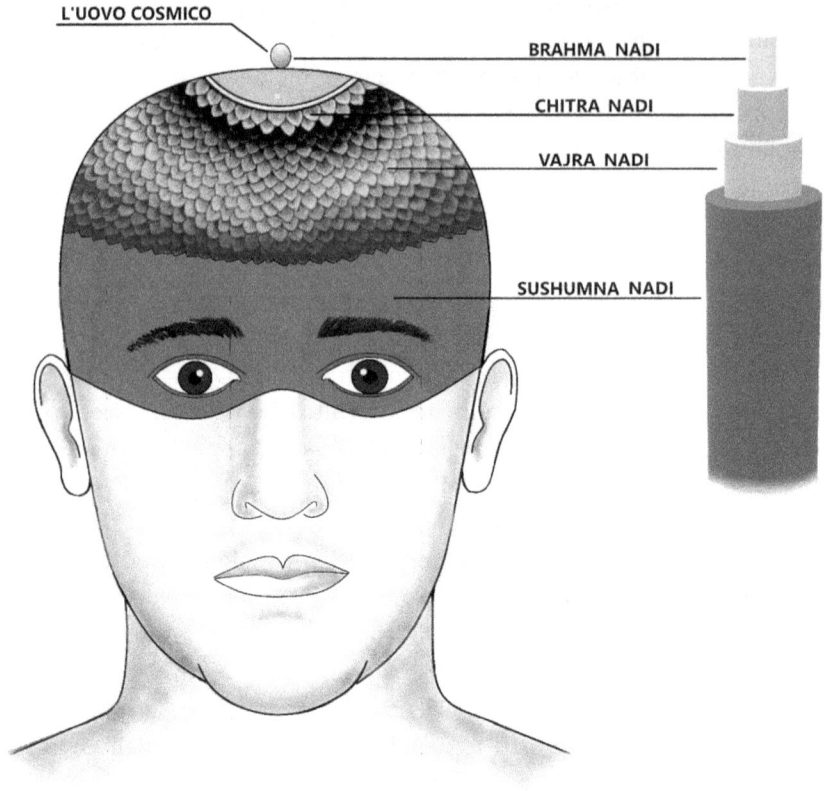

Figura 134: Gli strati di Sushumna Nadi e l'Uovo Cosmico

Il secondo strato è chiamato Chitrini o Chitra Nadi. Di colore bianco-argento, questa Nadi riflette la natura della Luna (Chandra). Ci collega ai sogni e alle visioni ed è di primaria importanza per i pittori e i poeti risvegliati. Chitrini presenta il carattere di Sattva, che si riferisce alla trascendenza. Inizia nel Bindu Chakra e termina nel lingam Svayambhu nel Muladhara. La Chitra Nadi si connette ai Chakrici all'interno del midollo spinale. Questa Nadi femminile lavora all'esterno di Sushumna come Ida Nadi e al suo interno come Chitrini. Si dice che la Chitrini termini in Brahmnadvara, la porta o l'ingresso in Brahma, il Creatore. Attraverso la Chitra Nadi, la Kundalini viaggia verso il suo luogo di riposo finale all'interno del Settimo Occhio, altrimenti chiamato Soma Chakra.

Lo strato più interno è la Brahma Nadi, che è direttamente collegata a Brahmarandhra. Brahma Nadi è il flusso della purezza e l'essenza profonda dell'energia Kundalini. Quando si risveglia, energizza i Chakra, infondendo loro la Luce di Kundalini. Per avere un risveglio completo, però, è necessario sollevare la Kundalini attraverso Brahma Nadi e perforare Brahmarandhra. Tutto ciò che è meno di questo non è un risveglio completo, ma parziale.

LALANA CHAKRA E IL NETTARE DI AMRITA

Nella tradizione del Tantra Yoga, si dice che il Bindu Chakra sia il punto che alimenta l'intero corpo fisico e il suo punto di dissipazione. Si dice che il Bindu contenga la nostra Forza Vitale al suo interno, producendo il Nettare Amrita. Il Nettare Amrita viene prodotto attraverso una sintesi dell'energia della Luce che si ottiene dal cibo. Nelle persone non risvegliate dalla Kundalini, l'Amrita gocciola dal Bindu fino al terzo Chakra, Manipura, dove viene utilizzata per varie attività del corpo. Dà vitalità al corpo. Con il passare del tempo, la forza vitale del Bindu comincia a disperdersi, invecchiando così il corpo fisico. La pelle diventa più ruvida e secca, i capelli cominciano a cadere, il tessuto osseo e la cartilagine si consumano e la vitalità generale diminuisce.

Gli Yogi sostengono che se si riesce a impedire che l'Amrita venga bruciata dal Chakra del Plesso Solare, si può godere del suo nettare vitalizzante e nutriente e fermare e persino invertire il processo di invecchiamento e degenerazione del corpo fisico. Per ottenere questo risultato, gli Yogi devono stimolare un Chakra Minore segreto chiamato Lalana. Nelle *Upanishad si* dice che Lalana abbia 12 petali rosso vivo. Altri testi Sacri, invece, dicono che ha 64 petali bianco-argentei.

Lalana è un Chakra misterioso, ma fondamentale, soprattutto negli individui risvegliati dalla Kundalini. L'utilizzo del potere di Lalana e Vishuddhi permette di trasformare l'Amrita in una sostanza più fine e Spirituale, che viene utilizzata per energizzare e nutrire il circuito della Kundalini. L'energia di Luce sintetizzata che si ottiene dal cibo e che, come ho detto, "alimenta" il circuito della Kundalini, fornendo l'esperienza della trascendenza, è il nettare di Amrita di cui si parla nelle tradizioni Yogiche. L'Amrita diventa ottimizzata quando viene imbrigliata e trasformata in ciò che descrivo come un'energia liquida dello Spirito. Questa sostanza rinfrescante calma la mente e il cuore, rimuovendo e lavando via i pensieri e le emozioni squilibrate.

Lalana è una regione lunare circolare di colore rosso che funge da serbatoio per il nettare di Amrita. Quando l'Amrita cade dal Bindu, viene immagazzinata nel Lalana Chakra, pronta per essere purificata da Vishuddhi. Se Vishuddhi è inattivo, come nella maggior parte degli individui non risvegliati dalla Kundalini, l'Amrita cade nel Manipura. Ma se Lalana viene in qualche modo stimolato, anche Vishuddhi diventa attivo. Il Nettare viene così purificato e trasformato, diventando il "Nettare dell'Immortalità". Come già detto, le tradizioni Antiche si riferiscono a questo nettare come "Elisir di Vita" e "Cibo degli Dei". Nel Cristianesimo, è il "Sangue di Cristo" che garantisce la vita eterna. Una volta aperti i centri energetici necessari, il nettare Amrita trasformato viene ridistribuito in tutto il Corpo di Luce, permettendo all'individuo di sperimentare la vera trascendenza.

Il Lalana Chakra si trova nella parte posteriore del palato, più precisamente nell'area in cui la parte superiore del midollo spinale incontra il tronco encefalico. Nella sezione trasversale del cervello umano e del cranio (Figura 135), la sua posizione è tra il Midollo Allungato e la base del cranio, lungo il canale centrale del midollo spinale. In quest'area il nervo Vago e gli altri nervi cranici si uniscono alla prima vertebra cervicale (Atlante).

Il Lalana Chakra si trova circa due centimetri sopra il Vishuddhi ed è intimamente connesso con esso. Lalana, che significa sia "energia femminile" che "lingua", è chiamato anche Talu Chakra ed è situato direttamente dietro la faringe, nella parte posteriore della bocca. L'energia Kundalini attiva il Lalana Chakra quando entra nel tronco encefalico. Una volta attivato, la Kundalini procederà verso il Talamo, dove lavorerà per aprire Ajna e poi Sahasrara.

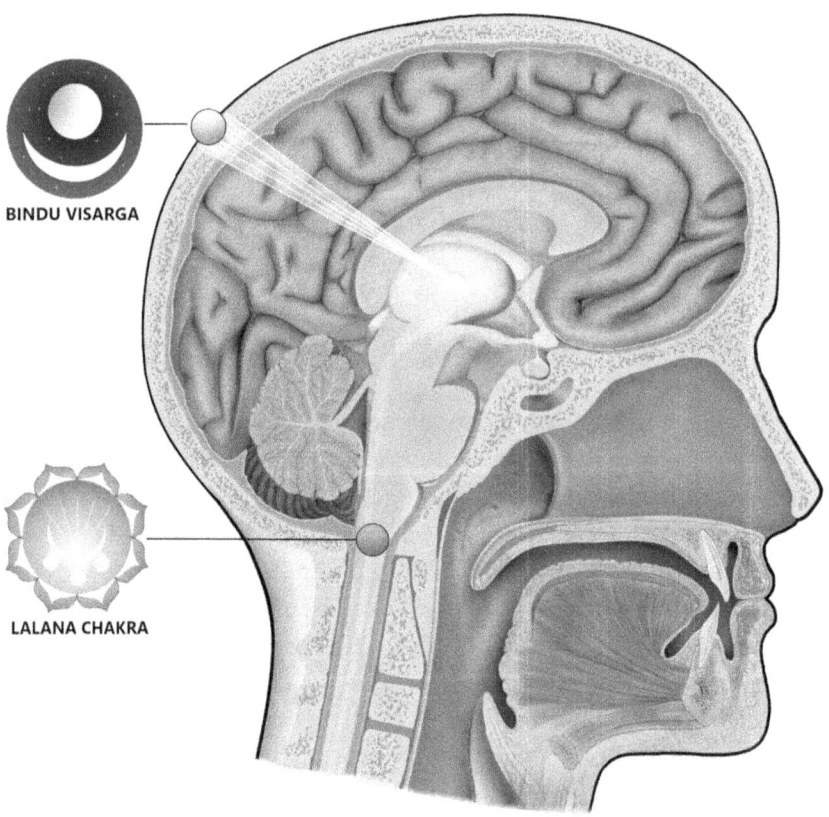

Figura 135: Il Chakra Lalana (Talu) e il Bindu Visarga

Lalana è anche collegato al Bindu, nella parte posteriore della testa. Insieme a Vishuddhi, questi tre Chakra sono responsabili di ciò che accade all'Amrita e se cade verso il basso a Manipura, portando alla degradazione fisica, o se viene imbrigliata e utilizzata per scopi Spirituali. I poteri del Lalana Chakra vengono sfruttati al meglio una volta che la Kundalini ha aperto questo centro Chakrico, ma esiste un altro metodo che gli Yogi hanno sviluppato, chiamato Khechari Mudra.

KHECHARI MUDRA E LE SUE VARIAZIONI

Gli Yogi hanno scoperto che possono influenzare il flusso di Amrita dal loro Bindu con l'aiuto della lingua. Il Khechari Mudra, che rientra nella categoria "Mana: Mudra della Testa", è una tecnica potente che utilizza la lingua per incanalare l'energia nel cervello. Si tratta di girare la punta della lingua all'indietro e cercare di toccare l'ugola o "piccola lingua", che dirige il flusso di energia verso il Lalana Chakra.

La lingua è molto potente nel dirigere l'energia verso il cervello. Nel Qi Gong è fondamentale appoggiare la punta della lingua sulla zona sensibile del tetto della bocca per collegare due Meridiani energetici molto importanti. La punta della lingua è un conduttore di energia che stimola tutto ciò che tocca. Nel caso del Khechari Mudra, si cerca di dirigere il flusso energetico all'indietro verso il Lalana Chakra per attivarlo.

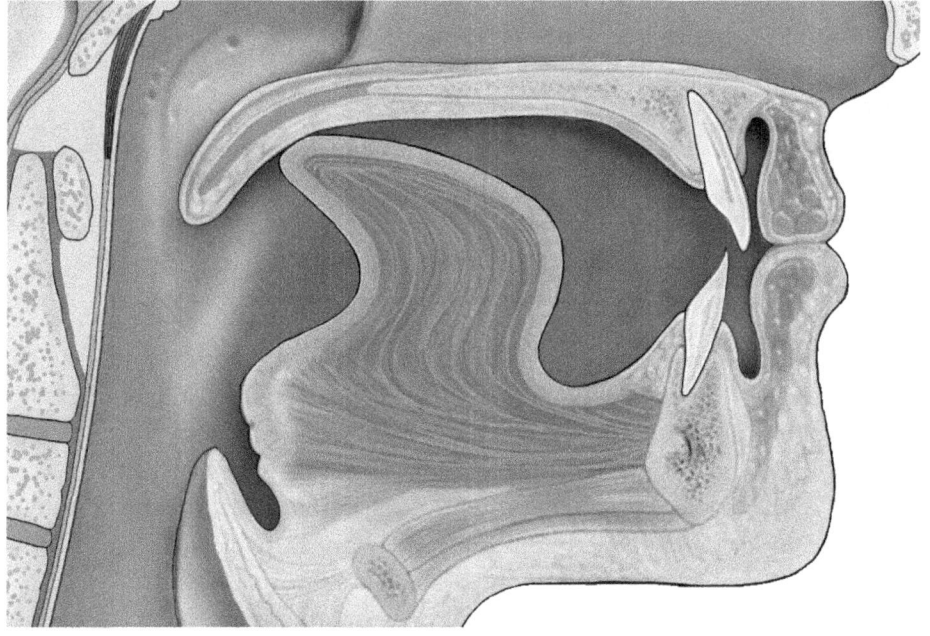

Figura 136: Khechari Mudra di Base

Per eseguire il metodo Basic Khechari Mudra, potete sedervi in qualsiasi posizione meditativa comoda. Con gli occhi chiusi, rivolgete lo sguardo verso il centro dell'Occhio della Mente tra le sopracciglia. Poi, con la bocca chiusa, arrotolate la lingua verso l'alto e all'indietro, in modo che la sua superficie inferiore tocchi il palato superiore (Figura 136). Allungate la punta della lingua fino a toccare l'ugola. La lingua non deve essere sottoposta a sforzi eccessivi. Mantenetela in questa posizione finché è confortevole. Se provate fastidio, rilassate la lingua riportandola in posizione neutra per qualche secondo, quindi ripetete la pratica.

Il Khechari Mudra viene eseguito come parte di diverse Asana, Pranayama, Mudra e Bandha per ottenere effetti ottimali da questi esercizi. Se utilizzato con la posizione invertita, Viparita Karani, permette al praticante di trattenere più facilmente l'Amrita.

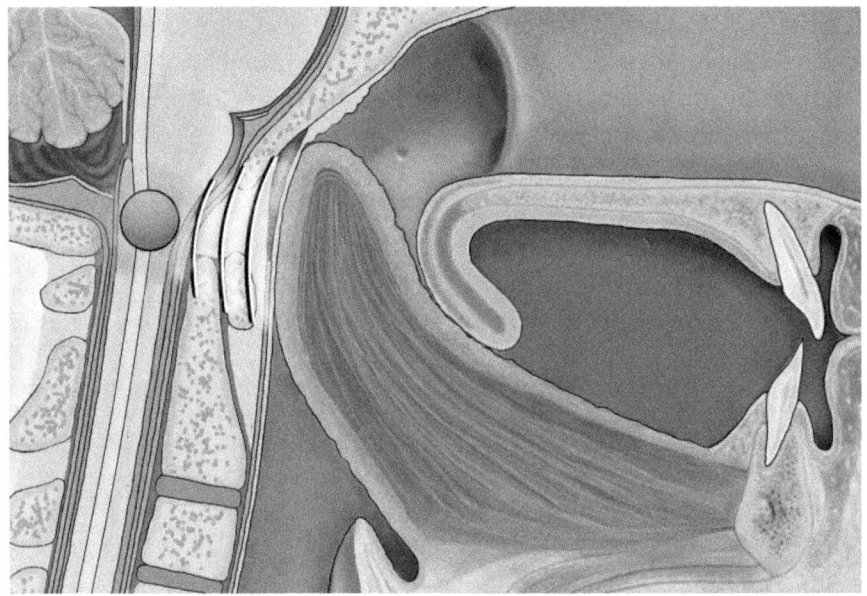

Figura 137: Khechari Mudra Avanzato

Il Khechari Mudra avanzato prevede il taglio della parte inferiore del tessuto che collega la parte inferiore della lingua con il fondo della bocca. Una volta completato, la lingua può essere allungata completamente e posizionata all'interno della cavità nasale dietro l'ugola (Figura 137). In questo modo si esercita una pressione sulla faringe, che stimola Lalana e impedisce all'Amrita di cadere nel Plesso Solare. Una volta che l'Amrita è stata catturata con il Khechari Mudra, i suoi effetti curativi cominciano a dispiegarsi. Il metodo avanzato del Khechari Mudra si pratica meglio con l'aiuto di un guru qualificato.

Quando una persona subisce un risveglio Kundalini completo e permanente, c'è un flusso libero di energia Kundalini nel Talamo. Da qui, la Kundalini fluisce verso Ajna, Sahasrara e il Bindu. Quando il Bindu Chakra viene coinvolto nel processo di trasformazione Spirituale, secerne l'Amrita fino al Lalana Chakra, che viene poi purificato da Vishuddhi e trasformato nella sua forma più raffinata. Questo nettare viene poi distribuito in tutto il Corpo di Luce, nutrendo le Settanta-Due Nadi ed espandendo la coscienza. Di conseguenza, la persona risvegliata inizia ad avere una vitalità superiore alla media e il suo processo di invecchiamento rallenta drasticamente. Può rimanere a lungo senza cibo e acqua, perché si sente nutrita dall'interno dal movimento di queste nuove energie.

Il Nettare Amrita è direttamente coinvolto nel processo di Illuminazione. Anche se possiamo utilizzarlo attraverso le pratiche Yogiche sopra menzionate, il suo vero scopo è quello di svolgere un ruolo nel sostenere il circuito Kundalini. Il Nettare Amrita trasformato nutre il circuito Kundalini, che si affida all'energia della Luce che riceve dal cibo. Fornisce la tranquillità emotiva necessaria per sospendere il processo di invecchiamento e prolungare la salute del corpo fisico. Questa tranquillità emotiva è meglio descritta come uno stato di *Nirvana*, che è uno degli obiettivi ricercati dagli Yogi. Lo stress è uno dei fattori chiave dell'invecchiamento. Mettendo la mente in posizione neutra e utilizzando il Nettare di Amrita per nutrire il Corpo di Luce, si può raggiungere la longevità.

Nel corso degli anni, ho scoperto un'altra variante del Khechari Mudra che è diventata una delle pratiche dominanti nella mia vita. Ho scoperto che curvando la lingua verso il basso e spingendola indietro si esercita anche una pressione sul Lalana Chakra, che aiuta il processo di nutrimento del mio circuito Kundalini con l'Amrita trasformata. Per eseguirlo correttamente, è necessario toccare la punta della lingua con il Frenulo, che è una piega della membrana mucosa situata sotto la parte centrale della lingua che aiuta ad ancorarla nella bocca e a stabilizzarne i movimenti.

Mi sono imbattuto in questa tecnica per caso o, per essere più precisi, è il mio Sé Superiore che mi ha portato a trovare questa tecnica e a utilizzarla. Non mi sono mai imbattuto in questa pratica nella mia ricerca di varie tradizioni Spirituali per verificarne l'uso, quindi ciò che condivido con voi è un'informazione unica che non troverete altrove.

Ho iniziato a praticare questa tecnica anni fa, apparentemente all'improvviso, e spesso mi sorprendo a eseguirla davanti ad altre persone, che a volte reagiscono in modo strano, poiché mi viene spontaneo stringere le labbra quando la eseguo. La copertina di *The Magus* mostra un me più giovane nei panni di Hermes, ritratto con le labbra serrate mentre eseguo questa tecnica. Mia moglie ha ritenuto opportuno raffigurarmi in questo modo, dato che mi vede spesso farlo.

La tecnica che ho scoperto mi permette di sfruttare l'energia di Luce che ottengo dal cibo, che si trasforma in una sostanza liquida dello Spirito (Amrita) nel mio cervello e viene poi ridistribuita lungo le numerose Nadi del mio Corpo di Luce. È sempre accompagnato da sensazioni di calore, come se stessi accendendo un fuoco costante nel mio petto, come accade quando viene stimolato il Lalana Chakra. Tenete presente che in questa variante la lingua è rivolta verso il basso, il che spesso mi fa dubitare del suo uso e di quanto mi stia giovando spiritualmente. Mi piace quindi bilanciare il tutto eseguendo il Khechari Mudra di base, girando la punta della lingua all'indietro e toccando il palato superiore. In questo modo, ottengo le energie necessarie che fluiscono verso l'alto nel cervello, mantenendo il Lalana Chakra stimolato.

MANTRA

Mantra è una parola Sanscrita che significa "strumento della mente" o "strumento del pensiero". È una pronuncia sacra, un suono Divino, una sillaba, una parola o un gruppo di parole in una lingua sacra con potere Magico nel mondo invisibile. I Mantra sono "parole di potere" che si trovano in molte tradizioni Spirituali diverse, Antiche e moderne, e servono come strumenti per invocare o evocare energia nell'Aura. Poiché "manas" in Sanscrito significa "mente", lo scopo di un Mantra è quello di trascendere la mente. Essi includono, ma non si limitano ai nomi di Dio, degli Angeli, degli Spiriti e delle diverse Divinità del pantheon a cui appartiene il Mantra scelto.

Nel mio libro precedente vi ho già presentato la scienza dei Mantra, la maggior parte dei quali sono in lingua Ebraica e vengono utilizzati come parte degli esercizi rituali della Magia Cerimoniale. I Mantra in lingua Enochiana sono Mantra a sé stanti, ovvero la recitazione fonetica di brani in Enochiano. A causa della sacralità e del potere delle lingue Ebraica ed Enochiana, questi Mantra sono potenti nel cambiare la coscienza attraverso l'invocazione di energia.

Ci sono 84 punti meridiani sul tetto della bocca, che la lingua stimola cantando un Mantra. Questi punti meridiani, a loro volta, stimolano l'Ipotalamo, che agisce sulla Ghiandola Pineale, facendola pulsare e irradiare. La Ghiandola Pineale dà quindi impulsi all'intero sistema Endocrino, consentendo il rilascio di ormoni che rafforzano il nostro sistema immunitario e neurologico, mettendo il corpo in uno stato di coerenza. Due degli ormoni rilasciati sono la serotonina e la dopamina, che creano una beatitudine emotiva che eleva la coscienza a un livello superiore.

I Mantra che presenterò in questo libro sono in lingua Sanscrita, una delle lingue più antiche del mondo (5000 anni). Il Sanscrito è l'Antica lingua dell'Induismo che, secondo la leggenda, era un mezzo di comunicazione e di dialogo per gli dei celesti Indù. Gli Antichi Indù si riferivano al Sanscrito come "Dev Bhasha" o "Devavani", che significa "Lingua degli Dei".

La grandezza della lingua Sanscrita risiede nella formazione e nell'unicità del suo vocabolario, della sua fonologia, della sua grammatica e della sua sintassi, che rimane intatta nella sua purezza fino ad oggi. Le sue cinquanta lettere sono composte da sedici vocali e trentaquattro consonanti. Le lettere Sanscrite non sono mai state alterate o modificate nel corso del tempo, il che le rende una lingua perfetta per la formazione e la pronuncia delle parole.

I Mantra Sanscriti utilizzano suoni di semi che creano l'energia vibratoria delle parole che traducono. Pronunciando un Mantra Sanscrito, la sua vibrazione ha un impatto sulla coscienza e ha effetti duraturi sulla mente e sul corpo. Pertanto, la comprensione del significato di un Mantra Sanscrito è fondamentale per conoscere il tipo di cambiamento energetico che produrrà.

I Mantra presentati in questa sezione devono essere vibrati con le corde vocali in un tono proiettivo ed energizzante. Devono essere eseguiti in un Do naturale monotono, allungando la pronuncia. Se avete mai sentito cantare i monaci Tibetani, il suono deve essere simile a quello. Vibrare e "cantare" sono parole intercambiabili quando si tratta dell'esecuzione di un Mantra.

IL NUMERO SACRO 108

La ripetizione standard di un Mantra in molte tradizioni Spirituali Orientali è di 108 volte. Questo numero è la base di tutta la Creazione, rappresenta l'Universo e la nostra esistenza. Induisti, Yogi e Buddisti credono che vibrando/incantando un Mantra 108 volte, ci allineiamo alla volontà del Creatore e alla sua energia creativa. Pensano che armonizzando la nostra vibrazione personale con quella Universale, assumiamo il nostro diritto di nascita come co-creatori, permettendoci di manifestare qualsiasi realtà desideriamo.

Ci sono molte ragioni per cui il numero 108 è considerato sacro, alcune delle quali si trovano nella scienza e nella matematica. Ad esempio, il Sole è 108 volte il diametro della Terra e la distanza tra la Terra e il Sole è 108 volte il diametro del Sole. Anche la distanza tra la Terra e la Luna è 108 volte il diametro della Luna.

In Astrologia, nel nostro Sistema Solare ci sono dodici Costellazioni Zodiacali e nove Pianeti (Sette Pianeti Antichi più Urano e Nettuno). Pertanto, dodici moltiplicato per nove equivale a 108. Inoltre, ci sono ventisette dimore Lunari che sono divise in quattro quarti. Moltiplicando ventisette per quattro, il risultato è ancora una volta 108.

Nella religione Induista esistono 108 Upanishad, che sono i testi sacri di saggezza tramandati dagli Antichi Rishi. Ogni Divinità dell'Induismo ha anche 108 nomi, le cui qualità o poteri possono essere invocati attraverso i rispettivi Mantra.

Nell'alfabeto Sanscrito, poiché ci sono 54 lettere e ogni lettera ha una qualità maschile (Shiva) e femminile (Shakti), il numero totale di variazioni è pari a 108. Anche nel sistema Yogico dei Chakra si ritiene che ci siano 108 linee energetiche (Nadis) che convergono nel Chakra del Cuore, il centro di amore e trasformazione del nostro Corpo di Luce.

Nella medicina Ayurvedica si dice che ci siano 108 punti di energia Vitale nel corpo, chiamati Marma. Lavorare con i Marma è utile per migliorare i nostri stati psicologici e fisiologici. Cantando 108 volte un Mantra, inviamo l'energia Divina a ciascun punto Marma, attivandone le proprietà curative.

Anche le scritture sacre dei Buddisti Tibetani sono state suddivise in 108 libri sacri. Inoltre, i Buddisti credono che la strada per il Nirvana sia lastricata esattamente di 108 tentazioni. Credono che 108 defilazioni, o peccati, ci impediscano di vivere in uno stato perfetto e pacifico.

Questi sono solo alcuni dei motivi per cui il numero 108 è sacro. Ce ne sono molti altri, non solo nelle religioni e tradizioni Spirituali Orientali, ma anche in quelle Occidentali. Per esempio, nell'Islam il numero 108 è usato per riferirsi a Dio. E così via.

MEDITAZIONE JAPA

Tradizionalmente, una collana di perline Mala viene utilizzata nelle tradizioni dello Yoga, del Buddismo, dell'Induismo, del Giainismo e del Sikhismo come parte della pratica del Mantra, a cui ci si riferisce come meditazione Japa. Un Mala ha 108 perline e una perlina "Guru", che viene utilizzata come indicatore per l'inizio e la fine di un ciclo. Quindi, sia che stiate cantando ad alta voce sia che stiate recitando in silenzio, tracciare i grani del Mala con le dita vi aiuterà a tenere traccia del vostro Mantra. Strumenti simili sono stati usati per generazioni in tutte le culture e in molte religioni e tradizioni Spirituali, compresi i grani del rosario usati dai Cristiani per pregare.

Per eseguire una meditazione Japa, è necessario procurarsi una collana di perline Mala da utilizzare con i Mantra presentati di seguito. Un Mala non solo vi permetterà di completare le 108 ripetizioni con facilità, ma diventerà un potente oggetto Spirituale nella vostra vita, che vi metterà nella giusta disposizione d'animo nel momento in cui lo terrete in mano.

Tuttavia, si può lavorare con i Mantra da meditazione anche senza un Mala, quindi se per qualche motivo non riuscite a procurarvene uno, non fatevi scoraggiare dal praticare i Mantra senza. Come già detto, vibrare/incantare i Mantra ha un effetto cumulativo in termini di energia invocata/evocata, quindi che si facciano 108 pronunce o 100, ad esempio, il risultato sarà relativamente trascurabile. Tecnicamente, potete anche concentrarvi sull'esecuzione di un Mantra per un certo periodo di tempo, da cinque a quindici minuti, e cronometrarvi di conseguenza in modo da fare circa 100 pronunce. Detto questo, credo nel potere della pratica tradizionale, soprattutto di quella con un lignaggio millenario, quindi prima di iniziare a modificarne i meccanismi, è meglio padroneggiare la sua forma originale e partire da lì.

L'ideale è eseguire il Mantra di meditazione al mattino presto, prima di mangiare. Se desiderate ripetere il vostro Mantra, fatelo di notte, lasciando passare un po' di tempo tra una sessione e l'altra, in modo che l'energia invocata/evocata possa lavorare su di voi.

Per iniziare la pratica del Japa, scegliete il vostro Mantra di meditazione tra quelli indicati di seguito. Ogni Mantra di meditazione agisce in modo diverso sulla nostra energia, quindi leggete attentamente la sua descrizione in modo da poterlo applicare quando necessario. Trovate poi un posto dove sedervi comodamente con la colonna vertebrale dritta e gli occhi chiusi. Una delle Asana di meditazione presentate finora è l'ideale. Fate ora alcuni respiri profondi per allinearvi con la vostra intenzione.

Tenete il Mala nella mano destra (in India la mano sinistra è considerata impura), drappeggiato sul dito medio, mentre l'indice si estende comodamente (Figura 138). Partendo dalla perlina Guru, usate il pollice per contare ogni perlina più piccola mentre tirate il Mala verso di voi con ogni pronuncia del Mantra. Inspirate prima di ogni pronuncia in modo calmo e ritmico.

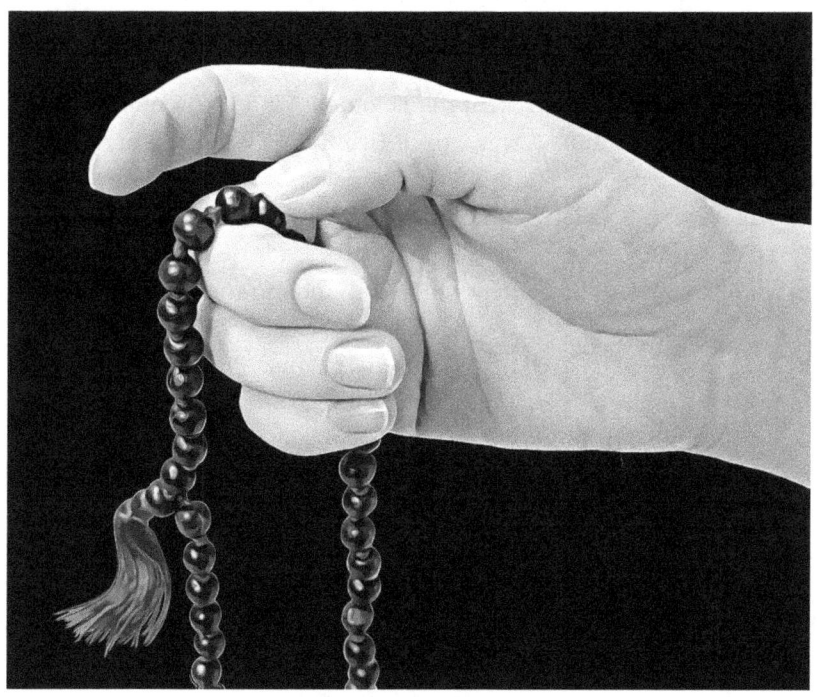

Figura 138: Conteggio delle Perline Mala

Ripetete il vostro Mantra 108 volte durante il ciclo dei Mala, terminando al tallone Guru da cui siete partiti. Se desiderate continuare la meditazione con il Mantra, invertite la direzione e ricominciate il processo invece di passare dal tallone Guru. Ricordate di completare i 108 cicli.

La ripetizione dei Mantra Sanscriti influisce positivamente sul sistema nervoso, rendendo l'individuo calmo e rilassato, uno degli effetti collaterali iniziali. Inoltre, questi Mantra equilibrano le energie interiori, migliorando la concentrazione e la consapevolezza di Sé. Tuttavia, la ripetizione regolare dei Mantra sanscriti agisce a un livello profondo e subconscio, creando effetti curativi duraturi su mente, corpo e Anima. Pertanto, quando iniziate questa pratica, siate pazienti e costanti nel tempo per ottenere i risultati desiderati.

MANTRA DI MEDITAZIONE

Om
Pronuncia: *Aaa-Uuu-Mmm*

"Om" è il Mantra più Universale in Sanscrito. Si ritiene che sia il primo suono udito alla creazione del Cosmo, dal quale emergono tutte le cose. "Om" indica l'essenza della realtà ultima, che è la Coscienza Cosmica. Per questo motivo, la maggior parte dei Mantra Sanscriti inizia o finisce con "Om".

"Om" (pronunciato AUM) rappresenta il ciclo della vita, della morte e della rinascita. Si riferisce anche alla Trinità Indù (Trimurti) di Brahma, Vishnu e Shiva. "Aaa" rappresenta la creazione, "Ooo" sta per mantenimento o conservazione e "Mmm" è la distruzione, in relazione al superamento dell'Ego per raggiungere la realizzazione del Sé. Infine, AUM rappresenta i Tre Gunas della natura e i quattro stadi della coscienza; il quarto stadio rappresenta il silenzio della mente che si ottiene quando il praticante raggiunge il Samadhi.

Cantare Aaa-Uuu-Mmm (AUM) vi aiuterà a disconnettervi dal vostro Ego e a riconnettervi con lo Spirito interiore, che è onnicreativo e onnicomprensivo. Quando pronunciate ogni sillaba in modo completo, sentirete l'energia sollevarsi dal pavimento pelvico fino al cuore e infine alla corona del capo. È il percorso della Kundalini, il cui scopo è liberare l'Anima dal corpo in questa vita.

Il suono "Om" vibra alla frequenza di 432 Hz, presente in ogni cosa in natura. Come tale, questo suono guarisce la mente e il corpo a livello cellulare, mettendoci in sintonia con l'ambiente circostante. Elimina ogni tensione e ansia calmando la mente e armonizzando le nostre energie interiori. Aiuta inoltre a migliorare la concentrazione e a potenziare la creatività e l'energia positiva generale.

A livello fisico, "Om" migliora la funzionalità polmonare e il sistema digestivo, disintossicando l'organismo. Quando si pronuncia Aaa-Ooo-Mmm, le tre frequenze uniche dovrebbero fluire naturalmente come un unico suono.

ॐ नमः शिवाय

Om Namah Shivaya
Pronuncia: *Aummm Nah-Mahhh Shee-Vah-Yahhh*

Om Namah Shivaya" si traduce in "Saluti a colui che è di buon auspicio" o semplicemente "Mi inchino al Signore Shiva". "Questo Mantra, molto usato, attira la mente verso la presenza infinita e onnipervasiva del Signore Shiva, il principio della Coscienza

Cosmica dell'Universo. È anche chiamato "Shiva Panchakshara", cioè il "Mantra delle Cinque Sillabe", il Mantra essenziale dello Shivaismo che porta il silenzio alla mente.

Le cinque sillabe "Namah Shivaya" rappresentano i cinque Elementi che compongono la creazione: Il suono "Na" rappresenta la Terra, "Ma" l'Acqua, "Shi" il Fuoco, "Va" l'Aria e "Ya" lo Spirito. L'"Om" è escluso in quanto è il primo suono dell'Universo che rappresenta la pace e l'amore, il fondamento energetico della Coscienza Cosmica.

Poiché Shiva è il Dio supremo della trasformazione che rappresenta il nostro Sé Superiore, questo Mantra eleva la nostra coscienza armonizzando i Cinque Elementi all'interno del Sé. In questo modo, non solo porta gioia e beatitudine nella nostra vita, ma ci connette anche con tutta la natura, cioè con la rappresentazione fisica dei Cinque Elementi che Shiva simboleggia: la terra, il mare, l'aria e il Sole.

Poiché ci connette con il nostro Santo Angelo Custode, il nostro Dio-Sé, si dice che il Mantra Om Namah Shivaya superi gli effetti del Macrocosmo - le Stelle fisse e i Pianeti orbitanti che ci influenzano sottilmente a livello energetico. Esso accumula nel nostro sistema un'energia trascendentale che innalza la coscienza, permettendoci di sperimentare i Piani Cosmici superiori. In quanto tale, questo Mantra ci connette con il Chakra più alto, Sahasrara, la fonte di tutta la Creazione.

Om Mani Padme Hum
Pronuncia: *Aummm Mah-neee Pahd-mayyy Hummm*

Questo Mantra Sanscrito è associato ad Avalokiteshvara (Sanscrito), il Bodhisattva della compassione. I Bodhisattva sono Esseri illuminati e compassionevoli che assistono gli obiettivi Spirituali degli altri. I Buddisti Tibetani si riferiscono a questo stesso Essere con il nome di Chenrezig, mentre i Cinesi lo chiamano Quan Yin. La pratica regolare di questo Mantra infonde un senso di amore e gentilezza verso noi stessi e gli altri, che ci libera dalla sofferenza emotiva della nostra esistenza mondana.

La traduzione di questo Mantra sarebbe "Lode al Gioiello nel Loto". Il gioiello stesso si riferisce alla compassione che purifica l'Anima, donandole la beatitudine della Luce Divina. Proprio come il loto non viene sporcato dal fango in cui cresce, gli esseri umani possono usare la compassione per elevarsi al di sopra dell'oppressione del Sé inferiore, l'Ego, e raggiungere l'Illuminazione.

"Om Mani Padme Hum" può essere suddiviso in sei sillabe, che rappresentano un percorso graduale e progressivo dal mondano allo Spirituale: "Om" è il suono primordiale dell'Universo che ci mette in armonia con il Cosmo, "Ma" è la nostra intenzione altruistica di sviluppare l'etica e la morale che purifica le tendenze gelose, "Ni" costruisce la tolleranza e la pazienza, liberandoci dai desideri più bassi e lasciandoci pacifici e soddisfatti, "Pad" ci libera dai pregiudizi e dall'ignoranza che ci sbarrano la strada verso l'amore e l'accettazione, e "Me" ci libera dall'attaccamento e dalla possessività, permettendoci di coltivare il nostro potere di concentrazione. Infine, "Hum" ci libera dall'aggressività e dall'odio, poiché rappresenta l'unità di tutte le cose che apre la porta alla saggezza e alla comprensione.

Il Dalai Lama, che i Buddisti ritengono essere l'attuale incarnazione di Chenrezig, afferma che ogni insegnamento del Buddha risiede in questo potente Mantra. Per sbloccarlo, però, non basta cantarlo, ma bisogna concentrare la propria intenzione sul significato che si cela dietro ciascuna delle sei sillabe.

हरे कृष्ण हरे कृष्ण | कृष्ण कृष्ण हरे हरे | हरे राम हरे राम | राम राम हरे हरे

Hare Krishna, Hare Krishna, Krishna Krishna, Hare Hare
Hare Rama, Hare Rama, Rama Rama, Hare Hare
Pronuncia: *Huh-ray Krish-Naaa, Huh-ray Krish-Naaa, Krish-Naaa Krish-Naaa, Huh-ray Huh-rayyy, Huh-ray Ramaaa, Huh-ray Ramaaa, Rama Ramaaa, Huh-ray Huh-rayyy*

Il Mantra Hare Krishna, noto anche come "Maha" o "Grande" Mantra, è un verso sacro in Sanscrito il cui scopo è quello di risvegliare in sè stessi la realizzazione di Dio, nota come coscienza di Krishna. È radicato nella tradizione Vaishnava dell'Induismo ed è centrale nel percorso del Bhakti Yoga. Ha solo quattro versi, composti dai nomi delle Divinità Indù: Hare, Krishna e Rama. Hare combina l'energia di Hari (il Signore Vishnu) e Hara (la consorte di Krishna, Shakti), mentre Krishna e Rama sono i nomi dei due avatar, o incarnazioni Divine, del Signore Vishnu.

Il Signore Krishna ha molti parallelismi con Gesù Cristo, poiché si ritiene che entrambi siano figli di Dio, pienamente umani e pienamente Divini. Entrambi gli insegnamenti enfatizzavano l'amore e la pace, poiché la loro missione era quella di ripristinare la bontà in un mondo in declino morale. Cercando di raggiungere la Coscienza di Krishna in noi stessi, ci riferiamo alla Coscienza Cristica, uno stato di consapevolezza in cui gli individui agiscono in completa armonia con il Divino. Questo stato di coscienza è un precursore, o una preparazione (in un certo senso), al raggiungimento della Coscienza Cosmica.

La pratica del Maha Mantra attiva l'energia Spirituale nel Chakra del Cuore, il cui scopo è trasformare la coscienza per trascendere l'Ego. Il sottile stato di consapevolezza raggiunto libera il Sé dall'illusione della separazione, permettendo all'energia dell'amore di prendere il sopravvento e di armonizzare la mente, il corpo e l'Anima. In questo modo si raggiunge la coscienza di Krishna, preparando la strada alla gioia e alla beatitudine che entreranno permanentemente nella vostra vita.

ॐ शान्तिः शान्तिः शान्तिः

Om Shanti Shanti Shanti
Pronuncia: *Aummm Shanteee Shanteee Shanteee*

Il Mantra "Om Shanti" è comunemente usato nelle preghiere, nelle cerimonie e nella letteratura indù e buddista; il suo significato si traduce in "Om Pace". "Shanti" deriva dalla parola sanscrita "sham", che significa calma, tranquillità, prosperità e felicità. È la radice della parola "Shalom" in ebraico e "Salam" in arabo, che significano entrambe "Pace". "Cantando questo Mantra, non solo troverete un profondo livello di pace dentro di voi, ma invierete offerte di pace al mondo intero.

Tradizionalmente, la parola "Shanti" viene cantata tre volte, poiché invoca pace e protezione su tre livelli del Sé: conscio, subconscio e superconscio (Dio-Sé). Il Sé cosciente appartiene alla Terra, mentre il subconscio scende negli Inferi (Inferno) e il superconscio si riferisce ai Cieli (Stelle). Questi tre Elementi possono essere ancora una volta suddivisi in corpo, mente e Spirito o Piano Fisico, Astrale e Spirituale.

"Om Shanti" può essere usato anche come forma di saluto nello Yoga. Quando viene pronunciato ad alta voce a un altro praticante, rappresenta il desiderio che l'altra persona sperimenti la pace Universale. La traduzione Inglese sarebbe "Peace be with you" (la pace sia con te), oppure "Namasté" (anche se le parole hanno un suono diverso, il significato è lo stesso). Quando pronunciate "Shanti", fate attenzione a premere la lingua contro i denti invece che sul palato superiore: il suono "t" prodotto dovrebbe essere diverso dalla versione inglese di "t".

ॐ नमो गुरु देव् नमो

Ong Namo Guru Dev Namo
Pronuncia: *Onggg Nah-Moh Guh-Ruh Devvv Nah-Moh*

Questo Mantra Sanscrito si traduce in "Mi inchino alla Saggezza Creativa, mi inchino al Maestro Divino che è in me". Un'altra traduzione è "Mi inchino al Tutto-Che-Esiste", come Mantra dell'Unità. L'altro nome è "Adi Mantra", spesso usato nel Kundalini Yoga all'inizio della pratica, soprattutto in classe. Era essenziale per Yogi Bhajan, l'insegnante Spirituale Indù che ha portato il Kundalini Yoga in Occidente. Molti praticanti ritengono che l'Adi Mantra permetta di sintonizzarsi sulla particolare frequenza vibratoria del Kundalini Yoga, sbloccandone la comprensione e lo scopo più profondi.

Il canto di questo Mantra ci permette di umiliarci e di connetterci con il nostro Sé Superiore, l'insegnante interiore che ci trasmette la saggezza e la conoscenza Universali quando la nostra mente è in uno stato ricettivo. Innalza la vibrazione della nostra coscienza, permettendoci di fidarci e di ascoltare la nostra guida interiore. Inoltre, ci fa capire che siamo noi stessi i nostri più grandi insegnanti nella vita e che non c'è bisogno di altri insegnanti.

Il Mantra "Ong Namo Guru Dev Namo" ci permette di attingere al nostro più alto potenziale di esseri umani Spirituali. La traduzione di ogni parola rivela il suo potere di trasformare la nostra coscienza. Per cominciare, "Ong" significa energia creativa infinita o sottile saggezza Divina. La sua pronuncia è simile a quella di "Om", con l'ulteriore vantaggio di spostare il suono nella bocca dalla parte anteriore a quella posteriore della gola, stimolando così diverse parti del cervello, in particolare le Ghiandole Pituitaria e Pineale.

"Namo" equivale a "Namaha", che significa "i miei rispettosi saluti", mentre un Guru è un maestro Spirituale che guida i suoi discepoli sul cammino verso l'Illuminazione. "Dev" è una versione abbreviata del termine "Deva", una parola Sanscrita che indica Dio o Divinità. Poiché Deva segue Guru nel Mantra, implica che l'insegnante Spirituale è Divino e santo. Infine, "Namo" alla fine ribadisce umiltà e riverenza.

Questo Mantra raffina l'energia intorno e dentro di noi, rendendoci un contenitore per la coscienza superiore. Cantandolo, si ha la saggezza e il sostegno di generazioni di Kundalini Yogi e si rafforza la connessione con il proprio Sé superiore, Dio.

ॐ गं गणपतये नमः

Om Gam Ganapataye Namaha
Pronuncia: *Aummm Gummm Guh-Nuh-Puh-Tuh-Yahhh Nah-Mah-Haaa*

"Om Gam Ganapataye Namaha" è una potente preghiera e un mantra che loda l'amato Dio elefante Indù, Lord Ganesha. La sua traduzione Inglese è "I miei saluti al Signore Ganesha". "Nell'Induismo, il Signore Ganesha è riconosciuto come colui che rimuove gli ostacoli e il maestro della conoscenza. È noto per dare fortuna, prosperità e successo, soprattutto quando si intraprende una nuova impresa.

Il Signore Ganesha è associato al Chakra Muladhara e all'Elemento Terra. Viene spesso invocato per liberare il proprio cammino quando ci si sente mentalmente bloccati e si ha bisogno di un cambiamento di prospettiva. La sua energia ci sostiene, aiutandoci a superare le sfide e i blocchi creativi. Il Signore Ganesha ci dà potere migliorando la nostra attenzione, concentrazione e conoscenza, facilitando la pace interiore.

Il suono "Gam" è un Bija Mantra per Ganesha, mentre "Ganapataye" è un riferimento al suo altro nome, Ganapati. Si dice che se si canta il Mantra del Signore Ganesha per 108 volte al giorno, tutte le paure e le negatività saranno rimosse dal cuore. Questo perché la paura è un sottoprodotto degli Elementi corrotti dell'Acqua e dell'Aria, che l'Elemento terra blocca quando viene introdotto.

ॐ श्री सरस्वत्यै नमः

Om Shri Saraswataya Namaha
Pronuncia: *Aummm Shree Sah-Rah-Swah-Tah-Yahhh Nah-Mah-Haaa*

Il Mantra "Om Shri Saraswataya Namaha" invoca il potere della Dea Indù Saraswati (Figura 139), associata alla saggezza, all'apprendimento e alle arti creative. La traduzione Inglese recita: "Saluti alla Dea Saraswati". "Il canto di questo Mantra stimola la creatività e accende l'intelletto. Inoltre, ci ispira a esprimere noi stessi attraverso l'arte, la musica e la letteratura. Se si canta questo Mantra prima di iniziare una nuova impresa creativa, si avrà fortuna.

Saraswati è considerata la madre dei *Veda*, le Antiche scritture Indù e Yogiche. Molte persone istruite credono che cantando regolarmente il Saraswati Mantra possano ottenere una profonda conoscenza e saggezza sui misteri della Creazione che li libererà dal ciclo di morte e rinascita (Samsara). Si riferiscono a questo processo di emancipazione come "Moksha". "

Nel Mantra "Om Shri Saraswataya Namaha", Shri è un titolo di riverenza spesso usato prima del nome di una persona onorata o di una Divinità. Saraswati è la consorte del Dio Indù Brahma, che è a capo della Trimurti. Poiché Brahma rappresenta il processo di creazione, è legato all'Elemento Aria e ai pensieri, che alimentano e danno forma all'intelletto. Saraswati è la Shakti di Brahma o energia femminile creativa. Rappresenta l'aspetto passivo della stessa energia, incanalata nel Piano Fisico. In quanto tale, Saraswati simboleggia l'ispirazione che guida le nostre espressioni creative.

Figura 139: La Dea Saraswati

BIJA MANTRA E MUDRA DEI SETTE CHAKRA

A ciascuno dei Sette Chakra è associata una parola o un suono sacro, chiamato Bija, o Mantra del "Seme". Possiamo usare questi Mantra nella Guarigione Sonora per sintonizzare ed equilibrare le energie dei Chakra e riportarle alla loro vibrazione ottimale. Correggendo la frequenza energetica dei Chakra, si libera il loro potenziale dormiente.

Quando si suonano i Bija Mantra dei Sette Chakra, ci si connette con i Cinque Elementi corrispondenti. Questa connessione è creata dalla posizione della lingua nella bocca quando si vibra il Bija Mantra. I Cinque Elementi sono attribuiti ai primi cinque Chakra. Allo stesso tempo, Ajna rappresenta la dualità delle forze maschili (Pingala) e femminili (Ida) in natura, lo Yin e lo Yang, mentre Sahasrara rappresenta la totalità e l'Unità di tutti i Chakra. I Bija Mantra dei Sette Chakra sono presentati di seguito.

- **LAM** - Muladhara, il Chakra della Radice - Elemento Terra - Primo Bija Mantra
- **VAM** - Swadhisthana, il Chakra Sacrale - Elemento Acqua - Secondo Bija Mantra
- **RAM** - Manipura, il Chakra del Plesso Solare - Elemento Fuoco - Terzo Bija Mantra
- **YAM** - Anahata, il Chakra del Cuore - Elemento Aria - Quarto Bija Mantra
- **HAM** - Vishuddhi, il Chakra della Gola - Elemento Spirito - Quinto Bija Mantra
- **SHAM** - Ajna, il Chakra dell'Occhio della Mente - Dualità - Sesto Bija Mantra
- **OM** - Sahasrara, il Chakra della Corona - Unità - Settimo Bija Mantra

Tuttavia, questi sette non sono gli unici Bija Mantra esistenti. Ognuna delle 50 lettere dell'alfabeto Sanscrito ha un proprio Bija Mantra. Di conseguenza, le 50 lettere Sanscrite sono collegate ai primi sei Chakra, i cui petali sono in totale 50, che si trovano anche nel Loto dai Mille Petali di Sahasrara. Secondo le scritture Yogiche, quando una lettera Sanscrita viene suonata in un Mantra, apre il petalo corrispondente del Chakra a cui è associata. I petali dei Mantra dei Chakra sono riportati nella Figura 140.

Figura 140: Bija Mantra dei Petali Chakrici

I Bija Mantra sono stati utilizzati nelle pratiche Yogiche e nella meditazione per migliaia di anni grazie ai loro effetti Spirituali sui nostri stati emotivi e mentali dell'Essere. Possono essere suonati (vibrati in silenzio o cantati ad alta voce), meditati da soli o inseriti all'inizio di Mantra più lunghi per aumentarne il potere energetico. Questi Mantra primordiali non hanno una traduzione diretta come le altre parti di un Mantra. Tuttavia, le loro intense qualità vibrazionali li rendono un potente strumento per accedere a livelli superiori di coscienza.

Quando vengono cantati come parte di un Mantra più lungo, i Bija Mantra sono generalmente espressivi dell'energia o dell'essenza fondamentale di quel Mantra. Per esempio, l'OM è la fonte, o seme, da cui provengono tutti gli altri suoni di un Mantra. È quindi il Bija Mantra più elevato in quanto suono del Para-Brahman (il Brahman Supremo); le lettere dell'alfabeto Sanscrito sono solo emanazioni di OM, che è il loro suono principale.

OM rappresenta il Sahasrara Chakra, l'energia sorgente degli altri sei Chakra sottostanti. Sahasrara è la Luce Bianca da cui emanano in successione i sette colori dell'arcobaleno, che corrispondono ai colori dei Sette Chakra. Si noti che Sahasrara è tradizionalmente bianco o viola, poiché il viola è il colore vibrazionale più alto, all'apice dell'arcobaleno.

I sette Mudra della Figura 141 sono tradizionalmente usati per aprire i Sette Chakra principali. Combinando questi Mudra con i Bija Mantra dei Sette Chakra, abbiamo una tecnica potente per ottimizzare il flusso energetico dei Chakra e aiutare a risvegliare la Kundalini alla base della colonna vertebrale.

Pratica di Guarigione dei Sette Chakra con Mudra e Mantra

Iniziare la pratica del Chakra Mudra/Mantra lavandosi le mani. Successivamente, trovare una posizione seduta comoda, in un'Asana di meditazione o su una sedia. Quindi, permettete a voi stessi di calmare l'interno praticando il Quadruplice Respiro e mettendo a tacere la mente. Poiché questo esercizio ha una componente di visualizzazione, è utile tenere gli occhi chiusi durante l'esecuzione.

Esistono due metodi per eseguire questa pratica, entrambi da utilizzare e scambiare spesso. Il primo metodo prevede che si inizi con il Muladhara Mudra e si proceda verso l'alto attraverso i Chakra. Questa particolare sequenza rispecchia l'ascesa della Kundalini e la scalata dell'Albero della Vita, dove si inizia il viaggio nella sfera o nel Chakra più basso e si sale verso l'alto nella coscienza fino a raggiungere il più alto.

Mentre si esegue il Mudra della mano di ciascun Chakra, vibrare/incantare il relativo Bija Mantra con un tono vocale energizzante e proiettivo. Potete dedicare da uno a cinque minuti a ciascun Mudra prima di procedere oltre. Siate coerenti con il tempo dedicato a ciascun Mudra. Per esempio, se decidete di dedicare due minuti al Muladhara Mudra, ripetete questo tempo anche per i Mudra delle mani successivi. La chiave di ogni pratica Spirituale di successo è la coerenza e l'equilibrio.

Mentre eseguite un Mudra della mano e vibrate il Bija Mantra corrispondente, concentratevi sull'area del Chakra. Connettetevi con il Chakra e immaginate che il suo colore complementare diventi sempre più luminoso, mentre l'energia della Luce lo permea a ogni vibrazione. La componente visiva di questo esercizio è utile per focalizzare le energie invocate attraverso i Mantra.

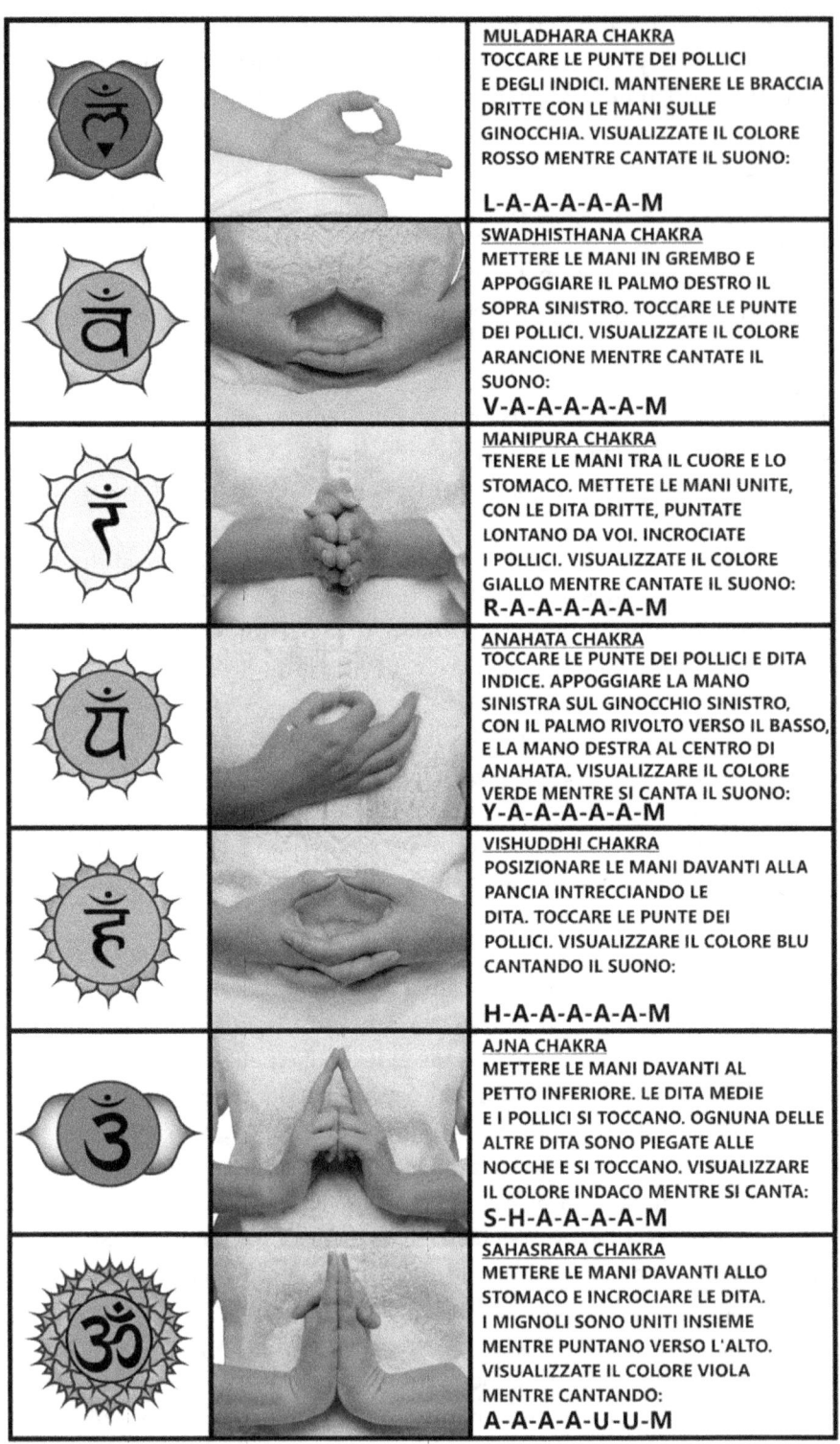

Figura 141: I Sette Chakra Mudra/Mantra

Nel secondo metodo di pratica dei Chakra Mudra/Mantra, si inizia dal più alto, Sahasrara, e si scende in sequenza attraverso i Chakra. In questo metodo, immaginate Sahasrara come pura Luce Bianca invece del colore viola. Dopo aver terminato la combinazione Mudra/Mantra di Sahasrara, immaginate un raggio di Luce che esce da esso e si connette con il Chakra Ajna sottostante.

Una volta terminato Ajna, proiettate lo stesso fascio di luce fino a Visshudhi e così via. Dovete visualizzare un fascio di Luce che si proietta da un Chakra all'altro fino a raggiungere il Muladhara. Alla fine di questo esercizio, tutti i Sette Chakra Maggiori saranno illuminati, collegati da un fascio di luce.

Sia che abbiate eseguito il primo o il secondo metodo di pratica dei Chakra Mudra/Mantra, concludete l'esercizio dedicando qualche minuto a visualizzare i vostri Chakra illuminati dall'interno della vostra Aura nei loro rispettivi colori. Vedeteli più luminosi che mai. Se avete eseguito il secondo metodo di pratica, ogni Chakra sarà collegato da un fascio di luce. La pratica del Chakra Mudra/Mantra è ora completa. Potete aprire gli occhi e riacquistare la piena coscienza di veglia.

MEDITAZIONE (DHYANA)

Lo stile di vita frenetico e multitasking degli Occidentali ha dato origine a condizioni di salute mentale come ansia, depressione e stress cronico. Per questo motivo, pratiche olistiche mente-corpo come lo Yoga e la meditazione mindfulness sono diventate popolari in Occidente come tecniche di riduzione dello stress che calmano il sistema nervoso e aumentano i livelli di dopamina e serotonina nel cervello. Il risultato è una maggiore felicità e una mente e un corpo sani.

Secondo la definizione del dizionario, "meditazione" significa impegnarsi nella contemplazione o nella riflessione. Si tratta di essere consapevoli e presenti qui e ora, il che aumenta la consapevolezza attingendo al regno della pura coscienza. È un processo che richiede di rivolgere la mente verso l'interno e di unificarsi con una realtà superiore, sostanziale e salutare.

La meditazione è un viaggio verso l'unione del Sé con lo Spirito interiore. È una ricerca di una verità superiore che solo l'intuizione può cogliere, che richiede di superare l'intelligenza limitata e le emozioni personali e di stabilire una connessione permanente con la nostra vera essenza.

Andare dentro di sé attraverso la pratica meditativa allevia i condizionamenti subconsci che ci impediscono di essere la versione migliore di noi stessi. La meditazione resetta la mente, il che è utile per superare le cattive abitudini e le dipendenze dannose. Inoltre, andando verso l'interno, ci riconnettiamo con l'Anima, che reindirizza la nostra bussola morale se ci siamo smarriti.

La meditazione porta chiarezza mentale e calma le nostre emozioni, con un effetto curativo su tutti gli aspetti della nostra vita, comprese le relazioni personali. Rilascia la tensione interiore e l'ansia e ci ricarica di nuova fiducia nell'Universo e di amore per noi stessi e per gli altri. A livello fisico, la meditazione abbassa la frequenza cardiaca, migliora il sistema immunitario e riequilibra i Sistemi Nervosi Simpatico e Parasimpatico, portando coerenza al corpo.

La meditazione aiuta le persone a raggiungere la pace mentale e l'equilibrio, necessari per funzionare al meglio nella società. Questa pratica non ha nulla a che vedere con la fuga in un mondo interiore e l'abbandono delle proprie responsabilità nel regno materiale, ma con la ricerca del nostro nucleo e il raggiungimento di una felicità autentica e duratura. Così facendo, sviluppiamo una base adeguata nella vita che rende più facile tutto ciò che facciamo da quel momento in poi.

La meditazione è spesso il risultato di persone che si trovano in un vicolo cieco nella ricerca della felicità attraverso la soddisfazione dei desideri dell'Ego. Poiché siamo condizionati ad associarci all'Ego durante l'adolescenza, questa convinzione rimane prevalente nei primi anni dell'età adulta, fino a quando non giungiamo alla conclusione che per raggiungere la felicità finale è necessario andare oltre l'Ego per trovare lo Spirito interiore. Questo significa diventare Spirituali e discernere tra illusione e realtà, e la meditazione è il metodo migliore per raggiungere questo obiettivo.

PRATICA YOGICA E MEDITAZIONE

La meditazione è il settimo arto o passo dello Yoga, Dhyana, come descritto negli *Yoga Sutra* di Patanjali. Il tentativo di ritirare i sensi (Pratyahara) e di concentrare la mente (Dharana) sono il quinto e il sesto passo dello Yoga, che portano alla meditazione. Il terzo e il quarto passo (Asana e Pranayama) aiutano a bilanciare le energie maschili e femminili e a calmare la mente, il che porta all'interiorità, un prerequisito per la meditazione.

Una volta imparato a meditare, disponiamo di una tecnica per contattare il nostro Sé interiore, lo Spirito, che ci permette di raggiungere l'ottavo e ultimo passo dello Yoga - il Samadhi - l'identificazione con la Coscienza Cosmica. Il Samadhi implica la liberazione, o illuminazione, in cui il soggetto e l'oggetto sono diventati Uno.

Poiché la meditazione richiede concentrazione mentale, il controllo dell'energia Pranica è fondamentale. Possiamo ottenerlo attraverso posture mediative stabilizzate (Asanas) e la regolazione del respiro (Pranayama). Le persone con disturbi mentali o emotivi come schizofrenia, psicosi, bipolarismo, PTSD, ecc. dovrebbero concentrarsi prima sulle Asana e sul Pranayama per bilanciare le loro energie, poiché è utile superare le tendenze negative della mente prima di tentare la meditazione profonda.

Aprire nuove porte della psiche quando la mente non è sana e forte può spaventare molte persone. In fondo, gran parte della meditazione consiste nel distaccarsi dalle attività della mente e nel separarsi dai pensieri. È essenziale sviluppare il coraggio e la fede per affrontare l'ignoto, che trasmette la paura in energia positiva che favorisce la nostra Evoluzione Spirituale. Per questo motivo, le pratiche Yogiche come Asana, Pranayama, Mudra e Mantra sono spesso affiancate alla meditazione, poiché preparano la mente e il corpo a raggiungere stati di coscienza più elevati.

Per esempio, i Mudra aiutano a manipolare le nostre energie interiori, promuovendo il benessere fisico, mentale ed emotivo, mentre i Mantra invocano/evocano l'energia trascendentale nell'Aura, elevando la coscienza al di sopra del livello del corpo e dell'Ego. I Mantra sono quindi fondamentali nella pratica della meditazione, soprattutto quando un individuo ha bisogno di assistenza per acquietare la mente e connettersi con un potere superiore.

Data la loro efficacia, ho dedicato la maggior parte di questa sezione alle tecniche Yogiche di Asana, Pranayama, Mudra e Mantra. La loro padronanza ha lo scopo di preparare il corpo, la mente e l'Anima alla meditazione, che porta all'unità con lo Spirito, l'energia sorgente del Creatore.

La regolazione del proprio stile di vita, compresa l'attuazione di una dieta sana, è parte integrante della preparazione della mente alla meditazione. Il primo e il secondo passo dello Yoga, Yamas (Auto-controllo) e Niyamas (Auto-osservazione), ci impongono di essere consapevoli dei nostri pensieri, emozioni e azioni e di controllarli. Come dice un Antico aforisma Greco, "Conosci Te Stesso". Solo quando abbiamo imparato a conoscere le tendenze del nostro Ego, la nostra natura interiore automatica, possiamo iniziare a cercare di cambiarla e gestirla per aprirci all'energia Spirituale.

In definitiva, la meditazione porta a diventare l'incarnazione dell'Amore Divino. L'Amore Divino è l'essenza dello Spirito, che sentiamo tangibilmente nel nostro cuore come un'emozione. Per questo motivo, l'apertura del centro del cuore, o Chakra del Cuore, è uno degli obiettivi della meditazione. Quando Anahata Chakra viene preparato attraverso le pratiche Yogiche e lo sviluppo della morale e dell'etica, un afflusso di energia Spirituale si riversa dal Sahasrara Chakra, dando luogo a una trasformazione permanente della coscienza. Quando ciò avviene, l'aspirante ha raggiunto l'obiettivo finale dello Yoga: l'unione con la Divinità.

TRE METODI DI MEDITAZIONE

Così come esistono varie discipline Spirituali per raggiungere l'Illuminazione, ci sono molti modi per meditare. In questo capitolo menzionerò i tre metodi di meditazione principali che ho trovato più utili, anche se ce ne sono molti altri, alcuni dei quali vengono trattati in altre sezioni di questo libro. Inoltre, la meditazione non deve essere necessariamente stazionaria, poiché anche camminare può essere un esercizio meditativo se si pratica la consapevolezza. Qualsiasi attività che vi renda presenti qui e ora e vi sintonizzi con l'energia Spirituale costituisce una forma di meditazione.

Il primo tipo di meditazione che ho trovato molto potente richiede di concentrarsi su un oggetto specifico al di fuori di sé e di fissarlo con gli occhi aperti. La scelta dell'oggetto su cui meditare è illimitata. È utile iniziare con un oggetto semplice come la fiamma di una candela (come indicato in questo capitolo) e passare a uno più elaborato, come la statua di una Divinità.

Questo tipo di meditazione mira a concentrare la mente senza interruzioni e a diventare un tutt'uno con l'oggetto, con effetti Spirituali molto positivi. Concentrandosi e focalizzandosi sull'oggetto, l'attenzione viene allontanata dalla mente subconscia e proiettata all'esterno, aumentando la consapevolezza di ciò che ci circonda.

Questa mediazione non ha solo lo scopo di stimolare l'Occhio della Mente, ma di risvegliarlo completamente e in modo permanente. Per questo motivo, quando vi concentrate su un oggetto più complesso, come la statua di una Divinità, vi accorgerete che più a lungo praticherete questa pratica, il vostro senso Astrale si risveglierà in modo da poter sentire, toccare, odorare e persino assaggiare la statua con la mente.

Il secondo tipo di meditazione impiega l'uso del suono (Mantra) per concentrare la mente. I Mantra sono parole, frasi o affermazioni particolari, la cui ripetizione durante la meditazione eleva la coscienza a stati superiori. Nello Yoga, l'atto di ripetere un Mantra con l'uso di perline Mala è chiamato Japa, che deriva dalla parola Sanscrita "jap", che significa "pronunciare a bassa voce, ripetere internamente". "

Anche la recitazione sonora di una preghiera durante la meditazione costituisce un Mantra, che deve essere suonato con intenzione e sentimento profondo per ottenere effetti ottimali. L'intenzione e la concentrazione della mente sono fondamentali quando si ripete un Mantra, così come la tonalità della voce. Il canto, ad esempio, comporta un ritmo e un'intonazione che, se eseguiti correttamente, portano la mente e il corpo in uno stato di trance. I canti e gli inni religiosi sono Mantra che ci ispirano e ci trasportano in uno stato di consapevolezza espansa, facilitando il risveglio Spirituale. Nel prossimo capitolo di questa sezione parlerò dei Mantra in modo più dettagliato.

Il terzo tipo di metodo di meditazione prevede la visualizzazione. Le meditazioni di visualizzazione sono molto popolari ed efficaci, oltre che facili da praticare. Per utilizzare questo tipo di meditazione, basta scegliere un oggetto su cui meditare e visualizzarlo a occhi chiusi. La meditazione di visualizzazione stimola l'Occhio della Mente poiché coinvolge la Luce Astrale, che è alla base di tutte le immagini visive.

Un potente adattamento di questo esercizio consiste nel visualizzare una Divinità, come un Dio o una Dea, da un pantheon di vostra scelta (Figura 142). Non solo riceverete gli effetti attesi da una meditazione di visualizzazione, ma potrete infondere nella vostra Aura le caratteristiche energetiche della Divinità che avete immaginato.

Per ottenere effetti ottimali, è meglio avere a portata di mano l'oggetto vero e proprio, come la statua della Divinità scelta. Potete tenere l'oggetto in mano per sentirne l'energia o metterlo all'altezza degli occhi davanti a voi, mentre ne esaminate tutti gli intricati dettagli e ne prendete nota mentalmente. Poi chiudete gli occhi e immaginate ciò che avete appena visto, concentrandovi a mantenere quell'immagine nell'occhio della mente senza interruzioni.

Quando si inizia la pratica della meditazione di visualizzazione, ci si può concentrare su un punto, una linea, un quadrato o un cerchio e poi riprodurre l'immagine nell'occhio della mente attraverso l'immaginazione. Tuttavia, concentrare l'attenzione su un oggetto tridimensionale ha effetti specifici che non si possono ottenere con un piano bidimensionale, come il risveglio completo dei sensi Astrali.

Per iniziare a meditare su un oggetto tridimensionale, cominciate con qualcosa di semplice, come un pezzo di frutta, per poi passare a una forma più complicata, come la statua di una Divinità. Inoltre, ricordate che tutti i colori hanno vibrazioni diverse e che, visualizzando un colore, invocate la sua energia corrispondente nella vostra Aura a un livello sottile. Pertanto, prestate attenzione a come vi sentite durante la meditazione di visualizzazione quando sono coinvolti i colori.

Figura 142: Meditazione di Visualizzazione

PASSI DI MEDITAZIONE

Quando programmate una meditazione, assicuratevi di farla in un luogo tranquillo e piacevole, dove sapete che sarete indisturbati. Molte persone amano usare l'incenso per liberare il proprio spazio dall'energia negativa, rendendolo così sacro. L'incenso contiene anche proprietà specifiche che elevano la mente e la preparano alla meditazione. Assicuratevi di bruciare l'incenso prima di preparare lo spazio, piuttosto che durante la meditazione, poiché può interferire con la respirazione e costituire una distrazione.

Salvia, Incenso e Sandalo sono gli incensi più popolari per le loro proprietà curative e i loro effetti calmanti. Inoltre, sono noti per attivare il Chakra Ajna, che è un prerequisito della meditazione. Tuttavia, il mio preferito è l'incenso Indiano Nag Champa, che ha un aroma piacevole e una qualità ad alta vibrazione.

La mattina è di solito il momento migliore per la meditazione, soprattutto a stomaco vuoto. Una volta introdotto il cibo nel corpo, bisogna aspettare almeno quattro o sei ore prima di meditare, poiché il corpo lavora duramente per digerire il cibo, che si trasforma in energia Pranica che alimenta il sistema. Si consiglia anche di meditare di notte, poiché siamo più rilassati per natura: meditare prima di dormire facilita uno stato mentale calmo ed equilibrato, favorendo un sonno sano.

Se la meditazione è parte integrante della pratica Yogica, può essere sufficiente dedicarle dai cinque ai dieci minuti, da eseguire alla fine. Tuttavia, quando si medita indipendentemente dalla pratica Yogica, un tempo di quindici o venti minuti è ottimale e darà i migliori risultati. Tenete presente che più tempo vi dedicherete, migliori saranno i risultati.

Le meditazioni si svolgono di solito da seduti, anche se si può meditare in piedi, camminando o sdraiandosi. Tuttavia, i principianti dovrebbero evitare di sdraiarsi mentre tentano di meditare, poiché la deriva nel sonno è comune nelle persone inesperte.

Sukhasana, Siddhasana e Padmasana sono le posizioni meditative consigliate, che variano a seconda della vostra flessibilità. Quando si praticano queste Asana meditative, si devono appoggiare le mani sulle ginocchia in Jnana o Chin Mudra.

Anche sedersi su una sedia funziona e non è meno efficace quando si cerca di meditare. Per i principianti è l'opzione migliore, poiché la sedia offre il sostegno necessario alla schiena e alla colonna vertebrale per concentrarsi maggiormente sul processo di meditazione. Potete anche inginocchiarvi sul pavimento, con o senza un cuscino per le ginocchia, come vi sembra più comodo.

Qualunque sia la postura scelta, la chiave è che la schiena e la colonna vertebrale siano tenute dritte durante la meditazione, mantenendo le mani sui fianchi, per consentire la canalizzazione ottimale delle energie Praniche e Chakriche. Inoltre, quando si è in posizione eretta, il corpo è più rilassato e stabile, il che aumenta la capacità di concentrarsi e di andare verso l'interno.

Dopo aver scelto la postura di meditazione e il punto di concentrazione, il passo successivo su cui concentrarsi è la respirazione. La tecnica ottimale è la Respirazione Yogica Pranayama, in cui l'attenzione è posta sulla respirazione Diaframmatica e Toracica, poiché l'espansione dell'addome massimizza l'apporto di ossigeno e mette a terra le energie interiori. Questo tipo di respirazione attiva l'intero sistema dei Chakra, compresi i due Chakra più bassi, Muladhara e Swadhisthana. Le persone che respirano naturalmente solo attraverso il torace coinvolgono i Chakra superiori e mediani, mentre lasciano inutilizzati i Chakra della Terra e dell'Acqua, che sono cruciali, determinando uno stato mentale squilibrato che dà origine a stress e ansia.

La respirazione consente di controllare il processo di meditazione; pertanto, è necessario prestare attenzione all'inspirazione e all'espirazione per tutto il tempo. Il respiro deve essere lento, profondo e ritmico. Assicuratevi di mantenere un atteggiamento rilassato e calmo. Se perdete il controllo del respiro, non fatevi prendere dal panico, ma riportatelo sotto controllo e riprendete il ritmo.

Durante la meditazione, vi accorgerete che i vostri pensieri vagano spesso. Non allarmatevi: è una parte naturale del processo. In effetti, più vi concentrate sull'oggetto che avete scelto, soprattutto con gli occhi chiusi, più il vostro Ego farà di tutto per sabotare i vostri tentativi. La meditazione non consiste nell'acquietare i pensieri dell'Ego, ma nell'imparare a non ascoltarli, mantenendo la concentrazione sul compito da svolgere.

Le meditazioni con i Mantra sono utili per i principianti perché permettono di riorientare i pensieri invece di svuotare la mente mettendoli a tacere. Quando vi trovate distratti dai vostri pensieri, tornate al punto di concentrazione scelto o deviate la mente riportando l'attenzione sul vostro Mantra. Potete anche usare il respiro per riprendere il controllo sulla mente, reindirizzandovi l'attenzione quando la mente vaga.

All'inizio potreste sentirvi a disagio durante la meditazione. Il vostro corpo si contorce, vi vengono i crampi, le gambe si addormentano, oppure sviluppate impazienza e persino agitazione. Non allarmatevi quando questo accade, perché è un segno che la meditazione sta funzionando. Ho scoperto che quando si impara a meditare, il primo ostacolo da superare è imparare a rilassare il corpo, poiché è l'Ego che usa il corpo per distrarci e distoglierci dal nostro obiettivo. Vi accorgerete che più volte ripeterete il processo di meditazione, più sarà facile.

Quando la meditazione inizia a funzionare, l'Ego perderà la presa sulla mente, per il momento, e si avrà uno stato di coscienza elevato. L'effetto sarà una mente silenziosa e calma, con pensieri puri sullo sfondo e privi di significato personale. Quando avrete raggiunto questo punto critico, mantenetelo il più a lungo possibile. Più volte riuscirete a raggiungere questo punto durante la meditazione, più facile sarà sintonizzarsi con l'Ego e innalzare la vibrazione della vostra coscienza. Dopo un po' di tempo, potrete sviluppare la capacità naturale di farlo anche senza meditazione, il che vi permetterà di contattare istantaneamente il vostro Sé Superiore per riceverne la guida e la saggezza.

Infine, lavorate per purificare la vostra mente nella vita quotidiana. Più sviluppate un carattere forte e una natura morale ed etica, il processo di meditazione diventa più accessibile. Siate perseveranti e determinati a portare avanti le vostre meditazioni, anche se vi sembra di non arrivare a nulla. Se ci si arrende troppo presto, si perdono gli incredibili benefici della meditazione, che sono infiniti. Mentre il giorno segue la notte, sappiate che raggiungerete l'obiettivo delle vostre meditazioni se vi impegnerete regolarmente e seguirete i passi prescritti.

MEDITAZIONE CON LA FIAMMA DELLA CANDELA (TRATAKA)

Trataka in Sanscrito significa "guardare" o "fissare", poiché questa pratica prevede di fissare costantemente un piccolo oggetto come un punto nero, la fiamma di una candela, la statua di una Divinità e un disegno geometrico come un mandala o uno Yantra. La fiamma fissa di una candela (Figura 143) è un magnete naturale per gli occhi e la mente ed è considerata la più pratica e sicura. Come tale, è la più usata dagli Yogi.

Il Trataka è una tecnica di Hatha Yoga che rientra nella categoria degli Shatkarma (in Sanscrito "sei azioni"), ovvero sei gruppi di pratiche di purificazione del corpo attraverso mezzi Yogici. Lo scopo degli Shatkarma è quello di creare armonia tra le Nadi Ida e Pingala, creando così un equilibrio tra gli stati mentali, emotivi e fisici. Trataka è la scienza dello Shatkarma della visione.

Gli occhi sono le "finestre dell'Anima", il mezzo attraverso il quale la nostra mente comunica con l'ambiente esterno. Permettono l'ingresso della Luce, illuminando il Sé interiore. Il Trataka è una tecnica che ci permette di guardare all'interno della nostra mente e della nostra Anima attraverso gli occhi. Poiché la nostra mente è costantemente impegnata con ciò che gli occhi guardano, la consapevolezza a punto unico di Trataka ci permette di calmare la mente subconscia, alimentata dall'Ego. Quando l'Ego diventa neutrale, i suoi continui schemi di pensiero rallentano, permettendo alla coscienza di elevarsi e di entrare in stati mentali più elevati.

La calma della mente e dei suoi schemi di pensiero è un prerequisito per la meditazione (Dhyana). Concentrando lo sguardo sulla fiamma di una candela, si attiva Ajna Chakra, che non solo ha un effetto calmante sulla mente, ma è la porta d'accesso a stati di coscienza più elevati. Con la pratica regolare del Trataka, le capacità psichiche e l'intuizione aumentano, consentendo di raggiungere livelli più elevati di comprensione dei misteri della Creazione.

Figura 143: Meditazione con la Fiamma della Candela (Trataka)

Con il Trataka, la mente si purifica e si rinvigorisce, migliorando la concentrazione (Dharana) e sradicando tutti i problemi associati agli occhi e alla vista. Inoltre, la frequenza cardiaca e respiratoria e l'attività di altri organi rallentano, favorendo il ringiovanimento attraverso l'energia Pranica.

Il Trataka equilibra i sistemi Nervosi Simpatico e Parasimpatico, alleviando la tensione nervosa. Inoltre, le aree cerebrali dormienti vengono stimolate con la pratica regolare del Trataka, mentre le aree dominate dall'attività hanno la possibilità di ricaricarsi, promuovendo un cervello sano. Infine, la pratica regolare del Trataka migliora la qualità del sonno calmando la mente e trattando la depressione e altri problemi mentali ed emotivi.

Il Trataka dovrebbe essere praticato alla fine della sequenza di Yoga, dopo le Asana, i Pranayama, i Mudra e i Bandha. Se praticato da solo, è preferibile eseguirlo al mattino, quando la mente è tranquilla e gli occhi sono più attivi. Può essere praticato anche di notte, prima di dormire. Evitare il Trataka a stomaco pieno, come tutte le pratiche Yogiche.

Per iniziare la meditazione Trataka, sedetevi in una stanza buia dove non sarete disturbati per tutta la durata dell'esercizio. Accendete quindi una candela e mettetela su un tavolino a circa due o tre metri di fronte a voi, all'altezza degli occhi (Figura 144). Assicuratevi che non ci siano correnti d'aria nelle vicinanze che possano influenzare il movimento della fiamma della candela.

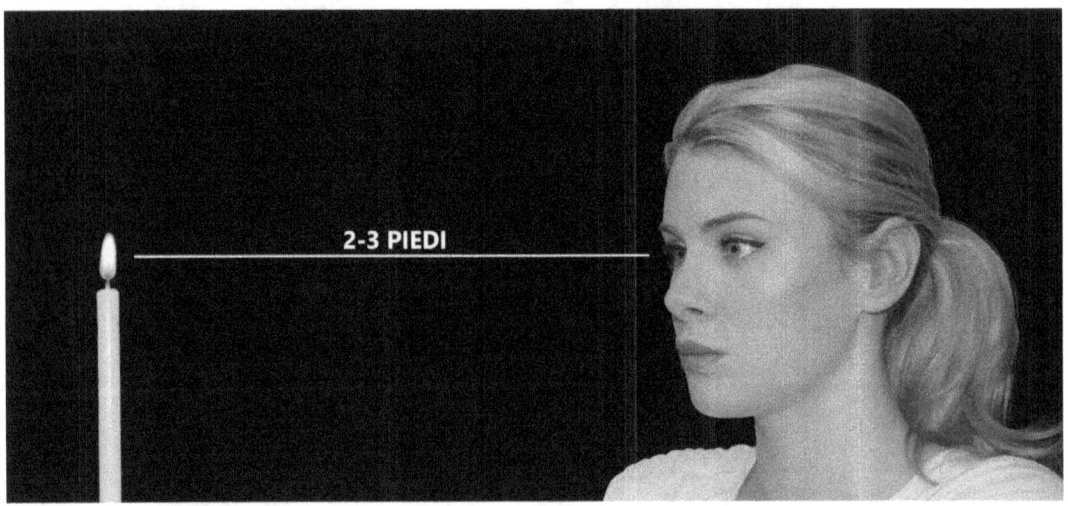

Figura 144: Posizionamento della Fiamma della Candela

Sedetevi in una qualsiasi Asana di meditazione comoda con le mani sulle ginocchia in Jnana o Chin Mudra. La colonna vertebrale e la testa devono essere tenute dritte. Chiudete ora gli occhi mentre rilassate il corpo, soprattutto gli occhi. Assicuratevi di mantenere il corpo fermo per tutta la durata dell'esercizio.

Aprite ora gli occhi e iniziate a guardare la fiamma della candela. Il punto di osservazione ideale è la punta rossa dello stoppino. Mantenete lo sguardo il più a lungo possibile, evitando di sbattere le palpebre o di muoverle in qualsiasi modo. Non sforzate gli occhi perché la tensione potrebbe farli tremolare. Interrompere se gli occhi iniziano a lacrimare.

Diventando un tutt'uno con la fiamma, dovreste perdere la consapevolezza di tutte le sensazioni corporee. Il vostro Essere si esteriorizzerà, allontanandovi da tutte le chiacchiere mentali che vi distraggono. Se la mente comincia a vagare e la concentrazione si abbassa, riportate l'attenzione sulla fiamma della candela.

Dopo uno o due minuti, chiudete gli occhi e fissate l'immagine successiva della fiamma nello spazio davanti a voi. Se l'immagine successiva comincia a muoversi da un lato all'altro o su e giù, potete stabilizzarla concentrandovi maggiormente su di essa. Quando l'immagine comincia a svanire, riportatela indietro attraverso la memoria. Quando è completamente scomparsa, aprite gli occhi e ricominciate a guardare la fiamma della candela.

Ripetete questo processo per tre o quattro volte se siete principianti, impiegando non più di due minuti in totale. Quando siete pronti a terminare l'esercizio, strofinate le mani per cinque secondi per generare energia Pranica e poi appoggiatele sugli occhi per dieci secondi per assorbirla. Terminate sempre la meditazione Trataka in questo modo, che fornisce energia curativa agli occhi.

Man mano che si acquisisce esperienza con la meditazione Trataka, aumentarne la durata fino a dieci minuti. Le persone che soffrono di insonnia, depressione o altri problemi mentali ed emotivi dovrebbero dedicare a questo esercizio fino a venti minuti.

Si noti che le persone che soffrono di glaucoma, epilessia o gravi disturbi agli occhi non dovrebbero praticare il Trataka. Possono invece sostituire il loro punto di attenzione con un punto nero, eseguito in una stanza ben illuminata. Sebbene la meditazione su un punto nero produca benefici simili a quelli del Trataka, è meno potente perché omette la concentrazione sull'immagine successiva, che apre efficacemente l'Occhio della Mente con un uso regolare.

LO YOGA E I CINQUE ELEMENTI

Lo Yoga ci aiuta a purificare ed equilibrare i Cinque Elementi Terra, Acqua, Aria, Fuoco e Spirito (Spazio). In questo modo si ripristina la salute ottimale di questi Elementi all'interno del corpo e si sviluppano i poteri e le capacità interiori che corrispondono a ciascun Elemento. Tuttavia, poiché ciascuno dei Cinque Elementi è responsabile di diverse strutture del corpo, possono insorgere malattie e sofferenze psicologiche se un elemento diventa impuro o non è in equilibrio con un altro Elemento.

Poiché l'Elemento Terra ("Bhumi" in Sanscrito) si riferisce a tutti i solidi, corrisponde al corpo fisico, cioè al sistema scheletrico e muscolare. L'Elemento Terra comprende tutti i tessuti del corpo, compresi pelle, denti, unghie e capelli. Il corpo fisico è il veicolo della nostra coscienza e il fondamento che ci lega al Pianeta Terra.

L'Elemento Acqua ("Jala" in Sanscrito) si riferisce a tutti i fluidi; il 60% del nostro corpo fisico è costituito da acqua, che si muove attraverso il sistema circolatorio. L'acqua si trova anche nel cervello, nel cuore, nei polmoni, nei muscoli, nei reni e persino nelle ossa. Inoltre, anche il sangue, il sudore, la saliva, l'urina, lo sperma e i fluidi vaginali e uterini contengono acqua. La nostra salute fisica e mentale dipende dal flusso d'acqua del nostro corpo, poiché l'Elemento Acqua regola la coscienza.

L'Elemento Fuoco è legato alla digestione e al metabolismo e riguarda la fame, la sete e il bisogno di dormire. Il Fuoco è chiamato "Agni" in Sanscrito, il Dio del Fuoco nell'Induismo. Nella pratica delle Asana, Agni si riferisce al calore interno e al calore che si genera in determinate posture. L'Elemento Fuoco si riferisce alla nostra Anima, la nostra fonte di Luce che ha il potere di creare e distruggere.

L'Elemento Aria ("Pavan" in Sanscrito) si riferisce al nostro sistema respiratorio e si occupa di espandere e contrarre l'energia Pranica nel corpo. Il Prana è l'energia della Luce, la Forza Vitale di cui tutti gli organismi viventi hanno bisogno per sopravvivere. L'aria che ci circonda trasporta l'energia Pranica; il solo atto di respirare porta il Prana nel corpo. L'energia Pranica è necessaria anche per alimentare la mente. Per questo motivo, il controllo del respiro (Pranayama) è essenziale in tutte le pratiche Yogiche, poiché uno degli scopi dello Yoga è quello di focalizzare la mente e di diventare consapevoli del Sé.

L'Elemento Spirito/Spazio ("Akasha" in Sanscrito) alimenta le nostre funzioni cognitive interiori. È la nostra fonte di amore, verità, saggezza, ispirazione e fede. Tuttavia, l'energia dello Spirito può essere corrotta dall'assenza di ragione e dal pensiero illogico, che creano paura. La nostra paura più grande riguarda la sopravvivenza sul Piano Fisico, come la paura primordiale della morte. Temiamo la morte perché non possiamo sapere con certezza cosa accadrà quando moriremo, dal momento che non abbiamo ricordi al di là di questa vita. Essendo Eterno e Senza Tempo, lo Spirito ci dà fiducia nell'aldilà, cioè nella continuazione della nostra esistenza oltre la morte. Il modo migliore per sperimentare l'energia dello Spirito è mettere a tacere la mente e andare in profondità. La meditazione è il modo migliore per sintonizzarsi con lo Spirito dentro di noi, per indurre pace mentale e beatitudine e per portare ispirazione nella nostra vita quotidiana.

ATTIVARE E BILANCIARE GLI ELEMENTI

Esiste un ordine naturale degli Elementi nel corpo. Mentre si praticano Asana, Pranayama, Mudra, Mantra e meditazione, la consapevolezza degli Elementi nel corpo ci permette di incanalare l'energia Pranica nei centri Chakrici corrispondenti. Attivando i nostri poteri Elementali, possiamo raggiungere l'equilibrio nella mente, nel corpo e nell'Anima.

Gli Elementi Terra e Acqua si trovano sotto l'ombelico. Ogni volta che concentriamo l'attenzione sulla regione pelvica, attraverso il movimento, la meditazione o le tecniche di respirazione, stimoliamo l'azione di questi due Elementi.

Le Asana stazionarie facilitano la stabilità approfondendo la nostra connessione con la Terra. Quando il nostro corpo fisico viene messo a terra, stabiliamo le nostre fondamenta fisiche, connettendoci così con l'Elemento Terra. I muscoli diventano elastici e le articolazioni stabili. Il corpo stesso diventa forte e solido. Le Asana ci mettono in contatto con i piedi e diventano consapevoli del linguaggio e dei movimenti del nostro corpo. La mente si radica e si concentra. Poiché le Asana stazionarie rallentano il fuoco metabolico, raffreddano il corpo e stabilizzano la mente.

Il passaggio da un'Asana all'altra assume un'azione fluida, mentre cerchiamo di muoverci in modo fluido attraverso i nostri movimenti. La nostra capacità di mantenere un'Asana e poi lasciarla andare permette alla nostra mente di diventare adattabile da un momento all'altro. La grazia e la resilienza che accompagnano la pratica delle Asana ci permettono di connetterci con l'Elemento Acqua. La nostra coscienza diventa più aperta e consapevole di ciò che ci circonda, facendoci uscire dalla mente e mettendoci in sintonia con il momento presente.

L'Elemento Fuoco è situato al centro del busto, nell'area del Plesso Solare. In genere, l'Elemento Fuoco si attiva attraverso Asana dinamiche che prevedono movimento e flusso. Tuttavia, c'è un punto di rottura nelle Asana stazionarie quando il corpo inizia a generare calore, a far tremare il corpo e a far sudare. Questo punto di rottura è quando l'Ego e la mente vogliono smettere di tenere l'Asana. Invocare l'energia e la forza di volontà necessarie per continuare faciliterà un aumento ancora più significativo dell'energia dell'Elemento Fuoco del corpo, con il risultato di bruciare le tossine degli altri Elementi. Secondo gli Yogi, alcune Asana aumentano il fuoco digestivo a tal punto da eliminare completamente le malattie del corpo.

L'Elemento Aria si trova al centro del torace ed è il nostro centro principale di energia Oranica. I muscoli, le articolazioni e gli altri tessuti di sostegno si espandono quando respiriamo. Di conseguenza, la nostra mente si apre attraverso diverse tecniche di Pranayama, mentre il corpo diventa leggero come una piuma.

Il solo atto di respirare stimola l'Elemento Aria ad agire, anche se con una respirazione controllata possiamo concentrare l'energia Pranica in qualsiasi area del nostro corpo per facilitare la guarigione. Il controllo del respiro permette all'individuo di focalizzare la propria energia Pranica durante la pratica delle Asana. Il Prana è potente nel pulire il corpo dalle tossine, poiché attiva l'Elemento Fuoco, che purifica. L'Elemento Acqua viene stimolato se concentriamo l'energia Pranica nell'area dell'addome, ad esempio attraverso la respirazione Diaframmatica.

L'Elemento dello Spirito, o Spazio, si trova nella testa ed è maggiormente accessibile attraverso le tecniche di meditazione, soprattutto quelle che utilizzano l'Occhio della Mente. Quando eseguiamo le Asana e le tecniche di Pranayama con grazia, concentrazione e consapevolezza dei nostri movimenti, pensieri ed emozioni, infondiamo amore, cura e dedizione nella nostra pratica, attivando l'Elemento Spirito.

L'utilizzo di una sequenza equilibrata di Asana che includa il movimento e l'immobilità ha enormi benefici nel bilanciamento degli Elementi. Ci permette di regolare l'Elemento Fuoco e di armonizzare gli Elementi Terra e Aria, che sono nemici naturali: il corpo si occupa del radicamento, la mente dei pensieri. Mentre uno è solido (Terra), l'altro è Eterico (Aria). Bilanciare il corpo e la mente permette di connettersi con l'Anima, che cerca l'unità con lo Spirito.

Le Asana rendono il corpo e la mente saldi e radicati, mentre gli arti sono flessibili. Gli arti flessibili consentono un movimento più significativo dell'energia Pranica attraverso le Nadi che li attraversano. Quando l'Elemento Aria è ottimizzato nel corpo, possiamo aggiungere il carburante necessario agli Elementi Acqua e Fuoco. Un corpo flessibile ha grandi benefici per il sistema Chakrico, e questo è uno dei motivi per cui le Asana sono così attraenti per la popolazione.

***

Un modo semplice ed efficace per bilanciare i Cinque Elementi è rappresentato dalle Mudra (Figura 145). Oltre ad aumentare o diminuire gli elementi, ogni Mudra ha ulteriori benefici per la mente e per il corpo, come indicato nelle rispettive descrizioni. Per eseguire i Mudra delle mani per i Cinque Elementi, seguite le istruzioni descritte a pagina 365.

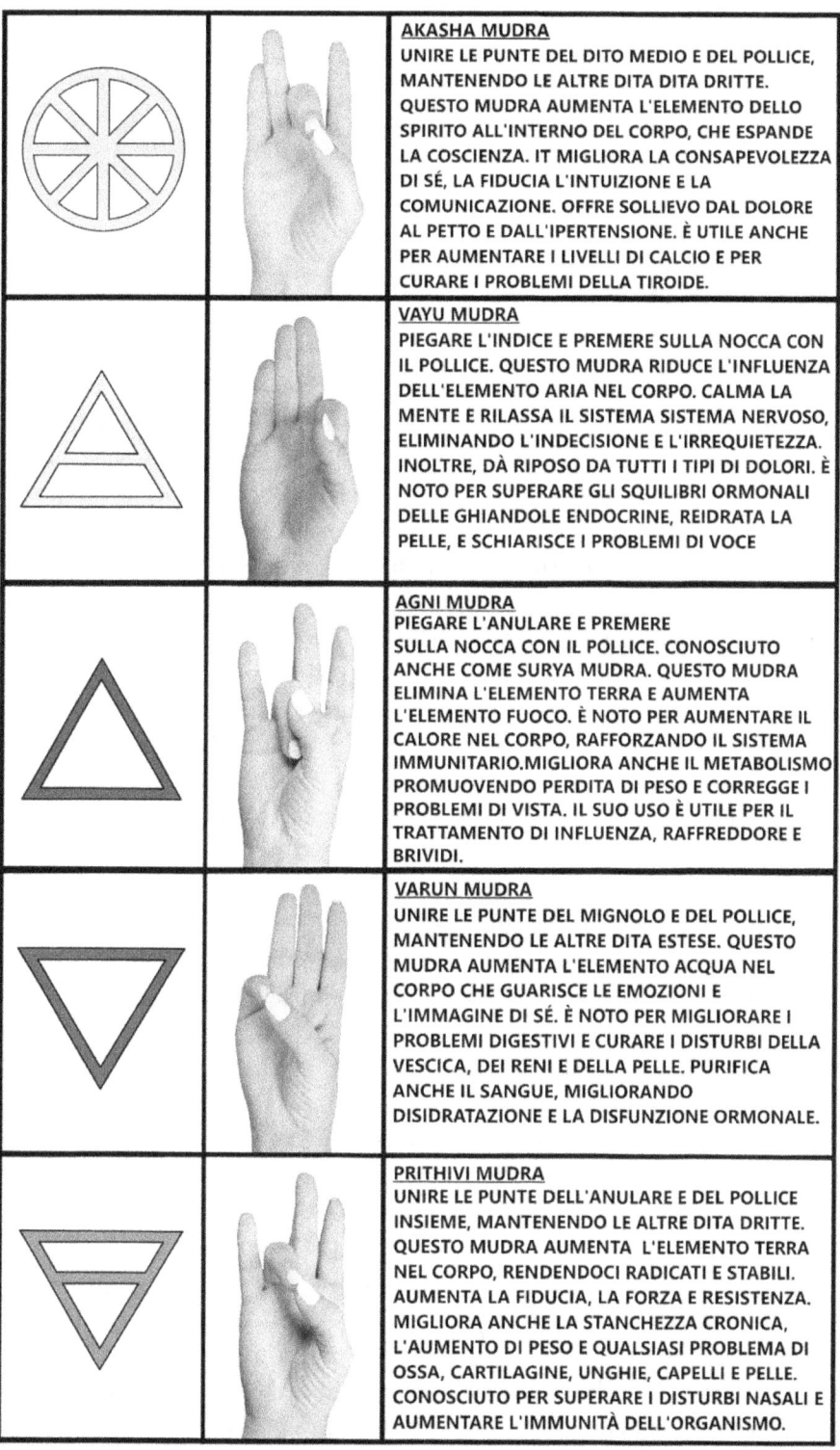

☼		**AKASHA MUDRA** UNIRE LE PUNTE DEL DITO MEDIO E DEL POLLICE, MANTENENDO LE ALTRE DITA DITA DRITTE. QUESTO MUDRA AUMENTA L'ELEMENTO DELLO SPIRITO ALL'INTERNO DEL CORPO, CHE ESPANDE LA COSCIENZA. IT MIGLIORA LA CONSAPEVOLEZZA DI SÉ, LA FIDUCIA L'INTUIZIONE E LA COMUNICAZIONE. OFFRE SOLLIEVO DAL DOLORE AL PETTO E DALL'IPERTENSIONE. È UTILE ANCHE PER AUMENTARE I LIVELLI DI CALCIO E PER CURARE I PROBLEMI DELLA TIROIDE.
△		**VAYU MUDRA** PIEGARE L'INDICE E PREMERE SULLA NOCCA CON IL POLLICE. QUESTO MUDRA RIDUCE L'INFLUENZA DELL'ELEMENTO ARIA NEL CORPO. CALMA LA MENTE E RILASSA IL SISTEMA SISTEMA NERVOSO, ELIMINANDO L'INDECISIONE E L'IRREQUIETEZZA. INOLTRE, DÀ RIPOSO DA TUTTI I TIPI DI DOLORI. È NOTO PER SUPERARE GLI SQUILIBRI ORMONALI DELLE GHIANDOLE ENDOCRINE, REIDRATA LA PELLE, E SCHIARISCE I PROBLEMI DI VOCE
△		**AGNI MUDRA** PIEGARE L'ANULARE E PREMERE SULLA NOCCA CON IL POLLICE. CONOSCIUTO ANCHE COME SURYA MUDRA. QUESTO MUDRA ELIMINA L'ELEMENTO TERRA E AUMENTA L'ELEMENTO FUOCO. È NOTO PER AUMENTARE IL CALORE NEL CORPO, RAFFORZANDO IL SISTEMA IMMUNITARIO. MIGLIORA ANCHE IL METABOLISMO PROMUOVENDO PERDITA DI PESO E CORREGGE I PROBLEMI DI VISTA. IL SUO USO È UTILE PER IL TRATTAMENTO DI INFLUENZA, RAFFREDDORE E BRIVIDI.
▽		**VARUN MUDRA** UNIRE LE PUNTE DEL MIGNOLO E DEL POLLICE, MANTENENDO LE ALTRE DITA ESTESE. QUESTO MUDRA AUMENTA L'ELEMENTO ACQUA NEL CORPO CHE GUARISCE LE EMOZIONI E L'IMMAGINE DI SÉ. È NOTO PER MIGLIORARE I PROBLEMI DIGESTIVI E CURARE I DISTURBI DELLA VESCICA, DEI RENI E DELLA PELLE. PURIFICA ANCHE IL SANGUE, MIGLIORANDO DISIDRATAZIONE E LA DISFUNZIONE ORMONALE.
▽		**PRITHIVI MUDRA** UNIRE LE PUNTE DELL'ANULARE E DEL POLLICE INSIEME, MANTENENDO LE ALTRE DITA DRITTE. QUESTO MUDRA AUMENTA L'ELEMENTO TERRA NEL CORPO, RENDENDOCI RADICATI E STABILI. AUMENTA LA FIDUCIA, LA FORZA E RESISTENZA. MIGLIORA ANCHE LA STANCHEZZA CRONICA, L'AUMENTO DI PESO E QUALSIASI PROBLEMA DI OSSA, CARTILAGINE, UNGHIE, CAPELLI E PELLE. CONOSCIUTO PER SUPERARE I DISTURBI NASALI E AUMENTARE L'IMMUNITÀ DELL'ORGANISMO.

Figura 145: Mudra delle Mani per i Cinque Elementi

AYURVEDA

La medicina olistica dell'Ayurveda risale all'epoca Vedica, più o meno nello stesso periodo in cui si sviluppò lo Yoga. Sebbene apparentemente non siano correlate, lo Yoga e l'Ayurveda condividono la stessa cultura, filosofia, lingua e metodologia e sono considerate scienze sorelle dagli Indù. Mentre le pratiche Yogiche si occupano di armonizzare la mente, il corpo e l'Anima, l'Ayurveda fornisce una comprensione delle nostre costituzioni fisiche e mentali e di come la dieta e lo stile di vita influenzino il nostro corpo e la nostra mente.

La base dell'Ayurveda è la teoria dei "Tridosha" (in Sanscrito "Tre Dosha"), le tre forze o "umori" del corpo - Vata (vento), Pitta (bile) e Kapha (flegma). Vata governa il movimento nel corpo, Pitta la digestione e la nutrizione e Kapha è l'energia che forma la struttura, la massa e i fluidi del corpo. Sebbene i Tre Dosha influenzino principalmente il nostro corpo fisico, essi hanno anche delle controparti sottili che influenzano la mente e i Cinque Koshas: Prana, Tejas e Ojas. Le attività del nostro corpo e della nostra mente dipendono dal corretto funzionamento dei tre Dosha. Quando non sono in equilibrio, contribuiscono ai processi patologici.

I Tridosha sono anche responsabili delle preferenze individuali in fatto di alimenti, compresi i sapori e le temperature. Governano la creazione, il mantenimento e la distruzione dei tessuti corporei e l'eliminazione dei prodotti di scarto dall'organismo. Sono anche responsabili dei processi psicologici, dalle emozioni negative basate sulla paura a quelle amorevoli.

L'Ayurveda comprende anche la scienza dei 108 Marma o punti energetici del corpo. I punti Marma sono punti Vitali del corpo che sono infusi dall'energia Pranica e influenzati dalla coscienza. I benefici del lavoro con i punti Marma sono molteplici, tra cui, ma non solo: eliminare i blocchi psicologici ed emotivi, migliorare la circolazione e il flusso energetico, alleviare i dolori muscolari e la rigidità delle articolazioni, alleviare la tensione e l'ansia.

Le essenze dei Tre Dosha derivano dai Cinque Grandi Elementi, chiamati "Panchamahabhuta" in Ayurveda (Sanscrito). Ciascuno dei Tre Dosha è una combinazione di due dei Cinque Elementi: Vata è l'Aria (Vayu) e lo Spirito (Akasha), Pitta è il Fuoco (Agni) e l'Acqua (Jela) e Kapha è la Terra (Prithivi) e l'Acqua (Jela), come illustrato nella figura 146. I Tre Dosha dipendono l'uno dall'altro per l'equilibrio e la salute della mente e del corpo. Per esempio, il principio dell'aria accende il fuoco corporeo mentre l'acqua lo controlla, impedendo ai tessuti corporei di bruciare. L'aria muove anche l'acqua; senza Vata Dosha, Pitta e Kapha sono immobili.

Le persone possono anche essere Bi-Doshiche o addirittura Tri-Doshiche, vale a dire che condividono qualità con due o tre tipi Doshici. In Ayurveda esistono quindi in totale sette tipi di costituzioni: Vata, Pitta, Kapha, Vata-Pitta, Pitta-Kapha, Vata-Kapha e Vata-Pitta-Kapha. La comprensione dei Dosha ci permette di bilanciare le nostre energie interne e di allineare i nostri Koshas, migliorando la nostra salute psicologica, mentale ed emotiva.

Tuttavia, anche se siamo destinati a vivere sotto il governo specifico di determinati Elementi in questa vita, possiamo comunque fluttuare nei Dosha quando si verificano cambiamenti significativi nella nostra psiche, nell'ambiente, nella dieta, nel clima, ecc. Così, in determinate circostanze e condizioni, prevarrà un Dosha, mentre in altre situazioni ne prevarrà un altro.

Il principio più importante da tenere a mente quando si lavora con i Dosha è che il simile aumenta il simile, mentre gli opposti si bilanciano a vicenda. Pertanto, gli alimenti, le condizioni atmosferiche e le situazioni che hanno caratteristiche simili a quelle dei Dosha aumenteranno le loro energie, mentre quelle con caratteristiche opposte le diminuiranno. Lo stesso concetto si applica alle pratiche Yogiche come le Asana, i Pranayama e i Mudra, che possono bilanciare un Dosha o aggravarlo, a seconda della natura e della meccanica dell'esercizio eseguito.

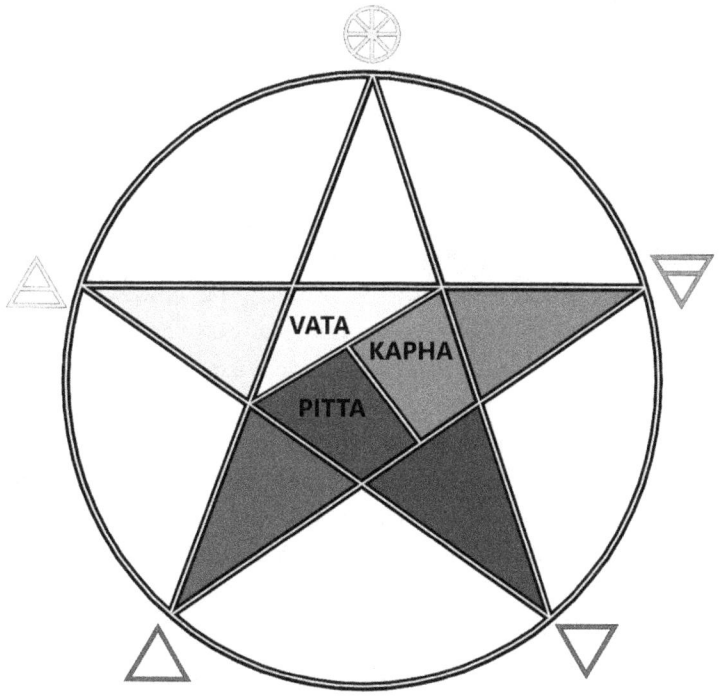

Figura 146: I Cinque Elementi e i Tre Dosha

I TRE DOSHA

Vata Dosha

Come energia del movimento nella mente e nel corpo, Vata Dosha è associato all'Elemento Aria. Vata è secco, freddo, leggero, mobile, attivo, duro, fine, ruvido, irregolare, mutevole e chiaro. A livello sottile, Vata si riferisce all'energia Pranica, responsabile di tutte le funzioni psicofisiche del corpo. Il Prana è trasportato nel corpo dai Cinque Prana Vayus, ognuno dei quali svolge un ruolo specifico nell'armonizzare la mente e il corpo. Vata è considerato il più potente dei Tre Dosha, poiché trasporta sia Pitta che Kapha.

Vata regola tutti i processi di movimento del corpo a livello microcellulare e macroscopico. La respirazione, il battito delle palpebre, i movimenti dei muscoli e dei tessuti e le pulsazioni cardiache sono tutti regolati da Vata Dosha. Inoltre, Vata governa il catabolismo, il processo di scomposizione di grandi molecole in molecole più piccole da utilizzare come energia. I processi interiori legati all'Elemento Aria, come l'immaginazione e la creatività, sono influenzati da Vata, comprese le emozioni come l'ispirazione e l'ansia.

I tipi Vata sono governati dalla seconda guaina del sé materiale, il corpo vitale- Pranamaya Kosha. L'area di azione di Vata è la parte inferiore del tronco, che comprende l'intestino crasso e la cavità pelvica (Figura 147). Agisce anche attraverso le ossa, la pelle, le orecchie e le cosce. Se il corpo sviluppa un eccesso di energia Vata, si accumula in queste aree.

L'Autunno è conosciuto come la stagione Vata per il suo clima fresco e frizzante. Le persone con Vata Dosha sono di solito fisicamente poco sviluppate. Sono magre e snelle, con articolazioni prominenti e vene e tendini muscolari visibili. I tipi Vata tendono ad avere un'innata innocenza e a cercare una vita Spirituale. Amano incontrare nuove persone, svolgere attività creative e sperimentare nuovi ambienti.

I Vata sono molto attivi mentalmente, rapidi, spiritosi, intelligenti e innovativi. Sono fortemente influenzati dai cicli Planetari e Lunari, dal clima, dalle persone di cui si circondano e dai cibi che mangiano. Poiché tendono ad avere una temperatura corporea più fredda della media, i Vata amano il clima caldo e umido.

I Vata sono abili nel multitasking, anche se hanno problemi con gli impegni e il completamento dei progetti. Sono generalmente privi di basi, il che li rende smemorati, lunatici, stressati e con difficoltà a dormire. Spesso mangiano cibi pesanti per mettere a terra e tranquillizzare la loro mente attiva e ingeriscono sostanze stimolanti come caffè e zucchero per non esaurirsi, dato che hanno una bassa resistenza fisica. I Vata sono inclini a problemi digestivi e a una cattiva circolazione sanguigna, oltre ad avere un'immunità naturalmente inferiore alla media.

Secondo l'Ayurveda, una persona a predominanza Vata dovrebbe implementare la meditazione, le pratiche Yogiche e altre attività calmanti ed equilibranti nel suo programma quotidiano. Deve mantenere il corpo caldo evitando il freddo e facendo esercizio fisico, anche con attività cardiovascolari. I Vata dovrebbero trascorrere regolarmente del tempo nella natura per radicarsi e andare a dormire prima delle 22 per assicurarsi un buon riposo notturno. Come tutti i tipi di Doshici, una persona a predominanza Vata deve seguire una dieta sana ed evitare gli alimenti che aggravano la sua condizione (consultare la Tabella 5). Infine, i tipi Vata trarrebbero beneficio dal bere spesso bevande calde, evitando gli stimolanti, come caffè, alcol, cioccolato e altri zuccheri.

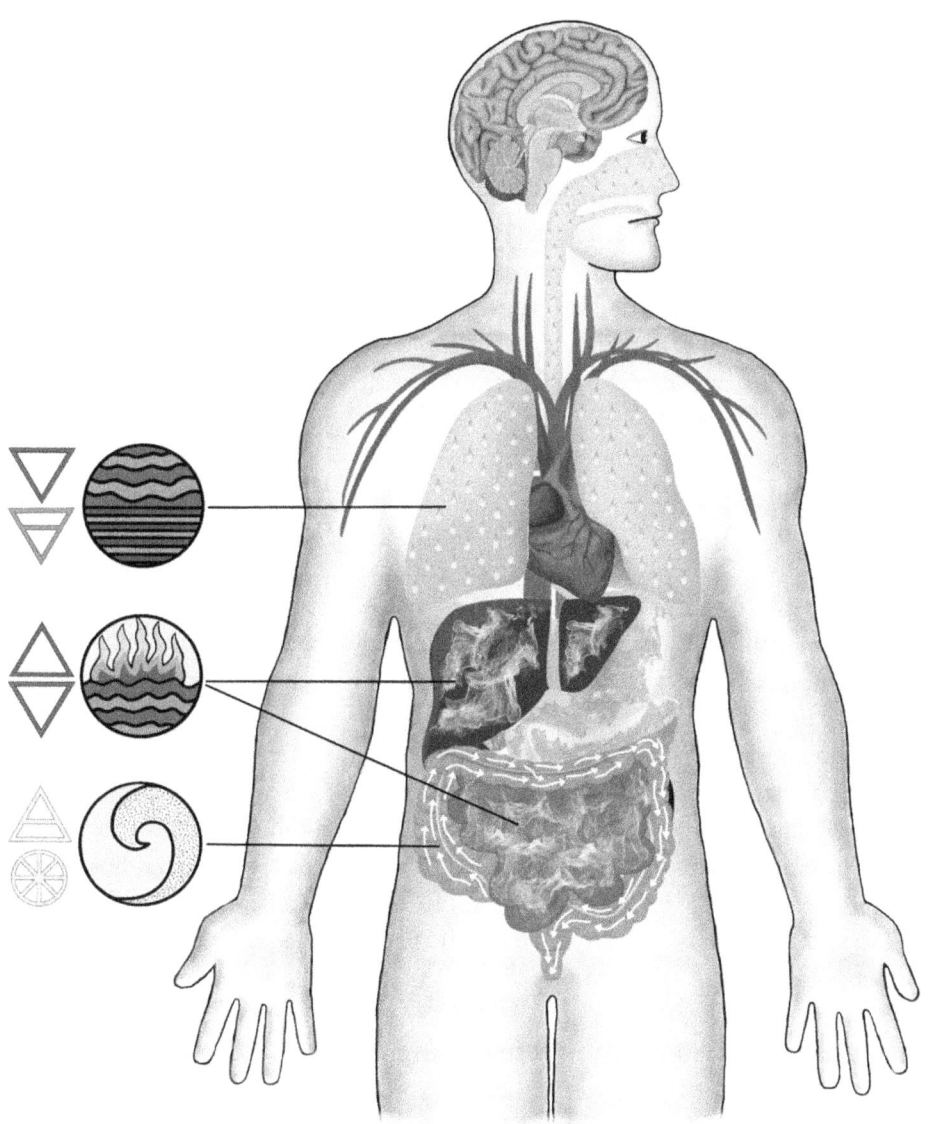

Figura 147: I Tre Dosha e le Zone del Corpo

Pitta Dosha

Pitta è l'energia della trasformazione ed è quindi allineata con l'Elemento Fuoco. Pitta è calda, oleosa, leggera, mobile, fluida, tagliente e dall'odore acre. Governa la digestione, l'assorbimento e l'assimilazione delle sostanze nutritive e regola il calore del corpo, la colorazione della pelle e la percezione visiva. La forma sottile di Pitta è Tejas o Agni, il fuoco della mente responsabile della forza di volontà, della fiducia, dell'intelligenza, della comprensione, del ragionamento, della concentrazione e dell'autodisciplina.

Pitta si riferisce al principio del metabolismo che si occupa di convertire il cibo in energia utilizzabile per le funzioni cellulari. Il metabolismo è suddiviso in due processi: il catabolismo e l'anabolismo, governati dai dosha Vata e Kapha.

I tipi Pitta sono governati dalla mente-corpo, la terza guaina del Sé materiale-Manomaya Kosha. L'area di funzionamento di Pitta è la zona centrale del tronco che contiene stomaco, fegato, milza, cistifellea, duodeno e pancreas (Figura 147). La maggior parte delle scuole Ayurvediche attribuisce anche l'intestino tenue a Pitta anziché a Vata, in quanto opera insieme al fuoco digestivo. Inoltre, Pitta agisce attraverso le ghiandole sudoripare, il sangue, il grasso, gli occhi e la pelle. Se si avverte un dolore in prossimità del Plesso Solare in uno degli organi sopra descritti, è possibile che l'energia Pitta sia squilibrata.

L'estate è conosciuta come la stagione di Pitta per il clima caldo e le giornate di sole. I tipi Pitta sono generalmente di altezza e peso medi, con un corpo tonico e una struttura moderata. Hanno una buona circolazione sanguigna e pelle e capelli sani. Poiché i Pitta sono dominati dall'Elemento Fuoco, sono intrinsecamente autodeterminati, motivati, competitivi, orientati agli obiettivi, tenaci, intensi e irritabili. I Pittas sono atletici e non hanno difficoltà a mettere su muscoli. Essendo leader naturali inclini all'aggressività e al conflitto, sono spesso messi alla prova da emozioni negative come il dubbio, la rabbia, l'odio e la gelosia.

I Pitta sono generalmente sempre affamati, hanno un metabolismo veloce e sono predisposti a sbalzi d'umore se non mangiano. Ingeriscono spesso grandi quantità di cibo e di liquidi e amano le bevande fredde. I Pittas sono sensibili alle temperature calde e sono soggetti a infiammazioni della pelle, acne, dermatiti ed eczemi. La loro temperatura corporea è superiore alla media e le loro mani e la loro alimentazione sono solitamente calde. I Pittas tendono a lavorare troppo perché sono intelligenti e hanno un forte desiderio di successo.

La medicina Ayurvedica suggerisce che le persone a predominanza Pitta devono coltivare la moderazione in tutte le cose e non prendere la vita troppo sul serio. Devono trovare il tempo per attività divertenti per bilanciare la vita lavorativa, che spesso è dominante. I Pitta dovrebbero evitare il caldo estremo e seguire una dieta sana. (Tabella 5). La meditazione quotidiana, le pratiche Yogiche e altre attività Spirituali calmanti ed equilibranti sono raccomandate ai Pittas per tranquillizzare il loro temperamento irritabile.

Kapha Dosha

Come energia Archetipica della Madre Terra, Kapha Dosha fornisce la materia per l'esistenza fisica, dando solidità agli Elementi sottili del corpo. Kapha è freddo, umido, oleoso, pesante, lento, opaco, statico, morbido, denso e torbido. Si riferisce all'acqua corporea che conferisce al nostro corpo la resistenza agli Elementi esterni per mantenere la longevità a livello cellulare. Kapha garantisce l'idratazione della pelle, la lubrificazione delle articolazioni, la protezione del cervello e del sistema nervoso, l'immunità alle malattie e la guarigione delle ferite.

La forma sottile di Kapha è chiamata Ojas, che in Sanscrito significa "vigore". Ojas collega la coscienza e la Materia; è l'energia vitale simile al fluido dell'Elemento Acqua che sostiene le funzioni della mente. Ojas è responsabile della conservazione della memoria. Ci fornisce forza mentale, resistenza e capacità di concentrazione.

I tipi Kapha sono governati dal corpo alimentare, il primo strato del Sè materiale- Annamaya Kosha. La sua area di azione è principalmente quella dei polmoni, anche se Kapha è presente anche nelle narici, nella gola, nei seni e nei bronchi (Figura 147). Le emozioni legate all'Elemento Acqua, come l'amore, la calma e il perdono, sono associate a Kapha Dosha e a sentimenti negativi come l'avidità e l'invidia. Kapha ha un'influenza diretta sugli attaccamenti dell'Ego.

La stagione di Kapha è la primavera, quando le cose sono più fertili e la vita delle piante ricomincia a crescere. I Kapha hanno di solito un corpo ben sviluppato, con ossa spesse e un'ossatura robusta. Hanno un appetito basso ma regolare e un metabolismo e un apparato digerente lenti. Tendono ad ingrassare, quindi devono fare regolarmente esercizio fisico. L'influenza degli Elementi passivi Acqua e Terra li rende emotivamente e mentalmente stabili, leali e compassionevoli. Si arrabbiano raramente e pensano prima di agire. Per questo motivo, attraversano la vita in modo lento e deliberato.

I tipi Kapha hanno un approccio sistematico alla vita; in genere amano pianificare le cose invece di essere capricciosi come i Vata. Hanno potenti capacità empatiche e una forte energia sessuale. I Kapha sono pazienti, fiduciosi, calmi, saggi, romantici e hanno un sistema immunitario sano. Tuttavia, sono inclini a problemi respiratori come allergie e asma e hanno un rischio maggiore di malattie cardiache e di accumulo di muco rispetto agli altri tipi Doshici. Inoltre, dato che l'Elemento Acqua predomina, i Kapha conservano bene le informazioni e sono riflessivi nelle parole e nelle azioni. Si relazionano emotivamente con il mondo, il che li rende suscettibili alla depressione e alla mancanza di motivazione.

In Ayurveda si consiglia alle persone a predominanza Kapha di concentrarsi sull'esercizio fisico regolare e quotidiano, su una dieta sana (Tabella 5) e sul mantenimento di una temperatura corporea calda. Inoltre, dovrebbe riempire il proprio tempo con attività che lo ispirino e lo motivino, stabilendo una regolare routine del sonno, poiché i tipi Kapha sono noti per dormire troppo.

TAVOLO 4: Tabella di Costituzione Ayurvedica (Tre Dosha)

Aspetto della Costituzione	Tipo Vata (Aria e Spirito)	Tipo Pitta (Fuoco e Acqua)	Tipo Kapha (Acqua e Terra)
Altezza e Peso	Alto o Molto Basso, Peso Ridotto	Peso Costante, Altezza media	Basso ma a volte Alto, pesante, aumenta di peso facilmente
Aspetto	Sottile, Magro, Snello	Medio, Tonico	Grande, robusto, ben costruito
Pelle	Ruvido, Opaco, Scuro, si Screpola Facilmente, Secco, Freddo	Morbido, Chiaro, Rosato, Oleoso, Caldo, Lentiggini e Nei	Liscio, Pallido, Leggero, Umido, Grasso, Fresco, Denso
Occhi	Affondata, Piccola, Secca, Marrone, Innalza le Sopracciglia	Tagliente, Penetrante, Verde, Grigio, Marrone Chiaro	Grandi, attraenti, blu, ciglia spesse, sguardo gentile
Labbra	Labbra Piccole e Sottili, Screpolature	Spessa, Media, Morbida, Rossa	Grande, liscia, rosata
Capelli	Secco, Sottile, Scuro, Crespo	Fine, Liscio, Oleoso, Liscio, Biondo o Rosso	Folta, riccia, ondulata, scura o chiara
Denti	Molto Piccoli o Grandi, Irregolari, Sporgenti, Lacunosi	Gengive di Medie Dimensioni, Morbide e Sanguinanti	Pieno, forte, bianco, ben formato
Unghie	Secco, Ruvido, Fragile	Sottile, Liscio, Rossastro	Grande, morbido, bianco, lucido
Temperatura Corporea	Meno del Normale; Palmi e Piedi Freddi	Più del Normale; Palmi delle Mani, Piedi e Viso Caldi	Normale; palmi e piedi leggermente freddi
Articolazioni	Visibile, Rigido, Instabile, si Rompe Facilmente	Sciolto, Moderatamente Nascosto	Salda, forte, grande, ben nascosta
Sudore	Normale	Molto Facilmente, Odore Forte	Lento a iniziare ma proficuo
Feci	Duro, Secco, Due Volte al Giorno	Morbido, Sciolto, 1-2 volte al Giorno	Ben formato, una volta al giorno
Urinazione	Scarso	Profuso, giallo	Moderato, chiaro
Sistema Immunitario	Basso, Variabile	Moderato, sensibile al calore	Buono, alto
Resistenza	Povero, Facilmente Esauribile	Moderato ma mirato	Stabile, alto
Appetito e Sete	Assunzione Variabile e Rapida di Cibo e Bevande	Alta, eccessiva, deve mangiare ogni 3-4 ore	Moderato, costante, in grado di tollerare fame e sete
Preferenze di Gusto	Dolce, aspro, salato	Dolce, amaro, astringente	Pungente, amaro, astringente
Attività Fisica	Molto Attivo, si Stanca Facilmente	Moderato, si stanca facilmente	Letargico, si muove lentamente, non si stanca facilmente
Temperamento/ Emozioni	Timoroso, Mutevole, Adattabile, Incerto	Coraggioso, motivato, fiducioso, irascibile	Calma, Amorevole, Avida, Attaccata, Autocosciente
Sensibilità	Freddo, Secchezza, Vento	Calore, luce solare, fuoco	Freddo, umidità
Discorso	Veloce, Frequente, Non Focalizzato, Perde Facilmente il Filo del Discorso	Focalizzato, diretto, bravo nelle argomentazioni, orientato agli obiettivi	Discorso lento, costante, morbido e deciso, non da chiacchierone
Stato della Mente	Iperattivo, Irrequieto	Aggressivo, intelligente	Tranquillo, lento, costante
Personalità	Creativo, Fantasioso	Intelligente, volitivo, efficiente	Premuroso, paziente, premuroso
Sociale	Effettuare e Modificare Spesso	Gli amici sono legati al lavoro	Amicizie durature
Memoria	Basso, Fimentica Facilmente le Cose	Memoria moderata, media	Alto, ricorda bene
Programma	Programma Irregolare	Giornata lavorativa lunga	Bravi a mantenere la routine
Sogni	Cieli, Venti, Volare, Saltare, Correre	Fuoco, fulmini, violenza, guerra, immagini colorate	Acqua, fiume, oceano, lago Nuoto, vista colorata
Dormire	Scarso, Interrotto, Disturbato, Meno di 6 ore	Variabile, suono, 6-8 ore	Eccesso, pesante, prolungato, 8 ore o più
Finanze	Spenditore Stravagante, Spende Denaro in modo Frivolo	Spenditore medio, concentrato sui beni di lusso	Frugale, risparmia, spende solo quando è necessario
Totale	=	=	=

COME DETERMINARE IL PROPRIO RAPPORTO DOSHICO

Ogni essere umano ha un rapporto unico dei Tre Dosha, a seconda di quale dei Tre Elementi Aria, Acqua e Fuoco è dominante in noi. In Sanscrito, il progetto personale delle energie che ci governano nella vita è chiamato "Prakriti", che significa "la forma originale o naturale della condizione di qualcosa, la sua sostanza primaria". Lo stato attuale dei Tre Dosha, dopo il momento del concepimento, è la "Vikruti", che significa "dopo la creazione". Si riferisce alla nostra costituzione dopo essere stata esposta e alterata dall'ambiente. La Vikruti definisce il nostro squilibrio Doshico.

Esistono tre modi per determinare il proprio rapporto Doshico, due dei quali possono essere eseguiti da soli utilizzando questo libro e l'accesso ad Internet. L'altro metodo consiste nel rivolgersi a un medico Ayurvedico che utilizzerà la lettura del polso e della lingua come strumenti diagnostici. Se volete una diagnosi più accurata, vi consiglio tutti e tre i metodi.

Il primo metodo consiste nell'utilizzare la tabella 4 e fare una diagnosi personale. Partendo dalla parte superiore della tabella con "Altezza e Peso", scegliete quale delle tre descrizioni dei Dosha vi descrive meglio. Dopo averla selezionata, mettere un segno di spunta in fondo a una delle colonne Vata, Pitta o Kapha, nell'ultima riga dove c'è scritto "Totale". Continuate poi con il secondo aspetto, "L'Aspetto", e fate lo stesso. E così via, fino a quando non avrete finito di esaminare l'intero grafico. Infine, sommate i totali per ciascuno dei tre Dosha e mettete un numero dopo il segno di uguale nell'ultima riga.

Il Dosha con il numero più alto indica generalmente la costituzione primaria, mentre il Dosha con il secondo numero più alto indica il secondo Dosha dominante. Se avete due Dosha relativamente uguali, siete Bi-Doshici o addirittura Tri-Doshici se avete un rapporto simile tra tutti e tre i Dosha. Se uno dei Dosha ha un numero significativamente più alto degli altri due, come spesso accade, allora è il vostro Dosha dominante.

Il secondo metodo "fai da te" utilizza l'Astrologia Vedica per determinare il vostro rapporto Doshico, che potrete confrontare con i risultati ottenuti dal grafico della Tabella 4. Poiché la scienza dell'Ayurveda è in linea con l'Astrologia Vedica, è necessario procurarsi un diagramma di nascita dell'Astrologia Vedica, che si può trovare Online. Tenete presente che il Tema Natale dell'Astrologia Vedica è completamente diverso da quello dell'Astrologia Occidentale. Tuttavia, non lasciate che questo vi confonda o vi allarmi, perché vi concentrerete principalmente sull'Ascendente e sulle Case.

L'Astrologia Vedica è più precisa nel valutare le influenze energetiche Macrocosmiche associate all'ora di nascita, poiché è allineata con le posizioni reali delle Costellazioni Stellari. Per questo motivo, per ottenere una valutazione corretta, è necessario disporre dell'ora esatta di nascita. Nell'Astrologia Occidentale, l'ora di nascita è seconda per importanza rispetto al giorno di nascita, poiché l'Astrologia Occidentale privilegia il Segno Solare. L'utilizzo dell'Astrologia Vedica per determinare il proprio rapporto Doshico è un metodo Antico e collaudato, utilizzato dagli Indù e da altri praticanti dell'Ayurveda fin dalla sua nascita.

Prima di spiegare come valutare il proprio Tema Natale dell'Astrologia Vedica, è necessario conoscere la natura Dosha dei Pianeti e dei Segni Zodiacali. Vata Dosha è rappresentato da Gemelli, Capricorno, Acquario e Vergine perché questi quattro segni sono governati da Mercurio (Gemelli e Vergine) e Saturno (Capricorno e Acquario). Mercurio e Saturno sono Pianeti Vata perché corrispondono all'Elemento Aria.

Pitta è rappresentato da Ariete, Leone e Scorpione, tre segni governati da Marte (Ariete e Scorpione) e dal Sole (Leone). Marte e il Sole sono Pianeti Pitta perché corrispondono all'Elemento Fuoco. Infine, Kapha è rappresentato da Toro, Cancro, Bilancia, Sagittario e Pesci, poiché questi cinque segni sono governati da Venere (Toro e Bilancia), Giove (Sagittario e Pesci) e Luna (Cancro). Questi tre sono Pianeti Kapha in quanto corrispondono all'Elemento Acqua.

Per quanto riguarda gli ultimi due Navagraha, l'influenza energetica di Rahu è simile a quella di Saturno, solo più sottile. Pertanto, si riferisce al Vata Dosha. D'altra parte, l'influenza energetica di Ketu è simile a quella di Marte, anche se più sottile, e corrisponde al Pitta Dosha.

Utilizzerò il mio Tema Natale dell'Astrologia Vedica (Figura 148) come esempio per mostrarvi come potete determinare il vostro Dosha. Sto usando un Tema Natale dell'India del Sud, la cui presentazione è leggermente diversa da quella dell'India del Nord, anche se i risultati sono gli stessi. Tenete presente che vi sto mostrando un metodo di base per farlo utilizzando un Tema Natale dell'Astrologia Vedica (Tema Rishi), che fornisce informazioni generali sulla posizione dei Pianeti. Tuttavia, sto omettendo il Tema Navamsa, che mostra la qualità e la forza attiva dei Pianeti.

Un Tema Natale completo di Astrologia Vedica comprende generalmente entrambi i Grafici e le Nakshatra (Case Lunari). Si tratta di una scienza piuttosto complessa e approfondita che richiede uno studio serio per poter interpretare un intero Tema Natale. Per questo motivo, vi consiglio di rivolgervi a un Astrologo Vedico esperto e qualificato che vi aiuti a leggere il vostro Tema Natale completo, in modo da ottenere i risultati migliori.

Una volta ottenuto il vostro Tema Natale, osservate innanzitutto il vostro Ascendente e determinatene il Signore o il Pianeta dominante. Secondo l'Astrologia Vedica, l'Ascendente è l'influenza più significativa su di voi, poiché rappresenta il vostro corpo. In Sanscrito, l'Ascendente è chiamato "Tanur Bhava", che significa "la casa del corpo". Il Segno Zodiacale in cui si trova l'Ascendente rappresenta di solito il Dosha dominante.

Successivamente, osservate il Pianeta che governa il vostro Ascendente e il Segno Zodiacale in cui cade. Ad esempio, il mio Ascendente è Gemelli, un segno Vata il cui signore è Mercurio. Tuttavia, Mercurio si trova in Sagittario, un segno Kapha governato da Giove. Finora l'analisi del mio grafico indica una costituzione Vata con un'influenza di Kapha.

Quindi, osservate la vostra Prima Casa, vedete quale Pianeta o quali Pianeti vi sono collocati e determinatene i Dosha. Per esempio, io ho Rahu nella Prima Casa, un Pianeta Vata. Quindi ora abbiamo un altro forte indicatore del fatto che sono una personalità Vata, con una certa influenza di Kapha. Tuttavia, la nostra analisi non finisce qui.

Osservate ora il vostro segno Lunare, che rappresenta la vostra natura psicologica, compresi i pensieri e le emozioni. Tenete presente che la Luna ha un impatto più significativo sulle donne che sugli uomini, a causa della connessione tra la natura femminile e la Luna. Come potete vedere, la mia Luna è in Vergine, un segno Vata il cui Pianeta dominante è Mercurio.

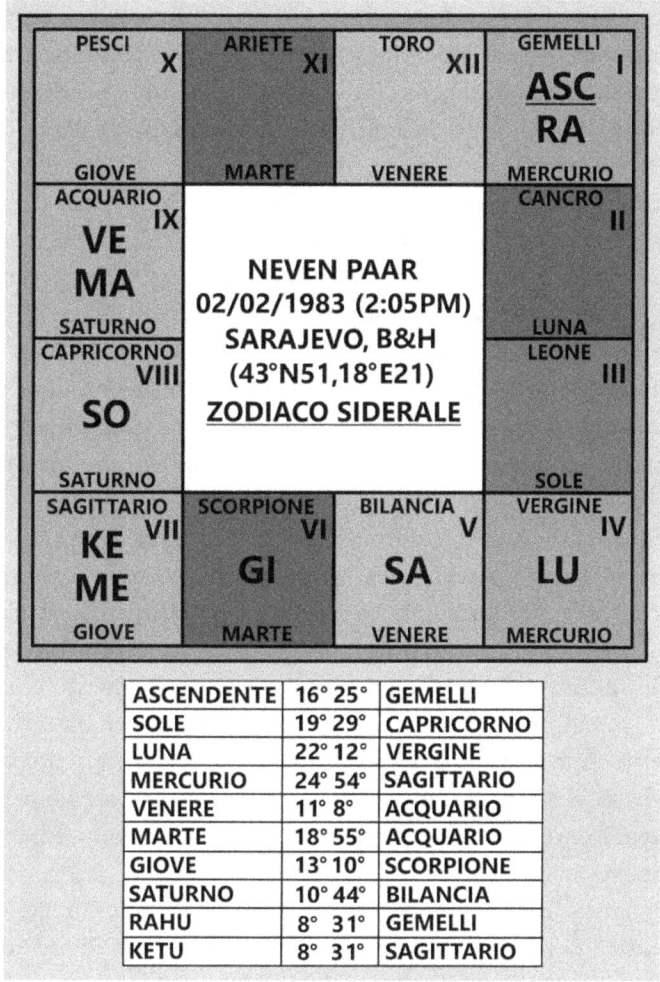

Figura 148: Grafico di Nascita dell'Autore in Astrologia Vedica

Successivamente, date un'occhiata al vostro segno Solare, che è indicativo della vostra vitalità essenziale e dell'espressione del vostro carattere. Gli uomini tendono a esprimere il proprio segno Solare più delle donne, a causa della connessione tra la natura maschile e il Sole. Il mio segno Solare è in Capricorno, governato da Saturno, un altro Pianeta Vata.

A questo punto è necessario esaminare il vostro Tema Natale nel suo complesso per determinare quali Pianeti sono dominanti nel complesso. Mentre l'Ascendente, la Luna e il Sole hanno il peso maggiore nel determinare il vostro rapporto Doshico, Rahu e Ketu sono considerati meno importanti. Gli altri Pianeti hanno tutti la stessa importanza. Se un particolare Pianeta è prominente, influenzerà tutti gli aspetti della vita di una persona, compresa la sua costituzione. Inoltre, è necessario prestare particolare attenzione ai Pianeti collocati nel proprio Segno.

Nel mio Tema Natale, dalle nove attribuzioni Planetarie più l'Ascendente, ho un uguale equilibrio di Mercurio e Saturno (tre ciascuno), con due Giove, una Venere e un Marte. Pertanto, come previsto, il mio Tema Natale presenta un'abbondanza di Pianeti Vata (sei), con tre Kapha e un Pitta. Inoltre, cosa più importante, il mio Ascendente, la Luna e il Sole sono tutti segni Vata. Questo indica che sono una personalità Vata con un'influenza di Kapha e un tocco di Pitta.

Infine, date un'occhiata al Pianeta o ai Pianeti nella vostra Sesta Casa (salute e benessere) e nell'Ottava Casa (morte e longevità) per avere un'idea degli squilibri Doshici e del potenziale di malattia. La Sesta Casa governa tutti gli aspetti dello stile di vita sano di una persona, come la dieta, l'alimentazione, l'esercizio fisico e la ricerca dell'auto-imprenditorialità. Per esempio, nel mio Tema Natale ho Giove (Kapha) in Sesta Casa, che indica una predisposizione all'eccessiva indulgenza, a problemi epatici e di circolazione sanguigna. E il mio Sole (Pitta) nell'Ottava casa suggerisce un aumento di peso e problemi di pressione sanguigna. Questo indica che il mio squilibrio Doshico deriva da influenze Kapha e Pitta.

Come si confrontano queste informazioni con il mio Tema Natale dell'Astrologia Occidentale? Poiché il mio Segno Solare è Acquario, il mio Segno Lunare è Bilancia e il mio Ascendente è Cancro, e l'Astrologia Occidentale privilegia il Segno Solare, sono di costituzione dell'Elemento Aria, con un'influenza di Acqua. Tenete presente che sto usando le corrispondenze tradizionali dello Zodiaco con i Quattro Elementi. Quindi, i miei risultati corrispondono a quelli dell'Astrologia Vedica. Tuttavia, questo non vuol dire che coincideranno per tutti. E ricordate che il motivo principale per cui do priorità all'Astrologia Vedica in questo caso, anche se ho studiato l'Astrologia Occidentale per tutta la vita, è che si tratta della scienza sorella dell'Ayurveda. Pertanto, seguiamo il metodo tradizionale per determinare il vostro Dosha.

Per quanto riguarda il grafico della costituzione Ayurvedica nella Tabella 4, metà dei miei segni di spunta sono andati a Vata Dosha e l'altra metà a Pitta. Anche se il mio Tema Natale non riflette una costituzione Pitta, poiché ho una costante attività Kundalini nel mio Corpo di Luce, il mio corpo fisico si sente come se fosse in fiamme per molto tempo, il che mi influenza a livello cellulare. Ora capite perché è fondamentale analizzare il Tema Natale e il tema della costituzione Ayurvedica: potreste non ottenere gli stessi risultati.

Ricordate quanto ho detto prima: i Dosha non sono fissi. Anche se siete predisposti a uno o più Dosha, potete comunque fluttuare a seconda dei cambiamenti psicologici, ambientali, climatici, ecc. La scienza Ayurvedica non è permanente e immutabile, ma continua a evolversi insieme a voi. Pertanto, vi consiglio di connettervi con il vostro Sé Superiore e di lasciare che sia il vostro insegnante e la vostra guida per essere consapevoli dei cambiamenti interiori e regolarvi di conseguenza.

DIETA AYURVEDICA

Le tre fonti primarie di energia Pranica sono il Sole (Elemento Fuoco), il vento (Elemento Aria) e la Terra sotto i nostri piedi (Elementi Acqua e Terra). Il Sole è la nostra principale fonte di Prana, che ci dà energia attraverso i suoi raggi luminosi. Anche l'aria che ci circonda contiene Prana, che assorbiamo attraverso i polmoni e i Chakra. L'energia Pranica viene assorbita anche dalla Terra attraverso le piante dei piedi. La Terra ci nutre anche attraverso gli alimenti che produce, che contengono energia Pranica a vari gradi di vibrazione. Pertanto, ciò che mangiamo ci influenza direttamente a tutti i livelli di coscienza.

La qualità della nostra mente, del nostro corpo e della nostra Anima dipende in larga misura dall'essenza del cibo che introduciamo nel corpo. Una volta che il cibo è stato convertito in energia Pranica utilizzabile dal sistema digestivo, le migliaia di Nadi del Corpo di Luce lo trasportano in ogni cellula del corpo. Ecco l'essenza del detto popolare: "Sei ciò che mangi". Per questo motivo, trovare una dieta adeguata può fare la differenza tra una mente, un corpo e un'Anima sani o malati. Sebbene la malattia possa manifestarsi fisicamente, può essere anche di natura mentale, emotiva e Spirituale.

In Ayurveda, i nostri processi fisici e psicologici dipendono dal corretto funzionamento dei tre Dosha. Se questi non sono in equilibrio, i processi patologici possono manifestarsi a livello fisico e sottile. Per questo motivo, l'Ayurveda si occupa principalmente delle energie dei diversi alimenti per bilanciare i Dosha. Non si preoccupa dei requisiti nutrizionali, ma che il cibo sia in armonia con la nostra natura. Ad esempio, il cibo può migliorare i processi mentali e la pace della mente o disturbarli.

Anche l'assunzione di liquidi è fondamentale in Ayurveda, poiché ciò che beviamo nutre la nostra Forza Vitale. Ad esempio, l'acqua stantia o contaminata può disturbare il nostro Prana e turbare le nostre emozioni e i nostri pensieri. Lo stesso vale per l'alcol, il caffè e altri stimolanti. In sostanza, tutto ciò che introduciamo nel corpo ci influenza a tutti i livelli di coscienza.

Il primo passo per regolare la dieta in modo da ottimizzare il sistema energetico e il corpo fisico è trovare il proprio rapporto Doshico utilizzando il Tema Natale dell'Astrologia Vedica e la Tabella 4. Oltre a mangiare cibi che si allineano con la natura del vostro rapporto Doshico o con i vostri Dosha dominanti, ci sono altri fattori di assunzione di cibo da considerare. Tra questi, la corretta preparazione degli alimenti e la loro giusta combinazione, la quantità e la frequenza dei pasti e il momento della giornata in cui consumarli. Un altro fattore è l'atteggiamento corretto della persona che prepara il pasto. Ad esempio, se il pasto è preparato con amore, risuonerà con quella frequenza, che avrà un effetto curativo quando verrà ingerito. Al contrario, il cibo preparato con un atteggiamento negativo conterrà energia tossica che può danneggiare il sistema. Vi siete sempre chiesti perché mangiare la cucina di vostra madre o di vostra nonna vi facesse sempre sentire così bene.

Un altro punto essenziale è quello di essere in uno stato mentale calmo mentre si consuma il cibo, poiché il cibo assunto in uno stato d'animo negativo può avere effetti negativi. Pensate al cibo come a un carburante, mentre il vostro sistema digestivo ed energetico è il motore e il vostro corpo fisico è la struttura portante, il corpo del veicolo. Pertanto, ospitare energia negativa mentre si immette carburante nel sistema può avvelenare il carburante stesso, esacerbando e accentuando la negatività, fino a impregnarla nelle cellule e nei tessuti del corpo. In questo modo, la degenerazione e il deterioramento cellulare possono verificarsi nel tempo, contribuendo ai processi patologici, compreso il cancro.

Sarebbe utile tenere presente anche le stagioni e il clima, in modo da poter adattare la dieta di conseguenza. Per esempio, una dieta anti-Kapha dovrebbe essere seguita in inverno e all'inizio della primavera, mentre una dieta anti-Pitta è più appropriata per l'estate e la tarda primavera. Infine, in autunno si dovrebbe privilegiare una dieta anti-Vata.

I tipi Bi-Doshici che hanno un rapporto uguale di due Dosha dovrebbero modificare la loro dieta in base alla stagione. Ad esempio, i tipi Pitta-Kapha dovrebbero seguire una dieta anti-Pitta in estate e in autunno e una dieta anti-Kapha in inverno e in primavera. Al contrario, i tipi Vata-Kapha dovrebbero seguire una dieta anti-Vata in estate e in autunno e una dieta anti-Kapha in inverno e in primavera. Inoltre, i tipi Vata-Pitta dovrebbero seguire una dieta anti-Vata in autunno e inverno e una dieta anti-Pitta in primavera ed estate. Infine, i tipi Tri-Doshici, che hanno qualità relativamente uguali in tutti e tre i Dosha, dovrebbero seguire una dieta anti-Kapha in inverno e all'inizio della primavera, una dieta anti-Pitta in estate e a fine primavera e una dieta anti-Vata in autunno.

A seconda del clima in cui vivete, alcune diete saranno più adatte a voi, mentre dovreste evitarne altre. Per esempio, le regioni umide e fredde dovrebbero privilegiare una dieta anti-Kapha, mentre i climi caldi dovrebbero attuare una dieta anti-Pitta. Al contrario, una dieta anti-Vata è più appropriata per i climi freddi, secchi e ventosi.

La Tabella 5 rappresenta gli alimenti da privilegiare nella dieta e quelli da cui stare alla larga. Gli alimenti non elencati possono essere valutati confrontandoli con quelli affini di ciascuna categoria. La regola generale da seguire è che gli alimenti favoriti riducono l'influenza di un Dosha, mentre quelli da evitare la aumentano. Seguendo la dieta prescritta, si cerca di equilibrare i Dosha, con un impatto positivo su mente, corpo e Anima e prevenendo l'insorgere di processi patologici. Pertanto, applicate queste diete insieme alle altre considerazioni appena menzionate.

TAVOLO 5: Linee Guida Alimentari per i Tre Dosha

Tipo di alimento	Vata Dosha		Pitta Dosha		Kapha Dosha	
	Favore	Evitare	Favore	Evitare	Favore	Evitare
Frutta	*Frutto più dolce* *Frutta dolce più umida* Albicocche Avocado Banane Bacche Ciliegie Datteri (freschi) Fichi (freschi) Pompelmo Uva Kiwi Limoni Limoni Mango Meloni (dolci) Arance Papaya Pesche Ananas Prugne Uvetta &(ammollata) Prugne secche (ammollate)	*Più frutta secca* Mele Mirtilli rossi Pere Datteri (secchi) Fichi (secchi) Persimmon Melograni Uvetta (secca) Prugne secche Anguria	*Frutto più dolce* Mele Avocado Bacche (dolci) Date Fichi Uva (rossa e viola) Limoni Mango Meloni Arance (dolci) Pere Ananas (dolce) Persimmon Prugne (dolci) Melograni Prugne secche Uvetta Lamponi	*Frutto più aspro* Albicocche Banane Bacche (acide) Ciliegie (acide) Mirtilli rossi Pompelmo Uva (verde) Kiwi Limoni Arance (aspre) Pesche Papaya Persimmon Ananas (acido) Prugne (acide) Fragole	*Frutto più astringente* Mele Albicocche Bacche Ciliegie Mirtilli rossi Fichi (secchi) Mango Pesche Pere Cachi Melograni Prugne secche Uvetta	*Frutta più agrodolce* Avocado Banane Date Fichi (freschi) Pompelmo Uva Limoni Kiwi Mango Meloni Arance Papaya Ananas Prugne Anguria
Verdure	*Le verdure devono essere cotte* Asparagi Barbabietole Cavolo (cotto) Carote Cavolfiore Peperoncini Cilantro Mais (fresco) Aglio Fagioli verdi Senape verde Gombo Olive, nere Cipolle (cotte) Piselli (cotti) Patate (dolci) Zucca Ravanello (cotto) Alghe Zucca Spinaci (cotti) Germogli Zucca Rape Crescione Ignami Zucchine	*Verdure congelate, crude o secche* Germogli di erba medica Carciofo Verdi di barbabietola Broccoli Cavoletti di Bruxelles Cavolo Cavolfiore Sedano Melanzana Verdure in foglia Lattuga Cavolo Funghi Olive (verdi) Cipolle (crude) Prezzemolo Piselli (crudi) Peperoni (dolci e piccanti) Patate (bianche) Ravanello (crudo) Spinaci (crudi) Pomodori	*Verdure dolci e amare* Carciofo Asparagi Barbabietole (cotte) Broccoli Cavoletti di Bruxelles Cavolo Cavolfiore Sedano Cilantro Mais (fresco) Cetriolo Fagioli verdi Gerusalemme Cavolo Verdure in foglia Lattuga Funghi Gombo Olive (nere) Cipolle (cotte) Prezzemolo Piselli (freschi) Peperoni (verdi) Zucca Patate (bianche) Germogli Zucca Zucchine	*Verdure pungenti* Barbabietole (crude) Carote Melanzana Peperoncini Aglio Rafano Senape verde Olive (verdi) Cipolle (crude) Patate (dolci) Ravanelli Alghe Spinaci Pomodori Rape Crescione Ignami	*Verdura più pungente e amara* Carciofo Asparagi Barbabietole Melone amaro Broccoli Cavoletti di Bruxelles Cavolo Carote Cavolfiore Sedano Cilantro Peperoncini Melanzana Aglio Fagioli verdi Cavolo Verdure in foglia Lattuga Funghi Senape verde Cipolle Prezzemolo Piselli Peperoni Ravanelli Spinaci Germogli Rape Crescione	*Verdure dolci e succose* Mais (fresco) Cetriolo Olive Gombo Pastinaca Patate (dolci) Zucca Alghe Zucca Pomodori Ignami Zucchine

*Continua alla pagina successiva

Tipo di alimento	Vata Dosha		Pitta Dosha		Kapha Dosha	
	Favore	Evitare	Favore	Evitare	Favore	Evitare
Grani	Riso Basmati Riso integrale Couscous Farina di Durham Avena (cotta) Quinoa Grano	Orzo Grano saraceno Mais Crackers Granola Miglio Muesli Avena (secca) Pasta Polenta Segale Farro Crusca di grano	Orzo Riso Basmati Mais blu Riso integrale (a chicco lungo) Couscous Crackers Granola Avena (cotta) Frittelle Pasta Quinoa Farro Grano Crusca di grano	Pane (con lievito) Riso integrale (a chicco corto) Grano saraceno Mais Miglio Muesli Avena (secca) Polenta Segale	Orzo Grano saraceno Mais Crackers Granola Miglio Muesli Avena (secca) Polenta Quinoa Segale Farro Crusca di grano	Riso Basmati Riso integrale Pane (con lievito) Couscous Avena (cotta) Pasta Grano Riso bianco
Alimenti per animali	Manzo Pollo (bianco) Anatra Uova (fritte o strapazzate) Frutti di mare Tacchino (bianco)	Agnello Maiale Coniglio Cervo	Pollo (bianco) Uova (bianche) Coniglio Tacchino (bianco) Gamberi (piccola quantità) Cervo	Manzo Anatra Uova (tuorlo) Agnello Maiale Frutti di mare	Pollo (bianco) Uova (strapazzate) Coniglio Gamberi Tacchino (bianco) Cervo	Manzo Pollo (scuro) Anatra Agnello Maiale Frutti di mare Tacchino (scuro)
Latticini	Burro Latticello Formaggio Formaggio di ricotta Crema Latte vaccino Ghee Formaggio di capra Latte di capra Kefir Latte Panna acida Latte di riso Yogurt	Latte (in polvere) Latte di capra (in polvere) Gelato	Burro (non salato) Formaggio (non salato) Formaggio di ricotta Crema Latte Ghee Latte di capra Formaggio di capra (non salato) Latte di riso	Burro (salato) Formaggio al latticello (salato) Gelato Kefir Panna acida Yogurt	Latticello Formaggio di ricotta Ghee Formaggio di capra (non salato) Latte di capra Latte di soia	Burro Formaggio Latte Crema Gelato Kefir Latte di riso Panna acida Yogurt
Legumi	Fagioli Mung Tofu Lenticchie Urad Dal	Fagioli Aduki Piselli dall'occhio nero Ceci Fave Fagioli di rene Fagioli di Lima Arachidi Fagioli Pinto Fagioli di soia Piselli spaccati Tempeh	Fagioli Aduki Ceci Fagioli di rene Fagioli di Lima Fagioli Mung Fagioli Pinto Fagioli di soia Piselli spaccati Tempeh Tofu	Lenticchie Arachidi Tur Dal Urad Dal	Fagioli Aduki Piselli dall'occhio nero Fagioli di rene Fagioli di Lima Arachidi Fagioli Mung Fagioli Pinto Piselli spaccati Fagioli di soia Tempeh Tofu Tur Dal	Ceci Urad Dal
Noci	Mandorle Noci del Brasile Anacardi Noci di cocco Filibustieri Nocciole Macadamia Noci di pecan Pinoli Pistacchi Noci	Nessuno	Noci di cocco	Mandorle Noci del Brasile Anacardi Filibustieri Nocciole Macadamia Noci di pecan Pinoli Pistacchi Noci	Nessuno	Mandorle Noci del Brasile Anacardi Noci di cocco Filibustieri Nocciole Macadamia Noci di pecan Pinolo Pistacchi Noci

*Continua alla pagina successiva

Tipo di alimento	Vata Dosha		Pitta Dosha		Kapha Dosha	
	Favore	Evitare	Favore	Evitare	Favore	Evitare
Semi	Chia Lino Halva Zucca Sesamo Girasole Tahini	Popcorn	Chia Girasole Tahini	Lino Halva Popcorn Zucca Sesamo	Chia Lino Popcorn Zucca Girasole	Halva Sesamo Tahini
Spezie/ Condimenti	Basilico Foglie di alloro Pepe nero Cardamomo Cayenne Chiodi di garofano Chutney Peperoncino Coriandolo Cumino Cannella Aneto Dulse Finocchio Aglio Zenzero Ketchup Origano Maionese Menta Senape Noce moscata Paprika Rosmarino Zafferano Salvia Sale marino Salsa di soia Tamarindo Curcuma Aceto	Rafano	Cardamomo Cilantro Chutney (dolce) Chiodi di garofano Coriandolo Cumino Aneto Dulse Finocchio Kombu Menta Rosmarino Zafferano Tamarindo Curcuma	Basilico Foglie di alloro Pepe nero Cayenne Peperoncino Cannella Chutney (piccante) Aglio Zenzero Rafano Alghe Ketchup Senape Maionese Noce moscata Origano Paprika Sottaceti Salvia Sale marino (in eccesso) Salsa di soia Tamarindo Aceto	Basilico Foglie di alloro Pepe nero Cardamomo Cayenne Cilantro Cannella Chiodi di garofano Peperoncino Chutney (piccante) Coriandolo Cumino Aneto Finocchio Aglio Zenzero Rafano Menta Senape Noce moscata Origano Paprika Prezzemolo Rosmarino Zafferano Salvia Salsa di soia Curcuma	Chutney (dolce) Alghe Ketchup Maionese Sale marino Tamarindo Aceto
Dolcificanti	Zucchero di frutta Il miele Zucchero di canna Sciroppo d'acero Melassa Zucchero grezzo	Zucchero bianco	Zucchero di frutta Zucchero di canna Zucchero d'acero Zucchero grezzo Zucchero bianco	Il miele Melassa	Miele (crudo)	Zucchero di canna Zucchero di frutta Zucchero di canna Melassa Sciroppo d'acero Zucchero bianco
Oli	Mandorla Avocado Canola Noce di cocco Mais Semi di lino Olivo Cartamo Sesamo	Nessuno	Noce di cocco Olivo Girasole Mandorla Canola	Mais Semi di lino Cartamo Sesamo	Mandorla Mais Girasole	Avocado Canola Semi di lino Olivo Cartamo Sesamo

PRATICHE YOGICHE PER BILANCIARE I DOSHA

Una volta determinata la propria costituzione (Prakriti) utilizzando il Tema Natale dell'Astrologia Vedica e la Tabella 4, si può utilizzare questa conoscenza per modificare la pratica Yogica in modo da adattarla al meglio alle proprie esigenze. Come già detto, la maggior parte delle persone si allinea a un solo tipo Doshico, anche se non è raro avere tratti di diversi tipi. In ogni caso, una volta individuato il vostro rapporto Vata-Pitta-Kapha o semplicemente il vostro Dosha dominante, potete usare queste informazioni per determinare quali pratiche Yogiche sono più adatte a voi per equilibrare la vostra mente e il vostro corpo.

Le Asana possono aumentare o diminuire il Dosha. Alcune hanno un effetto di radicamento e calmante, mentre altre sono energizzanti. Alcune Asana stimolano il sistema digestivo e riscaldano il corpo, mentre altre lo raffreddano. Lo stesso vale per i Pranayama e i Mudra. Tuttavia, alcuni degli esercizi di Pranayama più basilari, tra cui il Respiro a quattro pieghe (Sama Vritti), possono essere utilizzati da tutti i tipi di Doshic.

Utilizzate le seguenti informazioni come linee guida generali per lavorare con le Asana, i Pranayama e i Mudra di questo libro per ottenere risultati ottimali. (Per le varie Asana per principianti, intermedi e avanzati, consultare le pagine 312-318). Si tenga inoltre presente che le linee guida riportate di seguito non sono fisse e devono essere modificate in base ai cambiamenti del tempo, del clima, della dieta e della propria psicologia.

Inoltre, non tutti gli esercizi Yogici sono inclusi nelle linee guida, il che significa che in genere tutti i tipi di Doshici possono utilizzarli. Prima di iniziare una pratica Yogica, però, assicuratevi di leggerne attentamente la descrizione e le precauzioni. Lasciate che il vostro Sé Superiore vi guidi in questo processo e seguite le istruzioni che vi vengono date.

I Mudra della Testa, i Mudra Posturali, i Mudra di Blocco e i Mudra Perineali sono generalmente finalizzati a specifici obiettivi Spirituali. Questi includono il risveglio dei Chakra, l'attivazione del Bindu, l'utilizzo del Nettare dell'Ambrosia (Amrita) che gocciola dal Bindu, la stimolazione della Kundalini in attività e la garanzia che la Kundalini trafigga i Tre Granthis durante la sua ascesa (come nel caso dei Bandha). Pertanto, tutti i tipi di Doshas dovrebbero utilizzarli per ottenere i loro obiettivi specifici. Inoltre, anche i Mantra e le tecniche di meditazione hanno obiettivi specifici che sono benefici per voi, indipendentemente dal vostro Dosha.

Pratiche Yogiche per Vata Dosha

I tipi Vata trarranno un notevole beneficio da una pratica di Asana radicata, calma e contemplativa, che contrasterà la loro tendenza a sentirsi distanziati e agitati. Per esempio, Vrksasana (Posa dell'Albero) e Tadasana (Posa della Montagna) poggiano i piedi a terra, riducendo l'ansia e il nervosismo a cui i Vata sono inclini. Virabhadrasana I e Virabhadrasana II (Guerriero I e II) fanno la stessa cosa e rafforzano la forza. Utkatasana (Posa della Sedia) è utile per mettere a terra Vata e per aumentare il calore nel corpo.

Le sequenze di flusso veloci (Vinyasas) generano calore nel corpo e aggravano i tipi Vata, che sono naturalmente inclini alla fatica e all'esaurimento. I Vata dovrebbero invece muoversi lentamente e deliberatamente, utilizzando l'approccio dell'Hatha Yoga che prolunga la durata delle posizioni. Inoltre, i Vata dovrebbero affrontare le transizioni tra le pose con consapevolezza, invece di essere precipitosi, assicurando che la mente rimanga equilibrata e calma. Ad esempio, Virabhadrasana III (Guerriero III) è una potente posizione di bilanciamento che costringe i Vata a concentrarsi su un unico punto, invece di essere distratti dai loro pensieri.

Le posizioni che lavorano sul colon, sull'intestino, sulla parte bassa della schiena e sul bacino equilibrano i tipi Vata, poiché riportano l'energia alla base del tronco, l'area di attività di Vata. Poiché i Vata sono inclini alla stitichezza, le torsioni e i piegamenti in avanti hanno un effetto curativo poiché comprimono il bacino. Anche le aperture dell'anca e i piegamenti all'indietro a faccia in giù sono benefici per loro. Tra questi, Balasana (Posizione del Bambino), Bhujangasana (Posizione del Cobra), Paschimottanasana (Piegamento in Avanti da Seduti), Baddha Konasana (Posizione della Farfalla) e Malasana (Posizione della Ghirlanda). Anche Dhanurasana (Posizione dell'Arco) estende la parte bassa della schiena e fa pressione sul bacino.

Poiché i Vata hanno naturalmente ossa più deboli, legamenti più allentati, un'imbottitura meno grassa e sono suscettibili al dolore, dovrebbero evitare alcune delle Asana più avanzate, come Salamba Sarvangasana (Posizione delle Spalle), Halasana (Posizione dell'Aratro), Sirsasana (Posizione della Testa), Vasistha-sana (Posizione Laterale), Pincha Mayurasana (Posizione dell'Avambraccio) e Urdhva Danurasana (Posizione della Ruota).

A causa della loro natura imprevedibile, i Vata dovrebbero rendere la pratica delle Asana una routine ed eseguirla in determinati orari e giorni della settimana. Inoltre, all'inizio e alla fine della pratica, dovrebbero eseguire una Shavasana (Posizione del Cadavere) più lunga del solito, per il suo effetto di radicamento.

I Pranayama che raffreddano il corpo come Sheetali (Respiro di Raffreddamento), Sheetkari (Respiro Sibilante) e il Respiro Lunare dovrebbero essere evitati. I Vata possono invece praticare i Pranayama che aumentano il calore del corpo, come il Respiro Solare, il Kapalbhati (Respiro del Cranio) e il Bhastrika (Respiro a Soffietto). Tuttavia, devono fare attenzione a questi ultimi due, perché aumentano l'energia nel corpo e possono sovrastimolare la mente. Inoltre, i Vata soffrono generalmente di pensieri eccessivi, ansia e stress, per cui dovrebbero utilizzare Pranayama specifici per calmare e pacificare la mente. Questi includono le tecniche Anulom Vilom (Metodo di Respirazione a Narici Alternate#1), Nadi Shodhana (Metodo di Respirazione a Narici Alternate#2), Bhramari (Respiro dell'Ape Ronzante) e Ujjayi (Respiro dell'Oceano) Pranayama.

Infine, i Mudra delle Mani che aumentano Vata Dosha sono Jnana Mudra, Chin Mudra e Akasha Mudra. Questi dovrebbero essere praticati se si ha una carenza di Vata Dosha. Invece, i Mudra che diminuiscono Vata sono Vayu Mudra e Shunya Mudra.

Pratiche Yogiche per Pitta Dosha

Poiché i tipi Pitta tendono a surriscaldarsi, dovrebbero evitare le posizioni Yoga che causano un'eccessiva sudorazione. Inoltre, devono coltivare un atteggiamento calmo e rilassato nei confronti della pratica dello Yoga, invece di vederla come una gara, poiché i Pitta sono attratti da posizioni fisicamente impegnative.

I tipi Pitta trarranno beneficio da una pratica Yoga rinfrescante e che apre il cuore, eseguita in modo non competitivo. L'approccio Hatha Yoga è più appropriato per i Pitta rispetto al Vinyasa, concentrandosi su una durata più prolungata delle posizioni e su transizioni lente e deliberate. Le posizioni per principianti come Bitisasana (Posa della Mucca) e Bidalasana (Posa del Gatto) sono ottime per bilanciare Pitta e dovrebbero essere praticate all'unisono. I piegamenti in avanti in piedi e le posizioni che aprono il cuore come Ustrasana (Posa del Cammello), Sarvangasana (Posa del Ponte) e Urdhva Mukha Svanasana (Cane Rivolto Verso l'Alto) aiutano a ridurre Pitta. Inoltre, Trikonasana (Posa del Triangolo) e Bhujangasana (Posa del Cobra).

La sede di Pitta è lo stomaco e l'intestino tenue, per questo sono soggetti a un aumento del calore nel tratto digestivo. Piegamenti in avanti, torsioni e dorsali come Balasana (Posa del Bambino), Dhanurasana (Posa dell'Arco) e Urdhva Dhanurasana (Posa della Ruota) aiutano a regolare Pitta e ad estrarre la bile in eccesso. Al contrario, i piegamenti laterali come Ardha Matsyendrasana (Torsione Spinale da Seduti) e Parsvottanasana (Stiramento Laterale Intenso) aiutano a scaricare il calore in eccesso dagli organi interni.

I Pittas dovrebbero evitare lo Yoga caldo (Bikram e Vinyasa) e praticare in un ambiente raffreddato e climatizzato. Inoltre, dovrebbero evitare di tenere lunghe posizioni invertite che creano molto calore nella testa. Per quanto riguarda le posizioni in piedi, le migliori per Pitta aprono le anche, tra cui Vrksasana (Posa dell'Albero), Virabhadrasana I e Virabhadrasana II (Guerriero I e II) e Ardha Chandrasana (Mezza Luna). Altre posizioni benefiche che aprono le anche sono Baddha Konasana (Posa della Farfalla), Uthan Pristhasana (Posa del Drago/Rettile) e Parivrtta Uthan Prissthasana (Posa Inversa del Drago/Rettile).

Quando si entra in Shavasana (posizione del cadavere), i Pittas dovrebbero concentrarsi sul respiro, per calmare la mente e centrarsi nel corpo e nel cuore. Allo stesso modo, devono evitare Sirsasana (Posizione della Testa), perché riscalda troppo la testa. Per quanto riguarda le posizioni invertite, si dovrebbe invece praticare Salamba Sarvangasana (Posizione delle Spalle).

Poiché i Pitta sono naturalmente caldi, dovrebbero praticare i Pranayama che li raffreddano, tra cui Sheetali (Respiro di Raffreddamento), Sheetkari (Respiro Sibilante) e il Respiro Lunare. D'altra parte, i Pitta dovrebbero evitare i Pranayama che aumentano il calore nel corpo, come il Respiro Solare, il Kapalbhati (Respiro del Cranio) e il Bhastrika (Respiro del Soffio). Si consiglia di praticare Pranayama che riequilibrano la mente e calmano la mente, come quelli suggeriti per i tipi Vata.

Infine, i Mudra delle Mani per l'eccesso di Pitta Dosha sono Prana Mudra, Varun Mudra e Prithivi Mudra. Se si ha una carenza di Pitta, eseguire Agni Mudra per aumentarla.

Pratica Yogica per Kapha Dosha

Per i tipi Kapha Dosha, una pratica Yoga riscaldante ed energizzante come il Vinyasa è l'ideale, poiché devono contrastare la loro naturale tendenza a sentirsi freddi, pesanti, lenti e sedati, creando calore e movimento nel corpo. Tuttavia, hanno bisogno di sviluppare gradualmente la loro capacità, invece di spingersi in posizioni avanzate. Sebbene i Kafa siano i più forti di tutti i Dosha, possono soffrire di letargia e di eccesso di peso quando non sono in equilibrio.

Poiché l'area di azione di Kapha è il torace (regione polmonare), le Asana che mirano ad aprire la cavità toracica (area della gabbia toracica) impediscono l'accumulo di muco. Tuttavia, la maggior parte delle posizioni in piedi sono tonificanti per i Kapha, soprattutto se tenute per un periodo più lungo. Piegamenti sulla schiena come Ustrasana (Posa del Cammello), Dhanurasana (Posa dell'Arco) e Urdhva Dhanurasana (Posa della Ruota) riscaldano il corpo e sbloccano il torace, consentendo una migliore circolazione del Prana. Inoltre, Setu Bandha Sarvangasana (Posa del Ponte) e Ardha Purvottanasana (Posizione Inversa del Tavolo) sono benefiche. A differenza di Pitta, i tipi Kapha possono mantenere i piegamenti all'indietro più a lungo.

I Kapha dovrebbero essere attenti a muoversi rapidamente attraverso le sequenze di flusso per evitare di raffreddarsi mentre praticano la consapevolezza. Le torsioni e gli allungamenti sono utili perché disintossicano e rafforzano il corpo e aumentano il metabolismo. Tra questi, Trikonasana (Triangolo), Parivrtta Trikonasana (Triangolo Ruotato), Ardha Matsyendrasana (Torsione Spinale da Seduti) e Pravottanasana (Allungamento Laterale Intenso). Posizioni come Salamba Sarvangasana (Posizione delle Spalle), Adho Mukha Vrksasana (Posizione delle Mani) e Sirsasana (Posizione della Testa) sono i principali riduttori di Kapha grazie al loro enorme potere di riscaldare il corpo. Navasana (Posa della Barca) è eccellente per accendere e riscaldare il nucleo centrale ed è raccomandato per i tipi Kapha.

I tipi Kapha dovrebbero cercare di praticare lo Yoga al mattino presto per mettere in moto il metabolismo e mantenere l'energia e la motivazione per tutta la giornata. La durata di Shavasana (Posizione del Cadavere) dovrebbe essere un po' più breve per i tipi Kapha. Invece di praticare Tadasana (Posa della Montagna) per radicarsi, i Kapha dovrebbero eseguire Utkatasana (Posa della Sedia), Vrksasana (Posa dell'Albero) o Virabhadrasana I e Virabhadrasana II (Guerriero I e II), poiché sono più impegnativi dal punto di vista fisico.

È opportuno eseguire esercizi di Pranayama che riscaldano il corpo e calmano la mente. Questi includono il Respiro Solare, il Kapalbhati (Respiro del Cranio), il Bhastrika (Respiro a Soffietto) e l'Ujjayi (Respiro dell'Oceano) Pranayama. Inoltre, è utile aprire i polmoni con una respirazione vigorosa. I Kapha dovrebbero evitare tutti i Pranayama che raffreddano il corpo, come Sheetali (Respiro di Raffreddamento), Sheetkari (Respiro Sibilante) e il Respiro Lunare. Possono invece utilizzare i Pranayama che calmano la mente suggeriti per i tipi Vata se si sentono mentalmente squilibrati.

In conclusione, i Mudra delle Mani per l'eccesso di Kapha Dosha sono Agni Mudra e Varun Mudra. Il Prithivi Mudra può essere usato per aumentare Kapha se si ha una carenza.

Pratiche Yogiche per i tipi Bi-Doshici e Tri-Doshici

Se l'individuo costituisce due Dosha dominanti o tre Dosha dominanti, deve attuare una pratica che sia un mix di ciascuno di essi. Utilizzate le linee guida di cui sopra per ciascuno dei Dosha di cui siete una combinazione. In genere si può capire quale Dosha dominante sembra non essere in equilibrio. Per esempio, se una persona è Vata-Pitta, se si trova irritabile e arrabbiata e digerisce il cibo troppo velocemente, sa che deve seguire le linee guida di Pitta per riequilibrare questo Dosha. Al contrario, se mostra un'eccessiva attività mentale e un'ansia generalizzata, dovrebbe mettere in atto una pratica Yoga pacificatrice di Vata. Inoltre, è bene prestare attenzione alle stagioni e al clima. Un tipo Vata-Pitta dovrà bilanciare Vata durante i mesi più freddi, autunnali e invernali, mentre in primavera e in estate, quando il clima è più caldo, dovrà bilanciare Pitta.

SIDDHIS - POTERI PSICHICI

Il tema dei Siddhi, o poteri e abilità soprannaturali, è ampiamente frainteso nei circoli Spirituali e richiede un chiarimento. In Sanscrito, Siddhi significa "compimento" o "realizzazione", il che implica i doni che si ricevono dopo aver completato i diversi stadi o gradi di avanzamento attraverso pratiche Spirituali come la mediazione e lo Yoga. Poiché lo scopo di tutte le pratiche Spirituali è l'Evoluzione Spirituale, i Siddhi sono poteri psichici che si svelano man mano che l'individuo integra l'energia Spirituale ed eleva la vibrazione della propria coscienza.

Negli *Yoga Sutra*, Patanjali scrive che i Siddhis si ottengono quando lo Yogi ha raggiunto la padronanza della propria mente, del proprio corpo e della propria Anima e può sostenere la concentrazione, la meditazione e il Samadhi a volontà. La padronanza del Sé è parte integrante del cammino verso l'Illuminazione, compreso il controllo degli Elementi. Ottenendo il controllo sulla nostra realtà interiore, possiamo esercitare una forza mentale che influisce sulla realtà esterna – Come Sopra, Così Sotto.

Sebbene i Siddhis possano essere raggiunti attraverso le pratiche Yogiche e uno stile di vita ascetico, un modo più rapido per ottenerli è il pieno risveglio della Kundalini. Ho già parlato dei vari doni Spirituali che si svelano all'iniziato risvegliato dalla Kundalini durante il suo processo di trasformazione. Alcuni di questi doni vengono raggiunti inizialmente, mentre altri vengono sbloccati negli anni successivi. Indipendentemente dallo stadio di raggiungimento, tutti i Siddhis sono un sottoprodotto della trasformazione Spirituale.

Quando l'individuo si allinea alla Coscienza Cosmica e integra l'alta energia vibrazionale dello Spirito, inizia a sperimentare l'Unità con tutta l'esistenza. Poiché lo Spirito ci connette tutti, non c'è separazione tra noi e gli oggetti e le persone che ci circondano - siamo tutti Uno. Così, l'energia Spirituale integrata diventa il mezzo attraverso il quale possiamo sperimentare la percezione extrasensoriale.

Ottimizzando i nostri Chakra Spirituali (Sahasrara, Ajna e Vishuddhi), possiamo sintonizzarci con l'essenza dell'energia Spirituale, la cui vastità si estende all'infinito in tutte le direzioni. In questo modo, inizieranno a svelarsi le capacità psichiche, tra cui la Chiaroveggenza, la Chiarudienza, la Chiarosenzienza, l'empatia, la telepatia e altri doni derivanti da un'accresciuta percezione della realtà.

Il processo di espansione della coscienza prevede l'ottimizzazione dei Chakra attraverso la Luce Bianca dello Spirito. Riceviamo lo Spirito attraverso Sahasrara, mentre Ajna Chakra (Occhio della Mente) funge da centro psichico e Vishuddhi da collegamento con i quattro Chakra Elementali sottostanti. È l'interazione tra Sahasrara e Ajna Chakra che produce la maggior parte, se non tutti, i Siddhis, poiché Sahasrara è il nostro collegamento con la Coscienza Cosmica. Come si vedrà nella descrizione dei Siddhis, molti doni o poteri psichici che si ottengono derivano dall'espansione della coscienza e dall'assunzione delle proprietà della Coscienza Cosmica.

Sebbene i Siddhis siano doni del Divino, possono anche ostacolare il nostro cammino Spirituale se ci concentriamo troppo sul loro raggiungimento. I Siddhis devono essere sperimentati, esaminati e lasciati andare per permettere alla coscienza di continuare a espandersi verso altezze ancora maggiori. Se l'Ego si lascia coinvolgere e cerca di controllare il processo o addirittura di trarre beneficio dallo sviluppo dei Siddhis, la vibrazione della coscienza si abbassa, bloccando la strada a ulteriori progressi. In questo senso, i Siddhis sono una "spada a doppio taglio" che deve essere affrontata con una comprensione adeguata e con l'Ego sotto controllo.

Come parte dei testi sacri, l'argomento dei Siddhis e la loro descrizione sono presentati in modo criptico, con lo scopo di confondere e dividere le masse. Da un lato, abbiamo i profani che cercano questi doni soprannaturali solo per soddisfare il desiderio di potere del loro Ego. Queste persone interpretano i testi sacri alla lettera, bussando invano alla porta dei misteri Cosmici. Dall'altro lato, i sinceri ricercatori della verità, puri di cuore e degni di questi misteri Divini, possiedono la chiave principale per sbloccare i significati nascosti in questi testi sacri.

Gli Antichi popoli velavano i misteri e le verità Universali con metafore e allegorie, includendo simboli e numeri che avevano un valore Archetipico. Il metodo tradizionale di trasmissione della conoscenza sacra era astratto e sottile, in grado di bypassare l'Ego e di comunicare direttamente con il Sé Superiore. Anche i Siddhis sono presentati in questo modo. In superficie, sembrano incredibili imprese soprannaturali che sfidano le leggi della fisica. Tuttavia, quando si applica la chiave maestra, si capisce che la loro descrizione è metaforica dei poteri interiori svelati attraverso l'evoluzione della coscienza.

GLI OTTO SIDDHIS PRINCIPALI

Nel Tantra, nell'Hatha e nel Raja Yoga, ci sono otto Siddhis primari "classici" che lo Yogi raggiunge nel suo cammino verso l'Illuminazione. Sono chiamati Maha Siddhis (in Sanscrito "grande perfezione" o "grande realizzazione") o Ashta Siddhis, che significa "otto Siddhis". "Gli Ashta Siddhis sono noti anche come Brahma Pradana Siddhis (conquiste Divine). Come si vedrà nelle seguenti descrizioni degli otto Siddhis principali, essi derivano direttamente dal risveglio completo della Kundalini e dalla trasformazione Spirituale che ne consegue negli anni a venire.

Ganesha, noto anche come Ganapati o Ganesh, è il figlio del Signore Shiva e della Dea Parvati. È conosciuto come colui che rimuove gli ostacoli, motivo per cui è raffigurato con la testa di un elefante. Secondo la tradizione Induista, Ganesha porta benedizioni, prosperità e successo a chiunque lo invochi.

Ganesha è il rappresentante del Muladhara Chakra, la dimora della Kundalini. Per questo motivo, viene spesso rappresentato con il serpente Vasuki avvolto intorno al collo o al ventre. Tuttavia, una rappresentazione atipica lo vede seduto, in piedi o mentre danza sul serpente a cinque o sette corna Sheshnaag. Sia Vasuki che Sheshnaag rappresentano l'energia Kundalini, l'ultimo rimedio per rimuovere gli ostacoli, il cui scopo è massimizzare il potenziale di un essere umano Spirituale.

Figura 149: Lord Ganesha e gli Ashta Siddhis

Ganesha è anche conosciuto come Siddhi Data, il Signore dei Siddhis (Figura 149). È lui che conferisce gli Ashta Siddhis agli individui idonei attraverso il processo di risveglio della Kundalini. Nella tradizione del Tantra, gli Ashta Siddhis sono considerati otto Dee che sono consorti di Ganesha e personificazioni della sua energia creativa (Shakti).

Anima e Mahima Siddhis

I primi due Siddhis classici sono opposti e li tratterò insieme per una migliore comprensione. Anima Siddhi (in Sanscrito "capacità di diventare infinitamente piccolo come un atomo") è il potere di diventare istantaneamente incredibilmente piccolo, fino alle dimensioni di un atomo. D'altra parte, Mahima Siddhi (in Sanscrito "capacità di diventare enorme") è il potere di diventare infinitamente grande in un istante, fino alle dimensioni di una Galassia o dell'Universo stesso.

Questi due Siddhis derivano dall'espansione della coscienza individuale al livello Cosmico dopo un pieno risveglio della Kundalini, che permette di espandere o contrarre intenzionalmente il proprio Essere, in modo da diventare infinitamente piccolo o infinitamente grande. Entrambi questi Siddhis sono anche influenzati dall'aumento delle capacità immaginative che si sviluppano durante la trasformazione della Kundalini. È la combinazione di immaginazione e coscienza espansa che attiva in noi i siddhis Anima e Mahima.

L'Anima Siddhi richiede che l'individuo immagini qualcosa nella propria testa, ad esempio un atomo. Mantenendo la visione, il senso Astrale si attiva, consentendo all'individuo di percepire l'essenza dell'atomo, conoscendo così il suo scopo e la sua funzione nell'Universo.

Al contrario, se l'individuo visualizza qualcosa di grandioso, come il nostro Sistema Solare o addirittura la Galassia della Via Lattea, il suo Essere può estendersi fino alle sue dimensioni per percepirne l'essenza (Mahima Siddhi). Queste capacità sono possibili perché la sostanza fondante della Coscienza Cosmica, lo Spirito, è elastica e malleabile, permettendo a coloro che hanno raggiunto il suo livello di assumerne la forma e fluttuare nelle dimensioni a qualsiasi livello desiderino attraverso l'immaginazione diretta dalla forza di volontà.

La seconda interpretazione di Anima Siddhi riguarda il leggendario "Mantello dell'Invisibilità" menzionato in molte tradizioni Antiche: la capacità di diventare energeticamente impercettibile agli altri (compresi gli animali) a volontà. Poiché l'intero spettro dei Piani Cosmici interni si attiva dopo un pieno risveglio della Kundalini, l'individuo può elevare volontariamente la propria coscienza a un Piano Superiore (Spirituale o Divino). Ciò consente di neutralizzare (fermare) la propria vibrazione per apparire invisibile nei Piani Inferiori (Mentale e Astrale) su cui vibra la persona media, rendendola "piccola come un atomo".

Seguendo la stessa logica, la Mahima Siddhi permette all'individuo di aumentare volontariamente la propria vibrazione per apparire agli occhi degli altri di dimensioni grandiose, addirittura simili a Dio. Ricordate, sia l'Anima che il Mahima Siddhis derivano dall'Evoluzione Spirituale, il cui scopo è avvicinarci sempre più alla Mente di Dio e assumerne la vibrazione. In entrambe le interpretazioni dei Siddhis Anima e Mahima, il prerequisito per il loro sviluppo è che l'individuo padroneggi gli Elementi, in particolare l'Elemento Fuoco.

L'interpretazione più generale di Anima e Mahima Siddhis è quella di metafore del potere Spirituale che l'individuo ottiene quando ha espanso la propria coscienza al livello Cosmico e ha raggiunto l'Unità. Con Anima Siddhi, si può entrare in qualsiasi cosa si desideri, come un oggetto o una persona, quando si diventa "come un atomo". Al contrario, diventando infinitamente grande (Mahima Siddhi), l'individuo può percepire l'essenza dell'intero Universo, poiché estende all'infinito la propria coscienza. In entrambi i casi vediamo il potere interiore che si risveglia quando un individuo ha integrato la coscienza Spirituale e può uscire dal suo corpo fisico a volontà.

Garima e Laghima Siddhis

Il terzo e il quarto Siddhis classici sono anch'essi polarmente opposti ai primi due. Garima Siddhi (in Sanscrito "capacità di diventare molto pesante") è il potere di diventare infinitamente pesante in un istante usando la propria forza di volontà. Al contrario, Laghima Siddhi (Sanscrito per "capacità di diventare molto leggero") è il potere di diventare infinitamente leggero, quindi quasi senza peso. Mentre i Siddhis Anima e Mahima si occupano delle dimensioni, Garima e Laghima si occupano del peso, che è la forza di gravità che agisce sulla massa di un oggetto.

Diventando pesante come si desidera grazie a Garima Siddhi, l'individuo non può essere spostato da nessuno o da nulla: le vibrazioni altrui rimbalzano sulla sua Aura mentre rimane saldo nel suo portamento. Garima utilizza il potere delle virtù, della morale e della "volontà di ferro". Le persone che permettono alla loro Luce Interiore di guidarle scelgono consapevolmente l'Evoluzione Spirituale piuttosto che soddisfare i desideri del loro Ego e portare un Karma non necessario nella loro vita. I valori morali conferiscono alle persone un'esistenza con uno scopo e una forza di volontà incrollabile. Permettono alle persone di vibrare a una frequenza più alta, allineandole con i Piani Cosmici superiori. Queste persone rette evitano gli effetti energetici dei Piani Inferiori, rendendole insensibili dal punto di vista emotivo e mentale, soprattutto quando le vibrazioni altrui le bombardano con le loro vibrazioni inferiori.

Per massimizzare il potenziale di Garima Siddhi, l'individuo deve ottimizzare i propri Chakra Spirituali e sintonizzare la propria forza di volontà con la Vera Volontà che solo il proprio Sé Superiore può conferirgli. La vibrazione della Vera Volontà è così alta che, se si diventa ricettivi ad essa e le si permette di guidare la propria coscienza, si neutralizzano le proprie vibrazioni inferiori e tutte le vibrazioni dirette verso di loro dall'ambiente. Massimizzando la vostra forza di volontà, diventate un Maestro Manifestatore, un Creatore autosufficiente, onnipotente e consapevole della vostra realtà interiore che è come un Dio-uomo per tutte le persone che non hanno sviluppato lo stesso potere.

Il Laghima Siddhi, invece, rende quasi privi di peso, consentendo la levitazione e persino il volo. In apparenza, il Laghima Siddhi sfida la legge di gravità e le leggi della fisica. Fa molta presa sui non iniziati che cercano questi Siddhis per ottenere un guadagno personale e monetario. Ottenendo la levitazione nel regno fisico, molte persone desiderano trarre benefici finanziari mostrando questo fenomeno alle masse.

Come molte persone nella mia posizione, sono stato affascinato dalla levitazione da quando ho avuto il risveglio della Kundalini, diciassette anni fa. Desideravo questo dono non perché cercassi di guadagnarci economicamente, ma perché lo vedevo come una prova tangibile della trasformazione Kundalini che avrei potuto mostrare agli altri per ispirarli a fare lo stesso.

Tuttavia, dopo anni di ricerche approfondite, ho concluso che le leggende sulla levitazione non sono altro che storie fantasiose senza alcuna prova scientifica verificabile. In altre parole, un essere umano non può sollevarsi da terra e sfidare le leggi della fisica usando poteri psichici. Le presunte levitazione che la gente ha visto con i propri occhi sono solo illusioni per le quali esistono innumerevoli metodi e tecniche.

Il concetto di levitazione è invece un velo per confondere i profani. Rivela ai degni iniziati i poteri che si risvegliano dentro di noi quando il Corpo di Luce viene attivato. Il Corpo di Luce, il nostro secondo corpo, è elastico e plasmabile e non aderisce alla gravità e alle leggi della fisica, essendo privo di peso e trasparente. Utilizzando il nostro Corpo di Luce, possiamo viaggiare all'interno dei Piani Cosmici interni e compiere molte imprese miracolose come volare, camminare sull'acqua e attraverso i muri, ecc.

Il nostro Corpo di Luce viene utilizzato durante i Sogni Lucidi (che avvengono involontariamente) e le Proiezioni Astrali (che sono indotte consapevolmente). Entrambi i fenomeni sono un tipo di esperienze di Viaggio Fuori dal Corpo e dall'Anima, che tratterò più dettagliatamente in seguito, quando mi dedicherò completamente all'argomento.

Un altro tipo di viaggio fuori dal corpo è chiamato Vista Remota, ovvero la capacità di bilocarsi in un'area remota del nostro Pianeta usando il potere della mente. La Vista Remota è una Proiezione Astrale sul Piano Fisico che utilizza il Corpo di Luce per viaggiare da qualche parte sulla Terra e vedere ciò che i nostri due occhi fisici non possono vedere utilizzando il Terzo Occhio. Nella prima letteratura occulta e Spirituale, la visione a distanza veniva definita "Telestesia", ovvero la percezione di eventi, oggetti e persone distanti con mezzi extrasensoriali. Secondo quanto riferito, i programmi governativi segreti utilizzavano individui dotati per cercare impressioni su obiettivi lontani o invisibili attraverso la Visione Remota.

Prapti Siddhi

Il quinto Siddhi classico, Prapti (parola Sanscrita che implica "allungamento del corpo" o "potere di raggiungere"), permette all'individuo di viaggiare istantaneamente ovunque con l'applicazione della propria forza di volontà. Il Prapti Siddhi segue perfettamente il Laghima Siddhi come capacità del Corpo di Luce di viaggiare attraverso la coscienza, utilizzando la Merkaba.

Come si è detto in un capitolo precedente, il Corpo di Luce ci permette di viaggiare interdimensionalmente all'interno dei vari Piani Cosmici interni, il che è un'espressione di Prapti Siddhi. Tuttavia, se desideriamo viaggiare in luoghi remoti del Pianeta Terra, possiamo farlo attraverso il Piano Fisico. In superficie, questa manifestazione di Prapti assomiglia molto alla Proiezione Astrale, ma non è così. Sebbene le due cose siano collegate, poiché entrambe utilizzano il Corpo di Luce per l'esecuzione, la Proiezione Astrale è una tecnica che richiede una preparazione e non è quindi istantanea come la Prapti.

Ho già parlato dell'ottimizzazione dell'immaginazione e della forza di volontà del risveglio della Kundalini, ma ho solo accennato alla capacità che si sviluppa di sperimentare i pensieri in "tempo reale". Un risveglio Kundalini completo localizza la Luce Interiore all'interno del cervello, creando un ponte tra la mente conscia e quella subconscia. Quando le due parti della mente diventano una, gli emisferi cerebrali destro e sinistro si unificano, consentendo un flusso di coscienza puro e ininterrotto. Questa esperienza ha un effetto particolare sui pensieri, che diventano reali come me e voi per chi li sperimenta.

Ci vuole molto tempo per addomesticare la coscienza e ottenere il controllo sul proprio potere di visualizzazione, il che comporta l'ottimizzazione della forza di volontà. Una volta raggiunto, però, avrete la capacità di viaggiare consapevolmente (bilocazione) ovunque vogliate e di sperimentarlo come reale nel momento stesso in cui lo pensate. Se desiderate recarvi in Egitto, per esempio, e vedere la Grande Piramide, dovrete semplicemente visualizzarla e la vostra Anima sarà proiettata lì all'istante attraverso la Merkaba. Oppure, se avete bisogno di una pausa dalla vita di tutti i giorni e volete trascorrere qualche minuto su una spiaggia in Messico, potete visualizzare di essere su una spiaggia e sperimentarlo come reale.

Per ottenere il massimo da questa esperienza, quando si visualizza qualcosa, è utile avere una fotografia o un'immagine del luogo in cui si vuole andare per avere una visione più accurata di quel posto. Dovete quindi mantenere l'immagine nella vostra mente, che sperimenterete come reale attraverso i vostri sensi Astrali.

Voglio sottolineare che il Prapti Siddhi è ottenibile solo dopo che l'individuo ha completato il processo di risveglio di Kundalini, localizzando così la Luce Interiore all'interno del cervello. Altre componenti necessarie per l'esecuzione di questo Siddhi sono l'ottimizzazione di Ajna Chakra, l'attivazione del Corpo di Luce e la massimizzazione della rotazione della Merkaba, sbloccando il pieno potenziale del campo energetico toroidale. (Si noti che il Corpo di Luce e la Merkaba sono utilizzati per qualsiasi tipo di viaggio extracorporeo.) Descriverò la scienza di questo fenomeno in modo più dettagliato in seguito, quando svelerò altre straordinarie capacità che si rivelano agli individui risvegliati dalla Kundalini.

Prakamya Siddhi

La sesta Siddhi classica, Pramakya (parola Sanscrita che implica "intenzionalità" o "libertà di volontà"), dà il potere di raggiungere e sperimentare qualsiasi cosa si desideri. Questa Siddhi permette all'individuo di materializzare apparentemente dal nulla qualsiasi cosa desideri e di realizzare qualsiasi sogno. Se si desidera essere da qualche parte o anche stare con qualcuno sessualmente, il desiderio viene soddisfatto nel momento in cui si ha questo pensiero. Il Prakamya Siddhi è caratterizzato dalla realizzazione istantanea dei desideri più profondi attraverso l'applicazione della forza di volontà.

Questa Siddhi può sembrare, in apparenza, qualcosa di uscito da un film di supereroi. La capacità di manifestare istantaneamente qualsiasi cosa desideriamo trascende i limiti delle leggi dell'Universo e della fisica. Tuttavia, se applichiamo questa Siddhi al mondo dei Sogni Lucidi, cominciamo a comprendere il vero potenziale delle nostre esperienze attraverso il Corpo di Luce. Il mondo dei Sogni Lucidi è reale per la nostra coscienza quanto il Mondo Fisico, per quanto riguarda l'esperienza.

Durante i miei diciassette anni di vita con la Kundalini risvegliata, ho sperimentato questo tipo di doni e molto, molto di più. Il mondo dei Sogni Lucidi ha soddisfatto tutti i desideri della mia Anima, che ho iniziato a sperimentare rapidamente tre o quattro mesi dopo il mio risveglio iniziale nel 2004. Ho scoperto che Prakamya Siddhi serve non solo a soddisfare i desideri dell'Anima, ma anche a spegnerli nel tempo.

Le mie esperienze di vita mi hanno insegnato che uno dei modi più efficaci per superare qualsiasi desiderio è quello di impegnarsi in esso fino a quando la sua energia viene prosciugata. Naturalmente, mi riferisco a desideri temporali dell'Ego che rientrano nella normalità e non a desideri innaturali come fare del male fisico ad altri esseri viventi. Una delle funzioni del mondo dei Sogni Lucidi è quella di spegnere i desideri degli iniziati risvegliati dalla Kundalini, il cui obiettivo finale è l'Evoluzione Spirituale e l'unione con la Divinità.

Spesso mi proiettavo fuori dal mio corpo ovunque la mia Anima volesse andare nel mondo dei Sogni Lucidi. Ho visitato Stelle e Galassie lontane e luoghi interdimensionali del nostro Pianeta con strani Esseri che vedevo per la prima volta. Spesso "scaricavo" da questi Esseri informazioni sui misteri della Creazione e sul futuro della razza umana, proprio come Neo scarica nuove abilità e competenze dai programmi del computer nel film "Matrix". Nell'arco di un'ora di sogno, potevo scaricare l'equivalente di venti libri di informazioni da Esseri intelligenti del nostro Universo.

Alcune volte mi sono reso conto che stavo scaricando informazioni al di fuori di me e sono riuscito a ricordare una o due frasi di ciò che stavo ricevendo. Per la maggior parte, le informazioni erano criptiche e mi venivano trasmesse attraverso numeri, simboli, metafore e Archetipi in lingua Inglese o in altre lingue Terrestri.

Quando ero in presenza di quelli che sembravano Esseri Extraterrestri, mi parlavano telepaticamente nella loro lingua, che in qualche modo capivo. Di solito potevo distinguere gli Extraterrestri da altri Esseri come i Maestri Ascesi, gli Angeli o altre Divinità perché il loro aspetto era umanoide, ma chiaramente non umano, poiché alcuni tratti erano diversi.

Mi sentivo benedetto e privilegiato per essere entrato in contatto con altri Esseri intelligenti dell'Universo attraverso la coscienza. Dopo tutto, non avevo altro modo di ottenere la conoscenza unica che mi hanno trasmesso se non attraverso l'esperienza diretta, e la mia sete di conoscenza dopo il risveglio della Kundalini cresceva ogni giorno.

Nel corso del tempo, ho naturalmente sviluppato una tecnica di disconcentrazione dell'Occhio della Mente in Sogno Lucido per entrare in una realtà che io definisco "iper-coscienza", uno stato al di là del regno della coscienza umana. Di conseguenza, mi sono spesso trovato in un luogo in cui sono già stato nel mondo reale, solo in una versione futuristica dello stesso luogo con oggetti e dispositivi tecnologici mai visti prima. Lo scenario assomiglia a un trip da LSD o Peyote, anche se diverso perché ha una componente futuristica.

Per un po', quando mi proiettavo in questo mondo futuristico, sentivo nella mia testa una musica techno che corrispondeva a ciò che vedevo, come se fossi in un film. Le mie mascelle si stringevano mentre un'estasi mi riempiva il cuore, cercando di integrare la mia visione. Questa iper-realtà mi ha insegnato gli Universi paralleli che la nostra coscienza può sperimentare attraverso il Corpo di Luce e il mondo dei Sogni Lucidi.

Ricordo che volevo passare un mese a sciare e non potevo farlo nella vita reale per motivi di tempo. Quella sera stessa mi ritrovai in un resort di alta classe in quelle che sembravano le Alpi. Il paesaggio era tutto quello che desideravo e anche di più. Ho trascorso lì quello che mi è sembrato un mese intero, in termini di numero di esperienze, il tutto nelle otto ore di sonno che avevo a disposizione. Quando mi sono svegliato, non ho più sentito il bisogno di andare a sciare, poiché quel desiderio era stato soddisfatto nel mio Sogno Lucido.

Ho viaggiato in altri luoghi del mondo nello stesso modo. Se ero in qualche modo limitato a viaggiare nella vita reale, spesso mi trovavo a visitare quel luogo di notte. La differenza principale era che nel mondo dei Sogni Lucidi il tempo veniva trasceso. Si potevano trascorrere mesi e persino anni in un luogo del mondo dei Sogni Lucidi, equivalenti a otto ore di sonno nella vita reale.

Dopo aver visitato molti paesi e città nei miei sogni, ho scoperto che nel mondo deiSsogni Lucidi ci sono località e luoghi caldi dove altre persone si recano se hanno bisogno di una vacanza "energetica". Inoltre, molti individui che ho incontrato durante i miei viaggi nei Sogni Lucidi sembravano troppo unici per essere una proiezione della mia coscienza. Spesso ci scambiavamo informazioni personali su chi siamo nella vita reale, anche se non ho mai potuto verificare la presenza di qualcuno nel mondo reale.

Nel corso degli anni, il mio "centro di comando" o base operativa è diventato New York e Los Angeles, anche se si trattava di versioni diverse delle stesse città. Poiché ho visitato entrambe le città nella vita reale, ho scoperto che l'atmosfera era la stessa nel mondo dei Sogni Lucidi, ma l'aspetto era radicalmente diverso, con architetture e paesaggi diversi.

Quando rivisitavo una delle due città in un Sogno Lucido, sembrava quasi identica all'ultima volta che vi ero stato in un sogno precedente. Avevo persino un appartamento di mia proprietà a New York in cui tornavo, ed era identico all'ultima volta che vi ero stato, con gli oggetti dove li avevo lasciati. È interessante notare che un flusso di ricordi tornava indietro dalla volta precedente in cui ero stato lì in sogno, il che significava che la mia coscienza era in grado di avere esperienze di vita diverse in vari luoghi contemporaneamente al mondo reale.

Ogni volta che entravo nel mondo dei Sogni Lucidi, ero consapevole del mio potenziale. Ero leggero come una piuma e potevo volare, far levitare oggetti e proiettare la mia coscienza in una frazione di secondo da un luogo all'altro. Potevo anche manifestare qualsiasi partner con cui volessi avere rapporti sessuali, sperimentare cosa significhi essere ultra-ricco e famoso, pilotare un aereo o guidare una Ferrari, e molto altro ancora. Quando immaginavo qualcosa che desideravo, di solito appariva proprio davanti a me. Il

Cielo è il limite per quanto riguarda ciò che la vostra Anima può sperimentare nel mondo dei Sogni Lucidi, e la realizzazione dei vostri desideri è personale per voi e solo per voi.

Tenete presente che in un Sogno Lucido non esiste il concetto di distanza. Quando pensate a un'esperienza che volete fare, vi trovate immediatamente nell'atto di farla, in un luogo che la vostra Anima sceglie per voi. Il Corpo di Luce contiene i cinque sensi della vista, dell'udito, del tatto, dell'olfatto e del gusto, consentendo un'esperienza completamente realistica. Potremmo sperimentare il mondo reale anche attraverso il Corpo di Luce, solo attraverso l'interfaccia del corpo fisico. Le poche volte che ho provato la realtà virtuale, ho provato sensazioni simili a quelle sperimentate nel mondo dei Sogni Lucidi.

Una delle principali differenze tra la soddisfazione dei propri desideri nel mondo dei Sogni Lucidi e nel Mondo della Materia è che nel mondo dei Sogni Lucidi non ci sono chiacchiere mentali o sensi di colpa, poiché si tratta di un desiderio puro che viene soddisfatto. Il chiacchiericcio della mente deriva dall'Ego, che è direttamente collegato al corpo fisico e al mondo materiale. Poiché il Sogno Lucido trascende il regno fisico, è privo di Ego; quindi la mente è vuota, il che consente un'esperienza ottimale dell'Anima.

Vashitva e Ishitva Siddhis

Il settimo e l'ottavo siddhis classico, il Vashitva e l'Ishitva Siddhis, si fondono l'uno nell'altro e, pertanto, li tratterò insieme come espressioni dello stesso potere. Il Vashitva Siddhi (parola Sanscrita che implica "potere di controllo") permette all'individuo di comandare i propri e gli altrui stati mentali attraverso la forza di volontà. Con il Vashitva Siddhi l'individuo può influenzare completamente le azioni di qualsiasi persona sulla Terra.

Al contrario, Ishitva Siddhi (in Sanscrito "superiorità" e "grandezza") è la capacità di controllare la natura, gli organismi biologici, le persone, ecc. Questa particolare Siddhi conferisce all'individuo la signoria assoluta su tutto il Creato e lo rende un Dio-uomo agli occhi degli altri. L'Ishitva Siddhi rende un individuo un Maestro dei Cinque Elementi, un Mago vivente.

Secondo il Principio di Vibrazione *del Kybalion*, tutte le cose vibrano a una particolare frequenza. La fisica Quantistica conferma questa affermazione e aggiunge che ogni volta che guardiamo qualcosa nel mondo esterno, influenziamo il suo stato vibratorio. Gli Antichi Ermetici conoscono il potere della mente da migliaia di anni. Dopo tutto, il Principio fondamentale del Kybalion è "Il Tutto è Mente, l'Universo è Mentale".

Se l'Universo è una proiezione mentale plasmata dalla nostra mente, anche i nostri pensieri e le nostre emozioni sono un costrutto mentale che possiamo modificare. Gli Ermetici hanno insegnato ai loro iniziati che la forza di volontà può essere usata come un Diapason per trasmutare le nostre condizioni mentali e quelle degli altri esseri viventi, cambiando persino gli stati della Materia. Essi ritenevano che, se riusciamo a massimizzare il potere della mente, possiamo ottenere il controllo sulle altre persone, sull'ambiente e sulla realtà in generale.

I Siddhi Vashitva e Ishitva sono espressioni dei poteri mentali che possono essere realizzati quando l'individuo eleva la vibrazione della sua forza di volontà e quindi della sua coscienza. Anche se possiamo ottenere il Vashitva Siddhi applicando le Leggi Mentali, l'unico modo per realizzare veramente l'Ishitva Siddhi è l'Evoluzione Spirituale. Diventare Illuminati non solo massimizza il potenziale della forza di volontà, ottimizzando così Vashitva Siddhi, ma ci permette anche di abbandonare completamente la nostra volontà alla Divinità e di allinearci alla sua alta frequenza vibrazionale. Così facendo, diventiamo Diapason auto-energizzati che inducono tutto ciò che ci circonda con le nostre alte vibrazioni, cambiando gli stati mentali ed emotivi di tutti gli esseri viventi e alterando persino lo stato vibrazionale degli oggetti immateriali nel nostro ambiente immediato.

Poiché comunichiamo costantemente per via telepatica, la massimizzazione della nostra forza di volontà ci dà il potere della mente sulla mente, permettendoci di dominare completamente le altre persone. Secondo il Principio del Genere Mentale *del Kybalion*, "Il Genere è in ogni cosa; ogni cosa ha i suoi Principi maschili e femminili; il genere si manifesta su tutti i Piani". "Questo Principio afferma che ognuno di noi ha una componente maschile e femminile del Sé: l'"Io" e il "Me".

L'Io è la Forza maschile, oggettiva, cosciente e volontaria che proietta la forza di volontà. Il "Me" è la parte femminile, soggettiva, subconscia, involontaria e passiva del Sé che riceve: l'immaginazione. La volontà, che è l'Elemento Fuoco dell'Anima, si proietta nell'immaginazione, creando così un'immagine visiva, espressione dell'Elemento Acqua. L'Elemento Aria è il pensiero, il mezzo di espressione della volontà e dell'immaginazione.

Il "Me" è come un grembo mentale che viene ingravidato dall'"Io" per creare una prole mentale: l'immagine visiva". L'Io proietta sempre, mentre il Me riceve. Queste due componenti cognitive sono un dono sacro che ci è stato dato dal nostro Creatore per essere Co-Creatori consapevoli della nostra realtà. Tuttavia, l'unico modo per manifestare la realtà desiderata è usare la nostra forza di volontà per generare immagini mentali che guidino la nostra vita. Se diventiamo mentalmente pigri, rendendo così inattiva la nostra forza di volontà, la nostra esistenza sarà guidata dalla forza di volontà di altre persone, direttamente o attraverso gli stimoli ambientali. Questa è la Legge. La componente "Io" deve sempre essere alimentata da un "Io", che sia il nostro o quello di qualcun altro.

Le persone che sono consapevoli di queste Leggi Mentali possono aumentare la vibrazione della loro forza di volontà per controllare la loro realtà e influenzare la componente "Io" delle altre persone, facendo loro pensare ciò che desiderano. Influenzando i pensieri di qualcuno, influenziamo immancabilmente il modo in cui si sente e le azioni che compie. Poiché queste Leggi Mentali agiscono a livello subconscio, la persona influenzata non si rende quasi mai conto di essere stata indotta mentalmente. Al contrario, crede che i pensieri indotti siano suoi, mentre in realtà sono semi piantati da qualcun altro. I fenomeni psichici del transfert del pensiero, della suggestione e dell'ipnotismo sono esempi di utilizzo del Principio di Genere per influenzare la mente altrui.

Come ho discusso a lungo in *The Magus*, qualsiasi realtà condivisa da più persone è controllata dall'individuo che fa vibrare la propria forza di volontà alla frequenza più alta. Le persone che condividono la realtà di questo individuo lo ammirano naturalmente e lo considerano il loro leader e la loro guida. Queste persone evolute sono carismatiche, simpatiche e sessualmente attraenti, il che ha meno a che fare con l'aspetto fisico e più con il magnetismo personale. Di solito comunicano direttamente con l'Anima, evitando così la personalità e l'Ego.

Il modo più efficace per ottenere Ishitva Siddhi e ottenere la Signoria sulla Creazione è risvegliare la Kundalini e portarla alla Corona. Quando un individuo altamente evoluto dal punto di vista Spirituale ha innalzato la vibrazione della propria coscienza al Piano Spirituale, domina naturalmente i Piani sottostanti su cui vibra la maggior parte delle persone. Domina anche i regni animale e vegetale, che sono sottodivisioni del Piano Fisico.

Non è raro vedere una persona Illuminata camminare tra tigri, leoni, orsi, coccodrilli, serpenti velenosi e altri animali potenzialmente letali. Tutti abbiamo sentito parlare di questo fenomeno, ma la maggior parte delle persone non ne conosce la scienza. Canalizzando l'energia dello Spirito ad alta vibrazione, che è Luce e amore, questi individui evoluti Spiritualmente hanno superato la propria paura che scatena gli animali pericolosi e li spinge ad attaccare gli esseri umani. In questo modo, l'individuo risvegliato bypassa il meccanismo di sopravvivenza dell'animale e si connette con la sua energia d'amore, ottenendo così di essere abbracciato invece che attaccato.

Una persona la cui forza di volontà risuona alla frequenza dello Spirito domina tutti coloro che non hanno raggiunto lo stesso stato di coscienza. Questi individui evoluti Spiritualmente appaiono come esseri Divini alla gente comune che li sciama per immergersi nella loro luce inebriante.

Come nota finale, è possibile alterare gli stati della Materia con l'applicazione della forza di volontà e persino far apparire e riapparire la Materia. *Il Kybalion* chiarisce che se aumentiamo la vibrazione della Materia, ne alteriamo la frequenza e quindi la densità e persino lo stato. Tuttavia, poiché è necessaria una grande quantità di energia per compiere questa impresa con la sola mente, sono pochi gli Adepti che nella storia hanno raggiunto questo obiettivo, alcuni dei quali si sono ritrovati ad essere figure centrali delle religioni. Tutti abbiamo sentito parlare dei miracoli di Gesù Cristo, che trasformò l'acqua in vino e usò cinque pani e due pesci per moltiplicarli e sfamare 5000 persone.

Un esempio più comune di alterazione della Materia con il potere della mente è quello di trasformare il ghiaccio in acqua, l'acqua in vapore e viceversa, riscaldando e raffreddando il corpo. Un altro esempio è quello di far levitare un oggetto leggero come un foglio di carta o di controllare il movimento della fiamma di una candela. Per compiere una di queste imprese mentali, l'individuo deve contattare o essere vicino all'oggetto per infondere la propria energia Pranica, di cui può controllare il flusso e lo stato con la mente.

Forse in futuro, quando l'umanità si sarà evoluta collettivamente a livello Spirituale, avremo esempi più notevoli di controllo della Materia con la mente, poiché le Leggi Universali operano su tutti i Piani Cosmici e i Piani Superiori dominano sempre i Piani Inferiori. È interessante notare che gli Antichi non hanno mai dedicato troppo tempo a cercare di influenzare la Materia con la mente. Sapevano che il vero dono di queste Leggi mentali era quello di applicarle ai propri stati mentali ed emotivi per favorire la loro Evoluzione Spirituale. Raggiungere la mente della Divinità era il loro unico vero obiettivo, perché così facendo si diventa parte delle Leggi Universali, ottimizzando così gli Ashta Siddhis.

PARTE VII: RISVEGLIO POST-KUNDALINI

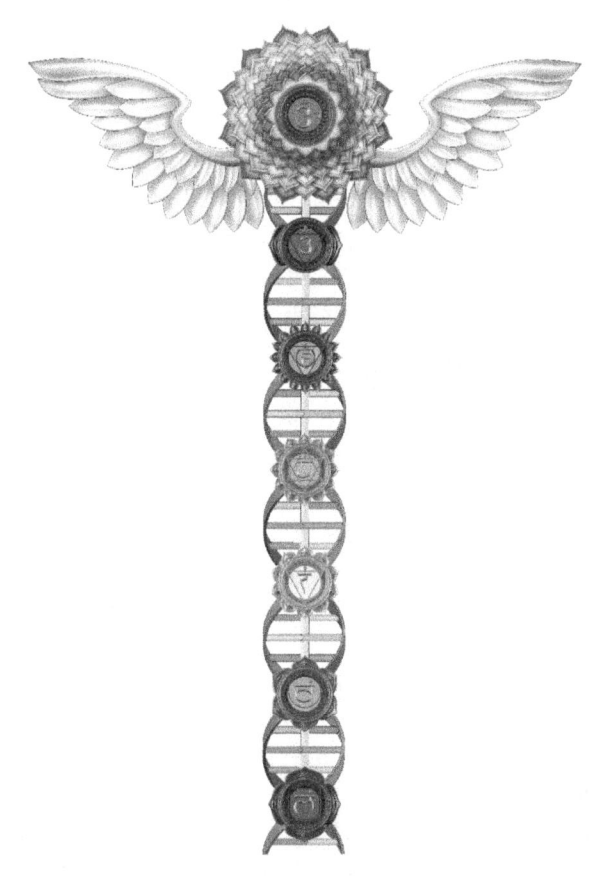

SINTOMI E FENOMENI DOPO IL RISVEGLIO DELLA KUNDALINI

La maggior parte degli individui risvegliati dalla Kundalini si preoccupa di come si svolgerà la trasformazione nel tempo e della tempistica generale di quando si sbloccheranno particolari doni (Siddhis). Questa è una delle loro domande e interessi principali. Dopo aver parlato con decine di individui risvegliati che hanno completato il processo portando la Kundalini alla Corona, ho scoperto che le manifestazioni sono quasi le stesse per tutti e di solito avvengono sistematicamente. Un'esperienza dà origine a quella successiva e, in questo modo, l'energia Kundalini trasforma la mente, il corpo e l'Anima nel corso del tempo, sbloccando molti doni psichici lungo il cammino.

Come ho detto nel capitolo introduttivo sulla Kundalini, una volta che l'attivazione del Corpo di Luce è avvenuta e l'energia si è localizzata nel cervello, si è verificato un risveglio permanente. Alcuni sintomi e fenomeni si manifestano entro la prima settimana, mentre altri richiedono più tempo. In questa sezione, suddividerò queste esperienze una per una, per lo più in ordine sequenziale, dalle fasi iniziali, ai mesi e agli anni successivi. Tenete presente, però, che mi riferisco solo ai risvegli completi, non a quelli parziali. Nei risvegli parziali, le manifestazioni e i doni sono specifici del Chakra o dei Chakra che la Kundalini ha attivato, e variano da un Chakra all'altro.

Negli individui completamente risvegliati, le prime due manifestazioni iniziali sono la Luce nella testa e il suono vibratorio costante che si sente all'interno, simile a un basso ronzio. Se la persona non ha una conoscenza precedente della Kundalini, può scambiare quest'ultimo fenomeno come l'insorgere di un acufene, un disturbo fisico in cui si sente un ronzio costante nelle orecchie. Tuttavia, noteranno che il suono si amplifica notevolmente quando si concentrano su di esso, a volte tenendoli svegli di notte come è successo a me.

La Luce nella testa è complicata perché all'inizio si presenta a ondate e può anche causare una pressione nella testa, provocando un mal di testa o un'emicrania. All'inizio, quindi, si potrebbe pensare che il fenomeno sia dovuto a diversi fattori. Dopo qualche settimana, tuttavia, ci si renderà conto che, una volta chiusi gli occhi, all'interno della testa è presente un'energia che lampeggia frequentemente con la luce. Spesso pulsa come un organismo vivente e respirante, soprattutto quando siete in uno stato di ispirazione.

Potreste anche sperimentare lampi di Luce di altri colori, soprattutto viola, anche se ho scoperto che la presenza della Luce Bianca è relativamente costante. Naturalmente, non è luminosa come quando si guarda il Sole, ma è tenue ma molto evidente a occhi chiusi.

Potreste anche vedere sfere di Luce nella vostra visione periferica, che possono apparire quando avete un'epifania su qualcosa o siete in uno stato di ispirazione. In genere sono di colore blu elettrico e sono piccoli, ma abbastanza evidenti. Di solito si tratta di un singolo globo di Luce, anche se possono essercene diversi. Alcuni hanno suggerito che queste sfere possano essere Angeli Custodi.

Quando iniziate a introdurre il cibo nel vostro corpo, il sistema digestivo lo trasformerà in energia di Luce, alimentando il sistema energetico appena risvegliato. Poiché la Kundalini è amplificata dall'energia Pranica del cibo e dall'energia sessuale, vi cambierà gradualmente a tutti i livelli, fisico, mentale, emotivo e Spirituale. Alcuni degli effetti più immediati sono contrazioni del corpo e una sensazione di formiche che strisciano sulla pelle. È importante non farsi prendere dal panico quando ciò accade, perché è una parte normale del processo. Significa che l'energia si sta sublimando e raggiunge i centri nervosi, infondendoli letteralmente di Luce, alimentandoli.

Potreste anche avvertire scatti muscolari o spasmi occasionali, che sembrano spuntare dal nulla, di solito quando il vostro corpo è fermo e in uno stato di rilassamento. Mentre il vostro sistema nervoso si adatta alla nuova energia presente in voi, la vostra temperatura può oscillare, facendovi sentire caldi un momento e freddi quello successivo. Vi consiglio di indossare indumenti extra per non rischiare di prendere un raffreddore o un'influenza quando vi state raffreddando.

Anche la frequenza e la potenza del battito cardiaco saranno influenzate dall'adattamento del corpo ai cambiamenti del sistema energetico. A volte il cuore può battere così velocemente da dare la sensazione di essere sul punto di avere un attacco cardiaco, soprattutto se non si è consapevoli di questo comune sintomo di Kundalini. Poiché la mente elabora le emozioni provenienti dal subconscio, il battito cardiaco accelerato è di solito il risultato di un'emozione di paura presente, che può apparire dal nulla e scomparire un secondo dopo. Di conseguenza, il cuore spesso salta un battito; poi accelera finché non ci si calma.

Il cuore reagisce anche in presenza di emozioni intense, soprattutto quelle che incanalano l'energia del Fuoco. La potenza del battito cardiaco può essere a volte così forte da dare la sensazione che stia cercando di uscire dal petto. La frequenza respiratoria è direttamente influenzata dalle variazioni del battito cardiaco, che spesso si traduce in una leggera iperventilazione quando la frequenza cardiaca aumenta. Poiché in questo caso si attiva il Sistema Nervoso Simpatico, consiglio di mettere in atto una tecnica di respirazione calmante per riprendere il controllo del proprio corpo. Tenete presente che, per quanto queste palpitazioni possano sembrare allarmanti, non c'è nulla da temere. La mente peggiora la situazione creando panico, quindi cercate di rimanere calmi e passerà.

Poiché la Kundalini è ora attiva dentro di voi in modo permanente, potreste anche avvertire delle pulsazioni nell'osso sacro, che sta pompando la corrente della Kundalini attraverso il vostro Corpo di Luce. Se ci sono dei blocchi energetici, si può avvertire una fastidiosa pressione nell'osso sacro, che può causare un lieve dolore. Tuttavia, ho scoperto che il sistema Kundalini compensa i blocchi energetici riducendo la portata della Luce che sta canalizzando.

Un altro fenomeno degno di nota, anche se raro, è l'interferenza psicocinetica con le apparecchiature elettriche. Per esempio, il giorno dopo il mio risveglio della Kundalini, la mia bioelettricità era così alta che, quando concentravo la mia mente su un televisore nelle vicinanze, causavo un disturbo nel flusso dei canali a comando. Avevo anche sentito di casi in cui individui facevano saltare la puntina del giradischi quando la toccavano o facevano saltare i CD. Il fenomeno è sempre legato al contatto con un dispositivo elettrico o all'uso del potere della mente per alterarne il funzionamento in qualche modo, mentre si manifesta una bioelettricità superiore al normale.

A volte, il dolore è presente in diversi organi, oppure c'è un senso generale di disagio nelle aree in cui sono presenti gli organi. Il dolore è di solito lieve, anche se la mente può esagerare questi effetti, come fa quando sperimenta la paura dell'ignoto. Il lieve dolore o disagio è normale e significa che l'energia sta entrando e purificando diverse controparti Spirituali degli organi e delle parti del corpo. La cosa più importante da ricordare è di mantenere la calma durante tutti questi processi, perché di solito non durano a lungo. Tuttavia, se ci si fissa su di essi e li si ingigantisce a dismisura, si protrarranno più a lungo.

Permettetemi di ribadire ciò che ho detto in un capitolo precedente: l'energia Kundalini lavora a un livello sottile, non fisico, anche se spesso può sembrare che gli effetti siano fisici. Tenete presente che un'altra parte di voi si sta risvegliando alla coscienza, il Corpo di Luce. Il Corpo di Luce ha delle controparti sottili degli organi fisici, che hanno uno scopo Spirituale a un livello superiore.

Spero che questa spiegazione chiarisca qualsiasi malinteso su questo argomento, perché spesso sento dire da persone risvegliate dalla Kundalini che l'energia sta lavorando nel corpo fisico e sta modellando e "martellando" gli organi, il che semplicemente non è vero. È vero che sembra così, ma è solo perché ora c'è un'altra parte del Sé risvegliata, una componente non fisica: il Corpo di Luce, che contiene i vari Corpi Sottili che corrispondono ai Cinque Elementi.

Un altro sintomo che si manifesta precocemente sono le forti fluttuazioni della vitalità. Per esempio, si può essere iperattivi e sentire il bisogno di muoversi o fare esercizio fisico, seguito da un completo esaurimento di energia e letargia. Queste oscillazioni energetiche sono dovute agli effetti della Kundalini sulla mente. Quando prende il sopravvento, la Kundalini dà accesso a un'abbondanza di energia, seguita da un crollo nel momento in cui l'Ego riprende il controllo della mente. Quando si impara a superare l'effetto dell'Ego sulla mente, tuttavia, si attinge alla fonte dell'energia della Kundalini e si ha un'incredibile vitalità 24 ore su 24, 7 giorni su 7.

Quando la vostra coscienza si purifica nel tempo, la sua vibrazione si innalza, permettendole di localizzarsi nel Corpo Spirituale, l'aspetto più elevato del Corpo di Luce. È quasi come se all'interno si stesse verificando un processo di trapianto, che a volte può essere preoccupante. Per questo motivo, potrebbe essere necessario un po' di tempo per adattarsi a quella che sembra un'entità estranea dentro di voi.

Il Corpo di Luce è il veicolo dell'Anima. Il corpo fisico, invece, è il veicolo dell'Ego. L'Anima usa l'immaginazione e l'intuizione, che vengono ricevute attraverso il cuore. L'Ego usa la logica e la ragione e opera attraverso la mente. Il fratello dell'immaginazione è l'ispirazione che alimenta il Sé Superiore, l'Anima. L'energia Kundalini ispira perché il suo scopo è quello di portarvi nello Spirito. Il fuoco della Kundalini cambia stato nel tempo per portare a una percezione mistica e trascendentale della nuova realtà in cui vi trovate: la quarta dimensione dell'energia o della vibrazione.

SANTO ANGELO CUSTODE (IL SÉ SUPERIORE)

Ogni essere umano ha un Genio Superiore, altrimenti noto come Santo Angelo Custode o Sé Superiore. È la parte Spirituale di voi che proviene da Dio, il Creatore. Anche se al di là della dualità, il vostro Sé Superiore si allinea con la polarità della vostra Anima. In quanto tale, potete riferirvi ad esso come a un lui o a una lei, qualunque sia il genere della vostra Anima. Lo scopo principale del risveglio della Kundalini è quello di creare un collegamento tra la vostra coscienza e il vostro Santo Angelo Custode. In questo modo diventerete un canale per la loro saggezza per tutta la durata della vostra vita qui sulla Terra. E molto probabilmente anche oltre.

Il vostro Angelo Custode risiede nel Sahasrara Chakra (Figura 150). Ogni volta che innalzate la vostra coscienza al suo livello, il vostro Sé Superiore è presente. Collegandovi ad esso, la vostra coscienza ha la sensazione di avere le ali, trasformandovi in una presenza Angelica mentre mantenete questo legame. Siete ancora voi stessi, ma una parte più elevata di voi che risuona con la vibrazione della Luce Divina del Creatore.

La maggior parte delle persone ha dei momenti durante la giornata in cui si connette con il proprio Angelo Custode, di solito quando si trova in uno stato mentale ispirato o creativo. Ci sono poi quei momenti in cui il Santo Angelo Custode ci tocca brevemente con la sua energia, dandoci una visione Divina di un argomento sotto forma di epifania. Tuttavia, questi momenti sono di solito di breve durata, poiché l'Ego comincia sempre a mettere in discussione l'esperienza, interrompendo la connessione con il Sé Superiore. Di conseguenza, l'individuo scende dal Sahasrara in un Chakra inferiore di uno dei Quattro Elementi.

Per stabilire un legame permanente con il vostro Santo Angelo Custode, è necessario che prima avvenga un'esaltazione della coscienza. Poi, una volta che l'Anima ha assunto il completo dominio sull'Ego, l'Elemento Spirito può scendere e trasformarvi completamente. Una volta completato questo processo di trasfigurazione, stabilirete in modo permanente il contatto con il Santo Angelo Custode. Potete ancora operare da qualsiasi Chakra quando ne richiedete i poteri di espressione, anche se la vostra coscienza lavorerà principalmente dai tre Chakra dello Spirito: Vishuddhi, Ajna e Sahasrara.

Figura 150: Angelo Custode (Il Sé Superiore)

Gran parte del contenuto di questo libro sulla Kundalini non è qualcosa che ho imparato da altri libri o che ho sentito da qualcun altro; per questo motivo troverete molte informazioni originali. Alcune conoscenze sono state acquisite da libri durante i primi anni dopo il risveglio della Kundalini. Una volta gettate le basi e dopo essermi allineato con il Genio Superiore, egli ha assunto il ruolo di insegnante e guida interiore. In seguito, la maggior parte della mia conoscenza mi è stata impartita direttamente dal mio Santo Angelo Custode attraverso la Gnosi. Tuttavia, per raggiungere l'apice della mia Evoluzione Spirituale, dove posso diventare un canale per qualcosa di più grande di me, ho dovuto passare molti anni a sviluppare me stesso in un faro e in un canale di Luce.

Ogni essere umano può diventare un canale per il proprio Sé Superiore se si dedica al proprio viaggio Spirituale e segue una mappa per raggiungere l'Illuminazione. Dobbiamo tutti risorgere nell'Elemento Spirito e diventare i nostri stessi salvatori. Il lavoro del *Magus* è orientato al raggiungimento di questo obiettivo. Una volta ottenuto un contatto permanente con il vostro Santo Angelo Custode, esso diventerà il vostro insegnante e la vostra guida per il resto della vita. Non avrete più bisogno di insegnanti, né di guide in forma fisica, perché diventerete l'insegnante e l'allievo in un'unica persona.

Il vostro Santo Angelo Custode inizierà a comunicare con voi ogni volta che ci sarà una continuazione nella coscienza e il vostro Ego sarà in silenzio. Vi insegnerà i misteri dell'Universo e della Creazione regolarmente, mentre svolgete la vostra vita quotidiana. Vi darà ulteriori informazioni su tutto ciò che avete imparato in passato e su tutto ciò che pensate di sapere ora. Qualsiasi cosa riceviate dal mondo esterno sarà ora filtrata dalla saggezza del vostro Santo Angelo Custode.

Potete continuare a imparare dai libri, anche se scoprirete che il vostro Santo Angelo Custode vi darà più informazioni sulla vita di quante ne possiate ricevere da qualsiasi testo scritto. I libri sono utili per approfondire le vostre conoscenze su argomenti specifici, ma la filosofia di vita la imparerete direttamente dal vostro Angelo Custode.

Poiché non potete controllare questo continuo processo di comunicazione e di apprendimento, comincerete a sentirvi come se foste due persone in una. Mi capita spesso di parlare con il mio Sé Superiore come se dentro di me vivessero due entità. Quello freddo, calmo, raccolto e onnipotente è il Sé Superiore, mentre l'Ego è quello che sbaglia e ha bisogno di una guida. Per come la vedo io, non sono nessuno dei due e sono entrambi allo stesso tempo.

Il mio Ego si sentiva come se la coscienza che un tempo dominava fosse stata dirottata da qualcos'altro, anche se oggi ha accettato questa doppia realtà del Sé. Ha ancora le sue reazioni, come ogni Ego, ma il Genio Superiore sta in disparte, osserva come mi esprimo e mi controlla quando esagero. È il Testimone Silenzioso del perpetuo momento presente che vive nell'Eternità. È lì per calmarmi quando ne ho bisogno e per darmi il consiglio giusto su cosa fare o come comportarmi quando mi trovo in un dilemma. Il suo scopo generale è insegnarmi a migliorare il mio carattere e la mia personalità per diventare più Spirituale. Quindi, mi lascio nelle sue mani e cerco di lasciare che sia lui a guidarmi per la maggior parte del tempo.

Il vostro Santo Angelo Custode è essenzialmente Egoista; vi insegna costantemente come diventare un canale migliore per la sua Luce, anche se l'Ego deve soffrire. Quando imparate a servire il vostro Genio Superiore, tuttavia, state invariabilmente imparando a servire Dio, il Creatore, il che significa che state evolvendo Spiritualmente. Poiché il vostro Genio Superiore è il vostro Dio-Sé, il suo impulso all'azione proviene direttamente dalla Fonte di tutta la Creazione.

L'aspetto affascinante della scienza e della filosofia della Kundalini è che si tratta di un campo nuovo e in crescita, le cui fondamenta e il cui quadro di riferimento non sono ancora stati stabiliti. Pertanto, spetta a tutti gli individui risvegliati dalla Kundalini contribuire con la propria conoscenza ed esperienza affinché le generazioni che ci precedono continuino a costruirci sopra. Se posso aiutarvi a entrare in contatto con il vostro Santo Angelo Custode, allora ho fatto il mio lavoro. Il resto lo lascio nelle loro mani. Pertanto, invito tutti voi a fare tesoro di ciò che avete imparato da me e a continuare a sviluppare ulteriormente le mie teorie e le mie pratiche.

Nessun libro o corpus di conoscenze sulla Kundalini ha le risposte definitive. Ci sono sempre delle lacune da colmare. Per questo motivo, invito tutte le persone risvegliate dalla Kundalini ad essere coraggiose e a uscire dalla loro zona di comfort per contribuire a sviluppare ulteriormente questa scienza della Kundalini. Siamo tutti scienziati e laboratori in un unico pacchetto, che imparano, sperimentano e condividono le loro scoperte con il mondo.

STATO DELL'ESSERE DOPO IL RISVEGLIO

Dopo un risveglio Kundalini completo, una volta attivato il Corpo di Luce, può essere necessario un certo tempo per svilupparlo sufficientemente con l'assunzione di cibo. Il passo successivo è permettere all'energia dello Spirito di permeare la coscienza in modo da potersi allineare completamente con il Corpo Spirituale, un aspetto del Corpo di Luce. Per riuscirci, però, dovete prima superare l'energia Karmica nei quattro Chakra più bassi e sviluppare a sufficienza i primi tre che appartengono all'Elemento Spirito.

Il Corpo Spirituale si sta modellando mentre il Corpo di Luce si sta integrando. La durata di questo processo dipende da molti fattori, che sono personali per ognuno. È un processo piuttosto lungo e, se dovessi fare un'ipotesi media, direi dai sette ai dieci anni. Se avete un metodo per lavorare sui Chakra, come le pratiche Spirituali di questo libro o gli esercizi rituali di Magia Cerimoniale presentati in *The Magus*, allora ci vorrà molto meno tempo. D'altra parte, se permettete alla Kundalini di purificare i Chakra nel tempo in modo naturale, ci vorrà molto più tempo.

Superare la paura è la chiave per la resurrezione Spirituale, che include la pulizia e la purificazione dei Chakra. Ci sono voluti molti anni perché l'energia negativa si sviluppasse all'interno dei Chakra; ci vorranno invariabilmente molti anni per ripulirli. Quanto tempo esattamente? Tutto dipende dalla quantità di paura che avete nel vostro sistema.

Conosco persone che, dopo una dozzina di anni di vita con la Kundalini risvegliata, sono ancora in balia della paura e dell'ansia, un concetto che mi è estraneo da quasi un decennio. Mi capita spesso di avere pensieri di paura, come capita a tutti, ma per me è un'esperienza momentanea che viene spazzata via nel regno della Non-Dualità del Bindu Chakra in pochi secondi. Nessun pensiero o emozione di paura può debilitarmi o prendere il controllo della mia coscienza abbastanza a lungo da esserne eccessivamente infastidito.

Da qualche settimana a qualche mese dopo il risveglio iniziale della Kundalini, si avverte un senso di energia che si muove all'interno del corpo e della testa e si ha la sensazione che il cervello sia "rotto". Questo stato mentale si traduce in pensieri sparsi e nella totale incapacità di concentrarsi su qualcosa per troppo tempo. Inoltre, la maggior parte delle persone riferisce di provare una totale apatia nei confronti di tutto ciò che prima interessava loro.

I sentimenti di amore per gli altri saranno superati da un intorpidimento emotivo che durerà a lungo e sembrerà permanente. Non ci sarà continuità di pensiero e sarà presente un senso generale di confusione. Non potrete più rivolgervi all'Ego per avere risposte, poiché avrà un controllo minimo su di voi. L'Ego si rende conto che sta lentamente morendo mentre questo Fuoco interiore viene liberato attraverso la Kundalini. Dovete arrendervi subito a questo processo, invece di cercare di combatterlo o di razionalizzarlo troppo.

Paure e ansie infondate affioreranno in momenti diversi, senza alcun motivo se non quello di essere liberate dal sistema. All'inizio può far paura, ma una volta compreso che tutto ciò fa parte del processo, sarà molto più facile rilassarsi e lasciare che si svolga.

Quando la Kundalini raggiunge la testa, si forma una connessione con diverse parti del subconscio e si crea un ponte tra la mente conscia e quella subconscia. I ricordi del passato possono affiorare alla coscienza. Questo processo è normale e non ha bisogno di essere esaminato troppo. La cosa migliore è lasciare andare questi ricordi man mano che si presentano. Aggrapparsi a un ricordo di dolore o di paura non farà altro che amplificarlo nella mente. Usate invece il potere dell'amore nel Chakra del Cuore per purificare ed esaltare il ricordo attraverso le lacrime, se necessario.

All'inizio, poiché si tratta di un'esperienza così nuova, ci si sentirà a disagio e l'Ego cercherà in tutti i modi di capire cosa sta succedendo. Avere a portata di mano libri come questo è fondamentale per sapere dove stanno andando le cose e potersi rilassare. Strane manifestazioni, come ondate di energia, scatti muscolari e la sensazione di energie che si muovono dentro di voi come serpenti, sono solo alcune delle possibili esperienze che potreste avere.

Si avvertirà una pressione in diverse zone del corpo, soprattutto nella testa e nel cuore. Con il passare del tempo sentirete anche delle aperture energetiche nei piedi e nei palmi delle mani, con la sensazione di un vento fresco e calmo che vi entra dentro. Questa è l'energia dello Spirito che entra in voi per provocare la sensazione di generale assenza di peso, che può manifestarsi poco dopo.

Ricordate che, anche se l'energia dello Spirito sembra permeare il vostro corpo fin dalle prime fasi del processo di trasformazione, l'effettiva integrazione della vostra coscienza con il Corpo Spirituale può avvenire solo dopo aver purificato i vostri Chakra. E questo processo dipende interamente dalla quantità di energia Karmica immagazzinata in ciascun Chakra. Quindi, se siete una persona che ha pochissima energia Karmica, perché l'avete elaborata nel corso di molte vite, potreste essere destinati ad avere una trasformazione facile e veloce.

Un altro punto critico è che, una volta creato un ponte tra la mente conscia e quella subconscia, i vostri pensieri assumeranno un grado di realtà mai visto prima. I vostri pensieri vi sembreranno reali, come se ciò a cui state pensando fosse presente proprio davanti a voi, il che aumenta la sensazione generale di paura e ansia. Se non avete un controllo completo sui vostri pensieri, cosa che la maggior parte di noi non ha dopo il risveglio iniziale della Kundalini, la paura e l'ansia sono un meccanismo di difesa contro qualsiasi cosa provenga dalla mente subconscia.

Questa "realtà dei pensieri" si verifica perché l'interno e l'esterno sono ora Uno. Non c'è interruzione nella coscienza, a meno che non si scelga volontariamente di ascoltare i pensieri dell'Ego. Poiché tutti i Chakra sono aperti, i loro poteri fluiscono nella vostra coscienza tutti insieme. Il Chakra Sacrale, Swadsthihana, alimenta il subconscio, mentre il Chakra del Cuore, Anahata, alimenta la mente cosciente. Il Sole rappresenta la mente cosciente, mentre la Luna rappresenta il subconscio. Per questo motivo, in molti pantheon e tradizioni Spirituali, prima fra tutte l'Alchimia Ermetica, si vedono rappresentazioni visive del Sole e della Luna in congiunzione.

CHAKRA, CORPI SOTTILI E SOGNI

Dopo poche settimane dal risveglio iniziale della Kundalini, i sogni iniziano ad assumere una qualità diversa, poiché le energie interiori si sublimano/trasformano ulteriormente. Questo cambiamento evidente si vede nel mondo dei sogni, mentre la Luce Astrale si accumula gradualmente dentro di voi. All'inizio, i vostri sogni assumeranno significati diversi, destinati a insegnarvi una lezione o a informarvi su qualcosa di Archetipico che si sta verificando nel vostro subconscio. Man mano che progredite attraverso i Chakra, tuttavia, i vostri sogni saranno influenzati dalla natura della loro energia. Le esperienze iniziano nei due Chakra più bassi, Muladhara e Swatsthihana, che corrispondono al mondo Astrale. Tutte le esperienze interiori iniziano nel Mondo Astrale, attraverso il Corpo Astrale, altrimenti chiamato Corpo Emozionale.

Una volta che una scena ha luogo nel vostro sogno, dovrete capire cosa significa e cosa sta cercando di comunicarvi. Diversi simboli occulti, animali di potere e numeri possono essere presenti come parte di eventi metaforici che impregnano la vostra coscienza di qualche lezione di vita che dovete imparare per andare avanti nel vostro viaggio di Evoluzione Spirituale. Queste lezioni esistono anche per aiutare la vostra Anima a evolversi e a sintonizzare la vostra mente sui cambiamenti della vostra Aura che stanno avvenendo. Mentre progredite attraverso i tre Chakra inferiori, i tipi di eventi che si verificano nei vostri sogni hanno lo scopo di suscitare in voi una risposta emotiva o logica che dovete esaminare in seguito. Ci saranno diverse presenze esterne percepite e viste nei vostri sogni, tra cui Angeli, Demoni e Divinità, spesso vestiti con abiti quotidiani e che si presentano come persone.

Una volta entrati nel Chakra del Cuore, potete proiettarvi fuori dal corpo attraverso Sahasrara, il Chakra della Corona, e sperimentare il mondo dei Sogni Lucidi. Tuttavia, è difficile determinare con precisione in quale Piano Sottile si svolge un sogno e da quale Chakra viene proiettato. A meno che non ci si trovi in un Sogno Lucido, questi sogni avvengono a livello subconscio, dove la coscienza è talmente coinvolta nell'esperienza da non rendersi conto che si sta sognando. Pertanto, l'unico modo reale per determinare in quale Piano Cosmico vi trovate è esaminare il contenuto del sogno.

Tenete presente che in una stessa notte potete sperimentare più sogni in vari Piani Sottili, poiché la vostra coscienza oscilla in velocità o frequenza di vibrazione. A volte potete sentire il tono vibratorio all'interno della vostra testa cambiare quando entrate in diversi regni del Mondo Interiore, così come cambia la frequenza radiofonica quando passate da un canale all'altro.

I sogni carichi di emozioni avvengono negli Elementi Terra e Acqua, nei Chakra Muladhara e Swadsthihana. Soprattutto Swadshihana, poiché corrisponde al Corpo Astrale Superiore o Emozionale, sebbene, come già detto, anche il Chakra Muladhara tocchi il Piano Astrale. Se il contenuto è più logico, se dovete capire qualcosa nei vostri sogni come un detective, allora è molto probabile che venga proiettato attraverso l'Elemento Fuoco, il Chakra Manipura. In questo caso, la vostra coscienza deve usare la forza di volontà e l'intelletto nel sogno per capire le cose.

L'energia Kundalini sta cercando di gettare le basi per iniziare a sognare lucidamente, altrimenti chiamato Viaggio Astrale. Il Sogno Lucido si verifica solo durante il sonno, mentre la Proiezione Astrale è una tecnica di Viaggio Astrale che si può indurre nello stato di veglia. L'idea è essenzialmente la stessa: si usa il proprio Corpo di Luce in corrispondenza del Piano Sottile in cui si sta cercando di entrare, per sperimentare consciamente o inconsciamente quel Piano Cosmico.

I Corpi Sottili variano nel provare le stesse sensazioni del corpo fisico. Il Corpo Sottile più basso, il Corpo Astrale, è il più denso a livello di realtà dell'esperienza su quel Piano, poiché si occupa principalmente delle emozioni più basse. Quando si entra nel Piano Mentale, però, le cose cominciano a sembrare più reali. Nel Piano Spirituale, la realtà dell'esperienza è notevolmente migliorata, poiché la vibrazione del Corpo Spirituale è sostanzialmente più elevata rispetto ai Corpi Sottili dei Piani Inferiori. L'esperienza dei Piani Divini è caratterizzata da un'intensa estasi, che è la natura di questi Piani.

SOGNARE LUCIDAMENTE

A circa tre o quattro mesi dal processo di trasformazione della Kundalini, si inizia a sognare lucidamente. Considerando lo stupore e la meraviglia del mondo dei Sogni Lucidi, questo è uno dei primi doni Spirituali che si manifestano per l'individuo risvegliato dalla Kundalini e un grande passo nel suo processo di evoluzione Spirituale. Il Sogno Lucido è il risultato dell'ingresso dell'energia Kundalini nel Chakra del Cuore, Anahata, poiché questo Chakra è il punto di contatto con i Chakra degli Elementi dello Spirito che si trovano sopra di esso.

Nei Sogni Lucidi, la coscienza è completamente liberata dal corpo fisico e consapevole che sta vivendo un sogno. La pura coscienza è la legge che guida i Sogni Lucidi. Questa consapevolezza permette alla coscienza individuale di essere come un "bambino in un negozio di caramelle" e di vivere tutte le avventure che l'Anima desidera. È esaltante rendersi conto di essere in un sogno e di poter fare tutto ciò che si desidera semplicemente pensandolo. È interessante notare che la prima cosa che le persone sembrano voler sperimentare nel mondo dei Sogni Lucidi è volare nell'aria con la forza della mente. Poiché il vostro Corpo di Luce è privo di peso, la gravità non è più un fattore che permette questo fenomeno.

Il Sogno Lucido è un'esperienza extracorporea completa che, per la prima volta, è molto emozionante. Avviene dopo che, grazie all'assunzione di cibo, si è accumulata una quantità sufficiente di energia luminosa/pranica che permette di uscire dal corpo fisico durante il sonno attraverso Sahasrara, il Chakra della Corona. Inoltre, questa esperienza ha un effetto liberatorio sulla coscienza. Entrando in questi Piani Superiori della realtà, non ci sono più paure o dolori che ci affliggono, il che ci permette di rilassarci un po' e di godere di questo dono.

Il mondo dei Sogni Lucidi è pieno di ambienti e scene bellissime, tutte derivanti dalla vostra immaginazione potenziata e dalle infinite potenzialità della Coscienza Cosmica. Proiettando fuori dal corpo attraverso il Sahasrara Chakra, si entra nel campo della Coscienza Cosmica, che è illimitato. In tutti i Sogni Lucidi si ha la sensazione di essere pienamente presenti in qualsiasi luogo magico in cui ci si è proiettati, poiché l'Anima percepisce ogni sensazione come se stesse accadendo al corpo fisico. Tuttavia, tutto ciò che accade è il risultato delle capacità immaginative di Anahata, alimentate da Sahasrara, la cui energia di origine è la Coscienza Cosmica.

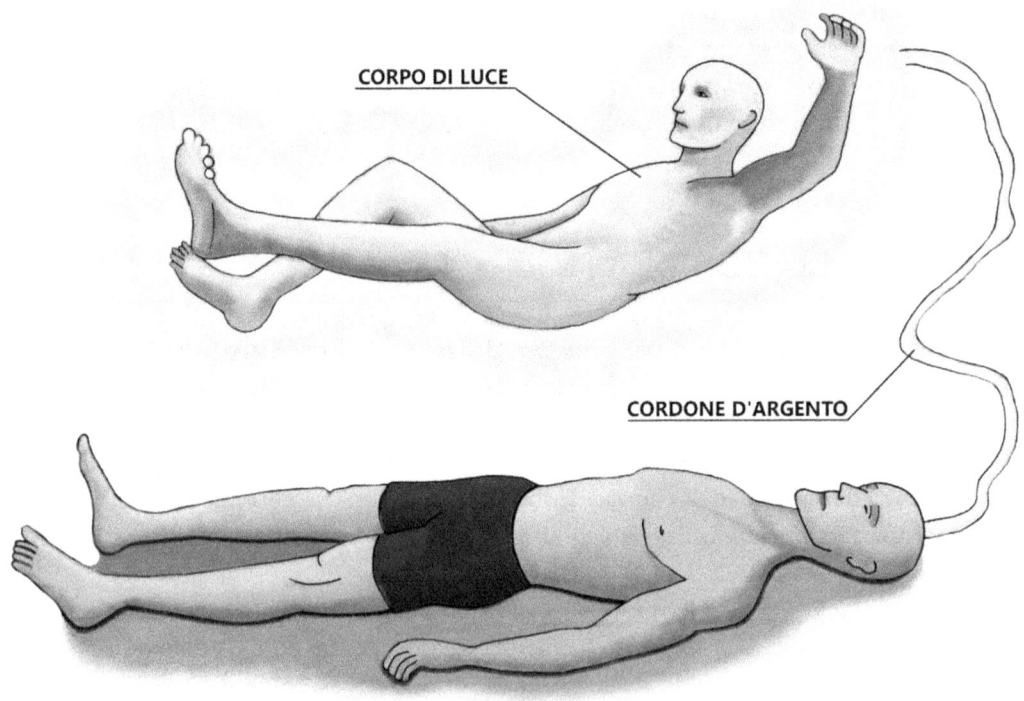

Figura 151: Proiezione Nei Sogni Lucidi

L'Anima utilizza il Corpo di Luce come veicolo di viaggio nei Piani Cosmici interni, consentendo alla coscienza di sperimentarli come reali. Il Corpo di Luce è legato al corpo fisico dal Cordone d'Argento (Figura 151), noto anche come "Sutratman" in Sanscrito, composto dalle due parole "sutra" (filo) e "Atman" (Sé). Il Sutratman è essenzialmente il filo vitale dell'Anima. Questo filo metafisico assicura che il nostro Corpo di Luce possa tornare al corpo dopo un Viaggio Astrale. Alla morte, quando l'Anima lascia definitivamente il corpo fisico, il Filo d'Argento viene reciso.

LUCE ASTRALE CHE SI ACCUMULA E SI ASPANDE

Quando iniziate a Sognare Lucidamente con regolarità, potreste iniziare a sperimentare occasionalmente una paralisi onirica, in cui la vostra coscienza è talmente inghiottita nel sogno da non riuscire a svegliarsi per una dozzina di ore o più. Questo fenomeno si verifica perché la Luce Astrale si accumula sempre di più nel vostro sistema con il passare del tempo. Al suo apice, l'energia della Luce può essere così potente da coinvolgere i sensi in modo tale che la mente sperimenta tutto in modo così reale da non riuscire a separarsi dal sogno.

Quando parlo di "Astrale", non mi riferisco al Piano Astrale dei Chakra della Terra e dell'Acqua, ma al modo in cui questo termine viene comunemente usato nei circoli Spirituali. "L'Astrale rappresenta i Piani Cosmici interni, i regni e i mondi che sono al di là del Piano Fisico, ma che sono inestricabilmente legati ad esso. Quindi, quando cercate di descrivere questa scienza invisibile ad altre persone, potete usare il termine "Astrale" per racchiudere tutti i Piani non fisici della coscienza. E "Luce Astrale" si riferisce alla Luce interiore che manifesta l'esistenza di questi Piani Cosmici.

È fondamentale capire che molti dei diversi fenomeni e manifestazioni che si verificano dopo il risveglio iniziale della Kundalini derivano dalla crescita e dall'espansione della Luce Astrale/interiore nel corso del tempo all'interno del sistema energetico. Espandendosi, infonde i Chakra con l'energia di Luce, permeando e agendo sistematicamente attraverso i vari Corpi Sottili. Una volta terminato di infondere i Chakra dei Quattro Elementi, inizia a lavorare sui Chakra Spirituali e sul Corpo Spirituale corrispondente, iniettandovi energia di Luce. In seguito, la Luce Astrale della Kundalini si trasforma in energia liquida dello Spirito (Amrita), che alimenta le Nadi Ida e Pingala, o canali. In questo modo, il circuito della Kundalini sarà completo e continuerà a sostenersi attraverso l'assunzione di cibo. Il Bindu si attiva e funge da valvola di regolazione dell'intero sistema Kundalini, dando luogo a uno stato di coscienza metafisico e mistico.

Circa cinque mesi dopo il mio risveglio di Kundalini, la Luce Astrale, continuando ad accumularsi dentro di me, ha cambiato la mia percezione del mondo fisico. Trasformò il mio senso fisico della vista, poiché la Luce Astrale iniziò a permeare tutti gli oggetti intorno a me, dando luogo a un bagliore scintillante e argenteo trasposto su tutto ciò che guardavo. Come già detto, questa è stata la manifestazione più meravigliosa, di cui continuo a gioire ancora oggi. Questo dono mi dà l'illusione che il mondo esterno sia interamente contenuto nella mia testa, nella mia mente. Quando focalizzo lo sguardo verso l'esterno, provo una strana sensazione come se stessi guardando l'interno della mia fronte.

Durante il processo di trasformazione di Kundalini, la Luce Astrale che si sta accumulando inizia a risvegliare anche i diversi centri cerebrali. In questo modo, la Luce inizia a circolare e a canalizzarsi in varie parti della testa. Una volta che la mia vista fisica si è trasformata e i centri cerebrali si sono aperti, ha segnato l'inizio di una nuova vita per me: l'esperienza completa della Quarta Dimensione, la Dimensione della Vibrazione. Ogni volta che guardavo il mondo di fronte a me, mi veniva in mente l'illusione del mondo materiale della Materia, poiché ora potevo vedere il mondo dell'Energia sotto di esso.

Trasformando la mia vista, ho anche acquisito la capacità di vedere tutto ciò che avevo davanti da una prospettiva più alta, come se fossi in piedi tra le nuvole. Solo che ora anche ciò che guardavo aveva questa trasformazione digitale e la luce che usciva da dietro gli oggetti rimodellava completamente ciò che vedevo. A volte potevo essere così assorbito da ciò che vedevo che si smaterializzava proprio davanti a me, e potevo vederlo come pura energia. Se poi continuavo a meditare e mi immergevo ancora di più in ciò che vedevo, potevo vedere tutto ciò che avevo davanti come se fosse proiettato su uno sfondo 2D, come uno schermo cinematografico. L'unica differenza è che lo schermo cinematografico è fatto di pura energia di Luce, proiettata dal Sole. Questa visione conferma la teoria secondo cui viviamo in un Universo Olografico.

L'UNIVERSO OLOGRAFICO

Durante il primo anno dopo il risveglio della Kundalini, nel 2004, ho avuto una seconda esperienza di Universo Olografico che ha approfondito la mia comprensione della natura della realtà. Questa esperienza è stata come la prima, avvenuta durante il mio risveglio della Kundalini, anche se autoindotta. È iniziata come un sogno, con me in piedi da solo in un campo, circondato da una staccionata di legno. Ovunque mi girassi, vedevo questa recinzione. Dall'altra parte della recinzione c'erano i miei Antenati, che parlavano tutti contemporaneamente in modo caotico nella mia lingua madre, il Serbo-Croato. Poi, dal nulla, un silenzio assoluto pervase l'atmosfera.

Una voce apparve e disse: "Vuoi conoscere la verità delle cose?". Ho risposto con un'affermazione, non a voce, ma con la curiosità nel cuore. Nel momento in cui accettai l'offerta, il tono vibratorio all'interno della mia testa cominciò a cambiare. Mi sono ritrovato a scivolare nella vibrazione, perdendo coscienza all'interno del mio sogno, come se fossi trasportato in un'altra dimensione spazio-temporale.

Tutti i miei sensi Astrali sono stati sospesi mentre mi spingevo sempre più all'interno di me stesso. Mi sembrava di attraversare un tunnel spaziale attraverso la mia coscienza. Tuttavia, invece di temere questa esperienza, ho avuto fede. Alla fine sono emerso dall'altra parte e ho aperto gli occhi. Guardandomi intorno, ho visto il mondo olografico. Le pareti e il pavimento di fronte a me erano trasparenti e gli oggetti sembravano sospesi nello spazio. Le pareti e gli oggetti brillavano con un aspetto quasi vellutato. Durante questo periodo non ho guardato il mio corpo, tanto ero ipnotizzato da questa realtà priva di cemento. Il silenzio assoluto era presente ovunque. Mi sentivo come una pura coscienza, senza limiti, che nuotava nell'oscurità dello spazio. Tuttavia, ciò che era unico, e la prima e unica volta che è successo nella mia vita, è che il solito tono di vibrazione all'interno della mia testa ora suonava come il motore di una Mustang, un basso ringhio.

Sebbene non fossi sicuro di trovarmi sulla Terra o su un altro pianeta, gli oggetti cominciarono a sembrarmi familiari man mano che mi guardavo intorno. Infine, i miei ricordi cominciarono a riaffiorare e mi resi conto che, invece di essere in un posto nuovo, ero seduto sul mio letto, nella stanza in cui stavo dormendo un minuto prima. L'intera visione è durata circa dieci secondi, anche se al rallentatore. Una volta che i ricordi hanno cominciato a riaffiorare, iniziando a interrogarmi su questa esperienza straordinaria, la vibrazione nella mia testa ha cominciato a spostarsi fino a tornare alla sua frequenza abituale. Mentre ciò accadeva, ho visto l'Universo Olografico trasformarsi in materia concreta davanti ai miei occhi.

Questa esperienza non si sarebbe mai più ripetuta nella mia vita. Tuttavia, non è stato necessario. Ho ottenuto la risposta che cercavo e non mi sono più voltato indietro. Ho imparato che non solo viviamo in un Universo Olografico, ma che la vibrazione della nostra coscienza può contenere la chiave per i viaggi Interdimensionali e forse anche Interplanetari. Questa teoria è sostenuta da un Antico testo chiamato *Le Tavole di Smeraldo di Thoth l'Atlantideo*, scritto dal Re-Sacerdote Atlantideo Thoth, di cui il Dio Egizio Thoth è un discendente. Egli affermava che gli esseri umani potevano viaggiare in tutto l'Universo cambiando la vibrazione della loro coscienza in un determinato momento, convalidando così la mia affermazione.

Dopo la mia seconda esperienza diretta con la realtà Olografica, mi sono rimaste nuove domande a cui rispondere. Per esempio, da dove viene proiettato l'Ologramma nel nostro Universo? Una teoria è che ogni Sistema Solare abbia il proprio Ologramma proiettato dal suo Sole. Tuttavia, alcuni Astrofisici sostengono un'altra ipotesi, secondo cui l'Ologramma viene proiettato dal buco nero più vicino.

Un buco nero ha una massa superiore a quella di tutti i Sistemi Solari vicini messi insieme, il che significa che trasporta enormi quantità di dati in uno spazio compatto. Questi dati vengono inviati all'esterno per formare parti distinte dell'Universo e tutto ciò che è contenuto in quello spazio Tri-Dimensionale, che si riflette nel Piano Bi-Dimensionale del buco nero, come uno specchio. Ora, se si passasse attraverso il buco nero, si entrerebbe in una dimensione superiore, teoricamente, esemplificata nel film "Interstellar" come la Duinta dimensione dell'amore che trascende lo spazio e il tempo. Naturalmente, queste teorie sono solo speculazioni e rimarranno tali, ma mi sono sempre sentito privilegiato per essere una delle poche persone su questo Pianeta che ha avuto non una ma due esperienze dirette con la Realtà Olografica.

SVELAMENTO DI ALTRI DONI

Avere il mondo interiore, Astrale, sempre aperto a me, lo faceva trasporre su ciò che vedevo con i miei occhi fisici. Di conseguenza, ho iniziato a vedere cose che non erano di questo mondo, poiché questa energia di Luce si stava accumulando dentro di me. Ho visto esseri oscuri nelle foreste, presenze Angeliche e persino Demoniache, le più comuni delle quali ringhiavano e avevano gli occhi rossi. Molti di loro li ho visti in sogno, mentre altri erano presenti nel mio ambiente e potevo guardarli per una frazione di secondo prima che sparissero dalla mia vista.

La mia connessione con tutto ciò che mi circondava cresceva ogni giorno. Attraverso l'Occhio della Mente, ho sviluppato un altro senso, la capacità di sentire gli oggetti che stavo guardando in modo intuitivo. Potevo pesare la loro energia con i miei pensieri e sentire la loro forma Astrale, la loro impronta Spirituale con questa capacità. Questi fenomeni erano possibili perché la Kundalini aveva completamente risvegliato i miei sensi Astrali e potevo vedere, toccare, gustare, odorare e sentire all'interno dei Piani Cosmici Interni.

Poiché il mio Occhio della Mente si era espanso in modo esponenziale, iniziai a esplorare le meditazioni regolari per vedere fino a che punto potevo spingermi nella tana del coniglio e se potevo sbloccare ulteriori doni dentro di me. Così ho iniziato a meditare ovunque andassi, in metropolitana o in autobus, in classe o al lavoro. Mi piaceva meditare concentrandomi sulle persone e lasciandomi assorbire dalla loro energia. Se mi concentravo su una persona abbastanza a lungo, uscivo da me stesso e iniziavo a vedere la sua energia emanata dal suo corpo fisico. Sembrava direttamente dietro di loro, anche se era una parte della loro coscienza. L'esperienza di solito iniziava con la visione del loro doppio Eterico, che appare come un'impronta del loro campo energetico che esce a pochi centimetri dal loro corpo fisico. Tuttavia, man mano che mi addentravo e continuavo a non mettere a fuoco gli occhi mentre osservavo il loro corpo energetico, iniziavo a vedere l'intero spettro dei loro colori Aurici.

Se però rimanevo in meditazione per più di dieci minuti, iniziavo a cambiare stato di coscienza e potevo vedere la persona dalla prospettiva di una formica, o a volte di un essere più grande e ancora più vasto. La regola generale era che più a lungo continuavo a concentrarmi su di loro, dedicando loro tutta la mia attenzione, più ero in grado di scrutare in ciò che vedevo e di vedere campi energetici che di solito non vengono rilevati dalla vista fisica.

Se qualcuno era vicino a me e mi concentravo sul suo volto invece che su tutto il corpo, potevo vedere i suoi lineamenti cambiare proprio davanti ai miei occhi. A volte si trasformavano in volti di animali o diventavano molto vecchi o giovani mentre mi concentravo su di loro. Altre volte i loro volti si trasformavano in quelli che sembravano Esseri Extraterrestri, perché erano semplicemente fuori dal mondo. Queste esperienze mi hanno confermato che siamo tutti Esseri di Luce di pura coscienza che hanno vissuto su molti Pianeti diversi in altri Sistemi Solari e Galassie in una catena continua di vite che non ha mai fine.

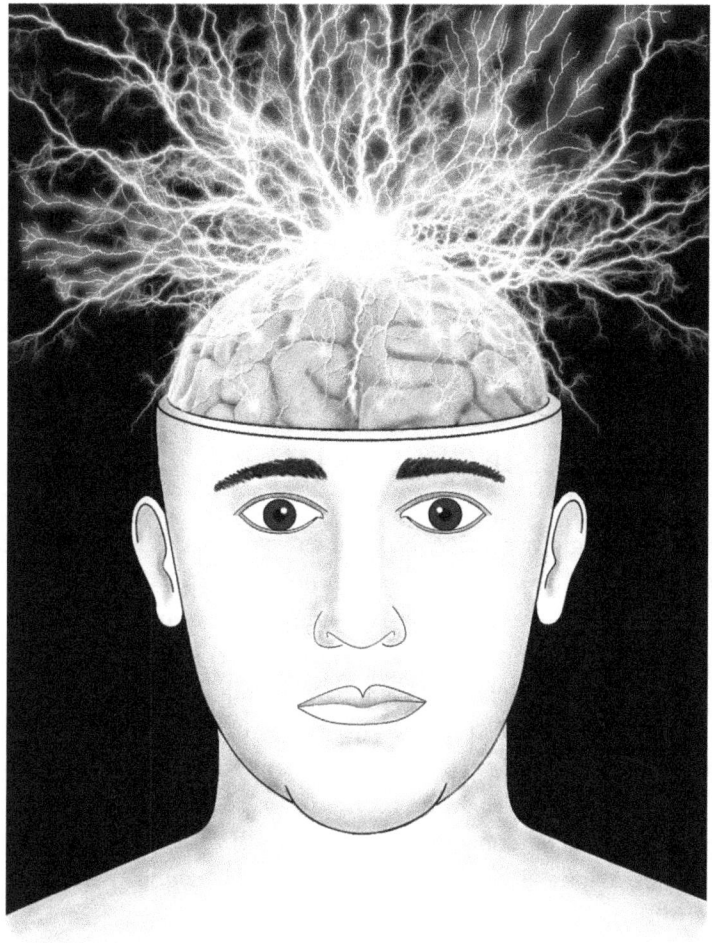

Figura 152: L'Antenna del Cervello Umano

A questo punto, potendo sentire il mondo intorno a me, cominciavo a diventare un'antenna (Figura 152), ricevendo vibrazioni dall'esterno. La Kundalini cominciava a operare dal corpo Spirituale. Tuttavia, anche se questo avvenne in tempi relativamente brevi nella mia vita, non significava che il processo di trasformazione della Kundalini fosse completo. Può iniziare a lavorare attraverso il Corpo Spirituale, ma finché le energie latenti devono essere lavorate nei Chakra, l'energia della Kundalini ristagnerà e ci sarà una chiara divisione tra mente, corpo e Anima. Questa dispersione dell'energia Kundalini porterà a uno stato mentale perplesso e smarrito per molto tempo. La confusione e l'incapacità di concentrarsi o di prendere decisioni sono solo alcuni degli effetti collaterali negativi di questo stato.

Non ho mai incontrato nessuno che abbia epurato le negatività dei Chakra inferiori in un breve periodo dopo un risveglio completo della Kundalini. In realtà, è possibile, ma ciò significa che l'Anima ha già epurato e ripulito i Chakra ben prima che avvenisse il risveglio della Kundalini. Per integrarsi completamente in questo nuovo livello di coscienza in un breve lasso di tempo, dovreste essere una figura piuttosto santa che ha lavorato sul proprio Karma di questa vita e delle vite precedenti. Altrimenti, ci saranno ancora molte manifestazioni nella vostra vita mondana in cui la Kundalini sta lavorando sui vostri Chakra Inferiori. Tuttavia, ci devono essere molte lezioni apprese in quelle aree prima che la Kundalini possa localizzarsi completamente nel Corpo Spirituale e operare senza blocchi o ristagni di energia.

KRIYA ED EVENTI SINCRONISTICI

Alcuni individui risvegliati riferiscono di aver eseguito movimenti spontanei di Kriya-Kundalini Yoga e Hatha Yoga. Questo fenomeno è dovuto alla Luce della Kundalini che anima il corpo fisico per eseguire questi movimenti mentre l'Io cosciente è sul pilota automatico. È interessante notare che la conoscenza dei Kriya affiora da qualche parte nel profondo del subconscio, poiché di solito la persona che li esegue non li conosce coscientemente. Il corpo esegue questi Kriya per un po', mentre la Kundalini agisce sul corpo, energizzandolo. La chiave di questo fenomeno è che l'individuo si trova in uno stato di ispirazione, che neutralizza l'Ego. Nel momento in cui la Luce della Kundalini si dissipa, l'Ego riprende il controllo della coscienza e i Kriya si interrompono.

Un'altra manifestazione in questo stato di ispirazione Kundalini è la scrittura automatica. L'individuo può sentirsi costretto a scrivere, anche in questo caso apparentemente con il pilota automatico, mentre l'energia Kundalini lo attraversa. Il contenuto prodotto spesso non è riconoscibile per l'Ego quando viene esaminato in seguito, e ci si chiede da dove provenga. L'individuo può anche esprimersi in altre lingue, alcune non di questa Terra. Per esempio, ho un amico risvegliato dalla Kundalini che, in questo stato di ispirazione, ha canalizzato lettere e simboli criptici che assomigliano a qualche lingua Antica morta o addirittura a una lingua Extraterrestre. Qualunque cosa stia canalizzando, si sente costretto a farlo e non ha alcun controllo cosciente sul processo.

Si verificheranno molte altre manifestazioni, poiché la coscienza sta imparando a vivere in questo nuovo mondo di pura energia e l'Ego sta allentando la sua presa su di voi. Inizierete ad avere molte sincronicità e a notare schemi nella vostra vita quotidiana. Per esempio, sono comuni gli schemi numerici, che spesso si verificano quando sentite l'impulso interiore di guardare l'ora o di osservare un dispositivo tecnologico che visualizza i numeri. Per me, il numero 1111 si presentava molto spesso. Altri individui risvegliati dalla Kundalini riferiscono di sincronicità con lo stesso numero.

Lo scopo dell'1111 è di farvi sapere che ora state funzionando a un livello Spirituale diverso e che è avvenuto il risveglio. Gli Angeli 1111, o energie Divine, vogliono farvi sapere che siete guidati e protetti da forze superiori. Potreste vedere anche altre stringhe o serie di numeri, come il 222 o il 333. Questo fenomeno si verifica quando l'esterno, la materia e la vita sono in pericolo. Questo fenomeno si verifica quando la realtà esterna, materiale, diventa interconnessa con il mondo Astrale interiore: i due stanno diventando uno.

I vostri poteri immaginativi si fondono con la Coscienza Cosmica e il suo potere di immaginazione, che è vasto e sconfinato. Non siete più un'entità separata, ma operate nel quadro della Mente Cosmica. La vostra mente viene gradualmente assorbita dalla Coscienza Cosmica.

Man mano che la vostra coscienza si evolve lentamente, sta imparando a operare secondo il quadro dei Princìpi Universali. Questi Princìpi sono i Princìpi della Creazione, i Sette Princìpi (Verità fondamentali) che delineano le Leggi Universali che governano tutta la Creazione. Queste Leggi sono alla base del *Kybalion, il* libro Ermetico occulto scritto all'inizio del XX secolo che ha avuto un profondo impatto su di me ed è stato un precursore del mio risveglio Kundalini, come menzionato nell'introduzione di questo lavoro. State imparando a diventare parte dei Princìpi della Creazione e a operare nel loro contesto in modo consapevole, come parte delle Leggi Universali.

LA NECESSITÀ DI UN'ALCHIMIA SPIRITUALE

Ci saranno immensi cambiamenti a livello mentale ed emotivo dopo aver sperimentato un risveglio della Kundalini completo e prolungato. Per molte persone può verificarsi un'inondazione di negatività che si diffonde nella coscienza, a causa della Kundalini che apre tutti i Chakra quando sale dalla sua dimora nell'osso sacro attraverso il tubo cavo della colonna vertebrale.

Poiché la paura e l'ansia permeano il vostro sistema, queste energie oscure dovranno essere affrontate prima di poter sperimentare gli aspetti più positivi del risveglio. Le emozioni negative sono percepite nel Chakra dell'Acqua, Swadhisthana, collegato alla mente subconscia. I pensieri negativi, invece, sono il risultato di un Chakra dell'Aria, Anahata, corrotto. Tenete presente che, fino a quando non avrete eliminato i pensieri e le emozioni negative, non potrete funzionare solo attraverso l'intuizione, che è uno degli obiettivi del processo di risveglio della Kundalini. Al contrario, vi sentirete appesantiti da queste energie oscure che sembrano gestire la vostra vita.

All'inizio i pensieri e le emozioni negative possono sembrare estranei. Tuttavia, a un esame più attento, vi renderete conto che sono i vostri. Sarete anche attratti dalle energie negative degli altri, poiché il simile attrae il simile. Spesso non riuscirete a distinguere tra le due cose, perché sarete così aperti alle energie altrui da sentirle come se fossero le vostre. E in un certo senso lo sono, poiché stando vicino agli altri assumiamo la loro energia.

In generale, per tutta l'umanità la comunicazione è al 93% telepatica, che esprimiamo inconsciamente, soprattutto attraverso il linguaggio del corpo e la tonalità della voce. Dopo il risveglio della Kundalini, però, sperimenterete consapevolmente questa forma più elevata di comunicazione, poiché avrete il controllo sulle vostre vibrazioni. E poiché tutti noi ci induciamo costantemente l'un l'altro attraverso la vibrazione dei nostri pensieri e delle nostre emozioni, quando otterrete il controllo sul vostro stato interiore, potrete controllare anche lo stato mentale delle altre persone. Ma per ottenere questo risultato, dovrete ripulire i vostri pensieri e le vostre emozioni in modo che la vostra forza di volontà possa dominare la vostra coscienza.

All'inizio del vostro percorso di trasformazione, noterete che è diventato difficile stare con alcune persone della vostra vita. Spesso si tratta di amici o addirittura di familiari con cui prima passavate molto tempo. Dopo il risveglio, però, potreste scoprire che stare con queste stesse persone vi rende ansiosi e stressati. Questo fenomeno si verifica a causa della negatività che avete dentro, poiché i vostri Demoni si nutrono dell'energia di paura proiettata dai Demoni delle altre persone.

Le persone con una mentalità molto negativa, che si arrabbiano facilmente o sono eccessivamente pessimiste nei confronti della vita, diventeranno altamente drenanti. Poiché alimentate i vostri Demoni con l'energia della paura degli altri, essi vi priveranno immancabilmente del vostro Prana, la vostra Forza Vitale. Pertanto, vi consiglio di riformare la vostra vita e di limitare i contatti con le persone che vi influenzano negativamente. Potrete tornare a trascorrere del tempo con queste persone una volta che vi sarete evoluti Spiritualmente superando questo stato negativo. Tuttavia, mentre state superando i vostri problemi, è meglio che trascorriate il vostro tempo solo con persone dalla mentalità positiva.

Non siete più una persona normale e dovete accettarlo. Quanto più velocemente accetterete di dovervi aiutare, tanto più velocemente evolverete. Se scegliete di non affrontare questo tipo di problemi, ne soffrirete. È fondamentale adottare un atteggiamento fiducioso fin dall'inizio della vostra trasformazione, perché superare queste sfide imposte dall'energia Kundalini farà la differenza tra vincere o perdere la battaglia dentro di voi. Potete essere ispirati dal vostro nuovo viaggio o così giù da odiare voi stessi, la vostra vita e maledire Dio per avervi messo addosso questo "fardello" della Kundalini. È comune sentirsi spesso così all'inizio, soprattutto se il risveglio è stato spontaneo e non pianificato.

Sarebbe meglio se iniziaste a sviluppare la mentalità di un guerriero Spirituale fin dall'inizio. Dovete invocare il coraggio e la forza per poter affrontare i vostri Demoni e, se cercheranno di spaventarvi, cosa che faranno, rimarrete saldi nel vostro equilibrio. Le convinzioni basate sulla paura, i pensieri negativi e i ricordi traumatici devono essere rilasciati e superati in questo processo.

Il vostro Ego sta lentamente morendo e lo sa. Dovete arrendervi all'energia Kundalini e scegliere la fede e l'amore al posto della paura. Il concetto di paura e il suo effetto sul vostro sistema energetico vi metteranno alla prova per molti anni, ma alla fine, se rimarrete positivi e forti, prevarrete. Ricordate che questo processo di trasformazione è Universale; se vi rendete conto che non siete soli a vivere queste sfide, potete trarre ispirazione da coloro che sono venuti prima di voi e hanno superato queste prove e tribolazioni.

SFIDE NELLA VITA PRIVATA

Poiché siete stati rimodellati nella mente, nel corpo e nell'Anima e avete ricevuto molti aggiornamenti di coscienza, significa che ora funzionate a un livello diverso rispetto alle altre persone. Quanto prima riuscirete ad accettarlo e a rendervi conto che, per quanto riguarda la vostra famiglia e i vostri amici, ora sarete unici e diversi, tanto più velocemente potrete imparare ad adattarvi correttamente alla vostra nuova realtà. Questo adattamento comporta un certo senso di solitudine, perché nessuno di quelli che conoscete potrà capire quello che state passando. Permettetemi di ribadire questo punto critico. Ora siete diversi e, a meno che qualcuno non abbia vissuto quello che state vivendo, non capirà, chiaro e semplice.

Mi ci sono voluti molti anni e molti tentativi di comprensione da parte della mia famiglia e dei miei amici per capire che sono solo e che non otterrò il sostegno di cui ho bisogno dalle persone che conosco. Quanto prima riuscirete a riconoscere che non dovete incolpare gli altri perché non vi capiscono, tanto meglio riuscirete a reintegrarvi con loro. Dopo tutto, se avete scelto di rimanere nella società e di continuare a farne parte, non importa quale sia la vostra verità se gli altri non vi capiscono. Dovrete imparare a mimetizzarvi, a "fingere finché non ce la fate".

A questo proposito, è lecito mentire a volte se la verità è complicata da comprendere per gli altri e sapete che non farà differenza se tentate di spiegare la vostra nuova realtà. Tuttavia, è essenziale non disperare. Siamo programmati per chiedere consiglio agli altri quando ci troviamo in una situazione difficile, ma in realtà abbiamo tutte le risposte dentro di noi se sappiamo dove cercarle. Potete superare tutti gli ostacoli e le sfide se avete fede in voi stessi, nell'Universo e nel processo di trasformazione della Kundalini. Tenete presente che, poiché questa scienza della Kundalini è ancora relativamente sconosciuta al pubblico, la maggior parte delle persone attualmente non vi capirà. Se e quando la conoscenza della Kundalini entrerà a far parte del mainstream, potrete ottenere un maggiore sostegno dal mondo esterno.

Nei primi anni dopo un risveglio Kundalini completo e prolungato, avrete molte notti insonni. Pertanto, qualsiasi cosa abbiate programmato per la mattina dovrà spesso aspettare o essere rimandata. Se non è possibile rimandare, dovrete imparare a trovare delle buone scuse per non essere al 100% dopo una notte insonne. La Kundalini è spesso più attiva di notte, soprattutto durante il sonno REM. È qui che la vostra coscienza ha il pilota automatico, permettendo alla Kundalini di fare ciò che vuole.

A causa della sua intensità, non sarete in grado di indurre il sonno spesso, soprattutto perché l'intero processo vi sarà relativamente estraneo. Il più delle volte, la paura di ciò che accadrà in seguito impedisce di rilassarsi per addormentarsi. Quanto prima accetterete queste sfide come una nuova parte della vostra vita, tanto meglio sarà nel lungo periodo. Vorrei potervi dire che queste sfide non vi affronteranno, ma mentirei.

In un risveglio spontaneo, è quasi certo che si teme in qualche modo il processo, il che influisce sul sonno. Nel mio caso, mi è stata diagnosticata l'insonnia un anno dopo il risveglio della Kundalini. A volte avere una diagnosi professionale aiuta ad avere le giuste scuse per mancare agli obblighi del mattino, come le lezioni a scuola o il lavoro. Naturalmente la mia condizione era temporanea, e lo sapevo, ma ho provato un senso di conforto nell'avere una scusa valida per i miei sintomi.

Con il tempo, ho trovato il modo di riposare in modo ottimale senza indurre il sonno, cosa che mi ha aiutato molto nell'affrontare questo problema di insonnia. Ho scoperto che se ci si sdraia sulla schiena e si osservano consapevolmente i processi dell'energia Kundalini che si muovono nel corpo, si può riposare il corpo fisico abbastanza da essere meno fiacchi il giorno dopo. Questo metodo mi ha aiutato a riposare il corpo, anche se non sono riuscita a trovare una soluzione per riposare la mente.

Sarà quasi impossibile evitare l'esaurimento mentale ed emotivo non inducendo il sonno, quindi dovrete imparare a funzionare mentre siete in quello stato mentale lucido. Purtroppo, non c'è scelta. Dirò però che se c'è una volontà, c'è un modo. Se scegliete di rimanere ispirati, anche di fronte alle avversità, prevarrete. Se invece decidete di non farlo, non importa quanto sia impegnativa la vostra sfida, fallirete. Adottate quindi un atteggiamento vincente fin dall'inizio e trarrete grandi benefici da questo viaggio.

Il mio primo libro contiene la pratica Spirituale della Magia Cerimoniale e i vari esercizi che ho usato nel mio viaggio per aiutarmi a gestire l'iniziale stato mentale negativo provocato dall'energia Kundalini risvegliata. Questi esercizi rituali sono presentati come parte dei programmi di Alchimia Spirituale, gli stessi a cui mi sono sottoposta molti anni fa quando ho dovuto affrontare le stesse sfide. Hanno lo scopo di liberare l'energia Karmica dei Chakra Inferiori, in modo che possiate sradicare tutte le paure e le ansie presenti nel vostro sistema e ascendere più in alto nella coscienza. Ho scoperto che, mentre le tecniche rituali funzionavano per pulire i Chakra, mi permettevano anche di dormire meglio e di superare l'insonnia.

Fin dall'inizio del mio percorso di Magia Cerimoniale, ho iniziato a sentirmi più calmo ed equilibrato, raggiungendo un certo livello di controllo sugli stati mentali. Ho scoperto che questo effetto era cumulativo: continuando a lavorare quotidianamente con questa pratica Spirituale, sono diventato più centrato e radicato, il che ha influito positivamente sul mio sonno. Gli esercizi rituali di scacciare che vengono dati all'inizio del percorso di Magia Cerimoniale aiutano a ripulire l'Aura dall'energia squilibrata, il che consente una maggiore pace mentale. E quando la mente è in pace, è più facile addormentarsi.

Oltre ad aiutarmi a dormire, queste tecniche rituali mi hanno dato uno strumento per combattere le molte sfide mentali ed emotive che stavo affrontando. Hanno purificato i miei Chakra nel tempo e mi hanno permesso di rimanere ispirato mentre si svolgeva il processo di trasformazione della Kundalini. Prima di trovare la Magia Cerimoniale, mi sentivo molto impotente. Una volta scoperta la Magia Cerimoniale, però, non sono più tornata indietro. Finalmente avevo lo strumento che cercavo per trasformarmi in un Guerriero Spirituale e avere successo in questo viaggio.

Ho praticato quest'arte sacra dell'invocazione energetica per cinque anni, ogni giorno. Questi esercizi magici mi hanno messo a terra, hanno ampliato la mia immaginazione e la mia intuizione e, soprattutto, hanno eliminato la paura e l'ansia dalla mia Aura. Hanno potenziato la mia forza di volontà e la mia compassione, rafforzando il mio intelletto e purificando le mie emozioni. Sono rimasta stupita dall'efficacia di queste tecniche rituali e dal modo in cui completavano ciò che l'energia Kundalini stava cercando di ottenere. Per questo motivo, ho scelto di condividere queste tecniche rituali e altre ancora nel mio primo libro, per dare ad altre persone che si trovano nella mia stessa situazione gli strumenti necessari per aiutarsi e avanzare nel loro cammino Spirituale.

ALLINEARSI CON IL CORPO DI LUCE

Una volta purificati e sintonizzati i quattro Chakra inferiori e padroneggiati gli Elementi Terra, Acqua, Fuoco e Aria, la coscienza può elevarsi e localizzarsi nei tre Chakra superiori dell'Elemento Spirito, da dove opererà in seguito. Questo spostamento di coscienza indica una nuova esperienza di vita nel mondo, libera da paure e ansie.

Il vostro nuovo veicolo di coscienza, il Corpo Spirituale, è il vostro dono e la vostra ricompensa per tutto il lavoro di Alchimia Spirituale che avete svolto fino a questo punto. Nella maggior parte dei casi, dovranno passare molti anni prima che l'energia Karmica nei Chakra inferiori venga superata, soprattutto se avete avuto un risveglio spontaneo della Kundalini. Per me, è stato esattamente sette anni dopo il mio risveglio che ho allineato completamente la mia coscienza con il Corpo Spirituale. Una volta avvenuto, sono seguite ulteriori trasformazioni Spirituali.

Poiché tutti i petali del Loto dai Mille Petali di Sahasrara erano finalmente aperti per me, anche la totalità dei miei centri cerebrali primari si risvegliò. Le Ghiandole Pineale e Pituitaria, il Talamo e l'Ipotalamo furono ottimizzati per sincronizzare il mio corpo con la coscienza espansa, ora in overdrive. Finalmente ho stabilito il corretto flusso di energia dello Spirito verso l'alto e verso il basso attraverso la Corona.

Il passo successivo nel processo di trasformazione è stato il pieno allineamento della coscienza con il Corpo Spirituale. Una volta completato, si sono verificati ulteriori sviluppi nell'Occhio della Mente, risvegliando la capacità di lasciare il corpo e di vedermi in terza persona.

In passato, ho avuto momenti casuali in cui potevo uscire dal mio corpo, ma queste esperienze erano generalmente di breve durata. Non potevo sostenere questa esperienza Extra-Corporea perché il mio Ego era troppo attivo e manteneva la mia coscienza confinata nel corpo fisico. Ora potevo concentrarmi su qualsiasi oggetto esterno e, se mi concentravo su di esso per più di un minuto o poco più, la mia coscienza lasciava il corpo e diventava un tutt'uno con esso. Il Sahasrara Chakra era coinvolto in questo fenomeno, ma anche i Chakra dei Palmi e dei Piedi. Mi sembrava che l'energia dello Spirito venisse risucchiata dal mio corpo attraverso la testa e gli arti.

Questo nuovo sviluppo del mio Occhio della Mente ha rafforzato la mia connessione con il mondo esterno in un modo nuovo. Diversi suoni cominciarono a prendere forma nella mia testa come immagini animate. Ogni suono aveva una componente visiva associata, che andava e veniva a ondate, stimolata prima di me da un qualche potere superiore dell'immaginazione.

Un profondo silenzio pervadeva la mia mente come se camminassi sulle nuvole con i piedi per terra. Alcune di queste manifestazioni hanno iniziato a svilupparsi anni prima, ma non potevo sintonizzarmi pienamente con questi poteri superiori perché ero ancora in balia della mia paura e della mia ansia. Ho dovuto eliminare tutte le paure e l'ansia per dare all'energia Kundalini un percorso chiaro per il risveglio di queste facoltà superiori.

Credo che questo processo di sblocco di particolari capacità sia Universale per tutti. Esiste un modo sistematico in cui la trasformazione della Kundalini si svolge nel tempo. Come Dio Creatore ha dato a tutti gli esseri umani un modello di corpo fisico a cinque stelle con le stesse caratteristiche facciali, credo che ci siano stati dati anche gli stessi componenti energetici e lo stesso potenziale. Gesù Cristo ha fatto riferimento a questo quando ha detto che siamo tutti uguali e siamo tutti Uno. Potrebbe essere necessario un po' di tempo perché gli individui risvegliati dalla Kundalini possano sbloccare le stesse capacità che ho avuto io, ma alla fine ci arriveranno tutti. Ognuno ha tempi diversi per il proprio processo di Evoluzione Spirituale, ma il fine ultimo è lo stesso.

Una volta allineata la vostra coscienza con il Corpo Spirituale, bypasserete la mente, permettendo al vostro Essere di partecipare al Regno Spirituale, il regno della Non-Dualità. Questo regno è altamente mistico e trascendentale, come potrete sperimentare. Per esempio, il solo atto di ascoltare la musica creerà nel vostro cuore un'estasi mai provata prima. Vi sembrerà che la canzone sia suonata solo per voi e che voi siate la star di un film epico di Hollywood, che è la vostra vita. Anche se la vostra vita è ordinaria a questo punto, vi sembrerà di poter diventare qualsiasi cosa e di essere in questo stato di perpetua ispirazione.

Anche il corpo fisico inizierà a diventare parzialmente insensibile alle sensazioni. Questo fenomeno è dovuto alla trasformazione della Kundalini in energia dello Spirito sottile, che espande il sistema circolando al suo interno. Di conseguenza, i canali energetici primari di Ida, Pingala e Sushumna si aprono completamente e lavorano in sincronia tra loro.

Il Corpo Spirituale si afferma come il principale portatore e regolatore della coscienza, anche se potrebbe essere necessario un ulteriore lavoro sui Corpi sottili inferiori. In definitiva, la coscienza deve elevarsi completamente al di sopra dei Corpi sottili inferiori, il che richiede la completa purificazione dell'energia Karmica presente in quelle aree. Una volta raggiunto questo obiettivo, l'individuo si eleverà completamente al di sopra della propria Ruota del Karma.

Mentre state attraversando le diverse trasformazioni della mente, del corpo e dell'Anima, vi consiglio di avere fiducia nel processo invece di temerlo. Sebbene siano necessari molti anni per osservare questo processo di trasformazione che avviene dentro di voi prima di potervi finalmente lasciare andare e avere fiducia di essere in buone mani, sapere in anticipo che siete al sicuro è metà della battaglia. In ogni caso, non avete altra scelta se non quella di arrendervi a questo processo, quindi quanto più velocemente riuscirete a farlo, ne trarrete solo beneficio.

Temere è fallire, perché la paura è il carburante dell'Ego, che la usa per legarvi a sé e impedirvi di andare avanti nel vostro viaggio. L'Ego vuole che abbiate paura del processo perché sa che può usare questa paura contro di voi, permettendogli di mantenere la sua identità ancora per un po'. Sa che per trasformarvi pienamente in un Essere Spirituale di Luce, dovrà essere sradicato, cosa che cerca di evitare a tutti i costi. Come già detto, non è possibile distruggere l'Ego mentre si vive nel corpo fisico, ma è possibile ridurlo a un piccolo frammento di coscienza, sotto il completo controllo del Sé Superiore.

Invece di passare il tempo a preoccuparvi e ad analizzare eccessivamente il processo di trasformazione della Kundalini, dovreste passare il tempo a mettervi a terra e ad imparare a rilassarvi. L'energia Kundalini vuole aiutarvi ad evolvere Spiritualmente, non vuole ferirvi in alcun modo. Il dolore interno che state provando è generato dall'Ego; per superarlo, dovete imparare a negare i suoi pensieri. Dovete rilassarvi e avere fede nel fatto che starete bene perché la Kundalini sta lavorando attraverso di voi.

Alcune delle manifestazioni di cui parlo qui si verificano nelle fasi successive del processo di trasformazione della Kundalini. È essenziale riconoscere che il processo della Kundalini continua a svolgersi per il resto della vita dopo il risveglio iniziale. Sebbene i primi anni possano essere impegnativi mentre avviene la purificazione, una volta completata, altri doni e fenomeni possono continuare a manifestarsi, poiché il viaggio è in corso.

CAMBIAMENTI CORPOREI E DIETA

Una volta che avrete risvegliato completamente la Kundalini e l'avrete portata alla Corona, essa rimarrà permanentemente nel vostro cervello, il che è davvero un momento emozionante. Per il resto della vostra vita, il cibo e l'acqua che introducete nel vostro corpo saranno i fattori principali che sosterranno il nuovo sistema energetico espanso, assicurando che tutto funzioni senza intoppi.

Il cibo si trasforma/sublima in energia Pranica/Luminosa, mentre l'acqua sostiene e modera la coscienza. Questa energia di Luce aumenterà dentro di voi e alimenterà il circuito Kundalini, che uscirà dal Chakra Bindu. Anche se al momento non capite come si combinano questi componenti, lo capirete a tempo debito quando questa parte del processo vi sarà svelata.

Anche durante il processo di trasformazione Kundalini, l'appetito subirà delle fluttuazioni. Per esempio, potreste sentire il bisogno di mangiare di più per un po' di tempo, seguito da un bisogno di mangiare di meno. Molti periodi del mio percorso mi hanno spinto a mangiare molto, quindi ho consumato pasti sostanziosi più volte al giorno. Quando sentivo questo desiderio naturale di mangiare di più, mi segnalava che il mio sistema era in overdrive per sublimare il cibo in energia leggera. In generale ho accolto con favore questo cambiamento, anche se le persone della mia vita si chiedevano perché stessi ingrassando rapidamente e non mi preoccupassi di quanto mangiavo.

I miei amici e la mia famiglia hanno sempre trovato strano che io fluttuassi nel peso, dato che spesso perdevo o prendevo fino a tre chili a settimana. Di solito mentivo su questa situazione perché, quando dicevo la verità, molti pensavano che mi stessi giustificando per non preoccuparmi del mio aspetto, mentre altri pensavano che fossi semplicemente pazzo. Il fatto che la gente pensasse che fossi pazzo per tutta la vita è stata una sfida che ho dovuto superare e superare.

Inoltre, fate attenzione al nuovo desiderio di mangiare cose che non avete mai mangiato prima. Ad esempio, potreste essere vegetariani o vegani per tutta la vita e improvvisamente sviluppare un interesse per il consumo di carne. O forse accade il contrario: se siete stati mangiatori di carne per tutta la vita, potreste sviluppare il desiderio di essere vegetariani o vegani. Ascoltate ciò che il vostro corpo vi comunica a questo proposito, poiché potrebbe sapere qualcosa di cui non siete consapevoli.

La carne fornisce al corpo le proteine necessarie per riparare i muscoli e produrre ormoni ed enzimi. Le proteine sono un'importante fonte di energia per l'organismo, fondamentale per far progredire la trasformazione Kundalini. A volte, però, se l'animale è stato pre-macellato in modo raccapricciante, come accade in molti macelli, l'energia della paura dell'animale morente si incorpora nella carne, aggravando ulteriormente il vostro sistema già fragile. Anche in questo caso, rispettate i desideri del vostro corpo perché la vostra Anima comunica con voi attraverso il corpo a un livello più profondo.

Tenete presente che questi desideri di provare cose nuove spesso non durano a lungo, poiché il loro scopo principale è quello di espandere la vostra mente ad altre possibilità nella vita. Raccomando vivamente di consumare il più possibile alimenti biologici, poiché filtrano meglio nel vostro corpo e contengono più energia Pranica/Luce di cui il vostro corpo ha bisogno per continuare la vostra trasformazione. Credo che gli alimenti geneticamente modificati espongano il DNA alla degradazione, che causa il cancro e altri disturbi corporei che affliggono gran parte del mondo moderno. Quando acquistate la carne, cercate di mangiare carne kosher o halal, dove l'animale è stato ucciso con rispetto e la carne dovrebbe essere priva di energia negativa.

Per quanto riguarda l'acqua, è ora di smettere di bere l'acqua del rubinetto, a meno che non provenga da una fonte pulita come un ruscello. La maggior parte dell'acqua del rubinetto, soprattutto nelle grandi città, contiene molti contaminanti che sono dannosi per la mente, il corpo e l'Anima. Iniziate a bere acqua in bottiglia di qualità o, meglio ancora, investite in un sistema di filtraggio dell'acqua che filtri i metalli nocivi come il fluoro, noto per la sua capacità di calcificare la Ghiandola Pineale.

Tenete presente che, mentre la Kundalini lavora attraverso di voi, soprattutto nelle prime fasi, i reni faranno gli straordinari, diventando più caldi del solito. I reni lavorano con le Ghiandole Surrenali, che saranno anch'esse in overdrive poiché la loro funzione è quella di produrre e rilasciare ormoni in risposta allo stress. Di conseguenza, le Ghiandole Surrenali sono spesso le prime ad accusare un esaurimento nelle fasi iniziali. L'apporto di acqua filtrata e priva di contaminanti nel vostro corpo calmerà i reni e le surrenali e aiuterà a superare questa fase di esaurimento della trasformazione Kundalini.

SVILUPPO DI ALLERGIE

Durante il processo di trasformazione e il cambiamento dell'appetito quasi quotidiano, è possibile che si sviluppino nuove sensibilità e allergie alimentari, quindi è bene prestare attenzione a questo aspetto. Per esempio, non ho mai avuto un'allergia in vita mia. Ma poi, a nove anni dal risveglio, ho sviluppato un'allergia alle mandorle, alle banane e ai rapini, tutto nel giro di due anni. E non sto parlando di lievi sensibilità. Sto parlando di reazioni allergiche vere e proprie che mi hanno sempre portato in ospedale.

Ho mangiato e amato le banane per tutta la vita. Era il mio frutto preferito, che mangiavo quasi quotidianamente. Anzi, era uno degli unici frutti che mangiavo. Poi un giorno, di punto in bianco, ho avuto una reazione allergica che mi ha mandato in ospedale. Da allora, se c'è una traccia di banana in qualsiasi cosa, reagisco immediatamente. È chiaro che questa reazione si è sviluppata nel tempo e credo che sia legata al processo di trasformazione Kundalini.

Per qualche motivo, il corpo rifiuta le energie particolari di alcuni alimenti, provocando una reazione allergica. Di conseguenza, il mio viso si è gonfiato con orticaria e pustole, e i miei occhi hanno cominciato a lacrimare mentre il mio corpo iniziava a spegnersi. A un certo punto non riuscivo più a respirare e ho dovuto chiamare un'ambulanza che mi ha somministrato una dose elevata di antistaminico per via endovenosa. I normali antistaminici da banco non funzionano in questi casi, ho provato. Come minimo, avrete bisogno di un Epipen o di una visita d'emergenza in ospedale.

Forse la reazione allergica avviene a causa di questa correlazione tra il risveglio della Kundalini e il rilascio di istamina nel corpo. Questo livello più alto di istamina viene rilasciato una volta che il Corpo di Luce è integrato e completamente risvegliato, il che dà la sensazione di avere un'iniezione di novocaina nel corpo. L'intero corpo fisico si sente parzialmente intorpidito, il che diventa in seguito una parte permanente dell'esistenza quotidiana. Non so esattamente perché si verifichino le reazioni allergiche. Tuttavia, posso solo immaginare che l'energia Kundalini non riesca a integrare l'energia rilasciata dal cibo ingerito, che agisce sul corpo fisico, mandandolo in tilt. Qualunque cosa sia, ne parlo qui in modo che, se e quando vi capiterà, sappiate perché e di cosa si tratta e che dobbiate chiedere aiuto immediatamente.

I NUTRIENTI ESSENZIALI PER LA TRASFORMAZIONE

Durante il processo di trasformazione, ho notato che i dolci hanno un effetto particolare sull'energia Kundalini. Ogni volta che mangio qualcosa di zuccherato, mi accorgo che il mio Ego si amplifica e che i miei pensieri accelerano e diventano incontrollabili, influenzando negativamente la mia compostezza. Pertanto, quando sto attraversando un momento difficile dal punto di vista mentale ed emotivo, ingerire dolci diventa un ostacolo, per cui cerco di starne alla larga il più possibile.

Le proteine sono essenziali per la trasformazione interna, quindi mangiate carne e pesce in abbondanza. Il corpo ha bisogno di zinco durante questo processo e il pesce ne contiene in abbondanza. La Kundalini funziona come una batteria. Ha una corrente positiva e negativa che si esprime attraverso i canali Pingala e Ida, le energie maschili e femminili. Essi trasportano la corrente bioelettrica, regolata dall'energia sessuale. Questi canali hanno bisogno di un mezzo per funzionare, altrimenti bruciano il sistema. Questo mezzo è il fluido del sistema Kundalini, regolato dallo zinco.

Il corpo ha bisogno di zinco anche per produrre proteine e DNA, soprattutto quando si subisce una trasfigurazione genetica come nelle fasi iniziali della trasformazione Kundalini. Lo zinco è necessario anche per immagazzinare l'istamina. Il corpo produce alti livelli di istamina quando la coscienza si localizza nel Corpo Spirituale.

Lo zinco è direttamente collegato all'energia sessuale, di cui parlerò più avanti. Pertanto, l'apporto di zinco nell'organismo è di fondamentale importanza. Poiché il corpo non immagazzina lo zinco in eccesso, è necessario ottenerlo dalla dieta. Vi consiglio di farlo senza integratori da banco, perché non sintetizzano lo zinco nell'organismo come fanno gli alimenti. Il pesce e i semi di zucca contengono molto zinco. Se si iniziano a usare gli integratori, si crea in modo innaturale una quantità eccessiva di questa energia liquida, che ostacola la capacità di concentrazione, portando così la mente fuori equilibrio.

La componente della forza di volontà, regolata da Pingala Nadi, sarà annegata in questa energia liquida che contiene zinco. Rispetto a una batteria, l'acido della batteria, che è regolato dallo zinco, annegherà le cariche opposte della corrente elettrica e la batteria non funzionerà correttamente. Se lo zinco viene assunto con l'alimentazione, si sintetizza in modo ottimale e si sente. Lo zinco lavora con l'acqua nel sistema per regolare la coscienza. Ricordate che l'Ida Nadi aggiunge al sistema l'Elemento Acqua, che regola le emozioni.

ESERCIZIO FISICO E MALATTIA

Durante la trasformazione Kundalini, è consigliabile praticare regolarmente attività fisica, come lo Yoga (Asanas), il jogging, il sollevamento pesi, gli sport agonistici, il nuoto, la bicicletta, la danza, ecc. Con l'aumento della frequenza cardiaca durante l'esercizio fisico, il sangue affluisce maggiormente al cervello, apportando ossigeno e le sostanze nutritive necessarie. L'esercizio fisico aiuta anche a rilasciare nel cervello proteine benefiche che mantengono i neuroni in salute, favorendo la crescita di nuovi neuroni. Ricordate che mentre l'energia Kundalini risvegliata sta trasformando il vostro sistema nervoso, il vostro cervello fa gli straordinari per costruire nuovi percorsi neurali per adattarsi a questi cambiamenti interiori. Pertanto, l'esercizio fisico regolare accelera questo processo.

A livello energetico, l'esercizio fisico è essenziale perché aiuta a sintetizzare i cambiamenti interiori, radicandoli nel Piano Fisico in modo che la mente e il corpo possano funzionare come un'unica unità. Al contrario, se lavorate solo sulla guarigione delle vostre energie interiori e negate il vostro corpo, sarete fisicamente fiacchi, influenzando negativamente il vostro stato mentale.

È stato dimostrato che l'esercizio fisico per almeno un'ora al giorno abbassa e riduce l'ormone dello stress, il cortisolo, e rilascia dopamina, serotonina ed endorfine nel cervello. In questo modo, l'esercizio fisico ripulisce il cervello dalle sostanze chimiche indesiderate, elevando al contempo l'umore e il livello di motivazione, il che può essere molto utile nelle prime fasi dopo il risveglio della Kundalini. Inoltre, grazie all'aumento dei livelli di serotonina, che di notte si trasforma in melatonina, sarà più facile addormentarsi. Inoltre, gli sport agonistici sono un'ottima valvola di sfogo e regolano l'effetto dell'energia Fuoco sulla mente, soprattutto nei maschi in cui l'Elemento Fuoco è più dominante.

Una Kundalini risvegliata rafforza il sistema immunitario, consentendo di superare le malattie più rapidamente rispetto alla media delle persone. Tuttavia, se vi ammalate di raffreddore, influenza o altri disturbi comuni, fate attenzione a non esagerare con i farmaci da banco. Poiché la vostra sensibilità psichica sarà più elevata della media dopo un risveglio, anche i più piccoli cambiamenti nella chimica del vostro corpo possono avere un effetto potente a livello mentale ed emotivo.

Infine, se soffrite di mal di testa, cosa comune nella fase iniziale di adattamento alla nuova energia dentro di voi, prendete Advil o Ibuprofene. Trovo che l'Advil stimoli l'Ida Nadi, calmando la coscienza e alleviando il mal di testa molto meglio del Tylenol, per esempio. In effetti, ancora oggi, non mi oppongo a prendere un Advil occasionale quando necessario, mentre cerco di stare alla larga da tutti gli altri farmaci da banco.

LA NECESSITÀ DI DISCREZIONE

Come avrete ormai capito, il risveglio della Kundalini è un fenomeno misterioso e sfuggente che non fa parte del mainstream. Molte persone riconoscono la parola "Kundalini" dal Kundalini Yoga, pensando che si tratti di un tipo di Yoga, niente di più. E coloro che conoscono il suo potere di trasformare Spiritualmente un essere umano sono spesso all'oscuro di alcune delle sue manifestazioni più fantastiche, che rari individui come me hanno avuto il privilegio di sperimentare. Mentre leggete di questi doni Spirituali che si manifestano nelle fasi successive, mi rendo conto di quanto debba essere difficile afferrare questi concetti relativamente astratti, perché dovete fare voi stessi queste esperienze per capirmi veramente.

Sebbene il processo di risveglio della Kundalini sia Universale, i racconti delle persone sono diversi, come ormai avrete capito. Al giorno d'oggi, la maggior parte delle persone ha avuto risvegli parziali, che limitano la portata degli effetti collaterali e dei doni Spirituali. Le persone che hanno avuto un risveglio completo, tuttavia, sono generalmente confrontate con gli stessi problemi. Ma nel mare dei racconti delle persone, i risvegli completi sono scarsi. Di solito, quando qualcuno ha un risveglio completo, scrive un libro o una serie di libri che descrivono le sue esperienze, consentendo a persone avanzate come me di verificare a che punto siamo in questo campo limitato ma in crescita della scienza Kundalini.

A livello collettivo, la società non è all'altezza dell'esperienza della Kundalini, poiché non c'è un numero sufficiente di persone che l'hanno vissuta per farla entrare a far parte della conoscenza generale. Purtroppo, questo significa che il personale medico addestrato ad aiutarci a guarire mentalmente, emotivamente o fisicamente non ci sarà di alcuna utilità quando subiremo una trasformazione Kundalini. Pertanto, mentre proseguite nel vostro viaggio, la regola empirica che imparerete essere vera è che, a meno che qualcuno non abbia avuto il risveglio in prima persona, e al livello che avete avuto voi, non potrà capire quello che state passando. Pertanto, quanto più velocemente riuscirete ad accettare questo fatto, tanto più agevole sarà il vostro viaggio.

Detto questo, vi consiglio di imparare a tenere per voi la verità su quello che state passando. So che non è facile, perché oltre ad avere bisogno di consigli da parte delle persone su cui fai affidamento, vuoi anche che il mondo capisca cosa stai passando. Quindi il mio consiglio sembra in qualche modo controintuitivo, visto che siamo tutti lì per aiutarci a vicenda, ma ti renderai conto che non c'è scelta. La maggior parte delle persone che si trovano nella vostra situazione, me compreso, hanno dovuto impararlo prima o poi, altrimenti hanno dovuto affrontare una vita di ostracizzazione, di essere chiamati pazzi, di avere relazioni sentimentali infruttuose, di perdere amici e persino di allontanarsi dai familiari.

Si tratta di un viaggio solitario per la maggior parte e, poiché è un'esperienza così rara, potreste incontrare poche persone di persona nella città o nel paese in cui vi trovate che vi capiranno. Se sapete dove cercare, troverete molte persone sui social media, ma non di persona.

Dovete imparare a nascondere la verità su ciò che state attraversando alla vostra famiglia, agli amici e persino agli estranei, se volete integrarvi e continuare a far parte della società. Non sono una persona che propaganda la menzogna, essendo un Acquario deciso a dire sempre la verità, ma in questo caso particolare imparerete che non avete molta scelta. Se non seguite il mio consiglio e non raccontate la vostra esperienza, sperimenterete presto tutto ciò di cui vi sto mettendo in guardia, il che potrebbe farvi sentire generalmente estranei agli altri, con conseguente ulteriore solitudine e depressione. Le persone hanno paura di ciò che non capiscono e lo evitano dalla loro esistenza, se possono scegliere. Anche le persone migliori, quelle più compassionevoli, finiranno per giudicarvi perché semplicemente non vi capiscono. Non biasimatele, accettate questo fatto.

Inoltre, e questa parte è essenziale: non dovete dare spiegazioni alle persone. Non è vostro dovere farlo. Non c'è nulla di vergognoso nella vostra realtà e dovete proteggere voi stessi e gli altri da ciò che vi sta accadendo. Le persone che non hanno vissuto quello che state vivendo ora non possono aiutarvi. Mettere la vostra vita nelle loro mani sarà catastrofico per il vostro cammino Spirituale, poiché queste persone vi porteranno inconsapevolmente fuori strada ogni volta. Inoltre, una parte importante del processo di risveglio della Kundalini consiste nel diventare il vostro insegnante e la vostra guida. L'ho già detto in passato e lo penso davvero: tutte le risposte ai vostri problemi sono dentro di voi, se vi ponete le domande giuste e avete fiducia in voi stessi. Invece di rivolgervi a qualcun altro per trovare soluzioni, anche a chi come me ha molta conoscenza ed esperienza, dovete imparare a entrare in contatto con il vostro Sé Superiore e rivolgervi a lui. Nessuno può compensare il vostro Sé Superiore; è l'unica intelligenza che può darvi sempre il consiglio giusto.

Ho scelto di confondermi con gli altri e di continuare a condurre una vita normale mentre stavo attraversando il processo di trasformazione Kundalini. Per questo motivo, ho dovuto imparare a dire bugie quando gli altri si informavano sui problemi che stavo vivendo. Non fa male a nessuno non sapere la verità su questo argomento, soprattutto quando si sa in anticipo che queste persone non possono aiutarci. Dire loro la verità e renderli scettici sulla vostra sanità mentale vi danneggerà solo perché ora dovrete occuparvi di farli ragionare oltre che di aiutare voi stessi.

Durante il processo di trasformazione della Kundalini, nella vostra vita si manifesteranno molti sintomi strani. In quasi tutti i casi, questi sintomi saranno temporanei, anche se possono durare per molti anni. Notti insonni, alti e bassi emotivi, comportamento irregolare, incapacità di concentrarsi, fluttuazione del peso e desiderio sessuale eccessivo e incontrollabile sono solo alcuni esempi che possono emergere durante il vostro viaggio. Se decidete di non voler essere giudicati dagli altri, dovete mascherare questi problemi. Dire agli altri che i vostri sintomi sono il risultato di un risveglio della Kundalini farà sicuramente pensare che state perdendo il controllo della realtà, facendo perdere loro la fiducia in voi come persona. Spesso credono che stiate cercando di inventare una scusa incomprensibile per confonderli, come è tipico di chi è all'inizio di una malattia mentale.

Il modo migliore per aggirare le circostanze è mentire. Permettete a voi stessi di farlo, poiché nessuno accetterà le vostre scuse per non aver rispettato le aspettative, come ad esempio arrivare in tempo al lavoro o a scuola, essere presenti mentalmente o emotivamente per qualcuno o adempiere ai vostri compiti quotidiani. La vostra situazione non rientra nella norma sociale; pertanto, è fondamentale dire una bugia per proteggersi. Anche se non vi sentite a vostro agio con l'idea, scoprirete che mentire su ciò che sta accadendo renderà il processo più facile per voi, e vi sarà comunque concessa una seconda possibilità per dimostrare agli altri il vostro valore. Se non lo fate, continuerete a scontrarvi con un muro di mattoni con le persone e le situazioni della vostra vita.

L'idea della menzogna consiste nel prendere qualcosa di troppo fantastico per essere creduto e sostituirlo con qualcosa che una persona media possa capire. Per le notti insonni, si può dire che si soffre di insonnia, motivo per cui la mattina non si è al 100%. Per gli alti e bassi emotivi, potete dare la colpa a qualcosa che sta succedendo nella vostra vita. Siate creativi, ma fate in modo che la vostra scusa sia comprensibile e simpatica a una persona media.

Ricordate che dovete essere voi stessi il vostro terapeuta e il vostro medico e trovare le soluzioni ai vostri problemi. Se volete condividere i vostri problemi con persone che vi capiscano, che vi diano una prospettiva e vi chiedano consigli, cercatele sui social media. Centinaia di gruppi e pagine hanno raccolto persone risvegliate dalla Kundalini che hanno vissuto quello che state vivendo e possono aiutarvi. Molti di loro sono lì per questo motivo e sono entusiasti di aiutarvi in qualsiasi modo. In questo modo ho incontrato persone fantastiche sui gruppi dei social media.

Vi consiglio, però, di avere uno spirito critico quando parlate con gli sconosciuti sui social media. Alcuni affermano di aver avuto un risveglio della Kundalini, ma in realtà potrebbero non averlo avuto, anche se credono sinceramente alle loro affermazioni. Oggi molti fenomeni Spirituali vengono classificati come risvegli della Kundalini. E poi ci sono centinaia di persone che hanno avuto un risveglio parziale e pensano di avere tutte le risposte. Queste persone sono le più difficili da individuare e potenzialmente le più dannose. È quindi utile avere un certo livello di discernimento in materia e informarsi sulle esperienze altrui prima di seguire i loro consigli, poiché non c'è modo più veloce di essere sviati che riporre la propria fiducia nella persona sbagliata.

Vedo ogni tipo di consiglio buono e sbagliato nei gruppi dei social media e potrei passare un'intera giornata ad affrontare e chiarire ogni post. L'ho fatto molti anni fa e ho aiutato più di due dozzine di persone dando loro il consiglio giusto al momento giusto e aiutandole nel loro percorso di risveglio. Alcuni mi contattano ancora oggi per ringraziarmi di essere stato presente quando avevano bisogno di me. Attraverso i gruppi dei social media, ho capito che la mia conoscenza ed esperienza in materia poteva essere di grande aiuto, cristallizzando il mio scopo del tempo. Così sono passato dallo scrivere articoli e realizzare video sulla Kundalini a raggiungere un pubblico più ampio con libri come quello che state leggendo.

LA FOLLIA DEI FARMACI SU PRESCRIZIONE

Quando state attraversando il processo di trasformazione della Kundalini e la vostra mente è in disordine, potreste spesso manifestare comportamenti strani ai quali reagiscono le persone che vi circondano. Naturalmente, le persone a cui mi riferisco sono quelle più vicine a voi, compresi familiari, amici e colleghi. Dopo aver assistito al vostro comportamento irregolare, potrebbero darvi del pazzo o della pazza, il che vi confonderà ancora di più sul vostro stato. Dopotutto, sarete sottoposti a un enorme dolore emotivo e mentale, che non capite e sul quale apparentemente non avete alcun controllo.

Nei momenti di maggiore debolezza, la famiglia o gli amici possono suggerire di rivolgersi a uno psichiatra o a un terapeuta di qualche tipo e di parlare con loro dei propri problemi. Dopotutto, questo personale autorizzato è addestrato ad aiutare le persone che soffrono di sintomi simili.

Tuttavia, il problema è che questi terapeuti di solito non hanno mai sentito parlare della Kundalini, né tantomeno hanno avuto un risveglio loro stessi. E come può un medico diagnosticarvi qualcosa che il campo medico non riconosce nemmeno? Non siete pazzi e non avete alcun motivo reale per essere depressi. Inoltre, se tutti i vostri problemi emotivi e mentali sono iniziati dopo il risveglio della Kundalini, non è chiaro che la Kundalini è la causa dietro l'effetto e non qualcosa di esterno?

Tuttavia, molti individui risvegliati seguono questa strada e si rivolgono a uno psichiatra o a un terapeuta. Dopotutto, siamo condizionati ad ascoltarci e ad accettare consigli su questioni di vita, soprattutto quando siamo alla disperata ricerca di risposte ai nostri problemi. E, come ormai avrete capito, subire una trasformazione Kundalini dopo un risveglio completo e prolungato comporta alcune delle sfide più significative.

Parlando con molte persone che si trovavano nella mia stessa situazione molti anni fa, andare dallo psichiatra produce sempre gli stessi risultati. Lo psichiatra ascolta i vostri problemi, ma poiché non sa di cosa state parlando quando menzionate la Kundalini, di solito fa la prima cosa che fa quando incontra una persona con problemi mentali o emotivi: prescrive farmaci.

Per i sintomi che il risveglio di Kundalini provoca, questi farmaci sono antipsicotici o antidepressivi. La natura degli antipsicotici è quella di bloccare gli impulsi neurali che trasportano le informazioni dal subconscio alla mente cosciente. Bloccano ciò che accade all'interno, in modo che all'apparenza sembri che ci si senta meglio perché non si sentono più i pensieri negativi. D'altra parte, gli antidepressivi di solito aumentano i livelli di serotonina e dopamina per creare una sensazione artificiale di felicità e gioia. Purtroppo, farsi prescrivere qualsiasi tipo di farmaco da un medico è un approccio sbagliato alla gestione del risveglio di Kundalini.

Anche se si possono manifestare sintomi simili alla depressione cronica, al bipolarismo o alla schizofrenia, questi stati sono temporanei e devono essere elaborati dall'Anima. Sono il risultato dell'afflusso di Luce portato dalla Kundalini, il cui scopo è sradicare l'energia negativa presente nei Chakra. Pertanto, il superamento di queste sfide emotive e mentali è il passo necessario per avanzare spiritualmente.

Avendo risvegliato l'intero Albero della Vita, avrete accesso a parti di Sé che vi erano state nascoste fino al vostro risveglio. La Luce di Kundalini crea un ponte tra la mente conscia e quella subconscia, permettendo a molti traumi e nevrosi di emergere.

Se si blocca l'attività subconscia dalla coscienza, questi problemi emotivi e mentali vengono lasciati a bada, non elaborati. Con il tempo, questo contenuto inconscio dannoso si accumulerà, creando ancora più problemi psicologici, che persisteranno fino a quando l'individuo non smetterà di assumere i farmaci. Se l'individuo sceglie di continuare a prendere i farmaci, può sviluppare una dipendenza dal farmaco per tutta la vita, dal momento che smettere di prenderli può risultare più difficile. Purtroppo, nel momento in cui ha iniziato a prendere i farmaci, ha inavvertitamente messo in pausa la sua Evoluzione Spirituale, che rimarrà tale finché non smetterà di prenderli.

Sotto farmaci, l'energia Kundalini non può fare ciò che intende fare, cioè continuare il processo di trasformazione interiore. "Lontano dagli occhi, lontano dal cuore" può temporaneamente attenuare i problemi, ma non li risolve. Anzi, creerà ancora più problemi in futuro. I farmaci da prescrizione sono concepiti soprattutto per sviluppare una dipendenza dal farmaco stesso, poiché l'individuo non impara mai ad affrontare i propri problemi in modo naturale. Non si creano percorsi neurali che permettano di trovare soluzioni ai problemi e di curare i propri stati negativi, ma ci si affida al farmaco come a una stampella che lo fa per loro.

L'energia Kundalini è biologica e ha bisogno delle facoltà umane per funzionare. Se una droga esterna chiude i canali di trasmissione dell'informazione, il processo di pulizia della Kundalini si arresta. Una volta che l'individuo ha smesso di assumere la droga, l'energia Kundalini si rimetterà in moto. Si verificherà lo stesso processo, questa volta ancora più forte e incontrollato.

Dovete capire che il processo Kundalini non vi darà più sfide di quelle che la vostra Anima può gestire. La vostra Anima è quella che ha scelto di fare questa esperienza e quella che l'ha messa in moto. L'Ego prova dolore, paura e ansia, poiché è l'Ego che deve essere trasformato in questo processo. Invece di ricorrere alla prescrizione di farmaci, che è la via d'uscita dell'Ego per proteggere la propria identità, farete un servizio alla vostra Anima trovando un altro modo per affrontare i vostri problemi mentali ed emotivi. La vostra Evoluzione Spirituale è l'unica cosa che conta in questa vita. Nessun pensiero o emozione terribile, per quanto spaventosa possa apparire, vi danneggerà fisicamente.

Il processo di risveglio della Kundalini deve essere affrontato con forza d'animo, forza e coraggio. La paura e l'ansia sono temporanee e, se si persiste nel processo, si uscirà inevitabilmente dall'altra parte come una persona trasformata. Potrebbero volerci molti anni, ma l'alba segue sempre la notte. Tutto ciò che si deve fare è superare la notte.

CREATIVITÀ E SALUTE MENTALE

La realtà Spirituale è una scienza invisibile misurata e quantificata dall'intuizione, dalle emozioni e dall'intelletto. Ma la maggior parte di ciò che comprende la realtà Spirituale non può mai essere provata, ed è per questo che nella nostra società c'è una divisione tra credenti e non credenti. I non credenti sono principalmente persone che si affidano solo alla scienza, che si basa su prove. Ma togliere la fede in qualcosa di più grande di te e affidarsi solo alla scienza significa privarsi del succo, del nettare della vita Spirituale. Vedere è credere, ma al contrario credere è anche vedere. Se riuscite a credere in qualcosa in cui gli altri credono, a tempo debito si manifesterà nella vostra vita. Questa è la Legge.

Conosciamo molto della scienza della realtà tangibile, il mondo della Materia, ma capiamo molto poco delle realtà invisibili. Quindi, invece di riflettere sulla vecchia questione di chi o cosa sia Dio, concentriamoci sull'umanità e sui doni Spirituali che alcuni di noi ricevono e che ci fanno sembrare simili a Dio agli occhi degli altri. Il dono più prezioso che il nostro Creatore ci ha fatto è la capacità di creare. Ma da dove viene la creatività e perché alcune persone ne dispongono più di altre?

Gopi Krishna e altri individui risvegliati hanno affermato che tutta la creatività umana è un sottoprodotto dell'attività della Kundalini nel corpo, il che implica che la Kundalini di ognuno è attiva in qualche misura. Ad alcuni può sembrare un'affermazione radicale, ma anch'io credo che sia vero. Penso anche che la Kundalini influenzi in modo subliminale le persone non risvegliate. Queste persone non sono consapevoli del loro processo creativo e non possono attingere alla fonte della loro creatività come possono fare i risvegliati.

Uno degli scopi del risveglio completo della Kundalini è quello di elevare ed evolvere la coscienza a un grado superiore, in modo da poter entrare in sintonia cosciente con il funzionamento del proprio sistema energetico, compreso il processo creativo, invece di essere qualcosa che avviene in background e che riguarda solo il subconscio.

Inoltre, questa parte è essenziale: nella maggior parte delle persone non risvegliate, la Kundalini non ha perforato i Tre Granthi, il che significa che la loro energia creativa è limitata, così come i Chakra attraverso i quali questa energia può esprimersi. La persona media ha la Kundalini attiva, ma poiché non ha superato il Brahma Granthi, può esprimere la sua energia creativa solo attraverso il Muladhara Chakra. In quanto tale, è legata al proprio Ego, che vede principalmente i piaceri fisici, il che provoca attaccamenti e paure malsane. Una persona in questa posizione non raggiungerà mai il suo potenziale creativo ottimale, né avrà un impatto significativo sulla società. Purtroppo, visto il basso livello di evoluzione dell'umanità ai giorni nostri, la maggior parte delle persone si trova in questa condizione.

I tipi più ostinati e ambiziosi hanno generalmente superato questo primo Granthi e hanno permesso l'espressione della loro energia creativa attraverso i Chakra Swadhisthana e Manipura. Tuttavia, sono vincolati dal Vishnu Granthi, che si trova direttamente sopra, impedendo alla Kundalini di raggiungere il Chakra del Cuore, Anahata, che risveglierebbe l'energia dell'amore incondizionato in loro. Pertanto, possono usare la loro energia creativa per soddisfare le loro ambizioni, ma possono mancare di una visione più elevata che li faccia veramente distinguere dal resto della gente.

E poi ci sono i savant della nostra società, i prodigi e i visionari che hanno trafitto il Vishnu Granthi, permettendo loro di usare ancora di più il loro potenziale creativo. La loro Kundalini può operare dai Chakra Superiori, consentendo loro di compiere imprese incredibili e di accedere a informazioni e abilità che gli altri esseri umani non hanno. Tuttavia, anche loro sono limitati dal pensiero dualistico derivante da un Rudra Granthi slegato tra i Chakra Ajna e Sahasrara. Pertanto, non possiamo paragonare il loro potenziale creativo con quello di chi ha perforato tutti e tre i Granthi e ha risvegliato completamente la Kundalini, liberando un potenziale creativo illimitato.

I geni degli scienziati come Newton, Tesla e Einstein e di filosofi come Pitagora, Aristotele e Platone può essere attribuito al funzionamento della Kundalini nei loro Corpi di Luce. Allo stesso modo, il talento di musicisti come Mozart, Beethoven, Michael Jackson e di artisti come Michelangelo, da Vinci e Van Gogh potrebbe essere il funzionamento dell'energia Kundalini a livello subconscio. E non dimentichiamo le capacità atletiche, le abilità e la voglia di vincere di atleti come Muhammad Ali e Michael Jordan. Queste persone erano così leggendarie che ancora oggi le veneriamo come figure Divine e le loro storie di grandezza vivranno per sempre.

Alcuni di questi grandi uomini e donne descrivono di avere i mezzi e i metodi per attingere alla fonte della loro creatività, ed erano ben consapevoli di canalizzare qualche forma di intelligenza superiore quando si trovavano in questi stati di ispirazione. Tuttavia, non erano consapevoli dell'esistenza della Kundalini, né riferivano che qualcosa di simile operasse attraverso di loro. Quindi, tutto ciò che possiamo fare è speculare sulla base di ciò che abbiamo visto in queste persone e del lavoro che hanno lasciato.

Queste figure influenti avevano qualcosa di speciale: una connessione con il Divino che conferiva loro particolari intuizioni, poteri e abilità che le persone intorno a loro non avevano. Molti di loro erano talmente in anticipo sui tempi da cambiare il corso della storia umana. Ma non sapremo mai se è stata la Kundalini a essere direttamente responsabile della loro grandezza o se è stato qualcos'altro.

KUNDALINI E SALUTE MENTALE

Se la Kundalini è attiva in tutti, in misura maggiore o minore, e ha un impatto significativo sulla psiche, non c'è da stupirsi che non siano stati fatti grandi progressi nella salute mentale. La Kundalini non è nemmeno riconosciuta come un fenomeno reale in campo medico. A parte lo sviluppo di farmaci in grado di attivare e disattivare alcune parti del cervello che ricevono impulsi da forze invisibili nel sistema energetico, l'attuale comprensione scientifica della salute mentale è a dir poco rudimentale. Per capire veramente come funziona la mente, il campo della salute mentale deve avere una base adeguata nella scienza invisibile del sistema energetico umano per sviluppare cure che trattino più dei semplici sintomi.

Sono sempre stato affascinato nell'osservare il funzionamento interno della mia mente durante il processo di risveglio della Kundalini. Alcuni giorni avevo un tale picco emotivo, che spesso era seguito da una profonda depressione, il tutto nel giro di pochi minuti. Questi alti e bassi emotivi non mi succedevano prima del risveglio. Le mie emozioni sono diventate così cariche grazie all'energia Kundalini che, se la mia mente lavorava in una direzione positiva e pensava a pensieri felici, quelle emozioni si rafforzavano e io ero più soddisfatto che mai. Se invece la mia mente lavorava in una direzione negativa e faceva pensieri tristi o infelici, allora le mie emozioni si abbassavano a tal punto che mi sentivo proprio depresso. E non aveva senso che la mia depressione fosse così intensa quando solo un minuto prima ero incredibilmente felice e non c'era alcun cambiamento apparente nel mio stato se non quello a cui stavo pensando.

Questo incredibile passaggio tra stati felici e tristi lo attribuivo al funzionamento della mia mente e alla qualità dei miei pensieri. Per questo motivo, all'inizio del mio processo di risveglio della Kundalini, quando avevo pochissimo controllo sulla mia mente e su ciò che pensavo, avevo questi episodi emotivi. Questi episodi possono essere paragonati a quelli di una persona a cui è stata diagnosticata una malattia mentale bipolare, anche se mi sono accorto che erano in misura minore rispetto agli episodi che ho sentito avere da alcune persone bipolari.

Ciò che separa i due casi è che io ho sempre saputo distinguere tra giusto e sbagliato e non avrei agito in base ai miei impulsi emotivi. Allo stesso tempo, alcune persone permettono a questi meccanismi psicologici interiori di gestire la loro vita e di prendere il controllo della loro mente, del loro corpo e della loro Anima. La chiave è riconoscere la situazione per quello che è e non gonfiarla a dismisura. Bisogna intendere le emozioni come qualcosa di tangibile, che può essere modellato e cambiato con l'applicazione della mente. Sapendo questa differenza, dovete lavorare sul controllo dei vostri pensieri, perché è lo scenario della "gallina che ha preceduto l'uovo" e non il contrario. Dovete essere una causa anziché un effetto e plasmare prontamente la vostra realtà mentale con la forza di volontà.

Che cos'è una malattia in questo senso se non un disturbo, qualcosa che vi fa sentire a disagio e a disagio? La malattia fisica è di solito il risultato di un materiale estraneo che entra nel corpo fisico e provoca un cambiamento o un deterioramento a livello cellulare. L'idea di un corpo estraneo che entra nel vostro corpo si applica anche alla salute mentale, o è qualcosa dentro di voi che causa problemi mentali ed emotivi? Per rispondere correttamente a questa domanda, dobbiamo esaminare cosa sono i pensieri e se sono solo dentro di noi o possono essere qualcosa di esterno a noi, che si fa strada nella nostra Aura, per sperimentarli.

Il Kybalion, che spiega i Sette Principi della Creazione, dice che tutti comunichiamo telepaticamente e che il nostro "Io" interiore, la componente creativa che genera immagini impresse dal nostro "Io", è sempre in funzione e non può essere spenta. Pertanto, la sfida consiste nell'usare la vostra forza di volontà, il vostro "Io", per dare continuamente impressioni alla vostra componente "Me". Se diventate mentalmente pigri e non usate la vostra forza di volontà come Dio Creatore ha voluto che faceste, allora gli "Io" degli altri daranno le loro impressioni alla vostra componente "Io". Tuttavia, e questa è l'insidia: crederete che siano i vostri pensieri e reagirete come tali.

Questi mittenti di pensieri sono tutti intorno a noi, alcuni sono i pensieri di altre persone, altri sono entità Spirituali al di fuori del regno fisico, che partecipano al nostro mondo interiore e possono influenzare la nostra mente. Questi esseri Angelici e Demoniaci influenzano i nostri pensieri, soprattutto se non usiamo la nostra forza di volontà al massimo delle sue possibilità. Nel caso degli Esseri Demoniaci, la loro influenza può portare alla possessione di tutto il corpo se li si ascolta e si eseguono i loro ordini.

Queste prese di possesso complete della vostra mente da parte di forze estranee ostili sono davvero molto reali. Al contrario, ricevere comunicazioni da Esseri Angelici può portare a un completo rapimento e beatitudine Spirituale. Nel caso degli empatici o dei telepatici, essi sono aperti all'influenza delle entità Spirituali più della media degli esseri umani, poiché ricevono continuamente impulsi vibratori dal mondo esterno. Chi ha la Kundalini risvegliata rientra in questa categoria; è molto difficile distinguere tra i propri pensieri e quelli di qualcuno o qualcosa al di fuori di noi.

La chiave, in ogni caso, è capire che il mondo interiore del Piano Mentale dei pensieri non è qualcosa che riguarda solo voi e che durante la giornata molte vibrazioni di pensiero entreranno nella vostra Aura dal mondo esterno. Siamo tutti parte di questo nodo, questo "mondo del pensiero", e induciamo continuamente il mondo invisibile con i nostri pensieri, influenzando altre persone a livello inconscio. I pensieri hanno energia, hanno massa e sono quantificabili. I pensieri amorevoli e positivi sono di grado superiore nella scala vibratoria rispetto ai pensieri negativi e paurosi. I pensieri amorevoli e positivi mantengono l'Universo in movimento, mentre i pensieri negativi e paurosi contribuiscono a mantenere l'umanità a un basso livello di Evoluzione Spirituale.

Da quando esiste l'umanità, si combatte una guerra tra gli esseri Angelici e Demoniaci. Si tratta di una guerra invisibile sul Piano Astrale e sul Piano Mentale, dove gli esseri umani fungono da tramite per queste forze invisibili. Attualmente, dato il nostro basso livello di Evoluzione Spirituale, si può dire che gli esseri Demoniaci stanno vincendo la guerra. Tuttavia, secondo le scritture religiose di tutto il mondo, il destino dell'umanità è quello di entrare nell'Età dell'Oro, il che significa che gli Esseri Angelici vinceranno definitivamente questa guerra.

I pazienti schizofrenici sono persone che hanno una ricettività al mondo invisibile superiore alla media, ma ciò che li separa dai sensitivi (che sono telepatici, empatici o entrambi) è che le persone affette da schizofrenia non riescono a distinguere i loro pensieri da quelli esterni. In molti casi, sono sotto il controllo di entità Demoniache che si sono insediate nella loro Aura nutrendosi della loro energia di paura.

Le entità Demoniache, che sono Esseri intelligenti di cui non si conosce la fonte, cercano persone deboli di mente di cui potersi nutrire. Una volta trovata una persona suscettibile alla loro influenza, si impadroniscono delle loro menti e dei loro corpi e, con il tempo, estinguono la Luce dalle loro Anime in modo che diventino veicoli per queste forze Demoniache, niente di più. Diventano dei gusci o degli involucri di ciò che erano prima. Anche se l'Anima non può mai essere veramente estinta, una volta che la separazione avviene nella mente, diventa quasi estranea all'individuo che ha perso la connessione con essa. È ancora lì per essere attinta di nuovo, ma ci vuole un grande sforzo mentale e un lavoro Spirituale per riguadagnare quella connessione.

RAFFORZARE LA FORZA DI VOLONTÀ

Nei primi anni dopo il risveglio della Kundalini, la mia forza di volontà è stata messa spesso alla prova per quanto riguarda il mio processo decisionale. Ogni volta che mi convincevo di un'idea, potevo, in pochi secondi, convincermi del suo contrario. Per molto tempo è stato difficile prendere decisioni perché ero consapevole di negare la validità della sua controparte seguendo qualsiasi linea d'azione. Sapevo e capivo che qualsiasi idea poteva essere una buona idea, se si disponeva di prove sufficienti a favore di quell'idea. Ma per la maggior parte delle idee, c'è anche una prova sufficiente che la loro opposizione è corretta.

Questo processo è andato avanti per molti anni, finché non ho raggiunto un legame più forte con la mia forza di volontà. Per raggiungere questo obiettivo, però, è stata necessaria un'immensa quantità di lavoro mentale e di sforzi da parte mia. Ottenendo un collegamento corretto con la mia forza di volontà, mi sono anche allineato con la mia Anima senza precedenti. Il lavoro con l'Elemento Fuoco e il Chakra Manipura attraverso esercizi rituali di Magia Cerimoniale mi ha aiutato a raggiungere questo obiettivo.

Se non avete una solida connessione con la vostra forza di volontà, che è l'espressione della vostra Anima, allora cadrete preda della dualità della mente e degli impulsi dell'Ego. L'ho visto più volte in individui risvegliati dalla Kundalini ed è una delle sfide più significative che devono affrontare.

Il risveglio attiva tutti i Chakra in modo che funzionino tutti contemporaneamente. Quando la mente conscia e quella subconscia si uniscono, il risultato è un alto livello di carica emotiva, poiché l'attività sul piano mentale è amplificata. Per questo motivo, molti individui risvegliati dalla Kundalini sono così sensibili alle emozioni e mutevoli nelle loro decisioni. Poiché la loro ricettività alle vibrazioni esterne aumenta, devono imparare a distinguere tra i loro pensieri e quelli che entrano nella loro Aura dall'ambiente. Uno dei modi per mitigare questo fenomeno è connettersi con l'Anima e rafforzare la forza di volontà, consentendo discernimento e discrezione.

Una volta imparato a prendere una decisione, l'altra sfida consiste nell'impegnarsi a prenderla e a portarla avanti. In questo modo vi trasformerete in una persona di cui ci si può fidare della parola data e non in una persona che si lascia guidare dalle proprie mutevoli emozioni. Costruire la vostra Anima sviluppando le virtù e superando i vizi vi renderà una persona d'onore che gli altri rispetteranno.

Sebbene esistano diverse pratiche di Alchimia Spirituale che potete utilizzare per ottimizzare le vostre funzioni interiori, molte delle quali sono incluse in questo libro, la Magia Cerimoniale è stata la risposta per me. I suoi esercizi rituali mi hanno permesso di potenziare l'intuizione, la forza di volontà, la memoria, l'immaginazione, le emozioni, la logica e la ragione, ecc. Invocando gli Elementi attraverso la Magia, ho potuto ottimizzare le mie funzioni interne sintonizzando i Chakra. Queste componenti interne del Sé sono deboli in primo luogo a causa dell'energia Karmica immagazzinata nei Chakra relativi a ciascuna funzione. Per esempio, se la vostra intuizione è debole, potreste aver bisogno di lavorare su Ajna Chakra. Al contrario, se la vostra forza di volontà è debole, lo sarà anche Manipura Chakra, poiché l'Elemento Fuoco è responsabile della sua espressione. E così via.

KUNDALINI E CREATIVITÀ

Esiste una precisa correlazione tra l'essere felici e ispirati e l'esibire elevate capacità creative. Quando si provano emozioni positive, la spinta interiore a creare si amplifica. Si manifesta come un desiderio interiore, una passione o un desiderio di creare qualcosa di bello. Il rapporto tra creatività e ispirazione è simbiotico. Non si può essere creativi senza essere ispirati, e per essere ispirati bisogna essere creativi nel trovare un modo nuovo ed entusiasmante di guardare alla vita.

Se rimanete bloccati nel vostro vecchio modo di pensare, relazionandovi con l'Ego invece che con l'Anima e lo Spirito, sia la vostra ispirazione che la vostra creatività ne risentiranno. È necessario un costante rinnovamento della vostra realtà mentale ed emotiva, che si può ottenere quando vivete nel momento presente, l'Adesso. Attingendo energia da questo campo infinito di potenzialità, il vostro stato d'animo sarà ispirato, aprendo le vostre capacità creative.

La mia creatività si è infinitamente espansa nel settimo anno dopo il risveglio della Kundalini nel 2004. Ho sperimentato una completa apertura dei petali di loto del Sahasrara Chakra, che mi ha permesso di entrare nell'Adesso e di funzionare attraverso l'intuizione. Ho notato una forte correlazione tra il superamento della dualità della mia mente, il rafforzamento della mia forza di volontà e il potenziamento delle mie capacità creative. Una volta ottenuto un collegamento permanente con la mia Anima, sono diventato perennemente ispirato, superando la paura e l'ansia e attingendo alla mia fonte creativa. In questo stato di ispirazione incredibilmente elevato, ho sentito il bisogno, il desiderio, di esprimere in qualche modo questa nuova creatività. Così è iniziato il mio viaggio nell'espressione creativa attraverso molteplici mezzi.

La mia prima espressione è stata attraverso l'arte visiva, poiché era qualcosa in cui ero bravO da sempre. Ho scoperto che questo stato di elevata ispirazione fluiva attraverso le mie mani mentre dipingevo, e stavo sviluppando tecniche che sembravano essere state tratte dagli Aethyr. Ho iniziato a dipingere in stile astratto e a canalizzare colori, forme e immagini che vibravano e danzavano nel mio occhio mentale mentre questo processo si svolgeva. Ho capito che la vera fonte della creatività proviene dall'Anima, ma è canalizzata attraverso Ajna Chakra via Sahasrara.

Quando esprimevo la creatività in questo modo potenziato, tutti i miei componenti superiori erano accesi e funzionavano simultaneamente. Ricevevo prontamente impulsi dal Sé Superiore e dal Chakra della Corona, che si combinavano con i Fuochi della mia Anima per canalizzare attraverso l'Occhio della Mente. Il processo creativo sembrava impossessarsi della mia mente e del mio corpo come se fossi posseduto. Ho scoperto che in questo stato il tempo volava in modo inaudito e molte ore passavano in un batter d'occhio.

Ho notato che la mia creatività interiore era in grado di riconoscere e riprodurre la bellezza. Questa è la chiave, credo, perché quando sono in uno stato di ispirazione, che ora è uno stato permanente dell'Essere per me, vedo la bellezza intorno a me e la riconosco in ogni cosa. L'energia dell'amore incondizionato, che è alla base dell'ispirazione, della creatività e della bellezza, trasporta tutto ciò che vedo con gli occhi. Pertanto, se mi impegno in un atto creativo, posso incanalare qualcosa di bello usando il mio corpo come veicolo.

La bellezza ha una forma che credo possa essere quantificata. È equilibrata e armoniosa. È colorata se vuole essere vissuta come gioia. Ha una consistenza e spesso una miscela di Archetipi che trasmettono idee vitali all'Anima. Possiamo esprimere emozioni attraverso belle opere e, naturalmente, tutte le espressioni creative sono destinate a commuovere in qualche modo.

Se la bellezza vuole essere vista come dolorosa, possono mancare i colori e si usano forme più serene per esprimerla. Se invece vuole essere vista come malinconica, si usano i colori corrispondenti a questo sentimento, come le tonalità del blu. Questo processo di canalizzazione della bellezza non è limitato alle sole arti visive, ma può essere visto ovunque. Ad esempio, possiamo esprimere il dolore attraverso il canto e la melodia. Questa correlazione implica che i colori, così come le note musicali, esprimono stati di coscienza. Questo spiega il sentimento che sta alla base della musica, dell'arte visiva e della scultura.

Tutti i colori che troviamo in natura provengono dallo spettro visibile della luce. Lo spettro visibile è la parte del campo elettromagnetico visibile agli occhi umani. La radiazione elettromagnetica in questa gamma di lunghezze d'onda è chiamata Luce visibile o semplicemente Luce. Questo fatto implica che tutte le note musicali della scala musicale si riferiscono anche all'energia della Luce. Ora potete capire perché il vostro potenziale creativo si espande all'infinito quando risvegliate la Kundalini e ricevete un afflusso di Luce nella vostra Aura.

Per molti anni ho sperimentato espressioni creative e mi sono trovata in grado di incanalarne di nuove con facilità. Ho esplorato il canto e la musica e ho espresso la mia creatività attraverso la parola scritta, con poesie e scritti ispirati. Tuttavia, ho imparato l'importanza di bilanciare la creatività con la logica e la ragione. Non si può creare a casaccio, ma deve avere una struttura, un fondamento intellettuale in qualche modo. Ho imparato che la bellezza ha forma e funzione, ed è questo connubio tra le due cose che deve essere seguito quando si crea; altrimenti, le espressioni creative mancheranno il bersaglio.

SAHASRARA E LA DUALITÀ DELLA MENTE

Per ottenere il massimo allineamento con la forza di volontà e l'elemento Fuoco dell'Anima dopo un risveglio completo della Kundalini, il Loto dai Mille Petali di Sahasrara deve essere completamente aperto. Tuttavia, nel caso di un'apertura parziale di Sahasrara, non permettendo alla Kundalini di completare la sua missione al momento del risveglio iniziale, può verificarsi un blocco energetico nella testa. In questo caso, le Nadi Ida e Pingala continueranno a essere influenzate dall'energia Karmica nei Chakra al di sotto di Vishuddhi, il Chakra della Gola, invece di essere liberate e fluire liberamente nel Corpo di Luce, come avviene quando il Loto si apre completamente.

Quando Rudra Granthi viene trafitto, la Kundalini deve salire con tutta la sua forza verso Sahasrara, permettendo alla parte superiore del canale Sushumna, che collega il centro del cervello alla Corona, di allargarsi e di trasmettere l'energia sufficiente per aprire i petali di Sahasrara. La testa del fiore di Sahasrara è chiusa nelle persone non risvegliate; quando la Kundalini si alza, comincia ad aprirsi come se si guardasse il time-lapse di un fiore che sboccia. Ogni petalo si apre per ricevere la luce che arriva dalla Stella dell'Anima e dai Chakra della Porta Stellare (Figura 153). Se alcuni petali di Sahasrara rimangono chiusi, la Corona non sarà completamente attivata, con il risultato che nel tempo si accumulano blocchi nella zona della testa.

Una volta che la Kundalini sale dal Muladhara, cerca di uscire dal corpo attraverso la Corona, facendo sì che i Petali di Sahasrara si dispieghino come un fiore, pronti a ricevere la Luce. Sahasrara è chiamato il "Loto dai Mille Petali" perché teoricamente ci sono mille petali, ciascuno collegato a innumerevoli Nadi minori o canali energetici che trasportano l'energia Pranica da diverse aree del Corpo di Luce e che terminano nella zona della testa. Nel cervello ci sono centinaia, potenzialmente anche migliaia, di queste terminazioni nervose. Ognuna di esse è come il ramo di un albero che trasporta l'energia ranica dentro, attraverso e intorno al cervello. Aprendo completamente la Corona, si permette a molte di queste Nadi di raggiungere la superficie della parte superiore della testa. Spesso si ha la sensazione di insetti che strisciano sul cuoio capelluto o di scosse o contrazioni energetiche quando queste Nadi cerebrali vengono infuse di Luce.

Come già detto, una volta risvegliati i sei Chakra primari sotto la Corona, si sbloccano diverse parti del cervello, così come i Chakra minori nella testa che corrispondono ai Chakra primari. L'intero sistema energetico psichico serve a canalizzare l'energia di Luce in tutto il Corpo di Luce, che permette alla coscienza di sperimentare la trascendenza mentre incarna il corpo fisico. Quando il Loto della Corona si apre completamente, l'Anima esce dal corpo, permettendo alla coscienza di raggiungere il Sé Transpersonale nei Chakra sopra la Corona.

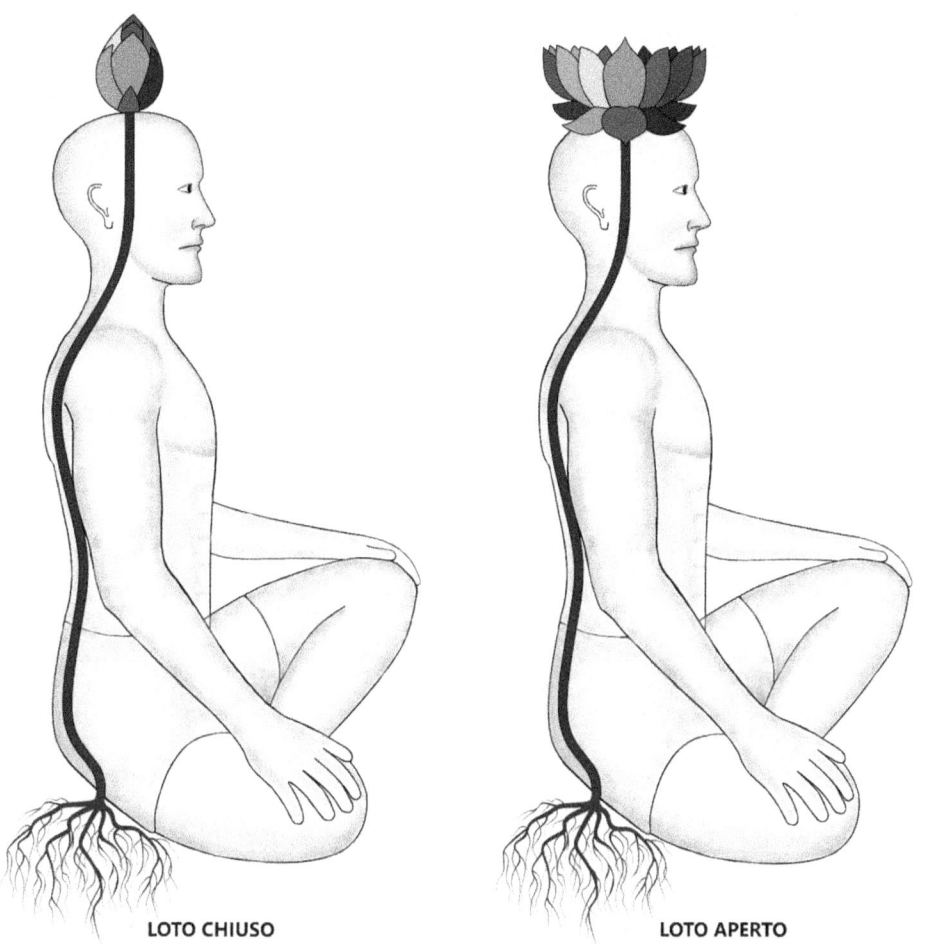

Figura 153: Il Loto del Sahasrara Chakra

Le Nadi minori fungono da recettori psichici alimentati dalla Luce all'interno del corpo, che viene accumulata attraverso l'assunzione di cibo. Questa Luce nel corpo lavora con la Luce portata dal Sahasrara Chakra. Come già detto, il Corpo di Luce è come un albero le cui radici sono nel terreno, mentre il tronco funge da tronco dell'albero. Il tronco porta i Chakra primari, mentre gli arti del corpo fungono da rami principali dell'albero. Questi rami trasportano l'energia della Luce attraverso le loro Settanta-Duemila Nadi, che si estendono fino alla superficie della pelle, anche se a livello sottile. Il Loto dai Mille Petali libera la coscienza individuale dal corpo, collegandola con la Coscienza Cosmica in Sahasrara.

Il Sahasrara si trova in alto, al centro della testa e funge da portale attraverso il quale la Luce Bianca viene portata nel sistema energetico. Questa Luce viene filtrata attraverso i Chakra sottostanti. Tuttavia, se alcuni petali del Loto rimangono aperti a causa di blocchi nei Chakra primari e nelle Nadi, il flusso della Kundalini viene ostacolato, con conseguenti problemi mentali ed emotivi (Figura 154). Pertanto, la Kundalini ha bisogno di un flusso senza ostacoli dal Muladhara, attraverso il Sahasrara e oltre, fino ai Chakra Transpersonali superiori.

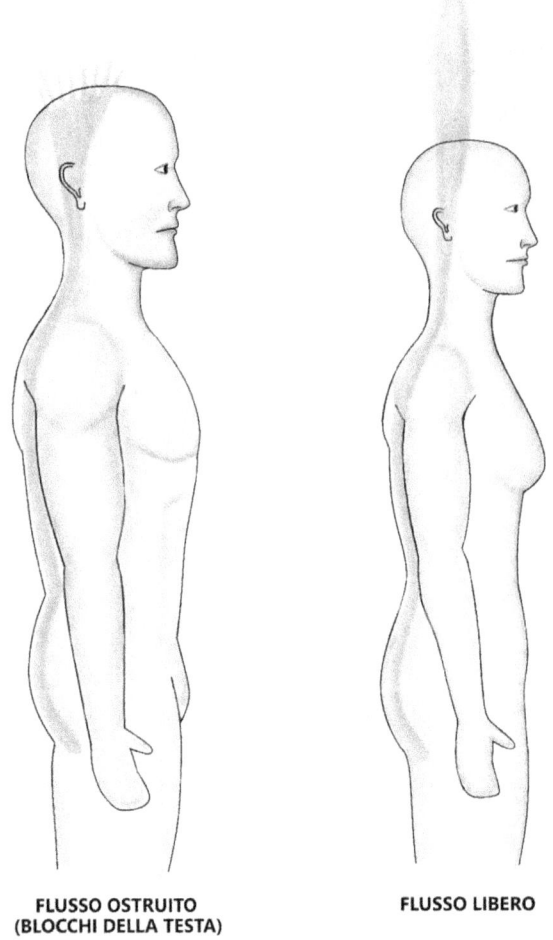

FLUSSO OSTRUITO
(BLOCCHI DELLA TESTA)

FLUSSO LIBERO

Figura 154: Flusso di Kundalini attraverso Sushumna

È possibile alleviare i problemi psicologici con l'uso di pratiche Spirituali, come la Magia Cerimoniale, che puliscono e rimuovono i blocchi nei Chakra e nelle Nadi. Il motivo per cui la Magia Cerimoniale è la pratica Spirituale più potente che ho conosciuto è che consente di invocare con la massima efficacia le energie di ciascuno dei Cinque Elementi per sintonizzare i Chakra corrispondenti. A sua volta, le Nadi che si collegano ai Chakra vengono purificate, compresi Ida, Pingala e Sushumna, il cui flusso viene ottimizzato. Se eventuali blocchi al momento della risalita iniziale della Kundalini hanno ostacolato il raggiungimento dell'energia e la completa apertura del Loto Sahasrara, si eliminano anche questi blocchi. Una volta fuori dal sistema, la Kundalini risorgerà naturalmente per finire il lavoro unificando Shiva e Shakti nel Chakra della Corona, Sahasrara.

INTROVERSO VS. ESTROVERSO

Se alcuni dei Petali del Loto sono chiusi, è segno che l'energia ristagna e si muove in modo scorretto nella testa. Questo problema può causare pressione nella testa e persino mal di testa. Troppa Luce nella testa fa sì che una persona diventi invertita, concentrandosi sui propri pensieri interiori, soprattutto nella parte posteriore della testa, da dove opera la mente subconscia. Ricordate che lo stato mentale dipende da dove si concentra l'attenzione nei molti livelli o strati della coscienza.

Gli introversi usano la logica e la ragione attraverso il Piano Mentale Inferiore quando sono cerebrali o il Piano Astrale quando provano emozioni. Gli introversi sono influenzati dalla Luce della Luna, che dà molte illusioni. Questa Luce Lunare è la fonte della dualità, poiché è solo un riflesso della Luce del Sole, che è una singolarità.

Gli estroversi utilizzano la Luce del Sole e sono orientati all'azione, a differenza degli introversi che sono più noti per il loro modo di pensare e di sentire. Gli estroversi non passano molto tempo nella loro testa, ma operano con il cuore, che è più istintivo. Si esprimono attraverso la comunicazione verbale, lasciando che siano le loro azioni a fare da guida. La maggior parte degli estroversi trae la propria energia dall'ambiente e dalle persone che li circondano. Per questo motivo, amano le grandi folle e stare al centro dell'attenzione.

Al contrario, gli introversi amano stare da soli o con pochi amici di cui si fidano. Attingono la loro energia dall'interno, quindi i loro pensieri e le loro emozioni sono fondamentali per loro. Hanno un approccio metodico alla vita e non usano le parole come ancoraggio, come fanno gli estroversi, ma si esprimono attraverso il linguaggio del corpo.

In superficie può sembrare che gli estroversi siano più sicuri di sé, ma non è sempre così. Poiché gli introversi utilizzano maggiormente la mente, sono più attenti nel processo decisionale e giungono a conclusioni più logiche che danno risultati fruttuosi. Gli estroversi, invece, in genere bypassano la mente e prendono le decisioni con l'istinto. Se l'intuito li guida, le loro scelte possono essere vantaggiose, mentre quando è l'istinto a guidarli, spesso ne risentono. Quando la forza di volontà è dominante, gli estroversi operano dal Piano Mentale Superiore, mentre quando incanalano l'intuizione sono influenzati dal Piano Spirituale. Gli estroversi sono generalmente guidati dalla loro Anima, mentre gli introversi sono più inclini a farsi guidare dal loro Ego.

Il risveglio della Kundalini è destinato a rendervi più estroversi, anche se nel corso del vostro viaggio Spirituale fluttuerete invariabilmente tra i due stati. Per esempio, passerete più tempo come introversi nelle fasi iniziali, quando l'Ego è più attivo, mentre nelle fasi successive, quando vi sintonizzerete completamente con la vostra Anima e il Sé Superiore, diventerete estroversi. Questo perché il cammino Spirituale inizia sempre dalla mente ma termina nel cuore.

L'alternanza tra stati introversi ed estroversi durante il processo di risveglio della Kundalini dipende dagli Elementi con cui si lavora naturalmente attraverso il fuoco della Kundalini o attraverso tecniche di invocazione rituale. L'Elemento Acqua si riferisce alle emozioni, che possono essere volontarie o involontarie, come le emozioni istintive: per questo motivo, lavorare con questo Elemento vi renderà introversi. L'Elemento Fuoco si riferisce alla forza di volontà che spinge il corpo ad agire, rendendo l'individuo estroverso. L'Elemento Fuoco è espressivo degli Archetipi e della verità, essendo temperato dalla Luce del Sole. Al contrario, l'Elemento Acqua mostra la dualità della mente, àgita dalla Luce Lunare.

L'elemento Aria (i pensieri) vibra tra loro, alimentandoli entrambi e conferendo loro dinamismo. I pensieri possono essere coscienti, che mettono in moto la forza di volontà, o subcoscienti, che agiscono sulle sensazioni. Infine, l'elemento Terra, legato all'attività fisica e all'essere nel momento presente, rende estroversi. La densità dell'elemento Terra impedisce di pensare o sentire troppo, lasciando solo l'azione. L'Elemento Terra è direttamente collegato all'Anima e all'essere guidati dai propri impulsi interiori, siano essi intuizioni o istinti.

EMOZIONI VS. RAGIONE

Una potente dicotomia che si presenta nell'individuo pienamente risvegliato dalla Kundalini è la costante lotta tra le emozioni e l'intelletto, che si esprime attraverso la logica e la ragione. Le emozioni (sentimenti) sono il risultato dei nostri condizionamenti passati e dei nostri desideri interiori. Alcuni sentimenti sono istintivi e involontari, mentre su altri abbiamo il controllo.

La logica è lo studio sistematico degli argomenti, mentre la ragione applica la logica per capire o giudicare qualcosa. Queste due componenti interne sono due facce della stessa medaglia. Rappresentano la parte di noi in grado di percepire la verità delle cose e di formulare giudizi sulle nostre decisioni. La ragione è in grado di prevedere i risultati; agisce come un supercomputer che legge la realtà che ci circonda. Ci fornisce quindi calcoli informati che ci permettono di eseguire l'azione più ottimale possibile, che darà i migliori risultati.

Le emozioni sono impulsi che ci spingono ad agire in quel momento. Sono influenzate dall'amore per se stessi o dall'amore incondizionato per tutta l'umanità. Quando sono controllate dall'amore per se stessi, le emozioni non si preoccupano dei risultati, ma di sentirsi bene e di ottenere ciò che l'Ego vuole quando lo vuole. Le emozioni sono quindi legate ai desideri personali. Quando sono influenzate dall'amore incondizionato, l'Anima viene esaltata e l'attenzione si concentra sulla costruzione delle virtù e sul piacere di essere una brava persona.

Le emozioni più basse si esprimono attraverso l'Elemento Acqua lungo il Piano Astrale della realtà. Le emozioni più elevate, invece, salgono fino al Piano Spirituale. La logica e la ragione sono sempre influenzate dall'Elemento Fuoco che agisce sull'Elemento Aria, lungo il Piano Mentale. Non può proiettarsi più in alto del Piano Mentale.

L'Ego e l'Anima possono prendere il sopravvento sia sulle emozioni che sulla ragione. Tuttavia, l'Anima opera sempre attraverso l'energia dell'amore incondizionato agito dagli Elementi Spirito e Fuoco. L'Anima comprende che siamo eterni e che la nostra scintilla continuerà oltre la morte fisica, quindi cerca l'unità e il riconoscimento dell'unicità con gli altri esseri umani. Non agisce per amore di sé, ma solo per l'Ego, che vive nella mente e riconosce la dualità tra il Sé e gli altri Sé. L'Ego custodisce e protegge il corpo, temendo la sua morte finale. Questa energia di paura è ciò che guida molte delle emozioni che l'Ego influenza.

A volte le nostre emozioni possono dirci con fermezza qualcosa che va completamente contro quello che ci dice la nostra ragione, e viceversa. Questo processo andrà avanti per molti anni negli individui risvegliati dalla Kundalini. Tuttavia, nei punti più alti del risveglio della Kundalini, supererete le emozioni personali e inferiori e la vostra ragione e la vostra logica si allineeranno con l'Anima e il Sé Superiore, lo Spirito. È impossibile avere successo nella vita seguendo solo le proprie emozioni, poiché queste possono essere così volatili e agire in base ad esse produce spesso risultati molto negativi. Le emozioni che sono espressione di un desiderio interiore non hanno per lo più alcuna base logica. Agendo su di esse, spesso ci mettiamo nei guai.

Ma anche se ci piace fare ciò che ci fa stare bene, come è nostro impulso naturale, attraverso il processo di risveglio della Kundalini si impara a tenere a freno le emozioni più basse, poiché l'Ego è in procinto di morire. Di conseguenza, potete guardare avanti e compiere azioni che si allineano con emozioni più elevate, proiettate attraverso la lente dell'amore incondizionato. Spesso scoprirete che queste emozioni superiori sono allineate anche con la parte logica di voi, e questo equilibrio tra le due cose darà i risultati più favorevoli nella vostra vita.

L'equilibrio tra emozioni superiori e ragione è, infatti, la base corretta necessaria per vivere una vita felice e di successo. Con il passare del tempo, svilupperete il vostro carattere e un grado di forza d'animo che era insondabile all'inizio del vostro viaggio di risveglio della Kundalini. Imparerete a vivere ponendo l'accento su una condotta e un'azione corrette, provenienti da un luogo di morale ed etica. Questo modo di vivere è l'espressione naturale del fuoco della Kundalini e del sentimento della Gloria di Dio, che permea il vostro Chakra del Cuore, Anahata.

KUNDALINI E TRASFORMAZIONE ALIMENTARE

Gopi Krishna è diventato famoso alla fine degli anni '60 come una delle principali autorità sul fenomeno del risveglio della Kundalini nel mondo Occidentale. Sebbene *Il potere del serpente* di Arthur Avalon, pubblicato nel 1919, sia stato il primo libro a introdurre il concetto di Kundalini in Occidente, Gopi scrisse una serie di libri interamente dedicati alla Kundalini, che furono tradotti in inglese per il mondo Occidentale. Ciò avvenne nello stesso periodo in cui Yogi Bhajan introdusse il suo marchio di Kundalini Yoga negli Stati Uniti. Grazie al lavoro di questi due uomini, il mondo intero si è familiarizzato con la parola "Kundalini".

Gopi scrisse molti libri sulla Kundalini per i successivi vent'anni. Mentre il suo lavoro era più filosofico, Yogi Bhajan insegnava i metodi pratici attraverso lo Yoga per attivare questa energia sfuggente e misteriosa nei suoi studenti. Tuttavia, la scienza della Kundalini non è andata molto oltre il lavoro di questi due uomini. L'unica figura degna di nota che ha dato un contributo significativo in questo campo è Swami Satyananda Saraswati, che ha scritto molti libri sul Tantra e sullo Yoga e ha delucidato le pratiche per seguire i loro percorsi, fornendo al contempo i mezzi e i metodi per risvegliare la Kundalini. Il lavoro di Swami Satyananda ha influenzato in modo significativo il mio contributo al Tantra e allo Yoga in questo libro. Sarei negligente se non menzionassi l'ampio lavoro di David Frawley sullo Yoga e l'Ayurveda, che è stato di enorme utilità per il mondo Occidentale e per me personalmente.

Ho già parlato del risveglio iniziale della Kundalini di Gopi e del pericolo che ha corso dopo una risalita incompleta. Questa situazione lo tormentò finché non trovò una soluzione. La sua disperazione derivava dal fatto che il canale Ida era rimasto inattivo, mentre Sushumna e Pingala si erano attivati al risveglio della Kundalini. Si manifestava come un'ansia debilitante che rendeva la vita impossibile a Gopi, che alcuni giorni desiderava morire. Tuttavia, questa situazione richiede un ulteriore approfondimento, poiché si tratta di un evento comune che potrebbe accadere a chiunque. Ad esempio, ho affrontato lo stesso problema, anche se in un contesto diverso, e ho trovato soluzioni per risolverlo. Avendo un quadro più chiaro della meccanica di ciò che è successo a Gopi, potrete utilizzare le mie soluzioni per risolvere il problema se dovesse capitare anche a voi.

Dopo il risveglio della Kundalini di Gopi, poiché l'energia passiva e refrigerante dell'Acqua di Ida non era presente, l'energia calda e attiva del Fuoco di Pingala faceva gli straordinari. Tuttavia, questa situazione non fece altro che peggiorare la sua situazione. Il canale Ida attiva il sistema nervoso parasimpatico, che calma il corpo e la mente. Al contrario, il canale Pingala attiva il sistema nervoso simpatico, mettendo il corpo e la mente in modalità "lotta o fuga". Immaginate di avere il sistema SNS sempre attivo e di non poterlo spegnere. Di conseguenza, mi sono trovata in questa esatta situazione, quindi so cosa significa e come risolverla. L'unica differenza è che quando mi è successo avevo già gli strumenti per superarlo, cosa che Gopi non aveva.

Se questo accade, e può accadere anche nelle fasi successive della trasformazione Kundalini, ogni momento della vostra vita diventa uno stato di crisi. La cosa peggiore, ho scoperto, è portare il cibo nel corpo, che crea un fuoco agonizzante che sembra bruciare vivo dall'interno. Ho perso tre chili nella prima settimana quando ho affrontato questa situazione, e anche Gopi ha parlato di una rapida perdita di peso. Vedete, il canale Pingala, caldo e intenso, deve essere bilanciato dall'energia rinfrescante di Ida; altrimenti, il sistema va in tilt, influenzando negativamente la mente. Ogni boccone di cibo assunto si manifesta come stress e ansia debilitanti, che esercitano ed esauriscono le Ghiandole Surrenali. Questo stato d'animo può avere ripercussioni sulla vostra vita, con la sensazione che si tratti di una situazione di vita o di morte che nessuno può aiutarvi a risolvere. Immaginate la disperazione e lo stato di emergenza in cui vi trovate quando siete gli unici a potervi aiutare. Ci sono passato anch'io.

Nel momento in cui si ingerisce del cibo, questo comincia a trasformarsi in energia Pranica, che alimenta il canale di Pingala e lo manda in tilt, poiché l'elevata quantità di Prana non viene distribuita uniformemente attraverso entrambe le Nadi primarie. Gopi sapeva dagli insegnamenti Tantrici e Yogici che molto probabilmente non aveva risvegliato Ida, quindi sapeva su cosa concentrarsi per cercare di aiutarsi. Sapeva che solo Ida conteneva il potere di raffreddamento di cui aveva bisogno per equilibrare il suo sistema energetico. E io, beh, il mio aiuto era Gopi, che aveva vissuto la stessa cosa e ne aveva scritto nei suoi libri che avevo letto fino a quel momento.

Gopi fece ogni sforzo per attivare Ida attraverso la meditazione. La meditazione che utilizzava era la visualizzazione di un fiore di loto nell'Occhio della Mente. Mantenendo l'immagine nel tempo, il canale Ida si attivò alla base della colonna vertebrale e salì verso l'alto nel cervello. Sentì la sua energia rinfrescante e calmante, che equilibrò il suo sistema energetico. La sua mente divenne ora ben regolata. Trovò conforto nell'assunzione di cibo e cominciò persino a mangiare in eccesso, concentrandosi soprattutto sulle arance, probabilmente per rifornire le sue Ghiandole Surrenali esaurite.

I pensieri visivi, che sono immagini nella mente, sono l'effetto del canale Ida, non di Pingala. Non è quindi una coincidenza che Gopi Krishna abbia attivato Ida costringendosi a formare un'immagine visiva nell'Occhio della Mente e a mantenerla con una forte concentrazione.

È essenziale capire che, se l'attivazione e la risalita della Kundalini devono avere successo, tutti e tre i canali di Ida, Pingala e Sushumna devono salire simultaneamente nel cervello. Per creare un sistema psichico equilibrato e completare il circuito della Kundalini nel Corpo di Luce appena sviluppato, Ida e Pingala devono salire al centro della testa in corrispondenza del Talamo e aprire il Chakra Ajna. Poi, continuano a muoversi verso il punto tra le sopracciglia, il centro dell'Occhio della Mente. Se avete risvegliato i canali Ida e Pingala, ma si sono bloccati, o uno o entrambi hanno un cortocircuito in futuro, potete correggere nuovamente il flusso di queste Nadi concentrandovi sul Terzo Occhio.

Se Ida e Pingala scendono al di sotto del Chakra del Settimo Occhio o del punto Bindu nella parte posteriore della testa, il circuito Kundalini cessa di funzionare. Per riavviarlo, è necessario meditare sull'Occhio della Mente e trattenere un'immagine usando l'immaginazione e la forza di volontà. Questa pratica ristimola Ida e Pingala e riapre il Settimo Occhio e il Chakra Bindu. In questo modo, le Nadi riallineeranno e riconnetteranno l'intero circuito Kundalini nel Corpo di Luce. Un'altra meditazione che può funzionare se ci sono blocchi nel Bindu è quella di mantenere l'attenzione a un centimetro di distanza dal punto Bindu finché l'energia non si riallinea e fluisce correttamente. Allo stesso modo, concentrandosi a un centimetro di distanza dal Chakra del Settimo Occhio, si può allineare anche quel punto.

Approfondirò questi esercizi e meditazioni nel capitolo intitolato "Risoluzione dei problemi di Kundalini", verso la fine del libro. Queste meditazioni sono fondamentali per stabilizzare il sistema Kundalini. Ho scoperto tutte queste meditazioni da solo negli ultimi diciassette anni e, pertanto, le vedrete per la prima volta in questo libro. Se ci fossero risvegli di massa della Kundalini e il mondo intero avesse bisogno di una guida e di una guida rapida, le mie meditazioni sarebbero la risposta a molti problemi energetici che le persone potrebbero sperimentare. Come mi sono venute in mente?

Quando ho avuto problemi con il circuito della Kundalini, mi sdraiavo sul letto per ore, giorni, persino settimane, alla ricerca di diversi punti di "innesco" energetico nella zona della testa su cui meditare che potessero rimuovere i blocchi energetici e riallineare le Nadi. A volte è necessaria anche una riattivazione di Ajna o Sahasrara Chakra, sebbene sia impossibile che questi centri si chiudano una volta che l'energia Kundalini li ha completamente risvegliati. Durante questo processo di scoperta, ero determinato a trovare a tutti i costi soluzioni che mi permettessero di prevalere. "Se c'è una volontà, c'è un modo", ho sempre detto, e "ogni problema ha una soluzione", anche se si tratta di un problema di natura energetica. Non ho mai accettato il fallimento in questo senso, in modo da trovare, attraverso il mio processo di scoperta, soluzioni che un giorno avrei potuto condividere con il mondo, come sto facendo ora.

Le mie scoperte sono state provate e testate molte volte nella mia vita quando i problemi del sistema Kundalini mi hanno messo alla prova. E tutte funzionano. Comprendete che la Kundalini è molto delicata ma anche molto volatile. Molte cose che facciamo come esseri umani e che sono facilmente accettate come la norma nella società possono mandare in cortocircuito il sistema Kundalini. Per esempio, il modo in cui ci trattiamo come persone, i momenti traumatici e persino l'uso di droghe e alcol possono essere molto dannosi per il vostro sistema Kundalini. Una volta terminato questo libro, avrete le chiavi per superare qualsiasi problema con il sistema Kundalini e per non essere alla sua misericordia in caso di malfunzionamento.

SUBLIMAZIONE/TRASFORMAZIONE DEGLI ALIMENTI

Il processo di sublimazione/trasformazione del cibo produce molte esperienze diverse con il passare del tempo. Per esempio, dopo aver attivato il Corpo di Luce al risveglio iniziale della Kundalini, per qualche tempo si prova un senso di inerzia e letargia, poiché il corpo utilizza tutta l'energia Pranica che riceve dal cibo per costruire il circuito della Kundalini. Di conseguenza, potreste sentirvi poco ispirati e demotivati a svolgere le vostre attività quotidiane. Potreste anche desiderare di isolarvi dalle altre persone e di stare da soli. Tenete presente che queste manifestazioni piuttosto scomode non sono permanenti. Con l'evoluzione, passeranno.

Dopo il risveglio iniziale, è probabile che vi troviate in una mentalità negativa dal punto di vista mentale ed emotivo, poiché state nutrendo il vostro Corpo di Luce attraverso l'assunzione di cibo. I livelli di dopamina e serotonina si abbasseranno, poiché il corpo è in sovraccarico per sintetizzare il cibo in energia di Luce Pranica. Ci vogliono alcuni mesi prima che l'energia si stabilizzi e che si senta di nuovo lo scopo della vita. Durante questo processo di trasformazione, la motivazione e lo slancio, così come la forza di volontà, entreranno in modalità di ibernazione. Dovrete concedervi una pausa e prendere un po' di tempo da qualsiasi cosa abbiate in programma di lavorare e realizzare in questo periodo. Tuttavia, posso garantirvi che riemergerete da questa esperienza più forti e rinvigoriti che mai.

Durante le fasi iniziali del processo di accumulo, il Fuoco Kundalini viene sublimato in energia dello Spirito o della Luce. All'inizio è in uno stato di potenziale calore latente. Tuttavia, quando si introduce il cibo nel sistema, questo alimenta il fuoco e lo fa crescere. Man mano che cresce, si intensifica e si ha la sensazione di bruciare dall'interno. Infine, al culmine dell'intensità del calore, quando il cuore batte forte e l'ansia è al massimo, il fuoco inizia a sublimare e diventa energia dello Spirito.

La cosa più importante da capire di questo processo è che il Fuoco Kundalini sarà in uno stato continuo di trasformazione e trasmutazione. Cambia forma mentre si continua a mangiare e a bere acqua per regolare e raffreddare i suoi effetti. Spesso mi ritrovavo a correre in cucina per prendere un bicchiere d'acqua per rinfrescarmi. I miei genitori mi guardavano increduli, cercando di capire se il loro figlio si fosse trasformato in un tossicodipendente, perché il mio comportamento era allarmante. Altre volte avevo bisogno di un bicchiere di latte se il caldo era troppo intenso e il mio corpo mancava di sostanze nutritive. Quindi, vi suggerisco di essere pronti con quel bicchiere d'acqua o di latte ogni volta che ne avete bisogno e di avere una buona scusa per il vostro strano comportamento se non vivete da soli.

Questo processo è molto intenso e dura da poche settimane a qualche mese al massimo. In seguito, si stabilizza e diventa più fluido. La parte iniziale del risveglio è veramente la più impegnativa, poiché il fuoco dentro di voi sembra che vi stia bruciando vivi e, a causa della sua intensità, lo stress e l'ansia salgono alle stelle. Parte della paura che provate è dovuta al fatto che l'Ego sta cercando di capire cosa sta succedendo, ma non ci riesce, perché normalmente funziona prevedendo le cose in base a ciò che ha già visto, e non ha mai visto qualcosa di simile prima.

Questo Fuoco Kundalini sublimato, che posso solo descrivere come uno Spirito Mercuriale raffreddato, ha lo scopo di alimentare il circuito Kundalini. Sebbene la Kundalini inizi come un fuoco impetuoso, ricordate che questo stato è solo una delle sue forme temporanee. Saperlo in anticipo può risparmiarvi molte sofferenze, quindi non dimenticate quello che vi ho detto. Con il tempo e l'assunzione di cibo, il fuoco della Kundalini si trasforma in una pacifica, Eterea, liquida energia dello Spirito che vi calma e lava via la negatività che il sistema ha incontrato in precedenza.

Essere pazienti mentre questo processo avviene dentro di voi è metà della battaglia. Ricordate che nulla rimane statico mentre la Kundalini vi sta trasformando; la metamorfosi è un processo di costante cambiamento. Pertanto, dovete imparare ad accogliere i cambiamenti interiori invece di combatterli. Per questo motivo, molte persone risvegliate raccomandano di arrendersi all'energia Kundalini a tutti i costi. Ora potete capire perché è più facile dirlo che farlo. Tuttavia, vedrete che alla fine non avete scelta.

Sebbene il fuoco impetuoso possa essere molto fastidioso nelle sue fasi culminanti, diventerà inevitabilmente un'energia dello Spirito che si raffredda. La scelta di partecipare attivamente o passivamente al processo dipende esclusivamente da voi. Non posso dirvi quanto tempo ci vorrà per la trasformazione, poiché i tempi variano da persona a persona, ma vi consiglio di mangiare cibi nutrienti e di essere calmi, pazienti e rilassati il più possibile.

Invocare pensieri negativi e dubbi non farà altro che stimolare la paura nel sistema, provocando un effetto negativo. Essere calmi mentre il fuoco impetuoso della Kundalini agisce libererà serotonina e ossitocina, consentendo la sublimazione nella sottile energia dello Spirito. La dopamina e l'adrenalina ostacolano questo processo; il corpo deve attivare il sistema Nervoso Parasimpatico invece di quello Simpatico.

È utile appoggiare la lingua sul palato della bocca durante questo processo. Questo gesto collegherà le Nadi Ida e Pingala e renderà più facile mantenere la mente calma e sublimare l'energia. Quando il fuoco impetuoso si trasforma in Spirito, nuove sacche di energia si aprono nella zona centrale dell'addome e sul lato destro. È qui che la nuova energia dello Spirito sembra iniziare la sua ascesa verso l'alto, lungo i canali Ida e Pingala nella parte anteriore del corpo. Queste sacche di energia, situate davanti ai reni, creano la sensazione di Unità, Eternità e completo assorbimento nello Spirito.

PENSIERI IN "TEMPO-REALE"

Dopo un risveglio Kundalini completo e prolungato, l'energia della Luce sarà continuamente presente all'interno del cervello. Poiché la Luce fa da ponte tra la mente conscia e quella subconscia, ha un effetto particolare sui vostri pensieri. In questo insolito stato dell'Essere, i vostri pensieri inizieranno ad apparirvi molto reali. Come se qualsiasi cosa pensiate fosse presente con voi nella vita reale. Questo fenomeno è in parte il risultato del fatto che la Kundalini ha perforato Anahata, il Chakra del Cuore, durante la sua ascesa, risvegliando l'aspetto di Osservatore Silenzioso del Sé.

Questa parte del Sé, combinata con la tenue Luce all'interno della vostra testa, vi darà la sensazione che tutti i pensieri nella vostra mente siano reali e non solo idee. Mentre pensate, la parte del Sé Osservatore Silenzioso osserva questo processo nel Chakra del Cuore come uno spettatore innocente. Ma, al contrario, una volta risvegliata questa parte del Sé, si risveglia anche il suo opposto: la Vera Volontà. È il generatore di tutta la realtà, il Sé Superiore o Dio.

Sperimentare i propri pensieri come reali è, infatti, il catalizzatore della paura e dell'ansia che si presentano subito dopo un risveglio Kundalini completo e permanente. Quando i pensieri profondi e subconsci si uniscono a quelli consci, tutto ciò che è interiore appare più reale che mai. All'inizio può essere un'esperienza terrificante e confusa, come lo è stato per me e per molti altri che hanno vissuto la stessa esperienza. Diventa difficile distinguere tra i pensieri coscienti e le paure proiettate dal subconscio.

Questa nuova "realtà" del pensiero è la fonte dei sentimenti di felicità derivanti dal pensiero ispirato, ma anche dell'intensa depressione derivante da pensieri o idee negative e basate sulla paura. Sia le forze Angeliche che quelle Demoniache possono ora permeare la vostra mente, e la sfida diventa quella di saper distinguere tra le due. I mittenti dei pensieri negativi possono essere i vostri scheletri nascosti nell'armadio, i pensieri proiettati dalla mente di altre persone o anche entità esterne che vivono nei Piani Astrale e Mentale.

Dopo aver risvegliato la Kundalini, il passo successivo nel processo di Evoluzione Spirituale consiste nel padroneggiare questi due Piani, in particolare il Piano Mentale, poiché ciò che pensate determinerà la qualità della vostra realtà. Nella Filosofia del Nuovo Pensiero, questo aspetto è spiegato dalla Legge dell'Attrazione, che afferma che si portano nella propria vita esperienze positive o negative concentrandosi su pensieri positivi o negativi. *Il Kybalion* sostiene questa teoria, in quanto la Legge di Attrazione si basa sul principio centrale della Creazione Ermetica che afferma che "Il Tutto è Mente, l'Universo è Mentale". Ciò implica che i vostri pensieri sono direttamente responsabili della vostra esperienza di vita, poiché la differenza tra il Mondo della Materia e la vostra realtà Mentale è solo una questione di grado. Pertanto, la Materia non è reale e concreta come la percepiamo, ma è il pensiero di Dio, che lavora con i vostri pensieri per manifestare la vostra realtà. Quindi, siamo Co-Creatori con il nostro Creatore attraverso la mente, attraverso i pensieri.

Il Principio Ermetico di Corrispondenza, "Come in Alto, così in Basso", ci dice che i Piani Superiori influenzano quelli inferiori, spiegando perché il Piano Mentale influenza il Piano Fisico. Questo assioma è anche considerato la base della pratica della Magia. Aleister Crowley definiva la Magia come "la scienza e l'arte di far sì che il cambiamento avvenga in conformità alla Volontà". Anche se i nostri pensieri determinano la realtà, dobbiamo entrare in contatto e sintonizzarci con la forza di volontà che alimenta i nostri pensieri. Il processo di manifestazione nella realtà fisica ha come origine l'impulso della Vera Volontà dal Piano Spirituale, che diventa un pensiero nel Piano Mentale, innescando una risposta emotiva nel Piano Astrale o Emozionale, e infine manifestandosi nel Piano Fisico della Materia.

Per questo motivo, lavorare con gli Elementi e purificare ogni Chakra è di fondamentale importanza nel cammino Spirituale. La mente subconscia non è più qualcosa di profondo e nascosto all'interno del Sé, ma diventa qualcosa che è lì davanti a voi in ogni momento della giornata, di cui potete osservare il funzionamento. Il motivo è che Ajna Chakra è ora risvegliato e funziona al meglio dopo aver ricevuto un afflusso di energia di Luce attraverso la Kundalini risvegliata. L'Occhio della Mente è lo "strumento" che usiamo per l'introspezione e per vedere il funzionamento della mente subconscia.

Ricordate che l'energia Karmica (nel senso di energia negativa immagazzinata nei Chakra) deriva da un punto di vista, da una convinzione o da un ricordo opposto che, nel caso dei singoli Chakra, si riferisce a una particolare parte del Sé. Il vecchio Sé, l'Ego, è ciò che dobbiamo purificare e consacrare affinché il nuovo Sé Superiore possa prendere il suo posto. Il Sé utilizza diversi poteri attivati dalle energie dei Chakra, in quanto sono la fonte di questi poteri. All'inizio del risveglio, il Sé farà più che mai riferimento all'Ego, ma man mano che purifichiamo il nostro concetto di Sé, ci liberiamo dell'Ego.

Diventa necessario ripulire la mente subconscia perché, come detto in precedenza, dovete prima dominare i vostri Demoni, gli aspetti negativi della vostra psiche, prima di poter risiedere nei Chakra superiori ed essere un tutt'uno con l'Elemento Spirito. Allineando la vostra coscienza con i tre Chakra superiori di Vishuddhi, Ajna e Sahasrara, vi allineate con la Vera Volontà e il Sé Superiore.

Poiché non potete spegnere questo processo, in quanto è stato innescato dalla Kundalini risvegliata, avere gli strumenti per purificare i Chakra e padroneggiare gli Elementi diventerà per voi più importante di qualsiasi altra cosa in questo momento della vostra vita. Altrimenti, sarete in balia delle forze psichiche dei Piani Cosmici. Pertanto, in questo momento dovete trasformarvi in un Guerriero Spirituale, poiché la vostra mente, il vostro corpo e la vostra Anima vengono rimodellati ogni giorno dall'energia Kundalini appena risvegliata.

EMPATIA E TELEPATIA

Quando il circuito della Kundalini è aperto e l'energia dello Spirito circola nel Corpo di Luce, la coscienza acquisisce la capacità di lasciare il corpo fisico a piacimento. Uscendo dal corpo fisico attraverso il Chakra della Corona, sperimentate l'energia dello Spirito che pervade tutto ciò che percepite con gli occhi fisici nel mondo materiale. Questa esperienza si aggiunge alla percezione in tempo reale della realtà; solo ora potete sentire e incarnare l'energia di ogni oggetto nel vostro ambiente. Attraverso il Chakra del Cuore, iniziate a percepire l'essenza di qualsiasi cosa su cui ponete l'attenzione, poiché la vostra energia Spirituale si traspone su ciò che guardate o ascoltate.

Quando si guarda un film violento, ad esempio, si può sentire e sperimentare l'energia di un atto violento trasponendo il proprio corpo in quello della persona che si sta guardando. Questo processo avviene automaticamente e istantaneamente, senza alcuno sforzo cosciente. Tutto ciò che è necessario per far sì che questo fenomeno si verifichi è prestare la massima attenzione al film. All'inizio è un'esperienza magica e uno dei più grandi doni della Kundalini. Inizia a svilupparsi quando una quantità sufficiente di energia dello Spirito è stata sublimata attraverso il Fuoco di Kundalini e l'assunzione di cibo. Può accadere entro la fine del primo anno di risveglio, forse anche prima.

Questa trasformazione e manifestazione vi permettono di sintonizzarvi con i sentimenti degli altri quando concentrate la vostra attenzione su di loro. Questo processo è il modo in cui crescete in empatia. Entrate letteralmente nel loro corpo con il vostro Spirito e potete sentire ciò che provano. Se non state dando loro attenzione guardandoli, non dovete fare altro che ascoltarli mentre parlano e sintonizzarvi con la loro energia attraverso il suono. Questa manifestazione avviene attraverso la vostra connessione con il suono. È una forma di telepatia: leggere la mente delle persone e la qualità dei loro pensieri.

L'empatia è leggere i sentimenti delle persone e l'energia emotiva dei loro cuori. È necessario che una quantità sufficiente di energia dello Spirito si riversi nel vostro nuovo Corpo di Luce attraverso la trasformazione/sublimazione del cibo per creare entrambe le manifestazioni. È come un'onda che si crea e la vostra attenzione è la tavola da surf. Con la vostra attenzione, ora potete surfare l'onda concentrandovi su cose esterne a voi.

Sarebbe utile se imparaste a separarvi da qualsiasi emozione o pensiero che state vivendo, comprendendo che non è proiettato dall'interno ma dall'esterno. L'Ego può confondersi, pensando di essere l'Ego da cui vengono proiettate queste emozioni o pensieri, il che può causare paura e ansia. Una volta che si è andati oltre l'Ego e si è in grado di separarsi da ciò che si sta vivendo, lo si può fare senza alcuna negatività. Tuttavia, questo può accadere solo nelle fasi successive della trasformazione Kundalini, una volta che l'Ego è stato epurato e la paura e l'ansia hanno diminuito la loro carica energetica o hanno lasciato completamente il sistema.

Quando iniziate a sperimentare questo fenomeno, potrebbe essere poco chiaro distinguere chi siete voi e chi sono gli altri. È una delle sfide più grandi nei primi anni del risveglio, poiché così tante emozioni e pensieri attraverseranno la vostra mente e il vostro cuore da farvi ondeggiare avanti e indietro come una barca nelle acque dell'oceano in tempesta. La chiave è stabilizzare la vostra interiorità e imparare a navigare nelle acque turbolente. In questo modo, imparerete ad avere il controllo sulla vostra vita, forse per la prima volta. L'aforisma Greco "Conosci Te Stesso" è essenziale da mettere in pratica in questa fase della vostra vita. Dovrete prendere in mano i vostri pensieri e le vostre emozioni, comprendendo le vostre proiezioni energetiche e quelle degli altri.

Una nota importante sia sulla telepatia che sull'empatia: una volta sviluppata una connessione più forte con il vostro Corpo Spirituale, questi doni psichici diventeranno permanenti, cioè non potrete più disattivarli. Non potete decidere che è troppo da sopportare e che semplicemente non volete più parteciparvi. A volte può essere piuttosto opprimente, poiché vi trovate a gestire la vostra ansia e le vostre paure e a farvi carico di quelle degli altri.

Sarebbe d'aiuto se faceste introspezione in questo momento. Dovreste prendervi del tempo per voi stessi, se non siete abituati a farlo, perché ne avrete bisogno. Se siete stati una farfalla sociale per tutta la vita, non potete più stare sempre in mezzo agli altri. È ora di cambiare queste abitudini e di dedicare del tempo anche a voi stessi. Il tempo da soli è l'unico modo per avere un'adeguata introspezione, perché alcuni dei pensieri e dei sentimenti degli altri vi accompagneranno per giorni, o addirittura settimane. Dovete imparare a lasciarli andare e a non farli diventare parte di voi stessi.

Con il tempo, una volta che sarete in grado di distinguere tra le due cose e avrete ripulito e purificato il vostro Ego, sarete in grado di passare più tempo con gli altri e meno tempo da soli. Inoltre, sarete in grado di sintonizzarvi sull'energia d'amore degli altri, che ora alimenta la vostra energia. Non in modo da essere un vampiro psichico che ruba l'energia degli altri, ma in modo da accettare l'amore e restituirlo, così da mantenere uno scambio di energia d'amore disinteressato con le persone con cui interagite. L'energia d'amore è il nutrimento dell'Anima per tutti noi, ed è per questo che abbiamo bisogno gli uni degli altri. Per imparare a canalizzare l'amore puro senza attaccamento, dovrete prima superare la vostra negatività.

ETICA E MORALE

Una volta che la Kundalini è attiva, si verifica un cambiamento significativo nella coscienza e si nota che si sviluppa il concetto di etica e morale attraverso un comportamento e una condotta adeguati. In altre parole, si comincia ad agire con principi morali in tutte le situazioni della vita, in modo naturale. L'unità tra il Sé e il resto del mondo cresce, facendovi sentire connessi a tutte le cose dal punto di vista morale. Il processo di risveglio della Kundalini porta a un rispetto assoluto nei confronti del genere umano.

Con il tempo, la Kundalini inizia a sradicare i ricordi personali del passato, esaltando così il Sé Superiore rispetto all'Ego. Questo processo permette di vivere nell'Adesso, il momento presente, nel modo più ottimale. All'inizio può essere uno stato molto confuso perché, come spiegato, l'Ego funziona facendo riferimento ai ricordi che lo riguardano. Poiché la memoria è fugace, però, l'Ego comincia a cadere attraverso il processo di epurazione della Kundalini, poiché non può più associarsi agli eventi passati. In questo modo, lo Spirito e l'Anima si esaltano. Naturalmente, inizierete a sviluppare un elevato senso etico, poiché, nel momento presente, vi rendete conto che il modo giusto di comportarsi è il rispetto e l'onore verso tutti gli esseri viventi.

Questo miglioramento morale è uno sviluppo naturale per ogni persona che si sottopone al risveglio della Kundalini. È un dono. Tutte le persone con la Kundalini risvegliata sono umanitarie e danno altruisticamente in un modo o nell'altro. Nella maggior parte dei casi, una volta che si sono abbandonate all'energia Kundalini, hanno il pilota automatico. Per raggiungere questo stato è necessario un abbandono completo, che è inevitabile per tutti coloro che attraversano il processo di trasformazione.

Per quanto l'Ego possa resistere, alla fine sa che passerà in secondo piano rispetto all'Anima e allo Spirito. Alla fine, la sua presa viene meno. Una solida base etica e morale è il diritto di nascita di tutte le persone risvegliate dalla Kundalini. Il nostro destino generale come esseri umani è quello di amarci e rispettarci l'un l'altro invece di approfittarne. Una volta che vi sarete sviluppati eticamente, riconoscerete che siamo tutti fratelli e sorelle, poiché sarete più vicini che mai alla Mente del Creatore.

L'etica e la morale sono collegate all'energia d'amore incondizionato che si accumula nel Chakra del Cuore. Iniziate a sentire il mondo intero nel vostro cuore come un'unica essenza (Figura 155), insieme al desiderio di incanalare questa nuova energia d'amore verso gli altri. E mentre proiettate l'energia d'amore verso gli altri, il vostro carattere inizia a costruire virtù il cui fondamento sono l'etica e la morale.

Figura 155: Il Chakra del Cuore e l'Unità

Iniziate a sentire un senso di onore, poiché siamo tutti fratelli e sorelle nati dallo stesso Creatore. Quando siete nel momento presente, nell'Adesso, potete sintonizzarvi con quella parte di voi stessi che è Eterna: il Santo Angelo Custode. Il vostro Genio Superiore inizia a insegnarvi e a guidarvi nel vostro viaggio Spirituale. Vi insegna come essere un essere umano migliore ogni giorno della vostra vita. Il Santo Angelo Custode vi insegna a conoscere l'Universo e vi trasmette ogni giorno conoscenza e saggezza. È onnipotente e buono e ha la più alta bussola morale perché fa parte di Dio, il Creatore.

Essere gentili con gli altri rende facile separare le persone buone da quelle cattive o prive di una bussola morale. Trovo che, nella maggior parte dei casi, le persone siano buone e, quando le trattate con amore, vi ricambiano. Onorandole e rispettandole, si incanala verso di loro un amore che si sente come un fascio di Luce che esce dal petto. Una volta che questo fascio di energia luminosa entra nell'Aura di un altro essere umano, questi lo assorbe e lo rimanda a voi attraverso il suo Chakra del Cuore. Questo circuito di energia d'amore perpetuo si interrompe solo quando uno di voi inizia a pensare con il proprio Ego, chiedendosi cosa ci guadagna. Se le persone del mondo non avessero un Ego enorme, ci scambieremmo naturalmente amore in questo modo, sradicando il male su scala globale.

Ho anche scoperto che imparare ad agire attraverso una lente etica mi ha fatto amare e rispettare di più me stessa. Quando si riconosce la bontà dentro di sé e si sceglie di condividerla con gli altri, si impara immancabilmente ad amare se stessi. Dopo tutto, gli altri sono solo riflessi, specchi di noi stessi. Siamo tutti il Creatore e il Creatore è Uno. È fondamentale imparare ad amare se stessi perché così facendo si superano le proprie insicurezze. Un metodo per imparare ad amare se stessi è quello di sentirsi a proprio agio nell'Adesso, superando così le proprie insicurezze.

Nella maggior parte dei casi, è qualche fattore esterno a scatenarle, facendovi rientrare nella vostra mente. Una volta introversi e dentro di sé, si perde il contatto con l'Adesso e con il regno della pura potenzialità, dove tutto è possibile. Rimanendo nell'Adesso, invece, si diventa estroversi e, finché si rimane presenti, non si entra in se stessi dove si può accedere alle proprie insicurezze.

Il risveglio della Kundalini ha lo scopo di trasformarvi in un Essere di Luce e, in quanto tale, questo aggiornamento vi permette di vivere la vita al massimo, forse per la prima volta. Per ottenere il massimo dalla vita, dovete essere in uno stato in cui potete riconoscere l'opportunità in tutto ciò che state vivendo e coglierla per sperimentare qualcosa di nuovo e crescere Spiritualmente. La morale e l'etica vanno di pari passo con l'essere nell'Adesso. Al contrario, l'essere nell'Adesso si riferisce al concetto di cui parla Gesù Cristo: la Gloria di Dio.

La Gloria di Dio si riferisce alla sintonizzazione della vostra coscienza con il regno dell'Eternità, il Regno dei Cieli. Potete raggiungere questo regno attraverso l'Adesso, ma per entrarvi dovete abbandonarvi completamente attraverso la fede. Solo la vostra intuizione può contattare il Regno Eterno, poiché richiede che il vostro Ego sia messo a tacere per poterlo sperimentare. La Gloria di Dio è un'estasi emotiva che deriva dall'esperienza dell'Unità con tutte le cose. È il Regno del puro potenziale e della non-dualità. Può sembrare inverosimile pensare di poter entrare in risonanza con questo concetto, ma credetemi: è raggiungibile. Uno degli scopi della trasformazione Kundalini è quello di portarvi nel Regno dei Cieli. Si noti che, sebbene l'esperienza della Gloria di Dio sia di solito momentanea per la persona media, gli individui altamente evoluti e risvegliati dalla Kundalini possono rimanere in quello stato a tempo indeterminato.

È essenziale capire che questi concetti e queste idee sono collegati tra loro. Uno dà origine all'altro, che poi risveglia qualcos'altro. Sono espressioni naturali del diventare un Essere di Luce attraverso il risveglio della Kundalini. È davvero un aggiornamento e un nuovo modo di vivere su questo Pianeta. Gli altri forse non sapranno mai cosa state vivendo, ma vedranno i cambiamenti che state subendo attraverso le vostre azioni.

La chiave è rimanere ispirati durante questo processo di trasformazione. Dovete evitare che la negatività occasionale all'interno della mente vi abbatta e vi faccia perdere la speranza. Vedetela invece come qualcosa di temporaneo che supererete con il tempo. L'intero processo di trasformazione della Kundalini si svolge con il passare degli anni. Un'esperienza tira l'altra, perché tutto in voi cambia ed evolve continuamente. Ci vogliono molti anni prima che possiate veramente raccogliere i benefici della trasformazione in un Essere di Luce, ma quando lo farete tutto avrà senso.

PARTE VIII: KUNDALINI E SOGNI LUCIDI

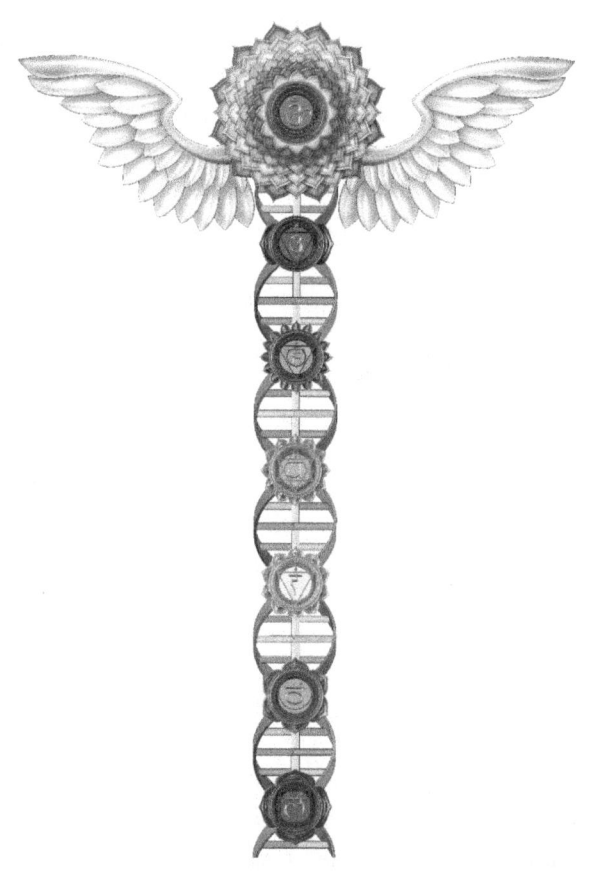

IL MONDO DEI SOGNI LUCIDI

Il Sogno Lucido nei Mondi Interiori è un argomento critico di conversazione nei circoli Kundalini. Il risveglio della Kundalini garantisce l'esperienza del Sogno Lucido, che ha luogo sui Piani Interiori e Cosmici. Il Sogno Lucido è una forma di Esperienza Extra-Corporea (OBE) che si verifica durante il sonno, quando la coscienza si trova nello Stato Alfa. Lo Stato Alfa è uno stato di sogno in cui il corpo riposa, ma la coscienza è ancora sveglia. È uno stato intermedio tra la normale coscienza di veglia e il sonno.

Questo stato è più comunemente innescato quando ci si sveglia brevemente al mattino presto, verso le sei o le sette, e poi si torna a dormire dopo aver dormito per almeno cinque ore, in modo che il corpo fisico sia riposato. Ma quando si è in fase di accumulo intenso di Luce Astrale, come ad esempio subito dopo il risveglio iniziale di Kundalini, se si è attivato completamente il proprio Corpo di Luce, ci si ritroverà a sognare lucidamente quasi ogni notte. Questa esperienza si verifica perché è presente un eccesso di energia di Luce, che convoglia la vostra coscienza fuori dal Sahasrara Chakra, attraverso il Bindu, per fare questa esperienza.

È possibile indurre il Viaggio Astrale anche da svegli, ma è più difficile da realizzare, poiché bisogna trascendere il corpo fisico in qualche modo. Per questo motivo, di solito è meglio esplorare il Sogno Lucido durante il sonno, quando si è in uno Stato Alfa e il corpo fisico è già riposato.

Una persona risvegliata dalla Kundalini sperimenterà una miriade di Sogni Lucidi, quasi ogni notte, dopo un risveglio permanente. Questo fenomeno può protrarsi per molti anni. Durante un Sogno Lucido, il circuito della Kundalini è attivo e il corpo si nutre di energia di Luce Astrale/Spirito attraverso la sublimazione/trasformazione del cibo. I termini Luce Astrale, Spirito, Prana ed energia Kundalini sono tutti intercambiabili. La differenza sta nel loro stato, che dipende dal livello di Evoluzione Spirituale in cui ci si trova, anche se tutti hanno origine dalla stessa sostanza. In sostanza, l'energia Kundalini è energia di Luce, che si trasmuta in diversi stati durante il processo di trasformazione di Kundalini.

Quando avete accumulato una quantità sufficiente di energia di Luce e siete in uno stato Alfa, la vostra coscienza esce dal corpo fisico attraverso il Chakra della Corona ed entrate in uno dei Piani Cosmici. Come detto finora, questi Piani esistono in una dimensione diversa dalla Terza Dimensione dello Spazio e del Tempo. Ora, supponiamo che l'esperienza sia un'esperienza Extra-Corporea e che siate usciti dal Chakra della Corona. In questo caso, molto probabilmente state entrando in uno dei Chakra dello Spirito o dei Chakra Transpersonali sopra la Corona e state "navigando" sul Piano corrispondente. Poiché questi Piani sono al di là dello spazio e del tempo, la vostra coscienza può sperimentare una vita di eventi in un'ora. A volte vi sveglierete come se aveste subito fisicamente queste esperienze e vi troverete mentalmente svuotati.

Come già detto, ognuno di noi ha un corpo-doppio fatto di Luce; una sostanza elastica chiamata Corpo di Luce. Il Sogno Lucido è un tipo di "Proiezione Astrale", un termine coniato dai Teosofi nel XIX secolo. Sebbene i Sogni Lucidi avvengano quasi involontariamente, la Proiezione Astrale è un'esperienza indotta in modo del tutto cosciente, una proiezione dell'anima in uno dei Piani Astrali/Interni. Nel caso del Sogno Lucido, questa proiezione avviene spontaneamente quando il Corpo di Luce esce dal corpo fisico durante lo stato di sonno Alfa. Si limita a lasciare il corpo fisico, risvegliandosi in un altro luogo, in una terra strana e di solito mai vista prima.

In un Sogno Lucido, non c'è alcuna interruzione della coscienza. Il subconscio e la coscienza lavorano all'unisono, per cui il contenuto dei sogni cambia e include cose a cui spesso si pensa consapevolmente. L'immaginazione è sempre attiva in un Sogno Lucido, in quanto voi siete l'esperienza e il soggetto che la vive. Molto spesso si viene proiettati in un luogo in cui non si è mai stati prima, con un contenuto a cui consapevolmente non si è mai pensato. È molto comune, tuttavia, che quando si fa un sogno lucido si vedano elementi familiari alla coscienza, in modo che non sia uno shock eccessivo per il Sé mentre si sta vivendo questa esperienza.

Per questo motivo, il Sogno Lucido coinvolge le vostre capacità immaginative, anche se infinitamente ampliate. In un Sogno Lucido, il vostro Sé Superiore, la vostra Anima, è il conduttore dell'esperienza. Sceglie sempre dove andare e cosa sperimentare. Tuttavia, non potete scegliere consapevolmente la vostra esperienza come in una Proiezione Astrale. Poiché nello stato di veglia siamo connessi sia con l'Ego che con l'Anima, l'esperienza del Sogno Lucido sembrerà in gran parte estranea alla coscienza. L'Ego è del tutto inattivo in un Sogno Lucido, poiché appartiene al corpo fisico, che viene trasceso.

SVEGLIARSI IN UN SOGNO

La cosa più fantastica dei Sogni Lucidi è che la coscienza sperimenta una realtà al di fuori di quella fisica, anche se autentica. Il primo passo di ogni Sogno Lucido è la presa di coscienza di stare sognando. Ciò avviene istantaneamente, quando la coscienza si rende conto che l'ambiente è "diverso" dal mondo fisico, ma la sua esperienza è molto simile.

Un metodo popolare per capire che si sta sognando è quello di allenarsi a guardarsi le mani non appena ci si trova in un sogno. Nei sogni non esistono forme fisse e tutto appare fluido ed elastico, come se si muovesse dolcemente. Pertanto, le dita delle mani sono di tutte le forme e dimensioni e, quando le guardate, potete vederle muoversi leggermente verso l'alto e verso il basso. Questo riconoscimento segnala al cervello che ci si trova in un sogno, risvegliando così completamente la coscienza.

Di solito si prova un senso di eccitazione quando questo accade, poiché una parte di voi si rende conto che ora siete un creatore consapevole della vostra realtà e potete sperimentare qualsiasi cosa desideriate con l'aiuto della vostra immaginazione. Poiché il vostro Ego è trasceso, l'Anima prende il controllo dell'esperienza e vi trovate in uno stato in cui state creando la vostra realtà e la state vivendo contemporaneamente. Avete pieno accesso alla vostra forza di volontà e potete controllare il contenuto del vostro sogno. Non potete controllare l'ambientazione, ma la vostra Anima può scegliere dove vuole andare e può usare il vostro Corpo di Luce come veicolo per arrivarci.

La vostra esperienza sarà simile a quella della realtà fisica, il Mondo della Materia. Tuttavia, la differenza principale è che nel mondo fisico siete limitati dal tempo e dallo spazio. Per esempio, non potete essere a Parigi semplicemente pensandolo, ma potete scegliere di prendere un aereo e volare lì. L'intera esperienza, tuttavia, richiederà un certo tempo prima di poter arrivare a Parigi. In un Sogno Lucido, si può pensare a un luogo in cui si vuole essere, e ci si trova lì in un istante. Non c'è alcuna interruzione nella coscienza tra il momento in cui si pensa al luogo in cui si vuole essere e il momento in cui si viene proiettati lì: è un'unica esperienza fluida.

L'Anima ha piena conoscenza di tutti i luoghi in cui può avventurarsi in questo nostro vasto Universo, che sono infiniti come Dio - il Creatore. Così, in un Sogno Lucido, la vostra Anima si proietterà automaticamente da qualche parte per farvi sperimentare il suo ambiente. Tuttavia, il mattino seguente, quando vi sveglierete dall'esperienza, il vostro Ego non sarà in grado di capire come e perché siete andati lì o che cosa è stato. Dopo tutto, l'Ego è limitato a ciò che ha visto e ha sperimentato solo cose della Terra. L'Ego saprà solo che l'esperienza è stata incredibile e ne sarà grato.

SVILUPPARE LE ABILITÀ NEI TUOI SOGNI

Una volta proiettati in un Sogno Lucido, avrete il controllo completo sul vostro Corpo di Luce, ovunque esso sia ambientato. Né lo spazio, né il tempo, né la gravità possono limitare questo secondo veicolo di coscienza. Tuttavia, poiché non siete vincolati dalla gravità, uno dei primi doni da sviluppare è quello di volare in aria come Superman (Figura 156). Questa capacità è la più divertente e di solito è la prima a manifestarsi per tutti. Volare in un Sogno Lucido è l'unico modo per sperimentare realmente il volo senza l'uso di macchine, il che è a dir poco esilarante.

La coscienza si trova presto in grado di compiere altre imprese che sarebbero impossibili da realizzare nella realtà fisica. Ad esempio, poiché il Corpo di Luce è privo di peso e non è vincolato dalla Materia e dalla gravità, e poiché tutto nel Piano Astrale è Olografico senza alcuna forma fissa, svilupperete la capacità di camminare o volare attraverso gli oggetti. Un'altra capacità che emerge è la telecinesi Astrale: la capacità di far levitare gli oggetti nei Piani Interni e Astrali e di spostarli con il potere della mente.

Figura 156: Volare come Superman in un Sogno Lucido

Per eseguire la telecinesi e spostare oggetti nel mondo fisico con la mente, dovete prima imparare a usare questa abilità nel mondo Astrale, poiché i due funzionano secondo gli stessi Princìpi. Ho visto filmati documentati di persone che sostengono di avere poteri psichici e che spostano oggetti leggeri nel vuoto, anche se in misura minima. Tuttavia, spostare oggetti più pesanti di un piccolo pezzo di carta, per esempio, richiederebbe un'immensa quantità di energia mentale, un'impresa apparentemente impossibile e mai documentata. Credo però che si possa fare, utilizzando gli stessi principi mentali e la mente oltre la Materia. Tuttavia, la persona che lo fa dovrebbe essere talmente evoluta Spiritualmente da apparire agli altri come un Dio e non come un semplice sensitivo. Gesù Cristo che compie miracoli nella *Sacra Bibbia* è un esempio di quanto si debba essere evoluti per influenzare lo stato della Materia con la mente.

Altri doni che si sviluppano nel mondo del Sogno Lucido sono la capacità di leggere nella mente delle persone, di farsi grandi o piccoli a piacimento e, in generale, di realizzare qualsiasi desiderio nella vita di veglia quotidiana, come ad esempio andare a letto con una persona di propria scelta. Il mondo dei Sogni Lucidi è un paese delle meraviglie per l'Anima e soddisfa tutti i livelli di esistenza. Inoltre, non comporta le conseguenze Karmiche dell'esaudimento dei desideri dell'Anima, qualunque essi siano.

Dopo aver avuto queste esperienze di Sogni Lucidi per molti anni nella mia vita, mi sono rimasti molti dubbi sullo sviluppo dei Siddhis, le capacità soprannaturali menzionate nelle scritture Indù. Tuttavia, i Siddhis non sono esclusivi dei testi sacri Indù, poiché i poteri psichici sono presenti in tutti i libri religiosi, indipendentemente dalla loro cultura o tradizione, il che ci lascia con il seguente dubbio: forse i Profeti, i Santi, gli Yogi e altre figure sacre di questi libri stavano parlando del mondo dei Sogni Lucidi quando hanno menzionato la capacità dell'umanità di acquisire questi poteri straordinari.

Forse non sapremo mai la risposta, ma secondo la mia esperienza, ci sono più prove che ciò che sto proponendo sia accurato che questi poteri siano qualcosa che possiamo ottenere fisicamente. Per esempio, ogni affermazione di levitazione è stata sfatata, dall'Oriente all'Occidente, e ciò che pensiamo sia una dimostrazione di poteri psichici finisce sempre per essere una sorta di illusione magica o di trucco.

Pertanto, non può essere una coincidenza che, continuando a Sognare Lucidamente nei primi anni dopo il risveglio di Kundalini, io abbia lentamente sviluppato tutte queste capacità psichiche di cui parlano le Scritture. Tuttavia, per quanto mi sforzassi di esibire questi poteri nella realtà fisica, essi rimanevano esclusivi dei miei sogni, sebbene la mia Anima li sperimentasse come reali.

ENERGIA KARMICA NEGLI STATI ONRICI

Durante lo stato di Sogno Lucido, potete anche cercare consapevolmente di trovare soluzioni ai problemi che state affrontando nella vostra vita. Questa esperienza si verifica solo quando si è acceduto al Piano Spirituale. Il suo scopo è quello di aiutarvi a padroneggiare questo Piano accedendo all'energia Karmica particolare di uno dei tre Chakra dello Spirito corrispondenti. I Piani Divini sono privi di Karma e, come tali, sono pura gioia. Tenete presente che è la vostra Anima, non il vostro Ego, ad essere addestrata qui; pertanto, vi sembrerà automatico proiettare in qualsiasi Chakra abbia bisogno di lavorare.

Non sempre si ha la possibilità di volare nel sogno, ma si è comunque in grado di controllarne in larga misura il contenuto e di essere consapevoli che si sta sognando. Ogni esperienza è fondamentalmente diversa in un Sogno Lucido. Una volta che avete iniziato a fare queste esperienze, la vostra coscienza si addestra a risvegliarsi nel sogno.

Per la maggior parte, la pesante energia Karmica nei Piani Cosmici inferiori mantiene la coscienza addormentata e inconsapevole di sognare. Per questo motivo, ha bisogno di alcuni momenti in cui non è fagocitata mentalmente ed emotivamente per rendersi conto che sta vivendo un sogno, il che spinge l'Anima ad assumerne il contenuto.

Sebbene gran parte di ciò che sperimenterete sia frutto della vostra immaginazione, alcuni dei luoghi che visiterete nel mondo dei Sogni Lucidi sono reali e non un prodotto della vostra immaginazione potenziata. Supponiamo che la vostra coscienza non si svegli durante il sogno, che è il primo passo per trasformare il sogno in un Sogno Lucido. In questo caso, tutto continuerà con il pilota automatico e continuerete a vivere un'esperienza onirica regolare.

BINAH E L'IMPRONTA ASTRALE

Il mondo dei Sogni Lucidi è molto diverso dal Mondo Fisico, ma è simile nel modo in cui la coscienza lo vive. Gli Antichi credevano che ogni città o luogo sulla Terra avesse un doppio Astrale che può essere visitato durante il sonno mentre si Sogna Lucidamente. Dove si va dipende da dove l'Anima vuole portarci e non è qualcosa che si può controllare coscientemente attraverso la lente dell'Ego.

Questa realtà Astrale doppia va di pari passo con gli insegnamenti Qabalistici, secondo i quali Malkuth, la Terra, ha un'impronta Olografica che si trova in un'altra dimensione della realtà. Questa dimensione occupa lo stesso spazio e lo stesso tempo, anche se si trova in uno stato vibratorio diverso. Nella Qabalah, questa realtà è rappresentata dalla Sephirah Binah. Binah è associata allo Spirito Santo del Cristianesimo, l'Elemento Spirito, risvegliato attraverso la Kundalini. È il fondamento di tutto ciò che è.

Un risveglio Kundalini completo è un risveglio del Corpo di Luce che ci permette di leggere intuitivamente l'energia di Binah mentre viviamo un'esistenza fisica. Questo concetto va di pari passo con quanto abbiamo esaminato finora e con tutte le diverse componenti che costituiscono la totalità dell'esperienza del risveglio della Kundalini.

Poiché il risveglio della Kundalini libera l'Anima dal corpo fisico, trasforma il Sé a tutti i livelli attraverso l'afflusso di energia luminosa nell'Aura. L'energia luminosa filtra in ciascuno dei Sette Chakra, poiché ogni Chakra è uno dei colori dell'arcobaleno, come parte dello spettro della Luce Bianca.

Poiché ogni Chakra è espressivo di un Piano Cosmico, il risveglio della Kundalini permette all'individuo di esistere su tutti i Piani di Esistenza simultaneamente. Il suo Albero della Vita diventa completamente aperto e ciascuna delle sue rispettive Sephiroth (stato di coscienza) pienamente accessibile. La coscienza individuale si espande e si unifica con la Coscienza Cosmica superiore.

Poiché Binah è una delle Sephiroth Superne dell'Albero della Vita, appartiene all'Elemento Spirito. Binah è anche la sfera della fede e della facoltà mentale dell'intuizione. Quando gli individui risvegliati diventano Esseri di Luce, si connettono con l'energia della Luce Solare del Sole, che esprime la verità di tutte le cose. La Luce Solare trasmette gli Archetipi, insieme alla Luce Lunare della Luna che riflette i pensieri. In questo modo, l'intuizione può percepire oltre i sensi fisici attraverso il sesto senso di Ajna Chakra.

L'Anima lascia il corpo fisico durante il sonno ed entra in uno dei Piani Cosmici esterni al Sé, anche se riflessi nell'Aura. In altre parole, l'idea di distanza non riguarda il viaggio dell'Anima nei Piani Cosmici, poiché essa può essere proiettata ovunque voglia andare in un istante. L'Aura è il Microcosmo del Macrocosmo, il che significa che tutto ciò che si trova nell'Universo esterno è anche all'interno dell'Aura. Grazie a questo principio o legge, l'Anima può viaggiare in Astrale durante gli stati onirici, soprattutto nei Sogni Lucidi.

Dopo il pieno risveglio e la trasformazione della Kundalini, una volta che l'individuo si sintonizza con il funzionamento dei Chakra Superiori, la mente viene bypassata e le illusioni svaniscono. L'individuo inizia a funzionare pienamente grazie all'intuizione, poiché il Chakra Lunare, Ajna, legge l'energia Archetipica dal Chakra Solare, Sahasrara, permettendo di vivere nella verità e nella Luce.

Quando acquisiamo un rapporto intimo con Binah, possiamo comprendere l'irrealtà del mondo fisico a un livello profondo, il che ci permette di trascendere il mondo della Materia e di vedere la vita come qualcosa da non prendere troppo sul serio. Ci rendiamo conto che le nostre Anime sono scintille di coscienza provenienti dal Sole che continueranno a vivere oltre questa vita. Questa comprensione porta molta gioia, felicità e ispirazione nella nostra vita, permettendoci di raggiungere il nostro pieno potenziale e di manifestare i nostri sogni e obiettivi nella vita.

PARALISI DEL SONNO

Il Sogno Lucido può essere un'esperienza così potente che la forza dei vostri sogni vi travolge fino a farvi subire una "paralisi" del sonno, cioè la coscienza è così coinvolta nella realtà del Sogno Lucido che non vuole tirarsene fuori. La paralisi del sonno può durare anche più di una dozzina di ore. Tuttavia, in questo stesso lasso di tempo si può sperimentare una vita di gioia e felicità al di là del tempo e dello spazio nel mondo dei Sogni Lucidi.

La paralisi del sonno può essere un problema se si hanno cose da fare al mattino del giorno dopo. Dovrete imparare a gestirla perché, se la state vivendo, non sarà facile uscirne fino al risveglio naturale. Io ho avuto questo problema, soprattutto nei primi due o tre anni dopo il risveglio. Alcune notti dormivo fino a sedici ore, completamente incapace di alzarmi finché l'esperienza non finiva. La paralisi del sonno è più comune nei primi anni del risveglio della Kundalini che negli anni successivi, poiché la vostra coscienza si sta adattando ai Mondi Interiori che si aprono dentro di voi per essere esplorati.

Se cercate di svegliarvi dalla paralisi del sonno mentre siete in un Sogno Lucido, metterete a dura prova il vostro cervello, poiché i suoi cicli saranno ancora in risonanza con la realtà Interiore. Inoltre, l'attività cerebrale è intensificata durante la paralisi del sonno, poiché il cervello ha l'impressione che ciò che sta vivendo sia reale.

Durante la paralisi del sonno, avrete superato il vostro corpo fisico, poiché il Sogno Lucido è un'esperienza Extra-Corporea. Durante questo periodo, il corpo fisico si sentirà insensibile alla coscienza e l'Occhio della Mente sarà estremamente iperattivo. Il Sogno Lucido viene vissuto interamente attraverso l'Occhio della Mente, mentre si vola attraverso di esso e si esce dalla Corona verso i Piani Cosmici superiori. Man mano che la vostra coscienza si adatta alla realtà del Sogno Lucido, imparerà a distinguere tra la realtà

Interiore e quella Esterna. In questo modo, sarete in grado di entrare e uscire da questi due stati a comando. Questa abilità, che può essere appresa, si svilupperà con l'esperienza.

Non ho mai sentito dire che la paralisi del sonno sia dannosa per voi o per la vostra salute. Come già detto, la sfida principale è svegliarsi quando è necessario farlo. Se vi trovate a Sognare Lucidamente quasi ogni notte, potreste incontrare questo problema, quindi siate pronti quando accade. Vi sarà utile avere a portata di mano delle scuse se non riuscite a rispettare i vostri programmi mattutini. Dire semplicemente "non riesco a svegliarmi" non è sufficiente nel mondo moderno.

Inoltre, tenete presente che, mentre siete in preda alla paralisi del sonno, sembrerete posseduti dalle altre persone che vi vedono in questo stato, quindi fate attenzione a chi ha accesso alla vostra stanza mentre dormite. Vi consiglio di informare le persone con cui vivete di questo problema, in modo che vi lascino in pace se vi trovano in questo stato.

Ricordo che molte volte ho cercato di svegliarmi dalla paralisi del sonno e nel momento in cui mi costringevo ad aprire gli occhi e a sedermi, la realtà Interiore mi afferrava e mi spingeva di nuovo sul letto. Non aiuta il fatto che quando si Sogna Lucidamente, il corpo fisico si sente così pesante come se fosse fatto di piombo. A volte si ha la sensazione che la realtà Esterna e quella Interna stiano lottando per la supremazia sulla coscienza. Tuttavia, man mano che la coscienza diventa più consapevole di questi diversi Mondi Interiori e ne fa esperienza, sarà in grado di entrare e uscire da altre realtà a comando.

Non è pericoloso essere in paralisi del sonno. A parte l'essere spaziale e stanco, non ho mai sperimentato altri effetti collaterali, né ne ho sentito parlare da altri individui risvegliati dalla Kundalini. La stanchezza deriva dal fatto che tutte le funzioni interne sono coinvolte in un Sogno Lucido, il che mette ulteriormente a dura prova il corpo fisico invece di farlo riposare.

Aggiungo anche che potreste divertirvi così tanto in questa realtà di Sogno Lucido che potreste non volerne uscire, indipendentemente da ciò che dovete fare il giorno dopo. Inoltre, tenete presente che il vostro corpo potrebbe riscaldarsi più del solito durante questo periodo, con conseguente sudorazione abbondante. La paralisi del sonno permette all'energia Kundalini di trasformarvi dall'interno, quindi l'attività della Kundalini in questo stato è intensificata.

COME INDURRE UN SOGNO LUCIDO

Durante i primi due anni del risveglio, Sognavo Lucidamente quasi ogni notte. Tuttavia, il secondo anno dopo il risveglio della Kundalini, sono stato coinvolto nella Golden Dawn, dove ho iniziato il processo di Alchimia Spirituale dei Cinque Elementi attraverso la Magia Cerimoniale, alterando il mio modo di sognare. Mentre lavoravo su ciascuno dei quattro Chakra inferiori, dal basso verso l'alto, le energie Elementali mi portavano spesso in uno stato di assenza di sogni.

Questo processo ha messo in pausa i Sogni Lucidi durante questo periodo, poiché avrei permesso alle energie esterne di permeare la mia Aura e di impossessarsi della mia coscienza, riducendo così il potere della mia Kundalini. Come ho descritto nell'introduzione, avevo bisogno di farlo per imparare a funzionare meglio nella mia vita di veglia, dato che il mio Sé mentale ed emotivo era in completo disordine. Dopo aver sintonizzato i miei Chakra ed essermi sufficientemente Evoluto Spiritualmente, ho smesso di lavorare con la Magia Cerimoniale, che rimuoveva queste energie estranee dalla mia Aura. Così, la mia Kundalini è diventata più potente che mai e la Luce Astrale ha iniziato a ricostituirsi attraverso l'assunzione di cibo, permettendomi di ricominciare a Sognare Lucidamente in modo più equilibrato.

Nel corso degli anni ho scoperto i metodi migliori per uscire dal corpo durante il sonno ed entrare in un Sogno Lucido. Per esempio, ho scoperto che se sono sdraiato sulla schiena, con i palmi delle mani distesi, questo indurrà l'esperienza del Sogno Lucido. Se sono su un fianco, il corpo sta riposando e la coscienza non può lasciarlo perché è troppo radicata nella fisicità. Tuttavia, se volessi indurre un Sogno Lucido in modo cosciente, metterei la sveglia alle sei-sette del mattino, il che darebbe al mio corpo fisico abbastanza tempo per riposare (almeno cinque ore) se andassi a letto tra mezzanotte e l'una del mattino. Poi, prima di riaddormentarmi, a volte dicevo a me stesso di svegliarmi nel sogno, cosa che mi sembrava funzionare. Altre volte non avevo bisogno di ingannare la mente in alcun modo, ma l'accumulo di Luce Astrale era così intenso da trascinarmi in un Sogno Lucido.

È essenziale permettere a sè stessi di uscire dal corpo fisico e di entrare in un Sogno Lucido senza combattere consapevolmente questa esperienza. Se si inducono paura o ansia nel tentativo di raggiungere questo obiettivo, è molto probabile che si fallisca. Inoltre, tenete presente che il corpo fisico deve essere completamente riposato per raggiungere questo obiettivo. Se il corpo fisico è ancora stanco, la coscienza non può volatilizzarsi. Se il corpo è riposato, ma il cervello non lo è, non si può entrare in un Sogno Lucido, ma si può addirittura cadere in un sonno profondo. Il cervello deve essere riposato per poter risuonare con le onde cerebrali alfa necessarie per indurre questa esperienza.

Per alcuni anni, dopo il risveglio iniziale della Kundalini, il mio corpo era così carico di energia di Luce che mi capitava di scivolare in un Sogno Lucido proprio quando andavo a letto. Mentre ero sdraiato sulla schiena con i palmi delle mani distesi, sentivo che uscivo dal mio corpo mentre ero ancora cosciente. Mentre i miei occhi erano chiusi, rotolavano naturalmente verso l'alto, cercando di guardare la mia nuca. In questo modo sintonizzavo la mia coscienza con l'Occhio della Mente, permettendomi di attraversare il suo portale a forma di ciambella. La coscienza deve passare attraverso il portale dell'Occhio della Mente per uscire completamente da Sahasrara, il Chakra della Corona. Anche il Bindu Chakra svolge un ruolo in questa esperienza e deve essere libero e sbloccato per raggiungere questo obiettivo.

ESPERIENZE FUORI-DAL-MONDO NEI SOGNI LUCIDI

Quando sperimentavo i Chakra al di sopra della Corona, visitavo terre vaste e maestose, mai viste prima, e sperimentavo un'estasi emotiva che è materia di leggende. La mia coscienza sconfinata mi ha trasportato attraverso il Tempo e lo Spazio fino ai confini più remoti della nostra Galassia, dove ho potuto espandere il mio Essere fino alle dimensioni di un Sistema Solare e oltre e assistere a eventi Cosmici simili a supernove. Altre volte sono stato trasportato su diversi Pianeti all'interno e all'esterno del nostro Sistema Solare per comunicare con gli Esseri che vi abitano (Figura 157) e sperimentare i loro ambienti. Non dimenticherò mai la sensazione trascendentale che queste esperienze fuori dal mondo mi hanno procurato. È come se la mia Anima avesse toccato l'infinito e potesse andare ovunque volesse. E la cosa più bella è che ero pienamente cosciente mentre accadeva.

La bellezza e il misticismo delle terre straniere che ho visitato sono senza precedenti e affermano che ho lasciato il nostro Pianeta attraverso la coscienza. Il solo fatto di poter raggiungere e sperimentare l'energia di questi altri mondi è stato un vero dono del risveglio della Kundalini. Ha confermato qualcosa che avevo sempre saputo, anche senza prove definitive: non siamo soli nell'Universo.

Ciò che ho trovato più interessante in queste visite Planetarie è che tutte avevano atmosfere che potevano ospitare la vita, con piante, animali e umanoidi che vivevano lì. Dico umanoidi perché la maggior parte degli Esseri intelligenti non umani che ho contattato negli ultimi diciassette anni ci assomigliavano per la maggior parte. Spesso erano più alti, avevano occhi più grandi o una pelle più chiara. Alcuni avevano orecchie a punta o teste di forma diversa, mentre altri avevano arti più lunghi e altre variazioni delle nostre parti del corpo. Ho persino incontrato sul nostro Pianeta Esseri di Luce pura che mi si sono presentati come Dei. Nelle mie numerose esperienze, alcuni Esseri mi parlavano in lingue diverse, che potevo in qualche modo comprendere, mentre altri mi comunicavano direttamente per via telepatica.

In una delle mie più recenti esperienze di Sogno Lucido fuori dal mondo, ho visitato un Pianeta in cui piante, animali e umanoidi vivevano in completa armonia tra loro, condividendo le risorse del Pianeta. La vita vegetale era incorporata come parte dell'infrastruttura di questo mondo e gli animali vagavano per le strade interagendo con gli umanoidi. L'esperienza è iniziata con la mia coscienza che si è proiettata nella loro atmosfera, ha volato e ha osservato il terreno dall'alto. Anche se posso muovermi nel Cosmo solo con l'intento, la mia coscienza ha bisogno di un veicolo per muoversi durante i Sogni Lucidi, che è il Corpo di Luce attivato dalla Kundalini.

Una volta sceso, non potevo fare cinquanta passi senza incontrare uno specchio d'acqua, che si integrava con la vegetazione e gli edifici come un tutt'uno. L'intera scena sembrava un parco a tema futuristico, con animali che camminavano ovunque. La maggior parte degli animali erano quadrupedi, di dimensioni paragonabili a quelle degli umanoidi.

Quando non prestavo attenzione agli animali, di solito mi ignoravano a loro volta. Allo stesso tempo, se mi spaventavo vedendo l'aspetto insolito di un animale, la mia paura lo portava a mettersi sulla difensiva e, a volte, a cercare di attaccarmi. L'animale corrispondeva per lo più alla mia energia, il che spiega perché molti animali del nostro Pianeta sono inimicati all'uomo, poiché in genere non li trattiamo con amore e rispetto.

Ho scoperto che ogni esperienza fuori dal mondo è diversa. A volte le piante e gli animali erano molto più grandi di quelli terrestri, mentre altre volte erano più piccoli. Le forme, la consistenza e i colori delle piante erano sempre sorprendenti e insolitamente diversi. Anche gli animali avevano caratteristiche strane.

Figura 157: Incontri Ravvicinati del Quinto Tipo

I film di Hollywood fanno un ottimo lavoro nel descrivere l'aspetto di altri mondi se potessimo raggiungerli fisicamente. Tuttavia, la maggior parte delle persone non sa che non abbiamo bisogno di razzi per andare nello spazio e sperimentare la vita Extra-

Terrestre; possiamo farlo attraverso la coscienza. Attraverso il Corpo di Luce e il mondo dei Sogni Lucidi, possiamo percorrere vaste distanze nello spazio in una frazione di secondo e tornare con esperienze che cambiano la vita e modificano la nostra visione di noi stessi e del nostro posto nell'Universo.

uanta vita intelligente c'è esattamente nell'Universo? Basta seguire la logica. Se la Terra è l'unico Pianeta che può ospitare la vita nel nostro Sistema Solare e ci sono miliardi di altri Sistemi Solari nella sola Galassia della Via Lattea, allora immaginate il potenziale. E non dimentichiamo che la Via Lattea è solo una dei miliardi di Galassie dell'Universo. Il numero è astronomico, illimitato, addirittura infinito. E poiché tutti noi condividiamo la nostra esistenza in questo bellissimo e vasto Cosmo, le nostre strade possono incrociarsi spesso mentre vaghiamo in queste altre dimensioni. Quando ci tocchiamo e ci trasmettiamo energia l'un l'altro, che sia intenzionale o meno, è sempre un'esperienza molto beata e bella.

Come nota finale, voglio ricordare che non ho mai sentito alcuna ostilità da parte di altri Esseri extramondo, poiché mi comunicavano costantemente con puro amore. E io ho sempre ricambiato e condiviso con loro come farei con un membro della famiglia. A volte queste comunicazioni avvenivano in stati di sogno profondo, come parte di un flusso continuo di coscienza. Tuttavia, quando diventavo cosciente dell'esperienza e il mio Ego si attivava, il contatto spesso terminava bruscamente. Pertanto, ho cercato di mantenere il mio Ego in posizione neutra, senza eccitarmi troppo quando questi contatti avvenivano, per prolungare l'esperienza il più possibile.

Non solo queste esperienze hanno toccato la mia Anima e lasciato un impatto duraturo su di me per il resto della mia vita, ma spesso me ne sono andato con una conoscenza e una comprensione incredibili sulla natura del Cosmo, sull'umanità e sullo scopo della vita in generale. Inoltre, mi ha fatto capire che tutti gli esseri viventi dell'Universo, indipendentemente dal Pianeta o dalla Galassia da cui provengono, hanno un obiettivo primario nella vita che perseguono a tutti i costi: L'Evoluzione Spirituale.

PARTE IX: KUNDALINI - AMORE, SESSUALITÀ E FORZA DI VOLONTÀ

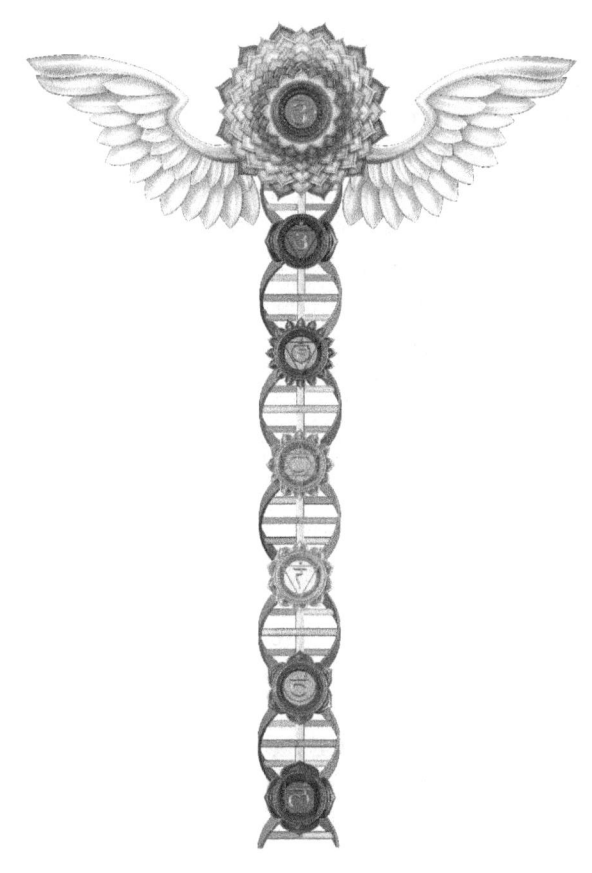

AMORE E RELAZIONI

Il risveglio della Kundalini è il primo passo di una trasformazione completa della mente, del corpo e dell'Anima. Poiché questa esperienza si evolverà in un cambiamento così radicale rispetto a chi eravate prima, una delle vostre principali sfide sarà quella di integrarvi nella società e di cercare di confondervi con gli altri. Anche se ora sarete una persona diversa, per le persone che vi conoscono da sempre sarete sempre gli stessi, indipendentemente da ciò che condividerete con loro.

È interessante notare che una volta che qualcuno vi ha conosciuto, soprattutto un familiare o un amico intimo, diventa quasi impossibile fargli cambiare idea su di voi. L'unico modo in cui possono iniziare a vedervi in modo diverso è quando vedono un cambiamento nel vostro comportamento per un periodo di tempo più lungo. Uno dei modi più evidenti per modificare il vostro comportamento è l'espressione dell'amore verso gli altri. Per questo motivo, questo argomento richiede un esame approfondito.

Innanzitutto, l'amore ha molte espressioni ed è alla base di molte cose. È la fonte di ispirazione, creatività, fede, gioia, romanticismo e altre cose positive della vita. È anche la fonte dell'unità tra le persone e l'energia che ci lega. Ci fa ridere e piangere insieme. Ci ispira anche ad abbracciarci e a procreare. I legami che abbiamo creato nel tempo con gli altri li abbiamo ereditati o li abbiamo costruiti nel tempo. Le relazioni ereditate sono quelle con i membri della famiglia, mentre le amicizie sono qualcosa che abbiamo guadagnato nel corso della nostra vita. Abbiamo anche creato legami con partner romantici e possiamo aver scelto un partner con cui costruire una famiglia e trascorrere il resto della nostra vita.

Comprendere la fonte e il carburante dell'energia Kundalini ci permetterà di capire meglio l'amore. In sostanza, l'energia Kundalini è in parte energia Pranica sublimata e in parte energia sessuale sublimata. Questa energia Vitale ci dà vitalità e influenza il nostro essere interiore a tutti i livelli. I risvegli della Kundalini si traducono in espansioni del Cuore, o in un aumento dell'energia dell'Amore, al centro del vostro essere. L'espansione del cuore è l'espansione naturale del Chakra del Cuore quando si integra l'energia dell'amore nella mente, nel corpo e nell'Anima. Il Chakra del Cuore si espande, il che si traduce in una liberazione completa sui Piani Astrale (Emozionale) e Mentale.

Man mano che l'energia d'amore si accumula nel Chakra del Cuore, Anahata, non vi sentirete più in balia dei pensieri negativi, poiché questi perderanno la capacità di influenzarvi come facevano prima. Questa liberazione si farà sentire anche nelle vostre emozioni, poiché l'energia d'amore permea il vostro cuore, purificando e lavando via le emozioni negative. Ricordate sempre che l'energia d'amore pulisce e cancella tutti i pensieri e le emozioni. È il riconciliatore e purificatore Universale di tutta l'energia negativa, indipendentemente dal Piano Cosmico in cui si manifesta.

Una volta che il vostro Chakra del Cuore si sarà riempito di energia d'amore, questa energia filtrerà nel vostro cuore fisico. Ora porterete con voi l'energia dell'amore a tutti i livelli dell'Essere. Con tanto amore presente, il vostro cuore sarà più potente che mai, il che vi darà un battito cardiaco notevolmente più forte e una frequenza cardiaca spesso elevata. L'energia dell'amore è sinonimo di energia della Luce, poiché la Luce è l'essenza dell'amore. E l'energia Kundalini è Luce Astrale, o energia sessuale sublimata, che è amore. Ricordate sempre che non è possibile avere la Kundalini senza l'amore e la Luce, e viceversa. In sostanza, tutti e tre i termini significano la stessa cosa.

LE QUATTRO FORME DELL'AMORE

Secondo gli Antichi Greci, esistono quattro diverse forme d'amore: Eros, Philia, Storge e Agape. L'Eros è l'amore erotico, passionale e romantico che comporta attrazione sessuale. L'amore romantico si esprime generalmente tra persone di sesso opposto, poiché ogni essere umano è espressione di Shiva o di Shakti (Figura 158). Pertanto, l'amore romantico trascende l'espressione del genere sul Piano Fisico. L'espressione sessuale coinvolge il corpo fisico perché è associata alla sensazione e al piacere di atti fisici come il bacio e il rapporto sessuale.

La seconda forma d'amore, Philia, è l'amore per gli amici e per gli uguali. Philia è l'amore per gli amici a breve e lungo termine, alcuni dei quali risalgono alla nostra infanzia. Gli amici sono scelti liberamente e generalmente condividono valori, interessi e attività comuni. Gli amici riflettono ciò che siamo; vediamo noi stessi nei nostri amici e nelle persone a cui scegliamo di dedicare il nostro tempo. Philia è l'amore che si esprime attraverso la mente. Poiché implica l'apertura agli amici e lo scambio delle nostre convinzioni e imperfezioni, la Philia può essere molto utile per la nostra crescita in molti settori della vita.

La terza forma di amore, Storge, è l'amore dei genitori per i figli e viceversa. Tuttavia, Storge va oltre i parenti più stretti, includendo tutti i membri dell'albero genealogico che condividono lo stesso DNA. Storge è essenzialmente il legame che abbiamo ereditato in questa vita grazie al caso. La differenza tra Philia e Storge è che siamo obbligati ad esprimere amore alla famiglia e a mostrare gratitudine, mentre con gli amici possiamo scegliere. Il catalizzatore di Storge sono i nostri ricordi, poiché i membri della famiglia fanno parte di noi fin dalla nascita.

Infine, la quarta forma d'amore, Agape, è l'amore incondizionato e l'empatia per tutta l'umanità. Questo amore per gli altri, indipendentemente dalle circostanze, è chiamato amore disinteressato. L'Agape è il più grande dei quattro tipi di amore; è l'amore Universale che condividiamo liberamente con tutti gli esseri umani. La fonte dell'Agape è il nostro amore per Dio e il riconoscimento che siamo tutti fratelli e sorelle dello stesso Creatore.

L'Agape si esprime attraverso lo Spirito. Come già detto, lo scopo di un pieno risveglio della Kundalini è quello di subire una completa trasformazione Spirituale per diventare un'incarnazione permanente dell'Agape. Poiché ho già discusso ampiamente dell'Agape, voglio concentrarmi sul modo in cui la trasformazione della Kundalini influisce sulle altre espressioni dell'amore, ossia l'amore romantico, l'amore per gli amici e l'amore familiare.

AMORE ROMANTICO

Dopo il risveglio della Kundalini, l'energia dell'amore si manifesterà naturalmente nella vostra vita e filtrerà nelle vostre relazioni con gli altri esseri umani. In termini di amore romantico, scoprirete che tutte le barriere cadono nella vostra capacità di attrarre gli amanti. Inoltre, vi accorgerete che, man mano che progredite nella trasformazione della Kundalini ed entrate sempre più in sintonia con l'energia dell'amore, il vostro carisma aumenterà.

Diventerete quasi irresistibili per il sesso opposto. Questo accade perché, sintonizzandoci con il nostro centro, ci rendiamo conto che non è quello che facciamo, ma il modo in cui lo facciamo a renderci attraenti per il mondo esterno. È la nostra energia di base ad attrarre gli altri, non le parole che pronunciamo. Attraverso questo processo, diventate autentici e operate con uno scopo magnetico che le persone intorno a voi possono percepire energeticamente.

La personalità è qualcosa che l'Ego usa per relazionarsi con il mondo esterno. Nel caso dell'amore romantico, essa ostacola la comunicazione del cuore. L'altro sesso può sentire se comunicate con il vostro Ego o con la vostra Anima. Se si cerca di usare l'Ego per attrarre un compagno, l'Ego dell'altra persona reagisce, mettendola immediatamente sulla difensiva, e non si crea né si convoglia l'energia d'amore.

Affinché si crei un legame autentico, è necessario che si crei un circuito energetico d'amore bidirezionale tra le due persone. Questo circuito inizia con la comunicazione dal Chakra del Cuore, Anahata, che viene poi ricambiata in modo naturale. Comprendendo questo concetto si capirà perché trovare la cosa giusta da dire per attrarre una donna non funziona per la maggior parte degli uomini. Questo effetto si verifica perché non si tratta di ciò che si dice, ma dell'energia che sottende le cose dette. Le femmine sono più emotive dei maschi e quindi i maschi hanno successo nell'attrarre le donne solo quando sono arrivati al loro livello emotivo per far capire le loro intenzioni. Se le intenzioni sono impure, la femmina se ne accorge e si mette sulla difensiva.

La maggior parte delle intenzioni dell'Ego comporta conseguenze Karmiche negative, poiché l'Ego si chiede sempre: "Cosa ci guadagno?". Per questo motivo, l'Ego esercita un fattore di controllo o di manipolazione per ottenere ciò che vuole, come ad esempio avere rapporti sessuali con qualcuno solo perché ha un bell'aspetto. D'altra parte, le intenzioni proiettate dall'Anima sono generalmente pure. Per esempio, l'Anima sarà attratta da una persona in senso romantico e vorrà conoscerla, e poi i rapporti sessuali avverranno naturalmente senza essere la prima cosa nella mente della persona. Per questo motivo, si sente dire che sia i maschi che le femmine hanno una "connessione", il che implica che sono le loro Anime a comunicare e non gli Ego.

Due Anime di sesso opposto che condividono l'energia amorosa possono creare una "scintilla" energetica, attivando l'amore romantico tra loro. Tuttavia, affinché questa scintilla si verifichi, è necessario che intervengano anche altri fattori, come la chimica e la compatibilità. Questa reazione energetica si traduce in una reazione chimica nel corpo, attivando i neurotrasmettitori del benessere (dopamina e noradrenalina) che generano sentimenti di amore romantico.

Figura 158: Shiva e Shakti in un Abbraccio d'Amore

Come esseri umani, il nostro desiderio principale è amare ed essere amati. Le persone che non hanno ricchezze e non hanno raggiunto nessuno degli obiettivi che la società impone loro e che invece hanno trascorso la loro vita amando con il cuore, attireranno l'amore e saranno in grado di trovare la vera felicità. Ci sono poi persone che hanno ottenuto alti livelli di ricchezza e successo, ma che sono pessime nell'attrarre gli amanti perché provengono dal luogo dell'Ego piuttosto che dell'amore. Questa energia lavora contro di loro nell'attrarre un compagno. Si chiedono perché non riescono a farlo, mentre la persona povera e meno abbiente ha dieci volte più successo in questo campo. Il segreto sta nel canalizzare l'energia dell'amore, niente di più.

Quando si parla di romanticismo, se siete in sintonia con l'amore nel vostro cuore, emanerete un'energia che attirerà gli altri verso di voi. Questa formula funziona sia per gli uomini che per le donne. Questo sentimento, quando è autentico, genera magnetismo puro in modo magico. Il vostro carisma si decuplica, così come la vostra capacità di entrare in contatto con ogni essere umano, sia esso un bambino o una persona anziana. Quando parlate, raggiungete direttamente l'Anima di un altro essere umano e la barriera della personalità viene completamente superata. Ricordate che l'Ego usa la personalità come punto di riferimento, mentre l'Anima usa il carattere. Pertanto, per attrarre un compagno è necessario bypassare l'Ego.

Parlando dall'Anima, si crea immediatamente un rapporto e una connessione con tutti gli esseri umani e con i potenziali compagni si crea un'attrazione, indipendentemente dall'aspetto fisico. L'attrazione sessuale non riguarda l'aspetto fisico, ma la connessione energetica tra due persone. Questa connessione è ciò che si intende per "buone vibrazioni", che tutti cerchiamo quando incontriamo nuove persone.

AMORE PER GLI AMICI

Nel caso di amicizie con altre persone, vi troverete facilmente in contatto con gli altri una volta accumulata l'energia d'amore nel vostro Chakra del Cuore. Diventerete confidenti e migliori amici di molte persone nella vostra vita. Tagliando la lente della personalità, potete comunicare direttamente con le Anime delle altre persone, che lo sentono nel loro intimo. Percependo la vostra energia d'amore, una persona sentirà di potersi fidare di voi e questo creerà un legame più forte tra di voi. Grazie a questa sensazione, gli amici vorranno naturalmente rispondere con una quantità uguale o maggiore di energia d'amore.

Attraverso le amicizie sviluppiamo un attaccamento reciproco che ci dà sensazioni di calma, sicurezza, conforto sociale e unione emotiva. L'attaccamento è associato nel cervello ai neuropeptidi ossitocina e vasopressina; mentre i maschi sperimentano un aumento dei livelli di vasopressina, le femmine sperimentano un aumento dell'ossitocina. Queste sostanze chimiche sono coinvolte anche nelle espressioni dell'amore familiare e dell'amore romantico tra partner di lunga data.

Il risveglio della Kundalini vi fa smettere di prendere la vita così seriamente, poiché vi rendete conto che la vostra essenza appartiene all'Eternità e che la vostra Anima continuerà a vivere oltre la morte fisica. Inoltre, riconoscendo l'irrealtà del mondo Materiale, una maggiore energia d'amore riempirà il vostro cuore, aumentando la vostra capacità di umorismo. Le persone Spirituali sono molto spensierate e la loro attitudine allo scherzo e alla comicità è molto più elevata rispetto alla media delle persone.

L'umorismo aggiunge divertimento a una conversazione ed è una fantastica valvola di sfogo per dire ciò che si pensa senza essere giudicati e scrutati dagli altri. Crea e mantiene i legami tra le persone, poiché crea emozioni positive irresistibili. L'umorismo allontana la serietà della vita perché tutto è impermanente, tranne la sostanza Spirituale che sta alla base di tutto. Per questo motivo, la comicità ci mette in contatto con lo Spirito, rompendo i costrutti intellettuali della mente. L'umorismo è astratto, va oltre la logica. Ridiamo di qualcosa perché è così illogico che non riusciamo a capirlo e quindi ridiamo per rompere la tensione. Ricordate che la mente è lineare, il cuore no. Per questo motivo, l'umorismo è il linguaggio dell'Anima.

Trascorrere del tempo con gli amici è un'attività gioiosa che nella maggior parte dei casi comporta molte risate. In fondo, vogliamo passare del tempo con certe persone perché ci sentiamo bene con loro. Ci fanno sorridere e ridere, e portano intuizioni e saggezza nella nostra vita. In questo senso, sarete una risorsa per gli amici e qualcuno che vorranno tenere sempre vicino a sé.

La Legge dell'Amore afferma che donando o inviando amore, lo riceverete triplicato. Questa legge è un Antico mistero che molti Adepti della Luce conoscono. L'amore fa davvero girare il mondo. Fa sì che le cose si muovano, progrediscano ed evolvano. Quindi, naturalmente, mentre imparate a canalizzare l'energia d'amore verso altre persone, la vostra base di amici si espande in modo esponenziale.

Ho accumulato molti, molti amici nel corso del mio viaggio e continuo a farlo. E tutto ciò mi viene molto naturale, poiché parlo direttamente all'Anima di una persona. Le persone riconoscono le mie buone intenzioni nel momento stesso in cui apro la bocca e questo smonta le loro difese. Ancora oggi, tutti quelli che mi circondano si chiedono come faccio a parlare a un estraneo come se lo conoscessi da una vita. La risposta è molto semplice: sono me stesso. Ed essendo me stesso, il mio Vero Sé, attiro le persone verso di me.

Ognuno di noi vuole legare e connettersi; è il livello più profondo del nostro essere. Accogliete quindi nuovi amici nella vostra vita e investite la vostra energia con loro. Quando incontrate qualcuno di nuovo, provate a essere voi stessi e abbiate fiducia nel processo. Il risultato potrebbe sorprendervi. Ci riconosciamo negli altri perché siamo tutti Dio nel profondo. Se continuate a essere voi stessi con gli sconosciuti, svilupperete la capacità di fare nuove amicizie, un'abilità che potrete usare per il resto della vostra vita.

La Kundalini vuole naturalmente che siamo nel momento, nell'Adesso, perché ci permette di canalizzare l'energia dell'amore e di essere estroversi. Se prima del risveglio della Kundalini eravate una persona più introversa, con il passare del tempo sperimenterete questo cambiamento. Quando siamo estroversi, cerchiamo di legarci ad altre persone e di canalizzare e condividere l'energia d'amore. Quando siamo introversi, invece, ci soffermiamo nella nostra mente.

Poiché la mente è espressione del subconscio, è un'area in cui si manifesta la paura. Per questo motivo, le persone introverse sono spesso ansiose all'idea di interagire con gli altri e di fare nuove amicizie. Il concetto di legame con gli altri richiede di condividere se stessi e di essere estroversi, il che può essere impegnativo quando si è dentro di sé a praticare l'amore per se stessi. Usando solo voi stessi come fonte di energia d'amore, vi tagliate fuori da altre persone che possono aiutarvi a ricaricarvi. Essere introversi non vi aiuterà a fare nuove amicizie, anche se non influirà sulle amicizie che avete fatto prima di diventare introversi.

La Kundalini è un'energia creativa e d'amore che cerca sempre di esprimersi in qualche modo. La commedia è un'espressione artistica, poiché richiede di pensare in modo astratto per fare battute e divertirsi con gli altri. Accogliete la commedia nella vostra vita e lasciate che diventi parte di voi. Siate un faro d'amore per voi stessi e per gli altri. Permettete che l'esperienza di canalizzare l'amore agli amici vi aiuti a conoscere meglio voi stessi e l'Universo di cui fate parte.

AMORE FAMILIARE

Man mano che la Kundalini si sublima sempre di più attraverso l'assunzione di cibo e acqua, l'energia dell'Amore si accumula nel cuore e nel circuito della Kundalini. In questo periodo i legami familiari si rinnovano e si sviluppa un legame più forte con tutti i membri della famiglia, soprattutto con i genitori e i fratelli. La vostra famiglia è speciale, soprattutto quella più prossima che è stata con voi per la maggior parte della vostra vita. Ve ne rendete conto durante il viaggio di trasformazione della Kundalini, soprattutto negli ultimi anni, e questo vi porta ad avere un atteggiamento etico nei confronti della vostra famiglia.

Per me, dopo dodici anni di vita con la Kundalini risvegliata, si è sviluppato un forte desiderio di connettermi con i miei genitori e di cercare di capirli da una prospettiva diversa. Non in un modo in cui si tratta sempre di me e dei miei bisogni e di quanto siano fastidiosi con i loro assilli, come fanno molti genitori. Ma in un modo in cui guardo oltre la mia reazione istintiva di difesa nei loro confronti e riconosco il continuo sacrificio che fanno per me e mia sorella. Il livello di amore che devono avere per noi per metterci sempre al primo posto anche quando ci comportiamo male.

L'amore di un genitore per un figlio è qualcosa di speciale. Imparare ad apprezzare l'amore dei propri genitori sviluppa un senso di onore nei loro confronti, un dovere di ripagarli con la stessa quantità di pazienza e amore, anche se ci vuole tutta la vita. Se in passato avete avuto problemi con i vostri genitori e sentite di non aver ricevuto le attenzioni che meritavate, è il momento di risolvere questi problemi e di riallacciare i rapporti con loro.

Diventando il cambiamento che desiderate vedere nel mondo, le persone cambieranno naturalmente per adattarsi al nuovo voi. Ma è necessario uno sforzo da parte vostra per realizzare questo cambiamento, anche per non dare la colpa agli altri se le cose non sono come vorreste. Sta a voi assumervi la responsabilità di ogni relazione nella vostra vita e rendervi conto che potete cambiare.

È facile uscire dalle amicizie e dalle relazioni sentimentali che non funzionano più, ma i rapporti con i membri della famiglia sono per tutta la vita. Sono donati da Dio e non possono essere evitati in questa vita, anche se si vuole scappare da loro. Anche nelle situazioni e negli scenari peggiori, dovete perdonare i vostri genitori invece di nutrire negatività nei loro confronti, anche quando vi sembra meritata. Dovete comprendere la quantità di effetti Karmici che hanno sulla vostra vita e che non saranno neutralizzati finché non prenderete in mano la situazione e non applicherete l'amore incondizionato perdonando le loro trasgressioni nei vostri confronti. Il perdono farà molta strada in questo senso; vi permetterà di riattivare quel legame energetico tra di voi, necessario per il vostro continuo sviluppo Spirituale.

E se avete fratelli e sorelle, è il momento di legare con loro più che mai. Se vi hanno fatto un torto, perdonateli e accettate di nuovo il loro amore nella vostra vita. Ho avuto la fortuna di avere un rapporto fantastico con i miei genitori e con mia sorella. Per questo sono molto grato. Ma riconosco che non tutti hanno avuto questa fortuna e che molte persone hanno rapporti difficili con i propri familiari. In ogni caso, dovete perdonare qualsiasi torto vi sia stato fatto, per quanto difficile possa essere. Il vostro obiettivo, la vostra missione, è continuare a crescere Spiritualmente.

La guarigione del rapporto con i vostri genitori è molto importante perché i nostri genitori ci hanno influenzato maggiormente, a volte inavvertitamente, attraverso il DNA e il condizionamento. Ad esempio, l'espressione della vostra energia maschile e il modo in cui incanalate questa energia, soprattutto verso gli amici maschi della vostra vita, riflette il vostro rapporto con vostro padre. Al contrario, il modo in cui esprimete la vostra energia femminile e il modo in cui la canalizzate verso le donne nella vostra vita, riflette il vostro rapporto con vostra madre.

In termini di amore romantico, attirerete persone che vi aiuteranno a superare l'energia Karmica tra voi e i vostri genitori. Se siete maschi, sarete attratti da donne che vi ricordano vostra madre e il Karma che deve essere superato tra voi due. Se siete una femmina, viceversa. Questo Principio Universale si manifesta inconsciamente, che vi piaccia o no. Il suo scopo è quello di aiutarci a imparare ad amarci l'un l'altro e a favorire la nostra Evoluzione Spirituale.

Non confondiamo l'applicazione di questo Principio Universale con le teorie immorali e perverse di Sigmund Freud. Conosciuto come Complesso di Edipo, Freud concluse, attraverso ricerche errate, che tutti i bambini e le bambine hanno desideri incestuosi per i loro genitori di sesso opposto e vedono i genitori dello stesso sesso come rivali. L'errore di giudizio di Freud consisteva nel trasporre la sua infanzia travagliata e l'insolito e strano rapporto con i genitori, in particolare con la madre, nel suo lavoro di psicologo.

Nei tempi moderni, il complesso di Edipo non è riconosciuto come un fatto reale nel campo della psicologia, poiché non ha alcuna base nella realtà. Tuttavia, Freud deve essersi reso conto che attiriamo i partner che ci ricordano i nostri genitori, ma ha commesso un errore di valutazione nell'applicare questo Principio Universale. Le sue conclusioni sono state influenzate dalla sua esperienza di vita e da questioni irrisolte nel suo subconscio, che devono essersi attivate quando si è reso conto dell'esistenza di questo Principio Universale.

L'attrazione tra i sessi avviene a livello inconscio e si riferisce a un comportamento che riconosciamo in un'altra persona e che ci ricorda i nostri genitori. In sostanza, questa attrazione si sviluppa per permetterci di guarire mentalmente ed emotivamente. Dopo tutto, i nostri genitori sono stati i primi Archetipi maschile e femminile che abbiamo identificato nella nostra vita. Siamo cresciuti sotto le loro cure e le linee guida che hanno stabilito per noi. Di conseguenza, la nostra Anima e il nostro Ego si sono evoluti, cercando di placare i nostri genitori ma anche di liberarsi da loro e di diventare indipendenti.

A seconda della polarità delle nostre Anime, abbiamo imparato a imitare il comportamento di nostro padre o di nostra madre e a integrarlo come nostro. Accettando il loro amore, abbiamo imparato ad amare anche gli altri. L'espressione dell'amore è quindi influenzata soprattutto dal rapporto con i nostri genitori. Tuttavia, bisogna capire che questo Principio Universale di attrazione si applica solo ai Piani Mentale ed Emotivo. L'attrazione fisica è qualcosa di completamente diverso.

A seconda della qualità del rapporto con i vostri genitori, questo influenzerà la qualità delle vostre relazioni sentimentali. Noterete che quando il rapporto con i vostri genitori cambia in meglio e imparate a comunicare con loro da Anima ad Anima, questo guarirà quelle parti del Sé, permettendovi di attrarre nella vostra vita persone diverse per scopi romantici.

Nel caso di genitori violenti, è molto comune essere attratti da partner violenti, poiché si è programmati per relazionarsi con l'altro sesso attraverso abusi mentali ed emotivi. Tuttavia, se superate e perdonate l'abuso dei vostri genitori, attirerete invariabilmente nella vostra vita persone che vi trattano bene e imparerete a stare alla larga dalle persone violente. Questa è l'espressione più comune nella nostra società di questo Principio Universale, poiché tutti conosciamo persone che sono state maltrattate dai loro genitori e che, in cambio, hanno attirato partner romantici violenti.

KUNDALINI E L'ENERGIA SESSUALE

È essenziale ora parlare del ruolo dell'energia sessuale nel processo di risveglio della Kundalini. L'energia Kundalini è alimentata dall'energia sessuale incanalata verso l'interno attraverso la colonna vertebrale e il cervello. Dico alimentata perché, una volta risvegliata la Kundalini, l'accumulo di energia sessuale unito all'energia Pranica proveniente dall'assunzione di cibo provoca l'espansione della coscienza nel tempo.

Anche l'energia sessuale può essere un impulso o un catalizzatore del risveglio della Kundalini. È la sublimazione di questa energia sessuale attraverso la pratica del sesso Tantrico o una forma di meditazione che la fa andare verso l'interno per attivare la Kundalini alla base della spina dorsale. Senza questa attivazione, la Kundalini rimane dormiente come potenziale energetico latente nel Chakra della Radice, Muladhara.

Che cos'è esattamente l'energia sessuale? L'energia sessuale è l'energia creativa del Sé, alimentata dai Chakra Muladhara e Swadhisthana. Essa alimenta e sostiene la nostra mente ed è un'importante fonte di ispirazione. Mentre i nostri desideri carnali provengono da Muladhara, il Chakra della Terra, Swadhisthana, il Chakra dell'Acqua, è responsabile dell'emozione tangibile del desiderio sessuale.

Quando concentriamo la nostra energia sessuale su una persona da cui siamo attratti, creiamo un forte desiderio di stare con quella persona. Il desiderio sessuale viene percepito nel Chakra Swadhisthana come un'emozione euforica simile alle farfalle o ad un formicolio nell'addome. Questa energia viene poi proiettata dall'area dell'addome al cervello attraverso il sistema nervoso.

L'energia sessuale è in relazione con Apana Vayu, poiché coinvolge il funzionamento dei Chakra Muladhara e Swadhisthana e l'espulsione dei liquidi sessuali dal corpo (sperma nei maschi e liquido vaginale nelle femmine). L'energia Pranica, invece, è generata da Samana Vayu (il fuoco digestivo) e da Hara Chakra, il deposito di Prana del corpo.

L'energia sessuale alimenta anche la nostra immaginazione quando viene incanalata nel Chakra del Cuore, Anahata, stimolando così la nostra mente e i nostri pensieri. L'energia sessuale influisce anche sul nostro centro dell'Anima, il Chakra del Plesso Solare, Manipura. Accende il fuoco di Manipura e dà energia alla nostra forza di volontà. Diventa un'energia dinamica che alimenta la nostra spinta, la motivazione e la determinazione sul Piano Mentale.

Quando l'energia sessuale viene proiettata nel Chakra della Radice, Muladhara, diventa il nostro impulso all'azione sul Piano Fisico. Pertanto, l'energia sessuale viene utilizzata da tutti i nostri Chakra. Sebbene l'energia Pranica sia considerata una forza cieca, l'energia sessuale è intelligente. Tuttavia, entrambe le energie sono necessarie per alimentare i nostri Chakra e dar loro vita.

Mentre il Prana è l'energia della Vita o della Luce, l'energia sessuale è l'energia della creazione. A volte è difficile discernere tra l'energia sessuale e il Prana, e molti insegnanti Spirituali confondono le due cose e dicono addirittura che sono la stessa cosa. Tuttavia, esaminando il mio sistema energetico nel corso degli anni, ho scoperto che si tratta di due tipi di energia distinti che lavorano l'uno con l'altro e hanno bisogno l'uno dell'altro per svolgere le loro funzioni.

Inoltre, è fondamentale distinguere tra energia Kundalini ed energia sessuale. Insieme al Prana, l'energia sessuale alimenta l'energia Kundalini una volta risvegliata. Tuttavia, l'energia Kundalini ha componenti proprie legate all'espansione della coscienza e all'espressione del Sé.

Una volta attivata la Kundalini, l'energia sessuale diventa essenziale perché anima la Kundalini, permettendo di attingere alle nuove capacità. Ad esempio, non è possibile utilizzare la creatività e l'immaginazione potenziate al massimo se manca l'energia sessuale necessaria per sfruttarle. L'energia sessuale è una forza più sottile del semplice Prana, poiché ci permette di accedere a qualsiasi parte di noi stessi quando concentriamo la mente.

Esiste una correlazione diretta tra la stimolazione sessuale e l'attività della Kundalini, che si trova nel Chakra della Terra. Quando ci si eccita sessualmente, si crea una carica elettrica statica che può mettere in moto l'energia della Kundalini nello stesso modo in cui si mette in moto la batteria di un'automobile. Pertanto, accumulare l'eccitazione sessuale attraverso le pratiche Tantriche e rivolgerla verso l'interno può portare a un potente risveglio della Kundalini.

Perché esiste una correlazione tra l'eccitazione sessuale e il risveglio della Kundalini? La risposta potrebbe risiedere nello scopo della nostra vita qui sulla Terra, che è un terreno di prova per le Anime. Per esempio, Dio Creatore ha creato gli esseri umani e ci ha dato il Libero Arbitrio di scegliere come esprimere la nostra energia sessuale: cercare di gratificare l'Ego desiderando il sesso come forma di piacere fisico o usare questa stessa energia e attirarla verso l'interno attraverso pratiche Tantriche per risvegliare la nostra energia Kundalini latente. Nel caso di un climax fisico o di un orgasmo, espelliamo questa energia fuori di noi e la rilasciamo nell'Universo. Quando attiriamo questa energia verso l'interno, attraverso il cervello e il sistema nervoso, cerchiamo di trasformarci Spiritualmente. Ogni momento della giornata è una prova del nostro Libero Arbitrio e se vogliamo esaltare la nostra Anima o il nostro Ego che cercano di fare cose radicalmente diverse con questa energia Divina.

La maggior parte delle persone non si rende conto che c'è un'altra ragione per cui ha l'energia sessuale dentro di Sé, dal momento che è così concentrata sull'utilizzo per il solo piacere. La popolazione mondiale è guidata dall'impulso sessuale e dal desiderio di sesso più di qualsiasi altra cosa nella vita. Se solo si conoscesse un altro modo di usare questo dono, si potrebbe trasformare completamente il modo in cui percepiamo l'energia sessuale. Credo che questo sia uno dei ruoli essenziali che gli individui risvegliati dalla Kundalini svolgono nel mondo in questo momento: non solo essere emissari dell'energia Kundalini, ma anche illuminare le persone sul potere e sul potenziale della loro sessualità.

L'ECCITAZIONE SESSUALE E L'ESSERE "ECCITATO"

L'energia sessuale maschile è in relazione con il Fuoco dell'Elemento Terra. È fortemente guidata dal Piano Fisico, che agisce sul Piano Astrale dell'Elemento Acqua. Il Fuoco della Terra si trasforma nell'emozione dell'eccitazione sessuale attraverso il Chakra Swadhisthana.

Mentre i maschi sono più motivati dal Chakra della Terra per quanto riguarda l'eccitazione sessuale, le femmine sono più influenzate dal Chakra dell'Acqua. Questo spiega perché l'eccitazione sessuale nei maschi è fortemente influenzata dall'aspetto fisico di una donna, mentre una donna è più eccitata da come un uomo la fa sentire.

L'energia sessuale maschile è come un fuoco che si accende rapidamente, brucia intensamente e si spegne subito. Al contrario, l'energia sessuale femminile è come l'acqua: si riscalda lentamente, ma una volta che bolle, continua a farlo per molto tempo. L'energia Fuoco del maschio è responsabile del riscaldamento dell'energia Acqua della femmina. Per questo motivo, i maschi dedicano tempo ed energia a lavorare sulle loro qualità Alfa per attrarre le femmine. D'altro canto, le donne dedicano molto tempo ed energia a migliorare il proprio aspetto fisico per essere più attraenti per i maschi.

Mentre gli uomini hanno generalmente una libido più forte, le donne hanno una maggiore gamma e intensità di eccitazione. Un uomo può avere un'erezione apparentemente senza stimoli e sentirsi sessualmente eccitato o "eccitato". "Al contrario, è raro che una donna provi la stessa sensazione senza essere prima stimolata. Ciò è dovuto in parte al fatto che l'organismo maschile è guidato dal testosterone, che ha un'azione più rapida rispetto all'ormone sessuale femminile, l'estrogeno.

La simbologia e il significato occulti della parola "arrapato" ci danno ulteriori informazioni sul funzionamento dell'eccitazione sessuale e sul suo scopo. Arrapato fa pensare alle corna degli animali, simbolo della natura animalesca dell'umanità. Dopo tutto, condividiamo con tutti gli animali terrestri il desiderio di relazioni sessuali e di procreazione. Tuttavia, nel Cristianesimo e in altre tradizioni religiose ed esoteriche le corna sono anche associate al diavolo e ai suoi servi Demoniaci. Infatti, "Hornie" è un termine scozzese del XVIII secolo che indica il Diavolo.

Quando un uomo si eccita o si eccita sessualmente, nei suoi lombi inizia a bruciare un Fuoco che infiamma tutto il suo Essere (Figura 159). Questo fuoco viene proiettato dal Chakra della Terra, Muladhara, associato al Piano Fisico e al Mondo della Materia. Di conseguenza, nei Tarocchi, la carta del Diavolo viene chiamata "Signore delle Porte della Materia". "Questo perché il Diavolo rappresenta il Mondo Fisico, l'antitesi del Mondo Spirituale di Dio. Per aggiungere ulteriore simbologia, il Capricorno, la capra di montagna (una bestia cornuta), un Segno Zodiacale di Fuoco della Terra, è associato alla carta del Diavolo nei Tarocchi.

Figura 159: Eccitazione Sessuale nei Maschi

Nei Tarocchi Ermetici, la carta del Diavolo presenta una bestia gigantesca con corna la cui testa ha la forma di un Pentagramma rovesciato, suggerendo la connessione tra il Sé Inferiore, l'Ego e il Diavolo. Il Diavolo ha grandi ali da pipistrello e la parte inferiore del corpo di un animale con un fuoco che arde nei suoi lombi (in alcune raffigurazioni). Nella mano sinistra tiene una torcia che punta verso il basso, verso la Terra, e ha una mano rivolta verso l'alto, verso il Cielo (Come Sopra, Così Sotto). Si trova in cima a un altare al quale sono incatenati due esseri umani nudi, maschio e femmina, con le corna. Sono legati al Diavolo a causa della loro lussuria reciproca.

La lussuria è definita come il desiderio irrefrenabile di avere rapporti sessuali con qualcuno allo scopo di provare piacere fisico. La lussuria è l'antitesi dell'amore; è considerata uno dei sette peccati capitali a causa della sua espressione spesso squilibrata. Il Diavolo e i suoi scagnozzi sono responsabili di aver costretto l'umanità a commettere i sette peccati capitali. Non c'è da stupirsi che la parola "Diabolico" si applichi a qualcuno che è peccaminoso, compreso l'impegno in un'intensa attività sessuale con più partner.

Pertanto, mentre il Sahasrara Chakra ci mette in sintonia con il nostro Santo Angelo Custode, il nostro Dio-Sé, il Chakra della Terra ci collega al suo opposto, il Diavolo. Entrambi sono personificazioni del Sé, con cui possiamo entrare in contatto attraverso la mente. Tuttavia, il diavolo non è del tutto cattivo, ma è un'espressione della nostra natura animale che dobbiamo rispettare e tenere sotto controllo. Di conseguenza, il Chakra della Terra è la nostra porta d'accesso al Regno del Diavolo, il regno Demoniaco che chiamiamo Inferno. Non è una coincidenza che l'Inferno o l'Oltretomba (Mondo di Sotto) sia rappresentato come un pozzo infuocato nel profondo della crosta terrestre.

Uno dei motivi per cui il Cristianesimo e altre religioni hanno vilipeso il sesso è il suo potere trasformativo. Più volte l'astinenza ha mostrato il suo potenziale nell'avvelenare la mente e nel produrre espressioni malate e perverse, non in sintonia con la natura e con Dio. Al contrario, impegnarsi nell'attività sessuale in modo equilibrato, rispettoso e amorevole può portare a un risveglio Spirituale. Quindi, invece di demonizzare il sesso e creare un'avversione verso i rapporti sessuali come mezzo per avvicinarsi a Dio, dobbiamo cercare di comprenderlo per poter attingere al suo enorme potere.

RELAZIONI SESSUALI

Quando avrete avuto un pieno risveglio della Kundalini, capirete il vero scopo del rapporto sessuale e il suo significato simbolico di unificazione delle energie maschili e femminili. Questa unificazione avviene a livello del Piano Mentale, che ci permette di trascendere la dualità della mente per raggiungere il Piano Spirituale.

Alla nascita, siamo stati inseriti in questo mondo di dualità e ci è stato dato un corpo maschile o femminile. Come esseri umani, cerchiamo naturalmente di bilanciare le nostre energie sessuali. Uno dei modi per farlo è il rapporto sessuale. Desideriamo stare con una persona che completi la nostra sessualità per trovare l'unità a livello Spirituale. Il rapporto sessuale è un tipo di rituale che prevede l'integrazione di due corpi fisici. Quando il pene entra nella vagina durante questo processo, i due corpi diventano letteralmente uno.

Tra due persone di sesso opposto, entrambe in fase di risveglio Kundalini, i rapporti sessuali possono essere un'esperienza davvero magica. L'energia Kundalini tra di loro crea una sorta di batteria, espandendo così il suo potere due volte. Questa espansione dell'energia Kundalini si traduce in una maggiore consapevolezza e in esperienze trascendentali più profonde. Inoltre, permette ai partner di sintonizzarsi con i rispettivi corpi Spirituali a un livello impossibile da raggiungere da soli.

L'energia di un partner alimenta l'energia dell'altro partner. Poiché l'Albero della Vita di ciascun partner è attivato, lo sono anche le energie che compongono la totalità della loro coscienza. Quando due partner risvegliati dalla Kundalini si connettono sessualmente, ognuno di loro viene alimentato ai livelli più profondi del proprio essere dall'energia dell'altro, che li guarisce simultaneamente. L'energia di un partner spinge fuori la negatività dell'altro semplicemente stando in sua presenza, poiché le loro Aure si mescolano. Non è nemmeno necessario che si tocchino perché questo avvenga. È sufficiente che si trovino nelle stesse vicinanze per essere sulla stessa frequenza o lunghezza d'onda.

Per le persone risvegliate dalla Kundalini, l'atto sessuale vero e proprio diventa Tantrico. Di conseguenza, entrambi i partner possono sperimentare orgasmi interni grazie all'energia sessuale innescata a un livello più profondo dalla Kundalini dell'altro. Durante il mio percorso Kundalini, ho avuto il privilegio di stare con alcune donne risvegliate dalla Kundalini e la connessione sessuale che abbiamo condiviso è stata incredibile. Non appena ci avvicinavamo l'una all'altra, si manifestava come uno stato di consapevolezza accresciuta, amplificando la nostra energia sessuale a tal punto che spesso mi ritrovavo a tremare anche solo per la loro presenza.

Il rapporto sessuale è un rituale di unificazione, un tipo di legame o sublimazione dei sessi sul Piano Fisico che induce gli stessi effetti sui Piani Astrale e Mentale. Il suo scopo è quello di trascendere i Piani Cosmici Inferiori in modo che la vibrazione della coscienza possa aumentare ed entrare nel Piano Spirituale. In questo modo, la guarigione avviene a tutti i livelli, mente, corpo e Anima.

CONSERVARE LA VOSTRA ENERGIA SESSUALE

Un'altra domanda cruciale sulla sessualità che mi viene spesso posta è se sia saggio eiaculare durante il processo Kundalini. Ad esempio, quando è opportuno eiaculare e quando è opportuno conservare il proprio seme? Tenete presente che di solito sono i maschi a porre questa domanda, anche se lo stesso principio si applica alle femmine.

La Kundalini utilizza la vostra energia sessuale e il Prana del cibo per alimentare il circuito energetico della Kundalini. Ho scoperto che nei momenti culminanti di questo processo di sublimazione/trasformazione è essenziale salvare il proprio seme evitando del tutto il sesso e la masturbazione. Un solo orgasmo può privarvi della vostra vitalità per 24 ore o più. Questo ostacola notevolmente il processo di trasformazione e permette all'Ego di avere un punto d'appoggio più forte nella coscienza, facendo sì che la paura e l'ansia si amplifichino dentro di voi.

L'energia sessuale cresce in potenza nel tempo e più a lungo conservate il vostro seme, più trasformate la Kundalini all'interno. Al suo picco più alto, quando vi sentite più eccitati e sessualmente repressi, l'energia sessuale sta lavorando con il Prana per cambiare la qualità e lo stato dell'energia Kundalini dentro di voi. Questo processo è la trasmutazione, o trasformazione del fuoco grezzo della Kundalini in un'energia più delicata, quella dello Spirito, che prende il sopravvento e alimenta il sistema.

Ora, non sto dicendo di essere celibi come un monaco o un sacerdote e di non masturbarsi o fare mai più sesso. Questo sarebbe malsano e controproducente per la vostra crescita, poiché dovete occuparvi del corpo fisico e dei suoi bisogni, oltre che della vostra Spiritualità. Vi dico invece di astenervi dal rilascio sessuale per il primo periodo dopo il risveglio iniziale della Kundalini e poi di reintegrare il sesso e la masturbazione nella vostra vita in modo equilibrato. Ricordate che una vita di successo si basa sull'equilibrio, non sul trascurare una cosa per un'altra.

Tuttavia, una volta risvegliata la Kundalini, per alcuni mesi è bene astenersi completamente dall'eiaculazione. Questa regola vale sia per gli uomini che per le donne. L'energia sessuale è vitale; se si eiacula, ci si sente senza vita e svuotati, con la necessità di ricostruire in qualche modo la propria energia sessuale.

Ho scoperto che il corpo ha bisogno di zinco per ricostruire l'energia sessuale dopo il rilascio. Pertanto, invece di aspettare che il vostro corpo la ricostruisca naturalmente, vi suggerisco di assumere un integratore di zinco o di mangiare del pesce o dei semi di zucca che ne contengono elevate quantità. Lo zinco è essenziale perché è l'acido della batteria, mentre la Kundalini agisce come la corrente elettrica AC/DC. Senza zinco, la batteria non funziona al meglio e deve essere ricaricata.

Una volta risvegliata la Kundalini, a seconda del punto in cui vi trovate nel vostro processo di trasformazione, svilupperete la capacità di incarnare altre persone e di sentire la loro energia, comprese quelle che guardate in televisione e nei film. Questo "dono" potrebbe presto sembrare una maledizione se applicato alla pornografia, poiché vi permetterà di sentire ciò che state guardando come se stesse accadendo a voi. Non c'è bisogno di un set di realtà virtuale dopo aver risvegliato la Kundalini. Per quanto possa essere divertente ed eccitante all'inizio, però, non permettete a voi stessi di sviluppare una dipendenza dalla pornografia e di tornare indietro nel vostro processo di Evoluzione Spirituale.

È necessario regolare la masturbazione e non praticarla più di una o due volte alla settimana e solo prima di andare a letto, in modo che il corpo possa ricostruire l'energia sessuale al mattino. Poiché questo processo andrà avanti per il resto della vita, è necessario trattare la propria energia sessuale con rispetto. Non funzionerete più come una persona non risvegliata che può masturbarsi ed eiaculare più volte al giorno senza subire alcun effetto. Vi sentirete derubati della vostra vitalità ogni volta che eiaculerete, quindi tenetene conto.

Ho scoperto che la masturbazione può essere di grande aiuto quando non si riesce ad indurre il sonno in altro modo, poiché permette di accogliere il riposo e di spegnersi come una lampadina una volta esaurita l'energia sessuale. L'energia sessuale esaurita può mandare in tilt la mente e persino indurre rabbia e aggressività, soprattutto nei maschi, che possono tenersi svegli di notte. Ma ancora una volta, cercate di non masturbarvi più di un paio di volte alla settimana e solo dopo che il processo iniziale di sublimazione/trasformazione della Kundalini è completato. Come si fa a sapere che è completo? Sentirete un nuovo tipo di energia che lavora dentro di voi e che sostituisce il fuoco grezzo della Kundalini. Questa energia ha un effetto Trascendentale in quanto cresce ed espande la coscienza sempre di più con il passare del tempo.

Come nota finale su questo argomento, poiché avere rapporti sessuali affettuosi con un partner può essere benefico per la vostra crescita Spirituale, non vi suggerisco di interrompere completamente il sesso in qualsiasi momento senza prima consultare il vostro partner. Se vi astenete dal sesso senza dare spiegazioni al vostro partner, quest'ultimo potrebbe pensare di avere qualcosa che non va, compromettendo l'integrità della vostra relazione. Questo non è saggio, soprattutto se avete una buona chimica con quella persona e vedete un futuro con lei.

Comunicate invece le vostre esigenze con il partner e magari scendete a un compromesso: fate sesso una volta alla settimana o ogni due settimane per un po', per poi aumentare la frequenza quando avrete superato il punto in cui avete sublimato l'energia Kundalini. Spargere il proprio seme con una persona amata può essere drenante per il corpo, ma può essere benefico per la vostra Alchimia Spirituale, poiché c'è uno scambio di energia positiva e curativa a livello sottile.

Tuttavia, l'eiaculazione attraverso la masturbazione è un drenaggio assoluto della vostra essenza sessuale nell'Aethyr, senza nulla in cambio. Le persone che sviluppano una dipendenza dal porno si aprono alle Entità Demoniache che si attaccano alla loro Aura per nutrirsi dell'energia sessuale rilasciata.

L'Incubo è un Demone in forma maschile che si nutre dell'energia sessuale delle femmine. Al contrario, una Succube è un Demone in forma femminile che si nutre dell'energia sessuale degli uomini. Gli Incubi e le Succubi sono noti per sedurre le persone in sogno e avere rapporti sessuali con loro, in modo da privarle della loro essenza sessuale facendole arrivare all'orgasmo. Sono anche personificati nella mente degli attori di film per adulti quando guardano la pornografia.

Le persone che alimentano questi Demoni spesso hanno difficoltà a liberarsi da essi e a smettere di essere dipendenti dal porno. La pornografia è libera per un motivo: è un vuoto che ha lo scopo di rubare l'essenza sessuale delle persone e di togliere loro il potenziale di trasformazione Spirituale. C'è una ragione politica per questo, che va oltre lo scopo di questo lavoro, ma la menziono qui in modo che ne siate consapevoli e non cadiate nella sua trappola.

VOGLIA DI SESSO

Poiché la Kundalini può essere risvegliata dall'energia sessuale rivolta verso l'interno, significa che possiamo espandere la sua capacità, il che influisce invariabilmente sulle nostre pulsioni sessuali. Ad esempio, quando la Kundalini è al culmine della trasformazione nelle fasi iniziali dopo il risveglio, ci si può sentire come un animale in calore. Di conseguenza, potreste manifestare voglie sessuali mai provate prima. Una volta terminato il periodo iniziale di sublimazione dell'energia sessuale, però, sentirete una liberazione da questa intensa eccitazione sessuale e la vostra libido si equilibrerà.

Tuttavia, poiché il processo di sublimazione dell'energia sessuale è continuo e poiché si possono verificare dei cortocircuiti in cui è necessario ricostruire i canali energetici, i vostri impulsi sessuali possono fluttuare in modo significativo per il resto della vostra vita. Spesso si presentano a ondate, in cui l'energia sessuale si fa sentire con forza per un breve periodo, portando con sé un intenso bisogno di sfogo, seguito da un periodo prolungato in cui si è in equilibrio.

Tuttavia, se si considera il corso dell'intera vita dopo il risveglio della Kundalini, l'energia sessuale sarà relativamente equilibrata. Le fluttuazioni di cui parlo si verificano per circa il 20-30% del tempo. Non dimenticate mai che la Kundalini è un'energia intelligente che non ci dà mai più di quanto possiamo gestire.

Quando le ho raccomandato di non masturbarsi e di non fare sesso più di un paio di volte alla settimana, mi riferivo a questo bisogno che potrebbe svilupparsi per uno sfogo sessuale. Non ha senso torturarsi anche quando è utile per salvare il seme. Ciò causerà scompiglio nella vostra mente e sarà controproducente per la vostra crescita.

Pertanto, se avete bisogno di uno sfogo, fatelo una o due volte alla settimana, ma solo la sera prima di dormire se vi masturbate. Abituatevi a non essere disordinati nelle vostre uscite sessuali. Dovete adottare un approccio scientifico ai cambiamenti interni che avvengono nel vostro corpo, che è il vostro laboratorio. Assumete il controllo di questo processo invece di lasciare che il processo controlli voi.

Quando si genera l'energia sessuale, la si sente accumulare nell'addome, nel Chakra Swadhisthana. A volte, può arrivare così forte da farvi iperventilare. Naturalmente, questo è il periodo in cui dovete permettervi di avere un'attività sessuale equilibrata nella vostra vita. Tuttavia, per quanto potenti possano essere questi impulsi sessuali, è necessario essere lucidi e non prenderli come un segno per trasformarsi in una ninfomane ed essere frivoli nelle proprie attività sessuali.

Sarà un ostacolo incredibile al vostro cammino Spirituale se non fate attenzione a con chi intraprendete attività sessuali. Oltre a esporvi a malattie sessualmente trasmissibili, vi mettete in una posizione in cui assumete le energie delle persone, buone e cattive, avendo rapporti sessuali con loro.

Vi consiglio invece di trovare un partner coerente, qualcuno con cui avete una buona chimica, anche se all'inizio è solo fisica. Siate trasparenti sulle vostre intenzioni e non illudete le persone. Se vi mettete in una posizione in cui potete accumulare un cattivo

Karma per il fatto di stare con qualcuno, quando tutto ciò di cui avete bisogno è uno sfogo sessuale, è meglio che vi masturbiate per scaricare la tensione.

Consiglio di fare sesso piuttosto che masturbarsi, perché il sesso scambia energia vitale, mentre la masturbazione non lo fa. Noterete una differenza nel modo in cui vi sentite dopo il rilascio con entrambe le attività. La masturbazione vi lascerà molto svuotati dopo l'orgasmo, mentre il rapporto sessuale può farvi sentire appagati dopo, con il partner giusto. In entrambi i casi avrete bisogno di un po' di tempo per ricostruire la vostra energia sessuale. Con la masturbazione si ha l'impressione che sia necessario molto più tempo per ricostruire l'energia sessuale dopo l'orgasmo.

Ho accennato alla necessità di conservare il più possibile il seme dopo il risveglio di Kundalini, ma tenete presente che mi sono riferito principalmente al periodo finestra in cui state costruendo i vostri canali energetici attraverso l'energia sessuale e il Prana. Riconosco che avere una vita sessuale sana e il rilascio sessuale attraverso la masturbazione è naturale come i nostri corpi organici. Dopo tutto, l'energia sessuale può essere così forte da farvi sentire posseduti se non fate qualcosa. Tuttavia, come in tutte le cose della vita, essere coscienziosi e controllare le proprie azioni è la chiave del successo. Ascoltate ciò che il vostro corpo vi comunica e allentate la pressione quando è necessario. L'equilibrio nella mente, nel corpo e nell'Anima è il vero cammino dell'iniziato di Luce.

Potreste anche avere un periodo della vostra vita in cui il desiderio sessuale diminuisce notevolmente e la voglia di sesso può sembrare inesistente. Non allarmatevi se questo accade: è una parte normale del processo. Pertanto, adattatevi a questo periodo di conseguenza. Di solito non dura molto. Tuttavia, quando si verifica, è un momento di introspezione e di accumulo di energia attraverso l'assunzione di cibo. Non sentitevi in colpa se non riuscite a soddisfare il vostro partner come prima, ma fategli sapere cosa sta succedendo e fate il possibile per farglielo capire. Se non lo fanno e scelgono di farvi sentire in colpa perché vi succede, dovete rivedere la vostra relazione con loro.

ATTRAZIONE SESSUALE

Tutte le persone vogliono essere percepite come attraenti dagli altri e avere un'abbondanza di amore e relazioni. Tuttavia, la maggior parte delle persone non si rende conto di avere un controllo completo su questo processo. Esistono Leggi che regolano il processo di attrazione, in particolare l'attrazione sessuale, e le persone che le conoscono consapevolmente possono stimolare l'attrazione negli altri con l'applicazione della loro forza di volontà.

Ad esempio, una persona risvegliata dalla Kundalini, dopo molti anni di trasformazione personale, diventa molto attraente per gli altri. Questo perché i suoi cambiamenti nella mente, nel corpo e nell'Anima alterano il suo modo di pensare e il suo comportamento, rendendola naturalmente attraente per chiunque incontri. Di conseguenza, queste persone hanno più facilità a trovare un partner romantico o sessuale e a trovare nuovi amici nella loro vita.

Molte persone risvegliate trascurano questi cambiamenti personali e attribuiscono questa nuova attrazione al destino o al caso. In realtà, dietro c'è una scienza invisibile. Le Leggi che riguardano l'attrazione sessuale tra gli esseri umani corrispondono alle Leggi Universali che governano tutta la creazione. La creazione è, in un certo senso, perfetta e l'energia di attrazione è uno dei modi in cui cerca di rimanere tale.

Che cos'è allora l'attrazione sessuale? Il modo migliore per spiegare l'attrazione sessuale è dire che è il modo in cui la natura migliora il nostro pool genetico. In altre parole, l'attrazione sessuale è il modo in cui la natura assicura che gli esseri umani più evoluti procreino e continuino l'esistenza della nostra razza.

La natura è in continua evoluzione e gli esseri umani che sono in linea con questa legge e sono padroni della loro realtà sono quelli che hanno attivato il loro potenziale DNA latente per diventare la migliore versione di se stessi. Di conseguenza, queste persone sono diventate attraenti per gli altri, il che permette loro di trovare più facilmente un compagno e di procreare.

Anche se l'attrazione sessuale è un'espressione naturale, imparare i tratti di queste persone evolute che esercitano il dominio nella loro vita vi permette di "fingere finché non ce la fate". "In altre parole, non è necessario iniziare ad essere una persona sessualmente attraente, ma è possibile imparare i tratti comportamentali di questo tipo di persone e utilizzarli nella propria vita per essere attraenti per gli altri.

Capire che l'attrazione vale sia per gli uomini che per le donne. Si può attrarre un partner romantico o sessuale, ma anche nuovi amici, poiché tutti gli esseri umani gravitano naturalmente verso le persone attraenti. Riconosciamo qualcosa di speciale nelle persone attraenti e vogliamo stare con loro. In realtà, ciò che percepiamo in queste persone è una versione migliore di noi stessi.

I PRIMI DUE MINUTI DI CONOSCENZA

Le persone attraenti sono carismatiche, libere e disinibite, come tutti vorremmo essere. Sono leader anziché seguaci e richiedono attenzione in ogni momento, anche quando sono in silenzio. Non hanno mai paura di dire quello che pensano, sono coraggiose e assertive. Sono volitivi e calmi, anche di fronte alle avversità.

Le persone attraenti sono spesso divertenti e spiritose, ma anche rilassate, calme e raccolte. Hanno determinate convinzioni su se stesse, che mantengono in ogni momento. Fanno tutto con serietà e con tutto il cuore. Sono appassionate e vivono la vita al massimo, senza rimpianti. Prendono ciò che vogliono e non cercano scuse per le loro azioni.

Anche se non avete alcune delle qualità sopra menzionate, non disperate. La natura ci permette di rifare noi stessi in ogni momento e voi potete usare le sue Leggi per iniziare a diventare una persona attraente. Il segreto è concentrare le energie per diventare attraenti per le persone che incontrate, poiché i primi due minuti di incontro sono i più critici. Ciò significa che se mostrate determinate qualità in quei primi due minuti, avrete scatenato l'attrazione nell'altra persona.

L'attrazione funziona in due modi. Se una nuova persona che incontrate è di sesso opposto (a seconda della polarità della sua Anima), proverà attrazione sessuale nei vostri confronti. Se è dello stesso sesso, vorrà essere vostra amica. In entrambi i casi, se scatta l'attrazione, avrete il potere di rendere quella persona parte della vostra vita in qualche modo.

La maggior parte delle persone non si rende conto che ciò che pensiamo di essere è reale solo per noi e per le persone che ci conoscono. In altre parole, gli estranei non hanno idea di chi siamo. Pertanto, la prima impressione è fondamentale. L'attrazione ha molto a che fare con l'immagine di chi credete di essere e con il modo in cui potete manipolare quell'immagine per presentarvi a una persona nuova che incontrate. Una volta creata una percezione di voi stessi in quei primi due minuti, l'altra persona proverà o meno attrazione nei vostri confronti.

Il fattore essenziale da comprendere è che abbiamo il potere di plasmare l'immagine di noi stessi attraverso la nostra forza di volontà. Ricordate, tutti abbiamo il Libero Arbitrio e il modo in cui lo esercitate influisce sul livello di attrazione che create negli altri.

LA PSICOLOGIA DELL'ATTRAZIONE

Quando volete apparire attraenti, capite che non si tratta di quello che dite a una persona, ma di come lo dite. Non contano le parole, ma il linguaggio del corpo e la tonalità vocale. Tuttavia, per andare ancora più a fondo, è l'energia interiore con cui parlate a una persona a provocare o meno l'attrazione.

Il vostro atteggiamento deve essere sempre freddo e la vostra tonalità vocale deve essere energica e accattivante, esprimendo potere e dominanza. Questi sono i tratti comportamentali di una personalità Alfa. Le persone Alfa sono padrone della loro realtà. Sono leader nati che si prendono ciò che vogliono. Essere un Alfa è uno stato mentale che esemplifica la forza d'animo e la fermezza nelle emozioni. Gli Alfa non si lasciano influenzare dalle cose esterne, a meno che non scelgano di farlo. La loro realtà non viene mai compromessa perché semplicemente non lo permettono. Loro dirigono lo spettacolo e gli altri li seguono.

Gli Alfa parlano solo per essere ascoltati dagli altri. Non cercano approvazione, né parlano per ascoltare il suono della loro voce. Pertanto, quando parlate con qualcuno per cui desiderate essere attraenti, fate in modo che ciò che dite sia accattivante. La tonalità della voce e l'intenzione devono essere potenti, altrimenti si rischia di annoiare l'interlocutore. Ad esempio, se qualcuno sbadiglia mentre state parlando, avete fallito. Qualsiasi cosa diciate, dovete parlare direttamente all'Anima dell'interlocutore.

Dovete imparare a superare la barriera della personalità e dell'Ego degli altri. Per riuscirci, dovete guardare l'interlocutore negli occhi per tutto il tempo, mentre parlate con sicurezza. La vostra forza d'intento deve essere così forte da ipnotizzare e ipnotizzare gli altri. Il sesso opposto deve perdersi nella vostra energia.

Le persone altamente evolute e risvegliate dalla Kundalini provengono da un luogo più elevato quando parlano agli altri. Poiché la loro coscienza opera dal Piano Spirituale, sono allineate con la loro Vera Volontà, il che aumenta il loro potere personale. In quanto tali, sono comunicatori potenti che parlano con uno scopo e un intento. Le persone gravitano naturalmente verso di loro perché la loro energia è fonte di ispirazione e di elevazione.

Per diventare una persona naturalmente attraente, bisogna costruirsi una persona con valori, etica e morale solidi. Dovete amare voi stessi e amare la vita in generale. Se vi amate e siete contenti e soddisfatti della vostra vita quando siete con una persona dell'altro sesso, non avrete mai un bisogno, ma un desiderio. Pensateci un attimo. Quando avete bisogno di qualcosa, significa che vi manca qualcosa dentro di voi. Questa idea è già poco attraente e mette l'altra persona sulla difensiva.

Un metodo efficace per scatenare e mantenere l'attrazione sessuale è quello di essere presuntuosi e divertenti. La presunzione è definita come "essere audacemente o sfacciatamente sicuri di sé". Essere presuntuosi con gli altri vi pone immediatamente su un piedistallo elevato, poiché sembrerete una persona di grande valore. Tuttavia, essere presuntuosi può sembrare molto arrogante, il che è poco attraente, quindi è utile aggiungere una giusta dose di umorismo. L'umorismo è fantastico perché potete dire quello che vi passa per la testa senza essere giudicati e scrutati.

È interessante notare che la maggior parte delle volte l'uso della logica e della ragione per creare attrazione fallisce. Tenete presente che l'attrazione non è in alcun modo logica. La logica è infatti l'antitesi dell'attrazione. Essere giocosi, parlare per metafore ed essere indiretti in ogni circostanza è un modo molto più potente per creare attrazione. La conversazione deve essere divertente, altrimenti non si creerà attrazione.

Una volta che avete suscitato l'attrazione, la chiave per mantenerla è proiettare continuamente che siete simpatici, divertenti e sicuri di voi. Il tempo trascorso a parlare con voi è un dono per l'altra persona, perché siete una persona di grande valore. Vi prendete quello che volete perché potete, il che fa capire inconsciamente all'altra persona che siete una persona influente che manifesta la sua realtà. Quindi non solo vogliono stare con voi, ma vogliono essere voi.

L'IMPORTANZA DELLE CONVINZIONI INTERIORI

Bisogna avere delle convinzioni interiori elevate e solide su se stessi, il che significa che il lavoro interiore è essenziale per attrarre il sesso opposto. Naturalmente, è utile avere un bell'aspetto, essere in forma, essere puliti, rasati, ben vestiti e avere un odore gradevole. Tuttavia, anche queste cose vengono in secondo piano rispetto all'essere sicuri di sé e al credere in sè stessi. Il concetto che ho imparato dai Guru degli appuntamenti quando avevo 20 anni è che l'aspetto è il 30% dell'attrazione, mentre il lavoro interiore di cui parlo qui è il restante 70%.

Siamo noi a doverci dare valore. Se non ci amiamo e ci riteniamo carenti, proietteremo le nostre insicurezze sugli altri e loro ci percepiranno come tali. Se crediamo di essere eccezionali e unici, inconsciamente anche gli altri lo crederanno e passeranno tutto il tempo intorno a noi cercando di capire perché siamo così grandi. Questo mistero sarà molto attraente per loro.

In realtà, l'attrazione riguarda il potere personale. Se cercate di corteggiare una persona e vi fate in quattro per lei, supplicandola, state comunicando che non siete una persona di grande valore, che il vostro tempo non è importante e che avete un basso potere personale. Se siete disposti a dare volentieri il vostro potere personale a un estraneo solo perché è attraente fisicamente, allora gli state comunicando che siete una persona di scarso valore, semplicemente. In quanto tale, vi state preparando al fallimento fin da subito. Forse, per un colpo di fortuna, vorranno uscire con voi, ma staranno con voi solo per approfittarsi di voi in qualche modo, dato che gli avete comunicato fin dall'inizio che non vi rispettate.

Inconsciamente, le persone non hanno rispetto per chi non rispetta sè stesso. Il rispetto è qualcosa di guadagnato, non di dato. L'amore si dà sempre e in egual misura, ma il rispetto si guadagna. Pertanto, dovete imparare ad amare e rispettare voi stessi. Se sentite di non amare voi stessi quanto dovreste, esaminatene il motivo. Se avete dei traumi passati che devono essere guariti, concentrate la vostra attenzione sul superamento di questi traumi invece di trovare un compagno. Prima di avere una relazione d'amore sana con qualcuno, dovete essere in una buona posizione. E questo inizia con l'amare se stessi.

Le persone che si amano hanno un qualche scopo nella loro vita. Il loro scopo è spesso la cosa più importante per loro. Se in questo momento non avete un vero scopo nella vostra vita, vi suggerisco di dedicare più tempo a cercarlo o a scoprirlo. Esplorate nuove attività creative e imparate nuove cose su voi stessi. Non abbiate paura di cambiare le cose nella vostra vita e di esplorare nuove strade. Uscite dalla vostra zona di comfort e fate le cose che avete sempre voluto fare. Trovare il vostro scopo potrebbe darvi gioia e felicità eterne. Vi farà amare voi stessi e la vostra vita, il che è molto attraente per le altre persone. Inoltre, vi farà conoscere meglio voi stessi per padroneggiare quelle parti di voi che hanno bisogno di essere migliorate.

Siete unici in ogni senso e siete una scoperta rara. Se non avete ancora scoperto questo aspetto di voi stessi, è arrivato il momento di farlo. Il tempo trascorso con voi è speciale e le altre persone dovrebbero essere così fortunate che scegliate di dedicare loro il vostro tempo. Se amate voi stessi, sarete indifferenti all'esito dell'incontro con una persona nuova. Trovare un partner romantico o un nuovo amico sarà un bonus nella vostra vita, anziché una necessità. L'indifferenza al risultato dell'incontro con una persona nuova creerà una sorta di vuoto energetico che l'altra persona si sentirà in dovere di riempire. Questo non farà altro che aumentare il vostro livello di attrazione.

Se avete una vita noiosa e volete incontrare un partner romantico, avrete delle difficoltà. Essere l'intera vita di una persona comporta una forte pressione a esibirsi e a renderla sempre felice. Alla fine, la maggior parte delle persone si arrende e si allontana da una relazione di questo tipo. Dovete innanzitutto concentrarvi sull'essere in pace con voi stessi e sull'amare voi stessi, perché se non vi amate, avrete difficoltà a trovare qualcuno che vi ami e che riempia il vuoto che avete dentro di voi.

Per essere un Alfa, dovete credere in questi principi nel profondo della vostra Anima, invece di vederli come una tattica o una forma di manipolazione. Se la vedete così, è inevitabile che l'altro sesso percepisca il vostro comportamento come una forma di manipolazione, il che è poco attraente. Dopo tutto, le persone odiano quando qualcuno cerca di manipolarle. Al contrario, apprezzano la trasparenza, anche se si tratta di qualcosa di diretto come "Mi piacerebbe venire a letto con te".

Se desiderate lavorare su voi stessi ma vi manca il metodo di approccio, il mio primo libro può aiutarvi in questo senso. *The Magus* è stato concepito per aiutarvi a raggiungere il vostro massimo potenziale come esseri umani Spirituali, rendendovi molto attraenti per le altre persone. Dovete imparare la vostra vera volontà nella vita e connettervi con il vostro Sé Superiore. Se la vostra vibrazione di coscienza è alta, i vostri pensieri e le vostre emozioni ne risentiranno, influenzando così il vostro comportamento con gli altri. Diventare il padrone della vostra realtà vi darà abbondanza nella vostra vita, comprese tutte le relazioni romantiche e le amicizie che desiderate.

Le persone risvegliate dalla Kundalini che hanno raggiunto un alto livello di coscienza si sono liberate da questo Mondo di Materia. La loro capacità di divertirsi è molto più alta di quella delle persone che prendono la vita troppo sul serio. Tutti vogliamo gioia e divertimento nella nostra vita. Pertanto, quanto più riuscirete a vedere l'incontro con nuove persone come un'attività divertente, tanto più avrete successo.

L'idea di divertirsi con l'altro sesso e di giocare ad accendere l'attrazione è una manifestazione della canalizzazione della vostra energia amorosa. Quando cercate di attrarre qualcuno invece di manipolarlo, le vostre azioni non avranno conseguenze Karmiche, a patto che non abbia un partner romantico. Al contrario, creerete un buon Karma per voi stessi quando riuscirete a creare una conversazione divertente a cui qualcuno che incontrate vorrà partecipare volentieri. In questo modo arricchirete la vostra vita, poiché creando attrazione e mantenendola, farete rimbalzare l'energia d'amore con l'altra persona e la costruirete. Riempire la vostra vita con più energia d'amore vi porterà più avanti nel vostro viaggio Spirituale.

DIVENTARE UN GUERRIERO SPIRITUALE

Dal momento che il viaggio Spirituale porta con sé una grande quantità di perdite Karmiche, dovete trasformarvi in guerrieri Spirituali. Dovete imparare ad essere tenaci e ad affrontare le sfide a testa alta, invece di fuggire da esse. Se non lo fate, sarete fatti a pezzi dai Cinque Elementi del vostro Essere. Le parti di voi stessi che dovete conquistare vi supereranno.

Come avete imparato finora, l'Evoluzione Spirituale non è tutta divertimento e giochi; ci sono momenti in cui vi sentirete molto a disagio nella vostra pelle. Il concetto di sviluppare se stessi in un guerriero Spirituale è di grande importanza, soprattutto quando si è sottoposti a un processo di trasformazione Kundalini. Ricordate che la metamorfosi richiede che qualcosa di vecchio muoia perché il nuovo prenda il suo posto. Il modo in cui vi comportate durante i periodi di dolore farà la differenza nella vostra vita.

La Notte Oscura dell'Anima non è una singola notte di angoscia mentale ed emotiva, ma può presentarsi più volte nella vita e durare per settimane o addirittura mesi. La trasformazione richiede di essere forti di fronte alle avversità. Sebbene la nostra società enfatizzi spesso il fatto che l'Illuminazione sia un'esperienza piacevole, non molti parlano degli aspetti negativi del raggiungimento di questa meta e delle sfide che si incontrano lungo il cammino.

Il risveglio della Kundalini è un risveglio alla Dimensione della Vibrazione. Ciò significa che non potete più nascondervi dalle energie e partecipare solo a quelle positive scartando quelle negative, come fa la maggior parte delle persone. Al contrario, diventate parte, positiva e negativa, dei loro effetti sui vostri pensieri e sulle vostre emozioni.

La maggior parte delle persone non risvegliate può scegliere di non affrontare i problemi mentali ed emotivi che si presentano. Possono scegliere di ignorare la negatività e di rinchiuderla nel subconscio, che è come una cassaforte con tutta la "roba" mentale che si è deciso di non affrontare, come i ricordi traumatici che si sceglie di ignorare. Ma con un risveglio completo della Kundalini, quel caveau si apre definitivamente come il Vaso di Pandora. Tutto ciò che è stato un problema nella vostra vita, comprese le emozioni e i pensieri soppressi e repressi, deve essere affrontato e superato.

Per esempio, i ricordi traumatici che hanno alterato il vostro modo di operare nel mondo hanno preso la forma di Demoni personali, che ora sono incorporati nei vostri Chakra come energia Karmica che deve essere neutralizzata. Poiché ogni Chakra è sinonimo di uno dei Cinque Elementi, questo è ciò che intendevo quando ho detto che dovete superare gli Elementi invece di permettere loro di sopraffarvi. L'energia Elementale deve essere pulita, purificata e dominata affinché la vibrazione della vostra coscienza possa salire liberamente a una frequenza più alta, senza essere ostacolata dalle energie inferiori.

TRATTARE CON LE ENERGIE POSITIVE E NEGATIVE

Come esseri umani, abbracciamo naturalmente l'energia positiva. Sembra che non ne abbiamo mai abbastanza. La assorbiamo, la sperimentiamo, ne godiamo e ne cerchiamo di più. Per questo motivo, abbiamo strutturato la nostra vita in modo tale da poter ricevere energia positiva evitando quella negativa.

L'energia positiva si presenta in molte forme. L'amore, la gioia e la felicità sono solo alcune, ma ce ne sono molte altre come l'eccitazione e la pace interiore. Al contrario, l'energia negativa si presenta sotto forma di conflitto. Quasi sempre include nervosismo, ansia e altre espressioni dell'energia della paura.

La paura è un elemento essenziale della vita e bisogna imparare a usarla, non a farsi usare da essa. Siamo programmati per fuggire il più possibile dalle situazioni di paura, poiché il nostro corpo è in allerta e segnala che siamo in pericolo. Tuttavia, fuggendo dalla paura, ci si priva dell'opportunità di crescere. D'altra parte, se accettate la paura, potete imparare qualcosa di nuovo su di voi che vi porterà più avanti nel vostro viaggio di Evoluzione Spirituale.

Come iniziati al risveglio della Kundalini, imparerete presto che avete due scelte nella vita. Una: potete rimanere nella società e imparare a convivere con la negatività e le sfide che la vita quotidiana può portare, oppure potete lasciare del tutto la vostra comunità. In quest'ultima situazione, dovreste abbandonare i vostri beni materiali e i legami relazionali con le persone della vostra vita e andare a vivere in un Tempio o in un Ashram da qualche parte, dedicando interamente la vostra vita alla crescita Spirituale.

Tuttavia, nella maggior parte dei casi, le persone scelgono di rimanere nella società e di partecipare al gioco della vita. Se lo fate, come me e innumerevoli altri che mi hanno preceduto, dovrete trasformarvi in guerrieri Spirituali per poter affrontare la paura e l'ansia che l'energia negativa porta con sé. Dovete imparare a indossare l'armatura Spirituale e a impugnare lo scudo e la spada metaforici (Figura 160) per difendervi e allo stesso tempo imparare ad attaccare. Avrete bisogno di entrambi per vincere la battaglia.

Il vostro scudo è l'amore incondizionato del vostro cuore (Elemento Acqua) che può affrontare qualsiasi cosa, mentre la vostra spada è la vostra forza di volontà (Elemento Fuoco) che taglia tutte le illusioni per arrivare alla verità. La vostra forza di volontà non ha paura delle avversità, anzi le accoglie, sapendo che sono un'opportunità di crescita. Tenete presente che, anche se è più impegnativo farlo funzionare come parte della società regolare piuttosto che fuggire da essa ed evolvere in isolamento, è molto più gratificante.

Figura 160: Diventare un Guerriero Spirituale

Allo stato passivo, la Kundalini lavora attraverso l'Elemento dell'Acqua, espresso dalla Ida Nadi femminile. La nostra coscienza riceve energie dal mondo esterno, che vengono percepite attraverso l'Occhio della Mente e vissute come emozioni. Come individuo risvegliato dalla Kundalini, la semplice presenza di altre persone porta negatività, poiché, essendo empatici, si percepisce intuitivamente l'oscurità dell'Anima delle persone. Ma se lavorate per sviluppare voi stessi come guerrieri Spirituali, potrete accettare la sfida di inserirvi e far funzionare la società moderna.

Nella maggior parte dei casi, ciò che ci disturba negli altri è ciò che portiamo dentro di noi. Quindi, trasformandovi in guerrieri Spirituali e superando queste cose, scoprirete che non vedrete più queste cose negli altri, almeno non in modo tale da non poterli frequentare. In questo modo, la negatività degli altri può essere una risorsa per voi e un catalizzatore per la crescita.

COSTRUIRE LA PROPRIA FORZA DI VOLONTÀ

Dovete costruire la vostra forza di volontà utilizzando l'aspetto Fuoco dell'energia Kundalini, che viene incanalata attraverso la Pingala Nadi. Naturalmente, è utile se siete già una persona che affronta le persone e le situazioni difficili con una certa facilità. Tuttavia, quando si può percepire la negatività delle persone in tempo reale, si tratta di una situazione molto più impegnativa che ha una sua curva di apprendimento, soprattutto all'inizio del viaggio di trasformazione, quando le emozioni hanno la precedenza. In ogni caso, tutti gli iniziati devono iniziare il loro viaggio per diventare Guerrieri Spirituali imparando a neutralizzare l'energia negativa che gli eventi della vita e le persone che li circondano possono portare.

La forza di volontà è come un muscolo e come tale va trattata. Se lo si allena quotidianamente, questo muscolo diventa più forte e potente. Le fondamenta della vostra forza di volontà crescono con il tempo e diventa più difficile essere portati fuori strada dalla negatività subita attraverso l'influenza esterna. Il Fuoco (la forza di volontà) domina sempre sull'Acqua (le emozioni) una volta applicato correttamente. Questo concetto è fondamentale da capire. L'energia è una forza cieca, così come le emozioni. L'energia è passiva e viene percepita all'interno dell'Aura come una sensazione. È possibile manipolare questa sensazione con la giusta applicazione della forza di volontà.

All'inizio, vi troverete a muovervi con le vostre emozioni come un passeggero in una barca in mare. Ma con la pratica quotidiana, supererete l'ansia e la paura e sarete in grado di usare i vostri Demoni in modo costruttivo, invece di permettere loro di dominarvi. Questo non è facile da padroneggiare all'interno del Sé ed è forse la sfida più grande per ogni iniziato risvegliato dalla Kundalini. Ma può essere raggiunto. E deve essere raggiunto se si vuole massimizzare il proprio potenziale Spirituale.

Avete un potere incredibile dentro di voi, ma dovete imparare a domarlo e a usarlo in modo produttivo nella vostra vita. Dovete superare le vostre paure e i vostri Demoni conquistando il vostro Sé Inferiore, l'Ego. Solo allora potrete risorgere Spiritualmente e allineare la vostra coscienza con il vostro Sé Superiore.

PER CAMBIARE IL TUO UMORE, CAMBIA LO STATO D'ANIMO

Il modo in cui applicherete la vostra mente e il tipo e la qualità dei pensieri che sceglierete di ascoltare determineranno il vostro successo in questa impresa. Le vostre emozioni negative vi sopraffaranno o le neutralizzerete: queste sono le vostre due scelte. Per questo motivo, se state vivendo uno stato emotivo negativo, è fondamentale trattarlo come un'energia cieca che può essere placata con l'applicazione della vostra forza di volontà. A tale scopo, applicate il Principio del Genere Mentale *del Kybalion* e concentratevi sul polo opposto dell'emozione che state cercando di cambiare. Questo vi permetterà di alterare la sua vibrazione e di trasformarla da polo negativo a polo positivo.

Questo metodo si chiama "Trasmutazione Mentale" ed è una tecnica molto potente per assumere il controllo della propria realtà e non essere schiavi delle proprie emozioni. Ho usato questo principio per tutta la vita ed è stata una delle chiavi principali del mio successo con la padronanza mentale. Il funzionamento è semplice: se state provando paura, concentratevi sul coraggio; se siete pieni di odio e volete indurre l'amore, concentratevi su di esso. E così via con diverse espressioni di emozioni opposte.

Imparate a parlare positivamente di voi stessi, invece di essere autolesionisti. Non dite che non potete fare qualcosa, ma dite a voi stessi che potete farlo. Non lasciatevi mai abbattere e ammettere la sconfitta. Al contrario, spostate la vostra mente sul lato positivo di una situazione, ad esempio vedendola come una lezione di apprendimento che vi aiuterà a crescere come persona. Non soffermatevi sulle emozioni o sugli stati d'animo negativi, ma siate proattivi e concentratevi volontariamente sul loro contrario. È utile ricordare un momento della vostra vita in cui avete provato quell'emozione positiva che state cercando di indurre in voi. Se ne conservate il ricordo nella vostra mente, inizierete a influenzare il sentimento negativo e a trasformarlo in uno positivo. Per cambiare il vostro stato d'animo, dovete cambiare il vostro stato. Non dimenticatelo mai. Il fallimento è una scelta.

Un altro metodo per superare le emozioni negative è quello di spostare la mente in uno stato attivo, impegnandosi in un'attività ispiratrice. Ricordate che per essere ispirati bisogna essere nello Spirito. Un atto di ispirazione implica la sintonia con l'energia dello Spirito, che influisce positivamente sulla coscienza. Per essere ispirati, si può anche praticare un'attività fisica, che trasforma l'emozione negativa aumentando l'Elemento Fuoco nel corpo.

Un altro metodo per essere nello Spirito è quello di sintonizzarsi direttamente con la mente, bypassando il corpo, e impegnarsi in qualche attività creativa che coinvolga l'Elemento Fuoco e l'immaginazione (Elemento Aria), spostando lentamente l'energia da negativa a positiva. Creare significa sintonizzarsi con la positività di se stessi, poiché per creare è necessaria l'energia dell'amore. Alcune attività fisiche essenziali per sviluppare la forza di volontà sono camminare, correre, fare Yoga (Asanas), praticare sport o ballare. Le attività creative includono la pittura, il canto e la scrittura.

Costruire la forza di volontà non è un compito facile e ci vogliono molti anni per superare la paura e l'ansia dopo il risveglio della Kundalini. Ma se vi applicherete e farete piccoli passi ogni giorno per portare a termine questo compito, vi trasformerete in un vero Guerriero Spirituale in grado di affrontare tutte le situazioni della vita in modo rilassato e calmo. Lavorando per raggiungere questo obiettivo, l'energia d'amore che portate nel cuore si espanderà fino a superarvi e a conquistarvi completamente. L'amore è la chiave di questo processo: l'amore per se stessi e l'amore per gli altri.

LA FORZA DELL'AMORE

L'amore trasmette/trasforma qualsiasi emozione o pensiero carico di negatività in uno positivo. Anche creare e usare l'immaginazione è un atto d'amore. L'energia dell'amore alimenta il processo creativo, necessario per vedere modi alternativi di percepire il contenuto della mente. I pensieri e le emozioni positive possono essere indotti solo dall'amore. Applicando l'energia dell'amore a un'emozione o a un pensiero negativo, basato sulla paura, ne cambiate la forma e la sostanza. L'amore agisce come forza di fusione tra due idee opposte, neutralizzando ed eliminando completamente la paura, motore di tutti i pensieri negativi.

Nel Chakra della Corona, questo processo è volontario e continuo. Per questo motivo, la Corona è considerata il massimo della coscienza e priva di Ego. La paura esiste solo a livello mentale, dove si verifica la dualità. Può essere paragonata a una Falsa Evidenza che Appare Reale (FEAR). In altre parole, la paura deriva da una mancanza di comprensione o da un'interpretazione impropria degli eventi.

L'unico modo per interpretare un evento è l'amore. La mancanza di amore crea paura, che produce Karma, poiché il Karma esiste come salvaguardia del Piano Spirituale. Il Karma è il risultato di ricordi di eventi interpretati in modo improprio per mancanza di comprensione, creando una divisione tra il Sé e il resto del mondo. Questa divisione genera paura. Tuttavia, se si elimina la paura, rimane l'unità, che genera la fede. Attraverso la fede, troverete l'amore, che è il massimo della comprensione umana.

Imparando a operare attraverso l'amore incondizionato, si Spiritualizza il Chakra del Cuore, che permette alla coscienza di elevarsi sul Piano Spirituale per sperimentare i tre Chakra superiori di Vishuddhi, Ajna e Sahasrara. Questo stato crea un'estasi nel cuore, manifestando il Regno dei Cieli di cui parla Gesù Cristo. Una volta raggiunto, ci si siede alla destra di Dio e si è un Re o una Regina del Cielo, metaforicamente parlando.

Questa è l'interpretazione esoterica degli insegnamenti di Gesù Cristo. Non è un caso che egli sia sempre stato raffigurato simbolicamente con un cuore ardente e un'aureola intorno alla testa. Gesù completò il processo di risveglio della Kundalini e venne a raccontarlo agli altri, anche se trasmise i suoi insegnamenti in parabole criptiche, in modo che solo i meritevoli potessero capire. Gesù sapeva che non bisognava mai gettare "perle davanti ai porci", che era il metodo tradizionale di trasmissione degli insegnamenti Spirituali ed esoterici nei tempi Antichi. Come dice *il Kybalion*, "Le labbra della saggezza sono chiuse, se non alle orecchie della comprensione".

In questo Universo, tutte le cose si evolvono e si risolvono nel luogo in cui hanno avuto origine. Poiché il nostro Universo è stato creato dall'amore e tutto è un suo aspetto, l'amore è anche il fattore unificante di tutte le cose e del loro prodotto finale. Mantenendo un atteggiamento amorevole nel vostro cuore, mettete a tacere le altre parti della vostra mente che creano caos e squilibrio. L'amore mette a tacere l'Ego e vi centra in modo da mettervi in contatto con la vostra Anima e il vostro Sé Superiore. Per il suo potere di trasformazione, l'amore viene rappresentato simbolicamente come il fuoco, poiché l'Elemento Fuoco consacra e purifica tutte le cose, riportandole al loro stato originale e puro.

Allo stesso modo, grazie al suo potere Universale, tutte le cose si inchinano all'amore. Ciò significa che una volta che si applica l'amore a qualsiasi azione, le altre persone risponderanno allo stesso modo. L'amore esige rispetto. Dice la verità e costringe gli altri a fare lo stesso. L'amore è la Legge dell'Universo, soprattutto quando viene applicato consapevolmente. In quanto tale, l'amore deve essere governato dalla volontà.

Non ci sarebbe bisogno di governi e di polizia se tutte le persone risvegliassero la loro energia Kundalini. Si attiverebbero le virtù superiori delle persone e, poiché l'amore sarebbe la forza guida di tutte le loro azioni, i problemi tra le persone cesserebbero di esistere. Le lotte e le divisioni finirebbero e il mondo si equilibrerebbe. Non c'è da stupirsi se tutte le persone Spirituali affermano che la più alta manifestazione di Dio sul nostro Piano di Esistenza è l'amore.

Pensate ai molti casi del passato in cui un famoso poeta, musicista o artista ha avuto il cuore "spezzato". Feriti nei loro sentimenti, si sono rivolti all'espressione attraverso l'attività creativa in cui erano maestri. E così facendo, hanno guarito se stessi. L'amore è il guaritore definitivo di ogni dolore e sofferenza. E il Fuoco è l'Elemento trasformativo assoluto, usato per trasformare l'energia negativa della paura e dell'ansia in amore puro.

L'AMORE E IL PRINCIPIO DI POLARITÀ

Per capire come funziona l'energia a livello psicologico, è necessario comprendere il concetto di stanza buia e cosa succede quando si lascia entrare la Luce. Potete passare un'Eternità a concentrarvi sul buio e a cercare di espellerlo dalla stanza, oppure potete semplicemente aprire una finestra per far entrare la Luce.

L'idea alla base di questa metafora è di concentrarsi sull'opposto di ciò che si sta cercando di superare dentro di sé. Per farlo, è necessario utilizzare il Principio Ermetico della Polarità, che è presente in tutte le cose. Esso afferma che ogni cosa in natura è duale e ha due poli o estremi, diversi per grado ma fatti della stessa sostanza. Questo Principio implica che tutte le verità sono mezze verità e che tutti i paradossi possono essere riconciliati.

Scoprirete che l'energia dell'amore, in una delle sue varie forme, è l'opposto di qualsiasi pensiero o idea negativa che incontrerete nella vita. Per esempio, se una persona mente, si sarà rivolta all'odio di Sé, mentre se applica l'amore a questa equazione, dirà la verità.

Dire la verità significa amare se stessi e gli altri. La verità è un aspetto dell'amore. Se uno è arrabbiato e violento, deve usare un aspetto dell'amore e applicare la temperanza, che gli darà umiltà e, a sua volta, supererà la rabbia. Se uno è avido, deve usare l'energia dell'amore e applicarla per diventare caritatevole e dare agli altri come fa con se stesso.

La nozione dei sette peccati capitali - lussuria, golosità, avidità, accidia, ira, invidia e orgoglio - è alla base della maggior parte dei pensieri, delle emozioni e delle convinzioni negative. L'applicazione dell'energia dell'amore trasforma questi stati negativi in stati positivi: castità, temperanza, carità, diligenza, pazienza, gentilezza e umiltà.

La paura è l'opposto dell'amore e i sette peccati capitali si basano su diversi aspetti o manifestazioni della paura. Nella maggior parte dei casi, l'energia della paura è motivata dall'istinto di sopravvivenza, per cui la persona si dissocia dal resto del mondo e si individualizza e si isola psicologicamente. Il concetto è quello di prendersi cura di se stessi, ma nel caso dei sette peccati capitali, questo concetto lo fa senza il dovuto rispetto per le altre persone.

Mettere se stessi davanti agli altri e non rispettarli crea una mancanza di uguaglianza e di equilibrio. Questo è un atto di amor proprio, invece dell'amore Universale che ci libera. Operando dall'amor proprio, si agisce dall'Ego. Operare a partire dall'Ego vi isola dal resto del mondo e vi toglie il canale dell'amore, necessario per essere veramente felici, gioiosi e soddisfatti di voi stessi e della vostra vita.

L'EGO E IL SÉ SUPERIORE

È difficile distinguere tra l'Ego e il Sé Superiore, soprattutto se si è in conflitto con qualcuno e nella foga del momento. Prima di rispondere a una controversia, mi piace sempre pormi le seguenti domande: "Come influisce sul quadro generale ciò che sto per dire o fare? In modo positivo o negativo? Aiuterà o danneggerà la situazione?". In altre parole, "la situazione si risolverà o si complicherà ulteriormente? Se ciò che sto per dire o fare aiuta solo me e danneggia gli altri, il che è spesso una risposta istintiva, proviene dall'Ego. Se invece influisce positivamente su una situazione e potenzialmente la risolve, anche se danneggia il mio orgoglio, allora proviene dal Sé Superiore e dovrei procedere.

L'Universo rende la formula molto semplice. Se le nostre azioni o affermazioni nella vita causeranno un cambiamento positivo nella vita degli altri, attiveranno il principio dell'amore e raggiungeremo l'unità. Le azioni altruistiche sono le più favorevoli per la nostra Evoluzione Spirituale, poiché creano un Karma positivo e inducono beatitudine. Tuttavia, le azioni egoistiche dirette solo a soddisfare i propri bisogni e desideri, senza curarsi degli altri, attaccano l'energia Karmica negativa alla vostra Aura e legano ulteriormente l'Ego alla vostra coscienza. Essere egoisti a parole o nelle azioni produce sempre frutti tossici che rendono più grande l'illusione del Sé. Ricordate che la più grande truffa dell'Ego è quella di farvi credere di essere voi. Quindi non cascateci.

Più aiutate gli altri e meno vi concentrate su voi stessi, più amore e unità sentirete con tutte le cose. Tuttavia, fare ciò non solo confonde l'Ego, ma è anche controintuitivo. Per questo motivo, l'Ego cercherà sempre di influenzarvi nella direzione opposta. Ma se procedete con un'azione o un'affermazione che attiva il principio dell'amore, anche se compromette l'Ego, vi allineerete con il vostro Sé Superiore e potrete sperimentare la beatitudine. In molti casi, però, dovrete crederci prima di vederlo, perché l'Ego è infedele per natura e per questo non riesce a vedere il quadro generale.

Per dare veramente priorità alla vostra Evoluzione Spirituale, dovete iniziare ad assumervi la piena responsabilità delle vostre azioni, compresi i conflitti nella vostra vita. Smettete di dare la colpa agli altri, ma capite che bisogna essere in due per ballare il tango. Essere i primi a chiedere scusa non vi rende deboli, ma dimostra che vi state assumendo la responsabilità della vostra parte nel conflitto. Inconsciamente, questo fa capire all'altra persona che deve fare lo stesso.

Al contrario, se continuate a stare sulla difensiva, loro ricambieranno il favore e nulla si risolverà. Il conflitto continuerà ad aggravarsi, facendo sì che la vostra energia amorosa con quella persona si interrompa e mettendo addirittura a repentaglio la vostra relazione. Le persone tendono a rispecchiare il comportamento dell'altro, soprattutto durante i conflitti. Pertanto, fate attenzione alle vostre azioni e alle vostre affermazioni, perché ciò che mettete dentro, lo ricevete indietro.

Sviluppando voi stessi in un Guerriero Spirituale, un emissario di Dio-Creatore, lavorate per espandere la vostra capacità di amare incondizionatamente. Per prima cosa, dovete imparare ad amare e rispettare voi stessi, il vostro Sé Superiore, e poi applicare la stessa quantità di amore alle altre persone. Di conseguenza, mostrando amore agli altri, mostrate amore al vostro Sé Superiore e viceversa. Dovete rimodellare il vostro carattere e la vostra personalità, sviluppando un'etica e una morale che cerchino l'unità anziché la divisione. Così facendo, vi allontanerete dal vostro Ego, consentendo una completa trasfigurazione della mente, del corpo e dell'Anima che può portare una felicità eterna alla vostra vita.

ESSERE CO-CREATORI DELLA PROPRIA REALTÀ

Molte persone sperimentano enormi sfide a livello mentale ed emotivo dopo un risveglio della Kundalini. Dopo l'afflusso dell'energia di Luce e la sintonizzazione con la Dimensione della Vibrazione, non ci si può più chiudere al mondo esterno, ma la coscienza è aperta ad esso 24 ore su 24, 7 giorni su 7. Quando ciò accade, l'individuo può percepire l'energia Kundalini come qualcosa di estraneo che non fa parte di lui, eppure controlla la sua vita. Ad esempio, molti individui risvegliati dicono di sentirsi posseduti da questa energia e che la risposta corretta è una resa totale ad essa. Tuttavia, l'energia Kundalini è passiva, poiché è l'energia femminile della Dea Shakti. Questa energia Vitale ci richiede di partecipare attivamente al processo di Creazione, poiché tutte le energie passive hanno bisogno di un catalizzatore che le metta in moto.

Il cuore è il principio motivante, il primo impulso che riceve la spinta dalla forza di volontà, il Fuoco dell'Anima. Se la forza di volontà viene utilizzata in modo continuativo, essa energizza il cuore, muovendo la mente, e il corpo la segue. Dopo un risveglio completo della Kundalini, il sistema energetico ottimizzato opera come una forza cieca finché la forza di volontà non lo controlla. Poiché la forza di volontà è maschile, agisce sull'energia femminile della Kundalini, animandola e facendola muovere nella direzione desiderata.

In effetti, la Kundalini è un'energia femminile, che rappresenta la creatività, l'immaginazione e tutte le parti del Sé, che rappresentano la corrente energetica negativa e passiva. A questo proposito, bisogna capire che le correnti energetiche negative e positive non hanno nulla a che fare con il bene e il male, ma riguardano la proiezione e la ricezione: l'energia maschile proietta, mentre quella femminile riceve. Poiché il risveglio della Kundalini è un processo completo di trasformazione, non coinvolge solo l'aspetto femminile del Sé, ma anche quello maschile. Il risveglio sfida a usare la nuova energia maschile espansa usando la forza di volontà, che permette di essere sempre padroni della propria realtà.

È fondamentale controllare attivamente il funzionamento della mente, che a sua volta influenzerà e controllerà il corpo. Il precursore di ogni azione è il pensiero, mentre il progenitore dei pensieri è la forza di volontà. La forza di volontà è alla base di tutte le cose.

Pertanto, essere Co-Creatori con il Creatore è la sfida sostanziale della trasformazione Kundalini, una sfida che dovete iniziare a superare ogni giorno.

Siamo sul Pianeta Terra per manifestare qualsiasi realtà desideriamo ed è un dono del nostro Creatore avere questa capacità. Tuttavia, se non usiamo questa capacità al massimo del nostro potenziale, soffriremo emotivamente e mentalmente. Inoltre, se non usiamo la nostra forza di volontà per controllare la nostra realtà, saremo invariabilmente influenzati da altri che penseranno per noi. Pertanto, non c'è altro modo di vivere che assumersi la piena responsabilità della propria vita.

Inoltre, se il corpo non è mosso dalla mente, si cade preda del funzionamento dell'Ego, che è un'intelligenza separata dall'Anima e dallo Spirito che sembra funzionare in automatico. L'Ego è legato alla sopravvivenza del corpo fisico e opera attraverso l'Elemento passivo dell'Acqua. Se la vostra forza di volontà non è attiva, sarete costantemente sotto il controllo del corpo e dell'Ego. La forza di volontà è un muscolo che richiede un allenamento, che può essere impegnativo da svolgere ma gratificante oltre misura. L'energia cieca della Kundalini non dovrebbe animare il corpo senza che la forza di volontà sia presente e in uso, poiché ciò implica che i fattori esterni siano il suo catalizzatore. Invece, la forza di volontà dovrebbe controllare l'energia della Kundalini, che poi influisce sulla mente, mettendo in moto il corpo.

Mente su Materia è un'affermazione falsa. È il cuore che sovrasta la mente, che ha un impatto sulla Materia. Il cuore viene prima di tutto, poiché la forza di volontà opera attraverso di esso. La mente è solo un mezzo cieco tra il corpo e il cuore. Se non riceve le impressioni dalla forza di volontà, accoglierà le idee dalle volontà altrui e non ci sarà più il controllo dell'energia Kundalini. Al contrario, sarà la mente ad avere il controllo. Le persone sbagliano questa parte. A volte si comportano come se la Kundalini fosse qualcosa di esterno al Sé che deve essere ascoltato e seguito, dimenticando lo scopo generale del risveglio della Kundalini.

Kundalini è il risveglio del Sé Spirituale, del cuore e della forza di volontà del Vero Sé, che ora può riversarsi nel corpo e controllarlo attraverso la mente. Prima di ottenere questo risultato, però, è necessario fare molto lavoro all'interno. Bisogna allenarsi a combattere la negatività del mondo esterno e a superarla. Il mondo esterno, comprese le persone e l'ambiente, crea costantemente negatività che si proietta nella vostra Aura, influenzando negativamente il vostro campo energetico.

La sfida più significativa dopo il risveglio della Kundalini è imparare a vivere quotidianamente con l'energia. È necessario comprendere i dettagli della convivenza con questa energia e controllarla invece di esserne controllati. Quando si subisce una trasformazione della Kundalini, entra in gioco il Principio del Genere Mentale *del Kybalion*, che afferma che le componenti femminili e maschili dell'Universo sono presenti anche nella mente. Se non usate la vostra forza di volontà, le vostre energie saranno guidate da fattori esterni, come la forza di volontà di altre persone. Questo Principio o Legge dell'Universo non può essere superato o distrutto. Deve invece essere rispettato e applicato. Il Aibero arbitrio è un dono che richiede la nostra massima attenzione. Dopo tutto, "Da un grande potere derivano grandi responsabilità". E se si vuole esercitare un grande potere ed essere un catalizzatore del cambiamento, per avere successo è necessario un duro lavoro interiore.

MANIFESTARE IL PROPRIO DESTINO

Per manifestare la vita che avete sempre sognato, non avete altra scelta che allinearvi con la vostra forza di volontà e imparare a usarla. D'altra parte, la pigrizia e l'incapacità di mettere in pratica la vostra forza di volontà si tradurranno in ogni caso in stagnazione o decadenza. Inoltre, trasformerà la vostra vita in un caos, in cui diventerete la Luna dei Soli altrui, invece di essere il vostro Sole, il centro del vostro Sistema Solare. In altre parole, saranno gli altri a comandare la vostra realtà, poiché la vostra attenzione sarà rivolta a compiacere loro invece che voi stessi.

Dovete capire che dovete amare voi stessi prima di poter amare in modo sano gli altri. Mostrare amore a se stessi significa prendere le proprie decisioni nella vita e guidare il proprio cammino. Dovete riporre tutta la vostra fiducia e fede in voi stessi e sapere che siete un dono per questo mondo. Siete unici, anche se dovete crederci ciecamente prima di vederlo manifestato. Le altre persone possono darvi dei consigli che dovrete soppesare con pensiero critico e discernimento, ma ogni decisione che prendete deve essere vostra.

Uno dei grandi misteri della vita è che siamo destinati ad essere Co-Creatori con il nostro Creatore. Non siamo destinati a essere semplici riflessi delle realtà altrui. Con Dio nel cuore, possiamo vivere i nostri sogni e, così facendo, aiuteremo l'evoluzione collettiva dell'umanità. Gli esseri umani sono intrinsecamente buoni, ma credere in se stessi è di primaria importanza se si vuole superare l'Ego e allinearsi con il proprio Sé Superiore. Vedete, la maggior parte delle persone non cerca il significato della vita, ma sente l'eccitazione cruda di essere viva. Tutti vogliamo vivere il momento e assaporare i frutti dello Spirito Eterno, che è il nostro diritto di nascita.

Per iniziare a manifestare il vostro destino, dovete lasciare andare tutte le convinzioni limitanti che vi hanno permesso di accontentarvi di una vita mediocre. Voi non siete i vostri condizionamenti del passato e in ogni momento di veglia avete il potere della vostra volontà di rifarvi completamente. Avete il libero arbitrio, ma dovete imparare a esercitarlo e a usarlo in modo produttivo. Poi potrete essere l'eroe della vostra storia, se lo vorrete. È una grande responsabilità, ma come ha detto Voltaire: "Da un grande potere derivano grandi responsabilità".

Imparando a non temere i cambiamenti, potete realizzare i desideri della vostra Anima ed essere felici. Tuttavia, prima di tutto, dovete abbracciare il vostro diritto, conferito da Dio, di essere Co-Creatori della vostra vita. Le persone pigre e demotivate se ne stanno con le mani in mano e lasciano che la vita passi loro davanti, nutrendo una falsa convinzione su quale sia il destino. Hanno rinunciato alla loro forza di volontà e si illudono che tutto ciò che deve accadere accadrà. Ma in realtà, se non si fa in modo che qualcosa accada, non accadrà. È così semplice.

Se sperate e pregate continuamente di vincere alla lotteria, ma non avete nemmeno comprato un biglietto della lotteria, come pensate di vincere? Molte persone che ho incontrato hanno questo punto di vista. Vogliono credere che sia solo una questione di tempo prima che l'Universo li ricompensi per le loro "difficoltà", ma non fanno assolutamente nulla per essere il catalizzatore del cambiamento nella loro vita. Credono che la loro posizione e le condizioni della loro vita derivino da fattori esterni e che tutto sia "destinato ad essere". Queste persone non si assumono alcuna responsabilità per la loro realtà e si comportano come vittime di tutto ciò che la vita gli propone. Hanno trovato conforto in questo processo di vittimizzazione e, invece di uscirne e prendere il controllo, incolpano gli altri e l'Universo stesso del fatto che non sono felici della loro vita.

Il punto di vista di cui sopra è errato nella sua essenza. Comprendete che l'Universo è un contenitore di energia cieca che richiede l'uso del nostro Libero Arbitrio per attuare un cambiamento. Senza l'uso della forza di volontà, le cose rimarranno così come sono, permettendo all'Ego di avere il controllo completo sulla vostra vita. E l'Ego vuole dare piacere al corpo in ogni momento; non si preoccupa del futuro. Ricordate sempre che l'Universo vuole darvi ciò che volete. Se scegliete di essere pigri, l'Universo vi darà le conseguenze di questa azione. Se invece vi assumete la responsabilità della vostra vita e fate dei cambiamenti, l'Universo vi ricompenserà.

Aspettatevi che l'Universo porti a compimento qualsiasi pensiero e desiderio che proiettate nel Mondo Astrale, quindi fate attenzione a ciò che pensate e desiderate. Questo Principio Universale che costituisce la Legge di Attrazione deve essere usato con precisione e grande responsabilità. Soffrirete se lo userete a casaccio, poiché nulla si manifesta per caso. Tutto ciò che si è manifestato nella vostra vita è il risultato del fatto che avete magnetizzato il Mondo Astrale con i vostri pensieri. Avete chiesto di essere dove siete nella vita, sia consciamente che inconsciamente. Finché non ve ne renderete conto, non potrete progredire ulteriormente. Se lasciate che gli altri pensino per voi, essi prendono il controllo della vostra realtà mentre voi siete semplicemente un passeggero del vostro viaggio, il che è doloroso per il vostro Creatore. Dio vuole che siate dei vincitori nella vita, non dei perdenti a cui le cose accadono semplicemente senza il loro controllo cosciente.

Nessuno, compresi i vostri genitori e i vostri cari, può dirvi come vivere la vostra vita. Solo voi potete deciderlo da soli. Ed è vostra responsabilità permettervi di capirlo. Potete raggiungere qualsiasi obiettivo e sogno se applicate l'energia giusta per manifestarlo e se siete determinati, persistenti e decisamente testardi nel realizzarlo. Se lasciate che siano gli altri a dirvi cosa dovreste fare, allora avete fallito con voi stessi e con il vostro Creatore.

Il cammino dell'iniziato alla Kundalini è il cammino di un guerriero Spirituale. L'avanzamento Spirituale richiede la partecipazione attiva del Sé con l'Universo, che implica il ruolo di Co-Creatore in questa realtà. Questo percorso Spirituale non consiste nel diventare solo un Re o una Regina del Cielo. Richiede che prima si diventi un Re o una Regina dell'Inferno. In altre parole, dovete imparare a gestire la negatività e a dominarla. Dovete dominare tutte le parti del Sé che vi impediscono di essere la versione migliore di voi stessi. Dovete invocare il coraggio, affrontare le vostre paure e superarle, imparando ad ascoltare la voce nella vostra testa che vi ispira a vivere nella Luce e nella verità.

Gli individui completamente risvegliati dalla Kundalini, in contatto con il mondo dell'energia, ricevono costantemente influenze energetiche positive e negative dall'esterno e dall'interno. Sono completamente aperti alle forze della Luce ma anche dell'Oscurità. Vivere con una Kundalini risvegliata è molto più impegnativo che vivere senza, perché richiede di abbracciare questa nuova realtà e di fare uso dei nuovi poteri. Vi richiede di usare il vostro Principio di Libero Arbitrio a un livello più alto di prima. Dovete motivare voi stessi e cercare le risposte dentro di voi, invece di cercarle all'esterno. Dovete essere il vostro salvatore, invece di aspettare che una Divinità scenda dal Cielo per salvarvi.

Poiché il risveglio della Kundalini è un'attivazione completa del Chakra del Cuore, è essenziale notare che il cuore diventa la forza guida della vostra vita. Il cuore è l'opposto dell'Ego. L'Ego cerca di soddisfare il corpo fisico, mentre il cuore è espressione dell'Anima e dello Spirito. Pertanto, imparare a vivere rinnovati dal centro del cuore e a usare la forza di volontà in ogni momento è una delle sfide più grandi in assoluto, ma che, se padroneggiata, dà i frutti più incredibili.

VITA SCOLASTICA E LAVORATIVA

Una delle sfide più importanti del processo di risveglio e trasformazione della Kundalini è il rendimento al lavoro o a scuola. Mi riferisco al lavoro e alla scuola, dal momento che sto parlando degli obblighi dalle nove alle cinque che ci assumiamo per mantenere uno stile di vita sano. Nella società moderna avete bisogno di soldi per sopravvivere; quindi, immagino che abbiate avuto un lavoro quotidiano che vi sostiene finanziariamente. D'altra parte, se siete giovani e avete appena iniziato la vostra vita, forse non lavorate ancora a tempo pieno e frequentate la scuola, come facevo io quando ho avuto il primo risveglio della Kundalini. O forse vi state destreggiando tra il lavoro e la scuola e siete stati graziati dal risveglio della Kundalini, spontaneo o indotto consapevolmente.

In ogni caso, se avete scelto di resistere al lavoro e (o) di rimanere a scuola, la vita vi porrà di fronte a sfide particolari lungo il cammino. Ne ho già parlato brevemente, ma sento il bisogno di approfondire questo argomento. In primo luogo, avrete esperienze notturne in cui l'energia Kundalini è molto attiva e non potete indurre il sonno per essere completamente riposati al mattino. È una situazione a cui dovrete adattarvi presto. Non potete cambiarla, ma solo adattarvi.

Il mio consiglio è di imparare a rilassarsi il più possibile. Trovate la posizione di sonno più adatta a voi. Se dormite su un fianco, è probabile che vi addormentiate più profondamente rispetto alla posizione supina. Se vi sdraiate sulla schiena, il vostro corpo si trova in uno stato meditativo che, molto spesso, si traduce in un'esperienza Extra-Corporea e in un Sogno Lucido. I Sogni Lucidi sono divertenti ed emozionanti, ma non vi daranno il sonno profondo di cui avete bisogno se l'obiettivo è quello di essere il più riposati possibile al mattino per poter affrontare le vostre giornate di lavoro. Ricordate che i Sogni Lucidi si verificano nello Stato Alfa, quando la coscienza non è né completamente addormentata né completamente sveglia. Spesso sono accompagnati dal sonno REM, che significa "Movimento Rapido dell'Occhio". Durante la fase REM, gli occhi si muovono verso la nuca mentre si dorme. Non è pericoloso essere in modalità REM, ma può essere faticoso e stressante per il corpo.

Quando si è al lavoro o a scuola, può capitare di non sentirsi più equilibrati dal punto di vista emotivo o mentale e di avere un "episodio" di fronte ai colleghi o ai coetanei. Se volete rimanere in incognito agli occhi degli altri, è meglio che vi mettiate in una mentalità diversa mentre siete al lavoro o a scuola. Riservate le vostre emozioni a quando siete soli o avete un familiare o un amico speciale con cui confidarvi.

Un episodio emotivo di fronte a persone di cui non ci si può fidare mette a rischio il lavoro. Ricordo molti casi in cui ho dovuto mantenere la calma di fronte al mio capo o ad un professore a scuola per preservare la mia integrità lavorativa o scolastica. È difficile avere a che fare con le figure autoritarie durante una trasformazione Kundalini, perché non capiranno quello che state passando, ma il loro compito è quello di tenervi in riga. Come ho già detto, è utile avere a portata di mano delle scuse accettabili e spesso non avrete altra scelta che mentire sulla vostra situazione per ottenere un lasciapassare.

Sentirsi alienati a causa della condizione in cui ci si trova renderà la vita molto più complicata che se si dicesse una bugia. È utile farsi degli amici al lavoro o a scuola, perché a volte avrete bisogno di loro per coprirvi. Cercate sempre di impegnarvi di più con queste persone, perché vi saranno molto utili in certe situazioni. Ricordo che a scuola c'erano degli amici intimi che mi facevano entrare nelle lezioni del mattino quando non riuscivo ad arrivare in tempo perché non riuscivo a dormire la sera prima. Questa situazione mi è capitata molte volte. È capitato anche che, se mi sentivo giù di morale, i miei colleghi mi coprissero con scuse per il mio capo, il cui compito è sempre quello di valutare le prestazioni lavorative dei suoi dipendenti.

Ricordate che la maggior parte delle persone non capirà quello che state passando, ma gli amici e i familiari possono accettare che a volte abbiate bisogno di aiuto per qualsiasi cosa vi stia accadendo. Le persone che vi amano mostreranno comprensione e offriranno assistenza anche se potrebbero non comprendere appieno la vostra situazione. Pertanto, non scartate del tutto le persone che fanno parte della vostra vita solo perché non riescono ad immedesimarsi nella vostra situazione. Un vero amico non vi giudica, ma vi mostra amore quando ne avete bisogno. Affrontando una trasformazione Kundalini, vedrete chi sono i vostri veri amici.

ISPIRAZIONE E MUSICA

Spesso le persone mi chiedono di dire loro come un risveglio della Kundalini migliora la loro vita quotidiana. Sebbene si tratti di un meccanismo evolutivo che può proiettarvi in un altro stato di realtà, l'effetto pratico di cambiamento è che vi rende ispirati. Essere ispirati implica che siete nello Spirito e non nell'Ego. State funzionando in uno stato di realtà superiore in cui tutto sembra possibile. Collegandovi all'ineffabile, Eterna e illimitata energia dello Spirito, potete esplorare il vero potenziale della vita.

Il Regno Spirituale è un luogo di puro potere e di infinite possibilità. È possibile accedervi solo attraverso l'Adesso, il momento presente. Il risveglio della Kundalini innesca questo stato dentro di voi. Una volta che il circuito della Kundalini è aperto e ottimizzato, nutrendosi di ogni boccone di cibo, attiva un processo continuo di ispirazione.

Certo, oscillerete tra l'Ego e lo Spirito quando darete la priorità ai compiti della vostra vita, poiché dovrete ancora occuparvi dei suoi aspetti mondani. Tuttavia, sarà accompagnato da questo movimento perpetuo dell'energia Kundalini dentro di voi, che è fonte di ispirazione illimitata. Crea un senso di meraviglia e di innocenza, lo stesso che vedreste in un bambino che non ha ancora sviluppato un Ego. È bello e mozzafiato ogni momento di ogni giorno, soprattutto una volta raggiunto il punto dell'evoluzione in cui potete vedere la Luce in tutte le cose, come ho descritto in precedenza.

Vedete, la Kundalini è la nostra via di ritorno alla Fonte di tutta la Creazione. Quando raggiungiamo questo stato di coscienza, le attività della vita diventano senza sforzo. Il dolore e l'ansia della vita umana, compresa la sofferenza mentale ed emotiva, vengono sostituiti dall'ispirazione, dalla realizzazione, dalla pace interiore e dalla felicità duratura. La gioia che si prova nel cuore e l'estasi che ne deriva sono illimitate. In effetti, per vivere pienamente come esseri umani Spirituali e ottenere il massimo dalla vita, abbiamo bisogno di essere ispirati. E il risveglio della Kundalini ci dà questo.

Molte volte, nella mia vita, mi sono trovato in stati estatici tali da dover stringere i denti per bloccare la sensazione, mentre l'energia Kundalini scorreva attraverso di me. Spesso ho sperimentato gli stati di ispirazione più intensi semplicemente ascoltando musica. Il vostro gusto musicale determina il tipo di emozione che proverete, poiché tutta la musica cerca di creare un sentimento in voi. Il mio tipo di musica preferito e quello che più amplifica la mia energia Kundalini è la musica epica da film. Questa include la musica da film di compositori come Hans Zimmer, che ha realizzato la colonna sonora della Trilogia del Cavaliere Oscuro, L'Ultimo Samurai, Il Gladiatore, The Rock, La Sottile Linea Rossa, King Arthur, Dune, L'Uomo d'Acciaio, Inception, Interstellar e molti altri.

I film che ispirano e che portano la mente e il cuore in un viaggio emotivo trattano generalmente temi di coscienza superiore. I temi dell'onore, della lealtà, del rispetto e della meraviglia mistica sono tra i miei preferiti, poiché attingono alle parti più profonde della mia Anima che la trasformazione Kundalini ha risvegliato. Questi temi e la musica epica dei film mi ispirano e mi mantengono in stati molto elevati durante il giorno, permettendomi di scrivere, disegnare e attingere in altro modo alla mia creatività espansa.

Ascolto musica ogni giorno, a volte per ore e ore. Questo mi mette in uno stato d'animo ispiratore, in cui mi sembra che qualsiasi cosa stia ascoltando sia la colonna sonora di qualsiasi attività stia svolgendo. Per esempio, guidando e ascoltando la musica di un film epico mi sembra che qualsiasi canzone stia ascoltando faccia parte della colonna sonora della mia vita. Ho scoperto che la musica è la fonte di ispirazione più significativa nel mio viaggio Kundalini e sono così grato di far parte di una società in cui sono presenti così tanti musicisti e compositori straordinari.

PARTE X: CONTROLLO DEI DANNI DELLA KUNDALINI

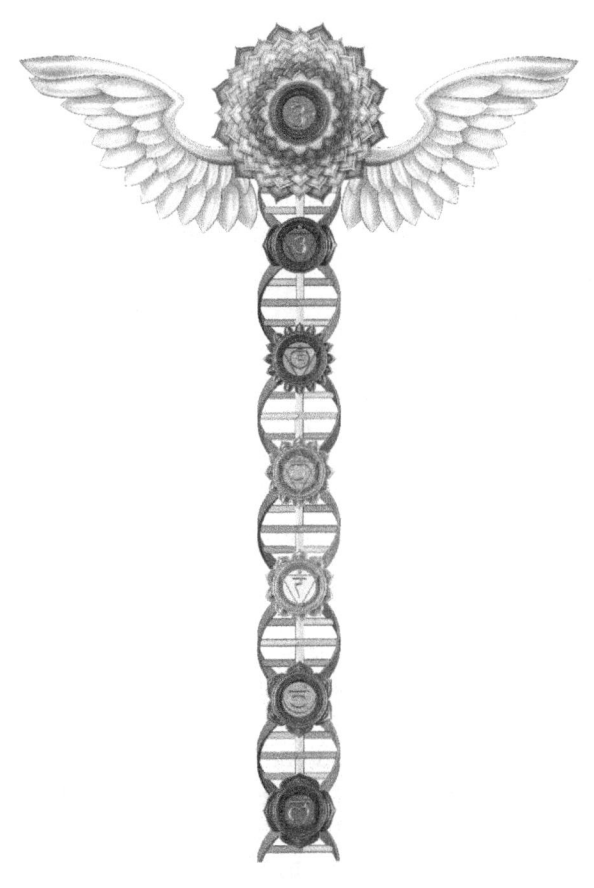

KUNDALINI E CORTOCIRCUITI

Durante il processo di risveglio della Kundalini e l'integrazione dell'energia in voi stessi, probabilmente incontrerete alcune insidie che possono verificarsi come risultato di un cortocircuito di Ida o Pingala. Parlando con molte altre persone risvegliate dalla Kundalini sui social media e di persona, ho scoperto che questi "cortocircuiti" sono un problema comune. Tuttavia, la maggior parte delle persone non sa che è possibile ricollegare i canali Ida e Pingala per creare di nuovo un flusso energetico corretto nella testa. Io chiamo questo processo "riavvio manuale della Kundalini". Potete riavviare il sistema manualmente con gli esercizi di meditazione che ho scoperto, invece di aspettare che l'Universo vi aiuti.

Sushumna non può mai andare in cortocircuito perché il suo flusso di energia passa attraverso il tubo cavo della colonna vertebrale ed è collegato al centro del cervello, l'area del Terzo Ventricolo che contiene il Talamo, l'Ipotalamo, le Ghiandole Pineale e Pituitaria. Quando Sushumna raggiunge il centro del cervello, la sua energia si diffonde come tentacoli verso le parti esterne del cervello e della testa. Ma Ida e Pingala, in quanto canali accessori o Nadi, regolano la mente, il corpo e l'Anima e sono influenzati da pensieri ed emozioni. Per l'esattezza, Ida governa le emozioni, mentre Pingala controlla la forza di volontà. Ida è espressivo dell'Elemento Acqua, mentre Pingala è espressivo dell'Elemento Fuoco. È frequente che vadano in cortocircuito se la qualità dei pensieri e dei sentimenti all'interno si corrompe intensamente.

Nel corso degli anni, mi sono trovato molte volte in questa situazione. L'ansia prepotente per il futuro, la mente piena di paure, l'incapacità di pensare con chiarezza o l'ossessione per gli eventi passati sono pensieri o emozioni tipiche che possono ostacolare in modo sostanziale il sistema Kundalini. Vanno contro lo Spirito e portano fuori dall'Adesso, dal momento presente, spegnendo completamente la propria fonte di ispirazione, la Corona.

I cortocircuiti della Kundalini si verificano di solito a causa di un pensiero o di un'emozione basata sulla paura che domina la mente per un periodo prolungato. Esempi comuni sono la fine di una relazione sentimentale, la scomparsa di una persona cara, un'intensa pressione sul lavoro o a scuola, ecc. Tra gli eventi meno comuni vi sono lo stupro, il rapimento, la testimonianza di un omicidio o altre situazioni traumatiche in cui la vita è in pericolo. In tutti questi esempi di potenziali eventi della vita, alcuni meno gravi o raccapriccianti di altri, il filo conduttore è l'innesco dello stress e dell'ansia, che si ripercuotono sulla mente, sul corpo e sull'Anima.

Quando si verificano eventi del genere, il corpo si trova in modalità "lotta o fuga", con il Sistema Nervoso Simpatico in piena attività. L'Ego si aggrappa con tutte le sue forze ai pensieri negativi, cercando di elaborarli internamente. In questo modo, la coscienza viene allontanata dall'Elemento Spirito e dai Chakra superiori, facendo perdere la connessione con il fattore di trascendenza. A seconda della durata dello stress e dell'ansia, l'Ego può rapidamente superare il Sé Superiore durante questo periodo, mettendo in pericolo Ida, Pingala o entrambi i canali. Se in qualche modo si riesce a uscire in tempo da questo stato, si può evitare un cortocircuito, ma tutto dipende da ciò su cui si concentra l'attenzione per il tempo successivo.

La cosa più comune è un cortocircuito in Ida, il canale femminile, che si verifica perché le emozioni vengono sopraffatte dall'energia della paura. Ida è passivo, così come i sentimenti. Ricordiamo che se tutti e tre i canali funzionano correttamente, l'energia dello Spirito si libera all'interno del Sé, permeando il Corpo di Luce e provocando un'estasi Nirvanica. In questo stato, non si pensa né al passato né al futuro. Si esiste invece nell'Adesso, realizzando la trascendenza mistica di cui ho parlato.

Quando nel momento presente si è presi da qualcosa di emotivamente impegnativo che porta con sé un alto grado di energia di paura, si esce immediatamente da questo stato trascendentale. Se l'emozione negativa è abbastanza potente, può far collassare il canale Ida. Ciò significa che perderete il contatto con la trascendenza nelle emozioni, rendendo il vostro stato naturale carico di negatività. In questo modo, la vostra capacità di sperimentare la paura sarà enormemente aumentata.

Ricordate ciò che ho detto molte volte in precedenza: lo stato più elevato della coscienza risvegliata dalla Kundalini è quello in cui la dualità viene trascesa, compresa l'esperienza della paura. Un individuo pienamente risvegliato dalla Kundalini è destinato a superare completamente la paura. Tuttavia, a meno che non viviate in un Tempio o in un Ashram da qualche parte e siate lontani dall'imprevedibilità e dal caos della società moderna, incontrerete immancabilmente eventi della vita che vi faranno tornare in contatto con la paura. Dal modo in cui affrontate questi eventi dipende se riuscirete a preservare l'integrità del sistema Kundalini o se le cose si sbilanceranno.

Poiché Pingala è legato al modo in cui esprimete la vostra forza di volontà, può anche crollare a causa dell'inattività e del non seguire la vostra vera volontà. Se ciò accade, non ricevete più l'afflusso dell'Elemento Fuoco. Potrete avere una trascendenza nelle emozioni, ma vi mancherà l'ispirazione. Il necessario slancio di energia maschile, di cui avete bisogno per lottare nella vita, verrà a mancare per il momento. Diventerete stagnanti nel vostro percorso di vita e non realizzerete granché.

D'altra parte, non c'è obiettivo troppo alto né compito troppo difficile quando Pingala è pienamente attivo. È meno probabile che Pingala vada in cortocircuito, purché si segua il proprio percorso Spirituale e si agisca coerentemente con la propria forza di volontà. Si suppone che Ida e Pingala si bilancino a vicenda quando funzionano correttamente. La trascendenza delle emozioni, unita alla continua ispirazione, dovrebbe farvi sentire come un Semi-Dio in grado di realizzare qualsiasi cosa vi prefiggete. Ogni momento di veglia è un'estasi, e voi siete la causa e l'effetto, la domanda e la risposta in uno: l'Alfa e l'Omega.

Lo Spirito nutre continuamente la vostra Anima e il vostro Sé Superiore comunica direttamente con voi.

Un esempio tipico di come Pingala possa andare in cortocircuito è in una situazione malsana o tossica, come una relazione sentimentale o parentale co-dipendente in cui altre persone pensano per voi. Tutto ciò che influisce sul vostro Libero Arbitrio e sul vostro diritto, conferito da Dio, di prendere le vostre decisioni nella vita, influisce sul funzionamento del canale Pingala. Pertanto, è di fondamentale importanza generare continuamente la propria realtà attraverso l'uso della propria forza di volontà. Detto questo, di solito ci vuole un po' di tempo prima che Pingala venga messo in pericolo. È più legato alle vostre convinzioni sulla vita, come è nella natura dell'Elemento Fuoco. Le emozioni sono istantanee, quindi Ida è più spesso in pericolo.

Il Sushumna non può mai andare in cortocircuito, poiché farlo significherebbe far cadere del tutto l'energia Kundalini e far sì che non funzioni affatto, e non ho mai sentito che questo sia accaduto. Credo che una volta aperto, sia aperto per tutta la vita e il tubo cavo della colonna vertebrale trasporta questa energia dal coccige, l'osso sacro, al centro del cervello. Forse l'unico modo in cui può smettere di funzionare è una grave lesione del midollo spinale. Tuttavia, non ho mai sentito dire che sia successo a qualcuno, quindi sto solo facendo delle ipotesi.

Poiché il canale di Sushumna rilascia l'energia Kundalini nel cervello, che poi si diffonde verso l'esterno, la parte centrale che collega il centro del cervello alla sommità della testa, proprio sopra di esso, è il canale o corrente primaria di Sushumna. È il più spesso in termini di fili di Kundalini che si uniscono per creare questo canale. I fili di Kundalini sono paragonabili a spaghetti, anche se ancora più sottili. Sono le Nadi che si diramano dai centri energetici, i Chakra, e le tre Nadi primarie che terminano nella testa. In questo modo, questi fili di energia Kundalini raggiungono la superficie della testa, del tronco e degli arti. Sembrano rami di un albero che portano l'energia Kundalini attraverso il Corpo di Luce all'interno.

Ci sono più fili di Kundalini nella testa che in qualsiasi altra parte del corpo. Dopo tutto, la testa e il cervello sono il "centro di comando", il quartier generale che regola tutti i processi della mente. Il cuore, invece, governa le operazioni dell'Anima. Ma il cuore si esprime attraverso la mente. Pertanto, la mente è il mezzo di espressione dell'Anima e dello Spirito. Come già detto, il Chakra del Cuore, Anahata, è un altro centro energetico critico del corpo in cui convergono e si diramano la maggior parte di queste Nadi. Ora potete capire perché l'Assioma Ermetico "Tutto è Mente, l'Universo è Mentale" è la spina dorsale di tutta la filosofia Ermetica. La nostra mente è l'anello di congiunzione tra lo Spirito e la Materia. E la mente si esprime attraverso il cervello, che è il Sistema Nervoso Centrale del corpo, insieme alla colonna vertebrale.

Il canale di Sushumna non può mai andare in cortocircuito, ma il collegamento tra il cervello e la parte superiore della testa può farlo. Non succede così spesso come il cortocircuito di Ida e Pingala, ma può succedere e succede. Di solito accade se Ida, così come Pingala, sono collassati nello stesso momento. Può anche accadere se si concentra la propria forza di volontà sul pensiero interno. In questo modo si pone l'attenzione sul proprio subconscio, tirando l'energia verso la parte posteriore della testa invece che verso l'alto.

Il nostro scopo è quello di concentrare le energie sulla parte anteriore della testa, nell'Ajna Chakra, che corrisponde al nostro stato naturale di veglia. Concentrandoci sul Terzo Occhio, creiamo un collegamento con Sahasrara, che si trova in alto. Pertanto, l'ossessione e i pensieri ossessivi possono essere molto dannosi per il flusso energetico all'interno del cervello e possono creare blocchi. Un corretto allineamento al centro della testa è necessario per raggiungere lo stato di trascendenza, poiché la Corona rappresenta l'Unità. Qualsiasi pensiero squilibrato o uso improprio della forza di volontà compromette l'intero sistema Kundalini, il cui scopo è quello di mantenervi nel presente, nell'Adesso, in una costante sensazione di ispirazione.

KUNDALINI E DROGHE RICREATIVE

L'uso e l'abuso di sostanze è un argomento essenziale all'interno dei circoli Kundalini, spesso trascurato a causa del suo fattore tabù. Tuttavia, questo argomento deve essere portato alla Luce perché molte persone si rivolgono a droghe ricreative, compreso l'alcol, a un certo punto del loro viaggio per aiutarsi a gestire i problemi mentali ed emotivi che seguono un risveglio Spirituale. Io sono stato una di queste persone molti anni fa, quindi questo argomento mi sta a cuore a causa delle mie esperienze e del mio desiderio di condividerle con gli altri in modo informativo.

Dopo essere stato predisposto a uno stile di vita selvaggio e socialmente attivo, ho vissuto il momento cruciale della mia trasformazione Kundalini a metà dei miei 20 anni. Essendo una persona che ha sempre creduto nel vivere la vita al massimo e senza rimpianti, ho sperimentato droghe ricreative e alcol anche prima del risveglio della Kundalini. Tuttavia, ero più un consumatore di potenziamento, che usava le sostanze per connettersi alla realtà Spirituale, piuttosto che qualcuno che lo faceva per anestetizzare il dolore emotivo di eventi indesiderati nella vita.

Tuttavia, dopo il risveglio, ho iniziato a usare la cannabis per alleviare la tremenda paura e l'ansia che erano diventate permanentemente parte di me. Così ho sperimentato diverse varietà di cannabis per le successive decine di anni della mia vita. Con l'esperienza ho acquisito la saggezza e la conoscenza della scienza delle droghe ricreative e dell'alcol, cosicché quando, più tardi nella mia vita, ho voltato le spalle a entrambi, sapevo esattamente perché lo stavo facendo: sapevo cosa stavo perdendo e cosa stavo guadagnando nel processo.

Credo nella piena trasparenza su questo argomento, in modo che possiate comprendere le reali ripercussioni dell'uso e dell'abuso di sostanze. Dopo tutto, gli individui risvegliati dalla Kundalini nella società Nord Americana vivono uno stile di vita molto diverso da quello degli individui risvegliati in India o in altre parti del mondo. Tutti noi vogliamo "inserirci", essere "cool" e accettati dai nostri coetanei. E quelli che non lo fanno hanno un percorso molto più difficile di quelli che lo fanno.

Parlando con molte persone risvegliate dalla Kundalini sui social media e di persona, ho concluso che la maggior parte ha sperimentato droghe e alcol a un certo punto della propria vita e che è un tema comune. Pertanto, ignorare completamente questo argomento non è realistico e vi lascia esposti a danni. Invece, la comprensione della scienza che sta alla base delle droghe ricreative e dell'alcol applicate al sistema Kundalini vi permetterà di prendere una decisione consapevole sul loro uso nel vostro percorso di risveglio. Saprete anche cosa fare quando avete esagerato con il loro uso e avete messo in pericolo l'integrità del sistema Kundalini.

LA CANNABIS E LE SUE PROPRIETÀ

La Cannabis è la droga ricreativa più popolare a livello globale e lo è sempre stata. Di conseguenza, gli individui risvegliati dalla Kundalini sono inclini a sperimentarla e a farne una parte del loro cammino Spirituale. La maggior parte di voi sa cosa fa la cannabis e quali sono i suoi effetti, ma molti non conoscono la vasta scienza che c'è dietro e le sue intricate proprietà.

La Cannabis, nota anche come marijuana o "erba", è una droga psicoattiva destinata all'uso terapeutico e ricreativo. Viene utilizzata per i suoi effetti mentali e fisici, con risultati quali il cambiamento della percezione, l'aumento dell'umore e l'intorpidimento del corpo fisico. La pianta di cannabis cresce naturalmente sulla Terra. Il suo uso è diventato così diffuso che molti Paesi, tra cui il Canada, ne hanno legalizzato l'uso.

La Cannabis contiene tutti i Cinque Elementi e attiva tutti e Sette i Chakra. La foglia stessa della pianta di cannabis è simbolica, poiché ha sette punti o parti che la compongono. Il sette è un numero significativo nell'esoterismo e nelle tradizioni religiose. In primo luogo, abbiamo i sette colori dell'arcobaleno (legati ai Sette Chakra) e i corrispondenti Sette Pianeti Antichi (Figura 161). Poi ci sono i sette giorni della settimana (corrispondenti ai Sette Pianeti Antichi), le sette note della scala musicale, i sette continenti, i sette mari, i sette fori che conducono al corpo umano, i sette peccati capitali (mortali), le sette virtù capitali, i sette Principi Ermetici della Creazione, i sette Sigilli dell'Apocalisse nella *Sacra Bibbia*, i Sette Arcangeli, i sette livelli di coscienza nel Buddismo, le sette porte del sogno nello Sciamanesimo e i sette Cieli dell'Islam, del Giudaismo e dell'Induismo. Queste associazioni alludono al fatto che il sette è un numero molto Spirituale, che coincide con la marijuana, una droga altamente Spirituale.

La cannabis è usata in medicina per curare la mente, il corpo e l'Anima. Attenua il dolore fisico per i malati di cancro e influisce sullo stato emotivo delle persone a cui sono stati diagnosticati problemi mentali ed emotivi. Per esempio, le persone a cui è stata diagnosticata la depressione clinica si rivolgono alla cannabis per i suoi effetti euforizzanti. È stato dimostrato da studi clinici che la cannabis fa ricrescere le cellule e le rinnova. Se applicata correttamente e nelle dosi adeguate, la cannabis può essere benefica a livello cellulare.

Alcune religioni, come i Rastafariani, la utilizzano regolarmente come parte della loro pratica religiosa. Alcune sette la usano anche come parte di particolari tecniche di meditazione all'interno della loro tradizione o dei loro gruppi. La maggior parte del mondo si rende conto del potere della cannabis di connettersi allo Spirito e di guarire la mente, il corpo e l'Anima. Oltre all'alcol, le persone si rivolgono generalmente alla cannabis per avere un assaggio della trascendenza nel modo più sicuro possibile.

La cannabis fa sentire felici ed euforici. Mette in contatto con il momento presente, l'Adesso, che eleva la coscienza oltre le negatività del contenuto della mente. A differenza dell'alcol e della maggior parte delle altre droghe ricreative presenti sul Pianeta, nessuno è mai andato in overdose di cannabis. Naturalmente, è necessario agire in modo responsabile, ad esempio non guidando veicoli a motore quando si è sotto l'effetto della cannabis.

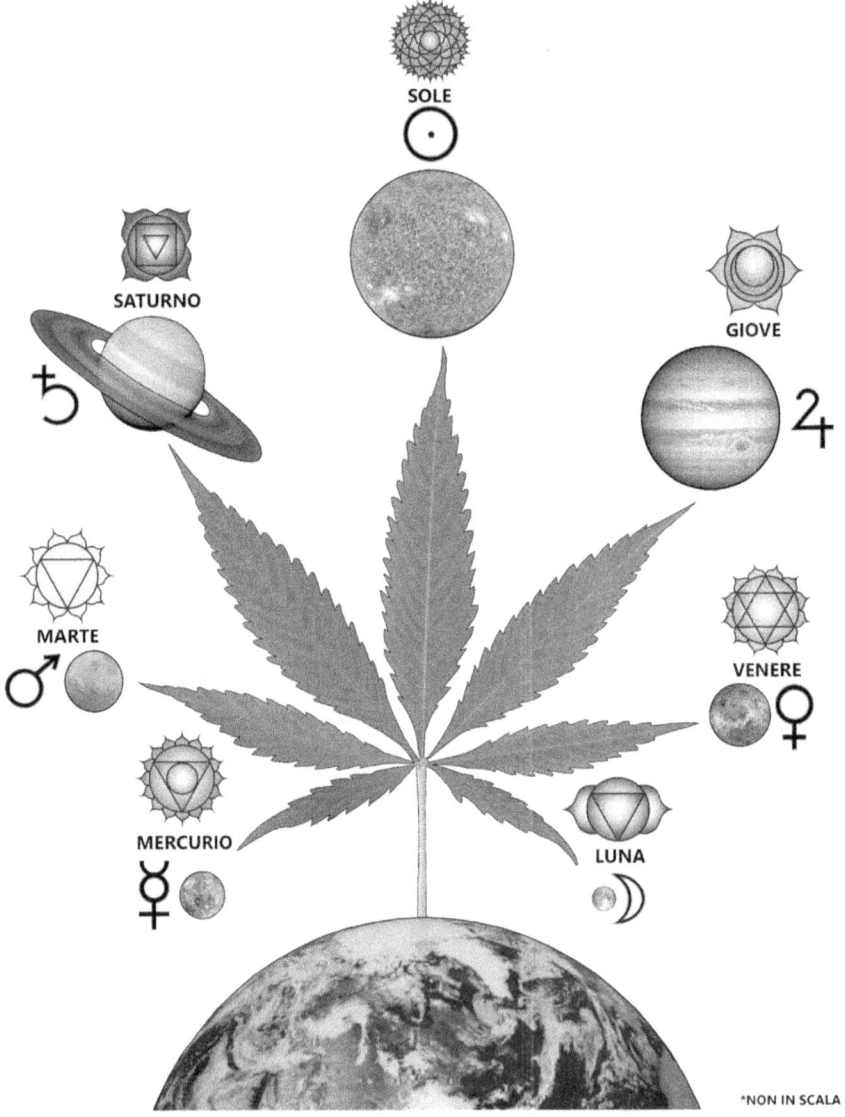

Figura 161: La Foglia di Cannabis e le sue Corrispondenze Magiche

KUNDALINI E UTILIZZO DI CANNABIS

Fumare cannabis durante il viaggio di trasformazione Kundalini può avere effetti positivi. Tuttavia, dovete affrontare la sua applicazione come un medico e usare le informazioni di questa sezione come linee guida per il trattamento. Come già detto, alcuni tipi e varietà di cannabis funzionano bene per alleviare alcuni dei potenziali effetti negativi nella mente e nel corpo dopo un pieno risveglio della Kundalini. Questi includono ansia, stress, nebbia cerebrale, malumore, depressione, insonnia, blocchi creativi, incapacità di concentrarsi, ecc.

La cannabis può dare un sollievo temporaneo da questi sintomi, il che può essere molto gradito quando ci si trova in una situazione disperata, come accade a molti. Tuttavia, dovete sapere fin dall'inizio che fumare cannabis è un mezzo per raggiungere un fine e non il fine in sé. Se si considera ogni sessione di fumo come un'esperienza di apprendimento, come uno scienziato della mente, si può imparare a riprodurre la maggior parte dei suoi effetti nel tempo senza il suo uso.

La cannabis è stata il mio metodo preferito per alleviare lo stress a vent'anni e l'unica droga ricreativa che ho trovato benefica nel mio viaggio Spirituale. Alla fine ho smesso del tutto di fumarla e ne descriverò gli effetti positivi, che sono molti. Tuttavia, quando affrontavo la paura e l'ansia o esploravo stati mistici o trascendentali elevati, usavo la cannabis. Per questo motivo, in questa sezione mi concentrerò sulla cannabis più che su altre droghe ricreative e vi fornirò la scienza fondamentale che ne sta alla base, così come l'ho appresa nel corso degli anni. La mia conoscenza ed esperienza in questo campo può aiutare molti che sono aperti a provare e usare la cannabis ma non hanno una guida.

La cannabis può essere molto benefica, aiutando a eliminare i blocchi o i movimenti impropri dell'energia Kundalini nel sistema. Muove la Kundalini all'interno del Corpo di Luce e ne accelera il flusso attraverso i canali interni. Una volta accelerato, ci si trova in uno stato Extra-Corporeo con tutta una serie di esperienze Spirituali. Queste esperienze includono una maggiore ispirazione e creatività, gnosi e visioni mistiche.

Una volta usciti dal corpo, vi rimarrete mentre la cannabis agisce sulla Kundalini. Questo processo richiede almeno mezz'ora e può durare fino a tre o quattro ore. Inoltre, poiché l'energia Pranica si muove più rapidamente attraverso il sistema Kundalini, allontana per il momento qualsiasi pensiero o emozione negativa o basata sulla paura. Per questo motivo, la cannabis viene spesso prescritta a livello medico a persone con ansia o depressione cronica. E poiché gli individui risvegliati dalla Kundalini sono inclini a problemi mentali ed emotivi che derivano dalla paura e dall'ansia, la cannabis può essere molto utile per aiutarvi a superare questi stati.

Per questo motivo, credo che la cannabis possa avere un ruolo positivo nel vostro cammino Spirituale. Può servire come un potente catalizzatore che può innescare un pieno risveglio della Kundalini o aiutarvi nel processo di trasformazione se siete già risvegliati. Essendo facile da ottenere e da usare, è vantaggioso per gli individui che si sentono bloccati nel loro cammino Spirituale e non hanno nessun luogo a cui rivolgersi per avere un sostegno emotivo o mentale o hanno bisogno di una spinta o di un impulso in più per rimettersi in carreggiata. Dopotutto, in questi stati "elevati", l'Ego diventa silenzioso, permettendoci di contattare il nostro Sé Superiore e di chiedere una guida.

Tuttavia, il fumo di cannabis presenta delle insidie che devono essere discusse ed esplorate. Per esempio, non si dovrebbe fumare cannabis troppo spesso, perché così facendo si mette in overdrive la Kundalini, con effetti dannosi. In altre parole, non dovreste usare la cannabis solo per aiutarvi a superare il vostro stato emotivo negativo, ma dovreste trovare una pratica Spirituale potente come la Magia Cerimoniale, lo Yoga o una qualsiasi delle modalità Spirituali di questo libro e poi usare la cannabis come spezia. La cannabis è solo una soluzione temporanea o un mezzo per esplorare stati di coscienza più elevati. Detto questo, non ho mai sentito di qualcuno che vive con una Kundalini risvegliata e che ha fumato cannabis un paio di volte al mese e che si è danneggiato Spiritualmente.

Poiché la cannabis accelera il sistema Kundalini, ciò può essere positivo o negativo. È un bene, perché spingendo fuori i blocchi energetici mentali ed emotivi assicura il corretto funzionamento di Ida e Pingala. Tuttavia, può essere dannoso quando nel sistema Kundalini non c'è abbastanza Prana su cui la cannabis possa agire. Se inizia a muoversi troppo velocemente, può danneggiare l'intero sistema energetico. Per questo motivo, ho detto che è fondamentale non fumare cannabis ogni giorno. Invece, tra un giorno e l'altro, datevi il tempo di ricostruire il vostro sistema energetico con l'assunzione di cibo. In caso contrario, possono verificarsi blocchi o un cortocircuito completo.

La cannabis è una droga che agisce principalmente sulle emozioni; pertanto, il canale femminile di Ida è in pericolo quando si fuma cannabis o la si ingerisce in forma commestibile. Pingala va in cortocircuito meno spesso di Ida, e spesso è il risultato di un processo graduale di mancato utilizzo del principio maschile, la forza di volontà, per un certo periodo di tempo. Se si fa un uso disordinato di cannabis, si corre addirittura il rischio di mandare in cortocircuito l'energia Kundalini al centro del cervello, dove tutte e tre le Nadi si incontrano prima di salire a Sahasrara. Questa situazione può verificarsi solo se si fa un uso eccessivo di cannabis e si fuma ogni giorno, soprattutto se si fumano varietà che non favoriscono il sistema Kundalini, come molte Indica.

Ricostruire il canale dal centro del cervello alla sommità del capo è una procedura lunga che spesso si può ottenere con un tipo di meditazione che presento in questo capitolo. Ma se questa meditazione non funziona, potrebbe essere necessaria altra energia pranica per ricostruire il canale ricevuta attraverso l'assunzione di cibo e la conservazione dell'energia sessuale. In questo modo si possono ripristinare i fili della Kundalini nel cervello e, con l'uso della meditazione presentata, si può riallineare la Kundalini e riportarla di nuovo su Sahasrara.

La maggior parte delle persone risvegliate dalla Kundalini che ho incontrato nel mio viaggio ha esperienza con la cannabis. Molti di loro la usano occasionalmente e la trovano benefica nei loro viaggi Spirituali. Per essere chiari, non sto propagandando l'uso della cannabis, ma non posso nemmeno negarne gli effetti positivi. Tenendo presente questo, la cannabis non è adatta a tutti, quindi fate attenzione se decidete di sperimentarla, poiché i suoi effetti variano da persona a persona. Tuttavia, c'è un alto livello di coerenza per quanto riguarda particolari tipi e ceppi di cui parlerò.

La cannabis è volatile. È la sua natura. Se si fuma qualsiasi cosa venga offerta nei circoli sociali, ci si può mettere nei guai. È comune prevedere un'esperienza positiva con l'erba di strada, ma ottenerne una negativa. Invece di rilassare la mente come ci si aspetta, può rendere paranoici e agitati.

Una buona conoscenza dei diversi tipi di cannabis vi permetterà di ottenere uno sballo "controllato". Vi permetterà di controllare il processo di sballo e di sapere cosa vi aspettate. Varietà diverse hanno effetti mentali, emotivi e fisici diversi. Se siete psichicamente troppo sensibili per il suo uso, tuttavia, non importa quale varietà fumate: potreste comunque avere paranoia e ansia ogni volta che la usate. Secondo la mia esperienza, è più comune che le donne diventino paranoiche quando usano la marijuana rispetto agli uomini. In ogni caso, tutto dipende dal vostro assetto psicologico.

È impossibile che l'energia Kundalini si espanda naturalmente nel vostro sistema energetico se fumate cannabis ogni giorno. La cannabis ha bisogno del Prana del cibo che mangiate e lo assorbe ogni volta che lo usate. Pertanto, se fumate quotidianamente, non ci sarà sufficiente energia Pranica nel vostro sistema per far agire la cannabis. Come individuo risvegliato dalla Kundalini, non dovete abusare di nessuna droga. Le persone non risvegliate possono abusare della cannabis, mentre una persona risvegliata non può farlo.

Supponiamo che abbiate iniziato da molti anni la vostra trasformazione Kundalini e abbiate superato la paura e l'ansia iniziali. In questo caso, potrebbe essere saggio omettere del tutto l'uso della cannabis nel vostro viaggio spirituale. Inserendola nell'equazione, sottrarrete il Prana al vostro sistema energetico, influenzando negativamente il vostro obiettivo di raggiungere naturalmente stati di coscienza trascendentali. Inoltre, pagherete ogni esperienza trascendentale positiva con la cannabis, poiché dovrete ricostruire il sistema Pranico il giorno successivo. Inoltre, se ne fate un uso eccessivo, cosa comune, e tassate il Prana più di quanto ne avete immesso, vi farete un notevole passo indietro nel vostro viaggio Spirituale.

TIPI E VARIETÀ DI CANNABIS

È fondamentale esercitare la moderazione e usare la cannabis con saggezza e rispetto per evitare di danneggiare il sistema energetico. Non lo sottolineerò mai abbastanza. Invece di sconsigliarne completamente l'uso, cosa che sarebbe irrealistica considerando la popolarità e il potere Spirituale della pianta, posso offrire alcune informazioni sui diversi tipi e ceppi di cannabis e mettere in guardia dall'uso di altri.

In passato, la cannabis era una pianta che cresceva all'esterno, che veniva tagliata, essiccata e poi fumata per produrre uno "sballo". Lo sballo era sempre pressoché lo stesso, poiché la cannabis conservava caratteristiche specifiche all'esterno e perdeva e guadagnava altre proprietà quando veniva coltivata all'interno. Questo tipo di cannabis si chiama Cess. È naturale, coltivata all'aperto e ampiamente utilizzata nelle isole Caraibiche e poi importata in Nord America.

La maggior parte delle persone di età superiore ai quarant'anni conosce la cannabis perché è quella a cui è stata esposta durante la crescita. Negli ultimi dieci anni, tuttavia, il campo di studio della cannabis si è evoluto dieci volte e diversi tipi di cannabis hanno invaso il mercato. Il motivo principale per cui la cannabis si è evoluta come pianta è il suo uso in campo medico. Quando la cannabis è stata accettata come medicina alternativa, sono stati sviluppati alcuni ceppi, di cui parlerò in dettaglio. Ho scoperto che alcune di queste varietà sono molto benefiche per il processo di risveglio della Kundalini, mentre altre sono inutili e addirittura dannose.

I due principali tipi di cannabis che si sono evoluti dopo l'era Cess sono le Sativa e le Indica. Le Sativa hanno un alto contenuto di Tetraidrocannabinolo (THC) e meno Cannabidiolo (CBD), mentre le Indica hanno meno THC e più CBD. Il CBD è ciò che dà al corpo una sensazione di intorpidimento. È quello che fa sentire il corpo "fatto". Maggiore è il contenuto di CBD, più significativi sono gli effetti sedativi sul corpo fisico.

Le Indica sono spesso prescritte ai pazienti oncologici e alle persone affette da sclerosi multipla, artrite ed epilessia. Il motivo per cui le Indica sono adatte a queste persone è la loro proprietà di attenuare il dolore e di ridurre il dolore corporeo. Alla maggior parte dei pazienti affetti da malattie che provocano dolore fisico viene prescritta l'Indica, in quanto si tratta di un agente che attenua il dolore corporeo. Molti di questi pazienti hanno spesso problemi di alimentazione e le Indica sono note per aumentare l'appetito più delle Sativa. L'effetto tipico di molte Indica è il "lucchetto-al divano", cioè tranquillizza il corpo e la mente a tal punto che ci si ritrova incapaci di alzarsi dal divano.

Anche ai pazienti affetti da cancro viene spesso prescritto l'olio di CBD, grazie all'elevato livello di CBD concentrato, somministrato sotto forma di gocce liquide. Quando la cannabis viene ingerita, viene immessa più velocemente nell'organismo e di solito è molto più potente. Con l'olio di CBD, si ha il controllo completo sulla quantità di CBD che si desidera introdurre nell'organismo, poiché gli effetti sono cumulativi rispetto al numero di gocce assunte.

La Sativa è più uno sballo mentale o di testa, poiché il THC è psicoattivo, il che significa che influisce profondamente sulla psicologia di una persona. La Sativa aiuta ad alleviare i problemi mentali ed emotivi, poiché questo tipo di cannabis aumenta la creatività, inducendo euforia e calmando la mente. La Sativa viene spesso prescritta a persone che soffrono di problemi mentali ed emotivi, tra cui ansia cronica, depressione, nevrosi e altri problemi in cui la mente è sopraffatta dalla negatività, mentre il corpo fisico rimane inalterato. Le Sativa funzionano benissimo per rilassare l'individuo, ma lo lasciano relativamente cosciente e funzionale. D'altra parte, la maggior parte delle Indica, secondo la mia esperienza, sembra spegnere tutte le funzioni cognitive.

Gli Ibridi sono un mix di Indica e Sativa. Ho riscontrato che l'uso di alcuni Ibridi è abbastanza benefico, ma di solito hanno molto meno CBD e più THC, che è la natura delle Sativa.

In termini di viaggio di trasformazione Kundalini, la cannabis può essere molto utile per trattare gli attacchi di ansia, paura e la negatività emotiva e mentale generale che un pieno risveglio Kundalini comporta nella maggior parte dei casi. Inoltre, se avete difficoltà con l'appetito perché siete sopraffatti dalla paura, fumare cannabis generalmente produce la "fame", il che significa che desidererete e accoglierete il cibo dopo averlo fumato. La cannabis è adatta anche per l'insonnia, un problema che ho avuto per alcuni anni dopo il risveglio. Sebbene le Indica siano spesso prescritte dai medici per l'insonnia, ho sempre dormito come un bambino dopo una sessione di fumo di Sativa.

Per quanto riguarda la mia esperienza personale con la cannabis, ho usato solo Sativa e ho imparato a stare alla larga dalle Indica all'inizio del mio percorso. Le Sativa hanno sempre rilassato la mia mente portandomi in un piacevole "viaggio" mentale. Hanno eliminato ogni paura e ansia neutralizzando il mio Ego. Quando ero sotto l'influenza delle Sativa, ero in grado di riformulare positivamente ogni cosa, grazie all'accresciuta sensazione di euforia mentale che provavo. Ero anche più in contatto con il momento, l'Adesso, e molto ispirato. Ho sempre sentito che il mio Sé Superiore era al comando per la maggior parte del tempo quando ero sotto l'influenza della Sativa. Altri individui risvegliati dalla Kundalini hanno tutti riferito gli stessi effetti. Tutti noi usavamo generalmente le Sativa e non trovavamo molto utili le Indica. Questo perché la Kundalini è un'energia sottile che agisce sulla psicologia e non sul corpo fisico.

Sul mercato sono disponibili molti tipi diversi di ceppi, con effetti diversi sulla mente, sul corpo e sull'Anima. Alcune Sativa sono più adatte all'ispirazione e all'elevazione, mentre altre sono più concentrate ma chiare. Altre ancora sono molto fantasiose e attive a livello di pensiero. Quando la mente è calma, come è noto che la cannabis induce, entra naturalmente in uno stato superiore e si collega alla Mente Cosmica.

Le varietà sativa che ho apprezzato includono Jean Guy (una delle mie preferite), Diesel, Sour Diesel, Ultra Sour, Cheese, Nukim, Jack Harer, Grapefruit, Strawberry, Champagne, Great White Shark, Candy Jack, G-13, Green Crack, Blue Dream, Maui Wowie, Chocolope, Romulan, Pina Colada, White Castle, Zeus, G-13 Haze, New Balance e Moby Dick. Tenete presente che questo elenco è aggiornato al 2016, anno in cui ho smesso di usare la cannabis. Da allora, sono sicuro che sono stati sviluppati nuovi ceppi di Sativa che sono utili ma non sono presenti in questo elenco.

Ho scoperto che non ho mai avuto un'esperienza negativa con le Sativa, perché mi rendevano produttivo e creativo invece che letargico. D'altra parte, le Indica mi intorpidivano completamente e spegnevano la mia mente. Questo stato mentale può sembrare attraente per alcuni di voi, ma sappiate che spegnendo la mente si spegne anche l'ispirazione. Quindi il modo migliore per capire le Sativa e le Indica è dire che le Sativa ispirano e le Indica intorpidiscono.

Alcune Indica, però, sono piacevoli e sono quelle che ti intorpidiscono un po' ma ti mantengono comunque relativamente ispirato. Queste Indica sono generalmente della varietà Kush e Pink, come Purple Kush, Pink Kush, Kandy Cush, Cali Cush, Lemon Kush, Bubba Pink, Chemo e OG Kush. Anche Trainwreck è un'altra grande Indica che ho trovato molto stimolante. Tutte queste varietà Indica hanno un alto contenuto di CBD ma anche un livello adeguato di THC. Mi hanno calmato, eliminando ogni ansia e paura dal mio sistema.

La mia varietà di cannabis preferita è un Ibrido chiamato Blueberry, un ceppo che dà radici, ma che espande la mente e ispira. Altri Ibridi che hanno funzionato per me sono Rockstar, White Widow, Pineapple Express, Girl Guide Cookies, Blueberry Durban, Hiroshima, Grape Ape, Chemdawg, AK-47, Tangerine Dream, Alien Cookies, White Russian, Lemon Haze, Jack Haze e Purple Haze.

METODI DI UTILIZZO DI CANNABIS

Esistono quattro modi per fumare cannabis. Si può rollare uno spinello, usare una pipa, un bong o vaporizzare la cannabis. Ho sempre fumato spinelli e il motivo è che era il modo più efficiente per ottenere gli effetti desiderati dalle Sativa. Pipe e bong concentravano troppo la varietà di cannabis, perdendo gli effetti sottili che volevo ottenere. L'uso di una pipa o di un bong mi avrebbe dato una maggiore pressione sulla testa e il "ronzio corporeo" che volevo ottenere. Entrambi i metodi sospenderebbero in una certa misura le mie facoltà cognitive invece di espanderle, come farebbe fumare la Sativa negli spinelli.

Inoltre, invece di eliminare i blocchi, spesso ne creavo di nuovi se usavo una pipa o un bong. Ho avuto effetti positivi solo quando ho usato un bong di ghiaccio, che creava l'euforia desiderata filtrando il fumo attraverso cubetti di ghiaccio.

Il vaping della cannabis consiste nel riscaldarla senza bruciarla. Il dispositivo di vaporizzazione utilizza il calore per rilasciare i principi attivi sotto forma di vapore che viene inalato. Con questo metodo non si crea fumo, poiché non avviene la combustione. Il vaping è più sicuro e meno dannoso per la salute rispetto al fumo di cannabis. Non contiene tossine nocive del fumo come catrame, ammoniaca e sostanze cancerogene presenti nel fumo di cannabis.

Ho trovato interessante il vaping perché era il modo più pulito di sballarsi, ma non stimolava molto la mia energia Kundalini. Mi sballavo, ma di solito non durava a lungo e dopo mi stancava tremendamente. Inoltre, avevo bisogno di mangiare di più con il vaping, poiché sottraeva più Prana al mio sistema rispetto al fumo delle Sativa. Pertanto, nel complesso non ero un grande fan del vaping.

CONCENTRATI DI CANNABIS E COMMESTIBILI

Per darvi una visione più completa della cannabis, devo parlare dei concentrati e degli edibles. I concentrati sono estratti derivati dalla cannabis che contengono quantità concentrate del composto psicoattivo Tetraidrocannabinolo (THC) e un assortimento di altri cannabinoidi e terpeni. Mi soffermerò solo sui due concentrati più popolari: l'Hashish e lo Shatter.

L'Hashish è la più antica forma di concentrato conosciuta dall'uomo e, sebbene il suo uso non sia così diffuso in Nord America, paesi come il Libano e l'India producono ancora Hashish sul mercato nero per l'esportazione. Lo Shatter è un tipo di concentrato che si ritiene essere il tipo più puro e potente di prodotto a base di cannabis. Contiene tra il 60-80% di THC, rispetto alla cannabis da fumo che ha una media del 10-25% di THC. Sia l'Hashish che lo Shatter sono destinati a essere fumati, non ingeriti.

Il motivo principale per cui le persone usano i concentrati invece di fumare cannabis è che sono più efficienti nel produrre lo sballo desiderato, poiché hanno una potenza maggiore. Inoltre, forniscono un sollievo più rapido da problemi mentali, emotivi e fisici.

Per quanto riguarda la mia esperienza con i concentrati, ho scoperto che l'Hashish mi dà effetti simili a quelli del fumo di varietà di cannabis Indica. Dico simili, ma non uguali. Il ronzio o lo sballo corporeo è l'effetto collettivo, sebbene l'Hashish sia più potente delle varietà Indica e abbia maggiori proprietà allucinogene. Sotto la sua influenza ho riscontrato una mancanza di funzionalità mentale. Nella maggior parte dei casi, le mie facoltà cognitive si spegnevano completamente, mentre con le Indica potevo ancora funzionare in qualche misura. Per quanto riguarda l'attività Kundalini, non ho trovato l'Hashish utile per rimuovere i blocchi nel sistema, come invece accadeva fumando le Sativa.

Lo Shatter, invece, è un animale completamente diverso. Fumare Shatter, popolarmente noto come "dabs", è una procedura macchinosa. Richiede l'uso di un dispositivo unico per il fumo chiamato "oil rig" e di un accendino a torcia. L'oil rig è simile a un bong, solo che è stato creato appositamente per fumare Shatter. Ho trovato piuttosto scomodo fumare Shatter a causa degli strumenti specializzati richiesti. Le canne e le pipe si possono fumare praticamente ovunque, mentre i bong e lo shatter si fumano principalmente al chiuso. Il vaping si può fare all'aperto con dispositivi di vaporizzazione compatti o al chiuso con dispositivi più elaborati.

Ho scoperto che lo Shatter mi ha dato lo sballo più importante che abbia mai avuto con prodotti di tipo cannabis. Ho trovato il suo impatto simile agli effetti che ottenevo dalla Sativa, solo molto più considerevoli. Mi sono sballato molto, molto rapidamente. Era stimolante, sì, ma a causa dell'alta concentrazione di THC, mi stancava molto rapidamente. All'inizio stimolava la mia Kundalini in attività, ma poi, quando rimanevo sballato per un periodo prolungato, la spegneva del tutto. Una volta che questo accadeva, non importava dove mi trovassi: avevo bisogno di chiudere gli occhi e riposare. L'uso di Shatter mi ha bruciato molto rapidamente e, per questo motivo, non ho potuto sniffare più di un paio di volte al mese.

Questo mi porta a un punto importante: la necessità di dormire dopo aver fumato cannabis o concentrati. Ho scoperto che, a parte le Sativa, ero sempre esausto dopo l'esaurimento dello sballo e avevo bisogno di dormire subito nella maggior parte dei casi. Il vaping e lo shatter mi hanno reso più stanco e spossato. Nella maggior parte dei casi, non ero più funzionale. Per questo motivo ho continuato a fumare Sativa solo negli spinelli.

Un altro prodotto popolare a base di cannabis sono gli edibles. Si tratta di cibi e bevande infusi di cannabis. Quando si mangiano i cannabinoidi attivati, il THC metabolizzato diventa ancora più psicoattivo che mai, poiché viene assorbito attraverso l'apparato digerente anziché nel flusso sanguigno. Di conseguenza, lo sballo prodotto ha una sensazione completamente diversa da quella che si prova fumando cannabis.

Gli edibles più popolari e diffusi sono i brownies e i biscotti alla cannabis. Tutti gli edibles sono realizzati incorporando oli e burri di cannabis, il che significa che praticamente qualsiasi ricetta alimentare può includere la cannabis. La parte più impegnativa degli edibles è il corretto dosaggio. Poiché gli effetti richiedono tempo per manifestarsi, a volte fino a due ore, è facile dare per scontato il processo e ingerire più del necessario, il che può portare a un'esperienza spiacevole. Ho assistito personalmente a persone che hanno avuto forti crisi psicotiche a causa di un'overdose di edibles. A causa della tendenza delle persone a prendere troppi edibles, dato che ci vuole un po' di tempo prima che facciano effetto, mi stupisce che il loro uso sia legale. È altamente irresponsabile che i governi includano gli edibles tra i prodotti legali di cannabis senza informare le persone sul corretto dosaggio e sui potenziali effetti collaterali se non vengono seguiti.

Gli edibili stimolano l'energia Kundalini in attività, e una dose minore può eliminare qualsiasi blocco mentale o emotivo. D'altra parte, se si assume una quantità eccessiva, l'intera esperienza può essere così intensa che ci si sente come sotto LSD, funghi o altre droghe altamente psicoattive.

SOSTANZE CONTROLLATE E CORTO-CIRCUITI

Per quanto riguarda l'alcol, non sento il bisogno di descriverne l'azione e il funzionamento, poiché penso che sia risaputo. Per coloro che ne hanno fatto una parte della loro vita, menzionerò invece l'effetto diretto dell'alcol sul sistema Kundalini. L'alcol può creare e crea blocchi energetici se usato in eccesso. Può mandare in cortocircuito Ida e Pingala, ma questo è più raro rispetto alle droghe ricreative. Tuttavia, quantità abbondanti di alcol, che agiscono sullo stato mentale e lo spostano in misura elevata, possono danneggiare il sistema Kundalini.

La regola generale è che qualsiasi droga o sostanza ricreativa che influenzi e alteri lo stato mentale può danneggiare la persona risvegliata dalla Kundalini. Anche il caffè, in quantità significative, può essere dannoso. Non ho mai sperimentato un cortocircuito dovuto al consumo di caffè, ma d'altra parte non ho mai bevuto più di tre tazze di caffè al giorno. Credo che la regola generale sia che qualsiasi sostanza che influisce sui pensieri e sulle emozioni può causare un cortocircuito se se ne fa un uso eccessivo.

Le droghe pesanti e illegali come la cocaina, l'ecstasy, l'MDMA, i funghi, l'LSD e altre possono mandare in cortocircuito Ida, Pingala o entrambi. La cocaina agisce principalmente sull'amplificazione della forza di volontà, che mette in pericolo Pingala. Un uso eccessivo di cocaina può sicuramente causare un cortocircuito. D'altra parte, l'ecstasy e l'MDMA agiscono sulle emozioni e sui sentimenti, mettendo in pericolo Ida.

Mentre la cocaina aumenta i livelli di dopamina, l'ecstasy e l'MDMA aumentano i livelli di serotonina. L'incredibile sballo è seguito da un calo emotivo potenzialmente devastante quando i livelli di dopamina o di serotonina si esauriscono. Per questo motivo, i cocainomani hanno generalmente problemi di rabbia, mentre i consumatori abituali di ecstasy o MDMA soffrono di depressione: il loro sistema nervoso è completamente sbilanciato.

I funghi e l'LSD sono potenti droghe psicoattive con elevate proprietà allucinogene che influenzano Ida e Pingala. Le allucinazioni, infatti, agiscono contemporaneamente sulla forza di volontà e sulle emozioni. Lo stesso vale per l'abuso di alcol, che mette a rischio Ida e Pingala. Poiché vengono coltivati nella terra, come la cannabis, i funghi sono il modo più sicuro per sperimentare stati alterati di coscienza. Tuttavia, bisogna essere preparati mentalmente ed emotivamente a questa esperienza, che dura molte ore.

La cannabis, come già detto, mette in pericolo Ida. Tuttavia, al giorno d'oggi, con i vari e potenti ceppi di cannabis disponibili che hanno un impatto sia sulla forza di volontà che sulle emozioni, può influenzare sia Ida che Pingala. Per esempio, posso immaginare che fumare troppe varietà di Indica possa essere dannoso per l'integrità della propria forza di volontà, poiché questo tipo di marijuana spegne quasi completamente l'influenza dell'elemento Fuoco. Al contrario, fumare varietà di cannabis Sativa, che agiscono sullo stato emotivo, l'Elemento Acqua, può mettere a rischio il canale Ida se si eccede.

Non sono d'accordo con chi dice che la cannabis è una droga di passaggio verso le droghe pesanti e illegali come quelle che ho citato e quelle iniettabili come l'eroina. Semmai, la cannabis è una porta d'accesso alla mente. Se avete una propensione a provare e sperimentare droghe, lo farete senza necessariamente provare prima la cannabis. Come ultima affermazione su questo argomento, vorrei sottolineare che non c'è alcun valore terapeutico nell'uso di queste droghe ricreative, a parte la cannabis, che è anche usata come farmaco.

***

Spero che la mia esperienza con la cannabis e i prodotti ad essa correlati sia stata utile, come previsto. Tuttavia, sappiate che la cannabis non è adatta a tutti. Pertanto, giudicate voi stessi e procedete a vostra discrezione in base alle informazioni che avete ricevuto. In ogni caso, il tabù della società deve essere rimosso per quanto riguarda il consumo di cannabis, soprattutto per il bene degli iniziati al risveglio Kundalini, perché la maggior parte delle persone risvegliate che ho incontrato hanno tratto esperienze positive dal suo uso.

Tenete inoltre presente che le varietà attuali sono molto più potenti di quelle del passato e vanno affrontate con cautela. È meglio iniziare sempre con una piccola dose e aumentare di conseguenza, in modo da familiarizzare con gli effetti di una particolare varietà. Ascoltate il vostro corpo e la vostra mente e affrontate la cannabis come uno scienziato, in modo da capire quali ceppi funzionano bene per voi.

L'uso della cannabis in un contesto meditativo e rituale avrà effetti molto diversi dal fumarla a scopo ricreativo con gli amici o alle feste. Consiglio sempre di usare la cannabis con la giusta intenzione e con il lavoro spirituale in mente. Come individuo risvegliato da Kundalini, le Sativa sono state una benedizione nella mia vita quando ero in un momento di bisogno. Se non fossero esistite, probabilmente non avrei mai fumato gli altri tipi di cannabis.

Tuttavia, è facile sviluppare una dipendenza dalla cannabis se si fuma regolarmente. Tutto può iniziare come una cosa positiva e poi diventare negativa se si esagera. Mi sono trovato in questa situazione per circa un anno e mezzo, poco prima di decidere di smettere del tutto nel 2016.

Dopo aver abbandonato quella che all'epoca era diventata la mia dipendenza, ho sperimentato enormi cambiamenti positivi nella mente, nel corpo e nell'anima che vale la pena menzionare. In primo luogo, la mia grinta e la mia ambizione sono decuplicate. A prescindere da chi dice il contrario, fumare cannabis influisce sulla produttività della vita. Molto. Potreste non accorgervene se siete bloccati all'interno della struttura come lo ero io, ma è così. Influisce anche sul desiderio di distinguersi dalla massa e di cercare la grandezza.

La cannabis rende soddisfatti della vita e quando ci si sente troppo a proprio agio si smette di cercare il cambiamento e di cercare di migliorare se stessi e la propria vita. Quando si è fatti, ci si eleva al di sopra delle proprie emozioni, ma poiché non le si elabora in modo naturale, ci si priva della possibilità di imparare da esse e di progredire in diversi ambiti della propria vita. In fondo, uno dei motivi per cui proviamo sentimenti così forti è che siamo destinati a imparare da essi e a crescere psicologicamente.

La cannabis neutralizza la paura, il che è positivo quando si è disperati, ma ricordate che la paura esiste per renderci forti. Diventando dipendenti da qualsiasi sostanza che ci aiuti a gestire l'energia della paura, ci impediamo di evolvere ulteriormente in modo naturale. Certo, la vita è più difficile senza l'aiuto di droghe e alcol che ci aiutino a superare le difficoltà. Ma più una cosa è impegnativa, più la ricompensa è dolce.

Se si introducono droghe e alcol nell'equazione, si impedisce a se stessi di sviluppare le necessarie ancore mentali che aiutano ad affrontare i momenti difficili. Come esseri umani, abbiamo bisogno della resistenza della vita per diventare forti e imparare ad affrontare le situazioni difficili della vita. Abbiamo bisogno della paura come elemento costitutivo per poter sviluppare il coraggio.

Tenete presente che sto parlando di persone che hanno sviluppato una dipendenza dalla cannabis. Se la si fuma poche volte al mese, non vedo come possa avere effetti collaterali negativi. Ricordate solo che avete a che fare con qualcosa che può creare dipendenza se non lo fate con moderazione.

PARTE XI: MEDITAZIONI KUNDALINI

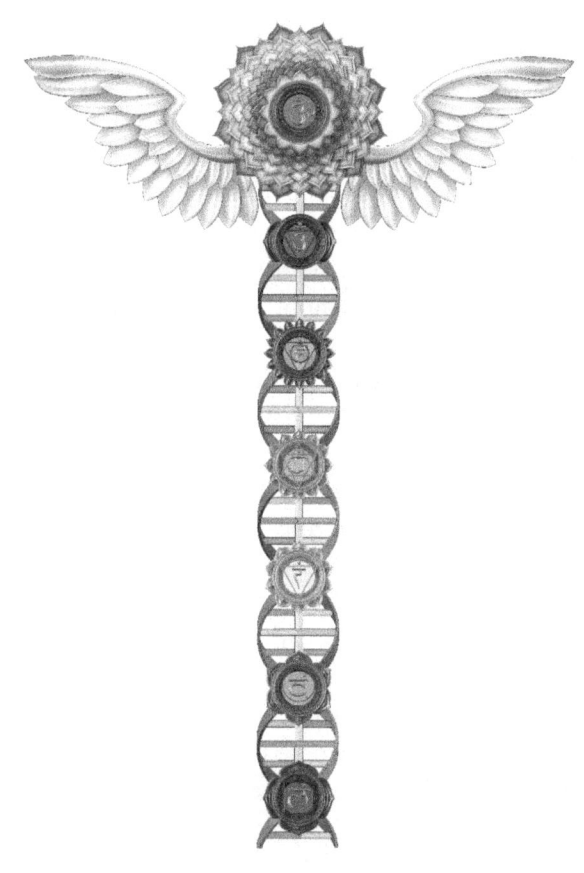

RISOLUZIONE DEI PROBLEMI DEL SISTEMA

Avendo vissuto molte situazioni difficili durante il mio risveglio Kundalini, sono stato costretto a risolvere i miei problemi e a scoprire come aiutarmi. La maggior parte delle persone vive esperienze negative che sconvolgono il sistema della Kundalini e poi affronta le conseguenze senza avere metodi validi per aiutarsi. La maggior parte delle persone risvegliate che sperimentano un cortocircuito della Kundalini lavorano per ricostruire l'energia attraverso l'assunzione di cibo, il che potrebbe richiedere almeno alcuni mesi o più. Tuttavia, ho trovato il modo di riconnettere i canali attraverso diverse meditazioni in appena mezz'ora al massimo, a volte anche in pochi minuti. Di seguito vi parlerò di queste meditazioni, fornendovi indicazioni adeguate per l'applicazione di ciascuna di esse in varie situazioni.

1. Lingua sul Tetto della Bocca (Jiva Bandha)

Posizionate la punta della lingua sul monticello carnoso dietro i denti superiori. La parte centrale della lingua deve combaciare con la parte rientrante del tetto della bocca. Questo potente esercizio, chiamato Jiva Bandha negli insegnamenti Yogici, è essenziale per le persone risvegliate dalla Kundalini, poiché completa il circuito della Kundalini permettendo all'energia di muoversi verso l'alto. Essa entra prima nella parte frontale del tunnel dell'Occhio della Mente, leggermente tra le sopracciglia, e poi passa progressivamente attraverso il Quarto, il Quinto, il Sesto e infine il Settimo Occhio, che è uno dei punti di uscita della Kundalini che completa il suo circuito.

L'esecuzione di questo esercizio dirige l'attenzione verso i due Chakra dello Spirito più elevati, Ajna e Sahasrara, anziché verso i Chakra inferiori. Ciò consentirà al vostro Sé Superiore di prendere il controllo della coscienza attraverso l'intuizione ricevuta da Ajna Chakra, superando l'impulso del Sé Inferiore, l'Ego. Fate di questo esercizio una parte regolare della vostra giornata. Cercate di tenere la lingua sul tetto della bocca il più spesso possibile per permettere all'energia di incanalarsi verso l'alto, nella corteccia frontale del cervello. Quest'area è quella in cui Ida e Pingala convergono nel centro dell'Occhio della Mente, proprio sopra le sopracciglia, all'interno della testa.

Questo particolare esercizio viene utilizzato anche per ricostruire il sistema Kundalini una volta che si è verificato un cortocircuito. Ricordate che se Ida e Pingala non convergono in Ajna Chakra, il circuito della Kundalini rimarrà aperto, causando problemi mentali e (o) emotivi. Posizionare la lingua sul tetto della bocca con continuità e diligenza permetterà a Ida e Pingala di riconvertirsi in Ajna e di muoversi naturalmente verso l'alto nel Centro del Settimo Occhio come un unico flusso di energia. In questo modo, il circuito di Kundalini si chiuderà, permettendovi di sperimentare il regno estatico della Non-Dualità, il Regno Spirituale, attraverso il Bindu Chakra in alto, dietro la testa.

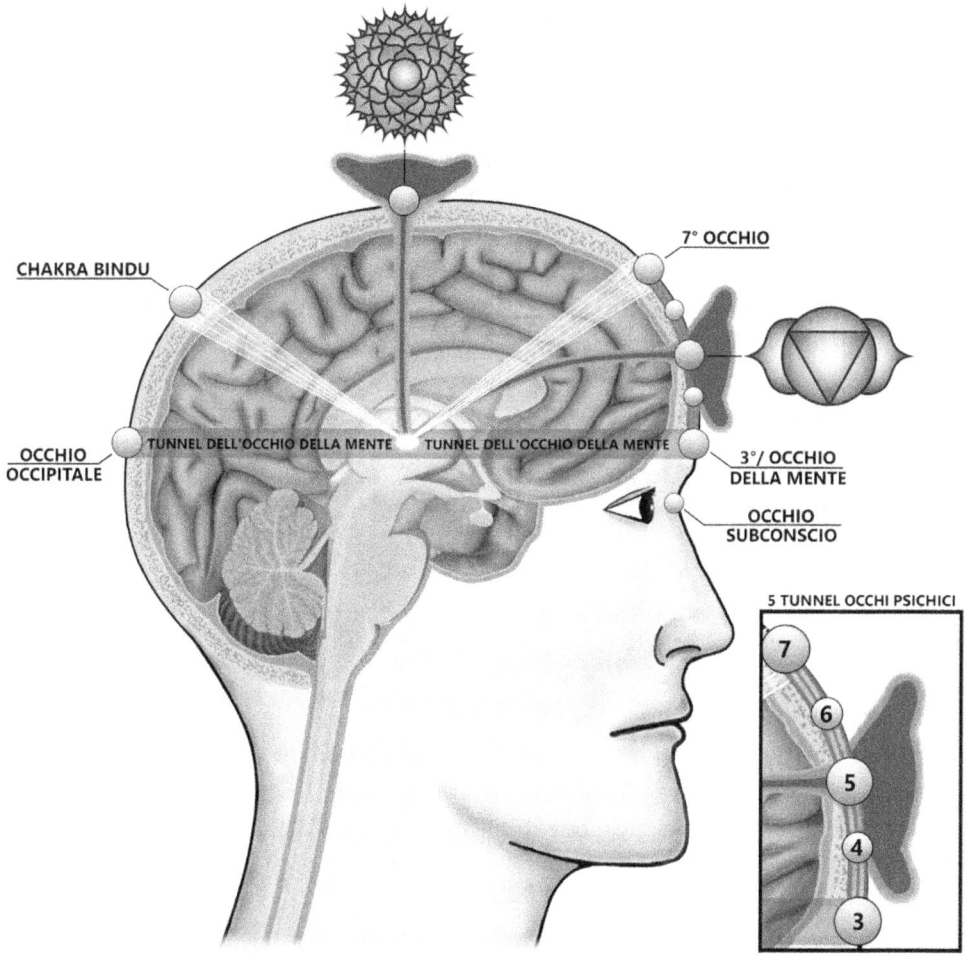

Figura 162: I Principali Centri Energetici della Testa

2. Meditazione dell'Occhio della Mente

La prima e più importante meditazione è sull'Occhio della Mente, il portale energetico di Ajna Chakra, un centro di coscienza che è una finestra sui Regni Cosmici. L'ingresso frontale di questo portale si trova tra le sopracciglia, appena sopra il livello degli occhi, sulla fronte. Tuttavia, il suo punto di meditazione si trova a un centimetro dalla superficie della pelle, all'interno della testa. (Utilizzate la Figura 162 come riferimento per localizzare i Centri Energetici Principali della Testa, mentre la Figura 163 si riferisce agli effettivi punti di meditazione relativi a tali centri).

In questo punto si può guardare con gli occhi chiusi, proiettando leggermente gli occhi verso l'alto. Ida e Pingala convergono in questo punto, necessario per completare il circuito Kundalini. Se non riuscite a far convergere Ida e Pingala, il circuito non sarà completamente attivo nel Corpo di Luce.

Concentrare l'attenzione su questo punto durante la meditazione stimola la Ghiandola Pineale, che ha un'intima connessione con l'Anima. Se vi concentrate correttamente, sentirete un'attrazione magnetica verso l'Occhio della Mente. L'attenzione deve essere sempre posta sull'Occhio della Mente che, se applicato in modo appropriato, stimola il Bindu nella parte posteriore della testa, influenzando il flusso di energia nel circuito di Kundalini e facendolo confluire verso l'esterno dal Bindu.

Per eseguire correttamente questa meditazione, sdraiatevi sulla schiena con le mani tese e ponete delicatamente l'attenzione sull'Occhio della Mente. Potete controllare la respirazione con il Quadruplice Respiro, che vi aiuterà a raggiungere lo stato meditativo. L'attenzione deve essere mantenuta sull'Occhio della Mente anche quando i pensieri o le immagini attraversano la mente. Se mantenete l'attenzione in questo punto con successo per circa due o tre minuti, a volte anche meno, la riconvergenza avverrà e il sistema energetico si riattiverà.

Ora, durante il giorno, avrete chiarezza di mente e di pensieri, compreso l'equilibrio delle emozioni. All'inizio non vi sembrerà di aver fatto una grande differenza, ma una volta mangiato e dormito bene, sentirete un senso di rinnovamento e ricomincerete a generare ispirazione. Senza questa convergenza di Ida e Pingala, è impossibile creare slancio e rimanere ispirati per un periodo di tempo significativo.

3. Meditazione del Settimo Occhio

Il Settimo Occhio si trova nel punto in cui l'attaccatura dei capelli incontra la fronte, al centro. Questo punto si trova a circa un centimetro dalla testa, proprio sopra quel punto. L'energia Kundalini deve uscire da questo punto, poiché il Settimo Occhio è la controparte del punto Bindu nella parte superiore della nuca. Essi lavorano insieme per far circolare l'energia Kundalini in tutto il corpo.

Se il circuito della Kundalini è stagnante o inattivo, questa è una delle meditazioni che si possono fare per riavviarlo. Se in questo punto c'è un blocco o il circuito della Kundalini ha smesso di funzionare, è necessario riaprire questo canale e fargli incanalare correttamente l'energia. Se questo punto non è attivo, noterete che non c'è alcuna componente visiva associata ai vostri processi di pensiero e che la vostra ispirazione è scarsa. Il vostro potere immaginativo ne risentirà e perderete la connessione con l'Adesso, il momento presente, diventando introversi e preda dell'Ego.

Il centro del Terzo Occhio è il punto di accesso dell'energia al Settimo Occhio e al Bindu nella parte posteriore della testa. Pertanto, consiglio di fare prima la meditazione dell'Occhio della Mente per aiutare a spostare l'energia verso l'alto, nei centri superiori della testa. Poi, concentrandosi sul Settimo Occhio, si completerà la fase finale di spostamento dell'energia fuori dalla testa per completare il circuito.

Per questa meditazione, sdraiatevi sulla schiena con i palmi delle mani distesi e concentrate l'energia sul centro del Settimo Occhio. Eseguite il Quadruplice Respiro per calmare la mente. Se mantenete l'attenzione sul Settimo Occhio per due o tre minuti ininterrotti, l'energia Kundalini salirà e passerà attraverso questo punto. In questo modo, il Bindu si riattiva, permettendo al circuito della Kundalini di fluire correttamente nel Corpo di Luce.

Per il resto della giornata, consiglio di trascorrere del tempo in solitudine. Secondo la mia esperienza, una volta eseguita la meditazione del Settimo Occhio, la mia energia è abbastanza influenzata per la giornata, il che mi manda fuori strada quando interagisco con gli altri. Questo esercizio sottrae Prana al sistema, facendovi apparire senza vita, squilibrati ed emotivamente giù quando parlate con altre persone. Dopo una buona notte di sonno, però, il circuito dovrebbe rigenerarsi con l'energia Pranica e ottimizzarsi, riportandovi al 100%.

Inoltre, l'assunzione di cibo è essenziale per riattivare il sistema dopo questa meditazione. Potreste aver bisogno di uno o due giorni di assunzione di cibo per rigenerare completamente le vostre energie interiori, poiché il lavoro con il Settimo Occhio e il Bindu mette a dura prova il circuito della Kundalini più che il semplice lavoro con l'Occhio della Mente. Questi due punti sono i punti di uscita dell'energia Kundalini; pertanto, lavorare con essi può influenzare fortemente il vostro stato psicologico.

4. Meditazione sull'Occhio Occipitale

Questa meditazione è per gli iniziati più avanzati, perché dovete aver accumulato l'energia dello Spirito all'interno del vostro sistema (cosa che avviene solo quando il circuito della Kundalini è attivo per un certo periodo di tempo) in modo che inizi a trasformarsi dall'energia del fuoco in un liquido refrigerante, l'energia dello Spirito. Questa energia dello Spirito vi farà sentire come se foste fatti di Mercurio liquido, il che provoca una sensazione di raffreddamento nel vostro Corpo di Luce e una completa trascendenza nella coscienza.

Questo Spirito liquido si riversa naturalmente nella parte posteriore della testa. Alcune persone hanno persino riferito di aver avuto la sensazione che scendesse in fondo alla gola. A mio parere, queste affermazioni sono malintesi legati alla percezione. Come ho detto in un capitolo precedente, è facile confondere ciò che accade nel Corpo di Luce con ciò che accade al corpo fisico dopo un risveglio di Kundalini. Dopo tutto, entrambi sono vissuti come reali dalla coscienza e, poiché il Corpo di Luce è una cosa nuova, la coscienza ha bisogno di un po' di tempo per imparare a distinguere tra i due. Questa è almeno la mia opinione, ma sono disposto a discuterne con chiunque, essendo stato testimone di questo fenomeno per oltre diciassette anni.

L'Occhio Occipitale si trova proprio all'opposto all'Occhio della Mente. Pertanto, dovreste concentrarvi su un punto di meditazione di un centimetro all'interno della testa per tirare l'energia verso la parte posteriore della testa. Tuttavia, se vi accorgete che questo non funziona, potete concentrarvi su un centimetro all'esterno della testa nella stessa zona. Poiché si sta cercando di riportare l'energia nella testa, potrebbe essere necessario lavorare con entrambi i punti di meditazione, poiché l'energia può rimanere intrappolata in quel punto e richiederà un po' di creatività da parte vostra per spingerla e creare un flusso adeguato.

Per facilitare questa meditazione, mi piace immaginare il mio Sé Astrale in piedi a un piede da me, che guarda direttamente la mia nuca. Mantenendo questa visione o mantenendo l'attenzione su uno dei due punti di meditazione per l'Occhio Occipitale, si verifica un allineamento in cui l'energia liquida dello Spirito viene tirata verso la nuca, il che spinge fuori qualsiasi ristagno o blocco di energia, ottimizzando il flusso del circuito Kundalini.

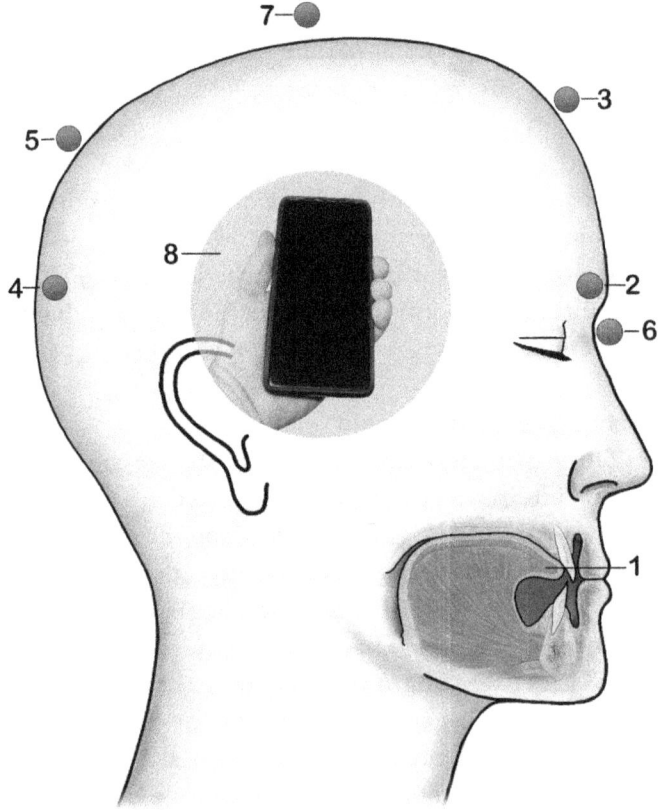

Figura 163: Le Meditazioni Kundalini

5. Meditazione Chakra Bindu

Il Bindu Chakra è essenziale perché è il punto di uscita che completa il circuito della Kundalini. Quando si permette alla Kundalini di uscire da questo punto, la coscienza sperimenta l'Unità con tutte le cose, uno stato di meditazione perpetua e di pura trascendenza. Questo perché il Bindu è la porta del Chakra Causale, dove la dualità incontra la Non-Dualità. Pertanto, meditare su questo punto è vitale per mantenere l'integrità del circuito Kundalini. Deve esserci un costante e sottile richiamo dell'energia verso l'esterno, verso la parte posteriore della testa.

Un adeguato flusso di energia in questo punto fa sì che ci si veda in terza persona. Si crea una sensazione di elevazione della coscienza al di sopra del corpo fisico, in cui si può vedere il proprio volto da una prospettiva in terza persona. In questo modo, percepite continuamente e simultaneamente il vostro Sé fisico, le vostre espressioni facciali e l'energia che immettete nell'Universo, oltre ai vostri pensieri interiori. Questo stato dell'Essere indica un elevato stato di evoluzione Spirituale con l'energia Kundalini.

Il punto Bindu si trova nella parte posteriore della testa, proprio di fronte al Settimo Occhio. Il suo punto di meditazione è un centimetro fuori dalla testa, proprio come il Settimo Occhio. Questa meditazione è più comune del Settimo Occhio e allevia un maggior numero di problemi, sia mentali che emotivi. Quando c'è troppa energia stagnante nella testa, l'Ego userà questa situazione per il suo programma, introducendo pensieri negativi che creano paura per dirottare la coscienza. Questo causerà la discesa della Kundalini dal Bindu Chakra. Non è necessario che si verifichi un cortocircuito di un canale perché ciò avvenga; può accadere a causa di un aumento dello stress o della presenza di pensieri negativi per un periodo prolungato.

Per eseguire questa meditazione, sdraiatevi sulla schiena con le mani tese e concentratevi sul punto di meditazione del Chakra Bindu, che si trova a un centimetro dalla sommità della testa. Eseguite il Respiro Quadruplo per calmare la mente ed entrare in uno stato meditativo. La concentrazione su questo punto agisce sul Bindu e sul Chakra Causale, che è intimamente legato al Bindu.

La chiave di queste meditazioni sulla testa è focalizzare l'attenzione su un punto particolare all'interno o all'esterno della testa per due o tre minuti con una concentrazione totale. Mi piace immaginare di battere continuamente il punto di meditazione con il dito indice. Tenete presente che sto parlando di immaginare il mio dito Astrale che fa questo con il potere della mia mente. In questo modo, incorporo l'immaginazione e la forza di volontà, utilizzando così sia il canale Ida che il canale Pingala. In questo modo si stimola l'energia e la si spinge verso l'esterno, completando così il circuito. Questa meditazione può essere eseguita anche da seduti, mentre le altre meditazioni finora menzionate funzionano meglio da sdraiati, secondo la mia esperienza.

6. Meditazione Occhio del Subconscio

L'Occhio del Subconscio permette a tutti gli individui pienamente risvegliati dalla Kundalini di vedere i contenuti della loro mente subconscia e di acquisire la padronanza sui loro pensieri e sulla realtà. Questo centro psichico si trova nel punto in cui il centro degli occhi incontra il ponte del naso. Tuttavia, supponiamo che nella mente aumentino l'energia negativa e i pensieri di paura. In tal caso, questo punto di rilascio si blocca e l'individuo non può visualizzare il contenuto del subconscio.

Ida può crollare contemporaneamente, oppure è il crollo di Ida che spesso causa la chiusura di questo centro psichico. Ricordate che tutti gli stress, l'ansia e i pensieri negativi e paurosi mettono a rischio Ida quando ci si concentra troppo a lungo. Se Ida crolla, o se succede da sola, questo punto dovrà essere riaperto prima di poter funzionare di nuovo bene. Il punto su cui concentrarsi è appena sopra il ponte del naso, un centimetro all'esterno della testa.

Quando respirate, questo centro psichico respira con voi. L'energia Pranica viene immessa nell'Occhio Subconscio che vi permette di avere pensieri ed emozioni sani. Quando questi centri psichici funzionano correttamente, ogni respiro di veglia dovrebbe rinnovare la vostra mente. Se l'energia in questo punto ristagna, avrete una mente malsana e piena di paure. Avrete difficoltà a guardare al futuro e vi aggrapperete al passato, pensandoci continuamente in modo ossessivo.

I pensieri o le emozioni ossessive spesso causano l'ostruzione di questo centro psichico poiché, pensando ossessivamente a qualcosa, si concentra troppo l'attenzione sulla parte posteriore della testa, il che può allontanare l'energia dai Cinque Occhi Psichici e dall'Occhio Subconscio, causando l'ostruzione di alcuni di essi. Ricordate che la sede effettiva della mente subconscia si trova nella parte posteriore della testa, mentre l'Occhio del Subconscio è una finestra o un portale che ci permette di visualizzarne il contenuto.

Questa meditazione deve essere eseguita da sdraiati con i palmi delle mani distesi. Sarebbe utile utilizzare il Quadruplice Respiro per mantenersi nel giusto stato mentale durante l'esecuzione di questa meditazione. L'attenzione deve essere mantenuta nel punto descritto per almeno due o tre minuti, senza interruzioni. In caso di successo, si avvertirà una sensazione di raffreddamento sul ponte del naso e si sentirà la pressione in quel punto mentre l'energia esce da esso nell'atmosfera davanti a noi. Si sentirà un'immediata liberazione dai pensieri passati e la capacità di pensare ed essere entusiasti del futuro.

7. Meditazione Chakra Sahasrara

Il Sahasrara Chakra è il Chakra più critico nel contesto del risveglio della Kundalini, poiché è il nostro collegamento con la Sorgente Spirituale, la Luce Bianca. Sahasrara è il più alto del corpo, in alto, al centro della testa, e la sua funzione regola l'intero circuito della Kundalini quando è aperto e attivo. Pertanto, è necessario che in esso vi sia sempre un flusso di energia, altrimenti il circuito della Kundalini cessa di funzionare. Nel raro caso in cui l'energia Kundalini scenda da Sahasrara, questa semplice meditazione può farla risalire, facendo sì che il flusso centrale di energia attraverso Sushumna funzioni correttamente. Ricordate che Ida, Pingala e Sushumna si uniscono ad Ajna come un unico flusso di energia che sale a Sahasrara. Quindi, se questo flusso di energia scende al di sotto di Sahasrara, questa è la meditazione da utilizzare per riportarlo in alto.

Per eseguire questa meditazione, sdraiatevi sulla schiena con i palmi delle mani distesi. Per prima cosa, utilizzate il Quadruplice Respiro per entrare in uno stato meditativo. Quindi, chiudete gli occhi fisici e tirateli indietro, cercando di guardare la sommità del capo, circa due centimetri sopra il centro del cranio. Sebbene Sahasrara si trovi in alto, al centro della testa, ho scoperto che concentrarsi due centimetri sopra di esso anziché uno, o direttamente su di esso, facilita la spinta necessaria affinché il canale dell'energia Kundalini salga a Sahasrara.

Mantenete l'attenzione su questo punto per due o tre minuti, senza interruzioni. Se il risultato è positivo, sentirete un flusso di energia muoversi attraverso il cervello e raggiungere Sahasrara. Se questo non funziona e sentite una caduta definitiva da Sahasrara, allora dovrete ricostruire i fili di Kundalini nella vostra testa attraverso l'assunzione di cibo, trasformando il cibo in energia di Luce o Prana. Potrebbero essere necessarie alcune settimane o un mese. Potete eseguire questa meditazione ogni pochi giorni, man mano che ricostruite il vostro Corpo di Luce per occuparvi di questa situazione.

8. Meditazione Mantenere un'Immagine nella Mente

Un'altra meditazione fondamentale che può aiutare ad alleviare i problemi mentali ed emotivi consiste nell'immaginare un semplice oggetto nella vostra mente e nel mantenere la sua immagine visiva con totale concentrazione. È utile se l'oggetto che state immaginando è qualcosa che avete spesso in mano, come il vostro cellulare, in modo che possiate reimmaginare il suo aspetto e la sua sensazione nella vostra mano, usando i vostri sensi Astrali e il potere della vostra mente.

Questa meditazione è utile se c'è un blocco a livello del Chakra Bindu e quando non funzionano altre meditazioni sui punti della testa. È una meditazione potente perché incorpora entrambi i canali Ida e Pingala durante la sua esecuzione. Quando si svolge un'attività mentale che richiede la forza di volontà, si utilizza il canale Pingala. Al contrario, quando si usa l'immaginazione e si pensa a un'immagine nella propria mente, si utilizza il canale Ida. Mantenendo un'immagine nella mente per un periodo prolungato, riaprite e riallineate sia Ida che Pingala e permettete loro di incanalarsi fuori dal Chakra Bindu, come è naturale che facciano negli individui completamente risvegliati dalla Kundalini.

Noterete che se eseguite questa meditazione, la componente visiva di trattenere l'immagine nella vostra mente aumenterà e diventerà più definita. Potreste anche avvertire movimenti di energia nel corpo, lungo la parte anteriore del busto, su entrambi i lati, dove si trovano i canali Ida e Pingala. Potreste anche sentire delle strisce di energia che si muovono nella parte anteriore del viso.

Per esempio, può verificarsi un allineamento in un canale energetico che si muove centralmente attraverso il mento fino al labbro inferiore. Potreste anche sentire l'energia muoversi all'interno del cervello, mentre i filamenti della Kundalini vengono infusi con lo Spirito liquido. Se sentite uno di questi movimenti, è un buon segno che la meditazione sta funzionando e che Ida e Pingala si stanno allineando. Quando la meditazione è andata a buon fine, dovreste finalmente sentire una pressione nella parte superiore della nuca, mentre il vostro Bindu Chakra viene infuso, segnalando che il circuito della Kundalini si è completamente riattivato.

9. Meditazione Diventare Uno con un Oggetto

Un'altra potente meditazione per ottimizzare i canali Ida e Pingala e riallineare il circuito Kundalini consiste nel concentrarsi su un oggetto davanti a sé per un periodo prolungato.

Questa meditazione mira a uscire da se stessi e a diventare un tutt'uno con l'oggetto, sentendone l'essenza. In questo modo ci si esteriorizza, permettendo alle Nadi di riallinearsi e di assumere il loro flusso naturale. In genere sono i contenuti della nostra mente e l'abuso della nostra forza di volontà a bloccare o a far ristagnare il flusso delle Nadi.

La chiave è mantenere una mente vuota e un'intensa concentrazione sull'oggetto su cui si sta meditando. Sentite la sua consistenza e usate i vostri sensi Astrali su di esso. Liberate la mente e non ascoltate i pensieri del vostro Ego che cerca di distogliervi dal compito che state svolgendo.

Potete anche meditare su un punto fisso a vostra scelta o su un'immagine. Tuttavia, trovo che meditare su un oggetto tridimensionale funzioni meglio, poiché si possono usare tutti i sensi Astrali su di esso, consentendo alla mente di tenersi occupata, il che induce al silenzio. L'uso dei sensi Astrali nella meditazione è una buona distrazione per la mente, che non può concentrarsi su di essi e pensare contemporaneamente.

Assorbirsi completamente nell'oggetto, nel punto fisso o nell'immagine, senza perdere la concentrazione. È possibile sbattere le palpebre, anche se gli occhi dovrebbero lacrimare leggermente quando si esegue la meditazione in modo corretto, il che indica una concentrazione potente. Durante l'esecuzione di questa meditazione, fate attenzione al punto Bindu in cima alla nuca. Dopo circa cinque-dieci minuti di questo esercizio, dovreste sentire le vostre Nadi riallinearsi, mentre il vostro punto Bindu si infonde di energia. Questo è un segno che il circuito della Kundalini si è ottimizzato.

10. Meditando sul Chakra della Stella della Terra

Poiché il Chakra della Stella della Terra fornisce le correnti femminili e maschili per le Nadi Ida e Pingala, se c'è una mancanza di energia che attraversa una di esse, potrebbe essere necessario meditare sulla loro fonte per riattivarle. È possibile farlo ponendo l'attenzione sulla pianta dei piedi e mantenendola lì, senza interruzioni, mentre ci si concentra sulla Stella della Terra a 15 centimetri sotto i piedi.

Ricordate che il canale Pingala attraversa la gamba destra e il tallone, mentre il canale Ida attraversa la sinistra. Entrambi si collegano al Chakra della Stella della Terra. Quindi, se avete fatto correttamente la meditazione, sentirete un allineamento energetico nella parte inferiore del tallone, corrispondente al Chakra Muladhara, che segnala la riattivazione di Ida o Pingala. Allo stesso tempo, la meditazione sulla Stella della Terra fornisce il radicamento ottimale necessario per mantenere in equilibrio gli altri Chakra e i Corpi sottili. Quindi, praticate spesso questa meditazione, anche se non avete problemi con i canali Ida o Pingala.

***

Una nota finale sui cortocircuiti della Kundalini e sulle meditazioni presentate in questo capitolo. Innanzitutto, è bene capire che i cortocircuiti, in generale, non sono pericolosi in senso fisico, ma psicologico. Pertanto, l'esecuzione di queste meditazioni non può nuocere, ma può apportare notevoli benefici spirituali e consentirvi di controllare la vostra esperienza di realtà invece di essere in balia dell'energia Kundalini.

Tuttavia, anche se queste meditazioni hanno funzionato per me in quasi tutti i casi, non posso garantire che funzioneranno per voi ogni volta. Avendole sviluppate, ho ottenuto una connessione intuitiva con ogni meditazione che, dopo aver diagnosticato il problema, mi permette di mettere in atto quella giusta con una precisione del 90%. Questo non posso trasmetterlo a voi, ma spero che possiate imparare a fare lo stesso con la pratica e l'esperienza.

Credo che il manuale dei nostri sistemi Kundalini sia lo stesso e che il Creatore non avrebbe fatto il mio sistema Kundalini diverso dal vostro, perché siamo tutti fatti delle stesse componenti fisiche, emotive, mentali e Spirituali. Pertanto, credo che i problemi della Kundalini siano Universali, il che significa che queste meditazioni dovrebbero funzionare anche per voi.

Per concludere, spero che, utilizzando queste meditazioni, cercherete dei modi per farle progredire e troverete delle scoperte per conto vostro. Dobbiamo mantenere collettivamente la Scienza della Kundalini in continua evoluzione e raggiungere nuove vette, in modo che coloro che verranno dopo di noi si basino sui nostri errori e sulle nostre scoperte. Così facendo, non solo sviluppiamo noi stessi, ma anche la Scienza della Kundalini come campo di studio.

PARTE XII: CONSULENZA KUNDALINI

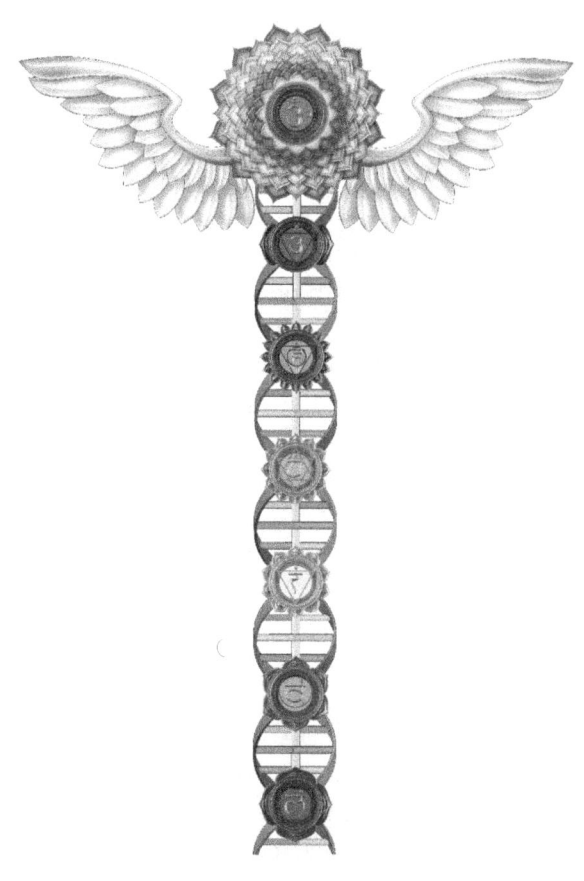

CONSIGLI GENERALI

Negli ultimi diciassette anni, molte persone risvegliate dalla Kundalini mi hanno contattato attraverso i social media chiedendomi consigli su cosa aspettarsi e come affrontare i potenziali problemi che si presentano nel loro processo di trasformazione. Ho scoperto che molte delle loro domande e preoccupazioni erano le stesse e che le loro richieste avevano un filo conduttore comune, poiché il processo di trasformazione è Universale. Questo capitolo discuterà questi punti in comune e condividerà alcuni consigli generali per coloro che si trovano nel mezzo di una trasformazione Kundalini.

La Kundalini non è una manifestazione fisica, anche se spesso sembra che lo sia. Mentre il Corpo di Luce si perfeziona nel tempo, la coscienza oscilla tra il corpo fisico e il Corpo di Luce, cercando di dare un senso alle cose. Prima del risveglio, la coscienza operava solo dal corpo fisico. Pertanto, le diverse manifestazioni della Kundalini possono sembrare fisiche all'inizio, ma non lo sono.

Le persone mi dicono spesso che sentono una pressione in diverse parti del corpo, di solito nella zona della testa o del cuore, e mi chiedono perché questo accade. Vogliono sapere quando smetterà e se questi problemi si trasformeranno in malattie corporee. Capire che la Kundalini sta lavorando attraverso un'area con centri psichici che deve essere risvegliata per localizzare l'energia in quella zona. A volte, questo richiede di spingere contro i blocchi energetici formatisi nel tempo a causa di pensieri e convinzioni negative su se stessi e sulla vita in generale. Anche se sembra una pressione fisica, si manifesta sul Piano Astrale. Tuttavia, poiché la mente è l'anello di congiunzione, interpreta male queste informazioni. In fondo, la mente non ha mai vissuto un'esperienza simile e si confonde facilmente in questa situazione. Non è quindi raro che la persona che sperimenta queste sensazioni inizi a provare paura e ansia pensando che stia accadendo qualcosa di dannoso al suo corpo fisico.

I Chakra e i nervi circostanti che innervano gli organi devono essere completamente infusi con la Luce della Kundalini per permetterle di circolare senza ostacoli nel Corpo di Luce. A causa dell'energia Karmica che si accumula nei Chakra nel corso della vita, queste aree possono bloccarsi. La Kundalini deve esercitare una pressione in quest'area attraverso un calore lieve e costante per sradicare e rimuovere questi blocchi.

La Kundalini è un'energia di fuoco grezza che si trasforma in Spirito liquido attraverso la sublimazione del Prana tramite l'assunzione di cibo e la trasmutazione dell'energia sessuale. Questa energia dello Spirito può attraversare qualsiasi blocco, ma deve prima essere convertita nella sua forma sottile dal Fuoco della Kundalini. Osservando questo processo nel mio Corpo di Luce, ho scoperto che questa trasformazione avviene nell'area in cui la Kundalini sta eliminando i blocchi.

Le aree più comuni in cui i blocchi vengono rimossi sono la testa e il cuore. Le persone sentono una pressione nella testa per mesi, forse anche per anni, mentre la Kundalini si trasforma in questo Spirito liquido più fine e apre i centri cerebrali. Come avete imparato finora, ci sono molti centri cerebrali critici da aprire, come il Talamo, l'Ipotalamo, le Ghiandole Pituitaria e Pineale. Il cervello è il fulcro che contiene questi importanti centri energetici. I Chakra e le Nadi sono collegati al cervello attraverso il sistema nervoso. Il cervello è la scheda madre; è necessario creare un cablaggio adeguato nel Corpo di Luce perché possa funzionare in modo efficiente. Altrimenti, il circuito Kundalini non funzionerà correttamente.

Anahata, il Chakra del Cuore, è un'altra area critica in cui il Fuoco della Kundalini deve lavorare attraverso gli ostacoli energetici per creare il cablaggio necessario. Dopo l'Hara Chakra, Anahata è la seconda più grande convergenza di Nadi nel corpo. Sul lato sinistro si trova il canale Ida, che deve aprirsi correttamente per ottimizzare il flusso energetico. Sul lato destro si trova il canale Pingala. Entrambi hanno bisogno di un flusso sufficiente di questa energia dello Spirito che li attraversa per non sentire una strana pressione, che crea pensieri paurosi e preoccupanti.

Dopo il risveglio dell'energia Kundalini, le palpitazioni del cuore fisico sono frequenti, poiché nel corpo vengono rilasciati alti livelli di adrenalina, dopamina e serotonina, che causano un'accelerazione della frequenza cardiaca. Occasionalmente si verificano anche salti di battiti cardiaci, che ho scoperto essere causati da ricordi basati sulla paura che affiorano dal subconscio e che devono essere rivissuti per rimuovere la loro carica emotiva.

Queste situazioni non sono preoccupanti, perché sono di tipo Universale e continueranno a manifestarsi per anni, soprattutto nelle fasi iniziali. Con il pompaggio di diversi ormoni nel cuore, si provano incredibili sensazioni di euforia. L'impeto di energia nel cuore è estatico e impossibile da descrivere a chi non l'ha provato. Le Surrenali possono esaurirsi nel corso di questo processo, che può essere reintegrato con la Vitamina C.

L'energia Kundalini può anche incontrare blocchi in altre aree del corpo, di solito nel torso. L'energia può lavorare attraverso diversi organi e può sembrare che un organo sia in pericolo. Tuttavia, non ho mai riscontrato questo caso, né ho sentito di qualcuno che abbia avuto veri e propri cedimenti di organi in questa situazione. Quindi, anche in questo caso, la sensazione può essere fisica, ma non ha un impatto negativo sull'organo. Tuttavia, va notato che possono verificarsi effetti psicosomatici se ci si concentra troppo sul fatto che la pressione è fisica. In altre parole, si può sviluppare un dolore fisico, ma solo perché si è talmente concentrati sull'idea che si manifesta. Tuttavia, non si manifesta in un modo che possa nuocere.

In generale, il mio consiglio è sempre lo stesso e si applica a tutto ciò che riguarda il risveglio in qualsiasi fase: se provate paura, affrontatela. Non concentratevi sulla paura, perché è la paura a influenzarvi negativamente e non la Kundalini stessa. La paura crea ansia, che lavora contro la Kundalini. Combatte il processo della Kundalini che sta avvenendo dentro di voi. I Corpi sottili fisico, emotivo e mentale devono essere rilassati e in pace perché la Kundalini possa fare il suo lavoro. Se c'è ansia in una qualsiasi area, questa impedirà il flusso della Kundalini in uno dei suoi diversi stati. Questi blocchi sembrano rafforzarsi e peggiorare solo se si invoca l'ansia. È necessario invece esercitarsi a essere rilassati nella mente, nel corpo e nell'Anima, anche quando l'esperienza può sembrare intensa.

Quando la Kundalini è completamente risvegliata e lavora attraverso di voi, è meglio smettere di meditare per un po'. A questo punto, non si fa altro che concentrare l'energia all'interno della testa, il che non è più necessario. Se avete risvegliato la Kundalini, avete già raggiunto l'obiettivo di tutta la meditazione. Pertanto, trascorrere più tempo lontano dai vostri pensieri e più tempo nella natura o con le persone vi gioverà. Quando parlo di persone, intendo persone dalla mentalità positiva, non negativa. Rilassarsi in tutte le parti del Sé e concentrarsi sull'introduzione di cibo nutriente è tutto ciò che vi è richiesto.

Non disperate se avete difficoltà a dormire, come spesso accade nei primi anni dopo il risveglio. È inutile cercare di indurre il sonno a tutti i costi, per poi sentirsi frustrati quando non accade. Piuttosto, andate a fare qualcosa di produttivo per smaltire l'energia che vi impedisce di dormire. Fare attività creative vi aiuterà a trasformare l'energia e a mettervi in contatto con l'immaginazione e la forza di volontà, che vi ispireranno e vi aiuteranno a raggiungere uno stato di calma, inducendo il sonno in modo naturale. Ricordate sempre che la creatività utilizza anche l'energia dell'amore, quindi ogni attività creativa è produttiva perché utilizza l'amore. Questa regola si applica quando state attraversando il risveglio in qualsiasi momento della vostra vita. Cerchiamo sempre di allinearci con l'amore il più possibile durante questo percorso.

Ho sofferto di insonnia per anni dopo il mio risveglio e oscillavo tra intensi Sogni Lucidi e completa mancanza di sonno e incapacità di indurre sogni. Con il tempo, ho imparato a non preoccuparmi o a non stressarmi quando questo accade, anche se può essere difficile farlo se il giorno dopo si ha qualcosa di importante per cui è necessario essere ben riposati. Bisogna imparare ad assecondare il fenomeno e a non combatterlo. Non c'è scelta. Non appena lo accetterete, starete meglio. Vivere uno stile di vita regolare dalle nove alle cinque può essere una sfida, ma è una sfida che dovete accettare e superare. Più lo combattete, più ostacolate il processo di trasformazione della Kundalini.

Se non riuscite a indurre il sonno durante la notte, il corpo vi sta segnalando che non ha bisogno di riposo. Forse è la mente ad averne bisogno, e si può riposare la mente semplicemente rilassandosi sulla schiena mentre si è svegli. A volte è utile prendere una pillola di melatonina prima di andare a letto, che potete trovare in farmacia. Ma se non riuscite a indurre il sonno, significa semplicemente che c'è troppa attività nel Corpo di Luce e dovete accettarlo. Il giorno dopo sarete un po' più lucidi, ma dovreste essere in grado di affrontare tutto ciò di cui avete bisogno. Non riuscire a dormire significa che la Kundalini è in overdrive, trasformando la vostra mente, il vostro corpo e la vostra Anima a un livello profondo. Mettetevi in modalità pilota automatico il più possibile e lasciate che faccia ciò che deve fare.

Un aspetto della trasformazione Kundalini è che la quantità di sonno necessaria per funzionare al 100% il giorno successivo è sostanzialmente inferiore a quella di una persona senza Kundalini attiva. Ho scoperto che sei ore di sonno dovrebbero essere sufficienti per la maggior parte dei giorni. Otto ore di sonno sono ottimali, mentre più di otto sono eccessive e non necessarie. Tuttavia, nelle fasi iniziali, potreste aver bisogno di più di otto ore di sonno, soprattutto se la vostra Kundalini è molto attiva durante la notte.

Con il passare degli anni, ho scoperto che più di otto ore di sonno mi rendevano meno concentrato e più fiacco il giorno dopo. In condizioni ottimali, da sei a otto ore di sonno si sono rivelate le migliori per me. Ho avuto anche molte notti insonni quando la Kundalini era molto attiva. Ma ho superato questo problema rilassando la mia mente durante la notte, il che mi ha permesso di funzionare al 95% il giorno successivo, con la mia solita acutezza e concentrazione da laser. Tuttavia, questo è avvenuto dopo almeno cinque anni di processo di trasformazione della Kundalini e dopo aver sintonizzato la mia coscienza con il Sé Superiore. Se vi trovate più allineati con il vostro Ego, avrete bisogno di dormire di più.

DOMANDE COMUNI

Dopo aver assunto il ruolo di insegnante e guida Kundalini per molti anni, ho risposto a innumerevoli domande di diversi iniziati Kundalini sul loro processo di risveglio e trasformazione. Ho raccolto le domande più comuni in una serie di domande e risposte tratte dalle nostre corrispondenze.

Quasi un anno fa ho avuto un risveglio spontaneo della Kundalini. Ora, l'agitazione emotiva e la paura che devo affrontare sono insopportabili. Ho perso il lavoro, le mie relazioni sono andate in pezzi e sono pronto ad arrendermi. Non ho più energie per andare avanti. Quali parole di saggezza hai per me?

Non disperare, amico mio. Molte persone sono state nei tuoi panni e molte altre lo saranno in futuro. Per quanto le cose possano sembrare negative ora, ricorda sempre che l'alba segue sempre la notte. Il successo non dipende dalla velocità con cui si cade, ma dalla velocità con cui ci si rialza e si riprova. Dovete sviluppare una resistenza alle sfide che vi si presentano e troverete le soluzioni che cercate. Non lasciate che la paura vi paralizzi, ma affrontate le vostre paure e acquisterete coraggio. Tutte le persone di successo brillano quando non hanno più nulla, quando tutte le loro energie sono esaurite e il loro serbatoio è vuoto. Usano questi momenti per dimostrare chi sono, trovando l'energia da dentro di sé per vincere le proprie paure e trovare il successo.

Ricordate che la PAURA è una Falsa Evidenza Che Appare Reale; vive nel regno della dualità. Il Vero Sé, invece, si trova nel regno della Non-Dualità. È un fuoco che nessuno, a parte voi stessi, può spegnere. E il tempo scorre per tutti noi. Pertanto, tutti noi dobbiamo guardare alle sfide della vita e vederle come prove della nostra forza di volontà. Dobbiamo avere fiducia in noi stessi e nell'Universo e affrontare queste sfide con determinazione e perseveranza per avere successo.

Trovate conforto nella compagnia di persone che condividono lo stesso processo di risveglio della Kundalini e fatevi fratelli e sorelle. Non siete soli. Siamo tutti destinati a trasformarci in Esseri di Luce. Tuttavia, non è un processo facile. Più difficile è il viaggio, più dolce è la ricompensa. Molte strade portano alla stessa meta. Se una non funziona, provatene un'altra. Non arrendetevi mai e non abbattetevi perché se siete disposti a mollare, il Divino non ha posto per voi nel Regno dei Cieli.

Ogni volta che la mia energia Kundalini diventa molto attiva, divento incredibilmente paranoico/a, ansioso/a e spaventato/a. Mi chiedo se dovrei andare da un terapeuta, anche se non sono sicuro/a che capirà quello che sto passando. Ma, prima di farlo, cos'altro posso fare per superare queste difficili emozioni?

La paranoia e l'ansia che sta provando sono tipiche di ciò che sta vivendo. La sua condizione, tuttavia, non può essere descritta come clinica. È meglio tenere per sé questa esperienza per evitare la delusione di non essere compresi dal personale medico. Soprattutto, per evitare che vi vengano somministrati farmaci che ostacoleranno in modo sostanziale il vostro processo di trasformazione. Trascorrete del tempo all'aperto, entrate in contatto con la natura e fate cose esterne a voi invece di pensare troppo a ciò che state vivendo. All'Ego non piace il fatto di essere sottoposto a un processo di morte, quindi vuole spaventarvi e farvi sentire negativi al riguardo.

Soprattutto, pensate in modo positivo all'intera esperienza. Siete tra l'élite del mondo e siete stati scelti per qualsiasi motivo. Francamente, anni di vita in un cattivo stato mentale, come accade a molti iniziati alla Kundalini appena risvegliati, valgono bene i preziosi gioielli che vi aspettano in futuro. Inoltre, la vostra mentalità è solo una sfaccettatura di ciò che siete veramente. Ricordatelo e siate coraggiosi. Concentrarsi sulla paura vi impedirà di vivere con coraggio. Siate invece coraggiosi e la paura svanirà.

Ci sono momenti in cui mi sembra che il mio Ego si sia finalmente tolto di mezzo, ma poi ritorna con prepotenza, portando grande paura e dolore emotivo. Spesso mi sembra di morire di una morte lenta e dolorosa. Perché non può finire tutto questo? Cosa mi sta succedendo?

Il dolore e il piacere sono entrambi aspetti della stessa cosa. Sono legati al modo in cui si legge la realtà circostante attraverso la mente. Collegando il conscio con il subconscio, la velocità del pendolo che oscilla tra piacere e dolore aumenta esponenzialmente, dando origine a molti problemi mentali. La differenza è che in una persona attivata dalla Kundalini questo processo è solo temporaneo e serve a sradicare i ricordi negativi, agendo come un muro tra il mondo del puro potenziale e i limiti creati dalla mente nella sua ricerca di sopravvivenza.

Il Sé che è sopravvissuto finora è l'Ego. L'Ego sta morendo! Non vuole morire, come qualsiasi altra forza intelligente in questo Universo. Così l'eterno testimone dell'Adesso, il vostro vero Sé, si fa da parte mentre l'Ego sente il dolore, sapendo che nella sua morte c'è la vera vita. Ricordate che l'Ego ha impiegato molti anni per svilupparsi. Poiché ogni azione ha una reazione uguale e contraria, sappiate che ci vorranno molti anni anche per la sua morte. È una parte normale del processo di trasformazione, così come il dolore che lo accompagna.

Una volta eliminate le sofferenze dell'Ego, la coscienza è libera di sperimentare la pura emozione del Vuoto, che è un'estasi Nirvanica. Quindi prendete il vostro tempo, non abbiate fretta, e dopo un po' di tempo la mente si stabilizzerà e voi diventerete ciò che siete destinati a essere- Esseri di Luce!

Da qualche mese soffro di mal di testa debilitanti che a volte durano tutta la notte e persino il giorno dopo. Sento anche dolori misteriosi che vanno e vengono in diverse zone del corpo, soprattutto nel busto. Cosa si può fare? È una parte normale del processo Kundalini?

Se avete mal di testa come risultato di una Kundalini risvegliata, noterete che se fate un passo indietro, i vostri mal di testa non sono causati dalla Kundalini, ma piuttosto da come la mente interpreta ciò che sta accadendo. Questo perché la Kundalini opera sul Piano Astrale, ma noi possiamo sentirla come se fosse nel nostro corpo fisico. Opera in una dimensione diversa da quella materiale di cui fa parte il corpo fisico.

Mantenete sempre un atteggiamento rilassato, bevete molta acqua e il mal di testa sparirà. Evitate le situazioni di stress e, quando si verifica un mal di testa, cercate di capirne la causa e poi evitate di creare la stessa causa la volta successiva o di stare intorno ad essa.

I dolori fisici sono attribuiti all'energia negativa e alle memorie Karmiche immagazzinate nel corpo fisico e negli organi. Pertanto, quando la Kundalini ha permeato, a livello Astrale (perché opera solo a livello Astrale), le aree che contengono le controparti Spirituali dei componenti fisici del corpo, si avvertiranno sensazioni di dolore fisico, in quanto si sta ripulendo dalla negatività di quelle controparti Spirituali.

Questo processo è normale e si attenuerà con il tempo. Provate una dieta diversa, lo Yoga o le tecniche di radicamento per alleviare il dolore. Ricordate che concentrando l'attenzione sul dolore, lo rendete più forte. Quindi, rivolgete la vostra attenzione altrove e la Kundalini si sposterà dove si trova la vostra consapevolezza. Una mente senza paura non ha barriere nel processo della Kundalini!

Ho avuto diverse visioni che riguardavano i gatti. A volte sono grandi e a volte sono piccoli. Sono stati d'argento, neri, gialli e rosso-arancio. Tuttavia, la visione più importante è stata quella di un gatto con la coda spezzata. Sto lottando per trovare un senso. C'è qualcosa di rotto dentro di me?

Interpretare visioni come queste dal punto di vista della mente. Se la mente è rilassata e si gode queste immagini, sono esperienze fugaci e non hanno importanza. Se invece la mente si aggroviglia a questi simboli e cerca di interpretare tutto ciò che accade, si crea un labirinto da cui è difficile uscire senza che la paura sia legata al risultato.

Le visioni nei sogni sono di solito il risultato di ciò che preoccupa la mente nello stato di veglia. Dal momento che avete appena avuto il risveglio e state sperimentando quotidianamente un'intensa attività della Kundalini, queste visioni nei vostri sogni stanno cercando di farvi sapere qualcosa al riguardo.

I gatti, indipendentemente dal loro colore, sono simboli della Kundalini. Nelle tradizioni Antiche, i gatti rappresentavano il Grande Aspetto Femminile della Divinità. Questi sogni vi fanno capire che state vivendo un'attività Kundalini. La coda spezzata potrebbe significare un blocco energetico, ma anche no. Potrebbe significare che la mente ha interpretato un crepitio di energia dentro di voi.

Non lasciatevi prendere da tutte queste interpretazioni dei sogni. Il risultato finale di un risveglio della Kundalini è il totale distacco dall'ingarbugliamento della mente. Dovete escludere la mente per essere nell'Adesso, nel momento presente, e attingere energia dal campo della pura potenzialità. Un giorno, queste cose non significheranno assolutamente nulla per voi dal punto di vista del quadro generale.

Dopo il mio risveglio iniziale della Kundalini, ricordo di aver avuto molte visioni mistiche con simboli di ogni tipo. Ora sono scomparse, ma anche la maggior parte dei pensieri visivi e involontari. Percepisco le cose in modo intuitivo, poiché la mia coscienza si è elevata al di sopra della paura. Ricordate questo quando si tratta del risveglio: "Tutte le cose si dissolvono e si risolvono in tutte le altre cose". Quello che vedete ora, non lo ricorderete nemmeno tra qualche anno.

Mi sento fragile, vulnerabile e il mio stato emotivo va continuamente su e giù. Ho ansia e paranoia e ho bisogno di aiuto. Non sono sicuro/a che i medici possano aiutarmi con qualcosa legato alla Kundalini, ma non so a chi altro rivolgermi. Cosa dovrei fare?

Nessun professionista della salute mentale può aiutarvi con i problemi mentali ed emotivi che state affrontando a causa di una Kundalini risvegliata. Saranno ansiosi di curarvi dal punto di vista medico, cosa che voi non volete. Sono andato da una psichiatra che apparentemente "conosceva" la Kundalini in un certo periodo. Durante la visita ho appreso che non sapeva nulla, poiché si può conoscere veramente la Kundalini solo se si ha un'esperienza personale. È stato uno spreco di tempo e denaro e, soprattutto, una delusione. La falsa speranza può avere effetti molto negativi in questo processo, poiché può farvi rinunciare ancora più velocemente di quanto sareste portati a fare.

Se siete in uno stato di fragilità, siate il vostro medico e il vostro salvatore personale. Per quanto riguarda la Kundalini, non riponete la vostra fiducia nelle mani di altre persone, a meno che queste non abbiano avuto il risveglio in prima persona. Se avete bisogno di conforto, ascoltate qualche discorso di Auto-aiuto. Il risveglio della Kundalini risveglia anche il guru interiore, il Sé Superiore. È il momento di imparare a fidarsi di se stessi e a essere la propria guida e il proprio insegnante.

Problemi mentali, ansia e paranoia sono comuni a chi si trova nella vostra situazione. Ci siamo passati tutti. Trovate qualcosa che vi calmi e vi renda felici, che vi permetta di sfuggire all'agitazione mentale. Trovate un hobby che occupi il vostro corpo, la vostra mente e la vostra Anima. Scrivete, dipingete, fate passeggiate, fate qualcosa che vi ispiri.

Se vi concentrate sulla negatività, riceverete in cambio negatività. Sarà utile non concentrarsi sui problemi mentali, perché sono temporanei.

Se vi rivolgete a un medico, in seguito potreste sentirvi peggio, perché vi diranno parole come ansia cronica, bipolare e schizofrenia. I sintomi di una Kundalini attiva possono essere simili, ma questo non significa che siate affetti dal disturbo in questione. A differenza delle persone non risvegliate a cui vengono diagnosticate queste malattie, noi attraversiamo queste sfide e ne usciamo dall'altra parte, più forti e più raffinati. È solo una questione di tempo e di pazienza.

Una cosa che ho sempre imparato è seguire il mio ritmo. Ascoltate la voce dentro di voi e non lasciate che gli altri vi dicano cosa sta succedendo. Guidate voi la vostra narrazione. Ignorate ciò che gli altri dicono su ciò che state vivendo. Conoscete la verità nel profondo di voi stessi, quindi iniziate ad ascoltare. State bene! È solo l'Ego che vi spaventa perché sa che sta perdendo il suo potere sulla coscienza. Il vostro Vero Sé vive nel silenzio, un luogo senza pensieri!

Sento una pressione immensa dalla fronte fino alla sommità del capo e i miei pensieri sono incontrollabili. Mi sembra di impazzire, come se il mio cervello fosse rotto. Cosa posso fare per trovare un equilibrio?

Se avete un accumulo di energia nei chakra Sahasarara e Ajna, dovete mettervi a terra. Se state pensando troppo e vi sentite in contatto con l'ansia e la paura, la messa a terra delle vostre energie vi aiuterà. Il radicamento metterà a tacere la vostra mente, permettendo alla paura di svanire. Per esperienza personale, se avete molta energia nella testa, diventerete introversi e penserete troppo. Cercate quindi di concentrarvi sull'aspetto emotivo del Sé, entrando in contatto con i vostri sentimenti, e l'energia si equilibrerà da sola.

È utile concentrarsi sui Chakra dei Piedi e in particolare sull'addome. Concentrandosi sull'addome, si neutralizza l'Elemento Aria (pensieri) e ci si connette all'Elemento Acqua (emozioni). In questo modo vi metterete in contatto con i vostri sentimenti e farete scendere l'energia dalla testa. Quando inviate l'energia nella pancia, create un Fuoco confortevole e costante in quell'area attraverso la respirazione e la meditazione. Praticate la meditazione silenziosa e dovreste essere in grado di sentire l'energia in luoghi diversi dalla testa. La meditazione è necessaria per far scendere l'energia nell'addome e ricollegare il circuito della Kundalini.

Ho cercato di razionalizzare e intellettualizzare il mio processo, il che non mi ha portato da nessuna parte. Capisco che è giunto il momento di andare oltre la mente e i miei pensieri, ma non so come e da dove cominciare. Può darmi qualche suggerimento?

Invece di concentrarvi sui vostri pensieri, fate tacere la mente per uscire da voi stessi attraverso la meditazione e la respirazione controllata. Osservate voi stessi in terza persona, osservando il vostro corpo fisico e i gesti del viso, e diventate il Testimone Silenzioso nell'Adesso, il momento presente. Uscendo da voi stessi, bypassate l'Ego per connettervi con il Vero Sé, il Santo Angelo Custode, attraverso il quale potete sperimentare la Gloria di Dio e innumerevoli altre ricchezze Spirituali.

Per aiutarvi a raggiungere questo obiettivo, meditate sull'Occhio della Mente concentrandovi sul centro delle sopracciglia. Poi, con gli occhi aperti, vedete il mondo esterno e interno contemporaneamente. A questo punto, vedrete voi stessi come vi vedono gli altri. Questa esperienza può essere raggiunta con la pratica. Lentamente sposterà la vostra percezione dall'essere impigliati nell'illusione dell'Ego e cadere preda della paura al diventare esterni e oggettivi e partecipare al Regno della Luce di Dio che ci dà amore, verità e saggezza.

Questo è ciò che si intende quando gli Adepti e i Saggi dicono di aver raggiunto l'Unità di tutte le cose. Ricordate che siete solo un'immagine del pensiero nella Mente di Dio. Questo Mondo di Materia di cui i nostri sensi fanno parte non è altro che l'Eterno Sogno di Dio, e il nostro potere di pensare e sognare ci permette di essere Co-Creatori con il nostro Creatore. Chi ha orecchie per intendere intenda questa grande verità Universale.

Da quando la mia Kundalini si è risvegliata, è l'unica cosa di cui voglio parlare con gli altri. Voglio che gli altri sappiano e sperimentino ciò che ho sperimentato io. Ma ogni volta che ho parlato con qualcuno delle mie esperienze, o non hanno capito o mi hanno fatto sentire come se fossi impazzito/a. Dovrei tenere questa esperienza per me d'ora in poi?

Per quanto riguarda le persone a cui dire che avete avuto un risveglio della Kundalini, direi di condividerlo con il 10% delle persone della vostra vita e di non condividerlo con il restante 90%. La condivisione di per sé ha aspettative di essere compresa. Il fatto è che nemmeno il 10% capirà, ma almeno vi crederà grazie alla compassione e alla fede che state dicendo loro la verità. Quindi, se volete evitare molte delusioni, vi consiglio di tenere l'esperienza per voi nella maggior parte dei casi.

Se qualcuno parla di Kundalini e ne è a conoscenza, condividete con lui la vostra esperienza. Anche in questo caso, a meno che la persona non abbia avuto un risveglio, avrà opinioni diverse sull'argomento e non sarà in grado di seguire tutto ciò che state dicendo.

Ci relazioniamo l'uno con l'altro attraverso le esperienze passate e il terreno comune come esseri umani. Ma, sfortunatamente, sull'argomento Kundalini, la maggior parte delle persone non riesce a connettersi. Se volete evitare la negatività e l'ignoranza degli altri, sentitevi soddisfatti di voi stessi e della vostra esperienza e date l'esempio invece di dire loro che vi state allenando per essere l'esempio.

Quando la Kundalini avrà terminato il suo lavoro con voi, per quanti anni ci vorranno, non dovrete dire nulla; gli altri sapranno che siete unici e speciali. Forse non capiranno tutto ciò che direte loro, perché spesso una persona deve vedere qualcosa per crederci, ma quando diventerete la fonte di Luce e aprirete la strada, le persone saranno incuriosite e ispirate da voi. Quindi, vi seguiranno. Dopo tutto, le persone sono attratte da coloro che permettono alla loro Luce interiore di brillare, perché inconsciamente danno loro il permesso di essere se stessi e di fare lo stesso.

Le mie esperienze con la Kundalini sono state come essere a volte in Paradiso e altre volte all'Inferno. Tuttavia, la mia educazione religiosa mi ha insegnato a temere l'inferno e a desiderare il paradiso nell'aldilà. Ma ora, dopo aver vissuto queste esperienze nella mia vita quotidiana, sento che è tutto privo di significato. Anche se ho avuto esperienze incredibilmente belle, il mio nichilismo mi impedisce di volerle condividere con gli altri. Sono perso e confuso. Qualche consiglio?

L'uomo è un essere duale che partecipa sia al Paradiso che all'Inferno. Poiché abbiamo il l
Libero Arbitrio, il modo in cui lo esercitiamo allinea la nostra coscienza con uno dei due. La Kundalini è un'energia che collega il Paradiso e l'Inferno, in modo che l'umanità possa partecipare a entrambi nel nostro stato di fragilità. Concentrandoci sull'aspetto infernale, ne diventiamo partecipi. Al contrario, quando ci concentriamo sul Paradiso, l'Inferno si dissolve nel nulla mentre la nostra coscienza si eleva.

L'Inferno è prodotto dalla Luce Lunare, che riflette la Luce del Sole; quindi è illusorio. Il Paradiso, invece, è la Luce del Sole stesso. È immortale, ineffabile e infinito. Dice la verità e vive nella rettitudine. L'Inferno, invece, esiste solo come frammento dell'immaginazione. Non è l'immaginazione nella sua totalità, poiché questa appartiene al Cielo, ma un suo semplice riflesso. La paura è solo un riflesso della Luce del Sole, ma non è la Luce in sé. Solo quando gli esseri umani scelgono di essere all'Inferno, ne prendono parte, a seconda di quanta energia di paura li lega ad esso.

Condividendo teorie, esperienze e spiegazioni con gli altri, siamo alla ricerca della conoscenza. La conoscenza è potere, o meglio, il potere della verità, che è l'antitesi della paura e dell'Inferno. La verità è Luce e amore. È il Paradiso. Gli esseri che dicono la verità secondo il loro livello di evoluzione sono Esseri di Luce. La condivisione attraverso l'amorevolezza li rende partecipi del Paradiso che è il loro diritto di nascita.

Il nichilismo nasce da teorie infondate secondo le quali la vita non ha senso perché ci si è allontanati dalla Luce attraverso il pessimismo e l'egoismo. Una volta che i frutti del Paradiso sfuggono ad una persona, molti si disperano nel tentativo di dare un senso alle cose, scegliendo di rimanere all'oscuro della verità e di assumersi la responsabilità dei propri pensieri e delle proprie azioni.

Il nichilismo richiede di guardare bene a se stessi con cuore e mente aperti e di frenare il proprio orgoglio abbastanza a lungo da capire che è necessario un cambiamento per tornare in pista. Richiede di assumersi la responsabilità della propria realtà per poter continuare a crescere ed evolvere Spiritualmente. Il nichilismo è spesso una tappa del percorso, quando le tenebre diventano più forti della Luce. Tuttavia, non dovrebbe mai essere una destinazione finale.

Siamo tutti qui per imparare gli uni dagli altri. La dualità tra Paradiso e Inferno è sempre presente, poiché entrambi esistono come concetti relativi. Tuttavia, solo uno di essi è Eterno e infinito e rappresenta la verità superiore tra i due. Concentrandosi sull'Inferno si rimane all'interno della guaina del Corpo Mentale, dove questa dualità è evidente.

L'apprendimento dei Principi della Luce e dell'amore, compreso l'amore di Sé, vi permetterà di riconoscere la verità dell'Unità di tutte le cose e di indurre il silenzio della mente. Attraverso il silenzio, potrete sottrarvi alle grinfie del Corpo Mentale, in modo che la vostra coscienza possa entrare nel Corpo Spirituale. Poiché il Corpo Spirituale comprende gli Archetipi, sarete in grado di riconoscere la verità senza dualità, ovvero che siamo tutti scintille dell'unica fonte di Luce, il Sole. L'amore è ciò che ci lega, la verità ci fa andare avanti, mentre la giustizia ci porta la gloria Eterna. La saggezza nutre l'Anima, mentre le chiacchiere intellettuali diventano come foglie al vento.

Continuo a sognare draghi giganti. A volte si muovono come serpenti, sibilano e mi attaccano. Sono così potenti che non riesco nemmeno a reagire. C'è un significato in tutto questo?

I draghi sono il simbolo della Kundalini nella tradizione Cinese. Mentre la Kundalini è in movimento durante il sonno, sono evidenti due cose che influenzano la vostra immaginazione: la prima è il suono dell'energia che scorre dentro di voi come un lieve ronzio o sibilo che si sente all'interno del vostro corpo. Il secondo è il simbolo di questa energia proveniente dall'inconscio collettivo, come un serpente o un drago, proiettato nella vostra immaginazione.

Il Drago che vi attacca è una buona cosa, poiché significa che la Kundalini è in overdrive, infondendo il vostro Corpo di Luce con scosse di energia spesso intense. Significa anche che si sta lavorando sul vostro Ego, che è un segno di trasformazione. Seguire la visione del sogno e non opporsi significa che il vostro Ego accetta il processo di trasformazione della Kundalini. Siate neutrali mentre questo avviene e accettate le immagini, anche se a posteriori possono sembrare spaventose. Inducete il coraggio di continuare ad abbandonarvi a questo processo e uscirete dall'altra parte come un Essere Spirituale più raffinato.

Non è raro vedere nei sogni diversi elementi simbolici quando la Kundalini lavora attraverso i Chakra. Ad esempio, quando si lavora per ottimizzare il Chakra dell'Acqua, Swadhisthana, si possono vedere diversi corpi d'acqua, come oceani, mari e laghi. Al contrario, quando si punta su Manipura, sarà presente un afflusso dell'Elemento Fuoco, che colorerà i vostri sogni con scene di fuoco e fiamme. Come vedete, ciò che sognate è simbolo dei cambiamenti energetici che avvengono all'interno della vostra Aura e del loro impatto sulla vostra immaginazione.

Cosa posso fare per risvegliare la mia Kundalini? C'è un metodo che posso usare per facilitare questa esperienza?

Anche se non esiste un metodo sicuro per risvegliare la Kundalini, impegnarsi in pratiche Yogiche come quelle presentate in questo libro può preparare la mente, il corpo e l'Anima al risveglio della Kundalini. Lo stesso vale per la pratica della Magia Cerimoniale e per seguire un regime come i Programmi di Alchimia Spirituale presentati in *The Magus*. Inoltre, l'uso di modalità di Guarigione Spirituale come i Cristalli, i Diapason, l'Aromaterapia e i Tattva lavorano sulla pulizia e sulla sintonizzazione dei Chakra, che possono causare un risveglio della Kundalini. Quindi, come vedete, dare priorità alla vostra Evoluzione Spirituale ed essere proattivi implementando una pratica Spirituale regolare nella vostra vita è l'unica cosa che potete fare per avvicinarvi a questo obiettivo.

Il risveglio della Kundalini di solito avviene in modo inaspettato, quindi non si può sapere quando avverrà, ma si può controllare ciò che si fa per farlo accadere. Poiché si tratta di un'esperienza così monumentale, l'Anima deve essere pronta ad affrontarla, il che generalmente richiede una preparazione che dura molte vite. Sarebbe impossibile per me accertare esattamente a che punto siete nella vostra progressione dell'Anima; solo il vostro Sé Superiore lo sa. Ma concentrarsi sull'essere una brava persona con una forte morale e valori vi assicura che siete sulla strada giusta. Praticate l'amorevolezza con voi stessi e con gli altri e siate sempre onesti. Quando camminate nella Luce, permettete alla Luce di infondersi nella vostra coscienza e di risvegliare la Kundalini. Il risveglio della Kundalini è solo il passo successivo che la vostra Anima deve compiere per evolversi e il più importante perché la libera dal corpo, completando la sua missione qui sulla Terra.

EPILOGO

In principio era la Luce Bianca. Onnicomprensiva. Infinita. Senza inizio né fine. La Mente del Tutto. Pura Coscienza Spirituale. Poi, questa Prima Mente, che è energia e forza, ha creato la Seconda Mente per generare le forme. Il Tutto, essendo Uno, si è diviso in Due, poiché tutta la Creazione richiede la separazione o la divisione della sua sostanza originale. Il Tutto non poteva sperimentare il suo potere e il suo potenziale finché non creava un opposto polare. Così, la Luce Bianca ha generato l'oscurità dello spazio.

La Luce Bianca ha creato anche le Stelle, i cui raggruppamenti hanno formato le Costellazioni e le Galassie che compongono l'intero Universo. Ora il Tutto può manifestare diversi mondi ed esseri viventi - Anime che contengono le caratteristiche del Tutto. Le Anime contengono la Luce perché sono della Luce. Tuttavia, contengono anche l'oscurità, poiché partecipano all'Universo - il Mondo della Materia che fluttua nell'oscurità dello spazio.

Tutte le forme e gli esseri viventi esistenti sono fatti del pensiero del Tutto. Non sono inseparabili dal Tutto, ma ne fanno parte, solo che sono nell'atto dell'esperienza del Tutto, inseriti nel tempo e nello spazio. L'esperienza e chi la vive sono Uno, ma la loro separazione è solo un'illusione. Mentre la Materia si trova a un'estremità dello spettro, come manifestazione più densa del Tutto, l'effetto, la causa è la Luce Bianca che vibra così in alto da essere invisibile ai sensi, eppure compenetra tutta l'esistenza.

La funzione primaria delle Stelle è quella di generare Luce nell'oscurità dello spazio. L'iride del Sole è un portale verso l'altro lato della realtà, la Luce Bianca della Prima Mente. Le Stelle hanno dato vita a tutti gli esseri viventi dell'Universo, poiché ogni essere organico ha un'Anima e una coscienza. E l'Anima non è altro che una scintilla di Luce proveniente dal rispettivo Sole. Gli Antichi chiamavano il Sole "Sol", che è l'origine della parola Anima come essenza di un essere vivente.

I Soli dell'Universo hanno attirato i Pianeti vicini per creare Sistemi Solari. Nell'Universo ci sono miliardi di Sistemi Solari con trilioni di Pianeti. I Soli hanno creato ambienti vivibili su alcuni Pianeti che orbitano intorno a loro, in modo da poter coltivare le Anime. Tuttavia, solo alcuni Pianeti sono stati scelti per questo compito.

Nel nostro Sistema Solare, l'unico pianeta che può ospitare la vita è la Terra. Il nostro Sole, quindi, attraverso la sua Luce, ha creato tutta la vita sulla Terra. La nutre con il suo calore e la sua energia Pranica. Quindi, vedete, lo scopo ultimo di tutte le Stelle dell'Universo è quello di ospitare le Anime. Un'Anima non è mai nata e non morirà mai.

Una volta che l'Anima ha imparato le lezioni del Sistema Solare in cui si è incarnata, trasferisce la sua scintilla da un Sole all'altro al momento della morte fisica, continuando il suo viaggio evolutivo attraverso l'Universo.

Quando l'Anima umana si impianta nel corpo fisico alla nascita, vi rimane legata. L'Anima continua a reincarnarsi sul Pianeta Terra fino a quando la sua evoluzione non raggiunge la massa critica, con il conseguente rilascio dal corpo in una determinata vita. Le lezioni di questo Sistema Solare riguardano la piena attivazione dei Sette Chakra, che può essere raggiunta solo risvegliando la Kundalini ed elevandola alla Corona. Quando il sistema energetico umano sarà ottimizzato, l'Anima non avrà più bisogno di reincarnarsi sul Pianeta Terra, ma la sua prossima vita sarà su un nuovo Pianeta in un altro Sistema Solare da qualche parte nell'Universo.

Il nostro scopo ultimo sul Pianeta Terra è risvegliare completamente la Kundalini e liberare l'Anima dal corpo. Così facendo, diventiamo il Sole del nostro Sistema Solare, attivando pienamente i poteri superiori della Luce dentro di noi. Questi poteri superiori si esprimono attraverso i Pianeti che orbitano intorno al Sole, corrispondenti ai Sette Chakra nel loro stato di piena attivazione. Come potete vedere, un pieno risveglio della Kundalini ci permette di sperimentare la totalità del nostro potenziale energetico qui sulla Terra nell'attuale incarnazione.

Una volta innalzata la Kundalini alla Corona, uniamo la nostra coscienza con la Coscienza Cosmica della Luce Bianca e della Prima Mente. Iniziamo quindi a partecipare all'Infinito che si estende fino ai confini più remoti dell'Universo, sbloccando doni psichici che ci permettono di trascendere il Tempo e lo Spazio. Possiamo vedere, sentire, udire, toccare, odorare e gustare le cose a distanza, poiché il mondo Tri-Dimensionale non limita più la nostra coscienza. Al contrario, ci eleviamo alla Quarta Dimensione, la dimensione della vibrazione o dell'energia.

Uno dei doni essenziali di un pieno risveglio della Kundalini è l'attivazione del Corpo di Luce e l'ottimizzazione del proprio campo energetico toroidale - la Merkaba. Questa struttura geometrica diventa il veicolo di coscienza dell'Anima che permette di viaggiare Interdimensionalmente e Interplanetariamente. L'Anima può lasciare il corpo a suo piacimento attraverso il Corpo di Luce e la Merkaba. Ora può viaggiare attraverso il nostro Sole in altri Soli dell'Universo, perché l'individuo è ora Uno con la Prima Mente. Questa è l'origine della Proiezione Astrale, che è la proiezione cosciente dell'Anima in diversi regni e Piani di coscienza. Tuttavia, quando questa esperienza avviene durante il sonno, inconsciamente, si chiama Sogno Lucido.

Sebbene il pieno risveglio della Kundalini e l'attivazione del Corpo di Luce siano un evento unico, il processo di trasformazione Spirituale che ne consegue può richiedere alcune decine di anni o più. Dobbiamo superare il Karma individuale prima di raggiungere la frontiera finale della coscienza umana, la Quinta Dimensione dell'Amore e della Luce. Non dimenticate mai che per diventare vasi puri e degni della Luce, i Chakra devono essere ottimizzati e sintonizzati alla perfezione.

Con questo in mente, spero di avervi dato in questo libro le chiavi per raggiungere questo obiettivo. Sia che abbiate già risvegliato la Kundalini o che siate ancora in fase di apprendimento e di preparazione a questa esperienza, ora conoscete ogni elemento e sfaccettatura del processo di risveglio della Kundalini e della trasfigurazione Spirituale che ne consegue. Pertanto, utilizzate *Serpent Rising* come manuale per le diverse pratiche Spirituali qui presentate e continuate a lavorare sui vostri Chakra, preparando la vostra Anima all'Ascensione.

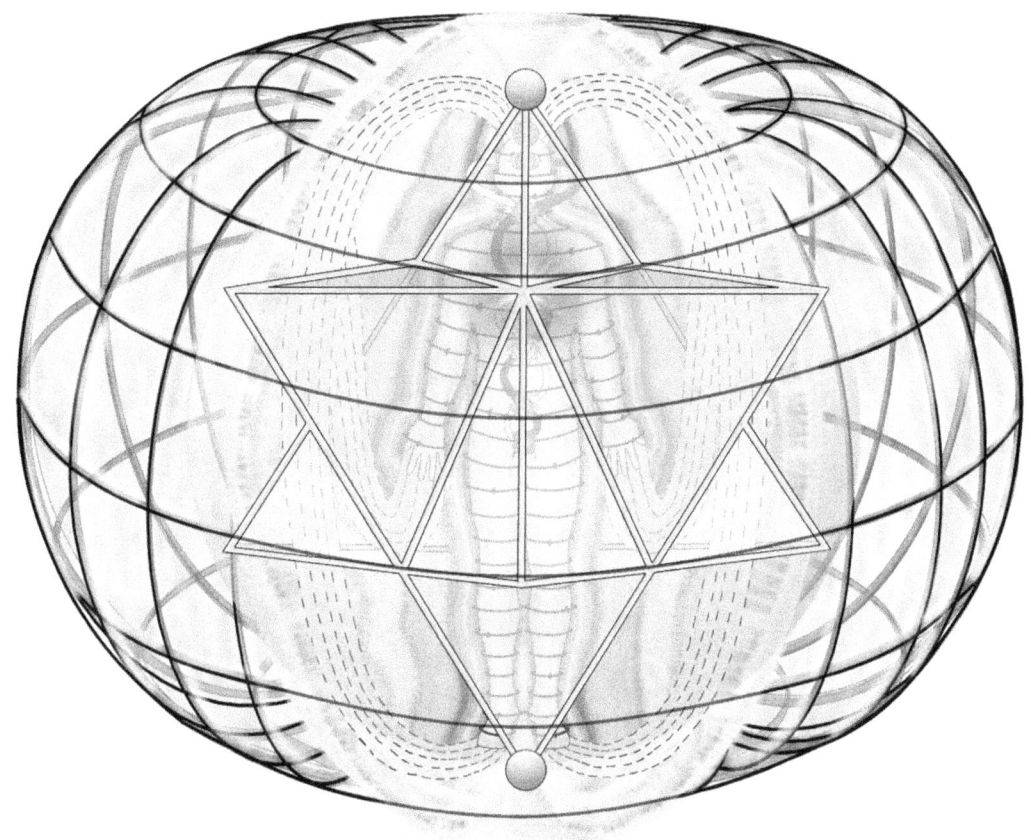

Figura 164: Ottimizzazione del Potenziale Energetico Umano

Per concludere, è stato un piacere condividere tutto ciò che ho imparato nel mio viaggio di diciassette anni di vita con la Kundalini risvegliata. *Serpent Rising: The Kundalini Compendium* è stato anche per me un incredibile viaggio di scoperta, per collegare i punti e costruire il quadro della scienza della Kundalini in evoluzione. Il mio consiglio finale è di prendere a cuore tutto ciò che leggerete in questo libro e di entusiasmarvi per il vostro futuro. La Kundalini è il vostro dono del Creatore; non sprecatela perdendo tempo in distrazioni che non vi servono più. Concentrate invece le vostre energie sul compimento della vostra missione finale su questo Pianeta, e ci vedremo dall'altra parte.

APPENDICE

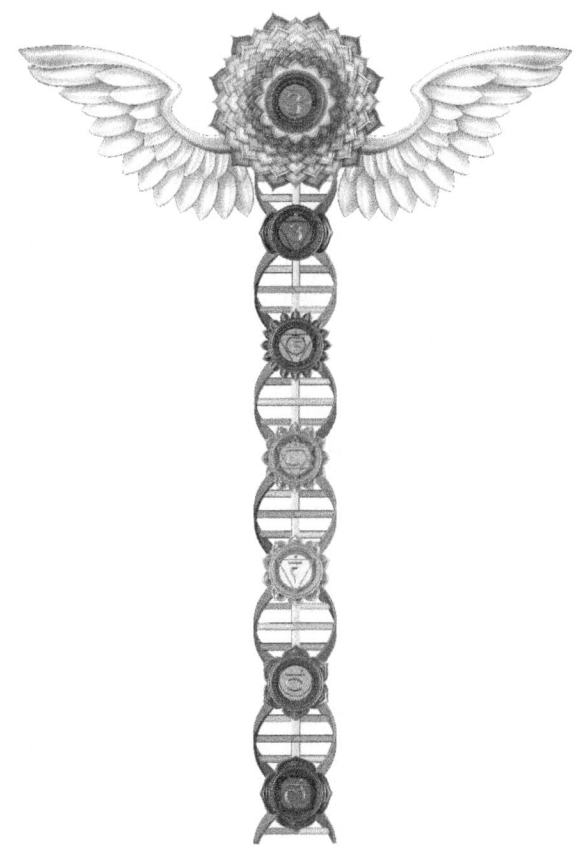

TABELLE SUPPLEMENTARI

TAVOLO 6: I Sette Pianeti Antichi e le loro Corrispondenze

Pianeti	Affinità Elementale	Espressioni/Poteri	Pietre Preziose	Diapason Hz	Oli Essenziali (Elenco Avanzato)
Saturno	Terra; Sensazione di Terra d'Aria	Karma, Verità, Saggezza, Struttura, Disciplina, Intuizione	Onice Nera, Diamanti, Quarzo Fumé	295.7	Mirra, Patchouli, Cassia, Cipresso, Nardo, Mimosa
Giove	Acqua; Sensazione di Acqua di Fuoco	Misericordia, Abbondanza, Amore Incondizionato, Morale, Etica	Zaffiro, Lapislazzuli, Turchese, Acquamarina	367.16	Anice, Chiodi di Garofano, Issopo, Noce Moscata, Salvia Sclarea, Tarassaco, Legno di Cedro, Salsapariglia, Cumino, Opoponax
Marte	Fuoco; Sensazione di Terra di Fuoco	Ambizione, Slancio, Rinnovamento, Azione, Sopravvivenza, Competizione, Passione, Forza di Volontà.	Rubino, Granato, Agata Rossa, Pietra Sanguigna, Corallo Rosso	289.44	Zenzero, Basilico, Pepe Nero, Menta Piperita, Tabacco, Sangue di Drago, Assenzio, Pino.
Sole (Sol)	Aria; Sensazione di Aria di Fuoco	Identità di Sé, Guarigione, Vitalità, Coraggio, Creatività, Inpirazione, Immaginazione.	Ambra, Occhio di Tigre, Topazio Dorato, Pietra Aurea, Corniola, Zircone, Pietra Solare	252.44	Camomilla, Ginepro, Incenso, Calendula, Rosmarino, Cannella, Zafferano, Cedro, Arancia, Tiglio
Venere	Fuoco; Sensazione di Acqua di Terra	Desiderio, Espressioni Creative, Amore Romantico, Amicizia, Sensualità	Smeraldo, Giada, Avventurina, Malachite, Quarzo Rosa, Agata Verde, Peridoto	442.46	Rosa, Sandalo Rosso, Ylang-Ylang, Cardamomo, Geranio, Lillà, Vetiver, Menta spezzata, Violetta, Fagiolo di Vaniglia, Plumeria, Valeriana
Mercurio	Acqua; Sensazione di Acqua d'Aria	Logica, Ragione, Comunicazione, Intelletto, Apprendimento	Zaffiro Arancio, Spinello Arancio, Tormalina, Topazio Imperiale, Citrino, Opale di Fuoco, Amazzonite	282.54	Lavanda, Citronella, Verbena di Limone, Sandalo Giallo, Arancio, Fiore della Noce Moscata, Menta Piperita, Bergamotto Arancio
Luna (Luna)	Aria; Sensazione di Terra d'Acqua	Sentimenti, Emozioni, Illusioni, Capriccio, Fertilità, Chiaroveggenza	Pietra di Luna, Perla, Berillo	420.88	Gelsomino, Canfora, Eucalipto, Sandalo bianco, Salice, Limone, Mirra, Giglio
Terra	Terra	Stabilità, Radicamento, Praticità	Tormalina Nera, Ossidiana, Ematite	272.2	Cipresso, Artemisia, Oleandro, Patchouli, Verbena, Vetiver

TAVOLO 7: I Dodici Zodiaci e le loro Corrispondenze

Zodiaco	Pianeta Dominante, Sotto-Elemento	Espressioni/Poteri	Pietre Preziose	Diapason Hz	Oli Essenziali (Elenco di Base)
Ariete	Marte (Fuoco), Fuoco del Fuoco	Energia Creativa, Slancio, Iniziativa, Entusiasmo, Competizione, Coraggio, Dinamicità, Fiducia.	Pietra Sanguigna, Corniola, Diamante, Granato, Diaspro Rosso, Rubino	144.72	Pepe Nero, Rosmarino, Zenzero, Basilico, Menta Piperita, Mandarino, Arancio
Toro	Venere (Terra), Aria della Terra	Pazienza, Sensualità, Persistenza, Determinazione, Sensibilità, Praticità, Convenzionalità	Ambra, Quarzo Rosa, Corallo Sanguigno, Topazio Dorato, Smeraldo, Zaffiro, Turchese	221.23	Ylang Ylang, Rosa Vetiver, Geranio, Sandalo, Melissa, Maggiorana
Gemelli	Mercurio (aria), acqua dell'aria	Intelletto, Apprendimento, Comunicazione, Umorismo, Analisi, Adattabilità, Versatilità, Anticonformismo.	Acquamarina, Agata, Crisoprasio, Perla, Pietra di luna, Citrino, Zaffiro bianco	141.27	Bergamotto, Finocchio, Lavanda, Camomilla, Menta piperita
Cancro	Luna (Acqua), Fuoco d'Acqua	Tenacia, Sensibilità, Emotività, Intuizione, Simpatia, Istinto Protettivo, Empatia.	Pietra di luna, rubino, smeraldo, perla	210.42	Finocchio, Ginepro, Lavanda, Gelsomino, Salvia sclarea, Eucalipto
Leone	Sole (Fuoco), Aria di Fuoco	Carisma, Ambizione, Creatività, Autorità, Vitalità, Generosità, Affetto.	Ambra, Tormalina, Corniola, Rubino, Sardonica, Onice, Topazio Dorato	126.22	Rosmarino, Incenso, Mirra, Limone, Tiglio, Cannella
Vergine	Mercurio (Terra), Acqua di Terra	Discriminazione, Analisi, Affidabilità, Diligenza, Praticità, Adattabilità, Indipendenza, Insegnamento.	Zaffiro Blu, Diaspro Rosa, Corniola, Giada, Agata Muschiata, Turchese, Zircone	141.27	Melissa, Mirto, Patchouli, Sandalo, Lavanda
Bilancia	Venere (Aria), Fuoco dell'Aria	Armonia, Giustizia, Espressione Personale, Diplomazia, Romanticismo, Sensualità, Socievolezza, Accortezza	Lapislazzuli, Opale, Diamante, Smeraldo, Quarzo Rosa, Peridoto	221.23	Geranio, Finocchio, Albero del Tè, Rosa, Cardamomo, Melissa
Scorpione	Marte (Acqua), Aria d'Acqua	Rigenerazione, Sessualità, Trasformazione, Giustizia, Passione, Lealtà, Potere, Indipendenza, Magnetismo	Acquamarina, Ossidiana Nera, Granato, Agata, Topazio, Berillo, Lacrime Apache, Corallo.	140,25 (Plutone)	Patchouli, Rosa, Geranio, Zenzero, Gelsomino, Salvia Sclarea
Sagittario	Giove (Fuoco), Acqua di Fuoco	Ottimismo, Amore per la Libertà, Allegria, Onestà, Filosofia, Carità, Ispirazione, Esplorazione	Turchese, Topazio, Zaffiro, Ametista, Rubino	183.58	Salvia Sclarea, Chiodi di Garofano, Issopo, Bergamotto, Legno di Cedro, Eucalipto, Cardamomo
Capricorno	Saturno (Terra), Fuoco della Terra	Organizzazione, Coscienziosità, Pragmatismo, Ambizione, Conservatorismo, Disciplina	Rubino, Onice Nera, Quarzo Fumé, Granato, Agata	147.85	Mirra, Vetiver, Eucalipto, Geranio, Sandalo
Acquario	Saturno (Aria), Aria dell'Aria	Intuizione, Creatività, Spiritualità, Indipendenza, Innovazione, Originalità, Meditazione, Umanità	Granato, Sugilite, Ametista, Zaffiro Blu, Agata Muschiata, Opale	207.36 (Urano)	Neroli, Mirra, Sandalo, Foglia di Violetta, Lavanda, Limone
Pesci	Giove (Acqua), Acqua dell'Acqua	Emozioni Profonde, Intuizione, Immaginazione, Compassione, Empatia, Etica, Simpatia, Umorismo.	Ametista, Giada, Acquamarina, Cristallo di Rocca, Pietra del Sangue, Diamante, Zaffiro	211,44 (Nettuno)	Bergamotto, Chiodi di Garofano, Geranio, mirra, Cipresso, Tea Tree, Salvia Sclarea

GLOSSARIO DEI TERMINI SELEZIONATI

Nota: di seguito è riportata una selezione di termini non definiti nel testo originale o che necessitano di ulteriori definizioni. Utilizzate questa sezione per approfondire la vostra conoscenza degli argomenti indicati. Poiché questo libro tratta in generale della Spiritualità Orientale, la maggior parte dei termini qui presentati proviene dai misteri Occidentali.

Adam Kadmon: concetto astratto che si riferisce alla Yechidah, la Sephira di Kether che filtra nella Chiah (Chokmah) e nella Neschamah minore (Binah) per formare la Neschamah maggiore, il Vero Sé e la parte di noi che appartiene ai Superni. Nello *Zohar*, Adam Kadmon è l'"Uomo Celeste", il grande corpo organico Spirituale in cui ogni essere umano è considerato una singola cellula, forse meno. In termini di Quattro Mondi della Qabalah, Adam Kadmon rappresenta il Primo Mondo degli Archetipi, Atziluth, il Mondo del Fuoco Primario. Quindi, Adam Kadmon si riferisce essenzialmente alla Luce Divina, al Super-Io freudiano o al Sé Superiore dei Superni.

Ain Soph Aur: I tre veli dell'esistenza negativa. Questo termine è usato nella Qabalah per descrivere la Fonte della Creazione. In senso letterale, Ain si traduce come "Nulla", mentre Ain Soph è "Infinito". Infine, Ain Soph Aur è "Luce Eterna o Illimitata". Pertanto, nella Qabalah, il termine Ain Soph Aur è spesso usato in riferimento alla Luce Bianca Infinita.

Aleister Crowley: Occultista, poeta, romanziere e mago cerimoniale britannico, uno dei membri originari dell'Ordine Ermetico della Golden Dawn. Dopo aver lasciato l'Ordine, Crowley fondò la religione di Thelema all'inizio del 20th secolo, identificandosi come il profeta dell'Eone di Horus, che coincideva con quel periodo storico. Crowley si riferiva pubblicamente a se stesso come alla "Grande Bestia 666", in quanto cercava di sfidare i tabù della società elisabettiana Cristiana e restrittiva in cui viveva, motivo per cui si fece una cattiva reputazione nel corso degli anni. Tuttavia, il suo contributo al mondo dell'occulto è indispensabile e ha aperto molte porte ai futuri ricercatori di tutto il mondo.

Stato Alfa: Altrimenti detto "Stato Ipnagogico" o "Stato di Trance". Lo Stato Alfa dell'attività cerebrale si colloca tra la veglia con attività mentale (Stato Beta) e il sonno (Stato Theta). Questo stato si raggiunge quando le onde cerebrali rallentano tra gli 8 e i 12

Hz, il che è comune quando si sogna ad occhi aperti o si sogna (di notte). Possiamo indurre consapevolmente lo Stato Alfa attraverso la meditazione, l'ipnosi o l'uso di modalità di guarigione Spirituale. Essere in questo stato aumenta il richiamo della memoria e l'intuizione, riducendo l'ansia. Le persone che possono operare dallo Stato Alfa durante la normale coscienza di veglia possono controllare la loro realtà, poiché la loro connessione con il Sé Superiore è maggiore. Pertanto, possono utilizzare le Leggi Universali in modo consapevole e intenzionale.

Angeli: Inviatori di pensieri positivi che esistono all'interno e all'esterno del proprio campo energetico, l'Aura. Gli Angeli sono entità o intelligenze oggettive che esistono al di fuori del Sé e che si contraggono all'interno dell'Aura quando scegliamo, per libera scelta, di ascoltarli e di eseguire i loro ordini. Gli angeli si nutrono di energia d'amore, come i loro omologhi, i Demoni, si nutrono di energia di paura. Gli angeli sono sottomessi a Dio, il Creatore. L'energia Angelica è la fonte delle virtù umane, così come l'energia Demoniaca è la fonte dei vizi umani.

Archetipi: Elementi strutturali primordiali della psiche umana. Gli Archetipi sono modelli originari, dopo i quali si modellano altre cose simili. Sono Universali, il che significa che tutti gli esseri umani ne fanno parte. Gli Archetipi ci danno le basi mentali su cui costruire le nostre realtà. Si trovano nel mondo più alto, Atziluth, il Mondo del Fuoco Primario della Qabalah.

Binah: la terza Sephira dell'Albero della Vita, in cima al Pilastro della Severità. Binah è la Grande Madre e il Mare della Coscienza che contiene tutte le Forme esistenti. Rappresenta l'aspetto femminile del Sé, la massima espressione dell'Elemento Acqua. Attraverso Binah, l'energia dello Spirito impregna le idee nella nostra mente. Rappresenta quindi lo stato di coscienza che governa facoltà interiori come l'intuizione e la chiaroveggenza. Binah corrisponde ad Ajna Chakra, il nostro centro psichico che fornisce empatia e telepatia. Binah è l'aspetto ricettivo e passivo del Sé, la Comprensione (titolo di Binah) che può comprendere la saggezza di Chokmah. Il suo colore è il nero, corrispondente al pianeta Saturno sull'Albero della Vita; il pianeta della fede, del Karma e del tempo, tutti aspetti di Binah.

Magia Cerimoniale: Sinonimo di Magia rituale Occidentale. Una serie di riti che prevedono l'incantesimo (vibrazione) di nomi Divini di potere, di solito combinati con tracciati simbolici di simboli geometrici, come il Pentagramma o l'Esagramma, all'interno del cerchio magico del praticante. Lo scopo della Magia Cerimoniale, come di altre pratiche di guarigione Spirituale, è la sintonizzazione dei Chakra per l'evoluzione Spirituale. Resa popolare dall'Ordine Ermetico della Golden Dawn, la Magia Cerimoniale costituisce una branca dell'Ermetismo. L'obiettivo finale dell'uso della Magia Cerimoniale è il raggiungimento dell'Illuminazione.

Chesed: La quarta Sephira dell'Albero della Vita, situata sotto Chesed sul Pilastro della Misericordia. Rappresenta uno stato di coscienza che governa le facoltà interiori o espressioni come l'amore incondizionato, la compassione e la memoria. Per questo motivo, il titolo di Chesed è "Misericordia". Chesed ci permette di costruire la morale e l'etica, poiché coltiva la saggezza. Chesed ha un'affinità con l'Elemento Acqua e corrisponde al

Pianeta Giove. Chesed è il Chakra Sacrale Spiritualizzato, Swadhisthana, per la sua connessione con i Superni attraverso il sentiero dei Tarocchi dello Ierofante sull'Albero della Vita.

Chokmah: La seconda Sephira dell'Albero della Vita, in cima al Pilastro della Misericordia. Come energia attiva dello Spirito, Chokmah rappresenta lo stato di coscienza in cui possiamo scoprire la nostra Vera Volontà. È l'energia del Grande Padre e l'aspetto maschile del Sé, la massima espressione dell'Elemento Fuoco. È quindi la Sephira attraverso la quale il nostro Sé Superiore, o Santo Angelo Custode, ci comunica attraverso la Saggezza (titolo di Chokmah). Il colore di Chokmah è il grigio. Lo Zodiaco è la manifestazione fisica di Chokmah, poiché le Stelle servono a canalizzare la Luce Bianca immanifesta di Kether. Chokmah funziona attraverso il Chakra dell'Occhio della Mente, insieme a Binah.

Notte Oscura dell'Anima, la: Periodo di desolazione che un individuo subisce quando si evolve rapidamente a livello Spirituale. In questo periodo viene eliminato ogni senso di consolazione, creando una sorta di crisi esistenziale. Prima di trasformarsi Spiritualmente, l'individuo deve affrontare pienamente il lato oscuro e abbracciare il tumulto mentale ed emotivo. Non è raro che in questo periodo l'individuo si isoli dalle altre persone e versi molte lacrime per spurgare le vecchie emozioni. Tuttavia, al termine di questo periodo tumultuoso, le grinfie del Sé Inferiore si attenueranno, allineando la coscienza alla vibrazione del Sé Superiore. La Notte Oscura dell'Anima è una fase di sofferenza necessaria sul cammino verso l'Illuminazione, che non è un processo unico, ma che in genere si incontra più volte nel corso del viaggio dell'Evoluzione Spirituale.

Daath: Undicesima Sephira nascosta dell'Albero della Vita, Daath è il "Grande Baratro" o "Abisso" che divide i Superni da tutta la Creazione manifesta. Corrisponde al Chakra della Gola, Vishuddhi, che separa lo Spirito dai Quattro Elementi Inferiori. Attraverso Daath, entriamo nell'Inferno o negli Inferi, il polo opposto della mente che ha dato origine all'Ego, la parte negativa del Sé. In quanto tale, Daath rappresenta la "morte" dell'Ego, necessaria affinché la nostra coscienza si elevi ai Superni. Daath è conosciuta come la "Sfera della Conoscenza", poiché la conoscenza ci permette di trascendere i nostri corpi e di sintonizzare la nostra coscienza con i Regni superiori.

Deità, a: un essere soprannaturale di origine Divina. Questo termine è spesso usato nelle religioni politeiste al posto di Dio o Dea. Nelle tradizioni Antiche, una Divinità è un essere con poteri superiori a quelli dei comuni esseri umani, ma che interagisce con loro, il più delle volte per illuminarli in qualche modo e favorire la loro evoluzione. Le religioni monoteiste hanno una sola Divinità, che accettano come Dio - il Creatore - mentre le religioni politeiste accettano più Divinità.

Magia Enochiana: Il gioiello coronale del sistema di magia dell'Ordine Ermetico della Golden Dawn. Questa pratica dell'Ordine Interiore dovrebbe essere intrapresa solo dopo aver completato l'Alchimia Spirituale con gli Elementi. In *The Magus*, la Magia Enochiana si riferisce al "Programma di Alchimia Spirituale III", che implementa l'uso delle Diciannove Chiavi o Chiamate Enochiane che riguardano i Cinque Elementi. La Magia Enochiana è un sistema completo di Magia che si distingue dagli altri esercizi rituali di Magia Cerimoniale di *The Magus*, ma che è anche parte del tutto.

Massoneria: La Massoneria si riferisce alla più Antica organizzazione fraterna del mondo. Contrariamente alle credenze popolari ispirate da teorie cospirative, il vero scopo dell'essere massone è migliorare la propria natura morale e costruire il carattere attraverso un percorso di auto-sviluppo. I tre gradi della Massoneria nella Loggia Blu sono l'Apprendista, il Compagno e il Maestro Massone, ai quali l'iniziato accede con una cerimonia. In seguito, all'iniziato viene insegnato il significato dei simboli relativi alla cerimonia del suo grado, che è il metodo tradizionale di trasmissione degli insegnamenti sacri.

Geburah: la quinta Sephira dell'Albero della Vita, situata sotto Binah sul Pilastro della Severità. Intitolata "Severità" o "Giustizia", Geburah corrisponde all'Elemento Fuoco e alla forza di volontà individuale che ci dà motivazione, determinazione e slancio. Essendo la fonte della nostra competitività, Geburah può anche renderci aggressivi e arrabbiati quando è sbilanciata dal suo opposto, Chesed. Geburah è il Chakra del Plesso Solare Spiritualizzato, Manipura, per il suo collegamento con i Superni attraverso il sentiero dei Tarocchi del Carro sull'Albero della Vita.

Golden Dawn, la: Antica Scuola di Misteri Occidentali che insegna ai suoi studenti la Qabalah, l'Ermetismo, i Tarocchi, l'Astrologia, la Geomanzia, i Misteri Egizi e Cristiani e la Magia Cerimoniale (compresa la Magia Enochiana). Esistono molti Ordini della Golden Dawn in tutto il mondo, la maggior parte dei quali insegna lo stesso materiale didattico. Il materiale dei corsi della Golden Dawn è stato reso pubblico da Israel Regardie in "The Golden Dawn", pubblicato per la prima volta nel 1937. L'ordine originale della Golden Dawn si chiamava Ordine Ermetico della Golden Dawn, fondato nel 1888 da un gruppo di massoni, il più importante dei quali era Samuel Liddell MacGregor Mathers. Oggi, la maggior parte delle ramificazioni dell'Ordine Ermetico della Golden Dawn si chiamano con varianti dello stesso nome.

Hod: L'ottava Sephira dell'Albero della Vita, alla base del Pilastro della Severità, il cui titolo è "Splendore". "Lo stato di coscienza di Hod riguarda le facoltà interiori dell'intelligenza, in particolare la logica e la ragione. Questa Sfera ha un'affinità con l'Elemento Acqua, sebbene nella sua funzione siano coinvolti anche l'Elemento Fuoco e l'Elemento Aria. Come tale, Hod si esprime attraverso i tre Chakra di Swadhisthana, Manipura e Anahata. Corrisponde al Pianeta Mercurio ed è di colore arancione. Hod rappresenta una forma minore dell'energia di Chesed, mediata attraverso Tiphareth. L'Ego usa spesso Hod per dedurre la realtà e prendere decisioni future. Nel sistema della Golden Dawn, Hod corrisponde al grado Practicus.

Lettere Ebraiche, le: Ventidue lettere che fanno parte della filosofia Qabalistica, ma che si distinguono come sistema Spirituale proprio. Ogni lettera è un simbolo e un numero a cui sono associate molte idee. Queste idee fanno emergere alcuni Archetipi che sono in risonanza con l'energia degli Arcani Maggiori dei Tarocchi. Le tre Lettere Madri (primarie) corrispondono ai tre Elementi Aria, Acqua e Fuoco, mentre le sette Lettere Doppie (secondarie) corrispondono ai Sette Pianeti Antichi. Infine, le dodici Lettere Semplici (terziarie) corrispondono ai Dodici Zodiaci.

Ermete Trismegisto: Figura storica vissuta durante le più Antiche dinastie d'Egitto. Conosciuto come lo "Scriba degli Dei" o il "Maestro dei Maestri", Ermete fu il fondatore dell'Ermetismo ed è considerato il padre della saggezza occulta. Tutti gli insegnamenti fondamentali di tutte le sette esoteriche e religiose possono essere ricondotti a Ermete. La sua saggezza e la sua conoscenza dei misteri dell'Universo e della vita erano così grandi che gli Egizi lo divinizzarono come uno dei loro dei, chiamandolo Thoth, il Dio della saggezza. Anche i Greci lo veneravano e ne fecero uno dei loro dodici dei dell'Olimpo, chiamandolo anch'essi Ermes. Quando i Romani sincronizzarono la loro religione con quella Greca, si riferirono a Ermete come a Mercurio. Ermete era considerato il più grande Maestro del mondo e alcuni Adepti venuti dopo di lui, tra cui Gesù Cristo, sono considerati da molti studiosi la sua reincarnazione. Si ritiene che lo Spirito di Ermete si incarni ogni 2000 anni circa come Maestro del Mondo per illuminare il mondo in ambito Spirituale, religioso, filosofico e psicologico, introducendo un linguaggio moderno per insegnare lo Spirito e Dio, riconciliando tutti i punti di vista divergenti.

Ermetismo: Tradizione filosofica, religiosa ed esoterica basata principalmente sugli insegnamenti di Ermete Trismegisto, che comprende l'astrologia, l'alchimia e i Princìpi della creazione descritti nel *Kybalion*. Gli aspetti filosofici dell'Ermetismo sono contenuti nella "Hermetica", che comprende il *Corpus Hermeticum* (noto anche come *il Divino Pymander*) e *la Tavola di Smeraldo di Ermete*, la chiave dell'Alchimia. L'Ermetismo è una scienza invisibile che comprende le energie del nostro Sistema Solare che riguardano gli esseri umani. Gli scritti ermetici hanno influenzato notevolmente la tradizione esoterica Occidentale, in particolare l'Ordine della Golden Dawn.

Kether: La prima e più alta Sephira dell'Albero della Vita, in cima al Pilastro di Mezzo. È legata al Principio della Luce Bianca (Ain Soph Aur) poiché funge da canale di questa nei Chakra Inferiori. Il suo colore è il bianco, che rappresenta la Luce che contiene i sette colori dell'arcobaleno: i Chakra Maggiori. Kether corrisponde al Sahasrara Chakra e condivide lo stesso titolo: la Corona. Rappresenta lo stato di coscienza trascendentale che va oltre la dualità della mente. Kether è anche la nostra porta d'accesso ai Chakra Transpersonali sopra la Corona. Come Spirito divino, Kether è la massima espressione dell'Elemento aria. Rappresenta la Monade, la singolarità e la più alta concezione della Divinità.

Regno dei cieli, il: Sinonimo di Regno di Dio. Il Regno dei Cieli è uno degli elementi essenziali degli insegnamenti di Gesù Cristo che si riferiscono al compimento della volontà di Dio sulla Terra. Si tratta di uno stato mentale simile alla Coscienza Cristica, in cui c'è stata una discesa dello Spirito nella Materia, e ora sono Uno. Negli insegnamenti Cristiani, per entrare nel Regno dei Cieli è necessario risorgere, in senso metaforico. Come destino di ogni uomo, questo stato elevato di coscienza superiore può essere raggiunto quando l'energia Kundalini sale alla Corona, attivando completamente il Corpo di Luce e ottimizzando il proprio campo energetico toroidale (Merkaba). Dopo la trasformazione Spirituale, l'individuo avrà la testa in cielo e i piedi sulla terra, come un Dio-uomo.

Gli **Arcani Maggiori:** Ventidue Briscole dei Tarocchi. Corrisponde ai ventidue sentieri dell'Albero della Vita e alle ventidue lettere ebraiche. Gli Arcani Maggiori rappresentano le energie Archetipiche in transito tra le dieci Sephiroth dell'Albero della Vita. Corrispondono ai tre elementi principali dell'Aria, del Fuoco e dell'Acqua, ai Dodici Zodiaci e ai Sette Pianeti Antichi, che costituiscono l'intero Sistema Solare.

Malkuth: la decima e più bassa Sephira dell'Albero della Vita, il cui titolo è "il Regno". "In quanto tale, Malkuth si riferisce a Gaia, al Pianeta Terra e al Mondo Fisico della Materia. Corrisponde al Muladhara Chakra e ha un'affinità con l'Elemento Terra. I colori di Malkuth sono il citrino, l'oliva, il ruggine e il nero, che rappresentano i tre Elementi Aria, Acqua e Fuoco in una forma più densa. Nel sistema della Golden Dawn, Malkuth corrisponde al grado Zelator.

Mercurio (Principio Alchemico): All'interno del processo Alchemico, il Mercurio è la sostanza trasformatrice. Il suo ruolo è quello di portare equilibrio e armonia tra gli altri due Princìpi Alchemici, lo zolfo e il sale. Il Mercurio è la Forza Vitale, l'energia dello Spirito. Nella prima fase, quando è opposto allo Zolfo, assume il principio fluidico e femminile della coscienza come Grande Madre, l'Elemento Acqua. Nel secondo stadio, una volta che lo zolfo è stato estratto e restituito, diventa noto come Mercurio Filosofico, o Fuoco Segreto, l'Elemento Spirito. Il Mercurio Filosofico è la sostanza che dà origine alla Pietra Filosofale, la meta dell'Alchimista.

Pilastro di Mezzo, il: Altrimenti detto Pilastro dell'Equilibrio o Pilastro della Mitezza sull'Albero della Vita. È autobilanciato e porta equilibrio agli altri due Pilastri: il Pilastro della Misericordia e il Pilastro della Severità. Il Pilastro di Mezzo porta l'unità alle molte forze dualistiche e in conflitto nella vita. Comprende le Sephiroth Kether, Daath, Tiphareth, Yesod e Malkuth. Questo termine si riferisce anche all'esercizio rituale del Pilastro di Mezzo (da *The Magus*), che è un'invocazione di Luce destinata a equilibrare la psiche e a favorire l'Evoluzione Spirituale. Il Pilastro di Mezzo rappresenta l'Elemento Aria ed è di colore grigio. Corrisponde alla Sushumna Nadi del sistema Kundalini.

Netzach: Settima Sephira dell'Albero della Vita lungo il Pilastro della Misericordia. Intitolata "Vittoria", Netzach rappresenta uno stato di coscienza che ha a che fare con le emozioni, in particolare con il desiderio e l'amore romantico. Netzach ha un'affinità con l'Elemento Fuoco, anche se nella sua espressione sono coinvolti l'Elemento Acqua e l'Elemento Aria. Si esprime attraverso i tre Chakra di Swadhisthana, Manipura e Anahata, gli stessi di Hod. Netzach, Hod e Yesod, il triangolo Astrale, sono le tre sfere più comunemente utilizzate dalla persona media. Netzach corrisponde al Pianeta Venere e il suo colore è il verde. Nel sistema della Golden Dawn, Netzach corrisponde al grado Philosophus.

Nirvana: Termine Orientale comunemente associato al Giainismo e al Buddismo. Rappresenta uno stato trascendentale dell'Essere in cui non c'è sofferenza né desiderio, poiché il Sé sperimenta l'Unità con il resto del mondo. Nelle religioni Indiane, il Nirvana è sinonimo di Moksha o Mukti, la liberazione dal ciclo delle rinascite secondo la Legge del Karma. Il Nirvana indica l'allineamento della coscienza individuale con la Coscienza Cosmica come obiettivo finale di tutte le tradizioni Spirituali, le religioni e le pratiche. Un precursore del raggiungimento del Nirvana è il risveglio della Kundalini alla Corona e l'attivazione completa del Corpo di Luce. Il Nirvana implica il raggiungimento dell'Illuminazione. È paragonabile agli altri due termini orientali, Satori e Samadhi.

Pietra Filosofale, la: Una leggendaria sostanza Alchemica in grado di trasformare i metalli comuni (come il mercurio) in oro o argento. Velato ai profani che desideravano solo un profitto economico, questo termine ha un significato nascosto legato all'obiettivo più ambito dell'Alchimia: la trasformazione Spirituale. Pertanto, quando si sente dire che qualcuno ha trovato la Pietra Filosofale, significa che ha completato la Grande Opera (l'Alchimia Spirituale) ed è diventato illuminato.

Pilastro della Misericordia, il: Il Pilastro destro dell'Albero della Vita che comprende le Sephiroth Chokmah, Chesed e Netzach. Il Pilastro della Misericordia è il pilastro maschile, attivo e positivo, altrimenti chiamato Pilastro della Forza. Rappresenta l'Elemento Acqua ed è di colore bianco. Nel sistema Kundalini, il Pilastro della Misericordia corrisponde alla Pingala Nadi.

Pilastro della severità, il: Il Pilastro sinistro dell'Albero della Vita che comprende le Sephiroth Binah, Geburah e Hod. È il Pilastro femminile, passivo e negativo, altrimenti chiamato Pilastro della Forma. Rappresenta l'Elemento Fuoco ed è di colore nero. Nel sistema Kundalini, il Pilastro della Severità rappresenta la Ida Nadi.

Prima Materia: Altrimenti detta "Prima Materia", è la sostanza primordiale considerata come la materia originaria dell'Universo conosciuto. È sinonimo di Spirito, in quanto prima sostanza e fonte di tutto ciò che esiste. In Alchimia, la Prima Materia è il materiale di partenza necessario per creare la Pietra Filosofale. È l'Anima Mundi, l'unica forza vitale dell'Universo.

Sale: Il corpo fisico che fonda e fissa gli altri due Principi Alchemici, Mercurio e Zolfo. Rappresenta la cristallizzazione e l'indurimento di tutti e tre i Principi insieme. Il sale è il veicolo della manifestazione fisica e della Terza Dimensione del tempo e dello spazio espressa attraverso l'Elemento Terra. Sale, Mercurio e Zolfo formano la Trinità dell'Alchimia.

Sex Magick: Qualsiasi tipo di attività sessuale utilizzata in un contesto cerimoniale o rituale con un chiaro intento di fondo. L'idea alla base della magia sessuale è che l'energia sessuale sia una forza potente che può essere sfruttata per magnetizzare il regno Astrale e attrarre ciò che si desidera o per invocare le divinità di vari Pantheon. Una forma di rituale di magia sessuale consiste nell'utilizzare l'eccitazione sessuale o l'orgasmo per visualizzare qualcosa che si sta cercando di ottenere. In quanto tale, la magia sessuale è come una batteria per la vostra forza di volontà, se eseguita con cuore e mente aperti. Tuttavia, se la magia sessuale viene praticata con una mente impura, attirerà solo entità inferiori che si nutrono dell'energia sessuale invocata. Queste entità inferiori possono poi attaccarsi a voi e continuare a nutrirsi della vostra energia sessuale fino a quando non vengono eliminate.

Alchimia Spirituale: così come l'Alchimia si occupa di trasformare i metalli comuni in oro, l'Alchimia Spirituale si occupa di trasformare l'energia del praticante e di illuminarlo (infondendogli la Luce). Questo può essere ottenuto attraverso modalità e pratiche di guarigione Spirituale, tra cui lo Yoga e la magia cerimoniale. L'Alchimia Spirituale richiede di lavorare con i Cinque Elementi, che corrispondono ai Sette Chakra. L'obiettivo dell'Evoluzione Spirituale è l'illuminazione, in quanto la coscienza individuale viene esaltata e unita alla Coscienza Cosmica. Attraverso questo processo, l'individuo stabilisce un legame con il Sé Superiore o il Santo Angelo Custode, il suo Dio-Sé. L'Elemento Spirito deve essere integrato nell'Aura, il che segna il completamento della Grande Opera e il ripristino del Giardino dell'Eden.

Zolfo: è l'Anima presente in tutti gli esseri viventi dell'Universo. Viene dal Sole come Luce di Dio ed è il Principio maschile, il Grande Padre, l'Elemento Fuoco. L'intero processo di trasmutazione Alchemica dipende dal principio dello zolfo e dalla sua corretta applicazione. Lo Zolfo è il Principio vibrante, acido, attivo e dinamico. Serve a stabilizzare il Mercurio, dal quale viene estratto e nel quale ritorna.

Tarocchi: Arte sacra utilizzata principalmente nella divinazione. I Tarocchi comprendono settantotto carte da gioco, suddivise in quattro semi di quattordici carte ciascuno, più ventidue briscole (Arcani Maggiori). I Tarocchi presentano immagini incredibili che contengono una saggezza esoterica senza tempo. Hanno un legame inestricabile con la Qabalah e l'Albero della Vita, e fungono da chiave per le scienze occulte e da road-map delle diverse componenti della psiche umana. I Tarocchi sono quindi un sistema completo e intricato utilizzato per descrivere le forze invisibili che influenzano l'Universo.

Trenta Aetr: Cerchi concentrici che si compenetrano e si sovrappongono l'uno all'altro, costituendo così gli strati dell'Aura. Gli etri sono i componenti Spirituali dei Piani Cosmici nel sistema Enochiano. Ognuno dei trenta etiri porta con sé una corrente sessuale maschile e/o femminile che può essere invocata con la diciannovesima chiave Enochiana. I Trenta Ettari lavorano direttamente con le Nadi Ida e Pingala nel sistema Kundalini.

Tiphareth: la sesta Sephira dell'Albero della Vita lungo il Pilastro di Mezzo, il cui titolo è "Armonia" e "Bellezza". "Rappresenta uno stato di coscienza delle facoltà interiori che si occupano dell'immaginazione e dell'elaborazione di pensieri ed emozioni. Come Sephira centrale dell'Albero della Vita, Tiphareth si occupa di elaborare le energie di tutte le Sephiroth, tranne Malkuth. Nell'ambito della conoscenza occulta, Tiphareth è conosciuta come la Sfera della Rinascita Spirituale e della Coscienza Cristica o di Krishna, dove Spirito e Materia si uniscono come un tutt'uno. Tiphareth ha un'affinità con l'Elemento Aria, anche se, poiché corrisponde al Sole, presenta anche aspetti di Fuoco. Il posizionamento di Tiphareth è quindi a metà strada tra i Chakra Anahata e Manipura, attraverso i quali si esprime. Il colore di Tiphareth è giallo-oro. Nel sistema della Golden Dawn, Tiphareth corrisponde all'Adeptus Minor, il Primo Grado del Secondo Ordine.

Yesod: La nona Sephira dell'Albero della Vita, lungo il Pilastro di Mezzo, il cui titolo è "Fondazione", che riguarda l'impronta Astrale di tutte le cose esistenti. Yesod rappresenta il Piano Astrale, il punto di contatto con i Piani Cosmici Interni. Rappresenta uno stato di coscienza delle facoltà interiori che si occupano dell'Ego e dei suoi pensieri e impulsi. Anche la sessualità e le paure della mente subconscia si esprimono attraverso Yesod. Il suo posizionamento è a metà strada tra i Chakra Swadhisthana e Manipura, attraverso i quali agisce. Yesod ha un'affinità con l'Elemento Aria e con aspetti dell'Elemento Acqua. Il suo colore è viola-porpora e corrisponde al Pianeta Luna. Nel sistema della Golden Dawn, Yesod rappresenta il grado Theoricus.

BIBLIOGRAFIA

Nota: Di seguito sono elencati i libri della mia biblioteca personale che sono serviti come risorse e ispirazione per il presente lavoro. È stato fatto ogni sforzo per rintracciare tutti i titolari dei diritti d'autore di qualsiasi materiale incluso in questa edizione, siano essi aziende o individui. Qualsiasi omissione non è intenzionale e sarò lieto di correggere eventuali errori nelle future versioni di questo libro.

KUNDALINI

Arundale, G.S. (1997). *Kundalini: Un'Esperienza Occulta* (Kundalini: An Occult Experience Adyar) Madras, India: The Theosophical Publishing House

Bynum, Bruce Edward. (2012). *Consapevolezza Oscura della Luce* (Dark Light Consciousness). Rochester, Vermont: Inner Traditions

Dixon, Jana (2008). *Biologia della Kundalini: Esplorando il Fuoco della Vita.* (Biology of Kundalini: Exploring the Fire of Life). Lulu Online Publishing

Goswami, Shyam Sundar (1999). Layayoga: La Guida Definitiva ai Chakra e alla Kundalini. (*Layayoga: The Definitive Guide to the Chakras and Kundalini*). Rochester, Vermont: Inner Traditions)

Khalsa, Gurmukh Kaur, con Ken Wilber, Swami Radha, Gopi Krishna e John White (2009). *Kundalini Crescente: Esplorando l'Energia del Risveglio.* (Kundalini Rising: Exploring the Energy of Awakening). Boulder, Colorado: Sounds True, Inc.

Krishna, Gopi (1993). *Vivere con Kundalini: l'Autobiografia di Gopi Krishna.* (Living with Kundalini: The Autobiography of Gopi Krishna). Boston, Massachusetts: Shambhala Publications Inc.

Krishna, Gopi (1988). *Kundalini per la Nuova Era: Scritti Selezionati di Gopi Krishna.* A cura di Gene Kiefer. (Kundalini for the New Age: Selected Writings of Gopi Krishna). Edited by Gene Kiefer New York, New York: Bantam Books

Krishna, Gopi (1997). *Kundalini: L'Energia Evolutiva nell'Uomo.* (Kundalini: The Evolutionary Energy in Man). Boston, Massachusetts: Shambhala Publications Inc.

Krishna, Gopi (1975). *Il Risveglio di Kundalini.* (The Awakening of Kundalini). New York, New York: E. P. Dutton

Krishna, Gopi (1972). *Le Basi Biologiche della Religione e del Genio.* (The Biological Basis of Religion and Genius). New York, New York: Harper & Row Publishers

Mahajan, Yogi (1997). *L'ascesa.* (The Ascent). Delhi, India: Motilal Banarsidass Publishers

Melchizedek, Drunvalo (2008). *Serpente di Luce: Oltre il 2012.* (Serpent of Light: Beyond 2012). San Francisco, California: Weiser Books

Mumford, Jonn (2014). *Un Libro di Lavoro sui Chakra e la Kundalini.* (A Chakra & Kundalini Workbook). Woodbury, Minnesota: Llewellyn Publication

Paulson, Genevieve Lewis (2003). *Kundalini e i Chakra.* (Kundalini and the Chakras). St. Paul, Minnesota: Pubblicazioni Llewellyn

Perring, Michael "Omdevaji" (2015). *Che Cos'è la Kundalini?-Libro III.* (What on Earth is Kudalini?-Book III). Varanasi, India: Pilgrims Publishing

Semple, J. J. (2007). *Decifrando il Fiore d'Oro: Un Segreto alla Volta.* (Deciphering the Golden Flower: One Secret At a Time). Bayside, California: Life Force Books

Swami, Om (2016). *Kundalini: Una Storia Non Raccontata.* (Kundalini: An Untold Story). Mumbai, India: Jaico Publication House

Weor, Samael Aun (2020). *La Volontà del Cristo: Kundalini, Tarocchi e la Cristificazione dell'Anima Umana.* (Christ's Will: Kundalini, Tarot, and the Christification of the Human Soul). www.gnosticteachings.org: Glorian Publishing

Weor, Samael Aun (2018). *Il Libro Giallo: La Madre Divina, Kundalini e i Poteri Spirituali.* (The Yellow Book: The Divine Mother, Kundalini, and Spiritual Powers). www.gnosticteachings.org: Glorian Publishing

White, John (1990). *Kundalini: Evoluzione e Illuminazione.* (Kundalini: Evolution and Enlightment). St. Paul, Minnesota: Paragon House

GUARIGIONE ENERGETICA E CHAKRA

Bernoth, Bettina (2012). *Luci Auriche: La Luce è la Medicina del nostro Futuro.* (Auric Lights: Light is the Medicine of our Future). CreateSpace Independent Publishing Platform

Bettina, Bernoth (1995). *Aure Magiche.* (Magical Auras). CreateSpace Independent Publishing Platform

Burger, Bruce (1998). *Anatomia Esoterica: il Corpo come Coscienza.* (Esoteric Anatomy: The Body as Consciousness). Berkeley, California: North Atlantic Books

Butler, W.E. (1987). *Come Leggere l'Aura, Praticare la Psicometria, la Telepatia e la Chiaroveggenza.* (How to Read the Aura, Practice Psychometry, Telepathy and Clairvoyance). Rochester, Vermont: Destiny Books

Chia, Mantak (2008). *Luce di Guarigione del Tao: Pratiche Fondamentali per Svegliare l'Energia del Chi.* (Healing Light of the Tao: Foundational Practices to Awaken Chi Energy). Rochester, Vermont: Destiny Books

Chia, Mantak (2009). *L'alchimia dell'energia sessuale: Connettersi all'Universo dall'Interno.* (The Alchemy of Sexual Energy: Connecting to the Universe From Within). Rochester, Vermont: Destiny Books

Dale, Cyndi (2018). *Il Libro Completo dei Chakra: La Tua Definitiva Fonte di Conoscenza dei Centri Energetici per Salute, Felicità, ed Evoluzione Spirituale.* (The Complete Book of

Chakras: Your Definitive Source of Energy Center Knowledge for Health, Happiness, and Spiritual Evolution). Woodbury, Minnesota: Llewellyn Publication

Dale, Cyndi (2009). *Il Corpo Sottile: Un'eEciclopedia della Vostra Anatomia Energetica.* (The Subtle Body: An Encyclopedia of Your Energetic Anatomy). Boulder, Colorado: Sounds True, Inc.

Dale, Cyndi (2013). *Manuale di Pratica del Corpo Sottile: Una Guida Completa alla Guarigione Energetica.* (The Subtle Body Practice Manual: A Comprehensive Guide to Energy Healing). Boulder, Colorado: Sounds True, Inc.

Gerber, Richard, M.D. (2001). *Medicina Vibrazionale: Il n°1 dei Manuali delle Terapie di Energia Sottile.* (Vibrational Medicine: The 1# Handbook of Subtle-Energy Therapies). Rochester, Vermont: Bear & Company

Grey, Alex (2012). La *Rete dell'Essere*. Con Alyson Grey. (Net of Being: With Alyson Grey). Rochester, Vermont: Inner Traditions International

Grey, Alex (1990). *Specchi Sacri: L'arte Visionaria di Alex Grey.* (Sacred Mirrors: The Visionary Art of Alex Grey). Rochester, Vermont: Inner Traditions International

Judith, Anodea (2006). R*uote della Vita: Una Guida per l'Utente sul Sistema Chakrico* (Wheels of Life: A User's Guide to the Chakra System). Woodbury, Minnesota: Llewellyn Publications

Leadbeater, C.W. (1987). *I Chakra.* (The Chakras). Wheaton, Illinois: The Theosophical Publishing House

Lockhart, Maureen (2010). *Il Corpo Energetico Sottile: La Guida Completa.* (The Subtle Energy Body: The Complete Guide). Rochester, Vermont: Inner Traditions

Ostrom, Joseph (2000). *Le Aure: Cosa sono e Come Leggerle.* (Auras: What they areand How to Read Them). Hammersmith, Londra: Thorsons

Zink, Robert (2014). *Guarigione Energetica Magica: Il Metodo di Guarigione Ruach.* (Magical Energy Healing: The Ruach Healing Method). Rachel Haas co-author. Portland, Oregon: Law of Attraction Solutions, LLC.

ANATOMIA DEL CERVELLO E DEL CORPO

Carter, Rita (2019). *Il Libro del Cervello Umano.* (The Human Brain Book). New York, New York: DK Publishing

Childre, Doc e Martin, Howard (2000). *La Soluzione Heartmath.* (The Hearthmath Solution). New York, New York: HarperCollins Publishers

McCraty, Rollin (2015). *La Scienza del Cuore: Esplorando il Ruolo del Cuore nelle Prestazioni Umane (Volume 2).* (Science of the Heart: Exploring the Role of the Heart in Human Perfomance (Volume 2)). Boulder Creek, California: HeartMath Institute

Power, Katrina (2020) *Come Hackerare il Tuo Nervo Vago.* (How to Hack Your Vagus Nerve). Pubblicato indipendentemente

Splittgerber, Ryan (2019). *Neuroanatomia Clinica di Snell: Ottava Edizione.* (Snell's Clinical Neuroanatomy: Eight Edition). Filadelfia, Pennsylvania: Wolters Kluwer

Wineski, Lawrenece E. (2019). *Anatomia Clinica di Snell per Regioni: Decima Edizione.* (Snell's Clinical Anatomy by Regions: Tenth Edition). Filadelfia, Pennsylvania: Wolters Kluwer

YOGA E TANTRA

Ashley-Farrand, Thomas (1999). *Mantra Di Guarigione: Affermazioni a Voce per Potere Personale, Creatività, e Guarigione.* (Healing Mantras: Using Sound Affirmations for Personal Power, Creativity, and Healing). New York, New York: Ballantine Wellspring

Aun Weor, Samael (2012). *Kundalini Yoga: Sbloccare il Potere Spirituale Divino che è In Voi.* (Kundalini Yoga: Unlock the Divine Spiritual Power Within You). Glorian Publishing

Avalon, Arthur (1974). *Il Potere del Serpente.* (The Serpent Power). New York, New York: Dover Publications, Inc.

Bhajan, Yogi (2013). *Kriya: Set di Yoga, Meditazioni e Kriya Classici.* (Kriya: Yoga Sets, Meditations & Classic Kriyas). Santa Cruz, California: Kundalini Research Institute

Buddhananda, Swami (2012). *Moola Bandha: La Chiave Principale.* (Moola Bandha: The Master Key). Munger, Bihar, India: Yoga Publications Trust

Feuerstein, Georg (1998). *Tantra: Il Sentiero dell'Estasi.* (Tantra: The Path of Ecstasy). Boulder, Colorado: Shambhala Publications, Inc.

Frawley, Dr. David (2010). *Mantra Yoga e Suono Primordiale: I Segreti dei Mantra del Seme (Bija).* (Mantra Yoga and Primal Sound: Secrets of Seed (Bija)). Twin Lakes, Wisconsin: Lotus Press

Frawley, David (2004). *Lo Yoga e il Fuoco Cacro: Autorealizzazione e Trasformazione Planetaria.* (Yoga and the Sacred Fire: Self-realzation and Planetary Transformation). Twin Lakes, Wisconsin: Lotus Press

Hulse, David Allen (2004). *I Misteri Orientali: La Chiave di Tutto, Libro I.* (The Eastern Mysteries: The Key of it All, Book I). St. Paul, Minnesota: Llewellyn Publications

Japananda Das, Srila (2019). *Yantra: Potere e Magia.* (Yantra: Power and Magic). Pubblicato in modo indipendente

Kaminoff, Leslie e Matthews, Amy (2012). *Anatomia dello Yoga.* (Yoga Anatomy). Champaign, Illinois: Human Kinetics

Maehle, Gregor (2012). *Pranayama: il Respiro dello Yoga.* (Pranayama: the Breath of Yoga). Innaloo City, Australia: Kaivalya Publications

Prasad, Rama (2015). Le Forze Più Sottili della Natura e la Loro Influenza sulla Vita e sul Destino Umano. (Nature's Finer Force and Their Influence Upon Human Life and Destiny). Piattaforma editoriale indipendente CreateSpace

Saraswati, Swami Satyananda (2013). *Asana Pranayama Mudra Bandha.* (Asana Pranayama Mudra Bandha). Munger, Bihar, India: Yogi Publications Trust

Saraswati, Swami Satyananda (2013). *Un Corso Sistematico sulle Antiche Tecniche Tantriche dello Yoga e del Kriya.* (A Systematic Course in the Ancient Tantric Techniques of Yoga and Kriya). Munger, Bihar, India: Yoga Publications Trust

Saraswati, Swami Satyananda (2012). *Hatha Yoga Pradipika.* (Hatha Yoga Pradipika). Munger, Bihar, India: Yogi Publications Trust

Saraswati, Swami Satyananda (2007). *Kundalini Tantra*. (Kundalini Tantra). Munger, Bihar, India: Yoga Publications Trust

Saraswati, Swami Satyananda (2012). *Meditazioni dai Tantra*. (Meditations From the Tantras). Munger, Bihar, India: Yoga Publications Trust

Saraswati, Swami Satyadharma (2019). *Yoga Kundali Upanishad: Teoria e Pratiche per il Risveglio della Kundalini*. (Yoga Kundali Upanishad: Theory and Pratices for Awakening Kundalini). Pubblicato indipendentemente, Stati Uniti

Satyasangananda, Swami (2013). *Tattwa Shuddhi*. (Tattwa Shuddhi). Munger, Bihar, India: Yogi Publications Trust

Swami, Om (2017). L'Antica Scienza dei Mantra*: La Saggezza dei Saggi.* (The Ancient Science of Mantras: Wisdom of the Sages). Amazon.com: Black Lotus Publishing

Vivekananda, Swami (2019). *Raja Yoga: Conquistare la Natura Interna*. (Raja Yoga: Conquering the Internal Nature). Kolkata, India: Advaita Ashrama

Weor, Samael Aun (2018). Riti Sacri per il Ringiovanimento*: Tecniche Semplici e Potenti per Guarigione e Forza Spirituale.* (Sacred Rites for Rejuvenation: As Simple, Powerful Technique for Healing and Spiritual Strength). www.gnosticteachings.org: Glorian Publishing

Woodroffe, Sir John (2018). *Introduzione al Tantra Sastra*. (Introduction to Tantra Sastra). T. Nagar, Madras, India: Ganesh & Company

Yogananda, Paramahamsa (2019). *Autobiografia di uno Yogi*. (Autobiography of a Yogi). Los Angeles, California: Self Realization Fellowship

Yogananda, Paramahamsa (2019). *La Seconda Venuta di Cristo: La Resurrezione del Cristo Dentro di Voi*. Volumi I-II. (The Second Coming of Christ: The Resurrection of Christ Within You. Volumes I-II). Los Angeles, California: Self Realization Fellowship

AYURVEDA

Lad, Vasant (2019). *Ayurveda: La Scienza dell'Auto-Guarigione*. (Ayurveda: The Science of Self-Healing). Twin Lakes, Wisconsin: Lotus Press

Frawley, Dr. David, (2003). *Ayurveda e Terapia Marma: I Punti Energetici nella Guarigione Yogica*. (Ayurveda and Marma Therapy: Energy Points in Yogic Healing). Coautori: Dr. Subhash Ranade e Dr. Avinash Lele. Twin Lakes, Wisconsin: Lotus Press

Frawley, Dr. David, e Lad, Vasant (2008). *Lo Yoga delle Erbe*. (The Yoga of Herbs). Twin Lakes, Wisconsin: Lotus Press

L'Istituto Ayurvedico. *Linee Guida Alimentari per i Tipi Costituzionali di Base* (PDF) (The Ayurvedic Intitute. Food Guidelines for Basic Constitutional Types (PDF).

Frawley, Dr. David (1999). *Yoga e Ayurveda: Auto-Guarigione e Auto-Realizzazione*. (Yoga and Ayurveda: Self-Healing and Self-Realization). Twin Lakes, Wisconsin: Lotus Press

Frawley, Dr. David e Summerfield Kozak, Sandra (2012). *Yoga per il Tuo Tipo: Un Approccio Ayurvedico alla Pratica delle Asana*. (Yoga for Your Type: An Ayurvedic Approach to Your Asana Practice). Twin Lakes, Wisconsin: Lotus Press

Frawley, Dr. David (2013). *La Guarigione Ayurvedica: Una Guida Comprensiva.* (Ayurvedic Healing: A Comprehensive Guide). Twin Lakes, Wisconsin: Lotus Press

Frawley, Dr. David, e Ranada, Dr. Sabhash (2012). *Ayurveda: La Medicina della Natura.* (Ayurveda: Nature's Medicine). Twin Lakes, Wisconsin: Lotus Press

ASTROLOGIA VEDICA

Frawley, Dr. David (2005). *Astrologia Ayurvedica: Autoguarigione Attraverso le Stelle.* (Ayurvedic Astrology: Self-Healig Throught the Stars). Twin Lakes, Wisconsin: Lotus Press

Frawley, Dr. David (2000). *L'Astrologia dei Veggenti. Guida all'Astrologia Vedica/Indù.* (Astrology of the Seers. A Guide to Vedic/Hindu Astrology). Twin Lakes, Wisconsin: Lotus Press

Sutton, Komilla (2014). *I Nakshatra: Le Stelle Oltre lo Zodiaco.* (The Nakshatras: The Stars Beyond The Zodiac). Bournemouth, Inghilterra: The Wessex Astrologer Ltd.

Kurczak, Ryan e Fish, Richard (2012). *L'Arte e la Scienza dell'Astrologia Vedica.* (The Art and Science of Vedic Astrology). Piattaforma editoriale indipendente CreateSpace

MUDRA DELLE MANI

Menen, Rajendar (2013). *Il Potere Curativo dei Mudra: Lo Yoga nelle Tue Mani.* (The Healing Power of Mudras: The Yoga in Your Hands). Nuova Delhi, India: V&S Publishers

Saradananda, Swami (2015). *Mudra per la Vita Moderna: Potenzia la Tua Salute, Ri-Energizza la Vita, Migliora il Tuo Yoga e Approfondisci le Meditazioni.* (Mudras for Modern Life: Boost Your Health, Re-Energize Your Life, Enhance Your Yoga and Deepen Your Meditation). Londra, Gran Bretagna: Watkins

Hirschi, Gertrud (2016). *Mudra: lo Yoga nelle Tue Mani.* (Mudra: Yoga in Your Hands). Newburyport, Massachusetts: Weiser Books

Le Page, Joseph e Lilian (2014). *Mudra per la Guarigione e la Trasformazione.* (Mudras For Healing and Trasformation). Ft. Lauderdale, Florida: Integrative Yoga Therapy

Carroll, Cain e Revital (2013). *Mudra dell'India: Guida Comprensiva ai Gesti delle Mani dello Yoga e della Danza Indiana.* (Mudras of India: A Comprehensive Guide to the Hand Gestures of Yoga and Indian Dance). Filadelfia, Pennsylvania: Singing Dragon

Advait (2015). *Mudra: 25 Tecniche Definitive per l'Auto-Guarigione.* (Mudra:25 Ultimate Techniques for Self-Healing). Piattaforma editoriale indipendente CreateSpace

GEMME E DIAPASON

McGeough, Marion (2013). *Guarigione con i Cristalli e Campo Energetico Umano.* (Crystal Healing & The Human Energy Field). Piattaforma editoriale indipendente CreateSpace

Lembo, Margaret Ann (2017). *La Guida Essenziale ai Cristalli, ai Minerali e alle Pietre.* (The Essential Guide to Crystals, Minerals and Stones). Woodbury, Minnesota: Llewellyn Publications

Permutt, Philip (2016). *Il Guaritore con Cristalli: Le Ricette di Cristalli che Cambieranno la Vostra Vita per Sempre.* (The Crystal Healer: Crystal Prescriptions That Will Change Your Life Forever). Londra, Inghilterra: Cico Books

McKusick, Eileen Day (2014). *Sintonizzare il Biocampo Umano: Guarire con la Terapia Vibrazionale del Suono.* (Tuning the Human Biofield: Healing With Vibrational Sound Therapy). Rochester, Vermont: Healing Arts Press

Hall, Judy (2003). *La Bibbia dei Cristalli: Una Guida Definitiva ai Cristalli.* (The Crystal Bible: A Defiitive Guide to Crystals). Iola, Wisconsin: Krause Publications

Hall, Judy (2009). *La Bibbia dei Cristalli 2.* (The Crystal Bible 2). Iola, Wisconsin: Krause Publications

Beaulieu, John (2010). *Sintonizzazione Umana: Guarigione del suono con Diapason.* (Human Tuning: Sound Healing With Tuning Forks). High Falls, New York: BioSonic Enterprises

AROMATERAPIA

Lembo, Margaret Ann (2016). *La Guida Essenziale all'Aromaterapia e alla Guarigione Vibrazionale.* (The Essential Guide to Aromatherapy and Vibrational Healing). Woodbury, Minnesota: Llewellyn Worldwide

Cunningham, Scott (2020). *Enciclopedia delle Erbe Magiche.* (Encyclopedia of Magical Herbs). Woodbury, Minnesota: Llewellyn Worldwide

Kennedy, Anne (2018) *Aromaterapia per Principianti: La Guida Completa per Iniziare Con Gli Oli Essenziali.* (Aromatherapy for Beginners: The Complete Guide to Getting Started With Essential Oils). Berkeley, California: Althea Press

Wormwood, Valerie Ann (2016). *Il Libro Completo Degli Oli Essenziali e dell'Aromaterapia.* (The Complete Book of Essential Oilsand Aromatherapy). Novato, California: New World Library

Davis, Patricia (2000). *Aromaterapia Sottile.* (Subtle Aromatherapy). Essex, Regno Unito: Saffron Walden

Covington, Candice (2017). *Gli Oli Essenziali nella Pratica Spirituale: Lavorare con i Chakra, gli Archetipi Divini e i Cinque Grandi Elementi.* (Essential Oils in Spiritual Practice: Working With the Chakras, Divine Archetypes, and the Five Great Elements). Rochester, Vermont: Healing Arts Press

GEOMETRIA SACRA

Melchizedek, Drunvalo (1990). *L'antico Segreto del Fiore della Vita: Volume 1.* (The Ancient Secret of the Flower of Life: Volume 1). Flagstaff, Arizona: Light Technology Publishing

Melchizedek, Drunvalo (2000). *L'antico Segreto del Fiore della Vita: Volume 2.* (The Ancient Secret of the Flower of Life: Volume 2). Flagstaff, Arizona: Light Technology Publishing

MISTERI OCCIDENTALI

Agrippa, Henry Cornelius (1992). *Tre Libri di Filosofia Occulta.* (Three Books of Occult Philosophy). St. Paul, Minnesota: Llewellyn Publications

Anonimo (2005) *La Tavola di Smeraldo di Ermete.* Con Molteplici Traduzioni. (The Emerald Tablet of Hermes. With Multiple Translations). Whitefish, Montana: Kessinger Publishing

Copenhaver, Brian P. (2000) *Ermetica: Il Corpo Ermetico dei Greci e l'Asclepio Latino in una Nuova Traduzione Inglese, Con Note e Introduzione.* (Hermetica: The Greek Corpus Hermeticum and the Latin Asclepius in a New English Translation, with Notes and Introduction). New York, New York: Cambridge University Press

Doreal, M. (Sconosciuto). *Le Tavolette di Smeraldo di Thoth l'Atlantideo.* (The Emerald Tablets of Thoth The Atlantean). Nashville, Tennessee: Source Books

Everard, John (2019). *Il Divino Pymander.* (The Divine Pymander). Whithorn, Scozia: Anodos Books

Mumford, John Dr. (1997). *Magical Tattwas: Un Sistema Completo per l'Auto-Sviluppo.* (Magical Tattwas: A Complete System for Self-Development). St. Paul, Minnesota: Pubblicazioni Llewellyn

Paar, Neven (2019). The Magus Kundalini and the Golden Dawn). Toronto, Ontario: Winged Shoes Publishing

Regardie, Israel (1971). *La Golden Dawn.* (The Golden Dawn). St. Paul, Minnesota: Pubblicazioni Llewellyn

Tre iniziati (1940). *Il Kybalion: Filosofia Ermetica.* (The Kybalion: Hermetic Philosophy). Chicago, Illinois: Yogi Publication Society

Sconosciuto (2003). *Ordine Esoterico della Golden Dawn: Manuale del Grado Theoricus 2=9.* (Esoteric Order of the Golden Dawn: Theoricus 2=9). Aggiunto da G.H. Frater P.D.R. Los Angeles, California: H.O.M.S.I.

Woolfolk, Joanna Martine (2006). *L'Unico Libro di Astrologia Di Cui Avrete Bisogno.* (The Only Astrology Book You'll Ever Need). Lanham, Maryland: Taylor Trade Publishing

TESTI RELIGIOSI

Ashlag, Rav Yehuda (2007). *Lo Zohar.* Commento di Rav Michael Laitman PhD. (The Zohar. Commentary by Rav Micheal Laitman PhD.). Toronto, Ontario: Laitman Kabbalah Publishers

EasWaran Aknath (2007). *Il Dhammapada.* (The Dhammapada). Tomales, California: Nilgiri Press

EasWaran Aknath (2007). *Le Upanishad.* (The Upanishads). Tomales, California: Nilgiri Press

Griffith, Ralph T.H. e Keith, Arthur Berriedale (2017). *I Veda: le Samhita dei Veda Rig, Yajur (Bianco e Nero), Sama e Atharva.* (The Vedas: The Samhitas of the Rig,Yajur (White and Black) Sama, and Atharva Vedas). Piattaforma editoriale indipendente CreateSpace

Mosè (1967). *La Torah: I Cinque Libri di Mosè* (altrimenti noti come Antico Testamento). (The Torah: The Five Books of Moses. (Otherwise known as the Old Testament). Filadelfia, Pennsylvania: Società di Pubblicazione Ebraica d'America

Maometto (2006). *Il Corano.* (The Koran). Translation with Notes di N.J. Dawood. Londra, Inghilterra: Penguin Books

Saraswati, Swami Satyananda (1997). *Bhagavad Gita*. Napa, California: Devi Mandir Publications e Motilal Banarsidass Publishers Private Limited.

Stiles, Mukunda (2002). Gli *Yoga Sutra di Patanjali*. (Yoga Sutra of Patanjali). San Francisco, California : Weiser Books

Vari (2002). *La Sacra Bibbia: Versione Re James* (include l'Antico e il Nuovo Testamento). (The Holy Bible: King James Version(includes the Old and the New Testament). Grand Rapids, Michigan: Zondervan

RISORSE ONLINE

3 Mantra Sanscriti per Migliorare la Vostra Pratica di Meditazione - Pagina di riferimento per i mantra (www.yogiapproved.com/om/3-sanskrit-mantras-boost-meditation-practice/)

7 Mantra per Creare la Vita che Volete - Pagina di Riferimento per i Mantra (www.chopra.com/articles/7-mantras-for-creating-the-life-you-want)

7Pranayama - Respiro di Vita - Pagina di riferimento per la filosofia e le pratiche yogiche
(www.7pranayama.com)

71 Mudra dello Yoga: Ottieni benefici sorprendenti in 29 giorni, supportati dalla scienza - Riferimento
pagina per gli Yoga Mudra (www.fitsri.com/yoga-mudras)

9 potenti mantra in sanscrito e gurmukhi - Pagina di riferimento per i mantra (www.chopra.com/articles/9-powerful-mantras-in-sanskrit-and-gurmukhi)

Anatomia dell'aura - Pagina di riferimento per l'aura e le sue parti (www.auraology.net/anatomy-of-the-aura)

Introduzione al nervo vago e alla connessione con la Kundalini - Pagina di riferimento per la connessione tra il nervo vago e la Kundalini
(www.basmati.com/2017/05/02/intro-vagus-nerve-connection-kundalini).

Aromaterapia astrologica - Miscele per il vostro segno zodiacale - Pagina di riferimento per l'aromaterapia (www.baseformula.com/blog/astrological-aromatherapy)

Astrologia e Ayurveda - Pagina di riferimento per Astrologia e Ayurveda (www.astrobix.com/astrosight/208-astrology-and-ayurveda.html)

Astrologia e Chakra: Due facce della stessa medaglia - Pagina di riferimento per l'Astrologia e i Chakra (www.innerself.com/content/personal/intuition-awareness/astrology/4410-astrology-a-the-chakras.html)

Guida ai colori Aura - Pagina di riferimento per l'Aura e le sue parti (www.auraaura.co/aura-colors)

AuraFit: Mobile Biofeedback System - Pagina ufficiale della tecnologia di lettura dell'Aura inventata da Bettina Bernoth Ph.D. (www.aurafitsystem.org/).

Forme dell'Aura - Pagina di riferimento per i problemi energetici dell'Aura (www.the-auras-expert.com/aura-shapes.html)

Ayurveda e Asana: posizioni yoga per la salute - Pagina di riferimento per lo Yoga per i Dosha (www.yogajournal.com/lifestyle/health/ayurveda-and-asana/)

Il miglior Ayurveda: Tabella dei tipi di costituzione del corpo - Pagina di riferimento per l'Ayurveda (www.bestayurveda.ca/pages/body-constitution-type-chart)

Bija Mantra - Pagina di riferimento per i Bija Mantra (www.hinduscriptures.com/vedic-culture/bija-mantra/24330/)

Incantesimi di luce: Energia, guarigione e amore - Pagina di riferimento per i cristalli (www.charmsoflight.com/gemstone-crystal-healing-properties)

Cartesio e la Ghiandola Pineale - Pagina di riferimento per la Ghiandola Pineale e la sua ricerca storica (https://plato.stanford.edu/entries/pineal-gland/)

Progettare una routine di yoga per il proprio Dosha - Pagina di riferimento per lo yoga e i Dosha (www.chopra.com/articles/designing-a-yoga-routine-for-your-dosha)

Enciclopedia Britannica - Pagina di riferimento per tutti i rami del sapere (www.britannica.com)

Esoterici Altri Mondi: Visione dei Tattva - Pagina di riferimento per il lavoro con i Tattva (www.esotericotherworlds.blogspot.com/2013/06/tattva-vision.html)

Ethan Lazzerini-Crystal Healing Blog, guide e suggerimenti - Pagina di riferimento per i cristalli (www.ethanlazzerini.com/crystal-shapes-meanings/)

Freedom Vidya-Meditazione sui Chakra Petal Bijas - Pagina di riferimento per i Chakra Petal Bijas (www.shrifreedom.org/yoga/chakra-petal-sounds/)

Greek Medicine.Net - Pagina di riferimento per il cervello e il sistema nervoso (www.greekmedicine.net/physiology/Brain_and_Nervous_System.html)

Hatha o Vinyasa Yoga: quale è quello giusto per voi? - Pagina di riferimento per Hatha e Vinyasa Yoga (www.healthline.com/health/exercise-fitness/hatha-vs-vinyasa)

Come equilibrare l'energia vitale e i chakra con gli oli essenziali - Pagina di riferimento per i chakra e gli oli essenziali (www.motherhoodcommunity.com/chakra-essential-oils/)

Come l'esercizio fisico influisce sul cervello? - Pagina di riferimento per gli effetti dell'esercizio fisico sul cervello (www.dana.org/article/how-does-exercise-affect-the-brain/)

Istituto per la Ricerca sulla Coscienza - Pagina di riferimento per la ricerca sulla Kundalini e il potenziale energetico umano (www.icrcanada.org)

Introduzione all'Ayurveda: Capire i tre dosha - Pagina di riferimento per l'Ayurveda (www.yogajournal.com/lifestyle/health/ayurveda/intro-ayurveda/)

Chakra maschili e femminili - Pagina di riferimento per il genere nei Chakra (www.rootshunt.com/maleandfemalechakras.htm)

Guarigione naturale dei chakra - Mantra di semi per ogni chakra - Pagina di riferimento per i Bija Mantra (www.naturalchakrahealing.com/chakra-seed-mantras.html)

Neural Correlates of Personalized Spiritual Experiences - Pagina di riferimento per la connessione tra l'anatomia del cervello e le esperienze spirituali (www.academic.oup.com/cercor/article/29/6/2331/5017785).

Relazione tra Chakra nel corpo umano, pianeti e astrologia medica - Pagina di riferimento per l'associazione tra Chakra, pianeti e ghiandole endocrine. (www.anilsripathi.wordpress.com/relationship-between-human-body-chakras-planetsmedical-astrology/)

Rocks with Sass - Pagina di riferimento per i cristalli e le loro forme (www.rockswithsass.com/blog/2020/4/13/crystal-shapes-their-meaning-and-uses)

Scienza del cuore - Pagina di riferimento per l'HeartMath Institute e le sue ricerche (www.heartmath.org/research/science-of-the-heart/energetic-communication).

Veggenza nella Visione dello Spirito. Parte I: Visione dei Tattva - Pagina di riferimento per lavorare con i Tattva (www.fraterooe.livejournal.com/4366.html)

Sei problemi energetici tipici e come guarirli - Pagina di riferimento per i problemi energetici dell'Aura (www.nataliemarquis.com/six-typical-energy-problems-and-how-to-heal-them/).

SlimYogi: An Illustrated Step-By-Step Guide to 90 Slimming Yoga Postures - PDF di riferimento per la pratica dello Yoga (www.mymission.lamission.edu/userdata/ruyssc/docs/Stretch-An-Ullustrated-Step-By-Step-Guide-To-Yoga-Postures.pdf)

Ayurveda spirituale: I nostri cinque corpi sottili e le tre essenze sottili - Pagina di riferimento per l'Ayurveda (www.maharishi.co.uk/blog/spiritual-ayurveda-our-five-subtle-bodies-and-three-subtle-essences/)

Istruzioni Tattwas e Antahkarana - Pagina di riferimento per i Tattva (www.manas-vidya.blogspot.com/2011/09/practice-antahkarana.html)

I Chakra e le energie maschili/femminili - Pagina di riferimento per il genere nei Chakra (www.naturalchakrahealing.com/chakras-and-gender-masculine-feminine-energy.html)

L'EBook del Compendio dei Cristalli - Pagina di riferimento per i cristalli (www.crystalgemstones.net/crystalcompendium.php)

Il disimpegno del Sistema Attivatore Reticolare (RAS) - Pagina di riferimento per il ruolo del Sistema Attivatore Reticolare nel risveglio spirituale (www.spiritrisingyoga.org/kundalini-info/the-disengagement-of-the-reticular-activating-system).

The Kundalini Consortium (www.kundaliniconsortium.org) - Pagina di riferimento per la ricerca sulla Kundalini e sul potenziale energetico umano.

Astrologia vedica e Chakra - Pagina di riferimento per l'associazione tra Chakra e Pianeti (www.alchemicalbody.wordpress.com/2013/06/01/vedic-astrology-the-chakras/)

Medicina energetica vibrazionale - Pagina di riferimento per i Chakra (www.energyandvibration.com/chakras.htm)

Cosa sono i Bija Mantra - Pagina di riferimento per i Bija Mantra (www.satyaloka.net/what-are-bija-mantras/)

Quali sono i Dosha dell'Ayurveda? Vata, Kapha e Pitta spiegati - Pagina di riferimento per l'Ayurveda (www.healthline.com/nutrition/vata-dosha-pitta-dosha-kapha-dosha)

Quali sono i benefici dello yoga e della meditazione - Pagina di riferimento per lo yoga e la meditazione (www.poweryoga.com/blog/benefits-and-differences-yoga-meditation/)

Che cos'è l'aromaterapia? - Pagina di riferimento per l'aromaterapia (www.webmd.com/balance/stress-management/aromatherapy-overview)

Che cos'è la meditazione yoga? - Pagina di riferimento per la meditazione (www.sivanandayogafarm.org/what-is-yoga-meditation/)

Cosa sapere sul lobo frontale del cervello - Pagina di riferimento per l'anatomia del cervello (www.healthline.com/health/frontal-lobe)

Yoga per il bilanciamento dei Dosha - Pagina di riferimento per lo Yoga per i Dosha (www.ekhartyoga.com/articles/wellbeing/yoga-for-balancing-the-doshas)

Yoga Journal: A Beginner's Guide to Meditation - Pagina di riferimento per la meditazione (www.yogajournal.com/meditation/how-to-meditate/let-s-meditate/)

Yogapedia - Pagina di riferimento per la filosofia e le pratiche yogiche (www.yogapedia.com)

Yogapoint-India - Pagina di riferimento per la filosofia e le pratiche yogiche (www.yogapoint.com/index.htm)

Wikipedia-L'enciclopedia libera - Pagina di riferimento per tutti i rami del sapere (www.wikipedia.org)

RISORSE PER LE IMMAGINI

Figura 2: Le tre nadi dopo il risveglio della kundalini - *L'ascesa* di Yogi Mahajan. (Pagina 6.)

Figura 5: Il circuito Kundalini completo - Il *Tantra Kundalini* di Swami Satyananda Saraswati. (Pagina 288.)

Figura 6: Il cervello pieno di luce - Christopher & Dana Reeve Foundation's *How the Spinal Cord Works* (Pagina online).

Figura 10: Il Pentagramma - I *tre libri di filosofia occulta* di Henry Cornelius Agrippa. (Pagina 180.)

Figura 15: Ida e Pingala Nadis e Ajna Chakra - *Kundalini e i Chakra* di Genevieve Lewis Paulson. (Pagina 184.)

Figura 16: Il campo elettromagnetico della Terra - *Il campo magnetico terrestre* di Peter Reid (immagine online).

Figura 20: Anatomia dell'aura - *Manoscritto di formazione AuraFit* di Bettina Bernoth (pagina 11).

Figura 22: Il campo toroidale della Kundalini - *Anatomia esoterica* di Bruce Burger: *Il corpo come coscienza*. (Pagina 54.)

Figura 23: I sette chakra e i plessi nervosi - Anodea *Le ruote della vita* di Judith: *Guida al sistema dei chakra*. (Pagina 12.)

Figura 24: Espansione cerebrale e corrispondenze chakriche - Il *Kundalini Tantra* di Swami Satyananda Saraswati. (Pagina 35.)

Figura 26: I Chakra minori della testa (Corona) - *Kundalini e i Chakra* di Genevieve Lewis Paulson. (Pagina 150.)

Figura 31: Posizione degli occhi psichici - *Kundalini e i chakra* di Genevieve Lewis Paulson. (Pagina 140.)

Figura 37: Orientamento dei tetraedri nei maschi e nelle femmine - Drunvalo Melchizedek, *L'antico segreto del fiore della vita: Volume 1.* (Pagina 49)

Figura 42: Il sistema limbico - *Gangli di base e sistema limbico* di Paul Wissmann (immagine online).

Figura 51: Conus Medullaris e Filum Terminale - *The Complete Book of Chakras* di Cyndi Dale: *La vostra fonte definitiva di conoscenza dei centri energetici per la salute, la felicità e l'evoluzione spirituale.* (Pagina 78.)

Figura 57: Il campo elettromagnetico del cuore - La *soluzione Heartmath* di Doc Childre e Howard Martin. (Pagina 34.)

Figura 59: Il centro del chakra del cuore - Anodea Judith's *Wheels of Life: A User's Guide to the Chakra System.* (Pagina 197.)

Figura 123: Punto di contrazione di Mula Bandha - *Asana Pranayama Mudra Bandha* di Swami Satyananda Saraswati. (Pagina 476.)

Figura 128: Punti di contrazione dei Mudra Vajroli, Sahajoli e Ashwini - *Moola Bandha* di Swami Buddhananda: *La chiave del maestro.* (Pagina 81.)

Figura 134: Gli strati di Sushumna Nadi e l'uovo cosmico - *The Subtle Body* di Cyndi Dale: *An Encyclopedia of Your Energetic Anatomy.* (Pagina 276.)

Figura 147: I tre dosha e le zone del corpo - *Ayurveda* di Vasant Lad: *La scienza dell'autoguarigione.* (Pagina 27.)

Figura 151: Proiezione di sogni lucidi - Articolo online di Veenu Sandal *Spirit 'Walk-Ins' and Matters of the Soul* (Articolo online).

Figura 153: Il loto del Chakra Sahasrara - Il *Kundalini Tantra* di Swami Satyananda Saraswati. (Pagina 307.)

Figura 154: Flusso di Kundalini attraverso Sushumna - *Kundalini e i Chakra* di Genevieve Lewis Paulson. (Pagina 16.)